Dictionnaire des conditions sommaires de tous les concordats... [= supplément au Dictionnaire des faillites]

DICTIONNAIRE

DES CONDITIONS SOMMAIRES

DE TOUS

LES CONCORDATS

HOMOLOGUÉS PAR LES TRIBUNAUX DE PARIS.

ON TROUVE CHEZ LE MÊME AUTEUR:

1° LE DICTIONNAIRE, EN TABLEAUX SYNOPTIQUES, DES FAILLITES, SÉPARATIONS DE BIENS, NOMINATIONS DE CONSEILS JUDICIAIRES, INTERDICTIONS ET RÉHABILITATIONS prononcées par les Tribunaux de Paris, depuis le 24 février 1848 jusqu'au 1er janvier 1863;

2° LE DICTIONNAIRE DES MÊMES ÉVÉNEMENTS survenus en 1863, avec LES CONDITIONS, en renvois, DES CONCORDATS homologués pendant la même année.

Un SUPPLÉMENT ANNUEL paraîtra chaque année dans les premiers jours du mois de janvier.

Le tout format in-4°.

Orléans, Imprimerie et Stéréotypie CHENU, rue Croix-de-Bois, 21.

DICTIONNAIRE

DES CONDITIONS SOMMAIRES

DE TOUS

LES CONCORDATS

HOMOLOGUÉS PAR LES TRIBUNAUX DE PARIS,

DEPUIS LE 24 FÉVRIER 1848 JUSQU'AU 1er JANVIER 1863,

et contenus

DANS LE DICTIONNAIRE DES FAILLITES,

SUIVI

D'UN SUPPLÉMENT ANNUEL,

par

H.-F. MASCRET,

Ancien Notaire et ancien Négociant,

Auteur des Dictionnaires des Faillites, Séparations de biens, Conseils Judiciaires, Interdictions, etc., de 1848 à 1864.

PARIS,

CHEZ L'AUTEUR, RUE RAMBUTEAU, N° 2.

1864.

INTRODUCTION.

Le haut et bienveillant accueil que la Chambre des Notaires de Paris, le Conseil général de la Banque de France, la maison Rotschild, la corporation des Avoués et des Commissaires priseurs, les sommités administratives, judiciaires et financières, tout le haut commerce de la capitale, ont daigné accorder à mon *Dictionnaire des faillites*, des *séparations de biens*, des *interdictions*, etc... *prononcées par les Tribunaux du département de la Seine depuis le 24 février 1848 jusqu'au 1er janvier dernier*, m'a donné le courage de compléter mon travail par la mise en Dictionnaire des conditions sommaires de tous les concordats homologués pendant le même laps de temps, par le Tribunal de commerce et par la Cour d'appel de Paris. C'est en effet le complément forcé, nécessaire du premier ouvrage; c'est le corollaire des renseignements indispensables au notaire liquidateur, au banquier, au négociant, à tout le monde.

Ce travail comme le premier, est l'expression littérale des journaux judiciaires, sans commentaires, sans interprétations aucunes. C'est la reproduction fidèle du texte fourni chaque jour, par le Greffe du Tribunal de commerce, aux dispensateurs des annonces légales, texte tellement sacramentel, à mon point de vue d'exactitude, que j'ai poussé le scrupule jusqu'à reproduire des erreurs évidemment matérielles, ainsi :

Pierre a obtenu son concordat; ses créanciers lui ont fait une réduction que le Journal officiel exprime en ces termes :

Remise de 70 %.— Les 40 % non remis payables, etc., etc.

L'erreur matérielle est évidente! mais où gît-elle? est-ce sur le chiffre 70 % ou sur le chiffre 40 %?... Je ne puis, ni ne dois m'en faire juge, m'en préoccuper même; car je tiens à n'être que le reproducteur d'annonces, qui, par leur essence privilégiée, ne devraient être erronées.

On me dira, sans doute : « le Greffe est public, ses archives, ses renseignements

« appartiennent essentiellement à tout le monde, surtout en payant ». Qu'il me suffise de répondre :

J'y suis allé !

En résumé : mon travail a été long et pénible ; il est sérieux, fidèle, consciencieux et je pourrais même affirmer qu'il est aussi exact que les renseignements que l'on achète à certaines heures, à certains jours, au bureau spécial du Greffe du Tribunal du Commerce de Paris.

De prétendues erreurs m'ont été imputées par des négociants, par des officiers ministériels, même.

Les uns ont oublié les dispositions transitoires du décret du 22 août 1848, ou bien ont confondu un concordat amiable avec un concordat judiciaire: cela peut se comprendre.

Les autres ont cru et croient peut-être encore à certaines infaillibilités.

En résumé : j'ai fait ce que j'ai dû, ce que j'ai pu; et j'ai la conviction intime qu'il m'en adviendra, encore une fois, l'approbation unanime de tout *l'aréopage* intellectuel de la Capitale.

Mon premier Dictionnaire est précédé de la jurisprudence générale relative à son contenu, d'après l'œuvre si remarquable de Sirey.

Celui-ci commencera par un traité spécial sur son essence, emprunté au remarquable *Code pratique des faillites* de M. L. GEOFFROY (1), avocat distingué, ancien syndic du Tribunal de Commerce de Paris, qui a bien voulu enrichir mon travail du fruit de sa longue expérience.

Paris, le 1er janvier 1864.

MASCRET

ancien notaire, ancien négociant.

(1) Le Code pratique des faillites de M. Geoffroy se vend chez lui, boulevard Sépastopol, n° 135.

DU CONCORDAT.

SECTION PREMIÈRE.

De la convocation et de l'assemblée des créanciers.

Le concordat est un traité qui intervient entre le failli et ses créanciers.

Il a pour but, en terminant la faillite, de rétablir le débiteur à la tête de ses affaires.

Les créanciers sont maîtres de lui imposer toutes les conditions qu'ils jugent convenables à leurs intérêts, pourvu qu'elles profitent d'une manière égale à tous, et qu'elles ne soient pas contraires à l'ordre public et aux bonnes mœurs.

Ils peuvent exiger du débiteur le paiement de tout ou partie de leurs créances, soit au comptant, soit à terme, et même l'abandon de tout ou partie de ses biens présents, avec ou sans obligation de payer un dividende sur ceux à venir.

Le failli, à son tour, est en droit de refuser les conditions qu'on voudrait lui imposer, si elles lui paraissent trop onéreuses.

Dans l'usage, c'est le débiteur qui présente à l'assemblée de ses créanciers ses propositions tendantes à un concordat.

Deux conditions sont exigées pour la validité du concordat : la première, c'est qu'il ait eu lieu suivant les règles prescrites par la loi ; la seconde, c'est qu'il soit soumis à l'homologation du tribunal qui a été saisi de la connaissance de la faillite.

Il ne peut être passé à la formation du concordat qu'après les délais fixés pour la production, la vérification et l'affirmation des créances à l'égard des personnes domiciliées en France, c'est-à-dire dans l'étendue de son territoire continental.

Cette opération aurait été trop longtemps retardée si elle eût été subordonnée à l'expiration des délais fixés pour la production des titres en faveur des créanciers qui demeurent au-delà.

La convocation, à l'effet de délibérer sur la formation du concordat, est ordonnée par le juge-commissaire et faite par le greffier; elle doit avoir lieu dans le plus bref délai, car la loi indique qu'elle doit se faire dans les trois jours qui suivront les délais prescrits pour l'affirmation des créances.

Cette convocation se fait par insertions dans les journaux et par lettres.

Elles doivent indiquer l'objet de la réunion (art. 504 C. de com.).

Les créanciers dont les créances ont été vérifiées et affirmées, ou admises par provision, sont seuls convoqués, parce qu'eux seuls peuvent prendre part à la délibération.

D'après les réglements du tribunal de commerce de la Seine, le juge-commissaire n'autorise la convocation qu'autant que, cinq jours au moins à l'avance, les syndics ont déposé au greffe du tribunal de commerce leur rapport, et lui en ont remis un double.

Autant qu'il est en son pouvoir, ce magistrat exige que, dans le même délai, le failli lui remette la copie de son projet de concordat.

Les insertions dans les journaux et les lettres de convocation invitent les créanciers à prendre au greffe connaissance du rapport des syndics.

Ces mesures, dictées par la prudence, ont pour objet de permettre : 1° aux créanciers de se renseigner, avant l'assemblée, sur la position du failli et les causes qui ont amené sa déconfiture; 2° et au juge-commissaire de se pénétrer également à l'avance des causes de la faillite, et de connaître les propositions du failli.

L'expérience a démontré que souvent ces propositions, simples en apparence, étaient conçues d'une manière insidieuse, dont il était difficile de s'apercevoir à une simple lecture faite à la réunion des créanciers par le failli ou par son conseil.

La réunion pour le concordat doit être présidée par le juge-commissaire, assisté de son greffier.

Les créanciers vérifiés et affirmés, ou admis par provision, doivent y assister en personne ou par fondés de pouvoirs.

Le failli doit y être appelé, et doit paraître en personne, s'il jouit de sa liberté.

Il ne peut se dispenser de paraître à la réunion, et de s'y faire représenter par un mandataire, que pour des motifs valables et approuvés par le juge-commissaire (art. 505 C. de com.).

Dans ce cas, le failli doit lui présenter une requête pour obetnir cette dispense; le juge-commissaire, après avoir pris l'avis des syndics, rend son ordonnance, laquelle est annexée au procès-verbal de la séance.

Les syndics ne doivent pas négliger d'appeler le failli à l'assemblée des créanciers, par un acte extra-judiciaire à lui notifié au moins trois jours à l'avance.

Ils doivent se défier de sa promesse verbale de s'y rendre; car, si le failli suppose que les votes ne lui seront pas favorables, il s'abstiendra de paraître, pour que ses créanciers ne puissent pas délibérer, et pour avoir ainsi la possibilité de faire de nouvelles démarches, afin d'obtenir plus tard son concordat.

Il est indispensable que le failli soit sommé de paraître à la réunion de ses créanciers pour la formation de son concordat, parce que cet acte ne peut être voté qu'autant qu'il est présenté ou accepté par lui ou par son fondé de pouvoirs. — Faute par le failli d'assister à la réunion de ses créanciers sans en avoir obtenu du juge-commissaire la dispense, ceux-ci doivent se constituer immédiatement en union.

Bédarride enseigne le contraire; il pense que le failli peut se contenter d'envoyer à l'assemblée ses propositions par écrit, et que ses créanciers peuvent, en son absence, les accepter. — Cette opinion est inconciliable avec les articles 505 et 509 du Code de commerce, qui exigent la présence du failli à la délibération du concordat, et que cet acte soit signé séance tenante, à peine de nullité. — Non-seulement le mode de procéder indiqué par Bédarride constituerait un manque d'égards à la justice de la part du débiteur, mais encore il donnerait lieu plus tard à une foule de difficultés qu'on ne saurait prévoir.

Si une société est en faillite, tous les associés en nom collectif doivent être sommés d'assister à l'assemblée pour le concordat. — L'absence d'un seul des associés mettrait le juge-commissaire dans la nécessité de proclamer l'union des créanciers de la société.

Encore que les administrateurs d'une société anonyme ne soient pas tenus personnellement de ses dettes, ils doivent également être sommés d'assister à la réunion pour le concordat de cette société, car ils peuvent en présenter un en son nom, parce qu'ils sont chargés de stipuler sur ses intérêts (1).

Les syndics, doivent, de leur côté, se présenter à la réunion des créanciers, pour leur donner lecture de leur rapport. — Si l'un des syndics fait défaut, le juge-commissaire, à Paris, suivant les circonstances, c'est-à-dire, après avoir consulté les créanciers et les

(1) Arrêt. Cour d'appel de Paris, du 29 décembre 1838. Dall., 1839, 2,36.

faillis, autorise les autres syndics à faire cette lecture, ou ajourne la délibération. — L'autorisation du juge-commissaire, et la requête des syndics qui la sollicitent sont annexées au procès-verbal dressé par le greffier (1).

Il arrive quelquefois que les syndics ne sont pas d'un avis unanime sur la rédaction de leur rapport, et que tous ne partagent pas la même opinion sur la moralité du débiteur et les causes de sa faillite. — Dans ce cas, les syndics, doivent avant l'assemblée des créanciers, en référer au juge-commissaire pour arriver à une conciliation. — Si ce magistrat ne peut atteindre ce but, le rapport des syndics doit énoncer l'opinion de chacun d'eux, à moins qu'il ne convienne à chacun de faire un rapport séparé.

Le rapport des syndics doit faire connaître aux créanciers l'état de la faillite ; c'est-à-dire sa situation active et passive, les formalités qui ont été remplies, et les opérations qui ont eu lieu. — Le juge-commissaire l'annexe ensuite à son procès-verbal. — Si les créanciers ou le failli ont des observations à présenter sur ce rapport, le juge-commissaire leur accorde à leur tour la parole. — A défaut de réclamations, ou après qu'elles sont épuisées, le failli fait lecture de ses propositions tendantes à un concordat.

Les créanciers peuvent, de nouveau, présenter des observations pour critiquer les propositions du failli, ou les appuyer, s'ils le jugent convenable. — Ces observations amènent quelquefois le failli à modifier ou à changer ses propositions.

Quelquefois encore, les créanciers et le failli demandent au juge-commissaire l'ajournement de l'assemblée pour le vote du concordat. — Ce magistrat consent à cet ajournement, s'il le croit utile aux intérêts de tous.

Souvent, quelques jours avant l'assemblée pour le concordat ou le jour même, des oppositions sont signifiées, soit de la part de quelques créanciers, soit à la requête du failli lui-même, aux syndics, et dénoncées au greffier, afin qu'il soit sursis au vote du concordat.

Je pense que le juge-commissaire, par cela seul qu'il est investi par la loi de la présidence de l'assemblée, a le droit d'apprécier le mérite de ces oppositions, en ce sens qu'il peut ordonner qu'il sera sursis ou passé outre à la délibération sur le concordat, sauf à en faire mention sur son procès-verbal. — S'il en était autrement, toute réunion pour le

(1) On pourrait critiquer ce mode de procéder, parce que l'art. 465 du C. de com. ne permet au juge-commissaire de donner à l'un ou à plusieurs syndics des autorisations spéciales que pour faire séparément certains actes d'administration.

Évidemment, la lecture du rapport des syndics n'est pas un simple acte d'administration ; mais est-il indispensable que tous les syndics paraissent à l'assemblée des créanciers pour donner lecture d'un rapport rédigé en commun ? Je ne le pense pas surtout lorsque le failli et les créanciers ne réclament pas la présence de celui qui fait défaut.

concordat deviendrait impossible par le mauvais vouloir d'un seul créancier, ou ajournée indéfiniment par le failli. — Dans le cas où le juge-commissaire a cru devoir ajourner la délibération, les choses restent entières; dans le cas contraire, le préjudice est réparable, car le concordat n'étant valable qu'autant qu'il a été homologué par le tribunal, les juges peuvent l'annuler et ordonner une nouvelle convocation pour sa formation, si les moyens d'opposition du créancier ou du failli, lors de la première assemblée, leur paraissent suffisants pour que le juge-commissaire ait dû s'y arrêter.

A Paris, le juge-commissaire, avant d'ouvrir la délibération sur les propositions du failli, prend le soin de donner lecture à l'assemblée du § 3 de l'article 593 du Code de commerce, et en entier des articles 597 et 598 du même Code, pour leur apprendre qu'un concordat est un acte solennel, et qu'il doit être voté loyalement et de bonne foi, par chaque créancier, parce que tous doivent en subir, d'une manière égale, les conséquences, qu'ils aient ou non pris part à sa formation (art. 516 C. de com.).

La cessation de paiements d'un négociant, comme je l'ai déjà fait observer dans un précédent chapitre, est, pour le commerce, un désastre; il doit atteindre de la même manière ceux qui en sont victimes. — Nul, à partir du jour où la cessation de paiements existe, ne peut par force, ou par complaisance de la part du débiteur, se créer une position exceptionnelle.

Il faut que l'actif du débiteur soit également réparti entre ses créanciers, et à chacun en proportion de sa créance, sauf les priviléges ou garanties qui y sont attachés par la loi ou par la convention faite légalement et de bonne foi.

Pour donner une sanction à sa volonté, le législateur a créé des peines très-sévères contre les individus convaincus d'avoir présenté frauduleusement dans la faillite, et affirmé, soit en leur nom, soit par interposition de personnes, des créances supposées, ainsi que contre les créanciers qui se sont fait attribuer des avantages particuliers, soit comme condition de leur vote dans les délibérations de la faillite, soit au détriment de la masse. — Les premiers doivent être condamnés aux peines de la banqueroute frauduleuse (art. 593 C. de com.). — Les autres doivent être punis correctionnellement, d'un emprisonnement qui ne peut excéder une année, et d'une amende qui ne peut être au dessus de deux mille francs (art. 597 C. de com.). — L'emprisonnement peut être porté à deux ans, si le créancier est syndic de la faillite. — Outre cela, les jugements de condamnation doivent être publiés et affichés aux frais des condamnés (art. 600 C. de com.).

A côté de la réparation publique, vient se placer la réparation civile. — Ainsi, les conventions qui ont pour résultat un avantage particulier au profit d'un créancier au détriment de la masse, ou qui sont la condition du vote de ce créancier au concordat, ou dans les autres délibérations de la faillite, sont nulles à l'égard de toutes personnes, et même à l'égard du failli.

Le créancier qui les a faites est tenu de rapporter à qui de droit les sommes ou valeurs qu'il a reçues en vertu des conventions annulées (art. 598 C. du com.).

Enfin, le législateur a voulu qu'au cas où l'annulation des conventions serait poursuivie par la voie civile, l'action fût portée devant les tribunaux de commerce, parce qu'ils ont connu de la faillite, et que, par cette raison, ils sont plus à même d'être mieux renseignés sur les faits.

Je dois ajouter que les juges se sont, jusqu'à ce jour, montrés rigoureux contre les créanciers qui ont stipulé des avantages particuliers à leur profit, d'abord pour en déraciner la fâcheuse habitude, ensuite parce que c'est un acte indigne de s'associer avec le failli pour consacrer, par son vote, la ruine des autres créanciers, tout en ayant l'apparence d'en partager le sort.

Comme toute espèce de convention, celles dont je viens de parler sont soumises à l'appréciation des tribunaux : il est résulté pour moi, de l'examen réfléchi de leurs décisions, qu'ils les annulent, soit lorsque ces conventions contiennent des avantages particuliers au profit d'un créancier au détriment de la masse, quand bien même il n'aurait pas pris part au vote du concordat, soit lorsque ces avantages lui ont été constitués par un tiers et de ses deniers, avec la condition de prendre part au vote du concordat (1).

On peut s'étonner que le failli, ou ceux qui, dans son intérêt, ont, par des traités particuliers, consenti ses avantages, aient le droit d'en demander la nullité, parce qu'il est de principe que personne ne peut, en justice, alléguer sa propre turpitude. — Mais il faut considérer que si ce droit leur eût été refusé, il aurait été, si non impossible, au moins difficile de découvrir et de punir la fraude.

D'un autre côté, il ne faut pas perdre de vue que le failli qui, soit par ses propres

(1) Le tribunal de commerce de la Seine, par jugement du 9 février 1842, confirmé par arrêt du 10 août même année *Gazette des tribunaux* du lendemain), a décidé que les conventions faites pour se désister d'une opposition à un concordat étaient nulles, encore bien que celui qui les avait fait faire à son profit n'avait pas pris part au vote du concordat.

Il existe un arrêt de la Cour de cassation dans le même sens.

La même Cour, par arrêt du 20 juillet 1852 (*Gazette des tribunaux* du lendemain), a décidé qu'un cautionnement avait pu être considéré comme valable au cas où il était établi qu'il n'avait pas été donné pour prix du vote du cautionné dans les délibérations de la faillite, et qu'il n'en résultait aucun avantage en sa faveur, qui diminue l'actif de la faillite.

ressources, soit à l'aide de sacrifices faits par sa famille ou ses amis, consent des avantages particuliers au profit d'un de ses créanciers, pour que son vote lui soit favorable, ne fait que céder à la contrainte morale excercée sur lui.

Souvent il m'a été démontré que des créanciers, pour éluder les dispositions pénales édictées par les articles 597 et 598 du Code de commerce, cédaient leurs créances avant le concordat. — Les tribunaux doivent annuler ces cessions, s'il leur apparaît qu'elles cachent des avantages particuliers en faveur des cédants, et si ces avantages sont au détriment de la masse. —Cette preuve, laissée tout entière à leur appréciation, peut résulter d'une foule de circonstances.—Par exemple : il est presque indubitable que le cessionnaire n'est que le prête-nom du failli, si le transport de la créance lui a été fait à une époque rapprochée du concordat, et s'il a eu lieu pour une somme supérieure au taux du dividende offert aux autres créanciers : on doit encore considérer comme prête-nom du failli celui qui achète des créances par un acte privé, qu'il tient secret, et se fait remettre en même temps par ses vendeurs un pouvoir pour voter en leur nom.

SECTION DEUXIÈME.

Du Concordat.

§ 1. *De la formation du concordat.*

Le Code de commerce ne traite que de la qualité des créanciers qui ont le droit de concourir à la formation du concordat avec le failli. — A l'égard de ce dernier, il dispose seulement que le concordat ne pourra être formé, s'il a été condamné comme banqueroutier frauduleux (art. 510 C. de com.).

Hors cette exception, il était naturel que le débiteur eût la capacité suffisante pour traiter avec ses créanciers, puisqu'auparavant il avait pu s'engager valablement envers eux. — Ainsi, la femme mariée qui est marchande publique, et par cela même qui a été autorisée à faire le commerce, peut, sans l'autorisation de son mari, ou sans son concours dans l'acte, concorder avec ses créanciers. — Il en est de même pour le mineur émancipé ; il n'a besoin, en pareille circonstance, ni de l'autorisation de son curateur, ni de son concours.

Supposons maintenant que le failli soit décédé, il est incontestable que ses héritiers ont le droit de concorder avec ses créanciers. — Ses héritiers le peuvent, quand bien même ils n'auraient accepté sa succession que sous bénifice d'inventaire. — Dans ce cas, pour conserver cette qualité, ils doivent se contenter d'abandonner purement et simplement l'actif du défunt aux créanciers.

La loi accorde à l'héritier bénéficiaire le droit de se décharger du paiement des dettes en abandonnant tous les biens de la succession aux créanciers et aux légataires (article 802 C. Nap.).— Mais, objectera-t-on, les héritiers, en abandonnant aux créanciers l'actif du défunt pour obtenir un concordat, ne leur abandonnent en réalité que ce qu'ils ont le droit de prendre. — Cette objection n'est pas sérieuse ; elle pourait être également faite à tous les faillis qui obtiennent des concordats par abandon d'actif.

En pareil cas, ce n'est pas au point de vue du débiteur, mais à celui des créanciers que le concordat doit être envisagé. Si les créanciers accordent aux héritiers un concordat, c'est souvent par un sentiment de bienveillance pour la mémoire du défunt ; mais aussi c'est toujours dans leur intérêt personnel, parce qu'ils préfèrent liquider eux-mêmes à l'amiable l'actif, dans la forme qui leur convient, plutôt que de le laisser réaliser par les voies judiciaires.

Un tuteur pourrait présenter, au nom de ses mineurs, un concordat, pouvu qu'il se borne à faire, par cet acte, l'abandon de l'actif du défunt ; car un tuteur ne saurait, au nom de ses pupilles, prendre des engagements qui compromettraient leur fortune personnelle ou leur avenir. — Dans de semblables conditions, le concordat est avantageux aux mineurs, parce qu'il libère la succession de leur auteur sans leur imposer des charses.— Le tuteur ne fait, en définitive, que maintenir au profit des créanciers la saisine de biens de leur débiteur, et reconnaître le droit que la loi leur accorde de se faire payer dessus de préférence à tous autres.

Un concordat par abandon d'actif ne pourrait, par cette raison, être considéré comme un acte d'aliénation. — Aussi, s'il arrivait, par imprévu, que les biens qui en font l'objet fussent plus que suffisants pour désintéresser les créanciers, l'excédant du prix de ces biens devrait être rendu au failli ou à ses représentants. — La loi porte qu'il ne peut être consenti de traité entre les créanciers *délibérants* et le débiteur failli, qu'après l'accomplissement des formalités ci-dessus prescrites, c'est-à-dire de celles que j'ai déjà indiquées. — Elle ajoute que ce traité ne peut s'établir que par le concours d'un nombre de créanciers formant la majorité, et représentant, en outre, les trois quarts de la totalité des créances vérifiées et affirmées, ou admises par provision, le tout à peine de nullité (art. 507 C. de com.).

Dans la pratique, quelques personnes, s'autorisant de ce que l'article précité s'est servi de ces expressions *créanciers délibérants*, ont soutenu que le concordat était formé dès qu'il avait obtenu la majorité en nombre des créanciers présents, représentant en outre, par le chiffre de leurs créances, les trois quarts en somme de la totalité des créances vérifiées et affirmées, ou admises par provision. — Ce système a prévalu devant la Cour d'appel de Caen (1); mais il a été énergiquement repoussé par le tribunal de commerce de la Seine, qui constamment n'avait, sous l'empire même de l'ancien Code de commerce, proclamé la formation du concordat qu'autant qu'il avait été voté par la majorité en nombre des créanciers vérifiés et affirmés ou admis par provision, et représentant en outre les trois quarts en somme des créances portées au procès-verbal d'admission (2). — Plus tard, la Cour d'appel de Paris a sanctionné cette doctrine (3).

Si l'on combine les articles 499, 500, 504 et 507 du Code de commerce, on verra que les créanciers admis par provision n'ont pas besoin d'affirmer leurs créances pour concourir à la formation du concordat. — Il eût été contraire à tous les principes de contraindre un créancier à affirmer la sincérité d'une créance, alors qu'elle est en litige et que son sort n'est pas définitivement fixé.

Bédarride pense que, si le montant des créances admises par provision était augmenté par un jugement définitif, et que si cette augmentation était de nature à changer la majorité, c'est-à-dire à la faire disparaître, le concordat serait nul. — Cette opinion ne peut se concilier avec l'esprit dans lequel les articles 499 et 500 du Code de commerce ont été conçus.

Le législateur, en faisant disparaître les entraves à la convocation pour le concordat, aurait fait surgir des inconvénients plus graves en mettant en suspens la validité de cet acte, et par conséquent les intérêts des créanciers et ceux du failli, jusqu'au réglement définitif de la créance admise provisionnellement. — C'est justement parce que le législateur a préféré les intérêts de tous à ceux d'un seul, qu'il a autorisé l'admission provisionnelle. — Le créancier au profit de qui l'admission par provision a eu lieu doit en supporter les inconvénients, comme aussi il en aurait recueilli les avantages au cas où le

(1) Arrêt du 2 février 1842. Dall., 1842, 2, 196.

(2) Jugement du 9 août 1847. Dall., 1847, v° *Faillite*, p. 252.
M. Dalloz, dans son *Recueil d'arrêts*, rapporte en entier ce jugement, parce qu'il est motivé d'une manière très-remarquable. Il a été rendu sous la présidence de M. Devinck.

(3) Arrêt du 3 octobre 1850. Dall., 1851, 2, 23.
Bédarride émet une opinion conforme à l'arrêt rendu par la Cour d'appel de Caen, et par conséquent contraire à la jurisprudence du tribunal de commerce de la Seine et à celle de la Cour d'appel de Paris.

jugement définitif aurait réduit la créance à un taux inférieur à celui de son admission provisionnelle.

L'art. 508 du Code de commerce porte que les créanciers hypothécaires inscrits ou dispensés d'inscription, et les créanciers privilégiés ou nantis d'un gage n'auront pas voix dans les opérations relatives au concordat pour lesdites créances, et que ces voix n'y seront comptées que s'ils renoncent à leurs hypothèques, gages ou priviléges. — Il ajoute : le vote au concordat emportera de plein droit cette renonciation. — L'esprit de cette disposition est facile à concevoir.

La loi veut que la faillite place tous les créanciers dans une position égale, et par conséquent, que le traité qui intervient entre eux et leur débiteur soit obligatoire pour tous, même pour les créanciers qui n'y ont pas participé. — Il faut donc que les créanciers qui concourent à la formation du concordat soient dans une position identique par rapport au failli. — S'il n'en était pas ainsi, il en résulterait que ceux qui ont obtenu de lui des garanties suffisantes pour assurer leur paiement, imposeraient impunément aux autres créanciers dépourvus de garanties semblables, une réduction sur leurs créances. — Cela serait contraire à toute justice : il était donc nécessaire de poser en principe que les créanciers privilégiés hypothécaires ou nantis d'un gage ne pourraient participer au vote du concordat qu'en se plaçant dans la condition des créanciers ordinaires, c'est-à-dire en renonçant à leurs priviléges ou garanties. — Il était encore juste de les autoriser à prendre part à la formation du concordat moyennant cette renonciation, parce qu'il peut arriver que les garanties qu'ils ont obtenues du débiteur soient insuffisantes pour les désintéresser.

A l'égard du créancier privilégié, il est vrai que, pécuniairement, il n'a pas intérêt à renoncer à son privilége pour prendre part au vote du concordat. — Mais ce défaut d'intérêt d'argent ne saurait être une raison suffisante pour interdire à ce créancier le droit de renoncer à son privilége pour concourir à la formation d'un acte de bienfaisance en faveur d'un débiteur malheureux.

J'ai déjà fait remarquer que la disposition de l'article 508 du Code de commerce, que je viens d'analyser, ne peut recevoir d'application qu'à l'égard des créanciers qui sont nantis d'une hypothèque, d'un gage ou d'un privilége sur les biens du failli, et non sur ceux d'un tiers ; et j'ai cité à l'appui de mon opinion un arrêt de la Cour d'appel de Rennes, du 31 mars 1849 ; mais, contrairement à ce que j'ai enseigné, la Cour d'appel de Poitiers (1) vient de juger qu'un concordat était nul, entre autres motifs, parce qu'un

(1) Arrêt du 29 août 1851. Dall., 1851, 2, 176.

créancier ayant hypothèque sur les biens d'un coobligé du failli, y avait concouru. — Cette Cour donne pour raison qu'un créancier ayant d'un tiers des garanties suffisantes pour assurer son paiement, n'avait pas à se préoccuper des résultats du concordat et de la faillite. — Ce motif n'est pas valable, car il pourrait s'appliquer à tous ceux qui ont des coobligés pour débiteurs et dont la solvabilité ne saurait être douteuse. — Il est certain que la Cour d'appel de Poitiers n'a fait valoir ce moyen que comme simple considération pour venir à l'appui des autres qui étaient plus déterminants.

Bédarride enseigne que le vote au concordat n'entraîne la renonciation au gage, à l'hypothèque ou au privilége, qu'autant que le concordat est voté par les deux majorités, homologué par le tribunal, et qu'il reçoit en outre sa pleine et entière exécution. — Il ajoute, qu'à défaut des deux majorités ou d'homologation, et que même, si plus tard le concordat était annulé ou rescindé, les créanciers hypothécaires nantis d'un gage ou privilégiés, qui ont pris part au vote de ce concordat, rentreraient dans la plénitude de leurs droits, et seraient par cela même relevés des effets de leur renonciation résultant de ce vote. — Bédarride donne pour motif que le concordat, comme tous les autres contrats synallagmatiques, contient deux obligations qui sont corrélatives et inséparables.

Je ne partage pas cette opinion : la loi n'a pas subordonné la renonciation au privilége, à l'hypothèque ou au gage, au sort du concordat, mais à son vote, quel qu'il soit.— Dès que le créancier privilégié, hypothécaire ou gagiste, a volontairement pris part au vote du concordat, il s'est rangé dans la classe des créanciers ordinaires; il a dès-lors renoncé d'une manière absolue aux priviléges ou avantages existant en sa faveur.—Pour jouir d'un droit, il s'est désisté purement et simplement, c'est-à-dire sans réserve, ainsi que le veut la loi, d'un autre droit que rien ne peut faire revivre.

L'article 509 du Code de commerce, il est vrai, porte que, dans le cas où, lors de la première assemblée, le concordat n'aura obtenu qu'une des deux majorités nécessaires à sa formation, les résolutions prises et les adhésions données seront sans effet. Mais cette disposition ne saurait être appliquée à la renonciation du privilége ou des garanties résultant d'un premier vote.—Elle n'a trait qu'à l'ensemble de l'opération, et non à un fait particulier.

Le vote au concordat est individuel, en ce sens qu'il ne peut être exercé par un créancier qu'une seule fois en son nom personnel, quels que soient le nombre, la quotité et la nature de ses créances.—Ainsi, quand bien même un créancier aurait acheté des créances

b

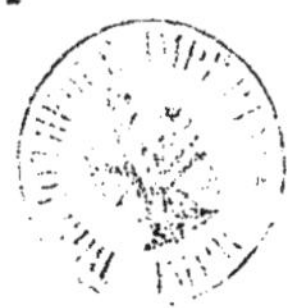

postérieurement à l'ouverture de la faillite, il ne pourrait émettre qu'un seul vote, tant à raison de ces créances que de celle qu'il possédait antérieurement (1).

Le créancier porteur d'une créance qui lui a été cédée a seul le droit de prendre part au vote du concordat, quand bien même la cession aurait été faite avec toute garantie. Il n'a pas besoin du concours du cédant; celui-ci, en lui faisant le transport de la créance, lui a cédé tous les droits qu'il comporte, et s'en est par conséquent interdit la libre disposition.

Le transport d'une créance comprend avec lui tous les droits qui y sont attachés.—Néanmoins, je pense, d'après ce que j'ai dit à l'égard de la caution, dans un précédent chapitre, qu'à défaut par le cessionnaire de produire en temps utile à la faillite du débiteur, le cédant peut exercer ses droits, à raison de la garantie qu'il a donnée.—Il arrive quelquefois qu'un créancier, porteur de plusieurs titres ou billets souscrits ou endossés par le failli, pour faciliter à son débiteur un concordat, au détriment de la masse des créanciers, fractionne ses créances en les cédant par portions à différents individus.

Les tribunaux ont plein pouvoir pour déjouer cette fraude en refusant l'homologation du concordat.—Je vais plus loin; je pense que si, postérieurement à la faillite déclarée, un créancier a cédé à plusieurs personnes, même de bonne foi, et avec division de part, sa créance résultant d'un même titre, tous les cessionnaires ne peuvent émettre qu'un seul vote en commun dans les délibérations de la faillite, et par conséquent à la formation du concordat. La raison est que le jugement déclaratif de la faillite fixe, au moment où il est prononcé, la position des créanciers et celle du débiteur; qu'ainsi un créancier qui n'a le droit d'émettre qu'un seul vote pour sa créance, ne saurait, en la divisant au profit de plusieurs cessionnaires, multiplier ce vote au préjudice de la masse et du failli.—Enfin, je dois ajouter qu'on ne peut céder aux autres plus de droits qu'on n'en a soi-même, ce qui arriverait nécessairement si chaque cessionnaire d'une fraction de la créance pouvait voter séparément.

Quid, dans le cas où plusieurs héritiers ont été admis pour une créance à la faillite, collectivement en leurs noms qualificatifs, c'est-à-dire sans distinction de part? Dans la circonstance, je crois qu'ils ne peuvent exprimer qu'un vote avec le consentement de tous. —Si, depuis qu'elle a été admise, la créance a été partagée, chacun peut voter séparément pour sa part, pourvu toutefois que la succession dont dépendait sa créance ait été ouverte avant la déclaration de la faillite; parce que, dès l'ouverture de la succession,

(1) Voir, en ce sens, arrêt Cour de cassation, du 24 mars 1840. Dall., 1840, 1,138.

chaque héritier est censé avoir succédé seul et immédiatement à tous les effets compris dans son lot, et par conséquent, chaque héritier a une créance distincte (art. 883 C. Nap.).

Un mandataire peut néanmoins émettre autant de votes qu'il a de procurations; car ce n'est pas son opinion qu'il émet, mais celle de chaque personne qu'il représente. — Un syndic, dans l'intérêt de la faillite qu'il administre, a le droit de voter le concordat présenté par le débiteur de cette faillite. Il n'a pas besoin, ainsi que certaines personnes le prétendent, de se pourvoir par avance de l'autorisation du juge-commissaire; il doit seulement le consulter.

En effet, le traité qui intervient entre les créanciers et le failli n'est pas un acte ordinaire; il ne peut s'accomplir qu'en observant les formalités indiquées par la loi pour la garantie des créanciers; il n'est valable qu'autant qu'il a reçu la sanction des tribunaux.

Le concordat est censé fait exclusivement dans l'intérêt des créanciers. — C'est par ce motif seul qu'il est obligatoire contre la minorité qui a refusé d'y concourir ou d'y adhérer.

Pourquoi, en pareille circonstance, ne serait-il pas permis à un syndic d'avoir son libre arbitre pour accepter ou refuser les propositions du failli? Comment voudrait-on l'astreindre à n'agir qu'avec l'autorisation du juge-commissaire quand, d'après le texte de la loi, il ne peut *officiellement* connaître l'état de la faillite que le jour de l'assemblée, par la lecture du rapport des syndics, et alors que le concordat doit être voté et signé, séance tenante, à peine de nullité (1)?

Ce n'est pas le vote d'une seule personne qui détermine le concordat, mais celui de la majorité en nombre représentant en même temps les trois quarts en somme des créances vérifiées et affirmées.

Ce qui précède doit, dans mon opinion, s'appliquer à toutes personnes chargées d'administrer les intérêts d'autrui. — Néanmoins, je dois faire observer que tous ceux qui, comme administrateurs ou mandataires, représentent des créanciers de la faillite, ne peuvent, sans y être légalement autorisés, ou sans un pouvoir spécial, renoncer aux hypothèques, gages ou priviléges existant en faveur de ces créanciers, pour prendre part en leur nom au vote du concordat.

(1) S'il est vrai que, d'après les règlements du tribunal de commerce de *la Seine*, un créancier peut, à l'avance, connaître la position d'un failli par le dépôt du rapport du syndic cinq jours avant l'assemblée pour le concordat; il n'est pas moins vrai que ces règlements n'ont rien d'obligatoire pour les autres tribunaux : on ne peut arguer que d'un texte de loi, parce que la loi est la règle de tous.

A tout événement, un subrogé-tuteur ne pourrait voter au concordat du tuteur pour ses mineurs, parce que ceux-ci ont une hypothèque légale sur les biens de leur tuteur, à laquelle il n'est pas permis de renoncer en leur nom. Il en est de même de la femme mariée, à l'égard du concordat de son conjoint.

Quid, au cas où le tuteur ou le mari ne posséderaient pas d'immeubles au moment de la faillite ? — Je ne pense pas que le subrogé-tuteur, pour les mineurs, et la femme pour elle-même, puissent prendre part au vote du concordat. — Vainement objecterait-on dans leur intérêt que leur créances sont de fait purement mobilières, puisque le tuteur ou le mari ne possèdent pas d'immeubles ; on répondrait que de droit ces créances ne sont pas moins immobilières, parce que leurs hypothèques légales ne s'étendent pas seulement sur les biens présents, mais encore sur ceux à venir de leur débiteur. — Sans doute rien n'est plus incertain que le failli acquerra après sa faillite des immeubles, ou qu'il lui en adviendra par donation ou succession ; mais il suffit que l'hypothèque existe pour que les mineurs et la femme soient placés dans une position exceptionnelle aux autres créanciers. — En effet, si cette éventualité se réalise, c'est-à-dire si un jour le tuteur et le mari viennent à posséder des immeubles, les mineurs et la femme pourront exercer sur eux le bénéfice de leurs hypothèques légales pour l'intégralité de leurs créances, malgré la remise qu'ils auraient consentie lors du concordat, tandis que les créanciers ordinaires ne pourront rien espérer au-delà des dividendes promis (1).

A l'égard de la femme, on objecte qu'elle peut volontairement, vis-à-vis des tiers, consentir la restriction de son hypothèque légale, même dans l'intérêt de son mari, et que, par conséquent, elle doit à plus forte raison, dans son propre intérêt, avoir la faculté d'y renoncer lorsque cet intérêt l'y convie. — Sans doute la femme peut consentir la restriction de son hypothèque légale au profit des tiers en s'obligeant avec son mari, ou pour lui, avec son consentement, sans avoir besoin de recourir à une délibération d'un conseil de famille et de faire homologuer cette délibération (2). — Sans doute elle peut intervenir au concordat de son mari, garantir ses dividendes et consentir à ce que son hypothèque légale soit restreinte à une partie seulement de ses biens ; mais, dans cette circonstance, elle ne renonce pas d'une manière absolue à son hypothèque légale ; elle n'en restreint l'effet que vis-à-vis des tiers, et elle ne cesse pas de la conserver tout entière contre mari.

(1) La Cour de cassat., par arrêt du 18 juillet 1843 (D., 1843, 1, 433), a jugé qu'encore bien qu'un tuteur dûment autorisé par une délibération du conseil de famille des mineurs ait pris part au vote du concordat, ce vote n'avait pu entraîner la renonciation à l'hypothèque des mineurs existant sur les biens du failli.

(2) En ce sens, arrêt Cour de cassat., du 24 mars 1840. Dall., 1840, 1, 145.
Idem, Cour royale de Rouen, du 6 juin 1844. Dall., 1845, 2, 77.

Or, en matière de concordat, le vote entraîne la renonciation tout entière, pour le présent et pour l'avenir, de l'hypothèque sur les biens du débiteur. — Il faut donc reconnaître que la femme ne peut prendre part au vote du concordat de son mari, parce qu'elle ne peut le faire qu'en renonçant à son profit au bénéfice de l'hypothèque légale.

Pour démontrer que cette renonciation est impossible, il me suffira de citer l'article 2,140 du Code Napoléon, qui défend de stipuler dans un contrat de mariage qu'il ne sera pris aucune inscription pour sûreté de la dote et de la reprise de la femme. — Si, avant le mariage, la femme ne peut, par anticipation, renoncer à son hypothèque légale en faveur de son futur conjoint, à plus forte raison ne le peut-elle plus après que l'union est consommée; car alors son mari exerce sur elle une influence qu'il n'avait pas auparavant.

C'est pour la préserver de cette influence, que la loi ne lui permet pas de consentir exclusivement en faveur de son mari la restriction de son hypothèque légale (art. 2,143, 2,144, 2,145 C. Nap.). — Si le mari veut obtenir la restriction de cette hypothèque, il doit réunir les parents de sa femme en conseil de famille, et leur justifier que ses biens actuellement existants sont plus que suffisants pour répondre de sa dot et de ses reprises matrimoniales. — Quelque favorable que soit la délibération de ce conseil, elle ne peut produire d'effet qu'autant qu'elle a été homologuée par le tribunal. — Ce n'est qu'à de semblables conditions que le tuteur peut obtenir la restriction de l'hypothèque légale des mineurs, alors qu'elle frappe sur ses biens.

C'est donc avec raison qu'il a été jugé que le vote, au concordat, du subrogé-tuteur pour le mineur, et celui de la femme, ne pouvaient porter atteinte à leurs hypothèques légales sur les biens du tuteur et du mari (1).

D'après les règlements de la Banque de France, celui qui est chargé de la représenter dans les faillites ne peut prendre part au vote du concordat sans une autorisation du gouverneur de la Banque, qui ne l'accorde qu'après avoir réuni son conseil pour avoir son avis. — Il en est de même pour tous les établissements publics.

Le débiteur qui veut que ces administrations votent son concordat doit, au moins dix jours à l'avance, leur en faire la demande. — Il doit indiquer les causes de sa faillite, sa situation active et passive, et les offres qu'il est dans l'intention de faire à ses créanciers pour obtenir un concordat.

(1) Arrêt Cour de cassat., du 30 juillet 1845. Dall., 1845, 1, 332.
Idem Cour d'appel de Douai, du 20 mars 1851. Dall., 1852, 2, 137.
Idem l'arrêt de la Cour de cassat., du 18 juillet 1843, précité.

Le concordat doit être signé séance tenante, à peine de nullité (art 509 précité). — Cette disposition a été faite pour indiquer que le concordat ne pouvait se former qu'au moment de la réunion des créanciers, et par leur vote, et non à l'aide de signatures recueillies à l'avance. — Il ne faut donc pas l'interpréter trop littéralement.

Ainsi, supposons qu'après avoir voté le concordat, un créancier se retire sans signer. — Je pense qu'il suffit au juge-commissaire de constater sur son procès-verbal le vote de ce créancier pour qu'on ne puisse douter de son existence jusqu'à inscription de faux. — En droit, le bénéfice du concordat est acquis au failli, lorque cet acte a réuni la double majorité exigée par la loi, et que le juge-commissaire a proclamé son adoption. — Dès lors, le créancier qui a participé à la formation du concordat ne saurait, après son adoption, le rendre nul, par son refus ou son oubli d'y opposer sa signature.

Si le concordat est consenti seulement par l'une des deux majorités, soit par celle en nombre ou par celle en somme, la délibération est remise à la huitaine pour tout délai. — Dans ce cas, les résolutions prises et les adhésions données lors de la première assemblée demeurent sans effet (art. 509 C. de com.).

Bien que la remise à huitaine pour tout délai soit indiquée par la loi, les créanciers doivent être prévenus de se rendre à la nouvelle réunion, par insertions dans les journaux et par lettres à domicile; car il peut y avoir des créanciers qui aient ignoré l'existence de la première réunion. — Quant au failli, il est inutile de lui faire une nouvelle sommation, puisqu'il a assisté à l'assemblée soit en personne, soit par un fondé de pouvoirs.

Dans le cas où la huitaine échoit un jour férié, le juge-commissaire peut remettre la délibération à la veille ou au lendemain de ce jour. — Si, par force majeure, l'assemblée n'avait pu avoir lieu à la huitaine, jour auquel elle a été remise, le juge-commissaire doit ordonner une convocation pour une autre époque.

Le failli, par une circonstance en dehors de sa volonté, ne peut être privé du bénéfice d'une seconde délibération. — A cette occasion, je dirai que la Cour d'appel de Paris a décidé que l'on pouvait considérer comme un fait de force majeure le choléra-morbus, parce que la crainte d'en être atteints avait pu empêcher quelques créanciers d'assister à la réunion.

Supposons maintenant qu'à cette seconde assemblée le failli n'obtienne encore qu'une des deux majorités, le juge-commissaire doit-il ajourner la délibération à la huitaine, ou ordonner la formation de l'union? — Le tribunal de commerce de la Seine s'est prononcé en faveur de la remise. — Je crois qu'il a bien jugé. — En effet, les créanciers, convoqués une seconde fois à l'improviste, n'ont pu prendre leurs mesures à l'avance pour se trouver à la réunion. Quelques-uns, à raison du temps écoulé entre les deux assemblées, ont pu ignorer ou oublier l'existence de la première, et par conséquent ne pas supposer que leur absence causait au failli un dommage irréparable. — Il était donc sage de considérer, dans la circonstance, la première délibération comme n'ayant jamais existé, par cela même qu'elle n'avait pu être suivie d'une autre à la huitaine suivante, telle que la loi l'exigeait.

Si les deux délibérations pour le concordat avaient eu lieu à huit jours d'intervalle l'une de l'autre, et si chacune d'elles n'avait obtenu qu'une des deux majorités nécessaires pour la formation du concordat, le juge-commissaire, comme dans le cas précité, ne pourrait ordonner une troisième délibération sans violer le texte et l'esprit de la loi.

Il est à remarquer que la loi n'autorise la remise de la première délibération à la huitaine, qu'autant que les propositions du failli ont obtenu une des deux majorités, et qu'elle indique que c'est pour *tout délai*. — Or, par ces dernières expressions, la loi donne à entendre qu'elle ne veut pas que la délibération pour le concordat puisse se prolonger indéfiniment. — C'est ce qui, certainement, aurait lieu, s'il était permis d'étendre la faveur de la loi; car rien n'empêcherait le juge-commissaire, après avoir autorisé une troisième délibération, d'en autoriser une quatrième, si la troisième délibération n'avait encore produit qu'une des deux majorités (1) (art. 510 C. de com.).

Le failli qui a été condamné comme banqueroutier frauduleux ne pouvant être admis au bénéfice d'un concordat, le législateur a dû prévoir le cas où, avant cette opération, le failli est sous le coup d'une instruction en banqueroute frauduleuse. — C'est ce qu'il a fait; — L'art. 510 du C. de com. porte : « Lorsqu'une instruction en banqueroute frauduleuse aura été commencée, les créanciers seront convoqués à l'effet de décider s'ils se réservent de délibérer sur un concordat, en cas d'acquittement, et si, en conséquence, ils sursoient à statuer jusqu'après l'issue des poursuites. » Cette disposition, commandée par l'intérêt des créanciers, pour abréger la durée de la faillite, est très-rigoureuse pour le failli; car si les créanciers ne sont pas d'avis du sursis, ils se constituent immédiatement en union.

Maintenant, qui ne sait que les créanciers sont toujours pressés de voir la fin

(1) Voir, en ce sens, arrêt Cour de cassat., du 6 août 1840. Dall., 1840, 1, 329.

d'une faillite, et de se partager l'actif qu'elle peut offrir? — Chacun, en pareil cas, consulte plutôt son intérêt que celui du débiteur, alors surtout qu'une prévention en banqueroute frauduleuse pèse sur lui.

A Paris, les juges-commissaires des faillites, malgré les termes impérieux de la loi, n'autorisent la convocation pour le sursis qu'autant qu'ils ont la conviction morale de la culpabilité du failli. — Pour que cette convocation ait lieu, il faut qu'une instruction en banqueroute frauduleuse ait été commencée. — Ainsi, il ne suffit pas qu'il y ait simplement une plainte, il faut que cette plainte ait paru au ministère public assez grave pour motiver une instruction, et qu'elle soit commencée.

La délibération à fin de sursis, lorsqu'il y a nécessité d'y recourir, doit être prise dans les formes indiquées par l'art. 507 du C. de com. précité, en présence du failli, ou lui dûment appelé. — Le sursis ne peut être prononcé qu'autant qu'il a réuni en sa faveur la double majorité exigée pour la formation du concordat, c'est-à-dire l'assentiment des créanciers formant la majorité en nombre, et les trois quarts en somme des créances vérifiées et affirmées. — Dans le cas où il n'y a qu'une des deux majorités en faveur du sursis, l'usage, au tribunal de commerce de la Seine, est d'ajourner la délibération à la huitaine suivante, conformément à l'art. 509 du Code de commerce. — Le silence de la loi, à cet égard, pourrait faire supposer qu'elle n'a pas voulu admettre une seconde épreuve. — Néanmoins, je crois qu'elle doit avoir lieu. — En effet, il est incontestable que le refus du sursis équivaut au refus du vote du concordat, car les créanciers doivent se constituer immédiatement en union.

Cette conséquence me donne à penser que les créanciers privilégiés ou nantis d'un gage ne doivent pas concourir à la délibération pour le sursis. — A raison de leur position exceptionnelle, ils n'ont pas voix dans les opérations relatives au concordat (art. 508 C. de com.).

Si les créanciers ont voté le sursis, et si, à son expiration, il y a lieu à délibérer sur le concordat, on devra se conformer aux dispositions des articles 507, 508 et 509 du Code de commerce précités.

Lorsque le failli a été condamné comme banqueroutier simple, il peut obtenir un concordat; néanmoins, en cas de poursuites commencées, les créanciers peuvent surseoir à délibérer sur la formation du concordat, jusqu'après leur issue (art. 511 du Code de com.). — Cette disposition est sage, car de l'instruction en banqueroute simple il peut résulter la découverte de faits de nature à la transformer en une instruction en banqueroute frauduleuse. — Il est à remarquer que, dans le cas d'instruction en banqueroute simple, le sursis est purement facultatif, c'est-à-dire que les créanciers peuvent immédiatement passer au concordat, tandis que dans le cas d'instruction en banqueroute frauduleuse, il faut que les créanciers votent le sursis, ou qu'ils se constituent en union. — La différence naît de ce qu'un banqueroutier simple peut être admis au bénéfice d'un concordat: avantage que ne saurait obtenir un banqueroutier frauduleux (1).

Quid, au cas où, sans avoir égard aux prescriptions des articles 510 et 511, c'est-à-dire, sans que le juge-commissaire ou les syndics aient appelé les créanciers à délibérer sur un sursis, ces derniers auraient passé au vote du concordat?

Dans le cas d'une instruction commencée en banqueroute frauduleuse, le concordat est nul de plein droit, parce que les créanciers ne peuvent voter que le sursis; et, en cas de refus de ce sursis, ils sont forcément constitués en union.

Dans le cas d'une instruction commencée en banqueroute simple, il faut distingner si les créanciers ont eu ou non connaissance de cette instruction, au moment du vote du concordat. — Si, après en avoir été instruits, les créanciers passent immédiatement au vote du concordat, par ce fait même ils renoncent à demander le sursis, qui est facultatif de leur part.

Mais, si on leur a laissé ignorer l'existence de la plainte et des poursuites auxquelles elle a donné lieu, c'est un motif suffisant pour s'opposer à l'homologation du concordat et pour en demander la nullité, parce qu'on a privé la masse des créanciers de l'exercice d'un droit qui est consacré par la loi, celui de voter sur le sursis.

Il est possible que des créanciers se seraient refusés à donner un vote favorable au concordat de leur débiteur, s'ils avaient su auparavant qu'il était poursuivi comme banqueroutier simple.—D'ailleurs, le fait de n'avoir pas appelé la masse à délibérer sur le sursis constitue une inobservation des règles prescrites par la loi pour arriver à la formation du concordat.—Dans ce cas, le tribunal doit, même d'office, en refuser l'homologation (art. 515 C. de com.).

Il est donc important que le juge-commissaire, en cas d'instruction commencée en banqueroute simple, convoque les créanciers à délibérer sur le sursis du concordat, et qu'à défaut de cette convocation spéciale, les syndics, au jour de l'assemblée pour le

(1) Voir, en ce sens, un arrêt de la Cour de cassat., du 7 août 1848, Journal le *Droit* du 11 du même mois.

concordat, fassent, dans leur rapport, connaître aux créanciers la poursuite commencée en banqueroute simple, et, en même temps, les causes qui l'ont motivée; parce que, ainsi que je l'ai fait remarquer, si les créanciers passent immédiatement à la formation du concordat, ils renoncent par cela même au bénéfice du sursis, en le considérant comme inutile.

DU CONCORDAT PAR ABANDON D'ACTIF.

J'ai parlé, il n'y a qu'un instant, du concordat par abandon d'actif; comme cet acte joue un grand rôle dans la plupart des faillites à Paris, je crois devoir en définir la nature et les effets.

Dans la pratique, quelques personnes considèrent ce genre de traité comme anormal, parce que, disent-elles, la loi ne l'a pas prévu; ces personnes vont même plus loin, elles prétendent que ce traité est contraire à l'esprit de la loi; car, suivant elles, un failli ne peut obtenir sa libération qu'autant qu'il engage son avenir, c'est-à-dire qu'il s'oblige, par son concordat, à payer à ses créanciers au-delà de ce qu'il possède actuellement, par le motif que sa fortune présente leur appartient de plein droit, par le seul fait de sa faillite. C'est une erreur; il résulte clairement du texte et de l'esprit du Code de commerce que le législateur a voulu que les créanciers et le failli fussent maîtres de faire entre eux telles conventions qu'ils jugeraient convenables à leurs intérêts, pourvu qu'elles ne fussent pas contraires à l'ordre public.—La loi, en effet, se contente de tracer les formes à suivre pour arriver au concordat, et d'indiquer seulement les majorités nécessaires à sa formation.

Si, pour mettre fin aux opérations de la faillite, les créanciers et le failli donnent souvent la préférence au concordat par abandon de l'actif, c'est parce qu'ils le trouvent plus avantageux que tout autre traité.—Par ce concordat, les créanciers s'emparent de la fortune du failli, et se la distribuent immédiatement par une liquidation amiable; ils évitent ainsi les frais et les lenteurs d'une liquidation judiciaire; tant en satisfaisant à leurs intérêts, ils se montrent généreux envers le failli, en le libérant pour l'avenir de ce qu'il leur redoit.

Quant au failli, comme il est d'usage que les propositions tendantes à un concordat émanent de lui, il est évident que, s'il demande sa libération moyennant l'abandon de son actif, c'est qu'il aime mieux se dépouiller de tout ce qu'il possède présentement que s'obliger à payer des dividendes à terme, dans la crainte de ne pouvoir les acquitter à l'échéance.— D'un autre côté, il est beaucoup de débiteurs qui éprouvent de la répugnance à courir de nouveau les chances du commerce et à s'exposer à une seconde faillite.

Comme on le voit, le concordat par abandon d'actif peut être considéré comme un acte empreint de bienveillance de la part des créanciers, et en même temps de prudence de la part du failli.

L'objection que, par un concordat par abandon d'actif, le débiteur ne donne à ses créanciers que ce qu'ils ont le droit de lui prendre, n'est pas sérieuse, car la loi n'a pas posé de limites à la libéralité des créanciers, alors surtout qu'elle se concilie avec leurs intérêts.

Lorsqu'ils font remise au failli d'une partie de sa dette, avec obligation de payer le surplus à terme, cette remise constitue également un acte de libéralité de leur part.— Il est vrai que le débiteur s'engage ordinairement à payer plus qu'il ne possède actuellement; mais les créanciers courent la chance, en lui restituant son actif, de perdre cet actif, s'il n'accomplit pas ses promesses à l'époque fixée pour le paiement des dividendes.

Les reproches mérités qu'on peut adresser au concordat par abandon d'actif ne naissent pas du pacte en lui-même, mais de son exécution. — Cet acte ne peut s'accomplir que par des commissaires que les créanciers sont obligés de choisir pour réaliser l'actif abandonné, et en faire la répartition entre les ayants droit. — Très-souvent, les créanciers prennent ces commissaires parmi eux.— Pour parer à l'imprévu, ils sont dans la nécessité de donner à ces commissaires les pouvoirs les plus étendus. — Ceux-ci exercent leurs fonctions sans contrôle; ils peuvent, jusqu'à un certain point, abuser de leur mandat, à cause de la difficulté de les contraindre à rendre leurs comptes.

Chaque créancier isolément n'ose pas, pour arriver à ce but, courir les chances d'un procès. — S'il le gagne, il n'en tire souvent qu'un très-faible avantage; s'il le perd, il en supporte seul les frais.

En 1851, on avait présenté à l'Assemblée nationale un projet de loi pour réglementer le concordat par abandon d'actif; mais on a ajourné ce projet, parce qu'on n'a pas tardé à reconnaître qu'il péchait par sa base. — Du moment que le législateur s'arrogeait le droit de s'interposer entre les créanciers et le failli pour régler les conditions d'un concordat de cette nature, cet acte, par cela même, cessait d'être un contrat purement volontaire. — Il valait mieux alors l'interdire; mais, ce qui vaut assurément mieux encore, c'est de laisser les créanciers libres, de régler les conditions du concordat et de pourvoir à son exécution.

Pour arriver à ce résultat, les créanciers, doivent, avant tout, apporter le plus grand soin dans le choix des commissaires, pour réaliser l'actif abandonné et en faire la répartition. — Ils doivent les prendre parmi les hommes qui ont la pratique des affaires, qui ont donné constamment des gages de leur moralité, et qui, par état, sont soumis à un certain contrôle de leurs actions.

Maintenant, quel est le caractère qu'on doit assigner au concordat par abandon d'actif? opère-t-il, ou non, le transfert de la propriété des biens du débiteur en faveur de ses créanciers? C'est la question qu'il me reste à examiner.

En droit (art. 1267 C. Nap.), la cession de biens volontaire est celle que les créanciers acceptent volontairement, et qui n'a d'effet que celui résultant des stipulations mêmes du contrat passé entre eux et le débiteur.

Le concordat par abandon d'actif n'est autre chose qu'une cession de biens faite par le débiteur, et volontairement acceptée par ses créanciers. C'est donc dans les termes mêmes de cet acte qu'il faut en chercher les effets. — Lorsqu'il y a faillite, le débiteur est dessaisi de l'administration de ses biens, dans l'intérêt de ses créanciers; ceux-ci peuvent, en lui refusant le bénéfice d'un concordat, les faire vendre et s'en répartir le produit jusqu'à concurrence de ce qui leur est dû. — Si, pour obtenir en tout ou partie sa libération, le failli les leur abandonne, il ne fait que consacrer un droit préexistant à leur profit. — Cet abandon, fait pour opérer un paiement, n'est au fond qu'une simple délégation. — Si cette délégation ou cession saisit d'une manière irrévocable, de la chose abandonnée, les créanciers en faveur de qui elle est faite, elle ne leur en transfère cependant pas toute la propriété; elle ne leur confère dessus qu'un droit de préférence. — Ce principe est écrit dans la loi.

L'article 1269 du Code Nap. porte que la cession judiciaire ne confère pas la propriété aux créanciers, et qu'elle leur donne seulement le droit de faire vendre les biens à leur profit, et d'en percevoir les revenus. — Si ce principe n'a pas été posé dans la disposition relative à la cession volontaire, c'est qu'il appartenait aux parties seules d'en régler les effets.

En l'absence de stipulations formelles, on doit décider que la cession ou l'abandon volontaire n'opère pas la mutation du droit de propriété. — En effet, lorsqu'il intervient un concordat par abandon d'actif entre les créanciers et leur débiteur, les parties n'ont eu en vue que deux choses, les unes leur paiement, l'autre sa libération.

Si donc, par imprévu, l'actif du débiteur était supérieur à ses dettes, les créanciers devraient lui remettre le surplus. — Il ne pourrait en être autrement qu'au cas où il résulterait des termes formels du contrat que l'abandon des biens a eu lieu à forfait, aux risques, périls et fortune des créanciers, parce qu'alors ce ne serait plus un simple acte de délégation, mais un véritable contrat aléatoire constituant le transfert de la propriété à leur profit. — Dans ce cas, les créanciers pourraient profiter du supplément de l'actif, comme aussi le failli pourrait, de son côté, provoquer immédiatement sa réhabilitation, en la fondant sur sa complète libération résultant du contrat, c'est-à-dire, quand bien même ses créanciers ne toucheraient pas plus tard, sur les biens qu'il leur a transmis, l'intégralité de ce qui leur est dû (1).

On a vu que le concordat par abandon d'actif ne présentait réellement d'inconvénients sérieux que dans son exécution. — Pour y remédier, les créanciers, après avoir choisi des commissaires dans la classe des personnes que j'ai indiquées, doivent en même temps s'appliquer à régler leurs attributions. — Ils peuvent prescrire aux commissaires les formes dans lesquelles les biens doivent être vendus, leur imposer un conseil de surveillance, ne les autoriser à transiger qu'à certaines conditions, fixer des délais dans lesquels ils seront tenus d'opérer la répartition de l'actif et de rendre leurs comptes ; ils peuvent enfin déterminer le mode de remplacement d'un ou plusieurs d'entre eux, en cas de décès ou de démission volontaire (2).

Quant aux commissaires, pour abriter leur responsabilité, ils ne doivent vendre les biens meubles de quelque importance, et les immeubles qu'aux enchères publiques, avec toute la publicité possible. — Dans le cas où il y a avantage à vendre à l'amiable, les commissaires doivent réunir les principaux créanciers et le failli pour avoir leur avis. — Avant de distribuer l'actif ils doivent, par lettres et insertions dans les journaux, inviter les créanciers portés au bilan, dont les titres n'auraient pas été vérifiés dans le cours de la faillite, à les produire en leurs mains, huit jours au moins à l'avance, pour en faire l'examen. — Si ces avertissements sont infructueux, ils doivent faire un acte de mise en demeure aux retardataires, avec déclaration que, faute d'y

(1) Je suis entré dans l'examen de cette question, parce que depuis quelque temps l'administration de l'enregistrement et des domaines perçoit un droit proportionnel, et par conséquent de mutation, sur les concordats par abandon d'actif.

Jusqu'à ce que cette question soit vidée, je ne saurais trop recommander de formuler le concordat de manière qu'on voit clairement qu'il ne contient qu'une indication de paiement sur l'actif abandonné.

(2) Le tribunal de Commerce de la Seine, par jugement rendu le 16 mars 1852, sous la présidence de M. Lucy-Sedillot (voir recueil Teulet et Camberlin, p. 80), a décidé qu'en cas de démission de l'un des commissaires à l'exécution d'un concordat, il y a lieu, dans le silence de la loi, de se pourvoir devant le tribunal de commerce, pour qu'il désigne un de ses membres à l'effet de présider la délibération des créanciers convoqués par la voie du greffe pour nommer un nouveau commissaire.

satisfaire dans un délai *imparti*, ils passeront outre à la répartition. — Cet acte doit suffire, car il serait contre toute justice de soutenir qu'en pareil cas les commissaires devaient mettre en réserve les dividendes afférents aux créanciers qui n'ont pas produit, ou les assigner pour faire juger qu'ils n'auraient aucun droit dans la distribution de l'actif. — En effet, si l'énonciation portée au bilan qu'ils sont créanciers constitue une présomption en leur faveur, cette présomption se trouve détruite par le défaut de production de leurs titres, non-seulement à la faillite, mais encore à la liquidation, après les avertissements successifs qu'ils ont reçus.

Les commissaires, pour opérer la répartition, devront, autant que possible, se conformer à ce qui est prescrit pour la répartition sous le régime de l'union. — Ils devront faire approuver leur état de distribution par le failli, s'il est à leur disposition, et faire mention du paiement sur chacun des titres produits, pour empêcher qu'on ne les leur représente à nouveau.

Les commissaires, pas plus que le failli, à moins d'une libération complète, ne peuvent réclamer du créancier la remise des titres.—Si le paiement des dividendes libère légalement le débiteur, la dette naturelle ne subsiste pas moins pour la partie qui n'a pu être éteinte. — Ce n'est qu'à la condition d'acquitter la dette entière, en principal, intérêts et frais, que le failli peut obtenir le bénéfice de sa réhabilitation (art. 604 C. de com.) (1).

DE L'OPPOSITION AU CONCORDAT ET DE SON HOMOLOGATION.

La loi ne permet de former opposition au concordat qu'aux créanciers qui ont eu le droit d'y concourir ou dont les droits ont été reconnus depuis (art. 512 C. de com.).

Pour être admis à y participer, il faut faire vérifier sa créance et l'affirmer ou la faire admettre par provision.— Il n'y a donc que les créanciers qui ont satisfait à l'une ou l'autre de ces obligations, ou dont les droits ont été reconnus depuis que le concordat a été voté, qui peuvent s'opposer à son homologation.

Il faut que la reconnaissance de la créance précède l'opposition ; s'il n'en était pas ainsi, toute personne, sous le prétexte qu'elle est créancière, pourrait former opposition au concordat, et entraver son homologation au détriment de la masse des créanciers

(1) La Cour d'appel de Paris, par arrêt du 5 avril 1834 (Dall., 1838, 2, 200), a jugé, qu'encore bien qu'un failli, par son concordat, ait fait abandon de tout son actif à ses créanciers, il n'avait pas moins le droit de poursuivre en son nom le recouvrement des créances négligées par les commissaires à l'exécution du concordat, parce que, malgré sa libération, il reste sous le coup d'une dette naturelle, qu'il a intérêt à éteindre pour arriver à sa libération.

et du failli.—La loi ne dit pas que ceux dont les droits ont été reconnus depuis le concordat doivent affirmer la sincérité de leur créance, et même par qui ces droits doivent être reconnus.

Je crois que la reconnaissance des droits doit avoir lieu par tous ceux qui ont capacité pour le faire, soit par les syndics et le juge-commissaire, soit par un jugement. — Dans le premier cas, il ne suffit pas que la créance soit vérifiée et admise, il faut encore qu'elle soit affirmée, car il n'y a que les créanciers dont les titres ont été vérifiés et affirmés qui peuvent concourir au concordat et y former opposition. — Dans le second cas, l'affirmation de la créance n'est pas nécessaire, car sa légitimité et sa sincérité sont suffisamment établies par le jugement obtenu après contestation contre les syndics.

Renouard, dans son traité *des Faillites*, est d'avis que la reconnaissance des droits doit précéder l'opposition; Bédaride émet l'opinion qu'il suffit que la contestation sur la créance soit engagée; à cet égard, ce dernier auteur se livre à une théorie de principes qui me semble contraire au texte de la loi et à son esprit.

Encore bien que les créanciers hypothécaires, privilégiés ou nantis d'un gage, ne concourent pas à la formation du concordat, ils n'ont pas moins la faculté de s'opposer à son homologation s'ils ont fait vérifier leurs créances et les ont affirmées, par la raison qu'ils avaient le droit de participer au concordat, en renonçant, par leur vote, à leurs privilèges, gages ou hypothèques. — Toutefois, je pense que ces créanciers ne peuvent former opposition au concordat sans renoncer à leurs garanties ou privilèges. — Leur opposition doit être considérée comme constituant de plein droit cette renonciation. — S'il n'en était pas ainsi ils pourraient impunément nuire aux créanciers ordinaires et au failli lui-même, soit en paralysant l'exécution du concordat pendant toute la durée d'un procès, soit en le faisant annuler. — Quant à la renonciation, on se demande si elle doit ou non s'étendre à toute leur créance garantie ou privilégiée?

Quelques auteurs (1) pensent qu'il n'est pas permis aux créanciers privilégiés, ou nantis d'une hypothèque ou d'un gage, de restreindre leurs privilèges, hypothèques ou gages à une fraction de leurs créances, pour prendre part pour le surplus de ces créant ces au vote du concordat ou s'opposer à son homologation. — Ces auteurs donnen- pour motif que, du moment que des créanciers sont privilégiés hypotécaires ou ga-

(1) Renouard et Bédarride.

gistes, ils ne peuvent concourir au concordat, à moins de renoncer à leurs priviléges ou garanties, parce que la disposition de la loi, à cet égard est absolue.

Si ces créanciers privilégiés, ajoutent-ils, pouvaient ne renoncer à leurs avantages que pour une faible partie de leurs créances, ils éluderaient facilement la loi et en feraient manquer le but; car, moyennant un faible sacrifice, ils favoriseraient le failli ou lui nuiraient, au détriment de la masse des créanciers ordinaires.

Cette opinion, quoique juste au fond, n'est pas moins trop absolue. — En effet, il est bien certain que, si le législateur a voulu que le vote au concordat entraînât la perte des priviléges ou garanties, c'est pour empêcher que ceux au profit desquels ils existent ne vinssent impunément exercer leur influence sur la formation du concordat.

Mais si, par exemple, un créancier hypothécaire ou nanti d'un gage prévoyait, au jour du concordat ou depuis qu'il a été voté, que ses garanties seront insuffisantes pour le désintéresser complétement, et que le concordat, tel qu'il a été présenté par le failli, est contraire aux intérêts de la masse et, par conséquent, à ses propres intérêts, pourquoi ne pourrait-il pas déclarer qu'il entend n'exercer son hypothèque et son privilége que pour une partie de sa créance, et que le surplus soit considéré comme créance ordinaire? — On ne saurait opposer à ce créancier qu'il n'a pas le droit de diviser sa créance, ou bien que sa qualité n'est pas divisible; car, d'une part, sa créance n'est pas indivisible, et d'une autre, sa qualité de créancier hypothécaire gagiste ou privilégié est inhérente à sa créance, et non à sa personne.

Je crois donc que, dans ce cas, le créancier qui a divisé sa créance peut voter au concordat ou s'opposer à son homologation pour les sommes qu'il a fait entrer dans la classe des créances ordinaires, et, par conséquent, conserver son privilége, son hypothèque ou son gage pour le surplus de sa créance. — Il ne pourrait être déchu de toutes ses garanties ou avantages qu'autant qu'il apparaîtrait aux tribunaux qu'il n'en a abandonné une faible partie qu'en vue de favoriser le débiteur ou de lui nuire, et non à cause d'un intérêt légitime.

Si un créancier figurait à double titre dans une faillite, c'est-à-dire en vertu de deux créances, l'une hypothécaire et l'autre purement chirographaire, il n'est pas douteux que, pour la dernière créance, il pourrait prendre part au vote du concordat ou y former opposition, parce qu'il userait d'un droit inhérent à cette créance, qui est ordinaire, et qui, par cette raison, est entièrement distincte de l'autre, à laquelle est affecté un privilége ou une garantie (1).

(1) Arrêt, Cour d'appel de Rouen, du 9 décembre 1840. *Journal du Palais*, 1841, 2, 683.

Le délai pour former opposition au concordat est de huit jours, à compter du lendemain du jour du concordat (art. 512 C. de com.). — Ainsi, lorsque le concordat a été voté un lundi, on peut encore, le mardi de la semaine suivante, y former opposition.

L'opposition au concordat doit être motivée, et signifiée aux syndics et au failli avec assignation à la première audience du tribunal de commerce, *le tout à peine de nullité* (art. 512 C. de com.). — S'il n'a été nommé qu'un seul syndic, et si, en sa qualité de créancier, il se rend opposant au concordat, il doit provoquer la nomination d'un nouveau syndic, pour lui notifier son opposition.

L'exécution de cette disposition serait impossible si, pour la nomination de ce nouveau syndic, il fallait suivre les prescriptions de l'article 462 du Code de commerce, à cause des délais nécessités pour la réunion des créanciers, et pour prononcer le jugement qui doit indiquer la nomination du syndic. — Dans ce cas, à cause de l'urgence, la nomination d'un nouveau syndic doit avoir lieu sur simple requête présentée au tribunal, après communication au juge-commissaire.

On conçoit facilement l'utilité de la nomination de ce nouveau syndic; car, par le fait seul que le syndic créancier se rend opposant au concordat, il est censé agir contrairement à la volonté et aux intérêts de la masse des créanciers dont il était le représentant. — Ainsi, sous aucun prétexte, un syndic qui ne serait pas en même temps créancier ne pourrait former opposition au concordat. — Le vote de la majorité est réputé par la loi celui de la masse. — D'un autre côté, chaque créancier dissident a le droit de former en son nom opposition au concordat.

Enfin, les tribunaux ont la faculté de refuser d'office l'homologation du concordat. — Néanmoins, comme tout syndic est préposé pour surveiller et même pour sauvegarder les intérêts de tous, il est de son devoir de présenter officieusement au juge-commissaire toutes les observations qui lui paraissent de nature à s'opposer à l'homologation du concordat, et de lui signaler les manœuvres frauduleuses qu'aurait employées le failli pour le faire adopter. — Ce magistrat, comme on le verra plus tard, est tenu, avant que le tribunal homologue le concordat, de lui faire un rapport sur son admissibilité et sur les caractères de la faillite.

Si le jugement de l'opposition est subordonné à la solution de questions étrangères, à raison de la matière, à la compétence du tribunal de commerce, ce tribunal doit surseoir à prononcer jusqu'après la décision de ces questions, et fixer un bref délai dans lequel le créancier opposant devra saisir les juges compétents et justifier de ses diligences (art. 512 C. de com.). — Cette disposition a été introduite dans le Code de commerce pour témoigner du respect du législateur pour l'ordre des juridictions. — Il est rare que cette disposition reçoive son application; car il est difficile de spécifier les cas dans lesquels elle puisse être invoquée.

Renouard rapporte que, lors de la discussion de ce dernier § de l'article 512 précité, M. Dupin a dit que : « si incidemment à une opposition au concordat se joi« gnait une question d'état, les tribunaux, en jugeant la question d'état, ne jugeront « que la question appartenant à leur compétence, et que l'on reviendra devant le « tribunal de commerce pour juger tout ce qui pourra être relatif à l'opposition au « concordat. »

Bédarride enseigne que, si l'opposition au concordat est basée sur des faits constituant la banqueroute frauduleuse, le tribunal devra surseoir, parce qu'il n'est pas compétent pour juger des faits de cette nature. — Si cette opinion était accueillie, il en résulterait un grave dommage pour la masse des créanciers et le failli.

Il ne faut pas se le dissimuler, l'expérience démontre tous les jours que le plus grand nombre des oppositions formées à l'homologation des concordats n'a pour cause, de la part de certains créanciers, que la satisfaction de leurs ressentiments, et le plus souvent que l'intention de se faire attribuer des avantages particuliers.

Aussi, comme la loi veut que l'opposition à l'homologation du concordat soit motivée, à peine de nullité, c'est-à-dire qu'elle indique les moyens de fait ou de droit sur lesquels cette opposition repose, le créancier qui n'en a pas de sérieux à invoquer articule ordinairement, à tout hasard, que le débiteur a fait figurer à son bilan et laissé admettre à son passif, des créanciers de complaisance, ou a dissimulé à dessein la valeur réelle de son actif, ou, pour mieux dire, son importance. — Or, ces faits constituent la banqueroute frauduleuse.

Si les tribunaux de commerce n'avaient pas le pouvoir d'apprécier ces faits, et s'ils devaient attendre l'issue d'une instruction criminelle pour statuer ensuite sur l'homologation du concordat, le créancier qui n'a articulé ces faits de banqueroute frauduleuse que pour faire acheter le désistement de son opposition, atteindrait sûrement son but; car le failli, pressé d'être rétabli à la tête de ses affaires, n'hésiterait pas à faire un sacrifice en faveur de ce créancier, pour se rédimer d'un préjudice plus grand, résultant de l'impuissance où il se trouverait de pouvoir pendant longtemps reprendre son négoce.

Sans doute les tribunaux de commerce ne sont pas compétents pour juger les faits qui constituent la banqueroute frauduleuse; mais il est en leur pouvoir de les apprécier, parce qu'ils sont juges du mérite de l'opposition au concordat. — Néanmoins, leur appréciation, en pareille circonstance, ne peut avoir lieu lorsqu'une instruction en banqueroute frauduleuse a été commencée depuis le vote du concordat, parce que, si cette instruction avait été commencée avant l'assemblée convoquée pour cet acte, les créanciers n'auraient pu le voter; dès-lors les juges ne peuvent, par la même raison, l'homologuer. — C'est donc dans ce cas unique que les juges doivent surseoir à statuer sur le mérite de l'opposition au concordat.

Dans le cas où cette opposition a soulevé des questions étrangères à la compétence du tribunal de commerce, le créancier opposant doit saisir de son action les juges qui doivent en connaître, dans les délais qui lui ont été prescrits par le tribunal de commerce; faute de quoi ce créancier doit être débouté de son opposition sur la demande de toute partie intéressée.

S'il ne survient pas d'opposition au concordat dans la huitaine, l'homologation de ce concordat peut être demandée par la partie la plus diligente, c'est-à-dire par chacun des intéressés (art. 513 C. de com.).

Dans l'usage, cette homologation est requise par le syndic qui présente au juge-commissaire une requête tendante à ce qu'il donne au tribunal un avis favorable à l'homologation du concordat et en même temps son avis sur la fixation de l'indemnité à laquelle il a droit.

Si, dans la huitaine, il a été formé des oppositions, le tribunal doit statuer sur ces oppositions et sur l'homologation du concordat par un seul et même jugement (art. 513 C. de com.).

Dans tous les cas, qu'il y ait ou non opposition, il ne peut être rendu de jugement sur l'homologation du concordat qu'après les délais de l'opposition, c'est-à-dire, après huitaine (art. 513 C. de com.).

Le jugement qui statuerait sur les oppositions, sans homologuer en même temps le concordat, ou celui qui serait rendu avant l'expiration de la huitaine, s'il n'était pas survenu d'opposition depuis, ne serait pas nul de droit. — Le législateur n'a ordonné ces prescriptions qu'en vue d'économiser les frais (1).

(2) Voir, en ce sens, arrêt de la Cour d'appel de Colmar, du 18 juillet 1826. Dall., 1827, 2, 60.

Si le tribunal admet l'opposition au concordat, l'annulation de cet acte doit être prononcée à l'égard de tous les intéressés (art. 513 C. de com.).

Avant qu'il soit statué sur l'homologation du concordat, le juge-commissaire doit faire un rapport au tribunal sur les caractères de la faillite et sur l'admissibilité du concordat (art. 514 C. de com.). — Cette formalité est substantielle ; son omission doit entraîner la nullité du jugement (1).

Enfin, en cas d'inobservation des règles prescrites par la loi, ou lorsque des motifs tirés, soit de l'intérêt public, soit de l'intérêt des créanciers, paraissent au tribunal de nature à empêcher le concordat, il doit en refuser l'homologation (art. 515 C. de com.).

Les dispositions que je viens de rapporter ont donné naissance à quelques questions dans la pratique. — On a agité celle de savoir si un créancier qui n'a pas été appelé au vote du concordat, bien que sa créance ait été vérifiée et affirmée ou admise par provision, peut y former opposition après le délai de huitaine?

L'affirmative ne me paraît pas douteuse, parce que si le législateur a limité le droit qu'il accorde à chaque créancier de former opposition au concordat à un délai de huitaine, c'est dans la supposition que ce créancier a été appelé à y concourir, et que, par conséquent, il a eu connaissance du jour de l'assemblée pour sa formation. — Raisonnablement, il n'est pas possible d'exciper de la rigueur de la loi contre une personne à l'égard de laquelle on n'en a pas suivi les prescriptions (2).

Je ne doute pas non plus que le créancier qui n'aurait pas été appelé à concourir à la formation du concordat, quand il en avait le droit, ou dont les titres n'auraient pas été vérifiés et affirmés par la faute des syndics, ne puisse former tierce-opposition au jugement qui a homologué le concordat (3).

Ce n'est que dans ces circonstances qu'une tierce-opposition peut être reçue ; car si on l'admettait pour d'autres motifs, on ferait revivre au profit des créanciers l'exercice d'un droit qui n'existe plus, c'est-à-dire celui d'attaquer le concordat plus de huit jours après son obtention.

La preuve qu'un créancier n'a pas été appelé à concourir à la formation du concordat est difficile à administrer, par le motif que les créanciers ne sont convoqués à sa forma-

(1) Voir, en ce sens, arrêt Cour d'appel de Douai, du 23 décembre 1839. Dall., 1841, 2, 43.

(2) Voir, en ce sens, arrêt de la Cour d'appel de Caen, du 18 août 1814.

(3) Voir, en ce sens, arrêt Cour d'appel de Paris, du 23 février 1814. *Journal du Palais*, 1,806.

tion que par lettres du greffe. — Les tribunaux doivent se montrer très-réservés pour admettre cette preuve, et ne jamais la faire reposer sur des témoignages oraux; car on sait avec quelle facilité se donnent des attestations de cette nature. — Il faut des preuves écrites ou des circonstances de fait irrécusables, c'est-à-dire qui ne laissent aucun doute dans l'esprit sur la véracité du fait allégué.

On se demande si le créancier qui n'a pas formé opposition au concordat dans la huitaine, peut intervenir dans une instance pendante devant le tribunal, entre un créancier opposant à ce concordat et le failli? — Pour l'affirmative, on se fonde sur ce que l'annulation du concordat par suite de l'opposition qu'on y a formée, profite à tous les intéressés. — On en tire la conséquence que, dès que cette opposition profite à tous, celui qui l'a faite ne peut plus s'en désister, alors que d'autres créanciers ont déclaré vouloir en profiter.

Je ne partage pas cette opinion (1). — Par cela seul que chaque créancier a le droit de former opposition au concordat dans un délai déterminé, il ne peut intervenir dans une instance engagée par suite de l'opposition faite par un autre créancier, parce que s'il n'en était pas ainsi, le créancier intervenant ferait renaître en sa faveur l'exercice d'un droit auquel il a renoncé, en ne l'exerçant pas directement et en son nom, dans les délais prescrits.

Si l'annulation du concordat profite à tous les créanciers, c'est parce que son homologation le rend obligatoire pour tous. — Sans cela, la position des créanciers dans une faillite cesserait d'être égale entre eux.

Qu'un créancier se désiste de son opposition au concordat, ce n'est pas une raison pour que le tribunal l'homologue. — Le tribunal peut se refuser à l'homologation du concordat; il le doit même si, pour sa formation, on a négligé d'accomplir les formalités prescrites, et s'il contient des stipulations contraires à l'ordre public ou à l'intérêt des créanciers (art. 515 précité).

L'expérience, comme je l'ai fait remarquer il n'y a qu'un instant, démontre tous les jours que la plupart de ceux qui forment opposition à un concordat n'agissent ainsi que pour se faire attribuer, par le failli, des avantages particuliers. — Aussi, les tribunaux, sur la demande des parties, ne doivent pas hésiter à condamner à des dom-

(1) Voir, en ce sens, arrêt Cour d'appel de Douai, du 17 février 1849. *Journal du Palais*, 1850, 1, 28. Cet arrêt, pour repousser l'intervention du créancier, s'est principalement fondé sur ce qu'il était représenté en la personne des syndics, qui sont nécessairement en cause.

mages et intérêts ceux qui n'ont retardé l'homologation d'un concordat qu'en vue d'une aussi honteuse spéculation.

On se demande encore si le refus par le tribunal d'homologuer le concordat en entraîne la nullité d'une manière absolue, en ce sens que les créanciers doivent se constituer immédiatement sous le régime de l'union?

Je crois que le tribunal, en refusant l'homologation du concordat, a la faculté a ordonner, suivant les circonstances, qu'il sera procédé à une nouvelle délibération pour le vote d'un nouveau concordat, ou que les créanciers seront constitués en état d'union.

Supposons, par exemple, que le concordat soit nul pour inobservation des règles prescrites par la loi. — Cette nullité, résultant d'un moyen de forme, ne saurait priver le failli du droit d'obtenir un autre concordat, en se conformant alors aux règles tracées par la loi. — Il doit en être de même au cas où la nullité du concordat a été prononcée par un moyen tiré du fond de la contestation, si ce moyen n'implique pas l'idée que le failli ait agi de mauvaise foi en faisant ses propositions à ses créanciers.

Bédarride pose en principe que les créanciers ne doivent se constituer sous le régime de l'union que lorsque le concordat a été annulé pour cause de banqueroute frauduleuse, et que, dans les autres cas, ils doivent être appelés à nouveau pour délibérer sur la formation d'un concordat.

Je ne saurais, comme on vient de le voir, partager cette opinion, qui me paraît contraire au texte et à l'esprit de l'article 515 du Code de commerce précité.

Dans le cas cependant où le tribunal prononce purement et simplement la nullité du concordat en se refusant de l'homologuer, je pense que les créanciers peuvent se réunir à nouveau pour concorder, parce que le silence du tribunal doit être interprété en leur faveur et en celle du failli.

Le tribunal, en homologuant le concordat, ne peut en changer les conditions, parce qu'il se substituerait aux droits des créanciers ou à la volonté du failli. — Si cependant celui-ci offrait ou de payer un dividende plus fort, ou de rapprocher les termes de ses paiements, le tribunal pourrait lui en donner acte, car il est permis au débiteur d'améliorer le sort de ses créanciers.

L'article 512 permet à tous créanciers qui ont eu le droit de concourir au concordat d'y former opposition; sa disposition est absolue, elle n'excepte pas même ceux qui y ont participé par un vote favorable. — Il faut cependant convenir qu'un créancier qui aurait voté et signé un concordat ne pourrait être admis à y former opposition qu'autant qu'il parviendrait à démontrer qu'il n'a concouru à la formation de cet acte que parce qu'il a été induit en erreur sur la moralité du failli et sur la situation active et passive de sa faillite, ou enfin que ce dernier n'a obtenu son concordat qu'à l'aide de manœuvres frauduleuses.

En terminant sur ce point, je ferai observer que le juge-commissaire doit, autant qu'il le peut, s'opposer à ce que le failli fasse partir l'époque du paiement de ses dividendes du jour de l'homologation de son concordat, lorsque ces dividendes doivent être payés à terme, par exemple, dans l'année qui suivra cette homologation; car il s'est rencontré des faillis qui, pour retarder cette époque de paiement, ont fait former des oppositions à leurs concordats par des créanciers complaisants.

D'un autre côté, le juge-commissaire doit veiller à ce que le failli n'insère pas dans le concordat cette clause insidieuse : « *qu'il est fait remise de tous intérêts et frais.* » — Lors du paiement des dividendes, le failli retranche les intérêts et frais de la créance admise, en se fondant sur cette clause qui, presque toujours, passe inaperçue ou n'est pas bien comprise par l'assemblée de ses créanciers. — Cette clause est contraire à la loi, car le concordat doit placer tous les créanciers dans la même position. — Il n'est pas permis à ceux dont la créance était improductive d'intérêts, ou qui n'ont pas fait de frais pour arriver à leur paiement, de faire perdre ces intérêts et ces frais aux créanciers à qui ils sont dus, parce qu'au jour de la faillite ces intérêts et ces frais ont augmenté d'autant le capital de leurs créances. — Les tribunaux doivent annuler cette stipulation du consentement du failli ou, à son refus, ne pas homologuer le concordat.

Dans le cas où le concordat aurait été homologué avec une stipulation semblable, les tribunaux doivent la réputer non écrite, si plus tard le failli veut l'invoquer. — Elle est inconciliable avec le concordat lui-même, car elle est contraire à son essence.— En effet, le syndic doit admettre la créance avec ses accessoires, tels que les intérêts courus au jour de la faillite et les frais. — Comment le failli peut-il, après le vote de son concordat, à l'aide d'une semblable clause, réduire une créance qui en a formé la base?

La loi ne contient de dispositions relatives à la délibération pour le concordat qu'autant qu'il a été voté en faveur du failli. — S'ensuit-il que cette délibération ne puisse être attaquée pour vice de forme ou pour toute autre cause au cas où le concordat n'a pas été voté?

A Paris, dans la pratique, la négative n'a jamais paru douteuse. — Le bon sens, en effet, indique que le droit de former opposition au concordat implique celui de se pourvoir contre la délibération qui le refuse.

Le concordat est un acte qui est censé concilier tout à la fois les intérêts des créanciers et ceux du failli. — Ils peuvent donc avoir à se plaindre qu'il n'ait pas réuni les conditions exigées pour sa formation, par suite de circonstances en dehors de leur volonté. — Par exemple, si les créanciers n'ont pas été suffisamment avertis de la réunion pour le concordat, si le juge-commissaire a refusé à tort à un créancier d'en faire partie, ou s'il a admis un créancier à y concourir, lorsque celui-ci n'en avait pas le droit.

Le droit de demander la nullité de la délibération qui refuse le concordat peut être exercé individuellement, c'est-à-dire par chaque créancier ou le failli, et non par les syndics au nom de la masse. — Le refus du concordat est l'œuvre de la majorité, de même que son vote. — Néanmoins, la mise en cause des syndics me paraît indispensable. — On ne peut, hors de leur présence, annuler un acte qui intéresse tous les créanciers dont ils sont les représentants.

Par la même raison, je crois utile que le failli soit appelé en cause, bien que la demande, si elle est accueillie, ne puisse que lui profiter. — Le droit de se pourvoir en nullité de la délibération dont s'agit n'appartient qu'aux créanciers qui ont eu la faculté d'y concourir, c'est-à-dire, qu'à ceux dont les créances ont été vérifiées et affirmées, ou admises par provision (1). — Je pense que ce droit ne peut plus être exercé lorsque la délibération a reçu son exécution par des actes émanés des syndics ou du failli. C'est au tribunal de commerce seul qu'il appartient d'apprécier la nature et le caractère de ces actes.

Je ne doute pas non plus que le tribunal ne pût d'office annuler, pour vice de forme, la délibération qui refuse le concordat, parce que le tribunal qui est saisi de la connaissance de la faillite est investi du droit de sauvegarder les intérêts des créanciers et ceux du failli, et, avant tout, de veiller à ce que les prescriptions de la loi soient, en pareille circonstance, religieusement suivies par le juge-commissaire et les syndics.

(1) Voir, en ce sens, arrêt Cour d'appel de Bordeaux, du 15 janvier 1834. Dall., 1834, 2, 105.

§ 2. *Des effets du concordat.*

Sous l'empire de l'ancien Code de commerce, les tribunaux de commerce et les Cours d'appel avaient admis en principe que le failli ne pouvait opposer le bénéfice de son concordat à ceux de ses créanciers qu'il n'avait pas fait figurer dans son bilan, et qui, par cela même, n'avaient pas pris part aux opérations de sa faillite dont, à dessein, il leur avait laissé ignorer l'existence.

Cette jurisprudence, basée sur l'équité, ne donnait pas moins ouverture à de graves abus. — Des créanciers, pour échapper aux conséquences de la faillite et du concordat que pouvait obtenir leur débiteur, le contraignaient à ne pas les porter dans son bilan, en le menaçant de lui être hostiles, et celui-ci cédait presque toujours à la crainte. — C'est pour mettre un terme à de pareils abus que le législateur, dans la loi du 28 août 1838, a créé une disposition portant que l'homologation du concordat le rendra obligatoire pour tous les créanciers portés ou non portés au bilan, vérifiés ou non vérifiés, et même pour tous les créanciers domiciliés hors du territoire continental de la France, ainsi que pour tous ceux qui, en vertu des articles 499 et 500, auraient été admis par provision à délibérer, quelle que soit la somme que le jugement définitif leur attribuerait ultérieurement (art. 516 C. de com.) (1). — Cette disposition, au surplus, est conforme à l'esprit dans lequel la loi des faillites a été conçue, puisqu'elle soumet tous les créanciers du débiteur à un sort commun, lorsqu'ils sont dans une position identique, c'est-à-dire lorsqu'ils n'ont pas de priviléges ou de garanties à exercer sur les biens de ce dernier.

Dans ce cas même, lorsque les biens du failli sont insuffisants pour désintéresser intégralement les priviléges auxquels ces biens sont affectés, les créanciers nantis de ces priviléges doivent, comme on le verra plus tard, subir la loi du concordat pour la partie non éteinte de leurs créances. — Cela était juste; car pour ce dont les privilégiés restent

(1) La Cour de cassation, par arrêt du 21 août 1843 (*Journal du Palais*, 1844, 1. 16), a décidé que l'héritier débiteur du défunt n'était tenu de rapporter à sa succession que le dividende promis par son concordat, et non le montant intégral de la somme qu'il avait empruntée.

Cette décision serait inapplicable au cas où l'héritier aurait reçu des sommes du défunt en avancement d'hoirie. (Art. 843 Code Napoléon.)

Cette différence est facile à saisir.

Lorsqu'un père, par exemple, prête de l'argent à son fils pour le besoin de ses affaires, il se soumet à toutes les éventualités d'un prêt; dès-lors, comme tout créancier, il doit subir la loi du concordat de son débiteur.

Mais lorsque ce père fait une avance à son fils sur la part qu'il devra un jour recueillir dans sa succession, le père ne peut être, dans ce cas, considéré que comme donateur et non comme créancier de son fils; dès-lors l'article 843 du Code Napoléon doit reprendre son empire.

créanciers, ils rentrent nécessairement, à défaut de garantie spéciale, dans la classe des créanciers ordinaires

Vainement voudraient-ils objecter qu'ils n'ont pas pris part au vote du concordat, et qu'ainsi ils ne doivent pas en subir les conséquences. — On leur répondrait que leur abstention à concourir à la formation de cet acte était purement volontaire de leur part; car le législateur leur a conféré le droit de voter au concordat, moyennant la renonciation à leurs priviléges ou à leurs gages.

L'article 517 du Code de commerce porte que l'homologation du concordat conservera à chacun des créanciers, sur les immeubles du failli, l'hypothèque inscrite en vertu du 3e § de l'article 490, et qu'à cet effet les syndics feront inscrire aux hypothèques le jugement d'homologation, à moins qu'il n'en ait été décidé autrement par le concordat.

Les syndics ne doivent pas négliger de requérir la transcription du jugement qui a homologué le concordat; car, comme j'ai eu occasion de le faire remarquer au titre des actes conservatoires, cette transcription seule donne de la valeur à l'inscription prise par suite du jugement déclaratif de la faillite.

Si donc le débiteur concordataire venait de nouveau à être déclaré en état de faillite, avant la transcription du jugement qui a homologué son concordat, les créanciers de sa première faillite perdraient leur privilége sur les biens grevés de leur inscription, parce que cette inscription n'aurait pas été conservée.

Aucune action en nullité du concordat n'est recevable après l'homologation que pour cause de dol découvert depuis cette homologation, et résultant, soit de la dissimulation de l'actif, soit de l'exagération du passif (art. 518 C. de com.).

On conçoit que le législateur, après avoir entouré le concordat de toutes les garanties désirables, après avoir autorisé les créanciers à y former opposition et les tribunaux à en refuser même d'office l'homologation, ait voulu mettre un terme aux attaques qu'on pouvait diriger contre cet acte.

Après l'homologation du concordat, la loi circonscrit, ou, pour mieux dire, réduit ces moyens d'attaques à un seul, celui résultant du dol, parce que le dol est une cause de nullité de tous les contrats.

Dans le cas particulier qui nous occupe, le dol même ne suffit pas pour annuler le concordat, il faut que ce dol ait été découvert depuis l'homologation, et qu'il résulte, soit de la dissimulation de l'actif, soit de l'exagération du passif. — La raison en est simple : si le dol a été découvert avant l'homologation du concordat, le tribunal qui a prononcé cette homologation a eu nécessairement connaissance de ce dol; s'il n'y a pas eu égard, c'est qu'il a pensé qu'il n'était pas suffisant pour annuler le concordat; dès-lors, il y a autorité de chose jugée sur ce point.

Enfin, si le dol doit reposer sur la dissimulation de l'actif ou sur l'exagération du passif, c'est que dans l'un ou l'autre de ces deux cas le failli a dissimulé sa véritable position et que, par conséquent, ses créanciers ont été trompés et, dès-lors gravement lésés dans leurs intérêts, en prenant en considération, pour accepter ses propositions, une situation mensongère et bien inférieure à celle qui existait réellement. — Ainsi je pense que, lors même que le tribunal de commerce, saisi de la demande en nullité du concordat pour cause de dol, en reconnaîtrait l'existence, le tribunal serait en droit de repousser cette demande, s'il lui était démontré que l'annulation du concordat serait plus défavorable qu'avantageuse à la masse des créanciers. — En effet, il résulte des termes de l'article 518 du Code de commerce que le législateur n'a admis l'action en nullité du concordat, après son homologation pour cause de dol, qu'autant que ce dol a eu pour but, de la part du failli, de léser les intérêts de ses créanciers en les induisant en erreur, au moment du vote de ce concordat, sur sa situation active ou passive. — S'il n'en était pas ainsi, l'article 518 précité n'aurait pas spécifié la nature du dol; car le dol, comme je l'ai dit il n'y a qu'un instant, est une cause de nullité pour tous les contrats. — Il est bien évident que, quelle que soit la nature du dol dont le concordat est entaché, le dol suffit pour empêcher son homologation. — Par exemple, il est hors de doute pour moi que le tribunal de commerce ne saurait homologuer un concordat que le failli n'aurait obtenu qu'à l'aide d'avantages particuliers qu'il aurait constitués ou fait constituer à certains créanciers pour que leurs votes lui fussent favorables (1); et cependant cette fraude ne pourrait être invoquée après l'homologation du concordat pour le faire annuler.

Si le législateur n'a pas autorisé l'action en résolution du concordat basée sur cette cause, c'est qu'il a pensé sans doute que, bien que cette cause constitue un dol ou une fraude, elle n'avait pas toujours pour conséquence de léser les intérêts de la masse des créanciers. — Qui ne sait, en effet, qu'il y a parmi eux des personnes qui ne considèrent pas si le vote du concordat est ou non favorable aux intérêts de tous, et qui ne veulent concourir à la formation de cet acte qu'autant qu'on leur fera une position à part au moyen d'un avantage particulier?

(1) Arrêt, Cour d'appel de Paris, du 18 février 1838. Dall., 1838, 2, 126.

Aussitôt après que le jugement d'homologation du concordat est passé en force de chose jugée, les fonctions des syndics cessent.

Les syndics doivent rendre au failli leur compte définitif, en présence du juge-commissaire; ce compte débattu et arrêté, les syndics doivent remettre au failli l'universalité de ses biens, livres, papiers et effets. Le failli en donnera décharge. — Enfin, il doit être dressé du tout procès-verbal par le juge-commissaire dont les fonctions cesseront. — En cas de contestation, le tribunal de commerce prononce (art. 519 C. de com.).

En droit, un jugement acquiert autorité de chose jugée, quand il ne peut plus être attaqué par la voie de l'opposition ou par un appel. — Dans la circonstance, pour fixer l'époque où le jugement qui homologue le concordat est passé en force de chose jugée, il faut considérer de quelle manière il a été rendu.

Si ce jugement a été obtenu sur requête présentée, soit par les syndics, soit par le failli lui-même, soit enfin par un créancier, il est passé en force de chose jugée du jour où il a été prononcé. — En effet, ce jugement n'est rendu sur requête que lorsqu'il n'a pas été formé opposition au concordat dans la huitaine. — Or, passé ce délai de huitaine, le concordat ne peut plus être attaqué que dans le cas prévu par l'article 518 du Code de commerce, c'est-à-dire, que pour cause de dol découvert depuis l'homologation.

Si, au contraire, le jugement qui homologue le concordat a été rendu après contestation, c'est-à-dire, sur l'opposition formée par un créancier au concordat, le jugement alors ne devient définitif qu'à l'expiration des délais de l'appel, c'est-à-dire que quinze jours après la signification qui en a été faite au créancier opposant. — Si ce créancier n'a pas fait appel dans les délais ci-dessus, il est censé reconnaître le bien jugé de la sentence, et, par conséquent, acquiescer à son contenu.

Pardessus et Bédarride émettent l'opinion que les créanciers qui n'ont pas formé opposition au concordat dans les délais utiles peuvent attaquer le jugement qui l'homologue, mais pour le cas seulement où il aurait été rendu en contravention aux articles 513 et 514 du Code de commerce, c'est-à-dire avant l'expiration des délais pour former opposition au concordat, ou sans que le juge-commissaire ait fait son rapport au tribunal sur les caractères de la faillite et sur l'admissibilité du concordat.

Pardessus prétend que le jugement doit être attaqué par la voie de l'opposition, Bédarride pense que c'est par la voie de l'appel.

Dans mon opinion, il faut faire une distinction entre le jugement rendu avant l'expiration des délais pour former opposition au concordat, et celui qui a homologué le concordat, sans que le tribunal ait entendu le juge-commissaire en son rapport.

Dans le premier cas, le créancier opposant au concordat dans les délais utiles n'a pas besoin de se pourvoir, de quelque manière que ce soit, contre le jugement qui a homologué cet acte avant l'expiration de ces délais. — Il ne doit pas se préoccuper de l'existence de ce jugement. — Seulement, si le failli veut le lui opposer, il doit alors y former tierce-opposition. — Cette tierce-opposition doit être accueillie, parce que le créancier excipe d'un droit personnel, celui résultant de la faculté que la loi accorde à chaque créancier de s'opposer dans la huitaine à l'homologation du concordat.

Maintenant, quant au jugement qui aurait homologué le concordat sans que le tribunal ait entendu le juge-commissaire en son rapport, je crois que le créancier qui, par son vote, n'a pas concouru à la formation du concordat, peut interjeter appel de ce jugement, en se fondant sur ce que, s'il ne s'est pas opposé au concordat, c'est qu'il avait subordonné le sort de cet acte à la sagesse du tribunal qui, pour en apprécier le mérite, devait se conformer à la loi en se faisant rendre compte, par le juge-commissaire, des caractères de la faillite, et en recueillant son opinion sur l'admissibilité du concordat.

Comme le législateur n'a pas prévu ni dû prévoir le cas où un tribunal enfeindrait ses prescriptions, il n'a pas dès-lors fixé de délai pour interjeter appel du jugement qui aurait été rendu contrairement à ses prescriptions. — Je crois que le droit d'appeler doit cesser au jour où ce jugement a reçu son exécution, c'est-à-dire où les syndics ont rendu leur compte au failli.

Quid, au cas où le tribunal refuserait d'office l'homologation du concordat? Je pense que les créanciers qui ont concouru à la formation de cet acte, les syndics et le failli peuvent interjeter appel du jugement par requête.

La mise en cause des syndics ne me paraît pas nécessaire lorsque l'appel a été formé par un créancier ou le failli; car le créancier ou le failli qui a fait appel agit autant dans son intérêt personnel que dans celui de la masse des créanciers dont la majorité s'est montrée favorable au concordat. — Toutefois, les syndics, par cette raison, pourraient intervenir dans l'instance pour appuyer la requête.

Le droit d'appeler, dans la circonstance, doit avoir également ses limites. — Il doit cesser du jour où le jugement a reçu son exécution.

L'exécution du jugement doit résulter, soit de la délibération des créanciers qui ont voté un nouveau concordat, soit de celle qui a eu pour objet de les consulter sur le maintien ou le remplacement des syndics et sur le vote d'un secours à accorder au failli.

Si, après que ces formalités ont été remplies, chaque créancier pouvait encore appeler du jugement, on tomberait dans des embarras inextricables. — La position de la masse et de celle du failli seraient toujours en suspens.

On a vu plus haut que, dès que le jugement qui homologue le concordat a acquis l'autorité de la chose jugée, les syndics doivent rendre leur compte au failli en présence du juge-commissaire.

D'après les réglements du tribunal de commerce de la Seine, les syndics, avant de rendre leur compte au failli, doivent le soumettre au visa de la présidence, avec toutes les pièces à l'appui, et ensuite à l'examen du juge-commissaire. — Ce n'èst qu'après que ce compte a subi l'épreuve de ces deux contrôles qu'il est permis aux syndics d'appeler le failli devant le juge-commissaire pour l'accepter. — Cette mesure a pour but d'aplanir les difficultés que le failli pourrait faire, ou, pour mieux dire, de les rendre impossibles.

Si, sur l'invitation qui lui est faite, le failli ne se présente pas pour recevoir son compte, le syndic lui fait sommation de comparaître devant le juge-commissaire à cet effet. — S'il fait défaut, le juge-commissaire reçoit le compte du syndic et en dresse procès-verbal.

Encore bien que les fonctions des syndics cessent du jour où le jugement qui homologue le concordat a acquis l'autorité de la chose jugée, ils ne sont pas moins tenus, jusqu'à ce qu'ils aient rendu leur compte, de faire tous les actes conservatoires en leur nom; car, jusqu'à cette époque, ils conservent entre leurs mains tous les livres, titres et papiers et, en un mot, tout l'actif du failli; ils doivent donc veiller à la conservation de cet actif.

Quant aux actions qui ne seraient pas purement conservatoires, les syndics ne pourraient les intenter (1). — Il est évident que le failli, sans avoir besoin de leur concours, peut, de son côté, avant la rdedition de son compte, faire en son nom personnel tous les

(1) Voir, en ce sens, jugement du tribunal de commerce de la Seine, du 7 novembre 1849, journal *le Droit* du 9 novembre même année.

actes et toutes les poursuites qu'il juge convenables; car il est rétabli à la tête de ses affaires du jour où le jugement qui homologue son concordat est devenu définitif.

Nul doute ne peut exister à cet égard, par la raison qu'il en était autrement sous l'empire de l'ancienne loi qui ne permettait au failli de reprendre l'administration de ses affaires qu'après avoir reçu le compte de ses syndics.

Cette disposition a été réformée, parce qu'elle autorisait ainsi les syndics à se perpétuer, sans utilité, dans leur mandat, à l'encontre des intérêts du failli concordataire.

Je dois faire remarquer que, dans le cas où le concordat contient abandon de tout ou partie de l'actif du failli, le compte ne peut être valablement rendu qu'en sa présence et qu'en celle des commissaires nommés pour en faire la répartition. — La présence des commissaires est indispensable, car l'actif appartient aux créanciers qu'ils représentent; ils ont donc le plus grand intérêt à contrôler les dépenses des syndics, qui doivent être prélevées sur cet actif.

§ 3. *De l'annulation ou de la résolution du concordat.*

L'annulation du concordat, soit pour dol, soit par suite de condamnation pour banqueroute frauduleuse, intervenue après son homologation, libère de plein droit les cautions. — En cas d'inexécution, par le failli, des conditions de son concordat, la nullité de ce traité pourra être poursuivie devant le tribunal de commerce, en présence des cautions, s'il en existe, ou elles dûment appelées. — La résolution du concordat ne libérera par les cautions qui y seront intervenues pour en garantir l'exécution totale ou partielle (art. 520 C. de com).

Lorsque le concordat est annulé pour cause de dol découvert depuis son homologation, et résultant, soit de la dissimulation de l'actif, soit de l'exagération du passif, ou par suite de condamnation pour banqueroute frauduleuse, il est juste que les cautions soient libérées, d'abord parce qu'elles ne se sont portées cautions du failli qu'en vue de son concordat, et ensuite parce qu'elles ont été elles-mêmes, comme les créanciers, induites en erreur sur sa moralité et sur sa situation active et passive.

Dans le cas de nullité du concordat pour cause d'inexécution par le failli des conditions y contenues, il est juste aussi qu'il en soit autrement, c'est-à-dire que les cautions restent obligées vis-à-vis des créanciers, par le motif que ceux-ci n'ont voté le concordat qu'à raison de la garantie que leur ont présentée ces cautions (1).

On a agité la question de savoir si celui qui était intervenu dans un concordat comme caution des engagements du failli n'était tenu que du paiement des créances vérifiées et affirmées ?

Renouard cite un arrêt de la Cour d'appel de Bordeaux, du 24 février 1843, qui a décidé que le cautionnement devrrit s'étendre indistinctement à tous les créanciers ; mais cet auteur ajoute que, tout en partageant l'opinion émise par cette Cour, il pense que « *la* solution des difficultés qui s'élèveraient à cet égard dépendrait essentiellement des circonstances, parce que ce n'est *là*, à vrai dire, qu'une question d'interprétation de contrat. »

Je ne saurais admettre cette restriction, car elle blesse le principe d'égalité qui doit exister entre les créanciers, et qui doit être la base de tout concordat.—Par cela seul que cet acte est obligatoire pour tous les créanciers du failli, tous indistinctement doivent y trouver les mêmes avantages; par conséquent, le cautionnement doit profiter à tous. — Les uns ne peuvent voter en vue d'une garantie à laquelle les autres n'auraient point part. — Sans doute, celui qui cautionne les obligations contenues au concordat peut être tenu de payer au-delà de ses prévisions, s'il n'a pris en considération que le montant des créances vérifiées et affirmées; mais il ne peut ignorer que la loi rend le concordat obligatoire, non seulement pour les créanciers vérifiés, mais même pour ceux qui ont négligé de se faire admettre, ou que le débiteur aurait omis de porter à son bilan. — La caution peut éviter de s'obliger au-delà de ses prévisions, en ne garantissant pas le paiement des dividendes promis par le failli, mais seulement une somme déterminée, pour être appliquée au paiement de ces dividendes.

La demande en nullité ou résolution du concordat doit être portée devant le tribunal, qui a déclaré la faillite, car le tribunal en prononçant cette nullité, doit ordonner la réouverture de la faillite (2).

(1) Le tribunal de commerce de la Seine, par jugement du 23 octobre 1851, confirmé par arrêt de la Cour d'appel de Paris, du 19 juillet 1852, rapporté dans le journal *le Droit* du lendemain, a décidé que l'art. 520 du C. de com., qui déclare que la résolution du concordat ne libérera pas les cautions, n'est pas applicable aux créanciers qui, pour assurer la réalisation de ce concordat, se sont engagés à ne toucher leur part dans les dividendes que lorsque tous les autres créanciers auraient touché leurs dividendes, attendu que cet engagement, qui avait pour condition expresse l'existence du concordat, ne saurait être considérée, par voie d'assimilation, comme cautionnement.

La même Cour a jugé que, bien que la déclaration de faillite arrête le cours des intérêts des sommes dues par le failli, les créanciers qui n'ont pas été payés en même temps que les autres, par suite de difficultés élevées par les syndics, ont droit à ces intérêts à partir de leur demande en justice, attendu que la position des créanciers doit être égale, et que les autres créan ciers non contestés ayant touché les sommes à eux dues, ils ont pu leur faire produire des intérêts.

(2) Voir, en ce sens, arrêt de la Cour d'appel de Colmar, du 16 avril 1849, ci-après rapporté.

La réouverture de la faillite a des conséquences funestes pour les cautions : d'abord, elle ruine le failli, en le privant du bénéfice de la remise que ses créanciers lui ont consentie par son concordat, en sorte que les cautions ne peuvent plus exercer utilement contre lui un recours pour les sommes qu'elles sont tenues de payer à sa décharge; ensuite, par le fait de la réouverture de la faillite, les cautions sont tenues de payer immédiatement les dividendes qu'elles ont garantis, à moins qu'elles ne préfèrent donner caution pour le paiement à échéance.

Ces considérations me portent à penser que les cautions peuvent arrêter la demande en résolution ou nullité du concordat, fondée sur l'inexécution, de la part du failli, des conditions qu'il contient, en désintéressant les créanciers qui ont formé cette demande.

Bédarride professe une opinion contraire, il se trompe. En effet, l'intérêt est la mesure des actions ; il doit peu importer à un créancier d'être payé par le failli ou par la caution ; il n'a qu'un intérêt réel, c'est celui de recevoir à échéance ce qui lui est dû.

Bédarride, pour justifier son système, dit que le créancier a intérêt à la réouverture de la faillite, parce que cette réouverture peut lui donner un dividende plus fort que celui que le failli lui a promis par son concordat. — Je ne saurais accepter une pareille raison, qui me paraît contraire à toute idée de justice.

En mettant de côté, si l'on veut, tout sentiment d'humanité qui doit militer en faveur du débiteur malheureux, il ne faut pas perdre de vue que, si les créanciers concordataires devaient s'enrichir par la réouverture de sa faillite, ce ne serait qu'au détriment de ses nouveaux créanciers.

Lorsque la résolution du concordat a été prononcée, les créanciers ont tout à la fois l'exercice de leurs droits contre le failli et contre les cautions. Ils peuvent voter au failli un nouveau concordat, sans craindre de perdre leurs droits contre les cautions, parce qu'aux termes de l'article 545 du Code de commerce, nonobstant le concordat, les créanciers conservent leur action pour la totalité de leurs créances contre les coobligés du failli.

Bédarride professe une opinion contraire, en se fondant sur ce que le nouveau concordat a fait novation à leurs créances. — Cette opinion est basée sur une erreur de droit; un concordat ne fait pas novation à la créance.

La novation, comme je l'ai dit au titre *des créances produites*, ne se présume pas, il faut que la volonté de l'opérer résulte clairement de l'acte. — Or, les créanciers, en votant un concordat à leur débiteur, ne consentent, en sa faveur, qu'une remise de partie de sa dette, ou lui accordent de plus longs délais pour les payer intégralement.

Si le nouveau concordat voté au débiteur, après la réouverture de sa faillite, déchargeait de leurs engagements les personnes qui se sont portées cautions du premier concordat, il s'ensuivrait que cette décharge s'opérerait contrairement à la volonté des créanciers garantis, car le second concordat ne serait alors que le résultat du vote des nouveaux créanciers; les premiers créanciers se garderaient bien d'y prendre part, pour ne pas perdre leurs garanties.

Quid, au cas où le second concordat contiendrait libération des créanciers, moyennant l'abandon de l'actif du failli? — Je pense que les créanciers garantis n'auraient pas moins l'exercice de leurs droits contre les cautions, jusqu'à concurrence des sommes qu'elles ont garanties par le premier concordat (1).

Le vote du concordat ne peut enlever aux créanciers leur recours contre les tiers obligés aux titres dont ils sont porteurs, parce que la remise accordée au débiteur ne peut être considérée que comme une remise purement volontaire.

On demande, dans la pratique, si les cautions peuvent produire à la faillite du débiteur pour les sommes qu'elles ont payées à sa décharge avant la réouverture de la faillite? — Je ne vois pas pourquoi les cautions ne pourraient pas se prévaloir du bénéfice de l'article 544 du Code de commerce, qui porte que « le coobligé ou la « caution qui aura fait un paiement partiel au créancier, à la décharge du débiteur, « déclaré depuis en faillite, sera compris dans la masse des créanciers pour tout ce « qu'il aura payé à sa décharge. »

La production des cautions à la faillite du débiteur, loin d'être défavorable aux créanciers que ces cautions ont garantis, ne peut que leur être avantageuse.

Si l'on interdisait aux cautions le droit de produire, cette interdiction profiterait seulement aux nouveaux créanciers du failli, car les premiers créanciers ont le droit de se faire attribuer les dividendes afférents aux cautions.

(1) Ce droit, néanmoins, doit cesser lorsque, par suite de la répartition de l'actif du failli, les créanciers garantis par les cautions ont touché un dividende égal à celui qu'il avait promis par son concordat.

En effet, ce n'est que dans le cas où cet actif serait insuffisant pour acquitter les obligations contenues en cet acte, que les cautions se sont engagées à les remplir.

Lorsque les créanciers consentent à leur débiteur un concordat, ils lui accordent presque toujours terme et délai pour payer ses dividendes. — Si ces délais expirent pendant une instance sur l'opposition formée au concordat, le failli ne peut être contraint à payer les dividendes échus, tant que l'instance subsiste, par la raison que le concordat n'est obligatoire qu'après son homologation. — Mais, dès que cette homologation a eu lieu, le failli ne peut, en principe, s'autoriser de l'instance qui a retardé cette homologation, afin d'obtenir des tribunaux une prorogation de délais pour le paiement de ses dividendes (1).

La résolution du concordat demandée par un seul créancier doit être prononcée dans l'intérêt de tous (2). — Si personne ne conteste à chaque créancier le droit de demander personnellement cette résolution, c'est qu'on est obligé de reconnaître que l'exercice de l'action résolutoire ne saurait être subordonné au consentement de tous les créanciers, parce qu'il serait impossible d'obtenir ce consentement de tous ceux qui ont coopéré à la formation du concordat.

Mais comme le concordat lie tous les créanciers et les place tous dans une position égale, il faut nécessairement admettre que la résolution de cet acte doit profiter à tous ceux qui y sont intéressés. — C'est dans cette pensée que le législateur oblige le tribunal de commerce qui a prononcé l'annulation ou la résolution du concordat à nommer en même temps un juge-commissaire et des syndics pour reprendre les opérations de la faillite (art. 522 C. de com.).

Comme conséquence du même principe d'égalité qui doit régner entre tous les créanciers, je n'hésite pas à dire qu'en cas de résolution du concordat, ceux qui ont reçu des dividendes par anticipation doivent les rapporter à la masse des créanciers de la faillite. — Je dis en cas de résolution du concordat, car ce n'est que son inexécu-

(1) Voir, en ce sens, arrêt de la Cour d'appel de Paris, du 20 juillet 1835. Dall., 1839, 2, 241.

La Cour d'appel d'Angers, par arrêt du 13 février 1852 (Dall., 1853, 2, 286), a décidé que le tribunal saisi de la demande en résolution du concordat pouvait, selon les circonstances, accorder au failli concordataire un nouveau délai pour se libérer, si, par exemple, le paiement des dividendes à l'époque stipulée par le concordat avait été retardé par un fait indépendant de la volonté du failli, si ce paiement était assuré, et si enfin la masse éprouverait un préjudice réel par suite de la résolution de cet acte.

Le 4 janvier 1853, la Cour de cassation a admis le pourvoi formé contre cet arrêt. Journ. *le Droit* du lendemain.

Malgré l'admission de ce pourvoi, je pense que le tribunal saisi de la demande en résolution du concordat peut user du bénéfice de l'art. 1245 du Code Nap., en accordant, *avec une grande réserve*, un délai de grâce au débiteur pour payer un dividende échu, lorsqu'il se trouve dans les conditions déterminées par la Cour d'appel d'Angers.

La suspension momentanée de l'exécution d'un acte n'en change pas les conditions; d'un autre côté, l'intérêt est la mesure des actions; on ne doit pas, pour satisfaire à la passion d'un créancier exigeant, porter préjudice à des tiers qui, au point de vue de l'intérêt, sont dans une position identique.

(2) Voir, en ce sens, un jugement du tribunal de commerce de la Seine, du 24 avril 1849. Journ. *le Droit* du 25 avril même année.

tion qui pourrait donner ouverture à l'exercice des droits des autres créanciers. — Quant au failli, en payant à un ou plusieurs de ses créanciers leurs dividendes par anticipation, ou même des dividendes supplémentaires, il ne fait qu'acquitter envers eux une dette légitime (1). — Si donc le failli avait pris des obligations à terme dans ce but, il ne saurait se refuser à les payer à échéance, car on ne pourrait considérer ces obligations comme constituant des avantages prohibés par la loi. — Néanmoins, il serait loisible aux tribunaux d'ajourner le paiement de ces obligations jusqu'après l'époque fixée par le concordat pour l'acquit des dividendes (2). — Un créancier peut, s'il le juge convenable, au lieu de se pourvoir en résolution du concordat, se contenter de demander purement et simplement le paiement d'un dividende échu.

Le tribunal qui a prononcé la faillite a-t-il ou non exclusivement attribution de juridiction pour ces demandes, quelle que soit la nature de la créance (3)? — Je ne le pense pas. — En effet, la demande en paiement d'un dividende n'est autre que la réclamation en justice d'une fraction de la créance originaire.

Le droit de faire cette réclamation ne résulte pas du concordat, mais du titre en lui-même. — Le concordat ne fait pas novation à ce titre, il ne crée pas au failli une dette nouvelle, il ne fait que réduire la quotité de la dette, ou changer les termes de son exigibilité. — Dès que le concordat est homologué, la faillite cesse; le failli est rétabli à la tête de ses affaires, et ses créanciers peuvent, plus tard, reprendre contre lui personnellement l'exercice de leurs droits sous les modifications apportées par ce contrat. — Ces modifications ne changent en rien la nature des titres, parce qu'elles ne peuvent en effacer l'origine. — Les contestations qui peuvent s'élever à leur égard doivent donc être portées devant les tribunaux à qui la loi a donné attribution de juridiction pour en connaître.

Ainsi, une créance purement civile a conservé son caractère de créance civile, et ne saurait par conséquent être exigée par corps (4). — C'est donc devant les tribunaux civils que celui qui en est porteur doit demander le paiement de son dividende.

Si le créancier, au lieu de demander le payement de son dividende, voulait faire annuler ou résoudre le concordat, il est incontestable que c'est devant le tribunal

(1) En ce sens, arrêt Cour d'appel de Bordeaux, du 24 août 1849. D., 1850, 2, 102. — Le tribunal de commerce de la Seine, par jugement du 8 janvier 1852, a rendu une décision contraire; je crois qu'il s'est écarté, dans la circonstance, des vrais principes.

(2) Idem, Cour d'appel de Paris, du 20 février 1834. Dall. 1834, 2, 54.

(3) La Cour d'appel de Rouen, par arrêt du 6 février 1847 (Dall., 1848, à la table, v° *Faillites*), s'est prononcée pour l'affirmative.

(4) Arrêt conforme, Cour d'appel de Paris, du 22 juin 1844. D., 1844, 2, 187.

qui a homologué cet acte qu'il de ..ait se pourvoir. — La raison en est simple, c'est que l'annulation ou la résolution du con..rdat fait revivre la faillite (1).

Dans la pratique, on se pourvoit par action principale en paiement du dividende échu sans distinction, c'est-à-dire, sans se préoccuper si la créance à laquelle ce dividende est afférent résulte ou non d'un titre exécutoire.

Je pense qu'il faut distinguer. — Du moment qu'il est admis en principe que le concordat ne fait pas novation à la créance, et que le dividende n'est qu'une fraction de la dette, celui qui est porteur d'un titre exécutoire doit agir par voie d'exécution, en un mot, faire un commandement en vertu de son titre. — S'il agit par forme de demande, il met en action ce qui est à exécution. — Le créancier ne pourrait échapper à cette exception, que le failli serait en droit de lui opposer, qu'autant que sa demande contiendrait en même temps des conclusions tendantes à la résolution du concordat. — Quant au créancier qui n'a pas de titre paré, il est incontestable qu'il doit se pourvoir par action principale en paiement du dividende qui lui est dû.

Quid, à l'égard des personnes qui se sont portées cautions des obligations contenues au concordat? — Si le cautionnement n'est pas solidaire avec le failli, la caution doit être assignée devant le tribunal civil, parce que le cautionnement d'une dette commerciale ne constitue pas une dette de commerce. — Si, au contraire, le cautionnement est solidaire, la caution doit être assignée devant le tribunal de commerce, en même temps que le failli (2).

La solidarité de la dette rend l'action indivisible. Aussi, la loi porte que le tribunal de commerce connaîtra des billets à ordre souscrits tout à la fois par des individus négociants et d'autres qui ne le sont pas (art. 637 C. de com.). — En effet, s'il en était autre-

(1) La Cour d'appel de Colmar, par arrêt du 16 avril 1849 (all., 1851, 2, 120), a décidé :

1° Que la résolution d'un concordat, prononcée pour cause d'inexécution des conditions, ne donne pas lieu à une nouvelle faillite, et fait seulement revivre l'ancienne, laquelle doit être reprise sur les mêmes errements;

2° Que la nullité d'une hypothèque consentie par le failli dans les dix jours qui ont précédé la cessation de ses paiements, pour dettes déjà existantes, n'est pas couverte, à l'encontre de la masse des créanciers, par le concordat accordé au failli ni même par la ratification que ce dernier en aurait faite, alors d'ailleurs que le concordat a été résolu pour cause d'inexécution des conditions;

3° Enfin, que les syndics sont recevables à l'attaquer, encore bien qu'un arrêt aurait déclaré le failli concordataire non recevable à l'attaquer lui-même.

La Cour d'appel de Paris s'est prononcée en ce sens dans une faillite Lanoue, dont j'étais le syndic.

(2) Jugé en sens contraire, par jugement du tribunal de commerce de la Seine, du 11 octobre 1850.

Il est évident que le tribunal n'a pas fait attention que le cautionnement solidaire ne constitue pas une dette séparée de celle originaire; par la solidarité, la caution s'est rendu la dette commune avec le débiteur primitif; or, si la dette est commerciale, elle a accepté toutes les conséquences qui en découlent.

ment, il pourrait arriver que, pour la même dette, il intervînt deux jugements dans un sens contraire, parce que ces jugements auraient été rendus par des tribunaux différents. On doit toujours éviter un pareil conflit; c'est pourquoi il a été admis en principe que l'action en garantie doit être portée devant le tribunal saisi de l'action principale.

Quid, au cas où une contestation s'élèverait à l'occasion du concordat, c'est-à-dire relativement à son interprétation? — Dans ce cas, il est bien évident que c'est devant le tribunal qui a été saisi de la connaissance de la faillite que cette contestation doit être portée, parce que, plus que tout autre, ce tribunal a les éléments nécessaires pour apprécier les termes d'un acte qui a été soumis à son homologation (1) (art. 522 C. de com.).

Si le législateur a investi le tribunal qui a prononcé la faillite du droit de veiller aux intérêts des créanciers, en lui permettant de refuser d'office l'homologation du concordat, il a étendu ce droit jusque sur l'exécution de cet acte. — Ainsi, lorsqu'après l'homologation du concordat, le failli est poursuivi pour banqueroute frauduleuse et placé sous mandat de dépôt ou d'arrêt, le tribunal de commerce peut prescrire telles mesures conservatoires qu'il appartiendra (art. 521 C. de com.). — Si, par exemple, un failli a été rétabli à la tête de ses affaires, comme mesure conservatoire le tribunal peut, sur la demande du juge-commissaire s'il est encore en fonctions, ou, après la cessation de ses fonctions, sur la requête d'un créancier, et même d'office, sur la lettre d'avis qu'il aurait reçue du ministère public ou du juge d'instruction, mettre un séquestre sur les biens du failli. — Le tribunal pourrait encore ordonner cette mesure conservatoire, lors même que le failli ne serait que sous le coup d'un mandat d'amener décerné contre lui, s'il était en fuite.

Les mesures conservatoires qui auraient été prises contre le failli cessent de plein droit du jour de la déclaration qu'il n'y a lieu à suivre, de l'ordonnance d'acquittement ou de l'arrêt d'absolution (même article). — Mais si, au contraire, il intervient un arrêt de condamnation pour banqueroute frauduleuse, ou un jugement qui prononce soit

(1) Le jugement rendu sur l'interprétation d'un concordat entre le failli et l'un de ses créanciers ne peut être considéré comme rendu en matière de faillite; car, bien qu'il porte sur une contestation née de l'évènement de la faillite, il n'intéresse pas l'administration de la faillite et la procédure spéciale intentée pour la régir.

En conséquence, l'appel d'un pareil jugement est recevable, même après la quinzaine de la signification et pendant le délai ordinaire de trois mois.

La circonstance que des commissaires liquidateurs ont été adjoints à l'administration du failli concordataire ne porte aucune atteinte au concordat et ne le transforme pas en contrat d'union.

Admission d'un pourvoi en ce sens, contre un arrêt de la Cour d'appel de Nîmes, du 4 mars 1850. — Arrêt Cour de cassation, du 27 juillet 1852. Journ. *le Droit,* des 11 et 12 octobre 1852.

l'annulation, soit la résolution du concordat, le tribunal, sur le vu de l'arrêt ou du jugement, doit nommer un juge-commissaire et un ou plusieurs syndics (art. 522 C. de com.).

Dans ce cas, les syndics ont la faculté de ne pas faire apposer les scellés (même article). — En effet, il peut arriver que cette mesure soit inutile ; par exemple, si le failli n'a pas eu le temps de rentrer en possession de ses biens.

En cas d'apposition de scellés, les syndics doivent, sans retard, avec l'assistance du juge de paix, procéder, sur l'ancien inventaire, au récolement des valeurs actives et passives, et, s'il y a lieu, à un supplément d'inventaire.

Ils doivent dresser un bilan supplémentaire, et faire immédiatement afficher et insérer dans les journaux à ce destinés, avec un extrait du jugement qui les nomme, invitation aux créanciers nouveaux, s'il en existe, de produire, dans le délai de vingt jours, leurs titres de créances à la vérification. — Cette invitation doit aussi être faite par lettres du greffier, conformément à ce qui a été déjà expliqué. — Il doit être procédé, sans retard, à la vérification des créances produites (art. 523 C. de com.). — Il n'y aura pas lieu à nouvelle vérification des créances antérieurement admises et afffirmées, sans préjudice néanmoins du rejet ou de la réduction de celles qui depuis auraient été payées en tout ou partie (même article). — Ce dernier § de l'article 523 du Code de commerce est d'une exécution difficile dans la pratique, lorsque le failli a payé en tout ou partie ses dividendes à quelques-uns de ses créanciers.

Comment alors opérer le rejet ou la réduction ? — Dans la circonstance, la créance est reconnue, elle a été vérifiée et affirmée avant la résolution du concordat et la réouverture de la faillite ; elle ne peut donc pas être rejetée ou réduite par la seule volonté des syndics. — Il faut nécessairement que ce rejet ou cette réduction aient lieu du consentement du créancier, ou, à son défaut, que ce rejet soit prononcé par jugement, à moins que le paiement de tout ou partie de la créance ne soit constaté par un acte irrécusable ayant un caractère authentique; autrement, les syndics engageraient leur responsabilité.

Dans l'usage, à Paris, le greffier appelle à la vérification et à l'affirmation des créances tous les créanciers, encore que leurs titres aient été précédemment admis et affirmés. — Le greffier ne peut agir autrement, car il ignore si, parmi les créances déjà affirmées, il en existe qui ont été éteintes depuis en tout ou partie par le paiement.

Lors de la vérification, s'il est reconnu par les syndics qu'aucun dividende n'a été payé sur la créance, ils mettent en marge de la première admission qu'ils la maintiennent en tout son contenu. — Dans le cas contraire, ils font une mention portant que la créance se trouve réduite à la somme restant due. — Dans l'un ou l'autre cas, la créance est affirmée de nouveau. — Dans le premier cas, si le créancier néglige de faire affirmer sa créance, elle n'est pas moins maintenue sur le premier procès-verbal de vérification pour le montant de sa première admission, parce qu'une seconde affirmation n'est pas indispensable. — Dans le second cas, si le créancier ne se présente pas pour affirmer sa créance réduite, les syndics l'assignent devant le tribunal de commerce, pour faire ordonner cette réduction.

Pour ne pas multiplier les procès, les syndics, par acte extra-judiciaire, appellent devant le juge-commissaire, à un jour par lui indiqué, tous les créanciers dont les créances affirmées ont été payées en tout ou partie, et qui ne se sont pas présentés aux assemblées pour l'affirmation.

Le juge-commissaire, au jour de la réunion, fait mention sur son procès-verbal de la comparution des créanciers et de leur consentement au rejet ou à la réduction de leurs créances; il donne défaut contre les non-comparants et les renvoie avec les syndics à l'audience, pour y être jugés à bref délai, soit par action principale, soit sur son rapport, ce qui est plus expéditif et moins coûteux. — Ce n'est qu'après que le tribunal a statué qu'il est passé à la formation du concordat.

Ces opérations mises à fin, s'il n'intervient pas de nouveau concordat, les créanciers sont convoqués à l'effet de donner leur avis sur le maintien ou le remplacement des syndics (art. 524 C. de com.). — Il ne doit être procédé aux répartitions, à l'égard des créanciers nouveaux, qu'après l'expiration des délais accordés aux personnes domiciliés en France, par les articles 492 et 497 (même article).

On a vu, au commencement de ce chapitre, que le législateur avait réglé le sort des cautions en cas de résolution ou d'annulation du concordat, soit pour cause de dol, soit pour cause d'inexécution. — Il a dû également s'occuper du sort des actes, que le failli avait consentis postérieurement au jugement d'homologation, et antérieurement à l'annulation ou à la résolution du concordat.

L'article 525 du Code de commerce porte que ces actes ne seront annulés qu'en cas de fraude aux droits des créanciers, c'est-à-dire dans le cas seulement où cette fraude aurait été concertée entre le failli et la personne avec laquelle il aurait contracté. — La raison en est simple; par l'effet de son concordat, le débiteur, ayant été rétabli à la tête de ses affaires, pouvait dès-lors disposer de ses biens comme il l'entendait.

Il est à remarquer que la loi n'établit pas de distinction pour les actes faits par le failli avant l'annulation ou la résolution du concordat, comme au cas de déclaration de faillite, par suite de la cessation des paiements du débiteur.

En un mot, on voit que le législateur n'a pas rendu applicables les articles 446 et 447 du Code de commerce à la réouverture de la faillite, par suite de l'annulation ou de la résolution du concordat. — Cela se conçoit, dans le cas de faillite pour cause de cessation des paiements; il est difficile que le public l'ignore, et surtout les créanciers, car le débiteur lutte toujours contre le dépôt d'un bilan, malgré les poursuites dirigées contre lui.

D'un autre côté le débiteur, quand il est réduit à cette extrémité, se préoccupe à l'avance d'obtenir un concordat; dès-lors il en prépare les voies, soit en se débarrassant d'un créancier qui peut lui être hostile, soit en captant sa bienveillance, au moyen d'un avantage particulier.

En cas de réouverture de la faillite pour cause d'annulation ou de résolution du concordat, aucune de ces circonstances ne se rencontre, car le failli a tout intérêt à ce que cet acte soit maintenu, et par conséquent il applique toutes ses ressources à payer ses dividendes.

L'action dirigée contre lui en nullité ou résolution de son concordat n'acquiert pas une notoriété publique comme la cessation absolue de ses paiements. — Il était donc juste de n'annuler les actes faits par le failli depuis l'homologation de son concordat, que dans le cas où la loi frappe tous les actes de nullité, c'est-à-dire, en cas de dol et de fraude concertés entre lui et ceux qui ont concouru à ces actes.

Enfin, le législateur avait encore à régler les droits des créanciers qui ont concouru à la formation du concordat, dont la nullité ou la résolution a été prononcée, avec ceux qui ont contracté avec le débiteur depuis l'homologation du concordat. — Il a pensé qu'il devait s'écarter des principes rigoureux du droit à l'égard des nouveaux créanciers, pour ne consulter que l'équité. — Il a voulu qu'à leur égard les dividendes touchés par les créanciers sur leurs créances ne fussent pas considérés comme de simples à-compte, mais qu'ils opérassent sur le capital de ces créances une réduction proportionnelle de ce capital, dans les conditions déterminées par le concordat. — En un mot, il a voulu que les anciens créanciers ne pussent se présenter à la faillite que pour la portion de leur créance primitive correspondante à la portion du dividende promis qu'ils n'auraient pas touchée. — Exemple : Pierre devait originairement à ses créanciers 100,000 fr.; par son concordat il lui est fait remise de 50 p. 100, soit de 50,000 fr. — Quant aux 50,000 fr. non remis, il doit les payer en cinq ans; 10 p. 100 par année. — Avant la résolution de son concordat, Pierre a acquitté les 4/5es de ses dividendes, il ne redoit plus qu'un dernier dividende de 10 p. 100. — Par suite de la résolution du concordat, les créanciers rentrent dans l'intégralité de leurs créances s'élevant à 100,000 fr. ; mais comme le failli a payé les 4/5es de ce dont il restait débiteur d'après son concordat, il a libéré d'autant son actif, donc il ne redoit plus que 20,000 fr.

Si les anciens créanciers n'avaient été tenus de déduire les quatre dividendes par eux reçus qu'à titre d'à-compte, soit 40,000 fr., le failli ne se serait libéré envers eux que de cette somme; par conséquent, il resterait leur débiteur de 60,000 fr. au lieu de 20,000 fr., ce qui fait une différence de 40,000 fr. à l'avantage des créanciers nouveaux, d'après le vœu de la loi.

Si le législateur s'est prononcé pour la réduction proportionnelle sur le capital en faveur des créanciers nouveaux, c'est qu'il a considéré : 1° que le failli avait réellement, d'après ses conventions avec ses créanciers anciens, acquis, par le paiement d'une partie de ses dividendes, la libération d'autant de sa dette; 2° et que cette libération avait lieu le plus souvent à l'aide d'emprunts faits par le failli à ses créanciers nouveaux. — Enfin, comme je l'ai fait observer, cette réduction proportionnelle sur le capital n'est qu'en faveur des créanciers nouveaux.

Quant au débiteur, le concordat doit, à son égard, être considéré comme n'ayant jamais existé, puisqu'il n'en a pas rempli intégralement les conditions; ce qu'il a payé à ses créanciers ne l'a été qu'à titre d'à-compte. — Ainsi, si envers ses créanciers nouveaux le passif du failli se trouve réduit à 20,000 fr., le failli ne reste pas moins débiteur envers ses créanciers anciens de la partie de la dette intégrale qu'il n'a pu éteindre par le paiement, soit de 60,000 fr. — Ces explications rendront facile l'interprétation de l'article 526 du Code de commerce ainsi conçu :

« Les créanciers dont les créances sont antérieures au concordat rentreront dans l'intégralité de leurs droits à l'égard du failli seulement; mais ils ne pourront figurer dans la masse que pour les proportions suivantes, savoir :

« S'ils n'ont touché aucune part du dividende, pour l'intégralité de leurs créances; s'ils ont reçu une partie du dividende, pour la portion de leurs créances primitives correspondante à la portion du dividende promis qu'ils n'auront pas touchée.

« Les dispositions du présent article seront applicables au cas où une seconde faillite viendra à s'ouvrir sans qu'il y ait eu préalablement annulation ou résolution du concordat. »

Cet article, dont on connaît maintenant l'esprit, a besoin d'être expliqué par un exemple : — Pierre a obtenu de ses créanciers, par un concordat, la remise de 50 p. 100 sur ce qu'il doit, et s'est obligé à payer les 50 p. 100 restants en deux paiements égaux de 25 p. 100 chaque année. — Il a payé un premier dividende de 25 p. 100. — Paul était son créancier de 1,000 fr. : par le concordat de Pierre, sa créance s'est trouvée réduite à 500 fr., sur lesquels il a touché 250 fr. à titre de premier dividende. — Pierre est déclaré de nouveau en faillite ; Paul ayant reçu, par suite des stipulations du concordat, la moitié de sa créance, il ne pourra être admis à la faillite que pour 500 fr., parce qu'il ne reste plus créancier que de cette somme. — Mais à l'égard de Pierre, le dividende que Paul a touché ne pouvait être considéré que comme simple à-compte, il restera son débiteur de 750 fr., parce qu'en réalité Paul n'a touché de lui que 250 fr. — Si Pierre obtient un nouveau concordat, bien que Paul n'ait pu concourir à sa formation que pour 500 fr. et non pour 750 fr. dont en réalité il reste créancier de Pierre, je pense que Paul devra subir la loi du concordat pour sa créance entière, c'est-à-dire pour 750 fr., et non pour 500 fr. seulement, car le concordat peut être opposé à toutes les créances qui sont préexistantes à la faillite. — En effet, en principe, la nullité d'un contrat entraîne avec elle la nullité des stipulations qui y sont contenues. — Par exemple, lorsque les créanciers ont consenti au failli la remise d'une partie de leurs créances, c'est à la condition qu'il acquittera intégralement, à échéance, la partie réservée de ces créances.

Si donc le débiteur ne satisfait pas intégralement à ses engagements, il doit être déchu de la remise qui lui a été consentie. — Rien n'est plus juste; mais ce qui est juste à l'égard du failli ne l'est pas rigoureusement au respect de ses nouveaux créanciers, si celui-ci a payé un ou plusieurs dividendes. — L'annulation ou la résolution du concordat porterait à ces créanciers un grave préjudice, si les dividendes payés ne devaient, à leur égard, être considérés que comme un simple à-compte sur la créance, et non en réduire le capital dans les conditions déterminées par le concordat. — Ce préjudice pour les nouveaux créanciers tournerait à l'avantage de ceux qui ont participé à la formation de cet acte, c'est-à-dire aux créanciers anciens, et par conséquent ces derniers tireraient profit de la résolution ou de l'annulation du concordat. — Par exemple, Pierre fait faillite, son passif est de 100,000 fr., il obtient de ses créanciers un concordat, par lequel ils lui font remise de 50 p. 100, soit de 50,000 fr. — Quant aux 50,000 fr. que Pierre reste devoir à ses créanciers, il s'oblige à les leur payer en cinq ans, par cinquième, d'année en année. — Pierre acquitte régulièrement, à échéance, quatre dividendes de 10 p. 100 chaque, soit 40,000 fr., il n'est plus débiteur envers ses créanciers que de 10,000 fr. — Maintenant, faute de paiement de ces 10,000 fr. ou du dernier dividende, son concordat est résolu ou annulé.

Si les créanciers qui ont concouru à cet acte rentrent dans la plénitude de leurs droits contre le failli, et en même temps à l'égard de ses nouveaux créanciers, et s'ils ne doivent diminuer du capital de leurs créances les dividendes qu'ils ont reçus que comme de simples à-comptes, ils ont un avantage à la résolution du concordat. — En effet, par cette résolution, ils redeviennent créanciers de 100,000 fr., sur laquelle somme ils ont, il est vrai, touché 40,000 fr.; mais il leur reste dû 60,000 fr. au lieu de 10,000 francs seulement qu'ils étaient en droit d'exiger du failli, si la résolution de son concordat n'avait pas été prononcée.

On vient de voir, qu'à l'égard des nouveaux créanciers du failli, les créanciers anciens doivent subir la loi du concordat, pour l'imputation des dividendes qu'ils ont touchés, malgré l'annulation ou la résolution de ce contrat, quelle que soit la cause qui a déterminé cette annulation ou résolution. — Il faut, dès-lors, en tirer la conséquence que l'inscription, prise dans l'intérêt de ces créanciers anciens sur les biens du failli, et conservée par la transcription du concordat, continue à subsister jusqu'à concurrence des dividendes promis. — Si donc, dans la seconde faillite, les créanciers anciens touchent un dividende quelconque sur l'actif du débiteur, le montant de ce dividende doit diminuer d'autant le capital garanti par l'inscription (1).

Bédarride enseigne que les créanciers garantis par cette inscription ne peuvent concourir aux répartitions qu'autant qu'ils renoncent à son bénéfice. — Il donne pour raison que, si ces créanciers, par suite de la vente des immeuhles grevés de cette inscription, venaient à toucher le montant des dividendes promis par le concordat, et ensuite à la masse chirographaire de la nouvelle faillite pour le surplns de leur créances, ils ne supporteraient pas la réduction proportionnelle du capital de leurs créances, à raison des dividendes par eux touchés, ainsi que l'exige l'art. 526 du C. de com.

(1) La Cour d'appel de Paris, par arrêt du 22 juin 1830 (Dall., 1832, 2, 213), a décidé que l'hypothèque prise en vertu du jugement déclaratif de la faillite et conservée par le concordat, ne s'étendait qu'aux dividendes promis et non à l'intégralité de la créance.

Cet auteur n'a pas fait attention que l'art. 526 ne fait subir de réduction proportionnelle sur le capital de la créance que pour les dividendes payés avant la résolution du concordat, et non depuis. — La raison de cette différence est facile à concevoir : avant l'annulation du concordat, le créancier était soumis à cet acte, et ne pouvait recevoir de dividende que dans les conditions qu'il déterminait, c'est-à-dire qu'à valoir sur son principal. — Mais du moment que, par le fait de la faillite, le concordat n'existe plus, les sommes que peut toucher le créancier ancien ne doivent plus dès-lors être considérées que comme de simples à-compte sur sa créance. — C'est par ce motif que la loi confère aux anciens créanciers, qui ne pouvaient espérer qu'un dividende de 20 p. 100, promis par le concordat avant sa résolution, le droit de toucher 30 p. 100 dans la seconde faillite, concurremment avec les nouveaux créanciers, si elle produit 30 p. 100, parce que la seconde faillite a annulé de plein droit le concordat.

Si les anciens créanciers, sans qu'il soit besoin qu'ils renoncent à leur hypothèque prise sur les biens du débiteur en vertu du concordat, peuvent participer aux répartitions de l'actif mobilier concurremment avec les créanciers chirographaires, il n'en est pas de même s'ils veulent prendre part au vote du second concordat. — Leur vote au concordat entraîne de droit la renonciation à leur hypothèque.

Dans la pratique, on a élevé la question de savoir si, dans le cas d'un atermoiement amiable, l'article 526 du C. de com. était applicable, c'est-à-dire si les dividendes payés par suite de cet acte par le débiteur avant sa faillite déclarée depuis, entraînaient la réduction proportionnelle du capital de la créance, ou devaient être considérés comme de simples à-compte? — Je pense que l'article dont il s'agit doit également recevoir son application lorsqu'il y a faillite. — Il y a évidemment même raison de décider. — S'il en était autrement, les nouveaux créanciers, c'est-à-dire ceux qui ont traité avec le débiteur après son atermoiement, seraient frustrés, car ils n'ont contracté avec lui que sous la foi de ce contrat.

Que les créanciers du failli, par suite de l'annulation de cet acte, rentrent, à l'égard de celui-ci, dans l'intégralité de leurs droits, rien n'est plus juste, puisque la remise qu'ils lui ont consentie ne l'a été que dans la vue que l'acte d'atermoiement serait par lui religieusement exécuté ; mais à l'égard des tiers, les créanciers qui ont signé cet acte et touché des dividendes ne sauraient faire revivre une dette pour la partie éteinte par le paiement. — Ces créanciers anciens, d'ailleurs, ne pourraient faire revivre leurs créances vis-à-vis des nouveaux créanciers pour la partie éteinte par les dividendes reçus, qu'en faisant considérer le traité comme n'ayant jamais existé. Or, s'il en était ainsi, il faudrait faire remonter la faillite à l'époque même de ce traité, car à ce moment, le débiteur était en état de cessation de paiements.— Dès-lors, ceux qui auraient depuis touché des à-compte seraient tenus de les rapporter à la masse des créanciers (1).

(1) La Cour d'appel de Paris, par arrêt du 13 juillet 1850 (Dall. 1851, à la table, v° *Faillite*, p. 254), a décidé que la stipulation, portant que dans le cas où le débiteur à qui le créancier fait remise de partie de la dette n'acquitterait pas les autres parties aux échéances, celui-ci rentrerait de plein droit dans l'intégralité de sa créance, ne peut être opposée aux créanciers du débiteur tombé depuis en faillite, avant que la clause résolutoire n'ait été encourue.

« Attendu que la faillite est un fait dont les conséquences placent tous les créanciers dans une situation égale, sauf le cas « de privilége reconnu par la loi, et que le créancier ne saurait, sans violer, ce principe, réclamer le bénéfice de la clause « résolutoire ci-dessus. »

Cet arrêt juste, quant au fond, repose sur un mauvais motif; car il résulte textuellement de l'art. 526 du Code de comm., que la faillite résout de plein droit le concordat.

La raison en est simple; c'est que, par suite de la faillite, le débiteur se trouve dans l'impossibilité de remplir ses obligations.

CONDITIONS SOMMAIRES

DE

TOUS LES CONCORDATS

Homologués depuis le 24 février 1848.

A

ABADIE Léon, *commissionnaire en marchandises, rue Grange-Batelière*, 15. — Jugement du 24 mai 1852, homologuant le concordat passé le 12 mai 1852. — Remise de tous intérêts et frais et de 95 %. — Les 5 % non remis payables en six ans. — François ABADIE, caution. — N° du Greffe, 10,292.

ABADIE Frères, François et Léon, *commissionnaires en marchandises, rue Grange-Batellière*, 15.— Jugement du 24 mai 1852, homologuant les concordats des 12 et 13 mai 1852. — Remise de 80 %, intérêts et frais. —Les 20 % non remis payables en six ans, le 20 mai des années 1853, 1854 et suivantes. — N° du Greffe, 10,291.

ABAULT Jacques-Auguste, *charpentier*, rue Corbeau, 15. — Concordat du 14 août 1849.

ABIT fils, Anatole, *menuisier, à Saint-Denis* — Jugement du 14 novembre 1862, homologuant le concordat du 22 octobre 1862. —Remise de 95 %. — Les 5 % non remis payables en cinq ans, par cinquièmes de l'homologation. — N° du Greffe, 58.

ABOVILLE (d') Jean-Baptiste, *fabricant de chaussures, rue Bourtibourg*, 12. —Jugement du 25 avril 1862, homologuant le concordat du 2 du même mois. — Remise de 80 %. — Les 20 % non remis payables en quatre ans par quarts de fin de décembre. — N° du Greffe, 19,355.

ABRAHAM-CLIVER Édouard, *fabricant de cols-cravates, rue Neuve Saint-Eustache*, 36. —Jugement du 25 septembre 1854, homologuant le concordat du 8 du même mois. — Remise de 80 %. — Les 20 % non remis payables : 5 % les 31 mars et 30 septembre 1855, et 2 % le 30 septembre des années 1856, 1857, 1858, 1859 et 1860. — Madame ABRAHAM, caution.

ABRAHAM Fils, Jacob, *chemisier, rue de Cléry*, 11. — Jugement du 28 mai 1851, homologuant le concordat du 15, même mois. — Abandon de tout son actif, moins son mobilier, et obligation de payer, par moitié, fin mai 1852 et 1853, une somme de 717 francs. — Breuillard, commissaire. — N° du Greffe, 9,695.

ABRAHAM Fils, François-Alexandre, *ancien boulanger, rue des Ecouffes-Saint-Martin*, 8. — Jugement du 26 avril 1860, homologuant le concordat du 11 avril 1860. — Abandon de l'actif énoncé au concordat. — N° du Greffe, 16,549.

ABRAHAM Isaac, *courtier de commerce, rue Bleue*, 6.—Jugement du 19 juillet 1860, homologuant le concordat du 4 juin 1860. — Obligation de payer l'intégralité des créances, sans intérêts, en deux ans, par quarts, de six mois en six mois de l'homologation. — N° du Greffe, 14,591.

ACARD Louis, *négociant en nouveautés, rue Notre-Dame-de-Lorette*, 9. — Jugement du 14 novembre 1862 homologuant le concordat du 27 octobre 1862. — Remise de 70 %. — Les 30 % non remis payables : 10 % dans le mois de l'homologation, et 20 % en quatre ans par quarts du jour de l'homologation. — N° du Greffe, 550.

ACHARD Frédéric, *marchand de chiffons, rue du Faubourg-Saint-Antoine*, 170. — Jugement du 14 novembre 1862, homologuant le concordat du 27 octobre 1862. — Remise de 85 %. — Les 15 % non remis payables en cinq ans, par cinquièmes de l'homologation. — N° du Greffe, 442.

ACQUIER, Société COMBES D'AURIAC, Hippolyte, *éditeur, rue des Saints-Pères*, 14. — Jugement du 5 novembre 1855, homologuant le concordat passé le 23 octobre 1855. — Obligation par ACQUIER et COMBES de désintéresser leurs créanciers intégralement en cinq ans et par cinquièmes du jour du concordat. — N° du Greffe, 12,408.

ACQUIER (personnellement) Hippolyte, *éditeur, rue des Saints-Pères*, 14. — Jugement du 5 novembre 1855, homologuant le concordat du 23 octobre 1855. — Remise de 95 %. — Les 5 % non remis, payables en deux ans, par moitiés, du jour du concordat. — N° du Greffe, 12,439.

ACQUIER François-Hippolyte, *éditeur, rue des Saints-Pères*, 16. — Jugement 11 février 1861, homologuant le concordat du 25 janvier 1861, — Remise de 70 %. — Les 30 % non remis payables en cinq ans, par cinquièmes du concordat. — N° du Greffe, 17,494.

ADAM père, *distillateur*. — Concordat du 16 avril 1849.

ADAM Jean-François, *bijoutier en faux, rue du Temple*, 176. —Jugement du 25 juillet 1862, homologuant le concordat passé le 28 juin 1862. — Remise de 50 %. — Les 50 % non remis payables en cinq ans, par cinquièmes de l'homologation. — N° du Greffe, 18,632.

ADAM Joseph, *société STAUFIGER et Cᵉ, cordonnier à Montmartre.* — Jugement du 3 octobre 1854, homologuant le concordat du 8 septembre 1854. — Remise de 80 %. — Les 20 % non remis payables solidairement en quatre ans, par quarts, premier paiement, le 1er septembre 1855. — Nº du Greffe, 11,406.

ADANCOURT jeune, *marchand de vins, à Boulogne-sur-Seine.* — Jugement du 8 août 1859, homologuant le concordat du 15 juillet 1859. — Obligation de payer l'intégralité des créances en 8 fractions de six mois en six mois, à partir du mois de janvier suivant. — Nº du Greffe, 15,834.

ADDE Veuve DERANCOURT, Françoise-Désirée, *menuiserie, rue de Clichy*, 54. — Jugement du 9 août 1850, qui homologue le concordat du 11 juillet 1850. — Remise de tous intérêts et frais et de 85 %. — Les 15 % non remis payables : 3 % le 1er juillet 1851 et trois paiements de 4 % les premiers juillet 1852, 1853, 1854. — Nº du Greffe, 9,388.

ADLINE Charles, *marchand de modes, rue Saint-Marc*, 19. — Jugement du 5 janvier 1858, homologuant le concordat du 14 décembre 1857. — Remise de 70 %. — Les 30 % non remis payables, sans intérêts, par sixièmes, d'année en année, pour le premier paiement avoir lieu le 31 décembre 1858. — Nº du Greffe, 14,276.

ADRIEN fils, Pierre, *charron, à Pantin.* — Jugement du 19 novembre 1851, homologuant le concordat du 22 octobre 1851. — Remise de 70 % en capital, intérêts et frais. — Les 30 % non remis payables par quarts, d'année en année, les 31 décembre 1852, 1853, 1854 et 1855. — Nº du Greffe, 9,896.

AGAESSE, Laurent-Jean-Joseph, *marchand de vins, Porte Maillot*, 54. — Jugement du 18 juillet 1851, homologuant le concordat du 4 juillet 1851. — Remise de 70 %. — Les 30 % non remis payables en deux ans, par moitiés les 18 juillet 1852 et 1853. — Nº du Greffe, 9,434.

AGNIEL Daniel, *négociant, rue d'Antin*, 22. — Jugement du 27 décembre 1850, homologuant le concordat du 14 octobre 1850. — Remise des intérêts et frais non admis et de 85 %. — Les 15 % payables en trois paiements de 5 %, les 1ers juillet 1852, 1853 et 1854. — Nº du Greffe, 4,840.

ALBARÈDE, femme de Frédéric-Auguste, *colporteur, rue Montmartre*, 97. — Jugement du 25 mai 1853, homologuant le concordat du 10 mai 1853. — Remise de 80 %. — Les 20 % non remis payables : 6 % le 1er mai 1854, 6 % le 1er mai suivant et 8 % le 1er mai 1856. — Nº du Greffe, 10,826.

ALBENQUE Antoine, *cordonnier, Grande-Rue Taranne*, 6. — Jugement du 28 février 1860, homologuant le concordat du 13 février 1860. — Remise de 70 %. — Les 30 % non remis payables en cinq ans, par cinquièmes de l'homologation. — Nº du Greffe, 16,577.

ALBERT Adolphe, *marchand de nouveautés, rue Poissonnière*, 21. — Jugement du 23 mai 1851, homologuant le concordat du 8 février 1851. — Remise de tous intérêts et frais et de 85 %. — Les 15 % non remis payables en trois ans, par tiers, les 1ers mars 1852, 1853 et 1854. — Nº du Greffe, 9,410.

ALBERT Benoît et Cᵉ, *habillements, rue Réaumur*, 6. — Jugement du 5 juin 1855, homologuant le concordat du 16 avril 1855. — Remise de 50 %. — Les 50 % non remis payables, sans intérêts, 10 % dans un an, et 10 % de six mois en six mois. — Nº du Greffe, 12,088.

ALBERT Clément (Société MINEL), *commissionnaire, rue Montmorency*, 9. — Jugement du 27 juillet 1855, homologuant le concordat du 26 juin 1855. — Remise de 70 %. — Les 30 % non remis payables solidairement : par Minel, 20 % en six ans, par sixièmes du 1er octobre 1856, — et par Albert, 10 % en six ans, mêmes époques. — Crampel, commissaire. — Nº du Greffe, 12,093.

ALBERT, *crémier, rue Mouffetard*, 26. — Jugement du 16 mars 1859, homologuant le concordat du 1er même mois. — Abandon de l'actif. — Obligation en outre de payer 10 % en quatre ans, par quarts, du 1er avril. — Moncharville maintenu syndic. — Nº du Greffe, 15,500.

ALBISSON Etienne, *marchand de vins, à Charonne.* — Jugement du 5 février 1861, homologuant le concordat du 18 janvier 1861. — Remise de 80 %. — Les 20 % non remis payables en quatre ans, par quarts, du concordat. — Nº du Greffe, 17,538.

ALBOISSARD, veuve Boudet, *marchande de vins, rue Basse-du-Rempart*, 52. — Jugement du 3 octobre 1855, homologuant le concordat du 19 septembre 1855. — Remise de 75 %. — Les 25 % non remis payables en cinq ans, par cinquièmes, du jour de l'homologation. — Nº du Greffe, 12,279.

ALBOUZE, *négociant, à Montmartre.* — Jugement du 12 avril 1860, homologuant le concordat du 20 mars 1860. — Remise de 75 %. — Les 25 % non remis payables en cinq ans, par cinquièmes, du 1er mars. — Nº du Greffe, 16,416.

ALDECOA (de) José, *négociant exportateur, Cité Trévise*, 3. — Jugement du 2 décembre 1861, homologuant le concordat du 18 novembre 1861. — Remise de 65 %. — Les 35 % non remis payables sans intérêts : 4 % le 31 octobre 1862, 4 % 30 avril et 31 octobre 1863, 4 % les 30 avril et 31 octobre 1864, 4 % les 30 avril et 31 octobre 1865, 3 % le 31 octobre 1866, 4 % le 30 avril 1867. — Nº du Greffe, 18,552.

ALEXANDER, *mécanicien, faubourg St-Martin*, 159. — Concordat du 22 juillet 1849.

ALEXANDRE, *marchand de vins, rue du Faubourg-St-Martin*, 75. — Concordat du 14 juin 1849.

ALEXANDRINE et **VILLETTE** (Société), *lingerie, rue du Four-St-Honoré*, 33. — Jugement du 26 octobre 1857, homologuant le concordat du 1er octobre 1857. — Remise de 85 %. — Les 15 % non remis payables en trois ans, par tiers, de fin septembre 1858. — Nº du Greffe, 14,048.

ALEXIS Charles, *marchand de vins, à la Villette.* — Jugement du 1er décembre 1856, homologuant le concordat du 14 novembre 1856. — Obligation de payer la totalité en principal, intérêts et frais, en cinq ans, du 1er septembre 1857. — Nº du Greffe, 13,341.

ALIMANG, *marchand de vins, à Belleville.* — Jugement du 25 juin 1857, homologuant le concordat du 8 juin 1857. — Remise de 80 %. — Les 20 % payables sans intérêts, par cinquièmes, d'année en année, du 1er octobre 1858. — Nº du Greffe, 13,686.

ALIX Gilles-Charles, *maçon, rue de Ponthieu*, 34. — Jugement du 26 décembre 1854, homologuant le concordat du 5 décembre 1854. — Abandon de tout l'actif et obligation de payer 15 % en cinq ans. — Premier paiement le 1er janvier 1856. — Duval Vaucluse, commissaire. — Nº du Greffe, 11,132.

ALIX Jacques-Philippe, *gravatier, à Levallois.* — Jugement du 18 avril 1857, homologuant le concordat du 6 avril 1857. — Remise de 70 %. — Les 30 % payables en cinq ans, par cinquièmes, pour le 1er paiement être effectué le 1er mai 1858. — Nº du Greffe, 13,683.

ALLAIN aîné, Jacques, *commissionnaire, à Belleville.* — Concordat du 4 juin 1849.

ALLAIN Romain-Magloire, *ex-tailleur, rue Vivienne*, 55. — Jugement du 27 octobre 1851, homologuant le concordat du 11 octobre 1851. — Remise de 90 % en principal intérêt et frais. — Les 10 % non remis payables : 4 % comptant et 6 % en trois ans, par tiers, le 27 octobre 1852, 1853 et 1854. Boulet, syndic. — Nº du Greffe, 9,676.

ALLAIN Alphonse-François, *ex-épicier, à Nanterre.* — Jugement du 16 janvier 1852, homologuant le concordat du 31 octobre 1851. — Remise de 82 % en principal, intérêts et frais. — Les 18 % non remis, payables le 1er mai 1852. — M. Allain père, caution. — Nº du Greffe, 9,832.

ALLAIRE et Cᵉ, Simon-Martin, *gérant de la Cᵉ, rue Charlot*, 4. — Jugement du 26 octobre 1858, homologuant le concordat du 30 septembre 1858. — Remise de 30 %. — Les 70 % non remis payables en quatre ans, par quarts, le premier paiement un an après l'homologation. — Nº du Greffe, 14,980.

Id. Simon-Martin, *fabricant de chapellerie, rue des Juifs*, 19. — Jugement du 15 février 1861, homologuant le concordat du 23 janvier 1861. — Remise de 60 %. — Les 40 % non remis payables en six ans, par sixièmes de l'homologation. — Nº du Greffe, 17,364.

ALLAIS fils, Louis-Prosper, *plâtrier, à Boulogne.* — Jugement du 30 mai 1851, homologuant le concordat du 21 février 1851. — Remise des intérêts et frais non admis, et de 80 % sur le capital. — Les 20 % non remis payables en quatre ans, par quarts, à partir du 30 mai 1851. — M. Pascal, commissaire. — N° du Greffe, 9,669.

ALLARD Alphonse-Désiré-Louis-Alfred, société THOMIRE, *fabricant de bronzes, rue de la Chaussée-d'Antin*, 51.—
Voir **ALLARD** Gustave.

ALLARD Gustave, Société THOMIRE, *fabricant de bronzes, rue de la Chaussée-d'Antin*, 51.— Jugement du 17 juin 1853, homologuant le concordat du 7 même mois.— Abandon de l'actif.— Remise aux sieurs Tomire et Allard, de ce qui restera dû après liquidation de l'actif abandonné.— Duval Vaucluse commissaire.— N° du Greffe, 10,836.

ALLARD, *maître charpentier, rue Popincourt*, 25.—Jugement du 18 avril 1854, homologuant le concordat du 29 mars 1854. — Remise de 85 %.— Les 15 % non remis payables en cinq ans, par cinquièmes, du jour du concordat. — N° du Greffe, 11,049.

ALLÉAUME Victor-Tranquille, *menuisier rue des Francs-Bourgeois*, 4— Jugement du 29 juin 1859, homologuant le concordat du 17 juin 1859.— Remise de 55 %.— Les 45 % non remis payables : 10 % les 1ers juillet 1860, 1861, 1862, 1863, et 5 % le 1er juillet 1864.— N° du Greffe, 15,638.

ALLEZ veuve **JANET** Louise-Clémence, *libraire éditeur, rue St-Jacques* 59. Jugement du 6 juin 1854, homologuant le concordat du 15 mai 1854.— Remise de 50 %.— Les 50 % non remis payables savoir : 6 % dans un an, 7 % dans deux ans, 8 % dans trois ans, 9 % dans quatre ans, 10 % dans cinq ans, et 10 % dans six ans de ce jour.— M. Ducessoir, commissaire.— N° du Greffe, 11,250.

ALLIAUME Manuel, *marchand à la toilette, passage du Jeu-de-Boule*, 3.— Jugement du 22 mai 1854, homologuant le concordat du 9 mai 1854.— Abandon de l'actif.— Obligation de payer 20 % sans intérêts, en cinq ans, par dixièmes, de six mois en six mois, pour le 1er paiement, avoir lieu le 1er février 55. — M. Millet, commissaire. — Madame Magagno, caution.— N° du Greffe, 11,427.

ALLIAUME dame Emmanuel, *marchande à la toilette au Temple.*— Jugement du 12 février 1858, homologuant le concordat du 30 janvier 1858.— Abandon de l'actif.— Obligation de payer 15 % sur le montant des créances, sans intérêts, en 3 ans par tiers du jour du concordat.— M. Hérou maitenu syndic.— N° du Greffe, 14,351.

ALLIBAUD Charles-Louis, Société GADON, *banquier, rue Turgot*, 7.— Jugement du 26 octobre 1858, homologuant le concordat du 16 septembre 1858.— Remise de 50 %.— Les 50 % non remis payables sans intérêts, en cinq ans, du 1er octobre prochain, savoir : 5 % dans un an, 5 % dans deux ans, 10 % dans trois ans, 15 % dans quatre ans, 15 % dans cinq ans.— N° du Greffe, 14,919.

ALLIER Veuve Jean, *fabricante de chaussures, rue du Temple*, 71.— Jugement du 16 août 61, homologuant le concordat du 1er août 1861.— Remise de 80 %.— Les 20 % non remis payables : 5 % aussitôt l'homologation, 3 % dans un an de l'homologation, et 12 % en trois ans, par tiers, de l'homologation.— N° du Greffe, 18,259.

ALLIEZ Grand et Cie, Antoine, *banquiers, rue de Trévise*, 14.— Jugement du 9 février 1857, homologuant le concordat du 21 janvier 1857.— Obligation de tout payer savoir : 25 % le 31 décembre prochain avec intérêts et 75 % payables à la même époque en actions.— M. Moningussy, liquidateur.— N° du Greffe, 12,339.

ALLIMANG Femme Leboucher, Marie-Hortense, *lingerie, rue Tronchet*, 15.— Jugement du 30 mars 1857, homologuant le concordat du 14 mars 1857.— Remise de 55 %.— Les 45 % payables en trois ans, par sixièmes, de six mois en six mois, du jour du concordat.— N° du Greffe, 13,633.

ALLOT Fils aîné, Jacques, *fabricant de poteries, rue Lacépède*, 49.— Jugement du 26 juillet 1858, homologuant le concordat du 13 juillet 1858.— Remise de 50 %.— Les 50 % non remis, payables, sans intérêts, en cinq ans, par dixièmes de six mois en six mois, pour le premier paiement avoir lieu le 1er mars 59.— N° du Greffe, 14,838.

ALLOT, dame Gilbert, *fabricante de briques, rue Neuve-St-Médard*, 3.— Jugement du 23 mars 1859, homologuant le concordat du 12 même mois. — Remise de 70 %.— Les 30 % non remis payables en trois ans, par tiers, de l'homologation.— N° du Greffe, 15,189.

ALLUNANG ou Allimang, dame Leboucher, Marie-Hortense, *lingerie, rue Tronchet*, 25.— Jugement du 11 février 1859, homologuant le concordat du 29 janvier 1859. — Remise de 80 %.— Les 20 % non remis payables en 4 ans, par quarts du concordat.— N° du Greffe, 15,362.

ALMÉRAS, *teinturier, rue des Bourdonnais*, 9.— Jugement du 14 novembre 1854, homologuant le concordat du 18 octobre 1854.— Remise de 80 %.— Les 20 % non remis payables en cinq ans, par cinquièmes.— Premier paiement le 1er décembre 1855.— N° du Greffe, 11,730.

ALRIC Antoine, *marchand de vins, rue du Temple*, 76.— Jugement du 24 août 1855, homologuant le concordat du 6 août 1855.— Remise de 80 %.— Les 20 % non remis payables en quatre ans, par quarts.— Premier paiement le 6 août 1856.— N° du Greffe, 12,336.

ATMAYER Nicolas, *marchand de vins, rue de la Gare*, 45.— Jugement du 16 octobre 1862, homologuant le concordat du 26 septembre 1862.— Remise de 80 %.— Les 20 % non remis payables en cinq ans, par cinquièmes, de l'homologation.— N° du Greffe, 19,790.

AMAT dame, Anne-Charlotte, *lingère, rue Cadet*, 12.— Jugement du 16 juin 1859, homologuant le concordat du 19 mai 1859. — Remise de 85 %.— Les 15 % non remis payables en trois ans, par tiers, du 19 mai.— N° du Greffe, 15,656.

AMBEL (d') Eugène-Alis, *éditeur de musique, boulevart des Filles-du-Calvaire*, 7.— Jugement du 30 avril 1857, homologuant le concordat du 20 avril 1857.— Remise de 85 %.— Les 15 % non remis payables en trois ans, par tiers, d'année en année, du jour du concordat.— N° du Greffe, 13,669.

AMBROSINI Victor, *entrepreneur de fumisterie à Batignolles.* — Jugement du 10 novembre 1859, homologuant le concordat du 28 octobre 1859.— Remise de 70 %.— Les 30 % non remis payables en 6 ans, par sixièmes, du 1er octobre.— N° du Greffe, 16,014.

AMIOT, *épicier, rue du Temple*, 109.— Jugement du 17 juin 1859, homologuant le concordat du 16 avril 1859.— Remise de 70 %.— Les 30 % non remis payables dans la huitaine de l'homologation.— M. Rollet, caution.— N° du Greffe, 8,684.

AMMANN, Joseph, *fabricant de porte-monnaie, rue du Temple*, 159.— Jugement du 18 octobre 1862, homologuant le concordat du 7 même mois.— Remise de 75 %.— Les 25 % non remis payables en cinq ans par cinquièmes de l'homologation.— N° du Greffe, 335.

ANCEAU, *négociant, quai Jemmapes*, 240.— Jugement du 17 février 1852, homologuant le concordat du 20 janvier 1852.— Remise des intérêts et frais et de 90 %.— Les 10 % non remis payables en deux ans par moitiés, un an et deux ans après l'homologation.— N° du Greffe, 10,024.

ANCEAUME demoiselle Célestine-Elisabeth, *modiste, rue Montmartre*, 77.— Jugement du 5 octobre 1855, homologuant le concordat du 21 septembre 1855.— Remise de 80 %.— Les 20 % non remis payables en cinq ans, par cinquièmes, du 31 janvier 1856.— N° du Greffe, 12,468.

ANCEL Jacques, *pharmacien, rue Laffitte*, 40.— Jugement du 25 juin 1852, homologuant le concordat du 15 juin 1852,.— Remise de 60 % en principal, intérêts et frais.— Les 40 % non remis payables en cinq ans, par fractions de 8 %, le 1er août des années 1853, 1854, 1855, 1856 et 1857.— N° du Greffe, 10,381.

ANCEL Veuve Abraham, *marchande d'ornements d'église, rue du Bac*, 45 *bis.*— Jugement du 5 juillet 1860, homologuant le concordat du 15 juin 1860.— Remise de 75 %.— Les 25 % non remis payables sans intérêts, en quatre ans, par quarts de ce jour.— N° du Greffe, 16,973.

ANCELET Pierre-Louis, *maître maçon à Vincennes.* — Jugement du 30 mars 1855, homologuant le concordat du 15 mars 1855.— Remise de 80 %.— Les 20 % non remis payables en quatre ans, par quarts.— Premier paiement le 15 mars 1856.— N° du Greffe, 11,741.

ANCELLE Antoine, Société BRÉON, *fabricant d'huiles à Nanterre.* — Jugement du 19 février 1857, homologuant le concordat du 23 janvier 1857.— Les créanciers font remise de la totalité.— Bréon s'oblige seul à payer à Bourbonnet 1,800 francs en quatre ans, à partir de l'homologation.— N° du Greffe, 12,424.

ANDOUILLÉ Alexandre-Flavien, *marchand au Temple, rue des Fontaines*, 16. — Jugement du 11 mars 1862, homologuant le concordat du 26 février 1862. — Remise de 75 %. — Les 25 % non remis payables en cinq ans, par cinquièmes de l'homologation. — N° du Greffe, 18,758.

ANDRÉ aîné, Prudent-Jean-François, *épicier, rue des Lombards*, 7. — Jugement du 22 juin 1854, homologuant le concordat du 4 janvier 1854. — Remise de 85 %. — Les 15 % non remis payables en trois ans par tiers. — Premier paiement le 4 janvier 1855. — N° du Greffe, 11,052.

ANDRÉ Armand, *fabricant de cols-cravates, rue St-Marc*, 7. — Jugement du 17 août 1855, homologuant le concordat du 4 août 1855. — Remise de 80 %. — Les 20 % non remis payables en 4 ans, par quarts, d'année en année, du jour du concordat. — Abandon, en outre, de l'actif réalisé. M. Mauppin, répartiteur. — N° du Greffe, 11,699.

ANDRÉ Jules, *commissionnaire, passage Violet*, 3. — Jugement du 14 mai 1856, homologuant le concordat du 11 avril 1856. — Remise de 85 %. — Les 15 % non remis payables en cinq ans d'année en année, par cinquièmes, du jour du concordat. — N° du Greffe, 12,720.

ANDRIEU Louis, *tailleur, rue Vivienne*, 52. — Jugement du 4 novembre 1851, homologuant le concordat du 18 septembre 1851. — Remise de 85 % en capital, intérêts et frais. — Les 15 % non remis payables en trois paiements égaux, savoir : 5 % dans deux ans, 5 % dans trois ans, et 5 % dans quatre ans à compter du 18 octobre 1851. — N° du Greffe, 9,901.

ANDRIEU dame, Pierre-Jean, *lingère, rue des Moineaux*, 18. — Jugement du 4 septembre 1860, homologuant le concordat du 20 août 1860. — Remise de 75 %. — Les 25 % non remis payables en cinq ans, par cinquièmes de l'homologation. — N° du Greffe, 17,134.

ANDRIEUX dame, Pierre-Jean, *lingère, rue St-Honoré*, 324. — Jugement du 12 novembre 1855, homologuant le concordat du 29 octobre 1855. — Remise de 90 %. — Les 10 % non remis payables en deux ans, par moitiés du jour du concordat. — N° du Greffe, 12,561.

ANDRIEUX et Ce, Pierre-Frédéric (maison MALLARD), *fabricant de tissus, rue Beauveau*, 17. — Jugement du 6 août 1852, homologuant le concordat du 29 juin 1852. — Abandon de l'actif de la C^e. — Obligation de payer 50 % en principal, intérêts et frais et ce par sixièmes, d'année en années du jour du concordat. — M. Decagny, commissaire. — N° du Greffe, 9,698.

ANDRISSON Louis-Hippolyte, *menuisier à Belleville*. — Jugement du 17 février 1853, homologuant le concordat du 4 février 1853. — Remise de 80 %. Les 20 % non remis payables le 31 mars 1853. — N° du Greffe, 10,662.

ANDRISSON, *coffretier, rue Vincent*, 10, *à Belleville*. — Jugement du 17 septembre 1861. — Remise de 70 %. — Les 30 % non remis payables sans intérêts en trois ans, par tiers de l'homologation. — N° du Greffe, 18,428.

ANGÉ, *brodeur, rue des Jeûneurs*, 29. — Jugement du 24 septembre 1860, homologuant le concordat du 27 août 1860. — Remise de 90 %. — Les 10 % non remis payables en cinq ans, par cinquièmes, de l'homologation. — N° du Greffe, 17,203.

ANGELY, *négociant, boulevart de Strasbourg*, 36. — Jugement du 10 avril 1860 homologuant le concordat du 6 mars 1860. — Remise de 75 %. — Les 25 % non remis payables en cinq ans, par cinquièmes, de l'homologation. — N° du Greffe, 16,288.

ANGLAS Jean, *ancien corroyeur, rue Guérin-Boisseau*, 13. — Jugement du 23 décembre 1851, homologuant le concordat du 20 novembre 1851. — Remise de tous intérêts et frais et de 90 % en principal. — Les 10 % non remis payables par dixièmes, d'année en année, à partir du 1er janvier 1852. — N° du Greffe, 9,048.

ANGOT Louis, *marchand de vins, rue des Fossés du Temple*, 43. — Jugement du 9 février 1859, homologuant le concordat du 22 janvier 1859. — Remise de 70 %. — Les 30 % non remis payables en cinq ans, par cinquièmes, de l'homologation. — N° du Greffe, 15,114.

ANGRAND Désiré, *épicier, rue de l'Église*, 8, *Batignolles*. — Jugement du 21 novembre 1862, homologuant le concordat du 31 octobre 1862. — Remise de 70 %. — Les 30 % non remis payables en cinq ans, par cinquièmes. de l'homologation. — N° du Greffe, 305.

ANNONI Jean-Edmond, *maroquinier, rue des Quatre-Fils*, 5. — Jugement du 8 décembre 1858, homologuant le concordat du 17 novembre 1858. — Remise de 70 %. — Les 30 % non remis payables : 15 % dans le mois de l'homologation, — 5 % le 31 décembre 1859 et 10 % le 31 décembre suivant. — N° du Greffe, 15,192.

ANTOINE Victor-Émile, *sellier, rue du Faubourg-St-Honoré*, 46. — Jugement du 29 février 1856, homologuant le concordat du 16 février 1856. — Remise de 80 %. — Les 20 % non remis payables : 5 % un an après l'homologation, 10 % deux ans après, 5 % dans trois ans. — N° du Greffe, 12,825.

ANTOINE Marie-Anne ROBERT, dit PRÉVOST, *restaurateur, rue Richelieu*, 54. — Jugement du 27 décembre 1853, homologuant le concordat du 12 du même mois. — Abandon du produit de la vente des marchandises et du matériel. — Obligation de payer 6 % en trois ans, par tiers. — Le premier paiement devant avoir lieu le 15 janvier 1855. — Thiébault, syndic. — N° du Greffe, 14,018.

ANTOINE Joseph, *boulanger, à Neuilly*. — Jugement du 23 août 1860, homologuant le concordat du 1er août 1860. — Abandon de l'actif avec obligation de parfaire 40 % si l'actif abandonné n'atteignait pas ce chiffre. — La différence serait payée dans deux ans du concordat et par moitiés d'année en année. — N° du Greffe, 17,082. — Battarel, maintenu syndic.

ANTONY-BÉRAUD, *ex-directeur de l'Ambigu, rue de la Michodière*, 5. — Jugement du 25 juin 1852, homologuant le concordat du 12 juin 1852. — Remise de tous intérêts et frais et de 88 %. — Les 12 % non remis payables en quatre ans, par quarts, pour le premier paiement avoir lieu le 1er janvier 1853. — N° du Greffe, 10,347.

ANTONY, *entrepreneur de maçonnerie, rue des Amandiers-Saint-Jacques*, 6. — Jugement du 17 mars 1859, homologuant le concordat passé le 12 février précédent. — Obligation de payer le montant des créances à raison de 3 % par trimestre, de fin avril lors prochain. — N° du Greffe, 15,358.

ANZEL Philippe, *bonnetier, rue Chanoinesse*, 17. — Jugement du 16 mars 1858, homologuant le concordat du 29 février précédent. — Remise de 75 %. — Les 25 % non remis payables en cinq ans de l'homologation. — N° du Greffe, 14,490.

ARABIE frères. — Voir Abadie.

ARAGON, *négociant, rue St-Antoine*, 205. — Jugement du 18 juin 1862, homologuant le concordat du 7 juin. — Remise de 90 %. — Les 10 % non remis payables en cinq ans, par cinquièmes de l'homologation. — N° du Greffe, 19,732.

ARAT Armand, de la Société BARTIAL, *rue du Sentier*, 18. — Jugement du 11 août 1854, homologuant le concordat du 29 juillet précédent. — Remise de 80 %. — Les 20 % non remis payables : 5 % aussitôt l'homologation et 15 % en 9 mois, par tiers, de 3 mois en 3 mois, à partir dudit jour. — M. Traversier, caution. — N° du Greffe, 11,438.

ARCHAMBAULT Charles-Constant, *bijoutier, rue du Temple*, 167. — Jugement du 31 octobre 1859, homologuant le concordat du 15 du même mois. — Remise de 50 %. — Les 50 % non remis payables en cinq ans, par cinquièmes, de fin octobre. — N° du Greffe, 16,134.

ARCHAMBAULT Nicolas-Alphonse, *marchand de vins, à Belleville*. — Jugement du 16 janvier 1860, homologuant le concordat du 30 décembre 1859. — Remise de 60 %. — Les 40 % non remis payables en cinq ans, par cinquièmes de l'homologation. — N° du Greffe, 16,395.

ARLABOSSE Jean-Joseph, *hôtel meublé, rue Mirrha*, 8, *à Montmartre*. — Jugement du 16 octobre 1861, homologuant le concordat du 10 juin 1861. — Remise de 75 %. — Les 25 % non remis payables en cinq ans, par cinquièmes, du jour du concordat. — N° du Greffe, 18,068.

ARMAND Joseph-Henry-Dieudonné, *marchand de curiosités et lingerie, rue de Trévise*, 47. — Jugement du 3 août 1858, homologuant le concordat du 21 juin 1858. — Remise de 25 %. — Les 75 % non remis payables en cinq ans, par cinquièmes, du jour du concordat. — N° du Greffe, 14,766.

ARMAND Joseph-Henry-Dieudonné, *marchand de curiosités et lingerie, rue de Trévise*, 47. — Jugement du 24 décembre 1861, homologuant le concordat du 4 décembre 1861. — Remise de 60 %. — Les 40 % non remis payables en cinq ans, par cinquièmes, du jour de l'homologation. N° du Greffe, 18,475.

ARMAND Isaïe-Riquel, *tailleur, rue St-Honoré*, 54. — Jugement du 16 juin 1862, homologuant le concordat du 8 avril 1862. — Remise de 50 %. — Les 50 % non remis payables en cinq ans, par cinquièmes, du jour du concordat. — N° du Greffe, 19,351.

ARMAND dame, Paul-Eugène, Société JACOBI, *corsets, rue de la Paix*, 26. — Jugement du 4 février 1859, homologuant le concordat du 24 janvier 1859. — Remise à la dame Jacobi de 75 % payables, sans intérets, de la manière suivante : 250 fr. les 15 février et 15 août 1860, 300 fr. les 15 février et 15 août 1861, 350 fr. les 15 février et 15 août 1862, 400 fr. les 15 février et 15 août 1863, 450 fr. le 15 février 1864. — Le solde le 15 août 1864 des 25 %. — N° du Greffe, 15,293.

ARNAUD François, *charron, vieille route de Neuilly*, 45. — Jugement du 7 juin 1850, homologuant le concordat du 23 mai 1850. — Abandon de l'actif. — Obligation de payer, en outre, 10 % en deux années, par moitiés, à compter de l'homologation. — M. Noël, Grande-Rue, aux Ternes, commissaire. — N° du Greffe, 9,134.

ARNAUD Édouard-Joseph, *carrier, à Courbevoie*. — Jugement du 8 février 1853, homologuant le concordat du 11 janvier 1853. — Remise de tous intérêts et frais et de 75 %. — Les 25 % non remis payables par quarts, d'année en année, du jour du concordat. — N° du Greffe, 10,451.

ARNAUD, Société WÉBER, Jean-Élysée, *horlogerie, rue St-Honoré*, 285. — Jugement du 8 mai 1855, homologuant le concordat du 25 avril 1855. — Remise de 80 %. — Les 20 % non remis payables par quarts, d'année en année, du jour de l'homologation. — N° du Greffe, 11,288.

ARNOULD et Ce, Jean-Baptiste, *pâtissier restaurateur, rue des Bois*, 1, *à Belleville*. — Jugement du 15 octobre 1862, homologuant le concordat du 29 septembre 1862. — Remise de 75 %. — Les 25 % non remis payables en cinq ans, par cinquièmes du jour de l'homologation. — N° du Greffe, 223.

ARNOUX François, *commissionnaire en marchandises, rue de l'Échiquier*, 40. — Jugement du 12 septembre 1850 homologuant le concordat du 28 août 1850. — Obligation de payer 15 % en principal, intérêts et frais, en cinq paiements égaux d'année en année, fin septembre des années 1851 et suivantes. — Remise des intérêts et de 85 %. — N° du Greffe, 9,470.

ARTAUD Marius, *fabricant de papier, quai Napoléon*, 27, *à Courbevoie*. — Jugement du 23 décembre 1856, homologuant le concordat du 8 dudit mois. — Remise de 95 %. — Les 5 % non remis payables en quatre ans, par quarts, du 15 janvier 1858. — N° du Greffe, 13,123.

ARTIGE Henri, *négociant, rue de Paris*, 12, *à Charonne*. — Jugement du 25 février 1862, homologuant le concordat du 10 février 1862. — Remise de 60 %. — Les 40 % non remis payables en dix ans, par dixièmes, du jour du concordat. — N° du Greffe, 18,952.

ARTIVEAU Joseph, *tourneur en instruments d'optique, rue des Tournelles*, 26. — Jugement du 14 septembre 1858, homologuant le concordat du 10 août 1858. — Remise de 70 %. — Les 30 % non remis payables en 3 ans, par tiers, du jour de l'homologation. — Mlle Brice, caution. — N° du Greffe, 14,925.

ATTALÈS Fils, Jean, *coupeur de peaux, rue de l'Asile-Popincourt*, 6. — Jugement du 5 octobre 1857, homologuant le concordat du 17 septembre 1857. — Abandon de l'actif et obligation de payer 10 % du passif, par sixièmes, du 15 octobre 1858, inclusivement. — Beaufour, commissaire. — N° du Greffe, 14,065.

AUBANEL-DELPON Achille, *négociant en laines, rue des Petites-Ecuries*, 27. — Jugement du 27 mai 1852, homologuant le concordat du 11 mars 1852. — Abandon de tout son actif. — Obligation de verser de la manière convenue une somme de 20,000 fr. pour être répartie aux créanciers. — N° du Greffe, 9,588.

AUBÉ Honoré, *apprêteur, rue Poissonnière*, 27. — Jugement du 10 novembre 1862, homologuant le concordat du 19 septembre 1862. — Remise de 85 %. — Les 15 % non remis payables en quatre ans, par quarts, du jour de l'homologation. — N° du Greffe, 19,975.

AUBÉ KARR et Ce, *forges, rue Aumale*, 17. — Jugement du 24 octobre 1859, homologuant le concordat du 10 octobre 1859. — Obligation de payer l'intégralité des créances dans le courant d'octobre 1859. — N° du Greffe, 15,416.

AUBÉ Léon-Eugène, *marchand de vins traiteur, rue de l'École-Militaire*, 2, *à Vaugirard*. — Jugement du 20 avril 1852, homologuant le concordat du 5 du même mois. — Remise de 64 % en principal, intérêts et frais. Les 36 % non remis payables par sixièmes, le 5 avril des années 1853 et suivantes. — N° du Greffe. 10,231.

AUBÉ, Société TRONCHON, Philippe-Isidore, *marchand de fer et gérant, faubourg Poissonnière*, 98. — Jugement du 29 juin 1855, homologuant le concordat du 18 du même mois. — Abandon de tout l'actif énoncé au concordat. — Delacroix et Estignard, commissaires. — N° du Greffe, 12,020.

AUBERT Charles-Joseph, *loueur de voitures, à Bercy*. — Jugement du 7 juillet 1854, homologuant le concordat du 23 juin 1854. — Remise de 70 %. — Les 30 % non remis payables sans intérêts, par sixièmes, en six ans, dans un an du jour de l'homologation. — N° du Greffe, 11,413.

AUBERT Jean, *ancien restaurateur, ci-devant rue de l'Arbre-Sec*, 36, *puis avenue Montaigne*, 73. — Jugement du 29 octobre 1851, homologuant le concordat du 18 octobre 1851. — Abandon de l'actif énoncé au concordat, à l'exception du mobilier personnel. — Sergent, commissaire. — Renonciation par la dame Aubert de prendre part à la répartition. — N° du Greffe, 9,255.

AUBERT Pierre-Thimothée, *marchand de vins, à Vaugirard*. — Jugement du 25 juillet 1856, homologuant le concordat du 11 du même mois. — Remise de 70 %. — Les 30 % non remis payables en quatre ans, par quarts, du jour du concordat. — N° du Greffe, 13,141.

AUBERTIER François, *marchand de cuirs, rue Salle-au-Comte*, 13. — Jugement du 9 mars 1857, homologuant le concordat du 17 février 1857, — Remise de 80 %. — Les 20 % non remis payables en quatre ans, d'année en année, par quarts, du jour de l'homologation. — N° du Greffe 13,512.

AUBIN Jean-Baptiste, *nourrisseur à Romainville*. — Jugement du 26 juillet 1855, homologuant le concordat du 5 du même mois. — Remise de 75 %. — Les 25 % non remis payables sans intérêts, par cinquièmes, en cinq ans. — Premier paiement le 1er août 1856. — N° du Greffe, 12,310.

AUBOURG Nicolas-Mathurin, *boulanger, rue des Fossés-St-Germain-l'Auxerrois*, 10. — Jugement du 16 avril 1850, homologuant le concordat du 6 avril 1850. — Remise de 75 % en principal, intérêts et frais. — Les 25 % non remis payables en cinq ans, les 1er avril 1851, 52, 53, 54 et 55. — N° du Greffe, 9,200.

AUBRIOT, Société PERRIN, Nicolas, *entrepreneur de bâtiments, rue Doudeauville*, 4, *à La Chapelle-St-Denis*. — Jugement du 4 juillet 1856, homologuant le concordat du 21 juin 1856. — Remise de 76 %. — Les 24 % payables sans intérêts, 4 % dans un an et 5 % dans deux, trois, quatre et cinq ans du jour du concordat. — N° du Greffe, 13,009.

AUBRY Louis-Félix, *nourrisseur et gravatier, à Levallois*. — Jugement du 12 mai 1862, homologuant le concordat du 25 avril 1862. — Abandon de l'actif énoncé au concordat. — Pihan de Laforest, syndic. — N° du Greffe, 19,373.

AUBRY Louis, *marchand de ouates, rue Ménilmontant*, 17. — Jugement du 10 septembre 1860, homologuant le concordat du 9 août 1860. — Abandon de l'actif énoncé au concordat. — Obligation de payer en outre 5 % en cinq ans, par cinquièmes, du jour de l'homologation. — N° du Greffe, 16,197.

AUBRY Pierre-Alphonse, *fabricant de petits bronzes, rue de Limoges*, 8. — Jugement du 31 janvier 1861, homologuant le concordat du 18 janvier 1861. — Remise de 70 %. — Les 30 % non remis payables en trois mois, par tiers, du 31 janvier. — N° du Greffe, 17,649.

AUCHER jeune, Louis-Denis, *ancien négociant, boulevard Beaumarchais*, 40. — Jugement du 30 novembre 1853, homologuant le concordat du 8 octobre 1853. — Remise de 72 1/2 %. — Les 27 1/2 non remis payables : 2 1/2 un mois après l'homologation et 25 % en cinq ans, par cinquièmes. Le premier paiement un an après l'homologation. — Mme Aucher, sa femme, caution des derniers 25 %. — N° du Greffe, 9,919.

AUCHER Auguste-Joseph, *fournisseur d'horlogerie, rue St-Martin*, 215. — Jugement du 19 juillet 1860, homologuant le concordat du 23 juillet

1860. — Abandon de l'actif énoncé au concordat. — Lamoureux, syndic. — N° du Greffe, 16,844.

AUCLAIR Blaise, *fabricant de briques, passage de l'Entrepôt*, 5. — Jugement du 8 novembre 1853, homologuant le concordat du 19 octobre 1853. — Remise de 75 %. — Les 25 % non remis payables en cinq ans, par cinquièmes, du 1er décembre 1854. — N° du Greffe, 11,078.

AUDE, femme Prud'homme, Adélaïde, *couturière, rue St-Honoré*, 332. — Jugement du 27 octobre 1857, homologuant le concordat du 12 du même mois. — Remise de 75 %. — Les 25 % non remis payables par cinquièmes, en cinq ans, du jour de l'homologation. — N° du Greffe, 14,045.

AUDEBERT Joseph, *entrepreneur, rue de l'Ouest, 2 bis*. — Jugement du 9 avril 1852, homologuant le concordat du 28 février 1852. — Remise de 90 % en principal, intérêts et frais. — Les 10 % non remis payables en cinq ans, par cinquièmes, à partir de fin février 1853 et ainsi d'année en année. — N° du Greffe, 5,052.

AUDIAT - JACOLET, sieur et dame, Ferdinand, *broderies et dentelles, rue du Mail*, 9. — Jugement du 28 mars 1856, homologuant le concordat du 7 dudit mois. — Abandon de tout l'actif. — Pascal et Lestang, commissaires. — N° du Greffe, 12,776.

AUDIBERT Jacques-François-Marie, *négociant en spiritueux, à Bercy*. Jugement du 30 mars 1858, homologuant le concordat du 18 mars 1858. — Remise de 75 %. — Les 25 % non remis payables en cinq ans, par cinquièmes, du jour de l'homologation. — N° du Greffe, 14,491.

AUDIGÉ André-Victor, *marchand de nécessaires, boulevart de Strasbourg*, 26. — Jugement du 27 juillet 1859, homologuant le concordat du 8 juillet 1859. — Remise de 60 % — Les 40 % non remis payables en cinq ans, par cinquièmes, du jour de l'homologation. — N° du Greffe, 15,844.

AUDOUSSET, Société LECLERCQ, Joseph-Hippolyte, *nouveautés, rue Rambuteau*, 122. — Jugement du 11 novembre 1850, homologuant le concordat du 30 octobre 1850. — Remise de 60 % en capital, intérêts et frais. — Les 40 % non remis payables comme suit : 10 % le 12 novembre courant et selon le mode indiqué au concordat, et trois paiements de 10 % chacun, un, deux et trois ans après cette époque. — N° du Greffe, 8,314.

AUDRY Jean-Nicolas-Florent, *mégissier, à St-Denis, rue de Paris*, 126. — Jugement du 3 mars 1862, homologuant le concordat du 10 février 1862. — Remise de 80 %. — Les 20 % non remis payables en cinq ans, par cinquièmes, du jour de l'homologation. — N° du Greffe, 19,127.

AUDY Pierre-Jean-Auguste, *chaudronnier, rue St-Claude*, 9, *au Marais*. Jugement du 16 avril 1860, homologuant le concordat du 7 avril 1860. — Abandon de l'actif. — Intervention de Mme Audy qui s'engage, en outre de l'abandon ci-dessus, à payer 19,000 fr. sans intérêts, en paiements de chacun 725 fr., de trois mois en trois mois, pour le premier paiement être effectué le 20 avril 1861 et ainsi de suite. — N° du Greffe, 15,947.

AUÉ Guillaume, *horticulteur, rue Rochechouart*, 42. — Jugement du 13 février 1862, homologuant le concordat du 21 janvier 1862. — Remise de 60 %. — Les 40 % non remis payables en quatre ans, par quarts, du jour du concordat. — N° du Greffe, 18,835.

AUFFANT fils aîné, *entrepreneur de charrois, à la Villette*. — Concordat du 28 septembre 1849.

AUGADE fils jeune, Géraud, *tôlier, rue Louis-Philippe*, 7. — Jugement du 30 septembre 1856, homologuant le concordat du 20 du même mois. — Remise de 50 %. — Les 50 % non remis payables par l'abandon de l'actif avec obligation de parfaire 20 % au plus tard le 31 mars 1857, et 30 % en trois ans, de la fin de mars 1858. — Beaufour, commissaire. N° du Greffe, 13,072.

AUGÉ, *tailleur, rue Gaillon*, 14. — Concordat du 14 mai 1849.

AUGER Louis-Prosper, *nouveautés, à Puteaux*. — Jugement du 2 avril 1861, homologuant le concordat du 20 mars 1861. — Abandon de l'actif énoncé au concordat. — Breuillard, syndic. — N° du Greffe, 17,021.

AUGIS Louis-Paul-Emile, *plâtrier, rue d'Isly*, 3, *à la Villette*. — Jugement du 29 octobre 1851, homologuant le concordat du 7 octobre 1851. — Remise de tous intérêts et frais et de 80 % sur le capital. — Les 20 % non remis payables en quatre ans, par quarts, les 29 octobre 1852, 53, 54 et 55. — N° du Greffe, 9,925.

AUGSBOURG Adolphe-Théophile, *limonadier, rue St-Antoine*, 104. — Jugement du 6 décembre 1853, homologuant le concordat du 12 novembre 1853. — Abandon de l'actif et obligation de payer 10 % en deux ans, par moitiés, les 1er novembre 1854 et 1855. — N° du Greffe, 10,899.

AUMON et Ce, Sylvain, *fabricant de caoutchouc, rue de Trévise*, 35. — Jugement du 3 octobre 1860, homologuant le concordat du 19 septembre 1860. — Remise de 25 %. — Les 75 % non remis payables 10 % les 1er janvier 1862, 63, 64, 65, 66, 67 et 15 % le 1er janvier 1868. — N° du Greffe, 17,183.

AURIEL Guillaume, *cartonnages, faubourg du Temple*, 20. — Jugement du 24 septembre 1862, homologuant le concordat du 6 septembre 1862. — Remise de 75 %. — Les 25 % non remis payables sans intérêts, en cinq ans, par cinquièmes, du jour de l'homologation. — N° du Greffe, 217.

AURIGER demoiselle, Jeanne, *marchande de modes, rue Godot-de-Mauroy*, 9. — Jugement du 4 avril 1856, homologuant le concordat du 13 mars 1856. — Remise de 75 %. — Les 25 % non remis payables 10 % dans un an et 5 % dans 2, 3 et 4 ans du jour du concordat. — N° du Greffe, 12,901.

AURIOL aîné, Martial, *marchand de draps, rue St-Antoine*, 40. — Jugement du 13 décembre 1854, homologuant le concordat du 28 novembre 1854. — Remise de 70 %. — Les 30 % non remis payables en cinq ans, par cinquièmes, d'année en année, pour le premier paiement avoir lieu fin novembre 1855. — N° du Greffe, 11,802.

AUSTERLITZ Adolphe, *négociant en laine, rue de Provence*, 6. — Jugement du 13 avril 1858, homologuant le concordat du 25 mars 1858. — Remise de 85 %. — Les 15 % non remis payables en trois ans, par tiers, du jour du concordat. — N° du Greffe, 14,561.

AUTEROCHE André, *ex-fournisseur de Chapellerie, rue de la Lune*, 35. Jugement du 1er août 1851, homologuant le concordat du 17 juillet 1851. — Remise de 90 %. — Les 10 % non remis payables sans intérêts en 4 ans, par quarts, les 17 juillet 1852, 53, 54 et 55. — N° du Greffe, 9,849.

AUZOU dame, Charles, *marchande de modes, rue Bonne-Nouvelle*, 31. — Jugement du 20 avril 1857, homologuant le concordat du 26 mars 1857. — Remise de 75 %. — Les 25 % non remis payables sans intérêts, en cinq ans, par cinquièmes, d'année en année, du jour de l'homologation. — N° du Greffe, 43,491.

AVART, *bimbelotier, rue Philippeau*, 23. — Jugement du 1er août 1859, homologuant le concordat du 21 juin 1859. — Remise de 80 %. — Les 20 % non remis payables dans quatre ans, par quarts, du jour du concordat. — N° du Greffe, 7,643.

AVÉ Jean-Baptiste-Auguste, *grainetier et gravatier, à Bercy*. — Jugement du 30 mars 1854, homologuant le concordat du 15 du même mois. — Remise de 65 %. — Les 35 % non remis payables en cinq ans du jour de l'homologation. — N° du Greffe, 11,274.

AVICE, Société THIEL, *négociant, place des Victoires*, 2. — Jugement du 4 juillet 1854, homologuant le concordat du 20 juin 1854. — Remise de 97 %. — Les 3 % non remis, payables solidairement par les sieur et dame Avice, dans la quinzaine de l'homologation. — N° du Greffe, 5,262.

AVISSE Joseph, *cordonnier-bottier, faubourg du Temple*, 92. — Jugement du 28 août 1854, homologuant le concordat du 12 du même mois. — Remise de 25 %. — Les 75 % non remis payables en trois ans, par tiers, le 31 août 1855 et années suivantes. — N° du Greffe, 11,634.

AVRIL Pierre, *épicier, Faubourg Poissonnière*. — Jugement du 14 janvier 1861, homologuant le concordat du 3 janvier 1861. — Remise de 75 %. — Les 25 % non remis payables en cinq ans, par cinquièmes, du jour du concordat. — N° du Greffe, 17,411.

AVRIL Jean, *boulanger, rue de Paris, à Belleville*. — Jugement du 29 avril 1852, homologuant le concordat du 13 avril 1852. — Abandon de l'actif. — Obligation de payer 25 % en principal, intérêts et frais, en cinq ans, par cinquièmes, les 13 avril 1853, 1854 et suivants, sans intérêts. — Portal, commissaire. — N° du Greffe. 10,263.

AYMAT père, Jean-Elie, *marchand de vins, rue de l'Arcade*, 21, *aux Ternes*. — Jugement du 10 mars 1851, homologuant le concordat du 28 février 1850. — Remise de 90 % sur le capital, les intérêts et les frais. — Les 10 % non remis payables en deux fractions de 5 % les 1er mars 1852 et 1853. — N° du Greffe, 9,690.

AZE Théodore, *peintre, rue Mauconseil*, 5. — Jugement du 3 mai 1850, homologuant le concordat du 16 février 1850. — Remise de 80 % et de tous intérêts non affirmés. — Les 20 % non remis payables en quatre années les 15 mars 1851, 1852, 1853 et 1854. — N° du Greffe, 9,155.

AZE-BÉRANGER dame, *marchande de toiles cirées*. — Concordat du 2 juillet 1849.

B

BAAR, Société GARELLY et GEER, Frédéric, *exportateur, faubourg Poissonnière*, 31. — Jugement du 19 juin 1862, homologuant le concordat du 10 juin 1862. — Remise de 85 %. — Les 15 % non remis payables 10 % fin juin 1862 et 5 % fin juin 1863. — M. Garelli s'oblige personnellement, en dehors des 15 % ci-dessus, de payer 10 p. % fin décembre 1864. — N° du Greffe, 19,422.

BABÉ François-Émile, *marchand d'étoffes pour chaussures, rue du Cloître-St-Jacques*, 10. — Jugement du 26 septembre 1861, homologuant le concordat du 13 septembre 1861. — Remise de 80 %. — Les 20 % non remis payables en quatre ans par quarts du 1er octobre 1861. — N° du Greffe, 18,551.

BABEAU, Société FLEURY-FRÉVILLE Henri, *commerce de doublures, rue du Faubourg-St-Denis*, 147. — Jugement du 30 décembre 1857, homologuant le concordat du 18 décembre 1857. — Remise de 60 %. — Les 40 p. % non remis, payables 5 % dans la huitaine de l'homologation, 5 % dans deux mois du concordat, 30 % par quarts, d'année en année, payables un an après l'homologation. — Le François maintenu syndic. — N° du Greffe, 14,129.

BABEAU de la Société FLEURY, *négociant en tissus, rue St-Fiacre*, 12. — Jugement du 26 août 1861, homologuant le concordat du 2 août 1861. — Abandon de l'actif énoncé au concordat. — Obligation par M. Fleury, teinturier à Amiens, de verser entre les mains du syndic, aussitôt l'homologation, 3,000 fr. Le François syndic. — N° du Greffe, 18,093.

BACARESSE Pierre, *serrurier-mécanicien, rue Masséna*, 3. — Jugement du 13 février 1852, homologuant le concordat du 17 janvier 1852. — Remise de 80 %. — Les 20 % non remis, payables, sans intérêts : 3 % fin février 1853, 5 % fin février 1854, 5 % fin février 1855, et 7 % fin février 1856. — N° du Greffe, 10,138.

BACH Joseph, *commerce de broderies, rue Montmartre*, 70. — Jugement du 25 octobre 1862 homologuant le concordat du 10 octobre 1862. — Remise de 75 %. — Les 25 % non remis, payables en trois ans: 5 % le 1er novembre 1863 et 10 % le 1er novembre 1864 et 1865. — N° du Greffe, 396.

BACH de la Société LASSUS et Cie, *constructeur de voitures, à la Grande-Villette*. — Voir CHAMEROY et Cie.

BACHELOT dame, Adolphe-Adrien, *marchande au Temple, rue Dupuis*, 11. — Jugement du 4 mars 1862, homologuant le concordat du 18 février 1862. — Remise de 75 %. — Les 25 % non remis payables en 5 ans par cinquièmes de l'homologation. N° du Greffe, 19,143.

BACLE Charles-Auguste, *négociant, rue Montholon*, 7. — Jugement du 20 juillet 1854, homologuant le concordat du 29 juin 1854. — Obligation de payer l'intégralité des créances en principal, intérêts et frais : 10 % dans la quinzaine du jour du concordat, et 90 % par dixièmes, d'année en année. — N° du Greffe, 11,338.

BACON, de la Société LEVRAT Frères, Louis-Sylver, *marchand de pelles et pincettes, rue Folie-Méricourt*, 30. — Jugement du 17 avril 1856, homologuant le concordat du 3 avril 1856. — Remise de 50 %. — Les 50 % non remis, payables, 49 % par MM. Levrat frères et 1 % par M. Bacon personnellement en cinq ans, par onzièmes, de six mois en six mois, pour le 1er paiement avoir lieu le 31 décembre 1856. — N° du Greffe, 12,445

BADEUIL Jean, *négociant, commissionnaire, rue de la Roquette*, 35. — Jugement du 24 décembre 1860, homologuant le concordat du 6 décembre 1860. — Remise de 60 %. — Les 40 % non remis payables en six ans de l'homologation, savoir : 7 % les quatre premières années, et 6 % les deux autres. — N° du Greffe, 17,191.

BADIN Jean, *distillateur, Grande-Rue*, 65, *à la Chapelle*. — Jugement du 19 novembre 1861, homologuant le concordat du 15 octobre 1861. — Remise de 80 %. — Les 20 % non remis, payables 5 % dans un et deux ans, et 10 % dans trois ans du 1er novembre. — N° du Greffe, 15,436.

BAEHR Frères, *marchands de fourrures, rue St-Honoré*, 131. — Jugement du 12 octobre 1860, homologuant le concordat du 19 septembre 1860. — Remise de 70 %. — Les 30 % non remis payables en quatre ans, par quarts, du 28 février. — N° du Greffe, 16,900.

BAES Adolphe-Joseph, *commissionnaire en marchandises, rue Marie-Stuart*, 5. — Jugement du 27 septembre 1855, homologuant le concordat du 10 du même mois. — Remise de 50 %. — Les 50 % non remis payables en cinq ans, d'année en année, pour le premier paiement avoir lieu le 10 septembre 1856. — N° du Greffe, 12,251.

BAESET, *fabricant de bijoux, rue Philippeaux*, 17. — Jugement du 19 décembre 1861, homologuant le concordat du 20 novembre 1861. — Remise de 85 %. — Les 15 % non remis payables en trois ans, par tiers du 20 décembre. — N° du Greffe, 18,519.

BAETE Philippe-Jacques, *marchand de chaussures, rue du Temple*, 178. — Jugement du 24 décembre 1861, homologuant le concordat du 13 novembre 1861. — Remise de 50 %. — Les 50 % non remis payables en cinq ans, par cinquièmes, du concordat. — N° du Greffe, 18,605.

BAFFERT, Charles-François-Clément, *menuisier à Batignolles*. — Jugement du 27 avril 1859, homologuant le concordat du 5 avril 1859. — Remise de 80 %. — Les 20 % non remis payables en quatre ans, par quarts, de l'homologation. — N° du Greffe, 15,626.

BAGNY Jean, *tapissier, rue de Charenton*, 60. — Jugement du 28 novembre 1860, homologuant le concordat du 14 novembre 1860. — Remise de 30 %. — Les 70 % non remis payables de la manière énoncée au concordat. En cas d'insuffisance, obligation de parfaire la différence en deux ans de l'homologation. — Lamoureux maintenu syndic. — N° du Greffe, 17,251.

BAGOT Nicolas-Léon, *marchand de sable de rivière, à Clichy-la-Garenne*. — Jugement du 28 mai 1858, homologuant le concordat du 14 mai 1858. — Remise de 70 %. — Les 30 % non remis payables en quatre ans, par quarts, du jour de l'homologation. — N° du Greffe, 14,538.

BAIER, *marchand de lanternes, rue St-Louis au Marais* 60. — Jugement du 13 août 1860, homologuant le concordat du 1er août 1860. — Remise de 75 %. — Les 25 % non remis payables en quatre ans, par quarts, du jour de l'homologation. — N° du Greffe, 17,015

BAILLET, *négociant, rue de la Pépinière*, 54, *à Montrouge*. — Jugement du 29 juin 1858, homologuant le concordat du 12 du même mois. — Remise de 90 %. — Les 10 % non remis payables en deux ans, par moitiés, du 15 décembre 1859. — N° du Greffe, 14,817.

BAILLET de la Société LANDRIEUX, Martin-Joseph, *marchand de coffres-forts, rue Popincourt*, 101. — Jugement du 18 décembre 1860, homologuant le concordat du 3 décembre 1860. — Remise de 90 %. — Les 10 % non remis payables en deux ans, par moitiés, du jour de l'homologation. — N° du Greffe, 17,328.

BAILLIF Pierre, *menuisier, rue des Messageries*, 19. — Jugement du 9 octobre 1860, homologuant le concordat du 13 septembre 1860. — Remise de 75 %. — Les 25 % non remis payables en cinq ans, par cinquièmes, du jour de l'homologation. — N° du Greffe, 16,415.

BAILLY François, *marchand de couvertures, rue St-Martin* 38. — Jugement du 3 août 1849, donnant acte au sieur Bailly de l'offre par lui faite de payer à tous ses créanciers 15 % en sus des 25 % offerts par le concordat soit au total 40 % payables en huit ans à raison de 5 % par an, pour le premier paiement avoir lieu le 31 janvier 1850, et ainsi de suite. — N° du Greffe, 8,497.

BAILLY Jules-César, *fabricant de manches de parapluie, Cour de la Trinité*, 15 et 21. — Jugement du 20 août 1862, homologuant le concordat du 1er août 1862. — Remise de 70 %. — Les 30 % non remis payables en cinq ans, par cinquièmes, du 15 août. — N° du Greffe, 19,825.

BAILLY Ambroise-Michel, *menuisier, Grande-Rue-de-la-Chapelle*. — Jugement du 11 mars 1861, homologuant le concordat du 1er février 1861. — Remise de 80 %. — Les 20 % non remis payables en cinq ans, par cinquièmes de l'homologation. — N° du Greffe, 17,585.

BAILLY Jacques-Pierre, *entrepreneur de construction, rue de Berlin*, 14. — Jugement du 28 mars 1862, homologuant le concordat passé le 12 du même mois. — Remise de 75 %. — Les 25 % non remis payables sans intérêts, en quatre ans de l'homologation savoir : 5 % première année, 7 % deuxième année' 6 % troisième année et 7 % quatrième année. — N° du Greffe, 19,254.

BAILLY de la Société ROST, demoiselle Christine, *portefeuilliste, rue Notre-Dame-de-Nazareth*, 38. — Jugement du 24 avril 1856, homologuant le concordat du 12 du même mois. — Remise de 80 %. — Les 20 % non remis payables en quatre ans, par quarts, d'année en année. — Premier paiement fin d'avril 1857. — N° du Greffe, 12,849.

BAILLY Alexandre, *cordier, quai de la Gare-d'Ivry*, 82. — Jugement du 23 août 1862, homologuant le concordat du 26 mai 1862. — Remise de 60 %. — Les 40 % non remis payables en quatre ans, par quarts, du jour du concordat. — N° du Greffe, 19,825.

BAILLY Jacques-Gabriel, *entrepreneur de bâtiments, rue de Bellefond*, 30. — Jugement du 6 décembre 1853, homologuant le concordat du 19 novembre 1853. — Remise de 80 %. — Les 20 % non remis payables, sans intérêts, en cinq ans, par cinquièmes, le premier paiement un an du jour de l'homologation. — N° du Greffe, 5,401.

BAILLY, *imprimeur, place Sorbonne*, 2. — Concordat du 10 septembre 1849. — N° du Greffe, 312,

BAINVILLE Louis-Charles, *entrepreneur, rue Labruyère*. — Jugement du 7 février 1856, homologuant le concordat du 16 janvier 1856. — Remise de 50 %. — Les 50 % non remis payables en cinq ans, par cinquièmes, d'année en année, du jour de l'homologation. — N° du Greffe, 12,731.

BAKKERS Paul, *négociant, rue du Temple*, 32. — Arrêt de la Cour (deuxième chambre) du 10 août 1857, statuant sur l'appel du jugement du 30 septembre 1856, infirmant et émendant, homologue le concordat du 22 septembre 1856. — Abandon de l'actif énoncé au concordat. — Decagny et Blanchet maintenus syndics. — N° du Greffe, 11,948.

BAL, de la Société GARNIER Joseph-Marie, *limonadier, rue Ménilmontant*. 109. — Jugement du 11 mars 1861, homologuant le concordat du 14 février 1861. — Remise de 95 %. — Les 5 % non remis payables en cinq ans, par cinquièmes, de l'homologation. N° du Greffe, 16,767.

BALADE Vincent-Jules, *coiffeur, rue Taitebout*, 43. — Jugement du 23 avril 1857, homologuant le concordat du 8 avril 1857. — Remise de 80 %. — Les 20 % non remis payables en cinq ans, par cinquièmes, d'année en année, du jour de l'homologation. N° du Greffe, 13,721.

BALARD François, *tapissier, boulevart Beaumarchais*, 57. — Jugement du 16 septembre 1862, homologuant le concordat du 30 août 1862. — Remise de 75 %. — Les 25 % non remis payables sans intérêts en cinq ans, par cinquièmes, du jour de l'homologation. — N° du Greffe, 218.

BALAVOINE Jules-Victor, *marchand de cirage, rue de Varennes-St-Germain*, 18. — Jugement du 13 octobre 1851, homologuant le concordat du 4 septembre 1851. — Remise de tous intérêts, frais et accessoires admis au passif et de 80 % du capital. — Les 20 % non remis payables, par quarts, d'année en année, à compter du 4 septembre 1851. — N° du Greffe, 9,442.

BALAYN, Denis-Adolphe, *chapellerie, rue Grenéta*, 38. — Jugement du 23 février 1858, homologuant le concordat du 8 février 1858. — Remise de 70 %. — Les 30 % non remis payables en trois ans, par tiers, du jour du concordat. — N° du Greffe, 14,315.

BALAYN Denis-Adolphe, *fabricant de chapeaux, rue Palestro*, 6. — Jugement du 22 juillet 1862, homologuant le concordat du 27 juin 1862. — Remise de 80 %. — Les 20 % non remis payables en quatre ans, par quarts, du jour du concordat. — N° du Greffe, 19,678.

BALDUC Léon-Isidore, *marchand de nouveautés, à la Villette*. — Jugement du 24 janvier 1859, homologuant le concordat du 21 décembre 1858. — Remise de 50 %. — Les 50 % non remis payables 25 % au comptant et 25 % en cinq ans, par cinquièmes, du jour de l'homologation. — N° du Greffe, 15,233.

BALEIO jeune, Jean-Ignace-Léopold, *ex-marchand de vins, rue du Faubourg-St-Martin*, 6. — Jugement du 7 novembre 1856, homologuant le concordat du 21 octobre 1856. — Abandon de l'actif énoncé au concordat. — Obligation de payer 10 % en cinq ans, par cinquièmes, d'année en année, du jour de l'homologation. — Lefrançois, maintenu syndic. — N° du Greffe, 12,565.

BALKAUSEN Pierre, *tailleur, rue Vivienne*, 14. — Jugement du 16 janvier 1857, homologuant le concordat du 19 décembre 1856. — Remise de 70 %. — Les 30 % non remis payables sans intérêts en cinq ans, par cinquièmes, d'année en année, du jour de l'homologation. — N° du Greffe, 13,406.

BALLAND Eugène, *crémier, place Maubert*, 32. — Jugement du 28 janvier 1859, homologuant le concordat du 13 janvier 1859. — Abandon de l'actif énoncé au concordat. — Obligation de payer 10 % en deux ans, par moitiés, du jour de l'homologation. — Bourbon, syndic. — N° du Greffe, 12,244.

BALLET père, *négociant, à Pantin*. — Jugement du 16 février 1857, homologuant le concordat du 2 février 1857. — Remise de 75 %. — Les 25 % non remis payables sans intérêts, en cinq ans, par cinquièmes, d'année en année, pour le premier paiement avoir lieu le 1er février 1858. N° du Greffe, 13,411.

BALLOT Antoine, *négociant, rue Montmartre*, 164. — Jugement du 16 novembre 1852, homologuant le concordat du 22 octobre 1852. — Abandon de la somme restant libre, après paiement des hypothèques sur le prix d'un immeuble indiqué au concordat. — Obligation de payer en outre 2 % des créances un an après le concordat et, indépendamment de parfaire, dans le même délai, un dividende de 8 %, si le prix de l'immeuble abandonné était insuffisant. — N° du Greffe, 7,633.

BALLU Jacques, *loueur de voitures, rue de la Rochefoucault*, 37. — Jugement du 12 mai 1862, homologuant le concordat du 30 avril 1862. — Obligation de payer l'intégralité des créances à raison de 500 fr. par mois de fin d'octobre. — N° du Greffe, 19,000.

BALLY Antoine-Philibert, *marchand de bronzes, rue de Bondy*, 46. — Jugement du 5 août 1861, homologuant le concordat du 12 juillet 1861. — Remise de 60 %. — Les 40 % non remis payables 5 % dans un, deux, trois et quatre ans, 10 % dans cinq et six ans de l'homologation. — N° du Greffe, 18,258.

BALMONT Claude-Antoine, *marchand de vins à Bercy, chemin de Reuilly*. — Jugement du 12 avril 1855, homologuant le concordat du 16 mars 1855. — Remise de 85 %. — Les 15 % non remis payables en trois ans, par tiers, d'année en année. — Le premier paiement le 16 mars 1856. — N° du Greffe, 12,058.

BALMY Victor-Stanislas, *fabricant de plumes et de fleurs, rue de la Bourse*, 7. — Jugement du 13 juillet 1855, homologuant le concordat du 29 juin 1855. — Remise de 60 %. — Les 40 % non remis payables en quatre ans, par quarts, d'année en année, à partir du concordat. — N° du Greffe, 12,238.

BALTZ Frédéric, *ébéniste, rue de Charonne*, 51. — Jugement du 24 juin 1862, homologuant le concordat du 31 mai 1862. — Remise de 60 %. — Les 40 % non remis payables en quatre ans, par quarts, du jour de l'homologation. — N° du Greffe, 19,691.

BALUTET Athanase-Henri, *entrepreneur de maçonnerie et de pavage, rue St-Jean*, 12. — Jugement du 2 août 1854, homologuant le concordat du 8 juillet 1854. — Abandon de l'actif énoncé au concordat aux charges y stipulées. — Obligation de payer 5 % en cinq ans, par cinquièmes, d'année en année, pour le premier paiement avoir lieu le 1er août 1855. — Duval Vaucluse, commissaire. — N° du Greffe, 11,046.

BALZAC ou **BALSAC** Germain-Auguste, *appareils électriques, rue Moret*, 4. — Jugement du 18 février 1862, homologuant le concordat du 24 janvier 1862. — Abandon de l'actif énoncé au concordat. — Obligation, en outre, de payer 5 % : 2 % à la fin de la première année et 3 % à la fin de la deuxième année, du jour de l'homologation. — Bourbon, maintenu syndic. — N° du Greffe, 18,862.

BANNELLIER Jean, *marchand de vins, impasse de la Pompe*, 6. — Jugement du 14 novembre 1861, homologuant le concordat du 11 octobre 1861. — Remise de 80 %. — Les 20 % non remis payables aussitôt après l'homologation. — N° du Greffe, 18,113.

BANQUELS Eugène, *fabricant de meubles en chêne, rue St-Maur*, 40, *passage Maurice*, 14. — Jugement du 25 mars 1862, homologuant le concordat du 12 mars 1862. — Remise de 75 %. — Les 25 % non remis payables sans intérêts en cinq ans, par cinquièmes, du jour de l'homologation. — N° du Greffe, 19,060.

BAPTARD François, *négociant en comestibles, à Batignolles*. — Jugement du 19 février 1858, homologuant le concordat du 8 du même mois. — Remise de 75 %. — Les 25 % non remis payables en cinq ans, par cinquièmes, du 15 février 1859. — N° du Greffe, 14,410.

BAQUESNE, de la Société **HOUDART**, Alexandre-François, *marchand de chocolats, rue Grange-aux-Belles*, 21. — Jugement du 29 mars 1859, homologuant le concordat du 26 février 1859. — Remise de 90 %. — Les 10 % non remis payables en cinq ans, par cinquièmes, du jour de l'homologation. — N° du Greffe, 15,248.

BAQUET Louis, *épicier, boulevard du Combat*, 34, *à Belleville*. — Jugement du 14 mai 1850, homologuant le concordat du 16 avril 1850. — Remise de tous frais et intérêts et de 50 %. — Les 50 % non remis payables en cinq années, par cinquièmes, d'année en année, à partir du 16 avril 1850. — N° du Greffe, 9,303.

BAR Xavier-Paul, *marchand de vins, rue de la Coutellerie*, 2. — Jugement du 7 octobre 1859, homologuant le concordat du 20 septembre 1859. — Remise de 90 %. — Les 10 % non remis payables dans deux et quatre ans du concordat. — N° du Greffe, 15,012.

BARA Pierre-Antoine, *maître blanchisseur, à Passy*. — Jugement du 4 avril 1859, homologuant le concordat du 15 mars 1859. — Remise de 85 %. — Les 15 % non remis payables en trois ans, par tiers, du jour de l'homologation. — N° du Greffe, 15,627.

BARADON Jean, *limonadier, rue de Sèvres*, 48. — Jugement du 25 mai 1860, homologuant le concordat du 30 mars 1860. — Remise de 70 %. — Les 30 % non remis payables en cinq ans, par cinquièmes, du jour de l'homologation. — N° du Greffe, 16,736.

BARADUC Jean-François, *fabricant d'aciers polis, passage de l'Ancre*, 11. — Jugement du 26 mars 1858, homologuant le concordat du 2 janvier 1858. — Remise de 80 %. — Les 20 % non remis payables par quarts, de 3 mois en 3 mois du jour du concordat. M. Maucourt, caution. — N° du Greffe, 14,196.

BARAT-DESVIGNES Denis, *marchand de vins en gros, quai d'Orléans*, 16. — Jugement du 22 décembre 1856, homologuant le concordat du 28 novembre 1856. — Abandon de l'actif énoncé au concordat. — Obligation en outre de payer 5 % sur le montant des créances, en cinq ans, par cinquièmes, d'année en année, du jour de l'homologation. — Battarel, syndic. — N° du Greffe, 13,380

BARBA et **MOLARD**, *reproduction de bons livres, rue St-Hyacinthe-St-Michel*, 8. — Jugement du 6 juin 1853, homologuant le concordat du 10 mai 1853. — Remise entière moyennant 10 % déjà touchés et l'abandon que font les faillis de l'actif réalisé et restant à réaliser. — Breuillard, commissaire. — N° du Greffe, 877.

BARBAROT, femme **POISSON**, Marie-Madeleine, *marchande de vins, à Montmartre*. — Jugement du 9 septembre 1853, homologuant le concordat du 22 août 1853. — Remise de 90 %. — Les 10 % non remis payables en cinq années, par cinquièmes, d'année en année, pour le premier paiement avoir lieu fin d'août 1854. — N° du Greffe 10,862.

BARBAROUX Hippolyte-Joseph, *marchand chocolatier, rue du Helder*, 15. — Concordat du 26 mars 1849. — N° du Greffe, 44.

BARBAROUX Joseph-Hippolyte, *chocolatier, rue du Helder*, 15. — Jugement du 9 octobre 1854, homologuant le concordat du 8 septembre 1854. — Remise de 80 %. — Les 20 % non remis payables en quatre ans, par quarts, d'année en année. — Le premier paiement le 8 septembre 1855. — N° du Greffe, 11,522.

BARBASTE Jean-Louis, *marchand de tapis, passage des Panoramas*, 22. — Jugement du 28 mars 1861, homologuant le concordat du 13 mars 1861. — Remise de 60 %. — Les 40 % non remis payables 20 % comptant, lors de l'homologation, et 20 % en quatre ans, par quarts. — N° du Greffe, 17,834.

BARBAUD, Société **LEROUX**, Louis-Joseph, *horloger, rue Marengo*, 2. — Jugement du 16 février 1859, homologuant le concordat du 22 décembre 1858. — Remise de 95 %. — Les 5 % non remis payables en cinq ans, par cinquièmes du jour de l'homologation. — N° du Greffe, 15,139.

BARBÉ Julien-Frédéric, *tabletterie, rue des Enfants-Rouges*, 15. — Jugement du 27 août 1857, homologuant le concordat du 31 juillet 1857. — Remise de 55 %. — Les 45 % non remis payables en huit ans, savoir : 5 % les cinq premières années et 10 % les trois dernières, du jour du concordat. — N° du Greffe, 13,897.

BARBET Louis-Victor-Emile, *linger, boulevard Pigale*, 48. — Jugement du 16 mars 1859, homologuant le concordat du 28 janvier. — Remise des intérêts et frais non admis, et de 60 %. — Les 40 % non remis payables en quatre ans, par quarts, du jour de l'homologation. — N° du Greffe, 14,880.

BARBETTI Jeune Louis-Stanislas, *fabricant de chapeaux de paille, rue du Colysée*, 12. — Jugement du 21 août 1861, homologuant le concordat du 9 août 1861. — Remise de 85 %. — Les 15 % non remis payables en cinq ans, par cinquièmes, du jour de l'homologation. — N° du Greffe, 18,319.

BARBEY Jean, *épicier, rue Chapon*, 40. — Jugement du 20 décembre 1859, homologuant le concordat du 16 novembre 1859. — Remise de 90 %. — Les 10 % non remis payables en deux ans par moitié, du jour de l'homologation. — Abandon, en outre, de l'actif réalisé. — Lacoste, syndic. — N° du Greffe, 16,293.

BARBIER Félix-Auguste, *ex-marchand de charbons, rue du Dragon*, 16. — Jugement du 4 octobre 1852, homologuant le concordat passé le 22 septembre 1852. — Remise de 85 % des créances en principal, intérêts et frais. — Les 15 % non remis payables en cinq ans, par cinquièmes, d'année en année. — Le premier paiement le 22 septembre 1853. — N° du Greffe, 10,455.

BARBIER, veuve François **FARY**, *marbrière, rue de la Roquette*, 156. — Jugement du 29 octobre 1851, homologuant le concordat du 21 octobre 1851. — Remise de tous intérêts et frais non admis, et de 80 % sur le principal. — Les 20 % non remis payables en quatre ans, par quarts, le 31 décembre 1852, 53, 54 et 55. — N° du Greffe, 9,964.

BARBIER Joseph-Sébastien, *entrepreneur de voitures publiques, à Fontenay-aux-Roses*. — Jugement du 8 juin, 1852, homologuant le concordat du 22 mai 1852. — Remise de 60 % en principal, intérêts et frais. — Les 40 % non remis payables : 10 % le 1er septembre 1852, 15 % le 1er septembre 1853, et 15 % le 1er septembre 1854 — N° du Greffe, 10,279.

BARBIER de la Société **BASSIÈRE**, Henry-Frédéric, *entrepreneur de peinture, rue des Récollets*, 11. — Jugement du 23 septembre 1861, homologuant le concordat du 11 septembre 1861. — Remise de 70 %. — Les 30 % non remis payables en cinq ans. — 6 % dans un an du jour de l'homologation, et 6 % le 1er septembre, 1863, 64, 65 et 66. — N° du Greffe, 18,355.

BARBIER de la Société **JOVINET**, Jules, *marchand de pelleteries, rue de la Perle*, 5. — Jugement du 21 février 1862, homologuant le concordat du 27 décembre 1861. — Remise de 75 %. — Les 25 % non remis payables en cinq ans, par cinquièmes, du jour du concordat. — N° du Greffe, 18,349.

BARBIER et **Cie** Louis-Alexandre-Frédéric, *horlogerie, rue Meslay*, 28. — Jugement du 18 février 1856, homologuant le concordat du

4 février 1856. — Remise de 80 %. — Les 20 % non remis payables en quatre ans, par quarts, d'année en année à partir du jour du concordat. — N° du Greffe, 12,625.

BARBIER Pierre, *marbrier, avenue St-Denis*, 176. — Jugement du 30 juin 1856, homologuant le concordat du 28 mai 1856. — Remise de 65 %. — Les 35 % non remis payables en cinq ans, par cinquièmes, d'année en année, du jour de l'homologation. — N° du Greffe, 12,929.

BARBIER Lucien-Félix, *ex-limonadier, rue Vert-Bois*, 64. — Jugement du 21 juin 1860, homologuant le concordat du 30 mai 1860. — Abandon de l'actif énoncé au concordat. — Chevalier, maintenu syndic. — N° du Greffe, 16,832.

BARBILLON, *négociant, rue Fontaine-St-Georges*, 9. — Jugement du 10 décembre 1856, homologuant le concordat du 20 novembre 1856. — Remise de 60 %. — Les 40 % non remis payables en cinq ans, par cinquièmes, d'année en année, du jour du concordat. — N° du Greffe, 13,277.

BARBOIS Martial, *horloger-bijoutier, rue de la Ferme-des-Mathurins*, 52. — Jugement du 23 juin 1862, homologuant le concordat du 10 juin 1862. — Remise de 50 %. — Les 50 % non remis payables, sans intérêts, en six ans, par sixièmes, du jour de l'homologation. — N° du Greffe, 19,788.

BARBOT Jean-Théodore, *fabricant de pendules, rue des Filles-du-Calvaire*, 13. — Jugement du 18 septembre 1854, homologuant le concordat du 21 août 1854. — Remise de 80 %. — Les 20 % non remis payables : 10 % aussitôt après l'homologation et 10 % en trois ans, par tiers, d'année en année. — Le premier paiement le 1er novembre 1855. — N° du Greffe, 11,463.

BARBOT Georges, *négociant en horlogerie, rue de Rambuteau*, 13. — Jugement du 19 novembre 1861, homologuant le concordat du 24 octobre 1861. — Remise de 75 %. — Les 25 % non remis payables en cinq ans, par cinquièmes, du jour de l'homologation. — N° du Greffe, 18,662.

BARÇON Pierre-Baptiste, *marchand de vins et logeur à Belleville*. — Jugement du 10 octobre 1850, homologuant le concordat du 21 septembre 1850. — Remise de 90 % en principal, intérêts, frais et accessoires. — Les 10 % non remis payables en quatre années, par quarts, le 22 septembre 1851 et années suivantes. — N° du Greffe, 9,480.

BARDE Eugène, *marchand de vins à Batignolles*. — Jugement du 27 juin 1859, homologuant le concordat du 14 juin 1859. — Remise de 75 %. — Les 25 % non remis payables en cinq ans, par cinquièmes, du 15 juin. — N° du Greffe, 15,861.

BARDÈCHE Pierre-Charles, *ex-hôtelier, rue de Beaune*, 22. — Jugement du 16 avril 1857, homologuant le concordat du 11 février 1857. — Remise de 50 %. — Les 50 % non remis payables : 10 % dans les huit jours de l'homologation ; 10 % trois ans après et 15 % un an et deux ans après. — N° du Greffe, 13,313.

BARDET Louis, *marchand de rognures de papiers, rue de la Parcheminerie*, 7. — Jugement du 30 juin 1856, homologuant le concordat du 18 juin 1856. — Remise de 80 %. — Les 20 % non remis payables en quatre ans, par quarts, d'année en année du jour de l'homologation. — M. Bardet, caution. — N° du Greffe, 13,067.

BARDET François, *marchand de vins traiteur, boulevard de Bercy*, 12. — Jugement du 18 juin 1861, homologuant le concordat du 6 juin 1861. — Remise de 75 %. — Les 25 % non remis payables, sans intérêts, au moyen de l'abandon de l'actif énoncé au concordat. — Lefrançois, syndic. — N° du Greffe, 1,078.

BARDON Jean-Baptiste, *marchand de vins, rue Favart*, 18. — Jugement du 5 février 1856, homologuant le concordat du 19 janvier 1856. — Remise de 70 %. — Les 30 % non remis payables en cinq ans, par cinquièmes, d'année en année, du jour du concordat. — N° du Greffe, 12,756.

BARDOU veuve Adolphe, *mercière, rue de Seine*, 99. — Jugement du 3 septembre 1862, homologuant le concordat du 6 août 1862. — Remise de 65 %. — Les 35 % non remis payables, sans intérêts, en sept ans, par septièmes, du jour de l'homologation. — N° du Greffe, 19,856.

BARET Jean-Honoré, *marchand de cadres dorés, rue de Furstemberg*, 7. — Jugement du 18 août 1857, homologuant le concordat du 7 août 1857. — Remise de 80 %. — Les 20 % non remis payables en quatre ans, par quarts, d'année en année, du jour du concordat. — N° du Greffe, 13,978.

BAREZ Séverin-Joseph, *fabricant de carton-pâte, à Arcueil*. — Jugement du 28 mars 1856, homologuant le concordat du 13 mars 1856. — Remise de 60 %. — Les 40 % non remis payables en cinq ans, par cinquièmes, d'année en année, pour le premier paiement avoir lieu le 1er avril 1857. — N° du Greffe, 12,918.

BARGON Gaspard, *bottier, rue de la Victoire*, 82. — Jugement du 25 avril 1862, homologuant le concordat du 10 avril 1862. — Remise de 80 %. — Les 20 % non remis payables en cinq ans, par cinquièmes, de l'homologation. — N° du Greffe, 19,525.

BARNARD Jenny-John, *marchand de cuirs, rue de Rivoli*, 142. — Jugement du 4 avril 1859, homologuant le concordat du 18 mars 1859. — Remise de 90 %. — Les 10 % non remis payables en cinq ans, par cinquièmes, de l'homologation. — N° du Greffe, 13,312.

BARON Nicolas, *limonadier, rue de Flandres*, 16. — Jugement du 17 janvier 1862, homologuant le concordat du 31 décembre 1861. — Remise de 75 %. — Les 25 % non remis payables, sans intérêts : 5 % comptant huit jours après l'homologation, et 20 % en quatre ans, par quarts, du jour de l'homologation. — N° du Greffe, 17,905.

BARON, *limonadier, rue Bourbon-Villeneuve*, 30. — Jugement du 26 mars 1858, homologuant le concordat du 12 du même mois. — Obligation de payer intégralement les créanciers en huit ans de l'homologation. — N° du Greffe, 14,506.

BARON, *restaurateur, Galerie Vallois*, 105. — Jugement du 6 janvier 1854, homologuant le concordat du 22 décembre 1853. — Remise de 70 %. — Les 30 % non remis payables en cinq ans, par cinquièmes, d'année en année, du jour de l'homologation. — Mme Barron, caution. — N° du Greffe, 10,778.

BARON Nicolas, *limonadier à la Villette*. — Jugement du 27 août 1858, homologuant le concordat du 17 juillet 1858. — Remise de 75 %. — Les 25 % non remis payables sans intérêts, huit jours après l'homologation. — N° du Greffe, 14,839.

BARON Pierre-Nicolas, *commissionnaire, rue Richepanse*, 8. — Jugement du 17 juin 1861, homologuant le concordat du 1er juin 1861. — Remise de 80 %. — Les 20 % non remis payables, sans intérêts, en cinq ans, par cinquièmes, du jour de l'homologation. — Mme veuve Barron, caution de 10 %. — N° du Greffe, 18,115.

BAROT Ferdinand, *marchand de dentelles, rue du Mail*, 20 et 22. — Jugement du 2 août 1861, homologuant le concordat du 22 juillet 1861. — Remise de 80 %. — Les 20 % payables en cinq ans, par cinquièmes, de fin de septembre. — N° du Greffe, 17,922.

BARRAINE Jacob, *marchand de vins, rue d'Angoulême-du-Temple*, 25. — Jugement du 14 février 1859, homologuant le concordat du 28 janvier 1859. — Remise de 75 %. — Les 25 % non remis payables en cinq ans, par cinquièmes, du jour du concordat. — N° du Greffe, 15,414. —

BARRAL Jean-Jacques-Eugène, *costumier, rue de Rivoli*, 174. — Jugement du 26 octobre 1858, homologuant le concordat du 12 du même mois. — Remise de 60 %. — Les 40 % non remis payables en quatre ans, par quarts, du 1er décembre 1859. — En cas de vente du fonds, exigibilité immédiate. — N° du Greffe, 15,087.

BARRÉ dit BARREY, François-Auguste, *gravatier, rue Fontaine-au-Roi*, 10. — Jugement du 30 janvier 1862, homologuant le concordat du 18 novembre 1861. — Remise de 90 %. — Les 10 % non remis payables en quatre ans, par quarts, du jour de l'homologation. — N° du Greffe, 18,420.

BARELLIER Société NIARD, *négociant, boulevard Beaumarchais*, 42. — Jugement du 12 novembre 1852, homologuant le concordat du 30 septembre 1852. — Abandon de tous les biens et valeurs dépendant de la société. — Obligation, en outre, par le sieur Barrellier personnellement, de payer 15 % en principal en cinq fractions de 3 % chaque, payables fin septembre des années 1853, 1854 et suivantes. — N° du Greffe, 9,514.

BARRET Théodore, *ex-bonnetier, rue St-Antoine*, 108. — Jugement du 13 avril 1855, homologuant le concordat du 29 mars 1855. — Abandon de l'actif réalisé et obligation de payer 5 % en deux ans, par moitiés, d'année en année, à partir du jour de l'homologation. — N° du Greffe, 11,707.

BARRIÉ Joseph, *mercier, rue du Faubourg-du-Temple*, 105. — Jugement du 30 août 1858, homologuant le concordat du 10 juin 1858. — Obligation de payer le montant des créances en dix ans, par dixièmes, du 1er novembre prochain. — N° du Greffe, 14,747.

BARRIER Société CHARMOY, Abel-Louis-François, *compagnie de l'Epargne dite mobilière, rue de Rivoli*, 46. — Jugement du 11 juin 1857, homologuant le concordat du 25 mai 1857. — Abandon par Barrier et Charmoy de l'actif énoncé au concordat avec engagement de parfaire 40 % par moitié, d'année en année. — Lefrançois, maintenu syndic. — N° du Greffe, 13,423.

BARTET Rose-Honorine, *hôtel meublé, à Courbevoie*. — Jugement du 16 septembre 1857, homologuant le concordat du 27 août 1857. — Remise de 60 %. — Les 40 % non remis payables en quatre ans, par quarts, d'année en année. — Premier paiement 1er septembre 1858. — N° du Greffe, 13,838.

BARTH Joseph, *maçon, à Levallois*. — Jugement du 30 août 1861, homologuant le concordat du 23 juillet 1861. — Remise de 80 %. — Les 20 % non remis payables en quatre ans, par quarts, de l'homologation. — N° du Greffe, 17,151.

BARTHE, veuve DEBLADIS, Henriette-Caroline, *commissionnaire en roulage, passage St-Avoie*, 2. — Jugement du 25 février 1852, homologuant le concordat du 19 décembre 1851. — Obligation de payer 22 % en principal, intérêts et frais, savoir : 2 % dans 6 mois du concordat, et 20 % par quarts, dans un, deux, trois, quatre et cinq ans du jour du concordat. — Remise du surplus et de tous intérets et frais non admis. — N° du Greffe, 10,016.

BARTHELEMY Jean-Baptiste-Marie, *fabricant de bronzes, faubourg St-Martin*, 78. — Jugement du 16 mars 1859, homologuant le concordat du 24 mars 1859. — Remise de 50 %. — Les 50 % non remis payables en cinq ans, par cinquièmes, du jour du concordat. — N° du Greffe, 15,428.

BARTHELEMY Emile-Frédéric, *entrepositaire de bières, rue des Vinaigriers*, 62. — Jugement du 1er février 1861, homologuant le concordat du 16 janvier 1861. — Remise de 85 %. — Les 15 % non remis payables en trois ans, par tiers, du 1er janvier. — N° du Greffe 16,650.

BARTHELEMY Gaspard-Félicité, *loueur de voitures, faubourg Saint-Martin*, 199. — Jugement du 9 août 1853, homologuant le concordat du 30 juin 1853. — Remise de 30 %. — Les 70 % non remis payables en sept ans, par septièmes, d'année en année. — Premier paiement un an après l'homologation. — N° du Greffe, 494.

BARTHELET Célestin, *négociant en vins, boulevart Sébastopol*, 19. — Jugement du 23 juin 1858, homologuant le concordat du 10 juin 1853. — Abandon de l'actif énoncé au concordat. — Obligation, en outre, de payer 20 % en cinq ans, par cinquièmes, du 1er juillet. — Pluzanski, maintenu syndic. — N° du Greffe, 14,629.

BARTIAL, de la Société A. RAT, Arthur, *passementier, rue du Sentier*, 18. — Jugement du 11 août 1854, homologuant le concordat du 29 juillet 1854. — Remise de 80 %. — Les 20 % non remis payables 5 % aussitôt l'homologation et 15 % en neuf mois, par tiers, de trois mois en trois mois, à partir de l'homologation. — M. Traversier, caution. — N° du Greffe, 11,438.

BARTIAL et Ce, Jean-Denis, *marchands de nouveautés, rue de l'Echiquier*, 14. — Jugement du 23 février 1860, homologuant le concordat du 17 janvier 1860. — Remise de 90 %. — Les 10 % non remis payables sans intérêts, 4 % fin janvier 1861 et 3 % fin janvier 1862 et 1863. — N° du Greffe, 16,462.

BARUCH, Société BRISAC, Charles, *marchand de broderies, rue de Cléry*, 6. — Voir Brisac frères, Mayer et Claude Baruch. — N° du Greffe, 10,579.

BARUELS, Société BRISAC, Charles, *marchand de broderies, rue Neuve-Saint-Eustache*, 16. — Voir Brisac, Mayer. — N° du Greffe, 13,396.

BASSARD, *marchand de nouveautés, rue de Rivoli*, 2. — Jugement du 23 août 1859, homologuant le concordat du 10 août 1859. — Remise de 60 %. — Les 40 % non remis payables sans intérêts, en quatre ans, par quarts, du jour de l'homologation. — En cas de vente du fonds de commerce, exigibilité des dividendes. — N° du Greffe, 15,220.

BASSE, *négociant, rue Neuve-St-Eustache*, 6. — Jugement du 2 février 1855, homologuant le concordat du 18 janvier 1855. — Remise de 80 %. — Les 20 % non remis payables en quatre ans, par quarts, d'année en année. — Le premier paiement dans un an du jour du concordat. — N° du Greffe, 11,875.

BASSET François-Ferdinand, *layetier-emballeur, rue Bourbon-Villeneuve*, 27. — Jugement du 11 avril 1862, homologuant le concordat du 7 décembre 1861. — Remise de 70 %. — Les 30 % non remis payables en six ans, par sixièmes, du 20 janvier. — La dame Basset, caution. — N° du Greffe, 18,569.

BASSET Pierre-Alexis, *marchand tapissier, rue de Charenton*, 37. — Jugement du 2 mars 1857, homologuant le concordat du 12 février 1857. — Remise de 50 %. — Les 50 % non remis payables à raison de 10 % tous les six mois. — Le premier paiement le 15 octobre 1857 et les autres les 10 avril et 10 octobre des années suivantes. — N° du Greffe, 13,485.

BASSIÉ, Société OBRY, Jean-Baptiste, *marchand de meubles, boulevart Beaumarchais*, 87. — Jugement du 15 octobre 1858, homologuant le concordat du 30 septembre 1858. — Remise de 75 %. — Les 25 % non remis payables deux mois après l'homologation. — 5 % fin août 1859 60, 61 et 62. — N° du Greffe, 14,604.

BASSIÈRE et **BARBIER** Jean-Baptiste, *entrepreneurs de peinture, rue des Récollets*, 11. — Voir Barbier Henry-Frédéric.

BASSOT fils, Georges, *traiteur, à Romainville*. — Jugement du 1er octobre 1850, homologuant le concordat du 9 septembre 1850. — Remise de 80 % en principal, intérêts, frais et accessoires. — Les 20 % non remis payables en quatre paiements de 5 % d'année en année. — Le premier paiement dans un an du 1er octobre 1850. — N° du Greffe, 9,344.

BASSOULLET Jules, *commissionnaire, rue du Petit-Carreau*, 30. — Jugement du 20 juillet 1854, homologuant le concordat du 16 juin 1854. — Remise de 85 %. — Les 15 % non remis payables en cinq ans, d'année en année. — Le premier paiement le 1er juin 1855. — N° du Greffe, 7,107.

BASTIAN Frédéric, *marchand de vins, traiteur, rue de la Carrière*, 3. — Jugement du 25 novembre 1861, homologuant le concordat du 8 novembre 1861. — Remise de 80 %. — Les 20 % non remis payables en quatre ans, par quarts, du jour de l'homologation. — N° du Greffe, 18,800.

BASTIDE Jean, *marchand de charbons, à Batignolles*. — Jugement du 3 juin 1861, homologuant le concordat du 18 mai 1861. — Remise de 50 %. — Les 50 % non remis payables sans intérêts, en cinq ans, par cinquièmes, du jour de l'homologation, — N° du Greffe, 17,882.

BASTIDE Antoine, *voiturier, à la Villette*. — Jugement du 20 novembre 1859, homologuant le concordat du 4 novembre 1859. — Remise de 80 %. — Les 20 % non remis payables en cinq ans, par cinquièmes, à partir du jour de l'homologation. — N° du Greffe, 15,956.

BATAILLE demoiselle, Louise-Claire, associée du sieur PEPIN, *limonadière, rue Montmartre*, 14. — Jugement du 10 septembre 1851, homologuant le concordat du 28 août 1851. — Remise de 25 % en principal, intérêts et frais. — Les 75 % non remis payables par le sieur Pepin, savoir : 50 % dans le mois de l'homologation et 25 % deux mois après ce paiement. — N° du Greffe, 9,202.

BATAILLE Emile, *mécanicien, rue St-Maur*, 45. — Jugement du 8 août 1861, homologuant le concordat du 4 juillet 1861. — Remise de 70 %. — Les 30 % non remis payables en cinq ans, par cinquièmes, du jour de l'homologation. — N° du Greffe, 17,315.

BATAILLE Pierre-François, *marchand de meubles, rue St-Nicolas-d'Antin*, 7. — Jugement du 6 novembre 1860, homologuant le concordat du 22 octobre 1860. — Remise de 75 %. — Les 25 % non remis payables en cinq ans, par cinquièmes, du jour du concordat. — N° du Greffe, 17,358.

BATELIER Jean-Louis-Alphonse, *menuisier, rue des Martyrs*, 9. — Concordat du 11 juin 1849. — N° du Greffe, 324.

BATON Louis, *marchand de vins, rue aux Fers*, 4. — Jugement du 14 mars 1853, homologuant le concordat du 1er mars 1853. — Abandon du fonds de commerce de la rue aux Fers, 4, du droit au bail, des marchandises, ustensiles et mobilier industriel. — Breuillard, commissaire. — N° du Greffe, 10,643.

BATTEAU François-Nicolas, *marchand de vins, à Arcueil*. — Jugement du 4 mai 1854, homologuant le concordat du 23 avril 1854. — Remise de 70 %. — Les 30 % non remis payables en cinq ans, par cinquièmes, d'année en année. — Le premier paiement un an après l'homologation. — N° du Greffe, 9,943.

BAUBŒUF Oscar, *instruments de musique, faubourg St-Denis*, 86. — Jugement du 6 juillet 1857, homologuant le concordat du 15 juin 1857. — Remise de 80 %. — Les 20 % non remis payables en quatre ans, par quarts, d'année en année, du jour du concordat. — N° du Greffe, 13,493.

BAUCHÉ Alphonse, *marchand de chaussures, rue de la Reynie*, 24. — Jugement du 15 avril 1859, homologuant le concordat du 30 mars 1859. — Remise de 50 %. — Les 50 % non remis payables 15 % un mois après le jour de l'homologation, et 7 % un, deux, trois, quatre et cinq ans après l'homologation. — N° du Greffe, 15,604.

BAUCHERON Eugène-François, *arquebusier, rue Richelieu*, 64. — Jugement du 29 avril 1852, homologuant le concordat du 8 avril 1852. — Remise de 75 % en principal, intérêts et frais. — Les 25 % non remis payables 7 % le 30 juin 1852, 9 % le 31 décembre 1853 et 9 % le 31 décembre 1854. — N° du Greffe, 10,054.

BAUDART Nicolas-Denis, *charcutier, rue Rivoli*, 52. — Jugement du 17 avril 1861, homologuant le concordat du 28 mars 1861. — Remise de 90 %. — Les 10 % non remis payables en cinq ans, par cinquièmes, du 1er mai. — N° du Greffe, 17,705.

BAUDELOQUE Augustin, *ébéniste, rue Traversière-St-Antoine*, 76. — Jugement du 2 juillet 1860, homologuant le concordat du 11 juin 1860. — Remise de 80 %. — Les 20 % non remis payables en cinq ans, par cinquièmes, du jour de l'homologation. — N° du Greffe, 16,809.

BAUDET, *marchand de vins, rue du Temple*, 117. — Jugement du 28 octobre 1856, homologuant le concordat du 18 octobre 1856. — Remise de 70 %. — Les 30 % non remis payables en cinq ans, par cinquièmes, d'année en année, du jour de l'homologation. — MM. Luez père, rue St-Martin, 116, et Langlois, rue Neuve-St-Merri, 7, cautions. — N° du Greffe, 13,290.

BAUDET Florentin, *marchand de bois, rue Amelot*, 64. — Jugement du 25 février 1857, homologuant le concordat du 5 février 1857. — Remise de 90 %. — Les 10 % non remis payables en deux ans, par moitié, du jour de l'homologation. — N° du Greffe, 13,566.

BAUDET Florentin, *facteur d'orgues, rue Neuve-Popincourt*, 11. — Jugement du 12 février 1862, homologuant le concordat du 23 décembre 1861. — Remise de 75 %. — Les 25 % non remis payables en cinq ans, par cinquièmes, du jour du concordat. — N° du Greffe, 18,751.

BAUDICHON Louis-Robert, *marchand de toile, rue St-Antoine*, 69. — Jugement du 14 avril 1852, homologuant le concordat du 30 mars 1852. — Remise de 40 %. — Les 60 % non remis payables sans intérêts, en quatre ans, par douzièmes, pour le premier paiement de 5 % avoir lieu le 10 août 1852 et ainsi de suite de quatre mois en quatre mois. — N° du Greffe, 10,261.

BAUDOUIN et Ce, *marchands de meubles en fer, rue St-Honoré*, 311. — Concordat du 23 avril 1849. — N° du Greffe, 203.

BAUDOUIN, personnel, Michel-Hippolyte, *marchand de bougies, à Charonne*. — Jugement du 20 juin 1859, homologuant le concordat du 7 juin 1859. — Remise de 90 %. — Les 10 % non remis payables 5 % fin août 1861 et 1863. — N° du Greffe, 15,061.

BAUDOUIN et Ce, Michel-Hippolyte, *fabricant de bougies, rue Aumaire*, 20, *à Charonne*. — Jugement du 20 juin 1859, homologuant le concordat du 7 juin 1859. — Remise des intérêts et frais non admis et de 60 %. — Les 40 % non remis payables sans intérêts, savoir : 10 % fin août 1860, 5 % fin août 1861, 10 % fin août 1862, 5 % fin août 1863, 10 % fin août 1865. — N° du Greffe, 15,060.

BAUDRET Jean-Baptiste, *marchand de papiers peints, à St-Mandé*. — Jugement du 1er mars 1859, homologuant le concordat du 17 février 1859. — Abandon de l'actif énoncé au concordat. — Obligation de compléter un dividende de 40 % et la différence entre le chiffre et le produit de l'abandon dont s'agit sera payée par tiers, d'année en année, de l'homologation. — Remise de 60 % non payés. — Beaufour et Messener, syndics. — N° du Greffe, 15,273.

BAUDRY François, *ex-mégissier, rue de l'Oursine*, 15. — Jugement du 27 octobre 1857, homologuant le concordat du 12 octobre 1857. — Remise de 85 %. — Les 15 % non remis payables 3 % le 1er janvier 1859 et 4 % un, deux et trois ans après. — N° du Greffe, 14,097.

BAUDUIN Jean-Pierre, *marchand de bois, à La Chapelle-St-Denis*. — Jugement du 8 juin 1852, homologuant le concordat du 25 mai 1852. — Remise de 65 %. — Les 35 % non remis payables en cinq fractions, 10 % dans un an du jour du concordat, 5 % dans deux, trois et quatre ans du même jour et 10 % dans cinq ans du même jour. — N° du Greffe, 10,340.

BAUER Jean-Sébastien, *tailleur, rue Croix-des-Petits-Champs*, 31. — Jugement du 29 avril 1859, homologuant le concordat du 14 avril 1859. — Remise de 85 %. — Les 15 % non remis payables : 4 % le 1er mai 1860, 1861 et 1862 et 3 % le 1er mai 1863. — N° du Greffe, 15,535.

BAUMGAERTNER, Société SCHMIDER, Marie, *hôtel garni*. — Jugement du 20 avril 1860, homologuant le concordat du 3 avril 1860. — Remise de 75 %. — Les 25 % non remis payables en cinq ans, par cinquièmes, du jour du concordat. — N° du Greffe, 16,345.

BAUNAY Ferdinand, *imprimeur sur étoffes, à Puteaux, quai Impérial*. — Jugement du 22 mai 1856, homologuant le concordat du 15 mai 1856. — Remise de 60 %. — Les 40 % non remis payables en cinq ans, par cinquièmes, d'année en année, à partir du jour du concordat. — N° du Greffe, 12,944.

BAUNY François dit BAUNY, *à Alfort*. — Jugement du 5 janvier 1852, homologuant le concordat du 19 décembre 1851. — Remise des intérêts et frais non admis et 80 % sur le capital. — Les 20 % non remis payables en cinq ans, par fractions de 4 %, le 1er juillet des années 1853, 1854 et suivantes. — N° du Greffe, 10,082.

BAVIÈRE jeune, *voiturier, à Champigny*. — Jugement du 9 février 1852, homologuant le concordat du 22 janvier 1852. — Remise de tous intérêts et frais non admis. — Obligation de payer le capital intégralement, savoir : 25 % dans le mois de l'homologation et les 75 % restant sans intérêts, par fractions de 15 % annuellement. — Le premier paiement un an après l'homologation. — A la garantie de ces obligations, affectation d'une propriété immobilière. — N° du Greffe, 8,133.

BAY-GOUY et Ce, *lingerie, rue de Mulhouse*, 2. — Concordat du 2 juillet 1849. — N° du Greffe, 235.

BAYARD Henry, *maçon, rue des Récollets*, 3. — Jugement du 10 juillet 1850, homologuant le concordat du 29 juin 1850. — Abandon de la créance Guéraud. — Remise entière en principal, intérêts et frais. — Codard, commissaire. — N° du Greffe, 8,159.

BAYEUX et **MANGIN** Alfred, *négociants quincailliers*. — Jugement du 27 décembre 1859, homologuant le concordat du 30 novembre 1859. — Obligation de payer 12 %. — 5 % le 1er mars 1861, 4 % le 1er septembre 1862, 3 % le 1er septembre 1863. — M. Bayeux père, caution du dividende de 5 %. — N° du Greffe, 15,565.

BAYLE Jean, *marchand de parapluies, rue St-Antoine*, 112. — Jugement du 31 juillet 1857, homologuant le concordat du 17 juillet 1857. — Remise des intérêts et frais non admis et de 80 %. — Les 20 % non remis payables en cinq ans, par cinquièmes, d'année en année, du jour du concordat. — N° du Greffe, 13,863.

BAYN, *maréchal, rue du Cherche-Midi*, 51. — Jugement du 21 juin 1852, homologuant le concordat du 13 janvier 1852. — Remise de tous intérêts et frais non admis et de 75 %. — Les 25 % non remis payables en quatre ans, par quarts, d'année en année, le 1er janvier des années 1854, 55, 56 et 57. — N° du Greffe, 9,221.

BAZAILLE Pierre, *passementier, rue Rambuteau*, 37. — Jugement du 25 novembre 1850, homologuant le concordat du 8 novembre 1850. — Remise des intérêts et frais non admis et de 70 % sur le capital. — Les 30 % non remis payables en trois paiements égaux, d'année en année, à partir du 8 novembre 1850. — N° du Greffe, 9,586.

BAZARD André-Ernest, *marchand de meubles, rue Bellechasse*, 32. — Jugement du 21 avril 1859, homologuant le concordat du 9 avril 1859. — Abandon de l'actif énoncé au concordat. — Obligation de payer 4 % en quatre ans, par quarts, du 30 avril, sans intérêts. — Trille, maintenu syndic. — N° du Greffe, 15,387.

BAZARD et Ce, André-Ernest, *journal le* Passe-Temps, *rue des Grands-Augustins*, 20. — Jugement du 21 avril 1859, homologuant le concordat du 9 avril 1859. — Abandon de l'actif énoncé au concordat. — Obligation de payer 10 %, sans intérêts, — 1 % le 30 avril 1860, — 2 % le 30 avril 1861, 1862 et 1863 et 3 % le 30 avril 1864. — Trille, maintenu syndic. — N° du Greffe, 15,388.

BAZARD François-Nicolas, *marchand de vins et logeur, à la Villette*. — Jugement du 13 novembre 1857, homologuant le concordat du 14 octobre 1857. — Remise de 80 %. — Les 20 % non remis payables sans intérêts, en quatre ans, par quarts, d'année en année, pour le premier paiement avoir lieu le 15 octobre 1858. — N° du Greffe, 14,141.

BAZIN, veuve **MARTEL**, Agathe-Marie-Françoise, *crémerie, avenue des Champs-Élysées*, 26. — Jugement du 19 avril 1853, homologuant le concordat du 22 mars 1853. — Remise de 90 % en principal, intérêts et frais. — Les 10 % non remis payables en cinq ans, par cinquièmes. — Le premier paiement le 1er avril 1854 et successivement. — N° du Greffe, 10,670.

BAZIN Jacques, *marchand de vins, rue Rochechouart*, 6. — Jugement du 30 janvier 1855, homologuant le concordat du 16 janvier 1855. — Remise de 70 %. — Les 30 % non remis payables en trois ans, par tiers, d'année en année. — Le premier paiement 1er février 1856. — N° du Greffe, 11,947.

BAZIN ou **BASIN** Jean-Antoine, *commissionnaire, rue Trévise*, 20. — Jugement du 1er février 1853, homologuant le concordat du 7 janvier 1853. — Obligation de payer la totalité en principal et frais comme suit : 16 % par an pendant les cinq premières années, pour le premier paiement avoir lieu le 31 décembre 1853., 20 % un an après le dernier desdits paiements et les intérêts en deux ans, par moitiés, après paiement du principal. — N° du Greffe, 10,195.

BAZIRE Michel-François, *marchand de chaussures, rue St-Denis*, 97. — Jugement du 17 avril 1862, homologuant le concordat du 21 mars 1862. — Remise de 64 %. — Les 36 % non remis payables en quatre ans, par quarts, du jour de l'homologation. — N° du Greffe, 19,302.

BÉATRIX Etienne-Armand, *marchand de lits en fer, rue de la Roquette*, 118 *bis*. — Jugement du 16 mars 1861, homologuant le concordat du 3 mars 1860. — Remise de 65 %. — Les 35 % non remis payables en cinq ans, par dixièmes, de six mois en six mois, du jour de l'homologation. — N° du Greffe, 15,974.

BEAU, *négociant, rue Montmartre*, 146. — Jugement du 15 mai 1855, homologuant le concordat du 28 avril 1855. — Remise de 84 %. — Les 16 % payables en quatre ans, par quarts, d'année en année. — Le premier paiement le 1er juillet 1856. — N° du Greffe, 12,161.

BEAUBŒUF, Société, frères, Lazare-Auguste et Jules-Oscar, *commerce d'instruments de musique, rue St-Denis*, 268. — Jugement du 2 décembre 1853, homologuant le concordat du 18 novembre 1853. — Remise de 50 %. — Les 50 % non remis payables en un an, du concordat, 5 % un an après, 10 % chacune des années suivantes. — N° du Greffe, 11,029.

BEAUCOURT Joseph, *commissionnaire, rue de l'Entrepôt*, 3. — Jugement du 7 mars 1860, homologuant le concordat du 17 février 1860. — Remise de 60 %. — Les 40 % non remis payables 20 % aussitôt l'encaissement des dividendes de la faillite Galland et Ce. — 20 % en quatre ans, par quarts, du jour du concordat. — N° du Greffe, 16,309.

BEAUD fils, Louis-François-Claude, *entrepreneur de bâtiments, rue de Ménilmontant*, 114. — Jugement du 9 octobre 1854, homologuant le concordat du 22 septembre 1854. — Abandon de l'actif énoncé au concordat et obligation de payer 20 % en cinq ans, par cinquièmes, d'année en année. — Le premier paiement le 1er novembre 1855. — Heurtey, commissaire. — N° du Greffe, 11,554.

BEAUDEQUIN Joseph-Frédéric, *fabricant de chaussures, rue des Écluses-St-Martin*, 30. — Jugement du 17 janvier 1861, homologuant le concordat du 7 janvier 1861. — Remise de 70 %. — Les 30 % non remis payables en cinq ans, par cinquièmes, du jour de l'homologation. — N° du Greffe, 17,564.

BEAUFILS, *négociant, galerie Beaujolais*, 100. — Jugement du 16 mai 1854, homologuant le concordat du 28 avril 1854. — Abandon de l'actif et obligation de payer 10 % en cinq ans, par cinquièmes, d'année en année. — Le premier paiement le 28 avril 1855. — Millet, commissaire. — N° du Greffe, 11,125.

BEAUFORT Veuve, Joseph-Auguste, *papetière, rue Vintimille*, 2. — Jugement du 24 décembre 1861, homologuant le concordat du 3 décembre 1861. — Remise de 75 %. — Les 25 % non remis payables en cinq ans, par cinquièmes, du jour de l'homologation. — N° du Greffe, 18,857.

BEAUFUMÉ, Femme **DILLIEUX**, sieur et dame Agathe-Louise et Jean-Baptiste, *marchands de cafés et liqueurs, rue de l'Arbre-Sec*, 32. — Jugement du 30 octobre 1854, homologuant le concordat du 17 août 1854. — Remise de 75 %. — Les 25 % non remis payables en cinq ans, par cinquièmes, d'année en année. — Le premier paiement le 1er octobre 1855. — N° du Greffe, 11,512.

BEAUJARD Louis, *négociant en vins, boulevart Mazas*, 94. — Jugement du 5 août 1862, homologuant le concordat du 18 juillet 1862. — Remise de 75 %. — Les 25 % non remis payables en cinq ans, par cinquièmes, du jour de l'homologation. — N° du Greffe, 19,475.

BEAUJOT Louis-Paul, *boulanger, grande rue*, 53, *à Ménilmontant*. — Jugement du 29 novembre 1853, homologuant le concordat du 24 octobre 1853. — Remise de 75 %. — Les 25 % non remis payables en six ans, par sixièmes, du jour du concordat. — N° du Greffe, 10,990.

BEAULÉ Jean-Baptiste-Prosper, *imprimeur, rue Jacques-de-Brosse*, 10. — Jugement du 6 mars 1855, homologuant le concordat du 21 février 1855. — Obligation de payer le montant intégral des créances, sans intérêts, en cinq ans, par dixièmes, de six mois en six mois, du jour de l'homologation. — N° du Greffe, 12,025.

BEAUMONT Napoléon, *articles de Paris, rue Geoffroy-St-Hilaire*, 16. — Jugement du 2 mai 1853, homologuant le concordat du 20 avril 1853. — Remise de 94 %. — Les 6 % non remis payables dans le mois de l'homologation. — La dame Horliac, épouse du failli, solidaire. — N° du Greffe, 10,668.

BEAUMONT, *négociant en sangsues, rue St-Honoré*, 55. — Jugement du 15 mai 1855, homologuant le concordat du 2 du même mois. — Remise de 90 %. — Les 10 % non remis payables 5 % dans la huitaine de l'homologation et 5 % en 2 ans, par moitiés, dudit jour. — N° du Greffe, 12,072.

BEAUMONT (de) Fénélon, *scieur à la mécanique, à Ivry*. — Jugement du 9 juillet 1855, homologuant le concordat du 23 juin 1855. — Remise de 80 %. — Les 20 % non remis payables par quarts, d'année en année, du jour du concordat. — N° du Greffe, 9,691.

BEAUNE Pierre-Michel, *marchand de vins, à Montmartre*. — Jugement du 12 octobre 1857, homologuant le concordat du 28 septembre 1857. — Remise de 60 %. — Les 40 % non remis payables, sans intérêts, en cinq ans, par cinquièmes. — Le premier paiement le 1er octobre 1858. — N° du Greffe, 14,078.

BEAUTIER Joséphine, *lingerie, rue St-Louis, au Marais*, 67. — Jugement du 25 mars 1861, homologuant le concordat du 19 février 1861. — Remise de 30 %. — Les 70 % non remis payables en cinq ans, par cinquièmes du jour du concordat. — N° du Greffe, 17,712.

BEAUVAIS Nicolas-Jean-Hospice-Napoléon, *marchand boucher à Issy*. — Jugement du 28 novembre 1862, homologuant le concordat du 15 novembre 1862. — Remise de 80 %. — Les 20 % non remis payables, sans intérêts, en quatre ans, par quarts du 15 novembre. — N° du Greffe, 25.

BEAUVALLET Désiré-Étienne, *marchand de modes, rue du Château-d'Eau*, 79. — Jugement du 24 août 1860, homologuant le concordat du 1er août 1860. — Remise de 70 %. — Les 30 % non remis payables en cinq ans, par cinquièmes, du jour de l'homologation. — N° du Greffe, 16,982.

BEAUVILLAIN Élie, *épicier, rue de la Grande-Truanderie*, 38. — Jugement du 16 septembre 1857, homologuant le concordat du 19 août 1857. — Remise de 40 %. — Les 60 % non remis payables 10 % aussitôt l'homologation, et 50 % en cinq ans, par cinquièmes, d'année en année. — Le premier paiement le 12 août 1858. — Mme Beauvillain, caution. — N° du Greffe, 13,997.

BEBERT jeune, Jean-Marie, *fabricant de ressorts en acier, rue des Gravilliers*, 86. — Jugement du 8 juillet 1859, homologuant le concordat du 27 juin 1859. — Remise de 85 %. — Les 15 % non remis payables en trois ans, par tiers, du 1er juillet. — N° du Greffe, 15,333.

BÉCHARD Jean-Baptiste-Eugène, *épicier, rue de la Pépinière*, 27. — Jugement du 24 octobre 1862, homologuant le concordat du 11 octobre 1862. — Remise de 80 %. — Les 20 % non remis payables en quatre ans, par quarts de l'homologation. — N° du Greffe, 85.

BÉCHARD veuve et fils, Anne-Louise STUDIER, *peintres en voitures, rue Jean-Goujon*, 33. — Jugement du 10 mai 1853, homologuant le concordat du 26 avril 1853. — Remise de 80 %. — Les 20 % restant payables en cinq ans, par cinquièmes, pour le premier paiement avoir lieu un an du jour du concordat et ainsi successivement. — N° du Greffe, 10,750.

BÉCHENEC (de) Hippolyte-Louis-Fortuné, *escompteur, rue de la Bruyère*, 18. — Jugement du 15 mai 1851, homologuant le concordat du 14 avril 1851. — Remise de tous intérêts et frais postérieurs au jour de la cessation de paiement et de 75 % sur le capital. — Les 25 % non remis payables en cinq paiements de 5 % le 24 avril des années 1852, 1853 et suivantes. — La dame de Béchenec, caution solidaire du paiement des dividendes. — N° du Greffe, 446.

BECKER jeune, *tailleur, rue Neuve-des-Petits-Champs*, 18. — Jugement du 9 novembre 1855, homologuant le concordat du 17 octobre 1855. — Remise de 85 %. — Les 15 % non remis payables sans intérêts : 10 % le 1er novembre 1857, et 5 % le 1er novembre 1858. — N° du Greffe, 12,215.

Idem. Jugement du 9 juillet 1860, homologuant le concordat du 18 juin 1860. — Remise de 75 %. — Les 25 % non remis payables sans intérêts, en cinq ans, du concordat. — N° du Greffe, 16,881.

BÉCRET veuve, Claude-Désirée, *limonadière, place Belhomme*, 3. — Jugement du 9 mars 1860, homologuant le concordat du 17 février 1860. — Remise de 80 %. — Les 20 % non remis payables en cinq ans, par cinquièmes, du 17 février. — N° du Greffe, 16,567.

BÉCRET Hyacinthe, *fabricant d'appareils à gaz, rue des Filles-du-Calvaire*, 11. — Jugement du 13 avril 1858, homologuant le concordat du 29 mars 1858. — Remise de 50 %. — Les 50 % payables en cinq ans, par cinquièmes, du 1er avril. — En cas de vente du fonds de commerce exigibilité des dividendes.

BÉDIGIÉ et Ce, Pierre-Joseph, *limonadiers, rue du Temple*, 188. — Jugement du 17 juin 1853, homologuant le concordat du 3 juin 1853. — Remise de 50 %. — Les 50 % non remis payables en cinq ans, par cinquièmes, d'année en année, à compter du jour du concordat. — M. Heurtey, commissaire. — N° du Greffe, 10,350.

BEDOILLE et Ce, *négociants, rue Beaumarchais*, 72. — Jugement du 10 août 1860, homologuant le concordat du 19 février 1860. — Abandon de l'actif énoncé au concordat. — Obligation en outre de payer 5 % en cinq ans, par cinquièmes, de l'homologation. — Les deux premiers cinquièmes payables à l'expiration de la deuxième année du concordat, et les trois autres d'année en année dans les trois ans qui suivront. — M. Millet, maintenu syndic. — N° du Greffe, 14,854.

BEFFERAL Joseph, *mécanicien en pianos, ruelle Pelée*, 5. — Jugement du 8 novembre 1859, homologuant le concordat du 21 octobre 1859. — Remise de 70 %. — Les 30 % non remis payables en six ans, par sixièmes, à partir de fin octobre. — N° du Greffe, 15,889.

BÉGAT veuve de François, *limonadière, rue St-Honoré*. — Jugement du 30 juillet 1857, homologuant le concordat du 11 juillet 1857. — Obligation de payer le montant des créances en principal, intérêts et frais, en huit ans, par huitièmes, d'année en année, pour le premier paiement avoir lieu le 15 juillet 1858. — En cas de vente du fonds de commerce, affectation du prix au paiement des dividendes. — N° du Greffe, 13,842.

BEGAUD dame Eugène, *marchande de chinoiseries, passage des Panoramas*, 54. — Jugement du 29 août 1855, homologuant le concordat du 17 même mois. — Remise de 70 %. — Les 30 % non remis payables en trois ans, par sixièmes, de six mois en six mois. — Premier paiement : 1er avril 1856. — N° du Greffe, 12,347.

BÉGIS Auguste-Jules-Pierre-Fortuné, *ex-marchand de vins, à la Villette*. — Jugement du 23 février 1852, homologuant le concordat du 9 février 1852. — Abandon des créances énoncées au concordat et obligation de payer 5 % en principal, intérêts et frais en cinq ans, par cinquièmes, pour le premier paiement avoir lieu un an après le jour de l'homologation. — M. Garnier, à Provins (Seine-et-Marne), commissaire. — N° du Greffe, 10,147.

BÈGLE *négociant en meubles en fer, rue de la Ferme-des-Mathurins*, 50. — Jugement du 8 août 1861, homologuant le concordat du 24 juillet 1861. — Remise de 75 %. — Les 25 % non remis payables en cinq ans, par cinquièmes, du concordat. — N° du Greffe, 18,336.

BEGON François, *nourrisseur, rue Mouffetard*, 218. — Jugement du 9 février 1852, homologuant le concordat du 22 janvier 1852. — Remise de 80 % et de tous intérêts et frais. — Les 20 % non remis payables en quatre ans, par quarts, d'année en année, pour le premier paiement avoir lieu le 15 janvier 1853. — N° du Greffe, 10,013.

BEGUIN, *coiffeur, rue de Rohan*, 22. — Concordat du 25 juin 1849. — N° du Greffe, 383.

BEK Jacques-Frédéric, *corroyeur, rue de la Grande-Truanderie*, 42. — Jugement du 15 octobre 1862, homologuant le concordat du 26 septembre 1862. — Remise de 80 %. — Les 20 % non remis payables en quatre ans, par quarts, de l'homologation. — N° du Greffe, 136.

BELEDIN Jacques-Omer, *fabricant de chaussures, impasse St-Bernard*, 4. — Jugement du 14 juillet 1862, homologuant le concordat du 29 juin 1862. — Remise de 50 %. — Les 50 % non remis payables : 10 % fin juillet 1862 ; 10 % fin octobre 1862 ; 10 % fin avril 1863 ; 10 % fin juillet 1863, et 10 % fin octobre 1863. — N° du Greffe, 19,914.

BELHOTTE Alexandre, de la Société GAITTE et Ce, *imprimeur, rue du Jardinet*, 12. — Jugement du 22 décembre 1857, homologuant le concordat du 7 décembre 1857. — Remise de 40 %. — Les 60 % non remis payables sans intérêts le 31 décembre des années 1858 et suivantes, par fractions de 6, 7 et 8 %. — N° du Greffe, 14,103.

BELIN Antoine-Polycarpe, *marchand de vins, à Passy*. — Jugement du 14 août 1855, homologuant le concordat du 28 juillet 1855. — Remise de 80 %. — Les 20 % non remis payables en quatre ans, par quarts, d'année en année. — Premier paiement fin juin 1856. — N° du Greffe, 11,357.

BELLAIR demoiselle, Virginie, de la Société CRESPELLE, *fleuriste, rue Vivienne*, 17. — Jugement du 21 mai 1862, homologuant le concordat du 3 mai 1862. — Remise de 80 %. — Les 20 % non remis payables sans intérêts en quatre ans, par quarts, du concordat. — N° du Greffe, 19,526.

BELLAN François-Eugène, *négociant en passementerie, rue Vieille-du-Temple*, 58. — Jugement du 24 août 1858, homologuant le concordat du 13 août 1858. — Abandon de l'actif. — M. Henrionnet, commissaire. — N° du Greffe, 14,821.

BELLENGER Zénon-Hippolyte, *boulanger, rue de la Grande-Truanderie*, 14. — Jugement du 2 septembre 1850, homologuant le concordat du 8 août 1850. — Remise de tous intérêts et frais et de 65 % sur le capital. — Les 35 % non remis payables en cinq paiements, par cinquièmes, le 1er septembre des années 1851, 1852 et suivantes. — N° du Greffe, 9,401.

BELLENGER Hénon-Hippolyte, de la Société LESUEUR, *marchand de vins, à Bercy*. — Jugement du 4 septembre 1860, homologuant le concordat du 18 août 1860. — Abandon de l'actif énoncé au concordat. — Obligation de payer 20 % en quatre ans, par quarts, du concordat. — M. Isbert, commissaire. — N° du Greffe, 15,205.

BELLEVILLE Laurent, *boulanger, hôtel garni, rue St-Quentin*, 15. — Jugement du 14 janvier 1859, homologuant le concordat du 28 décembre 1858. — Abandon de l'actif énoncé au concordat. — Obligation de payer 10 % à raison de 1 fr. 25 % par an, de l'homologation. — M. Torchon, caution. — M. Crampel, commissaire. — N° du Greffe, 14,767.

BELLEVILLE Fidélie, de la Société DEHAY, *négociant en bonneterie, rue de la Cossonnerie*, 5. — Jugement du 30 septembre 1858, homologuant le concordat du 8 septembre 1858. — Remise de 85 %. — Les 15 % payables en trois ans, par tiers, de l'homologation. — N° du Greffe, 14,938.

BELLIER fils, Magloire-Hippolyte, de la Société DESVIGNES, *fabricant de porcelaine, rue du Paradis-Poissonnière*, 2 *bis*. — Jugement du 25 février 1861, homologuant le concordat du 5 février 1861. — Abandon de l'actif énoncé au concordat. — Outre l'abandon, les sieurs Desvignes frères et Bellier, s'obligent à payer 25 % en deux ans, par quarts, de six mois en six mois, de fin juillet. — M. Beaufour, commissaire. — N° du Greffe, 17,097.

BELLOT, veuve Antoinette-Avignon, *marchande foraine, avenue de Clichy*, 26. — Jugement du 8 octobre 1852, homologuant le concordat du 17 septembre 1852. — Remise de 90 % en principal, intérêts et frais. — Les 10 % non remis payables en quatre ans, par fractions de 2 1/2 % le 1er novembre des années 1853, 54, 55 et 56. — N° du Greffe, 9,959.

BELORGÉ, Pierre-Antoine, *passementier, rue St-Denis*, 270. — Jugement du 18 juin 1858, homologuant le concordat du 25 mai 1858. — Remise de 45 %. — Les 55 % non remis payables par quarts, du 1er juin. — N° du Greffe, 14,629.

BELORGEY aîné, Nicolas-Paul, *facteur d'instruments, rue du Petit-Carreau*, 26. — Jugement du 9 juillet 1862, homologuant le concordat du 20 juin 1862. — Remise de 75 %. — Les 25 % non remis payables en cinq ans, par cinquièmes, du jour de l'homologation. — N° du Greffe, 19,655.

BENACCI-PESCHIER (Société), Jean, *éditeurs marchands de musique, rue Laffite*, 6. — Jugement du 4 mai 1855, homologuant le concordat du 17 avril 1855. — Remise au sieur Bénacci et dame Bénacci, veuve de Théodore Peschier, de 75 %. — Les 25 % non remis payables : 2 1/2 % dans le mois de l'homologation ; 2 1/2 % six mois après, et 5 % le 1er octobre des années 1856, 57, 58 et 59. — N° du Greffe, 11,842.

BÉNARD Eugène-Pierre-François, *entrepreneur, rue du Val-de-Grâce*, 21. — Jugement du 4 août 1859, homologuant le concordat du 23 juillet 1859. — Remise de 75 %. — Les 25 % non remis payables : 10 % comptant aussitôt après l'homologation, et 15 % en cinq ans, par cinquièmes, du 31 décembre. — N° du Greffe, 12,911.

BÉNARD Louis-Joseph, *ex-marchand de vins, rue des Prêcheurs*, 29. — Jugement du 29 mai 1857, homologuant le concordat du 6 du même mois. — Remise de 94 %. — Les 6 % non remis payables en quatre ans, par quarts, d'année en année, du jour du concordat. — N° du Greffe, 13,614.

BÉNARD Antoine-Nicolas, *marchand à la toilette, au Temple*, 443 et 445. — Jugement du 29 avril 1853, homologuant le concordat du 5 du même mois. — Remise de 70 %. — Les 30 % non remis payables en huit paiements égaux, de six mois en six mois, pour le premier paiement avoir lieu le 15 septembre 1853. — N° du Greffe, 10,748.

BÉNARD *négociant, rue du Faubourg-St-Martin*, 236. — Jugement du 17 mars 1856, homologuant le concordat du 28 février 1856. — Abandon de l'actif réalisé. — M. Battarel, commissaire. — N° du Greffe, 12,078.

BENARD demoiselle, Léontine, *modiste, boulevart des Italiens*, 7. — Jugement du 12 mai 1853, homologuant le concordat du 2 mai 1853. — Remise de 90 %. — Les 10 % non remis payables dans la quinzaine de l'homologation. — N° du Greffe, 10,853.

BENARD Joseph-François, *bijoutier, rue Chapon*, 1. — Jugement du 23 juin 1858, homologuant le concordat du 2 même mois. — Remise de 60 %. — Les 40 % payables en cinq ans, par cinquièmes, du 1er juin. — N° du Greffe, 14,665.

BENARD Jean-Baptiste-Auguste, *négociant, rue du Caire*, 21. — Jugement du 20 décembre 1850, homologuant le concordat du 16 novembre 1850. — Obligation de payer 12 1/2 % en principal, intérêts et frais, par cinquièmes, d'année en année, du 16 novembre 1850. — N° du Greffe, 9,552.

BENDER Paul, *menuisier en voitures, à Batignolles*. — Jugement du 7 août 1862, homologuant le concordat du 25 juillet 1862. — Remise de 20 %. — Les 80 % non remis payables en quatre ans, par quarts, du 25 juillet. — N° du Greffe, 19,789.

BENDIC Jacques, *négociant-commissionnaire, rue des Jeûneurs*, 29. — Jugement du 29 décembre 1855, homologuant le concordat du 7 même mois. — Abandon de l'actif énoncé au concordat. — Obligation de payer 20 % savoir : 2 % le 1er décembre des années 1857, 58, 59 et 60 et 3 % le 1er décembre des années 1861, 62, 63 et 64. — M. Heurtey, commissaire. — N° du Greffe, 11,378.

BENECH Jean, *marchand à la toilette, à Batignolles*. — Jugement du 4 novembre 1862, homologuant le concordat du 13 octobre 1862. — Remise de 70 %. — Les 30 % non remis payables en six ans, par sixièmes, du jour du concordat. — N° du Greffe, 287.

BÉNÉTO Jean, *marchand linger, à Clichy-la-Garenne*. — Jugement du 14 septembre 1858, homologuant le concordat du 28 août 1858. — Remise de 60 %. — Les 40 % payables par quarts, de trois mois en trois mois, pour le premier paiement avoir lieu le 1er décembre prochain. — M. Millet, caution des derniers 20 %. — N° du Greffe, 15,000.

BÉNÉZÉ Edouard, *fabricant de porte-cigares, rue de la Perle*, 11. — Jugement du 18 novembre 1857, homologuant le concordat du 5 novembre 1857. — Remise de 50 %. — Les 50 % non remis payables en cinq ans, par cinquièmes, d'année en année, pour le premier paiement avoir lieu le 28 novembre 1858. — N° du Greffe, 14,185.

BÉNITE Auguste, *marchand de confections, boulevart St-Martin*, 33. — Jugement du 3 octobre 1860, homologuant le concordat du 22 septembre 1860. — Remise de 70 %. — Les 30 % non remis payables en cinq ans, par cinquièmes, du 30 septembre. — N° du Greffe, 17,258.

BENOIST Paul-Désiré, *passementier, rue Neuve-St-Méry*, 37. — Jugement du 23 novembre 1852, homologuant le concordat du 9 novembre 1852. — Remise de 50 % en principal et accessoires. — Les 50 % non remis payables en cinq ans, par cinquièmes, d'année en année. — N° du Greffe, 10,515.

BENOIST Louis, *nourrisseur, route d'Allemagne*, 135. — Jugement du 30 décembre 1852, homologuant le concordat du 18 novembre 1852. — Abandon par le sieur Benoist de ce qui lui revient de la succession de sa mère. — M. Millet, commissaire. — N° du Greffe, 9,504.

BENOIST et LEYRIT Paul (Société), *bimbelotiers, boulevart Beaumarchais*, 27. — Jugement du 14 décembre 1859, homologuant le concordat du 18 novembre 1859. — Remise de 70 %. — Les 30 % non remis payables en trois ans, par tiers, du concordat. — N° du Greffe, 16,141.

BENOIST, de la Société ALBERT-BENOIST et Ce. — Voir Albert, Benoist et Ce.

BENOIT Jules, *commissionnaire, rue Malher*, 5. — Jugement du 18 août 1858, homologuant le concordat du 2 août 1858. — Remise de 65 %. — Les 35 % payables sans intérêts, en cinq ans, par cinquièmes, de l'homologation. — En cas de vente du fonds de commerce, exigibilité des dividendes. — M. Laurent Boulard, caution. — N° du Greffe 14,844.

BENOIT Antoine-Georges, *portefeuilliste, rue des Gravilliers*, 71. — Jugement du 26 avril 1854, homologuant le concordat du 15 avril 1854. — Remise de 75 %. — Les 25 % non remis payables en cinq ans, par cinquièmes, d'année en année, à partir du jour du concordat. — N° du Greffe, 11,341.

BENOIT Germain-Florentin, *serrurier, rue St-Germain-l'Auxerrois*, 26. — Jugement du 17 mai 1850, homologuant le concordat du 18 avril 1850. — Remise de 60 % en principal, intérêts et frais. — Les 40 % non remis payables en six ans, savoir : 6 % les 15 avril 1851 et 1852, et 7 % les 15 avril 1853, 54, 55 et 56. — N° du Greffe, 9,130.

BENOIT François-Frédéric, *opticien, boulevart des Filles-du-Calvaire*, 20. — Jugement du 21 septembre 1852, homologuant le concordat du

7 même mois. — Remise de tous intérêts et frais, et obligation de payer intégralement le capital, savoir : 30 % dans un an, 20 % dans deux ans, 20 % dans trois ans, et 30 % dans quatre ans, du jour du concordat, sans intérêts. — N° du Greffe, 10,281.

BENOIT jeune, Probas, *marchand de vins, à Belleville.* — Jugement du 26 février 1855, homologuant le concordat du 8 même mois. — Remise de 65 %. — Les 35 % non remis payables au moyen de l'actif réalisé et à réaliser, par M. Thiébaut, syndic, et le surplus sans intérêts en trois ans, de l'homologation. — N° du Greffe, 11,467.

BENOIT Pierre, de la Société MAZOYÉ, *entrepreneur de vidanges, à la Chapelle-St-Denis.* — Jugement du 29 janvier 1858, homologuant le concordat du 14 janvier 1858. — Remise de 75 %. — Les 25 % payables en cinq ans, par cinquièmes, d'année en année, du jour de l'homologation. — N° du Greffe, 14,201.

BENOIT demoiselle, Emma, de la Société VINCENT-RENÉ et Cᵉ, *rue Richelieu*, 93. — Jugement du 18 avril 1850, homologuant le concordat du 3 même mois. — Remise, sous réserve contre qui de droit, de 98 %. — Les 2 % non remis payables en trois ans, par tiers, d'année en année, du 3 avril 1850. — N° du Greffe, 9,224.

BÉQUET Charles-Célestin, *limonadier, rue Neuve-St-Augustin*, 23. — Jugement du 23 décembre 1850, homologuant le concordat du 13 même mois. — Remise de 80 % avec intérêts et frais. — Les 20 % non remis payables en quatre portions de 5 % les 1ᵉʳ juillet 1852, 53, 54 et 55. — N° du Greffe, 9,605.

BER Ernest, *ex-courtier de commerce, rue de la Tour-d'Auvergne*, 11. — Jugement du 9 août 1854, homologuant le concordat du 16 juin 1854. Remise de 80 %. — Les 20 % non remis payables en sept années, savoir : 2 % la première année et 3 % chacune des six autres années, pour le premier paiement avoir lieu le 1ᵉʳ juillet 1855. — N° du Greffe, 11,485.

BÉRANGER Frères, Octave et Ernest-Léon, *limonadiers, à la Villette.* — Jugement du 11 novembre 1858, homologuant le concordat du 30 octobre 1858. — Remise de 60 %. — Les 40 % payables en deux ans, par moitiés, du concordat. — M. et Mme Béranger, cautions. — N° du Greffe, 15,194.

BÉRARD Jean-Auguste, *marchand de vins, rue des Tournelles*, 8. — Jugement du 25 juin 1858, homologuant le concordat du 11 juin 1858. — Remise de 80 %. — Les 20 % payables, sans intérêts, en cinq ans, du jour du concordat. — N° du Greffe, 14,718.

BÉRARD Pierre-Alexandre, *marchand de vins, rue de la Tonnellerie*, 17. — Jugement du 25 octobre 1852, homologuant le concordat du 11 du même mois. — Remise de 75 % en principal et accessoires. — Les 25 % non remis payables en quatre ans, savoir : 6 % le 30 octobre des années 1853, 1854, 1855 et 7 % le 30 octobre 1856. — M. Delore, commissaire. — N° du Greffe, 10,367.

BERAUD Alfred, *pharmacien, rue de la Cossonnerie*, 6. — Jugement du 31 mars 1856, homologuant le concordat du 14 février 1856. — Remise des intérêts et frais non admis et de 50 %. — Les 50 % non remis payables en six ans, par sixièmes, d'année en année, du jour du concordat. — N° du Greffe, 12,787.

BERCIOUX, *négociant, rue Servandoni*, 15. — Jugement du 18 mai 1857, homologuant le concordat du 6 même mois. — Abandon de l'actif énoncé au concordat. — M. Decagny, commissaire. — N° du Greffe, 13,431.

BÈRENGER Jean-Pierre, *marchand à la toilette, rue Beaurepaire*, 22. — Jugement du 3 octobre 1860, homologuant le concordat du 15 septembre 1860. — Remise de 50 %. — Les 50 % non remis payables : 10 % dans les dix jours de la reddition des comptes ; 5 % deux mois après la première répartition ; 5 % deux mois après la deuxième répartition ; 5 % trois mois après la troisième répartition ; 10 % six mois après la quatrième répartition ; 15 % un an après la cinquième répartition. — N° du Greffe, 17,012.

BERG dame **BERGERET**, Louise-Caroline, *limonadière, place Royale*, 22. Jugement du 19 novembre 1856, homologuant le concordat du 5 même mois. — Remise de 80 %. — Les 20 % non remis payables en quatre ans, par quarts d'année en année, pour le premier paiement avoir lieu fin novembre 1857. — N° du Greffe, 13,364.

BERG, *ébéniste, rue St-Antoine*, 195. — Concordat du 8 octobre 1849. — N° du Greffe, 48.

BERGÉ Nicolas-Calixte, *fabricant de bonnets, rue de Mulhouse*, 11. — Jugement du 25 mai 1853, homologuant le concordat du 13 du même mois. — Remise de 70 %. — Les 30 % non remis payables : 10 % le 1ᵉʳ mai 1854, et 20 % en quatre ans, par quarts, le 1ᵉʳ mai des années 1855 et suivantes. — N° du Greffe, 10,814.

BERGEON Claude-Joseph, *marchand de bois, quai de la Gare*, 38. — Jugement du 30 juillet 1852, homologuant le concordat du 12 juillet 1852. — Abandon des créances énoncées au concordat et obligation de payer aux créanciers 25 % en principal et frais, en cinq ans, par cinquièmes, d'année en année, pour le premier paiement avoir lieu le 1ᵉʳ mai 1853. — M. Geoffroy, commissaire. — N° du Greffe, 10,205.

BERGER Auguste, *nouveautés, rue Jessaint*, 27. — Jugement du 21 mai 1856, homologuant le concordat du 8 même mois. — Remise de 75 %. — Les 25 % non remis payables en cinq ans, par cinquièmes, d'année en année, du jour de l'homologation. — N° du Greffe, 12,773.

BERGER Joseph, *pâtissier, rue de la Fidélité*, 8. — Jugement du 28 mai 1858, homologuant le concordat du 12 mai 1858. — Remise de 88 %. — Les 12 % payables, sans intérêts : 4 % un mois après l'homologation, et 8 % en quatre ans, à partir du premier paiement. — N° du Greffe, 14,603.

BERGER Jean-François, *aplatisseur, rue de l'Orillon*, 23. — Jugement du 19 novembre 1858, homologuant le concordat du 28 octobre 1858. — Remise de 90 %. — Les 10 % payables en cinq ans, par cinquièmes, du concordat. — N° du Greffe, 15,168.

BERGER et Cᵉ Charles-Joseph, *fabricants d'essieux, rue des Récollets*, 11. — Jugement du 12 avril 1861, homologuant le concordat du 6 mars 1861. — Remise de 92 %. — Les 8 % non remis payables : 2 % dans six mois, 3 % dans 18 mois et 3 % dans 30 mois de l'homologation. — N° du Greffe, 16,240.

BERGERAT et THOMAS Ernest, *négociants en couleurs et vernis, rue St-Antoine*, 163 et 165. — Jugement du 7 mai 1858, homologuant le concordat du 22 avril 1858. — Abandon de l'actif énoncé au concordat et obligation de payer 5 % en deux ans, par moitiés, du jour de l'homologation. — N° du Greffe, 13,996.

BERGERET demoiselle Adèle, *lingère, rue Thévenot*, 26, *et boulevart St-Martin*, 63. — Jugement du 12 février 1862, homologuant le concordat du 18 janvier précédent. — Remise de 80 %. — Les 20 % non remis payables en cinq ans, par 1/5 du 1ᵉʳ février. — N° du Greffe, 19,128.

BERGERET femme Jean-Baptiste, *limonadière, place Royale*, 22. — Jugement du 19 novembre 1856, homologuant le concordat du 5 du même mois. — Remise de 80 %. — Les 20 % non remis payables en quatre ans. — Premier paiement fin novembre 1857. — N° du Greffe, 13,364.

BERGERON Henri, *fabricant de boutons, faubourg du Temple*, 129. — Jugement du 20 février 1854, homologuant le concordat du 16 septembre 1853. — Remise de 75 %. — Les 25 % non remis payables en cinq ans, par cinquièmes. — Premier paiement un an après l'homologation. N° du Greffe, 10,484.

BERGERON Jean-Nicolas, *marchand de vins, rue Fontaine-St-Marcel*, 9. — Jugement du 9 janvier 1856, homologuant le concordat du 24 décembre 1855. — Remise de 91 %. — Les 9 % non remis payables en trois ans, par tiers, d'année en année, pour le premier paiement avoir lieu le 15 janvier 1856. — En cas de successions, donations ou legs, obligation de payer 40 % sur les 91 % remis. — N° du Greffe, 12,662.

BERGEROT Auguste, *négociant, rue du Faubourg-St-Honoré*, 174. — Jugement du 19 avril 1853, homologuant le concordat du 1ᵉʳ avril 1853. — Remise de 80 % en principal, intérêts et frais. — Les 20 % non remis payables en cinq ans, par cinquièmes, d'année en année, pour le premier paiement avoir lieu dans un an du jour du concordat. — N° du Greffe, 10,697.

BERHA Joseph, *satineur, rue St-Sauveur*, 6. — Jugement du 24 octobre 1855, homologuant le concordat du 9 même mois. — Remise de 85 %. — Les 15 % non remis payables en trois ans, par tiers, d'année en année, pour le premier paiement avoir lieu le 1er novembre 1856.— N° du Greffe, 12,184.

BERLIOZ Louis, de la Société BOISTEL, *passementier, rue Rambuteau*, 85.— Jugement du 15 décembre 1854, homologuant le concordat du 1er décembre 1854.— Remise de 80 %.— Les 20 % non remis payables en quatre ans, par quarts, d'année en année, pour le premier paiement être fait un an après l'homologation. — Mme Boistel, caution des dividendes promis. — N° du Greffe, 11,610.

BERNAGE, sieur et dame, *hôteliers, rue Michel-Lecomte*, 34.— Concordat du 16 juillet 1849.— N° du Greffe, 496.

BERNARD, de la Société CAPGRAS, *entrepreneur de vidanges atmosphériques, rue Drouot*, 8.— Jugement du 6 juillet 1857, homologuant le concordat du 19 juin 1857. — Abandon par Capgras de l'actif énoncé au concordat. — M. Quatremère, commissaire. — N° du Greffe, 13,764.

BERNARD Auguste-Jean-Baptiste, *marchand de vins, rue de Cotte*.— Jugement du 27 novembre 1854, homologuant le concordat du 13 même mois. — Remise de 25 % payables en cinq ans, par cinquièmes, d'année en année, pour le premier paiement avoir lieu le 13 novembre 1855.— M. Bernard, fabricant de produits chimiques, caution.— N° du Greffe, 11,692.

BERNARD, Sœurs, Pauline et Rosine, *tenant un magasin de confections, rue Joubert*, 6.— Jugement du 10 février 1857, homologuant le concordat du 21 janvier 1857.— Remise de 75 %.— Les 25 % non remis payables : 8 % dans le mois de l'homologation, 8 % dans un an et 9 % dans deux ans du jour du concordat.— M. Katscher, caution.— N° du Greffe, 13,421.

BERNARD Achille-Victor, *entrepreneur de serrurerie, rue Rochechouard*, 58 et 60. — Jugement du 11 novembre 1859, homologuant le concordat du 28 octobre 1857.— Remise de 65 %.— Les 35 % non remis payables : 10 % dans la huitaine de la reddition des comptes, et 25 % en cinq ans, par cinquièmes, de la reddition de comptes. — N° du Greffe, 16,259.

BERNARD et dame Annet, *confectionneurs, rue St-Honoré*, 219. — Arrêt de la cour du 7 mai 1861, homologuant le concordat du 18 janvier 1861.— Remise de 70 %.— Les 30 % non remis payables au moyen de l'actif abandonné, énoncé au concordat.— La différence payable en quatre ans, par quarts, du concordat. — N° du Greffe, 17,628.

BERNARD Antoine, *miroitier, rue aux Ours*, 16.— Jugement du 1er juillet 1862, homologuant le concordat du 14 juin 1862.— Remise de 50 %.— Les 50 % non remis payables en cinq ans, par cinquièmes, de l'homologation. — N° du Greffe, 19,563.

BERNARD Joseph, *restaurateur, place de la Madeleine*, 9.— Jugement du 3 mars 1857, homologuant le concordat du 20 février 1857.— Abandon de l'actif énoncé au concordat.— M. Beaufour, commissaire.— N° du Greffe, 13,050.

BERNARD Nathan, de la Société BENOIT, *négociant en vins, quai de la Tournelle*, 11.— Jugement du 3 septembre 1858, homologuant le concordat du 15 juillet 1858.— Abandon de l'actif énoncé au concordat.— Obligation de payer 7 fr. 50 % en quatre ans, par quart, du 15 juillet prochain.— M. Meiniel, caution de 12,000 francs.— M. Crampel, commissaire.— N° du Greffe, 13,668.

BERNARD Alfred-Jean-Baptiste, *négociant en tabletterie en gros, rue Amelot*, 34.— Arrêt du 18 juin 1861, homologuant le concordat du 19 novembre 1860.— Abandon de l'actif énoncé au concordat.— Obligation de payer 5 % en cinq ans, par cinquièmes, de l'homologation.— M. Crampel, commissaire.— N° du Greffe, 17,109.

BERNARD Édouard Théophile, *fabricant de bronzes, rue Popincourt*, 94.— Jugement du 28 novembre 1853, homologuant le concordat du 3 même mois.— Remise de 95 %.— Les 5 % non remis payables en quatre ans, par quarts, pour le premier paiement avoir lieu dans un an du concordat.— N° du Greffe, 10,980.

BERNARD, dame, *confectionneuse, rue St-Honoré*, 219.— Voir Bernard et dame Annet.— N° du Greffe, 17,628.

BERNARD Léon, *fabricant de chaussures, rue St-Sauveur*, 69.— Jugement du 8 janvier 1858, homologuant le concordat du 23 décembre 1857.— Remise de 70 %.— Les 30 % payables : 10 % les 1ers janvier 1859 et 1860, 5 % les 1ers janvier 1861 et 1862. — M. Lehmann-Lambert, caution des deux premiers dividendes.— N° du Greffe, 14,272.

BERNARD-LATTE Pierre, *éditeur, place St-Sulpice*, 9 *bis*.— Jugement du 1er octobre 1851, homologuant le concordat du 26 août 1851.— Remise de tous intérêts et frais et de 85 %.— Les 15 % non remis payables : 1 % le 15 septembre 1853, et 1 % tous les six mois qui suivront jusqu'à extinction des 15 %.— Abandon par la dame Bernard-Latte, à son mari, du fonds de marchand de musique et accessoires sis à Paris, boulevard des Italiens, 2.— N° du Greffe, 7,585.

BERNARD, *marchand de vins, rue Quincampoix*, 88.— Jugement du 10 juin 1856, homologuant le concordat du 16 mai 1856.— Obligation de payer le montant intégral des créances, sans intérêts, en dix ans, par dixièmes, d'année en année, du jour de l'homologation.— N° du Greffe, 13,016.

BERNARDIN, dame, *négociante, rue Montmartre*, 18. — Jugement du 11 juillet 1856, homologuant le concordat du 27 juin 1856.— Remise de 75 %.— Les 25 % non remis payables par tiers, les 31 décembre 1856, 1857 et 1858.— Affectation d'une créance énoncée au concordat en paiement des dividendes.— M. Breuillard, commissaire.— N° du Greffe, 12,865.

BERNHEIM Léon, *marchand de tissus, rue des Bourdonnais*, 14.— Jugement du 25 janvier 1860, homologuant le concordat du 14 décembre 1859.— Remise de 65 %.— Les 35 % non remis payables en trois ans, par tiers, de l'homologation.— MM. Dreyfus frères et Cie, cautions.— N° du Greffe, 16,352.

BERNIER fils, Émile et Charles-Cyprien, de la Société THIBOUST, *peigneurs en laines, à St-Denis*. — Jugement du 21 septembre 1854, homologuant le concordat du 6 même mois.— Abandon de l'actif énoncé au concordat.— Obligation de payer 10 % en quatre ans, par quarts, d'année en année, pour le premier paiement avoir lieu le 1er octobre 1855. — M. Decagny, commissaire.— N° du Greffe, 11,220.

BERNIER Clovis, *négociant en bonneterie, rue St-Martin*, 30 et 32. — Jugement du 16 juillet 1850, homologuant le concordat du 15 juin 1850. — Remise de 70 %. — Les 30 % non remis payables : 10 % dans le délai d'un mois du 16 juillet 1850 ; 10 % dans le délai d'un an, et 10 % dans le délai de deux ans, à partir dudit jour. — Garantie du sieur Gendreau, pour le deuxième dividende. — M. Sergent, commissaire. — N° du Greffe, 9,335.

BERSANGE jeune, François, *ex-nourrisseur, à Vaugirard*. — Jugement du 10 octobre 1862, homologuant le concordat du 28 août 1862. — Abandon de l'actif énoncé au concordat. — Obligation de payer 10 % sans intérêts, en quatre ans, par huitièmes, de six mois en six mois, de l'homologation. — M. Dufay, commissaire. — N° du Greffe, 712.

BERSON Charles-Aîné, *marchand de vins, rue de la Roquette*, 16. — Jugement du 11 novembre 1862, homologuant le concordat du 9 octobre 1862. — Abandon de l'actif énoncé au concordat. — M. Hécaen, commissaire. — N° du Greffe, 19,864.

BERTAUX fils, Charles-Désiré-Joseph et Henri-Benjamin, *tailleurs, rue Royale-St-Honoré*, 14. — Jugement du 29 décembre 1857, homologuant le concordat du 17 décembre 1857. — Remise de 55 %. — Les 45 % non remis payables : 10 % dans six, douze et dix-huit mois de l'homologation, et 15 % un an après. — N° du Greffe, 14,112.

BERTHAULT, *marchand de vins, rue du Haut-Pavé*, 1. — Concordat du 7 mai 1849. — N° du Greffe, 304.

BERTHAUT Benoit-Michel-Léonard, de la Société MALARTIC-PEROT et Ce, *teinturier, rue Censier*, 32. — Jugement du 17 octobre 1855, homologuant le concordat du 25 septembre 1855. — Abandon au sieur Malartic de la fabrique de Paris et accessoires. — Abandon au sieur Berthaut, de la fabrique de Reims et de ses accessoires. — Vente de l'immeuble de Dugny.— Abandon des créances, espèces et marchandises désignées au concordat pour le produit de leur réalisation servir à payer aux créanciers un dividende de 20 %. — Obligation par MM. Malartic et Berthaut de payer 80 % des créances en principal, intérêts et frais, par fractions de 5 %, de trois mois en trois mois, pour le premier paiement avoir lieu six mois après l'homologation du concordat dans la proportion par le sieur Malartic de 11/41me et par le sieur Berthaut de 30/41me. — Ce dernier seul obligé solidaire. — M. Crampel, commissaire. — N° du Greffe, 12,317.

BERTHEAUME Alphonse-Nazaire, *marchand de bois, rue St-Pierre-Popincourt*, 2. — Jugement du 8 octobre 1858, homologuant le concordat du 27 septembre 1858. Abandon de l'actif énoncé au concordat. — Battarel, commissaire. — N° du Greffe, 14,748.

BERTHELEY Hippolyte, *passementier, rue Montmartre*, 167. — Jugement du 13 août 1851, homologuant le concordat du 16 juillet 1851. — Remise de 50 %. — Les 50 % non remis payables, sans intérêts, 25 % le 2 août 1851, et 25 % en cinq ans, par cinquièmes, d'année en année, à partir de cette dernière époque. — M. Isbert, commissaire. — N° du Greffe, 9,608.

BERTHELEMY, de la Société BIRON (personnellement), Jean-Baptiste, *ex-marchand de charbons, rue Grenier-St-Lazare*, 21. — Jugement du 16 octobre 1851, homologuant le concordat du 22 septembre 1851. — Remise des intérêts et frais non admis et de 96 %. — Les 4 % non remis payables par quarts, d'année en année, du 22 septembre 1851. — N° du Greffe, 9,802.

BERTHELIER François, *ferblantier, rue des Gravilliers*, 40. — Jugement du 10 septembre 1856, homologuant le concordat du 28 août 1856. — Remise de 75 %. — Les 25 % non remis payables en cinq ans, par cinquièmes, d'année en année. — Premier paiement le 1er septembre 1857. — N° du Greffe, 13,204.

BERTHET Étienne, *entrepreneur de serrurerie, à Passy*. — Jugement du 6 août 1857, homologuant le concordat du 22 juillet 1857. — Abandon de l'actif énoncé au concordat. — M. Beaufour, commissaire. — N° du Greffe, 13,774.

ERTHET Jacques, *horloger, rue Rambuteau*, 85. — Jugement du 25 mai 1859, homologuant le concordat du 9 même mois. — Remise de 75 %. — Les 25 % non remis payables en quatre ans, savoir : 10 % dans deux ans et 15 % dans quatre ans, du concordat. — N° du Greffe, 15,549.

BERTHIER Félix, *tailleur, rue Ste-Anne*, 20. — Jugement du 6 septembre 1862, homologuant le concordat du 22 août 1862. — Remise de 80 %. — Les 20 % non remis payables en quatre ans, par quarts, de l'homologation. — N° du Greffe, 193.

BERTHIER Isidore, *entrepreneur d'arrosements publics, à Colombes*. — Jugement du 20 juin 1856, homologuant le concordat du 27 mai 1856. — Obligation de payer à ses créanciers le montant intégral de leurs créances en capital seulement, par dixièmes, d'année en année, pour le premier paiement avoir lieu le 31 janvier 1857. — N° du Greffe, 13,092.

BERTHOUILLÈRES Henri, *ex-restaurateur, rue des Martyrs*, 11. — Jugement du 9 mars 1858, homologuant le concordat du 13 février 1858. — Abandon de l'actif réalisé et obligation de payer 10 %, par moitié, en deux ans, de l'homologation. — M. Heurtey, commissaire. — N° du Greffe, 12,179.

BERTIGNAULT Louis-Pierre, *fabricant de parfumeries, rue de la Poterie-des-Arcis*, 9. — Jugement du 8 avril 1862, homologuant le concordat du 7 mars 1862. — Remise de 80 %. — Les 20 % non remis payables en quatre ans, par quarts, de l'homologation. — N° du Greffe, 18,512.

BERTIN Paul, gérant de la Société BERTIN-NAVET et Ce, *entrepreneur pour la réparation des toitures, rue de Malte*, 4. — Jugement du 7 juin 1854, homologuant le concordat du 20 mai 1854. — Remise de 20 %. — Les 80 % non remis payables par les sieurs Bertin et Navet, solidairement, en cinq ans, par cinquièmes, d'année en année, du 1er juin 1855. — N° du Greffe, 11,227.

BERTIN-NAVET et Ce, Paul, *société pour l'entretien des toitures, rue de Malte*, 4. — Jugement du 24 juin 1856, homologuant le concordat du 23 mai 1856. — Remise de 90 %. — Les 10 % non remis payables en trois ans, par tiers, d'année en année, du jour de l'homologation. — N° du Greffe, 12,542.

BERTIN, dame **LEDRU**, Fanny, *modiste, cité Trévise*, 8 *bis*. — Jugement du 15 novembre 1853, homologuant le concordat du 24 août 1853. — Remise de 80 %. — Les 20 % non remis payables par quarts, d'année en année, pour le premier paiement avoir lieu le 1er septembre 1854. — N° du Greffe, 10,908.

BERTIN neveu, Guillaume-Eugène, *marchand de bois, à Batignolles*. — Jugement du 18 août 1858, homologuant le concordat du 20 juillet 1858. — Abandon de l'actif énoncé au concordat. — M. Beaufour, commissaire à l'exécution. — N° du Greffe, 14,712.

BERTIN Michel-Antoine, *fleuriste, rue Meslay*, 61. — Jugement du 12 novembre 1858, homologuant le concordat du 6 octobre 1858. — Remise de 75 %. — Les 25 % payables en cinq ans, par cinquièmes, du 1er octobre prochain. — N° du Greffe, 14,783.

BERTIN Joseph, *entrepreneur de maçonnerie, rue du Cherche-Midi*, 42. — Jugement du 14 janvier 1862, homologuant le concordat du 27 décembre 1861. — Remise de 70 %. — Les 30 % non remis payables en cinq ans, par cinquièmes, du 1er janvier. — N° du Greffe, 18,793.

BERTOT, dite **BERTHAUD**, dame de Georges, *chapelière, rue du Temple*, 53. — Jugement du 21 février 1856, homologuant le concordat du 7 même mois. — Remise de 75 %. — Les 25 % non remis payables sans intérêts, en cinq ans, par cinquièmes, du jour du concordat. — N° du Greffe, 12,755.

BERTOUX Louis-Prosper, *fabricant d'appareils à gaz, rue St-Louis-aux-Marais*, 21. — Jugement du 4 novembre 1862, homologuant le concordat du 22 octobre 1862. — Remise de 70 %. — Les 30 % non remis payables en cinq ans, par cinquièmes, de l'homologation. — N° du Greffe, 210.

BERTRAND Jules, *tailleur, rue du Vingt-Quatre-Février*, 37. — Jugement du 31 décembre 1850, homologuant le concordat du 19 même mois. — Remise de 50 %, les intérêts et frais non admis. — Les 50 % non remis payables par fractions de 5, 4 et 3 %, fin juin, juillet, novembre et décembre des années 1851, 1852 et 1853. — M. Filleul, commissaire. — N° du Greffe, 9,635.

BERTRAND Thiébaud-Eugène, *marchand de curiosités, rue des Martyrs*, 20. — Jugement du 8 novembre 1862, homologuant le concordat passé le 15 octobre 1862. — Remise de 75 %. — Les 25 % non remis payables sans intérêts, en cinq ans, par cinquièmes, de l'homologation. — N° du Greffe, 19,717.

BERTRAND Rose-Denise, dame veuve de Barthélemy-Alexis, *marchande de nouveautés, à Pantin*. — Jugement du 10 novembre 1853, homologuant le concordat du 19 octobre 1853. — Abandon du prix à provenir de l'actif. — M. Pascal, commissaire. — N° du Greffe, 10,485.

BERTRAND Alexis-Barthélemy, *marchand de nouveautés, à Pantin*. — Jugement du 5 avril 1853, homologuant le concordat du 22 mars 1853. — Remise de 70 %. — Les 30 % non remis payables en cinq ans, par cinquièmes, pour le premier paiement avoir lieu le 1er avril 1854 et successivement. — N° du Greffe, 10,191.

BERTRAND Pierre, *boulanger, à Charonne*. — Jugement du 6 mars 1860, homologuant le concordat du 14 février 1860. — Remise de 80 %. — Les 20 % non remis payables en quatre ans, par quarts, de l'homologation. — N° du Greffe, 16,559.

BERTRAND Henri-Clément, *marchand de vins, à Neuilly*. — Jugement du 11 novembre 1859, homologuant le concordat du 24 octobre 1859. — Remise de 60 %. — Les 40 % non remis payables en six ans, par sixièmes, du 1er novembre. — N° du Greffe, 16,226.

BERTRAND Auguste, *commissionnaire en soiries, rue du Petit-Lion-St-Sauveur*, 1. — Jugement du 7 décembre 1854, homologuant le concordat du 8 novembre 1854. — Abandon de tout l'actif énoncé au concordat. — Obligation de payer 20 % en dix ans, par dixièmes, d'année en année, pour commencer fin décembre 1855. — M. Bouvier, commissaire. — N° du Greffe, 11,109.

BERTRAND Charles, *négociant, rue Feydau*, 3. — Jugement du 25 novembre 1856, homologuant le concordat du 12 novembre 1856. — Remise de 75 %. — Les 25 % non remis payables, sans intérêts, savoir : 10 % le 1er janvier 1858, et 15 % par tiers, d'année en année. — Premier paiement un an après le paiement des 10 %. — N° du Greffe, 13,327.

BERTRANT Jean-Philippe, *marchand de vins, à Bercy*. — Jugement du 31 janvier 1856, homologuant le concordat du 17 du même mois. — Remise de 75 %. — Les 25 % non remis payables en cinq ans, par cinquièmes, d'année en année, du jour du concordat. — N° du Greffe, 12,673.

BERVIALLE, *marchand-carrier, à Gentilly.* — Jugement du 20 décembre 1859, homologuant le concordat du 16 novembre 1859. — Remise de 75 %. — Les 25 % non remis payables en cinq ans, par cinquièmes, du 15 novembre. — N° du Greffe, 15,930.

BESLAY Charles-Victor, *mécanicien, rue de l'Est,* 29. — Jugement du 14 mai 1850, homologuant le concordat du 29 avril 1850. — Remise de 80 % en principal intérêts et frais. — Les 20 % non remis payables en quatre termes: deux de 4 % les 1ers juillet 1851 et 1852.; deux de 6 % les 1ers juillet 1853 et 1854. — Promesse de la remise de l'excédant de la liquidation de son actif s'il excédait les 20 % promis. — N° du Greffe, 9,301.

BESNARD Jean-Baptiste-Marie, *marchand d'ustensiles de chasse, à Belleville.* — Jugement du 25 avril 1856, homologuant le concordat du 2 avril 1856. — Remise de 85 %. Les 15 % non remis payables, sans intérêts, en quatre ans, par quarts, d'année en année. — Premier paiement le 1er avril 1857. — N° du Greffe, 12,726.

BESNARD Gabriel, *marchand-laitier, à la Chapelle-St-Denis.* — Jugement du 18 janvier 1855, homologuant le concordat du 5 du même mois, — Remise de 85 %. — Les 15 % payables en cinq ans, par cinquièmes, d'année en année. — Premier paiement le 5 janvier 1856. — N° du Greffe, 11,952.

BESNARD Gabriel, *marchand-laitier, à la Chapelle-St-Denis.* — Jugement du 9 juillet 1850, homologuant le concordat du 26 juin 1850. — Remise de 85 % en principal et intérêts. — Les 15 % non remis payables en cinq paiements de 3 %, le 26 juin des années 1851, 1852 et suivantes. — N° du Greffe, 9,291.

BESSON Auguste-Vincent, *charron, à la Villette.* — Jugement du 11 mars 1859, homologuant le concordat du 23 février 1859. — Obligation de payer la totalité des créances en cinq ans, par cinquièmes, du 15 janvier. — N° du Greffe, 15,050.

BESSON, *maître-d'hôtel, rue de Lyon,* 28. — Jugement du 10 août, 1857, homologuant le concordat du 25 juillet 1857. — Obligation de payer l'intégralité des créances, en capital, intérêts et frais, le jour de la reddition de compte du syndic. — N° du Greffe, 13,758.

BESTEL Jean-Hyacinthe, *fabricant de chaises, rue de Cléry,* 98. — Jugement du 22 février 1855, homologuant le concordat du 10 du même mois. — Remise de 85 %. — Les 15 % non remis payables en trois ans, par tiers, d'année en année. à partir du jour de l'homologation. — N° du Greffe, 11,285.

BETHISY (de) Constant-Eugène, *miroitier, rue des Fontaines-du-Temple,* 47. — Jugement du 27 mars 1861, homologuant le concordat du 14 du même mois. — Remise de 75 %. — Les 25 % non remis payables en cinq ans, par cinquièmes, de l'homologation. — N° du Greffe, 17,811.

BETON Jean-André, *marchand de gants, passage du Ponceau,* 18. — Jugement du 10 décembre 1860, homologuant le concordat du 17 novembre 1860. — Remise de 80 %. — Les 20 % non remis payables, en quatre ans, par quarts, de l'homologation.— N° du Greffe, 17,484.

BETOU Jean-André, *fabricant de gants, rue St-Denis,* 219. — Jugement du 16 avril 1856, homologuant le concordat du 3 avril 1856. — Remise de 85 %. — Les 15 % non remis payables, sans intérêts, 5 % six mois après l'homologation, et 10 % dans un an du jour de l'homologation.— N° du Greffe, 12,959.

BETOUS Mathieu-André-Louis-Justin, *bottier, rue Duphot,* 8. — Jugement du 31 décembre 1858, homologuant le concordat du 15 décembre 1858. — Remise de 70 %. — Les 30 % non remis payables en six ans, par sixièmes, de l'homologation. — N° du Greffe, 15,309.

BETTINGER, neveu, Jean, *négociant en ouates, rue Pagevin,* 5. — Jugement du 31 janvier 1856, homologuant le concordat du 10 du même mois. — Remise de 70 %. — Les 30 % non remis payables en cinq ans, par cinquièmes, d'année en année. — Premier paiement à un an du jour du concordat. — En cas de vente du fonds, exigibilité immédiate des dividendes. — N° du Greffe, 12,767.

BEUDON Alexandre-Ernest, *fabricant de couvertures, rue St-Victor,* 161. — Jugement du 8 juillet 1851, homologuant le concordat du 12 juin 1851. — Remise de 80 % avec intérêts et frais. — Les 20 % non remis payables en quatre ans, par quarts, du 8 juillet 1851. — La dame Beudon consent à ce que les créanciers soient payés avant elle. — N° du Greffe, 9,800.

BEUNAT demoiselle, Henriette-Joséphine, *négociante en lingeries, rue du Luxembourg,* 46. — Jugement du 22 avril 1862, homologuant le concordat du 29 mars 1862. — Abandon de l'actif énoncé au concordat. — M. Trille, commissaire. — N° du Greffe, 19,385.

BEURET aîné, Jean-Baptiste, *négociant en fleurs artificielles, rue de Lancry,* 2. — Jugement du 21 juillet 1856, homologuant le concordat du 5 juillet 1856. — Remise de 75 %. — Les 25 % non remis payables, savoir: 6 % les 31 juillet 1857, 1858 et 1859, et 7 % le 31 juillet 1860, au domicile de chacun des créanciers. — N° du Greffe, 13,140.

BEURTEAUX Émile-Eugène, *chemisier, rue Richelieu,* 59. — Jugement du 19 mai 1857, homologuant le concordat du 4 du même mois. — Remise de 75 %. — Les 25 % non remis payables en cinq ans, par cinquièmes, d'année en année, du jour du concordat.—N° du Greffe, 13,678.

BEUZVILLE Éliud, *mouleur sur bois, rue Lamartine,* 42. — Jugement du 11 septembre 1857, homologuant le concordat du 18 août 1857. — Remise de 75 %. — Les 25 % non remis payables, sans intérêts, en cinq ans, par cinquièmes, d'année en année, du jour de l'homologation. — N° du Greffe, 13,875.

BÉVALOT Alfred, *négociant en articles de St-Quentin, rue de Cléry,* 12. — Jugement du 11 mars 1853, homologuant le concordat du 28 février 1853. — Remise de 60 %. — Les 40 % non remis payables, en cinq ans, par cinquièmes, le 31 décembre 1853, 1854 et années suivantes. — N° du Greffe, 10,366.

BEZANÇON François-Étienne, *entrepreneur de charpente, rue de l'Ouest,* 12. — Jugement du 11 juin 1855, homologuant le concordat du 24 mars 1855. — Abandon de tout l'actif réalisé. — Obligation de payer 15 % en trois ans, par tiers, d'année en année, à partir de l'homologation. — M. Hérou, commissaire. — N° du Greffe, 11,139.

BEZANÇON Victor, *fabricant de parapluies, rue Notre-Dame-de-Nazareth,* 51. — Jugement du 7 février 1862, homologuant le concordat du 4 décembre 1861. — Remise de 75 %. — Les 25 % non remis payables en cinq ans, par cinquièmes, de l'homologation. — N° du Greffe, 18,778.

BEZAULT et **LEMELLE** Alexis, *épiciers, rue de Charenton,* 168. — Jugement du 16 janvier 1860, homologuant le concordat du 20 décembre 1859. — Remise de 80 %. — Les 20 % non remis payables en quatre ans, par quarts, de l'homologation. — N° du Greffe, 16,369.

BEZAULT et Cie, *chaudronniers, rue des Vinaigriers,* 30. — Jugement du 6 mars 1856, homologuant le concordat du 15 février 1856. — — Remise de 75 %. — Les 25 % non remis payables en cinq ans, par cinquièmes, d'année en année. — Premier paiement le 1er mars 1857. — N° du Greffe, 12,600.

BEZUILLER Pierre-Claude, *entrepreneur, rue Notre-Dame-des-Champs,* 57. — Jugement du 3 janvier 1851, homologuant le concordat du 2 novembre 1850. — Remise de 90 % en principal, intérêts et frais. — Les 10 % non remis payables par fractions de 2 %, le 3 janvier des années 1853, 1854 et suivantes. — N° du Greffe, 6,389.

BIANCHI Jean, *fabricant d'instruments de mathématiques, rue Meslay,* 46. — Jugement du 30 décembre 1862, homologuant le concordat du 8 octobre 1862. — Remise de 85 %. — Les 15 % non remis payables en quatre ans, par quarts, du concordat. — N° du Greffe, 19,974.

BIANCHI Jean, *fabricant d'instruments de mathématiques, rue du Temple,* 78. — Jugement du 20 mars 1861, homologuant le concordat du 16 février 1861. — Remise de 60 %. — Les 40 % non remis payables en cinq ans, par cinquièmes de l'homologation. — N° du Greffe, 17,619.

BIART Procope-Louis-Thimothé, *épicier, rue Mazarine,* 20. — Jugement du 22 février 1856, homologuant le concordat du 1er février 1856. — Abandon de tout l'actif réalisé. — M. Quatremère, commissaire. — N° du Greffe, 12,540.

BIBAS, jeune, *banquier, rue de la Chaussée-d'Antin,* 48. — Jugement du 8 juillet 1859, homologuant le concordat du 27 juin 1859. — Abandon de l'actif énoncé au concordat. — M. Richard-Grison, commissaire. — N° du Greffe, 14,878.

BIBAS fils aîné, *boulevard Poissonnière,* 27. — Jugement du 6 juillet 1859, homologuant le concordat du 27 juin 1859. — Abandon de l'actif énoncé au concordat. — M. Moncharville, commissaire. — N° du Greffe, 14,879.

BICHERET, *grainetier, à Charonne.* — Concordat du 30 juillet 1849. — N° du Greffe, 189.

BICHET AUGUSTE-LÉON, *horticulteur, à Montrouge.* — Jugement du 15 avril 1859, homologuant le concordat du 26 mars 1859. — Remise de 75 %. — Les 25 pour % non remis payables en cinq ans, par cinquièmes, de l'homologation. — N° du Greffe, 15,588.

BIDART JEAN-PIERRE, *chocolatier, rue Taitbout*, 68. — Jugement du 22 octobre 1862, homologuant le concordat du 11 août 1862. — Remise de 85 %. — Les 15 % non remis payables en cinq ans, par cinquièmes, de l'homologation. — N° du Greffe, 19,748.

BIENVENU VICTOR, *marchand de vins traiteur, aux Thernes.* — Jugement du 16 juillet 1855, homologuant le concordat du 2 du même mois. — Remise de 50 %. — Les 50 % non remis payables en cinq ans, d'année en année. — Premier paiement le 2 juillet 1856.

BIERFURHER EUGÈNE, *agent d'affaires, rue de la Chaussée-d'Antin*, 27 *bis*. — Jugement du 11 mars 1862, homologuant le concordat du 28 janvier 1862. — Remise de 75 %. — Les 25 % non remis payables en cinq ans, par cinquièmes, du 15 février. — N° du Greffe, 18,782.

BIERMANN, OTTO, *fabricant de portefeuilles, rue Saint-Martin*, 296. — Jugement du 16 mars 1859, homologuant le concordat du 23 février 1859. — Remise de 75 %. — Les 25 % non remis payables en cinq ans, par cinquièmes, du concordat. — N° du Greffe, 15,449.

BIGARD ETIENNE-FRANÇOIS, *marchand de vins, à la Villette.* — Jugement du 26 janvier 1853, homologuant le concordat du 29 décembre 1852. — Remise de 75 %. — Les 25 % non remis payables en cinq ans, par cinquièmes. — Premier paiement fin juin 1854 et années suivantes. — N° du Greffe, 10,024.

BIGEARD LOUIS, *mécanicien, rue Folie-Méricourt*, 10. — Jugement du 4 juillet 1861, homologuant le concordat du 21 juin 1861. — Remise de 70 %. — Les 30 % non remis payables en cinq ans, par cinquièmes, du concordat. — N° du Greffe, 18,235.

BIGI CHARLES-BABOLEIN, *tenant table d'hôte, rue Grammont*, 27. — Jugement du 28 août 1850, homologuant le concordat du 30 juillet 1850. — Remise de tous intérêts et frais non admis et de 75 % sur le capital. — Les 25 % non remis payables, savoir: sept paiements de 2 1/2 % les 1ers mai 1851, 1ers février et mai des années 1852, 1853 et 1854, 3 1/2 % le 1er février 1855, et 4 % le 1er mai suivant. — N° du Greffe, 9,431

BIGOT LOUIS-NICOLAS, *commissionnaire en marchandises, rue Beaurepaire*, 3. — Jugement du 30 janvier 1855, homologuant le concordat du 15 du même mois. — Remise de 75 %. — Les 25 % payables en 4 ans, par quarts, d'année en année, pour le 1er paiement avoir lieu fin janvier 1856. — Madame Bigot, caution. — N° du Greffe, 11,827.

BIGOY et Cie, STANISLAS et ALPHONSE, *marchands de vins, à la Villette.* — Jugement du 3 Juin 1861, homologuant le concordat du 10 mai, même année. — Remise de 85 %. — Les 15 % non remis payables : 3 % dans un an du concordat, et 4 % 1, 2 et 3 ans après le premier paiement. — N° du Greffe 17,648.

BIGUET JOSEPH, *fumiste, rue des Marais-Saint-Martin*, 76. — Jugement du 18 juillet 1854, homologuant le concordat du 21 juin 1854. — Remise de 75 %. — Les 25 % non remis payables en cinq ans, par cinquièmes. — Premier paiement le 15 juin 1855. — N° du Greffe, 11,143.

BIHL, dit l'**Abbé**, JEAN, *entrepreneur de camionnage, à Vaugirard.* — Jugement du 8 mai 1857, homologuant le concordat du 29 avril 1857. — Remise de 75 %. — Les 25 % non remis payables : 20 % aussitôt après l'homologation, au moyen de l'actif abandonné, et 5 % en 2 ans, par moitiés, du jour de l'homologation. — N° du Greffe, 13,608.

BILLARD JEAN-LOUIS, *entrepreneur de travaux publics, à Vaugirard*, Jugement du 20 mai 1856, homologuant le concordat du 19 avril 1856. — Obligation de payer la totalité en 10 ans, par dixièmes, d'année en année, à partir du premier mai 1856. — N° du Greffe, 12,961.

BILLARD, dame **BOURGUET**, MARIE-MADELEINE, *nourrisseur à Vaugirard.* — Voir dame Bourguet.

BILLARD, *négociant, à Belleville.* — Jugement du 8 avril 1859, homologuant le concordat du 16 mars 1859. — Abandon de l'actif énoncé. — Obligation de payer, en outre, 15 % en cinq ans, par cinquièmes, du jour du concordat. — N° du Greffe, 15,007.

BILLARD LOUIS, *menuisier, rue Maublanc, à Vaugirard.* — Jugement du 5 décembre 1860, homologuant le concordat du 24 novembre 1860. — Abandon de l'actif énoncé : dans le cas où cet abandon ne produirait pas 50 %, obligation de parfaire la différence, en trois ans, par tiers, de la reddition du compte. — Madame Billard, caution. — N° du Greffe, 17,296.

BILLAUD JACQUES-SUZANNE-HIPPOLYTE, *marchand de toiles, rue Saint-Honoré*, 32. — Jugement du 25 mars 1851, qui homologue le concordat du 1er mars 1851. — Remise de 70 %. — Les 30 % non remis payables avec intérêts du 22 octobre 1850, par sixièmes, les 1er décembre 1851, 1ers juin et décembre 1852, 1853, et 1er juin 1854. — N° du Greffe, 9,643.

BILLEN, *marchand de vins-traiteur, rue Traversière-Saint-Antoine*, 68. — Jugement du 27 octobre 1862, homologant le concordat du 13 octobre 1862. — Remise de 90 %. — Les 10 % non remis payables : 5 % dans la huitaine de l'homologation, et 5 % en cinq ans, par cinquièmes, de la même époque. — N° du Greffe, 158.

BILLET ISIDORE-JEAN-EMMANUEL, de la société **DEHETTE** et **BILLET**, *ébéniste, quai Valmy*, 79. — Jugement du 16 mai 1854, homologuant le concordat du 29 avril 1854. — Remise de 88 %. — Les 12 % non remis payables, en quatre ans, par quarts, à partir du jour de l'homologation. — N° du Greffe, 11,374.

BILLIOT AUGUSTE, *commissionnaire en farines, rue de Viarmes*, 6. — Jugement du 23 octobre 1861, homologuant le concordat du 11 du même mois. — Remise de 88 %. — Les 12 % non remis payables, en quatre ans, par quarts, de l'homologation. — N° du Greffe, 18,522.

BILLOIR LAURENT-JOSEPH, *menuisier, à Batignolles.* — Jugement du 9 décembre 1853, homologuant le concordat du 25 novembre précédent. — Remise de 90 %. — Les 10 % non remis payables par cinquièmes, d'année en année, pour commencer fin décembre 1854. — N° du Greffe, 11,036.

BILLOUEY et **GÉRARD**, (société), *négociants, rue du Petit-Lion-St-Sauveur*, 19. — Jugement du 10 mai 1853, homologuant le concordat du 14 avril 1853. — Remise de 80 %. — Les 20 % non remis payables solidairement en six ans, d'année en année, pour le premier paiement avoir lieu le 30 juin 1853, et ainsi de suite. — N° du Greffe, 9,953.

BIN CHARLES, *peintre, rue Marcardet*, 70. — Jugement du 18 juillet 1862, homologuant le concordat passé le 21 juin 1862. — Remise de 80 %. — Les 20 % non remis payables en quatre ans, par quarts, de l'homologation. — N° du Greffe, 19,635.

BINET LÉON, *plombier-zingueur, rue Paris-Belleville*, 78. — Jugement du 29 août 1861, qui homologue le concordat du 9 du même mois. — Remise de 50 %. — Les 50 % non remis payables : 15 % le 9 février 1862, et 35 % en sept ans. — M. Binac, caution des 15 % seulement. — N° du Greffe, 18,262.

BINET, *négociant, rue des Quatre-Fils*, 6. — Jugement du 13 avril 1859, homologuant le concordat du 1er du même mois. — Remise de 75 %. — Les 25 % non remis payables, sans intérêts, en cinq ans, par cinquièmes, du concordat. — N° du Greffe, 14,989.

BINNECHÈRE JEAN-PIERRE, *fabricant de gainerie, rue Beaubourg*, 72. — Jugement du 16 septembre 1861, homologuant le concordat du 26 août 1861. — Remise de 75 %. — Les 25 % non remis payables, sans intérêts, en cinq ans, par cinquièmes, de l'homologation. — N° du Greffe, 18,375.

BINOIS, *menuisier, rue Censier*, 29. — Jugement du 12 novembre 1856, homologuant le concordat du 25 octobre 1856. — Remise de 20 %. — Les 80 % non remis payables au moyen de l'actif abandonné. — La différence en cinq ans, par cinquièmes, d'année en année. — Premier paiement le 1er novembre 1857. — M. Bourbon, commissaire. — N° du Greffe, 12,462.

BINZE et Cie, JOSEPH, *négociants en vins, rue Mouffetard*, 293. — Jugement du 28 avril 1858, homologuant le concordat du 30 mars 1858. — Remise de 80 %. — Les 20 % non remis payables en quatre ans, par quarts, de l'homologation. — N° du Greffe 14,326.

BIRE Louis-Jacques-Ferdinand, *bourrelier, à Ville-Juif.* — Jugement du 16 février 1860, homologuant le concordat du 26 janvier 1860. — Remise de 70 %. — Les 30 % non remis payables, savoir : 20 % comptant dans le mois de l'homologation, et 10 % un an après. — M. Jaillot, caution. — N° du Greffe, 16,456.

BIRON personnellement, Étienne, de la société BERTHÉLEMY, *rue St-Sébastien*, 50. — Voir Berthélemy.

BISSÉ Édouad-Ernest, *ex-marchand de vins, rue du Caire*, 42. — Jugement du 14 janvier 1861, homologuant le concordat, du 20 décembre 1860. — Abandon de l'actif énoncé au concordat. — M. Devin, commissaire. — N° du Greffe, 17,550.

BISSON Jean-Jacques, *marchand-colporteur, rue du Roi-de-Sicile*, 22. — Jugement du 11 novembre 1862, homologuant le concordat du 22 octobre 1862. — Remise de 85 %. — Les 15 % non remis payables en quatre ans, par quarts, de l'homologation. — N° du Greffe, 402.

BISSONNIER Claude-Hilaire, *verrier, rue du Faubourg-St-Martin*, 67. — Jugement du 3 avril 1857, homologuant le concordat du 23 mars 1857. — Remise de 65 %. — Les 35 % non remis payables en cinq ans, par cinquièmes, d'année en année, pour le premier paiement avoir lieu fin avril 1858. — En cas de vente du fonds de commerce, affectation du prix au paiement des dividendes. — N° du Greffe, 13,681.

BIZOT, *boulanger, rue du Petit-Thouars*, 12. — Jugement du 10 mai 1858, homologuant le concordat du 24 avril 1858. — Remise des intérêts et frais non admis, et de 70 %. — Les 30 % payables en trois ans, par tiers, du 1er mai 1858. — En cas de vente du fonds de commerce, exigibilité des dividendes, — Dame Bizot, caution. — N° du Greffe, 14,594.

BIZOT Simon, *boulanger, rue du Petit-Thouars*, 12. — Jugement du 8 mars 1861, homologuant le concordat du 2 février 1861. — Remise de 85 %. — Les 15 % non remis payables sans intérêts, 5 % dans le mois de l'homologation et 10 % en trois ans, par tiers, du concordat. — N° du Greffe, 17,600.

BIZOT Jean, *nourrisseur, à Courbevoie.* — Jugement du 9 décembre 1858, homologuant le concordat du 6 novembre 1858. — Remise de 75 %. — Les 25 % non remis payables en cinq ans, par cinquièmes, du 1er novembre. — N° du Greffe, 15,100.

BIZOUARD Jean, *marchand de vins, à Charenton.* — Jugement du 8 mai 1862, homologuant le concordat du 4 avril 1862. — Remise de 75 %. — Les 25 % non remis payables en cinq ans, par cinquièmes, du concordat. — N° du Greffe, 19,219.

BIZOUARD Simon, *marchand de vins, rue Constantine*, 1. — Jugement du 1er juillet 1850, homologuant le concordat du 21 janvier 1850. — Remise de 65 % et de tous intérêts et frais. — Les 35 % non remis payables en cinq paiements de 7 % le 20 janvier des années 1851, 1852 et suivantes. — N° du Greffe, 9,075.

BIZOUARD François-Louis, *épicier, rue Miromesnil*, 8. — Concordat du 4 juin 1849. — N° du Greffe, 22.

BLACHÈRE Louis, personnellement, de la Société BLACHÈRE et Ce, *commissionnaire en tableaux, place St-Sulpice*, 12. — Jugement du 5 juillet 1852, homologuant le concordat du 15 juin 1852. — Remise de 90 %. — Les 10 % non remis payables sur ses biens personnels en trois ans, par tiers, d'année en année, du jour de l'homologation. — N° du Greffe, 9,476.

BLAD Salomon, *négociant en peinture, rue de la Fontaine-du-Temple*, 14. — Jugement du 6 septembre 1862, homologuant le concordat du 16 juillet 1862, — Remise de 80 %. — Les 20 % non remis payables en cinq ans, par cinquièmes, de l'homologation. — N° du Greffe, 19,793.

BLADVIEL et Ce, *imprimeurs sur étoffes, à Auteuil.* — Jugement du 4 juillet 1854, homologuant le concordat du 17 juin 1854. — Remise de 75 %. — Les 25 % non remis payables, sans intérêts, savoir : 4 % fin octobre de chacune des années 1854, 55, 56, 57 et 58, et 5 % fin décembre 1859. — N° du Greffe, 10,661.

BLAIN Jean-Pierre, *entrepreneur de maçonnerie, rue de Charenton*, 127. — Jugement du 13 septembre 1862, homologuant le concordat du 29 août 1862. — Abandon de l'actif énoncé au concordat. — M. Lefrançois, commissaire. — N° du Greffe, 19,476.

BLAIS et **VAN TRAPPEN** Louis-Olivier, *passementiers, rue du Douloi*, 10. — Jugement du 27 décembre 1859, homologuant le concordat du 9 décembre 1859. — Obligation de payer 5 % en quatre ans, savoir : 1/2 % en deux ans, 1/4 % dans trois ans, 1/4 % dans quatre ans, du concordat — N° du Greffe, 15,865.

BLAISE Marie, veuve GOUJON, *papetière, rue St-Denis*, 338. — Jugement du 22 octobre 1855, homologuant le concordat du 29 septembre 1855.. — Remise de 50 % sur le capital et les intérêts. — Les 50 % non remis payables 20 % comptant et 30 % en cinq ans, par sixièmes, d'année en année, de l'homologation. — M. Maillet, caution des dividendes. — N° du Greffe, 11,404.

BLAISE Jean-Antoine, *tailleur, rue Rossini*, 16. — Jugement du 25 janvier 1856, homologuant le concordat du 8 janvier 1856. — Remise de 60 %. — Les 40 % non remis payables en six ans, par moitié, de six mois en six mois. — Premier paiement fin août 1856. — N° du Greffe, 12,739.

BLAJOT François-Henri, *ex-charcutier, rue Beaurepaire*, 6. — Jugement du 13 février 1854, homologuant le concordat du 28 janvier 1854. — Remise de 85 %. — Les 15 % non remis payables, savoir : 3 % le 1er mars 1855 et 4 % les 1ers mars 1856, 1857 et 1858, — N° du Greffe, 9,464.

BLANC Pierre, *tailleur, rue du Dauphin*, 7. — Jugement du 1er avril 1852, homologuant le concordat du 15 mars 1852. — Remise de 80 %. — Les 20 % non remis payables en seize fractions de trois mois en trois mois pour le premier paiement avoir lieu le 1er juillet 1852. — N° du Greffe, 10,260.

BLANC Pierre, *tailleur, rue du Vingt-Quatre-Février*, 15. — Jugement du 30 octobre 1850, homologuant le concordat du 19 même mois. — Remise de tous intérêts et frais non admis, et de 70 %. — Les 30 % non remis payables en trois années et neuf mois, par dividende, de 2 % de trois mois en trois mois, le premier dividende exigible fin février 1851. — N° du Greffe, 9,557.

BLANCHARD et Ce Louis-Joseph, *corroyeurs, rue Guérin-Boisseau*, 11. — Jugement du 24 décembre 1850, homologuant le concordat du 11 même mois. — Remise des intérêts et frais non admis. — Le surplus payable, savoir : 25 % quatre mois après le 24 décembre 1850 ; 15 % seize mois après ledit jour, et 12 % d'année en année, jusqu'à parfait paiement. — La dame Blanchard, caution solidaire des 40 %, montant des deux premiers dividendes. — N° du Greffe, 9.445.

BLANCHARD René-Auguste, *tailleur, rue St-Marc-Feydeau*, 28. — Jugement du 22 octobre 1855, homologuant le concordat du 27 septembre 1855. — Remise de 77 % — Les 23 % non remis payables en cinq ans, du 1er octobre prochain, à raison de 2 1/2 % tous les six mois, pour les quatre premières années, et 3 % à la fin de la cinquième année. — N° du Greffe, 12,392.

BLANCHARD et **MORISSE**, *limonadiers, rue de Rivoli*, 65. — Jugement du 20 mai 1856, homologuant le concordat du 2 avril 1856. — Remise de 60 %. — Les 40 % non remis payables en huit ans, par huitièmes, d'année en année. — Premier paiement le 1er avril 1857. — N° du Greffe, 12,613.

BLANCHET César-Claude-Louis, *entrepreneur d'éclairage à gaz, rue Denain*, 22. — Jugement du 24 mars 1854, homologuant le concordat du 10 même mois. — Remise de 80 %. — Les 20 % non remis payables en quatre ans, par quarts, d'année en année. — Premier paiement le 1er avril 1855. — N° du Greffe, 10,592.

BLANCHET Charles, gérant de la Société BLANCHET et Ce, *entrepreneur de l'éclairage au gaz de la ville de Rochefort, ayant son siége rue Mazagran*, 12. — Jugement du 10 janvier 1855, homologuant le concordat du 21 décembre 1854. — Abandon de l'actif énoncé au concordat. — N° du Greffe, 10,302.

BLANCHET Charles-Georges-Louis, *entrepreneur pour l'éclairage, rue des Petites-Écuries*, 26. — Jugement du 18 juillet 1854, homologuant le concordat du 6 même mois. — Abandon de l'actif énoncé au concordat. — Obligation de verser ès-mains de M. Battarel, rue de Bondy, 7, la somme de 40,000 fr. en cinq ans, par cinquièmes. — Premier paiement dans le courant du mois de juillet 1855. — N° du Greffe, 11,422.

BLANCHETON et Ce, Alfred, *distillateurs, rue de la Chapelle-Saint-Denis*, 47. — Jugement du 15 décembre 1856, homologuant le concordat du 3 même mois. — Remise de 70 %. — Les 30 % non remis payables, savoir : 15 % dans deux mois de l'homologation, et 15 % en trois ans, par tiers, du jour de l'homologation. — N° du Greffe, 13,275.

BLANCON et Cᵉ, Louis, *négociants en rubans et passementeries, rue Montmartre*, 64. — Jugement du 28 mai 1856, homologuant le concordat du 15 mai 1856. — Remise de 65 %. — Les 35 % non remis payables 10 % dans les trois mois de l'homologation, 10 % un an après, et 15 % un an après le dernier paiement. — N° du Greffe, 12,953.

BLANDIN Guillaume-Polycarpe-Eugène, *ex-marchand de vins, rue Lepelletier*, 35. — Jugement du 18 décembre 1855, homologuant le concordat du 28 novembre 1855. — Abandon de l'actif énoncé au concordat. — M. Pascal, commissaire. — N° du Greffe, 11,198.

BLANDIN Charles-Pierre-Iacinthe, de la Société MORNET, *marchand de vins, rue et Ile-St-Louis*, 64. — Jugement du 28 juin 1850, homologuant le concordat du 13 même mois. — Abandon de tout l'actif social. — Abandon de ce qui pourra lui revenir de la succession de son père. — Obligation par les associés de payer chacun une somme de 1,500 fr., par tiers, d'année en année, du 13 juin 1850. — M. Pascal, commissaire. — N° du Greffe, 8,196.

BLANGINI Théodore-Joseph, *commissionnaire en grains, rue de Grenelle-St-Honoré*, 27. — Jugement du 18 janvier 1855, homologuant le concordat du 29 décembre 1854. — Abandon de l'actif énoncé au concordat. — Obligation de payer 15 % en dix ans, par cinquièmes, de deux ans en deux ans. — Premier paiement le 31 décembre 1856. — N° du Greffe, 9,939.

BLATRIER Gustave, *emballeur, rue du Faubourg-St-Honoré*, 37. — Jugement du 28 août 1854, homologuant le concordat du 11 même mois. — Remise de 80 %. — Les 20 % non remis payables en quatre ans, par quarts, d'année en année. — Premier paiement le 1ᵉʳ septembre 1855. — N° du Greffe, 11,596.

BLAVET Gabriel, de la Société RETTIG, *fabricant de fourneaux, rue Caumartin*, 13. — Jugement du 8 mars 1858, homologuant le concordat du 22 février 1858. — Remise de 45 %. — Les 55 % payables, savoir : 35 % dans trois mois avec l'actif réalisé, 20 % en quatre ans, par quarts, du jour du concordat. — M. Sergent, commissaire. — N° du Greffe, 14,270.

BLAVETTE Jean-Baptiste-Victor, *épicier, à la Chapelle*. — Jugement du 3 juin 1853, homologuant le concordat du 16 mai 1853. — Remise de 60 %. — Les 40 % non remis payables 10 % dans un an du jour du concordat. — Le surplus par fractions de 5 %, de six mois en six mois. — Après l'expiration de ce délai, interdiction de vendre le fonds de commerce avant libération. — N° du Greffe, 10,825.

BLAVIN Auguste-François, de la société TINOT, *pharmacien, rue St-Martin*, 99. — Jugement du 19 mars 1856, homologuant le concordat du 7 du même mois. — Abandon par le sieur Thinot, aux créanciers de la société, du prix à provenir de la vente de l'immeuble désigné au concordat. — Au cas où l'actif ne produirait pas 50 %, obligation par le sieur Thinot de parfaire la différence en cinq ans, par cinquièmes, d'année en année, pour le premier paiement avoir lieu un an après le jour de la vente de l'immeuble. — Obligation par le sieur Blavin de payer 15 % en cinq ans, par cinquièmes, d'année en année. — Premier paiement un an après l'homologation. — M. Henrionnet, commissaire. — N° du Greffe, 12,098.

BLED Zéphirin-Pierre-Aimé, *limonadier, rue du Faubourg-St-Denis*, 37. — Jugement du 12 avril 1850, homologuant le concordat du 22 mars 1850. — Remise de tous intérêts et frais, et de 60 %. Les 40 % non remis payables dans la huitaine de l'homologation. — N° du Greffe, 8,338.

BLESSON Louis-Édouard, *négociant en peintures, rue aux Ours*, 36. — Jugement du 12 août 1850, homologuant le concordat du 24 juillet 1850. — Remise de tous intérêts et frais, et de 85 %. — Les 15 % non remis payables en trois ans, par tiers, les 15 septembre 1851, 1852 et 1853. — N° du Greffe, 9,411.

BLEUZE et Cᵉ, Louis-Désiré, *fabricants de chocolats, rue des Vieilles-Haudriettes*, 6. — Jugement du 13 septembre 1854, homologuant le concordat du 23 août 1854. — Remise de 40 %. — Les 60 % non remis payables en 24 paiements, de 2 1/2 % chacun de trois mois en trois mois. — Premier paiement le 1ᵉʳ septembre 1855. — N° du Greffe, 11,468.

BLIN, sieur et dame, Louis-François, *marchands de salines et fromages, rue Pavée-St-Sauveur*, 2. — Jugement du 29 octobre 1850, homologuant le concordat du 12 du même mois. — Remise de tous intérêts et frais. — Obligation solidaire de payer le montant intégral de leurs créances, en capital seulement, en six ans, par sixièmes, du 12 octobre 1850. — N° du Greffe, 9,260.

BLIN Geneviève-Denise-Dulion. — Voir Blin, sieur et dame.

BLIN, demoiselle, Jeanne-Hortense, *marchande de modes, rue de la Victoire*, 7. — Jugement du 20 avril 1855, homologuant le concordat du 5 du même mois. — Remise de 70 %. — Les 30 % non remis payables en cinq ans, d'année en année. — Premier paiement le 30 juin 1856. — N° du Greffe, 12,166.

BLIN Louis-Désiré, *boulanger, rue Montmartre*, 22. — Concordat du 23 avril 1849. — N° du Greffe, 21.

BLINE Jean-Baptiste, *marchand de vins, rue de Calais, 4, à la Villette*. — Jugement du 23 août 1862, homologuant le concordat du 1ᵉʳ du même mois. — Remise de 85 %. — Les 15 % non remis payables en quatre ans, par quarts, du concordat. — N° du Greffe, 19,673.

BLINE, *marchand de vins, à la Villette*. — Jugement du 20 août 1857, homologuant le concordat du 16 juillet 1857. — Remise de 80 %. — Les 20 % non remis payables au moyen de l'actif abandonné énoncé au concordat. — La différence payable en trois ans, par tiers, d'année en année, du jour du concordat. — M. Bourbon, commissaire. — N° du Greffe, 12,871.

BLOC, femme MASSON, Génie-Joséphine, *tenant hôtel, cité Bergère*, 2 bis. — Jugement du 17 mai 1850, homologuant le concordat du 25 avril 1850. — Remise de 85 %. — Les 15 % non remis payables solidairement en trois termes, de 5 % les 31 octobre 1851, 1852 et 1853. — N° du Greffe, 9,288.

BLOC Jacob, *marchand de nouveautés, passage de l'Entrepôt*, 6. — Jugement du 18 janvier 1853, homologuant le concordat du 22 novembre 1852. — Remise de 70 % en principal, intérêts et frais. — Les 30 % non remis payables en trois ans, par tiers, d'année en année, sans intérêts, pour le premier paiement avoir lieu dans un an du jour du concordat. — N° du Greffe, 10,581.

BLOC Emmanuel, *marchand de plumes métalliques, rue d'Enghien*, 22. — Jugement du 24 mars 1858, homologuant le concordat du 9 du même mois. — Remise de 80 %. — Les 20 % payables en quatre ans, par quarts, du 31 mars. — N° du Greffe, 14,340.

BLOC Jules, *marchand d'horlogerie, rue du Grand-Prieuré*, 6. — Jugement du 1ᵉʳ mars 1860, homologuant le concordat du 7 février 1860. — Remise de 80 %. — Les 20 % payables en quatre ans, par quarts, du concordat. — N° du Greffe, 16,561.

BLOCH Susmann, *marchand de bronzes, rue du Grand-Chantier*, 16. — Jugement du 8 février 1856, homologuant le concordat du 23 janvier 1856. — Remise de 80 %. — Les 20 % non remis payables en quatre ans, par quarts, d'année en année. — Premier paiement le 15 février 1857. — N° du Greffe, 12,471.

BLOCH Sussmann, *opticien, place Royale*, 19. — Jugement du 7 mai 1862, homologuant le concordat du 24 avril 1862. — Remise de 70 %. — Les 30 % non remis payables en six ans, par sixièmes, du concordat. — N° du Greffe, 19,507.

BLOCH, *commerçant en literie, rue du Temple*, 142. — Jugement du 2 septembre 1857, homologuant le concordat du même jour. — Remise de 80 %. — Les 20 % non remis payables, savoir : 15 % dans les quinze jours de l'homologation, et 5 % en deux ans, par moitiés, du même jour. — N° du Greffe, 13,928.

BLOCK, dame, Moise, *marchande de nouveautés, boulevard du Temple*, 14. — Jugement du 9 octobre 1860, homologuant le concordat du 28 septembre 1860. — Remise de 75 %. — Les 25 % non remis payables en cinq ans, par cinquièmes, de l'homologation. — N° du Greffe, 17,306.

BLONDEAU, Charles-Alfred, *marchand d'horlogerie, rue Montmartre*, 17. — Jugement du 5 décembre 1862, homologuant le concordat du 21 novembre 1862. — Remise de 60 %. — Les 40 % non remis payables en quatre ans, par quarts, du jour de l'homologation. — N° du Greffe, 568.

BLONDEL, de la société DURAND, *entrepreneur de vidanges, rue de Bondy*, 62. — Jugement du 6 janvier 1854, homologuant le concordat du 12 décembre 1853. — Abandon de tout l'actif de la société. — Obligation de payer, dans quatre ans, du jour du concordat, un dividende de 10 %. — N° du Greffe, 10,802.

BLONDEL François, *limonadier, rue de Strasbourg*, 7. — Jugement du 18 novembre 1857, homologuant le concordat du 15 octobre 1857. — Obligation de payer 25 % en huit ans, par huitièmes, d'année en année. — Premier paiement le 31 octobre 1858. — N° du Greffe, 13,955.

BLONDEL Fulgence-Flavien, *marchand de vins, rue des Vertus*, 12. — Jugement du 11 septembre 1860, homologuant le concordat du 19 juillet 1860. — Abandon de l'actif énoncé au concordat. — Obligation de payer 9 % en trois ans, du jour de l'homologation. — M. Battarel, commissaire. — N° du Greffe, 16,971.

BLONDET, père et fils, Pierre et Jacques-Antoine, *entrepreneurs de maçonnerie, passage Ste-Marguerite*, 5. — Jugement du 26 août 1861, homologuant le concordat du 9 août 1861. — Abandon de l'actif énoncé au concordat. — Obligation de payer 50 %, savoir : 25 % fin avril prochain; 5 % fin août 1863; et 10 % fin avril 1864 et 1865. — M. Lefrançois, commissaire. — N° du Greffe, 17,888.

BLONDET, veuve CHAMPEAUX, Marguerite, *lingère, rue Montmartre*, 59. — Jugement du 13 août 1858, homologuant le concordat du 2 du même mois. — Remise de 75 %. — Les 25 % non remis payables en cinq ans, par cinquièmes, du 31 juillet. — N° du Greffe, 14,903.

BLOQUET, Eugène-Alexandre, *entrepreneur de serrurie, rue de Malte*, 3. — Jugement du 8 novembre 1860, homologuant le concordat du 27 octobre 1860. — Remise de 70 %. — Les 30 % non remis payables en cinq ans, par cinquièmes, de l'homologation. — N° du Greffe, 17,092.

BLUM, Cerf, *tailleur, rue aux Fers*, 16. — Jugement du 1er mars 1852, homologuant le concordat du 19 février 1852. — Remise des intérêts et frais, et de 70 % sur le capital. — Les 30 % non remis payables 10 % fin mai 1852, 10 % fin janvier 1853, 5 % fin mai, et 5 % fin décembre de la même année. — N° du Greffe, 10,222.

BLUM Maurice, *marchand-tailleur, rue de la Tacherie*, 10. — Jugement du 16 mars 1859, homologuant le concordat du 14 février 1859. — Remise de 70 %. — Les 30 % non remis payables en cinq ans, par cinquièmes, de l'homologation. — N° du Greffe, 15,477.

BLUM-LÉGER et Cie, Alfred, *marchands de vins, rue d'Allemagne*, 127. — Jugement du 25 juillet 1860, homologuant le concordat du 7 du même mois. — Remise de 70 %. — Les 30 % non remis payables en cinq ans, de six mois en six mois, de l'homologation. — N° du Greffe, 16,760.

BLUMENTAL, dame ALLIAUME, Ernestine, *marchande à la toilette, au Temple*. — Jugement du 12 février 1858, homologuant le concordat du 30 janvier 1858. — Abandon de l'actif énoncé au concordat. — Obligation de payer 15 % sans intérêts, en trois ans, par tiers, du concordat. — M. Hérou, commissaire. — N° du Greffe, 14,351.

BOBLET Auguste, *épicier à la Chapelle*. — Jugement du 16 novembre 1860, homologuant le concordat du 5 novembre 1860. — Remise de 80 %. — Les 20 % non remis payables en quatre ans, par quarts, du jour de l'homologation. — N° du Greffe, 17,174.

BOCHET-MÉRAUD, dame NAUDE, Joséphine, *lingère, boulevard St-Martin*, 47. — Jugement du 9 mars 1854, homologuant le concordat du 21 février 1854. — Remise de 60 %. — Les 40 % non remis payables, savoir : 5 % le lendemain de l'homologation ; 5 % fin juillet suivant; 5 % fin janvier et fin juillet de chacune des années 1855, 1856 et 1857. — N° du Greffe, 11,249.

BOCQUET, dame JAUME, Marie-Françoise-Augustine, *marchande de lingerie, rue Beaurepaire*, 3. — Jugement du 14 juillet 1858, homologuant le concordat du 29 juin 1858. — Remise de 40 %. — Les 60 % payables en deux ans, par quarts, de six mois en six mois. — Premier paiement fin de décembre prochain. — N° du Greffe, 14,178.

BOCQUET Eugène, *pharmacien, rue de la Pépinière*, 3. — Jugement du 21 janvier 1862, homologuant le concordat du 21 décembre 1861. — Remise de 75 %. — Les 25 % non remis payables en cinq ans, par cinquièmes. de l'homologation. — N° du Greffe, 18,784.

BODEY Louis-Paul, *voiturier, rue des Amandiers-Popincourt*, 63. — Jugement du 8 janvier 1861, homologuant le concordat du 20 décembre 1860. — Remise de 80 %. — Les 20 % non remis payables sans intérêts, en quatre ans, par quarts, du 25 décembre. — N° du Greffe, 17,577.

BODSON, *négociant, rue des Petites-Ecuries*, 13. — Jugement du 30 avril 1852, homologuant le concordat du 16 même mois. — Remise de 83 % en principal, intérêts et frais. — Les 17 % non remis payables 7 % dans le mois de l'homologation, 5 % le 1er mai 1854, et 5 % le 1er mai 1855. — M. Delton, commissaire. — N° du Greffe, 10,268.

BOFERDING, veuve PESCHIER, Claudine-Élisabeth, de la Société BENACCI, *marchande de musique, rue Laffitte*, 6. — Voir le concordat Benacci-Peschier. — N° du Greffe, 11,842.

BOHAIN et Cᵉ, *ex-gérants du Château des Fleurs*. — Jugement du 24 septembre 1850, homologuant le concordat du 3 septembre 1850. — Abandon de tout l'actif du Château des Fleurs, des droits afférents à son exploitation et d'une créance de 1,000 fr. — Obligation, au cas où l'actif ne produirait pas 50 %, de payer la différence selon les termes du concordat en ne dépassant pas, toutefois, cinq années à partir du 24 septembre 1850. — M. Pascal, commissaire. — N° du Greffe, 9,157.

BOHAIN Victor (personnellement), *ex-gérant du Château des Fleurs, allée des Veuves*, 41. — Jugement du 18 novembre 1850, homologuant le concordat du 29 octobre 1850. — Remise de tous intérêts et frais et de 90 %. — Les 10 % non remis payables en cinq ans, par cinquièmes, le 1er janvier des années 1852, 1853 et suivantes. — N° du Greffe, 9,160.

BOHNÉ Jean-Jacques-Auguste, *libraire, rue de Grenelle-St-Honoré*, 12. — Jugement du 30 septembre 1862, homologuant le concordat du 4 même mois. — Remise de 60 %. — Les 40 % non remis payables : 5 % le 1er mai 1863; 5 % le 1er janvier 1864; 5 % le 1er septembre 1864 ; 5 % le 1er mai 1865 ; 5 % le 1er janvier 1866; 5 % le 1er septembre 1866 ; 5 % le 1er mai 1867 ; 5 % 1er janvier 1868. — N° du Greffe, 19,870.

BOIDOUS Théodore-Pierre, *marchand d'os, rue Notre-Dame-de-Nazareth*, 68. — Jugement du 1er mai 1857, homologuant le concordat du 20 avil 1857. — Remise de 75 %. — Les 25 % non remis payables à raison de 5 % par an. — N° du Greffe, 13,441.

BOIGNIER dit **JEAN**, Pierre, *marchand de vins, rue de Bercy, à Bercy*. — Jugement du 27 juillet 1855, homologuant le concordat du 29 juin 1855. — Abandon de l'actif énoncé au concordat avec obligation de compléter 40 % en deux paiements égaux les 30 septembre 1856 et 1857. — M. Filleul, commissaire. — N° du Greffe, 12,210.

BOIGUES Jean, *chaudronnier, rue de Moscou*, 12. — Jugement du 25 juin 1856, homologuant le concordat du 12 juin 1856. — Remise de 75 %. — Les 25 % non remis payables en cinq ans, par cinquièmes, d'année en année, du jour du concordat. — N° du Greffe, 12,997.

BOILESVE Julien, *négociant, rue de Calais*, 26. — Jugement du 27 novembre 1861, homologuant le concordat du 1er novembre 1861. — Remise de 85 %. — Les 15 % non remis payables : 3 % un mois après l'homologation, et 3 % un, deux, trois et quatre ans après l'homologation. — N° du Greffe, 18,497.

BOILEUX Aimé-Alexandre, *architecte, rue de Douai*, 1. — Jugement du 25 octobre 1850, homologuant le concordat du 8 même mois. — Remise de 95 % en principal, intérêts et frais. — Les 5 % non remis payables en cinq paiements égaux le 1er janvier des années 1852, 1853 et suivantes. — N° du Greffe, 9,013.

BOIRET Charles-Antoine, *marchand de vins, boulevard de Bercy*, 16, *à Bercy*. — Jugement du 17 juin 1858, homologuant le concordat du 17 mai 1858. — Remise de 80 %. — Les 20 % payables en quatre ans, par quarts, de l'homologation. — N° du Greffe, 14,593.

BOIS jeune, Joseph, *marchand passementier, rue Neuve-des-Petits-Champs*, 33. — Jugement du 16 septembre 1859, homologuant le concordat du 30 août 1859. — Remise de 75 %. — Les 25 % non remis payables : 8 % aussitôt après l'homologation, 17 % en cinq ans, de l'homologation, 2 % la première année, 3 % la deuxième année, 4 % les trois dernières années. — N° du Greffe, 15,729.

BOISAUBERT Jules, *marchand de vins, cafetier, rue Vanneau*, 80. — Jugement du 18 février 1862, homologuant le concordat du 31 janvier

1862. — Remise de 60 %. — Les 40 % non remis payables en quatre ans, par quarts, du 31 janvier. — N° du Greffe, 18,990.

BOISGAULTIER frères, HIPPOLYTE-CLAUDE-JOSEPH et CHARLES-LOUIS-RENÉ, *négociants en denrées coloniales, rue Bergère*, 5. — Jugement du 11 novembre 1853, homologuant le concordat du 22 octobre 1853. — Abandon de l'actif réalisé et obligation de payer un dividende de 10 %: 1/2 % le 15 décembre 1854, 1 % le 15 décembre de chacune des années 1855, 1856 et 1857, 2 % le 15 décembre 1861, 1 1/2 % le 15 décembre des années 1858, 1859 et 1860. — N° du Greffe, 10,296.

BOISSEAU PIERRE-FRANÇOIS, *banquier, rue de Trévise*, 24. — Jugement du 18 mai 1857, homologuant le concordat du 27 février 1857. — Remise de 65 %. — Les 35 % non remis payables 10 % aussitôt l'homologation, et 25 % en cinq ans, par cinquièmes, d'année en année, de l'homologation. — N° du Greffe, 13,531.

BOISSEY JOSEPH, *limonadier, rue St-Denis*, 309. — Jugement du 9 octobre 1862, homologuant le concordat du 20 septembre 1862. — Remise de 75 %. — Les 25 % non remis payables quinze jours après l'homologation. — N° du Greffe, 82.

BOISSIER, de la Société PHILIP, *négociant, rue du Sentier*, 18. — Jugement du 20 février 1860, homologuant le concordat du 28 décembre 1859. — Remise de 90 %. — Les 10 % non remis payables en quatre ans, par quarts, du concordat. — N° du Greffe, 15,368.

BOISSIÈRE jeune, AUGUSTE, *négociant en lingerie, rue de Rivoli*, 63. — Jugement du 4 avril 1855, homologuant le concordat du 8 mars 1855. — Abandon de l'actif énoncé au concordat. — Obligation de payer 20 % en quatre ans, par quarts, d'année en année. — Premier paiement le 31 décembre 1855. — N° du Greffe, 11,981.

BOISTAY ADOLPHE-PHILIBERT, *carrossier, rue Marbeuf*, 73. — Jugement du 18 mars 1862, homologuant le concordat du 5 même mois. — Remise de 60 %. — Les 40 % non remis payables sans intérêts, en cinq ans, par cinquièmes, de l'homologation. Mme Boistay, caution. — N° du Greffe, 19,076.

BOISTAY, demoiselle, MARIE, *fabricante de jupons, rue Bergère*, 30. — Jugement du 18 novembre 1859, homologuant le concordat du 25 octobre 1859. — Remise de 90 %. — Les 10 % non remis payables dans le mois de l'homologation. — N° du Greffe, 16,132.

BOISTEL HENRI, de la Société BERLIOZ, *passementier, rue Rambuteau*, 85. — Voir Berlioz. — N° du Greffe, 11,610.

BOITEAU père, JOSEPH, *entrepreneur de bâtiments, à St-Denis*. — Jugement du 28 décembre 1855, homologuant le concordat du 4 décembre 1855. — Remise de 80 %. — Les 20 % non remis payables : 5 % après la reddition des comptes, et 15 % en cinq ans, par cinquièmes, d'année en année, à partir de l'homologation. — N° du Greffe, 12,601.

BOIVIN, *traiteur, rue Laborde*, 12. — Concordat du 16 avril 1849. — N° du Greffe, 202.

BOIVIN HENRI, *fabricant de crépins, à Neuilly*. — Jugement du 25 novembre 1857, homologuant le concordat du 10 même mois. — Remise de 80 %. — — Les 20 % non remis payables sans intérêts, en quatre ans, par quarts, d'année en année, du jour de l'homologation. — Mme Boivin, caution. — N° du Greffe, 14,130.

BOIX et Ce, *libraires-éditeurs, rue Richelieu*, 102. — Jugement du 23 juin 1859, homologuant le concordat du 21 mai 1859. — Remise au sieur Lefèvre de 94 %. — Les 6 % non remis payables en six ans, par sixièmes, du 30 avril. — N° du Greffe, 11,194.

BOLLARD FRANÇOIS-LOUIS, *marchand d'étoffes, boulevart de Strasbourg*, 19. — Jugement du 7 janvier 1857, homologuant le concordat du 16 décembre 1856. — Remise de 85 %. — Les 15 % non remis payables en cinq ans, par cinquièmes, d'année en année. — Le premier paiement le 31 décembre 1858. — N° du Greffe, 13,281.

BOLLEROT LÉON, *entrepreneur de charpente, au village Levallois*. — Jugement du 12 septembre 1854, homologuant le concordat du 29 août 1854. — Remise de 75 %. — Les 25 % non remis payables en cinq ans, par cinquièmes, d'année en année. — Le premier paiement dans un an, du jour de l'homologation. — N° du Greffe, 11,475.

BOLLOTTE père, *marchand de vins, à Bercy*. — Jugement du 16 février 1860, homologuant le concordat du 6 février 1860. — Remise de 90 %. — Les 10 % non remis payables en cinq ans, par cinquièmes, du jour de l'homologation. — N° du Greffe, 14,206.

BOLRAUT JEAN-LOUIS-FRANÇOIS, *marchand de vins, à Charenton*. — Jugement du 9 mars 1859, homologuant le concordat du 25 février 1859. — Remise de 70 %. — Les 30 % non remis payables en cinq ans, par cinquièmes. — N° du Greffe, 15,343.

BONET et Cie FRANÇOIS, *négociants en soieries, rue de Cléry*, 24. — Jugement du 28 février 1860, homologuant le concordat du 3 février 1860. — Engagement de payer, dans le cas de gain du procès Bonet, Adam et Cie, 50 %, dans le cas de perte, 35 % de la manière énoncée au concordat. — Crampel, maintenu syndic. — N° du Greffe, 16,308.

BONHEUR GAFFRÉ EMMANUEL, *fabricant de casquettes, rue Simon-Le-Franc*, 9. — Jugement du 9 novembre 1854, homologuant le concordat du 2 septembre 1854. — Remise de 75 %. — Les 25 % non remis payables, sans intérêts, en cinq ans, par cinquièmes, d'année en année, du jour du concordat. — N° du Greffe, 11,601.

BONHOMME et HÉDOU JULES, *marchands de bois, quai de la Loire*, 38. — Jugement du 18 décembre 1860, homologuant le concordat du 8 décembre 1860. — Remise de 70 %. — Les 30 % non remis payables, savoir : M. Bonhomme : 18 % en trois ans, par tiers ; M. Hédou : 12 % en trois ans, par tiers, de l'homologation, sans solidarité. — N° du Greffe, 17,501.

BONHOMME, *négociant à Neuilly, avenue des Ternes*, 29. — Jugement du 28 mars 1855, homologuant le concordat du 10 mars 1855. — Abandon de l'actif énoncé au concordat. — Obligation de payer 6 % en trois ans, par tiers, d'année en année. — Le premier paiement le 1er avril 1856. — N° du Greffe, 10,838.

BONHOURE, LUDOVIC-PIERRE, *robes et confections, rue Neuve Bossuet*, 20. — Jugement du 29 août 1860, homologuant le concordat du 9 août 1860. — Remise de 70 %. — Les 30 % non remis payables, par cinquièmes, en cinq ans, de l'homologation. — N° du Greffe, 16,757.

BONICATTI LOUIS, *fabricant de ceintures, rue des Gravilliers*, 14. — Jugement du 3 janvier 1854, homologuant le concordat du 16 décembre 1853. — Remise de 63 %. — Les 37 % non remis payables : 7 % après l'homologation, et 30 % par cinquièmes, d'année en année, pour commencer le 1er janvier 1855. — N° du Greffe, 11,103.

BONNAIRE CHARLES-FLORESTAN, *entrepreneur de constructions, à Neuilly*. — Jugement du 5 août 1857, homologuant le concordat du 17 juillet 1857. — Abandon de l'actif énoncé au concordat. — Pluzanski et Chos, syndics maintenus. — N° du Greffe, 8,210.

BONNAIRE RENÉ-CHARLES, *marchand de literie, rue du Temple*, 181. — Jugement du 22 novembre 1854, homologuant le concordat du 11 novembre 1854. — Remise de 65 %. — Les 35 % non remis payables 5 % le 15 novembre 1855, et 10 % le 15 novembre 1856, 57 et 58. — N° du Greffe, 11,854.

BONNAL, de la Société ROULLET de FRANCLIEU, CHARLES-PIERRE, *gérant, rue St-Honoré*, 293. — Jugement du 21 mai 1860, homologuant le concordat du 27 avril 1860. — Remise de 94 %. — Les 6 %. non remis payables en trois ans, par tiers, du jour de l'homologation. — N° du Greffe, 15.341.

BONNARD VICTOR, *tapissier, rue Joubert*, 6. — Jugement du 16 septembre 1861, homologuant le concordat du 4 septembre 1861. — Remise de 60 %. — Les 40 % non remis payables en trois ans, en six mois : 5 % trois mois après la reddition de comptes, 10 % douze mois id., 5 % de six mois en six mois. — N° du Greffe, 18,416.

BONNARD FRANÇOIS-MARCELLIN-PROSPER, *découpeur à la mécanique, faubourg St-Antoine*, 127. — Jugement du 11 mars 1861, homologuant le concordat du 22 février 1861. — Remise de 60 %. — Les 40 % non remis payables, sans intérêts : 10 % le 1er avril 1862, 5 % le 1er octobre suivant, 5 % le 1er avril 1863, 5 % le 1er octobre 1863, 5 % le 1er avril 1864, 5 % le 1er octobre 1864, 5 % le 1er avril 1865. — N° du Greffe, 17,839.

BONNEFOI et SCOUFLAIRE PIERRE, *marchands de charbons à Grenelle*. — Jugement du 31 août 1855, homologuant le concordat du 14 août 1855. — Abandon de l'actif réalisé. — Obligation de payer 15 %

par quarts, d'année en année. — Premier paiement le 15 août 1856. — Nº du Greffe, 12,169.

BONNEFOY jeune, *entrepreneur de peinture, à Choisy-le-Roi.* — Jugement du 31 mai 1854, homologuant le concordat du 15 mai 1854. — Remise de 55 %. — Les 45 % non remis payables aussitôt après l'homologation. — Nº du Greffe, 11,459.

BONNEFOUX André, *entrepreneur de déménagements, rue Rochechouart,* 21. — Jugement du 11 juin 1852, homologuant le concordat du 29 avril 1852. — Obligation de se libérer, sans intérêts, et par dixièmes, tous les six mois, les 10 mai et 10 novembre à partir du 10 novembre 1852. — Damiens commissaire. — Nº du Greffe, 10,240.

BONNEL, *ébéniste, rue du faubourg St-Antoine,* 115. — Jugement du 22 septembre 1862, homologuant le concordat du 27 août 1862. — Remise de 75 %. — Les 25 % non remis payables en quatre ans, par quarts, du jour de l'homologation. — Nº du Greffe, 92.

BONNEL François-René, *apprêteur de crins, quai Jemmapes,* 246. — Jugement du 7 avril 1858, homologuant le concordat du 20 mars 1858. — Remise de 70 %. — Les 30 % non remis payables en trois ans, par sixièmes, de six mois en six mois, du jour de l'homologation. — Nº du Greffe, 14,511.

BONNET Benoit, *passementier, rue St-Maur,* 185. — Jugement du 4 mai 1854, homologuant le concordat du 24 avril 1854. — Remise de 75 %. — Les 25 % non remis payables en cinq ans, par cinquièmes, d'année en année. — Le premier paiement, le 15 mai 1855. — Nº du Greffe, 11,025.

BONNETERRE et Cᵉ, Charles-Auguste, *apprêteurs en étoffes, rue Montorgueil,* 56. — Jugement du 4 décembre 1860, homologuant le concordat du 19 novembre 1860. — Remise de 70 %. — Les 30 % non remis payables en six ans, par sixièmes, fin de décembre. — Nº du Greffe, 17,441.

BONNIN, Jacques, *coupeur de poils, rue de la Muette,* 19. — Jugement du 14 décembre 1857, homologuant le concordat du 24 novembre 1857. — Remise de 70 %. — Les 30 % non remis payables, par huitièmes, de six mois en six mois. — Le premier paiement dans un an du jour de l'homologation. — Nº du Greffe, 14,188.

BONOME et LIENHARD, Louis-Pierre, *marchands d'étoffes pour chaussures, rue St-Denis,* 117 et 119. — Jugement du 24 octobre 1862, homologuant le concordat du 12 septembre 1862. — Remise de 80 %. — Les 20 % non remis payables, sans intérêts, en quatre ans, par quarts, du jour de l'homologation.

BONVOISIN ou BEAUVOISIN, Charles-Frédéric, *émailleur, rue N. D. de Nazareth,* 20. — Jugement du 27 novembre 1861, homologuant le concordat du 5 novembre 1861. — Remise de 50 %. — Les 50 % non remis payables en cinq ans, par cinquièmes, du jour de l'homologation. — Nº du Greffe, 18,052.

BONY François-Alexandre, *limonadier à Montrouge.* — Jugement du 4 décembre 1855, homologuant le concordat du 24 novembre 1855. — Remise de 50 %. — Les 50 % non remis payables en cinq ans, par cinquièmes, d'année en année, du jour de l'homologation. — Nº du Greffe, 12,496.

BOOCK, *négociant, rue de la Madeleine,* 7. — Jugement du 30 mars 1857, homologuant le concordat du 14 mars 1857. — Remise de 80 %. — Les 20 % non remis payables en quatre ans, par quarts, d'année en année. — Le premier paiement le 10 mars 1858. — Mᵐᵉ Boock, caution. — Nº du Greffe, 13,334.

BORD, *maçon, rue Grammont,* 8. — Concordat 20 août 1849. — Nº du Greffe, 543.

BORDEAUX Pierre-Alphonse, *fabricant de meubles, impasse St-Claude, 4, au Marais.* — Jugement du 6 septembre 1859, homologuant le concordat du 27 août 1859. — Remise de 75 %. — Les 25 % non remis payables en cinq ans, par cinquièmes, du 1ᵉʳ octobre. — Nº du Greffe, 15,793.

BORGEOT François, *marchand de chevaux, rue Neuve-Luxembourg,* 42. — Jugement du 14 mars 1851, homologuant le concordat du 14 février 1851. — Remise de 80 % et de tous intérêts et frais. — Les 20 % non remis payables en quatre ans, par quarts, d'année en année, à partir du 14 mars 1851. — Nº du Greffe, 9,663.

BORIN Louis-Jean, *fabricant de meubles, rue du faubourg St-Antoine,* 53. — Jugement du 19 décembre 1861, homologuant le concordat du 4 décembre 1861. — Remise de 75 %. — Les 25 % non remis payables en quatre ans, 5 % les 4 décembre 1862, 63 et 64, et 10 % le 4 décembre 1865. — Nº du Greffe, 18,861.

BORNET Jean-Claude, *mécanicien au Grand-Charonne, rue Fontarabie,* 23. — Jugement du 29 août 1853, homologuant le concordat du 16 août 1853. — Remise de 75 %. — Les 25 % non remis payables : 6 % le 15 août 1854, 6 % le 15 août 1855, 6 % le 15 août 1856, 7 % le 15 août 1857. — Nº du Greffe, 10,921.

BORNICHE Louis-Henry, *marchand de bois, à la Villette.* — Jugement du 9 août 1860, homologuant le concordat du 24 juillet 1860. — Remise de 70 %. — Les 30 % non remis payables en quatre ans, 7 fr. 50 % dans un an et deux ans de l'homologation, et 7 fr. 50 % les 1ᵉʳ août 1863 et 1864. — Nº du Greffe, 17,073.

BORNICHE Charles-Joseph, *rue Pigale,* 20. — Jugement du 21 décembre 1858, homologuant le concordat du 10 décembre 1858. — Abandon de l'actif. — Obligation dans la 15ᵉ année de l'homologation de verser 50,000 fr. entre les mains des syndics. — Duval, Vaucluse et De La Forest, maintenus syndics. — Nº du Greffe, 13,772.

BORRANI Jean-Frédéric, *poêlier, rue du Suresne,* 29. — Jugement du 3 mai 1850, homologuant le concordat du 4 avril 1850. — Remise de 80 %, capital, intérêts et frais. — Les 20 % non remis payables 10 % le 5 avril 1851, et 10 % le 5 avril 1852. — Nº du Greffe, 9,223.

BORSARY, personnellement, Théodore, *bimbelotier et coiffeur, rue de Lyon,* 1. — Jugement du 7 novembre 1862, homologuant le concordat du 15 octobre 1862. — Remise de 75 %. — Les 25 % non remis payables en cinq ans, par cinquièmes, du jour de l'homologation. — Nº du Greffe, 277.

BORSARY, de la Société ISABEL. — Voir Borsary Théodore.

BOSENVALD Josué, *marchand de jouets d'enfants, rue St-Avoie,* 9. — Concordat du 5 novembre 1849. — Nº du Greffe, 647.

BOSQ Antoine, *marchand de vins, rue Neuve-Désirée,* 13, *à Gentilly.* — Jugement du 28 avril 1862, homologuant le concordat du 15 avril 1862. — Remise de 60 %. — Les 40 % non remis payables sans intérêts en quatre ans, par quarts, du jour de l'homologation. — Nº du Greffe, 19,491.

BOSQUET, femme DOUCET, Marie-Pauline, *marchande de vins, rue de Grenelle-St-Germain,* 118. — Jugement du 28 février 1856, homologuant le concordat du 16 février 1856. — Remise de 60 %. — Les 40 % non remis payables, sans intérêts, en cinq ans, par cinquièmes, d'année en année, à partir du 1ᵉʳ mars 1857. — Nº du Greffe, 12,861.

BOSSU Marie-Napoléon, *marchand de fruits secs, rue de la Verrerie,* 68. — Jugement du 18 mai 1853, homologuant le concordat du 3 même mois. — Abandon de l'actif réalisé dépendant de la faillite. — Heurtey, commissaire. — Nº du Greffe, 10,477.

BOSSUAT-LIDOR, sieur et dame, Victor-Nicolas-Clément, *limonadiers, rue Neuve-St-Martin,* 15. — Jugement du 28 avril 1851, homologuant le concordat du 11 avril 1851. — Remise de 95 %. — Les 5 % non remis payables 1 % dans six mois, par les sieur et dame solidairement du 11 avril 1851 ; 1 % dans un an, et les trois autres, par tiers, d'année en année. — Abandon par les susdits de leurs droits dans la faillite Puisoye et Cavart. — Nº du Greffe, 7,697.

BOTELLA Mariano, *commissionnaire, rue Basse-du-Rempart,* 38. — Jugement du 22 avril 1856, homologuant le concordat du 5 avril 1856. — Remise de 78 %. — Les 22 % non remis payables en quatre ans, savoir : 14 % comptant et 8 % en quatre ans, par quarts, d'année en année, du jour du concordat. — Nº du Greffe, 12,723.

BOTIAUX Pierre-Louis, *entrepreneur de peinture, rue Greffulhe,* 12. — Jugement du 28 novembre 1862, homologuant le concordat du 13 novembre 1862. — Remise de 80 %. — Les 20 % non remis payables en cinq ans, par cinquièmes, du jour du concordat. — Nº du Greffe, 18,579.

BOTTÉ sœurs, *marchandes de modes et lingères, rue Richelieu,* 100. — Concordat du 28 mai 1849. — Nº du Greffe, 221.

BOTTÉE sœurs, Élisa et Eugénie, *marchandes de modes et lingères, rue Taitbout,* 16, *et rue de la Victoire.* — Jugement du 30 janvier 1852, homologuant le concordat du 12 janvier 1852. — Remise de tous intérêts et frais non admis et de 90 %. — Les 10 % non remis payables solidairement en cinq ans, par cinquièmes, d'année en année, à partir du concordat. — N° du Greffe, 9,809.

BOTTEREL et Cᵉ, *commissionnaires en marchandises, passage Saulnier*, 9. — Jugement du 29 décembre 1854, homologuant le concordat du 13 décembre 1854. — Abandon de tout l'actif dépendant de la faillite. — Dans le cas où l'actif abandonné ne produirait pas 50 %, obligation de parfaire ce chiffre par paiement de 5 % par an, du jour de la reddition de compte. — Breuillard, commissaire. — N° du Greffe, 11,906.

BOTTIN Jules, *entrepreneur de maçonnerie, rue Rochechouart*, 21. — Jugement du 29 janvier 1861, homologuant le concordat du 17 janvier 1861. — Remise de 70 %. — Les 30 % non remis payables en cinq ans, par cinquièmes, du jour de l'homologation. — N° du Greffe, 17,449.

BOTTREAU, personnel, société FAURE, DARCHE et Cᵉ, René, *mécanicien, rue Jean-Goujon*, 28. — Jugement du 11 janvier 1853, homologuant le concordat du 20 décembre 1852. — Obligation de payer 1 % en cinq ans, par cinquièmes, d'année en année. — N° du Greffe, 10,507.

BOTTY-FERRY Antoine-Michel, *ex-marchand de lingerie, rue Neuve-Coquenard*, 22. — Jugement du 6 avril 1854, homologuant le concordat du 24 mars 1854. — Remise de 80 %. — Les 20 % non remis payables dans le mois de l'homologation. — Louis-Prosper Lalande et Alexandre Botty, cautions. — N° du Greffe, 10,623.

BOUCHARD Pierre-Alexandre, *miroitier, rue Poissonnière*, 33. — Jugement du 30 mars 1852, homologuant le concordat du 18 mars 1852. — Remise de 75 %. — Les 25 % non remis payables en cinq ans, par cinquièmes, le 1ᵉʳ avril des années 1853, 1854 et suivantes. — N° du Greffe, 10,243.

BOUCHARD et **CLAVEL**, société, Pierre-Antoine, *banquier, boulevard St-Martin*, 27. — Jugement du 24 novembre 1859, homologuant le concordat du 9 novembre 1859. — Remise de 70 %. — Les 30 % non remis payables au moyen de l'abandon de l'actif réalisé et qui sera réparti en deux termes après l'homologation — Le surplus en quatre ans, par quarts, au 1ᵉʳ décembre. — En cas de vente de la fabrique et du matériel de St-Maur, exigibilité des dividendes. — N° du Greffe, 16,145.

BOUCHÉ et Cᵉ, *société des gaz oléigène, hydrogène carbonisés, à la Villette*. — Jugement du 27 octobre 1859, homologuant le concordat du 8 octobre 1859, — Abandon de l'actif énoncé au concordat. — Heurtey, syndic. — N° du Greffe, 11,918.

BOUCHÉ Antoine-Théodore, *menuisier, à Courbevoie*. — Jugement du 4 mars 1861, homologuant le concordat du 15 février 1861. — Remise de 80 %. — Les 20 % non remis payables, sans intérêts, en cinq ans, par cinquièmes, du jour de l'homologation. — N° du Greffe, 17,710.

BOUCHÉ, veuve Beaufort. — Voir veuve BEAUFORT. — N° du Greffe, 18,857.

BOUCHER Henri, *banquier, boulevard des Italiens*, 9. — Jugement du 23 juillet 1861, homologuant le concordat du 3 juillet 1861. — Remise de 84 %. — Les 16 % non remis payables : 2 % dans le mois de l'homologation, 2 % 3 janvier 1862, 4 % 3 janvier 1863, 4 % 3 janvier 1864, et 4 % 3 janvier 1865, sans intérêts. — N° du Greffe, 17,644.

BOUCHER Emilie, *maître maçon, rue du Pont-aux-Choux*, 8. — Jugement du 16 octobre 1861, homologuant le concordat du 3 juillet 1861. — Remise de 84 %. — Les 16 % non remis payables sans intérêts, 2 % dans le mois de l'homologation, 2 % le 31 janvier 1862, 4 % le 31 janvier 1863, 4 % le 31 janvier 1864, 4 % le 31 janvier 1865. — N° du Greffe, 18,403.

BOUCHER François-Sébastien, *marchand de porcelaine, rue Notre-Dame-de-Nazareth*, 10. — Jugement du 25 mars 1856, homologuant le concordat du 6 mars 1856. — Remise de 70 %. — Les 30 % non remis payables en cinq ans, par cinquièmes, d'année en année. — Le premier paiement le 1ᵉʳ avril 1857. — N° du Greffe, 12,830.

BOUCHERON fils, René-Maximilien-Etienne, *serrurier, rue du Parc-National*, 1. — Jugement du 1ᵉʳ octobre 1850, homologuant le concordat passé le 16 août 1850. — Remise des intérêts échus et à échoir. — Obligation de payer les créances en capital et frais, par cinquièmes, d'année en année. — Le premier paiement le 31 décembre 1851. — N° du Greffe, 9,395.

BOUCHERON, *ex-restaurateur, rue du Battoir-St-Victor*, 9. — Jugement du 10 avril 1854, homologuant le concordat du 20 mars 1854. — Abandon de l'actif réalisé et à réaliser aux charges énoncées au concordat. — M. Sergent, syndic. — N° du Greffe, 11,262.

BOUCHERY Gustave, *fabricant de corsets, rue St-Denis*, 120, *passage Saulnier*, 13. — Jugement du 28 mai 1856, homologuant le concordat du 23 avril 1856. — Remise de 80 %. — Les 20 % non remis payables sans intérêts, 5 % trois mois après l'homologation, 5 % neuf mois après le premier paiement, et 5 % le 1ᵉʳ juillet des années 1858 et 1859. — Dassieux, caution. — N° du Greffe, 12,818.

BOUCHET Joseph, *boulanger, rue Truffaut*, 38, *à Batignolles*. — Jugement du 24 août 1860, homologuant le concordat du 10 août 1860. — Remise de 60 %. — Les 40 % non remis payables : 5 % le 1ᵉʳ septembre 1861, 1862 et 1863, 6 % le 1ᵉʳ septembre 1864, 1865 et 1866, 7 % le 1ᵉʳ septembre 1867. — N° du Greffe, 17,130.

BOUCHET Joseph, *boulanger, rue Truffaut*, 38, *à Batignolles*. — Jugement du 23 octobre 1862, homologuant le concordat du 3 octobre 1862. — Remise de 75 %. — Les 25 % non remis payables : 5 % dans le mois de l'homologation, et 20 % en quatre ans, par quarts. — Mathieu Raimbaud, caution. — N° du Greffe, 204.

BOUCHET Henry, *épicier, Chaussée-Clignancourt, à Montmartre*. — Jugement du 11 mai 1858, homologuant le concordat du 24 avril 1858. — Remise des frais et intérêts non admis et de 55 %. — Les 45 % non remis payables : 15 % dans le mois de l'homologation, et le surplus en trois ans, par tiers, d'année en année de la même époque. — N° du Greffe, 14,608.

BOUCHET, *bijoutier, rue du Faubourg-St-Martin*, 18. — Concordat du 7 mai 1849. — N° du Greffe, 196.

BOUCHON, *fermier d'annonces, ci-devant rue Vivienne*, 36, *et actuellement boulevard Montmartre*, 8. — Jugement du 19 mars 1852, homologuant le concordat du 9 mars 1852. — Remise de tous intérêts et frais et de 85 %. — Les 15 % non remis payables en trois ans, par tiers, le 1ᵉʳ avril des années 1853, 1854 et 1855. — N° du Greffe, 9,609.

BOUDAILLER Pierre-Joseph, *maître d'hôtel garni, rue du Petit-Lion-St-Sauveur*, 7. — Jugement du 8 juillet 1858, homologuant le concordat du 26 juin 1858. — Remise de 50 %. — Les 50 % non remis payables sans intérêts, savoir : 7 1/2 % dans huit mois; 7 1/2 % dans un an; 7 1/2 % dans deux, trois et quatre ans, et 14 % dans cinq ans, du jour du concordat. — N° du Greffe, 14,486.

BUDARD, femme VOYTOT, Léonie, *lingère, rue Croix-des-Petits-Champs*, 16. — Jugement du 14 février 1859, homologuant le concordat du 24 janvier 1859. — Remise de 75 %. — Les 25 % non remis payables en cinq ans, par cinquièmes, du jour de l'homologation. — N° du Greffe, 15,334.

BOUDET, veuve ALBEISSARD, *marchande de vins, rue Basse-du-Rempart*, 52. — Jugement du 3 octobre 1855, homologuant le concordat du 19 septembre 1855. — Remise de 75 %. — Les 25 % non remis payables en cinq ans, par cinquièmes, d'année en année, à commencer le 3 octobre 1856. — N° du Greffe, 12,379.

BOUDIER Hippolyte, *ex-boulanger, à Batignolles*. — Jugement du 6 mai 1857, homologuant le concordat du 24 avril 1857. — Remise de 60 %. — Les 40 % non remis payables : 10 % après l'homologation, et 30 % en quatre ans, par quarts, d'année en année, de la même époque. — N° du Greffe, 13,614.

BOUDIER André, *boulanger, à Grenelle*. — Jugement du 7 novembre 1856, homologuant le concordat du 22 octobre 1856. — Remise de 50 %. — Les 50 % non remis payables en quatre ans, par quarts, d'année en année, du jour du concordat. — N° du Greffe, 13,310.

BOUDIN Charles-Antoine, *agent d'affaires, avenue des Champs-Élysées*. 47. — Jugement du 21 septembre 1854, homologuant le concordat du 5 du même mois. — Remise de 95 %. — Les 5 % non remis payables en cinq ans, par cinquièmes, d'année en année. — Le premier paiement le 1ᵉʳ octobre 1855. — N° du Greffe, 11,033.

BOUDIN dame, Charles-Antoine, *maison meublée, avenue des Champs-Elysées*, 47. — Jugement du 24 août 1854, homologuant le concordat du 20 juillet 1854. — Abandon de tout l'actif. — Sergent, commissaire. — N° du Greffe, 11,032.

BOUDOT Louis-Michel, *imprimeur sur étoffes, Grande-Rue-de-la Chapelle*, 137. — Jugement du 20 janvier 1862, homologuant le concordat du 10 décembre 1861. — Remise de 90 %. — Les 10 % non remis payables en cinq ans, par cinquièmes, du jour de l'homologation. — N° du Greffe, 18,268.

BOUDRY Jean-Pierre-Émilien, *fontainier, rue St-Nicolas-d'Antin*, 50. — Jugement du 7 mars 1860, homologuant le concordat du 17 février 1860. — Remise de 85 %. — Les 15 % non remis payables, en cinq ans, par cinquièmes, du jour du concordat. — N° du Greffe, 16,536.

BOUÉ Victor, *ex-entrepreneur, rue de Berlin*, 14. — Jugement du 12 juillet 1850, homologuant le concordat du 25 juin 1850. — Remise de 85 % en principal, intérêts et frais. — Les 15 % non remis payables en 3 paiements, de 5 % fin septembre des années 1851, 1852 et 1853. — N° du Greffe, 9,316.

BOUGON, *marchand de café préparé, rue St-Jean*, 10. — Concordat du 26 février 1849. — N° du Greffe, 35.

BOUGON, de la société HÉZARD, Marie-Joseph, *fabricant de briquets et lampes, rue Notre-Dame-de-Nazareth*, 24. — Jugement du 24 décembre 1855, homologuant le concordat du 18 décembre 1855. — Remise de 50 %. — Les 50 % non remis payables, sans intérêts, en cinq ans, par cinquièmes, d'année en année, à partir du jour du concordat. — N° du Greffe, 12,689.

BOUILLE Justin, *bijoutier, passage Choiseul*, 66. — Jugement du 23 juin 1858, homologuant le concordat du 31 mai 1858. — Remise de 80 %. — Les 20 % non remis payables : partie par les sommes aux mains des syndics, et la différence en cinq ans et par cinquièmes, du jour du concordat. — N° du Greffe, 14,684.

BOUILLIANT Ambroise-Édouard, *représentant de commerce, rue de Lancry*, 34. — Jugement du 29 septembre 1859, homologuant le concordat du 29 août 1856. — Remise de 90 %. — Les 10 % non remis payables en cinq ans, par cinquièmes, du jour de l'homologation. — N° du Greffe, 15,757.

BOUILLY Benoit, *entrepreneur de menuiserie, rue St-Lazare*, 130. — — Jugement du 17 avril 1861, homologuant le concordat du 5 avril 1861. — Remise de 65 %. — Les 35 % non remis payables en six ans : 5 % dans un et deux ans, 6 % dans trois ans, 7 % dans quatre et cinq ans, 5 % dans six ans du jour de l'homologation. — N° du Greffe, 17,785.

BOULANGER H. Henry, *marchand de tissus, rue des Jeûneurs*, 32. — Jugement du 27 septembre 1850, homologuant le concordat passé le 21 juin 1850. — Abandon 1° de l'actif, sous déduction des frais de faillite. — 2° d'une créance énoncée au concordat. — Obligation de payer 8 % du montant des créances. 4 % le 1er juillet 1851, et 4 % le 1er juillet 1852. — Remise du surplus. — Thiébault, commissaire. — N° du Greffe, 9,152.

BOULANGER et Cie, Charles, *négociant, rue Hauteville*, 85. — Jugement du 3 janvier 1851, homologuant le concordat du 18 novembre 1850. — Remise de 80 %. — Les 20 % non remis payables : 10 % comptant entre les mains de M. Boulet, commissaire, et 10 % le 31 janvier 1852. — N° du Greffe, 8,585.

BOULANGER Alexandre-Augustin-Constantin, *marchand-cordier, Route d'Italie*, 48. — Jugement du 13 février 1862, homologuant le concordat du 21 janvier 1862. — Remise de 70 %. — Les 30 % non remis payables en quatre ans, par quarts, du jour de l'homologation. — N° du Greffe, 18,336.

BOULANGER veuve POINSOT, Caroline-Henriette, *passementière, rue St-Denis*, 277. — Jugement du 3 février 1859, homologuant le concordat du 17 janvier 1859. — Remise des intérêts et frais non admis et de 60 %. — Les 40 % non remis payables en huit ans, par huitièmes, du 15 janvier. — N° du Greffe, 15,333.

BOULANGER dame, Jean-Baptiste-Liévin, *maison meublée et café restaurant, à Vincennes*. — Jugement du 25 mars 1861, homologuant le concordat du 15 mars 1861. — Remise de 60 %. — Les 40 % non remis payables en cinq ans et six mois : 5 % le 1er septembre 1861, 5 % le 1er septembre 1862, 5 % le 1er septembre 1863 et 1864, 10 % le 1er septembre 1865 et 1866. — N° du Greffe, 17,655.

BOULARD Louis-Philippe, *marchand-glacier, rue du Levant*, 12, *à Vincennes*. — Jugement du 7 octobre 1858, homologuant le concordat du 14 septembre 1858. — Obligation de payer toutes les créances à raison de 500 fr. tous les six mois. — Le premier paiement fin octobre 1859. — N° du Greffe, 14,916.

BOULAY, *bureau de nourrices, rue Madame*, 2. — Concordat du 25 septembre 1849. — N° du Greffe, 377.

BOULE-PÉCHARD Georges-Désiré, *ex-boulanger, rue Bellechasse*, 64. — Jugement du 5 juillet 1853, homologuant le concordat du 23 juin 1853. — Remise de 90 %. — Les 10 % non remis payables : 2 % le 1er août 1854, 3 % le 1er août 1855, et 5 % le 1er août 1856. — N° du Greffe, 9,640.

BOULET François-Joseph, *serrurier, rue Neuve-des-Petits-Pères*, 1. — Jugement du 5 mars 1856, homologuant le concordat du 20 février 1856. — Abandon de l'actif énoncé au concordat. — Boulet et Spiral, commissaires. — N° du Greffe, 10,813.

BOULLAND Victor-François, *négociant en vins, rue de la Perle*, 10. — Jugement du 10 juillet 1856, homologuant le concordat du 26 juin 1856. — Abandon de l'actif énoncé au concordat et obligation de payer 10 % en deux ans, par moitiés, du jour de l'homologation. — M. Millet, commissaire. — N° du Greffe, 11,902.

BOULLAND Félix-Henry, *opticien, rue du Temple*, 145. — Jugement du 10 janvier 1854, homologuant le concordat du 27 juin 1853. — Remise de 50 %. — Les 50 % non remis payables en cinq ans, par cinquièmes, d'année en année, pour commencer le 1er août 1856. — N° du Greffe, 12,240.

BOULLANGER, *marchand de bronzes, rue Beaurepaire*, 22. — Concordat du 16 juillet 1849. — N° de Greffe, 84.

BOULLANGEZ, *bonneterie, boulevard Sébastopol*, 37. — Jugement du 7 octobre 1862, homologuant le concordat du 19 septembre 1862. — Remise de 20 %. — Les 80 % non remis payables en dix ans, par dixièmes, du jour de l'homologation. — N° du Greffe, 188.

BOULLAY demoiselle, Marguerite, *rouennerie, à Belleville*. — Jugement du 5 mai 1857, homologuant le concordat du 20 avril 1857. — Remise de 60 %. — Les 40 % non remis payables : 20 % dans la huitaine de l'homologation, 10 % dans un an, et 10 % dans 18 mois, du jour du concordat. — N° du Greffe, 13,690.

BOULLE Victor, *poterie, à Boulogne*. — Jugement homologuant le concordat du 14 février 1859. — Remise de 60 %. — Les 40 % non remis payables en cinq ans, par cinquièmes, du concordat. — N° du Greffe, 15,512.

BOULOGNE Prosper-Germain, *marchand boulanger, rue Fondary*, 4, *à Grenelle*. — Jugement du 2 juin 1857, homologuant le concordat du 20 mai 1857. — Remise de 70 %. — Les 30 % non remis payables : 10 % dans le mois de l'homologation, 20 % en cinq ans, par cinquièmes, d'année en année. — Le premier paiement le 1er juillet 1858. — En cas de vente du fonds de commerce affectation du prix au paiement des dividendes. — N° du Greffe, 13,661.

BOULOGNE demoiselle, Pauline, *confiseuse, passage du Saumon*, 5 *et* 7. — Jugement du 4 octobre 1858, homologuant le concordat du 22 septembre 1858. — Abandon de l'actif énoncé au concordat. — Dans le cas où l'abandon d'actif ne produirait pas 100 %, obligation de parfaire à raison de 200 fr. par an, sans intérêts. — Le premier paiement le 1er janvier 1860. — Crampel, maintenu syndic. — N° du Greffe, 15,088.

BOULY Louis-Alphonse-Félix, *bonneterie, rue St-Honoré*, 297 — Jugement du 6 novembre 1854, homologuant le concordat du 21 octobre 1854. — Remise de 65 %. — Les 35 % non remis payables : 10 % le 15 octobre des années 1855, 1856 et 1857, 5 % le 15 octobre 1858. — En cas de vente du fonds de commerce exigibilité immédiate des dividendes. — N° du Greffe, 11,835.

BOUQUET Jean-Baptiste, *apprêteur en pelleterie, impasse Berthaud*, 16, *rue Beaubourg*. — Jugement du 5 mars 1862, homologuant le concordat du 18 février 1862. — Remise de 70 %. — Les 30 % non remis payables en cinq ans, par cinquièmes, du jour de l'homologation. — N° du Greffe, 19,169.

BOURCIER Victor-Paul, *ancien entrepreneur de maçonnerie, rue d'Argenteuil*, 50. — Jugement du 16 janvier 1860, homologuant le concordat du 20 décembre 1859. — Remise de 50 %. — Les 50 % non remis payables en cinq ans, par cinquièmes, du 1er janvier. — N° du Greffe, 16,111.

BOURCIER Auguste-Parfait, *distillateur, boulevard Bonne-Nouvelle,* 25. — Concordat du 28 mai 1849. — N° du Greffe, 382.

BOURDET veuve, *mercière, rue de la Tombe-Issoire,* 58. — Jugement du 28 juin 1858, homologuant le concordat du 2 juin 1858. — Abandon de l'actif énoncé au concordat. — Obligation de payer 10 %, savoir: 3 % dans un et deux ans. — 4 % dans trois ans de l'homologation. — Filleul, maintenu-syndic. — N° du Greffe, 14,744.

BOURDIER et Cie, Alexandre, *comptoir de la Toillette, rue de Lamartine,* 9. — Jugement du 27 août 1860, homologuant le concordat du 10 août 1860. — Remise de 75 %. — Les 25 % non remis payables en cinq ans, par cinquièmes, du 1er septembre. — N° du Greffe, 17,102.

BOURDIER, Société BRUYÈRE, Jean-Baptiste-Pierre, *marchand de vins en gros, à Montrouge.* — Jugement du 6 juin 1855, homologuant le concordat du 18 mai 1855. — Remise de 90 %. — Les 10 % non remis payables, sans intérêts, en quatre ans, par quarts, d'année en année. — Premier paiement 31 mai 1856. — N° du Greffe, 12,048.

BOURDIN Auguste-Calixte, *marchand de vins, rue Feydeau,* 28. — Jugement du 25 novembre 1850, homologuant le concordat du 11 novembre 1850. — Remise de 50 % en capital, intérêts, frais et accessoires. — Les 50 % non remis payables en 10 ans, par dixièmes, d'année en année, à partir du 25 novembre 1850. — N° du Greffe, 8,928.

BOURDON Louis-Joseph, *ex-marchand de charbon, rue du Buisson-Saint-Louis,* 7. — Jugement du 27 mars 1861, homologuant le concordat du 1er mars 1861. — Abandon de l'actif énoncé au concordat. — Pluzanski, maintenu Syndic. — N° du Greffe, 17,382.

BOURDON du BUIT et Ce, Adolphe, *banquiers, rue St-Georges,* 23. — Jugement du 14 septembre 1858, homologuant le concordat du 28 août 1858. — Obligation par du Buit de verser aux mains du Syndic de l'union une somme de 10,000 fr. en 5 ans, par cinquièmes. — Le 1er paiement, le 31 décembre 1859. — N° du Greffe, 14,463.

BOURDON François-Desther, *ferblantier, rue de Grenelle,* 20. — Jugement du 11 mars 1862, homologuant le concordat du 18 février 1862. — Remise de 75 %. — Les 25 % non remis, payables en 5 ans, par cinquièmes, sans intérêts, du 1er avril. — N° du Greffe, 19,077.

BOURELY François, *serrurier, rue St-Maur,* 150. — Jugement du 30 décembre 1858, homologuant le concordat du 15 décembre 1858. — Remise de 80 %. — Les 20 % non remis payables en 4 ans, par quarts, du 1er février. — Abandon de l'actif énoncé au concordat. — Millet, maintenu Syndic. — N° du Greffe, 15,230.

BOURGAIN aîné, Nicolas, *mécanicien, rue du Temple* 159. — Jugement du 24 juin 1861, homologuant le concordat du 7 juin 1861. — Remise de 65 %. — Les 35 % non remis payables en 6 ans du concordat: 5 % les 5 premières années et 10 % la sixième. — N° du Greffe 18,091.

BOURGAIN fils, Jean-Baptiste, *fabricant de boucles, rue Grenier-St-Lazare,* 2. — Concordat du 30 juillet 1849. — N° du Greffe, 228.

BOURGEOIS Désiré-Marin-Louis, *charcutier, rue du faubourg St-Martin,* 41. — Jugement du 5 juillet 1854, homologuant le concordat du 9 janvier 1854. — Remise de 45 %. — Les 55 % non remis payables 5 % le 1er mars des années 55, 56, 57, 58, 59, 10 % le 1er mars des années 60, 61 et 62. — N° du Greffe, 11,062.

BOURGEOIS Jacques-Philippe-Stanislas, *négociant en fer, rue de la Pépinière,* 20. — Jugement du 22 juin 1853, homologuant le concordat du 11 juin 1853. — Remise de 90 %. — Les 10 % non remis payables: 5 % dans 6 mois, 5 % dans 18 mois du jour du concordat. — Caution: Bourgeois père. — N° du Greffe, 10,860.

BOURGEOIS dame Elisa-David, *ex-marchande de modes, à Grenelle.* — Jugement du 19 août 1851, homologuant le concordat du 31 juillet 1851. — Remise de tous intérêts et frais et de 90 %. — Les 10 % non remis payables: 5 % fin juillet 1852, 5 % fin juillet 1853. — N° du Greffe, 9,303.

BOURGEOIS Hippolyte, *fabricant de parfumerie, rue St-Denis,* 277. — Jugement du 16 avril 1855, homologuant le concordat du 29 mars 1855. — Remise de 64 % — Les 36 % non remis payables en 6 ans, d'année en année, par sixièmes. — Le premier paiement le 31 décembre 1855. — N° du Greffe, 11,920.

BOURGEOIS aîné, *fabricant de papiers peints, rue St-Bernard,* 12, *faubourg St-Antoine.* — Jugement du 4 mars 1862, homologuant le concordat du 22 février 1862. — Remise de 80 %. — Les 20 % non remis payables, sans intérêts: 2 % le 5 juin 1863, 3 % le 5 juin 1864, 5 % le 5 juin des années 1865, 1866 et 1867. — N° du Greffe, 19,352.

BOURGEOIS jeune, Martin, *éditeur d'estampes, rue Ternaux,* 6. — Jugement du 21 septembre 1858, homologuant le concordat du 6 septembre 1858. — Obligation de payer la totalité des créances en principal, intérêts et frais en 10 ans, par dixièmes, du jour de l'homologation. — N° du Greffe, 14,777.

BOURGEOIS femme de Charles, Denise, *marchande de lingerie, rue de l'Echiquier,* 32. — Jugement du 13 avril 1860, homologuant le concordat du 29 mars 1860. — Abandon de l'actif énoncé au concordat. — Obligation de payer 10 % en 10 ans, par dixièmes, du jour de l'homologation. — Moncharville, Syndic. — N° du Greffe, 16,711.

BOURGEOIS veuve et Simon, *tenant magasin de toiles et lingerie, rue Neuve-des-Mathurins,* 42. — Jugement du 14 janvier 1852, homologuant le concordat du 30 décembre 1851. — Remise des intérêts et frais non admis et de 70 % sur le capital. — Les 30 % non remis payables en 3 ans, le 1er janvier des années 1853, 1854 et 1855. — N° du Greffe, 10,045.

BOURGEOIS Emile, *limonadier, rue de Grenelle-St-Honoré,* 38. — Jugement du 2 juillet 1860, homologuant le concordat du 12 juin 1860. — Abandon de l'actif énoncé au concordat. — Obligation du payer 10 % en 5 ans, par cinquièmes, du 1er juillet. — Lamoureux, maintenu Syndic. — N° du Greffe, 16,911.

BOURGEOT Claude, *marchand de vins, rue d'Anjou-Dauphine,* 11. — Jugement du 20 juin 1859, homologuant le concordat du 8 juin 1859. — Remise de 70 %. — Les 30 % non remis payables en 5 ans, par cinquièmes, du jour de l'homologation. — N° du greffe, 15,706.

BOURGERON Jacques-Michel, *marchand de vins, rue du faubourg Montmartre,* 6. — Jugement du 17 novembre 1851, homologuant le concordat du 29 octobre 1851. — Remise de 60 % en capital, intérêts et frais. — Les 40 % non remis payables, par cinquièmes, d'année en année, le 29 octobre des années 1852, 1853 et suivantes. — N° du Greffe, 10,021.

BOURGOIS ou BOURGEOIS Ferdinand, *commissionnaire en marchandises, à la Villette.* — Jugement du 18 novembre 1857, homologuant le concordat du 3 novembre 1857. — Remise de 85 %. — Les 15 % non remis payables dans le délai d'un mois. — N° du Greffe, 14,137.

BOURGUET, sieur et dame, Louis-François, *nourrisseurs, à Vaugirard.* — Jugement du 26 octobre 1858, homologuant le concordat du 12 du même mois. — Abandon de l'actif énoncé au concordat. — Obligation de payer 10 %, sans intérêts, en 4 ans, par quarts. — le premier paiement le 1er janvier 1860. — Noz et Godefroy, cautions des 10 %. — Millet, maintenu Syndic. — N° du Greffe, 14,402.

BOURGUIGNON Nicolas-Victor, *entrepreneur de déménagements, rue du faubourg du Temple,* 26. — Jugement du 1er décembre 1859, homologuant le concordat du 15 septembre 1859. — Remise de 50 %. — Les 50 % non remis payables en 6 ans, par sixièmes, du jour du concordat. — N° du Greffe, 16,175.

BOURLET aîné, Joseph-Jean-Émile, *marchand de faïence, rue Notre-Dame de Nazareth,* 53. — Jugement du 25 avril 1856, homologuant le concordat du 12 avril 1856. — Remise de 75 %. — Les 25 % non remis payables, sans intérêts, en 5 ans, par cinquièmes, d'année en année, à partir du jour de l'homologation. — N° du Greffe, 12,980.

BOURLET aîne, Émile-Jean-Joseph, *marchand de porcelaine, rue Notre-Dame de Nazareth,* 53. — Jugement du 1er décembre 1858, homologuant le concordat du 9 octobre 1858. — Remise de 85 %. — Les 15 % non remis payables en 5 ans, par cinquièmes, du 10 octobre. — N° du Greffe, 15,143.

BOURMANCÉ Juste, *éditeur, Passage de l'Industrie,* 1. — Jugement du 17 octobre 1860, homologuant le concordat du 26 septembre 1860. — Remise de 90 %. — Les 10 % non remis payables en 5 ans, par cinquièmes, du jour de l'homologation. — N° du Greffe, 17,286.

BOURMESTER Gustave-Joachim, *tailleur, rue Rameau,* 7. — Jugement du 10 novembre 1862, homologuant le concordat du 24 octobre 1862. — Remise de 60 %. — Les 40 % non remis payables, sans intérêts, en cinq ans, par cinquièmes, du jour de l'homologation. — N° du Greffe, 430.

BOURNHONET Paul-Alexandre, *ancien négociant en châles, à Neuilly.* — Jugement du 13 juin 1855, homologuant le concordat du 19 mai 1855. — Remise de 75 %. — Les 25 % non remis payables en 10 ans, par dixièmes, d'année en année, à partir du concordat. — N° du Greffe, 12,083.

BOURNISIEN François-Isidore, *bottier, rue Richelieu.* 9. — Jugement du 19 septembre 1859, homologuant le concordat du 7 septembre 1859. — Remise de 75 %. — Les 25 % non remis payables : 3 % le 1er décembre 1860 et 1861. — 6 % le 1er décembre 1862 et 1863. — 7 % le 1er décembre 1864. — N° du Greffe, 15,798.

BOURON Charles, *marchand de vins, rue de Sèvres,* 59.—Jugement du 22 octobre 1850, homologuant le concordat du 3 octobre 1850. — Obligation de payer 20 % à trois mois, du 3 octobre 1850 et ce au moyen de la vente du fond de commerce par le concours de Filleul, commissaire désigné : après ledit délai, réunion des créanciers, à défaut de vente, et le commissaire fera vendre et répartira le produit dans les deux mois qui suivront. — N° du Greffe, 9,484.

BOURQUIN, *négociant, rue des Enfants-Rouges,* 7. — Jugement du 31 décembre 1858, homologuant le concordat du 1er décembre 1858. — Remise de 50 %. — Les 50 % non remis payables en 4 ans, par quarts, du concordat. — N° du Greffe, 15,197.

BOURREIFF personnellement, de la Ce Bourreiff, Jean-Baptiste-Marie-Amédée, *commerce de cristaux, Grande-Rue,* 84, *à Pantin.* — Jugement du 8 juillet 1858, homologuant le concordat du 25 juin 1858. — Abandon de l'actif énoncé au concordat. — Obligation de payer 3 % le 1er juin 1863. — Beaufour maintenu Syndic. — N° du Greffe, 14,157.

BOURREIFF et Ce, Jean-Baptiste-Marie-Amédée, *ex-commissionaires en marchandises, Grande-Rue,* 84, *à Pantin.*— Jugement du 8 juillet 1858, homologuant le concordat du 25 juin 1858. — Remise de 60 %. — Les 40 % non remis payables : 20 % aussitôt l'homologation, au moyen de l'actif abandonné et 20 % par quarts, en 4 ans, du jour de l'homologation. — Beaufour, maintenu Syndic. — N° du Greffe, 14,156.

BOURRIÉ Laurent, *hôtel garni, rue Neuve-St-Eustache,* 9.— Jugement du 20 septembre 1850, homologuant le concordat du 6 septembre 1850. — Remise de tous intérêts et frais et de 90 % sur le capital. — Les 10 % non remis payables 5 % le 1er octobre 1852 et 5 % le 1er octobre 1853. — N° du Greffe, 9,420.

BOURRUT, femme NASSIET et son mari, Mathieu, *literie, rue Rambuteau,* 25. — Jugement du 19 janvier 1852, homologuant le concordat du 22 décembre 1851. — Remise de 75 %. — Les 25 % non remis payables solidairement en 4 ans, par quarts. — Le premier paiement le 22 décembre 1852. — N° du Greffe, 9,815.

BOURSIER, demoiselle Claire, *modiste, boulevard Poissonnière,* 5. — Jugement du 23 avril 1857, homologuant le concordat du 8 avril 1857. — Abandon de l'actif énoncé au concordat. — Obligation de payer 10 % en cinq ans, par cinquièmes, d'année en année, du jour du concordat. — Filleul maintenu syndic. — N° du Greffe, 13,698.

BOURSIER, demoiselle Mélanie, *confections, rue Olivier-St-Georges,* 25. — Jugement du 27 novembre 1855, homologuant le concordat du 14 novembre 1855. — Remise de 80 %. — Les 20 % non remis payables en cinq ans, par cinquièmes, d'année en année, à partir du 1er septembre 1856. — N° du Greffe, 12,440.

BOURSIN Pierre-François, *marchand de vins, rue du Puits-de-Vendôme,* 1. — Jugement du 18 mars 1862, homologuant le concordat du 25 février 1862. — Remise de 75 %. — Les 25 % non remis payables, sans intérêts, en cinq ans, par cinquièmes, de l'homologation. — N° du Greffe, 19,270.

BOURSON Charlemagne, *marchand de chaussures, rue des Amandiers,* 18, *à Belleville.* — Jugement du 10 octobre 1862, homologuant le concordat du 12 septembre 1862. — Remise de 70 %. — Les 30 % non remis payables, sans intérêts, en cinq ans, par cinquièmes, du jour de l'homologation. — N° du Greffe, 78.

BOUSSARD Joseph, *fleuriste, rue du Faubourg St-Denis,* 182. — Jugement du 7 août 1860, homologuant le concordat du 18 juillet 1860. — Remise de 90 %. — Les 10 % non remis payables en cinq ans, par cinquièmes, du jour de l'homologation. — N° du Greffe, 16,850.

BOUSSUGE, *ancien menuisier, rue des Bons Enfants,* 4. — Concordat du 29 janvier 1850. — N° du Greffe, 595.

BOUTEILLER et Cie, gérant, Charles, *fabrication de produits chimiques, demeurant à St-Cloud.* — Jugement du 30 mars 1858, homologuant le concordat du 11 mars 1858. — Remise de 60 %. — Les 40 % non remis payables, sans intérêts, en 10 ans, du jour de l'homologation, par fractions de 2, 3, 4, 5 et 6 %. — N° du Greffe, 14,069.

BOUTEILLIER Charles-Auguste, *ex-boulanger, à Batignolles.* — Jugement du 8 mars 1855, homologuant le concordat du 29 décembre 1854. — Abandon de tout l'actif. — Obligation de payer 20 %, par huitièmes, d'année en année. — Le premier paiement le 1er janvier 1856.— Rémoiville commissaire. — N° du Greffe, 11,849.

BOUTET Louis-Aimable, *marchand fruitier, rue de la Roquette,* 124. = Jugement du 10 novembre 1862, homologuant le concordat du 3 octobre 1862. — Remise de 80 %. — Les 20 % non remis payables en quatre ans, par quarts, du jour du concordat. — N° du Greffe, 339.

BOUTIER Pierre, *entrepreneur de maçonnerie, à Vaugirard.* — Jugement du 5 janvier 1857, homologuant le concordat du 3 décembre 1856. — Remise des intérêts. — Obligation de payer le montant intégral des créances et les frais en six ans savoir : 15 % fin novembre 1857, 58, 59 et 60, 20 % fin novembre 1861 et 1862. = N° du Greffe, 13,323.

BOUTIN Olivier, *peintures, rue Vendôme,* 3. — Jugement du 11 avril 1857, homologuant le concordat du 11 février 1857. — Abandon de l'actif énoncé au concordat. — Obligation de payer le montant des créances, en quatre ans, par huitièmes, de six mois en six mois, du jour du concordat. — Huet, maintenu syndic. — N° du Greffe, 13,176.

BOUTON Joseph, *fabricant de cuirs vernis, à Gentilly.* — Jugement du 24 mars 1857, homologuant le concordat du 9 mars 1857. = Remise de 75 %. — Les 25 % non remis payables en cinq ans, par cinquièmes, d'année en année, du jour de l'homologation. — N° du Greffe, 13,628.

BOUTRY Julien, *tapissier, rue du faubourg St-Honoré,* 27. Jugement du 17 janvier 1856, homologuant le concordat du 2 janvier 1856. — Remise de 75 %. — Les 25 % non remis payables : 8 % fin janvier 1857 et 1858, 9 % fin janvier 1859. — N° du Greffe, 12,748.

BOUTTE Jules, *distillateur, rue Château-Landon,* 5. — Jugement du 14 août 1855, homologuant le concordat du 16 juillet 1855. — Abandon de l'actif réalisé et à réaliser. — Obligation de payer 5 % en cinq ans, par cinquièmes, d'année en année. — Le premier paiement le 15 juillet 1856. — N° du Greffe, 12,294.

BOUTY, femme KOPPEN, Marie-Anne-Julienne, *hôtel de Danemarck, rue St-Augustin,* 13. — Jugement du 17 juillet 1857, homologuant le concordat du 3 juillet 1857. — Abandon de l'actif énoncé au concordat. — Beaufour, maintenu syndic. — N° du Greffe, 13,776.

BOUVET Charles, *commissionnaire en marchandises, rue Paradis,* 8, *au Marais.* — Jugement du 29 juin 1858, homologuant le concordat du 17 juin 1858. — Remise de 80 %. — Les 20 % non remis payables en cinq ans, par cinquièmes, du jour du concordat. — N° du Greffe, 13,943.

BOUVET, *négociant, rue Paradis-Poissonnière,* 52. — Jugement du 6 novembre 1861, homologuant le concordat du 17 octobre 1861. — Obligation de payer l'intégralité des créances. — 40 % par les mains du syndic, le surplus en 12 ans, par douzièmes, du jour de l'homologation. — N° du Greffe, 18,848.

BOUVEYRON, de la Société FAURE, DARCHE et Cie, Charles, *forgeron, rue St-Denis,* 109. — Jugement du 11 janvier 1853, homologuant le concordat personnel du 20 décembre 1852. — Obligation de payer 1 % en cinq ans, par cinquièmes. — Le premier paiement dans un an du jour du concordat et successivement. — N° du Greffe, 10,507.

BOUVIER Louis-Émile, *menuisier, rue St-Maur,* 155. — Jugement du 19 décembre 1859, homologuant le concordat du 3 décembre 1859. — Remise de 80 % — Les 20 % non remis payables en quatre ans, par quarts, du 15 décembre. — N° du Greffe, 16,381.

BOUVIER Pierre-Nicolas, *marchand de boutons, rue Ferdinand,* 9. — Jugement du 17 septembre 1862, homologuant le concordat du 5 septembre 1862. — Remise de 50 %. — Les 50 % non remis payables en cinq ans, par cinquièmes, du jour de l'homologation. — N° du Greffe, 194.

BOUVRET Edme-Symphorien, *marchand de bois, rue d'Ulm*, 36. — Jugement du 6 mai 1853, homologuant le concordat du 1er avril 1853. — Abandon des sommes et créances énoncées au concordat. — Obligation de payer 25 % en cinq ans, par cinquièmes, le 31 mars des annees 1854 et suivantes, sans intérêts. — Huet commissaire. — N° du Greffe, 10,487.

BOUVRY Arsène-François-Joseph, *tourneur, rue des Fontaines-du-Temple*, 4. — Jugement du 27 août 1855, homologuant le concordat du 14 du même mois. — Remise de 60 %. — Les 40 % non remis payables en huit ans, par huitièmes, d'année en année. — Le premier paiement le 1er septembre 1856. — N° du Greffe, 12,352.

BOUVY de ROBERT, *modes, rue Vivienne*, 3. — Concordat du 23 avril 1849. — N° du Greffe, 296.

BOUYER Jean, *entrepreneur de maçonnerie, à Belleville*. — Jugement du 2 mars 1852, homologuant le concordat du 10 février 1852. — Remise de tous les intérêts et frais non admis, et de 90 % du principal. — Les 10 % non remis payables en cinq ans, par cinquièmes, d'année en en année, du jour de l'homologation. — N° du Greffe, 1,063.

BOY Alexandre, *marchand de liqueurs, à Bercy*. — Jugement du 21 février 1853, homologuant le concordat du 31 janvier 1853. — Remise de 80 %, capital, intérêts et frais. — Les 20 %. non remis payables : 4 % dans un an du jour de l'homologation, 4 % chaque année suivante. — N° du Greffe, 10,682.

BOYER Etienne, *fabricant de bronzes pendules, rue Vieille-du-Temple*, 125. — Jugement du 31 janvier 1861, homologuant le concordat du 16 janvier 1861. — Remise de 80 %. — Les 20 % non remis payables en cinq ans, par cinquièmes, du jour de l'homologation. — N° du Greffe, 17,702.

BOYER La BORDERIE Philippe-Amable, *fabricant de produits chimiques, à Batignolles*. — Jugement du 8 janvier 1856, homologuant le concordat du 12 décembre 1855. — Remise de 85 %. — Les 15 % non remis payables en cinq ans, par cinquièmes, d'année en année. — Le premier paiement le 10 février 1857. — — N° du Greffe, 12,128.

BRABANT et CHÉRON Jean-Baptiste, *restaurateurs, rue St-Merry*, 35. — Jugement du 19 octobre 1858, homologuant le concordat du 5 octobre 1858. — Remise de 80 %. — Les 20 % non remis payables : 5 % dans huit mois du jour de l'homologation, 5 % 4 mois après, 5 % un an après le deuxième paiement, 5 % six mois après le dernier paiement. — N° du Greffe, 15,156.

BRACARD Claude, *ferblantier, rue des Vinaigriers*, 11. — Jugement du 24 juin 1852, homologuant le concordat du 10 juin 1852. Remise de 70 % sur le principal, intérêts et frais. — Les 30 % non remis payables en cinq ans, par cinquièmes. — Le premier paiement le 1er juillet 1853, et ainsi de suite. — N° du Greffe, 10,306.

BRACHOTTE Claude, *marchand de vins, à Grenelle*. — Jugement du 18 décembre 1851, homologuant le concordat du 2 décembre 1851. — Abandon des sommes touchées par le syndic pendant la faillite, sous la déduction des paiements effectués et des frais. — Thiébault, commissaire. — Obligation de payer 10 % par moitié le 1er janvier des années 1853, et 1854. — Remise des intérêts et frais et du surplus des créances. — N° du Greffe, 9,916.

BRACONNIER, dame François-Auguste, *hôtel meublé, rue du Boulevard*, 22, *à Batignolles*. — Jugement du 20 mars 1862, homologuant le concordat du 4 février 1862. — Remise de 75 %. — Les 25 % non remis payables en cinq ans, par cinquièmes, du jour de l'homologation. — Le sieur Braconnier caution. — N° du Greffe, 18,898.

BRADE Charles-Savinien, *marchand de lampes, rue du Faubourg-du-Temple*, 25. — Jugement du 28 octobre 1858, homologuant le concordat du 13 octobre 1858. — Remise de 65 %. — Les 35 % non remis payables en cinq ans, par cinquièmes, du jour du concordat. — N° du Greffe, 15,079.

BRANDES Jules, *négociant, rue de Trévise*, 37. — Jugement du 20 juillet, 1854, homologuant le concordat du 8 du même mois. — Remise de 80 %. — Les 20 % non remis payables en quatre ans, par quarts d'année en année. — Le premier paiement le 8 juillet 1855. — N° du Greffe, 11,448.

BRANDIN Thomas-Désiré, *fabricant d'instruments de mathématiques, rue Vieille-du-Temple*, 91. — Jugement du 4 novembre 1857, homologuant le concordat du 20 octobre 1857. — Remise de 60 %. — Les 40 % non remis payables en cinq ans, par cinquièmes, d'année en année, du jour de l'homologation. — N° du Greffe, 14,051.

BRAQUEHAIS, société POUVILLION et Ce, Martin-Félix, *marchand de cotons filés, rue du Grand-Prieuré*, 26. — Jugement du 24 Juillet 1854, homologuant le concordat du 7 du même mois. — Abandon de tout l'actif. — Obligation solidaire de payer 10 % en 4 ans, par quarts, d'année en année. — Le premier paiement le 15 Juillet 1853. — Hérou, commissaire. — N° du Greffe, 11,442.

BRAQUEHAIS Hippolyte, *fabricant de bourses, rue Périgueux*, 11. — Jugement du 8 Janvier 1856, homologuant le concordat du 24 décembre 1855. — Remise de 65 %. — Les 35 % non remis payables en 5 ans, par cinquièmes, d'année en année. — Le premier paiement le 24 décembre 1856. — N° du Greffe, 12,744.

BRASSEUR Jean-Louis-Denis, *blanchisseur, à Boulogne, rue Billancourt*, 19. — Jugement du 14 Juin 1850 homologuant le concordat du 29 avril 1850. — Remise de 95 % et des intérêts et frais non admis. — Les 5 % non remis payables, par cinquièmes, d'année en année, à partir du premier juin 1850. — N° du Greffe, 9,100.

BRAULT Dlle Adèle-Marie, *mercière, rue Vivienne*, 3. — Jugement du 19 novembre 1851, homologuant le concordat du 3 novembre 1851. — Remise de tous intérêts et frais et de 65 %. — Les 35 % non remis payables : 8 % le 15 janvier des années 52, 53, 54, et 11 % le 15 janvier 1855. — N° du Greffe, 10,034.

BRÉANT Charles-Théodore-Marie, *boulanger, rue du faubourg Montmartre*, 22. — Concordat du 24 août 49. — N° du Greffe, 297.

BRÉARD Edme, *entrepreneur de charpentes, rue Ménilmontant*, 118. — Jugement du 3 octobre 1862, homologuant le concordat du 20 septembre 1862. — Remise de 70 %. — Les 30 % non remis payables, sans intérêts, 10 % trois mois après l'homologation, 20 % en 5 ans, par cinquièmes, du jour de l'homologation. — N° du Greffe, 93.

BRENTANO Simon, *négociant en dentelles, rue Neuve-Saint-Eustache*, 7. — Jugement du 19 mars 1852, homologuant le concordat du 14 juillet 1851. — Remise de 60 % en principal, intérêts et frais. — Les 40 % non remis payables, sans intérêts, en 4 ans, par fractions de 5 %, de 6 mois en 6 mois. — Premier paiement le 15 janvier 1852. — N° du Greffe, 9,865.

BRÉNU Jean-François, *boucher, à Boulogne*, — Jugement du 7 avril 1853, homologuant le concordat du 16 mars 1853. — Transport d'une créance de 1,500 fr. — Obligation de payer 6 % en 4 ans, par quarts. — Le premier paiement un an après l'homologation et successivement. — Sergent, commissaire. — N° du Greffe, 10,648.

BRÉON et Ce, personnel, Edme-Jean-Auguste, *fabricant d'huiles, à Nanterre*. — Jugement du 19 février 1857, homologuant le concordat du 23 janvier 1857. — Remise aux sieurs Bréon et Ancelle, le montant des créances en principal, intérêts et frais. — Le sieur Bréon s'oblige seul et sans solidarité à payer au sieur Bourbonnet la somme de 1,800 fr. en 4 ans, à partir du jour de l'homologation. — N° du Greffe, 12,421.

BRÉON Auguste, *rue de la Tour-des-Dames*, 8. — Jugement du 19 février 1857, homologuant le concordat du 23 Janvier 1857. — Remise de 75 %. — Les 25 % non remis, payables en 4 mois, à compter du jour de l'homologation. — Madame veuve Bréon caution. — Affectation aux créanciers du prix à provenir d'une créance litigieuse. — N° du Greffe, 13,432.

BRETEAU Pierre-Stanislas, ex-gérant de la Société des ouvriers en voitures, *à la Chapelle-Saint-Denis*. — Jugement du 12 janvier 1855, homologuant le concordat du 2 décembre 1854. — Remise de 90 %. — Les 10 % payables en 18 mois, par tiers, de 6 mois en 6 mois, du jour du concordat. — N° du Greffe, 11,505.

BRETOCQ jeune, Antoine-Edmond, *marchand de parapluies, rue Notre-Dame-de-Nazareth*, 39. — Jugement du 15 octobre 1858, homologuant le concordat du 28 septembre 1858. — Abandon de l'actif énoncé au concordat. — Heurtey, maintenu syndic. — N° du Greffe, 14,663.

BRETON Charles-Moïse, *marchand de vins, rue Saint-André*, 8. — Jugement du 18 novembre 1858, homologuant le concordat du 3 novembre 1858. — Remise de 80 %. — Les 20 % payables en 4 ans, par quarts, du 15 novembre 1859. — N° du Greffe, 15,177.

BRETON, société STAUFIGER et Ce, Charles-Louis, *cordonnier, impasse Martial*, 8. — Jugement du 3 octobre 1854, homologuant le concordat du 8 septembre 1854. — Remise de 80 %. — Les 20 % non remis payables solidairement par les associés en 4 ans, par quarts, d'année en année, à partir du 1er septembre 1855, époque du premier paiement. — N° du Greffe, 11,466.

BRETON, *boulanger, rue du Faubourg-Montmartre*, 14. — Jugement du 9 décembre 1862, homologuant le concordat du 25 novembre 1862. — Remise de 60 %. — Les 40 % non remis payables : 5 % le 1er juillet 1863, 1864, 6 % le 1er juillet 1865, 1866, 1867, 1868 et 1869. — N° du Greffe, 174.

BRETON Nicolas, *loueur de voitures, Chaussée-du-Maine*, 20 — Jugement du 3 Juin 1861, homologuant le concordat du 16 Mai 1861. — Remise de 75 %. — Les 25 % non remis payables en 4 ans, par quarts, du jour de l'homologation. — N° du Greffe, 17,920.

BRETON Césaire, *marchand de nouveautés, rue Rivoli*, 146. — Jugement du 7 octobre 1859, homologuant le concordat du 12 septembre 1859. — Remise de 75 %. — Les 25 % non remis payables en 3 ans, de l'homologation, 10 % les première et deuxième années, et 5 % la troisième année, sans intérêts. — Legendre, caution du premier dividende de 10 %. — N° du Greffe. 15,992.

BREUILLET, Dlle Mélanie, *marchande de lingerie, rue du Roule*, 8. — Jugement du 22 janvier 1855, homologuant le concordat du 4 janvier 1855. — Abandon de tout l'actif. — Obligation de payer 5 % par moitié, les 1er juillet et 31 décembre 1855. — N° du Greffe, 11,901.

BREVET Edouard-Pierre-Clément, *quincaillier, à Grenelle*. — Jugement du 10 mai 1855, homologuant le concordat du 16 avril 1855. — Remise de 68 %. — Les 32 % non remis payables en cinq ans, par cinquièmes, d'année en année, du jour du concordat. — N° du Greffe, 11,975.

BREVET Pierre-Clément-Edouard, *marchand quincaillier, à Grenelle*. — Jugement du 2 novembre 1859, homologuant le concordat du 21 octobre 1859. — Remise de 60 %. — Les 40 % non remis payables en cinq ans, par cinquièmes, du concordat. — N° du Greffe, 15,998.

BRIATTE et Ce, Nazaire-Joseph, *négociants en chaussures, rue Cadet, 2 bis*. — Jugement du 6 novembre 1861, homologuant le concordat du 1er août 1861. — Remise de 88 %. Les 12 % non remis payables dans les trois mois de l'homologation. — Voivré caution. — N° du Greffe, 18,250.

BRIBANT Joseph-Antoine, *marchand de vins, rue Neuve-Sainte-Geneviève*, 43. — Jugement du 23 décembre 1853, homologuant le concordat du 12 même mois. — Remise de 80 %. — Les 20 % non remis payables, savoir : 5 % un mois après l'homologation, 2 % chacune des six années suivantes, 3 % à la fin de la septième année. — N° du Greffe, 11,075.

BRICAUD, Dame LEBOURGEOIS, Rénée, *lingère, rue de Tournon*, 5. — Jugement du 6 février 1855, homologuant le concordat du 27 janvier 1855. — Remise de 76 %. — Les 24 % payables en quatre ans, par quarante-huitièmes, de mois en mois. — Premier paiement dans un mois de l'homologation. — N° du Greffe, 11,985.

BRICHARD François-Amand, *gravatier, à Batignolles*. — Jugement du 12 avril 1859, homologuant le concordat du 12 mars 1859. — Remise de 80 %. — Les 20 non remis payables en cinq ans, par cinquièmes, de l'homologation. — N° du Greffe, 15,292.

BRICHARD Joseph-Emile, *négociant en grains, à Ivry*. — Jugement du 9 juillet 1860, homologuant le concordat du 22 juin 1860. — Remise de 70 %. — Les 30 % non remis payables, sans intérêts, 10 % un mois après l'homologation, et 20 % en quatre ans, de six mois en six mois, de l'homologation. — N° du Greffe, 16,391.

BRICOURT, Dame DUFOURMANTELLE, Félicité-Désirée, *marchande de peaux, rue Saint-Denis*, 69. — Jugement du 9 mai 1859, homologuant le concordat du 28 avril 1859. — Obligation de payer le montant intégral des créances dans le mois de l'homologation. — M. Auguste-Léonard Dufourmantelle, caution. — N° du Greffe, 15,054.

BRIDON *négociant, rue de Provence*, 55. — Jugement du 26 février 1858, homologuant le concordat du 10 février 1858. — Remise de 84 %. — Les 16 % payables en quatre ans, par quarts, du 30 juin 1859. — N° du Greffe, 14,414.

BRIÈRE-DE-L'ISLE Alcide, *négociant commissionnaire, rue des Jeûneurs*, 21. — Jugement du 6 mars 1854, homologuant le concordat du 13 février 1854. — Remise de 90 %. — Les 10 % non remis payables, sans intérêts, dans un an, du jour de l'homologation. — N° du Greffe, 11,148.

BRIÈRE Clément, de la société LHOTTE, *marchand de cidre, à la Villette*. — Jugement du 3 avril 1857, homologuant le concordat du 10 mars 1857. — Remise à la société de 50 %. — Les 50 % non remis payables solidairement à raison de 10 % par an, à partir du 1er avril 1858. — N° du Greffe, 12,884.

BRIÈRE, veuve LEGUAY, de la société BÉDIGIÉ, Pauline, *rue du Temple*, 188. — Jugement du 17 juin 1853, homologuant le concordat du 3 même mois. — Pour les conditions, voir BÉDIGIÉ et Ce.

BRIÈRE Eugène, *distillateur, boulevard Saint-Martin*, 6. — Jugement du 24 octobre 1854, homologuant le concordat du 10 même mois. — Remise des intérêts avec obligation de payer le capital en dix ans, par dixièmes, d'année en année, pour le premier paiement avoir lieu dans un an de l'homologation. — N° du Greffe, 11,701.

BRIET Julien-Désiré, *négociant en pipes, rue de Malte*, 32. — Jugement du 22 novembre, 1858, homologuant le concordat du 6 même mois. — Obligation de payer le montant des créances en principal, intérêts et frais, à raison de 10,000 fr. par an, payables par fraction de 5,000 fr. de six mois en six mois. — Premier paiement, le 1er janvier 1859. — N° du Greffe, 15,115.

BRIFAUT Henry-Joseph-Désiré, *lampiste, impasse Bretagne*, 7. — Jugement du 31 janvier 1855, homologuant le concordat du 17 même mois. — Remise de 85 %. — Les 15 % payables en cinq ans, par cinquièmes, d'année en année. — Premier paiement, le 1er janvier 1856. — N° du Greffe, 10,813.

BRIFFAUX Etienne, *commissionnaire de roulage, rue du Faubourg-St-Denis*, 108. — Jugement du 13 février 1861, homologuant le concordat du 26 décembre 1860. — Abandon de l'actif énoncé au concordat. — Obligation de payer 10 % en cinq ans, par cinquièmes, de l'homologation. — M. Lefrançois, commissaire. — N° du Greffe. 17,011.

BRIFFOZ Joseph, *négociant en chapellerie, rue Rambuteau*, 8. — Jugement du 17 avril 1861, homologuant le concordat du 5 avril 1861. — Remise de 70 %. — Les 30 % non remis payables en quatre ans, par quarts, de l'homologation. — N° du Greffe, 17,893.

BRIGNOLA et Ce, Ange, *directeurs de la caisse des chemins de fer, boulevard Montmartre*, 10. — Concordat du 24 septembre 1849. — N° du Greffe, 306.

BRILLE Jean-Baptiste, *marchand tailleur, boulevard de Strasbourg*, 36. — Jugement du 31 décembre 1856, homologuant le concordat du 13 décembre 1856. — Remise de 60 %. — Les 40 % non remis payables en quatre ans, par quarts, d'année en année. — Premier paiement, le 1er février 1858. — N° du Greffe, 13,402.

BRIOUDE-SANREFUS André-Auguste-Nestor, *fabricant d'objets en caoutchouc, rue Aumaire*, 47. — Jugement du 4 décembre 1857, homologuant le concordat du 24 novembre 1857. — Remise de 65 %. — Les 30 % non remis payables en cinq ans, par cinquièmes, d'année en année, du jour de l'homologation. — Mme Brioude-Sanrefus, caution. — N° du Greffe, 14,101.

BRISAC frères, Mayer et Claude-Baruch, *négociants en broderies, rue de Cléry*, 6. — Jugement du 26 novembre 1852, homologuant le concordat du 15 même mois. — Remise de tous intérêts et frais non admis et de 88 %. — Les 12 % non remis payables, par tiers, en trois ans, les 31 janvier 1854, 55 et 56. — N° du Greffe, 10,579.

Id. Mayer et Claude-Baruch, *négociants en broderies, rue Neuve-St-Eustache*, 16. — Jugement du 17 décembre 1856, homologuant le concordat du 24 novembre 1856. — Remise de 85 %. — Les 15 % non remis payables en trois ans, par tiers, d'année en année — Premier paiement, le 31 décembre 1857. — N° du Greffe, 13,396.

BRISION fils, Alfred-François, *restaurateur, à Passy*. — Jugement du 28 février 1851, homologuant le concordat du 3 même mois. — Remise de 75 % et de tous les intérêts et frais antérieurs à la faillite. — Les 25 % non remis payables en cinq paiements égaux, du 1er avril 1852. — N° du Greffe, 9,641.

Id. *restaurateur, à Auteuil*. — Jugement du 6 janvier 1860, homologuant le concordat du 14 novembre 1859. — Remise de 75 %. — Les

25 % non remis payables en cinq ans, par cinquièmes, de l'homologation. — N° du Greffe, 9,620.

BRISSAUD, *marchand de nouveautés, rue du Faubourg-St-Denis*, 137. — Concordat du 23 avril 1849. — N° du Greffe, 66.

BRISSET Louis, de la Société LEBLEUF, *épicier, à Belleville.* — Jugement du 20 juin 1861, homologuant le concordat du 31 mai 1861. — Remise de 90 %. — Les 10 % non remis payables sans intérêts, en quatre ans, par quarts, du concordat. — N° du Greffe, 17,833.

BRITSCH François-Joseph, *marchand de vins, à la Villette.* — Jugement du 21 août 1861, homologuant le concordat du 1er même mois. — Remise de 75 %. — Les 25 % non remis payables en cinq ans, par cinquièmes, de l'homologation. — N° du Greffe, 17,947.

BRITZ Jean-Luce, *mécanicien, rue Ménilmontant*, 154. — Jugement du 12 août 1858, homologuant le concordat du 21 juillet 1858. — Obligation de payer tous les créanciers en principal, intérêts et frais, en cinq ans, de l'homologation. — N° du Greffe, 14,785.

BRIZARD, *restaurateur, boulevard St-Martin*, 4. — Jugement du 12 mars 1862, homologuant le concordat du 22 février 1862. — Remise de 70 %. — Les 30 % non remis payables en six ans, savoir : 5 % dans un mois de l'homologation, 3 % les deux premières années, 4 % la troisième année, 5 % la quatrième année, 5 % un an après, et 5 % un an plus tard, du concordat. — N° du Greffe, 5,455.

BROCARD, *négociant, rue St-Martin*, 5. — Jugement du 26 octobre 1857, homologuant le concordat du 8 même mois. — Abandon de l'actif énoncé au concordat avec engagement de parfaire 50 %. — Obligation de payer en outre 20 % en cinq ans, par cinquièmes, d'année en année. — Premier paiement, le 1er novembre 1859. — N° du Greffe, 13,885.

BROCHOT Louis, de la Société DIARD, *négociant en vins, port de Bercy*, 49. — Jugement du 30 août 1861, homologuant le concordat du 19 même mois. — Remise de 88 %. — Les 12 % non remis payables en quatre ans, par quarts, du concordat. — N° du Greffe, 17,624.

BROSSARD Jean, *fabricant de ressorts, rue Quincampoix*. 80. — Jugement du 7 mars 1860, homologuant le concordat du 15 février 1860. — Remise de 70 %. — Les 30 % non remis payables sans intérêts, en six ans, par sixièmes, du 1er janvier. — N° du Greffe, 15,875.

BROSSET Alexandre, *passementier, rue du Faubourg-St-Martin*, 13. — Jugement du 23 août 1860, homologuant le concordat du 8 même mois. — Remise de 80 %. — Les 20 % non remis payables sans intérêts en quatre ans, par quarts, du 1er septembre. — N° du Greffe, 17,053.

BROSSIER Pierre-Nicolas, de la Société DROUIN, *fabricant de produits chimiques, à la Briche.* — Jugement du 25 juin 1859, homologuant le concordat du 2 mai 1859. — Abandon de l'actif énoncé au concordat. — M. Sergent, commissaire. — N° du Greffe, 15,605.

BROUILLET, sieur et dame, Simon-Auguste et Marie-Appoline, *marchands de jouets d'enfants, rue St-Denis*, 116. — Jugement du 10 mai 1854, homologuant le concordat du 28 avril 1854. — Remise de 70 %. — Les 30 % non remis payables en six ans, par sixièmes, d'année en année. — Le premier paiement, le 15 juin 1855. — N° du Greffe, 11,378.

BROUSSE-LEBLANC et Ce, François-Armand, *ancien marchand de nouveautés, rue Bussi*, 2, 4 *et* 6. — Concordat du 2 juillet 1849. — N° du Greffe, 283.

BROUT François-Armand, *voiturier, à Boulogne.* — Jugement du 29 juillet 1862, homologuant le concordat du 4 juillet 1862. — Remise de 80 %. — Les 20 % non remis payables en quatre ans, par quarts, du jour de l'homologation, sans intérêts. — N° du Greffe, 18,873.

BROUX, *distillateur, rue des Trois-Bornes*, 37 *bis*. — Jugement du 24 juillet 1860, homologuant le concordat du 9 juillet 1860. — Abandon de l'actif énoncé au concordat. — Obligation de payer 10 % en quatre ans, par quarts, du jour du concordat. — Devin, maintenu syndic. — N° du Greffe, 16,896.

BRU, Société, frères, Casimir et Auguste-Raymond, *châles et confections, boulevard Sébastopol*, 39. — Jugement du 12 décembre 1862, homologuant le concordat du 17 novembre 1862. — Remise de 97 %. — Les 3 % non remis payables en six ans, par sixièmes, du jour de l'homologation. — N° du Greffe, 352.

BRUANT Pierre-Nicolas, *marchand de vins, rue des Grands-Augustins*, 19. — Jugement du 13 octobre 1857, homologuant le concordat du 23 septembre 1857. — Remise de 75 %. — Les 25 % non remis payables en cinq ans, par cinquièmes, d'année en année. — Le premier paiement, le 1er octobre 1858. — N° du Greffe, 14,012.

BRUCHÉ Emile, *marchand de dentelles, rue de la Paix*, 24. — Jugement du 24 juin 1859, homologuant le concordat du 9 juin 1859. — Remise de 50 %. — Les 50 % non remis payables en cinq ans, par dixièmes, de six mois en six mois, du jour de l'homologation. — N° du Greffe, 15,746.

BRUÈRE Auguste, *entrepreneur de bains, à Vaugirard.* — Jugement du 24 mars 1858, homologuant le concordat du 5 du même mois. — Remise de 60 %. — Les 40 % non remis payables sans intérêts en huit ans, par huitièmes, du 1er mars. — En cas de vente du fonds de commerce affectation du prix au paiement des dividendes. — N° du Greffe, 14,485.

BRUGEL Denis, *limonadier, rue Notre-Dame-de-Nazareth*, 42. — Jugement du 10 avril 1860, homologuant le concordat du 26 mars 1860. — Remise de 50 %. — Les 50 % non remis payables en cinq ans, par cinquièmes, du jour de l'homologation. — N° du Greffe, 16,592.

BRULET Louis, *fabricant de moules en acier, rue Ménilmontant*, 138. — Jugement du 11 février 1861, homologuant le concordat du 18 janvier 1861. — Remise de 60 %. — Les 40 % non remis payables en cinq ans, par cinquièmes, du jour du concordat. — N° du Greffe, 10,570.

BRUN Victor-Balthazar, *marchand de bois, rue de Milan*, 8. — Jugement du 15 juin 1852, homologuant le concordat du 1er juin 1852. — Abandon de l'actif énoncé au concordat. — Obligation de payer 6 % en deux ans, par moitié, à partir du 15 juin 1852. — Chrétiennet, commissaire. — N° du Greffe, 10,311.

BRUN Joseph-Louis, *ex-limonadier, rue St-Honoré*, 219 *bis*. — Jugement du 17 février 1854, homologuant le concordat du 4 février 1854. — Remise de 80 %. — Les 20 % non remis payables huit jours après l'homologation du concordat. — N° du Greffe, 11,236.

BRUNEAU, *entrepreneur de maçonnerie, à Belleville.* — Jugement du 31 mars 1856, homologuant le concordat du 17 mars 1856. — Remise de 70 % — Les 30 % non remis payables au moyen de l'abandon des créances actives et le surplus en quatre ans, par quarts, d'année en année, à partir du 1er avril 1857. — Lacoste, commissaire. — N° du Greffe, 12,902.

BRUNEAU, femme DUPUIS, Louise, *marchande de grains et farines, rue Mercier*, 7 *et* 8. — Voir DUPUIS, Société, mère et fils.

BRUNEAU Louis-Bonaventure, Ce des CAPITAUX-RÉUNIS, *rue Ménars*, 6. — Jugement du 7 octobre 1861, homologuant le concordat du 7 septembre 1861. — Obligation de verser dans les mains du syndic 225,000 fr., savoir : moitié dans le mois de l'homologation, et moitié dans un an de l'homologation. — Trille, maintenu syndic. — N° du Greffe, 15,805.

BRUNEL Jean, *blanchisseur, rue Royale-St-Honoré*, 25. — Jugement du 16 juin 1857, homologuant le concordat du 14 juin 1857. — Remise de 85 %. — Les 15 % non remis payables : 10 % dans deux ans et 5 % dans trois ans de l'homologation. — N° du Greffe, 13,833.

BRUNELLE Henri-Marie-Armand, *maître maçon, à l'Ile-St-Denis.* — Jugement du 21 août 1861, homologuant le concordat du 28 juillet 1861. — Remise de 80 %. Les 20 % non remis payables : 5 % comptant, 15 % en cinq ans, par cinquièmes, du jour du concordat. — N° du Greffe, 16,164.

BRUNET, veuve, Marc-Antoine, *marchande de parfumeries, rue Geoffroy-Marie*, 4. — Jugement du 5 mars 1862, homologuant le concordat du 20 février 1862. — Remise de 90 %. — Les 10 % non remis payables en quatre ans, par quarts, fin mars. — N° du Greffe, 19,017.

BRUNET Agathon, *limonadier, rue du Port-Mahon*, 8. — Jugement du 12 janvier 1860, homologuant le concordat du 30 décembre 1859. — Remise de 80 %. — Les 20 % non remis payables en trois ans. — 6 % le 15 janvier 1860, et 7 % le 7 janvier des années 1861 et 1862. — N° du Greffe, 16,428.

BRUNET Valentin, *corroyeur, rue du Petit-Moine*, 7. — Jugement du 9 août 1850, homologuant le concordat du 19 juillet 1850. — Abandon général de l'actif. — Obligation de payer 5 % sur le montant des créances, le 20 juillet 1851. — Pascal, commissaire. — N° du Greffe, 6,952.

BRUNETAUX André, *négociant en vins, rue Guy-la-Brosse*, 8. — Jugement du 17 février 1860, homologuant le concordat du 6 février 1860. — Remise de 75 %. — Les 25 % non remis payables, sans intérêts, 5 % un an après l'homologation, et 20 % dans deux et trois ans de l'homologation. — N° du Greffe, 16,505.

BRUNFAUT Louis-Joseph, gérant et associé solidaire de la société CHOPPÉE et Cie, *fabrication de plâtre, boulevard Beaumarchais*, 46. — Jugement du 1er juillet 1850, homologuant le concordat du 18 juin 1850. — Abandon par Choppée de ses droits s'élevant à 7,000 fr. — Remise à Brunfaut de tous intérêts et frais, et de 70 % du principal. — Les 30 % non remis payables en six ans, par sixièmes. — Le premier paiement le 1er juillet 1852. — N° du Greffe, 9,174.

BRUNIER Simon-Guillaume, *négociant en soieries, rue du Faubourg-St-Denis*, 57. — Jugement du 7 octobre 1851, homologuant le concordat du 16 septembre 1851. — Remise de tous intérêts et frais, et de 90 % sur le capital. — Les 10 % non remis payables au domicile de M. F. Unverzagt, rue Buffaut, 24, savoir : 5 % dans le mois qui suivra l'homologation, et 5 % par cinquièmes, d'année en année, à partir du 16 septembre 1851. — M. Pierre-Paul Brunier, directeur de l'usine à gaz de Vaise (Rhône), caution des premiers 5 %. — N° du Greffe, 5,122.

BRUNSCHWICG, frères, société BENOIT et SAMUEL, *passementiers, rue du Mail*, 19, *et rue Pagevin*, 3. — Jugement du 15 décembre 1857, homologuant le concordat du 1er décembre 1857. — Remise de 95 %. — Les 5 % non remis payables immédiatement après l'homologation. — N° du Greffe, 13,318.

BRUNSWICK Maurice, *ex-restaurateur, rue Française*, 2. — Jugement du 4 novembre 1850, homologuant le concordat du 3 octobre 1850. — Remise de 90 % principal, intérêts et frais. — Les 10 % non remis payables en cinq ans, par cinquièmes, du 3 octobre 1850. — N° du Greffe, 745.

BRUSSAUT Alphonse, *ingénieur, ex-directeur de journaux, Grande-Rue de Passy*, 10. — Jugement du 22 avril 1862, homologuant le concordat du 12 février 1862. — Remise de 75 %. — Les 25 % non remis payables en cinq ans, par cinquièmes, du jour de l'homologation. — N° du Greffe, 18,513.

BRUYER Charles-Antoine, *marchand-papetier, boulevard de Strasbourg*, 19. — Jugement du 4 juillet 1862, homologuant le concordat du 11 juin 1862. — Remise de 75 %. — Les 25 % non remis payables, sans intérêts, en cinq ans, par cinquièmes, du jour de l'homologation. — N° du Greffe, 19,776.

BRUYÈRE, société BOURDIER. Voir Bourdier Jean-Baptiste-Pierre.

BRY aîné, Pierre-Louis-François-Joseph, *éditeur, rue Guénégaud*, 27. — Jugement du 3 octobre 1855, homologuant le concordat du 10 septembre 1855. — Remise de 80 %. — Les 20 % non remis payables en quatre ans, par quarts, d'année en année. — Le premier paiement le 1er octobre 1856. — N° du Greffe, 12,355.

BUCHARD Alexandre, *sculpteur, rue de Bondy*, 80 — Jugement du 28 août 1862, homologuant le concordat du 11 août 1862. — Remise de 40 %. — Les 60 % non remis payables en cinq ans, par cinquièmes, du jour de l'homologation. — N° du Greffe, 19,983.

BUCHLY, dame, veuve SIMON, *marchande à la toilette, rue St-Dominique-St-Germain*, 135. — Jugement du 30 juillet 1858, homologuant le concordat du 19 du même mois. — Abandon de l'actif énoncé au concordat. — Obligation de payer 15 % en cinq ans, par cinquièmes, du jour de l'homologation, — M. Millet, maintenu syndic. — N° du Greffe, 14,383.

BUDIN aîné, Jean-Joseph, *quincaillier, rue du Grand-Chantier*, 14. — Concordat du 16 avril 1849. — N° du Greffe, 57.

BUFFON Philibert-Melchior, *restaurateur, boulevard Bonne-Nouvelle*, 34. — Jugement du 17 juillet 1851, homologuant le concordat du 8 mai 1851. — Remise de 70 %. — Les 30 % non remis payables, par sixièmes, en six ans. — Le premier paiement le 1er juin 1852, et le dernier le 1er juin 1857. — N° du Greffe, 9,488.

BUGLEL Alexandre, *tabletier, rue de Bondy*, 74. — Jugement du 4 mai 1853, homologuant le concordat du 21 avril 1853. — Remise de 80 %. — Les 20 % non remis payables en quatre ans, par quarts, dans un, deux, trois et quatre ans, du jour du concordat. — N° du Greffe, 10,782.

BUIRE Victor, *agent de remplacement militaire, rue de la Tabletterie*, 2. — Jugement du 4 juin 1851, homologuant le concordat du 10 mai 1851. — Remise de 70 % en principal, intérêts et frais. — Les 30 % non remis payables en quatre ans, par quarts, le 10 mai des années 1852, 1853 et suivantes. — N° du Greffe, 9,551.

BUISSON François, *chemisier, passage Delorme*, 30 *et* 32. — Jugement du 11 octobre 1862, homologuant le concordat du 1er septembre 1862. — Remise de 60 %. — Les 40 % non remis payables : 10 % un an après l'homologation, 5 % dans 18 mois, 5 % dans deux ans, et ainsi de six mois en six mois. — N° du Greffe, 61.

BUISSON Jean-Baptiste-Auguste, *marchand de bijoux, rue aux Ours*, 23. — Jugement du 8 juillet 1859, homologuant le concordat du 27 juin 1859. — Remise de 70 %. — Les 30 % non remis payables en six ans, par sixièmes, du 1er juillet, sans intérêts. — N° du Greffe, 15,796.

BUISSON Jean-Baptiste-Onésime, *quincaillier, rue Marais-St-Martin*, 80. — Jugement du 18 février 1859, homologuant le concordat du 7 février 1859. — Remise de 50 %. — Les 50 % non remis payables : 5 % le 1er septembre 1859, et le 1er mars 1860, 10 % le 1er mars des années 1861, 62, 63 et 64. — N° du Greffe, 15,390.

BUISSON Noël, *commissionnaire en marchandises, rue des Dames*, 21, *à Batignolles*. — Jugement du 22 mai 1860, homologuant le concordat du 7 mai 1860. — Remise de 85 %. — Les 15 % non remis payables, sans intérêts, en cinq ans, par cinquièmes, du jour de l'homologation. — N° du Greffe, 16,788.

BUISSON, société DESFORGES, *serrurier, rue Pierre-Levée*, 15. — Jugement du 10 décembre 1862, homologuant le concordat du 3 novembre 1862. — Remise de 80 %. — Les 20 % non remis payables en trois ans et six mois de l'homologation, 5 % un an après le premier paiement, 10 % d'année en année après le deuxième paiement. — N° du Greffe, 142.

BULARD Pierre-Stanislas, *marchand de vins, Grande-Rue de la Chapelle*, 69. — Jugement du 18 novembre 1862, homologuant le concordat du 20 octobre 1862. — Remise de 80 %. — Les 20 % non remis payables en cinq ans, par cinquièmes, du jour de l'homologation. — N° du Greffe, 415.

BULLEAU Joseph, *fabricant de corsets, rue St-Denis*, 241. — Jugement du 3 avril 1854, homologuant le concordat du 18 mars 1854. — Remise de 60 % sur toutes les créances. — Les 40 % non remis payables, sans intérêts, en cinq ans, par cinquièmes, d'année en année. — Le premier paiement le 15 mars 1855. — N° du Greffe, 11,241.

BULLOT Louis-Antoine, *négociant en tissus, rue de Trévise*, 15. — Jugement du 1er février 1855, homologuant le concordat du 12 janvier 1855. — Remise de 80 %. — Les 20 % non remis payables : 7 % dans un an, 7 % dans les deux ans, et 6 % dans les trois ans, du jour du concordat. — N° du Greffe, 11,716.

BULTÉ, femme GIRAN, Louise-Silvie, *marchande de modes, rue de l'Écharpe*, 1. — Jugement du 30 juin 1858, homologuant le concordat du 12 juin 1858. — Remise de 80 %. — Les 20 % non remis payables en quatre ans, par quarts, du jour de l'homologation. — En cas d'expropriation, affectation de l'indemnité au paiement des dividendes. — N° du Greffe, 14,652.

BULTEAU Pierre-François, *cartonnier et gélatineur, rue Vieille-du-Temple*, 76 — Jugement du 13 janvier 1862, homologuant le concordat du 15 novembre 1861. — Remise de 70 %. — Les 30 % non remis payables en six ans, par sixièmes, du 15 décembre. — N° du Greffe, 18,679.

BULTEZ Louis-Eugène, *limonadier, boulevard de la Villette*, 6. — Jugement du 27 septembre 1860, homologuant le concordat du 12 septembre 1860. — Remise de 60 %. — Les 40 % non remis payables en quatre ans, par quarts, du jour de l'homologation. — N° du Greffe, 17,210.

BURCKARD Charles-André, *restaurateur, place de la Bourse*, 13. — Jugement du 12 novembre 1850, homologuant le concordat du 30 octobre 1850. — Remise de 85 %. — Les 15 % non remis payables en cinq ans, par cinquièmes, d'année en année, du 1er novembre 1851. — N° du Greffe, 9,574.

BURDET fils, *ex-marchand de nouveautés, aux Ternes*. — Jugement du 25 février 1850, homologuant le concordat et n'affranchissant pas de la qualité de failli. — N° du Greffe, 400.

BUREAU, *fabricant de gants, rue St-Denis*, 374. — Jugement du 8 février 1855, homologuant le concordat du 17 janvier 1855. — Abandon de l'actif réalisé et à réaliser. — Obligation de payer 5 % en même temps que le produit de l'actif abandonné. — M. Bureau, Adolphe, caution des 5 % ci-dessus. — Obligation en outre, de payer 5 % par moitiés, les 5 décembre 1855 et 1856. — N° du Greffe, 11,673.

BUREAU et Cie, Charles-Jean-Baptiste, *négociants en huiles, à la Villette*. — Jugement du 13 mai 1859, homologuant le concordat du 20 avril 1859. — Remise de 50 %. — Les 50 % non remis payables en six ans, par cinquièmes, de l'homologation. — Le premier cinquième dans deux ans. — N° du Greffe, 15,606.

BUREAU *pharmacien-droguiste, rue Notre-Dame-de-Nazareth*, 29. — Jugement du 15 janvier 1862, homologuant le concordat du 26 décembre 1861. — Abandon de l'actif énoncé au concordat, et obligation par madame veuve Bureau de payer 10 % dans le mois de l'homologation. — M. Sautton, commissaire. — N° du Greffe, 18,193.

BUREL Auguste, *ex-nourrisseur, à Neuilly*. — Jugement du 27 mai 1853, homologuant le concordat du 2 du même mois. — Remise de 80 %. — Les 20 % non remis payables sans intérêts, en quatre ans, par quarts, le 15 mai des années 1854 et suivantes. — N° du Greffe, 10,321.

BURET Clément, *parcheminier, rue de la Harpe*, 55. — Jugement du 7 mai 1862, homologuant le concordat du 15 avril 1862. — Remise de 75 %. — Les 25 % non remis payables en cinq ans, par cinquièmes, de l'homologation. — N° du Greffe, 19,310.

BURGARTZ Léopold, *tailleur, rue Fontaine-Molière*, 35. — Jugement du 16 mars 1858, homologuant le concordat du 5 du même mois. — Remise de 60 %. — Les 40 % payables en cinq ans, par cinquièmes, de l'homologation. — N° du Greffe, 14,416.

BURGER Charles-Octave, *limonadier, rue de Rohan*, 2. — Jugement du 25 novembre 1857, homologuant le concordat du 16 même mois. — Remise de 85 %. — Les 15 % non remis payables en quatre ans, par quarts, d'année en année. — Premier paiement fin novembre 1858. — En cas de vente du fonds de commerce, exigibilité immédiate des dividendes. — N° du Greffe, 14,136.

BURGUIÈRE Jean-François, *marchand de bois et de charbons, à Romainville*. — Jugement du 22 juin 1858, homologuant le concordat du 6 mai 1858. — Remise de 80 %. — Les 20 % payables en quatre ans, par quarts, de l'homologation. — N° du Greffe, 14,281.

BURLE Jean-François, *ex-tailleur, rue St-Marc-Feydeau*. — Jugement du 20 octobre 1851, homologuant le concordat du 1er octobre 1851. — Remise des intérêts et frais non admis et de 80 % sur le capital. — Les 20 % non remis payables, par quarts, les fins octobre 1852, 1853, 1854 et 1855. — N° du Greffe, 9,875.

BURLET, demoiselle, Marie-Joséphine, *ex-marchande de nouveautés, rue de Seine-St-Germain*, 81. — Jugement du 1er août 1851, homologuant le concordat du 19 juillet 1851. — Remise de 70 %. — Les 30 % non remis payables : 20 % provenant de la réalisation de l'actif dans le mois de la date de l'homologation du concordat, et deux paiements de 5 % les 20 juillet 1853 et 1854. — M. Lecomte, commissaire. — N° du Greffe, 9,887.

BURLOT Joseph-Charles, de la société VIAU, *fabricant d'appareils de gymnastique, rue Roussel*, 21, *à Batignolles*. — Jugement du 7 juillet 1862, homologuant le concordat du 20 juin 1862. — Remise de 75 %. — Les 25 % non remis payables en cinq ans, par cinquièmes, du concordat. — N° du Greffe, 17,780.

BURNAND David, *traiteur, rue de Bethisy*, 8. — Jugement du 6 janvier 1851, homologuant le concordat du 19 décembre 1850. — Remise des intérêts et frais, et de 90 %. — Les 10 % non remis payables en quatre ans, par quarts, d'année en année, du 19 décembre. — N° du Greffe, 9,456.

BURY (de) veuve de Fulgence, Joseph-Désiré, *marchande de lingerie, rue Tronchet*, 25. — Jugement du 19 juillet 1859, homologuant le concordat du 20 juin 1859. — Remise de 75 %. — Les 25 % non remis payables en quatre ans, du jour du concordat, 6 % les trois premières années, et 7 % la quatrième. — N° du Greffe, 15,828.

BUSQUET François-Alfred, *marchand de cafés, rue des Messageries*, 10. — Jugement du 4 décembre 1854, homologuant le concordat du 11 novembre 1854. — Remise de 70 %. — Les 30 % non remis payables en trois ans, par tiers, d'année en année. — N° du Greffe, 11,611.

BUSSY Ambroise-Alexandre, *marchand de charbons de terre, à la Chapelle*. — Jugement du 19 novembre 1856, homologuant le concordat du 23 octobre 1856. — Remise de 65 %. — Les 35 % non remis payables : 5 % fin mars 1857, 10 % fin mars des années suivantes. — Obligation par le failli de distribuer aux créanciers le montant éventuel d'une créance à recevoir. — N° du Greffe, 13,314.

BUTET Louis-Florentin, *nourrisseur, à Grenelle*. — Jugement du 12 février 1856, homologuant le concordat du 28 janvier 1856. — Remise de 80 %. — Les 20 % non remis payables en quatre ans, par quarts, d'année en année, de l'homologation. — N° du Greffe, 12,791.

BUTLAR de la société des Eaux-de-Bains, *rue Grange-Batelière*, 26. — Jugement du 8 mai 1857, homologuant le concordat du 23 avril 1857. — Abandon de l'actif énoncé au concordat. — M. Crampel, commissaire. — N° du Greffe, 12,052.

BUVRY Louis-Nestor, *menuisier, rue de la Madeleine*, 27. — Jugement du 4 mars 1857, homologuant le concordat du 19 février 1857. — Abandon de l'actif énoncé au concordat. — Obligation de payer 10 % en cinq ans, par cinquièmes, d'année en année. — Premier paiement le 1er mars 1858. — M. Crampel, commissaire. — N° du Greffe, 13,532.

BUZAU Bertrand, *traiteur, à Montmartre*. — Concordat du 7 décembre 1849. — N° du Greffe, 525.

BUZENET Henri-Alexandre, *restaurateur, boulevard St-Martin*, 55. — Concordat du 2 juillet 1849. — N° du Greffe, 415.

BUZENET Louis-Alexandre, *limonadier, boulevard de Strasbourg*, 17. — Jugement du 18 avril 1860, homologuant le concordat du 9 mars 1860. — Remise de 85 %. — Les 15 % non remis payables, sans intérêts, en cinq ans, par cinquièmes, du 31 mars. — N° du Greffe, 15,229.

BYSTERVELD (de) Antonio-Henri, *coiffeur, rue de Buffaut*, 8. — Jugement du 11 avril 1862, homologuant le concordat du 11 janvier 1862. — Remise de 75 %. — Les 25 % non remis payables en cinq ans, par cinquièmes, du 15 février. — N° du Greffe, 19,001.

C

CABANTOUS Daniel, *marchand de vins, rue des Vieux-Augustins*, 18. — Jugement du 7 février 1855, homologuant le concordat du 24 janvier 1855. — Remise de 80 %. — Les 20 % non remis payables sans intérêts en deux ans, par quarts, de six mois en six mois. — Le premier paiement le 1er août 1855. — N° du Greffe, 11,881.

CABARAT Nicolas-Hippolyte, *serrurier-mécanicien, rue Grétry*, 1. — Jugement du 16 août 1855, homologuant le concordat du 23 juillet 1855. — Abandon de l'actif réalisé et à réaliser. — Sergent, commissaire. — N° du Greffe, 11,008.

CABENTOUS, *marchand de vins, rue Montorgueil*, 63. — Concordat du 16 octobre 1849. — N° du Greffe, 299.

CACHELEUX, femme BREUILLET, Marie-Appoline, *marchande de jouets d'enfants, rue St-Denis*, 116. — Jugement du 10 mai 1854, homologuant le concordat du 28 avril 1854. — Remise de 70 %. — Les 30 % non remis payables en six ans, par sixièmes, d'année en année. — Le premier paiement le 15 juin 1855. — N° du Greffe, 11,378.

CADÉ François-Jean, *épicier, rue du Temple*, 44. — Jugement du 9 juin 1858, homologuant le concordat du 24 mai 1858. — Remise de 70 %. — Les 30 % non remis payables en cinq ans, par cinquièmes, du 1er mai. — N° du Greffe, 14,596.

CADERT Jean, *entrepreneur de bâtiments, rue des Poissonniers*, 23, *à Montmartre, et rue du Grand-Hurleur*, 17, *à Paris*. — Jugement du

9 février 1852, homologuant le concordat du 26 janvier 1852. — Remise de 90 %. — Les 10 % non remis payables après l'homologation. — N° du Greffe, 8,212.

CADET-COLSENET, Adolphe, *mécanicien, rue Folie-Méricourt*, 36. — — Jugement du 19 octobre 1857, homologuant le concordat du 2 octobre 1857. — Remise de 85 %. — Les 15 % non remis payables en cinq ans, par cinquièmes, d'année en année. — Le premier paiement le 1er octobre 1858. — N° du Greffe, 13,709.

CADIX, *négociant, rue des Amandiers*, 45, *à Belleville*. — Jugement du 6 juin 1862, homologuant le concordat du 15 mai 1862. — Remise de 75 %. — Les 25 % non remis payables en quatre ans, par quarts, du jour de l'homologation. — N° du Greffe, 12,722.

CADOT, Denis, *nourrisseur, à Vaugirard*. — Jugement du 14 mai 1858, homologuant le concordat du 27 avril 1858. — Remise de 65 %. — — Les 35 % non remis payables en cinq ans, par cinquièmes, du 1er mai. — N° du Greffe, 14,495.

CADOT, Joseph, *marchand de porcelaine, rue de Lancry*, 24. — Jugement du 23 avril 1862, homologuant le concordat du 31 mars. — Remise de 60 %. — Les 40 % non remis payables en cinq ans, par cinquièmes, du 1er mai. — N° du Greffe, 19,428.

CADOT, César, *fournitures pour modes, rue Neuve-St-Eustache*, 40. — Jugement du 3 juin 1862, homologuant le concordat du 20 mai 1862. — Remise de 70 %. — Les 30 % non remis payables en cinq ans, par cinquièmes, du jour de l'homologation. — N° du Greffe, 19,656.

CADOT, Charles-Auguste-Emile, *imprimeur sur étoffes, à Puteaux*. — Jugement du 10 janvier 1860, homologuant le concordat du 29 décembre 1859. — Remise de 75 %. — Les 25 % non remis payables en cinq ans, par cinquièmes, du 29 décembre. — N° du Greffe, 16,420.

CAEN, Elias, *linger, à St-Mandé*. — Jugement du 4 mars 1852, homologuant le concordat du 19 février 1852. — Remise de 70 %. — Les 30 % non remis payables en cinq ans, le 1er mars des années 1853, 54, 55, 56 et 57. — N° du Greffe, 10,327.

CAEN, Hélias, *marchand de nouveautés, à St-Mandé*. — Jugement du 24 septembre 1858, homologuant le concordat du 4 septembre 1858. — Remise de 90 %. — Les 10 % non remis payables en cinq ans, par cinquièmes. — Le premier paiement le 15 janvier 1859. — N° du Greffe, 14,986.

CAERPIN, Pierre, *teinturier, rue Le Regrattier*, 13, *Ile St-Louis*. — Voir CHERPIN. — N° du Greffe, 15,350.

CAFFIN fils, François-Philippe, *restaurateur, rue du Commerce*, 1, *Paris-Grenelle*. — — Jugement du 6 janvier 1862, homologuant le concordat passé le 13 décembre 1861. — Remise de 65 %. — Les 35 % non remis payables en cinq ans, par cinquièmes, du jour de l'homologation. — N° du Greffe, 18,701.

CAFFIN, Pierre-Édouard, *fabricant de pâtes alimentaires, rue du Cloître-St-Merri*, 3. — Jugement du 6 janvier 1860, homologuant le concordat du 23 décembre 1859. — Abandon de l'actif énoncé au concordat. — Obligation de payer 30 % en cinq ans, par cinquièmes, du 1er janvier. — Lacoste, syndic. — N° du Greffe, 15,906.

CAHAIST, Louis-Étienne, *mécanicien, à St-Denis*. — Jugement du 7 décembre 1852, homologuant le concordat du 15 novembre 1852. — Abandon de l'actif mobilier et immobilier, à l'exception des meubles personnels du failli et de sa famille. — Remise du reste. — N° du Greffe, 10,178.

CAHART, Pierre-Louis, *limonadier, quai de la Grève*, 66. — Jugement du 2 mars 1852, homologuant le concordat du 17 février 1852. — Remise de 75 %. — Les 25 % non remis payables en cinq ans, le 17 février des années 1853, 1854 et suivantes. — N° du Greffe, 10,197.

CAHEN, dame GOMBÈLE, *marchande de meubles, rue Paradis, au Marais*, 8. — Jugement du 8 juillet 1859, homologuant le concordat du 23 juin 1859. — Remise de 40 %. — Les 60 % non remis payables en cinq ans, par cinquièmes, du jour du concordat. — N° du Greffe, 15,830.

CAHEN, demoiselle, Clara, *marchande de broderies, rue St-Sauveur*, 49. — Jugement du 4 décembre 1854, homologuant le concordat du 21 octobre 1854. — Abandon de l'actif réalisé et à réaliser avec garantie que cet actif produira 67 %, sinon obligation de parfaire dans le délai de deux ans du jour du concordat. — Normand, commissaire. — N° du Greffe, 11,532.

CAILLAUX, Gustave-Amand, *fabricant de cadres, rue St-Denis*, 351. — Jugement du 6 mai 1862, homologuant le concordat du 3 avril 1862. — Remise de 75 %. — Les 25 % non remis payables en cinq ans, par cinquièmes, du jour de l'homologation. — N° du Greffe, 19,488.

CAILLEUX fils, personnel, société DÉLACOUR, Charles-Édouard, *marchand de lait en gros, rue St-Quentin*, 10. — Jugement du 22 octobre 1852, homologuant le concordat du 13 septembre 1852. — Remise de 90 %. — Les 10 % non remis payables dans le mois de l'homologation. — Millet, commissaire. — N° du Greffe, 10,245.

CAILLOT, Antoine-Célestin, *entrepreneur de maçonnerie, au village Levallois*. — Jugement du 22 juin 1855, homologuant le concordat du 7 du même mois. — Remise de 80 %. — Les 20 % non remis payables en quatre ans, par quarts, d'année en année, du jour de l'homologation. — N° du Greffe, 11,305.

CAILLOT, société PLASSE, Jean-Marie, *bières, à Bercy*. — Jugement du 6 septembre 1855, homologuant le concordat du 27 août 1855. — Remise de 90 %. — Les 10 % non remis payables sans intérêts le 27 août 1857. — N° du Greffe, 12,329.

CAILLOT, Jean-Baptiste-Charles-Adolphe, *marchand de meubles, rue Chapon*, 24. — Jugement du 7 mars 1855, homologuant le concordat du 6 février 1855. — Remise de 85 %. — Les 15 % non remis payables en cinq ans par cinquièmes, d'année en année, à partir du jour du concordat. — N° du Greffe, 11,811.

CAINGNARD et Ce, Alexandre, *marchand de porcelaine, rue des Petites-Ecuries*, 3. — Jugement du 22 février 1861, homologuant le concordat du 2 février 1861. — Remise de 60 %. — Les 40 % non remis payables en cinq ans, par cinquièmes, à partir du jour du concordat. — N° du Greffe, 17,586.

CALLAIS, Valentin-Julien-Félix, *épicier, à Gentilly*. — Jugement du 22 novembre 1852, homologuant le concordat du 28 octobre 1852. — Remise de 50 %. — Les 50 % non remis payables en huit ans, par huitièmes, d'année en année, à partir du 1er novembre 1852. — N° du Greffe, 10,543.

CALLÉ, veuve de Jean-Claude-Louis MALLEROT, *fabricant de chaussures, boulevard St-Martin*, 67. — Jugement du 9 septembre 1850, homologuant le concordat du 23 août 1850. — Remise de 70 % en principal, intérêts et frais. — Les 30 % non remis payables par cinquièmes, d'année en année, le 23 août des années 1851, 1852 et suivantes. — N° du Greffe, 9,376.

CALLEROT, société STAUFIGER, Claude-Philibert, *cordonnier, rue d'Antin*, 21. — Voir BRETON, Charles-Louis. — N° du Greffe, 11,466.

CALON, *négociant, rue St-Louis*, 40, *aux Batignolles*. — Jugement du 7 octobre 1862, homologuant le concordat du 19 septembre 1862. — Obligation de payer l'intégralité des créances dans l'année qui suivra l'homologation. — N° du Greffe, 19.828.

CALVET, Jean, *marchand de charbon et d'eau, à Courbevoie*. — Jugement du 6 mars 1856, homologuant le concordat du 21 février 1856. — Remise de 50 %. — Les 50 % non remis payables en cinq ans, par cinquièmes, d'année en année, du jour de l'homologation. — N° du Greffe, 12,343.

CALVET, Auguste, *marchand de vins, boulevard d'Ivry*, 39. — Jugement du 29 avril 1859, homologuant le concordat du 12 avril 1859. — — Remise de 70 %. — Les 30 % non remis payables : 6 % dans un an de l'homologation, et 8 % dans deux, trois et quatre ans, du jour de l'homologation. — N° du Greffe, 15,472.

CAMARD, *épicier, rue Chabannais*. — Concordat du 2 juillet 1849. — N° du Greffe, 326.

CAMBOURNAC, Joseph, *nourrisseur, rue de Paris*, 29, *à Clichy-la-Garenne*. — Jugement du 12 février 1862. homologuant le concordat du 16 janvier 1862. — Remise de 80 %. — Les 20 % non remis payables en cinq ans, par cinquièmes, du jour du concordat. — N° du Greffe, 18,238.

CAMILLE, Adrien-Nicolas, *ex-loueur de voitures, rue des Tournelles*, 80. — Jugement du 24 décembre 1852, homologuant le concordat du 13 décembre 1852. — Remise de 90 %. — Les 10 % non remis payables en cinq ans, par cinquièmes, fin octobre des années 1853, 1854 et suivantes. — N° du Greffe, 9,705.

CAMINOR, Aaron, *marchand de nouveautés, à Courbevoie.* — Jugement du 1er décembre 1859, homologuant le concordat du 19 novembre 1859. — Remise de 70 %. — Les 30 % non remis payables en quatre paiements, d'année en année, du 1er décembre. — Les trois premiers de chacun 8 % et le quatrième de 6 %. — N° du Greffe, 16,357.

CAMPAGNE, *négociant et tenant maison meublée, rue du Bouloi*, 18. — Jugement du 19 août 1858, homologuant le concordat du 10 août 1858. — Obligation de payer le montant intégral des créances en principal, intérêts et frais un mois après l'homologation du concordat. — N° du Greffe, 14,793.

CAMPEAU, Gabriel-Émilien, *charcutier, à Batignolles.* — Jugement du 31 mai 1859, homologuant le concordat du 30 avril 1859. — Remise de 80 %. — Les 20 % non remis payables en 5 ans, par cinquièmes, du jour de l'homologation. — N° du Greffe, 15,679.

CAMUS et Ce, demoiselle Albertine-Anne-Rose et François Camus, *fabricants de registres, rue du Cherche-Midi*, 86. — Jugement du 22 août 1856, homologuant le concordat du 8 du même mois. — Remise de 90 %. — Les 10 % non remis payables, sans intérêts, en 4 ans, par quarts, d'année en année. — Premier paiement le 31 juillet 1858. — N° du Greffe, 12,887.

CAMUS, Laurent-Denis, *linger, passage Choiseul*, 43. — Jugement du 5 octobre 1852, homologuant le concordat du 5 septembre 1852. — Remise de 94 %. — Les 6 % non remis payables dans le courant d'octobre 1852 — N° du Greffe, 9,571.

CAMUS jeune, Alexandre-Benjamin, *commerce en chapellerie, rue Rambuteau*, 35. — Jugement du 18 novembre 1850, homologuant le concordat du 6 novembre 1850. — Remise de 80 %. — Les 20 % non remis payables en 4 ans, par quarts, le 6 novembre des années 1851, 1852, 1853 et 1854. — N° du Greffe, 9,370.

CAMUS, société BINZE, Henri, *vins et eaux-de-vie, rue Mouffetard*, 293. Voir BINZE. — N° du Greffe, 14,326.

CAMUSET, Eugène-François, *menuisier, rue d'Ulm*, 38. — Jugement du 11 Avril 1856, homologuant le concordat du 4 mars 1856. — Remise de 60 %. — Les 40 % non remis payables, sans intérêts, en 4 ans, d'année en année, du jour du concordat. — N° du Greffe, 12,779.

CAMUSET, Claude-Paul, *fumiste, rue de Fourcy-St-Antoine*, 12. — Jugement du 30 août 1861, homologuant le concordat du 20 août 1861. — Remise de 70 %. — Les 30 % non remis payables en 5 ans, par cinquièmes, sans intérêts, du jour du concordat. — N° du Greffe, 18,149.

CAMUSET frères, Théophile et Etienne-Nestor, *négociant en dentelles, rue Thévenot*, 26. — Jugement du 10 mai 1855, homologuant le concordat du 28 avril précédent. — Remise de 75 %. — Les 25 % non remis payables, sans intérêts, en 2 ans, par moitiés, du jour du concordat. — N° du Greffe, 12,172.

CAMUSET jeune, Étienne-Nestor, *négociant en dentelles, rue Thévenot*, 26. — Jugement du 2 décembre 1857, homologuant le concordat du 14 novembre 1857. — Remise de 75 %. — Les 25 % non remis payables, sans intérêts, par moitiés, le 1er décembre des années 1858 et 1859. — N° du Greffe, 13,164.

CAMUSET et fils, Arthur-Étienne, *entrepreneurs de serrurerie, rue Percée-St-Antoine*, 10. — Jugement du 24 avril 1862, homologuant le concordat du 15 mars 1862. — Remise de 70 %. — Les 30 % non remis payables, sans intérêts, en 6 ans, par sixièmes, du jour de l'homologation. — N° du Greffe, 19,090.

CANNOT, Gustave-Adolphe, *imprimeur-lithographe, Cour des Miracles*, 9. — Jugement du 14 mai 1857, homologuant le concordat du 30 avril 1857. — Remise de 75 %. — Les 25 % non remis payables au moyen de l'actif abandonné, énoncé au concordat, et la différence, le 30 avril des années 1858, 1859 et 1860. — M. Pascal, maintenu syndic. — N° du Greffe, 13,460.

CANOUIL, Germain, *commerce d'allumettes, passage du Désir*, 1. — Jugement du 29 octobre 1855, homologuant le concordat. — Remise de 50 %. — Les 50 % non remis payables, sans intérêts, en 6 ans, par sixièmes, d'année en année. — Le premier paiement dans un an de l'homologation. — N° du Greffe, 12,463.

CANTAREL, Pierre-Antoine, *ustensiles de chasse, rue des Panoyaux*, 51. — Jugement du 21 novembre 1862, homologuant le concordat du 4 novembre. — Remise de 75 %. — Les 25 % non remis payables en 5 ans, par cinquièmes, du 31 juillet. — N° du Greffe, 340.

CANTEL, Isidore, *épicier, rue Montreuil*, 160, *à Charonne.* — Jugement du 15 mai 1860, homologuant le concordat du 4 mai 1860. — Remise de 75 %. — Les 25 % non remis payables en 5 ans, par cinquièmes, du 1er mai sans interruption. — N° du Greffe, 16,705.

CANTELOU et **HACOT**, Gustave, *négociants en charbon, rue St-Dominique-St-Germain*, 211. — Jugement du 13 mars 1861, homologuant le concordat du 27 février 1861. — Remise 80 % — Les 20 % non remis payables en 5 ans, par cinquièmes, du jour de l'homologation. — N° du Greffe, 17,798.

CANTIN aîné, Jean, *marchand de vins, rue des Grands-Augustins*, 15. — Jugement du 18 novembre 1858, homologuant le concordat du 29 novembre 1858. — Remise de 85 %. — Les 15 % non remis payables en 3 ans, par tiers, du 1er octobre prochain. — N° du Greffe, 14,494.

CAPELL, L. A., société, Jean-Marie-Élie-Thadée et Armande-Jeanne, *passementerie, rue Bourbon-Villeneuve*, 30. — Jugement du 16 novembre 1860, homologuant le concordat du 5 novembre 1860. — Remise de 70 %. — Les 30 % non remis payables en 3 ans, par tiers, du jour de l'homologation. — N° du Greffe, 17.404.

CAPGRAS et Ce, Bernard, *vidanges atmosphériques, rue Druot*, 8. — Voir : BERNARD. — N° du Greffe, 13,764.

CAPLAIN, Louis, *marchand de charbons, à Puteau.* — Jugement du 14 juin 1859, homologuant le concordat du 30 mai 1859. — Remise de 75 %. — Les 25 % non remis, payables en 4 ans, par quarts, du 1er mai. — N° du Greffe, 13,900.

CAPON, Charles-Louis-Auguste, *mercier, rue de Paris*, 25, *à Belleville.* — Jugement du 7 mai 1852, homologuant le concordat du 22 avril 1862. — Remise de 75 %. — Les 25 % non remis, payables en 5 ans, par cinquièmes, du jour de l'homologation. — N° du Greffe, 19,417.

CAPON, Joseph, *ciment romain, à Charonne.* — Jugement du 18 avril 1859, homologuant le concordat du 5 avril 1859. — Remise de 75 %. — Les 25 % non remis payables en 5 ans, par cinquièmes, du 1er avril. — N° du Greffe, 15,665.

CARABOUX, femme NÉRAT, Eugénie, *corsets, Passage du Grand-Cerf*, 29. — Jugement du 13 août 1861, homologuant le concordat du 5 juillet 1861. Remise de 75 %. — Les 25 % non remis payables en 5 ans, par cinquièmes, du 1er juillet. — N° du Greffe, 17,925.

CARADANT, Louis, *marchand de vins-traiteur, rue des Dames.* — Jugement du 21 décembre 1855, homologuant le concordat du 5 du même mois. — Remise de 85 %. — Les 15 % non remis, payables en 3 ans, par tiers, d'année en année. — Le premier paiement le 1er décembre 1856. — N° du Greffe, 12,563.

CARDINET, société GIRARD, Émile, *mécanicien, rue du Grand-St-Michel*, 24. — Jugement du 14 janvier 1861, homologuant le concordat du 21 décembre 1860. — Obligation de payer l'intégralité des créances, savoir : 5 % dans deux ans, 5 % dans trois, quatre et cinq ans, 6 % dans six et sept ans, 8 % dans huit ans, 10 % dans neuf ans. — Les autres paiements de 10 % d'année en année, du jour du concordat. — N° du Greffe, 17,490.

CARDON, Victor, *fabricant de biscuits, Chemin de Ronde des Amandiers*, 37. — Jugement du 7 octobre 1859, homologuant le concordat du 26 septembre 1859. — Remise de 70 %. — Les 30 % non remis payables en 3 ans, par tiers, du 1er octobre. — N° du Greffe, 16,114.

CARDON-MILLOT, *nouveautés, rue de Charenton*, 22. — Jugement du 17 octobre 1860, homologuant le concordat du 7 août 1860. — Abandon de l'actif énoncé au concordat. — Obligation de payer 50 % en 5 ans, payables par cinquièmes, du jour de l'homologation. — M. Trille, maintenu syndic. — N° du Greffe, 17,162.

CAREAU, Jean-Baptiste-Louis, *lampiste, rue Croix-des-Petits-Champs*, 13. — Concordat du 25 février 1850. — N° du Greffe, 805.

CARFORT, Martin et Ce, *banquiers, boulevard Sébastopol*, 25. — Jugement du 10 janvier, 1862, homologuant le concordat du 14 décembre 1861. — Remise de 50 %. — Les 50 % non remis payables : 10 % le 15 juillet 1862, 10 % six mois après, 15 % fin décembre 1863, et 15 % fin décembre 1864. — N° du Greffe, 18,217.

CARLIER, L. E., *négociant, rue St-Eloi*, 27.—Jugement du 20 septembre 1861, homologuant le concordat du 7 septembre. — Obligation de payer l'intrégalité des créanciers en principal intérêts et frais, le 1er septembre 1862. — N° du Greffe, 14,824.

CARLIER, Louis, *tailleur et marchand de vins, Ile St-Denis.* — Jugement du 13 octobre 1858, homologuant le concordat du 28 septembre 1858. — Remise de 70 %.— Les 30 % non remis payables en 6 ans, par sixièmes, du 15 octobre prochain. — N° du Greffe, 15,109.

CARLIER, Louis-François-Joseph, *fondeur de graisses,rue Croulebarbe*, 45. — Jugement du 5 août 1862, homologant le concordat du 10 juillet 1862. — Remise de 70 %. — Les 30 % non remis payables en 5 ans, par cinquièmes, du jour de l'homologation.— N° du Greffe, 19,674.

CARLIER, Louis-Joseph, *fabricant de crinoline, rue Popincourt*, 91. — Jugement du 20 mars 1857, homologuant le concordat du 7 mars 1857. — Remise de 70 %. — Les 30 % non remis payables en 5 ans par cinquièmes, d'année en année, du jour du concordat. — N° du Greffe, 13,584.

CARLIN, femme DAVID, Louis-Théodore, *marchand de vins-traiteur, Place d'Armes*, 8, *à St-Denis*. — Jugement du 25 avril 1851, homologuant le concordat du 14 avril 1851. — Remise de 80 % en principal intérêts et frais. — Les 20 % non remis payables par les sieur et dame Carlin, solidairement en 4 ans, par quarts, le 14 avril 1852 et années suivantes. — N° du Greffe, 9,717.

CARMENT, Michel-Charles, *marchand de nouveautés, Faubourg Poissonnière*, 58. — Jugement du 4 mars 1856, homologuant le concordat du 12 février 1856. — Remise de 75 %. —Les 25 % non remis payables, sans intérêts, au moyen de ce qui se trouvait ès-mains du syndic et à la caisse des consignations, et le surplus en 4 ans, par quarts, d'année en année, dans un an du jour de l'homologation.— N° du Greffe, 12,578.

CARON fils, Laurent-Stanislas, *maçon, rue de Parme*.— Jugement du 24 avril 1857, homologuant le concordat du 2 mars 1857. — Remise de 70 %.— Les 30 % non remis payables au moyen de l'actif abandonné, énoncé au concordat.— La différence payable, par quarts, le 1er octobre des années 1858, 59, 60 et 61, sans intérêts.— Isbert, maintenu syndic.— N° du Greffe, 13,311.

CARON, Victor, *fabricant de cristaux, à Grenelle*.— Jugement du 3 janvier 1853, homologuant le concordat du 20 décembre 1852.— Remise de 75 %. — Les 25 % non remis payables: 6 % fin janvier des années 1854, 55 et 56, 7 % fin janvier 1857. — N° du Greffe, 10,617.

CARON et Ce, Joseph-Léon, *commerce de chocolats, boulevard Sébastopol*, 50, *et rue Rambuteau*, 71. — Jugement du 29 août 1859, homologuant le concordat du 16 août 1859.— Abandon de l'actif énoncé au concordat.— Pluzanski, maintenu syndic.—N° du Greffe, 15,937.

CARON aîné, Louis-Joseph, *fabricant de gants, rue Montorgueil*, 23.— Jugement du 11 septembre 1857, homologuant le concordat du 27 août 1857.— Remise de 75 %.— Les 25 % non remis payables en cinq ans, par cinquièmes, du jour du concordat. — N° du Greffe, 13,919.

CARPENTIER, dame, Augustin-François, *lingère, rue Rambuteau*, 74.— Jugement du 2 janvier 1856, homologuant le concordat du 20 décembre 1855. — Remise de 75 %.— Les 25 payables : 10 % fin septembre 1856, et 7 1/2 % fin décembre des années 1857 et 1858. — N° du Greffe, 12,684.

CARPENTIER, société DIOUDONNAT Fils et Cie, Joseph, *mécaniciens, rue Fontaine-au-Roi*, 58. — Jugement du 27 octobre 1854, homologuant le concordat du 6 octobre 1854.— Abandon de tout l'actif réalisé.— Obligation de payer, sans solidarité, 30 % en quatre ans, par quarts, d'année en année.— Premier paiement le 1er novembre 1855.— Le François, commissaire.— N° du Greffe 11,063.

CARRA, Michel, *coiffeur, rue de Choiseul*, 22. — Jugement du 25 avril 1861, homologuant le concordat du 10 avril 1861 — Remise de 75 %.— Les 25 % non remis payables en cinq ans, par cinquièmes, du 1er mai.— N° du Greffe, 17,956.

CARRAZ, *épicier, rue de l'Arcade*, 8.— Concordat du 14 décembre 1849.— N° du Greffe, 754.

CARRÉ, François-Gaspard, *nouveautés, rue Lafayette*, 48.—Jugement du 11 septembre 1860, homologuant le concordat du 23 août 1860. — Remise de 50 %.— Les 50 % non remis payables en cinq ans, par cinquièmes, du 1er septembre— N° du Greffe, 16,937.

CARRÉ, Alfred, *marchand de laines, rue de Rambuteau*, 80. — Jugement du 8 novembre 1850, homologuant le concordat du 29 octobre 1850.— Abandon de tout l'actif énoncé au concordat.— Obligation en outre de payer un dividende de 10 %, par quarts, fin novembre des années 1851, 52, 53, 54.— N° du Greffe, 9,526.

CARRÉ, Antoine, *marchand de vins traiteur, à Berçy*.— Jugement du 23 octobre 1854, homologuant le concordat du 30 septembre 1854.— Remise de 65 %.— Les 35 % non remis payables en cinq ans, par cinquièmes, d'année en année.— Premier paiement dans un an du jour de l'homologation.— N° du Greffe, 11,765.

CARRÉ, société DEMANET, Jules, *fabricant de bouchons, rue de Clicy*, 64, *à Batignolles*.— Jugement du 2 juin 1857, homologuant le concordat du 16 mai 1857.— Abandon de l'actif énoncé au concordat.— Obligation de payer en 2 ans, sans intérêts, la différence pouvant exister entre le résultat de l'actif et le montant du passif. — N° du Greffe, 12,541.

CARRÉ, *négociant, rue de Ponthieu*, 36.— Jugement du 17 novembre 1856, homologuant le concordat du 31 octobre 1856.— Remise de 90 %.— Les 10 % non remis payables, sans intérêts, en deux ans par moitiés, du jour du concordat.— Obligation en outre, de payer 50 % des sommes pouvant lui revenir dans la liquidation de la société Demanet et Carré, faillis.— N° du Greffe, 12,360.

CARRÈRE Pierre, *blanchisseur, rue Montorgueil*, 49.— Jugement du 8 avril 1858, homologuant le concordat du 19 mars 1858.— Remise de 75 %.— Les 25 % non remis payables en cinq ans, par cinquièmes, du 15 mars. — N° du Greffe, 14,233.

CARRICHON frères, *marchands de vins, à Bercy*.— Jugement du 4 juin 1849, homologuant le concordat.— N° du Greffe, 126.

CARRIER. demoiselle, Pauline, *modiste, rue Richelieu*, 84.— Jugement du 12 mai 1858, homologuant le concordat du 1er mai 1858.— Remise de 95 %.— Les 5 % non remis payables en cinq ans, par cinquièmes, du jour du concordat.— N° du Greffe, 14,676.

CARRIOL Hugues, *serrurier à Belleville*.— Jugement du 27 juillet 1855, homologuant le concordat du 28 juin 1855.— Remise de 75 %.— Les 25 % non remis payables en quatre ans, par quarts, d'annéee en année, du 1er juillet 1856.— Affectation, sans garantie, d'une somme déposée à la caisse.— N° du Greffe, 9,414.

CARRUET, *filateur, rue de Charonne*, 50.— Jugement du 20 février 1849, homologuant le concordat.— N° du Greffe, 8,398.

CARTE, Gabriel-Benoit, *marchand tailleur, boulevard des Italiens*, 11. — Jugement du 3 janvier 1850, homologuant le concordat du 12 novembre 1849.— Remise de 50 %.— Les 50 % non remis payables : 10 % par Sesquès, personnellement, par moitiés, les 1er décembre 1850 et 1851. — 40 % par les sieurs Carte et Pierre, solidairement, en quatre ans, par huitièmes, de six mois en six mois, du 15 mai 1850.— N° du Greffe, 7,044.

CARTEREAU, François-Henri, *marchand bonnetier, boulevart de Strasbourg*, 30.— Jugement du 6 mai 1859, homologuant le concordat du 11 avril 1859.— Remise de 50 %.— Les 50 % non remis payables, sans intérêts : 10 % aussitôt après l'homologation. —10 % trois, six et neuf mois après l'homologation.— 2 1/2 % les 15 juillet et 15 octobre 1860, 2 1/2 % les 15 janvier et 15 avril 1861.— N° du Greffe, 15,289.

CARTRY, François-Constant, *boucher, rue de Vaugirard*, 5.— Jugement du 9 juillet 1860, homologuant le concordat du 22 juin 1860. — Remise de 85 %.— Les 15 % non remis payables en trois ans, par tiers, du 1er juillet.— N° du Greffe, 16,715.

CASPER, dame, *charcutière à la Chapelle*.— Jugement du 24 avril 1854, homologuant le concordat du 11 avril 1854.— Remise de 88 %. — Les 12 % non remis payables, sans intérêts, en six ans, par sixièmes, d'année en année, à partir du concordat.— N° du Greffe, 11,290.

CASSEGRAIN, Pierre-Narcisse, *charcutier, rue du Faubourg St-Honoré*, 18.— Jugement du 7 mai 1852, homologuant le concordat du 9 avril 1852.— Remise de 80 %. — Les 20 % non remis payables : 5 % le 31 août prochain, et 15 % le 1er avril 1853.— N° du Greffe, 10,116.

CASSEGRAIN, Armand, de la société DEPRÉ, *fabricant de chemises, rue de Rivoli*, 47. — Jugement du 8 janvier 1838, homologuant le concordat du 22 décembre 1837. — Remise de 80 %. — Les 20 % non remis payables : 7 1/2 % dans le mois de l'homologation, et le surplus par quarts, d'année en année, à partir du 31 janvier. — N° du Greffe, 14,173.

CASSIÈRE, Jean-Baptiste, *limonadier, rue Neuve-des-Petits-Champs*, 9. — Jugement du 29 septembre 1859, homologuant le concordat du 22 août 1859. — Abandon de l'actif énoncé au concordat. — M. Devin, maintenu syndic. — N° du Greffe, 13,931.

CASTANET, Adrien-Pierre, *fabricant de chocolat, rue Thévenot*, 11. — Jugement du 31 mars 1838, homologuant le concordat du 18 même mois. — Abandon de l'actif énoncé au concordat. — Obligation de payer 15 % en trois ans, par tiers, du 1er août prochain. — M. Breuillard, maintenu syndic. — N° du Greffe, 14,526.

CASTEL, Charles, *marchand de vins, rue de Bercy*, 100, *à Belleville*. — Jugement du 13 novembre 1862, homologuant le concordat du 8 octobre 1862. — Abandon de l'actif énoncé au concordat. — Obligation de payer 20 % en quatre ans de l'homologation. — M. Barbot, maintenu syndic. — N° du Greffe, 195.

CASTEL et VIMBOURG, *négociants, rue Tiquetonne*, 12. — Jugement du 4 septembre 1856, homologuant le concordat du 12 août 1855. — Abandon de l'actif énoncé au concordat. — Obligation de payer 20 % des créances, en cinq ans, par cinquièmes, du jour du concordat. — M. Heurtey, commissaire. — N° du Greffe, 11,847.

CASTERA, Antoine, *boulanger à Montmartre*. — Jugement du 12 janvier 1837, homologuant le concordat du 27 décembre 1836. — Remise de 70 %. — Les 30 % non remis payables par sixièmes, de six en six mois, du jour de l'homologation. — Madame Castera, caution du paiement des dividendes promis. — En cas de vente du fonds de commerce, les dividendes promis exigibles immédiatement. — N° du Greffe, 13,430.

CASTETS, Auguste, *négociant en corps gras, à Puteaux*. — Jugement du 30 août 1855, homologuant le concordat du 31 juillet 1855. — Remise de 80 %. — Les 20 % non remis payables en 4 ans, par quarts, d'année en année. — Premier paiement le 1er août 1856. — N° du Greffe, 12,312.

CASTEX et FOUCAULT, Jean-Baptiste, *tapissiers, rue du faubourg Montmartre*, 61. — Jugement du 23 Juin 1838, homologuant le concordat du 31 mai 1838. — Remise de 80 %. — Les 20 % non remis payables en quatre ans, par quarts, du jour du concordat. — N° du Greffe, 14.566.

CATON, Jean-Baptiste, *tapissier, rue Larochefoucault*, 35. — Jugement du 29 janvier 1836, homologuant le concordat du 10 même mois. — Remise de 25 %. — Les 75 % non remis payables en cinq ans, par cinquièmes, d'année en année, un an après l'homologation. — N° du Greffe, 12,640.

CAUCHEMEZ, Louis-Auguste, *épicier, rue Sainte-Anne*, 60. — Jugement du 25 janvier 1856, homologuant le concordat du 11 janvier 1856. — Remise de 75 %. — Les 25 % non remis payables en trois ans, par douzièmes, de trois mois en trois mois, pour le premier paiement avoir lieu le 1er mars 1856. — N° du Greffe, 12,737.

CAUCHEMEZ, Auguste-Louis, *épicier, rue Sainte-Anne*, 66. — Jugement du 22 novembre 1861, homologuant le concordat du 8 du même mois. — Remise de 80 %. — Les 20 % non remis payables en quatre ans, par quarts, du jour du concordat. — N° du Greffe, 18,342.

CAUCHETIER, Nicolas-Théodore, *fabricant de porduits chimiques, rue du Cloître-Saint-Merri*, 8. — Jugement du 29 mars 1859, homologuant le concordat du 15 février 1859. — Remise de 70 %. — Les 30 % non remis payables en six ans, par sixièmes, de fin novembre. — N° du Greffe, 15,426.

CAUCHOIS et Ce, Pierre-Gabriel et Eugène, *négociants, rue du Ponceau*, 8. — Jugement du 23 août 1862, homologuant le concordat du 30 juillet 1862. — Remise de 98 %. — Les 2 % non remis payables aussitôt l'homologation. — N° du Greffe, 18,711.

CAUDRON et Ce, Auguste, gérant, *négociants en étoffes pour chaussures, rue de Belzunce*. — Jugement du 10 juillet 1862, homologuant le concordat du 4 juin 1862. — Remise de 60 %. — Les 40 % non remis payables : 8 % dans le mois de l'homologation, 8 % un an après, et 8 % d'année en année, jusqu'à parfait paiement. — N° du Greffe, 19,494.

CAUDRON, Charles-Henri, *entrepreneur de déménagements, à Montrouge*. — Jugement du 19 décembre 1859, homologuant le concordat du 3 du même mois. — Obligation de payer l'intégralité des créances, en trois ans, du jour du concordat. — N° du Greffe, 16,359.

CAUSSADE, Jacques, de la société HAMM, *coutelier, rue de l'Ecole de Médecine*, 6. — Voir CLERC, société HAMM.

CAUSSIN, dame, RICQUIER, Rose, *mercière, rue Montmartre*, 79. — Jugement du 19 mai 1852, homologuant le concordat du 3 du même mois. — Remise de 82 %, les 18 % non remis payables dans la huitaine de la reddition de comptes du syndic. — N° du Greffe, 9,848.

CAUVIN, Charles-Delphin, de la société CAUVIN et NEVEU aîné, *négociant en huiles et savons, rue des Juifs*. — Jugement du 27 novembre 1856, homologuant le concordat du 14 du même mois. — Abandon de l'actif énoncé au concordat. — M. Crampel, commissaire. — N° du Greffe, 13,153.

CAVE, Charles, *serrurier, rue de la Michodière*, 5. — Jugement du 6 janvier 1862, homologuant le concordat du 13 décembre 1861. — Remise de 75 %. — Les 25 % non remis payables en 6 ans, par sixièmes, de fin de novembre. — N° du Greffe, 18,822.

CAVÉ, Léonard, *limonadier à Vincennes*. — Jugement du 7 mars 1854, homologuant le concordat du 20 février 1854. — Remise de 85 %. — Les 15 non remis payables en 4 ans, par quarts, d'année en année, à partir de l'homologation. — N° du Greffe, 11,122.

CAVELON ou CAVELAN, *exploiteur des mines d'or des Pyrennées centrales*. — Jugement du 13 Juillet 1849, homologuant le concordat. — N° du Greffe, 8,911.

CAVILLIER, Jacques, *serrurier à Neuilly*. — Jugement du 17 décembre 1856, homologuant le concordat. — Remise de 80 %. — Les 20 % non remis payables, par quarts, d'année en année, premier paiement fin décembre 1857. — N° du Greffe, 13,394.

CAVORET, Claudius, *commissionnaire, rue Saint-Lazare*, 51. — Jugement du 2 juin 1862, homologuant le concordat passé le 20 mai. — Remise de 80 %. — Les 20 % non remis payables, par cinquièmes, en cinq ans, du 31 décembre. — N° du Greffe, 19,581.

CAYE, Jean-Baptiste, *pâtissier, rue Tronchet*, 23. — Jugement du 11 avril 1859, homologuant le concordat du 15 mars 1859. — Remise de 80 %. — Les 20 % non remis payables : 5 % dans la quinzaine de l'homologation ; 5 % un an après, 5 % 18 mois après, et 5 % 2 ans après l'homologation. — N° du Greffe, 15.609.

CAYER, Constant-Clément, *limonadier, rue de l'Empereur, à Montmartre*. — Jugement du 13 février 1861, homologuant le concordat du 24 janvier précédent. — Abandon de l'actif énoncé au concordat. — N° du Greffe, 17,548.

CAYROL, *marchand de modes, rue de la Ferme des Mathurins, 33 bis*. — Concordat du 14 mai 1842. — N° du Greffe, 271.

CAZAL, Pierre, *marchand de papiers peints et herboriste, rue des Nonains-d'Hyères*, 19. — Jugement du 20 juin 1859, homologuant le concordat du 7 juin 1859. — Abandon de l'actif énoncé au concordat. — M. Chevallier, maintenu syndic. — N° du Greffe, 15,732.

CAZANAVE, Auguste, *maître blanchisseur à Neuilly*. — Jugement du 10 août 1855, homologuant le concordat du 27 juillet 1855. — Remise de 90 %. — Les 10 % non remis payables, par moitiés, fin juillet 1856 et 1857. — N° du Greffe, 12,339.

CAZAT fils, Emile-Léon, *entrepreneur de menuiserie, Chemin de Ronde de la Barrière-Montmartre*, 53. — Jugement du 19 septembre 1859, homologuant le concordat du 8 septembre 1859. — Obligation de payer l'intégralité des créances comme suit : 10 % le 1er octobre 1860, 9 % le 1er avril 1861, 9 % le 1er octobre 1861, 9 % le 1er avril 1862, 9 % le 1er octobre 1862, 9 % le 1er avril 1863, 9 % le 1er octobre 1863, 9 % le 1er avril 1864, 9 % le 1er octobre 1864, 9 % le 1er avril 1865, 9 % le 1er octobre 1865. — N° du Greffe, 15,804.

CAZÉ, Constant-Florimond, *marchand de vins, à Boulogne*. — Jugement du 23 avril 1850, homologuant le concordat du 6 du même mois. — Remise de tous intérêts et frais non admis, et de 85 %. — Les 15 % non remis payables : 5 % dans un an, 5 % dans deux ans, 5 % dans 3 ans, du jour du concordat. — N° du Greffe, 9,308.

CAZEAUX, Dominique, *tailleur, rue Taitbout*, 21.— Jugement du 6 février 1862, homologuant le concordat du 17 janvier 1862. — Remise de 50 %. — Les 50 % non remis payables : 10 % fin février 1863, 5 % fin août 1863, 5 % fin février et août 1864, 5 % fin février et août 1865, 5 % fin février et août 1866, 5 % fin février 1867. — N° du Greffe, 18,887.

CELLE, dame, Firmin-Alexandre, *bijoutière, rue Montmartre*, 152. — Jugement du 2 septembre 1862, homologuant le concordat du 11 août 1862. — Remise de 50 %. — Les 50 % non remis payables en quatre ans, par quarts, du jour de l'homologation. — N° du Greffe, 19,833.

CERBELAUD, *fumiste, rue de Milan*, 10 *bis*. — Concordat du 31 juillet 1849. — N° du Greffe, 395.

CERF frères, *commissionnaires en marchandises, rue du Ponceau*, 9. — Jugement du 7 octobre 1851, homologuant le concordat du 23 septembre 1851. — Remise de 60 % et des intérêts échus et à échoir. — Les 40 % non remis payables : 20 % aussitôt l'homologation du concordat, 10 % fin décembre 1851, et 10 % fin décembre 1852. — Dépôt de bijouterie aux mains d'un créancier désigné jusqu'à paiement du dividende de 20 %. — Les sieurs Léon et Edmond Cerf, cautions solidaires du paiement des dividendes. — N° du Greffe, 9,727.

CERF, Pierre, *marchand colporteur, rue Ménilmontant*, 24. — Jugement du 26 octobre 1857, homologuant le concordat du 3 du meme mois. — Remise de 80 %. — Les 20 % non remis payables : 6 % dans un an, et 7 % dans deux et trois ans de l'homologation. — N° du Greffe, 14,073.

CERF, dame de Wahl, Jacob, *marchande à la toilette, rue du faubourg du Temple*, 25. — Jugement du 19 mai 1858, homologuant le concordat du 4 du même mois. — Remise de 75 %. — Les 25 % non remis payables en cinq ans, par cinquièmes, de l'homologation. — N° du Greffe, 14,597.

CERTE, François, *charbonnier, à Ivry*.— Jugement du 16 mars 1852, homologuant le concordat du 26 février 1852. — Obligation de payer 10 % en principal, intérêts et frais, savoir : 5 % le 26 février 1854, 5 % le 26 février 1855. — N° du Greffe, 10,106.

CESSELIN, Pierre-Bazile, *négociant en vins, rue de Rougemont*, 14.— Jugement du 19 janvier 1858, homologuant le concordat du 19 novembre 1857. — Abandon de l'actif énoncé au concordat. — Obligation de payer 10 %, sans intérêts, en deux ans, par moitiés, les 1ers août 1860 et 1862. — M. Isbert, maintenu syndic. — N° du Greffe, 14,229.

CHABANEL, demoiselle, Eugénie-Clotilde, *tenant bureau de placement, rue Joquelet*, 12. — Jugement du 11 février 1861, homologuant le concordat du 25 janvier 1861. — Remise de 80 %. — Les 20 % non remis payables en quatre ans, par quarts, du jour du concordat. — N° du Greffe, 17,575.

CHABARIBEYRE, Pierre-Louis, *négociant en vins, à Neuilly*.—Jugement du 23 juillet 1862, homologuant le concordat du 4 juillet 1862. — Remise de 75 %. — Les 25 % non remis payables, sans intérêts : 10 % le 1er septembre prochain, 7 % le 1er septembre 1863, 8 % le 1er septembre 1864. — N° du Greffe, 19,886.

CHABAS, Charles-Aimé, *mécanicien, rue de Charenton*, 102.— Jugement du 3 février 1857, homologuant le concordat du 22 janvier 1857. — Remise de 55 %. — Les 45 % non remis payables en six ans, par sixièmes, d'année en année ; premier paiement le 1er mars 1858. — N° du Greffe, 13,437.

CHABAULT et **MAYEN**, François, *marchand de nouveautés, rue faubourg St-Antoine*, 77. — Jugement du 12 avril 1859, homologuant le concordat du 1er du même mois. — Remise de 97 %. — Les 3 % non remis payables en trois ans, par tiers, du concordat. — N° du Greffe, 13,013.

CHABERT, Louis-Pierre *fondeur en caractères, rue de la Jussienne*, 7. — Jugement du 17 avril 1855, homologuant le concordat du 31 mars 1855. — Remise de 80 %. — Les 20 % non remis payables en quatre ans, par quarts, d'année en année ; premier paiement le 1er avril 1856. — N° du Greffe, 12,125.

CHABERT, Urbain, *négociant en grains, rue du faubourg Poissonnière*, 167. — Jugement du 28 mars 1862, homologuant le concordat du 14 du même mois. — Remise de 80 %. — Les 20 % non remis payables : 5 %, trois mois après l'homologation, 15 % dans un an de l'homologation. — N° du Greffe, 18,702.

CHABOUSSON, Nicolas, *fabricant de feuillages pour fleurs, boulevard St-Denis*, 5. — Jugement du 12 octobre 1855, homologuant le concordat du 3 du même mois. — Remise de 75 %. — Les 25 % non remis payables en cinq ans, par cinquièmes, d'année en année, du jour du concordat. — N° du Greffe, 12,510.

CHABRIER et Cie, Pierre, *fabricants de porcelaine, à St-Mandé*. — Jugement du 14 juillet 1856, homologuant le concordat du 27 juin 1856.— Remise de 40 %.—Les 60 % non remis payables en six ans, par sixièmes, d'année en année, premier paiement le 1er août 1857. — N° du Greffe, 11,027.

CHABRIER, Pierre, *fabricant de porcelaine, à St-Mandé*.— Jugement du 22 nov. 1858, homologuant le concordat du 10 du même mois. — Remise de 60 %.— Les 40 % non remis payables, en cinq ans, par cinquièmes, du 1er janvier. — N° du Greffe, 15,257.

CHABRUT, Cadet-Jean, *marchand de peaux, rue Ste-Croix de la Bretonnière*, 42. — Jugement du 11 mai 1858, homologuant le concordat du 22 avril 1858. — Remise des intérêts et frais non admis et de 75 %. — Les 25 % non remis payables : 5 % au moyen d'une créance transportée, — la différence dans un an de l'homologation, le surplus en quatre ans, par quarts, après le 1er paiement. — N° du Greffe, 14,531.

CHABRUX, Jean-Louis, *serrurier, rue des Marais-du-Temple*. — Jugement du 28 septembre 1852, homologuant le concordat du 7 août 1852. — Remise de 65 %. — Les 35 % non remis payables en quatre ans : 8 % dans un an, du jour du concordat, 9 % chacune des années suivantes. — N° du Greffe, 10,422.

CHAILLON, Jean-Joseph-Henri, *restaurateur, rue de Valois*, 9. — Jugement du 8 janvier 1856, homologuant le concordat du 24 décembre 1855. — Abandon de l'actif énoncé au concordat. — Obligation de payer 10 % des créances, savoir : 1 % dans un et deux ans, 2 % dans deux ans et quatre ans, 4 1/2 % dans cinq ans, du jour de l'homologation. — M. Quatremère, commissaire. — N° du Greffe, 12,505.

CHAINE, Jules-Joseph, *épicier, rue St-André*, 11. — Jugement du 13 septembre 1862, homologuant le concordat du 23 août 1862. — Remise de 80 %. — Les 20 % non remis payables, sans intérêts, en quatre ans, par quarts, de l'homologation. — N° du Greffe, 19,962.

CHALARD, Pierre, *marchand de nouveautés, rue Ménilmontant*, 98.— — Jugement du 23 octobre 1856, homologuant le concordat du 9 du même mois. — Remise de 60 %.— Les 40 % non remis payables en cinq ans, par cinquièmes, d'année en année, du jour de l'homologation. — N° du Greffe, 13,279.

CHALAYE, Charles, *limonadier, rue Richer*, n° 3. — Jugement du 27 novembre 1855, homologuant le concordat du 9 du même mois. — Remise de 70 %. — Les 30 % non remis payables, en six ans, par sixièmes, d'année en année, du jour du concordat. — N° du Greffe, 12,533.

CHALINE, Charles, *entrepreneur de peintures, rue du Rocher*, 53.— Jugement du 8 avril 1856, homologuant le concordat du 25 mars 1856. — Remise de 90 %. — Les 10 % non remis payables en cinq ans, par cinquièmes, d'année en année, du jour du concordat. — N° du Greffe, 10,945.

CHALLIER, François-Louis-André *marchand, tailleur, rue Laffitte*, 34. — Jugement du 11 février 1853, homologuant le concordat du 26 janvier 1853. — Obligation de payer 6 % en trois ans, par tiers, du jour du concordat. — N° du Greffe, 10,632.

CHALON, dame Claire DREUX, Jean-Baptiste, *négociante en articles de Paris, rue des Quatre-Fils*, 18.— Jugement du 21 janvier 1859, homologuant le concordat du 10 janvier 1859. — Remise de 70 %.— Les 30 % non remis payables : 20 % comptant au moyen de l'actif abandonné, 5 % le 1er janvier 1860, 5 % le 1er janvier 1861. — M. Devin, maintenu syndic. — N° du Greffe, 15,304.

CHALON, fils, société CHALON, fils et Cie, Antoine-Stanislas, *limonadiers, rue de la Harpe*, 135. — Jugement du 21 octobre 1852 homologuant le concordat du 22 septembre 1852.— Abandon du fonds de commerce de limonadier par lui exploité, du droit au bail, et des marchandises. — M. Bernard, commissaire. — N° du Greffe, 10,410.

CHALUMEAU, femme de Jean-Baptiste. — *marchande de nouveautés, à Vincennes.* — Jugement du 6 octobre 1862, homologuant le concordat du 18 septembre 1862. — Remise de 90 %. — Les 10 % non remis payables dans le mois de l'homologation. — M. Aze, caution. — N° du Greffe, 32.

CHALVET, Jean-Baptiste, *libraire, passage Delorme*, 15. — Jugement du 16 août 1855, homologuant le concordat du 28 juillet 1855. — Abandon de tout son actif, et obligation de payer 11 % sur le montant des créances, savoir : 4 % le 1er septembre 1856 et 1857, et 3 % le 1er septembre 1858. — M. Chevallier, commissaire. — N° du Greffe, 12,057.

CHALVET, Henri-Marie, *entrepreneur de peintures, rue Lavoisier*, 11. — Jugement du 18 février 1862, homologuant le concordat du 31 janvier 1862. — Obligation de payer l'intégralité des créances en quatre ans, par quarts, de l'homologation. — N° du Greffe, 18,860.

CHAMARD, Jean-François-Landorce, *plombier-zingueur, à Neuilly.* — Jugement du 13 décembre 1861, homologuant le concordat du 13 novembre 1861. — Remise de 50 %. — Les 50 % non remis payables : 15 % fin décembre 1862, 15 % fin décembre 1863, 20 % fin décembre 1864. — N° du Greffe, 17,921.

CHAMBELLAIN, Alexandre-Napoléon, *marchand de charbons, quai Jemmapes*, 10. — Jugement du 9 avril 1852, homologuant le concordat du 20 mars 1852. — Remise des intérêts et frais, et de 75 %. — Les 25 % non remis payables en cinq ans, par cinquièmes, d'année en année, les 1ers novembre 1853, 1854, 1855, 1856 et 1857. — N° du Greffe, 10,252.

CHAMAUX, Prosper, *ébéniste, rue Pierre-Levée*, 11. — Jugement du 3 juin 1856, homologuant le concordat du 19 mai 1856. — Remise de 65 %. — Les 35 % payables, en cinq ans, par cinquièmes, d'année en année. — Premier paiement le 1er juin 1857. — N° du Greffe, 12,935.

CHAMBIN, Théodore, *boulanger, à Bourg-la-Reine.* — Jugement du 26 septembre 1862, homologuant le concordat du 12 même mois. — Remise de 75 %. — Les 25 % non remis payables en cinq ans, par cinquièmes, du jour de l'homologation. — N° du Greffe, 146.

CHAMBON, Jacques-Joseph-Frédéric, *tapissier, rue Grange-Batelière*, 16. — Jugement du 3 mars 1859, homologuant le concordat du 17 février 1859. — Abandon de l'actif énoncé au concordat du 17 février 1859. — Obligation de payer 70 % en sept ans, par septièmes, du 1er mars. — M. Henrionnet, commissaire. — N° du Greffe, 15,431.

CHAMEROY, de la société LASSUS et Ce, *constructeur de voitures, à la Grande-Villette.* — Jugement du 17 octobre 1854, homologuant le concordat du 3 du même mois. — Remise de 75 %. — Les 25 % non remis payables dans la quinzaine du jour de l'homologation. — M. Nicolas, commissaire. — N° du Greffe, 11,470.

CHAMEROY, Joseph, *serrurier en voitures, à La Chapelle.* — Jugement du 25 avril 1856, homologuant le concordat du 19 mars 1856. — Remise de 84 % — Les 16 % non remis payables : 4 % après l'homologation, 12 % en quatre ans, par quarts, d'année en année, du 1er avril 1856. — N° du Greffe, 12,765.

CHAMINADE, Guillaume, *fabricant d'outils, rue Louis-Philippe*, 43. — Jugement du 18 janvier 1861, homologuant le concordat du 7 janvier 1861 — Remise de 70 %. — Les 30 % non remis payables en quatre ans, par quarts, du 1er avril. — N° du Greffe, 17,505.

CHAMMARTIN, Jean-Baptiste-Ernest, *commissionnaire en marchandises, rue du Temple*, 71. — Jugement du 7 novembre 1853, homologuant le concordat du 3 octobre 1853. — Remise de 88 %. — Les 12 % non remis payables en trois ans, par tiers, d'année en année, du jour du concordat. — N° du Greffe, 10,968.

Id. François-Gustave, *ex-marchand de vins, rue Moreau*, 31. — Jugement du 27 février 1851, homologuant le concordat du 19 décembre 1850. — Remise de 70 %. — Obligation de payer, sans intérêts, 30 % des créances en principal, intérêts et frais, en quatre ans, par quarts, d'année en année, du 19 décembre dernier. — N° du Greffe, 9,418.

Id. Léonard, *maître d'hôtel garni, rue du Four-St-Honoré*, 14. — Jugement du 15 avril 1858, homologuant le concordat du 3 du même mois. — Remise de 50 %. — Les 50 % non remis payables au moyen de l'actif abandonné. — M. Quatremère, maintenu syndic. — N° du Greffe, 14,044.

CHAMP, *marchand de couleurs, rue St-Honoré*, 86. — Concordat du 14 mai 1849. — N° du Greffe, 241.

CHAMPEAUX, veuve, *lingère, rue Montmartre*, 50. — Jugement du 13 août 1858, homologuant le concordat du 2 du même mois. — Remise de 75 %. — Les 25 % non remis payables en cinq ans, par cinquièmes, du 31 juillet. — N° du Greffe, 14,903.

CHAMPEAUX et **MENNISSIER**, *gérants de théâtre, rue du Cadran*, 16. — Jugement du 21 décembre 1852, homologuant le concordat du 19 septembre 1850. — Abandon de l'actif énoncé au concordat. — Abandon par Champeaux de la nue propriété d'une rente désignée au concordat, et obligation par Mennissier de payer un dividende de 10 % en trois ans, par tiers, un an, deux ans et trois ans, du jour du concordat. — M. Favre, commissaire. — N° du Greffe, 2,027.

CHAMPENOIS, Pierre-Désiré, *négociant en produits chimiques, rue Folie-Méricourt*, 42. — Jugement du 18 octobre 1855, homologuant le concordat du 18 septembre 1855. — Remise de 65 %. — Les 35 % non remis payables en sept ans, par septièmes, d'année en année. — Premier paiement fin septembre 1856. — N° du Greffe, 12,285.

CHAMPS, Guillaume-Jean-Marie, *marchand de vins, à Lachapelle.* — Jugement du 22 décembre 1858, homologuant le concordat du 8 du même mois. — Remise de 60 %. — Les 40 % non remis payables en cinq ans, par cinquièmes, du concordat. — N° du Greffe, 15,246.

CHANCENOTTE, Pierre-François, *négociant en vins, à Auteuil.* — Jugement du 29 juillet 1862, homologuant le concordat du 4 du même mois. — Remise de 60 %. — Les 40 % non remis payables en huit ans, par huitièmes, de l'homologation. — N° du Greffe, 19,760.

CHANDÈLE, Jean, *ex-limonadier, rue de Grammont*, 24. — Jugement du 11 juin 1861, homologuant le concordat du 7 mai 1861 — Remise de 90 % — Les 10 % non remis payables en cinq ans, par cinquièmes, de l'homologation — N° du Greffe, 17,374.

CHANDELIER, Jules-Eustache, *marchand de confections, rue Geoffroy-Langevin*, 2. — Jugement du 14 mars 1855, homologuant le concordat du 16 février précédent. — Remise de 60 %. — Les 40 % non remis payables en quatre paiements égaux, de trois mois en trois mois : — Le premier paiement trois mois du jour de l'homologation. — N° du Greffe, 12,077.

CHANGY, sieur et dame, *tenant hôtel meublé, rue de Tournon*, 35. — Concordat du 29 juin 1849. — N° du Greffe, 354.

CHANSON, demoiselle, Félicité-Joséphine, *tapissière, rue de Choiseul*, 3. — Jugement du 11 juin 1851, homologuant le concordat du 24 mai 1851. — Remise de 80 % en capital, intérêts et frais. — Les 20 % non remis payables en quatre ans, par quarts, pour le premier paiement avoir lieu le 24 mai 1852. — N° du Greffe, 9,723.

CHANSON, demoiselle, Emilie, *négociante en parfumerie, rue du Faubourg-St-Honoré*, 128. — Jugement du 7 décembre 1860, homologuant le concordat du 22 novembre 1860. — Obligation de payer l'intégralité des créances, sans intérêts, en sept ans, par septièmes, du 1er janvier. — N° du Greffe, 17,499.

CHANTELOT, veuve LUPIN, Geneviève-Emélie, *tenant appartements meublés, rue Godot-de-Mauroi*, 37. — Jugement du 8 mai 1857, homologuant le concordat du 30 avril 1857. — Remise de 75 %. — Les 25 % non remis payables en cinq ans, par cinquièmes, d'année en année, du jour du concordat. — N° du Greffe, 13,159.

CHANTEPIE, *marchand de vins, quai Lepelletier*, 8. — Jugement du 23 juin 1862, homologuant le concordat du 28 mai 1862. — Remise de 80 %. — Les 20 % non remis payables en quatre ans, par quarts, de l'homologation. — N° du Greffe, 19,696.

CHANTIER frères, Edme et Etienne, *ex-distillateurs, rue du Four-St-Honoré*, 12. — Jugement du 4 novembre 1850, homologuant le concordat du 17 octobre 1850. — Remise de 85 % — Les 15 % non remis payables sans intérêts, et solidairement, en cinq ans, par cinquièmes, fin décembre des années 1851, 1852 et suivantes, — N° du Greffe, 9,086.

CHANTOISEAU, *négociant, rue Rambuteau*, 77. — Jugement du 15 mai 1856, homologuant le concordat du 3 du même mois. — Abandon des sommes déposées à la caisse des consignations. — En cas d'insuffisance pour payer le montant des créances, obligation de payer la différence dans un an du concordat. — Mme Chantoiseau, caution. — M. Pascal, commissaire. — N° du Greffe, 12,384.

CHANTRIER, Thomas, *sellier, rue de la Jussienne*, 4. — Jugement du 8 juillet 1851, homologuant le concordat du 21 juin 1851. — Remise de tous intérêts et frais et de 50 %. — Les 50 % non remis payables par septièmes, d'année en année. — Premier paiement un an après l'homologation. — N° du Greffe, 6,150.

CHANU, Benoit-Alfred, *épicier, rue Neuve-des-Mathurins*, 57. — Jugement du 25 mars 1852, homologuant le concordat du 16 du même mois. — Remise des intérêts et frais non admis et de 80 %. — Les 20 % non remis payables en cinq ans, par cinquièmes, le 31 mai des années 1853, 54, 55, 56 et 57. — N° du Greffe, 10,244.

CHANU, Louis-Félix, *négociant en vins, à Charonne*. — Jugement du 12 novembre 1855, homologuant le concordat du 24 octobre 1855. — Abandon de l'actif énoncé au concordat. — Obligation en outre de payer 20 % en quatre ans, par quarts, d'année en année, du jour du concordat. — M. Henrionnet, commissaire. — N° du Greffe, 11,130.

CHAPELLE, Théodore-Adolphe, *quincaillier, rue du Four-Saint-Honoré*, 13. — Jugement du 28 mai 1852, homologuant le concordat du 3 du même mois. — Remise de tous intérêts et frais non admis. — Abandon de l'actif énoncé au concordat consistant en reliquats de compte. — Abandon en outre des frais du syndicat, créances, prix d'immeubles, et nomination de M. Massélin, commissaire, pour réaliser et répartir. — Renonciation par la dame Chapelle à ses droits et hypothèques en faveur de la masse, et par Chapelle père, aux dividendes afférents à la créance. — Obligation de payer aux créanciers : 5 % en huit ans; 60 centimes % le 1er novembre des années 1853, 54, 55, 56, 57 et 58: 70 centimes % le 1er novembre des années 1859 et 1860, 5 % après la liquidation de ses droits dans la succession de Chapelle père, sous les modifications apportées au concordat. — N° du Greffe 10,149.

CHAPITEL, fils, Ambroise-Auguste, *fabricant de cartonnage, rue du Temple*, 189. — Jugement du 6 avril 1858, homologuant le concordat du 23 mars 1858. — Remise de 75 %. — Les 25 % non remis payables par cinquièmes, du jour de l'homologation. — N° du Greffe, 14,544.

CHAPLAIN, Nicolas-François, *boulanger à Grenelle*. — Jugement du 15 octobre 1850, homologuant le concordat du 19 septembre 1850. — Remise de tous intérêts et frais non admis, et de 85 % en principal, intérêts et frais. — Les 15 % non remis payables en trois paiements de 5 % fin de septembre des années 1851, 52 et 53. — N° du Greffe, 9,088.

CHAPPÉE, société BRUNFAUT, Guillaume-Édouard, gérant, *fabricant de plâtre, rue du Hazard*, 4. — Voir Brunfaut.

CHARBONNAIL, Charles-Auguste, *tôlier, rue des Coutures-St-Gervais*, 10. — Concordat du 9 juillet 1849. — N° du Greffe, 344.

CHARBONNEL, *marchand de vins, rue Quincampoix*, 103. — Jugement du 12 novembre 1855, homologuant le concordat du 22 octobre 1855. — Abandon de tout l'actif réalisé. — Obligation de payer 30 % sans intérêts, en trois ans, par tiers, d'année en année. — Le premier paiement dans un an du jour de l'homologation. — Cordonnier, commissaire. — N° du Greffe, 12,388.

CHARBOUILLOT, Jean-Pierre, *marchand de vins en gros, rue Lavierge*, 15, *à Grenelle*. — Jugement du 1er mars 1860, homologuant le concordat du 20 février 1860. — Remise de 65 %. — Les 35 % non remis payables au moyen et en déduction de l'actif énoncé au concordat. — La différence en cinq ans, par cinquièmes, du jour de l'homologation. — Millet, syndic. — N° du Greffe, 16,641.

CHARDIN, fils, *fabricant de savons, rue de Chabrol*, 28. — Jugement du 16 mai 1856, homologuant le concordat du 30 avril 1856. — Obligation de payer le montant des créances en cinq ans, par cinquièmes, à partir du 1er mai 1857, d'année en année. — N° du Greffe, 12,891.

CHARDON, Jean-Baptiste, *fabricant de sangles, rue du Caire*, 10. — Jugement du 7 juillet 1862, homologuant le concordat du 17 juin 1862. — Remise de 80 %. — Les 20 % non remis payables : 10 % un mois après l'homologation, et 10 % de six mois en six mois, du jour de l'homologation. — M. Simonin Blanchard, caution du deuxième dividende. — N° du Greffe, 19,579.

CHARDON, fils et Cie, *marchand de bois, rue Fontaine-St-Georges*, 4. — Jugement du 18 juillet 1851, homologuant le concordat du 5 juillet 1851. — Abandon de l'actif, espèces et créances aux mains du syndic. — Obligation de payer 3 % par tiers, le 15 juillet des années 1852, 53 et 54. — Brouillard, commissaire. — N° du Greffe, 9,449.

CHARDONNANCE, sieur et dame, *anciens marchands de vins, rue de Charenton*, 64. — Jugement du 18 septembre 1856, homologuant le concordat du 22 août 1856. — Abandon de l'actif avec engagement de parfaire 25 % sans intérêts, en cinq ans, par cinquièmes, d'année en année, du jour du concordat. — Crampel, commissaire. — N° du Greffe, 12,638.

CHARÉE, Henri-Joseph, *confiseur, et marchand d'articles de voyage, passage des Panoramas*, 12, *et rue Richelieu*, 112. — Jugement du 2 juin 1852, homologuant le concordat du 18 mai 1852. — Remise de 90 %. — Les 10 % non remis payables en cinq ans, par cinquièmes. — Premier paiement le 1er juillet 1853. — N° du Greffe, 9,537.

CHARETON, de la société MONET, *produits chimiques, rue St-Marc*, 34. — Jugement du 20 août 1862, homologuant le concordat du 30 juillet 1862. — Remise de 95 %. — Les 5 % non remis payables en deux ans, par moitié, du jour de l'homologation. — M. Jules Bied-Chareton, père, caution. — N° du Greffe, 19,863.

CHARLES, Élie Pascal, *parfumeur à Paris, Batignolles, rue Lemercier*, 4. — Jugement du 7 janvier 1862, homologuant le concordat du 18 octobre 1861. — Remise de 80 %. — Les 20 % non remis payables en quatre ans, par quarts, du jour de l'homologation. — N° du Greffe, 18,335.

CHARLES, société ROTTEMBOURG, *commerce de casquettes, rue de la Poterie des Arcis*, 9. — Jugement du 29 décembre 1852, homologuant le concordat du 15 décembre 1852. — Remise de tous intérêts et frais, et de 85 % sur le capital. — Les 15 % non remis payables en trois ans, par tiers, d'année en année, par l'abandon de l'actif réalisé. — Lefrançois, commissaire. — N° du Greffe, 10,607.

CHARLET-PATRY, Jean-Baptiste, *articles de voyage, rue Simon-le-Franc*, 15. — Jugement du 28 décembre 1854, homologuant le concordat du 18 décembre 1854. — Remise de 75 %. — Les 25 % non remis payables en cinq ans, par cinquièmes, d'année en année, pour le premier paiement avoir lieu dans un an du jour du concordat. — N° du Greffe, 11,902.

CHARLET-PATRY, *chapellerie, rue Simon-le-Franc*, 15. — Jugement du 23 août 1860, homologuant le concordat du 11 juillet 1860. — Remise de 70 %. — Les 30 % non remis payables en cinq ans, par cinquièmes, du jour du concordat. — N° du Greffe, 16,946.

CHARLEUX, Jean-François, *marchand de vins, Grande-Rue*, 24, *à St-Mandé*. — Jugement du 9 mai 1856, homologuant le concordat du 27 mars 1856. — Remise de 75 %. — Les 25 % non remis payables en quatre ans, de l'homologation, savoir : 6 % les trois premières années, et 7 % la quatrième. — Délégation d'une indemnité énoncée au concordat. — Pluzanski, commissaire. — N° du Greffe, 12,823.

CHARLIER, Jean-Pierre, *entrepreneur de puits, avenue de la Santé* 50, *à Montrouge*. — Jugement du 4 avril 1851, homologuant le concordat du 5 mars 1851. — Remise de tous intérêts et frais. — Obligation de payer toutes les créances en principal dans un délai de cinq ans, par cinquièmes, à partir du 1er avril 1852. — N° du Greffe, 9,077.

CHARLOT, Jean-Louis, *limonadier, rue N. D. de Lorette*, 18. — Jugement du 17 mars 1854, homologuant le concordat du 7 mars 1854. — Remise de tous intérêts et frais. — Obligation de payer la somme due en principal, savoir : 33 % 15 jours après la reddition du compte, 25 % dans un an, à partir du 1er avril 1854, et 40 % un an après le décès de Mme Charlot mère. — N° du Greffe, 11,195.

CHARMOY, société BARRIER, Jean-Baptiste, *rue du Faubourg St-Antoine*, 74. — Voir Barrier, Charmoy et Cie. — N° du Greffe, 13,423.

CHARMOY, Jean-Baptiste, *marchand de meubles, rue du Faubourg St-Antoine*, 74. — Jugement du 3 juin 1857, homologuant le concordat du 18 mai 1857. — Obligation de payer le montant intégral des créances en capital, intérêts et frais admis, au moyen de l'actif abandonné. — En cas d'insuffisance, le surplus en cinq ans, par cinquièmes, d'année en année. — Lefrançois, maintenu syndic. — N° du Greffe, 13,332.

CHARNOZ, Charles-Gabriel, *imprimeur sur étoffes, boulevart Poissonnière*, 12. — Jugement du 17 décembre 1856, homologuant le concordat du 2 décembre 1856. — Abandon de l'actif énoncé au concordat. —

Obligation de payer 12 %, sans intérêts, en quatre ans, par quarts, d'année en année, du jour du concordat. — Lacoste maintenu syndic. — N° du Greffe, 12,887.

CHARPENTIER, Édouard-Alexandre, *épicier, passage Chausson*, 11. — Jugement du 9 octobre 1854, homologuant le concordat du 25 septembre 1854. — Remise de 60 %. — Les 40 % non remis payables en quatre ans, par quarts, d'année en année; le premier paiement dans un an du concordat. — N° du Greffe, 11,551.

CHARPENTIERE, douard-Alexandre, *épicier, passage Chausson*, 11. — Jugement du 22 novembre 1855, homologuant le concordat du 6 dudit mois. — Remise de 60 %. — Les 40 % non remis payables en cinq ans, par cinquièmes, d'année en année, à partir du jour de l'homologation. — N° du Greffe, 12,353.

CHARPENTIER, Eugène, *marchand et fabricant d'essence, rue Ste-Croix de la Bretonnerie*, 46. — Jugement du 9 novembre 1854, homologuant le concordat du 20 octobre 1854. — Remise de 60 %. — Les 40 % non remis payables : 10 % dans la quinzaine de l'homologation, et 30 % en cinq ans, par cinquiemes, d'année en année. — Le premier paiement le 25 décembre 1855 — M. Victor-Jean, parfumeur à la Villette, caution. — N° du Greffe, 11,663.

CHARPENTIER, Charles, *marchand de tulles, à St-Denis*. — Jugement du 26 février 1858, homologuant le concordat du 17 février 1858. — Remise de 60 %. — Les 40 % non remis payables, sans intérêts, en 7 ans, savoir : 6 % les six premières années, et 4 % la septième. — Le premier paiement le 15 février 1859. — Mme Charpentier, caution. — N° du Greffe, 14,428.

CHARPENTIER, Félix-Paul, *ex-limonadier, boulevard Magenta*, 45. — Jugement du 16 mai 1861, homologuant le concordat du 7 mai 1861. — Abandon de l'actif énoncé au concordat. — Obligation de payer 5 % en cinq ans, par cinquièmes, du jour du concordat. — Moncharville maintenu syndic. — N° du Greffe, 18,034.

CHARPENTIER, Nicolas, *limonadier, rue du Faubourg St-Honoré*, 219. — Jugement du 18 septembre 1855, homologuant le concordat du 29 août 1855. — Remise de 80 %. — Les 20 % non remis payables en quatre ans, par quarts, d'année en année, à partir du jour du concordat. — Affectation d'une créance énoncée au concordat au paiement des dividendes ci-dessus. — Sallé, commissaire. — N° du Greffe, 12,292.

CHARPENTIER, *poêlier, rue Aboukir*, 39. — Concordat du 9 juillet 1849. — N° du Greffe, 406.

CHARPENTIER, Thomas-Louis, *loueur de voitures, rue d'Angoulême St-Honoré*, 20. — Jugement du 7 octobre 1862, homologuant le concordat du 9 juillet 1862. — Remise de 50 %. — Les 50 % non remis payables en cinq ans, par cinquièmes, du jour de l'homologation. — Mme Charpentier, caution. — N° du Greffe, 19,508.

CHARRÉARD, Marguerite-Amélie, *limonadière, rue Frémicourt*, 9. — Jugement du 26 novembre 1860, homologuant le concordat du 10 novembre 1860. — Remise de 80 %. — Les 20 % non remis payables en quatre ans, par quarts, du jour de l'homologation. — N° du Greffe, 17,392.

CHARRUAUD, John-Henry, *commissionnaire, rue Richelieu*, 79. — Jugement du 4 août 1855, homologuant le concordat du 13 dudit mois. — Abandon de l'actif mobilier. — Obligation de payer 10 % sur le montant des créances, par moitiés, le 1er septembre des annnées 1856 et 1857. — Isbert, commissaire. — N° du Greffe, 12,186.

CHARVET, Pierre-Mathieu, *fabricant de passementerie, rue Grenier-St-Lazare*, 16. — Jugement du 30 avril 1861, homologuant le concordat du 15 avril 1861. — Remise de 75 %. — Les 25 % non remis payables en cinq ans, par cinquièmes, du jour de l'homologation. — N° du Greffe, 17,895.

CHARY, Joseph, *marchand de Charbons, rue d'Orléans*, 22, *à Bercy*. — Jugement du 14 avril 1851, homologuant le concordat du 25 janvier 1851. — Remise de 85 % en principal et de tous intérêts et frais non admis. — Les 15 % non remis payables en cinq ans, par cinquièmes, d'année en année, à partir du 25 janvier 1851. — N° du Greffe, 9,652.

CHASSEVANT, *négociant, rue du Faubourg St-Martin*, 59. — Jugement du 19 octobre 1860, homologuant le concordat du 10 dudit mois. — Abandon de l'actif réalisé. — Intervention du fils et de la fille du failli qui abandonnent la moitié à provenir de la vente de divers immeubles. — Lefrançois, maintenu syndic. — N° du Greffe, 14,548.

CHASTAGNER, Philippe-Régis, *limonadier, rue de Bercy*, 3. — Jugement du 13 octobre 1856, homologuant le concordat du 22 septembre 1856. — Remise de 70 %. — Les 30 % non remis payables, sans intérêts, en trois ans, par tiers. — Le premier paiement le 1er octobre 1857. — N° du Greffe, 13,244.

CHASTAGNIER, Jean-François, *marchand de vins, rue de Bourgogne*, 23, *à Bercy*. — Jugement du 24 juin 1856, homologuant le concordat du 6 du même mois. — Remise de 60 %. — Les 40 % non remis payables, 10 % fin juillet des années 1856 et 1857, 7 % fin juillet des années 1858 et 1859, 6 % fin juillet 1860. — N° du Greffe, 12,970.

CHASTANET et Cie, Antoine, *marchand de meubles, petite rue Saint-Pierre*, 34. — Jugement du 19 mai 1859, homologuant le concordat du 7 mai 1859. — Remise de 75 %. — Les 25 % non remis payables, par dixièmes, en six paiements, de six mois en six mois, du jour de l'homologation. — N° du Greffe, 15,554.

CHASTANG, François, *marchand de nouveautés, rue St-Louis-en-l'Isle*, 78. — Jugement du 8 mai 1860, homologuant le concordat du 23 avril 1860. — Remise de 70 %. — Les 30 % non remis payables, sans intérêts. — 10 % aussitôt l'homologation, et 20 % en cinq ans, par dixièmes, de six mois en six mois, du jour de l'homologation. — N° du Greffe, 16,562.

CHASTEL, fils, Guillaume, *fabricant de parapluies, passage Brady*, 66. — Jugement du 2 mai 1851, homologuant le concordat du 14 avril 1851. — Remise de 80 % et de tous intérêts et frais. — Les 20 % non remis payables en cinq ans, par cinquièmes, pour le 1er paiement avoir lieu le 1er juillet 1852.

CHASTEL, Hippolyte-Isidore, *marchand de tapis, boulevard des Capucines*, 31. — Jugement du 21 février 1860, homologuant le concordat du 10 janvier 1860. — Remise de 75 %. — Les 25 % non remis payables, sans intérêts, dans cinq ans, par cinquièmes, du 30 janvier. — N° du Greffe, 16,472.

CHATEL, Henry-Michel, *fabricant de bronze, rue des Fossés-du-Temple*, 28. — Jugement du 2 juin 1852, homologuant le concordat du 18 mai 1852. — Remise de 50 %. — Les 50 % non remis payables en sept ans, savoir: 7 % le 1er septembre des années 1853, 54, 55, 56, 57 et 58, 8 % le 1er septembre 1859. — Maréchal, commissaire. — N° du Greffe, 10,269.

CHATEL, veuve Waidèle, Adélaide-Elisa, comme tutrice de sa fille, *rue Geoffroy-St-Hilaire*, 9. — Jugement du 5 avril 1853, homologuant le concordat du 15 décembre 1852. — Abandon de tout l'actif mobilier et immobilier dépendant de la succession Waidèle. — Portal, commissaire. — N° du Greffe, 9,351.

CHATEL, Joseph-Alexandre, *ex-boucher, rue du Bac*, 134. — Jugement du 20 juin 1862, homologuant le concordat du 23 mai 1862. — Remise de 92 %. — Les 8 % non remis payables, sans intérêts, en huit ans, par huitièmes, du 1er juin. — N° du Greffe, 19,147.

CHATEL, jeune, Louis, *marchand de toiles cirées, à St-Denis*. — Jugement du 16 juin 1859, homologuant le concordat du 1er juin 1859. — Obligation de payer la totalité des créances, sans intérêts. — Un dixième dans les six mois de l'homologation, et les neuf dixièmes restant dans les neuf années qui suivront les six mois. — N° du Greffe, 15,815.

CHATELAIN, Alfred, *conducteur de bestiaux, à Montrouge*. — Jugement du 16 novembre 1855, homologuant le concordat du 24 octobre 1855. — Remise de 50 %. — Les 50 % non remis payables, sans intérêts, dans le délai de six mois, du jour du concordat. — Cession d'une somme à valoir sur le dividende promis. — M. Châtelain, aîné, caution solidaire. — Marie Darcy, commissaire. — N° du Greffe, 11,074.

CHATELAIN, Charles, *fabricant de biscuits, rue St-Honoré*, 87, *et rue Colande*, 45. — Jugement du 3 février 1852, homologuant le concordat du 15 janvier 1852. — Remise des intérêts et frais non admis, et de 95 %. — Les 5 % non remis payables: 1 % fin janvier 1853. — 2 % fin janvier 1854. — 2 % fin janvier 1855. — N° du Greffe, 9,754.

CHATELAIN, aîné, Louis-Marie, *grainetier, à Montrouge*. — Jugement du 25 juin 1857, homologuant le concordat du 30 mai 1857. — Remise de 80 %. — Les 20 % non remis payables : 10 % dans six mois, 5 %

dans un an et dix-huit mois du jour du concordat. — N° du Greffe, 13,515.

CHATELAIN, société DELAVACQUERIE, Théodore-Jean, *marchand de blouses, rue St-Denis*, 277, *et rue des Vieux-Augustins*, 35. — Jugement du 28 mai 1858, homologuant le concordat du 10 mai 1858. — Remise au sieur Delavacquerie de 90 %. — Les 10 % non remis payables : 3 % dans un an et deux ans, 4 % dans trois ans, de l'homologation. — Madame Delavacquerie, caution. — N° du Greffe, 14,417.

CHATELIN, *teinturier, rue de Trévise*, 1. — Jugement du 1er février 1861, homologuant le concordat de 18 janvier 1861.—Remise de 80 %.— Les 20 % non remis payables, sans intérêts, en cinq ans, par cinquièmes, du jour de l'homologation. — N° du Greffe, 17,081.

CHATELIN, Félix-Louis, *fabricant de boutons, rue aux Ours*, 8.— Jugement du 25 novembre 1852, homologuant le concordat du 8 novembre 1852. — Remise de 90 %.—Les 10 % non remis payables en trois ans, par tiers, le 31 octobre des années 1853, 54 et 55. — N° du Greffe, 10,397.

CHATENET, Jean, *marchand de charbons et logeur, rue Nicolet*, 4. — Jugement du 8 décembre 1862, homologuant le concordat du 25 octobre 1862. — Remise de 80 %. —Les 20 % non remis payables en cinq ans, par cinquièmes, du jour de l'homologation. — N° du Greffe, 19,158.

CHAUDÉ, Jacques-Alexandre, *métaux, rue du Temple*, 29. — Concordat du 27 août 1849. — N° du Greffe, 552.

CHAUDET, Jean-Pierre, *boulanger, Grande-Rue, à Boulogne*. — Concordat du 15 février 1850.

CHAUDRON et Cie, Henry, *gérant, fabricants de fouets, rue des Vinaigriers*, 12. — Jugement du 7 août 1860, homologuant le concordat du 13 juillet 1860. — Remise de 80 %. — Les 20 % non remis payables en quatre ans, par quarts, du jour de l'homologation. — N° du Greffe, 16,874.

CHAUDRON, et Cie, Louis-Pierre, *négociants, rue Meslay*, 12.— Jugement du 15 avril 1853, homologuant le concordat du 3 février précédent. — Remise de 90 %. — Les 10 % non remis payables en cinq ans, le 24 février des années 1854, 1855 et suivantes. — N° du Greffe, 10,539.

CHAULIN jeune, Hippolyte-Charles, *entrepreneur de menuiserie, rue d'Angoulême-du-Temple*, 56. — Jugement du 24 mars 1862, homologuant le concordat du 8 mars 1862. — Remise de 40 %. — Les 60 % non remis payables au moyen de l'actif énoncé au concordat, et la différence en deux ans, par moitiés, du jour de l'homologation. — Richard-Grison, syndic. — Madame Chaulin, caution. — N° du Greffe, 18,794.

CHAULIN, Noel-Pierre, *papetier, rue St-Honoré*, 218. — Jugement du 28 janvier 1851, homologuant le concordat du 19 décembre 1850. — Remise de 95 % en principal, intérêts et frais. —Les 5 % non remis payables, sans intérêts, en cinq ans, par cinquièmes, le 1er janvier des années 1852, 1853 et suivantes. — N° du Greffe, 9,543.

CHAUMEL, Pierre, *commissionnaire en marchandises, rue Villedo*, 11. — Jugement du 14 novembre 1861, homologuant le concordat du 28 octobre 1861. — Remise de 75 %. —Les 25 % non remis payables en cinq ans, par cinquièmes, du jour de l'homologation. — N° du Greffe, 18,105.

CHAUMONT, Tiburce-Stanislas, *marchand grainetier, rue Mouffetard*, 234. — Jugement du 25 septembre 1854, homologuant le concordat du 9 du même mois. — Remise de 80 %. — Les 20 % non remis payables en quatreans, par quarts, d'année en année, du jour de l'homologation. — N° du Greffe, 11,666.

CHAUSSIER, demoiselle, Ernestine-Joséphine, *lingère, rue Bourbon-Villeneuve*, 30. — Jugement du 5 mars 1858, homologuant le concordat du 20 février 1858. — Remise de 80 %. — Les 20 % non remis payables en quatre ans, par quarts, du 1er juillet 1858. — N° du Greffe, 14,321.

CHAUSSIN, François, *loueur de voitures, rue de l'Oratoire-du-Roule*, 60. — Jugement du 21 janvier 1859, hologuant le concordat du 7 janvier 1859. — Remise de 30 %. — Les 70 % non remis payables, sans intérêts, en huit ans, par huitièmes, du jour du concordat. — N° du Greffe, 15,295.

CHAUSSON, Félix-Joseph, *entrepreneur de maçonnerie*. — Concordat du 1er octobre 1849. — N° du Greffe, 330.

CHAUVALLON, Simplicien, société MAIRE, *entrepreneur de pierres taillées, rue St-Maur*, 60. — Jugement du 12 janvier 1858, homologuant le concordat du 26 décembre 1857. — Remise de 50 %. — Les 50 % non remis payables de six mois en six mois, par fraction de 8 et 10 %, à partir du 10 juillet 1858. — N° du Greffe, 13,390.

CHAUVELOT, Georges, *boulanger, rue Florentin*, 12. — Jugement du 20 août 1861, homologuant le concordat du 2 août 1861. — Remise de 75 %. — Les 25 % non remis payables en cinq ans, par cinquièmes, du jour de l'homologation. — N° du Greffe, 18,236.

CHAUVIN, Jean, *entrepreneur de menuiserie, rue Fontaine-au-Roi*, 28. — Jugement du 19 juin 1859, homologuant le concordat du 10 mai 1859. — Obligation de payer le montant des créances en principal, intérêts et frais, un mois après l'homologation. — N° du Greffe, 14,484.

CHAUVIN, Auguste, *fabricant de cols-cravates, rue Richelieu*, 36. — Jugement du 1er juillet 1862, homologuant le concordat du 6 juin 1862. — Remise de 80 %. — Les 20 % non remis payables en 5 ans, par cinquièmes, sans intérêts, du jour de l'homologation. — N° du Greffe, 18,628.

CHAUVIN, Louis-François-Eugène, *emballeur, rue Bichat*, 19. — Jugement du 8 octobre 1861, homologuant le concordat du 18 septembre.— Remise de 70 %. — Les 30 % non remis payables en 5 ans par cinquièmes, du jour de l'homologation.— N° du Greffe, 18,510.

CHAUVIN, Henri-Joseph, *forges, rue Chabrol*, 54. — Jugement du 4 septembre 1855, homologuant le concordat du 18 août 1855. — Remise de 80 %. — Les 20 % non remis payables sans intérêts, en 4 ans, par quarts, d'année en année à partir du jour du concordat.— N° du Greffe, 12,331.

CHAUVIN fils, Jean-Edouard, *serrurier, rue Neuve-Ste-Catherine*, 16. — Jugement du 25 avril 1851, homologuant le concordat du 12 avril 1851. — Remise de 40 % sur le capital, de tous intérêts et frais. — Les 60 % non remis payables: 5 % le 12 avril 1852, 4 % en 4 ans, par quarts, à partir de cette époque, et 15 % un an après. — N° du Greffe, 9,633.

CHAVANNE, Auguste, *ancien marchand de rubans, rue du Faubourg-du-Temple*, 58.— Jugement du 21 juin 1855, homologuant le concordat du 11 du dit mois. — Remise de 85 %. — Les 15 % non remis payables en 3 ans, par tiers, d'année en année. — Le premier paiement le 1er août 1856. — N° du Greffe, 12,177.

CHAVASSINE, Gilbert, *forgeron-mécanicien, à Belleville*. — Jugement du 8 décembre 1857, homologuant le concordat du 26 novembre 1857. — Remise de 80 %. — Les 20 % non remis payables en 5 ans, par cinquièmes, d'année en année du jour du concordat. — N° du Greffe, 14,187.

CHAVES, Marcos-José, *commissionnaire en marchandises, rue Lamartine*, 29. — Jugement du 4 mars 1859, homologuant le concordat du 19 février. — Remise de 95 %. — Les 5 % non remis payables en 5 ans, par cinquièmes, du 1er mars. — N° du Greffe, 15,150.

CHAVIALLE, Jean-Baptiste, *marchand de vins, Petite-Rue-du-Bac*, 15. — Jugement du 19 février 1862, homologuant le concordat du 5 même mois. — Remise de 90 %. — Les 10 % non remis payables : 5 % dans le mois de l'homologation, 5 % en 4 ans, par quarts, de la même époque. — N° du Greffe, 19,024.

CHAVY, Antoine, *horloger, à Bourg-la-Reine*. — Jugement du 29 novembre 1850, homologuant le concordat du 19 novembre 1850. — Remise de tous intérêts et frais et de 85 %, sur le capital.—Les 15 % non remis payables en 3 ans, par tiers, d'année en année à partir du 29 novembre 1850.— N° du Greffe, 9,591.

CHAZAUD, Jean-Baptiste, *curiosités, rue Laffitte*, 27. — Jugement du 26 novembre 1855, homologuant le concordat du 2 du même mois. — Remise de 50 %. — Les 50 % non remis payables en 5 ans, par cinquièmes, d'année en année.— Le premier paiement dans un an du jour du concordat. — N° du Greffe, 12,608.

CHAZELLES, ou **CHAZEL**, Claude, *entrepreneur de maçonneries, aux Ternes*. — Jugement du 10 août 1859, homologuant le concordat du 29 juillet 1859.— Abandon de l'actif énoncé au concordat, et obligation de payer 15 °/° en trois ans par tiers, de l'homologation. — Moncharville, maintenu syndic. — N° du Greffe, 15,807.

CHEPFE, Charles, *négociant en vins, rue Vieille-du-Temple*, 58. — Jugement du 9 octobre 1855, homologuant le concordat du 24 septembre 1855. — Remise de 80 °/°. — Les 20 °/° non remis payables par cinquièmes, d'année en année, d'un an après l'homologation. — N° du Greffe, 12,497.

CHEPFE, Charles-François-Sébastien, *marchand de vins, rue Vieille-du-Temple*, 28. — Jugement du 11 novembre 1857, homologuant le concordat du 27 octobre 1857. — Remise de 80 °/°. — Les 20 °/° non remis payables en 4 ans, par quarts, d'année en année. — N° du Greffe, 14,032.

CHEF D'HOTEL, *négociant, boulevart Beaumarchais*, 60. — Jugement du 21 août 1860, homologuant le concordat du 25 juin 1860. — Abandon de l'actif énoncé au concordat. — Oligation de compléter un dividende de 35 °/° en 4 ans, par quarts du concordat. — N° du Greffe, 16,399.

CHEGARAY, dame, Thomas-Ernest, *à l'hôtel du Brésil, rue du Helder*, 16. — Jugement du 21 août 1860, homologuant le concordat du 10 du même mois. — Abandon de l'actif énoncé au concordat. — N° du Greffe, 17,112.

CHEIGNARD et demoiselle **GRELLET**, Victor, *loueurs de voitures, à Passy*. — Jugement du 30 mai 1853, homologuant le concordat du 13 du même mois. — Remise de 80 °/°. — Les 20 °/° non remis payables en 4 ans par quarts, d'année en année : premier dividende payable un an après l'homologation. — N° du Greffe, 10,822.

CHEMARDIN, Henri, *marchand épicier, Grande-Rue-de-Montreuil*, 33. — Jugement du 14 janvier 1861, homologuant le concordat du 21 décembre 1860. — Remise de 60 °/°. — Les 40 °/° non remis payables en 4 ans, par quarts, de l'homologation. — N° du Greffe, 17,468.

CHEMINANT, Ange-Émile-Julien-Marie, *fabricant d'eau de seltz, rue Richer*, 47. — Jugement du 24 avril 1856, homologuant le concordat du 11 du même mois. — Remise de 80 °/°. — Les 20 °/° non remis payables sans intérêts, savoir : 3 °/° dans le mois de l'homologation, 1 °/° dans un ans, et 4 °/° dans 2, 3, 4 et 5 ans du concordat. — N° du Greffe, 12,802.

CHENAL, François-Joseph-Gustave, *marchand de confections, rue Montagne-Ste-Geneviève*, 13. — Jugement du 28 octobre 1859, homologuant le concordat du 3 septembre 1859. — Remise de 70 °/°. — Les 30 °/° non remis payables en 3 ans, par tiers, du concordat. — N° du Greffe, 16,043.

CHENAL, Auguste, *charbonnier, plaine d'Ivry*, 31. — Jugement du 6 mars 1855, homologuant le concordat du 14 février 1855. — Remise de 85 °/°. — Les 15 °/° non remis payables en 5 ans, par cinquièmes, d'année en année. — Premier paiement fin février 1856. — N° du Greffe, 11,504

CHÊNE et fils, société, Jacques, *chaudronniers, rue d'Angoulême du Temple*, 63. — Jugement du 12 décembre 1860, homologuant le concordat du 28 novembre 1860. — Remise de 70 °/°. — Les 30 °/° non remis payables en 3 ans, par tiers, de l'homologation. — N° du Greffe, 17,339.

CHENEAU et **LAYMARIE**, Paul, *limonadiers, rue Vivienne*, 7. — Jugement du 27 septembre 1860, homologuant le concordat du 15 septembre 1860. — Abandon de l'actif énoncé au concordat et obligation de payer 5 °/° en 2 ans, par moitiés, de l'homologation. — N° du Greffe, 17,090.

CHENET, Philippe, *passementier, rue de Chatillon*, 13. — Jugement du 13 février 1854, homologuant le concordat du 24 janvier 1854. — Remise de 50 °/°. — Les 50 °/° non remis payables en 5 ans, par cinquièmes, d'année en année; premier paiement le 1er février 1855. — N° du Greffe, 11,171.

CHENEVIÈRE, Adolphe-Pierre-Antoine, *confiseur, rue Thevenot*, 11. — Jugement du 29 novembre 1854, homologuant le concordat du 28 octobre précédent. — Remise de 85 °/°. — Les 15 °/° non remis payables en 3 ans, par tiers, d'année en année ; premier paiement le 1er novembre 1855. — N° du Greffe, 11,824.

CHENIEUX, Jean-Pierre, *mercier, rue Saint-Denis*, 136. — Jugement du 18 juillet 1853, homologuant le concordat du 30 juin 1853. — Remise de 65 °/°. — Les 35 °/° non remis payables, sans intérêts : 5 °/° après l'homologation, et 5 °/° fin décembre de chacune des années 1853, 1854, 1855, 1856, 1857, et 1858. — N° du Greffe, 10,868.

CHENOUARD, Alexandre, *passementier, rue de la Fontaine-Molière*, 17. — Jugement du 29 avril 1853, homologuant le concordat du 18 du même mois. — Remise de 70 °/°. — Les 30 °/° non remis payables : 5 °/° le 1er mai 1854, 5 °/° le 1er novembre suivant, et 5 °/° à chacune des mêmes époques des années 1855 et 1856. — N° du Greffe, 10,764.

CHER, Jean, *charron-forgeron, à Issy*. — Jugement du 24 janvier 1862, homologuant le concordat du 8 janvier. — Obligation de payer l'intégralité des créances dans la quinzaine de l'homologation. — M. Cassuel, caution. — N° du Greffe, 18,027.

CHER, Etienne-Jules, *monteur en bronzes, rue de Montmorency*, 40. — Jugement du 7 novembre 1854, homologuant le concordat du 24 octobre 1854. — Remise de 70 °/°. — Les 30 °/° non remis payables par fractions de 5 °/° de huit mois en huit mois. — Premier paiement, le 1er juillet 1855. — N° du Greffe, 1,152.

CHERADAME et Ce, Pierre, *épiciers, à Montrouge*. — Jugement du 9 décembre 1856, homologuant le concordat du 8 novembre 1856. — Remise de 75 °/°. — Les 25 °/° non remis payables en 4 ans, par quarts du jour du concordat. — N° du Greffe, 12,990.

CHERBUY, Alexis, *mégissier, rue Censier*, 37. — Jugement du 25 mai 1859, homologuant le concordat du 16 du même mois. — Abandon de l'actif énoncé au concordat. — N° du Greffe, 15,402.

CHERET, Louis, *entrepreneur de travaux publics, rue de la Fidélité*, 4, *puis rue du Helder*, 16. — Jugement du 27 octobre 1851, homologuant le concordat du 8 octobre 1851. — Abandon des sommes qui lui sont dues par l'État pour travaux. — Obligation, en outre, de payer 10,897 fr. par fractions, à la fin de chaque mois de l'année 1852 ; 9,103 fr. au moyen d'une délégation par Madame Cheret, de pareille somme payable en 1852. — La dite dame caution solidaire du paiement des 20,000 fr. — N° du Greffe, 8,163.

CHERIER aîné, Constant-Prosper, *limonadier, Grande-Rue-de-Batignolles*, 59. — Jugement du 29 août 1859, homologuant le concordat du 13 juillet 1859. — Remise de 70 °/°. — Les 30 °/° non remis payables en 5 ans, par cinquièmes, du concordat. — N° du Greffe, 15,785.

CHERNOWSKI, Joseph-François, *cordonnier, rue de Breteuil*, 7, 9, 11. — Jugement du 24 avril 1861, homologuant le concordat passé le 5 avril 1861. — Remise de 75 °/°. — Les 25 °/° non remis payables en 5 ans, par cinquièmes, du 31 janvier 1861. — N° du Greffe, 17,874.

CHERON, Antoine. — Voir BRABANT et CHERON. — N° du Greffe, 15,156.

CHERON frères, Louis-Amedée et Louis-Alfred, *banquiers, place des Vosges*, 25. — Jugement du 10 juin 1858, homologuant le concordat du 7 mai 1858. — Obligation de payer : 1° 20,000 fr. dans la huitaine de l'homologation; 2° et 15,000 fr. dans 15 ans de l'homologation. — N° du Greffe, 10,092.

CHERON, Jean-Baptiste-Benjamin, *ex-marchand de nouveautés, rue St-Denis*, 6. — Jugement du 8 juillet 1851, homologuant le concordat du 19 juin 1851. — Abandon 1° de l'actif porté au bilan à l'exception du mobilier personnel ; 2° de ce qui restera libre sur le prix des immeubles, 3° et des successions qu'il pourra recueillir, moins 25 °/° qu'il retiendra pour lui-même. — Renonciation, par Madame Cheron, de prendre part aux répartitions. — N° du Greffe, 9,392.

CHERPIN ou **CAERPIN**, Pierre, *teinturier, rue Leregrattier*, 13, Jugement du 3 février 1859, homologuant le concordat du 11 janvier 1859. — Remise de 85 °/°. — Les 15 °/° non remis payables en 3 ans, par tiers, du 1er février. — N° du Greffe, 15,350.

CHERTIER, Alfred, *marchand de confections pour dames, rue de Mulhouse*, 3. — Jugement du 14 mai 1855, homologuant le concordat du 1er de ce mois. — Abandon de tout son actif commercial et obligation de payer 10 °/° des créances, sans intérêts, en 4 ans, par quarts, premier paiement, le premier août 1856. — N° du Greffe. 12,154.

CHERVET, Pierre-Joseph-Antoine, *pharmacien, rue des Couronnes, à Belleville*. — Jugement du 29 octobre 1861, homologuant le concordat du 19 août 1861. — Remise de 80 °/°. — Les 20 °/° non remis payables, sans intérêts, en 4 ans, par quarts, du 1er août 1861. — N° du Greffe, 18,197.

CHERY, Jean-Baptiste, *entrepreneur de voitures, aux Ternes*. — Jugement du 26 août 1852, homologuant le concordat du 16 même mois. — Obligation de payer l'intégralité des créances en principal, intérêts et frais, en 2 ans, du jour du concordat. — MM. Werot et Chery, nommés gérants de l'établissement, pour en repartir les produits tous les six mois. — N° du Greffe, 10,343.

CHEVAL, André-François, *limonadier et menuisier, rue des Grands-Degrés*, 5. — Jugement du 3 septembre 1857, homologuant le concordat du 12 août 1857. — Remise de 84 %. — Les 16 % non remis payables, en 4 ans, par quarts, d'année en année. — Premier paiement le 15 juillet 1858. — N° du Greffe, 13,941.

CHEVAL, Louis-Augustin, *boulanger, rue de la Calandre*, 19. — Jugement du 13 octobre 1851, homologuant le concordat du 5 juin 1851. — Remise de 60 %. — Les 40 % non remis payables, sans intérêts, 25 % un mois après l'homologation, et 15 % en trois paiements de 5 %, les 5 juin 1854, 1855 et 1856. — M. Page, rue de la Calandre, 19, caution. — N° du Greffe, 8,333.

CHEVALIER et SOLIGNAC, Gabriel, *négociants en tissus, rue de Mulhouse*, 11. — Jugement du 17 septembre 1852, homologuant le concordat du 23 août. — Remise de 85 % — Les 15 % non remis payables solidairement en 5 ans, par cinquièmes : 3 % un an après l'homologation et 3 % à pareille époque des quatre années suivantes. — N° du Greffe, 10,432.

CHEVALIER, Henri, *boulanger, à Belleville*. — Jugement du 9 décembre 1857, homologuant le concordat du 11 novembre 1857. — Remise de 50 %. — Les 50 % non remis payables au moyen de l'actif abandonné, énoncé au concordat. — Breuillard, maintenu syndic. — N° du Greffe, 14,080.

CHEVALIER, Pierre, *entrepreneur de maçonnerie, à la Villette*. — Jugement du 22 juillet 1858, homologuant le concordat du 8 juillet 1858. — Remise de 50 %. — Les 50 % non remis payables en cinq ans, par cinquièmes, du jour de l'homologation. — N° du Greffe, 14,333.

CHEVALIER, Emmanuel, *loueur de chevaux, faubourg St-Martin*, 82. — Jugement du 18 mai 1860, homologuant le concordat du 26 avril 1860. — Remise de 60 %. — Les 40 % non remis payables en quatre ans, par quarts, du jour de l'homologation. — N° du Greffe, 16,627.

CHEVALLIER, Michel, *commerçant, à la Chapelle*. — Jugement du 30 juillet 1856, homologuant le concordat du 2 même mois. — Remise de 85 %. — Les 15 % non remis payables sans intérêts, 5 % aussitôt l'homologation, et 5 % le 25 décembre des années 1856 et 1857. — N° du Greffe, 13,081.

CHEVALLIER, veuve Gabillé, Perrine, *serrurier-charron, passage des Deux-Sœurs*, 18. — Jugement du 5 janvier 1853, homologuant le concordat du 11 décembre 1851. — Abandon des sommes existant entre les mains de M. Sannier, syndic, après prélèvement des frais. — Oligation de remettre au commissaire dans le mois de l'homologation la somme suffisante pour, avec l'abandon ci-dessus, parfaire un dividende de 20 %. — Vasselin-Desfosses, commissaire. — N° du Greffe, 9,397.

CHEVALLIER, Jules, *ex-marchand de lingerie, rue de Chartres*, 18, *à Batignolles*. — Jugement du 3 septembre 1861, homologuant le concordat du 16 août 1861. — Remise de 90 %. — Les 10 % non remis payables en cinq ans, par cinquièmes, du jour de l'homologation. — N° du Greffe, 18,323.

CHEVALOT, société MOURIÉ, Joseph-Clément, *imprimeur lithographe, rue du Cloître-St-Merri*, 8. — Jugement du 19 janvier 1860, homologuant le concordat du 22 novembre 1859. — Remise de 90 %. — Les 10 % non remis payables en cinq ans, par cinquièmes, du jour du concordat. — N° du Greffe, 16,313.

CHEVERRY, Eugène, *fabricant de fleurs, rue Mazagran*, 12. — Jugement du 13 avril 1858, homologuant le concordat du 3 avril 1858. — Remise de 50 %. — Les 50 % non remis payables : 5 % le 1er mai des années 1859 et 1860; 5 % le 1er mai des années 1861, 1862, 1863 et suivantes. — N° du Greffe, 14,385.

CHEVET, Pierre-Barthélemy, *marchand de bois et charbons, rue Constantine*, 54. — Jugement du 17 septembre 1862, homologuant le concordat du 8 juillet 1862. — Remise de 75 %. — Les 25 % non remis payables en cinq ans, par cinquièmes, du jour de l'homologation. — N° du Greffe, 19,758.

CHEVILLARD, Albert, *fabricant de machines à broder, rue Rochechouart*, 38. — Jugement du 2 juin 1862, homologuant le concordat du 17 mai 1862. — Remise de 75 %. — Les 25 % non remis payables en cinq ans, par cinquièmes, du jour de l'homologation. — N° du Greffe, 19,346.

CHEVREAU, Louis-Gaspard, *marchand de modes, rue St-Marc*, 17. — Jugement du 5 novembre 1862, homologuant le concordat du 20 octobre 1862. — Remise 75 %. — Les 25 % non remis payables en cinq ans, par cinquièmes, du jour de l'homologation. — N° du Greffe, 414.

CHEVREAU, Marie-Louis-Gaspard, *marchand de modes, rue Montmartre*, 55. — Jugement du 29 juillet 1856, homologuant le concordat du 19 du même mois. — Remise de 70 %. — Les 30 % non remis payables en trois ans, par tiers, d'année en année, du 1er août 1857, inclusivement. — N° du Greffe, 13,192.

CHEVREUIL, société, Louis-Victor, *tailleur, rue de la Paix*, 6. — Jugement du 24 juillet 1850, homologuant le concordat du 3 juin 1850. — Remise de 95 % du capital, de tous intérêts et frais. — Les 5 % non remis payables en cinq ans, par cinquièmes, le 30 juin 1851, 1852 et années suivantes. — N° du Greffe, 9,178.

CHEVRIER, François, *menuisier en voitures, rue Marbeuf*, 46. — Jugement du 9 août 1860, homologuant le concordat du 17 juillet 1860. — Remise de 75 %. — Les 25 % non remis payables en cinq ans, par cinquièmes, du jour de l'homologation. — N° du Greffe, 16,963.

CHEVRIN, Etienne, *entrepreneur de maçonnerie, passage de l'Alma*, 15. Jugement du 2 décembre 1861, homologuant le concordat du 19 novembre 1861. — Remise de 92 %. — Les 8 % non remis payables dans les six mois du jour de l'homologation. — N° du Greffe, 18,172.

CHEVRON et SCHEURWEGHS, *distillateurs, Ile St-Ouen*. — Jugement du 26 avril 1861, homologuant le concordat du 13 avril 1861. — Abandon de l'actif énoncé au concordat. — Lefrançois, maintenu syndic. — N° du Greffe, 17,087.

CHIBON, société, Pierre, *gérant, entreprise de couvertures, rue Amelot*, 60. — Jugement du 11 juin 1850, homologuant le concordat du 27 mai 1850. — Remise de 90 % et de tous intérêts et frais non admis — Les 10 % non remis payables par dixièmes, de 1 % chacun le 1er juillet des années 1852, 1853 et suivantes. — N° du Greffe, 850.

CHIBOURG, dame Joséphine LOUILLIER, *confections, rue du Temple*, 195. — Jugement du 30 juin 1862, homologuant le concordat du 17 juin 1862. — Remise de 60 %. — Les 40 % non remis payables en cinq ans, par cinquièmes, du jour de l'homologation. — N° du Greffe, 19,610.

CHILLIAT et HARDOUIN, Jules-Auguste, *épicier et distillateur, à la Villette*. — Jugement du 6 février 1855, homologuant le concordat du 18 juin 1855. — Abandon de tout l'actif. — Obligation de payer une somme de 2,500 fr. à verser dans les trois jours du concordat. — Obligation, par le sieur Chilliat, de payer aux créanciers 10 % en deux ans, par quarts, le 18 janvier des années 1856 et 1857. — Pascal, commissaire. — N° du Greffe, 11,354.

CHILMAN, Jacques-Robert-Frédéric, *marchand de chaussures, rue du Faubourg-St-Denis*, 167. — Jugement du 11 novembre 1857, homologuant le concordat du 28 octobre 1857. — Remise de 60 %. — Les 40 % non remis payables en cinq ans, d'année en année, du jour de l'homologation. — N° du Greffe, 14,108.

CHILMAN, Jacques-Robert-Frédéric, *fabricant de chaussures, rue du Faubourg-St-Denis*, 167. — Jugement du 30 novembre 1859, homologuant le concordat du 31 octobre 1859. — Remise de 75 %. — Les 25 % non remis payables au moyen de l'actif énoncé au concordat — Devin, maintenu syndic. — N° du Greffe, 16,136.

CHINARDET, Pierre, *entrepreneur de déménagements, boulevart Mazas*, 38 *et* 40. — Jugement du 8 novembre 1861, homologuant le concordat du 29 octobre 1861. — Remise de 50 %. — Les 50 % non remis payables en cinq ans, par cinquièmes, du jour de l'homologation. — N° du Greffe, 18,650.

CHOISEL, Jean-Baptiste, *cordonnier, rue de la Douane*, 7. — Jugement du 20 août 1862, homologuant le concordat du 1er août 1862. — Remise de 80 %. — Les 20 % non remis payables sans intérêts en quatre ans, par quarts, du jour de l'homologation. — N° du Greffe, 19,927.

CHOISY (de), demoiselle, Camille, *exploitation du* Courrier de Paris, *rue Miromesnil*, 16. — Jugement du 29 décembre 1860, homologuant le concordat du 14 avril 1860. — Abandon de l'actif énoncé au concordat. — Isbert, maintenu syndic. — N° du Greffe, 15,927.

CHOLLAZ, dame, Marie, *confections, passage Chausson*, 5. — Jugement du 8 mai 1860, homologuant le concordat du 23 mars 1860. — Remise de 75 %. — Les 25 % non remis payables en cinq ans, par cinquièmes du jour de l'homologation. — N° du Greffe, 16,154.

CHOLLET, société Rivat, Edouard, *office de publicité, rue St-Roch*, 34. — Jugement du 26 septembre 1854, homologuant le concordat du 7 du même mois. — Remise de 85 %. — Les 15 % non remis payables en trois ans, par tiers, d'année en année. — Premier paiement, 31 mars 1855. — Abandon des créances et sommes énoncées au concordat pour garantie des dividendes. — Battarel, commissaire. — N° du Greffe, 11,445.

CHOLLET et Ce, *négociant, rue Montmartre*, 171, *et rue Ste-Anne*, 37. — Jugement du 28 novembre 1850, homologuant le concordat du 14 novembre 1850. — Remise de tous intérêts et frais postérieurs au jour de la cessation de paiement et de 80 % sur le capital. — Les 20 % non remis payables en cinq ans, par cinquièmes, le 14 novembre des années 1851, 1852 et suivantes. — N° du Greffe, 949.

CHOQUET-BOIVIN, Jean-Louis-Alexandre-Philippe, *ancien négociant, rue de l'Eglise*, 12, *à Grenelle*. — Jugement du 17 janvier 1851, homologuant le concordat du 9 décembre 1848. — Remise de 85 % en prinpal, intérêts et frais. — Les 15 % non remis payables sans intérêts, en quatre ans, par quarts, le 9 décembre des années 1849, 1850, 1851 et 1852. — N° du Greffe, 8,360.

CHOQUIER, Charles, *tapissier, rue de Trévise*, 35. — Jugement du 6 mars 1856, homologuant le concordat du 22 février 1856. — Remise de 75 %. — Les 25 % non remis payables en cinq ans, par cinquièmes, du jour du concordat, d'année en année. — N° du Greffe, 12,822.

CHORIN, Eugène, *restaurateur, boulevard de Strasbourg*, 8. — Jugement du 9 août 1859, homologuant le concordat du 29 juillet 1859. — Remise de 55 %. — Les 45 % non remis payables en sept ans, sans intérêts; 6 % le 1er août des années 1860, 61, 62, 63 et 64; 7 fr. 50 % le 1er août des années 1865 et 1866. — N° du Greffe, 15,904.

CHOUREAUX, Benoit-Philippe, *tonnelier et marchand de meubles, rue Mouffetard*, 198. — Jugement du 12 décembre 1860, homologuant le concordat du 19 novembre 1860. — Remise de 70 %. — Les 30 % non remis payables sans intérêts, 5 % dans le mois de l'homologation, 25 % en cinq ans, par cinquièmes, du jour de l'homologation. — N° du Greffe, 10,978.

CHOVIN, Antoine-Paul, *traiteur-limonadier, rue de Grenelle-St-Germain*, 182. — Jugement du 13 septembre 1854, homologuant le concordat du 25 août 1854. — Remise de 70 %. — Les 30 % non remis payables en trois ans, par tiers, d'année en année. — Premier paiement le 1er septembre 1855. — N° du Greffe, 11,140.

CHRÉTIEN dame et **JUNIE**, *négociants, à Asnières*. — Jugement du 14 décembre 1857, homologuant le concordat du 3 décembre 1857. — Remise de 90 %. — Les 10 % payables en cinq ans, par cinquièmes. — Le premier paiement le 1er mars 1859. — N° du Greffe, 14,246.

CHRISTINET, *distillateur, à la Villette*. — Concordat du 26 novembre 1849. — N° du Greffe, 642.

CHRISTOL, Émile, *marchand de comestibles, rue St-Honoré*, 338. — Jugement du 23 février 1857, homologuant le concordat du 6 février 1857. — Abandon de l'actif réalisé. — Obligation de payer 40 % en quatre ans, par quarts, d'année en année, du jour du concordat. — Lacoste, syndic. — N° du Greffe, 13,478.

CICILE, Henri-Émile, *pharmacien, rue de la Chaussée-d'Antin*, 58. — Jugement du 27 décembre 1859, homologuant le concordat du 14 décembre 1859. — Abandon de l'actif énoncé au concordat. — M. Henrionnet, maintenu syndic. — N° du Greffe, 16,089.

CIRON, père, Louis, *pâtissier, rue de Vaugirard*, 1. — Jugement du 18 mai 1852, homologuant le concordat du 4 mai 1852. — Remise de 65 %. — Les 35 % non remis payables en 7 fractions de 5 % chacune le 5 mai des années 1853 et suivantes. — N° du Greffe, 10,302.

CITRON, personnellement, *négociant, boulevard des Italiens*, 4. — Jugement du 29 juillet 1856, homologuant le concordat du 14 du même mois. — Abandon de la totalité de l'actif. — M. Plon, commissaire. — N° du Greffe, 12,500.

CLAIR et **LEGENDRE**, société, Ernest, *lingerie, rue Montmartre*, 15. — Jugement du 2 novembre 1857, homologuant le concordat du 8 octobre 1857. — Obligation de payer 45 %. — 5 % dans un an de l'homologation. — 10 % chaque année suivante. — Madame Clair, caution. — N° du Greffe, 13,933.

CLAIRE, Antoine, *confections, faubourg St-Martin*, 225. — Jugement du 14 septembre 1860, homologuant le concordat du 25 juillet 1860. — Remise de 60 %. — Les 40 % non remis payables en cinq ans, par cinquièmes, du jour de l'homologation. — N° du Greffe, 16,943.

CLAIRIN, Noel-François, *négociant en coton, rue du Cloître-St-Jacques*, 8. — Jugement du 10 janvier 1855, homologuant le concordat du 20 décembre 1854. — Remise de 70 %. — Les 30 % non remis payables en trois ans, par tiers, d'année en année. — Le premier paiement fin janvier 1856. — N° du Greffe, 11,905.

CLAPARÈDE, Jean-Baptiste, *marchand de vins, rue St-Honoré*, 256. — Jugement du 31 décembre 1858, homologuant le concordat du 21 décembre 1858. — Obligation de payer le montant des créances par vingtièmes, d'année en année, du jour de l'homologation. — N° du Greffe, 15,113.

CLASTÈRE, Armand-Adolphe-Joseph, *marchand bimbelotier, rue Saint-Martin*, 9 *et* 11, *et au Mans* (Sarthe). — Jugement du 15 janvier 1862, homologuant le concordat du 4 décembre 1861. — Remise de 50 %. — Les 50 % non remis payables en cinq ans, par cinquièmes, du jour de l'homologation. — N° du Greffe, 18,776.

CLAUDE-GUILLOT et Cie, Claude, *tanneur, rue de la Glacière*, 15. — Jugement du 14 mars 1861, homologuant le concordat du 27 février 1861. — Remise de 63 %. — Les 37 % non remis payables: 5 % un mois après l'homologation, 10 % huit mois après, — 10 % un an après, 12 % dix-huit mois après. — N° du Greffe, 17,475.

CLAUDE et **LEFORT**, Eugène, *distillateurs, rue de Flandre*, 105. — Jugement du 19 janvier 1858, homologuant le concordat du 23 décembre 1857. — Remise de 84 %. — Les 16 % non remis payables: 5 % dans le mois de l'homologation ; 11 % en neuf ans, par neuvièmes, d'année en année. — Premier paiement le 1er janvier 1861. — N° du Greffe, 13,315.

CLAUDIN, Pierre-Sébastien, *voiturier de marine, à Alfort*. — Jugement du 28 février 1860, homologuant le concordat du 10 février 1860. — Obligation de payer l'intégralité des créances en dix ans, par dixièmes, du 1er mars. — N° du Greffe, 16,494.

CLAVEL, société **BOUCHARD**, Pierre-Alexandre, *banquiers, boulevard St-Martin*, 27. — Voir BOUCHARD et CLAVEL.

CLAVERIE, Jean, *épicier, rue de la Michodière*, 20. — Jugement du 3 octobre 1854, homologuant le concordat du 18 septembre 1854. — Obligation de payer la totalité de la créance en principal, intérêts et frais, à raison de 100 francs par mois, à commencer trois mois après l'homologation. — N° du Greffe, 11,325.

CLAYETTE et **MOINET**, *négociants, rue de Cléry*, 77. — Jugement du 6 octobre 1860, homologuant le concordat du 26 septembre 1860. — Remise de 80 %. — Les 20 % non remis payables huit jours après l'homologation. — N° du Greffe, 17,231.

CLÉBANT ou **CLÉBAUT**, Joseph-Nicolas, *fabricant de chapeaux, rue du Temple*, 55. — Jugement du 18 avril 1855, homologuant le concordat du 4 du même mois. — Remise de 70 %. — Les 30 % non remis payables en cinq ans, par cinquièmes. — Premier paiement le 1er mai 1855.

CLÉMENT, Édouard, *négociant en vins, boulevard de l'Hôpital*, 88. — Jugement du 23 août 1862, homologuant le concordat du 6 août 1862. Remise de 70 %. — Les 30 % non remis payables dans un an de l'homologation. — Madame veuve Connot, caution. — N° du Greffe, 19,911.

CLÉMENT, femme **LEBRUN**, Élisabeth, *fabricante d'appareils à Gaz, rue St-Honoré*, 136. — Jugement du 13 mars 1857, homologuant le concordat du 4 mars 1857. — Remise de 75 %. — Les 25 % non remis payables en cinq ans, par cinquièmes, d'année en année. — Premier paiement le 1er mars 1858. — N° du Greffe, 13,603.

CLÉRAY, Auguste, *crêmier, rue du Four-St-Germain*, 72.— Jugement du 24 mars 1858, homologuant le concordat du 13 mars 1858. — Abandon de l'actif énoncé au concordat. — M. Beaufour, maintenu syndic. — N° du Greffe, 14,382.

CLERC, société HAMM, Pierre, *coutelier, rue de l'Ecole-de-Médecine*, 6. — Jugement du 7 février 1854, homologuant le concordat du 14 janvier 1854. — Abandon de l'actif de la société, à l'exception du mobilier personnel. — N° du Greffe, 10,785.

CLERGET, compagnie MARASSI, Jean-Jacques-Auguste, *ex-gérant de la société, rue de Clichy*, 65. — Jugement du 2 avril 1852, homologuant le concordat du 16 mars même année. — Abandon de l'actif et obligation de parfaire 25 % en cas où la liquidation ne produirait pas ce dividende, et ce dans les trois mois de la répartition. — Remise de 75 %. — Sergent, commissaire. — N° du Greffe, 10,223.

CLÉRISSE, Louis-Henri, *quincaillier, rue du Faubourg-Saint-Martin*, 195. — Jugement du 7 mai 1860, homologuant le concordat du 17 avril 1860. — Remise de 70 %. — Les 30 % non remis payables: 15 % dans le mois du concordat, et 15 % deux mois après. — M. Coupier, caution. — N° du Greffe, 16,098.

CLERMONT (de), dame Gérasime, *modiste, rue Bourdaloue*, 9. — Jugement du 29 avril 1861, homologuant le concordat du 11 même mois. — Remise de 80 %. — Les 20 % non remis payables en quatre ans, par quarts, du 1er avril. — N° du Greffe, 17,810.

CLOCHEAU, de la société LASSUS, *constructeur de voitures, à la Grande-Villette*. — Jugement du 17 octobre 1854, homologuant le concordat du 3 même mois. — Voir CHAMEROY.

CLOCHEZ, Alexandre-François, *carrossier, rue Rossini*, 3.—Jugement du 25 juin 1852, homologuant le concordat du 22 mai 1852. — Remise de 70 %. — Les 30 % non remis payables dans la huitaine de l'homologation du concordat. — N° du Greffe, 10,300.

CLOSQUINET, Nicolas-Alexandre, *négociant en vins à Saint-Mandé*.— Jugement du 23 août 1854, homologuant le concordat du 8 du même mois. — Remise de 86 %. — Les 14 % non remis payables: 4 % le 31 mars 1855, et 10 % le 31 mars 1856.— N° du Greffe, 11,400.

CLOSQUINET, Alexandre-Nicolas, *négociant en vins, rue Basse-Saint-Pierre*, 2. — Jugement du 11 juillet 1851, homologuant le concordat du 26 juin 1851. — Remise de 85 %. — Les 15 % non remis payables en trois ans, par tiers, les 15 juillet 1852, 1853 et 1854. — N° du Greffe, 9,807.

CLOUTIER, sieur et dame, *épiciers, rue de Vendôme*, 6.— concordat du 16 juillet 1849.

CLOVIS, Jean, *fabricant de parapluies, rue de Trévise*, 3. —Jugement du 28 avril 1858, homologuant le concordat du 13 du même mois. — Remise de 85 %. —Les 15 % non remis payables par tiers, du 1er septembre 1858, et abandon de l'actif énoncé au concordat. — M. Pascal, maintenu syndic. — N° du Greffe, 14,458.

CLUZAUX, Jean, *négociant en nouveautés, à Romainville*. — Jugement du 23 mars 1855, homologuant le concordat du 20 février 1855. — Remise de 75 %. —Les 25 % non remis payables en trois ans, par tiers, d'année en année, un an après l'homologation. — N° du Greffe, 12,041.

COCHARD aîné, Jean-François, *négociant en vins, à Vaugirard*.— Jugement du 24 décembre 1855, homologuant le concordat du 10 du même mois. — Remise de 65 %.—Les 35 % non remis payables sans intérêts, en cinq ans, par cinquièmes, du 1er février 1856.—N° du Greffe, 12,704.

COCHE, Jacques, *marchand de vins, à Arcueil*.— Jugement du 28 décembre 1855, homologuant le concordat du cinq du même mois. — Remise de 80 %. — Les 20 % payables en quatre ans, d'année en année, du jour de l'homologation. — N° du Greffe, 12,507.

COCHERY, Jean-Baptiste, *boulanger, rue du faubourg Montmartre*, 29. — Concordat du 2 Avril 1849.— N° du Greffe, 98.

COCHETEUX, Léopold, *ex-cordonnier, rue du Marché-neuf*, 7.—Jugement du 22 juin 1852, homologuant le concordat du 4 du même mois. — Remise de 75 %. — Les 25 % non remis payables en quatre ans, d'année en année. — Premier paiement le 4 juin 1853. — N° du Greffe, 7,897.

COCHINAT, Victor, *négociant, rue Grange-Batelière*, 13. — Jugement du 2 juillet 1860, homologuant le concordat du 1er juin 1860. — Remise de 75 %. — Les 25 non remis payables en cinq ans, par cinquièmes, du concordat. — N° du Greffe, 16,843.

CODRY et Ce, *entrepreneurs de bâtiments, rue Bonaparte*, 70. — Jugement du 10 juin 1861, homologuant le concordat du 28 mai 1861. — Abandon de l'actif énoncé au concordat. — M. Isbert, commissaire. — N° du Greffe, 16,802.

CODRY, Jean-Eugène, personnellement, de la société CODRY et Ce, *entrepreneur de bâtiments, rue Bonaparte*, 70. — Jugement du 10 juin 1861, homologuant le concordat du 28 mai 1861. — Remise de 75 %. — Les 25 % payables, en cinq ans, par cinquièmes, du 15 juin, sans intérêts. — Abandon des sommes provenant de la liquidation Codry et Ce. — N° du Greffe, 16,803.

COEFFÉ, Nicolas-Isidore, *marchand de papiers en gros, rue de Verneuil*, 9. — Jugement du 18 novembre 1850, homologuant le concordat du 11 du même mois. — Abandon de l'actif énoncé au concordat, M. Richard-Grison, maintenu syndic. — N° du Greffe, 15,827.

CŒUILHE, Ernest, *négociant en broderies, rue de la Banque*, 17.—Concordat du 6 janvier 1851.

CŒURDEROY, de la société GOUGUENHEIM, *négociant en tissus, rue de Mulhouse*, 3. — Jugement du 4 novembre 1862, homologuant le concordat du 13 octobre 1862. — Remise de 75 %. — Les 25 % payables dans le mois de l'homologation. — N° du Greffe, 311.

COFFINEAU, *maçon, passage Vaucanson*, 14. — Jugement du 28 janvier 1850.

COFFIGNON-PIOT, Cyr-Louis-Joseph, *fabricant de cire à cacheter*.— Jugement du 24 Juin 1856, homologuant le concordat du 2 du même mois. — Remise de 90 %. — Les 10 % non remis payables, en quatre ans, par quarts, d'année en année, du jour de l'homologation. — N° du Greffe, 13,001.

COGERY et Ce, Nicolas-Jules-Auguste, *brasseurs, rue Mouffetard*, 265. — Jugement du 24 février 1862, homologuant le concordat du huit du même mois. — Remise de 90 %. — Les 10 % non remis payables : 5 % dans la quinzaine de l'homologation, et 5 % un an après. — N° du Greffe, 11,621.

COGNIET, Pierre, *fabricant de chapeaux, rue Beaubourg*, 17 et 19. — Jugement du 8 août 1853, homologuant le concordat du 26 juillet 1853. — Remise de 80 %. — Les 20 % non remis payables, sans intérêts, par quarts, d'année en année, le 30 juin des années 1854, 1855, 1856 et 1857. — N° du Greffe, 10,932.

COHAT aîné, Louis-Vincent, *épicier, route de la Révolte*, 122. — Jugement du 9 octobre 1862, homologuant le concordat du 19 novembre 1862. — Remise de 50 %. — Les 50 % non remis payables, en cinq ans, par cinquièmes, du 1er décembre. — N° du Greffe, 466.

COHENDET, Hippolyte, *menuisier, rue de Chabrol*, 11.—Jugement du 24 juin 1852, homologuant le concordat du 5 mai 1852. — Obligation de payer 15 % en trois ans, le 1er mai des années 1853, 1854 et 1855. — N° du Greffe, 10,057.

COIFFIER, dame de Jacques-Nicolas, *lingère, boulevard de Sébastopol*, 76. — Jugement du 20 novembre 1860, homologuant le concordat du 31 octobre 1860. — Remise de 90 %. — Les 10 % non remis payables, en trois ans, du concordat, 3 % la première et la deuxième année, et 4 % la troisième. — N° du Greffe, 16,865.

COIGNARD, Vincent-Siméon, *marchand boulanger, à Boulogne*. — Jugement du 29 juin 1858, homologuant le concordat du 15 du même mois. — Remise de 65 %. — Les 35 % non remis payables: 20 % dans la huitaine de l'homologation, 15 % en trois ans, par tiers, du jour du concordat. — N° du Greffe, 14,799.

COIGNET, Edouard-Eugène, *serrurier, à Vanves*. — Jugement du 8 mars 1860, homologuant le concordat du 24 février 1860. —Abandon de l'ac énoncé au concordat. — Obligation de payer 20 % en quatre ans, par quarts, de l'homologation. — M. Millet, syndic. — N° du Greffe, 15,219.

COINDET, Charles-Joseph-Eustache, *maréchal, rue de l'Arcade*, 46. — Jugement du 17 mars 1853, homologuant le concordat du 2 du même mois. — Remise de 70 %. — Les 30 % non remis payables, en quatre ans, savoir : 7 % dans une, deux et trois années, du jour de l'homologation, et 9 % dans quatre ans du même jour. — N° du Greffe, 10,729.

COISLIN (de), *banquier, rue de Grenelle-Saint-Germain*, 45. — Jugement du 15 avril 1856, homologuant le concordat du 7 mars 1856. — Abandon de l'actif énoncé au concordat. — Obligation de payer 50 %, par dixièmes, d'année en année. — Premier paiement, le 15 avril 1857. — M. Heurtey, commissaire. — N° du Greffe, 11,425.

COLAS, Baptiste-Nicolas, *entrepreneur de couvertures, rue Popincourt*, 39. — Jugement du 26 février 1858, homologuant le concordat du 15 du même mois. — Remise de 70 %. — Les 30 % non remis payables, en quatre ans, par quarts, d'année en année. — Premier paiement le 1er mars 1859. — N° du Greffe, 14,360.

COLIN, Charles, *négociant en bronzes, rue de Saintonge*, 12. — Jugement du 10 novembre 1862, homologuant le concordat du 20 octobre 1862. — Remise de 60 %. — Les 40 % non remis payables, en quatre ans, par quarts, de l'homologation. — N° du Greffe, 279.

COLIN, Auguste, *cafetier, à Batignolles*. — Jugement du 15 décembre 1858, homologuant le concordat du 20 novembre 1858. — Remise de 70 %. — Les 30 % non remis payables, sans intérêts, 5 % huit jours après la reddition de compte, 6 % le 1er décembre 1859, 5 % le 1er décembre, des années 1860 et 1861. — N° du Greffe, 15,270.

COLIN et Cie, Charles, personnellement, *fondeur, rue Copeau*, 11. — Jugement du 10 novembre 1853, homologuant le concordat du 5 septembre 1853. — Remise de 85 %. — Les 15 % non remis payables, sans intérêts, par tiers, le 1er septembre des années 1854, 1855 et 1856. — N° du Greffe, 10,438.

COLIN, Emmanuel-François, *marchand de vins, rue Rambuteau*, 70. — Jugement du 23 avril 1850, homologuant le concordat du 26 mars précédent. — Remise de 85 %. — Les 15 % non remis payables en cinq années, le 26 mars des années 1851, 52, 53, 54 et 1855. — N° du Greffe, 9,192.

COLINET, Jean-Victor, *marchand de charbons, boulevard Blanche*, 64, *à Batignolles*. — Jugement du 7 mai 1852, homologuant le concordat du 23 avril 1852. — Remise de 80 %. — Les 20 % non remis payables en quatre ans, du jour du concordat, par quarts, d'année en année. — N° du Greffe, 10,206.

COLINET, Denis, *maçon, rue de la Paix*, 23, *à Batignolles*. — Jugement du 5 août 1862, homologuant le concordat du 14 juillet 1862. — Remise de 80 %. — Les 20 % non remis payables dans les 24 heures de l'homologation. — N° du Greffe, 17,216.

COLLARD, E., *négociant, rue du Château-d'Eau*, 60. — Jugement du 26 avril 1860, homologuant le concordat du 10 du même mois. — Remise de 75 %. — Les 25 % non remis payables : 5 % le 20 mai 1860, 2 % le 1er mai 1861, 3 % un an après, 4 % un an après, 5 % la quatrième année, et 6 % la cinquième année, sans intérêts. — N° du Greffe, 16,014.

COLLART, Émir-Valery, *limonadier, rue de Lancry*, 22. — Jugement du 5 février 1856, homologuant le concordat du 21 janvier 1856. — Abandon de l'actif énoncé au concordat. — Obligation de payer 4 % des créances en quatre ans, par quarts, d'année en année, du jour de l'homologation. — Sergent, commissaire. — N° du Greffe, 12,757.

COLLAS, *marchand de vins, à Grenelle*. — Jugement du 5 juin 1857, homologuant le concordat du 11 mai 1857. — Remise de 80 %. — Les 20 % non remis payables en quatre ans, par quarts, d'année en année, du jour du concordat. — N° du Greffe, 13,941.

COLLASSON, société HUIN, Félix-Henri et Gustave, *négociants, rue des Petits-Hôtels*, 28. — Jugement du 7 février 1861, homologuant le concordat du 25 janvier 1861. — Remise de 95 %. — Les 5 % non remis payables en cinq ans, par cinquièmes, de ce jour. — M. Dormoy, caution. — N° du Greffe, 15,166.

COLLASSON, HUIN et Cie, *négociants, rue des Petits-Hôtels*, 28. — Jugement du 7 février 1861, homologuant le concordat du 25 janvier 1861. — Remise de 95 %. — Les 5 % non remis payables en cinq ans, par cinquièmes, du concordat. — Félix Collasson, caution. — N° du Greffe, 15 166.

COLLET, Auguste, *marchand de pierres, rue de la Planchette*, 4. — Jugement du 9 mars 1854, homologuant le concordat du 21 février 1854. — Remise de 60 %. — Les 40 % non remis payables, sans intérêts, en trois ans, par sixièmes, de six en six mois, du jour du concordat. — N° du Greffe, 11,188.

COLLET, Auguste-Alfred, *boulanger, rue Caumartin*, 28. — Jugement du 30 août 1862, homologuant le concordat du 11 du même mois. — Abandon de l'actif énoncé au concordat. — Obligation de payer 5 % : 2 % le 20 janvier 1864, et 3 % le 5 juillet 1865. — M. Lamoureux, commissaire. — N° du Greffe, 19,549.

COLLET, Jean-Laurent, *traiteur, rue du Petit-Hurleur*, 7. — Jugement du 10 avril 1856, homologuant le concordat du 19 mars 1856. — Remise de 85 %. — Les 15 % payables en cinq ans, par cinquièmes, d'année en année, du jour du concordat. — N° du Greffe, 12,780.

COLLET, *ex-marchand de vins, à la Chapelle*. — Jugement du 12 juin 1860, homologuant le concordat du 16 mai 1860. — Abandon de l'actif énoncé au concordat. — M. Hécaen, commissaire. — N° du Greffe, 13,821.

COLLIGNON, femme Drague, Françoise-Prospère, *négociante en broderies, rue de l'Est*, 35. — Jugement du 18 juillet 1854, homologuant le concordat du 27 juin 1054. — Abandon de tout l'actif. — Obligation de payer 6 % en trois ans, par tiers. — Premier paiement le 27 juin 1855. — M. Drague, caution des 6 % promis. — M. Crampel, syndic. — N° du Greffe, 11,503.

COLLIGNON, Jean-François, *loueur de voitures, rue Villa-Ste-Alice*, 8. — Jugement du 16 juin 1862, homologuant le concordat du 31 mai 1862. — Remise de 50 %. — Les 50 % non remis payables, sans intérêts, en six ans, par sixièmes, de l'homologation. — N° du Greffe, 19,354.

COLLIN, Nicolas-Pierre, de la société VANGUILLE-MONTIGNY, — *imprimeur lithographe, rue faubourg St-Denis*, 132. — Jugement du 23 mai 1855, homologuant le concordat du 7 du même mois. — Remise des intérêts et frais non admis, et de 65 % sur le montant de leurs créances. — Les 35 % non remis payables en cinq ans, par cinquièmes, d'année en année. — Premier paiement le 1er juin 1856. — N° du Greffe, 12,105.

COLLON, GOUJON et Cie, Édouard, *escompteurs, rue de Rambuteau*, 73. — Jugement du 16 avril 1855, homologuant le concordat du 24 mars 1855. — Abandon de l'actif de la société. — Obligation de payer 10 % dans le mois de l'homologation, et 10 % six mois après. — Obligation, en outre, par le sieur Goujon de payer ce qui restera dû par fractions de 6 %, du 1er avril 1856. — M. Heurtey, commissaire. — N° du Greffe, 9,966.

COLMAN, femme LEBRETON, Catherine, *fabricante d'allumettes chimiques, à la Villette*. — Jugement du 25 juin 1857, homologuant le concordat du 13 juin 1857. — Obligation de payer le montant des créances, en principal, intérêts et frais, dans un an du concordat. — N° du Greffe, 13,805.

COLNELLIS fils, Jean-Baptiste-Claude, *peintre-vitrier, à Grenelle*. — Jugement du 5 novembre 1850, homologuant le concordat du 26 septembre 1350. — Abandon de tout l'actif à l'exception de son mobilier personnel et d'une somme éventuelle relative à la mitoyenneté dont il est parlé au concordat. — M. Millet, commissaire. — N° du Greffe, 6,980.

COLOMB, Michel, *épicier, rue Neuve-des-Petits-Champs* 41. — Jugement du 20 avril 1861, homologuant le concordat du 23 mars, 1861. — Abandon de l'actif, M. Richard, commissaire. — N° du Greffe, 17,786.

COLOMBEL-CONTAL, *marchande à la toilette, boulevard de Sébastopol*, 21. — Voir : CONTAL-COLOMBEL. — N° du Greffe, 18,803.

COLOMBET, Mathurin-Toussaint, *tourneur en cuivre, rue Albouy*, 9. — Jugement du 24 novembre 1858, homologuant le concordat du 10 du même mois. — Obligation de payer sans intérêts, en sept ans, le montant des créances, savoir : 15 % pendant six ans, et 10 % la septième année, à partir du jour du concordat. — N° du Greffe, 15,221.

COLON, Auguste, *entrepreneur de charpente, à Clichy*. — Jugement du 21 juillet 1856, homologuant le concordat du 5 du même mois. — Obligation de payer le montant des créances, en huit ans, par huitièmes, d'année en année, du jour du concordat. — Madame Colon, caution. — N° du Greffe, 13,044.

COLPAERT, demoiselle, Élisa, *marchande de modes, rue St-Marc-Feydeau*, 5. — Jugement du 1er juillet 1853, homologuant le concordat du 21 juin 1853. — Remise de 85 %. — Les 15 % non remis payables en trois ans, par tiers. — Premier paiement le 21 juin 1854. — N° du Greffe, 10,875.

COLSON aîné, François-Auguste, *bonnetier, rue St-Martin*, 135, — Jugement du 11 mai 1852, homologuant le concordat du 19 avril 1852. — Remise de 60 %. — Les 40 % non remis payables, sans intérêts, en huit paiements égaux de six mois en six mois, du jour de l'homologation. — N° du Greffe, 10,282.

COLUMEAU, Joseph-François, *menuisier, Chaussée du Maine*, 36. — Jugement du 12 août 1850, homologuant le concordat du 3 juillet 1850. — Remise de 75 % en principal, intérêts et frais. — Les 25 % non remis payables, par quarts, d'année en année, à partir du 3 juillet 1850. — N° du Greffe, 574.

COMBAZ, François, *marchand de vins, à Vaugirard*. — Jugement du 19 avril 1860, homologuant le concordat du 4 du même mois. — Remise de 75 %. — Les 25 % non remis payables en cinq ans, par cinquièmes, de l'homologation. — N° du Greffe, 16,581.

COMBE, Jean-Marie, de la société GOUTTE et Cie, *limonadier, rue Montmartre*, 154. — Jugement du 12 janvier 1855, homologuant le concordat du 12 décembre 1854. — Remise de 94 %. — Les 6 % non remis payables sans intérêts, en trois ans, par tiers, d'année en année, du jour du concordat. — N° du Greffe, 10,413.

COMBES frères, Antoine et Jean, *voituriers, rue du Chemin-Vert*, 43. — Jugement du 28 juillet 1857, homologuant le concordat du 15 juillet 1857. — Remise de 80 %. — Les 20 % non remis payables en quatre ans, par quarts, d'année en année, du jour de l'homologation. — N° du Greffe, 13,392.

COMBES D'AURIAC, Jean-Antoine, de la société ACQUIER, *éditeurs, rue des Saints-Pères*, 14. — Voir ACQUIER.

COMBETTE, Joseph-Frédéric-Victor, *éditeur d'Estampes, rue Jacob*, 1. — Jugement du 27 mai 1857, homologuant le concordat du 28 mars 1857. — Remise de 87 %. — Les 13 p. % non remis payables : 3 % un mois après l'homologation, 10 % en cinq ans, par cinquièmes, d'année en année. — Premier paiement un mois après l'homologation. — Madame Combette, caution. — N° du Greffe, 11,627.

COMBETTE-LESAGE et Ce, *négociants, impasse Saint-Sabin*, 11. — Jugement du 13 avril 1855, homologuant le concordat du 1er mars précédent. — Remise de 85 %. — Les 15 % non remis payables dans le mois de l'homologation. — N° du Greffe, 8,810.

COMBIER, Louis-Claude, *quincaillier, rue Saint-Antoine*, 158. — Jugement du 21 décembre 1852, homologuant le concordat du 10 décembre 1852. — Abandon de l'actif énoncé au concordat. — Pascal, maintenu syndic. — N° du Greffe, 10,503.

COMBIER, *marchand de vins, Chaussée-Ménilmontant*, 32. — Jugement du 12 décembre 1860, homologuant le concordat du 26 novembre 1860. — Remise de 80 %. — Les 20 % non remis payables, en cinq ans, par cinquièmes, du 1er décembre. — N° du Greffe, 17,321.

COME jeune, Lucien-Auguste, *charcutier, rue Saint-Dominique-Saint-Germain*, 1. — Jugement du 12 août 1851, homologuant le concordat du 15 juillet 1851. — Remise des intérêts et frais, et de 87 %. — Les 13 % non remis payables, sans intérêts : 3 % après le compte rendu par le syndic, 3 % le 1er août des années 1852, 1853, et 4 % le 1er août 1854. — N° du Greffe, 9,719

COMMARD, François, *marchand de vins, à la Garenne*. — Jugement du 29 juillet 1850, homologuant le concordat du 19 juin 1850. — Remise de tous intérêts et frais, et de 85 %. — Les 15 % non remis payables, en quatre ans, par quarts, le 15 avril des années 1851, 1852 et suivantes. — N° du Greffe, 9,190.

COMMENT, dit Pierre COMMUN, Pierre-Paul-Isidore, *gravatier, rue Saint-Maur*, 121. — Jugement du 30 août 1862, homologuant le concordat du 4 juillet 1862. — Remise de 60 %. — Les 40 % non remis payables, en quatre ans, par quarts, du 4 juillet. — N° du Greffe, 19,693.

COMMUN, Charles-Victor-Alfred, *marchand de vins et ébéniste, faubourg Saint-Antoine*, 74. — Jugement du 7 mai 1862, homologuant le concordat du 2 avril 1862. — Remise de 88 %. — Les 12 % non remis payables, en trois ans, par tiers, du jour de l'homologation. — N° du Greffe, 19,078.

COMPAGNON, Jean-Baptiste, *épicier, à Montrouge*. — Jugement du 18 avril 1855, homologuant le concordat du 3 du même mois. — Remise de 70 %. — Les 30 % non remis payables, sans intérêts. par dixièmes, de 6 mois en 6 mois, à partir du 1er mai. — N° du Greffe, 12,110.

COMPERAT-MANSION, Victor et Marie-Anne-Geneviève, *marchands de vins, Avenue-d'Antin*, 31. — Jugement du 1er juillet 1856, homologuant le concordat du 12 juin 1856. — Remise de 65 %. — Les 35 % non remis payables, en cinq ans, par dixièmes, de six mois en six mois, du jour du concordat. — N° du Greffe, 13,027.

COMPÈRE, Alphonse, *commerce de Tours-de-Tête, rue Aumaire*, 24. — Jugement du 4 novembre 1862, homologuant le concordat du 11 octobre 1862. — Remise de 80 %. — Les 20 % non remis payables, en quatre ans, par quarts, du jour de l'homologation. — N° du Greffe, 261.

COMTAT, Jean-Claude-Marie, *marchand de vins, rue Chabannais*, 2. — Jugement du 19 octobre 1855, homologuant le concordat du huit du même mois. — Remise de 75 %. — Les 25 % non remis payables, en cinq ans, par cinquièmes, d'année en année, à partir du jour du concordat. — N° du Greffe, 12,485.

CONDAMINA, Eugène-Maurice, *marchand de vins, épicier, à Arcueil*. — Jugement du 17 juin 1852, homologuant le concordat du 1er juin 1852. — Remise de 88 %. — Les 12 % non remis payables en cinq ans, par cinquièmes, d'année en année, du jour de l'homologation. — N° du Greffe, 10,331.

CONDOUX, Dlle, Elisa, *crémerie, rue Drouot*, 7. — Jugement du 4 mai 1854, homologuant le concordat du 8 avril 1854. — Remise de 70 %. — Les 30 % non remis payables en 5 ans, par cinquièmes, d'année en année. — Le premier paiement dans un an de l'homologation. — N° du Greffe, 11,268.

CONNOIS, Julien-Adrien, *tailleur, rue Neuve-des-Petits-Champs*, 36. — Concordat du 16 juillet 1849. — N° du Greffe, 343.

CONORE, Louis, *constructeur-mécanicien, à Batignolles*. — Jugement du 13 octobre 1854, homologuant le concordat du 29 septembre 1854. — Abandon de l'actif énoncé au concordat. — Sergent commissaire. — N° du Greffe, 11,603.

CONRARDY, Nicolas, *cordonnier, à Belleville*. — Jugement du 15 septembre 1857, homologuant le concordat du 27 août 1857. — Remise de 75 %. — Les 25 % non remis payables, en cinq ans, par cinquièmes, d'année en année, du jour de l'homologation. — N° du Greffe, 13,918.

CONSEIL, Honoré-Frédéric, *entrepreneur de serrurie, rue de Long-Champs*, 10, *à Neuilly*. — Jugement du 18 mars 1862, homologuant le concordat du 2 janvier 1862. — Remise de 60 %. — Les 40 % non remis payables en 4 ans, par quarts, du jour de l'homologation. — N° du Greffe, 18,863.

CONSONNI, Louis-Charles-Jules-Barthélemy, *coiffeur, rue Saint-Honoré*, 46. — Jugement du 9 novembre 1860, homologuant le concordat du 26 octobre 1860. — Remise de 75 %. — Les 25 % non remis payables en cinq ans, par cinquièmes, du 1er décembre 1860. — N° du Greffe, 17,334.

CONSTANT, Jean-Baptiste, *marchand d'articles de Paris, rue du faubourg Saint-Honoré*, 37. — Jugement du 20 octobre 1854, homologuant le concordat du 26 septembre 1854. — Remise de 80 %. — Les 20 % non remis payables, en quatre ans, par quarts, d'année en année. — Le premier paiement, 1er février 1856. — N° du Greffe, 11,061.

CONTAL-COLOMBEL, sieur et dame, Jean-Charles-Julien, *marchands à la toilette, boulevard Sébastopol*, 21. — Jugement du 6 février 1862, homologuant le concordat du 17 janvier. — Remise de 70 %. Les 30 % non remis payables en trois ans, par tiers, de l'homologation, sans intérêts. — N° du Greffe, 18,803.

CONTAMIN, François-Henri, *marchand de vins, boulevard des Invalides*, 4. — Jugement du 18 mars 1861, homologuant le concordat du 12 février 1861. — Remise de 80 %. — Les 20 % non remis payables en cinq ans, par cinquièmes, sans intérêts, du jour de l'homologation. — N° du Greffe, 17,620.

CONTE, Jean-Joseph, *liquoriste, Chaussée-Clignancourt*, 63. — Juge-

-ment du 20 juin 1861, homologuant le concordat du 31 mai 1861. — Abandon de l'actif énoncé au concordat — Beaufour, maintenu syndic. — N° du Greffe, 18,109.

CONTE, François-Joseph-Xavier, *libraire-éditeur, rue Suger*, 7. — Jugement du 9 janvier 1861, homologuant le concordat du 24 décembre 1860. — Remise de 70 %. — Les 30 % non remis payables en cinq ans, par cinquièmes, du 24 décembre. — N° du Greffe, 17,428.

CONTENT, aîné, François, *fabricant de colle-forte, à Villetaneuse, près Saint-Denis.* — Jugement du 6 juin 1861, homologuant le concordat du 24 avril 1861. — Remise de 70 %. — Les 30 % non remis payables, en cinq ans, par cinquièmes, du jour de l'homologation. — N° du Greffe, 17,747.

CONTER, Jean-Adam, *confectionneur, rue du Sentier*, 17. — Jugement du 5 mars 1860, homologuant le concordat du 18 février 1860. — Remise de 60 %. — Les 40 % non remis payables, sans intérêts, en cinq ans par cinquièmes, du jour de l'homologation. — N° du Greffe, 16,640.

COPPIN, Louis, *marchand de vins, rue de Bretagne*, 2. — Jugement du 20 juin 1850, homologuant le concordat du 25 mai 1850. — Remise de tous intérêts et frais, et de 75 %. — Les 25 % non remis payables par cinquièmes, le 31 mai des années 1851, 1852, 1853, 1854 et 1855. — N° du Greffe, 9,290.

COQUELIN, Théodule, *articles de voyage, rue Sainte-Appoline*, 33. — Jugement du 13 septembre 1854, homologuant le concordat du 29 août 1854. — Remise de 75 %. — Les 25 non remis payables en cinq ans, par cinquièmes, d'année en année. — Premier paiement le 1er septembre 1855. — N° du Greffe, 11,654.

COQUELIN, Jean-Nicolas, *ancien limonadier, rue des Mathurins-Saint-Jacques*, 3. — Jugement du 12 février 1852, homologuant le concordat du 27 janvier 1852. — Abandon des sommes touchées par le syndic, et répartition, après déduction faite de celles payées, des frais et des honoraires. — Remise du reste. — N° du Greffe, 9,280.

COQUERET, Louis-François, *ex-serrurier et boulanger, à Pantin.* — Jugement du 22 novembre 1858, homologuant le concordat du 8 novembre 1858. — Remise de 85 %. — Les 15 % non remis payables en deux ans, par moitié, du jour du concordat. — M. et Madame Lavielle, cautions. — N° du Greffe, 11,091.

COQUERET, aîné, Louis-Alphonse, *boucher, à Asnières.* — Jugement du 14 décembre 1855, homologuant le concordat du 30 novembre 1855. Remise de 80 %. — Les 20 % non remis payables, en quatre ans, par quarts, du jour du concordat. — Madame Ovarcis caution des dividendes promis, jusqu'à concurrence de 2,000 fr. seulement. — N° du Greffe, 12,536.

COQUET, *marchand de vins, à Montrouge.* — Concordat du 12 février 1850. — N° du Greffe, 137.

COQUIZARD, Jules-Prosper, *fabricant de Tours-de-Tête, rue du Temple*, 123. — Jugement du 27 décembre 1859, homologuant le concordat du 1er décembre 1859. — Remise de 50 %. — Les 50 % non remis payables en 10 ans, par dixièmes, du 1er janvier. — N° du Greffe, 16,339.

CORBIÈRE, dame Jenny-Aline **SAUNIER**, veuve de Pierre-François CORBIÈRE, fils aîné, *produits chimiques, à Issy.* — Jugement du 10 mars 1851, homologuant le concordat du 13 janvier 1851. — Remise de 65 % en principal, intérêts et frais. — Les 35 % non remis payables, 5 % aussitôt après l'homologation, et 5 % dans le courant de chacune des années 1851, 1852 et suivantes. — M. Corbière, propriétaire, à Issy, solidaire des dividendes. — Rabier et Portal, commissaires. — N° du Greffe, 9,432.

CORBIZET, société MALLARD, *fabricant de tissus, place Beauveau*, 17. — Voir Andrioux, maison MALLARD. — N° du Greffe, 9,698.

CORBRION, André-Eugène, *marchand de vins, rue Saint-Denis*, 341. Jugement du 1er mars 1852, homologuant le concordat du 10 février 1852. — Remise de tous intérêts et frais non admis et de 82 %. — Les 18 % non remis payables en trois ans, par tiers, fin juin des années 1853, 1854 et 1855. — N° du Greffe, 10,083.

CORDELAT, Jean-Hubert, *linger, rue Rambuteau*, 30. — Jugement du 17 février 1858, homologuant le concordat du 1er février 1858. — Remise de 75 %. — Les 25 % non remis payables en cinq ans, par cinquièmes, pour le premier paiement avoir lieu le 30 janvier 1859. — M. Alfred Cordelat, caution de 15 %. — N° du Greffe, 14,310.

CORDERAND, Jean-Baptiste-Louis, *chaussures, rue de l'Odéon*, 8. — Jugement du 4 avril 1859, homologuant le concordat du 18 mars 1859. — Remise de 90 %. — Les 10 % non remis payables, en quatre ans, par quarts, du jour de l'homologation. — N° du Greffe, 15,370.

CORDIER, Jules, *fabricant de tissus, rue des Fossés-Montmartre*, 27. — Jugement du 25 novembre 1859, homologuant le concordat du 3 novembre 1859. — Remise de 70 %. — Les 30 % non remis payables en trois ans, par tiers, du 31 décembre. — N° du Greffe, 16,251.

CORDIER, Jean-Thomas, *gantier, guêtrier, rue Vivienne*, 15. — Jugement du 15 mai 1856, homologuant le concordat du 24 avril 1856. — Remise de 85 %. — Les 15 % non remis payables en cinq ans, par cinquièmes, d'année en année, du jour du concordat. — N° du Greffe, 13,005.

CORDIER-CORPELLE, sieur et dame, Jean-Baptiste, *mercerie et lingerie, rue Croix-Nivert*, 31, *à Grenelle.* — Jugement du 29 juin 1858, homologuant le concordat du 14 juin 1858. — Remise de 75 %. — Les 25 % non remis payables en cinq ans, par cinquièmes, du jour de l'homologation. — N° du Greffe, 14,682.

CORDIER, Jean-Claude, *marchand de vins, à Neuilly.* — Jugement du 24 octobre 1855, homologuant le concordat du 9 dudit mois. — Remise de 75 %. — Les 25 % non remis payables, les premiers 5 %, au moyen de l'actif abandonné. — Obligation de parfaire dans le délai de trois mois en cas d'insuffisance. — Les 20 % restant, payables, sans intérêts, en trois ans, par tiers, d'année en année. — Le premier paiement le 9 janvier 1856. — N° du Greffe, 12,304.

CORDONNIER, Jean-Claude-Auguste, *agent d'affaires, rue du Havre*, 21. — Jugement du 5 avril 1859, homologuant le concordat du 9 mars 1859. — Remise de 40 %. — Les 60 % non remis payables en six ans, par sixièmes, de fin février. — N° du Greffe, 15,445.

CORMIER, Pierre-François-Joseph, *marchand linger, rue Thévenot*, 5. — Jugement du 26 octobre 1852, homologuant le concordat du 13 octobre 1852. — Remise de 85 %. — Obligation de payer 15 % : — 5 % après l'homologation, 5 % dans un an, 5 % dans deux ans, du jour du concordat. — N° du Greffe, 10,348.

CORMINBŒUF, Joseph, *limonadier, faubourg Poissonnière*, 187. — Jugement du 7 juillet 1853, homologuant le concordat du 22 juin 1853. — Abandon de tout l'actif réalisé. — Engagement de payer 50 % par fractions de 5 % le 1er juillet, des années 1854, 1855 et suivantes. — Huet, maintenu syndic. — N° du Greffe, 10,842.

CORNEILLE-VALLÉE, Pierre-Victor, *fabricant de savons, à La Villette.* — Jugement du 26 mars 1856, homologuant le concordat du 3 même mois. — Remise de 80 %. — Les 20 % non remis payables en quatre ans, par quarts, d'année en année. — 1er payement le 5 mars 1857. — N° du Greffe, 12,793.

CORNET, dit **AUGUSTE**, Claude, *marchand de nouveautés, rue Lepelletier*, 17. — Jugement du 18 décembre 1854, homologuant le concordat du 2 du même mois. — Remise de 80 %. — Les 20 % non remis payables en quatre ans, par quarts, d'année en année. — Le premier paiement dans un an du jour du concordat. — N° du Greffe, 11,895.

CORNET, Pierre, *brasseur, rue de la Butte-aux-Cailles*, 9 et 12. — Jugement du 20 septembre 1861, homologuant le concordat du 4 septembre 1861. — Remise de 75 %. — Les 25 % non remis payables sans intérêts, 5 % le 1er avril 1862, 10 % le 1er avril 1864, 10 % le 1er avril 1866. — N° du Greffe, 18,277.

CORNET, Élysé, *rôtisseur-restaurateur, faubourg Saint-Martin*, 17. — Jugement du 7 août 1857, homologuant le concordat du 10 juillet 1857. — Remise de 80 %. — Les 20 % non remis payables en quatre ans, par quarts, d'année en année, du jour du concordat. — N° du Greffe, 13,899.

CORNILLAU, Garcien, *marchand de vins, boulevard Montparnasse*, 107. — Jugement du 16 février 1860, homologuant le concordat du 17 janvier 1860. — Remise de 75 %. — Les 25 % non remis payables en trois ans. — 5 % dans un an du jour de l'homologation, et 5 % de six mois en six mois, du premier paiement. — N° du Greffe, 16,499.

CORNILLEAU, Ernest, *commissionnaire en marchandises, rue de la*

Tour, 8. — Jugement du 27 février 1856, homologuant le concordat du 26 décembre 1855. — Remise de 80 %. — Les 20 % non remis payables en quatre ans, par quarts, d'année en année, du jour de l'homologation. — N° du Greffe, 12,576.

CORNU fils aîné, JEAN, *ex-commerçant en passementerie, rue Meslay*, 47. — Jugement du 19 février 1862, homologuant le concordat du 6 du même mois. — Remise de 76 %. — Les 24 % non remis payables en six ans par sixièmes, du 30 avril. — N° du Greffe, 18,370.

CORNU dame, *marchande à la toilette, rue du Faubourg-Montmartre*, 48. — Jugement du 1er mai 1860, homologuant le concordat du 24 mars 1860. — Remise de 80 %. — Les 20 % non remis payables, sans intérêts, en cinq ans, par cinquièmes, du jour de l'homologation. — N° du Greffe, 16,631.

CORNU, LOUIS-PIERRE-JEAN-BAPTISTE, *ex-fabricant de meubles, passage Saint-Pierre*, 2. — Jugement du 8 avril 1861, homologuant le concordat du 22 février 1861. — Remise de 90 %. — Les 10 % non remis payables : 3 % dans un an, 3 % dans deux ans, 4 % dans trois ans, du jour de l'homologation. — N° du Greffe, 17,671.

CORNUAULT, CHARLES-ANDRÉ, *papetier en gros, rue Vivienne*, 22. — Jugement du 2 février 1855, homologuant le concordat du 20 janvier 1855. — Abandon de l'actif énoncé. — Crampel, commissaire. — N° du Greffe, 11,922.

CORPELLE, sieur et dame, JULIE, *mercerie et lingerie, rue Croix-Nivert*, 31, *à Grenelle*, — *voir:* CORDIER. — N° du Greffe, 14,682.

CORRARD, JEAN-BAPTISTE, *marchand de vins, à La Villette*. — Jugement du 25 juin 1852, homologuant le concordat du 14 juin 1852. — Remise de 60 %. — Les 40 % non remis payables en quatre ans, par fractions de 10 %, dans un, deux, trois et quatre ans du concordat. — N° du Greffe, 10,832.

CORREARD père, *négociant, rue Christine*, 1. — Jugement du 7 février 1856, homologuant le concordat du 17 janvier 1856. — Remise de 85 %. — Les 15 % non remis payables en trois ans, à raison de 3 % tous les six mois. — Premier paiement dans un an du concordat. — N° du Greffe, 12,716.

CORREIA, *négociant, rue de Trévise*, 37. — Jugement du 18 juillet 1854, homologuant le concordat du 1er du même mois. — Remise de 80 %. — Les 20 % non remis payables : 5 % après l'homologation, 3 % le 30 juin 1855, 2 % le 31 décembre 1855, 3 % le 30 juin 1856, 2 % le 31 décembre 1856, 3 % le 30 juin 1857, 2 % le 31 décembre 1857. — N° du Greffe, 10,859.

CORROY fils, GABRIEL, *maître-maçon, rue Castex*, 2. — Jugement du 16 août 1854, homologuant le concordat du 15 juillet 1854. — Remise de 90 %. — Les 10 % non remis payables en cinq ans, par cinquièmes. — Premier paiement dans un an du jour du concordat. — N° du Greffe, 4,211.

CORVIZY fils, LOUIS-FRANÇOIS, *émailleur, rue du Faubourg-du-Temple*, 129. — Jugement du 18 août 1857, homologuant le concordat du 16 juillet 1857. — Remise de 75 %. — Les 25 % non remis payables, sans intérêts, en cinq ans, par cinquièmes, d'année en année, du jour du concordat. — N° du Greffe, 13,903.

COSNEAU, FRANÇOIS, *menuisier, rue Saint-Pierre-Popincourt*, 18. — Jugement du 17 décembre 1860, homologuant le concordat du 3 du même mois. — Remise de 90 %. — Les 10 % non remis payables en cinq ans, par cinquièmes, du concordat. — N° du Greffe, 17,033.

COSSON, LOUIS-ANDRÉ, *marchand de vins, quai Jemmapes*, 32. — Jugement du 20 mars 1857, homologuant le concordat du 23 février 1857. Remise de 80 %. — Les 20 % non remis payables en quatre ans, par quarts, d'année en année, du jour du concordat. — N° du Greffe, 12,017.

COSTALÈS, femme ESCOSURA, BARBARA, *tenant hôtel meublé, rue Saint-Georges*, 6. — Jugement du 30 octobre 1856, homologuant le concordat du 15 du même mois. — Remise de 80 %. — Les 20 % non remis payables en quatre ans, par quarts. — Premier paiement le 15 octobre 1857. — N° du Greffe, 13,144.

COSTE, femme de JEAN, *marchande de charbons, rue Soufflot*, 12. — Jugement du 13 septembre 1853, homologuant le concordat du 29 août 1853. — Remise de 90 %. — Les 10 % non remis payables par quarts, d'année en année. — Premier paiement dans un an de l'homologation. — N° du Greffe, 10,872.

COSTE, dit **ORLUT**, CYPRIEN, *négociant en charbons, rue Lamartine*, 39. — Jugement du 24 octobre 1861, homologuant le concordat du 8 octobre. — Remise de 50 %. — Les 50 % non remis payables, sans intérêts, 10 % dans deux ans de l'homologation, 10 % un an après, et le surplus d'année en année. — M. Claude Coste, caution des derniers 10 %. — N° du Greffe, 17,832.

COSTE-DESPIERRE dame, PHILIPPINE-ANETTE, *marchande de charbons de terre, rue Soufflot*, 18. — Jugement du 12 mai 1852, homologuant le concordat du 24 avril 1852. — Remise de 80 %. — Les 20 % non remis payables, par quarts, d'année en année. — Premier paiement un an après l'homologation. — N° du Greffe, 10,308.

COTEL, JEAN-LOUIS, *emballeur, rue de l'Entrepôt*, 19. — Jugement du 28 février 1860, homologuant le concordat du 26 décembre 1859. — Remise de 85 %. — Les 15 % non remis payables en cinq ans, par cinquièmes, du 5 janvier. — N° du Greffe, 15,070.

COTELLE, *entrepreneur de lits militaires, rue Mazagran*, 15. — Jugement du 30 novembre 1854, homologuant le concordat du 10 du même mois. — Remise de 88 %. — Les 12 % non remis payables en six ans, par sixièmes, d'année en année, pour le premier paiement avoir lieu le 5 août 1855. — N° du Greffe, 11,453.

COTTÉ aîné, LOUIS-ALPHONSE, *entrepreneur de transport, rue Robert*, 6. — Jugement du 24 mai 1861, homologuant le concordat du 15 mai 1861. — Remise de 60 %. — Les 40 % non remis payables en dix paiements de 4 %, de six en six mois, à partir du concordat. — N° du Greffe, 18,092.

COTTEL, JEAN-LOUIS, *emballeur, rue de l'Entrepôt*, 19. — Jugement du 7 août 1856, homologuant le concordat du 22 juillet 1856. — Remise de 60 %. — Les 40 % non remis payables par cinquièmes, d'année en année, pour le premier paiement avoir lieu fin juillet 1857. — N° du Greffe, 13,184.

COTTEREAU, JEAN-FRANÇOIS, *fabricant de pâtes alimentaires, rue du Cloître-Saint-Merri*, 3. — Jugement du 22 octobre 1862, homologuant le concordat du 6 du même mois. — Remise de 70 %. — Les 30 % non remis payables en cinq ans, par cinquièmes, de l'homologation. — N° du Greffe, 97.

COTTERET, CHARLES, *marchand bonnetier, rue de Rivoli*, 128. — Jugement du 27 mai 1859, homologuant le concordat du 17 du même mois. — Remise de 85 %. — Les 15 % non remis payables en trois ans, par tiers, de l'homologation. — N° du Greffe, 15,714.

COTTIN, TOUSSAINT, *ex-marchand boucher, à Grenelle*. — Jugement du 14 mai 1856, homologuant le concordat du 2 du même mois. — Remise de 50 %. — Les 50 % non remis payables en cinq ans, par cinquièmes, du jour du concordat. — N° du Greffe, 12,803.

COTTIN, HENRI-GUILLAUME, *marchand de vins, rue de Rivoli*, 48. — Jugement du 18 janvier 1856, homologuant le concordat du 8 du même mois. — Remise de 40 %. — Les 60 % non remis payables sans intérêts, en six ans. — Premier paiement dans un an du jour de l'homologation. — N° du Greffe, 12,564.

COTTON, dit **COUTON**, LOUIS, *fabricant de lanternes de voiture, rue des Vinaigriers*, 50. — Jugement du 16 septembre 1859, homologuant le concordat du 11 août 1859. — Abandon de l'actif énoncé au concordat. — Obligation de payer 13,500 francs en trois ans, par tiers, du premier octobre. — M. Quatremère, maintenu syndic. — N° du Greffe, 15,041.

COTTY, EUGÉNIE, *négociante en literie, à Belleville*. — Jugement du 29 avril 1862, homologuant le concordat du 15 avril 1862. — Remise de 90 %. — Les 10 % non remis payables : 3 % aussitôt l'homologation, 3 % le 31 octobre 1863, 4 % le 30 avril 1865. — N° du Greffe, 19,334.

COUANON, CONSTANT, *fabricant de lacets, rue de Lion*, 61. — Jugement du 18 mars 1857, homologuant le concordat du 2 du même mois. — Abandon de l'actif réalisé, avec engagement de parfaire 5 % comptant, et obligation de payer 25 % en deux ans, par moitiés, du jour du concordat. — Mme Couanon, caution du paiement des 30 %. — M. Lacoste, commissaire. — N° du Greffe, 13,469.

COUCHON, Émile, de la société DELAVAL, *passementier, rue Notre-Dame-des-Victoires*, 44. — Jugement du 13 décembre 1858, homologuant le concordat du 28 novembre 1858. — Remise de 75 %. — Les 25 % non remis payables en cinq ans, par cinquièmes, du concordat. — N° du Greffe, 14,840.

COUCHOT, Joseph-Alphonse, *négociant en vins, rue St-Denis*, 133. — Jugement du 3 juin 1862, homologuant le concordat du 22 mai 1862. — Remise de 70 %. — Les 30 % non remis payables en cinq ans, par cinquièmes, de l'homologation. — N° du Greffe, 19,559.

COUDERC, Jean-Antoine, *marchand de vins, rue de Clichy*, 85. — Jugement du 24 octobre 1862, homologuant le concordat du 8 du même mois. — Remise de 70 %. — Les 30 % non remis payables en cinq ans, de l'homologation. — N° du Greffe, 289.

COUDY, Étienne, *négociant en vins, place de la Rotonde*, 10. — Jugement du 28 février 1860, homologuant le concordat du 6 du même mois. — Abandon de l'actif énoncé au concordat. — M. Chevallier, commissaire. — N° du Greffe, 16,474.

COUILLOURD, Jean-Claude, *marchand de chiffons, rue de Flandre*, 11. — Jugement du 5 juin 1862, homologuant le concordat du 5 avril 1862. — Abandon de l'actif énoncé au concordat. — Obligation de payer 20 % en cinq ans, par cinquièmes, d'année en année, du concordat. — M. Bourbon, commissaire. — N° du Greffe, 18,744.

COUILLOURD, Jean-Claude, *boulanger, rue Bourtibourg*, n° 17. — Jugement du 23 août 1860, homologuant le concordat du 4 août 1860. — Abandon de l'actif énoncé au concordat. — M. Heurtey, commissaire. — N° du Greffe, 16,744.

COULEUVRE, Pierre, *carrossier, à Saint-Denis*. — Jugement du 21 juillet 1851, homologuant le concordat du 9 juillet 1851. — Remise des intérêts et frais non admis, et de 75 % sur le capital. — Les 25 % non remis payables, par cinquièmes, le 1er février des années 1853, 1854 et suivantes. — N° du Greffe, 9,826.

COULLEBŒUF, Paul-Louis, *marchand boucher, route d'Italie*, 96. — Jugement du 23 janvier 1861, homologuant le concordat du 24 décembre 1860. — Remise de 80 %. — Les 20 % non remis payables en cinq ans, par cinquièmes et sans intérêts, à partir du 1er janvier. — N° du Greffe, 17,496.

COULLIOUD fils, *marchand de bois, rue St-Nicolas-d'Antin*, 60. — Jugement du 29 mars 1859, homologuant le concordat du 22 octobre 1858. — Remise de 35 %. — Les 65 % non remis payables, savoir : 6 % le 31 juillet 1859, 9 % le 31 janvier 1860, 50 %, par quarts, d'année en année, et sans intérêts, à partir du jour du concordat. — N° du Greffe, 14,018.

COULOMB, Guillaume, *épicier, rue de l'Oratoire-du-Louvre*, 2. — Jugement du 11 septembre 1855, homologuant le concordat du 24 août 1855. — Abandon des sommes énoncées au concordat. — M. Quatremère, commissaire. — N° du Greffe, 12,442.

COULON, Auguste-Léopold, *papetier, rue Bourbon-Villeneuve*, 61. — Jugement du 29 juin 1858, homologuant le concordat du 14 du même mois. — Remise de 35 %. — Les 65 % non remis payables : 9 % le 1er juin des années 1859, 1860, 1861, 1862, 1863 et 1864, 11 % le 1er juin 1865. — N° du Greffe, 14,474.

COULON, François, *peintre-vitrier, rue des Fossés-du-Temple*, 60. — Jugement du 25 janvier 1860, homologuant le concordat du 13 du même mois. — Remise de 75 %. — Les 25 % non remis payables en cinq ans, par cinquièmes, de l'homologation. — N° du Greffe, 15,970.

COUNIS, Louis-Antoine, *fabricant d'horlogerie, rue de Grenelle-Saint-Honoré*, 19. — Jugement du 2 avril 1862, homologuant le concordat du 21 novembre 1861. — Remise de 75 %. — Les 25 % non remis payables, savoir : 5 % le 1er mai 1862, 5 % le 1er novembre 1862, 5 % le 1er mai 1863, 5 % le 1er novembre 1863, et 5 % le 1er mai 1864. — N° du Greffe, 18,781.

COUPIGNY, Jean-François, *négociant en couvertures, rue St-Dominique-St-Germain*, 7. — Jugement du 14 septembre 1860, homologuant le concordat du 5 du même mois. — Remise de 65 %. — Les 35 pour % non remis payables : 5 % le 1er novembre des années 1861, 1862, 1863, 1864 et 1865, 10 % le 1er novembre 1866. — N° du Greffe, 15,242.

COURNIER, Jules-Marie, *ex-directeur du théâtre de la Porte-St-Martin*. — Jugement du 18 avril 1856, homologuant le concordat du 12 janvier 1852. — Abandon de l'actif énoncé au concordat, et obligation de payer 5 % du montant des créances, en cinq ans, par cinquièmes, d'année en année, du jour du concordat. — M. Battarel, commissaire. — N° du Greffe, 9,969.

COURRECH, Joseph-Gabriel-Napoléon, de la société LHOMER, *confectionneur, boulevard de Strasbourg*, 7. — Jugement du 17 novembre 1859, homologuant le concordat du 24 août 1859. — Remise de 80 %. — Les 20 % non remis payables : 10 % fin décembre prochain, 10 % fin juillet suivant. — MM. Boissié frères et fils, cautions. — N° du Greffe, 16,103.

COURTIAL, François-Marguerite, *marchand de bleus d'outre-mer, à Grenelle*. — Jugement du 9 novembre 1855, homologuant le concordat du 22 octobre 1855. — Abandon de l'actif réalisé et à réaliser. — M. Sergent, commissaire. — N° du Greffe, 12,437.

COURTOIS, Joachim-Eugène-Hippolyte, *négociant, rue de Jouy-Saint-Antoine*, 9. — Jugement du 11 novembre 1858, homologuant le concordat du 29 octobre 1858. — Remise de 75 %. — Les 25 % non remis payables, sans intérêts, en deux ans et demi. — 10 % fin novembre des années 1859 et 1860, et 5 % fin mai 1861. — N° du Greffe, 14,979.

COURTOIS, aîné, Auguste, *fabricant d'instruments de musique, rue Folie-Méricourt*, 36. — Jugement du 26 décembre 1861, homologuant le concordat du 6 du même mois. — Remise de 85 %. — Les 15 % non remis payables en cinq ans, par cinquièmes, de l'homologation. — N° du Greffe, 18,450.

COURTY, Jean-Baptiste, *passementier, rue de Rambuteau*, 21. — Jugement du 8 avril 1851, homologuant le concordat du 25 mars 1851. — Remise de 88 % en principal et accessoires. — Les 12 % non remis payables par tiers, dans deux, quatre et six ans du 25 mars 1851. — N° du Greffe, 9,759

COUSERAN jeune, Jean-Jules-Octave, *marchand de draps, rue des Vieux-Augustins*, 67. — Jugement du 20 mars 1857, homologuant le concordat du 7 du même mois. — Remise de 60 %. — Les 40 % non remis payables en quatre ans, par quarts, d'année en année, du jour du concordat. Madame Couseran, caution des dividendes. — N° du Greffe, 13,835.

COUSIN et Cie, Pierre-Eugène, *entrepreneurs de concerts, Avenue des Champs-Élysées*, 39. — Jugement du 20 octobre 1854, homologuant le concordat du 23 août 1854. — Abandon de l'actif réalisé ou à réaliser, et obligation de payer 3 % trois jours après l'événement stipulé au concordat. — Madame veuve Cousin, caution. — M. Clavery, commissaire. — N° du Greffe, 8,421.

COUSIN, Eugène, *marchand de volailles, rue du Faubourg-St-Denis*, 58. — Jugement du 6 septembre 1858, homologuant le concordat du 18 août 1858. — Abandon de l'actif énoncé au concordat. — Obligation de payer 25 % en cinq ans, par cinquièmes, du jour du concordat. — M. Battarel, commissaire. — N° du Greffe, 14,876.

COUSIN, Victor, *entrepreneur de menuiserie, rue des Petits-Hôtels*, 23. — Jugement du 21 septembre 1859, homologuant le concordat du 6 du même mois. — Abandon de l'actif énoncé au concordat. — M. Millet, commissaire. — N° du Greffe, 15,327.

COUSSINET, Charles, *cordier, place des Victoires*, 9. — Jugement du 18 août 1857, homologuant le concordat du 22 juin 1857. — Abandon de l'actif énoncé au concordat. — Obligation de payer 10 %, savoir : 3 % le 15 juin des années 1858 et 1859, 4 % le 15 juin 1860. — M. Huet, commissaire. — N° du Greffe, 13,247.

COUTANT, Antoine-Victor, *maître de forges, quai Prolongé, à Ivry*. — Jugement du 27 février 1851, homologuant le concordat du 3 février 1851. — Remise de tous intérêts, frais et de 50 %. — Les 50 % non remis payables en cinq paiements, de 8 % fin mars des années 1852, 1853, 1854, 1855 et 1856, et 10 % fin mars 1857. — N° du Greffe, 9,360.

COUTEL, René, *cordier à Montrouge*. — Jugement du 24 octobre 1851, homologuant le concordat du 26 septembre 1851. — Remise de tous intérêts et frais, et de 80 %. — Les 20 % non remis payables en quatre ans, par quarts, fin octobre des années 1852, 1853, 1854 et 1855. — N° du Greffe, 9,944.

COUTERET, Jacques-Martin, *négociant en vins, rue St-Fargeau*, 1. — Jugement du 3 novembre 1854, homologuant le concordat du 17 octobre 1854. — Remise de 80 %. — Les 20 % non remis payables en cinq ans, par cinquièmes, d'année en année. — Premier paiement le 1er novembre 1855. — N° du Greffe, 11,206.

COUTROT, Jules-Joseph, *marchand apissier, rue Casimir-Perrier*, 15. — Jugement du 2 mars 1858, homologuant le concordat du 18 février 1858. — Remise de 80 %. — Les 20 % non remis payables en quatre ans, par quarts, à partir du 28 février 1859. — N° du Greffe, 14,296.

COUTTERET, Anatole, *négociant en peaux, rue de la Tabletterie*, 7. — Jugement du 16 juillet 1852, homologuant le concordat du 6 du même mois. — Remise de 70 %. — Les 30 % non remis payables, sans intérêts, en trois ans, par tiers, le 1er septembre des années 1853, 1854 et 1855, — N° du Greffe, 9,993.

COUTURIER, Maurice, *fabricant de bourrelets, rue de la Pépinière*, 14. — Jugement du 25 janvier 1858, homologuant le concordat du 5 du même mois. — Remise de 75 %. — Les 25 % non remis payables en cinq ans, sans intérêts, par cinquièmes, de l'homologation. — N° du Greffe, 14,295.

COUTURON, Edouard-Richard, *fondeur en cuivre, rue de la Calandre*, 24. — Jugement du 26 mars 1858, homologuant le concordat du 15 du même mois. — Remise de 75 %. — Les 25 % non remis payables en cinq ans, par cinquièmes, du concordat. — N° du Greffe, 14,336.

COUVERCHEL, Louis, *marchand de vins, rue Montgolfier*, 3. — Jugement du 26 août 1859, homologuant le concordat du 8 du même mois. — Abandon de l'actif énoncé au concordat. — M. Sommaire, commissaire. — N° du Greffe, 15,705.

COUVERT, demoiselle, Francisca, *marchande de vins-traiteur, rue St-Denis*, 308. — Jugement du 27 septembre 1853, homologuant le concordat du 1er septembre 1853. — Obligation de payer 10 % en quatre paiements égaux. — 2 1/2 % payables le 1er septembre des années 1854, 1855, 1856 et 1857. — N° du Greffe, 10,944.

COUVREUX, Louis, *négociant, rue Ménilmontant*, 10. — Jugement du 16 avril 1862, homologuant le concordat du 21 mars 1862. — Remise de 85 %. — Les 15 % non remis payables, sans intérêts, 5 % dans la huitaine de l'homologation, et 5 % le 1er avril des années 1863 et 1864. — N° du Greffe, 19,237.

COVARY, société MARKOWSKI, Henry, *bal et café, rue de Buffault*, 12. — Jugement du 25 janvier 1858, homologuant le concordat du 19 janvier. — Remse de 50 %. — Les 50 % non remis payables: 10 % le 1er mars 1859, et 5 % le 1er décembre et le 1er mars suivants. — N° du Greffe, 14,214.

COZZI, Rinaldo, *tresses en paille, rue Bourbon-Villeneuve*, 24. — Jugement du 7 juillet 1859, homologuant le concordat du 16 juin 1859. — Remise de 70 %. — Les 30 % non remis payables, en cinq ans, par sixièmes, du 1er juillet. — N° du Greffe, 15,833.

CRAMER, frères, société, *ébénistes, rue du Bac*, 113. — Jugement du 25 février 1857, homologuant le concordat du 9 février 57. — Remise de 70 %. — Les 30 % non remis payables : 3 % fin octobre 1857, fin juin et décembre 1858, fin juin et décembre 1859, 5 % fin décembre 1860, 1861 et 1862. — N° du Greffe, 13,471.

CRAMER, Georges, *fabricant de papiers-peints, rue Ménilmontant*, 106. — Jugement du 30 octobre, 1856, homologuant le concordat du 8 du dit mois. — Remise de 75 %. — Les 25 % non remis payables en cinq ans, par cinquièmes, d'année en année, du jour de l'homologation. — N° du Greffe, 13,055.

CRANCIER, Claude-Georges, *restaurateur, à Bercy*. — Jugement du 16 janvier 1855, homologuant le concordat du 11 décembre 1854. — Abandon de l'actif énoncé au concordat. — Heurtey, commissaire. — N° du Greffe, 11,743.

CRAPART, Laurent, *marchand de bois, à Ivry*. — Jugement du 14 juillet 1851, homologuant le concordat du 27 juin 1851. — Remise de 75 % en principal, intérêts et frais non admis. — Les 25 % non remis payables au moyen de 1° l'abandon de l'actif mobilier, sauf les objets désignés au concordat: 2° le paiement du surplus des dividendes par le sieur Crapart, en huit ans, par huitièmes, d'année en année, à partir du 14 juillet 1851. — Portal et Honfroy, commissaires. — La dame Crapart, caution solidaire. — N° du Greffe, 9,286.

CRAPIER, dame, société HÉBERT. — Jugement du 19 février 1857, homologuant le concordat du 1er décembre 1856. — Obligation par la dame Hébert de payer 40 % en quatre ans, par quarts, d'année en année, du jour de l'homologation. — N° du Greffe, 12,646.

CREMNITZ, *négociant, rue du Sentier*, 10. — Concordat du 29 janvier 1849. — N° du Greffe, 10.

CRENIER, Pierre-Henri, *maître maçon, rue Popincourt*, 12. — Jugement du 23 juin 1858, homologuant le concordat du 11 juin 1858. — Remise de 80 %. — Les 20 % non remis payables, en cinq ans, par cinquièmes, du 1er juillet 1858. — N° du Greffe, 14,074.

CRESPELLE et **BELLAIR**, Dlle Aménaïde, *fleuriste, rue Vivienne*, 17. — Voir : BELLAIR, Virginie. — N° du Greffe, 19,526.

CRESPIN, Antoine-Gabriel, *fabricant de chaussures, rue Beaubourg*, 56. — Jugement du 30 décembre 1859, homologuant le concordat du 14 décembre 1859. — Remise de 50 %. — Les 50 % non remis payables, en cinq ans, par cinquièmes, du jour de l'homologation. — N° du Greffe, 16,426.

CRESSENT, Abdon, *commissionnaire en marchandises, rue de l'Echiquier*, 15. — Jugement du 5 décembre 1859, homologuant le concordat du 22 novembre 1859. — Remise de 75 %. — Les 25 % non remis payables, en cinq ans, par cinquièmes, du 1er juillet. — N° du Greffe, 16,131.

CRESTY, *négociant, rue Bleue*, 3 bis. — Jugement du 7 août 1857, homologuant le concordat du 25 Juillet 1857. — Remise de 75 %. — Les 25 % non remis payables, sans intérêts, 2 1/2 % le 9 janvier et le 9 juillet 1858, 5 % le 9 juillet des années 1859, 1860, 1861 et 1862. — Obligation de payer 10 % au cas prévu. — N° du Greffe, 13,389.

CRET, Louis-Robert, *articles de voyage, rue de Rivoli*, 168. — Jugement du 30 janvier 1862, homologuant le concordat du 14 du même mois. — Remise de 85 %. Les 15 % non remis payables, en trois ans, par tiers, du 20 décembre. — N° du Greffe, 18,921.

CRETEUR, Ferdinand, *distillateur, rue de Charonne*, 136. — Jugement du 29 novembre, 1860, homologuant le concordat du 19 novembre 1860. — Remise de 60 %. — Les 40 % non remis payables, en cinq ans, par cinquièmes, le 1er décembre. — N° du Greffe, 17,537.

CRÉTIN, Pierre, *fabricant de chaussures, rue Bleue*, 33. — Jugement du 15 décembre 1859, homologuant le concordat du 5 décembre 1859. — Remise de 80 %. Les 20 % non remis payables, en quatre ans, par quarts, du 31 décembre. — N° du Greffe, 16,257.

CRETTÉ, Eugène-Jean, *marchand de vins traiteur, à Vitry-sur-Seine*, — Jugement du 27 décembre 1855, homologuant le concordat du 5 du même mois. — Remise de 75 %. — Les 25 % non remis payables, en cinq ans, par cinquièmes: — Premier paiement le 1er décembre 1856. — N° du Greffe, 11,925.

CRÊTU, *nourrisseur, à Saint-Ouen*. — Concordat du 7 mars 1850.

CRÊTU, Louis, *serrurier, à Saint-Ouen*. — Jugement du 1er mars 1852, homologuant le concordat du 17 février précédent. — Remise de 75 %. — Les 25 % non remis payables, en cinq ans, par cinquièmes, le 31 janvier des années 1853, 1854, 1855, 1856 et 1857. — N° du Greffe, 9,851.

CREUTZER, Dlles, Eva et Marie-Cécile, *marchandes de modes, rue Taitbout*, 54, — Jugement du 28 avril 1862, homologuant le concordat du 15 mars. — Remise de 60 %. — Les 40 % non remis payables : 12 % le 1er avril 1863, 13 % le 1er avril 1864, 15 % le 1er avril 1865. — N° du Greffe, 19,286.

CREVEAU, *négociant, petite rue du Bac*, 7. — Jugement du 21 janvier 1861, homologuant le concordat du 31 décembre 1860. — Remise de 70 %. — Les 30 % non remis payables, 15 % un mois après l'homologation, et 5 % le 1er février des années 1862, 1863 et 1864. — N° du Greffe, 17,625.

CRILOUT, René-François, *voiturier, à la Chapelle*. — Jugement du 25 novembre 1859, homologuant le concordat du 8 novembre 1859. — Remise de 40 %. — Les 60 % non remis payables, en cinq ans, par cinquièmes, du jour de l'homologation. — N° du Greffe, 15,991.

CROCHARD, société **HÉMERY**, Eugène-Félix, *marchand de modes, rue Neuve-Saint-Augustin*, 24. — Jugement du 22 octobre 1802 homologuant le concordat du 6 octobre 1862. — Remise de 75 %. — Les 25 % non remis payables, sans intérêts: 10 % un mois après l'homologation, et 15 % en trois ans, par tiers, du jour de l'homologation. — N° du Greffe, 236.

CROCO, société **LACROIX**, Emile, *négociant, commissionnaire, à Bahia, (Brésil)*. — Jugement du 24 décembre 1857 homologuant le concordat du 12 novembre 1857. — Remise de l'actif énoncé au concordat. — Obligation de payer 52,000 fr. par demi le 31 décembre des années 1858 et 1859. — Engagement de parfaire 30 % dans un délai de 6 mois du 31 décembre 1859. — Heurtey, commissaire. — N° du Greffe, 13,517.

CROIZÉ, Isidore-Thomas, *faïence, rue Guy de la Brosse*, 2. — Jugement du 21 août 1850 homologuant le concordat du 30 juillet 1850. — Remise de 60 % en capital, intérêts et frais. — Les 40 % non remis payables en cinq années, par cinquièmes, le 1er septembre des années 1851, 1852 et suivantes. — N° du Greffe, 9,427.

CROS, société **GRANIER**, Louis, *tailleur, boulevard des Capucines*, 39. — Jugement du 19 mars 1858, homologuant le concordat du 6 mars 1858. — Remise de 85 %. Les 15 % non remis payables: 3 % le 15 mars 1859, et 4 % le 15 mars des années 1860, 1861 et 1862. — N° du Greffe, 14,785.

CROS, société **GRAVIER**, Louis, *tailleur, boulevard des Capucines*, 39. — Jugement du 31 mars 1858 homologuant le concordat du 20 mars 1858. — Remise de 70 %. — Les 30 % non remis payables en 6 ans, par sixièmes, du 15 mars. — N° du Greffe, 14,785.

CROST aîné, Jean-Baptiste-Alexandre, *marchand de vins, rue de Saintonge*, 23. — Jugement du 22 août 1851 homologuant le concordat du 11 août 1851. — Remise des intérêts et frais non admis et de 68 %. — Les 32 % non remis payables, sans intérêts, par quarts, dans un, deux, trois et quatre ans, du 11 août 1851. — N° du Greffe, 9,861.

CROUY, Louis-Julien, *fers et bois cintrés, quai Montebello*, 3. — Jugement du 21 décembre 1858 homologuant le concordat du 4 décembre 1858. — Remise de 80 %. — Les 20 % non remis payables, en cinq ans, par cinquièmes, du jour de l'homologation. — N° du Greffe, 14,962.

CRUCHON, Jean, *marchand de chaux et de ciment, rue Folie-Méricourt*, 53. — Jugement du 6 décembre 1854 homologuant le concordat du 20 novembre 1854. — Remise de 90 %. — Les 10 % non remis payables, en quatre ans, par quarts, d'année en année. — Le premier paiement le 1er décembre 1855. — N° du Greffe, 11,718.

CRUNDIAS ou **CUENDIAS** et Cᵉ, société des **MESSAGERIES OMNIBUS**, *faubourg Saint-Denis*, 50. — Jugement du 6 mars 1855 homologuant le concordat du 16 février 1855. — Remise aux frères Phelipeaux et Crundias de 85 %. — Les 15 % non remis payables huit jours après l'homologation. — N° du Greffe, 8,213.

CRUWELL et **WIRTH**, Georges-Auguste, *commerce de passementerie, rue Rambuteau*, 76, *et rue de Rivoli*, 96. — Jugement du 13 mai 1857 homologuant le concordat du 29 avril 1857. — Remise de 85 %. — Les 15 % non remis payables, en cinq ans, par cinquièmes, d'année en année. — Premier paiement le 10 janvier 1858. — N° du Greffe, 13,607.

CUSINI et **MARCUS** Georges, *entreprise de peinture, rue Saint-Honoré*, 277. — Jugement du 15 octobre 1862 homologuant le concordat du 11 août 1862. — Abandon de l'actif énoncé au concordat. — Tout ce qui restera dû en principal, intérêts et frais, après la répartition de l'actif abandonné, sera payé en 7 ans, par septièmes, du jour de la clôture de la dernière repartition. — Lacoste, maintenu syndic. — N° du Greffe, 18,494.

CUDRUE, Ferdinand, *fabricant de crémones, rue du faubourg du Temple*, 58. — Jugement du 4 novembre 1853 homologuant le concordat du 19 septembre 1853. — Remise de 80 %. — Les 20 % non remis payables, en cinq ans, par cinquièmes, d'année en année, le 1er octobre des années 1854, 1855 et suivantes. — N° du Greffe, 10,994.

CUEUNIÈRES aîné, Jules, *marchand de bois, faubourg Saint-Antoine*, 234. — Jugement du 11 juillet 1856 homologuant le concordat du 28 juin 1856. — Remise de 80 %. — Les 20 % non remis payables en quatre ans, par quarts, d'année en année. — Le premier paiement le 31 juillet 1857. — Cueunières jeune, caution. — N° du Greffe, 13,033.

CUISINIER, Denis-Ambroise, *charcutier, faubourg Montmartre*, 1. — Jugement du 15 avril 1859 homologuant le concordat du 1er avril 1859. — Remise de 70 %. — Les 30 % non remis payables, en cinq ans. par cinquièmes, du 1er avril. — N° du Greffe, 15,277.

CUISSARD, Charles-François, *marchand de vins, au Petit-Montrouge*. — Jugement du 14 janvier 1856 homologuant le concordat du 27 décembre 1855. — Remise de 90 %. — Les 10 % non remis payables en deux ans, par moitiés, du jour du concordat. — N° du Greffe, 12,690.

CULAN-DUPAS Jean-Jacques, *appréteur d'étoffes, rue de Chabrol*, 27. — Jugement du 11 août 1854 homologuant le concordat du 1er août 1854. — Remise de 70 %. — Les 30 % non remis payables, en quatre ans, par quarts, d'année en année. — Premier paiement le 31 janvier 1856. — N° du Greffe, 11,626.

CULINE et **PARPETTE**, Pierre-Joseph, *mécanicien, rue du Faubourg-Saint-Denis*. — Jugement du 7 avril 1862 homologuant le concordat du 12 mars 1862. — Remise de 50 %. — Les 50 % non remis payables en cinq ans, par cinquièmes, du 15 mars. — N° du Greffe, 19,022.

CULLMANN, Georges, *ex-boulanger à Châtillon (Seine)*. — Jugement du 30 avril 1860 homologuant le concordat du 5 avril 1860. — Remise de 80 %. — Les 20 % non remis payables en six ans: 3 % les cinq premières années, et 5 % la sixième année de l'homologation. — N° du Greffe, 16,074.

CUNY, Prosper-Alexandre, *ex-tailleur, rue Croix des Petits-Champs*, 10. — Jugement du 28 janvier 1861 homologuant le concordat du 17 décembre 1860. — Remise de 90 %. — Les 10 % non remis payables en cinq ans, par cinquièmes, du concordat. — N° du Greffe, 17,431.

CURMER, sieur et dame, Adolphe, *épiciers, rue Joquelet*, 8. — Jugement du 22 mai 1850 homologuant le concordat du 6 mai 1850. — Remise de 80 %. — Les 20 % non remis payables en quatre ans, par quarts. — Premier paiement le 6 mai 1851. — N° du Greffe, 9,347.

CUROT, Pierre-Victor, *restaurateur, rue du faubourg Saint-Denis*, 80. — Jugement du 20 mars 1855 homologuant le concordat du trois du même mois. — Remise de 85 %. — Les 15 non remis payables en quatre ans, par quarts, d'année en année, du jour de l'homologation. — N° du Greffe, 11,578.

CUVÉ, Nicolas-Joseph, *traiteur, à Belleville*. — Jugement du 10 janvier 1855 homologuant le concordat du 4 décembre 1854. — Obligation de payer la totalité, en 5 ans, par cinquièmes, d'année en année, du jour du concordat. — N° du Greffe, 11,794.

CUVIGNY, Hospice-Germain, *fabricant de comptoirs, quai Montmorency*, 9, 31, 32, 39. — Jugement du 27 février 1857 homologuant le concordat du 11 février 1857. — Abandon des sommes énoncées au concordat. — Obligation de payer 10 % en cinq ans, par cinquièmes, d'année en année, du jour de l'homologation. — N° du Greffe, 12,922.

CUVILLIER et **LEDENTU**, *négociants, quai Jemmapes*, 166. — Jugement du 29 novembre 1858 homologuant le concordat du 12 novembre 1858. — Abandon de l'actif énoncé au concordat. — Devin, maintenu syndic. — N° du Greffe, 15,125.

D

DADOLE, Dlle, Suzanne, *marchande de modes, rue Neuve Saint-Augustin*, 6. — Jugement du 10 juin 1862 homologuant le concordat du 24 mai 1862. — Remise de 75 %. — Les 25 % non remis payables en cinq ans, par cinquièmes, du jour de l'homologation. — N° du Greffe, 19,508.

DAIRAS, Jean, *entrepreneur de maçonnerie, Ruelle-Pelée*, 8. — Jugement du 14 juillet 1854 homologuant le concordat du 20 juin 1854. — Remise de 50 %. — Les 50 % non remis payables: 10 % le 1er novembre 1854, 20 % le 1er mai 1855, 8 % le 1er janvier 1856, 6 % le 1er novembre 1857, 6 % le 1er janvier 1859.— Sergent, commissaire.— N° du Greffe, 11,144.

DAIRE, Mathieu-Augustin, *limonadier, rue de Sèvres*, 8.— Jugement du 14 décembre 1853 homologuant le concordat du 21 novembre 1853. — Remise de 80 %. — Les 20 % non remis payables en quatre ans, par quarts. — Premier paiement le 20 janvier 1855. — N° du Greffe, 10,917.

DALAINE, *marchand de vins, à Vanves.* — Jugement du 20 décembre 1860 homologuant le concordat du 6 décembre 1860. — Obligation de payer l'intégralité en 7 ans, par septièmes, du 1er Janvier. — N° du Greffe, 17,409.

DALICOURT ou **DALCOURT**, Jean-Jules, *marchand de vins, à Bercy*. Jugement du 20 septembre 1858 homologuant le concordat du 10 août 1858. — Abandon de l'actif énoncé au concordat. — Obligation de payer 20 %, en quatre ans, par quarts. — Le premier paiement fin août 1859. — Filleul, syndic. — N° du Greffe, 14,788.

DALLOYAU, Simon, *marchand de grains, rue de l'Abre-Sec*, 43.— Jugement du 13 février 1857 homologuant le concordat du 29 janvier 1857. — Remise de 80 %. — Les 20 % non remis payables en cinq ans, par cinquièmes, d'année en année. — Le premier paiement le 1er février 1858. — N° du Greffe, 13,503.

DAMBEL, Eugène-Alis, *éditeur de musique, boulevard des Filles-du-Calvaire*, 7. — Voir AMBEL (d'). — N° du Greffe, 13,669.

DAMÊME, Auguste-Louis, *fourniture de bureaux, rue Lafayette*, 34. — Jugement du 14 mars 1855 homologuant le concordat du 23 février 1855. — Remise de 80 %. — Les 20 % non remis payables, en quatre ans, par 1/4, du jour du concordat. — N° du Greffe, 11,846.

DAMIENS jeune, Joseph-Alexandre, *épicier, rue Vendôme*, 16. — Jugement du 13 septembre 1862 homologuant le concordat du 26 juin 1862. — Remise de 80 %. — Les 20 % non remis payables, en quatre ans, par quarts, du jour de l'homologation. — N° du Greffe, 19,594.

DAMMANN, Eugène, *limonadier et marchand de tabac, rue des Halles Centrales*, 2. — Jugement du 10 janvier 1859 homologuant le concordat du 22 décembre 1858. — Remise de 50 %. — Les 50 % non remis payables, en cinq ans, par cinquièmes, du jour de l'homologation. — N° du Greffe, 15,184.

DAMOIREAUX, *charcutier, à Vaugirard.* — Jugement du 8 février 1854 homologuant le concordat du 23 janvier 1854. — Abandon de l'actif réalisé. — Pascal, commissaire. — N° du Greffe, 11,071.

DAMOISEAU, Jean-André, *charcutier, maison Blanche, route d'Italie*, 87. — Jugement du 27 septembre 1863 homologuant le concordat du 9 du même mois. — Remise de 75 %. — Les 25 % payables, sans intérêts, par cinquièmes, d'année en année, le 1er janvier des années 1855, 1856, 1857, 1858 et 1859. — N° du Greffe, 9,988.

DAMONVILLE, Henri, *quincaillier, quai de la Grève*, 38.— Jugement du 23 août 1860, homologuant le concordat du 10 août 1860. — Remise de 65 %. — Les 35 % non remis payables en cinq ans: 5 % le 10 août 1861, 6 % le 10 août 1862, 7 % le 10 août 1863, 8 % le 10 août 1864, 9 % le 10 août 1865.— N° du Greffe, 16,657.

DAMOUR, Pierre, *fabricant de bronzes, rue Aumaire*, 1. — Jugement du 22 mars 1858 homologuant le concordat du 4 mars 1858. — Remise de 60 %. — Les 40 % non remis payables en cinq ans, par cinquièmes, du jour du concordat. — N° du Greffe, 14,452.

DAMOYE, Charles-Eugène, *marchand de broderies, place Laborde*, 14. —Jugement du 7 avril 1856 homologuant le concordat du 14mars 1856. — Remise de 90 %. — Les 10 % non remis payables en quatre ans, par quarts, d'année en année. — Premier paiement le 1er avril 1857. — N° du Greffe, 12,684.

DANDEVILLE et **BOUTON**, *directeurs du Diorama, boulevard Bonne-Nouvelle*, 20. — N° du Greffe, 43, mais affranchi de la qualification de *failli*.

DANDRIEUX, Antoine, *marchand de vins, rue d'Allemagne*, 16.— Jugement du 9 novembre 1860, homologuant le concordat du 25 octobre 1860. — Remise de 75 %. — Les 25 % non remis payables en cinq ans, par cinquièmes, du 1er septembre.— N° du Greffe, 17,299.

DANER, Joseph, *loueur de voitures, rue Bourdaloue*, 3.— Jugement du 25 juin 1850 homologuant le concordat du 13 du même mois.— Remise de 85 %. — Les 15 % non remis payables par portions de deux et demi % le 12 décembre des années 1851, 1852 et suivantes. — N° du Greffe, 8,784.

DANFELD, Louis, *libraire, Passage du Commerce*, 3.—Jugement du 30 août 1858 homologuant le concordat du 26 juillet 1858. — Remise de 85 %. — Les 15 % non remis payables en trois ans, par tiers, fin août. N° du Greffe, 14,761.

DANFRAY, Anacharsis, *ex-maître d'hôtel garni, rue d'Angoulême du Temple*, 18. — Jugement du 14 novembre 1853 homologuant le concordat du deux du même mois. — Remise de 80 %. — Les 20 % non remis payables, par cinquièmes, d'année en année, fin novembre de l'année 1854 et suivantes. — N° du Greffe, 8,220.

DANGARD, société LASSUS, *construction de voitures, à la Grande-Villette.* — Voir CHAMEROY, société LASSUS. — N° du Greffe, 11,470.

DANGLES fils, Joseph, *appareils à eau de Seltz, rue Saint-Denis*, 277. Jugement du 4 mai 1854 homologuant le concordat du 8 avril 1854. — Remise de 80 %.—Les 20 non remis payables en quatre ans, par quarts, d'année en année. — Premier paiement le 1er avril 1855. —N° du Greffe, 11,253.

DANGUIN, Claude, *entrepreneur de bâtiments rue de Vaugirard*, 153. —Jugement du 15 juin 1854 homologuant le concordat du 31 mai 1854. — Remise de 85 %. — Les 15 % non remis payables, par tiers, dans 2, 3 et 4 ans du concordat. — N° du Greffe, 11,471.

DANIEL et **FUZZY**, SOCIÉTÉ, *négociants en vins, rue Mogador*, 14.— Jugement du 5 mars 1860 homologuant le concordat du 4 février 1860. Remise au sieur Fuzzi de 90 %. — Les 10 % non remis payables, sans intérêts, en cinq ans, par cinquièmes, du jour de l'homologation. — N° du Greffe, 15,589.

DANIEL, Jacques-André, *boucher, rue Marcadet*, 41. —Jugement du 28 juillet 1862 homologuant le concordat du 27 juin 1862. — Remise de 60 %. — Les 40 % non remis payables, sans intérêts, en trois ans, de six mois en six mois, du 1er janvier. — N° du Greffe, 19,805.

DANJAN, veuve **DELCROS**, Anne, *marchande de vins, à Montmartre*. — Jugement du 26 janvier 1857 homologuant le concordat du 8 janvier 1857. — Remise de 60 %. — Les 40 % non remis payables en 4 ans, par quarts, d'année en année. — Premier paiement le 15 janvier 1858. — N° du Greffe, 13,355.

DANN ou **DAIME**, Jean-Pierre, *marchand de vins, à Saint-Denis*.— Jugement du 8 avril 1851 homologuant le concordat du 25 mars 1851. — Remise de 90 %.— Les 10 % non remis payables: 5 % le 25 mars 1852 et 5 % le 25 mars 1853. — N° du Greffe, 9,407.

DANOIS, *négociant, rue de la Cossonnerie*, 12. — Jugement du 27 août 1861 homologuant le concordat du 14 août 1861. — Remise de 70 %. — Les 30 % non remis payables en cinq ans, par cinquièmes, d'année en année, du jour de l'homologation. — N° du Greffe, 18,311.

DARCHE, Jean-Louis-Honoré, *grainetier, rue Sainte-Marguerite-Saint-Antoine*, 40. — Jugement du 30 septembre 1862, homologuant le concordat du 10 septembre 1862. — Remise de 70 %. —Les 30 % non remis payables en trois ans, par tiers, de fin septembre. — N° du Greffe, 141.

DARCHE, société FAURE et Ce, Alphonse-Emile, *ajusteur-mécanicien, à Belleville.* — Jugement du 11 janvier 1853 homologuant le concordat du 29 décembre 1852. — Obligation de payer 1 % en cinq ans, par cinquièmes, d'année en année. — Premier paiement dans un an du concordat, et ainsi d'année en année. — N° du Greffe, 10,407.

DARDIER, François-Dominique, *entrepreneur de charrois, à la Villette.* — Jugement du 8 juin 1854 homologuant le concordat du 27 avril 1854. — Abandon de l'actif énoncé au concordat, et obligation de payer 5 %, en cinq ans, par cinquièmes, d'année en année. — Premier paiement le 1er mai 1855. — Pascal, commissaire. — N° du Greffe, 11,280.

DARNIS, Raymond, *sculpteur-marbrier, boulevard Clichy*, 24.— Jugement du 2 octobre 1861 homologuant le concordat du 20 septembre 1861. — Remise de 50 %. — Les 50 % non remis payables en cinq ans, par cinquièmes, du jour de l'homologation. — N° du Greffe, 18,602.

DARRAS, Louis-Nicolas, *marchand de meubles, boulevard des Italiens*, 24. — Jugement du 4 janvier 1861 homologuant le concordat du 18 décembre 1860. — Abandon de l'actif énoncé au concordat.— Obligation de payer 50 % en trois ans de l'homologation. — Trille, syndic. — N° du Greffe, 17,246.

DARRÉ, société MOINE-RANTY, Jean-Marie, *constructeur, rue de Valenciennes*, 8. — Jugement du 2 octobre 1861 homologuant le concordat du 20 septembre 1861.—Remise de 50 %.—Les 50 % non remis payables, sans intérêts, en cinq ans, par cinquièmes, du jour de l'homologation.— N° du Greffe, 18,240.

DARTHEZÉ, Philippe-Auguste, *entrepreneur, avenue du Maine*, 31.— Jugement du 4 juin 1860 homologuant le concordat du 1er mai 1860. — Remise de 60 %. — Les 40 non remis payables en cinq ans, par cinquièmes, du jour du concordat. — N° du Greffe, 16,086.

DARTOUL, Etienne, *commissionnaire en marchandises rue des Bons-Enfants*, 2. — Jugement du 1er octobre 1856 homologuant le concordat du 13 août 1856. — Remise de 80 %. — Les 20 % non remis payables en quatre ans, par quarts, d'année en année, du jour du concordat. — N° du Greffe, 13,187.

DASTUGUE, Philippe, *bottier, boulevard Poissonnière*, 3. — Jugement du 3 mai 1861 homologuant le concordat du 3 avril 1861. — Remise de 80 %. — Les 20 % non remis payables en quatre ans, par quarts, du jour du concordat. — N° du Greffe, 17,802.

DATIN, Jean-Marie, *marchand d'articles de voyage, rue St-Honoré*, 312. — Jugement du 5 juin 1855 homologuant le concordat du 23 mai 1855. — Remise de 75 %. — Les 25 % non remis payables, en cinq ans, par cinquièmes, d'année en année, du jour du concordat. — N° du Greffe, 12,260.

DAUBIGNY, Edmond-Louis, *marchand de vins, à Montmartre.* —Jugement du 9 novembre 1860 homologuant le concordat du 24 octobre 1860. — Remise de 60 %. — Les 40 % non remis payables: 5 % le 1er novembre 1861, 10 % le 1er novembre 1863, 10 % le 1er novembre 1864, 15 % le 1er novembre 1865, sans intérêts. — N° du Greffe, 17,310.

DAUD, Jacques-Étienne, *bandes de billard, Boulevard du Temple*, 16.— Jugement du 4 sept. 1854 homologuant le concordat du 24 août 1854. — Remise de 95 %.—Les 5 % non remis payables, en cinq ans, par cinquièmes, d'année en année. — 1er paiement dans un an du concordat. — N° du Greffe, 10,972.

DAUDÉ, Jean-Pierre-André, *entrepreneur de fêtes publiques, à Montmartre.* — Jugement du 20 février 1855 homologuant le concordat du 5 février 1855. — Remise de 40 %. — Les 60 % non remis payables, sans intérêts, en six ans, par sixièmes, d'année en année. — 1er paiement dans un an du jour de l'homologation. — N° du Greffe, 12,033.

DAUDIN, Louis-Camille, *marchand de tôles vernis, faubourg Saint-Denis*, 17. — Jugement du 2 septembre 1853 homologuant le concordat du 28 juillet 1853. — Remise de 90 %.— Les 10 % non remis payables : 3 % dans un an, 3 % dans 2 ans, 4 % dans 3 ans du jour du concordat. — N° du Greffe, 8,700.

DAUMAIN, François-Nicolas, *marchand de vins, rue de Paris*, 146, *à Saint-Denis.* — Jugement du 4 octobre 1861 homologuant le concordat du 18 septembre 1861. — Remise de 75 %. — Les 25 % non remis payables, en cinq ans, par cinquièmes, du 15 septembre. — N° du Greffe, 18,476.

DAUPHIN et LEVÊQUE, *éditeurs, rue Dauphine*, 5. — Jugement du 7 décembre 1852 homologuant le concordat du 22 novembre 1852. — Remise de 95 %. — Les 5 % non remis payables en deux ans, par quarts, de six mois en six mois. — 1er paiement fin mai 1853. — N° du Greffe, 3,729.

DAUPHIN, dame veuve, *commerçante, à Boulogne.* — Jugement du 17 novembre 1859 homologuant le concordat du 19 octobre 1859. — Abandon de l'actif énoncé au concordat. — Quatremère, maintenu syndic. — N° du Greffe, 14,477.

DAUPHIN, *menuisier, rue des Filles-du-Calvaire*, 15. — Jugement du 25 novembre 1852 homologuant le concordat du 25 octobre 1852. — Remise de 88 %. — Les 12 % non remis payables, en quatre ans, par quarts, du jour du concordat. — N° du Greffe, 6,368.

DAUTEN et SARMET, Pierre, *carrossiers, rue St-Louis*, 88.— Jugement du 22 septembre 1862 homologuant le concordat du 3 sept. 1862. — Remise de 65 %. — Les 35 % non remis payables, en quatre ans et demi: 7 % le 1er mars des années 1863, 1864, 1865, 1866 et 1867 du jour du concordat. — N° du Greffe, 19,680.

DAUTHENAY fils, Alfred-Pierre, *épicier, à Boulogne.* — Jugement du 21 mars 1853, homologuant le concordat du 3 dudit mois. — Remise de 75 %. — Les 25 % non remis payables, en cinq ans, par cinquièmes, le 21 mars des années 1854, 1855 et suivantes. — N° du Greffe, 10,514.

DAUTREMER, Louis-Alphonse, *marchand de bois, rue des Couronnes*, 96. — Jugement du 6 octobre 1860 homologuant le concordat du 21 septembre 1860. — Remise de 60 %. — Les 40 % non remis payables en quatre ans, par quarts, du jour de l'homologation. — N° du Greffe, 17,236.

DAVAILLAUD, *ancien limonadier, rue St-André-des-Arts*, 33. — Jugement du 19 janvier 1860 homologuant le concordat du 30 septemb. 1859. — Abandon de l'actif énoncé au concordat. — Millet, syndic. — N° du Greffe, 16,396.

DAVID, Jean-Alexandre, *marchand de chiffons, à St-Denis.* — Jugement du 19 mars 1856 homologuant le concordat du 10 dudit mois. — Remise de 80 %. — Les 20 % non remis payables, en quatre ans, par quarts, d'année en année, du jour de l'homologation. — Obligation de répartir une somme de 4,000 fr. subordonnée à l'exécution d'une condition. — N° du Greffe, 12,835.

DAVID, *ex-serrurier, rue de la Victoire*, 54. — Jugement du 30 septembre 1862, homologuant le concordat du 30 août 1862. — Abandon de l'actif énoncé au concordat. — Bégis, maintenu syndic. — N° du Greffe, 746.

DAVID, Constantin, *marchand de soiries, rue du Mail*, 18.— Jugement du 18 septembre 1851 homologuant le concordat du 8 août 1851. — Remise de 55 %. — Les 45 % non remis payables, par cinquièmes, fin décembre 1851, fin avril et fin décembre 1852, fin avril, fin août et fin décembre 1853, fin décembre 1854 et 1855. — N° du Greffe, 9,885.

DAVID, Elise, femme BOURGEOIS-FRANÇOIS, *ex-marchande de modes, à Grenelle.* — Jugement du 19 août 1851 homologuant le concordat du 31 juillet 1851. — Remise de 90 %. — Les 10 % non remis payables, 5 % fin juillet 1852, 5 % fin juillet 1853. — N° du Greffe, 9,503.

DAVID, Ambroise, *cordonnier-bottier, Passage du Commerce*, 5. — Jugement du 31 juillet 1857 homologuant le concordat du 22 juillet 1857. — Remise de 80 %. — Les 20 % non remis payables : 6 % dans un an, 7 % dans deux et trois ans du jour du concordat. — N° du Greffe, 13,969.

DAVID, Louis-Pierre, *fabricant de fleurs, rue Meslay*, 53. — Jugement du 23 février 1860 homologuant le concordat 30 janvier 1860. — Remise de 80 %. — Les 20 % non remis payables, en quatre ans, par quarts, du jour du concordat. — N° du Greffe, 16,506.

DAVID, Louis-Hubert-Toussaint, *fabricant d'instruments de musique, quai Valmy*, 271. — Jugement du 26 novembre 1855, homologuant le concordat du 13 dudit mois. — Remise de 50 %. — Les 50 % non remis payables, en cinq ans, par cinquièmes, d'année en année. — Le 1er paiement le 1er octobre 1856. — N° du Greffe, 12,330.

DAVID, femme CARLIN, Apolline-Prudente, *marchande de vins, à St-Denis.* — Jugement du 25 avril 1851 homologuant le concordat du 14 avril

1851. — Remise de 80 %. — Les 20 % non remis payables solidairement par les sieur et dame Carlin en quatre ans, par quarts, le 14 avril des années 1852, 1853 et suivantes. — N° du Greffe, 9,717.

DAVID, Charles, *passementier, rue Mauconseil*, 16. — Jugement du 29 mars 1853 homologuant le concordat du 15 du même mois. — Abandon de tout l'actif à l'exception du mobilier personnel. — Sergent, commissaire. — N° du Greffe, 10,726.

DAVID, Simon-Jean, *lingerie, rue Saint-Denis*, 135. — Jugement du 15 octobre 1860 homologuant le concordat du 1er octobre 1860. — Remise de 75 %. — Les 25 % non remis payables, en cinq ans, par cinquièmes, du jour de l'homologation. — N° du Greffe, 17,170.

DAVID, Louis-Victor, *nourrisseur, à Nanterre*. — Jugement du 21 décembre 1855 homologuant le concordat du 28 novembre 1855. — Remise de 90 %. — Les 10 % non remis payables, sans intérêts, en trois ans, par tiers, d'année en année. — Le 1er paiement dans un an du jour du concordat. — N° du Greffe, 12,624.

DAVID, société **LÉVY**, *fabricant de casquettes, rue Neuve-St-Merri*, 7. — Jugement du 13 octobre 1854 homologuant le concordat du 3 même mois. — Remise de 70 %. — Les 30 % non remis payables, en dix paiements égaux, de six mois en six mois. — Premier paiement 1er mai 1855 et successivement. — N° du Greffe, 11,628.

DAVOUST, société **MICHEL**, jeune, Jean-Baptiste-Léon, *imprimeur sur étoffes, à Saint-Denis*. — Jugement du 15 mars 1855 homologuant le concordat du 23 février 1855. — Remise de 75 %. — Les 25 % non remis payables solidairement, en cinq ans, par cinquièmes, un an après le jour du concordat. — N° du Greffe, 12,046.

DAVY-BOUDET, Joseph-Denis, *marchand de papiers, rue Chapon*, 19. — Jugement du 30 mars 1855 homologuant le concordat du 17 mars 1855. — Remise de 40 %. — Les 60 % non remis payables, en cinq ans, par cinquièmes, d'année en année. — Premier paiement 1er mai 1855. — N° du Greffe, 11,597.

DAYET, Joseph aîné, *traiteur, à Charonne*. — Jugement du 1er décembre 1851 homologuant le concordat du 9 novembre 1851. — Remise de 75 %. — Les 25 % non remis payables, en cinq ans, par cinquièmes, d'année en année. — Premier paiement le 1er décembre 1852. — N° du Greffe, 9,799.

DEBACQ, société **VALDEMARE**, Benjamin-Sébastien, *agence de publicité, boulevard de Strasbourg*, 85. — Jugement du 23 février 1857 homologuant le concordat du 31 janvier 1857. — Obligation par Valdemare de payer le capital intégral, dans un an, du 20 février 1857. — Obligation par Debacq de payer, dans le même délai, les intérêts et frais dont remise est faite à Valdemare. — N° du Greffe, 13,338.

DEBAR, femme de, Charles-François-Henri, *marchande de modes, rue Richepanse*, 4. — Jugement du 17 juin 1852, homologuant le concordat du 27 mai précédent. — Remise de 55 %. — Les 45 % non remis payables : 10 % dans les deux mois de l'homologation, 10 % le 1er juin 1853, et les 25 % restant, par cinquièmes, de six mois en six mois, à partir du 1er juin 1853. — Le sieur Debar, caution solidaire. — N° du Greffe, 16,289.

DEBAUDE, Emile, *marchand de toiles, rue des Deux-Boules*, 12. — Jugement du 4 février 1851 homologuant le concordat du 30 novembre 1851. — Remise de 90 %. — Les 10 % non remis payables en deux paiements égaux le 1er décembre des années 1855 et 1860. — N° du Greffe, 9,166.

DEBERRY, Pierre-André, *marchand de vins, route de la Reine*, 64, *à Boulogne*. — Jugement du 15 juin 1858 homologuant le concordat du 28 mai 1858. — Remise de 60 %. — Les 40 % non remis payables, en quatre ans, par quarts, du 10 mai. — N° du Greffe, 14,683.

DEBESNE, Louis-Léon, *négociant, rue de la Banque*, 3. — Jugement du 4 juillet 1856 homologuant le concordat du 21 juin 1856. — Remise de 90 %. — Les 10 % non remis payables, sans intérêts, en cinq ans, par cinquièmes, d'année en année, du jour du concordat. — N° du Greffe, 12,883.

DEBILLE, demoiselle, Aglaé, *mercière, rue Saint-Denis*, 341. — Jugement du 26 avril 1850, homologuant le concordat du 16 avril 1850. — Remise de tous intérêts et frais non admis, et de 90 %. — Les 10 % non remis payables dans un an, du jour du concordat, en un seul paiement. — N° du Greffe 9,333.

DEBLADIS, Eugène, *marchand de papier, rue Montholon*, 21. — Jugement du 21 octobre 1858 homologuant le concordat du 5 octobre 1858. — Remise de 80 %. — Les 20 % non remis payables en quatre ans, par quarts, du concordat. — N° du Greffe, 15,045.

DEBLADIS, veuve **BARTHE**, Henriette-Caroline, *commissionnaire de roulage, passage Saint-Avoie*, 2. — Voir : BARTHE. — N° du Greffe, 15,046.

DEBOILLE aîné, Détous, *ex-négociant en drap, boulevard Poissonnière*, 24. — Jugement du 10 février 1852 homologuant le concordat du 20 janvier 1852. — Remise de 90 %. — Les 10 % non remis payables : 1 % le 31 décembre 1852, 1 % le 31 décembre 1853, 2 % à pareille époque dans les années suivantes jusqu'à parfait paiement. — N° du Greffe, 9,895.

DEBOIS, François, *tailleur, rue Vivienne*, 4. — Jugement du 8 octobre 1850, homologuant le concordat du 19 juillet 1850. — Remise de 75 %. — Les 25 % non remis payables, sans intérêts, sur les sommes à provenir de la réalisation de l'actif de la faillite, pour être réparties au marc le franc toutes les fois que des encaissements suffiront à une répartition de 5 %, frais, honoraires et privilèges préalablement payés. — N° du Greffe, 9,439.

DEBON, Émile-Théodore, *fabricant de meubles, faubourg Saint-Antoine*, 199. — Jugement du 10 mai 1858 homologuant le concordant du 23 avril 1858. — Remise des intérêts et frais non admis et de 60 %. — Les 40 % non remis payables, en 4 ans, par quarts, du 1er mai 1858. — N° du Greffe, 14,584.

DEBONNE et Ce, et personnellement, Adéodat, *marchand de charbons en gros, rue du Faubourg-Montmartre*, 162. — Jugement du 24 décembre 1855 homologuant le concordat du 28 novembre 1855. — Remise de 80 %. — Les 20 % non remis payables, sans intérêts, en quatre ans, par quarts, d'année en année. — Le premier paiement dans un an de l'homologation. — N° du Greffe, 12,480.

DEBORD, Auguste-Clément *menuisier, rue de Bac*, 129. — Jugement du 14 octobre 1858 homologuant le concordat du 4 octobre 1858. — Remise de 70 %. — Les 30 % non remis payables, en cinq ans, par cinquièmes, du jour du concordat. — N° du Greffe, 15,001.

DEBORD, Antoine, *entrepreneur de maçonnerie, rue d'Alger*, 10, *à la Chapelle-Saint-Denis*. — Jugement du 17 septembre 1858 homologuant le concordat du 23 août 1858. — Abandon de l'actif énoncé au concordat. — Obligation de payer 20 %, en quatre ans, par quarts, du 1er septembre. — Moncharville, syndic. — N° du Greffe, 14,976.

DEBORRE, femme, Nicolas, *commerce de chapeaux de paille, rue Bourbon-Villeneuve*, 31. — Jugement du 10 février 1862 homologuant le concordat du 18 octobre 1861. — Abandon de l'actif énoncé au concordat. — Obligation de payer 5 %, en deux ans, du concordat : 2 % dans un an, 3 % dans deux ans. — Hécaen, syndic. — N° du Greffe, 17,823.

DEBOULLE, Pierre-Joseph, *serrurier, rue du Faubourg-Saint-Denis*, — Jugement du 18 janvier 1853 homologuant le concordat du 27 novembre 1852. — Remise de 85 %. — Les 15 % non remis payables, en trois ans, par tiers, d'année en année. — Premier paiement le 1er août 1853. — N° du Greffe, 8,832.

DEBRAY, *négociant, rue du Canal-Saint-Martin*, 7. — Jugement du 17 juin 1862 homologuant le concordat du 3 mai 1862. — Abandon de l'actif énoncé. — Sommaire, maintenu syndic. — N° du Greffe, 19,210.

DEBROIZE, Louis-Toussaint, *marchand de vins, à Passy*. — Jugement du 4 décembre 1855 homologuant le concordat du 2 octobre 1855. — Remise de 60 %. — Les 40 % non remis payables, en huit mois, par huitièmes, d'année en année. — Le premier paiement le 2 octobre 1856. — N° du Greffe, 12,475.

DECAEN, Léon, *ex-teinturier, à Saint-Ouen*. — Jugement du 7 février 1854 homologuant le concordat du 28 novembre 1853. — Obligation de payer 20 % par fraction de un quart %, tous les six mois. — Premier paiement le 1er juillet 1854. — N° du Greffe, 8,632.

DECAMP, Émile, *commerce de chaussures, rue de Paris*, 219, *à Belleville*. — Jugement du 16 septembre 1862 homologuant le concordat du 26 juillet 1862. — Remise de 75 %. — Les 25 % non remis payables, en cinq ans, par cinquièmes, du jour de l'homologation. — N° du Greffe, 19,589.

DECAUX, Alfred-Joseph, *laines, rue aux Ours*, 29.— Jugement du 27 juillet 1854 homologuant le concordat du 28 juin 1854. — Remise de 60 %.— Les 40 % non remis payables, par quarts, d'année en année. — Le premier paiement fin juin 1855. — N° du Greffe, 11,539.

DECHARTRES Félix, *charpentier et marchand de vins, à Joinville-le-Pont.*— Concordat du 7 mai 1849. — N° du Greffe, 157.

DECHAUX, Jean-François, *fleurs, rue Saint-Denis*, 386. — Jugement du 29 juin 1857 homologuant le concordat du 28 juin 1857. — Remise de 80 %. — Les 20 % non remis payables, sans intérêts, en cinq ans, par cinquièmes, d'année en année, du jour de l'homologation. — N° du Greffe, 13,886.

DECKER, Ernest, *marchand de vins, rue Saint-Honoré*, 247 *bis*. — Jugement du 21 mars 1853 homologuant le concordat du 7 du même mois. — Abandon de tout l'actif. — Millet, commissaire. — N° du Greffe, 8,927.

DECOSTER, Charles, *tailleur en cristal, quai Jemmapes*, 208. — Jugement du 20 octobre 1858 homologuant le concordat du 1er octobre 1858. — Remise de 60 %. — Les 40 % non remis payables, en trois ans, par tiers, sans intérêt, du jour de l'homologation— N° du Greffe, 15,042.

DECRET, Joseph-Antoine, *marchand de vins en détail, rue Ménilmontant*, 34. — Jugement du 27 octobre 1857 homologuant le concordat du 10 octobre 1857. — Remise de 65 %. — Les 35 % non remis payables: 10 % dans un, deux et trois ans du jour du concordat, et 5 % le 3 avril suivant, — N° du Greffe, 13,934.

DECROIX, Georges-Stanislas, *marchand de vins, à Batignolles*.—Jugement du 13 mars 1860 homologuant le concordat du 2 mars 1860. — Remise de 75 %. — Les 25 % non remis payables, en cinq ans, par cinquième, du jour de l'homologation. — N° du Greffe, 16,508.

DECULANT, Auguste-Anatole, *entrepreneur de peintures, rue de Paris, 19, à Belleville*. — Jugement du 14 avril 1855 homologuant le concordat du 30 mars 1855. — Remise de 80 %. — Les 20 % non remis payables, en cinq ans, par cinquièmes, d'année en année, du jour du concordat. — N° du Greffe, 12,131.

DECUY, Pierre-Louis, *peintre en bâtiments, rue du Faubourg-Saint-Honoré*, 180. — Jugement du 4 juin 1850 homologuant le concordat du 16 mai 1850, — Remise des intétérés, frais et du principal non couvert au moyen de ce qui suit: — 1° obligation de payer 40 % en six paiements de 6 % les 31 décembre 1851 et 31 décembre 1852, 7 % le 31 décembre 1853 et suivants. — 2° Abandon jusqu'à concurrence de 60 % de l'actif, excepté le mobilier. — N° du Greffe, 9,275.

DEDEVANT, François, *liquoriste, rue Saint-Honoré*, 219.— Concordat du 7 mai 1849. — N° du Greffe, 63.

DEFAIS, Joseph, *crémier restaurateur, rue Sainte-Anne*, 62.— Jugement du 11 juillet 1862 homologuant le concordat du 20 juin 1862. — Abandon de l'actif énoncé au concordat. — Bégis, maintenu syndic. — N° du Greffe, 19,448.

DEFAUT, Pierre-Marie-Joseph, *fabricant de peaux de chèvre, boulevard Saint-Martin*, 83. — Jugement du 9 novembre 1860 homologuant le concordat du 24 octobre 1860. — Abandon de l'actif énoncé au concordat. — Obligation de payer 10 % en cinq ans, par cinquièmes, du jour de l'homologation. — Sergent, maintenu syndic.— N° du Greffe, 17,273.

DEFER, Alexandre, *gravatier, rue du Château*, 61. — Jugement du 8 avril 1862 homologuant le concordat du 12 mars 1862. — Remise de 70 %. — Les 30 % non remis payables, en cinq ans, par cinquièmes, du 15 mars. — N° du Greffe, 18,826.

DEFER, Charles-Alexandre, *marchand de nouveautés, à Gentilly*. — Jugement du 19 octobre 1857 homologuant le concordat du 15 septembre 1857. — Remise de 75 %. — Les 25 % non remis payables, en cinq ans, par cinquièmes, d'année en année, du jour du concordat. — N° du Greffe, 13,923.

DEFFORGE, Jean-Marie, *maçon, Cité Véron, 7, à Montmartre*.—Jugement du 14 octobre 1862 homologuant le concordat du 13 septembre 1862. — Remise de 70 %. — Les 30 % non remis payables, en quatre ans, par quarts, du concordat. — N° du Greffe, 19,938.

DEFOLY, demoiselle, Joséphine, *bouchère, à Courbevoie*. — Jugement du 9 décembre 1859 homologuant le concordat du 17 novembre 1859. — Obligation de payer les créances, sans intérêts, en quatre ans, par quarts, d'année en année. — N° du Greffe, 16,056.

DEFOUR, Marie-Thérèse et Marie-Mélanie, *modistes, rue de la Paix*, 10, et *Chaussée-d'Antin*, 19.— Jugement du 26 août 1850 homologuant le concordat du 8 août 1850. — Remise de 90 %. — Les 10 % non remis payables, en trois ans, par sixièmes, de six mois en six mois.— Le premier sixième payable le 15 février 1851 et ainsi de suite. — N° du Greffe, 9,443.

DEFRANCE, Pierre, *ferblantier lampiste, rue de Poitou*, 7.— Jugement du 20 décembre 1861 homologuant le concordat du 4 décembre 1861. — Remise de 80 %. — Les 20 % non remis payables en cinq ans, par cinquièmes, au 1er décembre. — N° du Greffe, 18,728.

DEFRESNE, Jean-Louis, *bandagiste, rue Ménilmontant*, 114.— Jugement du 21 février 1860 homologuant le concordat du 4 février 1860.— Remise des intérêts et frais non admis et de 60 %. — Les 40 % non remis payables, en quatre ans, par quarts, du jour de l'homologation. — N° du Greffe, 16,461.

DEFRIZE, veuve FAUMONT, Geneviève, *fabricante de guêtres, rue du Faubourg-Saint-Denis*, 219. — Jugement du 18 mai 1855 homologuant le concordat du 3 du même mois. — Remise de 80 %. — Les 20 % non remis payables: 10 % dans deux ans; 10 % dans quatre ans du concordat. — N° du Greffe, 12,208.

DEGAIN, Jean, *fabricant de meubles, rue du Faubourg-Saint-Antoine*, 115. — Jugement du 29 avril 1862 homologuant le concordat du 8 avril 1862.— Remise de 70 %. — Les 30 % non remis payables, en cinq ans, par cinquièmes, du 1er mai.— N° du Greffe, 19,394.

DEGLARGE, Louis-Bernard, *voitures, rue du Colysée*, 19. — Jugement du 26 août 1850 homologuant le concordat du 7 août 1850. — Remise de 80 % en principal et tous autres frais. — Les 20 % non remis payables, en cinq ans, par cinquièmes, du 7 août 1850. — N° du Greffe, 9,448.

DEGOLA, Achille, *commissionnaire en bijouterie, passage des Petites-Écuries*, 15. — Jugement du 2 février 1858 homologuant le concordat du 25 janvier 1858.— Remise de 20 %.— Les 80 % non remis payables en quatre ans, par quarts, de l'homologation. — N° du Greffe, 14,371.

DEGUERCY, Félix, *chapelier, passage St-Roch*, 1. — Jugement du 9 juin 1853 homologuant le concordat du 27 mai 1853. — Remise de 80 %.— Les 20 % non remis payables : 5 % dans un an du jour de l'homologation, et 5 % chacune des années suivantes. — N° du Greffe, 10,890.

DEGUY, Martin-Etienne, *marchand de vins, à Vaugirard*, — Jugement du 9 janvier 1856 homologuant le concordat du 17 novembre 1855.— Abandon de l'actif énoncé au concordat. — M. Millet, commisaire. — N° du Greffe, 11,222.

DEHAEZE, veuve Marie-Louise FOLIGNIES, *fabricante de socques, rue du Vertbois*, 62. — Jugement du 9 avril 1852 homologuant le concordat du 17 mars 1852. — Remise de 60 % sur le principal, les intérêts et les frais.— Les 40 % non remis payables, en cinq ans, par cinquièmes, savoir: 8 % un an après l'homologation, 8 % à la même époque des années suivantes. — N° du Greffe, 10,218.

DEHAY, veuve, de la société BELLEVILLE, *rue de la Cossonnerie*, 5. — Voir: BELLEVILLE. — N° du Greffe, 4,938.

DEHELLY-AUBRY, Jean-Baptiste, *marchand de vins, faubourg St-Honoré*, 62. — Jugement du 31 mars 1862 homologuant le concordat du 17 du même mois. — Remise de 65 %. — Les 35 % non remis payables en cinq ans, par cinquièmes, du concordat. — Madame Dehelly-Aubry, caution. — N° du Greffe, 19,134.

DEHETTE et **BILLET**, Nicolas, *ébéniste, quai Valmy*, 79. — Voir: BILLET. — N° du Greffe, 11,374.

DEIFFEL, Edouard, *imprimeur, rue Michel le Comte*, 34. — Jugement du 4 avril 1859 homologuant le concordat du 18 mars 1859. — Remise de 70 %. — Les 30 % non remis payables en cinq ans, par cinquièmes, du concordat. — N° du Greffe, 15,463.

DEJARDIN, Charles-Marie-François, *entrepreneur de constructions, rue Buffaut*, 2. — Jugement du 4 juin 1850 homologuant le concordat du 17 mai 1850.— Remise de tous intérêts et frais, et de 95 %.— Les

5 °/₀ non remis payables : 2 1/2 °/₀ dans trois ans, et 2 1/2 °/₀ dans cinq ans. — N° du Greffe, 846.

DEJEAN, Antoine, *maréchal-ferrant, avenue St-Ouen*, 6. — Jugement du 4 juillet 1862 homologuant le concordat du 18 juin 1862. — Remise de 60 °/₀. — Les 40 °/₀ non remis payables en cinq ans, par cinquièmes, du jour de l'homologation. — N° du Greffe, 19,801.

DEJOU, Pierre, *grainetier, rue de la Boucherie des Invalides*, 13. — Jugement du 17 juillet 1855 homologuant le concordat du 29 juin 1855. — Remise de 90 °/₀. — Les 10 °/₀ non remis payables en cinq ans, par cinquièmes. — Premier paiement fin juillet 1856. — N° du Greffe, 12,267.

DELABOURDINIÈRE, *négociant, rue de Bondy*, 76. — Jugement du 23 novembre 1857 homologuant le concordat du 6 du même mois. — Remise de 40 °/₀. — Les 60 °/₀ payables en six ans, par sixièmes, d'année en année, du jour de l'homologation. — N° du Greffe, 13,759.

DELACHASTRE, Michel-Hebert, *maçon, rue Pont-aux Choux*, 16. — Jugement du 8 mai 1860 homologuant le concordat du 13 avril 1860. — Remise de 85 °/₀. — Les 15 °/₀ non remis payables en cinq ans, par cinquièmes, du 1er juillet. — N° du Greffe, 16,697.

DELACOUR, François-Augustin, (personnellement) de la société CAILLEUX et fils, *marchand de lait en gros, rue St-Quentin*, 18. — Voir: CAILLEU. — N° du Greffe, 10,245.

DELACOURT, Jean-Baptiste-Joseph-Alexis, *imprimeur lithographe, rue du Vert-Bois*, 34. — Jugement du 26 juillet 1858 homologuant le concordat du 23 juin 1858. — Obligation de payer le montant des créances en dix ans, par vingtièmes, de six en six mois. — Premier paiement le 1er janvier prochain. — N° du Greffe, 14,658.

DELACQUIS, Jean-Baptiste-Charles, *négociant, rue de Malte*, 32. — Jugement du 8 février 1858 homologuant le concordat du 22 janvier 1858. — Remise de 90 °/₀. — Les 10 °/₀ non remis payables en deux ans, par moitiés, du jour de l'homologation. — N° du Greffe, 14,131.

DELACROIX, de la société LEBOURDAIS et LEGAUX, *exploitation de plomberie, rue d'Enfer*, 126. — Jugement du 15 septembre 1858 homologuant le concordat du 25 août 1858. — Abandon par la société de l'actif énoncé au concordat. — M. Chevalier, commissaire. — N° du Greffe, 14,393.

DELACROIX, de la société GAUTHIER, Louis, *marchand de bois des îles, rue des Haies*, 9. — Jugement du 14 mars 1861 homologuant le concordat du 27 février 1861. — Remise de 75 °/₀. — Les 25 °/₀ non remis payables en cinq ans, par cinquièmes, du concordat. — N° du Greffe, 17,551.

DELAFOSSE, Isidore-Joseph, *nourrisseur à Auteuil*. — Jugement du 17 septembre 1852 homologuant le concordat du 6 septembre 1852. — Remise de 90 °/₀ en principal, intérêts et frais. — Les 10 °/₀ non remis payables en cinq ans, par cinquièmes, d'année en année, du jour du concordat. — N° du Greffe, 10,397.

DELAGE, *négociant, rue d'Alger*, 18, *à la Chapelle*. — Jugement du 27 août 1861 homologuant le concordat du 10 du même mois. — Abandon de l'actif énoncé au concordat. — M. Trille, commissaire à l'exécution. — N° du Greffe, 18,139.

DELAHAIGUE, Louis-Victor, dit DELAHÈGUE DOMÈRE, *négociant en lingerie, rue de Cléry*, 44. — Jugement du 16 octobre 1855 homologuant le concordat du 3 du même mois. — Remise de 50 °/₀. — Les 50 °/₀ non remis payables sans intérêts, en quatre ans, par huitièmes, de six mois en six mois, à partir du 1er novembre prochain. — N° du Greffe, 12,512.

DELAHALLE, Jacques, *fabricant de chaussures, rue du Temple*, 50. — Jugement du 31 août 1857 homologuant le concordat du 29 juillet 1857. — Remise de 50 °/₀. — Les 50 °/₀ non remis payables en cinq ans, par cinquièmes, d'année en année. — Premier paiement le 1er août 1858. — N° du Greffe, 13,913.

DELAHAYE, Antoine-Marie-Emile, *ex-banquier, rue Ménilmontant*, 139. — Jugement du 10 mars 1852 homologuant le concordat du 11 février. — Remise des intérêts et frais. — Libération du capital au moyen de l'abandon de l'actif énoncé au concordat. — M. Morel, commissaire. — N° du Greffe, 10 134.

DELAHAYE, François-Joseph-Nicolas, *faïencier, rue du Temple*, 132. — Jugement du 7 mai 1852 homologuant le concordat du 16 avril 1852. — Remise de tous intérêts et frais et de 80 °/₀. — Les 20 °/₀ non remis payables en quatre ans, par quarts, d'année en année. — Premier paiement le 1er juillet 1853. — N° du Greffe, 10,297.

DELAHAYE, Honoré, *restaurateur, rue des Prouvaires*, 22. — Jugement du 2 novembre 1852 homologuant le concordat du 19 octobre précédent. — Remise de 80 °/₀. — Les 20 °/₀ non remis payables, sans intérêts, en cinq ans, par cinquièmes, le 1er janvier des années 1854, 1855 et suivantes. — Madame Delahaye, caution. — N° du Greffe, 10,345.

DELAHAYE, *ancien marchand de vins, rue Louis-Philippe*, 19. — Jugement du 6 janvier 1862 homologuant le concordat du 12 décembre 1861. — Remise de 75 °/₀. — Les 25 °/₀ non remis payables dans la huitaine de l'encaissement de l'actif. — N° du Greffe, 18,928.

DELAIR, Eugène, *restaurateur à Passy*. — Jugement du 21 mars 1859 homologuant le concordat du 19 février 1859. — Remise de 50 °/₀. — Les 50 °/₀ non remis payables au moyen de l'abandon de l'actif énoncé au concordat. — La différence de l'abandon à 50 °/₀ payables par dixièmes, d'année en année, de l'homologation. — M. Isbert, commissaire — N° du Greffe, 15,425.

DELAISSE, *négociant, rue St-Paul*, 22. — Jugement du 11 avril 1859 homologuant le concordat du 25 mars 1859. — Abandon de l'actif énoncé au concordat. — M. Sautton, commissaire. — N° du Greffe, 15,576.

DELALANDE Frères, Daniel et Henri, *marchands forains, rue de Grenelle-St-Germain*, 58. — Jugement du 16 octobre 1855 homologuant le concordat du 12 septembre 1855. — Remise de 55 °/₀. — Les 45 °/₀ non remis payables : 40 °/₀ comptant, par les soins du syndic, et 5 °/₀ en deux ans, par moitiés, à compter du jour du concordat. — N° du Greffe, 10,926.

DELALOGE, Claude, *cordonnier, rue Jocquelet*, 10. — Jugement du 25 octobre 1854 homologuant le concordat du 9 du même mois. — Remise de 75 °/₀. — Les 25 °/₀ non remis payables en quatre ans, par quarts, d'année en année. — Premier paiement le 31 octobre 1855. — N° du Greffe 11,684.

DELALOGE, Jules, *ex-marchand de bois, rue de Vendôme*, 5. — Jugement du 4 novembre 1850 homologuant le concordat du 3 octobre 1850. — Remise de 90 °/₀. — Les 10 °/₀ non remis payables, avec intérêts, en quatre termes, de 2 1/2 °/₀, fin septembre des années 1851, 1852 et suivantes. — N° du Greffe, 8,885.

DELAMARRE, Eugène-Jules, *entrepreneur de constructions, rue Bayard*, 5. — Jugement du 8 septembre 1857 homologuant le concordat du 22 août 1857. — Abandon de l'actif énoncé au concordat. — M. Breuillard, commissaire. — N° du Greffe, 13,168.

DELAMARRE, demoiselle, de la société VIREMENDOIS, Louise-Mathilde, *marchande de confections, passage Saulnier*, 13. — Jugement du 30 novembre 1854 homologuant le concordat du 13 juin 1854. — Remise de 60 °/₀. — Les 40 °/₀ non remis payables par cinquièmes, d'année en année. — Premier paiement le 15 juin 1855. — N° du Greffe, 11,240.

DELANATIVITÉ, dit ELLIÈS, Jean-Baptiste, *entrepreneur d'affichages, rue St-André-des-Arts*, 23. — Jugement du 25 mars 1861 homologuant le concordat du 1er du même mois. — Remise de 50 °/₀. — Les 50 °/₀ non remis payables en quatre ans, par huitièmes, de six mois en six mois, de l'homologation. — N° du Greffe, 17,536.

DELANGLE, *cordonnier, faubourg St-Martin*, 118. — Jugement du 5 août 1861 homologuant le concordat du 22 juillet 1861. — Remise de 70 °/₀. — Les 30 °/₀ non remis payables, sans intérêts, savoir : 10 °/₀ huit jours après l'homologation ; 5 °/₀ dans six mois du concordat ; 5 °/₀ six mois après ; 5 °/₀ six mois ensuite ; 5 °/₀ dans deux ans, du concordat. — N° du Greffe, 18,069.

DELANŒYE, Ange-Albert, *courtier en vins, à Bercy*. — Jugement du 16 mai 1860 homologuant le concordat du 3 du même mois. — Abandon de l'actif énoncé au concordat. — Obligation de payer 10 °/₀ en quatre ans, par quarts, du concordat. — M. Devin, commissaire. — N° du Greffe, 16,609.

DELAREBEYRETTE, Laurent-Auguste, *marchand de vins, à Montrouge*. — Jugement du 17 avril 1855 homologuant le concordat du 4 du même mois. — Remise de 75 %. — Les 25 % non remis payables sans intérêts, en cinq ans, par cinquièmes, d'année en année. — Premier paiement le 30 avril 1856. — N° du Greffe, 12,100.

DELAROCHE, Jean-Eloi, de la société PILON, *éditeur, rue Hautefeuille*, 1. — Jugement du 10 avril 1854 homologuant le concordat du 14 mars 1854. — Remise à la société de 50 %. — Les 50 % non remis payables en cinq ans, par cinquièmes, d'année en année, du jour du concordat. — M. Thiébault, commissaire — N° du Greffe, 11,243.

DELAROCHE, Hyppolite-Etienne-Frédéric, *marchand bonnetier, rue de la Harpe*, 25. — Jugement du 25 août 1862 homologuant le concordat du 4 du même mois. — Remise de 75 %. — Les 25 % non remis payables en cinq ans, par cinquièmes, de l'homologation. — N° du Greffe, 19,916.

DELARUE, Gustave, *entrepreneur de menuiserie, à Vaugirard*. — Jugement du 12 octobre 1857 homologuant le concordat du 1er septembre 1857. — Remise de 50 %. — Les 50 non remis payables en cinq ans, par cinquièmes, d'année en année. — Premier paiement le 1er octobre 1858. — N° du Greffe, 13,980.

DELAS, Bertrand, *limonadier, rue St-Maur*, 204. — Jugement du 3 juin 1861 homologuant le concordat du 23 mai 1861. — Remise de 55 %. — Les 45 % non remis payables en sept ans, par septièmes, de l'homologation. — N° du Greffe, 17,984.

DELATTRE, Victor, *marchand de meubles, boulevard de la Chapelle*, 8. — Jugement du 26 février 1861, homologuant le concordat du 1er du même mois. — Remise de 50 %. — Les 50 % non remis payables en cinq ans, par cinquièmes, de l'homologation. — N° du Greffe, 17,515.

DELATTRE, Abel, *peintre en bâtiments, rue Rossini*, 18. — Jugement du 14 septembre 1855 homologuant le concordat du 31 août 1855. — Remise de 60 %. — Les 40 % non remis payables en cinq ans, par cinquièmes, d'année en année.— Premier paiement le 5 décembre 1856. — Abandon, à titre de garantie, de l'actif énoncé au concordat. — M. Furet fils, commissaire. — N° du Greffe, 12,419.

DELAUNAY-THAN, Pierre-Désiré, *nourrisseur, à Belleville*.— Jugement du 7 mars 1856 homologuant le concordat du 26 décembre 1855. — Remise de 75 %. — Les 25 % non remis payables sans intérêts, en cinq ans, par cinquièmes, d'année en année, — Premier paiement fin décembre 1856. — N° du Greffe, 12,580.

DELAUNAY, Emile, de la société MOUROT, *marchand de porcelaines, rue Hauteville*, 61. — Jugement du 18 août 1856 homologuant le concordat du 31 juillet 1856. — Remise de 50 %. — Les 50 % non remis pasyables en cinq ans, par cinquièmes, d'année en année, du jour du concordat. — N° du Greffe, 13,124.

DELAUNAY, Jean-André-Marie, *libraire-relieur, rue St-Dominique-St-Germain*, 23. — Jugement du 5 juillet 1852 homologuant le concordat du 22 juin 1852. — Remise de tous intérêts et frais et de 90 %. — Les 10 % non remis payables par fractions, les 22 juin 1853, 22 mars 1854, 22 décembre suivant et 22 juin 1855. — N° du Greffe, 10,111.

DELAUNAY et Ce, Armand-Jérome, *entrepreneur de la Frégate-Ecole, quai d'Orsay*. — Jugement du 2 août 1854 homologuant le concordat du 10 juillet 1854. — Remise de 80 %. — Les 20 % non remis payables sans intérêts, par quarts, d'année en année. — Premier paiement le 31 décembre 1855. — N° du Greffe, 11,160.

DELAVACQUERIE et CHATELAIN, Gaspard-François, *rue St-Denis*, 277. — Voir CHATELAIN. — N° du Greffe, 14,417.

DELAVALLE et COUCHON, Stephan, *rue Notre-Dame-des-Victoires*, 44. — Voir COUCHON. — N° du Greffe, 14,840.

DELAVALLÉE, Jean-Baptiste, *marchand de confections, rue Mouffetard*, 42. — Jugement du 24 avril 1854 homologuant le concordat du 5 du même mois. — Remise de 60 %.— Les 40 % non remis payables par fractions de 5 %, de six mois en six mois. — Le premier paiement le 5 octobre 1854. — N° du Greffe, 11,643.

DELAVALLÉE, Charles, de la société HECQUET, *entrepreneur de vidanges, à la Villette*. — Jugement du 15 juin 1854 homologuant le concordat du 23 mai 1854. — Obligation de payer le principal des créances au moyen de l'actif à réaliser. — En cas d'insuffisance, obligation de payer le surplus, par tiers, d'année en année, à partir du 1er janvier 1855. — N° du Greffe, 11,369.

DELAVARDE, François, *marchand de vins, à Belleville*. — Jugement du 27 juin 1861 homologuant le concordat du 11 juin 1861. — Remise de 40 %. — Les 60 % non remis payables en six ans, par sixièmes, du concordat. — N° du Greffe, 18,030.

DELAVERGNE, Flavien, de la société DURAND, *passage de l'Industrie*, 20. — Voir DURAND. — N° du Greffe, 12,309.

DELAVIGNE, *négociant, rue de la Bourse*, 8. — Jugement du 28 février 1855, homologuant le concordat du 31 janvier 1855. — Abandon de l'actif réalisé. — M. Boulay, commissaire. — N° du Greffe, 9,332.

DELBOSQUE et Ce, Edouard, *fabricants de corsets, rue de Mulhouse*, 8. — Jugement du 26 septembre 1854 homologuant le concordat du 29 juillet 1854. — Obligation de payer l'intégralité des créances, sans intérêts, savoir : 5 % le 20 juillet des années 1855, 56, 57, 58, 59 et 60, et 10 % le 29 juillet des années 1861, 62, 63, 64, 65, 66 et 67. — N° du Greffe, 11,484.

DELCROIX, Xavier, *loueur de voitures, rue d'Anjou-St-Honoré*, 76. — Jugement du 30 avril 1856 homologuant le concordat du 17 du même mois. —Remise de 60 % — Les 40 % non remis payables en quatre ans, par quarts, d'année en année. — Premier paiement le 15 mars 1857. — N° du Greffe, 12,882.

DELCROS, veuve, *marchande de vins, à Montmartre*.— Voir DANJAN, veuve DELCROS.

DELEAU, *marchand épicier, rue St-Victor*, 96. — Jugement du 24 février 1858 homologuant le concordat du 19 janvier 1858. — Abandon de l'actif énoncé au concordat. — Obligation de payer 12 % en quatre ans, par quarts, du jour du concordat, — M. Breuillard, commissaire. — N° du Greffe, 14,171.

DELÉCOLLE, Joseph-Justin, *charbonnier, rue Hte-des-Ursins*, 8. — Jugement du 11 octobre 1858 homologuant le concordat du 2 du même mois. — Remise de 80 %.— Les 20 % non remis payables en cinq ans, par cinquièmes, de l'homologation. — N° du Greffe, 14,969.

DELEFOSSE et Ce, Eloi-Joseph, *retordeurs, à Créteil*. — Jugement du 18 octobre 1862 homologuant le concordat du 2 du même mois. — Remise de 90 %. — Les 10 % non remis payables en quatre ans, par quarts, du 1er avril. — N° du Greffe, 18,945.

DELENTE, Martin-Victor-Gustave, *négociant, rue Notre-Dame-de-Nazareth*, 55. — Jugement du 12 août 1859 homologuant le concordat du 29 juillet 1859.— Remise de 92 %.— Les 8 % non remis payables ; 1 % un mois après l'homologation ; 1 % un an après l'homologation ; 1 1/2 % dans deux, trois, quatre et cinq ans de l'homologation. — N° du Greffe, 14,964.

DELEPINE, Désiré, *épicier, à la Chapelle*. — Jugement du 30 mars 1855 homologuant le concordat du 17 du même mois. — Remise de 95 %. — Les 5 % non remis payables en cinq ans, par cinquièmes, d'année en année, du jour de l'homologation. — N° du Greffe, 8,581.

DELESPINAY, Auguste-Joseph, *fabricant de passementerie, à Courbevoie*. — Jugement du 22 septembre 1858 homologuant le concordat du 9 du même mois. — Remise de 75 %. — Les 25 % non remis payables en trois ans, par tiers, du jour de l'homologation. — N° du Greffe, 14,806.

DELET, Henri, *entrepreneur de menuiserie, au village le Vallois*. — Jugement du 6 novembre 1857 homologuant le concordat du 15 octobre 1857. — Remise de 90 %. — Les 10 % non remis payables en cinq ans, par cinquièmes, d'année en année, du jour de l'homologation. — N° du Greffe, 13,862.

DELETRAZ, dame, Joseph, *marchande de bière, rue St-Nicolas-du-Chardonnet*, 12. — Jugement du 7 novembre 1862 homologuant le concordat du 3 octobre 1862. — Remise de 70 %. — Les 30 % non remis payables sans intérêts : 5 % dans le mois de l'homologation ; 5 % un an après ; 20 % en deux paiements égaux, d'année en année, après l'expiration de la première. — N° du Greffe, 18,864.

DELFOSSE, Félix, *boulanger, à Vaugirard*. — Jugement du 4 avril 1850 homologuant le concordat du 5 mars 1850. — Remise de 75 %

en capital, intérêts et frais. — Les 25 % non remis payables en quatre années, par quarts, pour le premier paiement avoir lieu un an après le jour de l'homologation. — N° du Greffe, 9,080.

DELION, Antoine, *maraîcher, à Clichy*. — Jugement du 15 mai 1856 homologuant le concordat du 25 avril 1856. — Remise de 70 %. — — Les 30 % non remis payables en cinq ans, par cinquièmes, d'année en année. — Premier paiement le 1er mai 1857. — N° du Greffe, 13,003.

DELIOT père, Louis-Gabriel, *ex-fabricant de colle, à Charonne*. — Jugement du 18 mars 1858 homologuant le concordat du 5 mars 1858. — Remise de 65 %. — Les 35 % non remis payables dans quatre mois de l'homologation. — N° du Greffe, 14,305.

DELISLE, Charles, de la société GALLOU et Ce, *marchand de boutons, rue St-Denis*, 248. — Jugement du 8 juin 1854, homologuant le concordat du 15 mai 1854.— Abandon par Delisle et Godart, de leurs droits dans la société Gallou et Ce. — Obligation par Gallou, subrogé dans les droits de Delisle et Godart, de payer 60 % en deux ans, par quarts, de six mois en six mois. — Premier paiement fin décembre 1855. — MM. Biet, Herrouard et Levasseurs, cautions solidaires des obligations prises par Gallou. — N° du Greffe, 11,313.

DELMAET et Ce, dames, *négociantes en lingerie, rue du Petit-Carreau*, 26. — Jugement du 27 octobre 1856 homologuant le concordat du 12 septembre 1856.—Remise de 80 %. —Les 20 % non remis payables: 10 % huit jours après l'homologation, 4 % le 12 septembre 1857, 3 % le 12 septembre des années 1858 et 1859. — M. Delmaet, caution du paiement des derniers 10 %. — N° du Greffe, 13,237.

DELMAS, Pierre, *tenant hôtel garni, rue St-Dominique*, 3. — Jugement du 2 novembre 1852 homologuant le concordat du 15 octobre 1852. — Remise de 60 %. — Les 40 % non remis payables en douze paiements égaux, de six mois en six mois. — Premier paiement le 1er novembre des années 1853 et suivantes. — N° du Greffe, 10,386.

DELMAS-FREVIGNY, dame, Célestine-Irma, *tenant hôtel garni*. — Jugement du 2 novembre 1852 homologuant le concordat du 13 octobre même année. — Remise de 60 %. — Les 40 % non remis payables en douze paiements égaux. — Voir: DELMAS Pierre. — N° du Greffe, 10,386.

DELMAS, Mathieu-Alexandre, *tailleur chemisier, rue Neuve-des-Capucines*, 10. — Jugement du 2 mars 1857 homologuant le concordat du 16 février 1857. — Remise de 75 %. — Les 25 % non remis payables sans intérêts : 10 % dans six mois de l'homologation, 7 1/2 % un an après, et 7 1/2 % deux ans après. — N° du Greffe, 13,477.

DELMONT, Théodore, de la société GUILLEMIN, *éditeur, rue Croix-des-Petits-Champs*, 33. — Jugement du 29 février 1856 homologuant le concordat du 18 du même mois. — Abandon de tout l'actif de la société.— Obligation de payer, sans solidarité, chacun 10 %, sans intérêts, en cinq ans, par cinquièmes, d'année en année, du jour de l'homologation. — M. Juste, commissaire. — N° du Greffe, 12,792.

DELMOSÉ, Théophile, *commissionnaire en marchandises, rue de Mogador*, 7. — Jugement du 9 juin 1858 homologuant le concordat du 25 mai 1858. Remise de 75 %. — Les 25 % non remis payables, sans intérêts, en quatre ans, par quarts, du jour du concordat. — N° du Greffe, 14,433.

DELON, Alexandre, *négociant en boutons, rue Mauconseil*, 21. — Jugement du 21 septembre 1858 homologuant le concordat du 28 août 1858. — Abandon de l'actif énoncé au concordat. — Obligation de payer 10 % en deux ans, par moitié, de l'homologation. —M. Devin, syndic. — N° du Greffe, 14,851.

DELON, *marchand de cuirs, rue Cadet*, 3. — Jugement du 4 mai 1855 homologuant le concordat du 14 mars 1855. —Obligation de payer 30 % en cinq ans, par cinquièmes, d'année en année. — Premier paiement le 1er avril 1856. — N° du Greffe, 11,497.

DELON-ALBOY, Mathurin-François, *négociant en cuirs, rue du Faubourg-St-Denis*, 72.—Jugement du 8 mai 1861 homologuant le concordat du 17 février 1861.—Remise de 75 %.—Les 25 % non remis, payables: 10 % aussitôt l'homologation, 5 % dans six mois, 5 % dans un an, 5 % dans dix-huit mois, de l'homologation. — N° du Greffe, 17,380.

DELON fils, Francis, *marchand de cuirs, rue Cadet*, 26. — Jugement du 18 février 1861 homologuant le concordat du 30 janvier 1861. — Remise de 80 %.— Les 20 % non remis payables en deux ans, à raison de 5 %, de six mois en six mois, de l'homologation. — Mme Delon, caution. — N° du Greffe, 17,467.

DELOUCHE, Antoine-François, *commissionnaire, boulevard Poissonnière*, 24. — Jugement du 7 mai 1857 homologuant le concordat du 20 mars 1857. — Remise de 90 %. — Les 10 % non remis payables après l'homologation. — N° du Greffe, 7,503.

DELPECH, Étienne, *épurateur de graisses, à Vaugirard*. — Jugement du 14 novembre 1856 homologuant le concordat du 12 septembre 1856. — Remise de 75 %. — Les 25 % non remis payables, sans intérêts, en cinq ans, d'année en année, de l'homologation. — N° du Greffe, 13,169.

DELPEUCH, Pierre, *fabricant de tresses, quai des Orfèvres*, 4.— Jugement du 28 novembre 1861 homologuant le concordat du 15 du même mois. — Remise de 60 %.—Les 40 % non remis payables, en cinq ans, par cinquièmes, de l'homologation. — M. Peter, caution des deux derniers dividendes. — N° du Greffe, 18,745.

DELPIERRE, Ange, *marchand de vins, rue Jessaint*, 30. — Jugement du 15 novembre 1858 homologuant le concordat du 30 octobre 1858. — Remise de 75 %. — Les 25 % non remis payables, sans intérêts: 5 % un mois après l'homologation, 5 % le mois suivant, 5 % chacun des trois mois qui suivront. — M. Aube, caution de 16,000 fr. — N° du Greffe, 15,121.

DELPORTE, demoiselle, Claire, *passementière, rue St-Denis*, 90.— Jugement du 20 octobre 1856 homologuant le concordat du 25 septembre 1856. — Remise de 64 %. — Les 36 % non remis payables aussitôt l'homologation. — M. Decagny, commissaire. — N° du Greffe, 12,924.

DELPUECH, dit **DELPECH**, Paul, *chaudronnier, rue du Ponceau*, 42.— Jugement du 3 décembre 1851 homologuant le concordat du 18 novembre 1851. — Remise de 60 %. — Les 40 % non remis payables en cinq ans, par dividendes de 8 %, le 1er décembre des années 1852, 1853 et suivantes. — Abandon par Delpech de ses droits dans la société Delpuech et Cie, aux termes et aux conditions énoncées au concordat. — MM. Delmas et Lescure, commissaires.— N° du Greffe, 10,085.

DELPUECH, Antoine, *fabricant d'appareils de chauffage, rue du Caire*, 18. —Jugement du 23 mars 1853 homologuant le concordat du 17 décembre 1852. — Remise de tous intérêts et frais non admis, et de 85 %.— Les 15 % non remis payables, par cinquièmes, d'année en année, du jour de l'homologation. — N° du Greffe, 10,542.

DELTEIL, Charles-Gabriel, *fabricant de porcelaines, rue de Paris*, 45, *à Montreuil*. — Jugement du 23 juin 1862 homologuant le concordat du 6 juin 1862. — Obligation de payer l'intégralité des créances, savoir : 25 % dans dix-huit mois, 25 % un an après, 25 % deux ans après, 25 % trois ans après l'homologation. — N° du Greffe, 19,804.

DELTEIL, Charles-Gabriel, de la société CHABRIER, *fabricant de porcelaine, à St-Mandé*. Voir : CHABRIER. — N° du Greffe, 11,927.

DELTON, Louis-Jean, *directeur du Cercle, passage de l'Opéra*. —Jugement du 14 mai 1851 homologuant le concordat du 5 même mois.— Remise de 85 % en principal, intérêts et frais. — Les 15 % non remis payables, sans intérêts, en trois ans, par tiers, le 5 mai des années 1852, 1853 et 1854. — N° du Greffe, 9,770.

DELUME, Jean-Félix, *menuisier, à la Villette*. — Jugement du 28 février 1860 homologuant le concordat du 13 du même mois. — Remise de 60 %.— Les 40 % non remis payables, sans intérêts, en quatre ans, par quarts, de l'homologation. — N° du Greffe, 16,548.

DELVINCOURT, dame AUZOU, Émélie, *marchande de modes, rue Bonne-Nouvelle*, 31. — Jugement du 20 avril 1857 homologuant le concordat du 26 mars 1857. — Voir AUZOU. — N° du Greffe, 13,491.

DELVOYE et **VARIN**, Auguste, *marchand de fromages, rue Montmartre*, 1. — Jugement du 21 août 1860 homologuant le concordat du 18 juillet 1860. — Remise de 60 %. — Les 40 % non remis payables en cinq ans, par cinquièmes, sans intérêts, du 1er juin. — N° du Greffe, 16,690.

DELYE François, *boulanger, rue Madame*, 26. — Jugement du 16 octobre 1861 homologuant le concordat du 3 du même mois. — Remise de

70 %. — Les 30 % non remis payables : 5 % le 1er mars 1862, 5 % le 1er novembre des années 1862, 63, 64, 65 et 1866. — N° du Greffe, 18,477.

DELYON et **DEPLANCHE**, *négociants en vêtements d'enfants, rue Vivienne*, 51. — Voir DEPLANCHE, femme. — N° du Greffe, 13,560.

DEMALLE, Alphonse-Joseph, *négociant en vins, rue de Seine-St-Germain*, 43. — Jugement du 8 octobre 1850 homologuant le concordat du 26 novembre 1849. — Remise de 75 %. — Les 25 % non remis payables en cinq paiements égaux, d'année en année, à partir du 8 octobre 1850. — N° du Greffe, 406.

DEMANET, Victor-Jean-Baptiste, *fabricant de bouchons, avenue de Breteuil*, 68. — Jugement du 2 juin 1857 homologuant le concordat du 16 mai 1857. — Abandon de l'actif énoncé au concordat. — Obligation de payer dans le délai de deux ans, du concordat, sans intérêts, la différence qui pourrait exister entre l'actif abandonné et le montant du passif. — M. Isbert, commissaire. — N° du Greffe, 12,541.

DEMANGEOT et Cie, Jean-Étienne, *société pour l'Ininflamabilité des toiles, à Courbevoie*. — Jugement du 11 novembre 1862 homologuant le concordat du 8 octobre 1862. — Remise de 92,50 %. — Les 7,50 % payables le lendemain de l'homologation. — M. Demangeot père, caution. — N° du Greffe, 18,804.

DEMANTIN, Charles, *commerçant, rue du Faubourg-St-Denis*, 162.— Jugement du 14 octobre 1861 homologuant le concordat du 30 septembre 1861. — Remise de 85 %. — Les 15 % non remis payables : 5 % dans un an, 10 % par moitié, d'année en année, du concordat. — N° du Greffe, 18,380.

DEMARLE, Nicolas-Désiré, *marchand de vins, rue Jean-Jacques-Rousseau*, 6. — Jugement du 29 septembre 1858 homologuant le concordat du 16 septembre 1858. — Remise de 70 %. — Les 30 % non remis payables : 5 % huit jours après l'homologation, 25 % en cinq ans, par cinquièmes, du jour du concordat, le tout sans intérêts. — N° du Greffe, 15,025.

DEMARQUETTE ou **DELMARQUETTE**, *tenant hôtel meublé, rue du Faubourg-du-Temple*, 63. — Jugement du 13 septembre 1861 homologuant le concordat du 3 du même mois. — Obligation de payer 80 % à prendre sur l'actif abandonné. — Les 20 % restant payables par quarts, du 1er septembre. — M. Henrionnet, commissaire. — N° du Greffe, 17,348.

DEMAY, Antoine, *marchand de vins, à la Chapelle*.— Jugement du 8 juin 1852 homologuant le concordat du 25 mai 1852.— Remise de 80 %. — Les 20 % non remis payables en quatre ans, par quarts, dans un, deux, trois et quatre ans du concordat. — N° du Greffe, 10,368.

DEMAY, femme, *lingère, passage Saulnier*, 9. — Jugement du 22 mai 1860 homologuant le concordat du 21 avril 1860. — Remise de 85 %.— Les 15 % non remis payables, sans intérêts, en cinq ans, par cinquièmes, du concordat. — N° du Greffe, 16,791.

DEMESSINE, Jean-Babtiste, *fabricant de bronzes, rue du Roi-Doré*, 2. — Jugement du 22 octobre 1861 homologuant le concordat du 7 du même mois. — Remise de 80 %. — Les 20 % non remis payables en cinq ans, par cinquièmes, du 7 octobre. — N° du Greffe, 18,095.

DEMETZ dame, Françoise-Marie-Prosper, *couturière, rue Fontaine-Molière*, 41. — Jugement du 17 août 1855 homologuant le concordat du 8 mai 1855. — Remise de 90 %. — Les 10 % non remis payables en deux ans, par moitiés, le 1er juillet des années 1856 et 1857. — N° du Greffe, 12,228.

DEMEURE et Ce, Jean-Napoléon, mécaniciens, *rue du Grand-Hurleur*, 3. — Jugement du 30 juillet 1855 homologuant le concordat du 6 du même mois. — Remise de 70 %. — Les 30 % non remis payables en trois ans, par moitiés, d'année en année, pour le premier paiement avoir lieu le 1er août 1856. — N° du Greffe, 11,150.

DEMICHY, Charles, *entrepreneur de maçonnerie, à Gentilly*. — Jugement du 19 mai 1858 homologuant le concordat du 13 octobre 1857. — Remise de 50 %. — Les 50 % non remis payables en cinq ans, par cinquièmes, de l'homologation. — N° du Greffe, 13,841.

DEMOLON, René-Charles-Marie, *négociant en phosphates, rue d'Amsterdam*, 39. — Jugement du 18 juillet 1862 homologuant le concordat du 2 du même mois. — Remise de 70 %. — Les 30 % non remis payables dans les quatre mois de l'homologation. — M. Trille, commissaire. — N° du Greffe, 18,777.

DEMONS, *négociant en vins, rue Grenelle-St-Germain*, 14. — Concordat du 26 mars 1849. — N° du Greffe, 102.

DEMONTANT, *marchand de soieries, rue des Fossés-Montmartre*, 25. — Concordat du 26 mars 1849. — N° du Greffe, 205.

DEMONTIGNY, veuve PETIT, Virginie-Joséphine, *marchande de vins, à Batignolles*. — Jugement du 26 août 1857 homologuant le concordat du premier août 1857. — Abandon de l'actif énoncé au concordat et engagement de parfaire 50 % en deux ans, par 1/2, de la reddition du compte du syndic. — N° du Greffe, 13,840.

DEMORGES, femme, veuve MOULIN, *boulevart Beaumarchais*, 94. — Jugement du 9 mars 1855 homologuant le concordat du 22 février précédent. — Remise de 55 %. — Les 45 % non remis payables en cinq ans, par cinquièmes, d'année en année, du jour du concordat.— N° du Greffe, 11,929.

DEMOULIN-SERGENT, veuve JEAN, *carrier à Gentilly*. — Jugement du 17 avril 1850 homologuant le concordat du 23 mars 1850. — Remise de 70 % en principal, intérêts et frais. — Les 30 % non remis payables par huitièmes, de six mois en six mois, du jour du concordat. — N° du Greffe, 9,213.

DEMOUSSEAUX, Gustave, *charcutier, au Gros-Caillou*. — Jugement du 29 juillet 1857 homologuant le concordat du 17, même mois. — Remise de 75 %. — Les 25 % non remis payables en cinq ans, par cinquièmes, d'année en année. — Premier paiement fin juillet 1858. — M. Demousseaux, père, caution. — N° du Greffe, 13,622.

DEMULLET, Charles-Constant, *serrurier, chemin de Ronde-de-Montmartre*, 41. — Jugement du 28 juillet 1858 homologuant le concordat du 22 juin 1858. — Remise de 85 %. — Les 15 % non remis payables en trois ans, par tiers du 1er août. — N° du Greffe, 14,637.

DENAIDE, Louis, *marchand de vins, à Joinville-le-Pont*. — Jugement du 19 juin 1861 homologuant le concordat du 30 mai 1851. — Remise de 80 %. — Les 20 % non remis payables en cinq ans, par cinquièmes, de l'homologation. — N° du Greffe, 17,459.

DENET, Joseph, *charpentier, à Batignolles*. — Jugement du 26 septembre 1858 homologuant le concordat du 25 août précédent. — Abandon de l'actif énoncé au concordat. — Obligation de payer 3 % en trois ans, par tiers, de l'homologation. — N° du Greffe, 13,137.

DENET, Joseph, *charpentier, Cité Gaillard*, 6. — Jugement du 12 janvier 1854 homologuant le concordat du 27 décembre 1853. — Remise de 90 %.—Les 10 % non remis payables par moitiés, sans intérêts, les 1er mai 1856 et 1858. — N° du Greffe, 10,771.

DENEUX, Jean-Baptiste, *marchand de vins, rue Neuve-St-Laurent*, 21. — Jugement du 2 avril 1849 homologuant son concordat. — N° du Greffe, 8,518.

DENIAUX demoiselle, Fanny, de la société LAUNÉ-DENIAUX et Ce. — Voir Launé-Deniaux et Ce. — N° du Greffe, 13,482.

DENIS, François-Louis-Alexandre, *limonadier, rue St-Paxent*, 7. — Jugement du 21 novembre 1859 homologuant le concordat du 7 novembre 1859. — Remise de 70 %. — Les 30 % non remis payables en trois ans, par tiers, du jour de l'homologation. — N° du Greffe 16,172.

DENIS, Jacques, *marchand de vins, rue de Paris-Belleville*, 41. — Jugement du 16 septembre 1862 homologuant le concordat du 30 août précédent. — Remise de 85 %. Les 15 % non remis payables en trois ans par tiers, du jour de l'homologation.— N° du Greffe, 157.

DENIS, Georges, dit Legrand, société MARESCO, *à Asnières*.— Jugement du 3 juillet 1856 homologuant le concordat du 21 juin 1856. — Obligation par Maresco et Denis de payer le montant des créances en quatre ans, par quarts, d'année en année. — Premier paiement, 1er octobre 1856. — N° du Greffe, 12,919.

DENISOT, Julien-Désiré, *ex-épicier, rue St-Denis*, 9, puis *rue du Faubourg-du-Temple*, 29 *bis*. — Jugement du 25 juin 1850 homologuant le concordat du 28 mai 1850. — Remise de 75 %. — Les 25 % restant payables en quatre ans, comme suit : 10 %, 1er juin 1851, et les 15 % de surplus par 5 %, les 1ers juin 1852, 1853 et 1854. — N° du Greffe, 9,287.

DENIZOT, Jules, commissionnaire, *rue Hauteville*, 12.— Jugement du 19 mars 1858 homologuant le concordat du 2 mars 1858. — Remise de 70 %. — Les 30 % non remis payables en cinq ans, par cinquièmes, du 1er mars. — N° du Greffe, 14,298.

DENIZOT, Eugène-Henri, *tablettier, rue du Chapon*, 48. — Jugement du 19 octobre 1855 homologuant le concordat du 5 du dit mois. — Remise de 67 %. — Les 33 % non remis payables, sans intérêts : 6 % les 15 octobre 1856 et 1857, 7 % les 15 octobre 1858, 1859 et 1860. — N° du Greffe, 12,481.

DENNEBECQ, Jean-Baptiste, *apprêteur de tapis, rue Bichat*, 50. — Jugement du 13 février 1856 homologuant le concordat du 30 janvier 1856. — Remise de 80 %. — Les 20 % non remis payables en trois ans, par tiers, d'année en année, du jour du concordat. — N° du Greffe, 12,718.

DENNERY, Adolphe, *négociant en tissus, rue du Sentier*, 20, — Jugement du 22 juin 1853 homologuant le concordat du 8 juin 1853. — Abandon de tout l'actif et obligation de parfaire 40 % trois mois après la réalisation de l'actif, plus de payer 5 %, savoir : 2 1/2 dans neuf mois et 2 1/2 dans 18 mois. — N° du Greffe, 10,873.

DENOUX, Jean, *entrepreneur de charpente, rue de Charenton*, 83.— Jugement du 13 février 1857 homologuant le concordat du 2 février 1857. — Remise de 75 %.— Les 25 % non remis payables sans intérêts en cinq ans, par cinquièmes, d'année en année.—Le premier paiement le 30 décembre 1857. — N° du Greffe, 13,550.

DENOYELLE, Jean-Baptiste, *marchand de vin, rue Jacob*, 17.— Jugement du 18 novembre 1862 homologuant le concordat du 31 octobre 1862. — Remise de 60 %. — Les 40 % non remis payables en sept ans, par septièmes, du jour de l'homologation. — N° du Greffe, 431.

DEPIERRE, Pierre, *charcutier, rue Aubry-le-Boucher*, 7.— Jugement du 5 novembre 1862 homologuant le concordat du 17 octobre 1862. — Remise de 80 %.—Les 20 % non remis payables, sans intérêts, en quatre ans, par quarts, du jour de l'homologation.— N° du Greffe, 19,847.

DEPLANCHE, femme, de la Société BELYON, Caroline-Armandine HARDY, *vêtements pour enfants, rue Vivienne*, 51. — Jugement du 9 mars 1857 homologuant le concordat du 16 février 1857. — Remise de 70 %. — Les 30 % non remis payables en quatre ans, par quarts, d'année en année. — Le premier paiement le 15 mars 1858. — N° du Greffe, 13,560.

DEPLANCHE, dame, Jean-Basile, *marchand de vêtements pour enfants, rue Ménard* 6. — Jugement du 10 juillet 1862 homologuant le concordat du 26 juin 1862. — Remise de 85 %. — Les 15 % non remis payables en trois ans, par tiers, du jour de l'homologation. — N° du Greffe, 19,370.

DEPLANQUE, Louis-Etienne, *marchand de pierres, Route d'Orléans*, 114. — Jugement du 16 octobre 1860 homologuant le concordat du 21 septembre 1860. — Remise de 75 %. — Les 25 % non remis payables en cinq ans, par cinquièmes, du 5 octobre. — N° du Greffe, 17,208.

DEPLAYE, décédé, Jean-Cyrille, *limonadier, rue du Cloître-St-Jacques-l'Hôpital*, 9.—Jugement du 18 juillet 1850 homologuant le concordat du 27 juin 1850. — Abandon par les mineurs Deplaye de tous biens et valeurs de succession du sieur Deplaye. — Réserve aux dits mineurs des biens personnels et des valeurs à eux dévolus. — N° du Greffe, 7,923.

DEPLECHIN, Pierre-Joseph, *négociant commissionnaire, avenue de la Roquette*, 24. — Jugement du 27 novembre 1861 homologuant le concordat du 28 octobre 1861.— Remise de 80 %. — Les 20 % non remis payables en cinq ans, par cinquièmes, du jour de l'homologation.— N° du Greffe, 179,943.

DEPOIX, *marchand forain, rue du Faubourg-Poissonnière*, 36.— Jugement du 28 février 1860 homologuant le concordat du 8 février 1860.— Remise de 75 %.— Les 25 % non remis payables en cinq ans, par cinquièmes, du jour de l'homologation.— N° du Greffe, 16,516.

DEPORTES, dame, Rosalie VALLY, *marchande à la Toilette, rue Laffite*, 45. — Jugement du 28 septembre 1857 homologuant le concordat du 4 septembre 1857.— Remise de 55 %.— Les 45 % non remis payables, sans intérêts, en trois ans, par sixièmes, de six mois en six mois.— Le premier paiement le 1er mars prochain.— N° du Greffe, 14,950.

DEPRÉ, société CASSEGRAIN, Eugène-Louis, *fabricants de chemises, rue de Rivoli*, 47.— Voir: CASSEGRAIN. —N° du Greffe, 14,179.

DERANCOURT-ADDE, veuve, Louis-François, *menuiserie, rue de Clichy*, 54.— Voir ADDE.— N° du Greffe, 9,388.

DEREST, Théodore, *doreur sur bois, rue Vieille du Temple*, 128.— Jugement du 28 juin 1858 homologuant le concordat du 10 juin 1858.— Remise de 60 %.— Les 40 % non remis payables en quatre ans, par quarts, du jour de l'homologation.— N° du Greffe, 14,087.

DERIGNY-GOBERT, *marchand de vins, rue d'Aval*, 11. — Jugement du 7 août 1862 homologuant le concordat du 17 juillet 1862. — Remise de 80 %.— Les 20 % non remis payables en quatre ans, par quarts, du jour de l'homologation.— N° du Greffe, 19,441.

DEROUET, Pierre, *marchand de vins et eaux-de-vie, rue des Quatre-Chemins*, 27. — Jugement du 31 juillet 1862 homologuant le concordat du 15 juillet 1862.— Remise de 70 %.— Les 30 % non remis payables en cinq ans, par cinquièmes, du jour de l'homologation.— N° du Greffe, 18,962.

DERQUENNE, Stanislas, *limonadier, rue de Strasbourg*, 19.— Jugement du 10 janvier 1855 homologuant le concordat du 13 décembre 1854.— Remise de 50 %.— Les 50 % non remis payables le 10 février 1855.— N° du Greffe, 11,851.

DERUELLE, Désiré, *marchand de charbons, à la Chapelle St-Denis*. — Jugement du 1er avril 1856 homologuant le concordat du 18 mars 1856.— Remise de 75 %.— Les 25 % non remis payables, en cinq ans, par cinquièmes, d'année en année.— Premier paiement le 11 mai 1857. —N° du Greffe, 11,351.

DERUELLE, *négociant, boulevard de Strasbourg*, 70.— Jugement du 4 juin 1860 homologuant le concordat du 8 mai 1860.— Remise de 85 %.— Les 15 % non remis payables : 3 % le 1er février 1861, 4 % le 1er février 1862, 4 % le 1er février 1863, 4 % le 1er février 1864.— N° du greffe, 16,596.

DERUYTS, Dominique-Joseph, *tailleur, rue Richelieu*, 21.— Jugement du 4 mars 1853 homologuant le concordat du 21 février 1853. — Obligation de payer la totalité en principal, intérêts et frais.— Pour sûreté, délégation d'une somme égale à prendre sur celle à lui due par sentence arbitrale.— Albinet, commissaire.— N° du Greffe, 9,790.

DERVELOY, Frédéric, *marchand de cuirs, rue de la Harpe*, 103. — Jugement du 10 juin 1853 homologuant le concordat du 30 mai 1853. — Remise de 90 %.— Les 10 % non remis payables en 5 ans, par cinquièmes, d'année en année. — Le premier paiement le 1er juillet 1854. — N° du Greffe, 7,747.

DESANGLOIS, Dlle et HÉBERT, société, PAUL, *fabricants de tabletteries, rue Notre-Dame-de-Nazareth*, 29. — Jugement du 16 septembre 1859 homologuant le concordat du 28 juillet 1859 — Remise de 90 %. — Les 10 % non remis payables dans 2 ans de ce jour.—N° du Greffe, 15,692.

DESAVIGNY, Olivier-Nicolas, *commerce de laines, rue des Bons-Enfants*, 29, — Jugement du 1er avril 1851 homologuant le concordat du 20 mars 1851. — Remise de 65 %. — Les 35 % non remis payables : 25 % le 30 mai 1851, 10 % en 10 ans, d'année en année. — Premier paiement le 30 mai 1852. — N° du Greffe, 6,750.

DESBAZEILLES, Jean, *marchand de vins, rue Grenelle-St-Germain*. 4. — Jugement du 27 octobre 1857 homologuant le concordat du 12 octobre 1857. — Remise de 80 %.— Les 20 % non remis payables en 4 ans, par quarts, d'année en année. — Le premier paiement le 1er septembre 1858. — N° du Greffe, 13,808.

DESBONNETS, Eugène-Emile, *négociant en grains et farines, rue Coquillière*, 14. — Jugement du 19 février 1858 homologuant le concordat du 4 février 1858. — Remise de 75 %.— Les 25 % non remis payables sans intérêts en 4 ans, par quarts. — Le premier paiement le 1er mars 1859. — N° du Greffe, 14,225.

DESBOROFF, Dlle, Elisabeth-Louise, *marchande de modes, rue Luxembourg*, 51. — Jugement du 19 décembre 1856 homologuant le concordat du 19 dudit mois. — Remise de 70 %. — Les 30 % non remis payables, 5 % le 12 décembre 1857, et 1858, 6 % le 12 décembre 1859, 7 % le 12 décembre 1860 et 1861.— N° du Greffe, 12,805.

DESCAMPS, Théodore-Hippolyte, *cartonnages, rue du Temple*, 72.— Jugement du 5 juillet 1861 homologuant le concordat du 5 juin 1861,

— Remise de 70 %. — Les 30 % non remis payables en 6 ans, par sixièmes, du 15 septembre. —N° du Greffe, 18,006.

DESCHAMPS, Sébastien, *cardeur, rue Poliveau*, 13. — Jugement du 2 juin 1857 homologuant le concordat du 15 mai 1857. — Remise de 75 %. — Les 25 % non remis payables, sans intérêts, en 4 ans, par quarts, d'année en année, du jour du concordat.— N° du Greffe, 13,784.

DESCHAMPS, Isambert, *mécanicien, rue du Temple*, 104. — Jugement du 18 novembre 1857 homologuant le concordat du 3 novembre 1857. — Remise de 60 %. — Les 40 % non remis payables en 4 ans, par quarts, d'année en année, du jour du concordat. — N° du Greffe, 14,101.

DESCHAMPS, Prosper, *fabricant de marqueterie, rue de la Roquette*, 49. — Jugement du 15 avril 1861 homologuant le concordat du 16 mars 1861. — Remise de 75 %. — Les 25 % non remis payables en 4 ans, par quarts, du jour de l'homologation. — N° du Greffe, 17,768.

DESCHAMPS, Cyprien, *teinturier, rue de Grenelle-St-Honoré*, 47. — Jugement du 11 janvier 1856 homologuant le concordat du 19 décembre 1855. — Remis de 70 %. — Les 30 % non remis payables, en 5 ans, par cinquièmes, d'année en année. — Le premier paiement 1er janvier 1857. — N° du Greffe, 12,680.

DESCHAMPS, Auguste, *fabricant d'instruments de musique, quai des Ormes*, 74. — Jugement du 28 mai 1858 homologuant le concordat du 17 mai 1858. — Remise de 50 %. — Les 50 % non remis payables en 5 ans, par cinquièmes, du jour du concordat.— N° du Greffe, 14,690.

DESCLEFS, Louis-Etienne, *marchand de charbons, à Boulogne, (Seine)*. —Jugement du 23 juillet 1856 homologuant le concordat du 11 du même mois. — Remise de 75 %. — Les 25 % non remis payables en 4 ans, par quarts, d'année en année, du jour du concordat. — N° du Greffe, 13,120.

DESCOURTIES, Clémentine, *marchande de nouveautés, galerie de Nemours*, 5. — Concordat du 26 février 1849. — N° du Greffe, 131.

DESCROZILLES, *appareils de chauffage, boulevart Poissonnière*, 24.— Concordat du 12 novembre 1849. — N° du Greffe, 69.

DESDOIGTS Jacques-Amand, *marchand de lampes, rue St-Louis-aux-Marais*, 72. —Jugement du 26 février 1856 homologuant le concordat du 18 janvier 1856. — Remise de 80 %. — Les 20 % non remis payables en 5 ans, par cinquièmes, d'année en année.— Le premier paiement fin janvier 1857. — N° du Greffe, 12,492.

DESEAUX, Henri, *menuisier en fauteuils, rue de la Roquette*, 53. — Jugement du 19 février 1861 homologuant le concordat du 7 février 1861,— Remise de 70 %.— Les 30 % non remis payables, en 3 ans, par tiers, du 15 février.— N° du Greffe,17,700.

DESENNE, Louis-Eugène, *nourrisseur, à Batignoles*. — Jugement du 21 août 1856 homologuant le concordat du 1er dudit mois. — Remise de 85 %. — Les 15 % non remis payables, en 3 ans, par tiers, d'année en année. — Premier paiement du 1er octobre 1857. — N° du Greffe, 13,146.

DESFORGES, Nicolas, *marchand de vins, rue de Denain*, 4. — Jugement du 27 février 1851 homologuant le concordat du 29 janvier 1851. — Remise de 75 %. — Les 25 % non remis payables : 9 % le 31 janvier 1852, et deux paiements de 8 %, le 31 janvier 1853 et 1854.— N° du Greffe, 9,218.

DESFORGES, Nicolas, *restaurateur. rue des Jeûneurs*, 15. — Jugement du 28 novembre 1862 homologuant le concordat du 7 octobre 1862. — Abandon de l'actif. — Obligation de payer 5 % des créances, sans intérêts, en 5 ans, par cinquièmes, du jour de l'homologation. — N° du Greffe, 19,304.

DESFORGES et BUISSON, société CHARLES, *serrurerie artistique, rue Pierre-Levée*, 15. — Voir BUISSON et DESFORGES.— N° du Greffe, 142.

DESGRAND et Ce, Jacques-Vincent, *fabricants d'huiles spermacétiques, rue de la Villette-St-Denis*, 32, *à Pantin*. — Jugement du 15 janvier 1861 homologuant le concordat du 5 du même mois. — Abandon de tout l'actif mobilier lui appartenant ou appartenant à la société, à l'exception du mobilier personnel. — Réserve à la société de la propriété de Pantin avec usine et matériel en dépendant. — Obligation par Desgrand de payer 250,000 fr., et pouvoir au syndic, de réaliser à concurrence. — En cas d'insuffisance, remise de la différence. — Pihan de Laforest, maintenu syndic. — N° du Greffe, 17,217.

DESGRAND, Jean-Baptiste, *fabricant de passementerie, rue du Cygne*, 10. — Jugement du 22 mars 1855 homologuant le concordat du 28 février 1855. — Abandon de l'actif réalisé. — Obligation de payer sans intérêts, 15 % sur le montant des créances, en 3 ans, par tiers, d'année en année. — Le premier paiement le 1er avril 1856. — M. Pascal, syndic. — N° du greffe, 11.493.

DESJARDINS, Achille-victor, *articles pour selliers, rue Labat*, 23, *à Montmartre*. — Jugement du 30 mai 1862 homologuant le concordat du 14 mai 1862. — Remise de 75 %. — Les 25 % non remis payables en cinq ans, par cinquièmes, du jour de l'homologation.—Dame Boivin, caution. —N° du Greffe, 19,617.

DESJARDINS, *négociant, rue Grammont*, 26. — Jugement du 29 juin 1855 homologuant le concordat du 13 du même mois. — Obligation de payer 30 % en principal, intérêts et frais, en 3 ans, par tiers, d'année en année. — Le premier paiement fin juin 1856. — M. Delphin Desjardins père, caution. — N° du Greffe, 11,722,

DESJEUX, Mathias, *ex-limonadier, à Belleville*, — Jugement du 17 juin 1858 homologuant le concordat du 28 mai 1858. — Abandon de l'actif énoncé au concordat.— Crampel, syndic. —N° du Greffe, 14,618.

DESMARE jeune, *négociant-commissionnaire, rue de Rivoli*, 20. — Jugement du 10 octobre 1860 homologuant le concordat du 20 septembre 1860. — Remise de 80 %. — Les 20 % non remis payables, en 4 ans, par quarts, du jour de l'homologation. — N° du Greffe, 16,867.

DESMARREST Marcel, *marchand de nouveautés, rue Montmartre*, 32, — Jugement du 16 juillet 1855 homologuant le concordat du 26 juin 1855. — Abandon de tout l'actif réalisé et à réaliser. — Obligation de payer 5 %, par moitiés, dans 2 et 3 ans, du jour du concordat.—M. Battarel, commissaire. — N° du Greffe, 12,276.

DESMOULINS, Firmin, *chapeaux de paille, rue Neuve-St-Eustache*, 28. —Jugement du 30 septembre 1862 homologuant le concordat du 10 septembre 1862. — Remise de 80 %. — Les 20 % non remis payables en 4 ans, par quarts, du jour de l'homologation. — N° du Greffe, 219.

DESMOULINS, Magloire, *cafetier, rue des Marais-St-Martin*, 75. — Jugement du 18 avril 1860 homologuant le concordat du 31 mars 1860. — Abandon de l'actif énoncé au concordat. — M. Richard-Grison, syndic. — N° du Greffe, 16,052.

DESMOULINS, François, *restaurateur, rue des Ecluses-St-Martin*, 21. — Jugement du 5 mai 1862 homologuant le concordat du 11 avril 1862. — Abandon de l'actif énoncé. — Obligation de payer 10 %: 5 % le 5 avril des années 1863 et 1864. — Hécaen, maintenu syndic. — N° du Greffe, 18,922.

DESNOYERS, Louis-Etienne, *apprêteur d'étoffes, rue Grange-aux-Belles*, 33. — Jugement du 1er octobre 1858 homologuant le concordat du 18 septembre 1858. — Remise de 60 %. — Les 40 % non remis payables en 4 ans, par quarts, du 15 septembre. — N° du Greffe, 14,907.

DESOLMES, Charles, *négociant, rue du faubourg Montmartre*, 57. — Jugement du 11 novembre 1859 homologuant le concordat du 27 octobre 1859. — Remise de 85 %. — Les 15 % non remis payables, sans intérêts, 5 % 6 mois après l'homologation, et 5 % 1 et 2 ans après l'homologation. — N° du Greffe, 15,842.

DESPIERRE, femme COSTE, Annette-Philippine, *marchande de charbons, rue Soufflot*, 12. — Voir : COSTE, femme. — N° du Greffe, 10,872.

DESPLANQUES, Pierre-Nicolas, *épicier, route d'Asnières*, 17, *à Clichy*. — Jugement du 8 juillet 1857 homologuant le concordat du 13 juin 1857. — Remise de 30 %. — Les 70 % non remis payables: 5 % dans un et deux ans, et 15 % dans 3, 4, 5 et 6 ans du jour du concordat. — N° du Greffe, 13,373.

DESPORTES, Émile, *tailleur d'habits, rue Fontaine-Molière*, 16.— Jugement du 10 janvier 1860, homologuant le concordat du 29 décembre 1859. — Remise de 75 %. — Les 25 % non remis payables, en trois ans, par tiers, du jour de l'homologation. — N° du Greffe, 16,460.

DESPREAUX père, Charles, *ex-serrurier, rue Labat*, 14, *à Montmartre*. — Jugement du 7 avril 1856 homologuant le concordat du 8 mars

1856. — Remise de 90 %. — Les 10 % non remis payables, en cinq ans, par cinquièmes, d'année en année, du jour du concordat. — N° du Greffe, 12,427.

DESPRÉAUX, Jean-François-Zéphir, *limonadier, place du Marché-Saint-Jean*, 137. — Jugement du 9 janvier 1861 homologuant le concordat du 21 décembre 1860. — Remise de 70 %. — Les 30 % non remis payables, en cinq ans, par cinquièmes, du 1er février. — N° du Greffe, 17,559.

DESPRÉAUX, Augustin, *entrepreneur de vidanges, rue du Faubourg-Saint-Martin*, 188. — Jugement du 29 mars 1852 homologuant le concordat du 24 février 1852. — Remise de 70 % en principal et accessoires. — Les 30 % non remis payables, en cinq ans, par cinquièmes. — Le premier paiement le 1er mars 1853. — N° du Greffe, 10,161.

DESPREZ-AZEROLE, Michel, *cristaux d'éclairage, rue du Faubourg-Saint-Denis*, 99. — Jugement du 10 novembre 1857 homologuant le concordat du 20 octobre 1857. — Remise de 75 %. — Les 25 % non remis payables : 6 % le 15 décembre des années 1858, 1859 et 1860, — 7 % le 15 décembre 1861. — Mme Desprez, M. Charles Desprez et Mlle Estelle Desprez, cautions. — N° du Greffe, 14,144.

DESRIEUX, Joseph-Guy, *négociant, rue Neuve-Saint-Augustin*, 5. — Jugement du 19 août 1853 homologuant le concordat du 4 du même mois. — Remise de 80 %. — Les 20 % non remis payables au moyen du reliquat de compte se trouvant aux mains du syndic et la différence fin décembre 1853. — Abandon de ce qui est dû par la liquidation de Kervoguen, Desrieux et Ce. — Ledoux commissaire. — N° du Greffe, 9,328.

DESROCHES, société LEVIEUX, André, *tapissier, rue de Charonne*, 5. Jugement du 7 novembre 1856 homologuant le concordat du 23 octobre 1856. — Remise de 50 %. — Les 50 % non remis payables : 10 % fin janvier 1858, et 8 % fin janvier des années suivantes. — N° du Greffe, 13,280.

DESSIAUX fils, Pierre-Léon, *banquier, rue des Petites-Écuries*, 59. — Jugement du 7 novembre 1855 homologuant le concordat du 23 octobre 1855. — Remise de 80 %. — Les 20 % non remis payables, en quatre ans, par quarts, d'année en année. — Le premier paiement le 1er novembre 1856. — N° du Greffe, 12,090.

DESSIEUX fils, Jean-Baptiste, *grainetier-herboriste, r. Bonaparte*, 17. Jugement du 7 avril 1858 homologuant le concordat du 26 mars 1858. — Remise de 80 %. — Les 29 % non remis payables, en cinq ans, par cinquièmes, du jour de l'homologation. — N° du Greffe, 14,468.

DESTREZ, société GÉRARDIN, Alfred, *négociant-commissionnaire, rue Paradis-Poissonnière*, 54. — Jugement du 14 février 1860 homologuant le concordat du 2 février 1860. — Abandon de l'actif énoncé au concordat. — Pihan de Laforest, syndic. — N° du Greffe, 15,809.

DESTRILHES, Pierre, *mercier, rue Montorgueil*, 45. — Jugement du 21 octobre 1858 homologuant le concordat du 30 septembre 1858. — Remise de 70 %. — Les 30 % non remis payables, en trois ans, par sixièmes, de six mois en six mois de l'homologation. — N° du Greffe, 15,053.

DESURMONT, Jean-Émile, *exportateur en tissus, rue Taitbout*, 65. — Jugement du 7 janvier 1857 homologuant le concordat du 22 décembre 1856. — Remise de 90 %. — Les 10 % non remis payable, par cinquièmes, d'année en année. — Le premier paiement dix-huit mois après l'homologation. — N° du Greffe, 13,372.

DEVIGNES frères, société BELLIER, *fabricant de porcelaine, rue Paradis-Poissonnière, 2 bis*. — Voir : BELLIER. — N° du greffe, 17,097.

DEVIGNES frères, Jean-Honoré et Hippolyte-Honoré, société BÉLIER. — Voir : BELLIER.

DESOIGNES, dame FORNIER, Eugénie-Joséphine, *marchande de modes, Place Royale*, 21. — Jugement du 11 décembre 1854 homologuant le concordat du 24 novembre 1854. — Remise de 50 %. — Les 50 % non remis payables, en trois ans, par sixièmes, de six mois en six mois. — Le premier paiement le 25 juin 1855. — Obligation solidaire de payer les 50 %. — N. du Greffe, 11,774.

DETAILLE, Charles, *négociant en chaussures, rue du Faubourg-du-Temple*, 23. — Jugement du 23 décembre 1857 homologuant le concordat du 12 décembre 1857. — Remise de 85 %. — Les 15 % non remis payables, en trois ans, par tiers, d'année en année. — Le premier paiement le 31 décembre 1858. — N° du Greffe, 14,265.

DETEURE, Louis-Marie, *produits chimiques, rue Ménilmontant*, 125. — Jugement du 19 juillet 1859 homologuant le concordat du 8 juin 1859. — Remise de 85 %. — Les 15 % non remis payables, en cinq ans, par cinquièmes, du jour de l'homologation. — N° du Greffe, 15,380.

DETRUISSARD-RENÉ, Louis-Joseph, *négociant en modes, rue de Rivoli*, 1. — Jugement du 10 janvier 1862 homologuant le concordat du 18 octobre 1861. — Remise de 70 %. — Les 30 % non remis payables en cinq ans, par cinquièmes, du 1er novembre. — N° du Greffe, 18,080.

DEUTSCH, société JUNG, Simon, *négoc., rue St-Sauveur*, 22. — Jugement du 5 octobre 1855 homologuant le concordat du 6 septemb. 1855. — Remise de 65 %. — Les 35 % non remis payables, sans intérêts : 5 % dans le mois de l'homologation et 30 % de six mois en six mois à partir de l'homologation. — N° du Greffe, 12,139.

DEVANLAY, veuve Jaillet, femme GASCHE, Anne, *rue des Écuries-d'Artois*, 3. — Jugement du 28 octobre 1850 homologuant le concordat du 12 septembre 1850. — Abandon de toutes sommes touchées par les syndics et encaissées ou déposées par eux, ainsi que des dividendes consignés ou à recevoir de la faillite Vautrin sous la déduction, toutefois, d'une somme de 500 fr. à prélever sur ledit actif pour être remise à ladite dame. — Lefrançois, commissaire. — N° du Greffe, 7,958.

DEVAQUET, Jean, *négociant en pianos, rue de Bondy*, 36. — Jugement du 27 avril 1859 homologuant le concordat du 6 avril 1859. — Remise de 90 %. Les 10 % non remis payables en cinq ans, par cinquièmes, de fin d'avril. — N° du Greffe, 15,594.

DEVEAUGERMÉ, Joseph, *marchand de bois, à la Villette*. — Jugement du 29 avril 1853 homologuant le concordat du 12 du même mois. — Remise de 70 %. — Les 30 % non remis payables, par sixièmes. — Le premier paiement fin d'avril 1854, et successivement. — N° du Greffe, 10,795.

DEVER, Georges-Stanislas, *fabricant-parfumeur, rue Beaubourg*, 3. — Jugement du 30 mars 1854 homologuant le concordat du 13 dudit mois. — Remise de 50 %. Les 50 % non remis payables en quatre ans, par quarts, d'année en année. — Le premier paiement le 15 avril 1855. — N° du Greffe, 11,230.

DEVERDUN, Gustave-Claude, *fabricant de filets, boulevard Sébastopol*, 21. — Jugement du 28 septembre 1859 homologuant le concordat du 19 septembre 1859. — Remise de 50 %. — Les 50 % non remis payables en quatre ans, par quarts, du jour de l'homologation. — N° du Greffe, 16,023.

DEVERNY, Louis-Auguste, *ex-limonadier, rue Royale-St-Honoré*, 20. — Jugement du 17 septembre 1852 homologuant le concordat du 31 août 1852. — Remise de 90 % en principal et accessoires. — Les 10 % non remis payables en cinq ans, par fraction de 2 % le 1er août des années 53, 54 et suivantes. — N° du Greffe, 5,074.

DEVERT, femme DOUMET DE SIBLAS, Victorine, *marchande de tabacs et liqueurs, rue Chapon*, 5. — Jugement du 3 mai 1861 homologuant le concordat du 18 avril 1861. — Abandon de l'actif énoncé au concordat. — Obligation de payer le complément des créances en cinq ans, par cinquièmes, du jour de l'homologation. — N° du Greffe, 17,359.

DEVIGNES, Claude, *charron-forgeron, à Aubervilliers*. — Jugement du 22 septembre 1862 homologuant le concordat du 5 septembre 1862. — Abandon de l'actif énoncé au concordat. — Bégis, syndic. — N° du Greffe, 177.

DEVILLIERS, Pierre, *fabricant de gainerie, rue Molay*, 4. — Jugement du 18 février 1862 homologuant le concordat du 1er février 1862. — Remise de 70 %. — Les 30 % non remis payables en cinq ans, par cinquièmes, du jour de l'homologation, — N° du Greffe, 18,847.

DEVILLERVAL, Eugène, *commerce de boutons, impasse Lemoine*, 16. — Jugement du 10 septembre 1862 homologuant le concordat du 30 août 1862. — Remise de 80 %. Les 20 % non remis payables en quatre ans, par quarts, du jour de l'holomogation. — N° du Greffe, 98.

DEVILLERVAL, Jean-Pierre, *potier de terre, rue Neuve-St-Médard*, 2. — Jugement du 5 septembre 1854 homologuant le concordat du 22 août 1854. — Remise de 75 %. — Les 25 % non remis payables, sans intérêts, par moitiés, dans deux ans, du jour du concordat. — N° du Greffe, 11,510.

DEVILLIERS, André-Pierre-Joseph, *entrepreneur de blanchissage, à Boulogne*. — Jugement du 23 décembre 1853, homologuant le concordat du 3 du même mois. — Abandon de l'actif réalisé et des créances dues pour travaux au 1er juin 1854. — Obligation de payer 15 % en cinq ans, par cinquièmes. — Le premier paiement le 1er janvier 1855. — Pascal, commissaire. — N° du Greffe, 10,969.

DEVIRGILLE, Dlle, Marie, *épicière, rue Lamartine*, 35.—Jugement du 16 février homologuant le concordat du 20 janvier 1853.— Remise de 80 %. — Les 20 % non remis payables en quatre ans, par quarts, sans intérêts, à partir du jour de l'homologation.— N° du Greffe, 10,609.

DEVOIES, société ALBERT-BENOIT et Ce. Voir : ALBERT. — N° du Greffe, 12,088.

DEVOIR, Louis-Victor-Lucien, *peintre-décorateur, faubourg St-Martin*, 141. — Jugement du 4 septembre 1854 homologuant le concordat du 19 août 1854. — Remise de 70 %. — Les 30 % non remis payables, sans intérêts, en cinq ans, par dixièmes, de six mois en six mois. — Premier paiement le 15 février 1855. — N° du Greffe, 11,594.

DEVOS, Désiré, *peintre à Grenelle*. — Jugement du 20 février 1855 homologuant le concordat du 2 février 1855. — Remise de 60 %. Les 40 % non remis payables, sans intérêts, en quatre ans, par quarts, d'année en année. — Le premier paiement fin octobre 1855.— N° du Greffe, 11,956.

DEVRIÈS fils, Marius, *limonadier, quai Pelletier*, 2. — Jugement du 9 mai 1859 homologuant le concordat du 20 avril 1859. — Abandon de l'actif énoncé au concordat. — Obligation de payer 10 % en quatre ans, par quarts, du 30 avril. — Devin, syndic. — N° du Greffe, 15,690.

DEVY, Antoine, *épicier, rue de la Ville-l'Évêque*, 43.— Jugement du 20 avril 1858 homologuant le concordat du 9 avril 1858. — Abandon de l'actif énoncé au concordat.— Obligation de payer 25 % savoir : 6 % le 15 avril des années 1859, 1860, 1861, et 7 % le 15 avril 1862.— Beaufour, syndic. — N° du Greffe, 14,541.

LEWEZ, Casimir, *menuisier, rue Fontaine-St-Georges*, 38.— Jugement du 16 avril 1855 homologuant le concordat du 21 mars 1855. — Remise de 94 %. — Les 6 % non remis payables, par cinquièmes, d'année en année, du jour du concordat. — N° du Greffe, 10,637.

DEXHEIMER, Philippe, *marqueteur, rue de Grenelle-Saint-Germain*, 118. — Jugement du 3 février 1854 homologuant le concordat du 23 janvier 1854. — Remise de 50 %.— Les 50 % non remis payables en cinq ans, par cinquièmes, d'année en année. — 1er paiement le 1er juillet 1855. — N° du Greffe, 11,104.

DEYRE et **DURADON**, Dominique, *serruriers, rue du Buisson-Saint-Louis*, 12. — Concordat du 26 février 1849. — N° du Greffe, 136.

DIACRE, Louis, *négociant en peausseries, rue de Venise*, 23. — Jugement du 21 août 1862 homologuant le concordat du 30 juillet 1862. — Abandon de l'actif énoncé au concordat. —M. Devin, maintenu syndic.— N° du Greffe, 19,907.

DIARD et **MORIERRE**, Joseph-Victor, *épiciers en gros, rue de la Verrerie*, 73. — Jugement du 26 août 1862 homologuant le concordat du 6 du même mois. — Remise de 60 %. — Les 40 % non remis payables, sans intérêts: 10 % dans les huit jours de l'homologation, 10 % dans deux mois de l'homologation, 7 % dans un ou deux ans de l'homologation, et 6 % dans trois ans de l'homologation. — Mme Diard, caution de M. Diard pour 20,000 fr. — M. Prion, caution de M. Diard pour 15,000 fr. — M. Bonnefoy, caution de M. Spicq pour 25,000 fr. —M. Charpentier, caution de M. Spicq pour 25,000 fr. — N° du Greffe 19,713.

DIARD et **BROCHOT**, François, *négociants en vins et eau-de-vie, port de Bercy*, 49. — Jugement du 30 août 1861 homologuant le concordat du 19 du même mois. — Remise de 88 %.— Les 12 % non remis payables en quatre ans, par quarts, du concordat. — N° du Greffe, 17,624.

DIBERT, veuve PARIS, Marie, *marchande de nouveautés, rue Notre-Dame-des-Victoires*, 16. — Jugement du 8 juin 1854 homologuant le concordat du 17 mai 1854. — Remise de 75 %. — Les 25 % non remis payables: 5 % fin décembre 1854, et 10 % fin décembre des années 1855 et 1856. — N° du Greffe, 11,392.

DIDIER, Philibert-Claude, *négociant en noir animal, à Clichy*. — Jugement du 6 avril 1854 homologuant le concordat du 22 mars 1854. — Remise de 75 %.— Les 25 % non remis payables par fractions de 5 % par an.— 1er paiement dans un an du concordat.— N° du Greffe, 11,275.

DIDIER, Jean-Louis-Théodore, *carrossier, avenue de Saint-Cloud*, 49.— Jugement du 26 avril 1860 homologuant le concordat du 29 mars 1860. Remise de 94 %. — Les 6 % non remis payables par les époux Didiot, qui s'y obligent solidairement, en deux ans, par moitiés, le 1er mai de chacune des années 1854 et 1855. — N° du Greffe, 10,800.

DIDIOT-LAMACHE, sieur et dame, Jean-Baptiste-Ernestine, *limonadière, rue St-Honoré*, 277.— Jugement du 20 mai 1853 homologuant le concordat du 28 avril 1853. — Remise de 94 %. — Les 6 % remis payables par les époux Didiot, qui s'y obligent solidairement, en deux ans, par moitié, le 1er mai de chacune des années 1854 et 1855. — N° du Greffe, 10,800.

DIDIOT-VIOLETTE et Ce, *négociants en soieries, rue Saint-Denis*, 240 et 242. — Jugement du 11 juin 1862 homologuant le concordat du 21 décembre 1861. — Obligation de payer 3,900 fr. avant l'homologation. — N° du Greffe, 18,224.

DIDIOT, personnellement, de la société VIOLETTE et Ce, *négociant en soieries, rue Saint-Denis*, 240 et 242. — Jugement du 11 juin 1862 homologuant le concordat du 7 février 1862. — Obligation de payer 25,000 fr. dans la quinzaine de l'homologation. — N° du Greffe, 18,224.

DIDOT, dame CARON, Antoine, *limonadière, rue d'Orléans, à Batignolles*. — Jugement du 21 mars 1859 homologuant le concordat du 4 mars 1859. — Remise de 75 %. — Les 25 % non remis payables, sans intérêts: 8 % fin mars 1860 et 1861; 9 % fin mars 1862.— N° du Greffe, 15,418.

DIÉ, Guillaume, *marchand de papiers, rue Grégoire de Tours*, 4.— Jugement du 7 janvier 1853 homologuant le concordat du 24 décembre 1852 — Remise de 80 %. — Les 20 % non remis payables, sans intérêts, en 4 ans, par quarts. — 1er paiement dans un an du jour du concordat, et ainsi de suite. — N° du Greffe, 10,608.

DIETZ, Chrétien, *fabricant de meubles, galerie de la Madeleine*, 12. — Jugement du 19 janvier 1855 homologuant le concordat du 15 décembre 1854. — Remise de 80 %. — Les 20 % non remis payables en quatre ans, par quarts, d'année en année, du jour du concordat. — N° du Greffe, 11,815.

DIEU, femme MARCHAND, Suzanne-Gabriel, *marchande de bois et charbons, rue du Temple*, 81. — Jugement du 5 octobre 1852 homologuant le concordat du 14 août précédent. — Remise de 75 %. — Les 25 % non remis payables: 9 % le 1er septembre 1853, 9 % le 1er septembre 1854 et 7 % le 1er septembre 1855. — N° du Greffe, 10,412.

DIEUDONNÉ, Jean-Michel, *marchand de vins à Vaugirard*.— Jugement du 24 novembre 1859 homologuant le concordat du 31 octobre 1859. — Remise de 70 %. — Les 30 % non remis payables en quatre ans, par quarts, de l'homologation. — N° du Greffe, 16,211.

DIEUDONNÉ jeune, Louis, *négociant en chapellerie rue Vieille-du-Temple*, 17. — Jugement du 26 août 1861, homologuant le concordat du 7 août 1861. — Remise de 75 %. — Les 25 % non remis payables: 8 % fin août 1862 et 1863, 9 % fin août 1864. — N° du Greffe, 18,226.

DIEUDONNÉ, Alexandre, *entrepreneur de maçonnerie, passage de l'Élysée des Beaux-Arts*, 6. — Jugement du 20 août 1862, homologuant le concordat du 4 août 1862. — Remise de 60 %. — Les 40 % non remis payables, sans intérêts, en cinq ans, par cinquièmes, du 1er août. — N° du Greffe, 19,161.

DIEULLE, Félix, de la société PETIT-PIERRE et Ce, *exploitant une scierie de marbre, rue du Grand-Hurleur*, 25, — Jugement du 22 décembre 1857 homologuant le concordat du 2 du même mois. — Abandon de l'actif énoncé au concordat. — Obligation de payer 25 % en quatre ans, par huitièmes. — 1er paiement 6 mois après l'homologation. — M. Gillet, commissaire. — N° du Greffe, 13,765.

DIEULLE, Félix, *scieur de pierres et marbre, rue Balzac*, 7. — Jugement du 22 novembre 1857 homologuant le concordat du 2 du même mois. — Abandon de l'actif énoncé au concordat. — Obligation de payer 25 % en quatre ans, par huitièmes. — 1er paiement le 6 mai 1858. — M. Gillet, commissaire. — N° du Greffe, 14,095.

DIF, Jean-Baptiste-Honoré, *négociant en farines, rue Oblin*, 6. — Jugement du 17 octobre 1855 homologuant le concordat du 3 du même mois. — Abandon de l'actif énoncé au concordat. — Au cas ou l'actif ne produirait pas 40 %, obligation de parfaire la différence en trois ans, à partir de la reddition de compte. — M. Battarel, commissaire. — N° du Greffe, 12,319.

DILLÉ, *marchand de modes, rue Taitbout*, 30. — Concordat du 4 juin 1849. — N° du Greffe, 127.

DILLIEUX, sieur et dame, Jean-Baptiste, *négociants en vins, à Bercy.* — Jugement du 30 octobre 1854 homologuant le concordat du 17 août 1854. — Remise de 75 %. — Les 25 % non remis payables en cinq ans, par cinquièmes, d'année en année. — 1er paiement le 1er octobre 1855. — N° du Greffe, 11,512.

DINET, Pierre-Adolphe, de la société JARRY, *bijoutier, rue du Temple*, 140. — Jugement du 20 juillet 1855 homologuant le concordat du 5 du même mois. — Remise de 80 %. — Les 20 % non remis payables, sans intérêts, en quatre ans, par quarts, d'année en année, du jour de l'homologation. — N° du Greffe, 12,311.

DINGREVILLE, Prudent, *négociant en vins, à Ivry.* — Jugement du 8 juin 1853 homologuant le concordat du 17 mai 1853. — Abandon du prix de son fonds. — Dans le cas où le chiffre ne produirait pas 35 %, obligation de parfaire dans un délai de 5 ans, par cinquièmes, à l'échéance du 1er juin. — M. Millet, commissaire. — N° du Greffe, 10,807.

DIOT, Émile-Honoré, *négociant, rue de Buci*, 25.—Jugement du 4 décembre 1855 homologuant le concordat du 17 novembre 1855. — Remise de 75 %. — Les 25 % non remis payables : 5 % un mois après l'homologation, 20 % en quatre ans, par quarts, d'année en année, à partir de la même époque. — N° du Greffe, 12,551.

DIOUDONNAT fils et Ce, Ferdinand, *mécaniciens, rue Fontaine-au-Roi*, 58. — Jugement du 27 octobre 1854 homologuant le concordat du 6 du même mois. — Abandon de l'actif réalisé et obligation de payer, sans solidarité, 30 % en quatre ans, par quarts, d'année en année, — 1er paiement le 1er novembre 1855. — M. Lefrançois, commissaire. — N° du Greffe, 11,063.

DIOUDONNAT fils et Ce, Ferdinand, de la société CARPENTIER, *mécaniciens, rue Fontaine-au-Roi*, 58. — Jugement du 3 novembre 1854 homologuant le concordat du 13 octobre 1854. — Remise de 90 %.— Les 10 % payables en quatre ans, par quarts, d'année en année. — 1er paiement le 1er novembre 1853. — N° du Greffe, 10,881.

DISDÉRI, André-Adolphe, *photographe, boulevard des Italiens*, 8. — Jugement du 6 février 1857 homologuant le concordat du 22 janvier 1857. — Remise de 85 %. — Les 15 % non remis payables en quatre ans, par quarts, d'année en année. — Premier paiement le 31 janvier 1858. — N° du Greffe, 12,920.

DISDÉRI et Ce, André-Adolphe, gérant de la société, *photographes, boulevard des Italiens*, 8. — Jugement du 6 février 1857 homologuant le concordat du 22 janvier 1857. — Abandon de l'actif énoncé au concordat. — Obligation de payer 10 % en quatre ans, du 31 janvier 1858. — M. Batterel, commissaire. — N° du Greffe, 12,926.

DIVRECHY, Eugène, *fabricant de crayons de craie, à Pantin.* — Jugement du 8 novembre 1860 homologuant le concordat du 19 octobre 1860. — Remise de 70 %.— Les 30 % non remis payables en cinq ans, par cinquièmes, de fin janvier. — N° du Greffe, 17,305.

DIXMIER, François, *entrepreneur de maçonnerie, rue St-Antoine*, 21. — Jugement du 18 février 1861 homologuant le concordat du 11 janvier 1861. — Remise de 80 %. — Les 20 % non remis payables en 4 ans, par quarts, de l'homologation. — N° du Greffe, 17,498.

DODARD, Jean-Etienne, *grainetier, rue du Marché-aux-chevaux*, 8.— Jugement du 9 février 1855 homologuant le concordat du 24 janvier 1855. — Remise de 70 %. — Les 30 % non remis payables en six ans, par sixièmes, d'année en année, un an après l'homologation. — N° du Greffe, 11,573.

DODARD, dame, Jean-Etienne, *négociante en vins, avenue du Grand-Montrouge*, 11. — Jugement du 23 octobre 1861 homologuant le concordat du 4 mai 1861. — Remise de 95 %. — Les 5 % non remis payables en cinq ans, par cinquièmes, de l'homologation. — N° du Greffe, 18,102.

DODARD, Jean-Etienne, *ex-marchand de vins, avenue du Grand-Montrouge*, 11. — Jugement du 4 mai 1861 homologuant le concordat du 30 mars 1861. — Abandon de l'actif énoncé au concordat. — M. Chevalier, commissaire. — N° du Greffe, 17,876.

DODIER, Léon-Auguste, de la société GAGNE et Cie, *libraire, carrefour de l'Odéon*, 15.—Jugement du 16 février 1857 homologuant le concordat du 29 janvier 1857. — Remise de 95 %. — Les 5 % non remis payables en cinq ans, par cinquièmes, d'année en année. — Premier paiement le 1er février 1858. — N° du Greffe, 12,797.

DODILLON fils, Honoré, *épicier, faubourg St-Honoré*, 1. — Jugement du 28 avril 1854 homologuant le concordat du 10 du même mois. — Remise de 75 %. — Les 25 % non remis payables, sans intérêts: 5 % dans un an, 10 % dans deux ans, 10 % dans trois ans de l'homologation. — N° du Greffe, 11,221.

DOHY, *marchand de charbons, boulevard de Monceaux*, 8.— Jugement du 5 juillet 1860 homologuant le concordat du 16 juin 1860. — Abandon de l'actif énoncé au concordat. — Obligation de payer 20 % en cinq ans, par cinquièmes, du 1er mars. — M. Devin, commissaire. — N° du Greffe, 16,880.

DOLIGNY et **DUMAS**, Alexandre, *directeurs du théâtre historique, boulevard du Temple.* — Jugement du 29 décembre 1852 homologuant le concordat du 14 du même mois. — Remise de 80 %. — Les 20 % non remis payables en quatre ans, par quarts, le 31 décembre 1853, 1854, 1855 et 1856. — Abandon de l'actif social. — N° du Greffe, 9,706.

DOLISIE, Jean-François-Léon, *négociant en châles, rue Neuve-des-Petits-Champs*, 4. — Jugement du 23 juillet 1856 homologuant le concordat du 7 du même mois. — Remise de 20 %. — Les 80 % non remis payables en cinq ans, par dixièmes, de six mois en six mois, du jour du concordat. — N° du Greffe, 13,088.

DOLIVE-CAQUELARD, Jean-Pierre, *négociant en toiles, rue St-Martin*, 160. — Jugement du 25 juillet 1856 homologuant le concordat du 7 du même mois. — Remise de 75 %. — Les 25 % non remis payables en 5 ans, par cinquièmes, d'année en année, du jour de l'homologation. — N° du Greffe, 13,180.

DOLIVEIRA, de la société LAFOND, *commissionnaire, rue Bleue*, 17. — Jugement du 15 avril 1859 homologuant le concordat du 19 février 1859. — Remise de 95 %. — Les 5 % non remis payables en cinq ans, par cinquièmes, du 1er mars. — N° du Greffe, 14,757.

DOLLÉ, Eléonor, *ex-corroyeur, à Vaugirard.* — Jugement du 12 août 1856 homologuant le concordat du 18 juillet 1856. — Remise de 90 %. — Les 10 % non remis payables en deux ans, par moitiés, du jour du concordat. — N° du Greffe, 12,621.

DOLLONE, Jules, *tabletier, rue St-Martin*, 231.— Jugement du 22 octobre 1855 homologuant le concordat du 10 du même mois. — Remise de 85 %. — Les 15 % non remis payables en trois ans, par tiers, d'année en année. — Premier paiement le 1er novembre 1856. — N° du Greffe, 12,301.

DOMAGET, Jean-François-Augustin, *agent d'affaires, faubourg du Temple*, 1.— Jugement du 13 avril 1855 homologuant le concordat du 1er mars 1855. — Remise de 85 %. — Les 15 % non remis payables en quatre ans, par quarts, d'année en année, du jour du concordat, — N° du Greffe, 9,005.

DOMERGUE, Louis-Ferdinand, *marchand de vins à Belleville.* — Jugement du 7 février 1859 homologuant le concordat du 28 janvier 1859.— Obligation de payer la totalité: 15 % dans l'année, et le surplus par huitièmes, du concordat, de six mois en six mois. — Mme Domergue, caution. — N° du Greffe, 15,329.

DOMEZ, Adolphe-Pierre-Joseph, *négociant en vins, à la Villette.* —Jugement du 8 octobre 1858 homologuant le concordat du 25 septembre 1858. — Remise de 50 %. — Les 50 % non remis payables, sans intérêts, en cinq ans, par cinquièmes, de l'homologation. — N° du Greffe, 14,984.

DOMISSY, dame, née HURON, *Modiste, rue St-Honoré*, 284. — Concordat du 26 novembre 1849. — N° du Greffe, 335.

DONIOL, Gilbert, *négociant en vins, place Bréda*, 10.— Jugement du 14 novembre 1860 homologuant le concordat du 4 octobre 1860.— Remise de 75 %.— Les 25 % non remis payables en cinq ans, par cinquièmes, de l'homologation. — N° du Greffe, 17,274.

DONNADIEU, Adolphe, *négociant en cuirs vernis, rue de la Verrerie*, 43. — Jugement du 16 novembre 1860 homologuant le concordat du 25 octobre 1860. — Remise de 60 %. — Les 40 % non remis payables: 5 % dans un an et deux ans, 6 % dans trois ans, 7 % dans quatre ans, 8 % dans cinq ans, et 9 % dans six ans du concordat. — N° du Greffe, 17,331.

DOPSENT, François-Désiré, de la société MARTINET, *entrepreneur de bâtiments, rue Turgot*, 23. — Jugement du 24 avril 1857 homologuant le concordat du 1er du même mois. — Remise de 70 %. — Les 30 % non remis payables en cinq ans, par cinquièmes, d'année en année, du jour du concordat. — N° du Greffe, 13,501.

DORDOR, Jean-Etienne-Joseph, de la société DUBOIS fils, jeune, *marchand de bois des Iles.* — Jugement du 3 juin 1862 homologuant le concordat du 15 mai 1862. — Remise de 50 %. — Les 50 % non remis payables en quatre ans, par quarts, de l'homologation. — N° du Greffe, 19,641.

DORÉ, Auguste, *fabricant d'encre d'imprimerie, rue du Faubourg-Poissonnière*, 195. — Jugement du 27 janvier 1852 homologuant le concordat du 10 du même mois. — Remise de 75 %. — Les 25 % non remis payables par fractions de 2 %, de six mois en six mois, fin septembre et mars des années 1852, 1853 et suivantes. — N° du Greffe, 10,064.

DORÉ, *limonadier, boulevard du Temple*, 84. — Concordat du 25 juin 1849. — N° du Greffe, 483.

DORET, Victor-Henri, *pâtissier, rue Réaumur*, 25. — Jugement du 2 juillet 1855 homologuant le concordat du 11 juin 1855. — Abandon de tout l'actif. — Obligation de payer 40 % en quatre ans, par quarts, d'année en année, pour le premier paiement avoir lieu le 1er juillet 1859. — M. Crampel, commissaire. — N° du Greffe, 12,218.

DORLÉANS, Victor-Théodore-Joseph, *entrepreneur de maçonnerie, rue St-Louis*, 4. — Jugement du 15 juin 1858 homologuant le concordat du 3 du même mois. — Remise de 85 %. — Les 15 % non remis payables : 2 % dans un, deux et trois ans, 3 % dans quatre, cinq et six ans de l'homologation. — N° du Greffe, 14,611.

DORLET, Jacques-Benjamin, *négociant en vins, rue d'Escartes*, 52. — Jugement du 28 mai 1856 homologuant le concordat du 9 du même mois. — Remise de 85 %. — Les 15 % non remis payables en cinq ans, par cinquièmes, d'année en année, du jour de l'homologation. — N° du Greffe, 12,945.

DORMEAUX, René-Julien, *charron, à Grenelle.* — Jugement du 2 mai 1851 homologuant le concordat du 21 avril 1851. — Remise de tous intérêts et frais et de 80 %. — Les 20 % non remis payables en cinq ans, par cinquièmes, de ce jour.

DORMITZER, *fabricant de couleurs, boulevard du Temple*, 10. — Jugement du 8 octobre 1858 homologuant le concordat du 20 septembre 1858. — Obligation de payer l'intégralité, savoir : 10 % le 1er janvier lors prochain, et 15 % le 1er janvier des années suivantes. — N° du Greffe, 14,960.

DORMOY, Pierre-François, *aubergiste, à Bourg-la-Reine.* — Jugement du 22 mai 1854 homologuant le concordat du 31 mars précédent. — Remise de 70 %. — Les 30 % non remis payables en six ans, par sixièmes, d'année en année, à partir du concordat. — N° du Greffe, 11,182.

DORNIER, veuve, née Catherine HARQUIN, *tenant maison meublée, rue de la Harpe*, 104. — Jugement du 22 mars 1858 homologuant le concordat du 5 du même mois. — Remise de 90 %. — Les 10 % non remis payables : 4 % comptant et 6 % un an après. — N° du Greffe, 11,425.

DORVAL, *boulanger, à Belleville.* — Jugement du 17 avril 1850 homologuant le concordat et n'affranchissant pas de la qualification de failli. — N° du Greffe, 28.

DOSSÉ, demoiselle, Adèle, de la société ROBART, *confiseur, rue des Billettes*, 14. — Jugement du 18 mai 1858 homologuant le concordat du 1er même mois. — Remise de 60 %. — Les 40 % non remis payables en cinq ans, par cinquièmes, du jour du concordat. — N° du Greffe, 14,650.

DOUA, Emile, *tenant la confection, rue St-Martin*, 123. — Jugement du 9 novembre 1858 homologuant le concordat du 22 octobre précédent. — Remise de 75 %. — Les 25 % non remis payables en quatre ans, par quarts, du concordat. — N° du Greffe, 15,145.

DOUANE, Anne-Césaire, *menuisier, cité de l'Etoile*, 32, *puis rue d'Astorg*, 30. — Jugement du 23 mars 1852 homologuant le concordat du 9 du même mois. — Remise de 90 %. — Les 10 % non remis payables savoir : 5 % le 2 septembre 1853, 2 1/2 % le 2 mars 1854, et 2 1/2 % le 2 septembre 1855. — N° du Greffe, 10,176.

DOUAULT, Jean-François, de la maison GRAEB, *commissionnaire, rue Paradis-Poissonnière*, 52. — Jugement du 3 août 1853 homologuant le concordat du 2 juin 1853. — Remise de 95 %. — Les 5 % non remis payables en cinq ans, par cinquièmes, d'année en année. — Premier paiement fin juillet 1854. — N° du Greffe, 9,995.

DOUBLET, société LEGUAY, Gustave, *marchand de denrées coloniales, rue du Cloître-St-Merri*, 6. — Jugement du 20 janvier 1853 homologuant le concordat du 10 du même mois. — Obligation de payer 10,000 fr. aux époques stipulées au concordat. — M. Decagny, syndic-répartiteur. — N° du Greffe, 9,980.

DOUCET, dame, Denis-Alexandre, née BOSQUET, *marchande de vins, rue de Grenelle-St-Germain*, 118. — Voir BOSQUET, Marie-Pauline. — N° du Greffe. 12,861.

DOUCHAIN, Dominique, *tapissier, rue Petrelle*, 24. — Jugement du 4 décembre 1857 homologuant le concordat du 16 novembre précédent. — Remise de 80 %. — Les 20 % non remis payables en cinq ans, par cinquièmes, d'année en année. — Premier paiement le 1er janvier 1859. — N° du Greffe, 14,089.

DOUÉ-EVRARD, Jean-Baptiste, *négociant en café, rue Notre-Dame-de-Nazareth*, 52. — Jugement du 15 avril 1862 homologuant le concordat du 15 mars 1862. — Remise de 64 % — Les 36 % non remis payables en six ans, par sixièmes, de l'homologation. — N° du Greffe, 19,201.

DOUET, veuve SAVARY, Hyacinthe-Ansène, *tenant hôtel meublé, à Passy.* — Jugement du 27 décembre 1854 homologuant le concordat du 11 du même mois. — Remise de 70 %. — Les 30 % non remis payables en trois ans, par tiers, d'année en année. — Premier paiement fin janvier 1856. — N° du Greffe, 11,814.

DOUILLARD, Jean-Théophile, *marchand de bois, rue de Bercy-St-Antoine*, 48. — Jugement du 8 avril 1851 homologuant le concordat du 27 mars 1851. — Remise de 80 %. — Les 20 % non remis payables, par quarts, d'année en année, les 1er avril 1853, 54, 55, 56. — N° du Greffe, 9,667.

DOUMET DE SIBLAS, Henri-Jacques. — Voir : DEVERT, femme DOUMET DE SIBLAS. — N° du Greffe, 17,350.

DOUTÉ, Stanislas, *boulanger, à Batignolles.* — Jugement du 27 novembre 1855 homologuant le concordat du 7 du même mois. — Remise de 79 %. — Les 21 % non remis payables : 6 % par M. Crampel, 6, rue St-Marc, et 15 % par quarts, les 1ers janvier 1857, 58 et 59. — N° du Greffe, 12,415.

DOUX, Frédéric-Joseph, *marchand de soieries, rue St-Denis*, 173. — Jugement du 15 juillet 1857 homologuant le concordat du 8 juin 1857. — Remise de 90 %. — Les 10 % non remis payables en cinq ans, par cinquièmes, d'année en année. — Premier paiement le 15 janvier 1858. — N° du Greffe, 14,707.

DRAGUE, dame, François-Eugène, *marchande de broderies, rue de l'Est*, 35. — Jugement du 18 juillet 1854 homologuant le concordat du 27 juin 1854. — Abandon de son actif. — Obligation de payer, 6 % en trois ans, par tiers. — Premier paiement 27 juin 1855. — M. Drague, caution des 6 % promis. — N° du Greffe, 11,508.

DRAMART, Henri-Jules, *marchand de couleurs, rue Bourbon-Villeneuve*, 15. — Jugement du 23 juin 1862 homologuant le concordat du 7 même mois. — Remise de 50 %. — Les 50 % non remis payables en cinq ans, par cinquièmes, de l'homologation. — N° du Greffe, 19,499.

DRANCOURT, Charlemagne, *peintre, rue des Carrières-Batignolles.* — — Jugement du 30 janvier 1862 homologuant le concordat du 10 du même mois. — Remise de 70 %. — Les 30 % non remis payables : 5 % dans la huitaine du compte, et 5 % les 1ers janvier 1863, 64, 65, 66 et 67. — N° du Greffe, 18,809.

DRAPS, Alfred, *négociant en broderies, place de la Bourse*, 31. — Jugement du 24 mai 1860 homologuant le concordat du 5 du même mois. — Remise de 70 %. — Les 30 % non remis payables en quatre ans, par quarts, du concordat. — N° du Greffe, 16,638.

DREGNAUX, Edouard, *maçon, à Puteaux.* — Jugement du 28 octobre 1856 homologuant le concordat du 12 septembre précédent. — Remise de 80 %. — Les 20 % non remis payables en quatre ans, par quarts, du jour de l'homologation. — N° du Greffe, 13,113.

DRELY, Véronique, femme ADLINE. Voir: ADLINE.

DRILLX, Hyacinthe, *épicier, rue St-Roch*, 16. — Jugement du 23 avril 1860 homologuant le concordat du 16 avril 1860. — Remise de 75 %. — Les 25 % non remis payables en cinq ans, par cinquièmes, du 1er mars. — N° du Greffe, 16,624.

DREUX, Ernestine-Claire, femme CHALOU. Voir: CHALON.

DREUX aîné, Jacques-Pierre, *limonadier, rue Beaubourg*, 100. — Jugement du 14 septembre 1855 homologuant le concordat du 24 août 1855. — Abandon de la nue propriété de divers immeubles énoncés au concordat. — Obligation de payer 10 %, sans intérêts, en 4 ans, par quarts, d'année en année à partir du jour du concordat. — Dallemand, commissaire. — N° du greffe, 12,366.

DREUX et Ce, Adolphe-Zozime, *limonadier et marchand d'étoffes, rue du faubourg St-Martin*, 18. — Jugement du 30 avril 1856 homologuant le concordat du 15 du même mois. — Remise de 90 %. — Les 10 % non remis payables en cinq ans, par cinquièmes, d'année en année, du jour du concordat. — N° du Greffe, 12,142.

DREVON, dame, Caroline, *négociante, rue St-Sébastien*, 53. — Jugement du 11 décembre 1854 homologuant le concordat du 17 novembre 1854. — Abandon de tout l'actif réalisé. — Obligation de payer 10 % en 5 ans, par cinquièmes, d'année en année. — Le premier paiement le 15 novembre 1855. — Thiébault, commissaire. — N° du Greffe, 10,135.

DREYFUS, femme HOUSSIAUX, Stéphanie, *lingère, rue de Provence*, 55. — Jugement du 22 décembre 1856 homologuant le concordat du 9 décembre 1856. — Remise de 80 %. — Les 20 % non remis payables en 4 ans, par quarts, d'année en année. — Le premier paiement le 15 décembre 1857. — N° du Greffe, 13,381.

DREYFUS, Moïse, *marchand de nouveautés, rue Keller*, 12. — Jugement du 7 août 1862 homologuant le concordat du 14 juillet 1862. — Remise de 50 %. — Les 50 % non remis payables en 18 mois, 20 % le 15 janvier 1853, 15 % le 15 juillet 1863, 15 % le 15 janvier 1864. — N° du Greffe, 19,917.

DROMER, *négociant, rue de Douai*, 4. — Jugement du 22 mai 1855 homologuant le concordat du 28 avril 1855. — Remise de 85 %. — Les 15 % non remis payables, par tiers, en 3 ans, d'année en année. — Le premier paiement le 31 mai 1856. — N° du Greffe, 10,895.

DRON, Paul, *marchand de modes, rue du Faubourg-St-Denis*, 39. — Jugement du 31 octobre 1855 homologuant le concordat du 12 du même mois. — Remise de 70 %. — Les 30 % non remis payables, en 3 ans, par tiers, d'année en année. — Le premier paiement un an après l'homologation. — Mme Dron, caution. — N° du Greffe, 12,220.

DROUAULT, Sébastien-Jules-Alphonse, *marchand de vins, à Bercy*. — Concordat du 3 septembre 1849. — N° du Greffe, 70.

DROUET, Pierre-Louis, *ex-marchand de vins, rue St-Denis*, 244, *et cité du Vauxhall*, 4. — Jugement du 25 novembre 1851 homologuant le concordat du 6 novembre 1851. — Remise de 90 %. — Les 10 % non remis payables, par quarts, d'année an année. — Le premier paiement le 1er décembre 1852. — N° du Greffe, 8,589.

DROUET et Ce, Victor-Aimé, *gérant d'une exploitation de bains sur la Seine, rue Ste-Anne*, 22. — Jugement du 14 avril 1851 homologuant le concordat du 27 mars 1851. — Obligation de payer l'intrégalité des créances, en principal et intérêts à 5 %, du jour du concordat: 6 % le 15 septembre 1851, 10 % le 15 septembre 1852, 12 % le 15 septembre. en sept paiements, des années suivantes. — Chapusot, commissaire. — N° du Greffe, 9,631.

DROUET, Victor-Aimé, *bonnetier, rue Ste-Anne*, 22. — Jugement du 19 mars 1852, homologuant le concordat du 19 février 1852. — Remise de tous intérêts et frais non admis et de 90 %. — Les 10 % non remis payables en dix ans, par dixièmes, fin septembre des années 1853, 1854 et suivantes. — N° du Greffe, 9,632.

DROUET, Victor-Aimé, *ex-bonnetier, actuellement entrepreneur de bains froids sur la Seine, rue Ste-Anne*, 22. — Jugement du 30 avril 1855 homologuant le concordat du 4 du même mois. — Remise de 90 %. — Les 10 % non remis payables en dix ans, d'année en année. — Le premier paiement le 30 avril 1856. — N° du Greffe, 11,884.

DROUET, Lucien-François, *épicier, rue de Saintonge*, 31. — Jugement du 10 décembre 1862 homologuant le concordat du 22 novembre 1862. — Remise de 80 %. — Les 20 % non remis payables en 5 ans, par cinquièmes, du 1er janvier. — N° du Greffe, 226.

DROUET, Antoine-Claude, *marchand de vins traiteur, rue de la Roquette*, 104. — Jugement du 15 octobre 1852 homologuant le concordat du 30 septembre 1852. — Remise de 60 %. — Les 40 % non remis payables, savoir: 5 % le 1er avril, et 5 % le 1er octobre 1853, 5 % le 1er avril et le 1er octobre 1854, 10 % le 1er octobre 1855. — N° du Greffe, 10,337.

DROUET et Ce, Victor-Aimé, *entrepreneurs de bains froids, rue Ste-Anne*. 22. — Jugement du 30 avril 1855 homologuant le concordat du 4 du même mois. — Abandon de tout l'actif social. — Guérin, commissaire. — N° du Greffe, 11,885.

DRUHOT, Isidore, *marchand de rotins de l'Inde, Petite rue Saint-Pierre-Amelot*, 22. — Jugement du 20 août 1862 homologuant le concordat du 4 août 1862. — Remise de 70 %. — Les 30 % non remis payables en 5 ans par cinquièmes, du jour du concordat. — N° du Greffe, 19,918.

DROUIN et BROSSIER, Jean-Marie-François, *produits chimiques, à la Briche*. — Jugement du 25 juin 1859 homologuant le concordat du 2 mai 1859. — Abandon de l'actif énoncé au concordat. — Sergent, syndic. — N° du Greffe, 15,605.

DROUART, Charles-Alphonse, *chapelier, boulevard Poissonnière*, 29. — Jugement du 28 février 1860 homologuant le concordat du 3 février 1860. — Remise de 60 %. — Les 40 % non remis payables: 5 % le 15 février 1860, 12 % fin janvier 1861, 12 % fin janvier 1862, 11 % fin octobre 1862. — N° du Greffe, 16,560.

DRUJON, Joseph, *marchand de chapeaux, passage Pecquay*, 11. — Jugement du 21 décembre 1858 homologuant le concordat du 7 du même mois. — Remise de 60 %. — Les 40 % non remis payables en 5 ans, par cinquièmes, du jour de l'homologation. — N° du Greffe, 15,278.

DRUON, Delle, Edwige, *lingère, rue Dauphine*, 26. — Jugement du 5 janvier 1857 homologuant le concordat du 18 décembre 1856. — Remise de 70 %. — Les 30 % non remis payables en 5 ans, par cinquièmes, d'année en année, du jour du concordat. — N° du Greffe, 13,425.

DRUOT, Claude, *ex-marchand de fruits secs, rue Bar-du-Bec*, 19. — Jugement du 8 juin 1853 homologuant le concordat du 24 mai 1853. — Remise de 90 %. — Les 10 % non remis payables en 5 ans, par cinquièmes d'année en année. — Le premier paiement dans un an du jour du concordat. — N° du Greffe, 10,712.

DUBAIL, Edouard-Adelson, *lingerie, rue Montmartre*, 76. — Jugement du 19 février 1858 homologuant le concordat du 8 février 1858. — Remise de 75 %. — Les 25 % non remis payables en 5 ans, par cinquièmes, du 1er avril 1859. — N° du Greffe, 14,406.

DUBASTY, veuve DEBAR, Léa-Anatole, *marchande de modes, rue Richepanse*, 4. — Voir DEBAR, dame. — N° du Greffe, 10,289.

DUBER, Georges, *tailleur, rue de Grammont*, 24. — Jugement du 16 janvier 1861 homologuant le concordat du 18 décembre 1860. — Remise de 60 %. — Les 40 % non remis payables en 5 ans, par cinquièmes, du jour de l'homologation. — N° du Greffe, 17,405.

DUBEROS, société PENAULLE, Dominique, *hôtel de Bretagne, rue de Rennes*, 11. — Jugement du 5 avril 1858 homologuant le concordat du 31 mars 1858. — Remise de 50 %. — Les 50 % non remis payables en 10 ans, par dixièmes, du 1er mai. — N° du Greffe, 14,426.

DUBERT, Joseph-Alexandre, *entrepreneur de lavoirs publics, rue de la Bucherie*, 15. — Jugement du 1er août 1853 homologuant le concordat du 2 mai 1853. — Remise de 75 %. — Les 25 % non remis payables en 5 ans, par cinquièmes, d'année en année. — Le premier paiement le 1er juin 1854. — N° du Greffe, 10,815.

DUBIEF, Pierre, *marchand de vins, à Grenelle*. — Jugement du 25 avril 1850 homologuant le concordat du 30 mars 1850. — Remise de tous intérêts et frais non admis et de 80 %. — Les 20 % non remis payables par quarts, d'année en année, le 5 avril des années 1851, 1852, 1853 et 1854. — N° du Greffe, 9,188.

DUBIEF, aîné, Jean-Baptiste, *marchand de vins en gros, à Bercy.* — Jugement du 14 juillet 1852 homologuant le concordat du 30 juin 1852. — Abandon de tout l'actif mobilier et du prix à provenir de la maison à Bercy, à l'exception des brevets et effets mobiliers énoncés au concordat. — Au cas où la liquidation ne produirait pas 10 %, obligation de parfaire ce dividende en 3 ans, par tiers, du jour de la dénonciation du résultat produit. — Thiébault, syndic commissaire. — N° du Greffe 10,253.

DUBIEF-JOUY, Philibert, *marchand de vins, rue de l'Entrepôt*, 27. — Jugement du 30 décembre 1858 homologuant le concordat du 8 décembre 1858. — Remise de 50 %. — Les 50 % non remis payables : 25 % dans l'année de l'homologation, et 25 % en 5 ans, par cinquièmes, un an après et sans intérêts. — N° du Greffe, 15,191.

DUBOIN, frères, société, Alexandre et Charles-Victor, *fabricants de chaussures, rue Quincampoix*, 38. — Jugement du 28 décembre 1854 homologuant le concordat du 12 du même mois. — Remise de 75 %. — Les 25 % non remis payables en 5 ans, par dixièmes, de 6 mois en 6 mois. — Le premier paiement le 1er juillet 1855. — N° du Greffe, 11,845.

DUBOIS, Edouard, *marchand de bronzes, rue Portefoin*, 11. — Jugement homologuant le concordat du 3 mars 1859. — Remise de 70 %. — Les 30 % non remis payables en 6 ans, par sixièmes, de fin mars. — N° du Greffe, 15,433.

DUBOIS, Pierre-Lazare, *aplatisseur de cornes, à Belleville.* — Jugement du 18 janvier 1853 homologuant le concordat du 22 décembre 1852. — Abandon des droits à la société. — Obligation de payer 10 % savoir : 5 % dans les 3 jours de l'homologation et 5 % le 1er juillet 1853. — Demoiselle Dubois, Victorine, caution des 10 %. — N° du Greffe, 10,629.

DUBOIS, Louis, *teinturier, quai National*, 31. — Jugement du 18 mars 1853 homologuant le concordat du 5 du même mois. — Remise de 80 % en principal intérêts et frais. — Les 20 % non remis payables: 5 % le 31 décembre 1853, 4 % le 31 décembre suivant, et 5 % à pareille époque des années 1855 et 1856. — N° du Greffe, 10,698.

DUBOIS, Claude-Lucien, *fabricant de chapeaux, passage Pecquay*, 10. — Jugement du 24 août 1854 homologuant le concordat du 8 même mois. — Remise de 75 %. — Les 25 % non remis payables: 10 % dans trois mois de l'homologation, 10 % trois mois après, 5 % un an après. — Thiébault, commissaire. — N° du Greffe, 11,560.

DUBOIS, Paul-Louis-François, *fabricant de chaises, à Ménilmontant.* — Jugement du 26 août 1853 homologuant le concordat du 16 du même mois. — Remise de 88 %. — Les 12 % non remis payables en 6 ans, par sixièmes, d'année en année. — Le premier paiement le 31 août 1854. — N° du Greffe, 10,937.

DUBOIS, Hippolyte, fils jeune, de la société DUBOIS et DORDOR. Voir: DORDOR.

DUBOIS, Victor, *marchand de vins, rue de Charenton*, 93. — Jugement du 8 octobre 1850 homologuant le concordat du 27 septembre 1850. — Remise de 80 % en principal, intérêts et frais. — Les 20 % non remis payables en quatre paiements et en 4 années, à partir du 1er janvier 1852. — N° du Greffe, 9,304.

DUBOIS, Jean-Pierre, *entrepreneur de travaux publics, à Boulogne.* — Jugement du 24 janvier 1853 homologuant le concordat du 3 du même mois. — Obligation de payer le principal, les intérêts et frais en 3 ans, par tiers, fin décembre 1854, 1855 et 1856. — N° du Greffe, 9,061.

DUBOIS, Alexandre-François, *quincaillier, rue St-Martin*, 225. — Jugement du 18 mars 1850 homologuant le concordat du 28 janvier 1850. — Remise de 80 %. — Les 20 % non remis payables en 4 ans, par quarts, à partir du 28 janvier 1850. — N° du Greffe, 165.

DUBOIS, Lucien, *papetier, à Neuilly.* — Jugement du 16 septembre 1850 homologuant le concordat du 31 août 1850. — Remise de 85 % en principal, intérêts et frais. — Les 15 % non remis payables en trois paiements, par tiers, les 31 août 1852, 1853, et 1854. — N° du Greffe, 9,348.

DUBOS, de la société LECLERC et DUBOS, *marchand de vins, rue Neuve-St-Augustin*, 10. — Jugement du 29 mars 1859 homologuant le concordat du 16 février 1859. — Remise de 75 %. — Les 25 % non remis payables, sans intérêts, en 5 ans, par cinquièmes, de la fin de janvier. — N° du Greffe, 15,461.

DUBOST, de la société REMERAND et DUBOST, *entrepreneur de maçonneries, à Passy.* — Jugement du 18 mai 1857 homologuant le concordat du 14 avril 1857. — Obligation de payer l'intégralité, savoir : 16 % le jour de l'homologation, avec l'actif réalisé, et le surplus 6 mois après. — N° du Greffe, 13,585.

DUBOST, *fabricant de crinolines, rue St-Denis, passage Bourg-l'Abbé.* — Jugement du 21 décembre 1857 homologuant le concordat du 9 décembre 1857. — Remise de 50 %. — Les 50 % non remis payables dans 6 mois du concordat. — M. Barbot, caution. — N° du Greffe, 14,094.

DUBOST, Léon, *confiseur, rue de Grenelle-St-Germain*, 84. — Jugement du 13 novembre 1861 homologuant le concordat du 16 octobre 1861. — Remise de 75 %. — Les 25 % non remis payables en cinq ans, par cinquièmes, du jour du concordat. — N° du Greffe, 18,583.

DUBOULET, Jean-Auguste, *épicier, rue Cassette*. 21. — Jugement du 7 avril 1852 homologuant le concordat du 16 mars 1852. — Remise de 84 %. — Les 16 % non remis payables, sans intérêts, en 4 ans, et par quarts, d'année en année, du 1er avril 1852. — N° du Greffe, 10,146.

DUBREUIL, Auguste, *marchand de confection, rue du Mail*, 29. — Jugement du 3 septembre 1858 homologuant le concordat du 11 août 1858. — Remise de 70 %. — Les 30 % non remis payables : 10 % fin janvier 1859, 7 % fin janvier 1860, 1861, et 6 % fin janvier 1862. — N° du Greffe, 14,975.

DUBREUIL, Auguste-Denis, *marchand de confection, rue du Mail*, 29. — Jugement du 28 mars 1862 homologuant le concordat du 14 mars 1862. — Remise de 90 %. — Les 10 % non remis payables: 5 % fin juin 1862, 2 % fin décembre 1862, et 3 % fin juillet 1863. — N° du Greffe, 19,223.

DUBRIGNY, Joseph-Augustin, *vannier, rue Croix-des-Petits-Champs*, 26. — Jugement du 30 octobre 1857 homologuant le concordat du 6 même mois. — Remise de 85. % — Les 15 % non remis payables en 3 ans, par tiers, d'année en année. — Premier paiement le 1er novembre 1858. — Abandon de l'actif énoncé au concordat. — M. Gillet, maintenu syndic. — N° du Greffe, 13,959.

DUBRUSLE et REPAINVILLE, société, *exportateurs, rue des Jeuneurs*, 46. — Jugement du 24 janv. 1859 homologuant le concordat du 4 janvier 1859. — Remise de 80 %. — Les 20 % non remis payables : 5 % dans le mois du concordat. — 15 % en 3 ans, par tiers, du jour du concordat. — N° du Greffe, 14,606.

DUBUIS fils, Benoit, *marchand de vins, rue du Faubourg-St-Denis*, 148. — Jugement du 17 novembre 1854 homologuant le concordat du 7 du même mois. — Remise de 80 %. — Les 20 % non remis payables, avec intérêts, à 5 %. — 10 % dans un an. — 10 % dans 2 ans du jour du concordat. — N° du Greffe, 11,804.

DUBUIS, veuve, Joséphine BERUELLE, *lampiste, rue du Faubourg-St-Martin*, 176. — Jugement du 18 mars 1861 homologuant le concordat du 20 février 1861. — Remise de 30 %. — Les 70 % non remis payables en 7 ans, par septièmes, du jour de l'homologation. — N° du Greffe, 17,272.

DUBUIT, société BOURDON, Charles, *banquier, rue de la Victoire*, 44. — Jugement du 14 septembre 1858 homologuant le concordat du 28 août 1858. — Obligation de verser aux mains du syndic une somme de 10,000 fr. en 5 ans, par cinquièmes. — Le premier paiement le 31 décembre 1859. — N° du Greffe, 14,403.

DUCAURROY, Paul, *banquier, rue Neuve-des-Bons-Enfants*, 25. — — Jugement du 22 avril 1862 homologuant le concordat du 21 mars 1862. — Remise de 50 %. — Les 50 % non remis payables en 5 ans, par cinquièmes, du jour de l'homologation. — N° du Greffe, 18,727.

DUCESSOIS et Ce, Louis-Théodore, *fabrique de papiers, quai des Grands-Augustins*, 55. — Jugement du 19 juillet 1852 homologuant le concordat du 27 mai 1852. — Remise de 95 °/ₒ en principal, intérêts et frais. — Les 5 °/ₒ non remis payables en cinq ans, par cinquièmes, d'année en année, du 15 juin 1853 et successivement. — Le sieur Ducessois, Félix-Théodore, quai des Grands-Augustins, 55, caution. — N° du Greffe, 7,837.

DUCHARME, Victor-Charles, *loueur de voitures*, *à Vaugirard*. — Jugement du 13 septembre 1858 homologuant le concordat du 28 août 1858. — Remise de 70 °/ₒ. — Les 30 °/ₒ non remis payables, sans intérêts, en cinq ans, par cinquièmes, du jour du concordat. — N° du Greffe, 14,888.

DUCHATEL, François-Chilpéric, *quincailler*, *rue du Temple*, 102. — Jugement du 7 août 1857 homologuant le concordat du 20 juillet 1857. — Remise de 50 °/ₒ. — Les 50 °/ₒ non remis payables, en cinq ans, par cinquièmes, d'année en année. — Le premier paiement le 1er septembre 1858. — N° du Greffe, 13,871.

DUCHAUSSOY, Charlemagne, *marchand de vins*, *rue de la Planchette*, 13. — Jugement du 28 mars 1855 homologuant le concordat du 5 mars 1855. — Remise de 75 °/ₒ. — Les 25 °/ₒ non remis payables : 10 °/ₒ chacune des deux premières années, et 5 °/ₒ la troisième année. — Le premier paiement le 5 mars 1856. — N° du Greffe, 12,063.

DUCHAUSSOY, demoiselle, Florine-Eugénie, *maison meublée*, *rue des Charbonniers*, 9. — Jugement du 29 décembre 1857 homologuant le concordat du 16 décembre. — Abandon de l'actif énoncé au concordat. — Quatremère, syndic. — N° du Greffe 14,004.

DUCHAUSSOY frères et **MAS** aîné, *marhands de vins*, *à Bercy*. — Concordat du 18 octobre 1849. — N° du Greffe, 14.

DUCHÉ, Antoine, *limonadier*, *rue de la Harpe*, 62. — Jugement du 30 avril 1852 homologuant le concordat du 17 du même mois. — Remise de 90 °/ₒ sans intérêts et frais. — Les 10 °/ₒ non remis payables en cinq ans. — Le premier paiement le 30 avril 1853. — N° du Greffe, 10,273.

DUCHEMIN, veuve GOUEL, société, Pierre-Jules, *commerce d'horlogerie*, *rue des Rigoles*, 98. — Jugement du 20 juin 1861 homologuant le concordat du 4 juin 1861. — Remise de 40 °/ₒ. — Les 60 °/ₒ non remis payables, en six ans, par sixièmes, du jour de l'homologation. — N° du Greffe, 18,080.

DUCHEMIN, Ernest, *chemisier*, *place Vendôme*, 4. — Jugement du 18 juin 1855 homologuant le concordat du 30 mai 1855. — Abandon de l'actif réalisé et à réaliser. — Obligation de payer 15 °/ₒ, sans intérêts, en quatre ans, par quarts, du jour du concordat. — Jobert, commissaire. — N° du Greffe, 11,531.

DUCHEMIN, *marchand de porcelaine*, *rue Vieille-du-Temple*, 52. — Concordat du 4 juin 1849. — N° du Greffe, 274.

DUCHESNE, veuve, *dorure et argenture*, *rue Saint-Merri*, 30. — Jugement du 29 avril 1862 homologuant le concordat du 12 avril 1862. — Remise de 85 °/ₒ. — Les 15 °/ₒ non remis payables : 10 °/ₒ dans dix mois de l'homologation et 5 °/ₒ un an après. — N° du Greffe, 19,527.

DUCHESNE, Louis-Pierre, *pharmacien*, *rue du Faubourg-du-Temple*, 91. — Jugement du 6 août 1852 homologuant le concordat du 29 juin 1852. — Obligation de payer intégralement, en six ans, par sixièmes, d'année en année. — Le premier paiement le 1er août 1853, et le dernier le 1er août 1859. — N° du Greffe 1,029.

DUCHESNE, Charles, *boulanger*, *à la Chapelle-Saint-Denis*. — Jugement du 26 décembre 1860 homologuant le concordat du 30 novembre 1860. — Obligation de payer l'intégralité des créances, sans intérêts, en dix ans, à raison de 5 °/ₒ, de six mois en six mois, du jour de l'homologation. — N° du Greffe, 17,279.

DUCHESNE, Stanislas-Louis, *ex-constructeur*, *rue d'Aubervilliers*, 6, *à la Villette*. — Jugement du 12 janvier 1852 homologuant le concordat du 16 décembre 1851. — Remise de 95 °/ₒ. — Les 5 °/ₒ non remis payables, en cinq ans, par fractions de 1 °/ₒ le 1er avril des années 1853, 1854 et suivantes. — N° du Greffe, 9,808.

DUCHESNE, Stanislas-Louis, *marchand de vins traiteur*, *à Villemomble* (Seine). — Jugement du 17 avril 1855 homologuant le concordat du 4 du même mois. — Remise de 95 °/ₒ. — Les 5 °/ₒ non remis payables, en cinq ans, par cinquièmes, d'année en année. — Le premier paiement le 1er octobre 1856. — N° du Greffe, 11,954.

DUCHESNE jeune et Ce, Alphonse et Léonard, *nouveautés*, *rue du Bac*, 57. — Jugement du 13 novembre 1857 homologuant le concordat du 28 octobre 1857. — Abandon de l'actif énoncé au concordat. — Obligation de payer 15 °/ₒ en cinq ans, par cinquièmes, d'année en année, du jour de l'homologation. — Trille, syndic. — N° du Greffe, 13,870.

DUCIMETIÈRE-MONOD, Isaac-Barthélemy, *ex-négociant en produits chimiques*, *rue du Temple*, 14. — Jugement du 13 octobre 1852 homologuant le concordat du 2 du même mois. — Remise de tous intérêts et frais, et de 85 °/ₒ. — Les 15 °/ₒ non remis payables, par fractions de 3 °/ₒ, en cinq ans, le 10 octobre des années 1853, 1854 et suivantes. — N° du Greffe, 10,481.

DUCLOS, Marie, *marchand de vins*, *rue Serpente*, 10. — Jugement du 27 octobre 1853 homologuant le concordat du 11 du même mois. — Remise de 90 °/ₒ. — Les 10 °/ₒ non remis payables, en deux ans, par moitiés, du jour de l'homologation. — N° du Greffe, 10,907.

DUCLOS, veuve Joseph-Lucien, *épicière*, *rue Rochechouard*, 67. — Jugement du 31 mai 1854 homologuant le concordat du 15 du même mois. — Remise de 60 °/ₒ. — Les 40 °/ₒ non remis payables, en cinq ans, par cinquièmes, d'année en année. — Premier paiement le 15 mai 1855. — N° du Greffe, 11,455.

DUCOS, Léon, *fabricant de chapeaux*, *rue Rambuteau*, 18. — Jugement du 30 avril 1860 homologuant le concordat du 13 avril 1860. — Remise de 80 °/ₒ. — Les 20 °/ₒ non remis payables, en cinq ans, par cinquièmes, du jour de l'homologation. — N° du Greffe 16,032.

DUCOUDRÉ, Charles, *marchand de verres à vitres*, *rue de l'Arbre-Sec*, 21. — Jugement du 2 août 1858 homologuant le concordat du 22 juillet 1858. — Abandon de l'actif énoncé au concordat. Obligation de payer 10 °/ₒ, par cinquièmes, le 1er juillet des années 1860, 1862, 1864, 1866 et 1868. — Beaufour, syndic. — N° du Greffe, 14,590.

DUDONNÉ, *marchand bottier*, *rue du Coq-Saint-Honoré*, 4. — Jugement du 4 mai 1855 homologuant le concordat du 21 avril 1855. — Abandon de l'actif. — Millet, commissaire. — N° du Greffe, 11,615.

DUEZ, Adolphe-François, *coiffeur et parfumeur*, *rue Lavoisier*, 3. — Jugement du 6 avril 1858 homologuant le concordat du 20 mars 1858. — Remise de 60 °/ₒ. — Les 40 °/ₒ non remis payables, en cinq ans, par cinquièmes, du 1er décembre 1858. — N° du Greffe, 14,534.

DUFAT, société JACOMME, Frédéric, *imprimeur*, *rue Meslay*, 61. — Jugement du 18 janvier 1856 homologuant le concordat du 21 décembre 1855. — Abandon de l'actif énoncé au concordat. — Crampel, syndic. — N° du Greffe, 12,548.

DUFLOT, Louis-Jean-Baptiste, *grainetier*, *rue de la Goutte-d'Or*, 49. — Jugement du 29 août 1862 homologuant le concordat du 6 août 1862. — Remise de 70 °/ₒ. Les 30 °/ₒ non remis payables, en six ans, par sixièmes, du jour de l'homologation. — N° du Greffe, 19,134.

DUFLOT, veuve, Eugénie WANIN, *marchande de nouveautés*, *rue Laffitte*, 28. — Jugement du 6 mars 1854 homologuant le concordat du 31 janvier 1854. — Remise de 90 °/ₒ. — Les 10 °/ₒ non remis payables, en cinq ans, par cinquièmes, d'année en année. — Le premier paiement le 1er février 1855. — N° du Greffe, 10,450.

DUFOUR, sieur et dame, *marchands d'assiettes*, *quai Valmy*, 3. — Concordat du 25 juin 1849. — N° du Greffe, 36.

DUFOUR, Jean-Pierrre, *mercier*, *rue de Paris*, 11, *à Courbevoie*. — Jugement du 30 août 1862 homologuant le concordat du 11 août 1862 — Remise de 60 °/ₒ. — Les 40 °/ₒ non remis payables, en quatre ans, par quarts, du jour de l'homologation. — N° du Greffe, 19,766.

DUFOURMANTELLE, veuve, *marchande de peaux*, *rue Saint-Denis*, 69. — Jugement du 9 mai 1859 homologuant le concordat du 28 avril 1859. — Obligation de payer les créances dans le mois de l'homologation. — M. Dufourmantelle, Auguste-Léonard, caution. — N° du Greffe, 15,034.

DUFRENE, Honoré-Bernard, *bimblotier*, *rue Fontaine-du-Temple*, 29. — Jugement du 2 novembre 1852 homologuant le concordat du 12 octobre 1852. — Remise de 85 °/ₒ. — Les 15 °/ₒ non remis payables, en trois ans, par tiers, d'année en année, le 1er novembre des années 1854, 1855 et suivantes. — N° du Greffe, 10,495.

DUFRENOY, Eugène-Justin, *pâtissier*, *rue du Faubourg-Poissonnière*, 28. — Jugement du 25 janvier 1858 homologuant le concordat du

11 janvier 1858. — Remise de 88 %. — Les 12 % non remis payables, par quarts, dans le mois de l'homologation, et 2 % le 1er février 1859 et années suivantes. — N° du Greffe, 14,292.

DUFRESNOY, Léon, *bonnetier, rue des Mauvaises-Paroles*, 13. — Concordat du 14 juin 1849. — N° du Greffe, 293.

DUFRESNE, Joseph, *foureur, rue du Helder*, 12. — Jugement du 17 mai 1858 homologuant le concordat du 29 avril 1858. — Remise de 70 %. — Les 30 % non remis payables : 5 % le 15 janvier des années 1859, 1860, 1861, 1862, 10 % le 15 janvier 1863. — N° du Greffe, 14,630.

DUGAS, Jacques, *menuisier, rue de Ponthieu*, 23. — Jugement du 31 mars 1857 homologuant le concordat du 19 du même mois. — Remise de 70 %. — Les 30 % non remis payables en trois ans, par tiers, d'année en année, du jour du concordat. — N° du greffe, 13,700.

DUGIT, Jean-Baptiste-Edmond, de la société ROBLES, *négociant, rue Hauteville*, 19. — Jugement du 28 novembre 1860 homologuant le concordat du 14 du même mois. — Remise de 65 %. — Les 35 % non remis payables : 5 % quatre mois après l'homologation, 4 % six mois après l'homologation, 9 % un an après, 9 % dix-huit mois après, 8 % deux ans après. — N° du Greffe, 17,655.

DUGIT-CHESAL, Jean-Baptiste, *restaurateur, boulevard Bonne-Nouvelle*, 5. — Jugement du 9 novembre 1859 homologuant le concordat du 24 octobre 1859. — Abandon de l'actif énoncé au concordat. — M. Trille, commissaire. — N° du Greffe, 16,208.

DUHAMEL, Désiré, *mercier, rue Saint-Jacques*, 263. — Jugement du 25 août 1862 homologuant le concordat du 26 mai 1862. — Remise de 65 %. — Les 35 % non remis payables en cinq ans, par cinquièmes, de l'homologation. — N° du Greffe, 19,646.

DUHAY, Julien, *fabricant d'eaux gazeuses, rue Lemercier*, 57. — Jugement du 4 décembre 1861 homologuant le concordat du 15 novembre 1861. — Abandon de l'actif énoncé au concordat. — M. Henrionnet, maintenu syndic. — N° du Greffe, 16,712.

DUJARDIN fils, Théophile-Antoine, *quincaillier, rue Aubry-le-Boucher*, 34. — Jugement du 23 avril 1852 homologuant le concordat du 13 du même mois. — Remise de tous intérêts et frais et de 70 %. — Les 30 % non remis payables en deux dividendes de 7 % chacun, le 15 avril des années 1853 et 1854, et en deux dividendes de 8 % chacun, le 15 avril des années 1855 et 1856. — N° du Greffe, 10,189.

DUFOUR, Louis, *marchand de bois de sciage, quai de la Loire*, 34. — Jugement du 30 octobre 1861 homologuant le concordat du 12 du même mois. — Remise de 35 %. — Les 65 % non remis payables : 50 % sur le montant de l'actif réalisé et à réaliser, 5 % le 1er mai 1862, 5 % le 1er janvier 1863, 5 % le 1er janvier 1864. — M. Trille, maintenu syndic. — N° du Greffe, 18,431.

DULIEUX, société BERNARD, Jean-Célestin-Nathalie, *ex-mercier, rue du Caire*, 21. — Jugement du 20 décembre 1850 homologuant le concordat du 16 novembre 1850. — Obligation personnelle de payer 12 1/2 % des créances en principal, intérêts et frais, par cinquièmes, d'année en année, à partir du 20 décembre 1850. — N° du Greffe, 9,552.

DULION, dame BLIN, Geneviève-Denise, *ex-marchande de salines, rue Pavée-St-Sauveur*, 2. — Jugement du 29 octobre 1850 homologuant le concordat du 12 du même mois. — Remise de tous intérêts et frais. — Obligation par les sieur et dame Blin, solidairement, de payer le montant des créances, en six ans, par sixièmes, d'année en année, à partir du 12 octobre 1850. — N° du Greffe, 9,260.

DUMAIN, Jacques-François, *serrurier, rue Saint-Dominique-St-Germain*, 22. — Jugement du 26 septembre 1862 homologuant le concordat du 15 du même mois. — Abandon de l'actif énoncé au concordat. — M. Beaufour, maintenu syndic. — N° du Greffe, 95.

DUMAIRE, Prosper-Henri-Joseph, *marchand de bois de sciage, rue d'Orléans*, 25, *à Batignolles*. — Jugement du 24 août 1859 homologuant le concordat du 10 du même mois. — Remise de 80 %. — Les 20 % non remis payables, au moyen de l'actif énoncé au concordat, dans le mois de l'homologation. — N° du Greffe, 15,465.

DUMAND, Armand, *parfumeur, rue Rambuteau*, 26. — Jugement du 1er mars 1859 homologuant le concordat du 17 février 1859. — Remise de 60 %. — Les 40 % non remis payables : 5 % au 1er juin prochain, et 35 % en cinq ans, par cinquièmes, du 1er juin. — N° du Greffe, 15,308.

DUMANGE, Pierre-Joseph-Ferdinand, *rue Greneta*, 4. — Jugement du 29 mars 1853 homologuant le concordat du 15 du même mois. — Remise de 85 %. — Les 15 % non remis payables, par tiers, en trois ans, du jour du concordat. — N° du Greffe, 10,746.

DUMARCET, Adrien, *fabricant de gants, boulevard de l'Hôpital*, 85. — Jugement du 17 février 1862 homologuant le concordat du 4 du même mois. — Remise de 50 %. — Les 20 % non remis payables, sans intérêts, en cinq ans, par cinquièmes, du 28 février. — N° du Greffe, 19,008.

DUMAS, Alexandre, *homme de lettres, rue Frochot*, 7. — Jugement du 14 mai 1853 homologuant le concordat du 2 du même mois. — Remise de 75 %. — Les 25 % non moins payables : 5 % un mois après l'homologation, 20 %, en cinq ans, par cinquièmes, le 1er janvier des années 1855, 1856 et suivantes. — Abandon, comme garantie, de partie de la propriété de ses œuvres littéraires. — M. Lefrançois, commissaire. — N° du Greffe, 10,280.

DUMAS et **DOLIGNY**, Alexandre, *directeurs du théâtre Historique*. — Voir : DOLIGNY.

DUMAS, Joseph-Léopold, *corroyeur, rue Saint-Bon*, 8. — Jugement du 9 août 1860 homologuant le concordat du 28 juillet 1860. — Remise de 70 %. — Les 30 % non remis payables : 15 % un mois après l'homologation, 5 % deux et trois ans après. — N° du Greffe, 17,152.

DUMAS frères, Antoine, *négociant en cuirs, rue du Four-Saint-Honoré*, 12. — Jugement du 23 janvier 1861 homologuant le concordat du 5 janvier 1861. — Remise de 80 %. — Les 20 % non remis payables au moyen de l'actif abandonné énoncé au concordat. — Obligation de parfaire la différence en deux ans, par moitiés, de l'homologation. — M. Henrionnet, commissaire. — N° du Greffe, 17,486.

DUMAY, Claude-Césaire, de la société VIDALÉ, *commissionnaire en marchandises, rue de Cléry*, 19. — Jugement du 11 août 1856 homologuant le concordat du 24 juillet 1856. — Remise à la Société de 80 %. — Les 20 % non remis payables, sans intérêts, en quatre ans, par quarts, d'année en année, de l'homologation. — M. Claude Dumay, propriétaire, caution du paiement de la moitié des dividendes promis. — N° du Greffe, 12,277.

DUMAY, demoiselle, Mietta, *modiste, boulevard des Italiens*, 9. — Jugement du 2 décembre 1862 homologuant le concordat du 18 juillet 1862. — Remise de 80 %. — Les 20 % non remis payables, en quatre ans, par quarts, de l'homologation. — N° du Greffe, 19,048.

DUMESNIL, Louis-Alexandre, *laitier, à Vaugirard*. — Jugement du 30 décembre 1859 homologuant le concordat du 30 novembre 1859. — Remise de 85 %. — Les 15 % non remis payables, en trois ans, par tiers, du concordat. — N° du Greffe, 16,191.

DUMONT père, Jérôme, *fabricant d'essences, rue du Faubourg-Saint-Antoine*, 52. — Jugement du 24 avril 1850 homologuant le concordat du 14 juillet 1849.

DUMONT, Jean-François, *fabricant de tissus, rue Ménilmontant*, 120. — Jugement du 13 juin 1860 homologuant le concordat du 4 juin 1860. — Remise de 75 %. — Les 25 % non remis payables : 5 % dans un an, 10 % dans deux ans, 5 % dans trois ans, 5 % dans quatre ans de l'homologation. — N° du Greffe, 16,700.

DUMONT jeune, François, *papetier, passage du Saumon*, 27. — Jugement du 17 novembre 1858 homologuant le concordat du 5 du même mois. — Remise de 90 %. — Les 10 % non remis payables, en cinq ans, par cinquièmes, du concordat. — N° du Greffe, 14,857.

DUMONT, *négociant, boulevard de l'Hôpital*, 34. — Jugement du 25 février 1859 homologuant le concordat du 11 du même mois. — Remise de 90 %. — Les 10 % payables, en cinq ans, par cinquièmes, du 15 février 1859. — N° du Greffe, 14,942.

DUMONT jeune, François, *papetier, rue de Bondy*, 66. — Jugement du 28 décembre 1854 homologuant le concordat du 11 du même mois. — Remise de 75 %. — Les 25 % non remis payables en cinq ans, par cinquièmes, d'année en année. — Premier paiement le 11 décembre 1855. — N° du Greffe, 11,797.

DUMONT, Louis-Pascal-Pierre-Courcelles, *graveur*, *rue Dauphine*, 17. — Jugement du 4 mai 1859 homologuant le concordat du 23 mars 1859.— Remise de 80 %.— Les 20 % non remis payables en cinq ans, par cinquièmes, du concordat. — N° du Greffe, 15,306.

DUMONT, *négociant*, *faubourg Saint-Martin*, 59. — Jugement du 31 juillet 1857 homologuant le concordat du 17 du même mois.—Abandon de l'actif énoncé au concordat. — Obligation de payer 5 % en cinq ans, par cinquièmes, d'année en année.—Premier paiement le 1er août 1858. — M. Lefrançois, maintenu syndic. — N° du Greffe, 13,742.

DUMONTEIL, Christophe-Emile, *passementier*, *rue Saint-Denis*, 173. — Jugement du 24 janvier 1856 homologuant le concordat du 9 du même mois.—Remise de 65. — Les 35 % non remis payables : 3 1/2 % dans six mois, 3 1/2 % dans un an, 7 % dans deux, trois, quatre et cinq ans, de l'homologation. — N° du Greffe, 12,656.

DUMORTIER, Alphonse-Frédéric, *marchand tailleur*, *rue Mouffetard*, 297. —Jugement du 19 décembre 1861 homologuant le concordat du 27 novembre 1861. — Remise de 50 %. — Les 50 % non remis payables en cinq ans, par cinquièmes, de l'homologation. — N° du Greffe, 18,478.

DUMOULIN, Jean-Marie, *tailleur*, *rue St-Lazare*, 82. — Jugement du 11 avril 1850 homologuant le concordat du 28 mars dernier. — Remise de tous intérêts et frais, et de 70 %. — Les 30 % non remis payables en quatre paiements, savoir : 6 % fin mars 1851, et 8 % fin mars des années 1852, 1853 et 1854. — N° du Greffe, 9,270.

DUMOULIN ou **DEMOULIN**, veuve de Jean, *carrier*, *à Gentilly*. — Jugement du 17 avril 1850 homologuant le concordat du 23 mars dernier. — Remise de 70 %. — Les 30 % non remis payables, par huitièmes, de six mois en six mois, du jour du concordat. — N° du Greffe, 9,213.

DUMOUTIER, Paul, *marchand de confections*, *à Montrouge*. — Jugement du 11 septembre 1860 homologuant le concordat du 13 août 1860. — Remise de 60 %.— Les 40 % non remis payables en quatre ans, par quarts, du concordat. — N° du Greffe, 17,622.

DUNAUD, Léonard-Théophile, *négociant en articles de Paris*, *rue des Fontaines-du-Temple*, 16. — Jugement du 15 janvier 1862 homologuant le concordat du 14 décembre 1861.— Remise de 90 %.— Les 10 % non remis payables en cinq ans, par cinquièmes, du concordat. — N° du Greffe, 18,733.

DUNKEL, Charles-Henri, *ex-brasseur*, *à Arcueil*. — Jugement du 6 novembre 1861 homologuant le concordat du 4 octobre 1861. — Remise de 80 %. — Les 20 % non remis payables : un quart six mois après l'homologotion, trois quarts par tiers, d'année en année, sans intérêts, à partir de l'expiration du premier terme. — N° du Greffe, 17,996.

DUNOT, Armand-Charles, *peintre*, *rue de la Tixeranderie*, 15. — Jugement du 4 septembre 1850 homologuant le concordat du 13 août 1850. — Remise de tous intérêts et frais et de 70 %. — Les 30 % non remis payables en cinq années, par cinquièmes, le 13 août des années 1851, 1852 et suivantes. — Obligation d'employer à l'actif des dividendes, le prix de vente d'une ferme. — M. Turgot, commissaire. — N° du Greffe, 9,343.

DUPARC, Louis-Félix, *limonadier*, *à Joinville-le-Pont*.— Jugement du 25 novembre 1857 homologuant le concordat du 10 du même mois. — Remise de 50 %. — Les 50 % non remis payables en cinq ans, par cinquièmes, d'année en année. — Premier paiement le 1er décembre 1858. — N° du Greffe, 14,213.

DUPARC, Xavier-Désiré, *négociant en fruits secs*, *rue des Prouvaires*, 10. — Jugement du 26 octobre 1860 homologuant le concordat du 20 septembre 1860. — Remise de 80 %. — Les 20 % non remis payables en quatre ans, par quarts, de l'homologation. — N° du Greffe, 17,114.

DUPERCHE, Louis-Etienne, *boulanger*, *rue Tracy*, 7.— Jugement du 18 février 1852 homologuant le concordat du 4 du même mois.— Abandon du fonds de boulangerie et dépendances, ainsi que de la farine déposée au grenier d'abondance. — Abandon, en outre, d'une créance désignée au concordat. — M. Lefrançois, commissaire. — N° du Greffe, 10,133.

DUPERRET et **GILLET**, André, *teinturiers*, *faubourg Poissonnière*, 185. — Jugement du 1er mai 1861 homologuant le concordat du 19 avril 1861. — Remise de 60 %. — Les 40 % non remis payables en quatre ans, par quarts, de fin avril. — N° du Greffe, 17,678.

DUPERRON, *négociant en dentelles*, *rue d'Aboukir*, 17. — Concordat du 14 décembre 1849. — N° du Greffe, 597.

DUPLESSIS, *marchand de bois*, *rue de Montreuil*, 55. — Concordat du 19 mars 1849. — N° du Greffe, 47.

DUPONCHEL, Louis-Auguste, *fabricant de bronzes*, *rue du Temple*, 71. — Jugement du 16 juillet 1851 homologuant le concordat du 4 du même mois. — Remise de 60 %. — Les 40 % non remis payables en 4 ans, par quarts, les 15 juillet des années 1852, 1853, 1854 et 1855. — N° du Greffe, 9,801.

DUPONCHELLE, Henri-Jacques, de la société **MOLVAUT**, *négociant en produits chimiques*, *rue du Grand-Chantier*, 11. — Jugement du 7 octobre 1858 homologuant le concordat du 16 septembre 1858. — Abandon de l'actif énoncé au concordat. — Obligation de payer savoir: M. Duponchelle, 4 %, et M. Molvaut 2 %, sans solidarité, en cinq ans, par cinquièmes, du 16 septembre prochain. — M. Battarel, commissaire. — N° du Greffe, 14,486.

DUPONT, *grainetier*, *rue du Chemin-Vert*, 20. — Jugement du 19 novembre 1856 homologuant le concordat du 1er mars 1856.— Remise de 85 %.— Les 15 % non remis payables par moitiés, le 15 avril des années 1857 et 1858. — N° du Greffe, 6,928.

DUPONT, Pierre-Alphonse, *limonadier*, *rue Geoffroy-Lasnier*, 17. — Jugement du 11 novembre 1859 homologuant le concordat du 31 octobre 1859. —Remise de 70 %. — Les 30 % non remis payables : 10 % les 1er juin et 1er décembre 1860.— N° du Greffe, 16,227.

DUPONT, Antoine-Joseph, *commissionnaire en marchandises*, *rue de Douai*, 34. — Jugement du 16 février 1857 homologuant le concordat du 17 juillet 1856. — Remise de 94 %. —Les 6 % non remis payables, sans intérêts, en trois ans, par tiers, d'année en année, du jour du concordat. — N° du Greffe, 11,419.

DUPONT, Louis, *marchand de vins*, *rue de Flandres*, 63. — Jugement du 26 novembre 1862 homologuant le concordat du 31 octobre 1862. — Obligation de payer intégralement les créances à raison de 50 fr. par mois. — N° du Greffe, 86.

DUPONT, Auguste, *négociant*, *rue Godot-de-Mauroy*, 24. —Jugement du 4 juillet 1861 homologuant le concordat du 21 juin 1861.— Remise de 85 %. — Les 15 % non remis payables, sans intérêts, quinze jours après l'homologation. — N° du Greffe, 18,053.

DUPONT, Michel, *maçon*, *rue Rambuteau*, 53. —Jugement du 2 juin 1851 homologuant le concordat du 6 mai 1851. — Remise de 60 %. —Les 40 % non remis payables : 10 % après la reddition des comptes, et 30 % en six ans, par sixièmes. — Premier paiement le 6 mai 1852. — N° du Greffe, 9,685.

DUPONT, Philippe-Henri, *fabricant de limes*, *rue Ménilmontant*, 87. — Jugement du 5 mars 1861 homologuant le concordat du 21 février 1861.—Remise de 75 %.—Les 25 % non remis payables, en cinq ans, par cinquièmes, de l'homologation. — N° du Greffe, 17,805.

DUPORT et **MORTET**, Jean-François, *teinturiers*, *rue Saint-Pierre-Amelot*, 8. — Jugement du 7 décembre 1860 homologuant le concordat du 5 novembre 1860.—Obligation de payer l'intégralité des créances, en cinq ans, en dix paiements égaux, de six mois en six mois, du 5 mai. — N° du Greffe, 17,325.

DUPRAT, *marchand de vins*, *rue de la Roquette*, 32. — Concordat du 18 juin 1849. — N° du Greffe, 229.

DUPRAT, Etienne, *marchand de vins*, *rue Pavée (Marais)*, 25. — Jugement du 8 octobre 1850 homologuant le concordat du 16 août 1850. — Abandon de tout l'actif mobilier autre que le mobilier personnel. — Abandon de toutes sommes qui sont ou seront disponibles, par suite de la vente des immeubles, après paiement des hypothèques et privilèges. — Obligation, en outre, de payer 5 % en cinq ans, par vingtièmes, de trois mois en trois mois. — Premier paiement le 15 janvier 1850. — M. Battarel, commissaire. — N° du Greffe, 388.

DUPRÉ aîné, Jean-Marie-Nicolas, *coiffeur, à Fontenay-aux-Roses.*— Jugement du 28 juin 1858 homologuant le concordat du 19 mai 1858. — Remise de 70 %. — Les 30 % non remis payables : 10 % le 31 août 1858, et 5 % le 30 novembre 1858, 28 février, 31 mai et 30 août 1859.— M. Dupré Paul, et Mme Dupré, cautions.—N° du Greffe, 14,706.

DUPUICH, Henri-Auguste, *libraire, rue de Sèvres*, 19.— Jugement du 10 juin 1858 homologuant le concordat du 15 mai 1858.— Remise de 80 %. — Les 20 % non remis payables, sans intérêts, en quatre ans, par quarts, à partir du 31 mai.—N° du Greffe, 14,648.

DUPUIS, *limonadier, rue des Noyers*,8.— Jugement du 2 avril 1861 homologuant le concordat du 7 mars 1861. —Abandon de l'actif énoncé au concordat.— Obligation de payer, sans intérêt, 10 %, par quarts, en quatre ans, de l'homologation. — M. Chevallier, commissaire. — N° du Greffe, 16,804.

DUPUIS, Louis-Charles, *fabricant de chaussures, rue de la Calandre*, 17. —Jugement du 20 avril 1855 homologuant le concordat du 27 mars 1855. — Remise de 75 %. — Les 25 % non remis payables, sans intérêts, en cinq ans, par cinquièmes, d'année en année.—Le premier paiement fin avril 1856. — N° du Greffe, 12,040.

DUPUIS, Jean-Marin, *serrurier, faubourg Saint-Martin*, 81.— Jugement du 20 juin 1850 homologuant le concordat du 5 du même mois. — Remise de tous intérêts et frais, et de 75 %. — Les 25 % non remis payables, en quatre ans, par quarts. —Premier paiement exigible le 1er juin 1851. — N° du Greffe, 8,976.

DUPUIS, Melchior, *filateur, rue d'Isly*, 9. —Jugement du 12 février 1862 homologuant le concordat du 29 janvier 1862. —Remise de 85 %. —Les 15 % non remis payables aussitôt l'homologation. — M. Forgeton, caution. — N° du Greffe, 19,084.

DUPUIS mère et fils, dame de François-Sébastien, *négociants en grains et farines, rue Mercier*, 7 et 8. — Jugement du 27 mai 1853 homologuant le concordat du 16 du même mois. — Remise de 50 %. — Les 50 % non remis payables : 15 % dans la quinzaine après l'homologation, 35 % solidairement, savoir : 5 % le 10 mai 1854, 10 % le 10 mai 1855, 10 % le 10 mai 1856, et 10 % le 10 mai 1857, sans intérêts. — Au cas de recouvrement dans l'année, d'une créance de 8,568 fr., obligation de la répartir immédiatement à valoir. — N° du Greffe, 10,809.

DUPUIS fils, Louis-Alphonse, de la société DUPUIS, mère et fils. — Voir : DUPUIS, mère et fils.

DUPUIS, *limonadier, rue St-Denis*, 97. — Concordat du 5 février 1849. — N° du Greffe, 17.

DUPUY, Jean-Louis, *fabricant d'organphanes, à la Villette.* — Jugement du 8 novembre 1860 homologuant le concordat du 26 octobre 1860. — Remise de 60 %.— Les 40 % non remis payables en cinq ans, de six mois en six mois, du 15 décembre. — N° du Geffe, 17,304.

DURAND, Prosper-Adolphe-Alexandre, *marchand de vins, à Batignolles.*— Jugement du 30 mars 1854 homologuant le concordat du 18 du même mois. — Remise de 70 %.— Les 30 % non remis payables en cinq ans, par cinquièmes, d'année en année. — Premier paiement le 18 mars 1855. — N° du Greffe, 11,094.

DURAND, Prosper-Adolphe-Alexandre, *marchand de vins, à Batignolles.* — Jugement du 10 juillet 1857 homologuant le concordat du 18 juin 1857. — Remise de 70 %. — Les 30 % non remis payables, sans intérêts : 5 % dans six mois, et 25 % en quatre ans, par quarts, d'année en année, à partir du 1er juillet 1857.— N° du Greffe, 13,724.

DURAND et Cie, Charles-Eugène, *commissionnaires en marchandises, rue d'Enghien*, 25. — Jugement du 10 juin 1856 homologuant le concordat du 26 mai 1856. — Remise de 80 %. — Les 20 % non remis payables : 5 % après l'homologation, 15 % en trois ans, par tiers, d'année en année, à partir du 1er juillet. — M. Pluzanski, commissaire. — N° du Greffe, 13,941.

DURAND aîné, Jacques, *fabricant de crins frisés, route de St-Mandé*, 48, *à Montreuil.* — Jugement du 4 mars 1862 homologuant le concordat du 17 février 1862. —Remise de 75 %.— Les 25 % non remis payables: 5 % le 1er juillet 1862, et 20 % en quatre ans, par quarts, du 1er juillet. — N° du Greffe, 19,135.

DURAND et Cie, Désiré, *négociants en apprêts pour fleurs.* — Jugement du 13 mars 1856 homologuant le concordat du 28 février 1856.— Abandon de l'actif énoncé au concordat. — Obligation de payer 10 %, sans solidarité, en deux ans, par moitiés, le 1er mai des années 1857 et 1858. — M. Lefaure, commissaire. — N° du Greffe, 12,309.

DURAND, Jean, *marchand de vins, rue de la monnaie*, 24.— Jugement du 27 avril 1854 homologuant le concordat du 7 du même mois. — Abandon de l'actif. — Obligation de payer 10 % en quatre ans, par quarts, d'année en année. — Premier paiement, un an après l'homologation. — N° du Greffe, 11,317.

DURAND et **BLONDEL**, *entrepreneurs de vidanges, rue de Bondy*, 62. — Voir : BLONDEL. — N° du Greffe, 10,802.

DURAND, Etienne, *épicier, à Batignolles.* — Jugement du 18 novembre 1858 homologuant le concordat du 5 du même mois. — Remise de 70 %. — Les 30 % non remis payables: 8 % dans un et deux ans, et 7 % dans trois et quatre ans, de l'homologation. — N° du Greffe, 15,104.

DURAND-DELORT, *nourrisseur, à Montrouge.* — Jugement du 11 juin 1855 homologuant le concordat du 25 mai 1855.—Obligation de payer 30 % en principal, intérêts et frais, en huit paiements égaux, de six mois en six mois. — Premier paiement le 5 décembre 1855. — N° du Greffe, 12,122.

DURAND-MORIMBEAU, de la société GRADI.— Voir : BUTLAR. — N° du Greffe, 12,052.

DURANDIN, dame, Sophie, de la maison SIMON, *limonadière, aux Champs-Elisées.* — Jugement du 2 mars 1852 homologuant le concordat du 11 février précédent. — Remise de 85 %. — Les 15 % non remis payables en cinq ans, par cinquièmes. — Premier paiement le 1er mars 1853. — N° du Greffe, 9,545.

DURANT, Laurent, *épicier, rue de la Verrerie*, 55. — Jugement du 28 mai 1850 homologuant le concordat du 12 avril 1850.—Remise de 85 %. — Les 15 % non remis payables, par tiers, le 1er mai des années 1851, 1852 et 1853. — N° du Greffe, 9,299.

DURET, Charles-Hippolyte, *menuisier, boulevard Montparnasse*, 149. — Jugement du 6 juillet 1857 homologuant le concordat du 18 juin 1857. — Obligation de payer le montant des créances, en principal seulement, à raison de 100 fr. par mois.— Le premier paiement le 1er septembre 1857. — N° du Greffe, 13,777.

DURIER, Pierre-Amable, *fabricant de bougies, rue de la Ferme-de-Grenelle*, 3. — Jugement du 6 mars 1855 homologuant le concordat du 10 février 1855. — Abandon de l'actif énoncé au concordat. — Obligation de payer 10 %, en dix ans, par quarts, d'année en année, du jour du concordat. —Jobard, syndic.— N° du Greffe, 11,368.

DURIEUX, Xavier, directeur du journal *le Temps, rue de Chabannais*, 5. — Jugement du 25 juillet 1851 homologuant le concordat du 4 juillet 1851. — Remise de 70 %.— Les 30 % non remis payables en deux ans, par quarts de 7 1/2 %. — Le premier paiement dans six mois à partir du concordat. — N° du Greffe, 9,231.

DURLOT, Étienne-Louis-Barthélemy, *loueur de voitures, rue Laferrière*, 10. — Jugement du 15 mars 1855 homologuant le concordat du 3 du même mois. — Remise de 88 %. — Les 12 % non remis payables : 2 % le 1er avril des années 1856, 1857 et 1858, et 3 % le 1er avril des années 1859 et 1860. — N° du Greffe, 11,768.

DURMENSTEIN, Jacques, *mécanicien, rue du Faubourg-St-Martin*, 195. — Jugement du 14 décembre 1855 homologuant le concordat du 3 du même mois. — Remise de 60 %. — Les 40 % non remis payables : 5 % dans un an, 10 % dans deux et trois ans, 15 % dans quatre ans, du jour du concordat. — N° du Greffe, 12,457.

DUROST jeune, Claude, *fabricant d'appareils à gaz, rue Popincourt*, 94. — Jugement du 14 mars 1861 homologuant le concordat du 26 fév. 1861. — Obligation de payer l'intégralité des créances en huit ans, par seizièmes, de six mois en six mois, du jour de l'homologation.—N° du Greffe, 17,555.

DURRICH, Gustave, *commissionnaire en marchandises, rue Saint-Joseph*, 8. — Jugement du 21 novembre 1862 homologuant le concordat du 6 novembre 1862. — Remise de 85 %. — Les 15 % non remis payables en trois ans et quatre mois : 5 % le 1er mars 1864, 5 % le 1er mars 1865, 5 % le 1er mars 1866. — N° du Greffe, 19,535.

DURUBLE, PIERRE, *carrier, à Arcueil*. — Jugement du 14 juin 1850 homologuant le concordat du 21 mai 1850. — Remise de 80 % en principal, intérêts et frais. — Les 20 % non remis payables en six années, par sixièmes, le 1er juin des années 1851, 1852 et suivantes. — N° du Greffe, 7,544.

DURVILLE, FRANÇOIS, *marchand de vins, rue du Chevalleret, à Ivry*. — Jugement du 4 novembre 1852 homologuant le concordat du 15 octobre 1852. — Remise de 90 %. — Les 10 % non remis payables : 3 % dans six mois, 2 % dans un an, 2 % dans dix-huit mois, 3 % dans trois ans, de l'homologation. — N° du Greffe, 10,213.

DUSAUTOY, LOUIS-CLÉMENT, *loueur de voitures, rue d'Anjou-St-Honoré*, 78. — Jugement du 21 juillet 1854 homologuant le concordat du 3 du même mois. — Remise de 70 %. — Les 30 % non remis payables : 5 % le 1er juillet des années 1855, 1856, et 10 % le 1er juillet des années 1857 et 1858. — N° du Greffe, 11,127.

DUSSARDIER, PIERRE, *marchand de vins, rue Saint-Jacques*, 229. — Jugement du 24 novembre 1862 homologuant le concordat du 8 novembre 1862. — Abandon de l'actif énoncé au concordat. — Obligation de payer 6 %, sans intérêts, savoir : 3 % dans un et deux ans de l'homologation. — N° du Greffe, 413.

DUSSAU, JACQUES-ALEXANDRE, *marchand de vins, à Belleville*. — Jugement du 3 septembre 1860 homologuant le concordat du 18 août 1860. — Remise de 80 %. — Les 20 % non remis payables, sans intérêts, en cinq ans, par cinquièmes, du jour de l'homologation. — N° du Greffe, 16,662.

DUSUEL, PARFAIT, *entrepreneur de déménagements, rue du Faubourg-Saint-Antoine*, 80. — Jugement du 26 décembre 1854 homologuant le concordat du 9 du même mois. — Remise de 50 %. — Les 50 % non remis payables en cinq ans, par cinquièmes, d'année en année, du jour du concordat. — N° du Greffe, 11,800.

DUTAILLY, *banquier, rue Thibeautodé*. — Concordat du 28 mai 1849. — N° du Greffe, 2.

DUTEIL, femme VAUTIER, séparée de biens, MARIE-HONORINE, *limonadière, rue de Bondy*, 14. — Jugement du 3 mai 1855 homologuant le concordat du 10 avril 1855. — Remise de 70 %. — Les 30 % non remis payables en six ans, par sixièmes, d'année en année, du jour du concordat. — N° du Greffe, 12,084.

DUTERTRE ou **DUTERRE**, THOMAS-ISIDORE, *articles de Paris, rue des Vieilles-Étuves-St-Martin*, 11. — Jugement du 29 août 1862 homologuant le concordat du 6 août 1862. — Remise de 75 %. — Les 25 % non remis payables en cinq ans, par cinquièmes, du jour de l'homologation. — N° du Greffe, 19,943.

DUTHEIL, VICTOR-FRANÇOIS, *marchand de vins, rue Taitbout*, 51. — Jugement du 26 novembre 1860 homologuant le concordat du 12 septembre 1860. — Remise de 60 %. — Les 40 % non remis payables en dix ans, par paiement de 4 %. — Le premier paiement dans un an du jour de l'homologation, le deuxième paiement six mois après, et ainsi de six mois en six mois. — N° du Greffe, 17,402.

DUTILLEUX, LOUIS-JULES, *tourneur en cuivre, rue Louis-Philippe*, 41. — Jugement du 20 avril 1859 homologuant le concordat du 19 mars 1859. — Remise de 70 %. — Les 30 % non remis payables en quatre ans, par quarts, du jour du concordat. — N° du Greffe, 15,547.

DUTILLOY, *épicier, rue du Faubourg-St-Antoine*, 187. — Jugement du 26 février 1855 homologuant le concordat du 5 février 1855. — Remise de 75 %. — Les 25 % non remis payables en cinq ans, par cinquièmes, d'année en année. — Le 1er paiement un an après l'homologation. — N° du Greffe, 11,934.

DUTRAIT, *commissionnaire en vins, quai de la Gare d'Ivry*. — Jugement du 4 juillet 1862 homologuant le concordat du 21 juin 1862. — Remise de 75 %. — Les 25 % non remis payables en cinq ans, par cinquièmes, du jour de l'homologation. — N° du Greffe, 18,569.

DUTREIH, FRANÇOIS-ADOLPHE, *bijoutier, rue d'Amboise*, 5. — Jugement du 11 janvier 1856 homologuant le concordat du 28 décembre 1855. — Remise de 90 % — Les 10 % non remis payables au moyen de l'actif abandonné, et le surplus à raison de un dixième par année jusqu'à complément des 10 % — 1er paiement le 31 décembre 1856. — Heurionnet, commissaire. — N° du Greffe, 9,453.

DUTREIH, FRANÇOIS-ADOLPHE, *bijoutier, rue d'Ambroise*, 5. — Jugement du 12 décembre 1850 homologuant le concordat du 28 novembre 1850. — Remise de 80 %. — Les 20 % non remis payables par quatre fractions de 5 %. — La première dans l'année de l'homologation et ainsi de suite. — N° du Greffe, 9,453.

DUTREY, JEAN, *mercier, rue Cardinal-Lemoine*, 13. — Jugement du 27 septembre 1860 homologuant le concordat du 12 septembre 1860. — Remise de 80 %. — Les 20 % non remis payables en quatre ans, par quarts, du jour de l'homologation. — N° du Greffe, 16,906.

DUTTO, JOSEPH, *coiffeur, rue Louis-le-Grand*, 37. — Jugement du 9 juillet 1861 homologuant le concordat du 24 juin 1861. — Remise de 50 %. — Les 50 % non remis payables en cinq ans, par cinquièmes, du jour de l'homologation. — N° du Greffe, 18,266.

DUVAL, *ex-marchand de tissus, boulevard Beaumarchais*, 70. — Jugement du 20 décembre 1850 homologuant le concordat du 3 décembre 1850. — Remise de 90 %. — Les 10 % non remis payables le lendemain de l'homologation. — N° du Greffe, 9,597.

DUVAL, *restaurateur, rue Cassette*, 6. — Jugement du 8 février 1860 homologuant le concordat du 19 décembre 1859. — Abandon de l'actif énoncé au concordat. — Chevallier, syndic. — N° du Greffe, 15,479.

DUVAL, *épicier, rue Vert-Bois*. — Concordat du 6 août 1849. — N° du Greffe, 238.

DUVAL, *épicier, rue Neuve-des-Capucines*, 5. — Concordat du 19 mars 1849. — N° du Greffe, 119.

DUVAL, *peaussier, rue Montorgueil*, 31. — Concordat du 29 janvier 1849. — N° du Greffe, 7.

DUVAL, *mécanicien, rue Corbeau*, 9. — Concordat du 16 juillet 1849. — N° du Greffe, 414.

DUVAL, dame, VICTOR-AUGUSTE, société GRELLÉ, *boulevard St-Martin*, 12. — Jugement du 11 avril 1854 homologuant le concordat du 24 mars 1854. — Remise de 50 %. — Les 50 % non remis payables par cinquièmes, d'année en année. — Le premier paiement le 1er janvier 1856. — N° du Greffe, 10,704.

DUVAL, *commerce de peignes, rue Grenier-St-Lazare*, 7. — Jugement du 15 mai 1857 homologuant le concordat du 2 mai 1857. — Remise de 80 %. — Les 20 % non remis payables, sans intérêts : 10 % un mois après l'homologation, 10 % six mois après. — N° du Greffe, 3,576.

DUVAL, ALEXANDRE, *restaurateur, à Auteuil*. — Jugement du 14 mai 1862 homologuant le concordat du 12 avril 1862. — Obligation de payer l'intégralité des créances en trois ans du concordat. — N° du Greffe, 19,330.

DUVAL, CHARLES, de la société TÊTE, *marchand de nouveautés, boulevard St-Denis*, 19. — Jugement du 28 août 1862 homologuant le concordat du 11 du même mois. — Remise de 55 %. — Les 45 % non remis payables : 10 % comptant aussitôt l'homologation, 8 % un an après, et 9 % chacune des trois années suivantes. — N° du Greffe, 19,742.

DUVAL, VICTOR, *ex-menuisier, rue St-Sébastien*, 11. — Jugement du 17 juin 1852 homologuant le concordat du 27 mai 1852. — Remise des intérêts et frais non admis et de 90 % des créances en principal, intérêts et frais. — Les 10 % non remis payables en un seul paiement, dans le délai d'un an du jour de l'homologation. — N° du Greffe, 9,983.

DUVAL, PIERRE-JOSEPH, *peaussier, rue Bourg-Labbé*, 48. — Jugement du 19 octobre 1852 homologuant le concordat du 16 septembre précédent. — Remise de 85 %. — Les 15 % non remis payables : 3 % le 1er octobre 1854, et 4 % à pareille époque des trois années suivantes. — N° du Greffe, 10,392.

DUVAL, ALEXANDRE, *tenant hôtel garni, rue St-Landry*, 6. — Jugement de 1er octobre 1856 homologuant le concordat du 12 septembre 1856. — Remise de 75 %. — Les 25 % non remis payables en cinq ans, par cinquièmes, d'année en année, du 15 septembre 1857. — N° du Greffe, 13,223.

DUVAL, JACQUES, *négociant en papier peint, rue Mouffetard*, 297. — Jugement du 25 février 1859 homologuant le concordat du 11 du même mois. — Remise de 85 %. — Les 15 % non remis payables en trois ans, par tiers, du 15 mars. — N° du Greffe, 15,459.

DUVAL, Emmanuel, *mercier, rue Bourbon-Villeneuve*, 9. — Jugement du 25 février 1853 homologuant le concordat du 10 du même mois. — Remise de 75 % en capital, intérêts et frais. — Les 25 % non remis payables en cinq ans, par cinquièmes, d'année en année. — Premier paiement le 10 février 1854. — N° du Greffe, 10,691.

DUVAL, Denis-Pierre, *carrier, à Vanves*. — Jugement du 9 janvier 1851 homologuant le concordat du 21 décembre 1850. — Remise de 70 % avec les intérêts et frais non admis. — Les 30 % non remis payables en cinq paiements égaux, d'année en année. — Premier paiement le 5 mars 1852. — N° du Greffe, 9,594.

DUVAL, Richard-Léonard, *pharmacien, rue Croix-des-Petits-Champs*, 40. — Jugement du 26 octobre 1852 homologuant le concordat du 9 du même mois. — Remise de 75 %. — Les 25 % non remis payables en cinq ans, par cinquièmes. — Premier paiement le 10 octobre 1853, et ainsi successivement. — N° du Greffe, 10,447.

DUVAL, Alexandre-Joseph, de la société DENIZOT. — Voir : DENIZOT. N° du Greffe, 12,481.

DUVAL, *menuisier, faubourg St-Martin*, 67. — Jugement du 21 décembre 1849. — N° du Greffe, 491.

DUVAL et dame, Victor-Auguste, *marchands de café*, de la société GRELLÉ et Cie. — Voir: GRELLÉ et Cie. — N° du Greffe, 10,704.

DUVEAU, Célestin, *marchand de bois de sciage, rue du Faubourg-St-Antoine*, 74. — Jugement du 15 avril 1862 homologuant le concordat du 4 du même mois. — Remise de 60 %. — Les 40 % non remis payables en cinq ans, par cinquièmes, de l'homologation. — N° du Greffe, 19,478.

DUVEAU père, Jean-Baptiste, *corroyeur, à St-Denis*. — Jugement du 7 août 1862 homologuant le concordat du 26 juillet 1862. — Remise de 80 %. — Les 20 % non remis payables en cinq ans, par cinquièmes, de l'homologation. — N° du Greffe, 19,944.

DUVERNAY, veuve, et **SCHOEN**, *négociants, rue St-Maur*, 214. — Jugement du 10 mai 1859 homologuant le concordat du 31 janvier 1859. — Remise de 60 % en principal, intérêts et frais. — Les créanciers toucheront 5 % sur les sommes encaissées par le syndic, et la différence d'après les conditions énoncées au concordat. — M. Sergent, commissaire. — N° du Greffe, 15,030.

DUVIGNAUD, Auguste-Denis, *négociant en lingerie, passage Choiseul*, 49. — Jugement du 14 janvier 1861 homologuant le concordat du 21 décembre 1860. — Remise de 65 %. — Les 35 % non remis payables en cinq ans, par cinquièmes, du 21 décembre. — N° du Greffe, 17,529.

DUVIGNAUD, Auguste-Denis, *négociant en confections, passage Choiseul*, 49. — Jugement du 22 septembre 1862 homologuant le concordat du 27 août 1862. — Remise de 60 %. — Les 40 % non remis payables en huit ans, par huitièmes, du 27 août. — N° du Greffe, 19,984.

DUVOISIN, Clément, de la société MILIN, *parfumeur, rue des Billettes*, 12. — Jugement du 15 décembre 1856 homologuant le concordat du 1er décembre 1856. — Remise de 70 %. — Les 30 % non remis payables en six ans, par sixièmes, d'année en année, du jour de l'homologation. — N° du Greffe, 13,384.

DUZELIER, Claude, *marchand de vins, rue des Fossés-St-Germain-l'Auxerrois*, 1. — Jugement du 8 décembre 1862 homologuant le concordat du 21 novembre 1862. — Remise de 50 %. — Les 50 % non remis payables en cinq ans, par cinquièmes, d'année en année, de l'homologation. — Mme Duzelier, caution. — N° du Greffe, 604.

E

ECKARDT, Frédéric, *ébéniste, rue St-Gilles*, 26. — Jugement du 20 août 1860 homologuant le concordat du 18 juillet 1860. — Remise de 70 %. — Les 30 % non remis payables en cinq ans, par cinquièmes, du jour de l'homologation. — N° du Greffe, 17,108.

EDAN, veuve, *maison de santé, à Belleville*. — Jugement du 8 mars 1859 homologuant le concordat du 21 février 1859. — Remise de 85 %. — Les 15 % non remis payables : 1 % dans un an, 2 % dans deux ans, 3 % dans chacune des années suivantes. — N° du Greffe, 15,402.

EDUIN, Charles-Pierre, *marchand de vins, à Montmartre*. — Jugement du 17 septembre 1856 homologuant le concordat du 8 du même mois. — Remise de 75 %. — Les 25 % non remis payables en quatre ans, par quarts, d'année en année. — Le premier paiement le 10 septembre 1857. — N° du Greffe, 13,142.

EGALON, *marchand de rubans de soies, rue du Temple*, 81. — Concordat du 11 juin 1849.

EGROT, Joseph-Adolphe, *fabricant de fleurs artificielles, rue du Faubourg St-Denis*, 61. — Jugement du 1er mars 1860 homologuant le concordat du 10 février 1860. — Remise de 50 %. — Les 50 % non remis payables, sans intérêts, en cinq ans, par cinquièmes, du jour du concordat. — Mme Egrot, caution. — N° du Greffe, 16,583.

EHRENSERGER, Salomon, *sellier, rue St-Louis, au Marais*, 6. — Jugement du 1er octobre 1856 homologuant le concordat du 16 septembre 1856. — Remise de 85 %. — Les 15 % non remis payables en trois ans, par tiers, d'année en année, du jour du concordat. — N° du Greffe, 13,293.

EICH, Nicolas, *marchand de vins, à la Villette*. — Jugement du 29 juillet 1856 homologuant le concordat du 9 juillet 1856. — Abandon de l'actif réalisé. — Obligation de payer 10 % en dix ans, par dixièmes, d'année en année. — Huet, syndic. — N° du Greffe, 13,093.

EISSEN, Michel-Albert, *loueur de voitures, à la Chapelle St-Denis*. — Jugement du 29 septembre 1856 homologuant le concordat du 12 septembre 1856. — Abandon de l'actif. — Huet, syndic. — N° du Greffe, 12,979.

ÉLISABETH, *bijoutier, rue Neuve-des-Bons-Enfants*, 37. — Jugement du 22 décembre 1858 homologuant le concordat du 4 du même mois. — Remise de 80 %. — Les 20 % non remis payables en cinq ans, par cinquièmes, du 1er janvier. — N° du Greffe, 15,164.

ELLSTŒDTER, Jules, *négociant, rue Hauteville*, 12. — Jugement du 17 octobre 1855 homologuant le concordat du 6 dudit mois. — Remise de 75 %. — Les 25 % non remis payables : 15 % après l'homologation, 4 % dans un an, 3 % dans deux ans, 3 % dans trois ans de l'homologation. — Obligation de réaliser l'actif sous la surveillance de Filleul, et de le répartir lorsque le chiffre aura atteint 2 1/2 %. — N° du Greffe, 12,409.

ELOY, société VALLET, Lucien, *commissionnaire en marchandises, rue St-Antoine*, 110 *bis*. — Jugement du 16 avril 1860 homologuant le concordat du 29 mars 1860. — Remise de 90 %. — Les 10 % non remis payables en dix ans, par dixièmes, du jour de l'homologation. — N° du Greffe, 16,478.

EMORIC, Charles, *ex-restaurateur, rue St-Antoine*, 170 et 172. — Jugement du 6 juin 1860 homologuant le concordat du 31 octobre 1859. — Abandon de l'actif énoncé au concordat. — Obligation de payer 15 %, par tiers, du 1er mai 1860, 1er novembre 1862 et 1er mai 1864, sans intérêts. — Millet, syndic. — N° du Greffe, 16,106.

EMMANUEL, **BLOC** et Cie, *commerce de plumes métalliques, rue d'Enghien*, 22. — Voir : BLOC, Emmanuel. — N° du Greffe, 14,340.

EMNISSE, Marin, *café restaurant, Chaussée-du-Maine*, 9. — Jugement du 22 mai 1855 homologuant le concordat du 6 janvier 1855. — Abandon de l'actif réalisé, pour la répartition être faite par Brouillard, commissaire. — Obligation de payer 5 % en cinq ans, par cinquièmes, d'année en année, du jour du concordat. — N° du Greffe, 10,981.

ENPRUN, François-Etienne, *marchand de vins, rue d'Orléans*, 101, *à Batignolles*. — Jugement du 25 octobre 1862 homologuant le concordat du 12 septembre 1862. — Remise de 70 %. — Les 30 % non remis payables en cinq ans, par cinquièmes, du 12 septembre. — N° du Greffe, 129.

ENGLER et KRAUSS, Jean-Louis, *émaillage sur métaux, à Gentilly*. —

Jugement du 1er août 1862 homologuant le concordat du 18 juin 1862. — Remise de 60 %. — Les 40 % non remis payables, sans intérêts, en huit ans, par huitièmes, du 5 juillet. — N° du Greffe, 18,699.

ENGLER-LEROY, Jean-Louis, *commissionnaire en horlogerie, rue des Vieilles-Haudriettes*, 4 et 6. — Jugement du 17 mars 1857 homologuant le concordat du 6 mars 1857. — Abandon de l'actif énoncé au concordat. — Obligation de payer 5 % en trois ans, par tiers, d'année en année. — Le premier paiement le 1er janvier 1858. — Henrionnet, syndic. — N° du Greffe, 11,355.

ENSCH, Nicolas, *mécanicien, rue du Faubourg-St-Martin*, 134. — Jugement du 18 septembre 1857 homologuant le concordat du 3 septembre 1857. — Remise de 85 %. — Les 15 % non remis payables, en trois ans, par tiers, du jour du concordat. — N° du Greffe, 13,725.

EPRON-LACOMBE, Jacques, *commerce de gants, rue Bourbon-Villeneuve*, 56. — Jugement du 12 décembre 1855 homologuant le concordat du 12 octobre 1855. — Remise de 75 %. — Les 25 % non remis payables en quatre ans, par quarts, d'année en année. — Le premier paiement le 31 janvier 1857. — N° du Greffe, 11,398.

ERGANIAN, Michel, *négociant, rue d'Enghein*, 44. — Jugement du 24 septembre 1852 homologuant le concordat du 25 août 1852. — Obligation de payer l'intégralité, en principal seulement : 25 % le jour de l'homologation du concordat, 25 % le 1er janvier 1854, 25 % le 1er janvier 1855, 25 % le 1er janvier 1856. — Millet, syndic. — N° du Greffe, 9,768.

ERNIE, *marchand d'articles de literie, boulevard Poissonnière*, 14 *bis*. — Jugement du 23 octobre 1856 homologuant le concordat du 13 octobre 1856. — Remise de 55 %. — Les 45 % non remis payables en six ans, par douzièmes. — Le premier paiement dans six mois, du jour de l'homologation. — N° du Greffe, 13,291.

ESCARGUEIL, François, *chapelier, rue des Dames*, 2, *à Batignolles*. — Jugement du 24 août 1858 homologuant le concordat du 30 juillet 1858. — Remise de 70 %. — Les 30 % non remis payables en 4 ans, par quarts, du jour du concordat. — N° du Greffe, 14,633.

ESCARGUEL, *négociant, à Boulogne, (Seine)*. — Jugement du 19 avril 1855 homologuant le concordat du 28 mars 1855. — Remise de 60 %. — Les 40 % non remis payables, sans intérêts : 10 % dans 2 ans du jour du concordat, et 30 %, par sixièmes, d'année en année, à partir de l'expiration des deux premières années. — N° du Greffe, 11,289.

ESCLAVON, Charles, *sellier, rue de Lancry*, 65. — Jugement du 18 octobre 1859 homologuant le concordat du 26 septembre 1859. — Remise de 70 %. — Les 30 % non remis payables en 4 ans, par quarts, de l'homologation. — N° du Greffe, 15,689.

ESCOFFIER, dite PETIT, demoiselle, Alexandrine, *marchande de modes, rue Caumartin*, 10. — Jugement du 29 août 1861 homologuant le concordat du 14 août 1861. — Remise de 75 %. — Les 25 % payables en 3 ans : 8 % en 1 an et 2 ans, 9 % trois ans après l'homologation. — N° du Greffe, 18,414.

ESCOSURA, veuve, née COSTALIS, *hôtel meublé, rue St-Georges*, 6. — Voir : COSTALIS. — N° du Greffe, 13,144.

ESNAULT, André-Antoine, *fabricant de bimbeloterie, rue St-Sauveur*, 41. — Jugement du 15 février 1855 homologuant le concordat du 26 février 1855. — Remise de 75 %. — Les 25 % non remis payables en 5 ans, par cinquièmes, d'année en année, du jour de l'homologation. — N° du Greffe, 11,916.

ESNOUF, femme CHEVREUIL, Louise, *tailleur, rue de la Paix*, 6. — Voir : CHEVREUIL.

ESNOULT, Pierre, *chapelier, rue Neuve-des-Petits-Champs*, 21. — Jugement du 27 décembre 1854 homologuant le concordat du 11 du même mois. — Remise de 85 %. — Les 15 % non remis payables en 5 ans, par cinquièmes, d'année en année. — Le premier paiement dans un an du jour du concordat. — N° du Greffe, 11,808.

ESPERON, Paul, *tapissier, rue du Helder*, 24. — Jugement du 2 mai 1860 homologuant le concordat du 10 mai 1860. — Remise de 50 %. — Les 50 % non remis payables en 5 ans, par cinquièmes, du jour de l'homologation. — N° du Greffe, 16,283.

ESPINASSE, Jean-Baptiste, *mécanicien, rue Pétrelle*, 9. — Jugement du 22 février 1859 homologuant le concordat du 9 février 1859. — Remise de 60 %. — Les 40 % non remis payables en 5 ans, par cinquièmes, du jour de l'homologation. — N° du Greffe, 15,082.

ESPINASSE aîné, *marchand de vins, rue de Rivoli*, 35. — Jugement du 18 avril 1856 homologuant le concordat du 7 du même mois. — Remise de 80 %. — Les 20 % non remis payables en 5 ans, par cinquièmes, d'année en année, du jour du concordat. — N° du Greffe, 12,772.

ESPIRITOZ, Joseph-Marie, *passementier, rue St-Honoré*, 49. — Jugement du 23 décembre 1852 homologuant le concordat du 13 du même mois. — Remise de 70 %. — Les 30 % non remis payables en 4 ans, par quarts, d'année en année, du jour de l'homologation. — N° du Greffe, 10,526.

ESTEBENET, Jean-Marie, *boulanger, à Belleville*. — Jugement du 5 octobre 1855 homologuant le concordat du 21 septembre 1855. — Abandon de l'actif énoncé au concordat. — Obligation de payer 5 % en deux ans, par moitiés, de l'homologation. — Mme Estebenet, caution des 5 %. — M. Viart, commissaire. — N° du Greffe, 12,391.

ETIENNE, dame de Philibert RAYMONT, *lingère, rue de la Chaussé-d'Antin*, 26. — Jugement du 22 janvier 1857 homologuant le concordat du 8 du même mois. — Remise de 70 %. — Les 30 % non remis payables en 3 ans, par tiers, du concordat. — N° du Greffe, 13,467.

ETLIN, Edouard, *pâtissier, rue de Rivoli*, 104. — Jugement du 27 juin 1855 homologuant le concordat du 13 juin 1855. — Remise de 80 %. — Les 20 % non remis payables : 5 % comptant, par le syndic, et 5 % dans 1 an, 2 ans et 3 ans. — N° du Greffe, 12,286.

EUDLER, Georges-Guyon, *coutelier*, de la société HAMM, *rue de l'Ecole-de-Médecine*, 6. — Jugement du 7 février 1854 homologuant le concordat du 14 janvier 1854. — Abandon de tout l'actif de la société. — N° du Greffe, 10,785.

EVANGELIO, Pierre, *briquetier, rue de Meaux*, 41. — Jugement du 23 avril 1860 homologuant le concordat du 4 du même mois. — Remise de 70 %. — Les 30 % non remis payables en 5 ans, par cinquièmes, du 1er janvier. — N° du Greffe, 16,576.

EVEN, veuve de Joseph-Armand, *lingère, rue des Martyrs*, 52. — Jugement du 8 janvier 1861 homologuant le concordat du 26 décembre 1860. — Remise de 85 %. — Les 15 % payables en 3 ans, par tiers, du 15 juillet. — N° du Greffe, 17,227.

EVERS, Ernest, *commissionnaire, rue Rambuteau*, 44. — Jugement du 22 juillet 1850 homologuant le concordat du 21 juin 1850. — Remise de 88 %. — Les 12 % non remis payables en quatre paiements de 3 %, fin juillet des années 1851, 1852, 1853 et 1854. — N° du Greffe, 9,214.

EVOTTE, Charles-Paul-Sébastien, *modeleur mécanicien, rue du Faubourg-St-Denis*, 192. — Jugement du 1er mars 1860 homologuant le concordat du 7 février 1860. — Remise de 80 %. — Les 20 % non remis payables en 4 ans, par quarts, du 1er février. — N° du Greffe, 16,349.

F

FABRE de la GRANGE et Ce, *fabricants d'instruments d'optique, boulevard de Sébastopol*, 11. — Jugement du 23 août 1859 homologuant le concordat du 5 du même mois. — Abandon de l'actif énoncé au concordat. — Obligation, en outre, de payer 10 % en cinq ans, par cinquièmes, de l'homologation. — M. Moncharville, commissaire. — N° du Greffe, 15,854.

FABRE de la GRANGE, personnellement, Voir : FABRE de la GRANGE et Cie.

FABRE, Bernard, *orthopédiste, passage de l'Opéra*, 30. — Jugement du 21 février 1853 homologuant le concordat du 14 décembre 1852. — Remise de 90 %. — Les 10 % non remis payables en cinq ans, par cinquièmes, d'année en année, à partir du jour du concordat. — N° du Greffe, 9,881.

FABRE, Frédéric, *tapissier, rue de la Roquette*, 140. — Jugement du 31 août 1859 homologuant le concordat du 5 du même mois. — Remise de 70 %. — Les 30 % non remis payables, sans intérêts, en quatre ans, par quarts, du 5 août. — N° du Greffe, 15,896.

FADIÉ, Jean-Joseph, *serrurier, faubourg Poissonnière*, 52. — Jugement du 5 juillet 1850 homologuant le concordat du 11 juin 1850. — Remise de 90 %. — Le surplus payable en quatre ans, par quarts, du 1er juillet 1851. — N° du Greffe, 9,143.

FAGOT, *charpentier, à la Villette*. — Concordat du 30 juillet 1849. — N° du Greffe, 236.

FAGUET, Charles-Alphonse, *négociant horticulteur, rue de l'Abbaye*, 63. — Jugement du 14 février 1861 homologuant le concordat du 1er du même mois. — Remise de 85 %. — Les 15 % non remis payables en trois ans, par tiers, du 25 janvier. — N° du Greffe, 17,487.

FAILLET et Ce, *négociants, à Choisy-le-Roi*. — Jugement du 17 septembre 1862 homologuant le concordat du 6 du même mois. — Abandon de l'actif énoncé au concordat. — M. Lefrançois, commissaire. — N° du Greffe, 19,031.

FAILLIOT et Ce, personnellement, Jean-Pierre, *fabricant de papiers, rue du Faubourg-St-Martin*, 172. — Jugement du 1er décembre 1856 homologuant le concordat du 19 novembre 1856. — Remise de 90 %. — Les 10 % non remis payables : 5 % dans deux ans, et 5 % dans trois ans, du jour de l'homologation. — N° du Greffe, 13,082.

FAILLIOT et Ce, Jean-Pierre, *fabricants de papiers, rue du Faubourg-St-Martin*, 172. — Jugement du 1er décembre 1856 homologuant le concordat du 19 novembre 1856. — Remise de 60 %. — Les 40 % non remis payables : 5 % dans un an, 10 % dans deux, trois et quatre ans, 5 % dans cinq ans, du jour de l'homologation. — N° du Greffe, 13,032.

FAIRIN, dame Peltier, Jeanne-Hélène, *couturière, rue Godot de Mauroy*, 43. — Jugement du 7 août 1851 homologuant le concordat du 26 juillet 1851. — Abandon des valeurs énoncées au concordat. — Obligation de payer 10 %, à raison de 2 1/2 % par an, à partir du 1er août 1852. — M. Fairin, caution. — N° du Greffe, 9,803.

FAIVRE, veuve Emélie FOULD, *marchande de dentelles, rue Joubert*, 33. — Jugement du 20 avril 1858 homologuant le concordat du 19 mars 1858. — Remise de 50 %. — Les 50 % non remis payables en cinq ans, par cinquièmes, du 1er mai. — N° du Greffe, 14,492.

FAJOL, Félix, *charbonnier, rue Ste-Foy*, 29. — Jugement du 20 juin 1855 homologuant le concordat du 4 du même mois. — Remise de 75 %. — Les 25 % non remis payables en cinq ans, par cinquièmes, d'année en année. — Premier paiement fin juin 1857. — N° du Greffe, 12,251.

FALIZE frères, *ex-bijoutiers, rue des Vieux-Augustins*, 57. — Concordat du 9 juillet 1849. — N° du Greffe, 107.

FALLET, Pierre-Amand, *menuisier, à Montmartre*. — Jugement du 10 janvier 1859 homologuant le concordat du 3 décembre 1858. — Remise de 60 %. — Les 40 % non remis payables : 5 % le 1er janvier des années 1860, 1861, 1862, 1863 et 1864, 7 % en 1865, et 8 % en 1866. — N° du Greffe, 14,915.

FALLOT ou **FALTOT**, François, *boulanger, à Batignolles*. — Jugement du 24 avril 1854 homologuant le concordat du 7 du même mois. — Abandon de l'actif énoncé au concordat. — M. Pascal, commissaire. — N° du Greffe, 11,321.

FALTOT, François, *boulanger, au Petit-Ivry*. — Jugement du 6 juillet 1857 homologuant le concordat du 18 juin 1857. — Remise de 60 %. — Les 40 % non remis payables en quatre ans, par huitièmes, de six mois en six mois, du jour de l'homologation. — Mme Faltot, caution. — N° du Greffe, 13,881.

FANO, Gruziano, *agent d'affaires, rue Neuve-St-Augustin*, 8. — Jugement du 4 avril 1862 homologuant le concordat du 19 mars 1862. — Abandon de l'actif énoncé au concordat. — Obligation de payer 5 % en trois ans, de l'homologation. — M. Trille, maintenu syndic. — N° du Greffe, 17,373.

FANU, Georges-Paulin, *fabricant d'objets en os, à Belleville*. — Jugement du 16 avril 1862 homologuant le concordat du 13 mars 1862. — Remise de 70 %. — Les 30 % non remis payables, en trois ans, par tiers, du 1er mars. — N° du Greffe, 19,314.

FARDOIN, Henri, *restaurateur, rue Meslay*, 48. — Jugement du 28 mai 1850 homologuant le concordat du 13 du même mois. — Remise de 75 %. — Le surplus payable en quatre années, par quarts, du concordat. — N° du Greffe, 9,301.

FASQUEL, Louis-Henri, *limonadier, rue Montmartre*, 107. — Jugement du 10 septembre 1862 homologuant le concordat du 22 août 1862. — Remise de 90 %. — Les 10 % non remis payables : 3 % le 1er août des années 1863 et 1864, 3 % le 1er août 1865. — N° du Greffe, 18,987.

FATOU, dame de ROSA, Virginie-Marie-Joséphe, *limonadière, rue de Bondy*, 32. — Jugement du 26 septembre 1854 homologuant le concordat du 11 du même mois. — Remise de 94 %. — Les 6 % non remis payables en trois ans, par tiers, d'année en année, pour, le premier paiement, avoir lieu le 31 décembre 1855. — N° du Greffe, 11,659.

FATOUX, Louis-Edouard, *horloger, rue Saint-Georges*, 9. — Concordat du 6 septembre 1849. — N° du Greffe, 409.

FAUCHER, Jean, *fabricant de brosses, rue Saint-Louis-au-Marais*, 89. — Jugement du 10 avril 1862 homologuant le concordat du 29 mars 1862. — Remise de 60 %. — Les 40 % non remis payables : 10 % quinze jours après l'homologation, et 10 % le 15 avril des années 1863, 1864 et 1865. — N° du Greffe, 19,386.

FAUCHET, Pierre-Eugène, *entrepreneur de serrurerie, rue des Trois-Bornes*, 15. — Jugement du 10 novembre 1862 homologuant le concordat du 11 octobre 1862. — Remise de 65 %. — Les 35 % non remis payables en sept ans, par septièmes, de l'homologation. — N° du Greffe, 264.

FAUCHEUR, Jacques-Marie, *entrepreneur de maçonnerie, rue Julien-Lacroix*, 15. — Jugement du 8 mai 1862 homologuant le concordat du 26 avril 1862. — Remise de 75 %. — Les 25 % non remis payables sans intérêts : 5 % aussitôt l'homologation, et 20 % en quatre ans, par quarts, de la même époque. — N° du Greffe, 17,318.

FAUGÈRE, de la société HAMM, Jean-Justice, *coutelier, rue de l'École-de-Médecine*, 6. — Voir : société HAMM. — N° du Greffe, 10,785.

FAUMONT, veuve DEFRIZE, Geneviève, *fabricante de guêtres, rue du Faubourg-Saint-Denis*, 219. — Jugement du 18 mai 1855 homologuant le concordat du 3 du même mois. — Remise de 80 %. — Les 20 % non remis payables : 10 % dans deux ans, et 10 % dans quatre ans, du concordat. — N° du Greffe, 12,208.

FAURE, Joseph-Bernard, *fabricant de parapluies, rue du Caire*, 8. — Jugement du 10 août 1855 homologuant le concordat du 28 juillet 1855. — Remise de 70 %. — Les 30 % non remis payables, sans intérêts, savoir : 10 % aussitôt l'homologation, 10 % le 31 janvier 1856, 5 % le 31 juillet 1856, 5 % le 31 janvier 1857. — N° du Greffe, 12,121.

FAURE, Jean-François, *fabricant de chaussures, rue Mandar*, 3. — Jugement du 15 juin 1857 homologuant le concordat passé le 30 mai 1857. — Remise de 50 %. — Les 50 % non remis payables : 10 % le 1er juin des années 1858 et 1859, et 15 % le 1er juin des années 1860 et 1861. — N° du Greffe, 13,814.

FAURE, Jean-François, *fabricant de chaussures, rue Mandar*, 3. — Jugement du 29 août 1859 homologuant le concordat du 10 du même mois. — Remise de 80 %. — Les 20 % non remis payables en cinq ans, par cinquièmes, du 10 août. — N° du Greffe, 15,963.

FAURE, Adolphe-Louis, *fabricant de pompes, rue Fontaine-au-Roi*, 44. — Jugement du 31 mars 1858 homologuant le concordat du 18 du même mois. — Remise de 75 %. — Les 25 % non remis payables en cinq ans, par cinquièmes, du jour du concordat. — N° du Greffe, 14,432.

FAURE, François, *coiffeur, rue de Grammont*, 11. — Jugement du 29 mai 1860 homologuant le concordat du 24 février 1860. — Abandon de l'actif énoncé au concordat. — M. Pascal, commissaire. — N° du Greffe, 16,262.

FAUVEAU fils, André-Baptiste, de la société PERNET, *doreur sur métaux, rue Charlot*, 38. — Jugement du 8 mai 1854 homologuant le concordat du 13 avril 1854. — Remise de 80 %. — Les 20 % non remis payables, sans intérêts, en quatre ans, par quarts, d'année en année, du concordat. — N° du Greffe, 10,363.

FAUVEAU fils, André-Baptiste, personnellement, *doreur sur métaux, rue Charlot*, 38. — Jugement du 8 mai 1854 homologuant le concordat du 6 avril 1854. — Remise de 85 %. — Les 15 % non remis payables, sans intérêts, en quatre ans, du jour du concordat, savoir : 4 % chacune des trois premières années, et 3 % la quatrième année. — N° du Greffe, 10,366.

FAUVEL, Henri-Philibert, *épicier, rue Bourbon-Villeneuve*, 46. — Jugement du 8 décembre 1862 homologuant le concordat du 18 novembre 1862. — Remise de 50 %. — Les 50 % non remis payables en cinq ans, par cinquièmes, de l'homologation. — N° du Greffe, 566.

FAUVEL, Victor-Amable, *marchand de vins, Port de Bercy*, 69. — Jugement du 21 octobre 1853 homologuant le concordat du 28 septembre précédent. — Remise de 90 %. — Les 10 % non remis payables en cinq ans, par cinquièmes, de l'homologation. — N° du Greffe, 10,675.

FAVARGER, *commissionnaire-exportateur, rue d'Enghien*, 10. — Jugement du 21 mai 1855 homologuant le concordat du 27 avril 1855. — Abandon de l'actif énoncé au concordat. — Obligation de payer 6,000 fr., savoir : 1,000 fr. le 1er juin 1857. — Le surplus par portions égales de 500 fr., de six mois en six mois. — N° du Greffe, 11,970.

FAVEERS, Charles-François, *serrurier, rue Petrelle*, 23. — Concordat du 5 mars 1849. — N° du Greffe, 434.

FAVERGEON, Charles-Georges, *maçon, rue de Vaugirard*. — Jugement du 6 septembre 1862 homologuant le concordat du 30 juillet 1862. — Abandon de l'actif énoncé au concordat. — M. Crampel, commissaire. — N° du Greffe, 12,522.

FAVIER, Adolphe-François, *marchand tôlier, passage d'Angoulême*, 20. — Jugement du 9 septembre 1862 homologuant le concordat du 16 août 1862. — Remise de 75 %. — Les 25 % non remis payables en cinq ans, de l'homologation. — N° du Greffe, 1.

FAVRE, Philibert, *négociant en tissus, rue du Grand-St-Michel*, 10 *bis*. — Jugement du 11 juin 1850 annulant la qualification de failli et homologuant le concordat du 12 mars 1850. — Obligation de payer, par quarts, le montant des créances, savoir : 25 % le 31 octobre 1850, 25 % le 31 juillet 1851, 25 % le 31 janvier 1852, 25 % le 31 octobre 1852. — N° du Greffe, 646.

FAVREUX, *négociant en eaux minérales, rue Grenelle-St-Honoré*, 30. — Concordat du 16 juillet 1849.

FAYARD, Arthème, *éditeur, rue de Beaune*, 31. — Jugement du 6 décembre 1862 homologuant le concordat du 17 novembre 1862. — Remise de 75 %. — Les 25 % non remis payables en cinq ans, par cinquièmes, de l'homologation. — N° du Greffe, 156.

FAYOT, Jean, *négociant en bois des Iles, rue Michel-Lecomte*, 23. — — Jugement du 10 janvier 1855 homologuant le concordat du 11 décembre 1854. — Abandon de l'actif énoncé au concordat. — N° du Greffe, 11,820.

FEIL, Charles, *marchand de verres d'optique, rue des Fossés-Saint-Marcel*, 56. — Jugement du 25 février 1856 homologuant le concordat du 12 du même mois. — Obligation de payer le montant des créances dans un délai de quatre ans, savoir : 25 % dans un an du jour du concordat, et 12 %, de six mois en six mois, du premier paiement. — N° du Greffe, 12,784.

FELD-MAYER, Paul, *marchand de charbons, rue Popincourt*, 68. — Jugement du 12 novembre 1858 homologuant le concordat du 2 du même mois. — Remise de 75 %. — Les 25 % non remis payables, sans intérêts, en cinq ans, par cinquièmes, du 15 décembre prochain. — N° du Greffe, 15,214.

FELGÈRE, Pierre, *négociant en vins, rue des Sept-Voies*, 2. — Jugement du 21 novembre 1854 homologuant le concordat du 12 du même mois. — Obligation de payer l'intégralité des créances, savoir : les intérêts à 5 % le 1er décembre des années 1855, 1856, 1857. — Le capital avec les intérêts courus et non payés, en quatre ans, par quarts, d'année en année. — Premier paiement le 1er décembre 1858. — N° du Greffe, 11,889.

FELLU, Antoine, *fabricant de fourrures, chemin d'Aunay*, 29. — Jugement du 14 septembre 1861 homologuant le concordat du 13 septembre 1861. — Remise de 70 %. — Les 30 % non remis payables : 6 % fin janvier 1862, 24 % en quatre ans, par quarts, d'année en année, du 1er janvier 1862. — N° du Greffe, 18,361.

FELTESSE, Auguste-Philippe, *marchand de nouveautés, à Clichy*. — Jugement du 19 avril 1853 homologuant le concordat du 7 du même mois. — Remise de 75 %. — Les 25 % non remis payables en quatre ans, par quarts, d'année en année. — Premier paiement dans un an du jour du concordat. — N° du Greffe, 10,573.

FENCI, Joseph, *tenant maison meublée, avenue des Champs-Élysées*, 75. — Jugement du 11 mai 1855 homologuant le concordat du 27 avril 1855. — Remise de 93 %. — Les 7 % non remis payables : 5 % comptant et 2 % dans un an du concordat. — N° du Greffe, 12,141.

FÉRAGUS, Jean-Baptiste, *rue Bréda*, 27. — Jugement du 25 avril 1853 homologuant le concordat du 4 du même mois. — Remise de 80 %. — Les 20 % non remis payables en cinq ans, savoir : 3 % dans un an du concordat, 4 % à pareille époque de chacune des trois années suivantes, et 5 % un an après. — N° du Greffe, 10,473.

FÉRANT, Louis, *sculpteur, rue de Poitou*, 4. — Jugement du 19 novembre 1862 homologuant le concordat du 29 octobre 1862. — Remise de 80 %. — Les 20 % non remis payables en quatre ans, par quarts, de l'holomogation. — N° du Greffe, 19,746.

FERBAC fils, Camille, *marchand d'objets tournés, rue Fontaine-au-Roi*, 57. — Jugement du 19 février 1857 homologuant le concordat du 4 du même mois. — Remise de 75 %. — Les 25 % non remis payables en cinq ans, par cinquièmes, d'année en année, du jour de l'homologation. — N° du Greffe, 13,571.

FERDINAND fils, Auguste, *sellier-harnacheur, rue Pierre-Levée*, 14. — Jugement du 12 mars 1857 homologuant le concordat du 2 mars 1857. — Remise de 50 %. — Les 50 % non remis payables en quatre ans, par quarts, d'année en année. — Le premier paiement le 5 mars 1858. — N° du Greffe, 13,604.

FÉRÉ, Jean-Baptiste, *loueur de voitures, rue des Boucheries-des-Invalides*, 13. — Jugement du 2 janvier 1862 homologuant le concordat du 11 décembre 1861. — Remise de 89 %. — Les 11 % non remis payables : 2 % dans un an, 1 1/2 % dans dix-huit mois, 1 1/2 % dans deux ans, 1 1/2 dans deux ans 1/2, 1 1 % dans trois ans, 1 1/2 % dans trois ans 1/2, 1 1/2 % dans quatre ans de l'homologation. — N° du Greffe, 18,862.

FÉRET, Adolphe, *menuisier en fauteuils, rue Castex*, 6. — Jugement du 24 janvier 1860 homologuant le concordat du 10 janvier 1860. — Remise de 80 %. — Les 20 % non remis payables en quatre ans, par quarts, du jour du concordat. — N° du Greffe, 16,414.

FEREY, Louis-Charles-Edouard, *limonadier, boulevard Sébastopol*, 16. — Jugement du 22 août 1856 homologuant le concordat du 11 du même mois. — Remise de 60 %. — Les 40 % non remis payables, sans intérêts, par quarts, d'année en année, du jour du concordat. — M. Ferrey père, caution. — N° du Greffe, 13,208.

FÉRIÉ, Femme **JULIEN**, de la société **JULIEN** et **ISAMBARD**, Louise-Antoinette-Jeanne, *marchande de modes, boulevard des Italiens*, 4. — Jugement du 28 novembre 1854 homologuant le concordat du 2 octobre 1854. — Remise de 80 %. — Les 20 % non remis payables en quatre ans, par quarts, d'année en année. — Le premier paiement un an après l'homologation. — N° du Greffe, 11,646.

FERLUT, Jacques, *ex-marchand de charbons, à la Villette*. — Jugement du 4 septembre 1856 homologuant le concordat du 25 juillet 1856. — Abandon de l'actif énoncé au concordat. — Henrionnet, commissaire. — N° du Greffe, 13,162.

FERNET, Alphonse, *épicier, rue Rochechouart*, 67. — Jugement du 16 mars 1858 homologuant le concordat du 2 mars 1858. — Remise de 90 %. — Les 10 % non remis payables, sans intérêts, en quatre ans, par quarts, du jour de l'homologation. — N° du Greffe, 14,340.

FÉRON, Onésime-Augustin, *entrepreneur, rue de Montreuil*, 113. — — Jugement du 31 décembre 1850 homologuant le concordat du 18 décembre 1850. — Remise de 75 %. — Les 25 % non remis payables en cinq ans, par cinquièmes, le 18 décembre des années 1851, 1852, 1853, 1854, 1855. — N° du Greffe, 9,098.

FERRAND, Pierre-Lucien-Eugène, *marchand de crépins, rue St-Charles*, 9. — Jugement du 11 novembre 1862 homologuant le concordat du 21 octobre 1862. — Remise de 70. — Les 30 % non remis payables en quatre ans, du jour du concordat, 7 % les deux premières années, 8 % les deux dernières. — N° du Greffe, 447.

FERRAND, François, *marchand de nouveautés, à Montrouge*. — Jugement du 20 avril 1855 homologuant le concordat du 9 mars 1855. — Remise de 65 %. — Les 35 % non remis payables : 25 % dans un mois du jour du concordat, 10 % en cinq ans, par cinquièmes, d'année en année, à partir de la même époque. — N° du Greffe, 11,793.

FERRAND, Pierre-Hilaire, *fabricant de jouets, rue Aumaire*, 3 et 5. — Jugement du 25 juillet 1856 homologuant le concordat du 1er du même mois. — Remise de 85 %. — Les 15 % non remis payables en cinq ans, par cinquièmes, d'année en année, du jour du concordat. — N° du Greffe, 13,115.

FERRARY, Donat, *teinturier de soie en bottes, rue St-Germain-l'Auxerrois*, 30. — Jugement du 26 octobre 1852 homologuant le concordat du 11 du même mois. — Abandon des droits dans la succession de la dame Hermant, épouse du sieur Ferrary. — Obligation de parfaire un dividende de 20 % dans le cas où la liquidation des droits abandonnés n'atteindrait pas cette somme. — Millet, commissaire. — N° du Greffe, 10,209.

FERREI, Charles, *marchand de charbons de terre, à Puteaux*. — Jugement du 16 mai 1856 homologuant le concordat du 3 mai 1856. — Obligation de payer l'intégralité des créances en principal, intérêts et frais, dans les trois mois de l'homologation. — N° du Greffe, 12,939.

FERRET, Alexandre-Pierre-François, *marchand de vins, à Batignolles*. — Jugement du 13 octobre 1858 homologuant le concordat du 15 septembre 1858. — Remise de 70 %. — Les 30 % non remis payables en cinq ans, par cinquièmes, du jour du concordat. — N° du Greffe, 12,418.

FERRIAT, Jean-Claude, *marchand de nouveautés, rue de Lévis*, 23, *Batignolles*. — Jugement du 18 juillet 1862 homologuant le concordat du 5 dudit mois. — Remise de 50 %. — Les 50 % non remis payables en cinq ans, par cinquièmes, du jour de l'homologation. — N° du Greffe, 19,799.

FERRIÉ, veuve JULIEN, Antoinette-Jeanne-Louise, *marchande de modes, boulevard des Italiens*, 34. — Jugement du 27 juin 1851 homologuant le concordat du 13 juin 1851. — Remise de 85 %. — Les 15 % non remis payables, sans intérêts, en trois paiements égaux, d'année en année, à partir du 27 juin 1851. — N° du Greffe, 9,818.

FERRU, de la société SIMON, Denis-Guillaume, *distillateur, chaussée Ménilmontant*, 11. — Jugement du 24 mars 1862 homologuant le concordat du 11 février 1862. — Remise de 95 %. — Les 5 % non remis payables, sans intérêts : 1 % dans un an, 2 % dans dans deux ans, 2 % dans trois ans, du jour de l'homologation. — N° du Greffe, 18,875.

FERRY, Jean-Nicolas, *fabricant de couverts ferrés, rue de la Douane*, 9. — Jugement du 1er juillet 1856 homologuant le concordat du 9 juin 1856. — Abandon de l'actif énoncé au concordat. — Isbert, syndic. — N° du Greffe, 12,652.

FERTIAUX, François, *ex-imprimeur, rue Laferrière*, 22. — Jugement du 23 décembre 1856 homologuant le concordat du 6 décembre 1856. — Remise de 98 %. — Les 2 % non remis payables par moitié, sans intérêts, le 31 décembre 1859 et 1861.

FETZNER, Georges, *ébéniste, rue Amelot*, 70. — Jugement du 13 mai 1862 homologuant le concordat du 25 avril 1862. — Remise de 60 %. — Les 40 % non remis payables en cinq ans, par cinquièmes, du jour du concordat. — N° du Greffe, 19,311.

FEUGAS, jeune, Jean, *marchand de jambons, rue Notre-Dame-de-Nazareth*, 8. — Jugement du 21 septembre 1852 homologuant le concordat du 2 du dit mois. — Obligation de payer 45 %, savoir : 10 % un an après l'homologation, 7 % à pareille époque de chacune des cinq années suivantes ; en outre, de payer à l'expiration de ces six années un autre dividende de 15 %, en trois paiements égaux, d'année en année, à partir de l'expiration des six années accordées pour le paiement des dividendes promis, ce qui porte ces dividendes promis à 60 %. — N° du Greffe, 10,459.

FEUILLADE, société VIGIER, Jean, *fabricant de coiffes de casquettes, rue du Temple*, 41. — Jugement du 25 novembre 1852 homologuant le concordat du 12 novembre 1852. — Remise de 70 %. — Les 30 % non remis payables, solidairement par les débiteurs, en six paiements égaux de 5 %, fin mai et octobre des années 1853, 1854 et 1855. — N° du Greffe, 10,532.

FÈVRE, Gabriel-Désiré, *appareils à eaux de Seltz, rue St-Honoré*, 398. — Jugement du 5 avril 1861 homologuant le concordat du 9 mars 1861. — Obligation de payer l'intégralité des créances en cinq ans, par cinquièmes, de fin octobre. — N° du Greffe, 17,741.

FÉVRIER, Pierre-François, *gravatier, à Belleville*. — Jugement du 29 août 1856 homologuant le concordat du 1er août 1856. — Remise de 84 %. — Les 16 % non remis payables, sans intérêts, en quatre ans, par quarts, d'année en année, du jour du concordat. — N° du Greffe, 13,149.

FIASSON, société TRESCARTES, *passementier, à St-Mandé*. — Jugement du 25 février 1859 homologuant le concordat du 10 février 1859. — Remise au sieur Trescartes de 90 %. — Les 10 % non remis payables en cinq ans, par cinquièmes, du 1er février. — N° du Greffe, 14,835.

FICHET, Léon-Stanislas, *débitant de boissons, à Vincennes*. — Jugement du 9 mars 1859 homologuant le concordat du 25 février 1859. — Obligation de payer l'intégralité des créances, savoir : 40 % le 1er mai 1859 et ensuite, 4 % tous les trois mois, les 1er août, novembre, février et mai de chaque année. — N° du Greffe, 15,282.

FIEVET, *négociant, quai de la Gare*, 30, *à Ivry*. — Jugement du 28 octobre 1857 homologuant le concordat du 2 octobre 1857. — Abandon de l'actif énoncé au concordat. — Obligation de payer 40 % en cinq ans, par cinquièmes, d'année en année, du jour du concordat. — Battarel, syndic. — N° du Greffe, 14,031.

FIEVET, Louis, *voiturier, quai de la Gare*, 42. — Jugement du 15 février 1853 homologuant le concordat du 1er dudit mois. — Remise de 50 %. — Les 50 % non remis payables à raison de 40 fr. par mois, à partir de fin de juillet 1853. — Battarel, commissaire. — N° du Greffe, 10,601.

FILLION, Alexandre, *boulanger, rue de Paris*, 39, *à Belleville*. — Jugement du 3 février 1852 homologuant le concordat du 2 janvier 1852. — Remise de 80 %. — Les 20 % non remis payables en quatre ans, par quarts, le 1er mars des années 1853, 1854, 1855, 1856. — N° du Greffe, 10,063.

FILLION, *limonadier, rue Neuve-Ste-Eustache*, 2. — Concordat du 11 juin 1849. — N° du Greffe, 355.

FILLON, Stanislas, *négociant en draps, rue des Vieux-Augustins*, 34. — Jugement du 1er juin 1860 homologuant le concordat du 21 mai 1860. — Abandon de l'actif énoncé au concordat. — Obligation de payer 25 % en trois ans, par tiers, du jour de l'homologation. — Sautton, maintenu syndic. — N° du Greffe, 18,189.

FILLON, Eusice-Mathieu, *commerce de porcelaine, rue St-Maur*, 148. — Jugement du 15 juillet 1861 homologuant le concordat du 2 dudit mois. — Remise de 50 %. — Les 50 % non remis payables en cinq ans, par cinquièmes, du jour de l'homologation. — N° du Greffe, 10,050.

FINET, Eléonore-Honoré, *limonadier, rue Neuve-des-Petits-Champs*, 9. — Jugement du 2 mai 1853 homologuant le concordat du 20 avril 1853. — Abandon de l'actif. — Obligation de parfaire un dividende de 10 % en 18 mois, par tiers. — Le premier paiement dans les six mois du concordat. — Pascal, commissaire. — N° du Greffe, 18,808.

FINET, Jean-Baptiste-Denis-Amédée, *marchand de vins, à la Chapelle-St-Denis*. — Jugement du 9 novembre 1853 homologuant le concordat du 20 octobre 1853. — Obligation de payer l'intégralité des créances en sept années, par paiements égaux, à partir du 15 octobre 1854. — N° du Greffe, 10,943.

FINOT, Victor-Antoine, *entrepreneur de charpente, rue de l'Ouest*, 32. — Jugement du 17 janvier 1851 homologuant le concordat du 17 décembre 50. — Abandon du produit de la vente énoncée au concordat. — Obligation de payer 10 % du capital par quarts, d'année en année, à partir du 1er janvier 1853. — N° du Greffe, 9,391.

FINOT, Jean, *maréchal ferrant, rue de Bercy-Saint-Antoine*, 28. — Concordat du 22 décembre 1849. — N° du Greffe, 402.

FISCALINI frères, Joseph-François et François-Barthélemy, *restaurateurs, rue Montorgueil*, 66. — Jugement homologuant le concordat du 23 juin 1859. — Remise au sieur Joseph-François Fiscalini de 75 %. — Les 25 % non remis payables : 6 % fin janvier 1860, 7 % fin janvier 1861, 6 % fin janvier des années 1862 et 1863. — François Fiscalini, caution de 12 1/2 %.— N° du Greffe, 15,698.

FISCHER, Martin, *marchand tailleur, boulevard des Capucines*, 2. — Jugement du 8 mai 1862 homologuant le concordat du 23 avril 1862. — Remise de 50 %. — Les 50 % non remis payables, sans intérêts, en cinq ans, par cinquièmes, du jour du concordat.—N° du Greffe, 18,810.

FISCHER, Albert-Frédéric, *négociant, rue Rochechouart*.—Jugement du 13 avril 1859 homologuant le concordat du 3 mars 1859.—Remise de 75 %.—Les 25 % non remis payables, en cinq ans, par cinquièmes, du jour du concordat.— N° du Greffe, 15,174.

FISQUET, Honoré-Jean-Pierre, *entrepreneur de trottoirs, rue Saint-Sébastien*, 52.— Jugement du 21 octobre 1853 homologuant le concordat du 12 du dit mois—Remise de 80 %. — Les 20 % non remis payables en un an, savoir : 10 % un mois après l'homologuation, 5 % six mois après, 5 % à la fin de l'année. — N° du Greffe, 10,974.

FLAMAND, Louis-François, *menuisier, rue Saint-Michel*, 10. — Jugement du 30 juillet 1852 homologuant le concordat du 22 décembre 1851. — Remise de 80 %. — Les 20 % non remis payables en quatre ans, par quarts, le 22 décembre des années 1852, 1853, 1854 et 1855. — N° du Greffe 10,062.

FLAMENT, Adolphe, *fabricant de lampes, rue de la Tour*, 18. — Jugement du 10 octobre 1861 homologuant le concordat du 27 septembre 1861. — Remise de 60 %. — Les 40 % non remis payables : 5 % dans un an de l'homologation, 10 % le 1er décembre des années 1863, 1864, 1865; 5 % le 1er décembre 1866. — N° du Greffe, 18,622.

FLAMENT, Louis-Marie, *commerce de papiers peints, rue de Montreuil*, 23. —Jugement du 6 septembre 1855 homologuant le concordat du 20 août 1855. — Abandon de l'actif énoncé au concordat. — Lacoste, syndic. — N° du Greffe, 12,389.

FLESCHELLE, Sébastien-Lysimon-Myrtil, *boulanger, rue N.-D.-de-Nazareth*, 59. — Jugement du 17 août 1852 homologuant le concordat du 5 du dit mois. — Remise de 60 %. — Le surplus non remis payables, savoir : 10 % dans le mois de l'homologation, 30 % sans intérêts, en cinq ans, par cinquièmes, à partir du 5 août 1852.— N° du Greffe, 10,074.

FLEURET, *colporteur, rue du Vert-Bois*, 14. — Jugement du 23 avril 1852 homologuant le concordat du 10 du même mois. — Remise de 80 %.— Les 20 % non remis payables, en quatre ans, par quarts, fin mars des années 1853, 1854, 1855 et 1856. — N° du Greffe, 9,008.

FLEURIOT, Alexandre-Honoré, *tapissier, rue Taitbout*, 63. — Jugement du 19 juillet 1859 homologuant le concordat du 20 juin 1859.— Obligation de payer la totalité des créances, savoir : 14 % le 31 décembre 1859, 1860, 1861, 1862, 1863; 15 % le 31 décembre des années 1864 et 1865. — N° du Greffe, 15,777.

FLEURIOT, Antoine-Louis-Stanislas, *chapelier, rue du Petit-Carreau*, 5. — Jugement du 14 avril 1858 homologuant le concordat du 1er avril 1858. — Remise de 80 %. — Les 20 % non remis payables: 5 % dans trois mois, et 5 % dans un, deux et trois ans, du jour de l'homologation. — N° du Greffe, 14,540.

FLEUROT, Charles, *boulanger, à Batignolles*. — Jugement du 4 juin 1851 homologuant le concordat du 17 mai 1851. — Remise de 75 %.— Les 25 % non remis payables : 3 dividendes de 6 % le 1er juin des années 1852, 1853, 1854; le dernier dividende de 7 % le 1er juin 1855. — N° du Greffe, 9,628.

FLEUROT, Charles, *boulanger, à Batignolles*.—Jugement du 26 juillet 1858 homologuant le concordat du 10 juillet 1858.—Remise de 75 %.— Les 25 % non remis payables en cinq ans, par cinquièmes, du jour de l'homologation. — Mme Fleurot, caution.— N° du Greffe, 14,819.

FLEURY, Auguste-Charles, *fabricant de cire à cacheter, avenue des Triomphes*, 5. — Jugement du 17 janvier 1860 homologuant le concordat du 2 janvier 1860. — Obligation de payer le total des créances en huit ans, à raison de 6 fr. 25 c. %, par chaque semestre, du 31 juillet, — N° du Greffe, 16,124.

FLEURY, Pierre-Amédé-Alexis, *ex-faïencier, rue Coquillière*, 26.— Jugement du 19 août 1853 homologuant le concordat du 8 même mois. — Remise de 90 %. — Les 10 % non remis payables en cinq ans, par cinquièmes, d'année en année, à partir du 1er septembre 1854. — N° du Greffe, 10,787.

FLEURY, société FRÉVILLE, Jules, *négociant en tissus de coton, rue Saint-Fiacre*, 12. — Voir : BABEAU, Henri.— N° du Greffe, 14,129.

FLEURY et **BABEAU**, *commerce de tissus, rue Saint-Fiacre*, 12. — Voir : BABEAU. — N° du Greffe, 14,129.

FLEURY, Léon, *fabricant de lampes, rue Albouy*, 11. — Jugement du 27 septembre 1859 homologuant le concordat du 22 août 1859. — Remise de 70 %. — Les 30 % non remis payables en cinq ans, par cinquièmes, du jour de l'homologation. — N° du Greffe, 16,041.

FLEURY, Victor-Marin, *marchand de nouveautés, faubourg St-Martin*, 83. — Jugement du 4 mars 1861 homologuant le concordat du 3 février 1861. — Remise de 75 %. — Les 25 % non remis payables en 5 ans, par dixièmes, de six mois en six mois, du jour de l'homologation. MM. Eugène et Edmond Fleury, cautions. — N° du Greffe, 17,748.

FLEURY, Justin, *tapissier, rue Buffault*, 16. — Jugement du 21 août 1861 homologuant le concordat du 5 août 1861. — Remise de 50 %. — Les 50 % non remis payables en six ans, par sixièmes, de fin août. — Mme Fleury, caution. — N° du Greffe, 17,900.

FLOQUET, Narcisse, *banquier, faubourg Poissonnière*, 58. — Jugement du 15 janvier 1862 homologuant le concordat du 30 décembre 1861. — Remise de 85 %. — Les 15 % non remis payables en trois ans, par tiers, du jour de l'homologation. — M. et Mme Floquet, père et mère, cautions. — N° du Greffe, 18,409.

FLORIN, Désiré-Ferdinand, *commerce d'eaux-de-vie, rue des Francs-Bourgeois*, 6. — Jugement du 28 mars 1855 homologuant le concordat du 9 du même mois. — Remise de 75 %. — Les 25 % non remis payables en cinq ans, par cinquièmes, d'année en année. — Le premier paiement le 2 mars 1856. — N° du Greffe, 11,833.

FOLIGNIES, veuve DEHAEZE, Marie-Louise, *socques, rue Vert-Bois*, 62. — Voir: veuve DEHAEZE, — N° du Greffe, 10,218.

FOLLET, Armand, *fabricant de poterie, rue des Charbonniers-St-Marcel*, 16 et 18. — Jugement du 23 avril 1850 homologuant le concordat du 28 mars 1850. — Remise de 80 %. — Les 20 % non remis payables: 4 % fin juin 1850, et le surplus par fractions de 2 %, fin décembre 1851, fin juin et décembre 1852, fin juin et décembre 1853, fin juin et décembre 1854, fin juin 1855. — N° du Greffe, 8,249.

FOLLIET, Pierre, *nourrisseur et gravatier, rue des Rosiers, 5, à la Chapelle*. — Jugement du 4 juin 1851 homologuant le concordat du 20 mai 1851. — Remise de 70 %. — Les 30 % non remis payables, sans intérêts, en six ans, par sixièmes, le 20 juin des années 1852, 1853 et suivantes. — N° du Greffe, 9,737.

FOLLIOT, dame Adolphe-Frédéric, *fleuriste, Cité-Trévise*, 7. — Jugement du 22 novembre 1852 homologuant le concordat du 4 du même mois. — Remise de 85 %. — Les 15 % non remis payables en trois ans, par tiers, fin octobre des années 1853, 1854 et suivantes. — N° du Greffe, 10,531.

FOLLIOT-LENOIR, Louis-Baptiste, *marchand de nouveautés, rue du Sentier*, 6. — Jugement du 3 septembre 1851 homologuant le concordat du 22 janvier 1851. — Remise de 60 %. — Les 40 % non remis payables en quatre paiements égaux, fin juillet des années 1851, 1852, 1853, 1854. — Lecomte, commissaire. — N° du Greffe, 7,271.

FOLMER, Charles, *bonnetier, rue Bethisy, 10, et rue Coquillière*, 32. — Jugement du 13 février 1852 homologuant le concordat du trois du dit mois. — Remise de 85 %.— Les 15 % non remis payables en trois ans, par tiers, le 15 février des années 1853, 1854, 1855. — N° du Greffe, 10,005.

FONDARY, *limonadier, rue St-Sulpice*, 11. — Jugement du 23 mai 1861 homologuant le concordat du 8 mai 1861. — Remise de 62 %. — Les 38 % non remis payables : 19 % dans la huitaine de l'homologation, 19 % le 10 juin 1861. — N° du Greffe, 18,111.

FONDARY fils, Eugène-Jean-Baptiste, *tapissier, rue de Duras*, 3. — Jugement du 22 avril 1851 homologuant le concordat du 1er avril 1851.

— Remise de 90 %. — Les 10 % non remis payables en trois ans. — 3 % fin avril 1852, 4 % fin avril 1853, 3 % fin avril 1854. — N° du Greffe, 9,683.

FONTAINE, Charles, *négociant en vins, place de la Madeleine*, 17. — Jugement du 18 septembre 1857 homologuant le concordat du 7 septembre 1857. — Remise de 75 %. — Les 25 % non remis payables en cinq ans, par cinquièmes, d'année en année, du jour du concordat. — N° du Greffe, 13,815.

FONTAINE et Cie, *commerce de chandelles, place de la Madeleine*, 17. — Jugement du 1er février 1859 homologuant le concordat du 11 janvier 1859.— Obligation de payer l'intégralité des créances au moyen de l'actif abandonné, savoir : 1/2 % dans six mois, et 1/2 % dans un an, du jour du concordat. — Sergent, maintenu syndic. — N° du Greffe, 9,786.

FONTAINE, veuve, et MEREL, Marie-Marguerite, *lingerie, rue de Provence*, 71. — Jugement du 6 mars 1854 homologuant le concordat du 13 février 1854. — Remise de 70 %. — Les 30 % non remis payables en quatre ans, par quarts, d'année en année. — Le premier paiement le 1er février 1855. — N° du Greffe, 11,128.

FONTEYNE, Louis-Henri-Fidèle, *chaudronnier, rue Buffault*, 14. — Concordat du 6 juin 1849. — N° du Greffe, 361.

FORESTIER, Jean-Baptiste, *marchand de blanc, rue du Faubourg-St-Denis*, 101. — Jugement du 15 juillet 1861 homologuant le concordat du 2 juillet 1861. — Remise de 75 %.— Les 25 % non remis payables, sans intérêts, en cinq ans, par cinquièmes, du jour du concordat. — N° du Greffe, 10,173.

FORNIER dame, Eugénie-Joséphine, *marchande de modes, place Royale*, 21. — Jugement du 11 décembre 1854 homologuant le concordat du 24 novembre 1854. — Remise de 50 %.— Les 50 % non remis payables en 3 ans, par sixièmes, de 6 mois en 6 mois. — Le premier paiement le 25 juin 1855. — Le sieur Fornier, caution solidaire. — N° du Greffe, 11,774.

FORQUIT, Louis-Marie, *ancien marchand de vins, rue St-Maur*, 200. — Jugement du 18 mai 1858 homologuant le concordat du 4 mai 1858.—Remise de 75 %. — Les 25 % non remis payables en 5 ans, par cinquièmes, du 1er juin. — N° du Greffe, 14,680.

FORTEAU, Joseph-Amand, *mercier, rue du Faubourg-St-Martin*, 91. — Jugement du 1er juillet 1853 homologuant le concordat du 13 juin 18.53 — Remise de 65 %. — Les 35 % non remis payables : 7 % le 5 janvier 1854, 4 % le 15 janvier 1854, le 5 janvier et le 15 juillet 1855, 1856, 1857. — Hénin, commissaire. — N° du Greffe, 10,857.

FORTIER, Auguste, *charcutier, rue Mouffetard*, 113. — Jugement du 21 novembre 1856 homologuant le concordat du 28 octobre 1856. — Remise de 65 %. — Les 35 % non remis payables en 5 ans, par cinquièmes, d'année en année, du jour du concordat.— Alexandre Fortier, caution. —N° du Greffe, 11,953.

FORTIER, Etienne-Irénée, *épicier, rue de Richelieu*, 29. —Jugement du 11 décembre 1860 homologuant le concordat du 26 novembre 1860. — Remise de 75 %. — Les 25 % non remis payables en 5 ans, par cinquièmes, du 26 novembre. — N° du Greffe, 17,476.

FORTIN, Léon, *épicier, à Belleville*. —Jugement du 13 novembre 1850 homologuant le concordat du 29 octobre 1850.— Remise de 50%. —Les 50 % non remis payables en 5 ans, par cinquièmes, le 1er novembre des années 1851 et suivantes.— N° du Greffe, 9,520.

FOSSARD, Etienne-Joachim-Daniel, *marchand de bois, quai de la Marne*, 4, *à la Villette*. — Jugement du 24 juin 1856 homologuant le concordat du 24 avril 1856. — Remise de 70 %. — Les 30 % non remis payables : 5 % dans le mois de l'homologation, 5 % 6 mois après, 7 % le 1er janvier 1858 et le 1er janvier 1859, et 6 % le 1er janvier 1860. — N° du Greffe, 13,669.

FOSSE, Pierre, *briquetier, route d'Orléans*, 106. — Jugement du 29 octobre 1861 homologuant le concordat du 24 août 1861. — Remise de 85 %. — Les 15 % non remis payables par les mains du syndic aussitôt l'homologation. — N° du Greffe, 17,448.

FOSTIER, Edouard-Joseph, *laytier-emballeur, rue de Lille*, 25. — Jugement du 22 novembre 1861 homologuant le concordat du 8 du même mois. — Remise de 75 %. — Les 25 % non remis payables, sans intérêts, en 5 ans, par cinquièmes, de l'homologation. — N° du Greffe 18,676.

FOUARD, Martin, *boulanger, rue de la Madeleine*, 21.— Jugement du 29 octobre 1851 homologuant le concordat du 14 octobre 1851. — Abandon de son fonds de boulangerie, du matériel, du droit à l'occupation des lieux, de la farine au grenier d'abondance et des recouvrements postérieurs au 1er septembre 1851 ; le surplus réservé. — Rabourdin, commissaire. — N° du Greffe, 9,930.

FOUCAUD, François-Antoine, *maçonnerie, rue des Amandiers-Popincourt*, 63. — Jugement du 3 novembre 1862 homologuant le concordat du 9 octobre 1862. — Remise de 55 %.— Les 45 % non remis payables: 5 % les trois premières années, 10 % les trois années suivantes, du jour de l'homologation. —N° du Greffe, 217.

FOUCAULT, Joseph-Adrien, *marchand de couleurs, rue Traversière-St-Antoine*, 18. — Jugement du 19 novembre 1851 homologuant le concordat du 31 octobre 1851. — Remise de 85 %. — Les 15 % non remis payables en trois ans, par tiers, fin novembre 1852, 1853 et 1854. — N° du Greffe, 9,880.

FOUCAULT, société CASTEX, Emmanuel, *tapissier, rue du Faubourg-Montmartre*, 61. — Voir: CASTEX. — N° du Greffe, 14,506.

FOUCAUT, Julien, *ex-entrepreneur, rue Buffault*, 11. — Jugement du 5 juillet 1850 homologuant le concordat du 7 juin 1850. — Remise de 85 %. — Le surplus payable, par tiers, fin mai 1851, 1852 et 1853. — N° du Greffe, 6,203.

FOUCHARD, Julien-Germinal, *marchand forain, rue Bailly*, 3 et 7. — Concordat du 19 juin 1849. — N° du Greffe, 465.

FOUCHÉ aîné, Jean-Louis-Alcide, *négociant, rue de Corneille*, 5. — — Jugement du 10 juillet 1857, homologuant le concordat du 7 mars 1857. — Remise de 75 %. — Les 25 % non remis payables. — 4 % les 5 premières années, 5 % la sixième année.—Le premier paiement fin mars 1858.— Affectation de l'actif abandonné au concordat au paiement des dividendes. — Lecomte, syndic. — N° du Greffe, 11,380.

FOUCHÉ, dame, veuve de Louis BÉNONI, *lingère, rue Courtalon*, 2. — Jugement du 28 octobre 1858 homologuant le concordat du 16 septembre 1858. — Remise de 60 %.— Les 40 % non remis payables : 10 % un mois après l'homologation. — 7 % six mois après et ainsi de six mois en six mois. — N° du Greffe, 14,922.

FOUCHER, Rodolphe, *ex-commissionnaire en cuirs, rue Pavée-Saint-Sauveur*, 3, *et rue Française*, 12.— Jugement du 7 novembre 1850 homologuant le concordat du 28 octobre 1850. — Remise de 50 %.— Les 50 % non remis payables en 5 ans, par cinquièmes, le 1er novembre des années 1851, 1852 et suivantes.— N° du Greffe, 8,920.

FOUCHET, Alphonse-Ferdinand, *menuisier, rue de Cléry*, 59. — — Jugement du 28 mars 1861 homologuant le concordat du 6 mars 1861. — Remise de 75 %.— Les 25 % non remis payables en cinq ans, par cinquièmes, du 1er avril. — N° du Greffe, 17,721.

FOUCHET, Amable-Alexis, *loueur de voitures, au village Levallois*. — Jugement du 19 mai 1859 homologuant le concordat du 18 avril 1859. — Remise de 80 %.— Les 20 % non remis payables en quatre ans, par quarts, du 1er avril.— N° du Greffe, 15,515.

FOUCHET, François, *entrepreneur de maçonnerie, rue Grand-St-Michel*, 11. — Jugement du 16 septembre 1861 homologuant le concordat du 4 septembre 1861. — Remise de 40 %. — Les 60 % non remis payables : 5 % le 1er janvier des années 1863 et 1864, 10 % le 1er janvier des années 1865, 1866. — 20 % le 1er juillet 1866. — 10 % le 1er janvier 1867. — N° du Greffe, 18,103.

FOUCHET, Victor, *limonadier, rue Marie-Stuart*, 22. — Jugement du 22 novembre 1858 homologuant le concordat du 30 octobre 1858. — — Remise de 60 %. — Les 40 % non remis payables : 10 % aussitôt la reddition des comptes, 10 % le 30 octobre 1859 et les 30 octobre 1860 et 1861. — Devin, syndic. — N° du Greffe, 15,078.

FOUET, société MOUTON, Charles-Adolphe, *droguiste, rue Neuve-St-Merri*, 23. — Jugement du 24 décembre 1861 homologuant le concordat du 27 novembre 1861. — Abandon de l'actif énoncé au concordat.— Beaufour, maintenu syndic. — N° du Greffe, 18,750.

FOULBŒUF, veuve, Rosalie BUREAU, *nourrisseur*, *rue St-Ambroise-Popincourt*, 1. — Jugement du 18 février 1852 homologuant le concordat du 1er avril 1851. — Remise de 90 %. — Les 10 % non remis payables en cinq ans, par fractions de 2 % dans 2, 3, 4 ans du jour du concordat, et de 4 % dans cinq ans dudit jour. — N° du Greffe 6,792.

FOULD, veuve FAIVRE, Emilie, *dentelles et lingerie*, *rue Joubert*, 33. — Voir : FAIVRE, veuve. — N° du Greffe 14,492.

FOULON, Louis-Fortuné, *ex-marchand de vins et tonnelier*, *à Charonne*. — Jugement du 26 septembre 1854 homologuant le concordat du 11 dudit mois. — Remise de 90 %. — Les 10 % non remis payables en cinq ans, par cinquièmes, d'année en année. — Le premier paiement le 1er octobre 1855. — N° du Greffe 11,495.

FOULON père, Pierre, *entrepreneur de peintures*, *place de la Corderie*, 8. — Jugement du 24 février 1862 homologuant le concordat du 11 février 1862. — Remise de 80 %. — Les 20 % non remis payables en cinq ans, par cinquièmes, du jour de l'homologation. — N° du Greffe 19,038.

FOUQUET, *carrossier-charron*, *rue de Laborde*, 18. — Concordat du 2 juillet 1849. — N° du Greffe 323.

FOUQUET, François-Jean, *laitier en gros et charcutier*, *rue des Nonains-d'Hyères*, 5. — Jugement du 23 décembre 1852 homologuant le concordat du 8 dudit mois. — Remise de 70 %. — Les 30 % non remis payables en trois ans, par tiers, le 1er juillet des années 1854, 1855, 1856. — N° du Greffe 10,563.

FOUQUET, Louis, *épicier*, *à Boulogne*, *rue d'Aguesseau*, 21. — Jugement du 20 décembre 1859 homologuant le concordat du 29 novembre 1859. — Remise de 75 %. — Les 25 % non remis payables, sans intérêts, en cinq ans, par cinquièmes, du jour de l'homologation. — N° du Greffe 15,969.

FOUQUET Pierre-François, *commerce de fleurs artificielles*, *rue des Deux-Portes-St-Sauveur*, 30. — Jugement du 9 décembre 1862 homologuant le concordat du 21 novembre 1862. — Remise de 70 %. — Les 30 % non remis payables en six ans, par sixièmes, du jour de l'homologation. — N° du Greffe 346.

FOUQUET, société LASSUS, *constructeur de voitures*, *à la Grande-Villette*. — Voir : CHAMEROY. — N° du Greffe 11,470.

FOURCHET, Edme, *fabricant de cire à cacheter*, *rue du Petit-Thouars*, 18. — Jugement du 3 octobre 1854 homologuant le concordat du 19 septembre 1854. — Remise de 85 %. — Les 15 % non remis payables en trois ans, par tiers, d'année en année, du jour du concordat. — N° du Greffe 11,638.

FOURMIS, François, *marchand de vins traiteur*, *avenue Sacramento*, 74, *à Vanves*. — Jugement du 21 mars 1860 homologuant le concordat du 1er décembre 1858. — Remise de 50 %. — Les 50 % non remis payables en quatre ans, par quarts, du jour de l'homologation. — N° du Greffe 15,267.

FOURNAISE, Henri, *opticien*, *rue du Chaume*. — Jugement du 2 novembre 1860, homologuant le concordat du 18 octobre 1860. — Obligation de payer l'intégralité des créances, sans intérêts, en cinq ans, par cinquièmes, du jour de l'homologation. — N° du Greffe, 17,139.

FOURNEAU, Denis, *vannier*, *à la Villette*. — Jugement du 2 juillet 1858 homologuant le concordat du 19 juin 1858. — Remise de 75 %. — Les 25 % non remis payables en cinq ans, par cinquièmes, du jour du concordat. — N° du Greffe 14,737.

FOURNET, Jean, *marchand de papiers peints*, *rue Ste-Anne*, 16. — Jugement du 17 décembre 1850 homologuant le concordat du 3 décembre 1850. — Remise de 84 %. — Les 16 % non remis payables en quatre ans, par quarts, le 1er décembre des années 1851, 1852, 1853, 1854. — Madame Fournet, caution. — N° du Greffe 9,596.

FOURNIAL, dame, Angélique-Geneviève-Désirée, *épicière*, *à Passy*. — Jugement du 26 novembre 1850 homologuant le concordat du 5 novembre 1850. — Remise de 80 %. — Obligation de payer les 20 % non remis, sans intérêts, en quatre ans et par tiers, le 1er octobre des années 1852, 1853 et suivantes. — N° du Greffe 9,315.

FOURNIAL, Léonard, *scieur de long et marchand de faïence*, *Grande-Rue*, 18, *à Passy*. — Jugement du 1er avril 1858 homologuant le concordat du 19 mars 1858. — Remise de 65 %. — Les 35 % non remis payables : 8 % sous un an, et 9 % sous deux ans, trois et quatre ans de l'homologation. — Mme Fournial, caution. — N° du Greffe 14,266.

FOURNIAL, Léonard, *scieur de long*, *à Passy*. — Jugement du 26 novembre 1850 homologuant le concordat du 5 novembre 1850. — Remise de 75 %. — Obligation de payer, sans intérêts, les 25 % non remis en cinq ans, par cinquièmes, le 1er octobre des années 1852, 1853 et suivantes. — N° du Greffe 9,258.

FOURNIER aîné, *marchand de broderies*, *rue Neuve-St-Eustache*, 18. — Jugement du 2 mars 1860 homologuant le concordat du 18 février 1860. — Abandon de l'actif énoncé et obligation de parfaire 50 % en deux paiements égaux, un et deux ans après la date de l'homologation. — Sautton, maintenu syndic. — N° du Greffe 16,077.

FOURNIER, Antoine, *commissionnaire en marchandises*, *rue de Cléry*, 11. — Jugement du 23 novembre 1858 homologuant le concordat du 11 novembre 1858. — Abandon de l'actif énoncé au concordat. — Beaufour, syndic. — N° du Greffe 15,052.

FOURNIER, Armand, *ex-commissionnaire en marchandises*, *rue de l'Echiquier*, 36. — Jugement du 9 août 1850 homologuant le concordat du 19 juillet 1850. — Remise de 90 %. — Le surplus payable en quatre ans, par quarts, à partir du 19 juillet 1851. — N° du Greffe 9,444.

FOURNIER, Auguste, *marchand de nouveautés*, *rue Ménilmontant*, 72. — Jugement du 16 janvier 1860 homologuant le concordat du 24 décembre 1859. — Remise de 60 %. — Les 40 % non remis payables en cinq ans, par cinquièmes, du 1er janvier. — N° du Greffe 16,421.

FOURNIER, François, *commerce de franges*, *rue de Limoges*, 4. — Concordat du 16 avril 1849.

FOURNIER, Henri-Jacques, *crémier*, *rue Laffite*, 11. — Jugement du 17 décembre 1852 homologuant le concordat du 9 octobre 1852. — Remise de 80 %. — Les 20 % non remis pryables : 3 % le 1er janvier de chacune des années 1854, 1855, 1856, 1857, 4 % le 1er janvier 1858, 4 % le 1er janvier 1859. — N° du Greffe 8,021.

FOURNIER, Jean-Henri-Marie, *linger*, *rue Neuve-St-Eustache*, 12. — Jugement du 12 mai 1854 homologuant le concordat du 1er du dit mois. — Remise de 75 %. — Les 25 % non remis payables en cinq ans, savoir : 5 % dans un an, du jour du concordat, 2 1/2 % de six en six mois, à partir du 1er paiement. — N° du Greffe, 11,183.

FOURNIER, Jules-Dominique, *ex-maître d'hôtel*, *rue Drouot*, 2. — Jugement du 18 février 1857 homologuant le concordat du 5 février 1857. — Abandon de l'actif énoncé au concordat. — Obligation de payer 10 %, en cinq ans, par cinquièmes, d'année en année. — Devin, syndic. — N° du Greffe 13,565.

FOURNIER, Pierre-Louis, *commerce de carmins*, *rue Salle-au-Comte*, 15. — Jugement du 23 août 1855 homologuant le concordat du 6 du dit mois. — Remise de 50 %. — Les 50 % non remis payables en cinq ans, par cinquièmes, d'année en année, à partir du jour du concordat. — N° du Greffe 12,284.

FOURNIER et **GUICHARD**, Léon, *bijoutiers*, *rue des Marais-St-Martin*, 16. — Jugement du 16 avril 1855 homologuant le concordat du 22 mars 1855. — Abandon de tout l'actif. — Obligation, en outre, de payer, sans solidarité, 5 % des créances, en cinq ans, par cinquièmes. — Le premier paiement le 1er mars 1857. — N° du Greffe 11,963.

FOURNIER, société LENGLET, *châles et nouveautés*, *rue de Cléry*, 5. — Jugement du 12 juin 1862 homologuant le concordat du 20 mai 1862. — Remise de 50 %. — Les 50 % non remis payables comptant, après l'homologation. — N° du Greffe 19,258.

FOURNY, Pierre-Joseph-Jules, *marchand de blanc*, *rue du Four-St-Honoré*, 10. — Jugement du 26 juin 1862 homologuant le concordat du 16 juin 1862. — Remise de 85 %. — Les 15 % non remis payables : 3 % dans deux mois de l'homologation, et 12 % en quatre ans, par quarts, du jour de l'homologation. — N° du Greffe 19,751.

FOURREX ou **FOURREIX** fils, Etienne-Léandre, *marchand de charbons*, *chaussée du Maine*, 72. — Jugement du 28 juillet 1858 homologuant le concordat du 19 juillet 1858. — Abandon de l'actif énoncé au concordat.

—Obligation de payer 10 °/₀, sans intérêts, en cinq ans, par cinquièmes, du 1er janvier 1859. — Devin, syndic. — N° du Greffe 14,638.

FOVELET, Claude-Joseph, *ex-bijoutier, rue des Vinaigriers*, 18. — Concordat du 24 septembre 1849. — N° du Greffe 448.

FRANC et **RICHY**, Jules, *fabricants de papiers peints, rue de Charenton*, 149. — Jugement du 30 janvier 1862 homologuant le concordat du 22 janvier 1862. — Abandon de l'actif énoncé au concordat. — Richard-Grison, syndic. — N° du Greffe 18,901.

FRANCHETAUX, dame GUILLARD, Agathe, *marchande de jouets d'enfatns, à Grenelle*. — Jugement du 13 mai 1859 homologuant le concordat du 20 avril 1859. — Remise de 80 °/₀. — Les 20 °/₀ non remis payables en quatre ans, par quarts, de l'homologation. — N° du Greffe 15,645.

FRANÇOIS, *négociant-distillateur, rue Saint-Victor*, 98. — Jugement du 13 juillet 1857 homologuant le concordat du 25 juin 1857.—Remise de 90 °/₀. — Les 10 °/₀ non remis payables, sans intérêts, en cinq ans, par cinquièmes, d'année en année, de l'homologation. — N° du Greffe 13,131.

FRANÇOIS, André, *traiteur, rue Maubuée*, 6. — Jugement du 25 mars 1852 homologuant le concordat du 9 du même mois. — Remise de 90 °/₀. — Le surplus payable le 1er avril 1852. — M. Prudhomme, caution. — N° du Greffe 10,055.

FRANÇOIS, Charles, *loueur de voitures, passage du Buisson-Saint-Louis*, 8. — Jugement du 23 août 1862 homologuant le concordat du 12 du même mois. — Remise de 90 °/₀. — Les 10 °/₀ non remis payables : 4 °/₀ un an après l'homologation, 3 °/₀ deux et trois ans après l'homologation. — N° du Greffe 18,979.

FRANÇOIS, Isidore, *négociant en vernis, rue Paradis-Poissonnière*, 40. — Jugement du 30 mars 1853 homologuant le concordat du 18 du même mois. — Remise de 90 °/₀. — Les 10 °/₀ non remis payables en quatre ans, par quarts, du 1er avril 1854. — N° du Greffe 10,716.

FRANÇOIS, Jean-Baptiste-Ernest, *marchand de tissus, rue de Rivoli*, 73. — Jugement du 29 décembre 1856 homologuant le concordat du 15 du même mois. — Remise de 50 °/₀. — Les 50 °/₀ non remis payables : 16 1/2 °/₀ fin avril et août 1857, et 17 °/₀ fin décembre suivant. — N° du Greffe 13,357.

FRANÇOIS, Pierre-François, *négociant en vins, rue de Bondy*, 48. — Jugement du 13 juillet 1858 homologuant le concordat du 14 juin 1858. — Remise de 50 °/₀. — Les 50 °/₀ non remis payables en cinq ans, par cinquièmes, du concordat. — N° du Greffe 14,689.

FRANÇOIS, dit **BAUNY**, Charles, *traiteur, à Alfort*. —Jugement du 5 janvier 1852 homologuant le concordat du 19 décembre 1851. — Remise des intérêts et frais non admis et de 80 °/₀. — Les 20 °/₀ non remis payables en cinq ans, par fractions de 4 °/₀, le 1er juillet des années 1853, 1854 et suivantes. — N° du Greffe 10,082.

FRANÇOIS, veuve, dit VALIN, *tenant hôtel garni, avenue des Champs-Élysées*, 67 et 69. — Jugement du 8 janvier 1856 homologuant le concordat du 18 décembre 1855. — Obligation de payer l'intégralité des créances au moyen de l'actif énoncé au concordat. — N° du Greffe 12,550.

FRANÇOIS, dame **BOUDIN**, Victoire-Césarine, *tenant maison meublée, avenue des Champs-Élysées*. — Jugement du 24 août 1854 homologuant le concordat du 20 juillet 1854. — Abandon de l'actif. — N° du Greffe 11,032.

FRANKE, Charles, *marchand de fourrures, rue Tronchet*, — Jugement du 12 novembre 1850 homologuant le concordat du 2 du même mois.— Remise de 75 °/₀. — Les 25 °/₀ non remis payables, en quatre ans, par quarts, du 1er décembre des années 1851, 1852, 1853 et 1854. — N° du Greffe 9,584.

FRANQUEBALME, Joseph-Frédéric, *entrepreneur de bâtiments, rue Saint-Lazare*, 12. — Jugement du 15 avril 1859 homologuant le concordat du 23 mars 1859. — Remise de 75 °/₀. — Les 25 °/₀ non remis payables, sans intérêts, dans un an du concordat. — N° du Greffe 735.

FRATIN dame, Joséphine PIOCHE, *négociante en bronzes d'art, rue de Lille*. — Jugement du 9 mars 1857 homologuant le concordat du 16 février 1857. — Remise de 85 °/₀. — Les 15 °/₀ non remis payables, sans intérêts, en trois ans, par tiers, d'année en année, du jour de l'homologation. — N° du Greffe 13,180.

FRÉCOURT, Henri, *négociant en bonneterie, rue du Faubourg-Saint-Antoine*, 11. — Jugement du 26 août 1853 homologuant le concordat du 3 du même mois.—Remise de 65 °/₀.—Les 35 °/₀ non remis payables par fractions de 5 °/₀ les 30 juin et 31 décembre 1854, 1855, 1856, et 30 juin 1857. — N° du Greffe 10,817.

FRÉDÉRICH, Jean, *fabricant de montres, à Belleville*. — Jugement du 14 avril 1857 homologuant le concordat du 21 mars 1857. — Remise de 70 °/₀. — Les 30 °/₀ non remis payables, par quarts, de six mois en six mois, du jour de l'homologation. — N° du Greffe 13,610.

FRÉMICOUR, Alexandre-Désiré-Joseph, *entrepreneur de lavoir public, à la Villette*. — Jugement du 24 juin 1852 homologuant le concordat du 29 mai 1852. — Abandon de l'actif à l'exception du mobilier.—N° du Greffe 9,639.

FRÉMONT et **LASNE**,, *négociants, rue de l'Echiquier*, 36.— Jugement du 22 mai 1861 homologuant le concordat du 6 juin 1859. — Obligation par le sieur Frémont fils: 1° de payer aux créanciers de la société 20 °/₀ de leurs créances en 3 ans, par tiers, du concordat; 2° de parfaire 10 °/₀ si la liquidation de l'union n'atteignait pas ce chiffre, et ce, avant l'expiration de 2 ans, du jour du concordat. — N° du Greffe 13,352.

FRÈNE fils, Alfred *entrepreneur de menuiserie, rue des Cinq-Moulins*, 18. — Jugement du 26 septembre 1862 homologuant le concordat du 15 du même mois. — Remise de 75 °/₀. — Les 25 °/₀ non remis payables en 6 ans, par sixièmes, de l'homologation. — Les cinq premiers paiements de 4 °/₀, et le sixième paiement de 5 °/₀.— N° du Greffe 292.

FRENNELET, Charles-Etienne, *passementier, rue St-Denis*, 278. — Jugement du 20 septembre 1860 homologuant le concordat du 10 du même mois. — Remise de 75 °/₀. — Les 25 °/₀ non remis payables : 5 °/₀ dans le mois de l'homologation. — 5 °/₀ le 15 mars 1861, et 15 °/₀ en 3 ans, par tiers, du 15 mars. — N° du Greffe 17,313.

FRÈRE, Désiré-Jean-Baptiste, *négociant en vins, rue Mouffetard*, 127. — Jugement du 28 septembre 1852 homologuant le concordat du 24 août 1852. — Remise 75 °/₀. — Le surplus non remis payables en 5 ans, par cinquièmes, du 24 août 1853. — N° du Greffe 10,348.

FRÈREBEAU, Louis, *marchand de meubles, rue du Dragon*, 28. — Jugement du 3 juillet 1856 homologuant le concordat du 23 juin 1856. — Remise de 70. °/₀ — Les 30 °/₀ non remis payables en 5 ans, par cinquièmes, d'année en année. — Premier paiement le 6 juin 1857. — N° du Greffe 13,028.

FRÈREBEAU, Louis, *marchand de meubles, rue du Dragon*, 28.-- Jugement du 17 octobre 1854 homologuant le concordat du 25 septembre 1854. — Obligation de payer la totalité des créances en 5 ans, par cinquièmes, d'année en année. —Premier paiement fin septembre 1855. — N° du Greffe 11,619.

FRÉROT, née TRUCHOT, veuve, *liquoriste, boulevard du Temple*, 43. — Jugement du 20 août 1862 homologuant le concordat du 2 du même mois.—Remise de 70 °/₀. — Les 30 °/₀ non remis payables en 3 ans, par tiers, de l'homologation. — N° du Greffe 19,778.

FRESNE, *négociant, à Belleville*. — Jugement du 26 septembre 1852 homologuant le concordat du 13 du même mois. — Remise de 85 °/₀. — Les 15 °/₀ non remis payables: 1 °/₀ les 31 décembre 1863, 1864, 1865, et 2 °/₀ les 31 décembre 1866, 1867, 1868, 1869, 1870 et 1871. — N° du Greffe 19,903.

FRÉVIGNY, dame DELMAS, ou TREVIGNY, Célestine-Irma-Héloïse, *maison garnie, rue St-Dominique-St-Germain*, 3. — Voir : DELMAS-FRÉVIGNY sieur et dame.

FRETIN, Henri, *ex-marchand de vins, rue de l'Arcade*, 17. — Jugement du 8 juillet 1851 homologuant le concordat du 3 août 1850. — Remise de 88 °/₀. — Les 12 °/₀ non remis payables en six ans, par sixièmes, du 1er août 1851. — N° du Greffe 9,170.

FREVILLE, Adéodat, *négociant en vins, rue de Grenelle-St-Germain*, 25.—Jugement du 17 février 1862 homologuant le concordat du 21 janvier 1862. — Remise de 40 °/₀. — Les 60 °/₀ non remis payables, sans intérêts, en douze ans, par douzièmes, de l'homologation.— N° du Greffe 18,577.

FREY, Joseph-Mathias, *marbrier, avenue de la Mothe-Piquet*, 18. — Jugement du 11 juin 1861 homologuant le concordat du 17 mai 1861.— Remise de 50 %. — Les 50 % non remis payables en cinq ans, par cinquièmes, du 1er septembre 1861. — N° du Greffe 18,046.

FREY, Jules, *imprimeur, rue Croix-des-Petits-Champs*, 33. — Jugement du 16 janvier 1855 homologuant le concordat du 14 décembre 1854.— Remise de 85 %.— Les 15 % non remis payables en trois ans, par tiers, d'année en année. — Premier paiement le 15 janvier 1856. — N° du Greffe 8,764.

FRIANT, *restaurateur aux Ternes*. — Concordat du 6 août 1849.— N° du Greffe 356.

FRICK, Jean-Philémon, société **ROBERT**, *débitant, à la Villette*, — Jugement du 25 octobre 1853 homologuant le concordat du 1er du même mois. — Remise de 80 %. — Les 20 % non remis payables en quatre ans, par quarts, d'année en année, du jour du concordat.— N° du Greffe 10,725.

FRION, dame, Marie-Anne **LEMBOURION**, *marchande à la toilette, rue Charlot*, 23.— Jugement du 16 août 1850 homologuant le concordat du 3 du même mois. — Remise de 80 %. — Les 20 % non remis payables, d'année en année, par cinquièmes, à partir du 3 août 1850. — N° du Greffe 9,478.

FRISON, Nicolas, *fabricant de chaises, rue de Charenton*, 179.—Jugement du 31 janvier 1859 homologuant le concordat du 17 du même mois. —Remise de 75 %. — Les 25 % non remis payables en cinq ans, par cinquièmes, de l'homologuation. — N° du Greffe 15,390.

FROISSART, Nicolas-François, *régleur de papier, rue Saint-Denis*, 257. — Jugement du 2 mai 1851 homologuant le concordat du 9 avril 1851. — Remise de 80 %. — Les 20 % non remis payables, en quatre ans, par quarts, fin juin des années 1852, 1853, 1854 et 1855. — N° du Greffe 9,780.

FROMAGE, Louis-Furcy, *loueur de voitures, à Belleville*.—Jugement du 28 novembre 1854 homologuant le concordat du 14 du même mois. —Remise de 80 %. — Les 20 % non remis payables, en quatre ans, par quarts, d'année en année, à partir du jour du concordat. — N° du Greffe 11,803.

FROMAGE, Narcisse-Alexandre, *fabricant d'eau de seltz, rue Saint-Maur*, 201. —Jugement du 22 novembre 1860 homologuant le concordat du 8 du même mois. — Remise de 50 %. — Les 50 % non remis payables, sans intérêts, en cinq ans, par dixièmes, de l'homologation. — N° du Greffe 17,422.

FROMENT, Amédée-Victor, *négociant en vins, rue Saint-Martin*, 203. — Jugement du 6 juillet 1857 homologuant le concordat du 28 mai 1857. — Remise de 80 %. — Les 20 % non remis payables, sans intérêts, savoir : 5 % dans trois mois et 15 % dans trois ans, d'année en année, du jour du concordat. — N° du Greffe 12,506.

FROMILLON-FOURNIER et Ce, Alphonse, père et fils, *fabricants de gants, boulevard de Sébastopol*, 2. — Jugement du 17 juin 1859 homologuant le concordat du 3 du même mois. — Remise de 90 %. — Les 10 % non remis payables : 2 % dans deux ans, 3 % dans trois ans, 3 % dans quatre ans, et 2 % dans cinq ans, de l'homologation. — N° du Greffe 13,962.

FROMONT, Eugène, *négociant en vins, à Clichy-la-Garenne*. — Jugement du 26 octobre 1860 homologuant le concordat du 21 septembre 1860. — Remise de 75 %.—Les 25 % non remis payables dans le mois de l'homologation. — N° du Greffe 16,669.

FROMONT, Victor, *voiturier, à Montmartre*. — Jugement du 4 décembre 1857 homologuant le concordat du 23 novembre 1857. — Remise de 60 %. — Les 40 % non remis payables, en cinq ans, par cinquièmes, d'année en année, du jour de l'homologation. — N° du Greffe 14,190.

FRONTIER, demoiselle, Léontine, *fleuriste, rue Saint-Marc*, 27. — Jugement du 1er décembre 1862 homologuant le concordat du 27 octobre 1862.—Remise de 70 %.—Les 30 % non remis payables en six ans, par sixièmes, du 30 novembre. — N° du Greffe 358.

FRUGIER, Léonard, *négociant en vins, à la Chapelle-Saint-Denis* — Jugement du 4 octobre 1854 homologuant le concordat du 1er septembre 1854.— Remise de 85 %. — Les 15 % non remis payables, en trois ans, par tiers, d'année en année, du 1er octobre 1854. — N° du Greffe 11,667.

FRUTIER, veuve, *boulangère, à Grenelle*. — Jugement du 17 décembre 1857 homologuant le concordat du 3 du même mois. — Obligation de payer le montant des créances en principal, intérêts et frais, dans le mois de l'homologation. — M. Lemaitre, caution, sous les réserves énoncées au concordat. — N° du Greffe 13,936.

FUCHS, Jean-Baptiste, *gantier et culottier, rue de l'Echelle*, 3. — Jugement du 20 mai 1853 homologuant le concordat du 6 même mois. — Remise de 70 %. — Les 30 % non remis payables en deux ans, par neuvièmes, le 1er juin des années 1854 et suivantes. — N° du Greffe 10,794.

FURET, *négociant en vins, rue Fontaine-au-Roi*, 31 *et* 36.—Concordat du 8 octobre 1849. — N° du Greffe 535.

FURSTENHOFF, dame **AUGUSTE**, *marchande de fleurs, rue de Choiseul*, 17. — Jugement du 7 mars 1855 homologuant le concordat du 26 février 1855. — Remise de 80 %. — Les 20 % non remis payables, en quatre ans, par quarts, d'année en année. — Premier paiement le 1er mars 1856. — N° du Greffe 11,814.

FUZZI et DANIEL, Ange, *négociants en vins, rue Mogador*, 14.—Voir : DANIEL. — N° du Greffe 15,589.

G

GABELOTEAU, Henri, *pharmacien, rue Moreau*, 32. — Jugement du 13 novembre 1861 homologuant le concordat du 23 septembre 1861. — Remise de 60 %.—Les 40 % non remis payables en six ans, par sixièmes, de l'homologation. — Mme Gabeloteau, caution. — N° du Greffe 17,904.

GABILLÉ veuve, née Perrine **CHEVALIER**, François, *serrurier-charron, passage des Deux-Sœurs*. — Jugement du 5 janvier 1852 homologuant le concordat du 11 décembre 1851. — Abandon des sommes déposées chez le syndic. — Obligation de verser, dans le mois de l'homologation, somme suffisante pour, avec l'abandon ci-dessus, parfaire un dividende de 20 %.

GABRIAC, Joseph, *négociant en draps, rue d'Angoulême-du-Temple*, 38. — Jugement du 25 mars 1856 homologuant le concordat du 7 du même mois. —Remise de 50 %. — Les 50 % non remis payables en cinq ans, par cinquièmes, d'année en année. — Premier paiement le 1er avril 1857. — N° du Greffe 12,853.

GACHET, de la société **LASSUS** et Cie, *constructeur de voitures, à la Villette*. — Voir : CHAMEROY. — N° du Greffe 11,470.

GACHOD, de la société **DEROSE**, *négociant, rue du Sentier*, 23. — Jugement du 31 mars 1857 homologuant le concordat du 21 même mois. — Remise de 70 %. — Les 30 % non remis payables : 10 % dans un et deux mois de l'homologation, 5 % le 30 avril des années 1859 et 1860. — MM. Fortier et Fragot, cautions des deux premiers dividendes. — N° du Greffe 13,688.

GACON, Amable, *tenant table d'hôte, au fort de Vanves*. — Jugement du 17 juin 1852 homologuant le concordat du 1er du même mois. — Remise de tous intérêts et frais et de 85 %. — Les 15 % non remis payables : 5 % dans deux ans, 5 % dans trois ans, 5 % dans quatre ans, du jour du concordat. — N° du Greffe 10,310.

GACON, dame Amable, *restaurateur, au fort d'Ivry*. — Jugement du 21 août 1860 homologuant le concordat du 25 juillet 1860. — Remise de

80 %. —Les 20 % non remis payables, en cinq ans, par cinquièmes, du jour du concordat. — N° du Greffe, 16,929.

GADON, Hippolyte, *banquier, rue Feydeau*, 21. Voir: ALLIBAUD.— N° du Greffe, 14,919.

GAGEOT, *commerce d'ornements sculptés, rue St-Antoine*, 95. — Jugement du 20 juin 1861 homologuant le concordat du 4 du même mois. — Abandon de l'actif énoncé au concordat. — Obligation de payer 25 % en cinq ans, par cinquièmes, du jour de l'homologation. — Lofrançois, syndic. — N° du Greffe, 16,671.

GAGNARD, Benoist, *marchand de bois, rue Lafayette*, 69. — Concordat du 2 avril 1849. — N° du Greffe, 8,355.

GAGNARD, Benoist, *marchand de bois, rue Lafayette*, 97. — Jugement du 28 décembre 1854 homologuant le concordat du 12 du même mois. — Remise de 90 %. — Les 10 % non remis payables, sans intérêts, en dix ans, par dixièmes. — Le premier paiement dans un an de l'homologation. — N° du Greffe, 11,410.

GAGNE, société GRIGNÉ, personnellement, Eugène-Henri, *libraire, Carrefour de l'Odéon*, 15, *et rue d'Anjou-St-Honoré*, 4. — Voir: DODIER, société GAGNE. — N° du Greffe, 12,797.

GAGNEAU et LERIDAIS, Alphonse-François, *distillateurs, Grande-Rue*, 27, *à la Chapelle St-Denis*.— Jugement du 22 avril 1856 homologuant le concordat du 10 avril 1856. — Abandon de l'actif réalisé et à réaliser. — Obligation de payer 20 % en quatre ans, par quarts, d'année en année. — Le premier paiement un an après l'homologation. — Quatremère, commissaire. — N° du Greffe, 12,923.

GAGNET, Jean-Baptiste, *cordonnier, avenue des Ternes*, 8. — Jugement du 21 janvier 1861 homologuant le concordat du 7 janvier 1861. — Remise de 80 %. — Les 20 % non remis payables en quatre ans, par quarts, du jour de l'homologation. — N° du Greffe, 17,629.

GAGNY, Jean-Pierre-François, *boulanger, rue Bethisy*, 14. — Jugement du 8 octobre 1855 homologuant le concordat du 10 septembre 1855. — Abandon de l'actif réalisé. — Breuillard, commissaire. —N° du Greffe, 9,630.

GAGUEREL, société GADON, Hippolyte, *banquier, rue Feydeau*, 28.— Voir: ALLIBAUD. — N° du Greffe, 14,919.

GAGUEREL, société HAMM, Pierre-Edouard, *coutellier, rue de l'École de Médecine*, 6. — Voir: CLERC, de la société HAMM. — N° du Greffe, 10,785.

GAILLARD, Claude-Jacques, *peintre sur porcelaine, rue du Corbeau*, 11. — Jugement du 11 décembre 1856 homologuant le concordat du 17 novembre 1856. — Remise de 80 %. — Les 20 % non remis payables en quatre ans, par quarts, du jour du concordat. — N° du Greffe, 13,284.

GAILLARD, Hippolyte-Joseph, *tourneur en bois, rue St-Maur*, 183.— Jugement du 24 juin 1856 homologuant le concordat du 12 du dit mois. — Remise de 85 %. — Les 15 % non remis payables en trois ans, par tiers, d'année en année, du jour de l'homologation. — N° du Greffe, 13,070.

GAILLARD, Louis, *ancien papetier, rue Jean-Jacques-Rousseau*, 18, *et rue St-Martin*, 147. — Jugement du 10 mai 1850 homologuant le concordat du 18 avril 1850. —Remise de 85 % sur le capital, les intérêts et frais. — Les 15 % non remis payables en cinq ans, par cinquièmes, le 15 août des années 1851, 1852, 1853, 1854 et 1855. — N° du Greffe, 8,690.

GAILLOT, Jean-Charles-Hippolyte, *commerce de fauteuils, rue Pas-de-la-Mule*, 3. — Jugement du 3 février 1854 homologuant le concordat du 18 janvier 1854. — Remise de 80 %. —Les 20 % non remis payables, par fractions de 5 %, les 18 avril 1855, 18 janvier 1856, 1857 et 1858. — N° du Greffe, 11,004.

GAIN, Thomas-Alfred, *fabrique de broyage, à Gravelle (Seine)*. — Jugement du 30 avril 1856 homologuant le concordat du 16 avril 1856. — Obligation de payer le montant intégral, en dix ans, par dixièmes, d'année en année.—Le premier paiement le 1er mai 1857.—N° du Greffe, 12,746.

GAITTÉ, BELHOTTE et Ce, Sulpice-Marie, *imprimeurs-typographes, rue Gît-le-Cœur* 5 et 7. — Voir: BELHOTTE et GAITTET. — N° du Greffe, 14,103.

GALBRUN, Joseph, *ex-commissionnaire de roulage, à Belleville*.— Jugement du 28 avril 1859 homologuant le concordat du 12 avril 1859. — Remise de 90 %. — Les 10 % non remis payables dans six ans de l'homologation. — N° du Greffe, 15,660.

GALLAN, société STAUFIGER, Victor, *cordonnier, rue du Four-Saint-Germain*, 7.—Voir : BRETON, CHARLES LOUIS.—N° du Greffe, 11,466.

GALLAND, Paul-François-Isidore, *commerce de cuirs vernis, à Arcueil*. — Jugement du 11 septembre 1862 homologuant le concordat du 26 août 1862. — Remise de 80 %. — Les 20 % non remis payables en cinq ans, par cinquièmes, du jour de l'homologation. — N° du Greffe, 130.

GALLEUX, société, Jules-Nicolas, *commerce de boutons, rue Saint-Denis*, 248. — Voir : DELISLE, CHARLES. — N° du Greffe, 11,313.

GAILDARD, Jean-Baptiste, *marchand de vins, rue des Fossés-Saint-Bernard*, 22. — Jugement du 15 avril 1858 homologuant le concordat du 16 mars 1858. — Remise de 70 %. — Les 30 % non remis payables sans intérêts, en trois ans, par tiers, du jour de l'homologation. — N° du Greffe, 14,505.

GALLIET, société PLOU et Ce, Léopold, *banquier, rue Saint-Anne*, 65. — Jugement du 28 novembre 1861 homologuant le concordat du 5 du même mois. — Abandon de l'actif énoncé au concordat. —Dans le cas où cet actif ne produirait pas 30 % dans le délai de trois ans, à compter de l'homologation, obligation par les concordataires de les compléter à raison de 10 %, chacun, dans les trois ans qui suivent l'expiration des dites trois années, d'année en année. — Isbert, syndic.— N° du Greffe, 16,177.

GALLIMARD, Louis-Étienne, *entrepreneur de bâtiments, boulevard Mazas*, 72. — Jugement du 30 avril 1858 homologuant le concordat du 16 du dit mois. — Remise de 85 %. — Les 15 % non remis payables en trois ans, par tiers, du jour du concordat. — Le sieur Remise, caution. N° du Greffe, 14,094.

GALINIER, *négociant, rue Saint-Victor*, 7. — Jugement du 23 avril 1858 homologuant le concordat du 6 dudit mois. — Remise de 50 %. — Les 50 % non remis payables : 10 % le 30 mai 1858, 5 % le 1er mars 1859, 35 % en quatre ans, par quarts, du 1er mars 1860. — Mme Galinier, caution des premiers 15 %. — N° du Greffe, 14,351.

GALLOIS jeune et Ce, Barthélemy-Eugène, *marchand de nouveautés, rue de Bucy*, 42. —Jugement du 30 décembre 1853 homologuant le concordat du 17 du même mois. — Remise de 70 % à Gallois jeune. — Les 30 % non remis payables en cinq ans, par dixièmes, de six mois en six mois. — Le premier paiement le 1er juillet 1854. — M. Gallois-Gignoux, caution des deux derniers dividendes. — N° du Greffe, 11,102.

GALOYER, Julien-Auguste, *marchand de crépins, rue de l'Abbaye*, 63. Jugement du 21 mai 1861 homologuant le concordat du 30 avril 1861.— Remise de 70 %. — Les 30 % non remis payables : 15 % fin mai prochain, 15 % fin décembre prochain. — N° du Greffe, 17,891.

GAMARD, dame MÉNIER-LIENDON, Caroline, *marchande de modes, rue de Grammont*, 26. — Jugement du 26 mars 1855 homologuant le concordat du 17 du même mois. — Remise de 70 %. — Les 30 % non remis payables en six ans, par sixièmes, d'année en année, commençant le 1er avril 1856. — N° du Greffe, 12,158.

GAMBA, Blaise, *marchand de curiosités, rue Neuve-des-Capucines*. — Concordat du 14 mai 1849. — N° du Greffe, 314.

GAMBA, Blaise, *marchand de curiosités, rue Neuve-des-Capucines*, 14. — Jugement du 6 décembre 1852 homologuant le concordat du 17 novembre 1852. — Remise de 90 % en principal, intérêts et frais. — Les 10 % non remis payables en quatre ans, par quarts, d'année en année, du jour du concordat.— N° du Greffe, 10,572.

GAND, Emmanuel, *chemisier, rue Montmartre*, 103. — Jugement du 20 juin 1859 homologuant le concordat du 31 mai 1859.—Remise de 60 %. — Les 40 % non remis payables en quatre ans, par quarts, du 1er juin. — N° du Greffe, 15,819.

GANE fils, Jean-Baptiste, *marchand de denrées coloniales, rue des Écouffes*, 21. — Jugement du 4 octobre 1861 homologuant le concordat du 20 septembre 1861. — Remise de 70 %.—Les 30 % non remis payables en cinq ans, par cinquièmes, du jour de l'homologation. — N° du Greffe, 17,977.

GANEY-RAGONNET et Cie, Jean-Baptiste, *marchands de meubles, rue du Faubourg-St-Antoine*, 53. — Jugement du 28 novembre 1860 homologuant le concordat du 14 novembre 1860. — Remise de 50 %. — Les 50 % non remis payables en cinq ans, par cinquièmes, du concordat. — N° du Greffe 17,383.

GANTILLON, Jacques, *tenant l'hôtel du Luxembourg, rue Royer-Collard*, 12. — Jugement du 16 juin 1853 homologuant le concordat du 30 mai 1853. — Remise de 90 %. — Les 10 % non remis payables en cinq ans, par cinquièmes, pour le premier paiement avoir lieu le 1er mai 1854. — N° du Greffe 10,835.

GARAU, Méric, *marchand de vins, rue de Paradis-Poissonnière*, 41. — Jugement du 13 août 1851 homologuant le concordat du 1er août 1851. — Remise de 85 %. — Les 15 % non remis payables, sans intérêts, en trois ans, par tiers, à compter du 1er août 1851. — N° du Greffe 9,824.

GARAU fils, *négociant en vins, rue Grange-Batelière*, 3. — Jugement du 24 janvier 1856 homologuant le concordat du 9 dudit mois. — Remise de 80 %. — Les 20 % non remis payables en quatre ans, par quarts, d'année en année, du jour du concordat. — N° du Greffe 12,724.

GARCIN, Daniel, *bijoutier, rue du Temple*, 176. — Jugement du 30 novembre 1858 homologuant le concordat du 17 du même mois. — Remise de 60 %. — Les 40 % non remis payables en cinq ans, par cinquièmes, du 1er décembre. — N° du Greffe 15,207.

GARDIN, veuve, Pierre-Victor, *marchande de papiers de fantaisie, rue du Chaume*, 5. — Jugement du 30 janvier 1855 homologuant le concordat du 11 du même mois. — Remise de 85 %. — Les 15 % non remis payables : 3 % le 15 février 1856 et 4 % le 15 février des années 1857, 1858 et 1859. — N° du Greffe 11,752.

GARELLI, BAAR et **GEER**, *exportateur, rue du Faubourg-Poissonnière*, 31. — Voir : BAAR. — N° du Greffe, 19,422.

GARET, Barthélemy-Guillaume, *fabricant de cartonnages, rue Michel-le-Comte*, 27. — Jugement du 17 mai 1858 homologuant le concordat du 1er dudit mois. — Remise de 75 %. — Les 25 % non remis payables en cinq ans, par cinquièmes, du jour de l'homologation. — N° du Greffe 14,577.

GARGAM, société HUET, Louis, *marchand de nouveautés, rue St-Honoré* 88 *et* 90. — Jugement du 16 novembre 1860 homologuant le concordat du 27 octobre 1860. — Remise de 70 %. — Les 30 % non remis payables par Huet, en quatre ans, par quarts, du jour de l'homologation. — N° du Greffe 17,096.

GARIEN, Jean-Baptiste, *entrepreneur de bâtiments, rue Ménilmontant*, 18. — Jugement du 17 avril 1856 homologuant le concordat du 28 mars 1856. — Remise de 80 %. — Les 20 % non remis payables en quatre ans, par quarts, d'année en année, à partir d'un mois après l'homologation. — N° du Greffe 11,339.

GARLENC, Alexandre, *limonadier, rue St-Martin*, 314. — Jugement du 21 mars 1859 homologuant le concordat du 17 février 1859. — Abandon de l'actif énoncé au concordat. — Obligation de payer 25 % en cinq ans, par cinquièmes, du 15 mars. — Pascal, syndic. — N° du Greffe 14,567.

GARMOND, Joseph, *marchand de nouveautés, avenue de Clichy*, 61. — Jugement du 12 décembre 1862 homologuant le concordat du 1er décembre 1862. — Remise de 55 %. — Les 45 % non remis payables : 15 % dans le mois de l'homologation. — 30 % en deux ans, par quarts, de six mois en six mois, de l'homologation. — N° du Greffe 562.

GARNIER jeune, Pierre-Louis, *opticien, rue Ménilmontant*, 114. — Jugement du 17 septembre 1862 homologuant le concordat du 27 août 1862. — Obligation de payer l'intégralité des créances, sans intérêts, en sept ans, à partir de l'homologation. — Les six premiers paiements seront de 15 % et le septième de 10 %. — N° du Greffe, 19,978.

GARNIER fils, Jean-Claude, *marchand de meubles et maître d'hôtel, rue Jacob*, 25. — Jugement du 15 avril 1862 homologuant le concordat du 26 mars 1862. — Obligation de payer l'intégralité des créances, sans intérêts, en cinq ans, par cinquièmes, de l'homologation. — N° du Greffe, 19,440.

GARNIER, Jean-Baptiste, *entrepreneur de maçonnerie, à Arcueil, route d'Orléans*. — Jugement du 3 novembre 1853 homologuant le concordat du 5 octobre 1853. — Remise de 80 %. — Les 20 % non remis payables, sans intérêts, par tiers, le 1er octobre des années 1854, 1855 et 1856. — N° du Greffe 10,690.

GARNIER, François-Auguste, *ex-fabricant de caoutchouc, rue de Paris*, 67, *à Charenton*. — Jugement du 24 janvier 1861 homologuant le concordat du 14 janvier 1861. — Abandon de l'actif énoncé au concordat. — Beaufour maintenu syndic. — N° du Greffe 16,189.

GARNIER, Emile, *bijoux dorés, boulevard Sébastopol*, 82. — Jugement du 16 mai 1862 homologuant le concordat du 28 avril 1862. — Remise de 75 %. — Les 25 % non remis payables, sans intérêts, en cinq ans, par cinquièmes, du 1er mai. — N° du Greffe 19,063.

GARNIER, Henri-Edouard-Louis, *constructeur de bâtiments, à Montmartre*. — Jugement du 23 février 1860 homologuant le concordat du 9 février 1860. — Abandon de l'actif énoncé. — Trille, maintenu syndic. — N° du Greffe, 16,371.

GARNIER, Claire, *limonadier-restaurateur, rue de Rivoli*, 74. — Jugement du 24 avril 1861 homologuant le concordat du 3 avril 1861. — Remise de 84 %. — Les 16 % non remis payables en six ans, par sixièmes de l'homologation. — Mme Garnier caution. — N° du Greffe 16,342.

GARNIER, Benoit, *ex-corroyeur, cour Battave*, 18. — Jugement du 8 juin 1853 homologuant le concordat du 27 octobre 1852. — Remise de 90 %. — Les 10 % non remis payables, par dixièmes, d'année en année. — Le premier paiement le 13 octobre 1853 et successivement. — N° du Greffe 10,419.

GARNIER, Albert, *commissionnaire en marchandises, rue Paradis-Poissonnière*, 52. — Jugement du 26 novembre 1860 homologuant le concordat du 2 novembre 1860. — Remise de 70 %. — Les 30 % non remis payables en trois ans, par tiers, de l'homologation. — N° du Greffe 17,308.

GARNIER, Alexandre-Pierre, *mercier-bonnetier, rue St-Martin*, 279. — Jugement du 2 août 1854 homologuant le concordat du 19 juillet 1854. — Remise de 70 %. — Les 30 % non remis payables en trois ans, par tiers. — Premier paiement 1er août 1855. — N° du Greffe 11,712.

GARNIER et **BAL**, Guillaume-François, *limonadier, rue Ménilmontant*, 109. — Voir : BAL. — N° du Greffe 16,767.

GARNIER, veuve PARÉ, Hortense-Valentine, *marchand de vins, boulevard de Strasbourg*, 29. — Jugement du 6 juillet 1857 homologuant le concordat du 22 juin 1857. — Abandon de l'actif énoncé. — N° du Greffe 13,783.

GAROFALO, Ferdinand-Salvator, *fabricant d'encadrements, rue Charlemagne*, 21. — Jugement du 31 octobre 1861 homologuant le concordat du 16 octobre 1861. — Remise de 80 %. — Les 20 % non remis payables, sans intérêts, en quatre ans, par quarts, de l'homologation. — N° du Greffe, 18,571.

GARIGUES, Joseph, *fabricant de chaussures, rue de la Tour-d'Auvergne*, 27. — Jugement du 24 mars 1858 homologuant le concordat du 20 février 1858. — Remise de 75 %. — Les 25 % non remis payables en cinq ans, par cinquièmes, de l'homologation. — N° du Greffe 14,199.

GASCHE, femme DEVANLAY, veuve JAILLET, Estelle, *rue des Ecuries-d'Artois*, 3. — Voir : DEVANLAY, veuve JAILLET. — N° du Greffe 7,958.

GASCHÉ, *tailleur, rue de la Paix*, 28. — Jugement du 8 novembre 1861 homologuant le concordat du 28 octobre 1861. — Remise de 75 %. — Les 25 % non remis payables : 8 % au 30 juin 1862. — 8 % fin octobre 1863, 9 % fin octobre 1864. — N° du Greffe 18,470.

GATEAU, *marchand de vins, rue de Charonne*, 63. — Concordat du 27 juin 1849. — N° du Greffe, 183.

GATELLIER, Paul, *serrurier, rue St-Etienne-Bonne-Nouvelle*, 10. — Jugement du 14 février 1854 homologuant le concordat du 30 janvier 1854. — Remise de 85 %. — Les 15 % non remis payables en cinq ans, par cinquièmes. — Le premier paiement un an après l'homologation. — N° du Greffe 11,197.

GATINOT fils, Edouard-Louis, *nourrisseur, grande rue, 1, à Montrouge.* — Jugement du 15 avril 1856 homologuant le concordat du 2 avril 1856. — Remise de 60 %. — Les 40 % non remis payables en quatre ans, par quarts, d'année en année. — Le premier paiement dans un an du concordat. — N° du Greffe, 12,957.

GAUBERT, veuve, *marchande de vins, à Montrouge.* — Jugement du 4 novembre 1858 homologuant le concordat du 23 octobre 1858. — Obligation de payer l'intégralité des créances, en principal, intérêts et frais, dans deux mois de l'homologation. — N° du Greffe, 14,914.

GAUDIN, Achille, *doreur sur métaux, rue Jarente,* 7 et 9. — Jugement du 6 juillet 1857 homologuant le concordat du 20 juin 1857. — Remise de 80 %. — Les 20 % non remis payables en quatre ans, par quarts, d'année en année, du jour de l'homologation. — N° du Greffe, 13,640.

GAUDIN de **VILLAINE**, Victor-Eugène, *entrepreneur, rue de Provence,* 5. — Jugement du 14 mai 1856 homologuant le concordat du 18 avril 1856. — Remise de 80 %. — Les 20 % non remis payables, sans intérêts : 5 % dans un an de l'homologation. — 15 % par tiers, le 1er juillet 1858, 1859 et 1860. — N° du Greffe, 12,942.

GAUDON, femme MATHÉLIER, Jenny, *lingerie, rue Charlot,* 20. — Jugement du 18 février 1859 homologuant le concordat du 1er février 1859. — Remise de 80 %. — Les 20 % non remis payables en quatre ans, par quarts, de l'homologation. — N° du Greffe, 15,685.

GAUDUMET, Jean-Baptiste, *scieur à la mécanique, à Grenelle.* — Jugement du 26 octobre 1860 homologuant le concordat du 3 dudit mois. — Remise de 70 %. — Les 30 % non remis payables en quatre ans : 5 % le 1er octobre des années 1861, 1862. — 10 % le 1er octobre des années 1863 et 1864. — N° du Greffe, 10,799.

GAUGIRAN, Jean-Isidore-Alexandre, *commerce en passementerie, cloître St-Jacques,* 3. — Jugement du 22 novembre 1855 homologuant le concordat du 9 du même mois. — Remise de 75 %. — Les 25 % non remis payables en cinq ans, par cinquièmes, d'année en année. — Le premier paiement le 1er novembre 1856. — N° du Greffe, 12,579.

GAULARD, Pierre-Hilaire, *marchand de vins, rue du Pas-de-la-Mule,* 9. — Jugement du 29 décembre 1856 homologuant le concordat du 13 décembre 1856. — Remise de 80 %. — Les 20 % non remis payables en deux ans, par moitiés, du jour du concordat. — N° du Greffe, 13,432.

GAULET, Jean-Baptiste-Adelbert, *ex-mécanicien, boulevard du Temple,* 32. — Jugement du 2 août 1852 homologuant le concordat du 20 juillet 1852. — Abandon de l'actif énoncé au concordat, et obligation de payer 6 % en quatre ans, par quarts. — Le premier paiement le 15 août 1853. — Isbert, syndic. — N° du Greffe, 10,077.

GAULLIER, Auguste, *fabricant bijoutier, rue des Gravilliers,* 19. — Jugement du 12 février 1858 homologuant le concordat du 28 janvier 1858. — Remise de 70 %. — Les 30 % non remis payables : 10 % trois mois après l'homologation, et 10 % un et deux ans après. — N° du Greffe, 14,394.

GAULTIER, François-Mathurin, *émailleur, rue Beaubourg,* 42. — Jugement du 25 juin 1856 homologuant le concordat du 4 dudit mois. — Remise de 75 %. — Les 25 % non remis payables : 5 % dans un an, et 10 % dans deux et trois ans de l'homologation. — N° du Greffe, 13,007.

GAUPIN, veuve, GODEFROID, *lingère, rue de l'Arcade,* 55. — Jugement du 13 juin 1862 homologuant le concordat du 3 juin 1862. — Remise de 75 %. — Les 25 % non remis payables en cinq ans, par cinquièmes. — 5 % le 31 octobre 1862, 5 % le 30 avril 1863 et ainsi de suite. — N° du Greffe, 19,648.

GAUSIN, Jean, *marchand de nouveautés, rue de Montreuil, 48, au Petit-Charonne.* — Jugement du 10 juin 1856 homologuant le concordat du 28 mai 1856. — Remise de 70 %. — Les 30 % non remis payables en trois ans, par tiers, d'année en année. — Premier paiement fin mai 1857. — N° du Greffe, 13,049.

GAUT, Victor-François, *négociant en vins, à Nogent-sur-Marne.* — Jugement du 24 octobre 1855 homologuant le concordat du 24 septembre 1855. — Remise de 75 %. — Les 25 % non remis payables en cinq ans, par cinquièmes, d'année en année. — Premier paiement fin septembre 1856. — N° du Greffe, 12,003.

GAUTET, Louis, *chemisier, passage des Panoramas,* 8. — Jugement du 4 septembre 1850 homologuant le concordat du 20 août 1850. — Remise de 85 %. — Les 15 % non remis payables : 3 % le 20 août 1851 et 4 % le 20 août des années 1852, 1853 et 1854. — N° du Greffe, 9,485.

GAUTHIER, *fabricant d'eau de javelle, à Boulogne.* — Concordat du 31 juillet 1849. — N° du Greffe, 306.

GAUTHIER, Etienne-Alexandre, *limonadier, rue Saint-André-des-Arts,* 16. — Jugement du 21 juin 1850 homologuant le concordat du 22 mai 1850. — Remise de 75 % en capital, intérêts et frais. — Les 25 % non remis payables en cinq ans, par cinquièmes, le 25 mai des années 1851, 1852 et suivantes. — N° du Greffe, 9,417.

GAUTHIER, Hubert-Julien, *marchand de chevaux, à Ivry.* — Jugement du 14 mars 1853 homologuant le concordat du 28 février 1853. — Remise de 80 %. — Les 20 % non remis payables en cinq ans, par cinquièmes, d'année en année, du jour du concordat. — N° du Greffe, 10,751.

GAUTHIER, Louis-Jacques, *fabricant de briques, rue d'Austerlitz-St-Marcel,* 28 et 30. — Jugement du 18 novembre 1862 homologuant le concordat du 27 octobre 1862. — Abandon de l'actif énoncé au concordat. — Obligation de compléter 22 %, en quatre ans de la reddition de compte du syndic. — N° du Greffe, 353.

GAUTHIER, Jacques, *négociant en vins, rue Saint-Louis-en-l'Ile,* 78. — Jugement du 25 avril 1856 homologuant le concordat du 3 du même mois. — Remise de 75 %. — Les 25 % non remis payables en cinq ans, par cinquièmes, d'année en année, du jour de l'homologation. — N° du Greffe, 12,956.

GAUTHIER, Jean-Baptiste, *fabricant de chaussures, rue Geoffroy-Langevin,* 7. — Jugement du 24 octobre 1862 homologuant le concordat du 24 septembre 1862. — Remise de 75 %. — Les 25 % non remis payables, sans intérêts, dans trois ans de l'homologation : 5 % six mois après l'homologation, 4 % six mois après le premier paiement, et ainsi de suite de six mois en six mois. — N° du Greffe, 306.

GAUTHIER, Pierre-Antoine, *marchand de vins, rue Saint-Nicolas-Saint-Antoine,* 20. — Jugement du 16 octobre 1862 homologuant le concordat du 26 septembre 1862. — Remise de 70 %. — Les 30 % non remis payables à raison de 5 % de six mois en six mois, sans intérêts, à partir du 15 octobre. — N° du Greffe, 74.

GAUTHIER, *horloger, place de la Bourse,* 12. — Concordat du 9 avril 1846. — N° du Greffe, 188.

GAUTHIER et **DELACROIX**, Antoine-Alexis, *négociants en bois des Iles, rue des Haies,* 9. — Voir : DELACROIX. — N° du Greffe, 17,751.

GAUTHIER frères, *négociants, rue Drouot,* 14. — Jugement du 8 juin 1859 homologuant le concordat du 20 mai 1859. — Obligation de payer l'intégralité des créances au moyen de l'actif réalisé et à réaliser. — Au cas où il y aurait insuffisance d'actif, obligation de parfaire la différence, en trois ans, par tiers, de l'homologation. — N° du Greffe, 15,061.

GAUTIER, *négociant, rue de la Chaussée-d'Antin,* 37. — Jugement du 26 septembre 1856 homologuant le concordat du 13 août 1856. — Remise de 85 %. — Les 15 % non remis payables, sans intérêts, par tiers, le 15 août des années 1858, 1860 et 1861. — N° du Greffe, 11,013.

GAUTIER, dame **MILLOT**, Appoline. — Jugement du 29 mars 1853 homologuant le concordat du 2 du même mois. — Abandon de tout l'actif à l'exception du mobilier personnel. — N° du Greffe, 10,237.

GAUTIER, Théophile, *corroyeur, à Belleville.* — Jugement du 16 mars 1860 homologuant le concordat du 29 février 1860. — Abandon de l'actif. — Obligation de parfaire 40 % en cinq ans, par cinquièmes, du jour du concordat. — M. Devin, commissaire. — N° du Greffe, 16,550.

GAUTIER, Zénon-Camille-Fortuné-Napoléon, *marchand de charbons de terre, rue Boursault,* 3. — Jugement du 2 mai 1854 homologuant le concordat du 15 avril 1854. — Remise de 88 %. — Les 12 % non remis payables en quatre ans, par quarts, du jour du concordat. — Obligation d'élever le dividende promis à 50 % au cas où il recevrait une indemnité dans les circonstances prévues au concordat. — N° du Greffe, 10,850.

GAUVAIN, Henri-Rémy, *quincaillier, rue Neuve-St-Denis,* 5. — Jugement du 9 octobre 1854 homologuant le concordat du 25 août 1854. —

Remise de 80 %. — Les 20 % non remis payables : 8 % dans un an, 6 % dans deux ans, 6 % dans trois ans, du jour du concordat. — N° du Greffe, 11,609.

GAUVAIN, Jules, *négociant, rue Paradis-Poissonnière*, 27. — Jugement du 19 janvier 1859 homologuant le concordat du 22 décembre 1858. — Remise de 50 %. — Les 50 % non remis payables : 7 % la première année, 8 % la deuxième année, 10 % la troisième, 10 % la quatrième, et 15 % la cinquième année de l'homologation. — N° du Greffe, 15,288.

GAVOT et **ROSSILLOL**, société, *passementiers, rue Fontaine-au-Roi*, 51. — Jugement du 27 mai 1853 homologuant le concordat du 10 du même mois. — Remise de 70 %. — Les 30 % non remis payables, solidairement, en six ans, par sixièmes, le 25 mai des années 1854 et suivantes. — N° du Greffe, 10,585.

GEER, Georges, de la société GARELLY, *exportateur, rue du Faubourg-Poissonnière*, 31. — Voir : BAAR. — N° du Greffe, 19,422.

GEGNON, Pierre-Ernest, *marchand de nouveautés, faubourg du Temple*, 84. — Jugement du 4 décembre 1860 homologuant le concordat du 21 novembre 1860. — Remise de 70 %. — Les 30 % non remis payables en six ans, par sixièmes, du concordat. — N° du Greffe, 17,397.

GEISMAR-CHENEL, *horloger, rue Montholon*, 27. — Jugement du 19 février 1857 homologuant le concordat du 6 du même mois. — Remise de 85 %. — Les 15 % non remis payables en trois ans, par tiers, d'année en année, du jour de l'homologation. — N° du Greffe, 13,473.

GELÉE, Jules, *serrurier, rue Montmartre*, 32. — Jugement du 28 octobre 1862 homologuant le concordat du 7 du même mois. — Remise de 55 %. — Les 45 % non remis payables, sans intérêts, en cinq ans, par cinquièmes, de l'homologation. — N° du Greffe, 19,954.

GELIOT, Mathurin, *plombier, rue Saint-André-des-Arts*, 32. — Jugement du 18 novembre 1850 homologuant le concordat du 24 octobre 1850. — Remise de 75 % en principal, intérêts et frais. — Les 25 % non remis payables en quatre ans, par quarts, d'année en année, à partir du 24 octobre 1850. — N° du Greffe, 9,135.

GELIOT, Mathurin-Camille, *ex-plombier, rue St-André-des-Arts*, 24. — Jugement du 16 octobre 1860 homologuant le concordat du 17 septembre 1860. — Abandon de l'actif énoncé au concordat. — Obligation, en outre, de payer 50 % en six ans, par sixièmes, de l'homologation. — N° du Greffe, 17,185.

GELLÉ, Achille-Aimé, *teinturier, impasse Saint-Claude*, 4. — Jugement du 3 octobre 1855 homologuant le concordat du 28 août 1855. — Remise de 60 %. — Les 40 % non remis payables : 10 % le 1er oct. 1856, 5 % de six mois en six mois. — Premier paiement le 1er avril 1857. — N° du Greffe, 12,406.

GENDARME et Ce, *rue Martel*, 12. — Jugement du 30 decembre 1857 homologuant le concordat du 16 décembre 1857. — Abandon de l'actif énoncé au concordat. — Obligation de payer 5,000 fr., sans intérêts, dans les deux mois de l'homologation. — M. Gendarme fils aîné, caution des 5,000 fr. — M. Heurtey, commissaire. — N° du Greffe, 11,544.

GENDARME, Jean-Gérard, personnellement, *négociant, à Valdieu*. — Jugement du 30 décembre 1857 homologuant le concordat du 16 du même mois. — Abandon de l'actif énoncé au concordat. — Obligation de payer 5,000 fr., sans intérêts, dans les deux ans de l'homologation. — M. Gendarme fils aîné, caution des 5,000 fr. — N° du Greffe, 11,983.

GENDRY, Annibal, *serrurier, rue Neuve-des-Mathurins*, 25. — Jugement du 3 mai 1850 homologuant le concordat du 3 avril 1850. — Remise de 90 %. — Les 10 % non remis payables en quatre ans, par fractions de 2 1/2 %. — Premier paiement dans un an du jour de l'homologation, et ainsi de suite d'année en année. — N° du Greffe, 9,371.

GENESTE fils, *entrepreneur, rue Rochechouart*, 70. — Jugement du 31 juillet 1856 homologuant le concordat du 22 du même mois. — Abandon de l'actif énoncé au concordat. — N° du Greffe, 12,702.

GENESTOUX, Léon, *corroyeur, rue du Faubourg-St-Martin*, 174. — Jugement du 12 septembre 1861 homologuant le concordat du 28 août 1861. — Remise de 90 %. — Les 10 % non remis payables en cinq ans, par cinquièmes, du concordat. — N° du Greffe, 18,422.

GENET jeune, Pierre-Aumaire, *entrepreneur, rue du Faubourg-St-Honoré*, 119. — Jugement du 14 janvier 1851 homologuant le concordat du 23 décembre 1850. — Abandon de l'actif énoncé au concordat. — Obligation de payer 6 %, par moitiés, dans trois et quatre ans du 23 décembre dernier. — N° du Greffe, 9,205.

GENIN, Marie-Anne, dame Andrieux, *marchande de broderies, rue Saint-Honoré*, 234. — Jugement du 12 novembre 1855 homologuant le concordat du 29 octobre 1855. — Remise de 90 %. — Les 10 % non remis payables en deux ans, par moitié, du jour du concordat. — N° du Greffe, 12,561.

GÉNIN, Auguste, *marchand de lingeries, rue des Fossés-Montmartre*, 8. — Jugement du 12 juillet 1852 homologuant le concordat du 29 juin 1852. — Remise de 80 % en principal, intérêts et frais. — Les 20 % non remis payables en quatre ans, par quarts, fin juin des années 1853, 1854, 1855 et 1856. — N° du Greffe, 10,391.

GENISSIEUX, Auguste-Frédéric, *marchand de cols-cravates, passage de l'Opéra*, 8. — Jugement du 28 juillet 1858 homologuant le concordat du 17 du même mois. — Remise de 75 %. — Les 25 % non remis payables : 5 % dans la huitaine de l'homologation, 5 % le 30 mars des années 1859, 1860, 1861 et 1862. — N° du Greffe, 14,905.

GENRET, *marchand sellier, avenue des Champs-Elysées*, 18. — Concordat du 30 juillet 1849. — N° du Greffe, 45.

GENTE, *limonadier, rue Bourbon-Villeneuve*, 63. — Jugement du 2 février 1853 homologuant le concordat du 19 janvier 1853. — Remise de 92 1/2 % et de tous intérêts et frais. — Les 7 1/2 % non remis payables dans la quinzaine de l'homologation. — N° du Greffe, 4,187.

GENTIEN, dame SELLIER, Virginie, *marchande de vins, rue Simon-Lefranc*, 14. — Jugement du 9 septembre 1851 homologuant le concordat du 26 août 1851. — Remise de 90 %. — Les 10 % non remis payables : 5 % le 1er septembre 1852, et 5 % le 1er septembre 1853. — N° du Greffe, 9,903.

GENTIL, *directeur de la papeterie d'Alfort*. — Jugement du 7 août 1856 homologuant le concordat du 25 juin 1856. — Remise de 80 %. — Les 20 % non remis payables par tiers, de huit mois en huit mois, du jour de l'homologation. — M. Dechant de Lassus, caution. — N° du Greffe, 13,462.

GENTIL, François-Xavier, *fabricant de produits chimiques, à Alfort*. — Jugement du 15 décembre 1852 homologuant le concordat du 2 septembre 1852. — Remise de 60 %. — Les 40 % non remis payables : 6 % dans un an, 6 % dans deux ans, 7 % dans trois, quatre, cinq et six ans du jour du concordat. — N° du Greffe, 9,812.

GENTY, veuve PASQUIER, Marie-Catherine, *orfèvre, rue du Marché-au-Poirier*. — Jugement du 14 avril 1852 homologuant le concordat du 26 mars précédent. — Remise de 60 % en principal, intérêts et frais. — Les 40 % non remis payables en six ans : deux paiements de 6 % le 1er mai des années 1853 et 1854, et quatre paiements de 7 % le 1er mai des années 1855 et suivantes. — Abandon d'une partie d'une indemnité due, à valoir sur les dividendes. — N° du Greffe, 10,267.

GEOFFROY, Jacques-Antoine, *restaurateur, rue de Valois*, 6. — Jugement du 25 avril 1860 homologuant le concordat du 3 du même mois. — Remise de 90 %. — Les 10 % non remis payables, sans intérêts, en cinq ans, par cinquièmes, de l'homologation. — N° du Greffe, 15,979.

GEORGE, Joseph-Léopold, *graveur, rue de Louvois*, 2. — Jugement du 3 avril 1854 homologuant le concordat du 20 mars 1854. — Obligation de payer le montant des créances, en principal, intérêts et frais, en cinq ans : 10 % dans un an du concordat. — 20 % l'année suivante. — 20 % un an après, et 25 % chacune des deux années suivantes. — N° du Greffe, 10,231.

GÉRARD et **CARDINET**, Jules, *mécaniciens*. — Voir : CARDINET et GÉRARD. — N° du Greffe, 17,490.

GÉRARD, Frédéric, *marchand de pommes de terre, à Bercy*. — Jugement du 24 février 1858 homologuant le concordat du 28 janvier 1858. — Remise de 75 %. — Les 25 % non remis payables en cinq ans, par cinquièmes, de l'homologation. — N° du Greffe, 14,007.

GÉRARD, dame Charles, *loueuse de voitures, avenue de de St-Ouen*, 72. — Jugement du 13 mars 1861 homologuant le concordat du 15 février 1861. — Remise de 80 %. — Les 20 % non remis payables en quatre ans, par quarts, du 15 mars. — N° du Greffe, 17,757.

GÉRARD, de la société BILLOUEY.—Voir: BILLOUEY.

GERARD, Jean-Isidore, *entrepreneur de charpentes, à Grenelle.* — Jugement du 23 juin 1858 homologuant le concordat du 8 du même mois. — Remise de 40 %. — Les 60 % non remis payables en quatre ans, par quarts. — Premier paiement le 1er mars 1859.— N° du Greffe, 14,724.

GÉRARD, née SAIN, dame de Charles, *couturière, rue de la Paix*, 26. — Jugement du 3 juin 1856 homologuant le concordat du 19 mai 1856. — Remise de 70 %. — Les 30 % non remis payables en cinq ans, par cinquièmes, d'année en année. — Premier paiement fin décembre prochain. — M. Gérard, caution. — N° du Greffe, 12,916.

GÉRARD, Dlle, Julie, *négociante en tapisserie, rue du Marché-St-Honoré*, 6. — Jugement du 10 juin 1862 homologuant le concordat du 28 mai 1862. — Remise de 75 %. — Les 25 % non remis payables en cinq ans, par cinquièmes, du jour du concordat. N° du Greffe, 19,752.

GERARD, Nicolas, *marchand de vins, rue des Montagnes*, 30. — Jugement du 30 avril 1858 homologuant le concordat du 19 même mois. — Remise de 70 %. — Les 30 % non remis payables en cinq ans, par cinquièmes, de l'homologation. — N° du Greffe, 14,589.

GERARD, Louis, *marchand de cafés en poudre, rue Galande*, 34. — Jugement du 18 janvier 1858 homologuant le concordat du 31 décembre 1857. — Remise de 85 %.—Les 15 % non remis payables en trois ans, par tiers, du jour du concordat. — N° du Greffe, 14,264.

GERARDIN et **DESTREZ**, Charles-Frédéric-Auguste, *commissionnaire.* — Voir: DESTREZ. — N° du Greffe, 15,809.

GERHARD, fils aîné, François, *marchand de vins en gros, à Courbevoie.* —Jugement du 18 janvier 1850 qui homologue le concordat sans affranchir de la qualification de failli.

GERIN, Léopold, *ex-bonnetier, rue du Temple*, 46. — Jugement du 8 juin 1857 homologuant le concordat du 23 mars 1857. — Remise de 85 %. — Les 15 % non remis payables : 5 % aussitôt l'homologation et 5 % un et deux ans après.—Abandon, comme garantie, de l'actif énoncé. — N° du Greffe, 13,809.

GERMAIN, Pierre, *marchand de vins, quai Jemmapes*, 246. — Jugement du 17 mars 1857 homologuant le concordat du 4 même mois. — Remise de 50 %. — Les 50 % non remis payables le 30 avril 1857. — N° du Greffe, 13,367.

GERMAIN fils, Jean-Thomas, *blanchisseur, à Courbevoie.* — Jugement du 9 novembre 1860 homologuant le concordat du 24 octobre 1860. — Remise de 75 %. — Les 25 % non remis payables en quatre ans, par quarts, du 1er novembre.— N° du Greffe, 17,101.

GERRIET, Jean-Baptiste-Félicien, *marchand de draps, rue St-Honoré*, 70. — Jugement du 15 avril 1859 homologuant le concordat du 6 même mois. — Remise de 50 %. — Les 50 % non remis payables : 10 % dans trois mois de l'homologation et le surplus en six ans, par sixièmes, du 31 juillet. — N° du Greffe, 15,510.

GERVAIS, Pierre, *fabricant d'allumettes chimiques, à la Villette.* — Jugement du 7 septembre 1857 homologuant le concordat du 29 août 1857. — Remise de 60 %. — Les 40 % non remis payables en cinq ans, par cinquièmes, d'année en année, du jour de l'homologation. — N° du Greffe, 13,968.

GERVAISE, Paul-Florence, *fabricant de caoutchouc, rue St-Honoré*, 290 bis.—Jugement du 4 juin 1857 homologuant le concordat du 23 mai 1857. — Remise de 85 %.—Les 15 % non remis payables en deux ans, par moitiés, pour faire le premier paiement le 1er juin 1858. — N° du Greffe, 13,706.

GERVAISOT, Jacques-Louis, *pâtissier, rue du Temple*, 12.—Jugement du 24 avril 1862 homologuant le concordat du 9 même mois.—Remise de 60 %. — Les 40 % non remis payables en quatre ans, par quarts, du jour du concordat. — N° du Greffe, 19,450.

GERVOIS, *peintre en bâtiments, à Batignolles.* —Jugement du 24 septembre 1849 homologuant le concordat sans affranchir de la qualification de failli. — N° du Greffe, 557.

GERVOISE, Edme-Auguste, de la société SAVIGNAD et GERVOISE, *fabricant de voitures, aux Ternes.* — Jugement du 19 août 1858 homologuant le concordat du 3 même mois. — Obligation par Savignard et Gervoise de payer l'intégralité, principal, intérêts et frais, en cinq ans, par cinquièmes, du jour du concordat. — N° du Greffe, 14,704.

GESELL, Jules-Etienne, *entrepreneur de gymnastique, rue de Cluny*, 11. — Jugement du 12 décembre 1862 homologuant le concordat du 24 novembre 1862. — Remise de 60 %. — Les 40 % non remis payables sans intérêts en cinq ans, par cinquièmes, du 1er décembre.—N° du Greffe, 586.

GIBAUD, Jacques, *ex-marchand de nouveautés, à Montrouge.* — Jugement du 21 avril 1854 homologuant le concordat du 5 du dit mois. — Abandon d'une créance de 7,661 fr. 55 c. — Obligation de payer 12 % par quarts, du jour du concordat. — Henrionnet, commissaire. — N° du Greffe 11,207.

GIBERT, Alexandre, *marchand de vins en gros, Grande-Rue*, 138, *à Montrouge.* — Jugement du 31 mars 1862 homologuant le concordat du 12 février 1862. — Remise de 80 %. — Les 20 % non remis payables en cinq ans, par cinquièmes, du jour du concordat. — N° du Greffe, 18,929.

GIBERT, Chéri-Edmond, *marchand de vins, boulevart du Nord*, 51.— Jugement du 6 juin 1860 homologuant le concordat du 18 mai 1860. — Remise de 82 %. — Les 18 % non remis payables : 5 % dans un et deux ans, et 10 % dans trois ans de l'homologation. — Obligation, par Michel-Edmond Gibert, de payer, dans les dix jours de l'homologation, les 10 % ci-dessus qui n'étaient exigibles que dans un et deux ans de la même époque. — N° du Greffe, 16,919.

GIBUS, père et fils, Gabriel et Auguste, *commerce de chapeaux, rue Beaubourg*, 40. — Jugement du 14 décembre 1859 homologuant le concordat du 14 novembre 1859.—Remise de 75 %.—Les 25 % non remis payables en trois ans, par tiers, du jour de l'homologation. — N° du Greffe, 16,083.

GIEZ, veuve GEORGES, *lingerie, rue de la Chaussée-d'Antin*, 60.—Jugement du 13 juin 1861 homologuant le concordat du 27 mai 1861. — Remise de 60 %. — Les 40 % non remis payables en cinq ans, par cinquièmes, du jour de l'homologation. — N° du Greffe, 18,035.

GILAIN, dame HENRI, Charles-Alfred, *marchand de vins, rue Pradier*, 34, *à Belleville.* — Jugement du 6 juin 1862 homologuant le concordat du 19 mai 1862. — Remise de 58 %. — Les 42 % non remis payables en cinq ans, par cinquièmes, du concordat. — N° du Greffe, 19,479.

GILBERT, dit CORNIBERT, Jules-Auguste, *ex-négociant en horlogerie, boulevard Sébastopol.* — Jugement du 2 novembre 1859 homologuant le concordat du 10 octobre 1859.—Obligation de payer l'intégralité des créances : 40 % au moyen de l'actif réalisé et 30 % le 15 mai des années 1861 et 1862. — N° du Greffe, 15,336.

GILBERT, François-Charles, *marchand de vins limonadier, rue du Dépotoir*, 14, *à la Villette.* — Jugement du 31 mai 1860 homologuant le concordat du 16 mai. — Remise de 50 %. — Les 50 % non remis payables en cinq ans, par cinquièmes, du concordat.—N° du Greffe, 16,779.

GILLE, Charles-Philippe, *vinaigrier, rue de Rambouillet*, 15. — Jument du 23 mai 1859 homologuant le concordat du 4 mai 1859. — Remise de 80 %. — Les 20 % non remis payables : 10 % dans les six mois de l'homologation, et 10 % un an après. — N° du Greffe, 15,704.

GILLES, société HERMANN, Rubin, *maroquinier, rue Beaubourg*, 73. —Jugement du 30 novembre 1859 homologuant le concordat du 10 novembre 1859. — Remise de 60 %. — Les 40 % non remis payables sans intérêts, en cinq ans, par cinquièmes, du 15 novembre. — N° du Greffe, 16,292.

GILLES jeune, Edouard, *retordeur de cotons, rue Popincourt*, 64. — Jugement du 12 octobre 1854 homologuant le concordat du 23 septembre 1854. — Remise de 80 %. — Les 20 % non remis payables en quatre ans, par quarts. — Premier paiement le 1er janvier 1855. — Abandon des créances actives énoncées au rapport du syndic.—Battarel, commissaire. — N° du Greffe, 11,423.

GILLET DE GRANDMONT, société, Gérant, Pierre-Anne-Jean, *houillière, rue Joubert*, 18. — Jugement du 27 novembre 1857 homologuant le concordat du 18 du dit mois. — Abandon de l'actif énoncé. — Duval-Vaucluse, syndic. —N° du Greffe, 12,425.

GILLET, société DUPERRÉ, Élysée, *teinturier, faubourg Poissonnière*, 185. — Voir : DUPERRÉ et GILLET, André. — N° du Greffe, 17,678.

GILLET, François, *menuisier au village Levallois.* — Jugement du 20 août 1860 homologuant le concordat du 1er août 1860. — Remise de 75 %. — Les 25 % non remis payables sans intérêts, en cinq ans, par cinquièmes, de l'homologation. — N° du Greffe 17,119.

GILLET fils, Philibert-Lucien, *plâtrier, rue Marcadet*, 240, *à Montmartre.* — Jugement du 19 juillet 1859 homologuant le concordat du 26 juin 1859. — Remise de 85 %. — Les 15 % non remis payables sans intérêts : 1 % le 1er juillet des années 1860, 1861, 1862, 1863 et 1864, 2 % de cette dernière époque jusqu'à parfait paiement. — N° du Greffe 15,789.

GILLET, Alexis-Maurice, *tapisserie et literie, rue des Bourdonnais*, 32. — Jugement du 16 mai 1862 homologuant le concordat du 5 mai 1862. — Remise de 85 %. — Les 15 % non remis payables en trois ans, par tiers, du jour du concordat. — N° du Greffe, 18,542.

GILLOT, société TISSIER, François, *commissionnaire en bois, à Ivry.* — Jugement du 21 décembre 1854 homologuant le concordat du 16 novembre 1854. — Abandon par Gillot et Tissier de l'actif énoncé au concordat. — Obligation de payer chacun par moitiés, sans solidarité, 10 % en cinq ans, par cinquièmes. — Le premier paiement le 1er janvier 1856. — MM. Gezerat et Remoiville, commissaires. — N° du Greffe 11,812.

GILLOT, société, veuve PAULLET et PROUTEAU, Marguerite, *commerce de rassortiments d'étoffes.* — Jugement au 16 avril 1855 homologuant le concordat du 29 mars 1855. — Remise à la dame Paullet et au sieur Prouteau de 90 %. — Les 10 % non remis payables par moitiés, dans deux et quatre ans, du jour du concordat. — N° du Greffe 11,879.

GILLOT aîné, Pierre, *entrepreneur, rue de la Douane*, 32. — Jugement du 25 janvier 1854 homologuant le concordat du 24 octobre 1853. — Remise de 80 %. — Les 20 % non remis payables par quarts, d'année en année, du jour du concordat. — N° du Greffe 10,942.

GILODON, Édouard-François-Antoine, *cordonnier, rue Caumartin*, 42. — Jugement du 13 octobre 1859 homologuant le concordat du 25 août 1859. — Obligation de payer l'intégralité des créances dans deux ans de l'homologation, soit 50 % par an. — N° du Greffe 15,797.

GILTON, Joseph-Théodore, *marchand de vins traiteur, à Ivry.* — Jugement du 5 novembre 1855 homologuant le concordat du 13 octobre 1855. — Remise de 60 %. — Les 40 % non remis payables par fractions de 5 % de six mois en six mois. — Le premier paiement le 1er juin 1856. — N° du Greffe 12,443.

GIMELET, Charles-Emmanuel, *peintre, rue Michel-le-Comte*, 11. — Jugement du 30 janvier 1855 homologuant le concordat du 16 du même mois. — Remise de 70 %. — Les 30 % non remis payables en quatre ans, par quarts, d'année en année, pour commencer le 1er février 1856. — N° du Greffe 11,843.

GINET, *ex-boulanger, rue de la Nation*, 14, *à Montmartre.* — Jugement du 9 octobre 1862 homologuant le concordat du 24 septembre 1862. — — Abandon de l'actif énoncé au concordat. — Beaufour, syndic. — N° du Greffe 10,942.

GIOT, Nicolas, *plaqueur, quai Jemmapes*, 200. — Jugement du 17 janvier 1859 homologuant le concordat du 27 décembre 1858. — Remise de 50 %. — Les 50 % non remis payables : 5 % fin décembre 1859, 10 % fin des années 1860, 1861, 1862, 15 % le 31 décembre 1863. — N° du Greffe 15,074.

GIRALDON père, société LAGRANGE et RAYER, Jean-Baptiste-François-Marie, *buffet de Paris, rue de Grammont*, 13. — Jugement du 25 février 1858 homologuant le concordat du 23 janvier 1858. — Remise à M. Lagrange de 90 %. — Les 10 % non remis payables en cinq ans, par cinquièmes. — Le premier paiement le 1er décembre 1858. — Exigibilité des dividendes au cas prévu par le concordat. — N° du Greffe 12,670.

GIRAN, dame, Alfred, née BULTÉ, Louise-Sylvie, *marchande de modes, rue de l'Écharpe*, 1. — Voir : BULTÉ, femme GIRAN. — N° du Greffe 14,652.

GIRAN, Alfred, *bijoutier, rue de l'Écharpe*, 1. — Jugement du 30 juin 1858 homologuant le concordat du 12 juin 1858. — Remise de 85 %. — Les 15 % non remis payables en trois ans, par tiers, de l'homologation. — N° du Greffe 14,651.

GIRAN père, Michel-Jean, *mercier, à Montrouge.* — Jugement du 7 mars 1854 homologuant le concordat du 18 février 1854. — Remise de 80 %. — Les 20 % non remis payables par fractions de 5 %, fin mai et fin novembre des années 1854 et 1855. — N° du Greffe 11,161.

GIRARD, *négociant, rue du Faubourg-Saint-Martin*, 59. — Jugement du 24 décembre 1855 homologuant le concordat du 30 novembre 1855. — Obligation de payer l'intégralité des créances, en principal seulement, au moyen de l'actif abandonné, et d'une somme de 2,000 fr. payable comme il est dit au concordat. — Au cas où l'actif réalisé ne produirait pas 75 %, obligation de compléter dans le délai d'un an de l'homologation. — Obligation de payer 25 % restant, par cinquièmes, d'année en année. — Le premier paiement dans deux ans de l'homologation. — Au cas où l'actif abandonné produirait plus de 75 %, obligation de compléter l'intégralité dans les délais sus-énoncés. — Heurtey, commissaire. — N° du Greffe 12,424.

GIRARD, Jacques, *maître marinier, à Charenton-le-Pont.* — Jugement du 20 octobre 1858 homologuant le concordat du 23 septembre 1858. — Remise de 50 %. — Les 50 % non remis payables en cinq ans, par cinquièmes, de l'homologation. — Mme Girard, caution. — N° du Greffe 13,027.

GIRARD, Louis, *marchand de vins, rue de Suffren*, 88. — Jugement du 12 décembre 1862 homologuant le concordat du 21 novembre 1862. — Remise de 90 %. — Les 10 % non remis payables dix jours après l'homologation. — M. Girard père, caution. — N° du Greffe 19,784.

GIRARD, Alphonse, *marchand de rubans, rue St-Denis*, 216. — Jugement du 14 mai 1851 homologuant le concordat du 2 mai 1851. — Remise de 65 % sur le capital et de tous intérêts et frais. — Les 35 % non remis payables en trois paiements égaux de 9 %, fin novembre 1851, fin mai et novembre 1852, et 8 % fin mai 1853. — N° du Greffe 9,776.

GIRARD, Adolphe, *boucher, rue Croix-Nivert*, 28, *à Vaugirard.* — Jugement du 9 novembre 1852 homologuant le concordat du 21 octobre 1852. — Remise des intérêts et frais non admis et de 80 %. — Les 20 % non remis payables en quatre ans, par quarts. — Le premier paiement le 15 octobre 1853. — N° du Greffe 10,517.

GIRARD, Armand, *entrepreneur de bâtiments, boulevard de l'Etoile*, 16. — Jugement du 4 juillet 1861 homologuant le concordat du 14 juin 1861. — Remise de 90 %. — Les 10 % non remis payables en cinq ans, par cinquièmes, de l'homologation. — N° du Greffe 18,180.

GIRARD, François, *marchand de vins, à Montrouge.* — Jugement du 7 mai 1860 homologuant le concordat du 20 avril 1860. — Remise de 80 %. — Les 20 % non remis payables en quatre ans, par quarts, de l'homologation. — N° du Greffe 16,753.

GIRARD, Henry-Lucien, *imprimeur sur étoffes, à Puteaux.* — Jugement du 9 août 1858 homologuant le concordat du 24 juillet 1858. — Remise de 70 %. — Les 30 % non remis payables en cinq ans, par cinquièmes, de l'homologation. — N° du Greffe 14,885.

GIRARD aîné, Antoine-Hubert, *équipements militaires, rue du faubourg St-Martin*, 122. — Jugement du 13 avril 1858 homologuant le concordat du 18 mars 1858. — Remise de 90 %. — Les 10 % non remis payables : 5 % aussitôt l'homologation, et 5 % dans deux ans du jour du concordat. — M. Delon-Albay, caution, des premiers 5 %. — N° du Greffe 14,243.

GIRARD, société VINCENT, Nicolas-André, *négociant, rue des Deux-Boules*, 11. — Jugement du 16 juillet 1851 homologuant le concordat du 22 décembre 1850. — Remise de 80 %, des intérêts et frais. — Les 20 % non remis payables : 10 % par le sieur Vincent, et 10 % par le sieur Girard, sans solidarité, en quatre ans, par quarts. — Le premier paiement un an après l'homologation. — N° du Greffe 6,351.

GIRARDON, *négociant, rue Neuve-des-Petits-Champs*, 26. — Jugement du 21 décembre 1858 homologuant le concordat du 9 janvier 1857. — Remise de 80 %. — Les 20 % non remis payables en quatre ans, par quarts, du 31 décembre prochain. — N° du Greffe, 14,349.

GIRARDOT, Prosper, *fondeur, impasse St-Sébastien*, 8 et 10. — Jugement du 30 mars 1855 homologuant le concordat du 13 du dit mois. — — Remise de 65 %. — Les 35 % non remis payables en cinq ans, par cinquièmes, d'année en année. — Le premier paiement le 1er avril 1856. — N° du Greffe 12,055.

GIRAUD, société **GOUBET**, Pierre, *marchand de modes, rue Neuve-St-Augustin*, 20. — Jugement du 20 mars 1855 homologuant le concordat du 5 du dit mois. — Remise de 70 %. — Les 30 % non remis payables en trois ans, par tiers, d'année en année, du jour du concordat. — N° du Greffe 12,027.

GIRAUD, Armand, *entrepreneur de bâtiments, rue Fontaine-St-Georges*, 35. — Jugement du 23 juin 1854 homologuant le concordat du 10 mai 1854. — Obligation de payer 40 % au moyen de l'abandon de son actif mobilier et imobilier sous les réserves exprimées au concordat.— La différence par fractions de 5 % par an. — Le premier paiement le 1er mai 1855. — N° du Greffe 10,789.

GIRAUD, Jules-Urbain, *entrepreneur de serrurerie, rue Neuve-des-Mathurins*, 54. — Jugement du 11 septembre 1857 homologuant le concordat du 25 août 1857. — Remise de 75 %.— Les 25 non remis payables: 8 % dans un et deux ans, et 9 % dans trois ans de l'homologation. — N° du Greffe 13,942,

GIRAUD, Michel, *marchand de vins, à Plaisance*. — Jugement du 22 novembre 1855 homologuant le concordat du 12 du dit mois. — Remise de 88 %. — Les 12 % non remis payables en trois ans, par tiers, d'année en année, du jour du concordat. — N° du Greffe 12,291.

GIRAUD aîné, Jean-Louis-Benoist, *fabricant de boutons, boulevard de Sébastopol*, 82. — Jugement du 4 septembre 1862 homologuant le concordat du 5 août 1862. — Remise de 90 %.—Les 10 % non remis payables en deux ans, par moitiés, du jour de l'homologation. — N° du Greffe 19, 813.

GIRAUDET, Gervais, *maçon-fumiste, rue St-Sauveur*, 81 et 83. — Jugement du 7 septembre 1857 homologuant le concordat du 29 août 1857. Remise de 70 %.— Les 30 % non remis payables en six ans, par sixièmes, d'année en année. — Le premier paiement le 15 septembre 1858. — N° du Greffe 13,972.

GIRAULT, *marchand de bois, rue de Lyon*, 52. — Jugement du 8 décembre 1853 homologuant le concordat du 23 novembre 1853. — Remise de 90 %. — Les 10 % non remis payables : 5 % fin novembre 1854, 5 % fin novembre 1855. — N° du Greffe 10,707.

GIRAULT, Pierre-François, *tabletier, rue Pastourel*, 13. — Jugement du 25 octobre 1861 homologuant le concordat du 17 septembre 1861. — Remise de 75 %. — Les 25 % non remis payables, sans intérêts, en 5 ans, par cinquièmes, du jour de l'homologation. — N° du Greffe 18,327.

GIRAULT, Georges-Eugène-Alfred, *limonadier, rue du Temple*, 89. — Jugement du 31 mars 1856 homologuant le concordat du 14 mars 1856. — Abandon de l'actif énoncé au concordat. — Obligation de payer 50 % dans huit ans, du jour du concordat. — Hérou, commissaire. — N° du Greffe 12,893.

GIRAUX, *négociant, rue de la Verrerie*, 32. — Jugement du 7 décembre 1859 homologuant le concordat du 22 novembre 1859. — Remise de 82 %. — Les 18 % non remis payables en sept ans, par septièmes, de l'homologation, sans intérêts.— N° du Greffe 3,938.

GIRIN, sieur et demoiselle, société, Jean-Baptiste et Louise-Eugénie, *fabrique d'eaux minérales, rue St-Maur-Popincourt*, 212.— Jugement du 21 décembre 1853 homologuant le concordat 3 du dit mois. — Remise de 70 %. — Les 30 % non remis payables en six ans, par sixièmes. — Le premier paiement un an après l'homologation. — N° du Greffe 11,087.

GISCLON, Jean-Adolphe, *marchand de vins-restaurateur, à Batignolles*. — Jugement du 10 décembre 1862 homologuant le concordat du 13 novembre 1862. — Remise de 60 %. — Les 40 % non remis payables en six ans, par sixièmes, du jour de l'homologation. — N° du Greffe 207.

GITTARD fils, Xavier-Ernest, *menuisier en bâtiments, rue Grange-aux-Belles*, 3. — Jugement du 6 janvier 1852 homologuant le concordat du 28 novembre 1851. — Remise des intérêts et frais non admis et de 88 %. — Les 12 % non remis payables, par tiers, fin juin des années 1853, 1854 et 1855. — N° du Greffe 10,051.

GIUBEGA, Edouard, *commissionnaire en marchandises, rue Bergère*, 27. — Jugement du 16 février 1860 homologuant le concordat du 26 janvier 1860. — Abandon de l'actif énoncé. — Obligation de payer 16 fr. 62 c. %, savoir: 10 % aussitôt l'homologation, et 6 fr. 62 c. % dans un an de l'homologation. — Pluzanski, syndic. — N° du Greffe 15,651.

GLAESER, Ernest, *libraire, rue Furstemberg*, 5. — Jugement du 5 juillet 1860 homologuant le concordat du 8 mars 1860. — Remise de 90 %. — Les 10 % non remis payables en cinq ans, par cinquièmes, du jour du concordat. — N° du Greffe 16,360.

GLAS, Joseph, *layetier, rue Mandar*, 11. — Jugement du 19 janvier 1854 homologuant le concordat du 7 du même mois. — Remise de 75 %. — Les 25 % non remis payables en cinq ans, d'année en année. — Premier paiement dans un an de l'homologation. — N° du Greffe 11,191.

GLATIGNY, Thomas-Isidore, *scieur à la mécanique, rue de l'Echiquier*, 12. — Jugement du 2 juin 1857 homologuant le concordat du 15 mai 1857. — Obligation de payer la totalité des créances en principal et intérêts, par moitiés, dans 12 et 18 mois du jour du concordat. — N° du Greffe 13,732.

GLATRON ou **GLATERON** frères, Louis-Charles-Achille et Baptiste-Alexandre, *passementiers, rue St-Marc*, 6, *et rue de Seine-Saint-Germain*, 18. — Jugement du 29 novembre 1854 homologuant le concordat du 7 septembre 1854. — Remise de 88 %. — Les 12 % non remis payables solidairement : 3 % dans un, deux et trois ans, et 4 % dans 4 ans du concordat. — N° du Greffe 10,563.

GLAUDE et **LEFORT**, Eugène, *distillateurs, à la Villette*.— Jugement du 19 janvier 1858 homologuant le concordat du 23 décembre 1857.— Remise de 84 %. — Les 16 % non remis payables: 5 % dans le mois de l'homologation, et 11 % en neuf ans, par neuvièmes. — Premier paiement 1er janvier 1861. — N° du Greffe 13,315.

GLÈNE, Albert-Marie, *fleuriste, rue Ste-Anne*, 53. — Jugement du 26 mars 1858, homologuant le concordat du 6 mars 1858. — Remise de 85 %. — Les 15 % non remis payables en trois ans, par tiers, du 1er avril prochain. — N° du Greffe 14,493.

GLOUX, Jules-Marie, *marchand de vins, rue Vieille-du-Temple*, 17. — Jugement du 13 novembre 1854 homologuant le concordat du 28 octobre 1854.—Remise des intérêts. — Obligation de payer à ses créanciers, le principal de leurs créances : 20 % après l'homologation, 20 % six mois après, 20 % dans un, deux et trois ans. — N° du Greffe 11,801.

GLUAIS, Pierre, *parfumeur, boulevard des Capucines*, 9. — Jugement du 23 avril 1850 homologuant le concordat du 9 avril 1850.—Remise de tous intérêts et frais et de 84 %. — Les 16 % non remis payables en 4 ans, par quarts, à partir de fin mai 1850. — N° du Greffe 9,278.

GLUAIS, jeune, Jean-Baptiste-François, *parfumeur, passage Choiseul*. — Jugement du 26 février 1855 homologuant le concordat du 5 du dit mois. — Remise de 85 %. — Les 15 % non remis payables : 3 % le 5 février 1856, 4 % les 5 février 1857, 1858 et 1859. — N° du Greffe 12,020.

GOBAUT, Jean-Joseph-Nicolas, *layetier, passage de l'Entrepôt*, 3.—Jugement du 18 avril 1854 homologuant le concordat du 27 mars 1854. — Remise de 90 %. — Les 10 % non remis payables en quatre ans, par quarts, du jour du concordat. — N° du Greffe 11,164.

GOBERT, François-Alexandre, *marchand de vins, rue des Fossés-du-Temple*. — Jugement du 18 mai 1855 homologuant le concordat du 5 du dit mois. —Remise de 80 %.—Les 20 % non remis payables en quatre ans, par quarts, d'année en année, du jour de l'homologation. — N° du Greffe 11,996.

GOBILLIARD ou **GOBILLARD**, sieur et dame, Louis-Constantin, *ex-marchand de draps, rue de la Feuillade*, 3. — Jugement du 16 juillet 1851 homologuant le concordat du 3 juillet 1851. — Remise de 85 %. — Les 15 % non remis payables sans intérêts, en trois paiements égaux, le 1er juillet des années 1853, 1854, 1855. — N° du Greffe 9,820.

GOBLEY ou **GOBLET**, société, Élisa-Anastasie et Clotilde-Augustine, *marchandes de modes, rue Vivienne*, 17. — Jugement du 7 août 1854 homologuant le concordat du 17 juillet 1854. — Remise de 75 %. — Les 25 % non remis payables : 5 % le 1er août 1855, et 20 % par quarts, de six mois en six mois. — Le premier paiement le 1er février 1856. — N° du Greffe 11,437.

GODAR, LOOS, THOMAS et Ce, *négociants, boulevard Poissonnière*, 30. — Jugement du 7 juin 1860 homologuant le concordat du 7 avril 1860. — Obligation de payer l'intégralité des créances au moyen de l'actif abandonné et énoncé au concordat. — Lacoste, syndic. — N° du Greffe 12,572.

GODAR, de la société LOOS, etc., personnellement.—Voir : GODAR, LOOS, THOMAS et Cᵉ. — N° du Greffe 12,572.

GODART, Louis-Jean-Baptiste, société GALLEUX, *fabricant de boutons, rue Saint-Denis*, 243. — Voir : DELISLE, société DELISLE.

GODDERIDGE, William, *fabricant de passementerie, à Champerret*. — Jugement du 22 juillet 1853 homologuant le concordat du 28 juin 1853.— Remise de 75 %. — Les 25 % non remis payables avec intérêts et frais, en cinq ans, par cinquièmes, d'année en année, du jour du concordat.— N° du Greffe 10,831.

GODEFROY, Louis-Victor-Désiré, *fabricant de cartonnages, rue des Blancs-Manteaux*, 42. — Jugement du 9 septembre 1852 homologuant le concordat du 11 août 1852. — Remise de 94 %. — Les 6 % non remis payables dans un an du concordat. — N° du Greffe, 10,390.

GODET, jeune, Emmanuel-Adolphe, *gravures et librairie, place des Victoires*, 9. — Jugement du 3 juin 1862 homologuant le concordat du 17 mai 1862. — Remise de 80 %. — Les 20 % non remis payables en quatre ans, par quarts, du jour de l'homologation. — N° du Greffe 19,069.

GODET, Jean-Baptiste-Célestin, *entrepreneur de déménagements, rue Neuve-de-l'Église*, 10, *à Passy*. — Jugement du 13 janvier 1851 homologuant le concordat du 12 décembre 1850. — Remise de 80 %.—Les 20 % non remis payables, sans intérêts, par quarts, d'année en année, le 12 décembre des années 1851, 1852, 1853 et 1854. — N° du Greffe 8,412.

GODET, femme BERNARD, Zélie-Bazilise, *confection, rue Saint-Honoré*, 219. — Arrêt de la Cour de Paris, première Chambre, rendu le 7 mai 1861 sur appel d'un jugement du Tribunal de Commerce de la Seine du 21 février 1861. —Infirme au fond et homologue le concordat du 18 janvier 1361. — Remise de 70 %. — Les 30 % non remis payables au moyen de l'actif abandonné énoncé au concordat. — La différence payable en quatre ans, par quarts, du concordat. — N° du Greffe 17,628.

GODET, *bijoutier, rue Mandar*, 12. — Concordat du 28 octobre 1849. — N° du Greffe 533.

GODFROY ou **GODEFROY**, Pierre-François, *marchand de meubles, rue Ponceau*, 20. — Jugement du 20 février 1855 homologuant le concordat du 5 février 1855. — Remise de 75 %. — Les 25 % non remis payables en cinq ans, par cinquièmes, d'année en année, du jour du concordat. — N° du Greffe 11,980.

GODIER, Julien-Dominique, *ex-laitier, à Batignolles*. — Jugement du 17 août 1853 homologuant le concordat du 1ᵉʳ du dit mois. — Remise de 80 %. — Les 20 % non remis payables en quatre ans. — Le premier paiement dans un an du jour du concordat. — N° du Greffe 10,799.

GODILLOT, Pierre, *limonadier, boulevard Beaumarchais*, 55. — Jugement du 18 mars 1856 homologuant le concordat du 3 du même mois. — Remise de 40 %. — Les 60 % non remis payables, sans intérêts : 50 % dans le mois de l'homologation. — Les 10 % restant trois ans après la premiere répartition. — N° du Greffe 11,117.

GODIN, aîné, Maximilien-Jules, ex-épicier, *rue Saint-Marc*, 10, *et passage des Panoramas*, 13. — Jugement du 1ᵉʳ juillet 1850 homologuant le concordat du 23 janvier 1850. — Remise de 75 %. — Les 25 % non remis payables par M. Godin, en cinq paiements de 5 %, le 1ᵉʳ février des années 1852, 1853 et suivantes. — N° du Greffe 70.

GODON, *lingerie, rue Saint-Honoré*, 402. — Jugement du 7 oct. 1862 homologuant le concordat du 9 juillet 1862. — Remise de 40 %. — Les 60 % non remis payables : 10 % comptant aussitôt l'homologation, 10 % en six mois après l'homologation, 10 % un an après ces deux paiements. — Les trois derniers dividendes à un an d'intervalle l'un de l'autre. — Mᵐᵉ Godon, caution. — N° du Greffe 19,877.

GOELOT, Joseph, *ex-boulanger, rue de Viarmes*, 35. — Jugement du 27 avril 1858 homologuant le concordat du 15 avril 1858. — Remise de 70 %. — Les 30 % non remis payables en quatre ans, par quarts, du concordat. — N° du Greffe 12,875.

GOFFRIÉ, Jean, *tapissier, rue Saint-Lazare*, 11. — Jugement du 31 mai 1859 homologuant le concordat du 20 mai 1859.— Remise de 70 %. — Les 30 % non remis payables en quatre ans : 5 % dans un et deux ans, et 10 % dans trois et cinq ans du concordat. — N° du Greffe 15,571.

GOGUE, Joseph-Marie, *marchand de vins, à Bagneux*. — Jugement du 20 octobre 1856 homologuant le concordat du 17 septembre 1856. — Abandon de l'actif énoncé. — Breuillard, syndic. — N° du Greffe 13,060.

GOGUENHEIM et Cᵉ, Charles, *confections, rue des Jeûneurs*, 29. — Jugement du 22 novembre 1862 homologuant le concordat du 6 octobre 1862. — Remise de 80 %. — Les 20 % non remis payables en quatre ans, par quarts, du concordat. — N° du Greffe 19,857.

GOHAIN, François, *ex-fabricant de poterie, rue du Pot-de-Fer-St-Marcel*, 11. — Jugement du 7 novembre 1854 homologuant le concordat du 29 septembre 1854. — Abandon de l'actif énoncé. — Obligation de payer 10 % en cinq ans, par cinquièmes. — Le premier paiement fin septembre 1855. — N° du Greffe 11,235.

GOHIN fils aîné, Jean-Baptiste-Jules, *opticien, rue des Fossés-Montmartre*, 11. — Jugement du 14 octobre 1850 homologuant le concordat du 19 septembre 1850. — Remise de 75 % en principal, intérêts et frais. — Les 25 % non remis payables, sans intérêts, en quatre ans, par quarts, le 10 septembre des années 1851, 1852, 1853 et 1854. — N° du Greffe 9,120.

GOISLAND (de) et Cᵉ, Joseph, *commerce de rubans, rue Montmartre*, 95. —Jugement du 23 mai 1856 homologuant le concordat du 15 mai 1856. — Remise de 85 %. — Les 15 % non remis payables, sans intérêts, en cinq ans, par cinquièmes, d'année en année. — Le premier paiement le 1ᵉʳ juin 1857. — N° du Greffe 12,150.

GOIX, Marie-Henry, *imprimeur, rue de Rivoli*, 68. — Jugement du 3 décembre 1858 homologuant le concordat du 17 novembre 1858.—Obligation de payer la totalité en quatre ans, par quarts, de fin novembre. — N° du Greffe 15,238.

GOLDSCHMIDT et **JAROSLAW**, Henri, *négociants-commissionnaires, boulevard de Strasbourg*, 1858. — Jugement du 11 avril 1859 homologuant le concordat du 18 mars 1859. — Obligation de payer le capital des créances, par septièmes, le 1ᵉʳ mai des années 1860, 1861, 1862, 1863, 1864, 1865 et 1866. — N° du Greffe 15,642.

GOLDSCHMIDT, veuve, *marchande de lingerie, rue Fontaine*, 17. — Jugement du 4 mars 1862 homologuant le concordat du 29 janvier 1862. — Remise de 94 %. — Les 6 % non remis payables en trois ans, par tiers, du jour de l'homologation. — N° du Greffe 19,019.

GONBAULT, *entrepreneur de charpente, à Belleville, rue de Paris*, 84. — Jugement du 3 mai 1850 homologuant le concordat du 13 avril 1850. — Remise de 85 %. — Les 15 % restant payables en trois ans, par tiers, fin avril des années 1851, 1852 et 1853. — N° du Greffe 9,044.

GOMMET, Louis, *marchand de porcs, rue des Couronnes*, 3, *à la Chapelle-Saint-Denis*. — Jugement du 7 mai 1852 homologuant le concordat du 16 avril 1852. — Remise de 75 % en principal, intérêts et frais.—Les 25 % non remis payables en cinq ans, par cinquièmes, d'année en année. — Le premier paiement le 1ᵉʳ mai 1853 et ainsi de suite. — N° du Greffe 10,258.

GONDARD, Louis, *entrepreneur, rue des Tournelles*, 14. — Jugement du 24 avril 1854 homologuant le concordat du 3 mai 1854. — Remise de 85 %. — Les 15 % non remis payables en trois ans, par tiers. — Premier paiement le 1ᵉʳ mai 1855. — N° du Greffe 11,279.

GONET (de), Gabriel-Édouard, *libraire, rue des Beaux-Arts*, 6.— Concordat du 21 mai 1848. — N° du Greffe 422.

GONGÉARD, François-Ferdinand, *maître-maçon, rue Folie-Méricourt*, 26. —Jugement du 9 octobre 1855 homologuant le concordat du 11 septembre 1855. — Remise de 80 %. — Les 20 % non remis payables en quatre ans, par quarts, d'année en année. — Le premier paiement le 15 septembre 1856. — N° du Greffe 12,435.

GONIN, *commerce de papiers peints, rue d'Aboukir*, 31. — Concordat du 27 juin 1849. — N° du Greffe 69.

GONNET (de), Gabriel-Édouard, *libraire-éditeur, rue des Beaux-Arts*, 6. — Jugement du 27 décembre 1855 homologuant le concordat du 12 dudit mois. —Remise de 80 %. —Les 20 % non remis payables, sans intérêts, en cinq ans, par cinquièmes. — Le premier paiement le 31 décembre 1856. — N° du Greffe 12,694.

GONNET, André, *commerce de tours de tête, rue Beaurepaire*, 8. — Jugement du 28 octobre 1859 homologuant le concordat du 13 octobre

1859. — Remise de 80 %. — Les 20 % non remis payables, sans intérêts, en quatre ans, par quarts, du jour de l'homologation. — N° du Greffe 16,247.

GONNET, Philippe, *tailleur, galerie de Valois*, 130. — Concordat du 2 juillet 1849. — N° du Greffe 48.

GONTIER, André-Ursin, *coiffeur, boulevard des Capucines*, 39.—Jugement du 31 décembre 1858 homologuant le concordat du 22 décembre 1858. — Remise de 85 %. — Les 15 % non remis payables : 3 % un an après l'homologation, et 3 % fin décembre des années 1860, 1861, 1862 et 1863. — N° du Greffe 15,294.

GONTIER, Édouard-Jean, *représentant de commerce, rue Neuve-des-Petits-Champs*, 39. — Jugement du 4 mai 1859 homologuant le concordat du 21 avril 1859.—Remise de 75 %.— Les 25 % non remis payables : 10 % le 31 octobre 1859, et 5 % le 31 octobre des années 1860, 1861 et 1862. — N° du Greffe 15,882.

GONVERS, Jean-Denis-Philippe, *commerce de chapeaux de paille, rue du Caire*, 28. — Concordat du 26 mars 1849, qualifié faillite.

GORON, Achille-Isidore, *fabricant de chaussures, faubourg Saint-Denis*, 102. — Jugement du 10 juillet 1862 homologuant le concordat du 24 juin 1862. — Remise de 60 %. — Les 40 % non remis payables en cinq ans : 8 % dans un mois du concordat, 8 % 1, 2, 3 et 4 ans après. — N° du Greffe 19,787.

GOSSE, Dlle, Rose-Florence, *modiste, à Courbevoie*. — Jugement du 29 mars 1855 homologuant le concordat du 12, même mois. — Remise de 80 %. — Les 20 % non remis payables dans les huit mois du jour de l'homologation. — N° du Greffe 11,967.

GOSSELIN, Jean-François-Gabriel, *tailleur, rue de Calande*, 17.—Jugement du 8 octobre 1851 homologuant le concordat du 29 septembre 1851. — Remise de 80 %. — Les 20 % non remis payables : 8 % après l'homologation; 2 % le 1er octobre 1852; 5 % le 1er octobre 1853; et 5 % le 1er octobre 1854. — N° du Greffe 9,924.

GOSSON, François, *marchand de vins, rue des Vinaigriers*, 14. — Jugement du 24 janvier 1855 homologuant le concordat du 14 décembre 1854. — Remise de 80 %. — Les 20 % non remis payables en cinq ans, par cinquièmes, d'année en année. — Premier paiement le 10 décembre 1855. — N° du Greffe 11,908.

GOTHSENER, Claude-François, *fabricant de fourchettes de parapluies, cour de la Trinité*, 65. — Jugement du 7 novembre 1854 homologuant le concordat du 20 octobre 1854. — Remise de tous intérêts et frais et de 50 %.— Les 50 % non remis payables en cinq ans, par cinquièmes, d'année en année, à partir du jour du concordat. — N° du Greffe 11,766.

GOUBERT, *négociant, aux Champs-Élysées, pavillon Morel*. — Jugement du 31 juillet 1862 homologuant le concordat du 14 juillet 1862. — Abandon de l'actif énoncé au concordat. — Obligation de payer 20 %, savoir : 4 % les 20 août 1863, 1864, 1865, 1866 et 1867. — N° du Greffe 18,148.

GOUBERT ou **GOUBET**, Désiré-Joseph, *marchand d'aciers, rue de Flandre*, 115. — Jugement du 6 décembre 1860 homologuant le concordat du 26 novembre 1860. — Abandon de l'actif énoncé. — Obligation de payer 10 % en sus de l'abandon. — Dans le cas où l'actif et les 10 % ne formeraient pas 25 %, obligation de parfaire la différence.—Les 10 % et le complément des 25 % devant être payés, savoir : 4 % un an après l'homologation ; 2 % un an après le premier paiement; 3 % un an après le deuxième paiement; 4 % un an après le troisième paiement. Au cas où il serait nécessaire d'ajouter un supplément, il serait payé six mois après le dividende de 4 %. — N° du Greffe 17,464.

GOUBET, Dlle, dite **MARIE**, de la société **GIRAUD**, *modiste*. — Voir GIRAUD. — N° du Greffe 12,027.

GOUDEAU et **MARCHETEAU**, société **LÉON**, sieur et dame, *gérants d'un journal de modes, rue Richelieu*, 104. — Jugement du 19 février 1857 homologuant le concordat du 9, même mois. — Abandon de l'actif énoncé. — Obligation, en outre, de payer 10 % du montant des créances en cinq ans, par cinquièmes, d'année en année, pour commencer le 25 février 1858. — N° du Greffe 13,592.

GOUEL, veuve, de la société **DUCHEMIN**, *horlogers*. — Voir DUCHEMIN. — N° du Greffe 18,080.

GOUGAT, François-Joseph-Félix, *marchand de vins, à Belleville*. — Jugement du 24 décembre 1855 homologuant le concordat du 12 décembre 1855.—Remise de 60 %.—Les 40 % non remis payables en quatre ans, par quarts, d'année en année, du jour du concordat. — N° du Greffe 12,518.

GOUGAT et Cie, Jules-François-Joseph, *marchand d'eaux de Seltz, boulevard des Amandiers*, 48. — Jugement du 26 juin 1861 homologuant le concordat du 18 mai 1861. — Obligation de payer la totalité, moins les intérêts : 10 % fin octobre 1861, 20 % fin octobre 1862, 1863, 1864 et 1865, et 10 % fin octobre 1866. — N° du Greffe 17,773.

GOUGEARD, Armand, *marchand de comestibles, rue des Mathurins*, 9. — Jugement du 12 septembre 1856 homologuant le concordat du 26 juillet 1856. — Remise de 60 %. — Les 40 % non remis payables en huit ans, par huitièmes, d'année en année. — Premier paiement le 1er août 1857. — N° du Greffe 13,107.

GOUGEARD, Charles-Marie, *parfumeur, rue du Four-St-Germain*, 75. — Jugement du 28 octobre 1856 homologuant le concordat du 6 du dit mois. — Remise de 75 %. — Les 25 % non remis payables en cinq ans, par cinquièmes, d'années en année. — Premier paiement le 31 décembre 1857. — N° du Greffe 13,304.

GOUGUENHEIM et **CŒURDEROY**, société **MARX**, *négociants en broderies, rue de Mulhouse*, 3. — Voir CŒURDEROY.

GOUGY, Amable-Dominique, *ex-parfumeur, à Sablonville*. — Jugement du 17 janvier 1861 homologuant le concordat du 24 décembre 1860.— Remise de 95 %. — Les 15 % non remis payables en trois ans, par tiers, de l'homologation. — N° du Greffe 17,563.

GOUJON, veuve, *papetière, rue St-Denis*, 338. — Jugement du 22 octobre 1855 homologuant le concordat du 29 septembre 1855. — Remise de 50 %.— Les 50 % non remis payables : 20 % comptant, 30 % en 5 ans, par sixièmes, d'année en année, à partir de l'homologation. — M. Mailler, caution. — N° du Greffe 11,404.

GOUJON, Paul-Auguste, de la société **COLLON**, *escompteur, rue de Rambuteau*, 73. — Voir COLLON. — N° du Greffe 9,966.

GOUJON, Victor-Alexandre, *entrepreneur de couvertures, rue Saint-Paul*, 8. — Jugement du 3 décembre 1861 homologuant le concordat du 16 novembre 1861. — Remise de 70 %.— Les 30 % non remis payables en cinq ans, par cinquièmes : 5 % le 16 mai prochain, 5 % le 16 novembre suivant, 5 % le 16 novembre 1863, 5 % le 16 novembre 1864, 5 % le 16 novembre 1865, 5 % le 16 novembre 1866, le tout sans intérêts.— N° du Greffe 18,513.

GOULLIAT ou **GOUILLAT**, *marchand de crépins, rue de Chaillot*, 22. — Jugement du 10 octobre 1860 homologuant le concordat du 14 septembre 1860.—Remise de 70 %. — Les 30 % non remis payables, sans intérêts: 10 % comptant aussitôt l'homologation, et 10 % dans un et deux ans de l'homologation. — N° du Greffe 17,124.

GOUMY dit **CHAPELLE**, Jean, *marchand de pierres taillées, rue des Bernardins*, 14. — Jugement du 25 février 1853 homologuant le concordat du 9 du même mois. — Remise de 75 % avec intérêts et frais. — Les 25 % non remis payables: 10 % le 19 février 1854, et 15 % le 19 février 1855. — N° du Greffe 10,016.

GOUPIL jeune, Jean-François, *layetier-emballeur, rue Montmartre*, 127. — Jugement du 29 décembre 1854 homologuant le concordat du 8 du même mois. — Remise de 85 %. — Les 15 % non remis payables, sans intérêts, en trois ans, par tiers, à partir du jour du concordat. — N° du Greffe 11,860.

GOUPIL jeune, François-Maximin, *passementier, rue du Cloître-Saint-Jacques*, 7. — Jugement du 1er septembre 1852 homologuant le concordat du 3 août 1852. — Remise de 80 % en principal, intérêts et frais. — Les 20 % non remis payables, par cinquièmes, en cinq ans, savoir: 4 % un an après l'homologation, et 4 % à pareille époque des quatre années suivantes. — N° du Greffe 10,393.

GOUPIL et Cie, *passementiers, rue du Cloître-Saint-Jacques*, 7. — Jugement du 1er septembre 1852 homologuant le concordat du 10 août précédent. — Remise de 95 % en principal, intérêts et frais. — Les 5 % non remis payables, par Goupil jeune, François-Maximin, en cinq ans, par cinquièmes, d'année en année. — Premier paiement un an après l'homologation. — N° du Greffe 10,394.

GOURDEL, JEAN-FRANÇOIS, *marchand tailleur, rue du Faubourg-Saint-Martin*, 256. — Jugement du 6 décembre 1862 homologuant le concordat du 22 novembre 1862. — Remise de 60 %. — Les 40 % non remis payables en quatre ans, par quarts, du jour de l'homologation. — N° du Greffe 605.

GOURDIN, demoiselle, JOSÉPHINE-CAROLINE, *fabricante d'articles d'ébénisterie, rue de l'Asile-Popincourt*, 5. — Jugement du 17 janvier 1860 homologuant le concordat du 6 du même mois. — Remise de 85 %. — Les 15 % non remis payables en trois ans, par tiers, du jour du concordat. — N° du Greffe 16,432.

GOURDIN, de la société SCHORRONG, *loueur de voitures, rue Frochot*, 11. — Jugement du 4 novembre 1862 homologuant le concordat du 15 octobre 1862. — Remise de 95 %. — Les 5 % non remis payables en cinq ans, par cinquièmes, de l'homologation. — N° du Greffe 19,948.

GOURGEOIS, VICTOR-EUTROPE, *épicier, rue St-Victor*, 73. — Jugement du 9 février 1858 homologuant le concordat du 18 janvier 1858. — Abandon de l'actif énoncé au concordat. — Obligation de payer 10 % en cinq ans, par cinquièmes, du jour du concordat. — N° du Greffe 14,249.

GOURJU, JOSEPH-LÉOPOLD, *marchand de bronzes, rue de Rivoli*, 63. — Jugement du 19 janvier 1855 homologuant le concordat du 6 du même mois. — Remise de 50 %. — Les 50 % non remis payables : 10 % le 1er juillet 1855, 10 % les 1er janvier et juillet 1856, 10 % le 1er janvier 1857, 5 % le 1er juillet 1857, 5 % le 1er janvier 1858. — N° du Greffe 11,725.

GOURLAY, LOUIS-FÉLIX, *marchand de chaussures, rue de la Nation*, 8. — Jugement du 6 octobre 1858 homologuant le concordat du 24 septembre 1858. — Remise de 80 %. — Les 20 % non remis payables en cinq ans, par cinquièmes, du jour de l'homologation. — N° du Greffe 14,918.

GOUTORBE fils, ALEXANDRE-JEAN-BAPTISTE, *plombier, à Champigny*. — Jugement du 28 novembre 1862 homologuant le concordat du 10 du même mois. — Obligation de payer l'intégralité des créances en six ans, par sixièmes, sans intérêts, du jour de l'homologation. — N° du Greffe 421.

GOUTTE et Ce, JEAN-MARIE, *tenant le café de la Constitution, rue Montmartre*, 154. — Jugement du 12 janvier 1855 homologuant le concordat du 12 décembre 1854. — Remise de 94 %. — Les 6 % non remis payables, sans intérêts, en trois ans, par tiers, d'année en année, du jour du concordat. — N° du Greffe 10,413.

GOUTTE, JEAN-CLAUDE, de la société GOUTTE et Ce. — Voir : GOUTTE et Ce. — N° du Greffe 10,413.

GOUVENEAU, FRANÇOIS-ANATOLE, *négociant en vins, rue Neuve-Bréda*, 5. — Jugement du 10 novembre 1861 homologuant le concordat du 31 octobre 1861. — Remise de 80 %. — Les 20 % non remis payables en quatre ans, par quarts, du jour de l'homologation. — N° du Greffe 18,427.

GOUVERNEUR, PIERRE-LOUIS, *marchand de chevaux, rue Lafayette*, 137. — Jugement du 13 mai 1852 homologuant le concordat du 21 janvier 1852. — Acceptation des offres faites par Gouverneur de payer 15 % en-sus des 10 % promis au concordat, soit au total 25 % payables : 6 % le 15 mai 1853, 6 % le 15 mai 1854, 6 % le 15 mai 1855, 7 % le 15 mai 1856. — N° du Greffe 10,170.

GOUVERNEUR, dame SIDONIE RECULLET, veuve BEGUE, *marchand de vaches, rue du Faubourg-Saint-Martin*, 34. — Jugement du 14 mai 1852 homologuant le concordat du 27 avril dernier. — Remise de tous intérêts et frais et de 75 %. — Les 25 % non remis payables par la dame Gouverneur, autorisée de son mari, en cinq ans, par cinquièmes, sans intérêts, à partir du 27 avril 1852. — N° du Greffe 9,825.

GOUY, dame, *lingère, rue de Mulhouse*, 2. — Concordat du 9 juillet 1849.

GOYARD, JULES, *limonadier, rue Moret*, 6. — Jugement du 6 septembre 1858 homologuant le concordat du 11 août 1858. — Abandon de l'actif énoncé au concordat. — Obligation de payer 5 % en deux ans, par moitiés, du jour de l'homologation. — M. Isbert, commissaire. — N° du Greffe 14,812.

GOYARD, *restaurateur, rue Basse-du-Rempart*, 8. — Jugement du 23 août 1858 homologuant le concordat du 4 du même mois. — Abandon de l'actif énoncé au concordat. — Obligation de payer 30 % en trois ans, par tiers, du jour de l'homologation. — M. Millet, commissaire. — N° du Greffe 14,709.

GOYART, *limonadier, passage du Saumon*. — Jugement du 22 décembre 1859 homologuant le concordat du 11 novembre 1859. — Remise de 75 %. — Les 25 % non remis payables : 8 % les 15 novembre 1860 et 1861, 9 % le 15 novembre 1862. — N° du Greffe 16,165.

GOYON, JEAN, *entrepreneur de maçonnerie, rue Fontaine-au-Roi*, 3. — Jugement du 15 septembre 1850 qui, en homologuant le concordat du 30 mai 1850, qualifie faillite. — Remise de 80 % en principal, intérêts et frais. — Les 20 % non remis payables en quatre paiements, par quarts, le 1er juin des années 1851, 1852, 1853 et 1854. — N° du Greffe 413.

GRADI et Ce de, *entrepreneur de bains publics, rue Grange-Batelière*, 28. — Voir : BUTLAR. — N° du Greffe 12,052.

GRADI de, JOSEPH, *ex-négociant, rue de Boulogne*, 35. — Jugement du 3 mai 1858 homologuant le concordat du 14 avril 1858. — Remise des intérêts. — Le capital payable en six ans, du jour du concordat, par fractions de 25, 10 et 15 %. — N° du Greffe 14,205.

GRADI de, JOSEPH, *de la société des eaux pour bains*. — Voir : BUTLAR. — N° du Greffe 12,052.

GRADO, HIPPOLYTE, *ingénieur mécanicien, rue de Lille*, 16, *à la Villette*. — Jugement du 29 mars 1860 homologuant le concordat du 12 novembre 1859. — Obligation de payer les sommes dues, sans intérêts, en dix ans, par dixièmes, du 1er janvier. — N° du Greffe 16,301.

GRAEB, MARIE-PHILIPPE-GUSTAVE, *commissionnaire en marchandises, rue Richer*, 13. — Jugement du 3 août 1853 homologuant le concordat du 9 juin 1353. — Remise de 95 %. — Les 5 % non remis payables en dix ans, par dixièmes, d'année en année. — Premier paiement fin juillet 1854. — N° du Greffe 9,996.

GRAND, VICTOR, de la société ALLIEZ, *banquiers, rue de Trévise*, 14. — Voir : ALLIEZ, GRAND et Ce. — N° du Greffe 13,339.

GRAND, ADRIEN-JEAN-BAPTISTE, *commissionnaire en marchandises, rue de Bondy*, 2. — Jugement du 7 septembre 1855 homologuant le concordat du 22 août 1855. — Remise de 65 %. — Les 35 % non remis payables : 15 % aussitôt l'homologation, 20 % par quarts, d'année en année, du jour du concordat. — N° du Greffe 12,370.

GRAND jeune, LÉON, *marchand de vins, rue de la Ferme-des-Mathurins*, 49. — Jugement du 16 juin 1859 homologuant le concordat du 1er juin 1859. — Remise de 80 %. — Les 20 % non remis payables en quatre ans, par quarts, du jour de l'homologation. — N° du Greffe 15,595.

GRANDCOLAS, JEAN-BAPTISTE, *voiturier, à Montmartre*. — Jugement du 26 janvier 1859 homologuant le concordat du 4 du même mois. — — Remise de 60 %. — Les 40 % non remis payables en cinq ans, par cinquièmes, du jour de l'homologation. — N° du Greffe 15,262.

GRANDEL, ROMAIN, *fabricant d'eau gazeuse, impasse de la Pompe*, 18. — Jugement du 3 juillet 1855 homologuant le concordat du 12 juin 1855. — Remise de 85 %. — Les 15 % non remis payables en cinq ans, par cinquièmes, d'année en année. — Premier paiement le 1er mai 1856. — N° du Greffe 11,982.

GRANDIDIER, JOSEPH, *négociant en brosses, rue Grenier-St-Lazare*, 15. — Jugement du 22 novembre 1858 homologuant le concordat du 10 du même mois. — Remise de 50 %. — Les 50 % payables en cinq ans, par dixièmes, de six mois en six mois, du jour de l'homologation, et sans intérêts. — N° du Greffe 15,098.

GRANDJEAN, veuve, née CLARISSE PIGNY, *lingère, rue St-Marc*, 17. — Jugement du 12 décembre 1855 homologuant le concordat du 30 novembre 1855. — Remise de 80 %. — Les 20 % non remis payables : 5 % dans le mois qui suivra la reddition des comptes, 5 % trois mois après, 2 1/2 % le 1er décembre des années 1856, 1857, 1858 et 1859. — N° du Greffe 12,636.

GRANDJEAN, JEAN-PIERRE, *menuisier, rue d'Allemagne*, 119. — Jugement du 11 mai 1860 homologuant le concordat du 20 avril 1860. — Remise de 60 %. — Les 40 % non remis payables en cinq ans, par cinquièmes, du 30 avril. — N° du Greffe 16,580.

GRANDJEAN jeune, VINCENT, *boulanger, rue Greneta*, 42. — Jugement du 6 septembre 1862 homologuant le concordat du 22 août 1862. — Remise de 70 %. — Les 30 % non remis payables au moyen de l'actif abandonné au concordat. — La différence payable en quatre ans, par quarts, sans intérêts, à partir du jour de l'homologation. — N° du Greffe 19,921.

GRANDMAISON, dame SAIGLAN-BAGNÈRES, GERVAIS, de la société MIGUEL-LAFONT et Cᵉ, *négociant en tissus, rue Franklin*, 1, *à Passy*. — Jugement du 17 mars 1859 homologuant le concordat du 19 février 1859. — Remise de la totalité des créances en principal, intérêts et frais, moyennant le versement de 10,000 fr. ès-mains du syndic. — N° du Greffe 7,858.

GRANGÉ, LOUIS-ALEXANDRE, *entrepreneur de menuiserie, rue de la Comète*, 12. — Jugement du 9 juillet 1850 homologuant le concordat du 28 juin 1850. — Remise de 85 %. — Les 15 % non remis payables en trois paiements de 5 % fin juin des années 1851, 1852 et 1853. — N° du Greffe 9,208.

GRANIER, JEAN-ANTOINE, *marchand de vins, boulevart des Amandiers*, 104. — Jugement du 30 octobre 1854 homologuant le concordat du 30 septembre 1854. — Remise de 75 %. — Les 25 % non remis payables en cinq ans, par cinquièmes, d'année en année. — Premier paiement le 1er octobre 1854. — N° du Greffe 11,663.

GRAPPERON, AUGUSTE, *serrurier en voitures, route d'Asnières*, 85. — Jugement du 20 septembre 1860 homologuant le concordat du 24 novembre 1860. — Remise de 75 %. — Les 25 % non remis payables en cinq ans, par cinquièmes, du 1er janvier. — N° du Greffe 17,408.

GRAS, ALEXANDRE, *menuisier, rue Saint-Sauveur*, 28. — Jugement du 7 novembre 1862 homologuant le concordat du 16 octobre 1862. — Remise de 75 %. — Les 25 % non remis payables en cinq ans, par cinquièmes, du 1er novembre. — N° du Greffe 30.

GRATZMULLER, dame LECLERC, ÉMÉLIE, *tenant maison meublée, rue Laffitte*, 1. — Jugement du 11 juin 1858 homologuant le concordat du 24 mai 1858. — Remise de 65 %. — Les 35 % non remis payables : 5 % après l'homologation, et 30 % en six ans, par sixièmes, du jour de l'homologation. — N° du Greffe 14,675.

GRAVEL, LOUIS-CHARLES, *tapissier, rue Caumartin*, 47. — Jugement du 12 juin 1856 homologuant le concordat du 28 mai 1856. — Remise de 77 %. — Les 23 % non remis payables au moyen de l'actif abandonné énoncé au concordat. — En cas d'insuffisance, obligation de parfaire en deux ans, par moitiés, sans intérêts, à partir du jour du concordat. — M. Darieu, caution du paiement de la différence au cas prévu. — M. Breuillard, commissaire. — N° du Greffe 12,581.

GRAVEL, JEAN, *échaudeur, boulevard de l'Hôpital*, 151. — Jugement du 5 mai 1862 homologuant le concordat du 5 avril 1862. — Remise de 60 %. — Les 40 % non remis payables en cinq ans, par soixantièmes, de mois en mois, à dater de l'homologation. — N° du Greffe 19,188.

GRAVIER et **CROS**, *tailleurs, boulevard des Capucines*, 39. — Voir : CROS. — N° du Greffe 14,785.

GRAVIER, AUGUSTE, de la société CROS, *tailleur, boulevard des Capucines*, 39. — Jugement de 31 mars 1858 homologuant le concordat du 20 du même mois. — Voir : CROS, Louis. — N° du Greffe 14,785.

GRAZALŒULE, dame POTTIER, MARIE-JOSÉPHINE-ZÉLIE, *marchande de bimbeloterie, rue du Chapon*, 20. — Jugement du 30 avril 1858 homologuant le concordat du 15 du même mois. — Abandon de l'actif énoncé au concordat. — Obligation de payer 15 % en trois ans, par tiers, du jour du concordat. — M. Pottier, caution des 15 %. — N° du Greffe 14,527.

GREFFIER, ANDRÉ, *marchand de vins, rue de Flandre*, 164. — Jugement du 24 décembre 1861 homologuant le concordat du 18 novembre 1861. — Remise de 80 %. — Les 20 % non remis payables en quatre ans, par quarts, du jour de l'homologation. — N° du Greffe 18,526.

GRÉGOIRE, ACHILE, *commerçant, rue St-Lazare*, 56. — Jugement du 8 mai 1861 homologuant le concordat du 12 avril 1861. — Remise de 75 %. — Les 25 % non remis payables en cinq ans, par cinquièmes, de fin juin. — N° du Greffe 17,537.

GRÉGOIRE, ACHILE, *négociant, rue Hauteville*, 49. — Jugement du 13 octobre 1857 homologuant le concordat du 17 août 1857. — Remise de 67 %. — Les 33 % non remis payables : 5 % les 31 octobre et 31 décembre 1857, 6 % les 31 décembre 1858, 1859 et 1860, 5 % le 31 décembre 1861. — N° du Greffe 13,887.

GRELET, LOUIS, *tenant maison meublée, rue du Faubourg-St-Honoré*, 71. — Jugement du 25 mai 1853 homologuant le concordat du 11 octobre 1852. — Remise de 90 %. — Les 10 % non remis payables : 2 1/2 % dans deux ans, 2 1/2 % dans trois ans, et 5 % dans quatre ans, du jour du concordat. — N° du Greffe 9,271.

GRELLÉ, ANTOINE, de la société GRELLÉ et Cᵉ, *gérant du café Cérès, rue St-Denis*, 357. — Voir: DUVAL. — N° du Greffe 10,704.

GRELLÉ, et Cᵉ, *gérants du café Cérès, à Belleville*. — Voir: DUVAL. — N° du Greffe 10,704.

GRELLET, demoiselle, de la société CHEIGNARD, JULIE, *loueuse de voitures, à Passy*. — Jugement du 30 mai 1853 homologuant le concordat du 13 du même mois. — Remise de 80 %. — Les 20 % non remis payables en quatre ans, par quarts, d'année en année, pour le premier paiement avoir lieu un an après l'homologation, et ainsi de suite. — N° du Greffe 10,822.

GRENET, veuve FOUCHER, MARIE-DÉSIRÉE, *lingère, rue Courtalon*, 2. — Jugement du 28 octobre 1858 homologuant le concordat du 16 septembre 1858. — Remise de 60 %. — Les 40 % non remis payables : 10 % un an après l'homologation, 7 % six mois après, et ainsi de suite, de six mois en six mois. — N° du Greffe 14,922.

GRENIER, JEAN-HIPPOLYTE, *limonadier, rue de Charenton*, 127. — Jugement du 31 juillet 1862 homologuant le concordat du 16 du même mois. — Remise de 50 %. — Les 50 % non remis payables en cinq ans, par cinquièmes, de l'homologation. — N° du Greffe 19,619.

GRENONVILLE, ALFRED et Cᵉ, *marchands de confections, rue Montmartre*, 130. — Jugement du 6 octobre 1862 homologuant le concordat du 17 septembre 1862. — Remise de 75 %. — Les 25 % non remis payables en trois ans : 5 % la première année, 10 % la deuxième année, 10 % la troisième année, à partir du jour de l'homologation. — N° du Greffe 19,915.

GRÉSILLON, JULES-ISIDORE, *boulanger, rue St-Benoît*, 28. — Jugement du 21 août 1860 homologuant le concordat du 4 du même mois. — Remise de 60 %. — Les 40 % non remis payables, sans intérêts : 10 % dans trois mois, 30 % en six ans, par sixièmes, le tout à partir du 1er août. — N° du Greffe 17,058.

GRESLÉ, AUGUSTE, *marchand de vins, rue St-Victor*, 51. — Jugement du 2 décembre 1861 homologuant le concordat du 6 novembre 1861. — Remise de 70 %. — Les 30 non remis payables en quatre ans, par quarts, du jour de l'homologation. — N° du Greffe 18,832.

GRIGNÉ, PIERRE-EDOUARD, de la société GAGNE, *libraire, carrefour de l'Odéon*, 15. — Voir: DODIER. — N° du Greffe 12,997.

GRIGNON, *ex-marchand de bouillons, rue de la Harpe*, 107. — Jugement du 24 août 1859 homologuant le concordat du 27 juillet 1859. — Remise de 70 %. — Les 30 % non remis payables en trois ans, par tiers, du jour de l'homologation. — N° du Greffe 15,567.

GRIMAL, AUGUSTE, *commissionnaire, rue de Bondy*, 32. — Jugement du 3 mai 1860 homologuant le concordat du 31 mars 1860. — Remise de 60 %. — Les 40 % non remis payables en six ans, par sixièmes, du jour du concordat. — N° du Greffe 16,250.

GRIMAUD, AUGUSTE, *corroyeur, rue du Fer-à-Moulin*, 42. — Jugement du 25 novembre 1861 homologuant le concordat du 11 du même mois. — Remise de 75 %. — Les 25 % non remis payables : 15 % dans la huitaine de la reddition de compte, et 5 % un et deux ans après la date de la reddition de compte. — N° du Greffe 18,344.

GRIMAUX et Cie, *imprimeurs, rue du Croissant*, 16. — Jugement du 9 octobre 1854 homologuant le concordat du 12 septembre 1854. — Abandon de l'actif énoncé au concordat. — En cas de non paiement engagement de céder son brevet d'imprimeur. — N° du Greffe 11,526.

GRISON, JEAN, *marchand de vins, rue des Fossés-St-Victor*, 12. — Jugement du 28 septembre 1857 homologuant le concordat du 9 du même mois. — Remise de 80 %. — Les 20 % non remis payables en cinq ans, par cinquièmes, d'année en année. — Premier paiement fin septembre 1853. — N° du Greffe 13,982.

GRISY, Thomas-Emmanuel, *fabricant de toiles cirées, rue Bourg-Labbé*, 33 *et* 35. — Jugement du 13 juin 1855 homologuant le concordat du 26 mai 1855. — Remise de 60 %. — Les 40 % non remis payables : 5 % fin janvier 1856. — 10 % fin juin 1856. — 5 % fin janvier 1857. — 10 % fin juin 1857. — 5 % fin janvier et juin 1858. — Mme Grisy, caution. — N° du Greffe 12,206.

GROSGEORGES, Jean-Luc, *voiturier, à Montrouge*. — Jugement du 18 février 1862 homologuant le concordat du 7 janvier 1862. — Remise de 50 %. — Les 50 % non remis payables en cinq ans, par cinquièmes, du jour de l'homologation. — N° du Greffe 18,369.

GROSHENS, Dlle, Marie, *fabricante d'éventails, rue de Limoges*, 10. — Jugement du 24 mars 1862 homologuant le concordat du 5 mars 1862. — Remise de 75 %. — Les 25 % non remis payables en cinq ans, par cinquièmes, du jour de l'homologation. — N° du Greffe 19,087.

GROSJEAN, dame veuve, Pierre-Charles, *marchande de bois, rue de Charonne, passage Josset*, 10. — Jugement du 17 janvier 1862 homologuant le concordat du 17 décembre 1861. — Remise de 60 %. — Les 40 % non remis payables en cinq ans, par cinquièmes, du jour de l'homologation. — M. Lévêque, caution. — N° du Greffe 18,329.

GROSJEAN, Jean, *épicier, à Belleville*. — Jugement du 25 février 1862 homologuant le concordat du 5 février 1862. — Remise de 75 %. — Les 25 % non remis payables en trois ans, par tiers, du jour du concordat. — N° du Greffe 19,013.

GROSJEAN, Jacques, *commissionnaire, rue Mazagran*, 12. — Jugement du 14 avril 1856 homologuant le concordat du 7 mars 1856. — Remise de 75 %. — Les 25 % non remis payables : 10 % dans quatre mois de l'homologation, 10 % un an après, et 5 % deux ans après. — N° du Greffe 12,719.

GROSJEAN, Jacques-Henri, de la société GROSJEAN et Cie, *négociant en soieries, rue Neuve-St-Eustache*, 26. — Jugement du 23 janvier 1854 homologuant le concordat du 9 du même mois. — Remise de 75 %. — Les 25 % non remis payables par fractions de 5 %, fin octobre 1854, fin avril et décembre 1855, fin décembre 1856, et fin décembre 1857. — N° du Greffe 10,214.

GROSSIER, Marie-François, *charcutier, rue St-Louis-au-Marais*, 93. — Jugement du 9 février 1857 homologuant le concordat du 29 janvier 1857. — Remise de 80 %. — Les 20 % non remis payables en quatre ans, par quarts, d'année en année, du jour du concordat. — N° du Greffe 13,511.

GROSSIN, Pierre-Augustin, *mercier, à Montmartre*. — Jugement du 30 janvier 1854 homologuant le concordat du 16 du même mois. — Remise de 70 %. — Les 30 % non remis payables par sixièmes, d'année en année. — Premier paiement le 1er février 1854. — N° du Greffe 11,154.

GROSSIN aîné, ou **GROSSAIN**, Marie-Anselme, *ex-épicier, à Boulogne*. — Jugement du 8 octobre 1852 homologuant le concordat du 24 septembre 1852. — Remise de 80 % en principal, intérêts et frais. — Les 20 % non remis payables en quatre ans, par quarts. — Premier paiement le 24 septembre 1853. — N° du Greffe 10,335.

GROSSIN jeune, François, *épicier, à Boulogne*. — Concordat du 4 septembre 1849. — N° du Greffe 573.

GROUAS, Auguste-Victor, *grainetier, chaussée du Maine*, 100. — Jugement du 24 décembre 1861 homologuant le concordat du 28 novembre 1861. — Abandon de l'actif énoncé au concordat. — Obligation de payer 10 % en cinq ans, par cinquièmes, de l'homologation. — N° du Greffe 18,463.

GROUSSEAUD, Jean, *entrepreneur de maçonnerie, rue Corbeau*, 38. — Jugement du 10 octobre 1862 homologuant le concordat du 17 septembre 1862. — Remise de 75 %. — Les 25 % non remis payables, sans intérêts : 5 % comptant aussitôt l'homologation. — 20 % en cinq ans, par cinquièmes, du jour de l'homologation. — N° du Greffe 19,959.

GROUTEAU, *horloger, rue Richelieu*, 48. — Concordat du 19 juillet 1849.

GRUAUT ou **GRUAT**, *négociant, rue du Manoir*, 13, *à Montmartre*. — Jugement du 13 juillet 1860 homologuant le concordat du 29 juin 1860. — Obligation de payer l'intégralité des créances, en cinq ans, par cinquièmes, du jour de l'homologation. — N° du Greffe 16,960.

GRUEL, Sébastien-Jean-François, *marchand de vins traiteur, à Belleville*. — Jugement du 14 juillet 1854 homologuant le concordat du 15 juin 1854. — Remise de 60 %. — Les 40 % non remis payables en cinq ans, par cinquièmes. — Premier paiement le 15 juillet 1855. — N° du Greffe 11,314.

GRUYER, Louis-Jean-Baptiste-Marie, *vannier, rue de Paris*, 76, *à St-Denis*. — Jugement du 17 juin 1862 homologuant le concordat du 13 mars 1862. — Remise de 75 %. — Les 25 % non remis payables en cinq ans, par cinquièmes, du jour de l'homologation. — N° du Greffe 18,325.

GUEDU, Claude-Saturnin, *tapissier, rue Neuve-des-Capucines*, 21. — Jugement du 6 octobre 1859 homologuant le concordat du 29 juin 1859. — Remise de 75 %. — Les 25 % non remis payables en cinq ans, par cinquièmes, du jour de l'homologation. — N° du Greffe 15,814.

GUENIOT et **BAROUILLE**, *marchand de toiles, rue des Lavandières-Ste-Opportune*, 18. — Concordat du 2 avril 1849. — N° du Greffe 44.

GUENOT, Jean-Baptiste, *traiteur, rue des Petites-Écuries*, 59. — Jugement 14 mars 1862 homologuant le concordat du 1er mars 1862. — Remise de 75 %. — Les 25 % non remis payables en cinq ans, par cinquièmes, du jour du concordat. — N° du Greffe 18,894.

GUÉRARD, veuve **ROMAND**, Marie-Constance, *marchande de soieries, rue Montmartre*, 24. — Jugement du 24 septembre 1852 homologuant le concordat du 21 août 1852. — Remise de 92 1/2 % et de tous intérêts et frais. — Les 7 1/2 % non remis payables dans les 30 jours de l'homologation. — N° du Greffe 10,466.

GUERBOIS et Cie, *levure blanche, au village Levallois*. — Jugement du 7 juin 1859 homologuant le concordat du 27 mai 1859. — Abandon de l'actif énoncé au concordat. — Devin, syndic. — N° du Greffe 15,290.

GUERCHOUX, Henri-Mathieu, *fabricant de poupées, rue Michel-le-Comte*, 27. — Jugement du 14 juillet 1851 homologuant le concordat du 3 juillet 1851. — Remise de 87 %. — Les 13 % non remis payables en trois ans, à partir du 3 juillet 1851. — Les deux premiers dividendes de 4 %, et le troisième de 5 %. — N° du Greffe 9,684.

GUÉRIN jeune, Pierre-Vivien, *appareils pour eaux gazeuses, rue Vivienne*, 1. — Jugement du 22 juin 1852 homologuant le concordat du 4 du même mois. — Remise de 88 % en principal, intérêts et frais. — Les 12 % non remis payables en six ans, à raison de 2 % par an. — Le premier paiement le 30 juin 1853 et ainsi de suite. — N° du Greffe 10,389.

GUÉRIN aîné, Jacques-Abraham, *entrepreneur de pavage, rue Popincourt*, 82. — Jugement du 24 décembre 1850 homologuant le concordat du 7 décembre 1850. — Remise des intérêts et frais non admis et de 60 %. — es 40 % non remis payables en cinq ans, par cinquièmes, le 15 décembre des années 1851, 1852 et suivantes. — N° du Greffe 9,590.

GUÉRIN, Hilaire, *serrurier, rue de Berry*, 19. — Jugement du 13 septembre 1850 homologuant le concordat du 25 juillet 1850. — Remise de 80 % en capital, intérêts et frais. — Les 20 % non remis payables, par cinquièmes, en cinq ans, à partir du 13 septembre 1850. — N° du Greffe 9,394.

GUÉRIN, Édouard, *fondeur en métaux, rue des Marais-du-Temple*, 66. — Concordat du 30 mars 1849. — N° du Greffe 152.

GUÉRIN, Jules-Honoré, *boulanger, à Montmartre*. — Jugement du 23 mars 1854 homologuant le concordat du 3 du dit mois. — Abandon de l'actif réalisé. — Obligation de payer 10 % en deux ans, par moitiés, le 15 mars des années 1855 et 1856. — Millet, commissaire. — N° du Greffe 11,340.

GUÉRIN aîné, François, *nourrisseur, à Maison-Alfort*. — Jugement du 6 janvier 1854 homologuant le concordat du 23 décembre 1853. — Remise de 70 %. — Les 30 % non remis payables par fractions de 5 %, le 1er janvier des années 1855, 1856 et suivantes. — N° du Greffe 11,061.

GUÉRIN, Ernest, *commerçant, rue St-Marc*, 5. — Jugement du 9 août 1854 homologuant le concordat du 15 mars 1854. — Remise de 75 %. — Les 25 % non remis payables, sans intérêts : 15 % au moyen des sommes aux mains du syndic et à recouvrer, 10 % par quarts, le premier paiement dans un an du concordat. — N° du Greffe 11,012.

GUÉRIN, Paul-François, *épicier, au village Levallois.* — Jugement du 26 novembre 1856 homologuant le concordat du 14 du dit mois.—Remise de 70 %. —Les 30 % non remis payables, sans intérêts, en cinq ans, par cinquièmes, d'année en année. — Le premier paiement le 1er décembre 1857. — N° du Greffe 13,046.

GUÉRIN, Jean-François, *tourneur en cuivre, rue St-Maur*, 131. — Jugement du 17 juin 1859 homologuant le concordat du 3 juin 1859.— Remise de 70 %.— Les 30 % non remis payables en cinq ans, par cinquièmes, du 1er juin. — N° du Greffe 15,695.

GUÉRIN, Gustave, *chemisier, rue de Luxembourg*, 8. —Jugement du 22 avril 1861 homologuant le concordat du 10 du même mois.— Remise de 80 %.— Les 20 % non remis payables, sans intérêts, en quatre ans, par quarts, du jour de l'homologation.— N° du Greffe 17,694.

GUÉRIN, *négociant, à Bercy*. — Jugement du 16 juillet 1860 homologuant le concordat du 18 juin 1860. — Abandon de l'actif énoncé. — Obligation de payer 10 % en trois ans, par tiers, du 15 juin. — Hécaen syndic. — N° du Greffe 15,884.

GUÉRIN, Ambroise, *commissionnaire en marchandises, rue d'Enghien*, 25.— Jugement du 5 novembre 1858 homologuant le concordat du 26 octobre 1858. — Remise de 80 %.— Les 20 % non remis payables par quarts : 5 % six mois après l'homologation, et ainsi de six mois en six mois. — N° du Greffe 14,995.

GUÉRIN, société ROUSSIA, *commerce de meubles, galerie Bergère*, 16.— Jugement du 10 octobre 1860 homologuant le concordat du 26 septembre 1860. — Remise de 70 %.— Les 30 % non remis payables en trois ans, par tiers, de l'homologation.— N° du Greffe 17,240.

GUERNIER, Théophile, *marinier, ayant demeuré à Boulogne*.— Jugement du 1er février 1861 homologuant le concordat du 15 janvier 1861. — Remise de 60 %.— Les 40 % non remis payables en quatre ans, par quarts, de l'homologation.— N° du Greffe 15,964.

GUÉROULT, Victor-Joseph, *marchand de bois, rue du Faubourg-St-Antoine*, 159.— Jugement du 24 août 1858 homologuant le concordat du 31 juillet 1858.— Remise de 30 %.— Les 70 % non remis payables : 10 % après l'homologation, et 60 % en six ans, par sixièmes, du jour du concordat.— N° du Greffe 14,548.

GUERRIER, Philippe, *marchand de thés et pâtes, rue St-Honoré*, 205. — Jugement du 21 novembre 1862 homologuant le concordat du 3 novembre 1862. — Remise de 90 %. — Les 10 % non remis payables dans le mois de l'homologation.— N° du Greffe 502.

GUESDON, Georges, *marchand de vins, à Grenelle*. — Jugement du 7 octobre 1858 homologuant le concordat du 7 septembre 1858.— Remise de 75 %.— Les 25 % non remis payables en cinq ans, par cinquièmes, du 4 octobre 1858.— N° du Greffe 14,800.

GUIBERT, société SOURDEAUX, Louis, *apprêteur, rue Montmartre*, 15.— Jugement du 27 novembre 1854 homologuant le concordat du 31 octobre 1854.— Cession par les créanciers et les faillis, au sieur Leroy, de leur actif commercial énoncé au concordat.— Obligation par Leroy de payer les frais privilégiés et aux créanciers 10 % de leurs créances, en trois paiements égaux, du jour de l'homologation.— N° du Greffe 11,477.

GUIBLIER et THARAUD, *maison meublée, rue Vaugirard*, 59.— Concordat du 18 septembre 1849.— N° du Greffe 225.

GUICHARD, Claude, *menuisier, rue d'Ecosse*, 3. — Jugement du 13 mai 1859 homologuant le concordat du 29 avril 1859.— Remise de 70 %.— Les 30 % non remis payables en trois ans, par tiers, du concordat.— N° du Greffe 15,450.

GUICHARD jeune, Louis-Victor, *fabricant de gants, rue des Bourdonnais*, 39— Jugement du 5 décembre 1859, homologuant le concordat du 18 novembre 1859.— Remise de 60 %.— Les 40 % non remis payables, sans intérêts, en cinq ans, par cinquièmes, de l'homologation.— N° du Greffe 16,148.

GUICHARD frères, *négociants, boulevard de Strasbourg*, 52 et 54.— Jugement du 9 juillet 1860 homologuant le concordat du 19 juin 1860. Abandon de l'actif énoncé.— Battarel, syndic.— N° du Greffe 16,833.

GUICHARD, société FOURNIER, Jean-Louis, *bijoutier, rue Grenier-St-Lazare*, 45.— Voir FOURNIER, société GUICHARD.

GUIDICI, dit JUDISSÉ, Charles-Victor, *marchand de vins, à Boulogne*.— Jugement du 4 mars 1861 homologuant le concordat du 21 février 1861.— Obligation de payer l'intégralité des créances au moyen de l'abandon de l'actif énoncé au concordat.— En cas d'insuffisance obligation de parfaire la différence en cinq ans, par cinquièmes, de l'homologation, sans intérêts. — Devin, syndic. — N° du Greffe 17,772.

GUIFFIER, Marguerite-Antoinette, femme LAURENT, Louis-Frédéric, *tenant pension bourgeoise, rue Ste-Geneviève*, 24.— Jugement du 12 février 1856 homologuant le concordat du 7 septembre 1855.— Remise de 50 %.— Les 50 % non remis payables en cinq ans, par cinquièmes, d'année en année.— Le 1er paiement le 10 décembre 1856.— N° du Greffe 12,516.

GUIGNAN, Hyacinthe, *marchand de vins, rue Neuve-Pigale, 27, à Montmartre*. — Jugement du 3 novembre 1854 homologuant le concordat du 17 octobre 1854.— Remise de 90 %.— Les 10 % non remis payables en cinq ans, par cinquièmes, d'année en année.— Le premier paiement le 1er novembre 1855.— N° du Greffe 11,653.

GUIGNARD, veuve Louis, née LAVERGE Eulalie, *marchande de lait, à Belleville*.— Jugement du 14 mars 1856 homologuant le concordat du 29 février 1856. — Remise de 85 %.— Les 15 % non remis payables en trois ans, par tiers, d'année en année, du jour du concordat. — N° du Greffe 12,781.

GUIGUOZ, veuve Laurent-Marie, *lingère, rue Montmartre*, 73.— Jugement du 28 juin 1850 homologuant le concordat du 7 juin 1850. — Remise de 80 % et de tous intérêts et frais non admis.— Les 20 % non remis payables : 6 % le 7 juin 1851, 7 % le 7 juin 1852. 7 % le 7 juin 1853.— N° du Greffe 9,400.

GUILLAIN, Frédéric, *négociant en toiles, rue des Bourdonnais*, 7.— Jugement du 30 novembre 1853 homologuant le concordat du 19 dudit mois.— Remise de 75 %.— Les 25 % non remis payables par moitiés dans six mois et un an du jour du jugement. — M. Painblant, caution.— N° du Greffe 11,089.

GUILLARD, veuve, née Agathe FRANCHETAUX, Joseph, *marchande de jouets d'enfants, rue Croix Nivert, 19, à Grenelle*.— Jugement du 13 mai 1859 homologuant le concordat du 20 avril 1859.— Remise de 80 %.— Les 20 % non remis payables en quatre ans, par quarts, du jour de l'homologation.— N° du Greffe 15,645.

GUILLAUDIN, Emile, *bijoutier, rue Vivienne*, 17.— Jugement du 3 octobre 1862 homologuant le concordat du 10 septembre 1862. — Abandon de l'actif énoncé au concordat.— Obligation de payer 10 % en cinq ans, par cinquièmes, de fin septembre.— Beaufour, syndic.—N° du Greffe, 18,888.

GUILLAUME, Hippolyte, *épicier, rue du Rocher*, 17.— Jugement du 16 mai 1859 homologuant le concordat du 29 avril 1859.— Abandon de l'actif énoncé au concordat. — N° du Greffe 15,332.

GUILLAUME, Louis-Alphonse, *traiteur, rue Constantine*, 26.— Jugement du 5 juillet 1858 homologuant le concordat du 8 juin 1858.— Remise de 75 %. — Les 25 % non remis payables en cinq ans, par cinquièmes, sans intérêts, du jour du concordat. — N° du Greffe 14,809.

GUILLAUME, Désiré-Adolphe, de la société STAUFIGER, cordonnier.— Voir STAUFIGER et Cie.

GUILLAUMONT et veuve RHODES, *taillandiers, à la Chapelle*.— Jugement du 3 janvier 1854 homologuant le concordat du 15 décembre 1853.— Abandon de l'actif réalisé.— Obligation de payer chacun 10 % en cinq ans, par cinquièmes.— Premier paiement 31 décembre 1854.— N° du Greffe 10,967.

GUILLAUMOT, Charles, *serrurier, à Passy*.— Jugement du 12 février 1856 homologuant le concordat du 1er février 1856.— Remise de 84 %.— Les 16 % non remis payables en quatre ans, par quarts, d'année en année.— Premier paiement 1er avril 1857.— N° du Greffe 12,786.

GUILLEBAUD, François, *maçon, rue d'Abbeville*, 7.— Jugement du 10 octobre 1862 homologuant le concordat du 19 septembre 1862.— Abandon de l'actif énoncé au concordat.— N° du Greffe 19,783.

GUILLEMÉ, *miroitier, rue Phélippeaux*, 13.— Jugement du 9 avril 1849 homologuant le concordat en maintenant la qualification de failli. — N° du Greffe, 130.

GUILLEMIN et DELMONT, François-Origène, *éditeurs de sphères, rue des Petits-Champs*, 33. — Jugement du 29 février 1856 homologuant le concordat du 18 février 1856. — Voir DELMONT. — N° du Greffe 12,792.

GUILLEMINAULT, *entrepreneur de maçonneries, rue des Murs de la Roquette*. — Jugement du 10 novembre 1856 homologuant le concordat du 20 octobre 1856. — Remise de 80 %. — Les 20 % non remis payables en quatre ans, par quarts, d'année en année, du jour du concordat. — N° du Greffe 13,052.

GUILLEMINET, MOREAU Cᵉ, Charles, *parfumeurs, rue Richer*, 20. — Jugement du 29 mai 1860 homologuant le concordat du 14 mai 1860. — Remise de 75 %. — Les 25 % non remis payables en cinq ans, par cinquièmes, du jour de l'homologation. — N° du Greffe 16,591.

GUILLEMINOT, Alexandre, *épicier, rue du Chevaleret*, 33. — Jugement du 17 septembre 1858 homologuant le concordat du 30 août 1858. — Remise de 85 %. — Les 15 % non remis payables en trois ans, par tiers, du 1ᵉʳ septembre. — N° du Greffe 14,845.

GUILLERAND, Claude, *marchand de vins, rue Jacob*, 2. — Jugement du 5 décembre 1859 homologuant le concordat du 8 décembre 1859. — Abandon de l'actif énoncé au concordat. — N° du Greffe 16,222.

GUILLET, Pierre, *tenant hôtel meublé, rue Notre-Dame-des-Victoires*, 11. — Jugement du 10 novembre 1852 homologuant le concordat du 25 octobre 1852. — Remise de 90 %. — Les 10 % non remis payables, sans intérêts, en quatre ans, par quarts. — Premier paiement le 25 octobre 1853, et ainsi de suite. — N° du Greffe 10,416.

GUILLET, *restaurateur, rue St-Antoine*, 13. — Concordat du 9 avril 1849. — N° du Greffe 101.

GUILLIEN, Antoine, *marchand de vins, rue du Château-d'Eau*, 59. — Jugement du 27 novembre 1854 homologuant le concordat du 11 du même mois. — Remise de 65 %. — Les 35 % non remis payables, sans intérêts, en cinq ans, par cinquièmes, d'année en année. — Premier paiement le 1ᵉʳ octobre 1855. — N° du Greffe 11,861.

GUILLIET ou GUILLIER, Jacques, *boulanger, à la gare d'Ivry*. — — Jugement du 8 juin 1855 homologuant le concordat du 10 mars 1855. — Remise de 70 %. — Les 30 % non remis payables en cinq ans, par cinquièmes, d'année en année. — Premier paiement le 1ᵉʳ juin 1856. — N° du Greffe 12,022.

GUILLOCHIN, Victor-François, *limonadier, rue St-Martin*, 127. — Jugement du 8 mai 1857 homologuant le concordat du 2 avril 1857. — Remise de 70 %. — Les 30 non remis payables, sans intérêts, en cinq ans, par cinquièmes, d'année en année, du jour du concordat. — N° du Greffe 13,489.

GUILLOIS fils, Louis-Stanislas, *négociant en cuirs, à Grenelle*. — Jugement du 28 décembre 1855 homologuant le concordat du 18 août 1855. — Remise de 85 %. — Les 15 % non remis payables en trois ans, par tiers, d'année en année. — Premier paiement le 1ᵉʳ septembre 1856. — N° du Greffe 2,092.

GUILLOMET, Joseph-Emmanuel, *épicier, rue de Sèvres*, 75. — Jugement du 20 avril 1852 homologuant le concordat du 6 du même mois. — Abandon de l'actif réalisé et d'une somme de 10,000 fr., avec intérêts. — M. Lefrançois, commissaire. — N° du Greffe 10,201.

GUILLOT, Sylvain, *entrepreneur de bâtiments, rue St-Vincent de Paul*, 5. — Jugement du 8 décembre 1857 homologuant le concordat du 16 novembre 1857. — Remise de 60 %. — Les 40 % non remis payables en cinq ans, par cinquièmes, d'année en année, du jour de l'homologation, et sans intérêts. — Mad. Guillot, caution. — N° du Greffe 14,147.

GUILLOT, Mathieu, *bonnetier, boulevard Beaumarchais*, 88. — Jugement du 7 octobre 1851 homologuant le concordat du 20 septembre 1851. — Remise de 90 % en principal, intérêts et frais. — Les 10 % non remis payables, sans intérêts, en deux ans, par moitiés, à partir du 7 octobre 1851. — N° du Greffe 9,868.

GUILLOT, Louis, *fondeur, rue St-Maur-Popincourt*, 60. — Jugement du 17 octobre 1854 homologuant le concordat du 23 septembre 1854. — Obligation de payer l'intégralité des créances, sans intérêts, en dix ans, par dixièmes. — Premier paiement le 1ᵉʳ octobre 1855. — N° du Greffe 11,604.

GUILLOT, Jean-Baptiste-Prospert, *fabricant de baromètres, rue St-Martin*, 233. — Jugement du 30 janvier 1855 homologuant le concordat du 16 janvier 1855. — Remise de 80 %. — Les 20 % non remis payables en quatre ans, par quarts, d'année en année, pour commencer le 1ᵉʳ février 1856. — N° du Greffe 11,689.

GUILLOU, Jacques-Amand, *négociant en vins, à Belleville*. — Jugement du 26 décembre 1854 homologuant le concordat du 18 novembre 1854. — Remise de 75 %. — Les 25 % non remis payables en cinq ans, par cinquièmes. — Premier paiement le 11 novembre 1855. — N° du Greffe 11,867.

GUILLOU, Benjamin, *faïencier, rue Lévisse*, 7. — Jugement du 11 novembre 1853 homologuant le concordat du 26 septembre 1853. — Remise de 88 %. — Les 12 % non remis payables en six ans, par sixièmes, le 1ᵉʳ novembre des années 1854 et suivantes. — Le sieur Julien Benjamin Guillou fils, et la dame Bidard, épouse Guillou, cautions solidaires. — N° du Greffe 10,556.

GUILLOUX, Magloire, *marchand de vins, aux Ternes*. — Jugement du 9 août 1860 homologuant le concordat du 27 juillet 1860. — Remise de 75 %. — Les 25 % non remis payables, sans intérêts : 10 % comptant après l'homologation, et 15 % le 1ᵉʳ août 1861. — N° du Greffe 16,839.

GUILMAIN, Jean-Pierre, *marchand de vins, rue Guizarde*, 4. — Jugement du 1ᵉʳ décembre 1862 homologuant le concordat du 11 novembre 1862. — Remise de 80 %. — Les 20 % non remis payables : 10 % six mois après l'homologation, et 5 % un an et deux ans après l'homologation. — N° du Greffe 426.

GUILMARD, Jean, *tailleur, rue du Havre*, 4. — Jugement du 8 janvier 1858 homologuant le concordat du 26 décembre 1857. — Abandon de l'actif énoncé au concordat. — Obligation de payer 10 % au moyen de 2,000 fr. versés au syndic dans la huitaine de l'homologation. — La différence payable par quarts, le 30 juin et 31 décembre des années 1858 et 1859. — N° du Greffe 14,253.

GUIMARÈS et RAFFIN, *commissionnaires-exportateurs, rue Martel*, 3. — Jugement du 16 septembre 1858 homologuant le concordat du 20 août 1858. — Remise de 99 %. — Le 1 % payable en quatre ans, par quarts, du jour de l'homologation. — N° du Greffe 15,178.

GUIONVAR, Eugène-Alphonse, *graveur, rue du Temple*, 117. — Jugement du 13 septembre 1862 homologuant le concordat du 30 août 1862. — Remise de 70 %. — Les 30 % non remis payables, sans intérêts, en cinq ans, par cinquièmes, du jour de l'homologation. — N° du Greffe 143.

GUIOT, François, *voiturier, à la Petite-Villette*. — Jugement du 7 décembre 1852 homologuant le concordat du 22 novembre 1852. — Remise de 60 % en capital, intérêts et frais. — Les 40 % non remis payables en cinq ans, par cinquièmes, fin novembre des années 1853, 1854 et suivantes. — N° du Greffe 10,520.

GUIOT, Pierre, *marchand de vins, port de Bercy*, 6. — Jugement du 1ᵉʳ juillet 1856 homologuant le concordat du 4 juin 1856. — Remise de 70 %. — Les 30 % non remis payables en cinq ans, par cinquièmes, d'année en année. — Premier paiement le 1ᵉʳ juillet 1857. — N° du Greffe 12,785.

GUITARD, Charles, *fabricant d'articles de voyage, passage Beaufour*, 9. — Jugement du 2 février 1852 homologuant le concordat du 21 janvier 1852. — Remise de 80 % en capital, et de tous intérêts. — Les 20 % non remis payables en quatre ans, par quarts, à partir du 21 janvier 1852. — N° du Greffe 9,950.

GUITARD, Charles, *négociant en articles de voyage, rue Neuve-St-Denis*, 23. — Jugement du 19 mars 1862 homologuant le concordat du 23 janvier 1862. — Remise de 80 %. — Les 20 % non remis payables en quatre ans, par quarts, du jour de l'homologation. — N° du Greffe 18,858.

GUITEL, Pierre-Eugène, *marchand de vins, à Vaugirard*. — Jugement du 1ᵉʳ juin 1858 homologuant le concordat du 15 mai 1858. — Remise de 50 %. — Les 50 % non remis payables en cinq ans, par cinquièmes, du jour du concordat. — N° du Greffe 302.

GUITTIÈRE, Élie, *marchand de vins, à Belleville*. — Jugement du 25 octobre 1862 homologuant le concordat du 3 du même mois. — Remise de 75 %. — Les 25 % non remis payables en cinq ans, par cinquièmes, du jour de l'homologation. — N° du Greffe 19,172.

GUY, Sylvain, *marchand de meubles, rue d'Argenteuil*, 43. — Jugement du 8 avril 1851 homologuant le concordat du 25 mars 1851. — Remise de 88 %. — Les 12 % non remis payables en quatre ans, par quarts, d'année en année. — Premier paiement le 25 mars 1852. — N° du Greffe 9,618.

GUY, Benoit-François-Séraphin, *fabricant de chapeaux, rue Poulet*, 4. — Jugement du 10 avril 1860 homologuant le concordat du 26 mars 1860. — Remise de 65 %. — Les 35 % non remis payables en quatre ans, par quarts, du jour du concordat. — N° du Greffe 16,607.

GUY-DAMOUR, Emile, *dentiste, rue Richelieu*, 112. — Concordat du 6 août 1849. — N° du Greffe 441.

GUYARD, Pierre-Félix, *fabricant de briques, rue de Dunkerque*, 86. — Jugement du 13 février 1861 homologuant le concordat du 24 janvier 1861. — Abandon de l'actif énoncé au concordat. — Obligation de compléter le paiement des créances dans le mois de la reddition du compte du syndic. — M. Moncharville, commissaire. — N° du Greffe 16,646.

GUYARD, Laurent, de la société MARION fils, *à Auxerre*. — Jugement du 26 mai 1854 homologuant le concordat du 10 du même mois. — Remise de 80 %. — Les 20 % non remis payables : 10 % un mois après l'homologation, 3 % les 1ers juillet 1855 et 1856, et 4 % le 1er juillet 1857. — N° du Greffe 11,120.

GUYON, Louis, *limonadier, rue Hoche*, 5. — Jugement du 1er octobre 1850 homologuant le concordat du 18 septembre 1850. — Remise de 50 %. — Les 50 % non remis payables, par douzièmes, d'année en année. — Premier paiement fin décembre 1851, et ainsi de suite. — N° du Greffe 9,356.

GUYON, Hyppolyte-Fidèle, *marchand cloutier, rue de la Montagne-Sainte-Geneviève*, 53. — Jugement du 30 juin 1857 homologuant le concordat du 15 juin 1857. — Remise de 50 %. — Les 50 % non remis payables, sans intérêts, en cinq ans, par cinquièmes, d'année en année, du jour de l'homalogation. — N° du Greffe 13,778.

GUYON, Julien, *charron, rue Duperré*, 12. — Jugement du 25 juillet 1859 homologuant le concordat du 29 juin 1859. — Remise de 90 %. — Les 10 % non remis payables dans un et deux ans du jour de l'homologation. — N° du Greffe 15,466.

GUYOT, François-Denis, *charron, à Vincennes*. — Jugement du 31 décembre 1856 homologuant le concordat du 18 du même mois. — Remise de 80 %. — Les 20 % non remis payables en cinq ans, par cinquièmes, d'année en année, du jour de l'homologation. — N° du Greffe 13,447.

GUYOT ou GUILLOT, Clément, *marchand de vaches, à la Chapelle*. — Jugement du 7 juillet 1852 homologuant le concordat du 24 juin précédent. — Remise de 85 % en principal, intérêts et frais. — Les 15 % non remis payables en trois ans, par tiers, le 24 juin des années 1853, 1854 et 1855. — N° du Greffe 10,147.

GUYOT et ROIDOT, Pierre-Charles-Joseph, *libraire, rue de Grenelle-St-Germain*, 11. — Jugement du 11 septembre 1862 homologuant le concordat du 26 août 1862. — Remise de 60 %. — Les 40 % non remis payables en cinq ans : 5 % dans un et deux ans, 10 % dans trois, quatre et cinq ans de l'homologation. — N° du Greffe 131.

H

HAASÉ, Charles, *coiffeur, rue de Rivoli*, 108. — Jugement du 2 mai 1852 homologuant le concordat du 16 août 1860. — Remise de 75 %. — Les 25 % non remis payables, sans intérêts, en cinq ans, par cinquièmes, du jour de l'homologation. — N° du Greffe 16,738.

HAB, Jean, *marchand de vins et tenant garni, à Charenton*. — Jugement du 2 octobre 1862 homologuant le concordat du 6 août 1862. — Remise de 75 %. — Les 25 % non remis payables en cinq ans, par cinquièmes, du 1er janvier. — N° du Greffe 19,033.

HACOT, société CANTELOU, *marchand de charbons, rue St-Dominique-St-Germain*, 211. — Voir : CANTELOU, société HACOT. — N° du Greffe 17,798.

HADENGUE, *marchand de draps, rue Neuve-des-Petits-Champs*, 2. — Jugement du 21 janvier 1853 homologuant le concordat du 21 décembre 1852. — Remise de 70 %. — Les 30 % non remis payables : 25 % un mois après l'homologation, et 5 % le 31 décembre 1853. — Heurtey, commissaire. — N° du Greffe 9,720.

HAEFFELY, Édouard, *marchand de bois, rue Lafayette*, 7 *bis*. — Jugement du 11 novembre 1859 homologuant le concordat du 2 novembre 1859. — Remise de 78 %. — Les 22 % non remis payables : 5 % un mois après l'homogation, 2 % deux mois après l'homogation, 15 % en six ans, par sixièmes, du jour de l'homologation. — M. Lidy, caution des 7 % ci-dessus. — N° du Greffe 16,150.

HAIMOVITH-HAINE, *marchand de cols-cravates, rue de la Fidélité*, 5. — Jugement du 13 novembre 1860 homologuant le concordat du 26 octobre 1860. — Remise de 85 %. — Les 15 % non remis payables, sans intérêts, en cinq ans, par cinquièmes, du 15 novembre. — N° du Greffe 17,100.

HAINSSELIN, Jean-Charles, *fabricant de briques, à Charonne*. — Jugement du 28 avril 1862 homologuant le concordat du 8 avril. — Remise de 70 %. — Les 30 % non remis payables en cinq ans, par cinquièmes, du 1er mai. — N° du Greffe 19,397.

HALARY fils, Michel-Pierre, *maître maçon, rue Popincourt*, 39. — Jugement du 12 juin 1860 homologuant le concordat du 31 mai 1860. — Remise de 70 %. — Les 30 % non remis payables en cinq ans, par cinquièmes, sans intérêts, du jour de l'homologation. — N° du Greffe 16,903.

HALDER père, Joseph, *serrurier, rue du 24 février*, 30. — Jugement du 11 décembre 1850 homologuant le concordat du 12 novembre 1850. — Remise de 90 %. — Les 10 % non remis payables en quatre ans, par quarts, le 12 novembre des années 1851, 1852, 1853 et 1854. — N° du Greffe 9,517.

HALLAIRE, Hector-Antoine, *lingerie et broderie, boulevard Sébastopol*, 82. — Jugement du 19 mai 1862 homologuant le concordat du 3 mai 1862. — Remise de 80 %. — Les 20 % non remis payables en six ans, par sixièmes, de l'homologation. — N° du Greffe 19,578.

HAMBURGER, dame, MARCUS, *marchande à la toilette, rue St-Roch*, 29. — Jugement du 9 août 1859 homologuant le concordat du 22 juillet 1859. — Remise de 79 %. — Les 21 % non remis payables en trois ans, par tiers, du 15 juillet, sans intérêts. — N° du Greffe 15,987.

HAMEL, Pierre, *marchand vannier, rue de la Pépinière*, 90. — Jugement du 21 mai 1862 homologuant le concordat du 21 mars 1862. — Remise de 90 %. — Les 10 % non remis payables en quatre ans, par quarts, du jour de l'homologation. — N° du Greffe 18,995.

HAMM, société, Jean, *coutelier, rue de l'École-de-Médecine*, 6. — Voir CHAMEROY, société HAMM.

HANCOCK, David, *maître d'hôtel, rue Favart*, 6. — Jugement du 29 juillet 1851 homologuant le concordat du 11 du même mois. — Remise de 80 %. — Les 20 % non remis payables, par quarts, en quatre ans. — Le premier paiement le 11 juillet 1852. — N° du Greffe 9,857.

HANOTEAUX, Thimothée-Henri, *tailleur, rue des Bons-Enfants*, 10. — Jugement du 18 juillet 1851 homologuant le concordat du 9 avril 1851. — Remise de 90 %. — Les 10 % non remis payables, sans intérêts, en deux paiements égaux, le 5 avril des années 1853 et 1855. — N° du Greffe 9,279.

HANOUEL, Louis, *marchand de vins et liqueurs, rue de Versailles*, 40, *à Auteuil*. — Jugement du 14 mai 1862 homologuant le concordat du 3 dudit mois. — Remise de 50 %. — Les 50 % non remis payables en cinq ans, par cinquièmes, du jour de l'homologation. — N° du Greffe, 19,561.

HAPEL et fils, société, Achille, *ex-marchand de cuirs, rue Montorgueil*, 24. — Jugement du 4 juillet 1862 homologuant le concordat du 24 juin 1862. — Remise de 60 %. — Les 40 % non remis payables en quatre ans, par quarts, du jour de l'homologation. — N° du Greffe 19,814.

HAPPE, Félix-Joseph, *limonadier, rue de Richelieu*, 26. — Jugement du 1er février 1856 homologuant le concordat du 17 janvier 1856. — Remise de 70 %. — Les 30 % non remis payables, sans intérêts, en cinq ans, par dixièmes, de six en six mois. — Le premier paiement le 1er août 1856. — N° du Greffe 12,749.

HARAUX, Pierre-Jean-Charles, *grainetier, à Montrouge*. — Jugement du 30 août 1854 homologuant le concordat du 8 du même mois. — Remise de 90 %. — Les 10 % non remis payables en cinq ans, d'année en année. — Le premier paiement le 15 septembre 1855. — N° du Greffe 11,201.

HARBOUX, Maxime-Eugène, *limonadier, à Saint-Denis*. — Jugement du 3 février 1852 homologuant le concordat du 2 décembre 1851. — Remise de tous intérêts et frais et de 80 %. — Les 20 % non remis payables en 4 ans, par quarts, le 31 décembre des années 1852, 1853, 1854 et 1855. — N° du Greffe 10,052.

HARDEL, Emile-Eugène, *marchand de dentelles, rue Neuve-St-Augustin*, 23. — Jugement du 10 avril 1862 homologuant le concordat du 27 mars 1862. — Abandon de l'actif énoncé. — N° du Greffe 19,184.

HARDELLET aîné, Louis, *fabricant de sabots en gros, faubourg Saint-Martin*, 257. — Jugement du 3 mai 1855 homologuant le concordat du 21 avril 1855. — Remise de 75 %. — Les 25 % non remis payables: 5 % le 1er mai 1856, 10 % les 1er mai 1857 et 1858. — N° du Greffe 12,136.

HARDIVILLIER, Désiré-Ange, *charpentier, route d'Italie*, 76. — Jugement du 11 avril 1861 homologuant le concordat du 21 février 1861. — Abandon de l'actif énoncé au concordat. — Obligation de compléter l'intégralité des sommes dues, savoir: dans les trois mois de l'homologation la somme nécessaire pour, avec le produit de l'actif abandonné, compléter 30 %. — 70 % en cinq ans, par cinquièmes, du jour de l'homologation. — N° du Greffe 16,269.

HARDOUIN, Louis, *chaudronnier, à St-Denis*. — Jugement du 9 février 1852 homologuant le concordat du 29 janvier 1851. — Remise de 90 % en principal, intérêts et frais. — Les 10 % non remis payables en 5 ans, par cinquièmes, d'année en année. — Le premier paiement le 31 janvier 1853. — N° du Greffe 9,976.

HARDOUIN, Louis, *chaudronnier, à St-Denis*. — Jugement du 26 octobre 1860 homologuant le concordat du 15 octobre 1860. — Remise de 60 %. — Les 40 % non remis payables en cinq ans, par cinquièmes, du jour de l'homologation. — N° du Greffe 13,855.

HARDOUIN, société CHILLIAT, Louis-François, *commerce d'épiceries, vins et distillation, à la Villette*. — Voir: CHILLIAT et HARDOUIN. — N° du Greffe 11,354.

HARDUIN, Siméon, *épicier à la Chapelle-St-Denis*. — Jugement du 11 septembre 1851 homologuant le concordat du 2 septembre 1851. — Remise de 70 %. — Les 30 % payables: 5 % aussitôt après l'homologation, 10 % le 2 septembre 1852, 5 % le 2 mars 1853, 10 % le 2 mars 1854. — N° du Greffe 9,963.

HARDY, femme DEPLANCHE, Caroline-Armandine, société DELYON. — Voir: DEPLANCHE femme. — N° du Greffe 13,560.

HARDY, Louis-Stanislas, *blanchisseur, avenue St-Remy*, 4. — Jugement du 15 mai 1860 homologuant le concordat du 12 avril 1860. — Remise de 50 %. — Les 50 % non remis payables, en quatre ans, par quarts, du jour de l'homologation. — N° du Greffe 16,629.

HARLÉ, *marchand de nouveautés, rue de la Ferronnerie*, 2. — Concordat du 7 mai 1849. — N° du Greffe 206.

HARMAND, Jacques, *tabletier, passage Vivienne*, 17 et 19. — Jugement du 27 septembre 1853 homologuant le concordat du 1er du dit mois. — — Remise de 80 %. — Les 20 % non remis payables en quatre ans, par quarts, d'année en année. — Le premier paiement le 1er septembre 1854. — N° du Greffe 10,958.

HARQUIN, veuve DORNIER, Catherine, *tenant hôtel, rue de la Harpe*, 104. — Voir: DORNIER, veuve HARQUIN. — N° du Greffe 11,435.

HARVU, Louis, *charron, boulevard Montparnasse*, 79. — Jugement du 10 juin 1857 homologuant le concordat du 27 mai 1857. — Remise de 50 %. — Les 50 % non remis payables en cinq ans, par dixièmes, de six mois en six mois. — Le premier paiement le 31 janvier 1858. — N° du Greffe 13,827.

HASTAING, voir: DUCHASTAINGT et POURRET DES-GAUDS, *fermetures métalliques, rue Chabrol*, 16, *et rue Bichat*, 33.

HATRAIT, veuve SAUDRAY, Marie-Anne-Antoinette, *entreprise de transports, rue Constantine*, 19, *à Belleville*. — Jugement du 30 août 1858 homologuant le concordat du 19 août 1858. — Remise de 50 %. — Les 50 % non remis payables en quatre ans, par quarts, du jour du concordat. — N° du Greffe 14,831.

HAUCHARD jeune, *herboriste, rue des Singes*, 3. — Jugement du 4 décembre 1854 homologuant le concordat du 18 novembre 1854. — Remise de 25 %. — Les 75 % non remis payables: 40 % au moyen de l'actif abandonné et la différence au 21 janvier 1855. — Les 35 % non remis payables: 10 % fin juin et fin décembre 1855, 7 1/2 % fin juin et fin décembre 1856. — Henrionnet, commissaire. — N° du Greffe 11,450.

HAUCHARD jeune, Frédéric-Isidore, *négociant en drogueries, rue des Singes*, 3. — Jugement du 14 novembre 1856 homologuant le concordat du 29 octobre 1856. — Abandon de l'actif énoncé. — Obligation de payer 10 % sur le montant des créances, en cinq ans, par cinquièmes, du jour du concordat. — N° du Greffe 13,271.

HAUMMERER, société POL, *peintre*. — Jugement du 13 octobre 1859 homologuant le concordat du 16 septembre 1859. — Remise de 80 %. — Les 20 % non remis payables, sans intérêts, en cinq ans, par cinquièmes, du jour de l'homologation. — N° du Greffe 13,957.

HAUPTMAN, Jean, *cordonnier, rue de la Nation*, 8, *à Montmartre*. — Jugement du 22 mars 1861 homologuant le concordat du 28 février 1861. — Remise de 75 %. — Les 25 % non remis payables en cinq ans, par cinquièmes, de fin de décembre. — N° du Greffe 17,861.

HAUSER, Adolphe, *marchand colporteur, rue des Juifs*, 14. — Jugement du 28 février 1860 homologuant le concordat du 15 février 1860. — Remise de 80 %. — Les 20 % non remis payables en quatre ans, par quarts, du jour de l'homologation. — N° du Greffe 16,613.

HAUSER aîné, Aaron, *facteur aux farines, rue de Grenelle St-Honoré*. — Jugement du 9 août 1853 homologuant le concordat du 9 juillet 1853. — Abandon de tout l'actif lui appartenant au moment de la déclaration de la liquidation judiciaire. — Obligation de payer un dividende de 2 %, savoir: 1 % dans un an, 1 % dans deux ans du jour du concordat. — N° du Greffe 667.

HAUSER, Gaspard-Albert, *éditeur d'estampes, rue du Bac*, 108. — Jugement du 28 décembre 1860 homologuant le concordat du 16 décembre 1860. — Abandon de l'actif énoncé. — Knéringer, maintenu syndic. — N° du Greffe 17,294.

HAUSTGEN ou **HAUFTGEN**, Georges, *mégissier, et tenant hôtel meublé, rue du Marché-aux-Chevaux*, 7. — Jugement du 14 mai 1862 homologuant le concordat du 3 mai 1862. — Remise de 75 %. — Les 25 % non remis payables: 10 % trois mois après l'homologation. — 5 % trois mois après le premier paiement. — 10 % six mois après le deuxième paiement. — N° du Greffe 19,133.

HAUTEFEUILLE, Pierre-Charles, *commissionnaire en marchandises, rue Paradis-Poissonnière*, 42. — Jugement du 27 mai 1859 homologuant le concordat du 5 mai 1859. — Remise de 50 %. — Les 50 % non remis payables: 10 % dans le mois de l'homologation. — 10 % dans trois et cinq ans de l'homologation. — 20 % dans six ans de l'homologation. — Mme veuve Hautefeuille, caution. — N° du Greffe 12,243.

HAUTERRE, Édouard-Marcellin, *entrepreneur de bâtiments, rue de Larochefoucault*, 35. — Jugement du 17 juillet 1853 homologuant le concordat du 2 juin 1853. — Remise de 80 %. — Les 20 % non remis payables en quatre ans, par quarts, pour le premier paiement avoir lieu le 1er juin 1854. — N° du Greffe 6,345.

HAUTOT, *négociant, rue du Sentier*, 24. — Jugement du 20 octobre 1856 homologuant le concordat du 15 septembre 1856. — Remise de 50 %. — Les 50 % non remis payables: 35 % dans le mois de l'homologation. — 5 % au mois de décembre 1856, 2 1/2 % dans le courant des mois de juin et décembre 1857, et 1858, sans intérêts. — N° du Greffe 13,207.

HAVARD, Prosper, *commerce de sellerie, Cour des Petites-Ecuries*, 15. Jugement du 24 octobre 1854 homologuant le concordat du 4 du même mois. — Remise de 85 %. — Les 15 % non remis payables en trois ans, par tiers, d'année en année, du jour du concordat. — N° du Greffe 11,616.

HAVARD, Gustave-Adolphe, *libraire-éditeur, boulevard Sébastopol*, 19. — Jugement du 17 février 1862 homologuant le concordat du 5 février 1862. — Remise de 75 %. — Les 25 % non remis payables: 2 1/2 dans un an de l'homologation. — 2 1/2 % fin février et fin août de chaque année. — N° du Greffe 19,083.

HAVARD-LEFOULLON, Joseph, *fabricant de chaudronnerie, rue Bichat*, 33. — Jugement du 16 janvier 1855 homologuant le concordat du 22 décembre 1854. — Remise de 70 %. — Les 30 % non remis payables: 7 1/2 % quatre mois après l'homologation, 7 1/2 % le 30 avril 1856, 7 1/2 % le 30 juillet 1857, 7 12 % le 30 octobre 1858. — Mme Havard-Lefoullon, caution. — N° du Greffe 11,777.

HAVEQUEZ, Eugène, *marchand de vins, rue Marcadet*, 80. — Jugement du 14 novembre 1861 homologuant le concordat du 24 octobre 1861. — Obligation de payer le total des créances en cinq ans, par cinquièmes, du concordat. — N° du Greffe 18,590.

HAVET, société VAUGENBERG, *rue du Faubourg-St-Martin*, 39. — Jugement du 17 février 1853 homologuant le concordat du 3 du dit mois. — Abandon de l'actif de la société. — Obligation de payer, sans solidarité, en principal et accessoires, au jour de la faillite, 15 % en cinq ans, par cinquièmes, d'année en année. — Le premier paiement le 1er février 1854. — N° du Greffe 10,405.

HAVEZ, Charles-Pierre-François, *fabricant de chaussures, rue St-Martin*, 24. — Jugement du 5 septembre 1856 homologuant le concordat du 13 juin 1856. — Remise de 50 %. — Les 50 % non remis payables en huit ans, savoir: 6 % les sept premières années. — 8 % la huitième année du jour du concordat, par portions égales de six mois en six mois. — N° du Greffe 12,965.

HAYS dame, *négociante, aux Ternes*. — Jugement du 23 janvier 1856 homologuant le concordat du 11 dudit mois. — Remise de 75 %. — — Les 25 % non remis payables en cinq ans, par cinquièmes, d'année en année. — Le premier paiement un an après l'homologation. — N° du Greffe 12,615.

HAZARD, *marchand de vins, Grande-Rue, 27, à Montmartre*. — Jugement du 17 mai 1861 homologuant le concordat du 21 mars 1861. — Remise de 85 %. — Les 15 % non remis payables, sans intérêts, en cinq ans, par cinquièmes, de l'homologation. — N° du Greffe 16,898.

HAZARD, *négociant, rue Neuve-St-Eustache*, 34. — Jugement du 7 août 1855 homologuant le concordat du 20 juillet 1855. — Remise de 85 %. — Les 15 % non remis payables, sans intérêts, en trois ans, par tiers, d'année en année, du jour de l'homologation. — N° du Greffe, 12,198.

HÉBERT, Jean, *cordier, rue Saint-Martin*, 206. — Jugement du 26 juillet 1852 homologuant le concordat du 10 juillet 1852. — Remise de 75 %. — Les 25 % non remis payables en cinq ans, par cinquièmes, dans un, deux, trois, quatre et cinq ans, du jour du concordat. — N° du Greffe 10,246.

HÉBERT, Victor-Edouard, *chapelier, rue Saint-André-des-Arts*, 3. — Jugement du 24 juin 1851 homologuant le concordat du 30 mai 1851. — Remise de 85 %. — Les 15 % payables, sans intérêts, en trois ans, par tiers, d'année en année, du jour du concordat. — N° du Greffe 9,701.

HÉBERT-MARION, Pierre-Adrien, *boulanger, rue Montmartre*, 37. — Jugement du 15 mai 1855 homologuant le concordat du 5 janvier 1855. — Remise de 60 %. — Les 40 % non remis payables en quatre ans, par quarts, d'année en année. — 1er paiement fin janvier 1856. — En cas d'attribution par justice à la dame Hébert, du fonds de boulangerie, obligation par ladite dame de payer l'intégralité des créances dans les délais fixés ci-desssus. — M. Savreux, commissaire. — N° du Greffe 11,706.

HÉBERT, Armand-Edouard, *boucher, à Bercy*. — Jugement du 23 mars 1854 homologuant le concordat du 11 du même mois. — Remise de 65 %. — Les 35 % non remis payables par septièmes, d'année en année. — 1er paiement dans un an du jour de l'homologation. — N° du Greffe 11,175.

HÉBERT et Ce, dame. — Voir: CRAPIER. — N° du Greffe, 12,646.

HÉBERT, Jean, de la société DESANGLOIS. Voir: DESANGLOIS. — N° du Greffe 15,692.

HÉBERT, Adolphe-Athanase, *marchand de chaussures, rue de Notre-Dame-de-Lorette*, 14. — Jugement du 21 août 1861 homologuant le concordat du 1er du même mois. — Remise de 75 %. — Les 25 % non remis payables: 5 % dans le mois de l'homologation, 5 % le 1er août des années 1862, 1863, 1864 et 1865. — N° du Greffe 18,109.

HÉBERT, dit LEBON, Omer-Joseph, *émailleur, rue Beaubourg*, 73. — Jugement du 2 novembre 1859 homologuant le concordat du 13 octobre 1859. — Remise de 75 %. — Les 25 % non remis payables en cinq ans, par cinquièmes, du jour du concordat. — N° du Greffe 12,194.

HÉBERT, dame, Edouard, *marchande bouchère, chemin de Reuilly*, 16. — Jugement du 29 décembre 1859 homologuant le concordat du 13 du même mois. — Remise de 70 %. — Les 30 % non remis payables en cinq ans, par cinquièmes, du jour de l'homologation. — N° du Greffe 16,334.

HÉBERT, *serrurier, à la Chapelle*. — Jugement du 8 décembre 1860 homologuant le concordat du 22 novembre 1860. — Remise de 50 %. — Les 50 % non remis payables en cinq ans, par cinquièmes, du jour de l'homologation. — N° du Greffe 17,385.

HECK, Jean, *négociant en boutons, rue Saint-Martin* 325. — Jugement du 9 octobre 1855 homologuant le concordat du 22 septembre 1855. — Remise de 70 %. — Les 30 % non remis payables par quarts, de six mois en six mois. — 1er paiement le 1er mai prochain. — N° du Greffe 12,253.

HECQUET, Edouard, de la société DELAVALLÉE, *entrepreneur de vidanges, à la Villette*. — Voir: DELAVALLÉE. — N° du Greffe 11,369.

HECQUET, Edouard, de la société MAZOYÉ-BENOIT et Ce. — Voir: BENOIT. — N° du Greffe 14,261.

HEDDE, Paul-Vincent, *marchand de nouveautés, à Ivry*. — Jugement du 23 février 1858 homologuant le concordat du 29 janvier 1858. — Remise de 90 %. — Les 10 % non remis payables le 31 janvier 1859. — N° du Greffe 14,110.

HEINZ, Benoist, *pâtissier, rue Boucherie-des-Invalides*, 14. — Jugement du 6 février 1855 homologuant le concordat du 24 janvier 1855. — Remise de 80 %. — Les 20 % non remis payables en deux ans, par moitiés, du jour de l'homologation. — N° du Greffe 11,987.

HEION, Pierre-Aimé, *menuisier, quai de Jemmapes*, 204. — Jugement du 16 septembre 1857 homologuant le concordat du 27 août 1857. — Remise de 80 %. — Les 20 % non remis payables, sans intérêts, par quarts, en quatre ans, d'année en année, du jour du concordat. — N° du Greffe 13,916.

HEISER, Pierre, *fabricant de passementeries, rue de Flandres*, 115. — Jugement du 13 janvier 1862 homologuant le concordat du 21 novembre 1861. — Remise de 70 %. — Les 30 % non remis payables en trois ans, par tiers, du 25 novembre. — N° du Greffe 18,663.

HÉLIE, Louis-Victor-Claude-Manes, *ex-marchand de parapluies, rue Culture-Ste-Catherine*, 28. — Jugement du 4 mars 1852 homologuant le concordat du 23 février 1852. — Remise des intérêts et frais non admis et de 85 %. — Les 15 % non remis payables: 3 % le 1er mars 1852, 4 % le 1er mars des années 1854, 1855 et 1856. — N° du Greffe 10,136.

HÉLIOT, dame CHAIGNIEAU, Rose, *marchande de nouveautés, rue de la Chaussée-d'Antin*, 49. — Jugement du 22 janvier 1850 homologuant le concordat sans affranchir de la qualification de faillite. — N° du Greffe 724.

HELLOIN, Gilles, *voiturier, à la Villette*. — Jugement du 13 décembre 1854 homologuant le concordat du 27 novembre 1854. — Remise de 80 %. — Les 20 % non remis payables en quatre ans, par quarts, d'année en année, à partir du jour du concordat. — N° du Greffe 11,751.

HÉMARD, Antoine-Augustin, *négociant en vins, rue Saint-Martin*, 343. — Jugement du 30 août 1861 homologuant le concordat du 16 du même mois. — Abandon de l'actif énoncé au concordat. — M. Beaufour, commissaire. — N° du Greffe 18,493.

HEMERY et **CROCHARD**, Eulalie, dame Jean GUY, *marchandes de modes, rue Neuve-Saint-Augustin*, 24. — Voir: CROCHARD. — N° du Greffe 236.

HÉMET, Louis-Gustave, *tenant hôtel meublé, rue Montaigne*, 5. — Jugement du 18 octobre 1862 homologuant le concordat du 7 du même mois. — Obligation de payer l'intégralité des créances en dix ans, par vingtièmes, de six mois en six mois, sans intérêts, du 1er octobre. — N° du Greffe 250.

HENNEQUIN, *gaînier, rue Michel-le-Comte*, 80. — Jugement du 4 février 1850 homologuant le concordat et déclarant ledit sieur non affranchi de la qualification de failli. — N° du Greffe 362.

HÉNON fils, Florentin, *quincaillier, rue Charenton*, 82 *et* 83. — Jugement du 12 juillet 1854 homologuant le concordat du 17 juin 1854. — Remise de 60 %. — Les 40 % payables en quatre ans, par quarts, d'année en année, du jour de l'homologation. — N° du Greffe 11,366.

HENRY, Louis-Clair-Frédéric, *bijoutier en acier, rue du Temple*, 112. — Jugement du 30 avril 1857 homologuant le concordat du 20 avril 1857. — Remise de 85 %. — Les 15 % non remis payables en cinq ans, par cinquièmes, d'année en année, du jour du concordat. — N° du Greffe 13,694.

HENRY, Ernest, *limonadier, rue Montpensier*, 30. — Jugement du 29 janvier 1858 homologuant le concordat du 18 du même mois. — Abandon de l'actif énoncé au concordat. — Obligation de payer 15 %, par cinquièmes, du jour de l'homologation. — M. Lacoste, commissaire. — N° du Greffe 14,092.

HENRY, Eugène-Désiré, *limonadier, rue de Grenelle-Saint-Honoré*, 38. — Jugement du 25 mars 1859 homologuant le concordat du 5 du même mois. — Abandon de l'actif énoncé au concordat. — Obligation de payer 15 % en cinq ans, par cinquièmes, à partir du 5 mars. — M. Battarel, commissaire. — N° du Greffe 15,048.

HENRY, Auguste-Alphonse, *blanchisseur, à Clichy*. — Jugement du 19 février 1862 homologuant le concordat du 29 janvier 1862. — Obligation de payer l'intégralité des créances dans le mois de l'homologation. — N° du Greffe 18,930.

HENRY aîné, Charles, *bijoutier en acier, rue Montmorency*, 4. — Jugement du 24 mars 1859 homologuant le concordat du 12 du même mois. — Remise de 80 %. — Les 20 % non remis payables, sans intérêts, en quatre ans, par quarts, du jour de l'homologation. — N° du Greffe 15,519.

HENRY, Frédéric, *fabricant d'acier, rue Saint-Louis-au-Marais*, 39. — Jugement du 18 novembre 1859 homologuant le concordat du 28 octobre 1859. — Remise de 88 %. — Les 12 % non remis payables en cinq ans : 2 % le 5 février 1861, 2 1/2 % les 5 février 1862, 1863, 1864 et 1865. — N° du Greffe 16,282.

HENTZ, Jean-Pierre, *boulanger, à Arcueil*. — Jugement du 28 septembre 1859 homologuant le concordat du 19 du même mois. — Remise de 40 %. — Les 60 % non remis payables en six ans, par sixièmes, du jour de l'homologation. — N° du Greffe 16,030.

HÉNUIN, Alphonse, *marchande de modes, rue du Faubourg-Saint-Honoré*, 19. — Jugement du 17 décembre 1855 homologuant le concordat du 1er du même mois. — Remise de 85 %. — Les 15 % non remis payables en trois ans, par tiers, d'année en année. — Premier paiement le 1er décembre 1856. — N° du Greffe 12,264.

HÉRAUT, Edme, *limonadier, rue du Faubourg-Montmartre*, 84. — Jugement du 1er mai 1862 homologuant le concordat du 15 avril 1862. — Abandon de l'actif. — M. Sautton, commissaire. — N° du Greffe 19,323.

HERB, François, *confiseur, rue du Cloître-Saint-Merri*, 1. — Jugement du 22 décembre 1857 homologuant le concordat du 3 du même mois. — Remise de 85 %. — Les 15 % non remis payables en trois ans, par tiers, d'année en année, du jour du concordat. — N° du Greffe 18,909.

HERBEAUMONT, Pierre-François, *entrepreneur de serrurerie, à Charonne*. — Jugement du 3 mai 1850 homologuant le concordat du 13 avril 1850. — Remise de tous intérêts et frais et de 85 %. — Les 15 % non remis payables en trois paiements de 5 % chacun, le 15 avril des années 1851, 1852 et 1853. — N° du Greffe 9,043.

HERBELIN, dame RACT, Suzanne-Sophie-Élisabeth, *couturière, rue Vivienne*, 26. — Jugement du 18 janvier 1853 homologuant le concordat du 31 décembre 1852. — Remise de 80 %. — Les 20 % non remis payables en quatre ans, par quarts, du jour du concordat. — N° du Greffe 10,642.

HERBET, veuve ALEXIS, *marchande à la toilette, rue Charlot*, 61. — Jugement du 16 août 1861 homologuant le concordat du 5 août 1861. — Remise de 80 %. — Les 20 % non remis payables, sans intérêts, en cinq ans, par cinquièmes, du 31 août. — N° du Greffe 18,244.

HERET, dame, Auguste-Henri-Étienne, *blanchisseuse, à Boulogne*. — Jugement du 24 février 1859 homologuant le concordat du 5 février 1859. — Remise de 80 %. — Les 20 % non remis payables en quatre ans, par quarts. — N° du Greffe 15,365.

HÉRICOURT, Auguste-Joseph, *négociant en bronzes, rue Neuve-St-Pierre*, 10. — Jugement du 27 octobre 1859 homologuant le concordat du 8 du même mois. — Remise de 65 %. — Les 35 % non remis payables en cinq ans, par cinquièmes, du 10 janvier. — N° du Greffe 15,930.

HÉRICOURT et Ce, Adolphe-Antoine, *fabricant de roulettes, rue de Charonne*, 26. — Jugement du 26 janvier 1860 homologuant le concordat du 16 du même mois. — Remise de 70 %. — Les 30 % non remis payables, sans intérêts, en cinq ans, par cinquièmes, du jour de l'homologation. — N° du Greffe 16,407.

HÉRIN, veuve PENAULLÉ, de la société DUBEROS, Louise, *hôtel de Bretagne, rue de Rennes*, 11. — Voir : DUBEROS et PENAULLE. — N° du Greffe 14,426.

HERLUISON, Hippolyte, *serrurier, rue Neuve-Coquenard*, 26. — Jugement du 30 mars 1853 homologuant le concordat du 10 du même mois. — Remise de 85 % en principal, intérêts et frais. — Les 15 % non remis payables au moyen d'une répartition à faire par le syndic, plus d'un dividende de 2 1/2 % le 1er mars des années 1854, 1855, 1856, et enfin du solde de 15 % payable le 1er mai 1857. — N° du Greffe 9,741.

HERMANN, Jean-Baptiste, *négociant, rue de la Sourdière*, 23. — Jugement du 23 juin 1857 homologuant le concordat du 8 du dit mois. — Remise de 50 %. — Les 50 % non remis payables : 20 % dans six mois, 15 % dans un an et dix-huit mois de l'homologation. — N° du Greffe 13,464.

HERMANN et **WANTZ**, Antoine, *cafetiers, rue Corneille*, 7. — Jugement du 10 octobre 1859 homologuant le concordat du 8 septembre 1859. — Remise de 85 %. — Les 15 % non remis payables en cinq ans, par cinquièmes, du 30 septembre. — N° du Greffe 15,667.

HERMANN frères, Louis et Jean-Baptiste, *ex-banquiers, rue Las-Cases*, 19. — Jugement du 6 mars 1851 homologuant le concordat du 19 février 1851. — Remise de 88 %. — Les 12 % non remis payables, solidairement, en six ans, par sixièmes, d'année en année, à partir du 19 février 1851. — N° du Greffe 9,617.

HERMANT père, François-Antoine-Nicolas, *marchand de bois, à la Villette*. — Jugement du 6 février 1855 homologuant le concordat du 16 janvier 1855. — Remise de 80 %. — Les 10 % non remis payables, sans intérêts, en cinq ans, par cinquièmes, d'année en année. — Premier paiement le 1er janvier 1856. — N° du Greffe 11,910.

HERMELINE, Louis-Théodore, *cordonnier, rue de la Muette*, 19. — Jugement du 12 avril 1860 homologuant le concordat du 26 mars 1860. — Remise de 70 %. — Les 30 % non remis payables en quatre ans, par quarts, du 1er mai. — N° du Greffe 16,653.

HERMELINE, Louis-Théodore, *bottier-cordonnier, rue de Charonne*, 122. — Jugement du 29 décembre 1854 homologuant le concordat du 6 du même mois. — Remise de 70 %. — Les 30 % non remis payables par quarts, en quatre ans, d'année en année. — Premier paiement le 15 janvier 1856. — N° du Greffe 11,337.

HERMIER, Nicolas-Joseph, *négociant-confectionneur, rue Coquillière*, 30. — Jugement du 4 juin 1860 homologuant le concordat du 15 mai 1860. — Remise de 65 %. — Les 35 % non remis payables, sans intérêts : 12 % fin novembre 1860, 12 % fin mai 1861, 11 % fin novembre 1861. — N° du Greffe 16,847.

HÉRON, Frédéric-Armand, *fondeur en cuivre, rue Saint-Maur*, 94. — Jugement du 18 août 1856 homologuant le concordat du 31 juillet 1856. — Remise de 85 %. — Les 15 % non remis payables en cinq ans, par cinquièmes, d'année en année, pour le premier paiement avoir lieu le 1er septembre 1857. — N° du Greffe 13,219.

HÉROT, Joseph, *négociant en chaufferettes, rue Rambuteau*, 26. — Jugement du 4 avril 1859 homologuant le concordat du 16 février 1859. — Remise de 75 %. — Les 25 % non remis payables en cinq ans, par cinquièmes, du jour de l'homologation. — N° du Greffe 15,420.

HERPIN fils, Jean-Charles, *marchand de vins, rue Fessar*, 12. — Jugement du 1er mai 1862 homologuant le concordat du 16 avril 1862. — Remise de 60 %. — Les 40 % non remis payables en cinq ans, par cinquièmes, du jour de l'homologation. — N° du Greffe 19,257.

HERPIN, Alphonse, *vinaigrier, rue Lévêque*, 23. — Jugement du 21 février 1850 homologuant le concordat, sans affranchir de la qualification de failli. — N° du Greffe 173.

HERR, Isidore, *gantier, galerie de Chartres*, 23.—Jugement du 23 mars 1852 homologuant le concordat du 3 février 1852. — Remise de 80 %. — Les 20 % non remis payables en quatre ans, par quarts, le 1er février des années 1853, 1854 et suivantes. — N° du Greffe 9,952.

HERVOUX, Félix-Désiré, *fabricant de porte-monnaie, rue du Temple*, 83. — Jugement du 26 novembre 1862 homologuant le concordat du 3 du même mois. — Abandon de l'actif énoncé au concordat. — Obligation de payer 30 % en trois ans, par tiers, du jour de l'homologation. — Sautton, maintenu syndic. — N° du Greffe 19,867.

HERVÉ, Jacques-Eugène, *boulanger, rue St-Germain*, 29. — Jugement du 4 octobre 1860 homologuant le concordat du 27 août 1860. — Remise de 40 %. — Les 60 % non remis payables, par seizièmes, de six mois en six mois, du 1er janvier. — N° du Greffe 17,025.

HERVÉ, veuve SCELLIER, Henri-Pierre-René, Marie-Honorine, *broderies, rue Vivienne*, 55. — Jugement du 16 mars 1852 homologuant le concordat du 21 février 1852. — Remise de tous intérêts et frais non admis et de 35 %. — Les 15 % non remis payables, par tiers, fin mars des années 1853, 1854 et 1855. — N° du Greffe 10,109.

HERVEY, Pierre-Charles, *marchand de bouteilles, rue du Faubourg-St-Honoré*, 121. — Jugement du 6 mars 1856 homologuant le concordat du 21 février 1856. — Remise de 75 %. — Les 25 % non remis payables en cinq ans, par cinquièmes, d'année en année, pour commencer le 1er mars 1857. — N° du Greffe 12,789.

HERVY, Constant, *commerce de toiles, rue des Bourdonnais*, 16. — Jugement du 18 octobre 1861 homologuant le concordat du 23 août 1861. — Remise de 75 %. — Les 25 % non remis payables en cinq ans, par cinquièmes, du jour de l'homologation. — N° du Greffe 18,243.

HERVY, Louis-Honoré, *ex-boulanger, rue du Faubourg-du-Temple*, 65. — Jugement du 22 juillet 1857 homologuant le concordat du 20 juin 1857. — Remise de 60 %. — Les 40 % non remis payables : 32 % au moyen de l'actif abandonné énoncé au concordat et 8 %, par sixièmes, d'année en année, du jour de l'homologation. — Crampel, syndic. — N° du Greffe 13,506.

HERZ, Abraham-Samuel, *tailleur, rue Paradis-Poissonnière*, 24.—Jugement du 14 septembre 1858 homologuant le concordat du 26 août 1858. —Remise de 80 %. — Les 20 % non remis payables en deux ans, par moitiés de six mois en six mois.—Le premier paiement le 31 décembre 1859. — N° du Greffe 15,915.

HESSE, Adolphe, *commerçant, rue du Bac*, 70.—Jugement du 29 mars 1860 homologuant le concordat du 12 mars 1860.—Remise de 90 %.—Les 10 % non remis payables en cinq ans, par cinquièmes, du 15 mars. — N° du Greffe 16,183.

HESSE, Lazare, *marchand de literie, rue Montorgueil*, 7. — Jugement du 19 novembre 1861 homologuant le concordat du 29 octobre 1861. — Remise de 80 %. — Les 20 % non remis payables en cinq ans, par cinquièmes, du jour de l'homologation. — N° du Greffe 18,597.

HETIER, veuve, née TONCAS, Joseph-Aimée, *marchande de vêtements, rue de la Madeleine*, 17. — Jugement du 26 juillet 1858 homologuant le concordat du 1er juillet 1858.—Abandon de l'actif énoncé au concordat. — Obligation de payer 5 % en cinq ans, par cinquièmes, du jour de concordat. — Sommaire, syndic.— N° du Greffe 14,716.

HEURTAULT, Jean-Baptiste-Adolphe, *ex-fabricant de plâtre, carrière de Belleville*, — Jugement du 28 novembre 1853 homologuant le concordat du 17 du même mois. — Abandon des sommes et droits mobiliers et immobiliers énoncés au concordat.— Obligation de payer un dividende de 2 %, en huit ans, par huitièmes. — Le premier paiement le 1er décembre 1854 et successivement. — N° du Greffe 10,693.

HEUZÉ, veuve, *photographe, boulevard Montmartre*, 3.— Jugement du 22 septembre 1859 homologuant le concordat du 8 septembre 1859. — Remise de 75 %. — Les 25 % non remis payables en quatre ans : 8 % le 1er octobre 1860; 6 % le 1er octobre des années 1861, 1862 et 1863. — N° du Greffe 15,999.

HEUZEY, veuve, Auguste, *chapelière, rue St-Martin*, 5. — Jugement du 15 avril 1862 homologuant le concordat du 25 mars 1862. — Remise de 60 %. — Les 40 % non remis payables, sans intérêts, en cinq ans, par cinquièmes, du jour du concordat. — N° du Greffe 19,416.

HÈVRE, veuve FRUTIER ou FRUITIER, Luce-Joséphine, *boulangerie, à Grenelle*. — Voir : FRUTIER, veuve. — N° du Greffe 13,936.

HEZARD, société BOUGON, Claude-François, *fabricant de briquets à gaz et lampes, rue Notre-Dame-de-Nazareth*, 24. — Voir : BOUGON.— N° du Greffe 12,689.

HÉZODE, Dlle, Lucy, *marchande de nouveautés, rue Montmartre*, 152. — Jugement du 31 janvier 1855 homologuant le concordat du 17 janvier 1855. — Remise de 60 %. — Les 40 % non remis payables en quatre ans, par quarts, d'année en année, du jour de l'homologation. — N° du Greffe 11,997.

HIARD, dame JACOBI, Augustine-Marie, de la société JACOBI et Ce, *commerce de corsets, rue de la Paix*, 26.—Voir : JACOBI ou JACOBY et Ce. — N° du Greffe 15,293.

HIDRIO, Désiré-Aimé, *bottier, rue du Faubourg-St-Honoré*, 26.—Jugement du 26 avril 1853 homologuant le concordat du 12 du dit mois. — Remise de 85 %. — Les 15 % non remis payables en trois ans, par tiers, le 1er mai des années 1854, 1855, 1856. — N° du Greffe 10,798.

HIGONNET, Guillaume-Joseph-Philippe, *ex-fabricant de plâtre, à Belleville*. — Jugement du 16 mai 1854 homologuant le concordat du 19 avril 1854. — Remise de 90 %. — Les 10 % non remis payables en cinq ans, par cinquièmes, d'année en année. — Le premier paiement le 1er mai 1855. — N° du Greffe 9,668.

HILT, Alexandre, *charron-forgeron, avenue de Neuilly*, 121. — Jugement du 20 septembre 1859 homologuant le concordat du 5 septembre 1859. — Remise de 50 %. — Les 50 % non remis payables en cinq ans, par cinquièmes, du jour de l'homologation. — N° du Greffe 16,339.

HIMBERT, Louis-Honoré, *ex-épicier, rue du Faubourg-St-Martin*, 147. — Jugement du 7 octobre 1862 homologuant le concordat du 13 septembre 1862. — Abandon de l'actif énoncé. — Obligation de payer 12 % en trois ans, par tiers, d'année en année, du jour de l'homologation. — Heurtey, maintenu syndic. — N° du Greffe 209.

HIRSCH, Joseph, *marchand tailleur, rue Rambuteau*, 57. — Jugement du 18 novembre 1862 homologuant le concordat du 3 novembre 1862. — Remise de 80 %. — Les 20 % non remis payables en quatre ans, par quarts, du jour de l'homologation. — N° du Greffe 446.

HIRSCH, Henry, *lingerie, rue des Jeûneurs*, 29. — Jugement du 26 juin 1854 homologuant le concordat du 6 du même mois. — Remise de 70 %. — Les 30 % payables en trois ans, par tiers, d'année en année, du jour de l'homologation. — N° du Greffe 11,431.

HIVERNEAUX, Charles, *bandagiste, rue Rambuteau*, 56. — Jugement du 10 juin 1858 homologuant le concordat du 22 mai 1858. — Remise de 40 %. — Les 60 % non remis payables en six ans, par sixièmes, savoir : 10 % dans un an de l'homologation, 10 % le 1er juillet des années 1860, 1861, 1862, 1863 et 1864. — N° du Greffe 14,626.

HODIEUX, Denis, *bijoutier, rue Montmartre*, 152. — Jugement du 29 mai 1861 homologuant le concordat du 17 mai 1861. — Remise de 70 %. — Les 30 % non remis payables en six ans, par sixièmes, du 1er mars.— N° du Greffe 18,108.

HOFFENBACH, Isidore, *marchand déballeur, rue Ste-Croix-de-la-Bretonnerie*, 35. — Jugement du 16 mars 1854 homologuant le concordat du 23 février 1854. — Abandon de l'actif réalisé. — Obligation de payer 40 % en quatre ans, par quarts, d'année en année. — Le premier paiement le 1er avril 1855. — Léopold et Louis Hoffenbach, cautions des 40 % promis. — N° du Greffe 10,916.

HOFMAYER, demoiselle, Clarisse, *négociante en fleurs, rue des Colonnes*, 9. — Jugement du 17 décembre 1860 homologuant le concordat du 16 novembre 1860. — Remise de 80 %. — Les 20 % non remis payables en cinq ans, par cinquièmes, de l'homologation. N° du Greffe 17,078.

HOLDRINET, Jean-Nicolas, *cordonnier, rue Castiglione*, 14. — Jugement du 5 avril 1861 homologuant le concordat du 21 mars 1861. — Remise de 55 %. — Les 45 % non remis payables en six ans, par sixièmes, du jour de l'homologation. — N° du Greffe 17,886.

HOOPER, John, *rue Neuve-du-Luxembourg*, 21. — Jugement du 19 novembre 1858 homologuant le concordat du 30 octobre 1858. — Remise de 90 %. — Les 10 % non remis payables en cinq ans, par cinquièmes, du 1er octobre prochain. — N° du Greffe 14,823.

HOOPER, John, *négociant, rue de Castiglione*, 9. — Voir John HOOPER. — N° du Greffe 10,660.

HORNEZ, César-Stanislas, *marchand de charbons, quai Jemmapes*, 220. — Jugement du 13 septembre 1854 homologuant le concordat du 29 août 1854. — Remise de 70 %. — Les 30 % non remis payables : 10 % un mois après l'homologation, 10 % un an après, 10 % deux ans après. — N° du Greffe 11,174.

HORTA, dame, *négociante, rue de Calais*, 7. — Jugement du 24 décembre 1861 homologuant le concordat du 29 novembre 1861. — Remise de 75 %. — Les 25 % non remis payables en cinq ans, par cinquièmes, du jour de l'homologation. — N° du Greffe 18,487.

HOSDEZ, Louis, *marchand de bretelles, rue Bourg-l'Abbé*, 37. — Jugement du 7 août 1855 homologuant le concordat du 17 juillet 1855. — Remise de 75 %. — Les 25 % non remis payables en trois ans : 8 % le 15 juillet des années 1856 et 1857, 9 % le 15 juillet 1858. — N° du Greffe 12,223.

HOTTOT, Edouard, *confectionneur, faubourg du Temple*, 83. — Jugement du 21 mai 1852 homologuant le concordat du 27 avril 1852. — — Remise de 90 % en principal, intérêts et frais. — Les 10 % non remis payables, en deux ans, par moitiés, fin mai des années 1853 et 1854. — N° du Greffe 10,117.

HOUBRON, Clovis-Henry, *négociant, rue Thévenot*, 14. — Jugement du 6 octobre 1862 homologuant le concordat du 11 septembre 1862. — Remise de 60 %. — Les 40 % non remis payables, en quatre ans, par quarts, du 11 septembre. — N° du Greffe 164.

HOUDART aîné, Jean-Antoine, *chocolatier, rue Grange-aux-Belles*, 21. — Jugement du 18 septembre 1855 homologuant le concordat du 29 août 1855. — Remise de 80 %. — Les 20 % non remis payables, en quatre ans, par quarts, d'année en année. — Le premier paiement le 1er septembre 1856. — N° du Greffe 12,346.

HOUDART jeune, Alexandre-Cyprien, *négociant en sucres, rue du Roi-de-Sicile*, 22. — Jugement du 23 août 1858 homologuant celui du 10 du même mois. — Remise de 85 %. — Les 15 % non remis payables, sans intérêts, en cinq ans, par cinquièmes, du jour du concordat. — N° du Greffe 14,901.

HOUDART et **BAQUESNE**, *marchands de chocolats, rue Grange-aux-Belles*, 21. — Voir : BAQUESNE. — N° du Greffe 15,248.

HOUDÉ, Théodore, *fabricant de produits chimiques, à St-Denis*. — Jugement du 9 mars 1860 homologuant le concordat du 17 février 1860. — Remise de 70 %. — Les 30 % non remis payables, en cinq ans, par cinquièmes, du jour de l'homologation. — N° du Greffe 16,521.

HOUEL demoiselle, Hortense-Louise, *lingère, rue Neuve-des-Petits-Champs*, 93. — Jugement du 18 août 1854 homologuant le concordat du 19 juillet 1854. — Remise de 90 %. — Les 10 % non remis payables en cinq ans, par cinquièmes. — Le premier paiement fin juillet 1855. — N° du Greffe 11,463.

HOULLERY ou **HOULLEY**, François-Victor, *chapelier, rue St-Lazare*, 120. — Jugement du 13 mars 1860 homologuant le concordat du 27 février 1860. — Remise de 70 %. — Les 30 % non remis payables : en trois ans, par tiers, du jour de l'homologation. — N° du Greffe 16,473.

HOUPPE, Norbert-Célestin-Désiré, *tapissier, rue N. D. de Lorette*, 10. — Jugement du 14 janvier 1853 homologuant le concordat du 5 du dit mois. — Remise de 80 %. — Les 20 % non remis payables, en quatre ans, par quarts, fin janvier des années 1854, 55, 56 et 57. — N° du Greffe 10,040.

HOUPPEAUX, Pierre-François, *tapissier, rue Hauteville*, 47. — Jugement du 28 janvier 1861 homologuant le concordat du 19 décembre 1860. — Remise de 70 %. — Les 30 % non remis payables en cinq ans, par cinquièmes, du 1er décembre. — N° du Greffe 17,552.

HOURDAUX, société LÉVY, Joseph, *tapissier, marchand de meubles, rue de Rivoli*, 14, *et rue Castex*, 19. — Jugement du 15 février 1861 homologuant le concordat du 29 janvier 1861. — Remise de 70 %. — Les 30 % non remis payables, sans intérêts en quatre ans, par quarts, du jour de l'homologation. — N° du Greffe 17,366.

HOURY, sieur et dame, Auguste-Gabriel, *marchand de modes, rue de la Paix*, 26. — Jugement du 31 janvier 1861 homologuant le concordat du 21 janvier 1861. — Abandon de l'actif énoncé. — Obligation solidaire de payer 15 % en cinq ans, par cinquièmes, du jour du concordat. — Grison, maintenu syndic. — N° du Greffe 16,676.

HOUSIAUX, Charles, *marchand de chaussures, rue Bergère*, 30. — Jugement du 5 août 1850 homologuant le concordat du 23 juillet 1850. — Obligation de payer 40 % comme suit : 5 % le 1er août des années 1851, 1852, 1853 et 1854, et deux paiements de 10 % le 1er août des années 1855 et 1856. — Remise du surplus. — N° du Greffe 9,390.

HOUSIAUX, femme Charles, née DREYFUS, *commerce de lingerie, rue de Provence*, 53. — Voir : DREYFUS, femme HOUSIAUX. — N° du Greffe 13,361.

HOUSSEAU, Jean-Michel, *commissionnaire en grains, rue de Grenelle-St-Honoré*, 25. — Jugement du 19 juillet 1861 homologuant le concordat du 15 mai 1861. — Remise de 50 %. — Les 50 % non remis payables en six ans, par sixièmes, du jour du concordat. — Mme Housseau, caution. — N° du Greffe 18,019.

HOUSSEAU, Michel-Jean, *bonnetier, boulevard Poissonnière*, 28. — Jugement du 7 mars 1850 qui, sous le mérite de l'engagement pris par Housseau de payer 10 % en deux ans, en sus des 25 % par lui promis, dans le concordat, homologue ledit concordat passé le 22 décembre 1851. — N° du Greffe 1,922.

HOUSSEAU, Michel-Jean, *commissionnaire en grains, rue Grenelle-St-Honoré*, 25. — Jugement du 10 août 1857 homologuant le concordat du 15 juillet 1857. — Abandon de l'actif énoncé au concordat. — Lacoste, syndic. — N° du Greffe 13,434.

HOUTEVILLE dame, Jean-François, *ex-marchande lingère, rue Fontaine-St-Georges*, 41. — Jugement du 12 janvier 1860 homologuant le concordat du 16 décembre 1859. — Remise de 80 %. — Les 20 % non remis payables en quatre ans, par quarts, du 16 décembre. — Abandon d'une créance due par la faillite Cortez. — Battarel, maintenu syndic. — N° du Greffe 16,427.

HOVYN, veuve NOURTIER, Julie-Marie-Levine, *commissionnaire en marchandises, rue Caumartin*, 27. — Jugement du 20 décembre 1854 homologuant le concordat du 30 novembre 1854. — Remise de 80 %. — Les 20 % non remis payables au moyen de l'actif abandonné au concordat. — En cas d'insuffisance d'actif, obligation de parfaire les 20 % dans un an après la liquidation. — Abandon par la dame Vouillon aux créanciers de la faillite, à titre de garantie, de ses droits dans les exploitations mentionnées au concordat. — Lefrançois, syndic. — N° du Greffe 11,598.

HUARD, Charles, *fabricant de couverts, à Grenelle*. — Jugement du 14 mars 1859 homologuant le concordat du 10 février 1859. — Remise de 85 %. — Les 15 % non remis payables, en cinq ans, par cinquièmes, du 1er août. — N° du Greffe 15,339.

HUARD, société, *gérant du Journal des Chemins de fer et des Mines, rue Richelieu*, 95. — Jugement du 12 août 1852 homologuant le concordat du 25 juin 1852. — Abandon par Huard ès-noms de la Cie, de l'actif de la faillite et remise par les créanciers, du surplus en principal, intérêts et frais. — Sergent, syndic. — N° du Greffe 8,590.

HUARD, personnellement, *négociant, rue Richelieu*, 95. — Jugement du 12 août 1852 homologuant le concordat du 25 juin 1852. — Remise de 95 % en principal, intérêts et frais. — Les 5 % non remis payables dans un an du concordat. — N° du Greffe 8,590.

HUART jeune, JOSEPH, *marbrier, rue St-Pierre-Ruelle-Pelée*, 13 et 14. — Jugement du 24 août 1859 homologuant le concordat du 2 août 1859. — Obligation de payer la totalité des créances en dix ans, par vingtièmes, de six mois en six mois du concordat. — N° du Greffe 15,980.

HUART, NICOLAS, *maître de lavoir, rue St-Germain*, 10, *à Charonne*. — Jugement du 22 mai 1857 homologuant le concordat du 3 avril 1857. — Remise de 70 %. — Les 30 % non remis payables, en six ans, par sixièmes, d'année en année, du jour de l'homologation. — N° du Greffe 13,287.

HUBER, *boulanger, à Passy*. — Concordat du 6 septembre 1840. — N° du Greffe 495.

HUBERT, JEAN-LOUIS-NICOLAS, *entrepreneur de menuiserie, rue St-Dominique-St-Germain*, 196. — Jugement du 24 mars 1862 homologuant le concordat du 7 mars 1862. — Remise de 75 %. — Les 25 % non remis payables, en cinq ans, par cinquièmes, du 24 mars. — N° du Greffe 18,920.

HUBERT, *tapissier, rue de Poitou*, 22, *et rue de Chauchat*, 1. — Jugement du 5 janvier 1858 homologuant le concordat du 21 décembre 1857. — Remise de 90 %. — Les 10 % non remis payables, sans intérêts, par moitiés, le 1er janvier des années 1859 et 1860. — N° du Greffe 14,041.

HUBERT, HYACINTHE-PHILIPPE-CHARLES, *libraire, au Palais-Royal*. — Jugement du 24 mars 1854 homologuant le concordat du 11 du même mois. — Obligation de payer la totalité des créances, avec intérêts et frais, en dix ans, par dixièmes, d'année en année. — Premier paiement le 1er avril 1855. — N° du Greffe 10,951.

HUBERT, PAUL-ADOLAIN, *entrepreneur de menuiserie, à Puteaux*. — Jugement du 11 décembre 1854 homologuant le concordat du 12 octobre 1854. — Remise de 40 %. — Les 60 % non remis payables, sans intérêts, en dix ans, par dixièmes, d'année en année. — Premier paiement le 1er avril prochain. — N° du Greffe 11,702.

HUBERT, JACQUES, *tailleur, rue Croix-des-Petits-Champs*, 11. — Jugement du 25 novembre 1859 homologuant le concordat du 11 du même mois. — Remise de 75 %. — Les 25 % non remis payables, en cinq ans, par cinquièmes, du jour de l'homologation. — N° du Greffe 16,212.

HUBERT, JEAN-BAPTISTE, *grainetier, à Batignolles*. — Jugement du 16 septembre 1862 homologuant le concordat du 4 du même mois. — Remise de 70 %. — Les 30 % non remis payables en cinq ans, par cinquièmes, du jour de l'homologation. — N° du Greffe 75.

HUCHET, AUGUSTE-ADOLPHE, *négociant en tissus, rue des Fossés-Montmartre*, 13. — Jugement du 4 décembre 1856 homologuant le concordat du 21 novembre 1856. — Remise de 75 %. — Les 25 % non remis payables en quatre ans, par huitièmes, de six mois en six mois, à partir du 1er janvier prochain. — N° du Greffe 13,091.

HUE-VIARD, *négociant, rue Michel-le-Comte*, 23. — Jugement du 22 avril 1861 homologuant le concordat du 22 février 1861. — Obligation de payer l'intégralité des créances, savoir: 20 % comptant, 20 % un an après, 30 % deux ans après, 30 % dans trois ans, du jour de l'homologation. — N° du Greffe 17,674.

HUET ET GARGAM, BAPTISTE-AZIRE, *négociants en nouveautés, rue St-Honoré*, 88 et 90. — Voir : GARGAM. — N° du Greffe 17,096.

HUET et ANSIAUME, *négociants, à Batignolles*. — Jugement du 30 octobre 1857 homologuant le concordat du 17 du même mois. — Remise de 80 %. — Les 20 % non remis payables, sans intérêts, en cinq ans, par cinquièmes, d'année en année, du jour du concordat. — N° du Greffe 13,831.

HUETTE, dame FOURNIAL, ANGÉLIQUE-GENEVIÈVE-DÉSIRÉE, *épicière, à Passy*. — Voir : FOURNIAL. — N° du Greffe 9,258.

HUG, PIERRE, *traiteur, rue Royale*, 26. — Jugement du 10 février 1862 homologuant le concordat du 21 décembre 1861. — Remise de 70 %. — Les 30 % non remis payables: 14 % un mois après l'homologation, 10 % en trois ans, 6 % un an après l'homologation, 5 % l'année suivante, 5 % l'année suivante. — N° du Greffe 18,785.

HUGELMANN, GABRIEL, *directeur du journal la Publication Commerciale, rue de Bondy*, 52. — Jugement du 24 mars 1859 homologuant le concordat du 7 du même mois. — Obligation de payer la totalité des créances en quatre ans, par quarts, du jour de l'homologation. — N° du Greffe 15,541.

HUGO, demoiselle, MARGUERITE-CÉLESTINE, *marchande de modes, rue faubourg St-Honoré*, 58. — Jugement du 9 janvier 1862 homologuant le concordat du 20 décembre 1861. — Remise de 70 %. — Les 30 % non remis payables ; 15 % un et deux ans après l'homologation. — N° du Greffe 18,850.

HUGON, JEAN-BAPTISTE, *négociant en vins, rue Ste Marguerite*, 40. — Jugement du 9 juillet 1860 homologuant le concordat du 22 juin 1860. — Remise de 70 %. — Les 30 % non remis payables en cinq ans, par cinquièmes, du 1er juillet. — N° du Greffe 16,822.

HUGUES, PIERRE-NOEL, *linger, rue du Roule*, 21. — Jugement du 17 avril 1855 homologuant le concordat du 26 mars 1855. — Remise de 70 %. — Les 30 % non remis payables, en trois ans, par tiers, d'année en année. — Premier paiement le 20 avril 1856. — Les sieurs Hugues père et fils, cautions. — M. Lefaure, commissaire. — N° du Greffe 12,043.

HUGUET, CHARLES-AMABLE, *épicier, à Montmartre*. — Jugement du 9 janvier 1856 homologuant le concordat du 31 décembre 1855. — Remise de 65 %. — Les 35 % non remis payables: 10 % dans le mois de la reddition de compte, 25 % en cinq ans, par cinquièmes, d'année en année. — Premier paiement fin décembre 1856. — N° du Greffe 12,658.

HUGUET, ALFRED, *droguiste, rue Rambuteau*, 26. — Jugement du 18 juillet 1855 homologuant le concordat du 2 juillet 1855. — Remise de 85 %. — Les 15 % non remis payables, sans intérêts, en cinq ans, à raison de 2 fr. 50 c. % dans six mois, un an, deux ans, trois ans, quatre ans et cinq ans de l'homologation. — N° du Greffe 12,151.

HUGUET, PAUL-ANSELME, *négociant en châles, rue Richelieu*, 104. — Jugement du 21 août 1856 homologuant le concordat du 1er dudit mois. — Remise de 80 %. — Les 20 % non remis payables, en quatre ans, par quarts, d'année en année, pour commencer le 1er octobre 1857. — N° du Greffe 13,004.

HUILLET, JOSEPH, *mercier, rue Saint-Antoine*, 135. — Jugement du 1er octobre 1850 homologuant le concordat du 17 septembre 1850. — Remise de tous intérêts et frais et de 84 %. — Les 16 % non remis payables, dans quatre ans, par quarts, le 17 septembre des années 1851, 1852, 1853 et 1854. — N° du Greffe 9,441.

HUILLIER, jeune, JEAN-BAPTISTE, *marchand de vins-traiteur, cité Boufflers*. — Jugement du 28 septembre 1857 homologuant le concordat du 11 septembre 1857. — Obligation de payer le principal à raison de 10 % par an, du jour de l'homologation. — N° du Greffe 14, 034.

HUIN, société COLLASSON, ERNEST, *négociant, rue des Petits-Hôtels*, 28. — Voir : COLLASSON et HUIN. — N° du Greffe 15,166.

HULLOT, AMABLE, *commerce de salaisons, rue de la Verrerie*, 64. — Jugement du 29 août 1862 homologuant le concordat du 18 août 1862. — Abandon de l'actif énoncé. — Trille, maintenu syndic. — N° du Greffe 19,773.

HUMBERT, CLAUDE, *marchand de vins, rue de la Gare*, 72. — Jugement du 12 mai 1851 homologuant le concordat du 28 avril 1851. — Remise de 75 %. — Les 25 % non remis payables, en cinq paiements égaux, d'année en année, sans intérêts. — Le premier paiement, le 1er juin 1852. — N° du Greffe 9,765.

HUMBERT, PIERRE, *fabricant de cannes et de bois de chaise, rue d'Allemagne*, 117. — Jugement du 29 novembre 1862 homologuant le concordat du 10 novembre 1862. — Remise de 70 %. — Les 30 % non remis payables, en cinq ans, par cinquièmes, du jour de l'homologation. — N° du Greffe 382.

HUMBERT, NICOLAS, *fondeur en fer, rue Saint-Maur-Popincourt*, 83. — Jugement du 28 mai 1862 homologuant le concordat du 6 mai. — Obligation de payer l'intégralité des créances en huit ans, par huitièmes, du jour de l'homologation. — N° du Greffe 19,550.

HUNGER, aîné, JACQUES-HENRI, *commissionnaire en farines, rue Saint-Honoré*, 45. — Jugement du 2 novembre 1855 homologuant le concordat du 15 octobre 1855. — Remise de 80 %. — Les 20 % non remis payables, en cinq ans, par cinquièmes, d'année en année. — Le premier paiement, le 1er novembre 1856. — N° du Greffe 12,538.

HUNOT, CHARLES, *loueur de voitures à Neuilly*. — Jugement du 25 juillet 1862 homologuant le concordat du 8 juillet 1862. — Remise de

80 %. — Les 20 % non remis payables, en quatre ans, par quarts, du jour de l'homologation. — N° du Greffe 19,889.

HURARD, Louis, *loueur de voitures, rue Charlot*, 11, *aux Ternes*. — Jugement du 16 octobre 1862 homologuant le concordat du 29 septembre 1862. — Remise de 50 %. — Les 50 % non remis payables, en cinq ans, par cinquièmes, du jour de l'homologation. — N° du Greffe 5.

HURBAIN, Auguste, *marchand de vins, rue de la Pépinière*, 116 *et* 118. — Jugement du 31 octobre 1859 homologuant le concordat du 26 septembre 1859. — Obligation de payer l'intégralité des créances en douze paiements égaux et par douzièmes, de six mois en six mois, du 1er mai. — N° du Greffe 15,905.

HURBAIN, Mathieu, *maître maçon, rue Saint-Pierre*, 8. — Jugement du 29 février 1856 homologuant le concordat du 11 dudit mois. — Remise de 70 %. — Les 30 % non remis payables, au moyen des créances à recouvrer et le surplus en deux paiements égaux, d'année en année, à compter du jour du concordat. — N° du Greffe 12,824.

HUREAUX, Jean-Pierre, *ex-confiseur, rue de la Ferme-des-Mathurins*, 52. — Jugement du 16 avril 1856 homologuant le concordat du 4 dudit mois. — Obligation par Hureaux de payer aux créanciers de Jean-Baptiste Hureaux, son frère, décédé, le montant intégral des créances, en deux ans, par moitiés, du jour de l'homologation, avec intérêts à 6 % l'an. — N° du Greffe 9,748.

HUREAUX et PICQ, *pharmaciens, faubourg Poissonnière*, 4. — Jugement du 14 octobre 1859 homologuant le concordat du 23 septembre 1859. — Obligation de payer la totalité des créances dans le mois de l'homologation. — N° du Greffe 15,029.

HUREL, Florentin, *fabricant de peignes, rue Phelippeau*, 37. — Jugement du 16 février 1857 homologuant le concordat du 31 décembre 1856. — Remise de 70 %. — Les 30 % non remis payables, en cinq ans, par cinquièmes, d'année en année. — Premier paiement, le 1er janvier 1858. — N° du Greffe 13,449.

HUREL, Alfred, *épicier, avenue de Neuilly*, 201. — Jugement du 10 janvier 1856 homologuant le concordat du 20 décembre 1855. — Remise de 65 %. — Les 35 % non remis payables : 4 % dans le mois de l'homologation, 7 % le 20 décembre 1856, 6 % le 20 décembre des années 1857, 1858, 1859 et 1860. — N° du Greffe 12,622.

HUREZ, Alexandre-Joseph, *marchand de chaussures, rue de l'Église*, 20, *à Batignolles*. — Jugement du 22 décembre 1859 homologuant le concordat du 25 novembre 1859. — Remise de 70 %. — Les 30 % non remis payables, en cinq ans, par cinquièmes, du jour du concordat. — N° du Greffe 16,203.

HURON, dame DOMISSY, Catherine-Françoise-Sophie, *marchande de modes, rue Saint-Honoré*, 284. — Concordat du 26 novembre 1849. — N° du Greffe 335.

HURPIN, Théodimir, *épicier, rue de Rivoli*, 114. — Jugement du 4 avril 1855 homologuant le concordat du 20 mars 1855. — Remise de 90 %. — Les 10 % non remis payables, en quatre ans, par quarts, d'année en année. — Premier paiement, fin mars 1856. — N° du Greffe 11,742.

HURST, de la société VAN de BOSCH, *négociant, rue du Château-d'Eau*, 61. — Jugement du 17 juillet 1857 homologuant le concordat du 8 du même mois. — Remise de 50 %. — Les 50 % non remis payables: 10 % un mois après l'homologation, 40 % en trois ans, par tiers, d'année en année, du jour de l'homologation. — M. Van de Bosch père, caution. — N° du Greffe 13,650.

HUS-DESFORGES, *gérant de la société des Buffets de Paris, boulevard des Italiens*, 9. — Voir : GIRALDON père. — N° du Greffe 12,670.

HUSBAND, Frédéric, de la société WITTE, *commissionnaire en marchandises, rue Saint-Maur*, 80. — Jugement du 22 janvier 1855 homologuant le concordat du 23 décembre 1854. — Remise de 90 %. — Les 10 % non remis payables, par moitiés, le 15 janvier des années 1856 et 1857. — N° du Greffe 11,303.

HUSEROT, Louis-Adrien, *entrepreneur de bâtiments à Pierrefitte, rue de Paris*, 14. — Jugement du 29 mai 1860 homologuant le concordat du 11 du même mois. — Remise de 75 %. — Les 25 % non remis payables en cinq ans, par cinquièmes, du jour de l'homologation. — N° du Greffe 16,729.

HUSSON, Simon, *tenant hôtel meublé, rue de Seine-Saint-Germain*, 20. — Jugement du 9 novembre 1854 homologuant le concordat du 24 octobre 1854. — Remise de 50 %. — Les 50 % payables, en cinq ans, par dixièmes, de six mois en six mois. — Premier paiement, le 1er septembre 1855. — N° du Greffe 11,810.

HUTHWAHL, dame, Guillaume, *marchande de modes, rue des Jeûneurs*, 5. — Jugement du 2 mars 1859 homologuant le concordat du 9 février 1859. — Remise de 70 %. — Les 30 % non remis payables, en trois ans, par tiers, du jour de l'homologation. — N° du Greffe 15,405.

HYON aîné, Jean-Charles, *négociant en métaux, rue du Perche*, 7. — Jugement du 16 octobre 1862 homologuant le concordat du 2 du même mois. — Remise de 75 %. — Les 25 % non remis payables, en cinq ans, par cinquièmes, du jour de l'homologation. — N° du Greffe 145.

HYON, François-Louis, *lamineur, rue des Fontaines*, 17. — Jugement du 28 mai 1862 homologuant le concordat du 19 du même mois. — Remise de 50 %. — Les 50 % non remis payables, en cinq ans, par cinquièmes, du 31 mai. — N° du Greffe 19,645.

I

IDOUX, Charles, *commerce de bois préparés, rue du Cherche-Midi*, 55. — Jugement du 9 août 1862 homologuant le concordat du 17 juillet 1862. — Remise de 50 %. — Les 50 % non remis payables, en deux ans, par moitiés, du jour de l'hmologation. — N° du Greffe 19,969.

IGLESIA, Adolphe-Frédéric-Marin-Alexandre, *commerce de parquets mosaïques, à Montrouge, Grande-Rue*, 49. — Jugement du 26 juillet 1861 homologuant le concordat du 26 juin 1861. — Remise de 75 %. — Les 25 % non remis payables, sans intérêts, en cinq ans, par cinquièmes, du 1er décembre. — N° du Greffe 17,923.

IHRIG, Jean-Henri-Louis, *relieur, rue de la Bibliothèque*, 176. — Jugement du 28 avril 1854 homologuant le concordat du 15 mars 1854. — Remise de 90 %. — Les 10 % non remis payables, en cinq ans, par cinquièmes, d'année en année. — Le premier paiement le 15 mars 1855. — N° du Greffe 11,245.

IKELMER, Adolphe, *commissionnaire en marchandises, rue Charlot*, 50. — Jugement du 18 juillet 1862 homologuant le concordat du 2 juillet 1862. — Remise de 75 %. — Les 25 % non remis payables en cinq ans, par cinquièmes, du jour du concordat. — N° du Greffe 19,898.

INGÉ, Charles-Jules, *ancien fondeur et agent d'affaires, rue Lafayette*, 33. — Jugement du 30 mars 1858 homologuant le concordat du 15 mars 1858. — Remise de 90 %. — Les 10 % non remis payables en cinq ans, par cinquièmes, du 18 février prochain. — N° du Greffe 14,480.

INGHELBREHBT, Napoléon, *marchand de chaussures, rue des Petites-Écuries*, 42. — Jugement du 8 avril 1862 homologuant le concordat du 27 mai 1862. — Remise de 85 %. — Les 15 % non remis payables en trois ans, par tiers, du jour de l'homologation. — N° du Greffe 19,106.

IPPEREIEL, Louis-Alexandre, *limonadier, boulevard des Martyrs*, 4, *à Montmartre*. — Jugement du 6 mai 1850 homologuant le concordat du 1er décembre 1849. — Remise de tous intérêts et frais et de 80 %. — — Les 20 % non remis payables en cinq ans, par cinquièmes, fin juin des années 1851, 1852, 1853, 1854 et 1855. — N° du Greffe 8,654.

ISAAC, Auguste, *entrepreneur de peintures, rue St-Maur*, 109. — Jugement du 6 septembre 1855 homologuant le concordat du 22 août 1855. — Obligation de payer le montant des créances, sans intérêts, au moyen des sommes aux mains du syndic et la différence en 5 ans, par dixièmes, de six mois en six mois. — Le premier paiement le 1er mars 1856. — N° du Greffe 11,581.

ISAAC, Daniel, *imprimeur-lithographe, rue Charlot*, 12. — Jugement du 3 mai 1855 homologuant le concordat du 10 avril 1855. — Abandon de l'actif. — Obligation de payer 10 % : 3 % fin mai des années 1856 et 1857, et 4 % fin mai 1858. — Crampel, syndic. — N° du Greffe 12,144.

ISABEL et BORSAIY, Ursin, *marchand bimbelotier, rue du Faubourg-St-Antoine*, 114. — Voir : BORSARY. — N° du Greffe 277.

ISAMBARD, Alphonse, société ISAMBARD et veuve JULIEN, *marchand de modes, boulevard des Italiens*, 4. — Voir : FÉRIÉ, femme JULIEN. — N° du Greffe 11,646.

ISAY, Joseph, *menuisier, rue de l'Arcade*, 10, *aux Ternes*. — Jugement du 3 octobre 1860 homologuant le concordat du 22 septembre 1860. — Obligation de payer le montant des créances en principal et frais, en dix ans, par dixièmes, du jour de l'homologation. — N° du Greffe 16,858.

ISBELL, demoiselle, dite DROUAT, Caroline-Emélie, *marchande de modes, boulevard des Italiens*, 6. — Jugement du 6 janvier 1854 homologuant le concordat du 22 décembre 1853. — Remise de 50 %. — Les 50 % non remis payables : 10 % dans les trois mois du concordat et 40 % par quarts, d'année en année, à partir du premier paiement. — Demoiselle Eléonore Fierens, caution. — N° du Greffe 11,095.

ISLE (L') de SALES et Cᵉ, Emile, François, Xavier, Jean, *commerce de chistes bitumineux, rue Labruyère*, 19. — Jugement du 27 décembre 1859 homologuant le concordat du 23 novembre 1859. — Abandon de l'actif énoncé au concordat. — Heurtey, syndic. — N° du Greffe 17,322.

ISLE (L') de SALLES, personnellement, *négociant, rue Labruyère*, 19. — Jugement personnel du 27 décembre 1859 homologuant le concordat du 23 novembre 1859. — Remise de 88 %. — Les 12 % non remis payables : 1 dixième quinze jours après l'homologation et les 9 % restant, d'année en année, du 1er janvier. — M. Robert, caution des trois premiers dividendes. — N° du Greffe 15,323.

ISLER, *fabricant de camées, passage de l'Elysée-des-Beaux-Arts*. — Jugement du 13 décembre 1861 homologuant le concordat du 8 novembre 1861. — Remise de 50 %. — Les 50 % non remis payables : 10 % un an après l'homologation, 10 % pendant 3 ans à dater de l'homologation, 5 % les deux dernières années de l'homologation. — N° du Greffe 17,607.

ISSAURAT, Leroux-Guillaume, *commerce de pianos, rue Marbœuf*, 75. — Jugement du 27 septembre 1855 homologuant le concordat du 27 août 1855. — Remise de 75 %. — Les 25 % non remis payables en cinq ans, par cinquièmes, d'année en année. — Le premier paiement un an après l'homologation. — N° du Greffe 12,137.

IZAMBARD, Alphonse, *négociant en rubans et fleurs, rue Montmartre*, 73. — Jugement du 2 novembre 1854 homologuant le concordat du 25 septembre 1854. — Remise de 75 %. — Les 25 % non remis payables, en cinq ans, par cinquièmes, d'année en année. — Le premier paiement le 31 décembre 1855. — N° du Greffe 11,649.

J

JACKSON et Cᵉ, Joseph, *négociants commissionnaires, rue des Petits-Hôtels*, 20. — Jugement du 21 août 1857 homologuant le concordat du 2 juillet 1857. — Remise de 80 %. — Les 20 % non remis payables dans la quinzaine de l'homologation, au moyen de l'actif réalisé et abandonné. — En cas d'insuffisance, obligation de parfaire les 20 % dans le même délai. — N° du Greffe 12,832.

JACOB, Albert, *fumiste, rue des Ursulines*, 20. — Jugement du 18 septembre 1854 homologuant le concordat du 8 juillet 1854. — Abandon de l'actif énoncé au concordat. — Huet, commissionaire. — N° du Greffe 11,436.

JACOB, *ex-limonadier, à Montmartre*. — Jugement du 13 novembre 1860 homologuant le concordat du 18 octobre 1860. — Abandon de l'actif énoncé au concordat. — Sommaire, syndic. — N° du Greffe 17,365.

JACOB, Hippolyte, *marchand de nouveautés, rue de la Chaussée-d'Antin*, 1. — Jugement du 9 juillet 1851 homologuant le concordat du 15 avril 1851. — Remise de 30 %. — Les 70 % non remis payables en quatorze paiements égaux, de six mois en six mois. — Le premier paiement le 31 mai 1851. — Mme Jacob, caution solidaire. — N° du Greffe 9,671.

JACOB, Charles, *marchand de nouveautés, à Vaugirard*. — Jugement du 25 février 1857 homologuant le concordat du 8 juin 1857. — Remise de 75 %. — Les 25 % non remis payables en cinq ans, par cinquièmes, d'année en année, du jour de l'homologation. — N° du Greffe 13,885.

JACOB, *fruitier, rue Aux-Fers*, 36. — Concordat du 4 juin 1849. — — N° du Greffe 82.

JACOBI, société JACOBI et Cᵉ, Armand-Paul-Eugène, *commerce de corsets, rue de la Paix*, 26. — Jugement du 4 février 1859 homologuant le concordat du 24 janvier 1859. — Remise de 75 % payables sans intérêts de la manière suivante : 250 fr. le 15 février et le 15 août 1860, 300 fr. le 15 février et le 15 août 1861, 350 fr. le 15 février et le 15 août 1862, 400 fr. le 15 février et le 15 août 1863, 450 fr. le 15 février 1864 ; le solde, le 15 août 1864, de 25 %. — N° du Greffe 15,293.

JACOBS, Napoléon, *marchand de chaussures, à Batignolles*. — Jugement du 11 novembre 1859 homologuant le concordat du 19 octobre 1859. — Remise de 65 %. — Les 35 % non remis payables en cinq ans, par cinquièmes, du jour du concordat : le premier paiement, 6 %, le deuxième 7 %, le troisième 8 %, le quatrième 9 %, le cinquième 6 %. — N° du Greffe 16,204.

JACOLET ou JACOTET, femme AUDIAT, Ferdinand, Joséphine, *commerce de broderies et dentelles, rue du Mail*, 9. — Voir : AUDIAT, sieur et dame, Ferdinand et Joséphine. — N° du Greffe 12,776.

JACOMME et Cᵉ, personnellement, Claude, *imprimeur lithographe, rue Meslay*, 61. — Jugement du 18 janvier 1856 homologuant le concordat du 28 décembre 1855. — Remise de 90 %. — Les 10 % non remis payables en cinq ans, par cinquièmes, à partir du 1er janvier 1857. — — N° du Greffe 12,547.

JACOMME et DUFAT, Claude, *imprimeur lithographe, rue Meslay*, 61. — Voir : DUFAT. — N° du Greffe 12,548.

JACQUELIN, Michel, *tonnelier, à la Villette*. — Jugement du 16 décembre 1858 homologuant le concordat du 17 novembre 1858. — Remise de 75 %. — Les 25 % non remis payables sans intérêts, en cinq ans, par cinquièmes, du jour de l'homologation. — N° du Greffe 15,106.

JACQUELINE, Louis-Adolphe-Eugène, *marchand de bois de sciage, rue de Bondy*, 80. — Jugement du 22 février 1860 homologuant le concordat du 2 décembre 1859. — Abandon de l'actif énoncé au concordat, et obligation de payer une somme qui, avec l'actif abandonné, devra porter les dividendes à 20 % payables en quatre ans, par quarts, de l'homologation. — N° du Greffe 15,764.

JACQUEMART, Joseph-Philippe, *serrurier, rue Vaugirard*, 24. — Jugement du 8 juillet 1852 homologuant le concordat du 25 juin 1842. — Remise de 75 %. — Les 25 % non remis payables en cinq ans, sans intérêts, par cinquièmes, d'année en année. — Premier paiement le 15 juillet 1852. — N° du Greffe 10,299.

JACQUEMART, *marchand de couleurs, rue Neuve-de-la-Fidélité*, 21 *bis*. — Jugement du 14 juin 1849 homologuant le concordat. — N° du Greffe 113.

JACQUEMIN, Auguste, *mécanicien, à Belleville*. — Jugement du 6 juin 1860 homologuant le concordat du 8 mai 1860. — Obligation de payer l'intégralité des créances, sans intérêts, en dix ans, savoir : 5 % les 1er mai 1861 et 1862, 10 % les 1er mai 1863, 1864, 1865, 1866, 1867 et 1868, et 15 % les 1er mai 1869 et 1870. — N° du Greffe 16,390.

JACQUEMIN, *négociant, rue Richer*, 20. — Jugement du 25 septembre 1861 homologuant le concordat du 10 août précédent. — Remise de 90 %. — Les 10 % non remis payables en dix ans, par dixièmes, de l'homologation. — N° du Greffe 18,118.

JACQUEMIN frères, Louis, Charles et Emmanuel, *négociants, rue St-Denis*, 123. — Jugement du 5 décembre 1861 homologuant le concordat du 29 octobre 1861.—Obligation de payer 10,000 fr., savoir : 2,000 francs les 31 décembre 1862, 1863, 1864, 1865 et 1866. — N° du Greffe 16,383.

JACQUES, *peintre, rue Richer*, 19. — Jugement du 26 novembre 1855 homologuant le concordat du 7 du même mois. — Remise de 90 %. — Les 10 % non remis payables : 3 % les 1er novembre 1856, et 1857, et 4 % le 1er novembre 1858. — Madame Jacques, caution pour 5 % seulement. — N° du Greffe 12,434.

JACQUES, Nicolas, *loueur de voitures, rue de Vincennes*, 14, *à Bagnolet*.— Jugement du 25 juin 1862 homologuant le concordat du 6 juin 1862. — Remise de 75 %. — Les 25 % non remis payables en cinq ans, par cinquièmes, du jour du concordat. — N° du Greffe 19,435.

JACQUES, Henri-Joseph, *hôtellier, passage Dauphine*, 16.—Jugement du 23 novembre 1857 homologuant le concordat du 2 novembre 1857. — Remise de 70 %. — Les 30 % non remis payables en six ans, par sixièmes, d'année en année, du jour de l'homologation.— N° du Greffe 14,098.

JACQUES, Nicolas, *peintre, passage Saint-Philippe*, 2. — Jugement du 30 août 1858 homologuant le concordat du 5 août 1858. — Abandon de l'actif énoncé. — N° du Greffe 14,939.

JACQUIER, Louis-François, *marchand de bois, quai Valmy*, 221. — Jugement du 26 octobre 1857 homologuant le concordat du 28 septembre 1857. — Remise de 70 %. — Les 30 % non remis payables en quatre ans, par quarts, d'année en année, de l'homologation. — N° du Greffe 14,035.

JACQUIN, Victor-Marie, *ancien marchand de tableaux, rue d'Enghien*, 32, *puis rue Montmartre*, 178. — Jugement du 14 novembre 1859 homologuant le concordat du 28 octobre 1859. — Abandon de l'actif énoncé au concordat, et obligation de payer 10 % en cinq ans, par cinquièmes, d'année en année. — Premier paiement dix-huit mois après l'homologation. — N° du Greffe 15,378.

JACQUOT, Félix, *entrepreneur d'éclairage, rue de Provence*, 76. — Jugement du 24 janvier 1860 homologuant le concordat du 30 décembre 1859. — Remise de 50 %. — Les 50 % non remis payables en cinq ans, par cinquièmes, du 15 janvier. — N° du Greffe 16,210.

JACQUOT, Christophe, *serrurier, rue Beauregard*, 9. — Jugement du 10 mars 1852 homologuant le concordat du 11 février 1852. — Remise de 75 %.—Les 25 % non remis payables en principal, intérêts et frais, en cinq ans, par cinquièmes, d'année en année, du jour du concordat. — N° du Greffe 10,048.

JACQUOT, Jean-Joseph, *fabricant de sirop de fécule, à la Villette*. — Jugement du 22 octobre 1851 homologuant le concordat du 7 octobre, même mois. — Remise de 75 % en principal, intérêts et frais. —Les 25 % non remis payables sans intérêts, en quatre ans, par quarts, les 7 octobre 1852, 1853, 1854 et 1855. — N° du Greffe 9,922.

JAC OZ, Edouard-Modeste, *marchand de vins, faubourg Saint-Martin*, 155. — Jugement du 12 juillet 1852 homologuant le concordat du 25 juin, même année. — Remise de 85 % en principal, intérêts et frais.— Les 15 % non remis payables en trois ans par tiers, le 1er juillet des années 1853, 1854 et 1855.—N° du Greffe 8,124.

JAECK, de la société JOURNET et JAECK. — Voir : JOURNET et JAECK.

JAECK, Etienne, *ex-entrepreneur de travaux publics, rue du Faubourg-Saint-Martin*, 99. —Jugement du 20 juillet 1853 homologuant le concordat du 20 juin 1853. — Remise de 90 %. — Les 10 % non remis payables sans intérêts, en trois ans, savoir : 3 % les 1ers juillet 1854 et 1855, et 4 % le 1er juillet 1856. — N° du Greffe 9,967.

JAFFLEIN, Simon, *ex-limonadier, passage des Petites-Ecuries*, 5, *antérieurement rue Neuve-Saint-Eustache*, 9. — Jugement du 6 septembre 1860 homologuant le concordat du 24 octobre 1860. — Obligation de payer le montant des créances par l'abandon de l'actif énoncé au concordat. — A l'égard de la différence qui existera, obligation de la payer en deux ans, par moitiés, de l'homologation. — du Greffe 16,261.

JAME, Antoine, François et Jean, Charles père et fils, *marchands de vins, avenue des Champs-Elysées*, 142. — Jugement du 8 mai 1856 homologuant le concordat du 24 avril 1856. — Remise de 70 %. — Les 30 % non remis payables en six ans, à raison de 2 1/2 %, tout les six mois du 1er octobre 1856. — N° du Greffe 1,294.

JAME, Eugène, *marchand-papetier, rue Jean-Jacques-Rousseau*, 12. — Jugement du 3 février 1857 homologuant le concordat du 23 janvier 1857. — Remise de 70 %. — Les 30 % non remis payables : 5 % des quatre premières années, et 10 % la cinquième. — Le premier paiement le 1er février 1858. — M. Peyrol, caution des premiers 20 %. — N° du Greffe 13,398.

JAMET, Louis-Honoré-Amable, *commerçant, à Charonne*. — Jugement du 29 avril 1852 homologuant le concordat du 27 février 1852. — Remise de 80 % en principal, intérêts et frais. — Les 20 % non remis payables en quatre ans, par quarts, fin février des années 1853, 1854 et suivantes. N° du Greffe 10,174.

JAN, Jean-Marie, *fabricant de chaussures, rue de la Cossonerie*, 3. — Jugement du 4 juin 1858 homologuant le concordat du 20 mai 1858. — Remise de 50 %. — Les 50 % non remis payables, par cinquièmes, du 1er mai. — N° du Greffe 14,579.

JANET, veuve, née ALLEZ, Pierre-Claude-Louis, *libraire-éditeur, rue Saint-Jacques*, 59. — Voir : ALLEZ. — N° du Greffe 11,250.

JANNIN, société MARIUS-VIDAL et Ce, *passage Choiseul*, 13. — Jugement du 13 juillet 1857 homologuant le concordat du 1er juillet 1857. — Obligation par Marius-Vidal et Jannin de payer le montant des créances en principal, intérêts et frais, savoir : Marius-Vidal et Jannin solidairement pour 25 %. — Jannin seul pour 75 % payables, par moitiés, le 1er janvier des années 1858 et 1859, et par Marius-Vidal en cinq ans, par cinquièmes, d'année en année. — Le premier paiement le 1er août 1858. — Mme Marius-Vidal, caution pour son mari. — N° du Greffe 13,612.

JANTON, veuve et fils, Joseph et Charles-Narcisse, *fabricant de chaussures, rue des Blancs-Manteaux*, 35. — Jugement du 10 novembre 1859 homologuant le concordat du 17 octobre 1859. — Remise de 70 %. — Les 30 % non remis payables, en cinq ans, par cinquièmes, de l'homologation. — N° du Greffe 16,069.

JANVIER, Victor-Alexandre, *lithographe, place du Marché-Ste-Catherine*, 5. — Jugement du 9 août 1855 homologuant le concordat du 21 juillet 1855.—Remise de 65 %.—Les 35 % non remis payables, sans intérêts, en cinq ans, par cinquièmes, du jour de l'homologation. — N° du Greffe 12,272.

JARDIN, *commerçant, à Vaugirard et rue du Faubourg-St-Denis, maison Dubois*, 110. — Jugement du 9 juin 1853 homologuant le concordat du 27 mai 1853.— Abandon de tout son actif. — Hénin, commissaire. — N° du Greffe 10,679.

JARJAVAIL, Emile-Jean, *négociant en broderies, rue Montmartre*, 157. — Jugement du 17 mars 1858 homologuant le concordat du 27 février 1858. — Remise de 85 %. — Les 15 % non remis payables, par tiers, en trois ans du concordat. — N° du Greffe 14,358.

JAROSLAW, société GOLDSCHMIDT, *commissionnaire, boulevard de Strasbourg*, 58. — Voir : GOLDSCHMIDT et JAROSLAW. — N° du Greffe 15,642.

JARRIGE, Antoine, *fabricant de parapluies, rue Saint-Denis*, 293. — Jugement du 18 novembre 1857 homologuant le concordat du 5 novembre 1857. — Abandon de l'actif énoncé au concordat et obligation de payer 10 % en quatre ans, par quarts, d'année en année. — Le premier paiement le 1er janvier 1859. — N° du Greffe 14,167.

JARRY, société DINET, Pierre-Adolphe, *bijoutier, rue du Temple*, 140. — Voir : DINET, société JARRY. — N° du Greffe 12,311.

JARTOUX, Jean-André, *commissionnaire, rue Paradis-Poissonnière*, 6. — Jugement du 9 septembre 1858 homologuant le concordat du 25 juin 1858. — Remise de 80 %. — Les 20 % non remis payables, en quatre ans, par quarts, du jour de l'homologation. — N° du Greffe 14,664.

JARY, demoiselle, et POTOT, Clémence, *éditeurs, rue Montmorency*, 19. — Jugement du 20 avril 1856 homologuant le concordat du 11 dudit mois. — Remise de 80 %. — Les 20 % non remis payables, en quatre ans, par quarts, du jour de l'homologation. — N° du Greffe 12,949.

JAUME, dame Eugène-Achille, *marchande lingère, rue Beaurepaire*, 3. — Jugement du 14 juillet 1858 homologuant le concordat du 29 juin 1858. — Remise de 40 %. — Les 60 % non remis payables, en deux ans, par quarts, de six mois en six mois. — Le premier paiement fin décembre prochain. — N° du Greffe 14,178.

JAUNEAU, Alexis-Mathias. — Voir : JEAUNEAU.

JAUNEZ-SPONVILLE, Henri, *négociant, rue de Douai*, 34. — Jugement du 25 février 1858 homologuant le concordat du 8 février 1858. — Remise de 80 %. — Les 20 % non remis payables, en cinq ans, par cinquièmes. — Le premier paiement deux ans après l'homologation. — N° du Greffe 14,309.

JAVAL-BERNSHEIM, Isidore, *marchand linger, rue Montmartre*, 119. — Jugement du 16 janvier 1855 homologuant le concordat du 18 décembre 1854. — Remise de 65 %. — Les 35 % non remis payables en sept paiements de 5 % chacun, de six mois en six mois. — Le premier paiement le 18 juin 1855. — N° du Greffe 11,828.

JAVANAUD, François, *marchand de porcelaines, à La Chapelle*. — Jugement du 17 septembre 1860 homologuant le concordat du 6 septembre 1860. — Remise de 60 %. — Les 40 % non remis payables, sans intérêts, en cinq ans, par cinquièmes, du jour de l'homologation. — N° du Greffe 17,018.

JEAN, dit BRUNOT, *commerce de chanvres, rue Rambuteau*, 79. — Concordat du 15 octobre 1849. — N° du Greffe 50.

JEAN, Joseph, *menuisier, rue Saint-Thomas-d'Enfer*, 16. — Jugement du 8 avril 1851 homologuant le concordat du 27 mars 1851. — Remise de 85 %. — Les 15 % non remis payables, en trois ans, par tiers, d'année en année, le 1er avril des années 1852, 1853 et 1854. — N° du Greffe 9,163.

JEAN, Philippe, *ex-directeur de concerts, rue Grétry*, 2. — Jugement du 20 janvier 1854 homologuant le concordat du 7 janvier 1854. — Remise de 90 %. — Les 10 % non remis payables, en cinq ans, par cinquièmes, du jour du concordat. — N° du Greffe 10,925.

JEAN fils, Benoist-Joseph, *négociant en vins, rue du Temple*, 219. — Jugement du 16 septembre 1856 homologuant le concordat du 25 août 1856. — Remise de 80 %. — Les 20 % non remis payables, en cinq ans, par cinquièmes. — Le premier paiement le 31 décembre 1857. — N° du Greffe 12,976.

JEANDEL, Jean-Nicolas, *marchand épicier, rue Saint-Jacques*, 276. — Jugement du 9 novembre 1853 homologuant le concordat du 29 septembre 1853. — Remise de 75 %. — Les 25 % non remis payables en cinq ans, par cinquièmes. — Le premier paiement le 1er octobre 1854 et ainsi de suite. — Mme Jeandel, caution. — N° du Greffe 11,021.

JEANNE, *restaurateur, rue du Vingt-Quatre-Février*, 45. — Concordat du 14 mai 1849. — N° du Greffe 237.

JEANNE, Félix-Alexis, *teinturier, rue Bourgogne*, 61. — Jugement du 23 octobre 1862 homologuant le concordat. — Remise de 50 %. — Les 50 % non remis payables en sept ans, par septièmes, du 1er septembre. — N° du Greffe 293.

JEANNEAUX, Jules-Jean-Baptiste, *marchand de nouveautés, rue Denain*, 8. — Jugement du 8 septembre 1858 homologuant le concordat du 27 août 1858. — Remise de 50 %. — Les 50 % non remis payables en cinq ans, par cinquièmes, du 15 août. — N° du Greffe 14,946.

JANSELME fils aîné, *menuisier, rue du Faubourg-St-Martin*, 83. — Jugement du 24 août 1859 homologuant le concordat du 8 août 1859. — Remise de 70 %. — Les 30 % non remis payables en cinq ans, par cinquièmes, du jour de l'homologation. — N° du Greffe 16,021.

JEANSON, Hilaire, *fabricant de chapeaux, rue du Plâtre-St-Avoie*, 16. — Jugement du 7 août 1857 homologuant le concordat du 22 juillet 1857. — Remise de 80 %. — Les 20 % non remis payables : 6 % dans un et deux ans, et 8 % dans trois ans, du jour de l'homologation. — N° du Greffe 13,895.

JEANSSON, Édouard, *cafetier, à Montrouge*. — Jugement du 5 juillet 1861 homologuant le concordat du 25 juin 1861. — Remise de 60 %. — Les 40 % non remis payables, sans intérêts; 8 % comptant après l'homologation, 7 % un an après l'homologation, 25 % en cinq ans, par cinquièmes, du deuxième paiement. — N° du Greffe 17,989.

JEAUNEAU, Alexis-Mathias, *épicier, rue Sainte-Anne*, 25. — Jugement du 8 août 1856 homologuant le concordat du 17 juillet 1856. — Remise de 75 %. — Les 25 % non remis payables : 8 % le 17 juillet des années 1857 et 1858, et 9 % le 17 juillet 1859. — N° du Greffe 13,153.

JELY, Joseph, *charbonnier, cité Berryer*, 5. — Jugement du 7 mai 1852 homologuant le concordat du 13 avril 1852. — Remise de tous intérêts et frais et de 75 %. — Les 25 % non remis payables en cinq ans, par cinquièmes, d'année en année. — Le premier paiement le 25 avril 1853. — N° du Greffe 10,265.

JENSEN, Thomas-Balthazard, *marchand de nécessaires, rue Favart*, 18. — Jugement du 7 juin 1854 homologuant le concordat du 24 mai 1854. — Remise de 50 %. — Les 50 % non remis payables, sans intérêts, d'année en année, par fractions de 5 %. — Le premier paiement fin décembre 1855. — N° du Greffe 11,385.

JENVRIN, Nicolas-Hippolyte, *menuisier, rue Saint-Antoine*, 102. — Jugement du 10 avril 1854 homologuant le concordat du 25 mars 1854. — Abandon de toutes créances actives, et obligation de payer 10 % en cinq ans, par cinquièmes, d'année en année. — Le premier paiement le 1er juillet 1855. — N° du Greffe 11,035.

JÉROME, Alphonse, *marchand épicier, rue de Flandre*, 140. — Jugement du 28 juin 1860 homologuant le concordat du 31 mai 1860. — Remise de 70 %. — Les 30 % non remis payables en cinq ans, par cinquièmes, du jour de l'homologation. — N° du Greffe 16,874.

JÉRUSALEM, Jean-Baptiste-Charles, *marchand de vins, quai Malaquais*, 7. — Jugement du 22 novembre 1858 homologuant le concordat du 10 novembre 1858. — Abandon de l'actif énoncé au concordat. — Henrionnet, syndic. — N° du Greffe 15,203.

JIROTY, *commerce de chapellerie, rue du Plâtre-du-Temple*, 14. — Jugement du 9 octobre 1861 homologuant le concordat du 27 septembre 1861. — Remise de 70 %. — Les 30 % non remis payables en trois ans, par tiers, du jour du concordat. — N° du Greffe 18,532.

JOBEY, Jacques-Charles, *courtier en vins, rue Bonaparte*, 11. — Jugement du 7 mars 1860 homologuant le concordat du 22 février 1860. — Remise de 75 %. — Les 25 % non remis payables en cinq ans, par cinquièmes, du 1er février. — N° du Greffe 16,528.

JOHANYS, femme de Louis, *tenant hôtel meublé, rue du Bouloi*, 13. — Jugement du 16 août 1861 homologuant le concordat du 5 août 1861. — Abandon de l'actif énoncé au concordat. — N° du Greffe 18,025.

JOHN-HOOPER, *négociant, rue Castiglione*, 9. — Jugement du 4 juillet 1853 homologuant le concordat du 10 juin 1853. — Abandon de tout l'actif. — Henin, commissaire. — N° du Greffe 10,660.

JOIN fils aîné, *tapissier, rue Ménilmontant*, 5. — Jugement du 22 juillet 1862 homologuant le concordat du 5 dudit mois. — Obligation de payer l'intégralité des créances, savoir : 50 % en quatre ans, par quarts, du jour de l'homologation, et 50 % dans le délai de huit mois, après le décès du père du failli. — N° du Greffe 19,897.

JOISNEAU, Parfait-François, *fabricant de boutons d'os, rue de Paris*, 96, *Charonne*. — Jugement du 21 mars 1862 homologuant le concordat du 5 dudit mois. — Remise de 70 %. — Les 30 % non remis payables en cinq ans, par cinquièmes, de fin février. — N° du Greffe 19,206.

JOLIVET, *plâtrier, à Pantin*. — Jugement du 25 juin 1857 homologuant le concordat du 19 juin 1857. — Obligation de payer le montant des créances en principal et frais en trois ans, par tiers, d'année en année. — Le premier paiement, le 1er juillet 1858. — N° du Greffe 13,387.

JOLLET, Jean-François, *éperonnier, rue du Rocher*, 23. — Jugement du 29 septembre 1853 homologuant le concordat du 8 du même mois. — Remise de 80 %. — Les 20 % non remis payables en cinq ans, par cinquièmes, jusqu'à parfait paiement des dividendes. — N° du Greffe 10,680.

JOLLIVET, Pierre-Aimé, *tiges de bottines, rue Saint-André-des-Arts*, 65. — Jugement du 31 janvier 1859 homologuant le concordat du 18 janvier 1859. — Remise de 80 %. — Les 20 % non remis payables en quatre ans, par quarts, du 1er mars. — N° du Greffe 15,451.

JOLY, Pierre-Adhélard, *limonadier, rue Jean-Jacques-Rousseau*, 20. — Jugement du 13 juillet 1855 homologuant le concordat du 25 juin 1855. — Remise de 75 %. — Les 25 % non remis payables, par moitiés, le 31 décembre 1856 et le 30 juin 1858. — N° du Greffe 12,279.

JOLY, Antoine, *bimbelotier, boulevard Sébastopol*, 18. — Jugement du 6 juin 1862 homologuant le concordat du 9 mai 1862. — Remise de 70 %. — Les 30 % non remis payables, sans intérêts, en quatre ans, par quarts, du jour du concordat. — N° du Greffe 19,521.

JOLY, *marchand de vins-traiteur, à Montmartre*. — Jugement du 6 septembre 1862 homologuant le concordat du 20 août 1862. — Remise de 70 %. — Les 30 % non remis payables en six ans, par sixièmes, du jour de l'homologation. — N° du Greffe 66.

JOLY, Vincent, *marchand de charbons, quai de la Gare-d'Ivry*, 26. — Jugement du 28 novembre 1851 homologuant le concordat du 15 novembre 1851. — Obligation de payer, en principal et frais, avec les intérêts à 5 % du jour de l'homologation et ce, dans trois ans, par tiers. — Le premier paiement, le 2 janvier 1853. — Affectation hypothécaire des immeubles lui appartenant, situés dans l'arrondissement de Clamecy (Nièvre). — N° du Greffe 9,614.

JOLY, Emile, *traiteur, rue Cardinet*, 44, *à Batignolles*. — Jugement du 6 avril 1858 homologuant le concordat du 22 mars 1858. — Remise de 70 %. — Les 30 % non remis payables : 6 % dans un an, et 8 % dans deux, trois et quatre ans, du jour du concordat. — N° du Greffe 14,313.

JOLY-ROCHETEAU, dame, *négociante, rue d'Amsterdam*, 52. — Jugement du 20 mai 1858 homologuant le concordat du 30 avril 1858. — Abandon par la dame Joly de l'actif énoncé au concordat, avec engagement de parfaire 25 %, savoir : jusqu'à concurrence de 20 % dans le mois de l'homologation, et 5 % restant, par cinquièmes, de l'homologation. — N° du Greffe 14,346.

JOLY, Louis, *aubergiste, à Bourg-la-Reine*. — Jugement du 23 décembre 1856 homologuant le concordat du 12 dudit mois. — Remise de 60 %. — Les 40 % non remis payables, sans intérêts, en deux ans, par moitiés, du jour de l'homologation. — N° du Greffe 13,202.

JONDOT, Joseph, *négociant, rue Laffitte*, 45. — Jugement du 19 octobre 1858 homologuant le concordat du 8 octobre 1858. — Abandon de l'actif énoncé au concordat. — Dans le cas où l'actif ne produirait pas 85 % obligation de parfaire la différence à raison de 25 % par an. — Le premier paiement dans un an de ce jour. — Beaufour, syndic. — N° du Greffe 14,859.

JORON, Edouard-Charles, *marchand de fourrures, boulevard de la Madeleine*, 17. — Jugement du 11 mai 1855 homologuant le concordat du 27 avril 1855. — Remise de 68 %. — Les 32 % non remis payables, sans intérêts, en quatre ans, par quarts, d'année en année, du jour du concordat. — N° du Greffe 12,195.

JOSSERAND, Grégoire, *logeur, à Belleville*. — Jugement du 19 mai 1858 homologuant le concordat du 10 mai 1858. — Remise de 75 %. — Les 25 % non remis payables en cinq ans, par cinquièmes, de l'homologation. — N° du Greffe 14,583.

JOSSET, Etienne-Victor-Jules-Gustave, *articles pour instruments*. — Jugement du 22 mai 1857 homologuant le concordat du 11 mai 1857. — Abandon de l'actif énoncé au concordat. — Obligation de payer 10 % en cinq ans, par cinquièmes, d'année en année, du jour du concordat. — N° du Greffe 13,657.

JOUANNE, Désiré, *marchand de comestibles, rue d'Hauteville*, 42. — Jugement du 27 décembre 1850 homologuant le concordat du 18 décembre 1850. — Remise des intérêts et frais et de 90 %. — Les 10 % non remis payables en cinq ans, par cinquièmes, d'année en année, du 18 décembre 1850. — N° du Greffe 8,830.

JOUANNE, René-Victor, *confectionneur, rue Montesquieu*, 9. — Jugement du 6 janvier 1854 homologuant le concordat du 21 décembre 1853. — Remise de 75 %. — Les 25 % non remis payables dans le mois de l'homologation du concordat. — N° du Greffe 11,093.

JOUANNE, Victor, *négociant*. — Jugement du 24 janvier 1856 homologuant le concordat du 29 décembre 1855. — Abandon de tout l'actif énoncé au concordat. — Sergent, syndic. — N° du Greffe 11,093.

JOUANNE, Désiré, *marchand de vins-traiteur, rue des Petites-Ecuries*, 17. — Jugement du 14 décembre 1855 homologuant le concordat du 24 novembre 1855. — Remise de 75 %. — Les 25 % non remis payables en cinq ans, par cinquièmes, à partir du concordat. — N° du Greffe 12,610.

JOUANNEAU, Adolphe-Gaspard, *mégissier, à la Cour-Neuve, près Saint-Denis*. — Jugement du 27 août 1856 homologuant le concordat du 8 dudit mois. — Remise de 75 %. — Les 25 % non remis payables en cinq ans, par cinquièmes, du jour du concordat. — N° du Greffe 13,182.

JOUANNOT, Alexandre, *marchand de vins, à la Villette*. — Jugement du 28 décembre 1860 homologuant le concordat du 17 décembre 1860. — Remise de 75 %. — Les 25 % non remis payables en cinq ans, par cinquièmes, du jour de l'homologation. — N° du Greffe 17,588.

JOUDRIER, Louis-François, *voiturier, quai de la Râpée*, 86. — Jugement du 20 octobre 1852 homologuant le concordat du 30 septembre 1852. — Remise des frais non admis et des intérêts, et de 80 % sur le capital. — Les 20 % non remis payables en quatre ans, par quarts, d'année en année, du jour du concordat. — N° du Greffe 10,068.

JOUDRIER, Noel-Marie, *boulanger, rue de la Chaussée-d'Antin*, 17. — Jugement du 8 octobre 1855 homologuant le concordat du 25 septembre 1855. — Remise de 70 %. — Les 30 % non remis payables en six ans, par sixièmes, d'année en année. — Le premier paiement, le 1er octobre 1856. — N° du Greffe 12,288.

JOUIN, Hippolyte-Jean-Baptiste, *portefeuilliste, rue de Poitou*, 25. — Jugement du 14 juillet 1862 homologuant le concordat du 28 juin 1862. — Remise de 75 %. — Les 25 % non remis payables en cinq ans, par cinquièmes, du jour du concordat. — N° du Greffe 19,835.

JOUNIAUX, *marbrier, rue Victor-Lemaire*, 9. — Concordat du 9 juillet 1849. — N° du Greffe 504.

JOURDAIN, dame, Marie-Louise-Joséphine, *couturière, rue Neuve-Saint-Augustin*, 60. — Jugement du 3 janvier 1860 homologuant le concordat du 13 décembre 1859. — Remise de 75 %. — Les 25 % non remis payables en quatre ans, par quarts, du jour du concordat. — N° du Greffe 16,361.

JOURDAIN, Charles-Arsène, *lingerie, rue Poissonnière*, 42. — Jugement du 27 novembre 1854 homologuant le concordat du 10 du même mois. — Remise de 80 %. — Les 20 % non remis payables en quatre ans, par quarts, d'année en année. — Le premier paiement le 31 décembre 1855. — N° du Greffe 11,746.

JOURDAIN, Pierre-Paul, *marchand de vins, à Courbevoie*. — Concordat du 14 septembre 1849. — N° du Greffe 577.

JOURDAIN, société VIGNE et Cie, Charles-Auguste, *limonadier, boulevard du Temple*, 28. — Jugement du 29 novembre 1852 homologuant le concordat du 20 octobre 1852. — Obligation de payer la totalité en principal, intérêts échus et frais, en huit ans, sans intérêts, en seize paiements égaux, de six mois en six mois, le 1er octobre et le 1er avril des années 1854, 1855 et suivantes. — Bourdilliat, commissaire. — N° du Greffe 10,492.

JOURDAN, Jean-Baptiste, *ex-teinturier, rue de l'Ancienne-Comédie, et actuellement à Batignolles*. — Jugement du 30 septembre 1851 homologuant le concordat du 17 septembre 1851. — Remise de 88 % en principal, intérêts et frais. — Les 12 % non remis payables en deux ans, par quarts, de six mois en six mois, le 18 mars et le 18 septembre des années 1852 et 1853. — N° du Greffe 9,829.

JOURDAN, Félix-Eugène, *entrepreneur de couvertures, boulevard du Temple*, 17. — Jugement du 17 septembre 1856 homologuant le concordat du 5 du même mois. — Remise de 70 %. — Les 30 % non remis payables en cinq ans, par cinquièmes, du jour du concordat. — N° du Greffe 13,137.

JOURDAN, Pierre-François, *marchand de vins, rue du Roule*, 3. — Jugement du 15 novembre 1858 homologuant le concordat du 4 novembre 1858. — Remise de 75 %. — Les 25 % non remis payables en trois ans, 8 % dans un et deux ans, 9 % dans trois ans de l'homologation. — N° du Greffe 15,142.

JOURDAN, dit MOUJOL ou MOUJAL, Jules-Guillaume, *limonadier, rue Faubourg-St-Denis*, 16. — Jugement du 27 avril 1857 homologuant le concordat du 17 avril 1857. — Remise de 70 %. — Les 30 % non remis payables en trois ans, par tiers, d'année en année, du concordat. — N° du Greffe 13,508.

JOURJON, Antoine, *tabletier, rue Grenier-St-Lazare*, 5. — Jugement du 28 janvier 1859 homologuant le concordat du 12 janvier 1859.— Remise de 80 %. — Les 20 % non remis payables en quatre ans, par quarts, du jour du concordat. — N° du Greffe 15,419.

JOURNET, Pierre, *fabricant de jouets, rue de la Lune*, 35. — Jugement du 4 juillet 1856 homologuant le concordat du 20 juin 1856. — Remise de 70 %. — Les 30 % non remis payables en trois ans, par tiers. — Le premier paiement le 1er octobre 1857. — N° du Greffe 12,333.

JOURNET et JAECK, *négociants, à Batignolles, et rue d'Antin*, 20. — Jugement du 20 juillet 1853 homologuant le concordat du 20 juin 1853. — Abandon de l'actif réalisé dépendant de la société. — N° du Greffe 10,104.

JOURNIAC, Charles, *fabricant de soufflets, rue du Temple*, 141.— Jugement du 26 février 1861 homologuant le concordat du 14 février 1861. — Remise de 70 %. — Les 30 % non remis payables en trois ans, par tiers, du 31 décembre. — N° du Greffe 17,767.

JOUSSELIN, Jules-Vincent, *marchand de vins, Maison-Alfort*. — Jugement du 5 juillet 1852 homologuant le concordat du 30 août 1851. — Remise de 75 % en principal, intérêts et frais. —Les 25 % non remis payables en principal, intérêts et frais en quatre ans, savoir: 5 % dans un an, 5 % dans deux ans, 5 % dans trois ans, 10 % dans quatre ans, de l'homologation. — N° du Greffe 9,383.

JOUSSEN, Henri, *limonadier, rue des Grès*, 8. — Jugement du 1er décembre 1862 homologuant le concordat du 27 octobre 1862. — Remise de 75 %.— Les 25 % non remis payables en cinq ans, par cinquièmes, du jour de l'homologation. — N° du Greffe 379.

JOUVEAUX, demoiselle, Héloïse-Émilie, *lingère, rue du faubourg St-Honoré*, 58. — Jugement du 15 janvier 1856 homologuant le concordat du 31 décembre 1855. — Abandon du reliquat du compte du syndic. — Obligation de payer 40 % en huit ans, par huitièmes, à partir du concordat. — N° du Greffe 12,400.

JOVINET, société **BARBIER**, *pelletier, rue de la Perle*, 5. — Voir: BARBIER. — N° du Greffe 18,349.

JOYAUX, François, *tailleur, rue St-Honoré*, 271. — Jugement du 27 novembre 1861 homologuant le concordat du 4 du dit mois. — Remise de 80 %.— Les 20 % non remis payables en cinq ans, par cinquièmes, de l'homologation. — N° du Greffe 18,077.

JOYEUX, Martial, *chef de cuisine, rue d'Austerlitz*, 22. — Jugement du 8 juin 1857 homologuant le concordat du 19 mai 1857. — Abandon de l'actif énoncé au concordat, et obligation de payer 10 % comptant, par les soins du syndic. — N° du Greffe 13,782.

JUBÉ, Adrien, *fumiste, Cité-Fénelon*, 9. — Jugement du 27 décembre 1855 homologuant le concordat du 3 décembre 1855. — Obligation de payer l'intégralité des créances en quatre ans, par quarts. — Le premier paiement le 1er décembre 1856. — N° du Greffe 12,235.

JUDAS, Claude-Auguste-Martin, *rue du faubourg Poissonnerie*, 8. — Jugement du 5 septembre 1856 homologuant le concordat du 6 août 1856. — Abandon de l'actif énoncé au concordat. — Obligation de payer 20 % en quatre ans, par quarts, du jour du concordat. — N° du Greffe 12,823.

JUDICE, Alphonse, *entrepreneur de serrurerie, à Vanves*. — Jugement du 22 novembre 1862 homologuant le concordat du 22 octobre 1862. — Abandon de l'actif énoncé au concordat. — Obligation de parfaire un dividende de 60 % en six paiements, de six mois en six mois, par sixièmes. — Le premier paiement six mois après la répartition de l'actif abandonné. — Heurtey, syndic. — N° du Greffe 329.

JUGIEN, Guillaume, *marchand de charbons, Passage-Molière*, 9. — Jugement du 23 décembre 1856 homologuant le concordat du 6 du dit mois. — Remise de 95 %.— Les 5 % non remis payables: 2 % dans 2 ans, 3 % dans trois ans de l'homologation. — N° du Greffe 12,375.

JUIN, Jules-Jacques, *épicier, rue de Sèvres*, 135. — Jugement du 18 septembre 1861 homologuant le concordat du 4 septembre 1861. — Remise de 75 %. — Les 25 % non remis payables en cinq ans, par cinquièmes, du jour de l'homologation. — N° du Greffe 18,452.

JULIEN, Louis, *négociant en café, passage des Petits-Pères*, 3. — Jugement du 10 février 1857 homologuant le concordat du 14 janvier 1857. — Remise de 50 %. — Les 50 % non remis payables, sans intérêts, en dix ans, par dixièmes, d'année en année, du jour du concordat. — N° du Greffe 13,446.

JULIEN, veuve, Antoinette-Jeanne-Louise **FERRIÉ**, *marchande de modes boulevard des Italiens*, 34. — Voir : FERRIÉ veuve JULIEN. — N° du Greffe 9,818.

JULIEN, femme, de la société **ISAMBARD**, *marchande de modes, boulevard des Italiens*, 4. — Voir : FERRIÉ femme JULIEN. — N° du Greffe 11,646.

JULIEN, Auguste, *menuisier*. — Voir : JULLIEN.

JULIEN, veuve, Charles-Armand, *commerce de papiers peints, rue de la Monnaie*, 9. —Jugement du 26 décembre 1855 homologuant le concordat du 10 dudit mois. — Remise de 82 %.— Les 18 % non remis payables, sans intérêts: 5 % le 15 février des années 1857, 1858 et 1859, 3 % le 15 février 1860. — N° du Greffe 12,630.

JULIENNE, Joseph-César, *crémier, rue Marivaux*, 11. — Jugement du 3 août 1855 homologuant le concordat du 24 juillet 1855.— Remise de 85 %. — Les 15 % non remis payables: en cinq ans, par cinquièmes, d'année en année, du jour de l'homologation. — N° du Greffe 11,912.

JULLIAN, *limonadier, boulevard Rochechouart*, 30. — Jugement du 5 mars 1862 homologuant le concordat du 21 février 1862. — Abandon de l'actif énoncé au concordat. —Obligation de payer 5 % : 2 % un an après l'homologation, 3 % deux ans après l'homologation. — Decagny, syndic. — N° du Greffe 17,076.

JULLIEN, François, *commerce de chapeaux de paille, rue Neuve St-Eustache*, 36. — Jugement du 29 avril 1856 homologuant le concordat du 11 dudit mois. — Remise de 25 %. — Les 75 % non remis payables: 5 % le 1er juillet 1856, 10 % de six mois en six mois, à partir du premier paiement. M. Raphaëlli, à Paris, commissaire. — N° du Greffe 12,855.

JULLIEN, dame **ELÉAZARD**, *couturière en robes, place de la Madeleine*, 6. — Jugement du 20 mars 1860 homologuant le concordat du 2 mars 1860. — Remise de 70 %. — Les 30 % non remis payables 12 % au moyen de l'actif énoncé au concordat le 31 janvier 1861, la différence 4 % le 31 janvier 1862, 4 % le 31 janvier 1863, 5 % le 31 janvier des années 1864 et 1865. — Richard, syndic. — N° du Greffe 15,888.

JULLIEN, Louis-Georges, *ex-entrepreneur de concerts et directeur de théâtre, rue de Rivoli*, 220. — Jugement du 21 novembre 1859 homologuant le concordat du 10 novembre 1859. — Remise de 75 %. — Les 25 % non remis payables en cinq ans, par cinquièmes, du 1er mars. — N° du Greffe 15,952.

JULLIEN, Auguste, *menuisier, rue du faubourg St-Denis*.—Jugement du 30 janvier 1852 homologuant le concordat du 14 du même mois. — Remise des intérêts et frais autres que ceux admis. — Obligation de payer le principal en cinq ans, pour le premier paiement de 20 % avoir lieu le 1er février 1853 et ainsi d'année en année. — N° du Greffe 10,100.

JUMEAUX, *voiturier, à la Chapelle-St-Denis*. — Jugement du 9 septembre 1852 homologuant le concordat du 10 août 1852. — Remise de 80 % en principal, intérêts et frais. — Les 20 % non remis payables: 5 % aussitôt après l'homologation par le commissaire, et 5 % un an du jour du concordat. — N° du Greffe 10,224.

JUND et Ce, Rudolphi, *filature de soie, rue d'Hauteville*, 23. — Jugement du 3 avril 1860 homologuant le concordat du 22 mars 1860. — Abandon de l'actif énoncé au concordat. — Pihan, syndic. — N° du Greffe 16,209.

JUNG et Ce, Ferdinand, *négociants, rue St-Sauveur*, 22. — Voir : DEUTSCH et JUNG, Simon. — N° du Greffe 12,139.

JUNIE, dame, et dame **CHRÉTIEN**, *à Asnières*.— Voir : dames CHRÉTIEN et JUNIÉ. — N° du Greffe 14,246.

JUPIN, de la société **GAGNE** et Ce, Auguste-Paul, *libraire, carrefour de l'Odéon*, 15. — Voir : GAGNE et Ce. — N° du Greffe 12,797.

JURISCH, Guillaume-Gustave-Frédéric, *bijoutier, rue du Temple*, 148. —Jugement du 10 novembre 1862 homologuant le concordat du 14 octobre 1862. — Remise de 80 %. — Les 20 % non remis payables, par quarts, en 4 ans, du jour de l'homologation. — N° du Greffe 258.

JUSSIAUME, Charles-Germain, *épicier-herboriste, r. Neuve-des-Capucines*, 4. — Jugement du 14 juin 1854 homologuant le concordat du 29 mai 1854. — Remise de 75 %. — Les 25 % non remis payable : 1° au moyen du produit de la vente de sa maison de commerce ; 2° la différence en quatre ans, par quarts, d'année en année. — Le premier paiement dans un an de l'homologation. — N° du Greffe 11,449.

JUVENOIS, Alphonse, *fabricant de pianos, rue St-Maur-Popincourt*, 166. — Jugement du 26 juin 1862 homologuant le concordat du 16 dudit mois. — Remise de 80 %. — Les 20 % non remis payables en quatre ans, par quarts, du jour de l'homologation. — N° du Greffe 19,651.

K

KAHN, Théodore, *brocanteur, rue des Filles-du-Calvaire*, 23. — Jugement du 20 février 1856 homologuant le concordat du 3 février 1856. — Remise de 60 %. — Les 40 % non remis payables en deux ans, par quarts, de six mois en six mois, du jour du concordat. — M. Lévy-Caen, caution des dividendes. — N° du Greffe 12,008.

KAHN, de la société KAHN frères, Emmanuel, *fripier, rue Laffitte*, 34. — Voir : KAHN, société.

KAHN, société KAHN frères, Jéruchim, *friperie, rue Laffitte*, 34. — Jugement du 18 septembre 1854 homologuant le concordat du 28 août 1854. — Remise de 75 %. — Les 25 % non remis payables en cinq ans, par cinquièmes. — Le premier paiement le 1er octobre 1855. — N° du Greffe 11,703.

KAHN, de la société KAHN frères, Salomon, *fripier, rue Laffitte*, 34. — Voir : société KAHN.

KALEKAIRE, Auguste, *chapelier, à Montmartre*. — Jugement du 18 février 1859 homologuant le concordat du 8 février 1859. — Remise de 50 %. — Les 50 % non remis payables en cinq ans, par cinquièmes, sans intérêts, du 1er mars. — N° du Greffe 13,471.

KALTENBACH et INYKERS, *limonadiers*. — Concordat du 2 juillet 1849. — N° du Greffe 4.

KAMMERER, Léger, *marchand boucher, rue Dauphine*, 38. — Jugement du 1er août 1859 homologuant le concordat du 22 juillet 1859. — Remise de 90 %. — Les 10 % non remis payables en trois ans, par tiers, du 1er août. — N° du Greffe 15,984.

KARR, société AUBÉ, *forges, rue d'Aumale*, 17. — Voir : AUBÉ, KARR et Ce. — N° du Greffe 15,416.

KASRIEL, Louis-Maurice, *instruments de musique, rue des Trois-Bornes*, 29. — Jugement du 5 novembre 1855 homologuant le concordat du 17 octobre 1855. — Remise de 75 %. — Les 25 % non remis payables en cinq ans, par cinquièmes, d'année en année. — Le premier paiement le 20 octobre 1856. — N° du Greffe 12,537.

KATSCHER, dame Alexandre, société BERNARD sœurs. — Voir : BERNARD.

KATSNER et Ce, Marie-Louise, *confections pour dames, rue Notre-Dame-des-Victoires*, 40. — Jugement du 15 décembre 1854 homologuant le concordat du 20 novembre 1854. — Remise de 60 %. — Les 40 % non remis payables, sans intérêts, en quatre ans, par huitièmes, de six mois en six mois. — Le premier paiement, le 15 mai 1855. — N° du Greffe 11,818.

KEESEN ou KEESER, Ernest, *ébéniste, rue de Jarente*, 8. — Jugement du 26 avril 1861 homologuant le concordat du 5 avril 1861. — Remise de 60 %. — Les 40 % non remis payables en quatre ans, par quarts, du 1er mai. — N° du Greffe 17,792.

KEGEBEIN, Frédéric, *tailleur, rue du Hazard-Richelieu*, 3. — Jugement du 27 novembre 1861 homologuant le concordat du 6 dudit mois. — Remise de 80 %. — Les 20 % non remis payables en quatre ans, par quarts, du 31 décembre. — N° du Greffe 18,593.

KELLER, Jacques, *doreur sur bois, rue Neuve-St-Denis*, 2. — Jugement du 5 juillet 1861 homologuant le concordat du 20 juin 1861. — Remise de 50 %. — Les 50 % non remis payables en cinq ans, par cinquièmes, de l'homologation. — N° du Greffe 16,989.

KELLER, Joseph-Eugène, *négociant en lait, rue des Petites-Écuries*, 27. — Jugement du 6 mai 1862 homologuant le concordat du 25 avril 1862. — Remise de 88 %. — Les 12 % non remis payables, sans intérêts, en trois ans, par tiers, fin décembre des années 1863, 1865 et 1867. — N° du Greffe 19,665.

KELSON, dame WALTER, *tenant hôtel meublé, rue de Courcelles*, 29. — Jugement du 24 décembre 1860 homologuant le concordat du 12 dudit mois. — Remise de 60 %. — Les 40 % non remis payables, sans intérêts, en quatre ans, par quarts, du 31 décembre. — N° du Greffe 17,567.

KEM, veuve, dit MICHAUD, Françoise, *loueuse de voitures*. — Jugement du 10 mai 1858 homologuant le concordat du 11 mars 1858. — Remise des intérêts et frais non admis et de 65 %. — Les 35 % non remis payables en cinq ans, du 15 mars dernier. — N° du Greffe 14,424.

KEMPENNER, Louis-Etienne-Marie, *menuisier, rue d'Orléans-St-Marcel*, 38. — Jugement du 16 février 1859 homologuant le concordat du 4 février 1859. — Remise de 40 %. — Les 60 % non remis payables au moyen de l'actif énoncé au concordat : au cas où l'actif ne produirait pas 60 %, obligation de parfaire la différence par moitiés, dans dix-huit mois et trois ans, de l'homologation. — N° du Greffe 9,133.

KERHOENT, et HUYLAROQUE, *rue de la Victoire*, 36. — Jugement du 27 septembre 1853 homologuant le concordat du 2 août 1853. — Abandon de l'actif dépendant de la société. — N° du Greffe 9,472.

KIEFFER, Barthélemy, *facteur de pianos, à Montmartre*. — Jugement du 28 octobre 1850 homologuant le concordat du 12 octobre 1850. — Remise de 88 %. — Les 12 % non remis payables en quatre années, par quarts. — Le premier paiement, le 12 octobre 1851. — N° du Greffe 9,477.

KIFFER, Jean, *mécanicien, rue Saint-Maur-Popincourt*, 218. — Jugement du 25 septembre 1854 homologuant le concordat du 1er juillet 1854. — Remise de 75 %. — Les 25 % non remis payables en cinq ans, par cinquièmes, le premier paiement le 15 juillet 1855. — N° du Greffe 11,133.

KINDELEIT ou KINDELET, Ferdinand-Edouard, *commissionnaire en fourrures, rue Popincourt*, 2. — Jugement du 23 octobre 1860 homologuant le concordat du 9 du dit mois. — Remise de 75 %. — Les 25 % non remis payables en quatre ans, par quarts, du 1er novembre. — N° du Greffe 17,252.

KISH, Louis, *tailleur, rue du Mail et du Faubourg-Saint-Martin*, 34. — Jugement du 24 novembre 1858 homologuant le concordat du 19 octobre 1858. — Remise de 75 %. — Les 25 % non remis payables sans intérêts : 3 % le 1er novembre 1859, 5 % le 1er novembre des années 1860, 1861 et 1862, 7 % le 1er novembre 1863. — N° du Greffe 15,131.

KLEIN, Ferdinand, *menuisier, rue Duvivier*, 1, *à Issy*. — Jugement du 8 décembre 1862 homologuant le concordat du 15 novembre 1862. — Remise de 75 %. — Les 25 % non remis payables en cinq ans, sans intérêts, par cinquièmes, du 1er décembre. — N° du Greffe 19,326.

KLEIN, *marchand de meubles, rue Sainte-Marguerite-Saint-Germain*, 15. — Concordat du 7 mai 1849. — N° du Greffe 219.

KLING, dit JACOB, Moïse, *marchand de meubles, à Batignolles*. — Jugement du 10 septembre 1862 homologuant le concordat du 25 août 1862. — Remise de 75 %. — Les 25 % non remis payables en cinq ans, par cinquièmes, du jour de l'homologation. — N° du Greffe 19,848.

KLOTZ, Elysée, *marchand de soieries, rue Montmartre*, 166. — Jugement du 11 février 1861 homologuant le concordat du 29 janvier 1861.

—Remise de 70 %. — Les 30 % non remis payables en quatre ans : 7 % fin février des années 1861 et 1862, 8 % en 1863 et 1864.—N° du Greffe 17,908.

KNECHT, Jean-Baptiste-Paul, *ex-limonadier, rue Saint-Denis*, 217, *et rue Mauconseil*, 10. — Jugement du 11 mai 1850 homologuant le concordat du 30 avril 1850. — Remise de 90 %. — Les 10 % non remis payables sans intérêts : 6 % le 15 avril des années 1851 et 1852, 7 % le 15 avril des années 1853, 1854, 1855 et 1856. — N° du Greffe 9,130.

KOCH, Charles, *traiteur, rue d'Enghien*, 20. — Jugement du 20 décembre 1851 homologuant le concordat du 5 du même mois. — Abandon de l'actif énoncé au concordat. — Obligation de payer 15 % en cinq ans, par cinquièmes, du concordat. — N° du Greffe 17,143.

KOCH, Pierre, *peintre en voitures, rue Vanneau*, 62. — Jugement du 3 mai 1860 homologuant le concordat du 23 avril 1860. — Remise de 40 %. — Les 60 % non remis payables en quatorze ans, par quatorzièmes, du jour de l'homologation. — N° du Greffe 16,831.

KOHN, Philippe, *bronze et couleurs, ayant fait le commerce sous le nom :* Philippe KOHN et Cie, *rue Albouy*, 8.— Jugement du 26 janvier 1852 homologuant le concordat du 13 du dit mois. — Remise de 85 %.— Les 15 % non remis payables : 10 % dans le mois de l'homologation, 5 % le 15 janvier 1853. — Bernard Kohn, caution des 10 %. —N° du Greffe 10,143.

KONIG, dit LEROY, Eugène, *tapissier, rue Grange-aux-Belles*, 29. — —Jugement du 20 mars 1856 homologuant le concordat du 6 mars 1856. —Remise de 85 %.— Les 15 % non remis payables en trois ans, par tiers, d'année en année. — Le premier paiement le 1er mars 1857. — N° du Greffe 12,770.

KOPPEN dame, Charles-Louis, *tenant l'hôtel de Danemark, rue Neuve-Saint-Augustin*, 13. — Jugement du 17 juillet 1857 homologuant le concordat du 3 du dit mois. — Abandon de l'actif énoncé au concordat— N° du Greffe 13,776.

KORSAK, Casimir, *ex-dessinateur sur étoffes, rue Letellier*, 52, *à Grenelle*. — Jugement du 19 juin 1851 homologuant le concordat du 13 mai 1851.— Remise de 90 %.— Les 10 % non remis payables en cinq ans, par cinquièmes, du 13 mars 1851. — N° du Greffe 9,700.

KRABBE, Pierre-Henri, *libraire-éditeur, rue de Savoie*, 12. — Jugement du 26 octobre 1855 homologuant le concordat du 2 octobre 1855. — Remise de 60 %.—Les 40 % non remis payables en huit ans, par huitièmes, d'année en année. — Le premier paiement un an après l'homologation.— N° du Greffe 12,386.

KRACH, François, *entrepreneur de peintures, rue Saint-Honoré*, 343. —Jugement du 31 décembre 1850 homologuant le concordat du 6 décembre 1850. — Remise des intérêts et frais, et de 50 %. — Les 50 % non remis payables en cinq ans, par dixièmes, de six mois en six mois.— Le premier paiement le 10 juin 1851 et ainsi de suite. — N° du Greffe 9,602.

KRAFFT dame, Ambroise, *marchande de modes, rue Choiseuil*, 5. — Jugement du 8 janvier 1856 homologuant le concordat du 27 décembre 1855.— Remise de 75 %. — Les 25 % non remis payables sans intérêts : 6 % le 1er janvier des années 1857, 1858 et 1859, 7 % le 1er janvier 1860. — N° du Greffe 12,653.

KRAFFT, Alexandre, *commerce de lingerie, rue Bourbon-Villeneuve*, 14. — Jugement du 15 mars 1854 homologuant le concordat du 27 février 1854. — Remise de 65 %. — Les 35 % non remis payables : 15 % dans dix-huit mois de l'homologation, 10 % un an après, 10 % après le deuxième paiement.— N° du Greffe 11,244.

KRAUSS, société ENGLER, *émaillage sur métaux, à Gentilly*.—Voir : ENGLER et KRAUSS. — N° du Greffe 18,699.

KRETTLY, Charles-Louis-Amand, *fabricant de chocolats, rue des Vieilles-Étuves-Saint-Honoré*, 3. — Jugement du 22 février 1854 homologuant le concordat du 6 janvier 1854. — Remise de 65 %.— Les 35 % non remis payables par le solde du compte qui sera rendu par le syndic. — La différence en cinq ans, par cinquièmes, à partir du concordat. — N° du Greffe 11,057.

KRIER, Guillaume, *entrepreneur de bâtiments, à Belleville*. — Jugement du 20 avril 1855 homologuant le concordat du 30 mars 1855.— Remise de 80 %. — Les 20 % non remis payables, au moyen de l'actif réalisé à répartir par Sergent, commissaire. — La différence en quatre ans, par quarts, d'année en année. — Le premier paiement le 1er avril 1857. — N° du Greffe 11,069.

KUENTZER, société GRADI, *société des eaux pour bains, rue Grange-Batelière*, 26.— Voir : BUTLAR. — N° du Greffe 12,052.

KUHN, *marchand de meubles, rue Caumartin*, 12.— Jugement du 6 mars 1860 homologuant le concordat du 23 février 1860. — Abandon de l'actif énoncé au concordat. — Devin, syndic. — N° du Greffe 16,654.

KULIKOUSKI, Florian-Florentin, *ex-maître-d'hôtel, rue des Fossés-Saint-Victor*, 15. — Jugement du 14 août 1850 homologuant le concordat du 30 juillet 1850. — Remise de 60 % et des intérêts et frais. — Les 40 % non remis payables par cinquièmes, d'année en année.— Le premier paiement un an après l'homologation.—N° du Greffe 9,450.

KUNIZ, *marchand de vins, rue des Bourdonnais*, 9. — Jugement du 29 mai 1861 homologuant le concordat du 17 juin 1861. — Remise de 75 %.— Les 25 % non remis payables en cinq ans, par cinquièmes, de l'homologation. — N° du Greffe 18,008.

KUPKI, *fabricant de caisses de pianos, chemin de ronde de Ménilmontant*, 21. — Jugement du 31 janvier 1861 homologuant le concordat du 16 du même mois. — Remise de 60 %. — Les 40 % non remis payables : 10 % le 15 janvier 1862, 15 % le 15 janvier 1863, 15 % le 15 janvier 1864. — N° du Greffe 17,644.

KUSMIN, Florimond, *passementier, rue Aux-Ours*, 20. — Jugement du 10 mai 1850 homologuant le concordat du 24 avril 1850. — Remise de 80 %. — Les 20 % non remis payables en quatre fractions : de 3 % le 1er mai 1851 et de 4 % le 1er mai des années 1852, 1853 et 1854. — N° du Greffe 9,180.

KYSAEUS-JUNIOR, ou **KYSAENS-JUNIOR**, Michel-Théodore, *banquier, place de la Bourse*, 10. — Jugement du 15 décembre 1858 homologuant le concordat du 26 novembre 1858. — Remise de 88 %. — Les 12 % non remis payables : 4 % aussitôt l'homologation, 4 % un et deux ans après. — N° du Greffe 14,920.

L

LABARRE, Jean-Baptiste, *fabricant de cannes, boulevard Sébastopol*, 85.—Jugement du 18 février 1862 homologuant le concordat du 22 novembre 1861. — Remise de 80 %. — Les 20 % non remis payables en quatre ans, par quarts, du jour de l'homologation.—N° du Greffe 18,652.

LABAT, Pierre, *mécanicien, passage Ménilmontant*, 7. — Jugement du 12 avril 1861 homologuant le concordat du 28 mars 1861.—Remise de 60 %. — Les 40 % non remis payables en cinq ans, par cinquièmes, du jour du concordat. — N° du Greffe 17,804.

LABBAYE, Ronnet, *marchand de vins-logeur, rue des Bourdonnais*, 9. — Jugement du 10 juin 1859 homologuant le concordat du 11 avril 1859. — Remise de 60 %. — Les 40 % non remis payables, sans intérêts, par tiers, dans un an, dix-huit mois et deux ans du concordat. — —N° du Greffe 15,494.

LABBAYE, Alexis-Pierre, *épicier, à Neuilly*. — Jugement du 12 décembre 1856 homologuant le concordat du 2 du même mois. — Remise de 80 %. — Les 20 % non remis payables, sans intérêts, en cinq ans, par cinquièmes, du concordat. — N° du Greffe 9,862.

LABBÉ, Joseph-Auguste, *ex-marchand de nouveautés, rue Sanson*, 5. —Jugement du 25 février 1850 homologuant le concordat et déclarant non affranchi de la faillite. — N° du Greffe 321.

LABBÉ, Charles-Marie, *agent d'affaires*. — Jugement du 24 août 1853 homologuant le concordat du 13 juillet 1853. — Remise de 75 %. — Les

25 % non remis payables en cinq ans, par cinquièmes, d'année en année, du concordat. — N° du Greffe 10,911.

LABENSKI, Jean, *fabricant d'appareils à gaz, passage du Saumon*. — Jugement du 30 avril 1851 homologuant le concordat.—Remise de 70 %, des intérêts et frais non admis. — Les 30 % non remis payables, sans intérêts, par fractions de 6, 7, 8 et 9 % le 1er juillet des années 1852, 1853, 1854 et 1855. — N° du Greffe, 9,696.

LABILLE, Mathias, *marchand de vins, rue Aumaire*, 12. — Jugement du 21 décembre 1854 homologuant le concordat du 6 même mois. — Remise de 75 %. — Les 25 % non remis payables, sans intérêts, en cinq ans, par cinquièmes, d'année en année. — Le premier paiement le 1er décembre 1855. — N° du Greffe 11,831.

LABITTE, Pierre-Bernard, *marchand de vins, rue St-Claude*, 13 *aux Ternes*. — Jugement du 24 août 1860 homologuant le concordat du 6 juillet 1860. — Abandon de l'actif énoncé au concordat. — Gillet, maintenu syndic. — N° du Greffe 16,660.

LABORDE, demoiselle Lucie, *marchande de modes, rue Richelieu*, 71. — Jugement du 28 mai 1852 homologuant le concordat du 22 avril 1852. — Remise de 75 % en principal, intérêts et frais. — Les 25 % non remis payables en cinq ans, par cinquièmes, le 10 mai des années 1853, 1854, 1855, 1856 et 1857. — N° du Greffe 10,226.

LABORIE, Guillaume, *fabricant de casquettes, rue du Temple*, 53. — Jugement du 23 avril 1858 homologuant le concordat du 25 mars 1858. — Remise de 60 %. — Les 40 % non remis payables en quatre ans, par huitièmes, de six mois en six mois, du jour de l'homologation. — N° du Greffe, 14,403.

LABOUROT, Charles-Auguste, *fabricant de tours de tête, rue Saint-Sauveur*, 37. — Jugement du 6 septembre 1858 homologuant le concordat du 12 août 1858. — Remise de 75 %. — Les 25 % non remis payables, sans intérêts, savoir : 5 % le 1er septembre des années 1859, 1860 et 1861, 10 % le 1er septembre 1862. — N° du Greffe 14.860.

LABRENIÈRE, femme **SAUSSIER**, société **SAUSSIER**, Joséphine, *chemises et lingerie, rue Saint-Marc*, 17. — Jugement du 17 juin 1857 homologuant le concordat du 3 juin 1857. — Remise aux sieur et dame Saussier-Labrenière et Ce de 50 %. — Les 50 % non remis payables 10 % fin janvier prochain, 15 % fin janvier des années 1859 et 1860, 10 % fin janvier 1861. — N° du Greffe 13,738.

LABROUSSE, Raimond-Henri, *négociant commissionnaire, rue Monthyon*, 7. — Jugement du 21 septembre 1854 homologuant le concordat du 9 du même mois. — Remise de 80 %. — Les 20 % non remis payables en quatre ans, par quarts, d'année en année. — Le premier paiement le 39 avril 1855. — N° du Greffe 11,553.

LABURTHE, Zéphirin, *tenant articles pour tailleurs, rue Jeannisson*, 13. — Jugement du 24 décembre 1855 homologuant le concordat du 27 novembre 1855. — Remise de 75 %. — Les 25 % non remis payables, sans intérêts, en cinq ans, par cinquièmes, d'année en année. — Le premier paiement le 31 décembre 1856. — N° du Greffe 12,374.

LACAINE, Clovis, *marchand de vins, rue Notre-Dame-des-Victoires*, 48. — Jugement du 9 septembre 1852 homologuant le concordat du 18 août 1852. — Remise de 80 % en principal, intérêts et frais. — Les 20 % non remis payables en quatre ans, par quarts, le 1er janvier 1854 et des années suivantes. — N° du Greffe 10,483.

LACAPLAIN, *libraire, rue de la Banque*, 23. — Voir : **LECAPLAIN**.

LACASSAGNE, Louis-Jérome, ou Antoine-Jérome, *entrepreneur, rue de la Tour d'Auvergne*, 11. — Jugement du 1er juin 1853 homologuant le concordat du 21 mai 1853. — Remise de 98 %. — Les 2 % non remis payables en quatre ans, par quarts, le 1er juillet des années 1854, 1855, 1856 et 1857. — N° du Greffe 9,251.

LACAUCHY, Jean-François, *marchand de confections, rue de la Banque*, 16.—Jugement du 23 mars 1855 homologuant le concordat du 5 mars 1855. — Remise de 58 %. — Les 42 % non remis payables, sans intérêts, par huitièmes, de six mois en six mois, du jour du concordat. — N° du Greffe 12,098.

LACAVALERIE, Jean, *tailleur, rue de la Bourse*, 6. — Jugement du 2 octobre 1850 homologuant le concordat du 21 août 1850. — Obligation de payer l'intégralité des créances dans le délai d'un mois, à partir du 2 octobre 1850. — N° du Greffe 8.956,

LACAZE, Jean-Louis-Alfred, *fabricant de métiers à la Jacquard, rue Saint-Maur-Popincourt*, 54. — Jugement du 12 septembre 1859 homologuant le concordat du 27 septembre 1859. — Remise de 40 %. — Les 60 % non remis payables en six ans, par sixièmes, du jour de l'homologation. — N° du Greffe 16,036.

LACHAIZE, Jean, *chaudronnier-plombier, à Auteuil*. — Jugement du 12 octobre 1852 homologuant le concordat du 22 septembre 1852. — Remise de 75 % en principal, intérêts et frais. — Les 25 % non remis payables en cinq ans, par cinquièmes. — Le premier paiement le 31 décembre 1853. — N° du Greffe 10,427.

LACHAMBRE, Adolphe-Sylvain, *entrepreneur de charpentes, rue des Amandiers-Popincourt*, 80. — Jugement du 31 mai 1859 homologuant le concordat du 13 mai 1859. — Remise de 90 %. — Les 10 % non remis payables en cinq ans, par cinquièmes, du jour de l'homologation.—N° du Greffe 15,688.

LACHENAL, Charles-Marie, *tourneur mécanicien, rue Culture-Sainte-Catherine*, 24. — Jugement du 5 février 1856 homologuant le concordat du 27 janvier 1856. — Remise de 40 %. — Les 60 % non remis payables en six ans, par sixièmes, d'année en année, du jour du concordat. — N° du Greffe 12,727.

LACHENY, Louis-Joseph, *épicier, à Gentilly*. — Jugement du 9 octobre 1855 homologuant le concordat du 25 septembre 1855. — Remise de 75 %. — Les 25 % non remis payables : 6 % le 1er octobre des années 1856, 1857 et 1858, 7 % le 1er octobre 1859. — N° du Greffe 12,467.

LACODRE jeune, François-Émile, *marchand déballeur, rue Pierre-Sarrazin*, 2. — Jugement du 10 octobre 1853 homologuant le concordat du 22 septemdre 1853. —Obligation de payer 30 % à raison de 5 % par an, à partir du 10 octobre 1853. — Abandon des sommes à la caisse et aux mains du syndic et de la nue propriété d'une créance énoncée au concordat. — Alfred Lacodre et demoiselle Eugénie Lacodre, cautions des premiers 10 %. — Crampel, commissaire.

LACOMBE, Joseph-Daniel, *laitier, rue Quincampoix*, 75. — Jugement du 8 avril 1859 homologuant le concordat du 22 mars 1859. — Remise de 50 %. — Les 50 % non remis payables en cinq ans, par cinquièmes, du jour de l'homologation. — N° du Greffe, 15.603.

LACOMBE, Jean, *tailleur, rue du Bac*, 67. — Jugement du 24 décembre 1861 homologuant le concordat du 25 juillet 1861. — Remise de 70 %. — Les 30 % non remis payables en six ans, par sixièmes, du 15 juillet. — N° du Greffe 18,061.

LACOMBE, Camille, *marchand de jouets, rue du Bac*, 36. — Jugement du 9 mai 1851 homologuant le concordat du 29 avril 1851. — Remise de 80 % en principal, intérêts et frais. — Les 20 % non remis payables en quatre ans, par quarts, fin avril des années 1852, 1853 et suivantes. — Interdiction de vendre le fonds de commerce. — N° du Greffe 9,774.

LACOSTE, Thomas, *marchand de tableaux, boulevard des Capucines*, 39. — Jugement du 8 janvier 1856 homologuant le concordat du 21 décembre 1855. — Obligation de payer l'intégralité de ce qu'il doit en dix ans, par dixièmes, d'année en année. — Le premier paiement dans un an du jour du concordat. — N° du Greffe 12,582.

LACOSTE, Jean, *limonadier, rue de Clichy*, 100 *et* 102. — Jugement du 30 juillet 1857 homologuant le concordat du 11 juillet 1857. — Obligation de payer le montant des créances en principal, intérêts et frais, au moyen de l'actif abandonné. — En cas d'insuffisance d'actif, obligation de payer 20 %, sans intérêts, en quatre ans, par quarts. — Le premier paiement le 1er juin 1858. — N° du Greffe 13,532.

LACOUR, Jean, *commerce de dentelles, rue Neuve-St-Eustache*, 34. — Jugement du 27 novembre 1855 homologuant le concordat du 3 dudit mois. — Remise de 67 %. — Les 33 % non remis payables : 3 % fin décembre prochain, par les soins de M. Filleul, et 7 1/2 % le 31 décembre des années 1856, 1857, 1858 et 1859. — N° du Greffe 12,491.

LACROIX, Pierre, *épicier, rue Beaurepaire*, 11. — Jugement du 23 juin 1857 homologuant le concordat du 10 juin 1857. — Remise de 67 %. — Les 33 % non remis payables : 5 % dans le mois de l'homologation, et 28 % en quatre ans, par quarts, d'année en année, du premier paiement. — N° du Greffe 13,841.

LACROIX, Jean-Pierre, ou Jean-Étienne, *fabricant de buscs, rue Montmartre*, 33. — Jugement du 13 août 1862 homologuant le concordat du 31 juillet 1862. — Remise de 90 %. — Les 10 % non remis payables en trois ans, par tiers, du 31 juillet.. — N° du Greffe 18,964.

LACROIX, Théodore-Joseph, *fabricant de chaussures, rue du Temple*, 145. — Jugement du 13 juin 1862 homologuant le concordat du 20 mai 1862. — Remise de 85 %. — Les 15 % non remis payables, sans intérêts: 5 % un an après l'homologation, 5 % deux et trois ans après l'homologation. — N° du Greffe 19,658.

LACROIX, société veuve MALLET, Jean-Pierre, *commerce de corsets, ci-devant, rue Montmartre*, 33, *et à Vanves*. — Jugement du 13 août 1862 homologuant le concordat du 31 juillet 1862. — Remise de 95 %. — Les 5 % non remis payables, dans huit jours de la reddition de compte du syndic. — N° du Greffe 18,668.

LACROIX et Cie, Auguste, *négociants-commissionnaires, rue Bergère*, 5. — Voir: CROCO. — N° du Greffe 13,517.

LADENBERGER, Philippe-Pierre, *boulanger, à la Villette*. — Jugement du 20 avril 1859 homologuant le concordat du 6 avril 1859. — Remise de 75 %. — Les 25 % non remis payables par seizièmes, de trois mois en trois mois, du jour de l'homologation. — N° du Greffe 15,239.

LADURON, Joseph-Thomas, *épicier, rue Aubry-le-Boucher*, 27. — Jugement du 6 juillet 1857 homologuant le concordat du 20 juin 1857. — Abandon de l'actif énoncé au concordat. — N° du Greffe 13,841.

LAENGER, Louis, *tailleur, rue St-Honoré*, 211. — Jugement du 9 août 1862 homologuant le concordat du 29 juillet 1862. — Remise de 85 %. — Les 15 % non remis payables en quatre ans, par quarts, du jour de l'homologation. — N° du Greffe 19,922.

LAFABRY, François, *limonadier, Route d'Italie*, 73, *bis*. — Jugement du 22 février 1861 homologuant le concordat du 9 février 1861. — Remise de 70 %. — Les 30 % non remis payables en cinq ans, par cinquièmes, du jour du concordat. — N° du Greffe 17,805.

LAFFARGUE, Jean-Siméon, *tapissier, à Montmartre*. — Jugement du 27 mai 1857 homologuant le concordat du 13 mai 1857. — Remise de 84 %. — Les 16 % non remis payables en quatre ans, par quarts, d'année en année. — Le premier paiement le 15 novembre 1857. — N° du Greffe 13,791.

LAFFETAT, *marchand de vins, rue de Maux*, 11, *à la Villette*. — Jugement du 20 mai 1836 homologuant le concordat du 8 du dit mois. — Remise de 70 %. — Les 30 % payables en six ans, par sixièmes, d'année en année, du jour du concordat. — N° du Greffe 12,954.

LAFFON, Jean-Charles, ou Jean-Claude, *marchand de vins, rue Lord-Biron*, 13. — Jugement du 30 mai 1861 homologuant le concordat du 14 mai 1861. — Remise de 75 %. — Les 25 % non remis payables en cinq ans, par cinquièmes, du jour de l'homologation. — N° du Greffe 18,008.

LAFFRAT, de la société HAMM, Pierre-Nicolas, *coutelier, rue de l'École de Médecine*, 6. — Voir: HAMM. — N° du Greffe 10,785.

LAFOLLY, Nicolas-Augustin, *ex-limonadier, boulevard Beaumarchais*, 55. — Jugement du 5 octobre 1857 homologuant le concordat du 15 septembre 1857. — Obligation de payer le montant des créances en principal, intérêts et frais, au moyen de l'actif énoncé au concordat, et la différence par tiers, de six mois en six mois. — Le premier paiement le 15 mars 1858. — N° du Greffe 13,946.

LAFON, Louis-Remi, *restaurateur, rue Marivaux*, 2. — Jugement du 27 avril 1854 homologuant le concordat du 29 mars 1854. — Remise de 80 %. — Les 20 % non remis payables en quatre ans, par quarts, d'année en année. — Le premier paiement le 1er avril 1855. — N° du Greffe 11,320.

LAFOND, Jean, *limonadier, boulevard du Temple*, 70. — Jugement du 28 septembre 1852 homologuant le concordat du 13 du dit mois. — Remise des intérêts et de 90 % en principal et frais. — Les 10 % non remis payables en cinq ans, par cinquièmes. — Le premier paiement le 31 décembre 1853 et successivement. — N° du Greffe 10,109.

LAFOUGE, François, *pâtissier, rue Mouffetard*, 86. — Jugement du 17 avril 1857 homologuant le concordat du 9 avril 1857. — Remise de 90 %. — Les 10 % non remis payables, sans intérêts, en quatre ans, par quarts, du jour du concordat. — N° du Greffe 13,691.

LAFUENTE, Benoist, *tailleur, rue des Vieux-Augustins*, 16. — Jugement du 11 février 1861 homologuant le concordat du 25 janvier 1861. — Remise de 75 %. — Les 25 % non remis payables: 8 % le 1er février des années 1862 et 1863, 9 % le 1er février 1864. — Mme Lafuente, caution. — N° du Greffe 17,398.

LAGARDÈRE, Pascal, *serrurier, tenant hôtel garni, rue Grégoire de Tours*, 36. — Jugement du 13 décembre 1850 homologuant le concordat du 21 novembre 1850. — Obligation de payer le montant de tout ce qui est dû par fractions de 6 %, de trois mois en trois mois, à partir du 1er octobre 1852, sauf le dernier paiement qui sera de 4 %. — Interdiction de disposer de son établissement sans le consentement des créanciers. — N° du Greffe 9,309.

LAGARDÈRE, Pascal, *serrurier en bâtiments, rue du Cœur-Volant*, 10. — Jugement du 28 janvier 1856 homologuant le concordat du 18 du dit mois. — Remise de 60 %. — Les 40 % non remis payables, par douzièmes, de trois mois en trois mois. — Le premier paiement fin janvier 1856. — N° du Greffe 12,459.

LAGARDETTE, François, *maçon, rue des Amandiers-Popincourt*, 14. — Jugement du 24 octobre 1859 homologuant le concordat du 19 septembre 1859. — Abandon de l'actif énoncé au concordat. — N° du Greffe 15,843.

LAGAUGAIRE, Pierre, *liquoriste, rue de Lyon*, 26. — Jugement du 26 février 1858 homologuant le concordat du 11 février 1858. — Remise de 75 %. — Les 25 % non remis payables aussitôt après l'homologation. — N° du Greffe 14,421.

LAGE, Pierre, *mercier, rue Fontaine-Molière*, 35. — Jugement du 4 mai 1860 homologuant le concordat du 24 avril 1860. — Remise de 70 %. — Les 30 % non remis payables en trois ans, par tiers, du jour du concordat. — N° du Greffe 16,735.

LAGESSE, Auguste-Henry-Louis, *boucher, à Cachan, commune d'Arcueil*. — Jugement du 24 mars 1853 homologuant le concordat du 15 du même mois. — Remise de 80 % en capital, intérêts et frais. — Les 20 % non remis payables en quatre ans, par quarts. — Le premier paiement dans un an du jour du concordat. — N° du Greffe 10,620.

LAGNEAU fils, Nicolas, *entrepreneur de charpentes, rue Ménilmontant*, 138. — Jugement du 22 novembre 1860 homologuant le concordat du 31 octobre 1860. — Remise de 70 %. — Les 30 % non remis payables en cinq ans, par cinquièmes, du jour de l'homologation. — N° du Greffe 17,125.

LAGNEAU aîné, Jean-Denis, *ferblantier, rue des Juges-Consuls*, 2. — Jugement du 13 novembre 1854 homologuant le concordat du 3 du même mois. — Remise de 60 %. — Les 40 % non remis payables en 4 ans, par quarts, sans intérêts, d'année en année. — Le premier paiement un an après l'homologation. — N° du Greffe 11,625.

LAGNEAUX, *cordonnier, rue de l'École de Médecine*, 30. — Concordat du 5 novembre 1849. — N° du Greffe 475.

LAGNIER, Philippe-Adrien, *limonadier, rue Notre-Dame-des-Victoires*, 6, *et rue Ste-Anne*, 36. — Jugement du 30 novembre 1858 homologuant le concordat du 20 novembre. — Remise de 75 %. — Les 25 % non remis payables, sans intérêts, en cinq ans, par cinquièmes, du jour de l'homologation. — N° du Greffe 14,971.

LAGONELLE, Victor-Baptiste, *mécanicien, rue Neuve Coquenard*, 22. — Jugement du 28 avril 1862 homologuant le concordat du 9 avril 1862. — Remise de 50 %. — Les 50 % non remis payables, sans intérêts, en cinq ans, par cinquièmes, du jour de l'homologation. — N° du Greffe 18,549..

LAGRANGE, aîné, société GIRALDON, ROYER et Cie, Simon-Étienne, *buffet de Paris, boulevard des Italiens*, 9, *et rue du Roule-St-Honoré*, 16. — Voir: GIRALDON. — N° du Greffe 12,670.

LAGRILLIÈRE, Benoist-Émile, *marchand de nouveautés, rue de la Roquette*, 53. — Jugement du 29 mars 1860 homologuant le concordat du 3 du même mois. — Remise de 65 %. — Les 35 % non remis payables en quatre ans, par huitièmes, de six mois en six mois, jour du concordat. — N° du Greffe 16,503.

LAGUIONIE, *négociant, boulevard des Couronnes*, 50. — Jugement du 25 juillet 1862 homologuant le concordat du 5 juillet 1862. — Obligation de payer l'intégralité des créances, en dix ans, de six mois en six mois, du jour de l'homologation. — N° du Greffe 19,584.

LAHILLE, François, *bandagiste, rue du Chemin-Vert*, 14. — Jugement du 21 mars 1860 homologuant le concordat du 2 mars 1860. — Remise de 52 %. — Les 48 % non remis payables en huit ans, par huitièmes, du jour de l'homologation. — N° du Greffe 16,678.

LAHM, Jacob, *peintre en décors, rue St-Martin*, 107. — Jugement du 31 août 1858 homologuant le concordat du 10 juin 1858. — Remise de 85 %. — Les 15 % non remis payables: 3 % dans un an, et 4 % chacune des trois années suivantes, du jour du concordat. — N° du Greffe 14,616.

LAHURE, femme Pierre-Victor GARDIN, Esther-Clémence-Euphémie, *marchande de papiers fantaisie, rue de Chaume*, 5. — Voir: veuve GARDIN. — N° du Greffe 11,752.

LAIDAIN père, Pierre-Philippe-Alexandre, *ex-marchand de vins, traiteur, à Batignolles*. — Jugement du 17 février 1860 homologuant le concordat du 6 février 1860. — Remise de 75 %. — Les 25 % non remis payables en cinq ans, par cinquièmes, du 1er février. — N° du Greffe 16,541.

LAINÉ, Auguste, *épicier, rue du Faubourg-St-Honoré*, 110. — Jugement du 22 novembre 1854 homologuant le concordat du 8 du même mois. — Remise de 80 %. — Les 20 % non remis payables en cinq ans, par cinquièmes, d'année en année, du jour du concordat et au domicile de M. Dutheil, rue de Menars, 12. — N° du Greffe 11,754.

LAINÉ, veuve LEFRAND, Sophie-Adelaïde, *marchande de broderies, rue Feydeau*, 24. — Voir : LEFRAND veuve. — N° du Greffe 11,489.

LAIR, Louis, *tourneur, rue d'Orléans, 14, à la Villette*. — Jugement du 29 mai 1861 homologuant le concordat du 14 mai 1861. — Remise de 70 %. — Les 30 % non remis payables en quatre ans, par quarts, du jour de l'homologation. — N° du Greffe 18,051.

LAISNÉ, Louis-Bazile, *épicier, avenue de Clichy*, 70. — Concordat du 13 août 1849. — N° du Greffe 521.

LAISSUS, Alexis, *marchand de vins, rue du Havre*, 9. — Jugement du 11 mars 1853 homologuant le concordat du 1er du même mois. — Remise de 90 %. — Les 10 % non remis payables en deux ans du jour du concordat et par moitiés, chaque année. — N° du Greffe 10,423.

LALONDE, Charles, *boucher, à Issy*. — Jugement du 6 septembre 1854 homologuant le concordat du 8 août 1854. — Remise de 90 %. — Les 10 % non remis payables, en trois ans, par tiers, d'année en année, du jour de l'homologation.

LALOUE, Ferdinand, *entrepreneur de spectacles, à Passy*. — Concordat du 18 mars 1850. — N° du Greffe 790.

LAMACHE dame DIDIOT, Ernestine, *limonadière, rue St-Honoré*, 277. — Voir: DIDIOT-LAMACHE. — N° du Greffe 10,800.

LAMAN, Valentin-Joseph, *commerce de dentelles, rue Montmartre*, 168. — Jugement du 15 avril 1853 homologuant le concordat du 29 mars 1853. — Remise de 60 %. — Les 40 % non remis payables : 20 % dans le mois de l'homologation, les 20 % restant en quatre ans, par quarts, le 1er mars des années 1854, 1855 et suivantes. — Laman, Adolphe-Joseph, pharmacien, à Gand, caution solidaire des derniers 20 %. — N° du Greffe 10,702.

LAMAN, Valentin-Joseph, *linger, boulevard St-Martin*, 29. — Jugement du 8 mai 1856 homologuant le concordat du 17 avril 1856. — Remise 85 %. — Les 15 % non remis payables en trois ans, par tiers, d'année en année. — Le premier paiement le 1er juin 1857. — N° du Greffe 12,934.

LAMANDÉ, dame PARIS, Auguste-Napoléon, Marie-Augustine-Angélique, *ex-boulangère, ci-devant rue de Malte, 32 et boulevard Sébastopol*, 9. — Jugement du 14 mai 1858 homologuant le concordat du 30 avril 1858. — Abandon de l'actif énoncé au concordat. — Millet, syndic. — N° du Greffe 13,543.

LAMARE, demoiselle CHANTAL, *modiste, rue de Rivoli*, 180. — Jugement du 20 avril 1860 homologuant le concordat du 3 avril 1860. — Remise de 70 %. — Les 30 % non remis payables, en cinq ans, pas cinquièmes, du jour du concordat. — N° du Greffe 16,717.

LAMBARD société LAMBARD frères, Jules-Armand et Auguste-Eugène, *fabricants de boutons, rue du Renard-St-Sauveur*, 8. — Jugement du 22 février 1854 homologuant le concordat du 25 janvier 1854. — Abandon de l'actif et d'une somme de 1,500 fr. pour le tout être reparti par M. Sergent, commissaire. — N° du Greffe 11,169.

LAMBEL, Charles, *marchand de bois et charbons, rue de la Perle*, 25. — Jugement du 29 mai 1861 homologuant le concordat du 17 mai 1861. — Remise de 65 %. — Les 25 % non remis payables en sept années, par septièmes, du 15 juin. — N° du Greffe 16,604.

LAMBELET, William, *marchand linger, rue Montaigne*, 36. — Jugement du 19 avril 1860 homologuant le concordat du 23 mars 1860. — Remise de 70 %. — Les 30 % non remis payables : 8 % le 15 mars des années 1861, 1862, 1863, 6 % le 15 mars 1864. — N° du Greffe 16,714.

LAMBELIN, Jean-Baptiste-Désiré, *marchand de charbons, rue de Flandre*, 34. — Jugement du 8 mai 1860 homologuant le concordat du 3 avril 1860. — Remise de 90 %. — Les 10 % non remis payables en deux ans, par moitiés, du jour du concordat. — N° du Greffe 16,691.

LAMBERT, *ingénieur-mécanicien, impasse St-Louis, 3, à Batignolles*. — Jugement du 9 juillet 1861 homologuant le concordat du 20 juin 1861. — Obligation de payer l'intégralité des créances en dix ans, par dixièmes, du 1er juillet 1861. — N° du Greffe 16,895.

LAMBERT, Salomon, *négociant-commissionnaire, boulevard Bonne-Nouvelle*, 25. — Jugement du 23 novembre 1860 homologuant le concordat du 8 novembre 1860. — Remise de 85 %. — Les 15 % non remis payables en six ans, par sixièmes, de jour de l'homologation. — N° du Greffe 17,890.

LAMBERT, frères, société, Victor et Eugène, *négociants chapeliers, rue des Trois-Pavillons, 2, et à Toulouse*. — Jugement du 6 janvier 1858 homologuant le concordat du 1er décembre 1857. — Remise de 60 %. — Les 40 % non remis payables en quatre ans, par quarts. — Le premier paiement le 1er novembre prochain. — N° du Greffe 14,091.

LAMBERT-CERF, *commissionnaire en marchandises, rue de Ménilmontant*, 19. — Jugement du 14 octobre 1861 homologuant le concordat du 30 septembre 1861. — Remise de 80 %. — Les 20 % non remis payables en cinq ans, par cinquièmes, d'année en année, du jour de l'homologation. — N° du Greffe 18,300.

LAMBERT, *boulanger, rue des Carrières-Charenton*, 68. — Jugement du 19 octobre 1854 homologuant le concordat du 29 septembre 1854. — Abandon du prix à provenir des immeubles désignés au concordat. — Remise de la différence pouvant exister entre le prix et le chiffre des créances. — N° du Greffe 11,229.

LAMBERT, Delphin-Damas, *horloger, rue Paradis-Poissonnière*, 13. — Jugement du 8 avril 1859 homologuant le concordat du 26 mars 1859. — Remise de 75 %. — Les 25 % non remis payables en cinq ans, par cinquièmes, du jour de l'homologation. — N° du Greffe 15,521.

LAMBERT, demoiselles, société EMILIE et CLARISSE, *marchandes de broderies, rue d'Argenteuil*, 19. — Jugement du 17 septembre 1858 homologuant le concordat du 31 août 1858. — Remise de 60 %. — Les 40 % non remis payables : 8 % le 1er septembre 1859, 4 % le 1er mars et le 1er septembre des années suivantes. — N° du Greffe 14,960.

LAMBERT, *fermier de la pêche, rue des Maçons-Sorbonne*, 23. — Jugement du 29 août 1861 homologuant le concordat du 16 août 1861. — Obligation de payer l'intégralité des créances, dans la huitaine du jugement d'homologation. — N° du Greffe 17,955.

LAMBERT, Hippolyte-Alexandre, *ex-directeur de théâtre, rue de l'Échiquier*, 38. — Jugement du 7 février 1861 homologuant le concordat du 8 novembre 1860. Remise de 85 %. — Les 15 % non remis payables en six ans, par sixièmes, du jour de l'homologation. — N° du Greffe 17,432.

LAMBERT, société HAMM, Claude-Alphonse-Isidore, *coutelier, rue de l'École-de-Médecine*, 6. — Voir : HAMM. — N° du Greffe 10,785.

LAMBERT, *chapelier, rue Notre-Dame-de-Lorette*, 4. — Concordat du 2 novembre 1849. — N° du Greffe 633.

LAMENANT, Louis-Constant, *chapelier, rue Neuve-Saint-Eustache*, 4. — Jugement du 7 février 1856 homologuant le concordat du 15 janvier 1856. — Remise de 75 %. — Les 25 % non remis payables en cinq ans, par cinquièmes. — Le premier paiement, le 1er janvier 1857. — N° du Greffe 12,549.

LAMIRAL, Charles-Eugène, *fabricant d'allumettes, à la Villette.* — Jugement du 30 septembre 1857 homologuant le concordat du 19 septembre 1857. — Remise de 80 %. — Les 20 % non remis payables en quatre ans, par quarts. — Le premier paiement, le 1er octobre 1858. — N° du Greffe 13,819.

LAMOTHE ou **LAMOTTE**, Jean-Amédée, *menuisier, rue Croix-Saint-Honoré*, 17. — Jugement du 5 janvier 1857 homologuant le concordat du 18 décembre 1856. — Abandon de l'actif énoncé au concordat. — En cas d'insuffisance pour le remboursement en capital, intérêts et frais, obligation de parfaire un an après la deuxième répartition. — N° du Greffe 13,474.

LAMOTTE, Pierre-Henry-Achille, *entrepreneur de serrurerie, rue d'Allemagne*, 30. — Jugement du 24 mai 1860 homologuant le concordat du 14 mai 1860. — Remise de 80 %. — Les 20 % non remis payables en quatre ans, par quarts, du jour du concordat. — N° du Greffe 15,901.

LAMULLE, Anatole, *épicier, à Courbevoie.* — Jugement du 18 février 1862 homologuant le concordat du 19 décembre 1861. — Remise de 75 %. — Les 25 % non remis payables, sans intérêts, en cinq ans, par cinquièmes, du jour de l'homologation. — N° du Greffe 18,953.

LAMY de VILLECHÈRE et Cie, Pierre-Edouard, *rue Neuve-Bréda*, 18. — Jugement du 27 mai 1853 homologuant le concordat du 3 du même mois. — Remise de 90 %. — Les 10 % non remis payables en dix ans, par dixièmes, d'année en année. — Le premier paiement, le 3 mai 1854 et ainsi de suite. — N° du Greffe 7,797.

LANCELEUX, Louis-Eloi, *ex-boulanger, rue du Commerce*, 26, *à Grenelle.* — Jugement du 28 juin 1858 homologuant le concordat du 7 juin 1858. — Abandon de l'actif énoncé au concordat. — Obligation de payer 5 % en deux ans, par moitiés, du jour de l'homologation. — N° du Greffe 14,759.

LANCELEVÉE, Frédéric, *marchand de vins-traiteur, à Passy.* — Jugement du 25 juin 1857 homologuant le concordat du 7 juin 1857. — Remise de 90 %. — Les 10 % non remis payables en cinq ans, par cinquièmes, du jour du concordat. — N° du Greffe 13,591.

LANCRY, société PAUGIER, Gabrielle-Léonie, *lingère, rue de Cléry*, 10. — Jugement du 21 mai 1856 homologuant le concordat du 29 avril 1856. — Remise de 80 %. — Les 20 % non remis payables : 4 % dans deux et trois ans, 6 % dans quatre et cinq ans, du jour du concordat. — N° du Greffe 12,612.

LANDER, François-Lucien, *lavoir, rue Vincent*, 16, *à Belleville.* — Jugement du 18 février 1856 homologuant le concordat du 9 novembre 1855. — Obligation de payer le montant des créances, en principal et frais, à raison de 200 fr. par mois, pendant six mois, à partir du 1er février prochain, et ensuite à raison de 400 fr. par mois, jusqu'à parfaite libération. — M. Cantin, caution des dividendes à raison de la société stipulée au concordat. — N° du Greffe 12,556.

LANDON, Louis-Félix, *parfumeur, rue Saint-Denis*, 124. — Jugement du 16 avril 1855 homologuant le concordat du 27 mars 1855. — Remise de 80 %. — Les 20 % non remis payables en cinq ans, par cinquièmes, du jour du concordat. — N° du Greffe 11,763.

LANDRIEUX et Cie, Maurice, *fabricant de coffres-forts, rue Popincourt*, 101. — Jugement du 18 décembre 1860 homologuant le concordat du 3 décembre 1860. — Remise de 90 %. — Les 10 % non remis payables en deux ans, par moitiés, du jour de l'homologation. — N° du Greffe 17,328.

LANDRIN, François-Paul, *sellier, rue de la Pompe*, 18. — Jugement du 22 juillet 1862 homologuant le concordat du 4 juillet 1862. — Remise de 80 %. — Les 20 % non remis payables en cinq ans, par cinquièmes, du jour du concordat. — N° du Greffe 19,753.

LANDRY, Louis-Etienne, *imprimeur sur étoffes, place d'Aubervilliers, à Saint-Denis.* — Jugement du 27 mai 1857 homologuant le concordat du 6 mai 1857. — Remise de 70 %. — Les 30 % non remis payables en cinq ans, par cinquièmes, d'année en année, du jour du concordat. — N° du Greffe 13,752.

LANDRY, société ROUX, Frédéric-Adolphe, *distillateur, rue du Cherche-Midi*, 58. — Jugement du 11 avril 1855 homologuant le concordat du 20 mars 1855. — Abandon du produit de la vente du fonds de commerce et accessoires pour le prix être réparti. — N° du Greffe 11,962.

LANG, Lazare, *marchand d'étoffes, faubourg Saint-Martin*, 83. — Jugement du 20 décembre 1854 homologuant le concordat du 4 du même mois. — Remise de 80 %. — Les 20 % non remis payables : 10 % dans la quinzaine de l'homologation, 5 % dans six mois, 5 % dans un an après. — Millet, commissaire. — N° du Greffe 11,890.

LANGLASSÉ, Philippe-Eugène, *doreur sur métaux, rue Saint-Pierre-Popincourt*, 6. Jugement du 16 mars 1859 homologuant le concordat du deux du même mois. — Obligation de payer le montant des créances en vingt paiements de chacun 5 %, de trois mois en trois mois, du jour du jugement. — N° du Greffe 15,423.

LANGLET, Pierre-Guislain-Joseph, *négociant en vins, rue Jacob*, 8. Jugement du 8 mars 1852 homologuant le concordat du 21 février 1852. — Remise de tous intérêts et frais et de 70 %. — Les 30 % non remis payables en trois ans, par fractions de 5 %, de six mois en six mois. — Le premier paiement le 15 août 1852. — N° du Greffe 10,154.

LANGLOIS, sieur et dame, François-Félix et Anne-Estelle Bardillon, *fabricant de veilleuses, Cloître-Saint-Merri*, 14, *et avenue de Breteuil*, 61. — Jugement du 22 octobre 1851 homologuant le concordat du 10 du même mois. — Remise de 85 % en capital, intérêts et frais. — Les 15 % non remis payables en trois ans, par tiers, le 10 octobre des années 1852, 1853 et 1854. — N° du Greffe 9,767.

LANGLOIS, Eugène, *horloger-bijoutier, rue de Grenelle-St-Germain*, 39. — Jugement du 18 mars 1861 homologuant le concordat du 5 mars 1861. — Remise de 70 %. — Les 30 % non remis payables : 10 % comptant dans le mois de l'homologation, 20 % en trois ans, par tiers, du jour de l'homologation. — N° du Greffe 17,867.

LANGLOIS, Nestor, *négociant en chaussures, rue St-Martin*, 285. — Jugement du 16 avril 1862 homologuant le concordat du 1er avril 1862. — Remise de 65 %. — Les 35 % non remis payables, sans intérêts, en quatre ans, par quarts, de fin mars. — N° du Greffe 19,014.

LANGLOIS, Hilaire-Alexandre-Adolphe, *tailleur, rue Tiquetonne*, 9. — Jugement du 13 février 1857 homologuant le concordat du 29 janvier 1857. — Remise de 70 %. — Les 30 % non remis payables en cinq ans, par cinquièmes. — Le premier paiement le 1er février 1858. — N° du Greffe, 13,499.

LANGLOIS, François-Augustin, *menuisier, rue des Marais-St-Martin*, 83. — Jugement du 17 novembre 1858 homologuant le concordat du 3 novembre 1858. — Remise de 60 %. — Les 40 % non remis payables : 8 % six mois après l'homologation. — Le surplus en quatre ans, par quarts, d'année en année. — En cas d'expropriation, affectation du prix au paiement des dividendes. — N° du Greffe, 15,138.

LANGLOIS, Jules-Alfred, *crémier, rue de Châtillon*, 12. — Jugement du 10 juillet 1860 homologuant le concordat du 27 juin 1860 — Abandon de l'actif énoncé au concordat. — Obligation de payer 10 % : 5 % le 1er août 1861, 5 % le 1er novembre 1862. — Devin, maintenu syndic. — N° du Greffe 16,588.

LANNOIS, Pierre-Edouard, *miroiterie métallique, au village Levallois.* — Jugement du 16 février 1859 homologuant le concordat du 24 janvier 1859. — Remise de 90 %. — Les 10 % non remis payables : 3 % dans un an, 3 % dans deux ans, 4 % dans trois ans, du jour de l'homologation. — N° du Greffe 15,097.

LANQUÉ, Jean-Baptiste-Casimir, *libraire, rue du Temple*, 31. — Jugement du 11 février 1862 homologuant le concordat du 20 janvier 1862. — Remise de 70 %. — Les 30 % non remis payables : 7 1/2 % le 1er juillet 1863, 7 1/2 % le 1er juillet 1864 et ainsi de suite. — N° du Greffe 19,007.

LANQUETOT, Eugène, *marchand de draperies, rue des Déchargeurs*, 13. — Jugement du 9 juin 1854 homologuant le concordat du 22 avril 1854. — Remise de 75 %. — Les 25 % non remis payables : 10 % le 15 juin prochain et 15 % en trois ans, par tiers. — Le premier paiement fin juin 1855. — N° du Greffe 11,309.

LANSON, Jean-Jacques, *serrurier, rue de Meaux*, 70. — Jugement du 5 août 1862 homologuant le concordat du 10 juillet 1862. — Remise de 70 %. — Les 30 % non remis payables : 5 % dans le mois de l'homologation, 25 % en cinq ans, par cinquièmes, du 1er juin. — N° du Greffe 19,815.

LANTARA, Pierre-François, *commerce de beurre et de salaisons, Grande-Rue, 50, à la Chapelle.* — Jugement du 18 octobre 1859 homologuant le concordat du 3 octobre 1859. — Remise de 70 %. — Les 30 % non remis payables en six ans, par sixièmes, du 1er octobre. — N° du Greffe 16,179.

LANTERNAT, veuve, *négociante, rue du Poteau, 7, à Montmartre.* — Jugement du 6 novembre 1860 homologuant le concordat du 21 octobre 1861. — Remise de 80 %. — Les 20 % non remis payables, en quatre ans, par quarts, du jour de l'homologation. — N° du Greffe, 18,156.

LANTIER, Romuald-Hilarion, *marchand de fruits secs, rue Neuve-St-Merri, 18.* — Jugement du 11 mars 1858 homologuant le concordat du 27 février 1858. — Remise de 40 %. — Les 60 % non remis payables en cinq ans, par cinquièmes, du jour du concordat. — N° du Greffe 14,472.

LANTIER, André-Romuald, *marchand de fruits secs, rue Neuve-St-Merri, 18.* — Jugement du 14 octobre 1862 homologuant le concordat du 26 septembre 1862. — Remise de 75 %. — Les 25 % non remis payables, en cinq ans, par cinquièmes, du 1er octobre. — N° du Greffe 133.

LAPALLU, Claude-Antoine-Benoit, *commerce de chaussures, rue Montmartre, 140.* — Jugement du 19 novembre 1858 homologuant le concordat du 8 novembre 1858. — Remise de 80 %. — Les 20 % non remis payables, en cinq ans, par cinquièmes, du jour de l'homologation. — N° du Greffe 14, 991.

LAPEYRE et Ce, *négociants, rue du Faubourg-St-Antoine, 181.* — Jugement du 3 septembre 1852 homologuant le concordat du 19 juin 1852. — Obligation de payer l'intégralité des créances en principal, intérêts et frais, dans trois mois de l'homologation. — Délégation d'une créances désignée au concordat. — N° du Greffe 8,706.

LAPEYRÈRE, Joseph, *journal la Tribune-Sacrée, rue St-Anne, 22.* — Jugement du 19 septembre 1855 homologuant le concordat du 7 du même mois. — Remise de 75 %. — Les 25 % non remis payables dans la quinzaine de l'homologation. — N° du Greffe 12,313.

LAPIERRE, Joseph, *épurateur d'huile, à Ivry.* — Jugement du 19 avril 1858 homologuant le concordat du 7 avril 1858. — Remise de 80 %. — Les 20 % non remis payables, sans intérêts, en quatre ans, par quarts, du jour de l'homologation. — N° du Greffe 14,554.

LAPLACE, Jean-Pierre-Henri-Gabriel, *commissionnaire en librairie, rue du Dragon, 16.* — Jugement du 17 juin 1862 homologuant le concordat du 4 juin 1862. — Remise de 85 %. — Les 15 % non remis payables, en trois ans, par tiers, du jour de l'homologation. — N° du Greffe 19,738.

LAPLAICHE, *négociant, boulevard des Filles-du-Calvaire, 18.* — Jugement du 8 avril 1862 homologuant le concordat du 6 juin 1862. — Remise de 83 %. — Les 15 % non remis payables, par moitiés, fin octobre et fin avril prochain. — M. Henry Truchon, caution. — N° du Greffe 18,986.

LAPLANCHE, Jean, *marchand de vins, rue Réaumur, 31.* — Jugement du 9 mars 1856 homologuant le concordat du 21 février 1856. — Remise de 83 %. — Les 17 % non remis payables, par tiers, dans deux, trois et quatre ans de l'homologation. — N° du Greffe 12,815.

LAPORTE, Victor, *ex-fabricant, à Montreuil-sous-Bois.* — Jugement du 22 mai 1860 homologuant le concordat du 11 mai 1860. — Obligation de payer l'intégralité des créances, en cinq ans, par cinquièmes, du 1er juin. — N° du Greffe 16,491.

LARADE et Ce, personnellement, Timothée, *banquiers, rue Mogador, 13 et rue de Lancry, 36.* — Jugement du 4 septembre 1856 homologuant le concordat du 29 juillet 1856. — Abandon de l'actif énnoné au concordat et obligation de parfaire, dans tous les cas, 15 %, par cinquièmes, d'année en année, à partir de la liquidation, laquelle doit être terminée dans les cinq ans de l'homologation. — N° du Greffe 6,902.

LARBAUD, Charles-Amédée, *fabricant de jouets, rue du Temple, 134.* — Jugement du 6 juin 1862 homologuant le concordat du 21 mai 1862. — Remise de 40 %. — Les 60 % non remis payables en six ans, par sixièmes, du jour du concordat. — N° du Greffe 19,511.

LARDELLIER, veuve, née Anne VILLIOT, *tenant estaminet, à Vincennes.* — Jugement du 13 mai 1859 homologuant le concordat du 26 avril 1859. — Obligation de payer le capital et les intérêts en huit ans de l'homologation, par trente-deuxièmes, de trois mois en trois mois. — N° du Greffe 15,697.

LARDENOIS, François-Hippolyte, *fabricant, rue Aboury, 11.* — Jugement du 6 juin 1859 homologuant le concordat du 13 mai 1859. — Remise de 65 %. — Les 35 % non remis payables en cinq ans, par cinquièmes, du jour de l'homologation. — N° du Greffe 15,717.

LARDIN, Victor-Alexandre, *maçonnerie, à Montreuil-sous-Bois.* — Jugement du 10 août 1860 homologuant le concordat du 26 juillet 1860. — Remise de 50 %. — Les 50 % non remis payables au moyen de l'actif abandonné énoncé au concordat. — Obligation de parfaire la différence entre les 50 % promis, et les dividendes à provenir de l'actif abandonné, en quatre ans, par quarts, du jour de l'homologation. — Beaufour, maintenu syndic. — N° du Greffe 17,020.

LARDY demoiselle, Henriette, *marchande de modes, rue St-Honoré, 323, et rue Neuve-des-Petits-Champs, 83.* — Jugement du 12 septembre 1850 homologuant le concordat du 28 août 1850. — Remise de 84 %. — Les 16 % non remis payables en quatre paiements, par quarts, le 28 août des années 1851, 1852, 1853 et 1854. — N° du Greffe 9,429.

LARDY demoiselle, Henriette, *marchande de modes, rue Moulins, 25.* — Jugement du 7 mars 1855 homologuant le concordat du 14 février 1855. — Remise de 84 %. — Les 16 % non remis payables en quatre ans, par quarts, d'année en année. — Le premier paiement dans un an du jour du concordat. — N° du Greffe 12,070.

LARGIER, Pierre-Prudent, *marchand de vins, à Belleville.* — Jugement du 20 avril 1855 homologuant le concordat du 3 du dit mois. — Remise de 50 %. — Les 50 % non remis payables : 10 % dans le mois de l'homologation et 40 % en quatre ans, par quarts, d'année en année. — Le premier paiement le 1er mai 1856. — Mme Largier, caution des dividendes promis. — N° du Greffe 11,977.

LARIVIÈRE, *commerce d'épiceries et vins, rue des Mathurins-Saint-Jacques, 4.* — Jugement du 7 juin 1854 homologuant le concordat du 13 mai 1854. — Remise de 90 %. — Les 10 % non remis payables, sans intérêts, par moitiés, le 15 mai des années 1855 et 1856. — N° du Greffe 11,181.

LAROCHE, *exploitation d'une briqueterie, avenue des Champs-Élysées, 117.* — Jugement du 5 décembre 1862 homologuant le concordat du 23 octobre 1862. — Remise de 90 %. — Les 10 % non remis payables dans le mois de l'homologation. — N° du Greffe 19,456.

LAROCHETTE, Philibert, *mécanicien, rue du Faubourg-St-Denis, 185.* — Jugement du 30 juillet 1860 homologuant le concordat du 8 juin 1860. — Remise de 85 %. — Les 15 % non remis payables en trois ans, par tiers, du jour du concordat. — N° du Greffe 16,818.

LAROLINIÈRE, Alphonse-Louis-Marie, *aciers polis, rue du Faubourg-St-Martin, 37.* — Jugement du 28 septembre 1857 homologuant le concordat du 11 septembre 1857. — Remise de 75 %. — Les 25 % non remis payables en cinq ans, par cinquièmes, du jour de l'homologation. — N° du Greffe 14,917.

LAROQUE, Pierre, *fabricant et marchand de chaudronnerie, à Arcueil.* — Jugement du 11 novembre 1859 homologuant le concordat du 24 octobre 1859. — Remise de 80 %. — Les 20 % non remis payables, sans intérêts, en quatre ans, par quarts, du jour du concordat. — N° du Greffe 16,126.

LAROQUE, société GAZELLE, *marchand de draperie, rue des Bourdonnais, 16.* — Jugement du 31 août 1860 homologuant le concordat du 21 juin 1860. — Obligation de payer 10 % du montant des créances, en cinq ans, du jour du concordat. — N° du Greffe 15,587.

LAROQUE, Pierre, *fabricant de billards, rue du Faubourg-St-Martin, 59.* — Concordat du 3 décembre 1849. — N° du Greffe 117.

LAROUSSIE, Achille, *commerce de boutons, à Montmartre.* — Jugement du 6 août 1861 homologuant le concordat du 27 juillet 1861. — Remise de 70 %. — Les 30 % non remis payables en cinq ans, par cinquièmes, du jour de l'homologation. — N° du Greffe 18,071.

LARROUDÉ, Jean-Jacques, *ex-marchand de vins, rue Vieille-du-Temple, 56.* — Jugement du 7 novembre 1850 homologuant le concordat du 3 octobre 1850. — Abandon : 1° des recouvrements opérés et à opérer ; 2° du prix de vente du fonds. — Abandon par Mme Larroudé, des dividendes lui revenant. — N° du Greffe 9,558.

LARROUDÉ, Jean-Félix, *ex-négociant en rubans, rue Neuve-des-Petits-Champs*, 35. — Jugement du 26 novembre 1857 homologuant le concordat du 12 novembre 1857. — Abandon de l'actif énoncé au concordat. — Obligation de payer 5 %, sans intérêts, en cinq ans, par cinquièmes. — Le premier paiement, dix-huit mois après l'homologation. — N° du Greffe 13,949.

LARROUDÉ, Jean-David, *commerce de dentelles, rue Thévenot*, 30. — Jugement du 24 février 1862 homologuant le concordat du 5 février 1862. — Remise de 70 %. — Les 30 % non remis payables, sans intérêts, en six ans, par sixièmes, du jour de l'homologation. — N° du Greffe 19,130.

LARTIGUE, Jean-Antoine-Benjamin, *fabricant de confections, rue d'Enghien*, 21. — Jugement du 27 juillet 1860 homologuant le concordat du 14 juillet 1860. — Remise de 70 %. — Les 30 % non remis payables, en six ans, par sixièmes, du 30 juin. — N° du Greffe 16,401.

LARUAZ, Félix-Edouard, *commerce de dentelles, boulevard des Italiens*, 7. — Jugement du 17 novembre 1852 homologuant le concordat du 6 du dit mois. — Remise de tous intérêts et frais non admis et de 50 % en principal et accessoires. — Les 50 % non remis payables, en six ans, par sixièmes, d'année en année, du jour du concordat. — N° du Greffe 10,549.

LARUAZ, Félix-Edouard, *commerce de dentelles, boulevard des Italiens*, 7. — Jugement du 20 juillet 1854 homologuant le concordat du 20 du même mois. — Obligation de payer 10 %, savoir : 3 % le 30 juin des années 1855 et 1856, 4 % le 30 juin 1857. — N° du Greffe 10,519.

LARUE, Adolphe-Jean-Baptiste, *marchand de bois de sciage, rue de la Paix*, 49, *à Batignolles*. — Jugement du 26 août 1857 homologuant le concordat du 5 août 1857. — Remise de 80 %. — Les 20 % non remis payables en cinq ans, par cinquièmes, du jour du concordat. — Mme Larue, caution. — N° du Greffe 13,921.

LASLIER, Victor-André, *tapissier, rue St-Louis, au Marais*, 97. — Jugement du 11 juin 1860 homologuant le concordat du 30 mai 1860. — Remise de 60 %. — Les 40 % non remis payables : 10 % dans le mois de l'homologation, et 10 % un, deux et trois ans après. — N° du Greffe 16,808.

LASNE aîné, Nicolas-Charles, *négociant en denrées coloniales, rue Paradis-au-Marais*, 10. — Jugement du 20 octobre 1853 homologuant le concordat du 8 du même mois. — Engagement de payer, en dix ans, la somme de 20,000 fr. par fractions de 1,000 fr. payables tous les six mois, le 1er juillet 1854, le 1er janvier et le 1er juillet 1855, et ainsi de suite. — Eparvier, Oscart et Regnault, commissaires. — N° du Greffe 9,516.

LASSELIN et Ce, Henri-Joseph, *layetier-emballeur, rue des Vieux-Augustins*, 1. — Jugement du 15 mai 1861 homologuant le concordat du 24 avril 1861. — Obligation de payer l'intégralité des créances en quatre ans, par quarts, du jour de l'homologation. — N° du Greffe 17,661.

LASSUS et Ce, gérant, Marie, *construction de voitures, à la Grande-Villette*. — Voir : CHAMEROY.

LATHÉLISE, Louis-Jules, *ex-marchand de vins, rue du Cloître-Saint-Merri*, 6. — Jugement du 3 novembre 1857 homologuant le concordat du 23 octobre 1857. — Remise de tous intérêts et frais non admis. — Obligation de payer le principal au moyen de l'actif abandonné et la différence en deux ans, par moitiés, le 15 octobre des années 1861 et 1865. — N° du Greffe 13,834.

LATREILLE, François-Antoine, *imprimeur sur étoffes, à St-Denis*. — Jugement du 25 novembre 1859 homologuant le concordat du 25 novembre 1859. — Remise de 75 %. — Les 25 % non remis payables, sans intérêts, en cinq ans, par cinquièmes, du jour du concordat. — N° du Greffe 16,278.

LATREILLE, Louis-François, *boulanger, à Vincennes*. — Jugement du 13 juin 1854 homologuant le concordat du 17 mai 1854. — Abandon du prix de son établissement et obligation de payer 15 % du montant des créances, en trois ans, par tiers, d'année en année. — Le premier paiement, le 1er juin 1855. — M. Besnard, caution des 15 %. — N° du Greffe 10,717.

LATREILLE, Pierre, *fabricant de chaussures, rue de Clichy*, 32, *et rue du Faubourg-St-Antoine*, 129. — Jugement du 15 juillet 1862 homologuant le concordat du 19 avril 1862. — Remise de 70 %. — Les 30 % non remis payables en huit paiements de six en six mois, du 1er juillet. — N° du Greffe 19,403.

LAUDE jeune, Sébastien-Amédée, *fabricant de lits en fer, rue de la Roquette*, 19. — Jugement du 26 mars 1855 homologuant le concordat du 7 mars 1855. — Remise des intérêts. — Obligation de payer la totalité des créances en principal et frais, savoir : 50 % au moyen des sommes à réaliser, et obligation, en cas d'insuffisance, de parfaire dans les quatre mois de l'homologation, et 50 % par sixièmes, de trois mois en trois mois. — Le premier paiement, trois mois après l'époque fixée pour le 1er dividende. — N° du Greffe 11,461.

LAUMAUNIER, Ambroise, *marchand de bois, à Ivry*. — Jugement du 29 août 1861 homologuant le concordat du 3 août 1861. — Remise de 70 %. — Les 30 % non remis payables, sans intérêts, en six ans, par sixièmes, du jour de l'homologation. — N° du Greffe 18,271.

LAUNAY, Charles-Victor, *passementier, rue Ste-Croix de la Bretonnerie*, 23. — Jugement du 26 avril 1853 homologuant le concordat du 4 du même mois. — Remise de 75 %. — Les 25 % non remis payables en cinq ans, par cinquièmes, le 31 mars des années 1854, 1855 et suivantes. — N° du Greffe 10,388.

LAUNE et **DENIAUX**, société, Silvain, *épicier, rue des Lions-St-Paul*, 39. — Jugement du 26 février 1857 homologuant le concordat du 5 février 1857. — Remise de 80 %. — Les 20 % non remis payables, sans intérêts, en quatre ans, par quarts, du jour de l'homologation. — N° du Greffe 13,482.

LAURE, Emmanuel, *gravatier, rue des Chasseurs*, 1, *à Neuilly*. — Jugement du 14 mai 1856 homologuant le concordat du 30 avril 1856. — — Remise de 85 %. — Les 15 % non remis payables, en trois ans, par tiers, d'année en année. — Le premier paiement fin décembre 1857. — N° du Greffe 12,983.

LAURENS, Jean-André, *coiffeur-parfumeur, place de la Bourse*, 10. — Jugement du 29 juillet 1862 homologuant le concordat du 14 juin 1862. — Remise de 90 %. — Les 10 % non remis payables, en cinq ans, par cinquièmes, du jour de l'homologation. — N° du Greffe 18,970.

LAURENT, Jean, *marchand de vins en gros, rue de l'Ile-St-Louis*, 57. — Jugement du 30 décembre 1859 homologuant le concordat du 3 novembre 1859. — Remise de 80 %. — Les 20 % non remis payables en quatre ans, par quarts, du jour de l'homologation. — N° du Greffe 16,238.

LAURENT, Antoine-Sylvain, *distillateur, rue Louis-le-Grand*, 6. — Jugement du 24 août 1855 homologuant le concordat du 13 du dit mois. — Remise de 90 %. — Les 10 % non remis payables, sans intérêts : 3 % dans un et deux ans, et 4 % dans trois ans, du jour du concordat. — N° du Greffe 12,369.

LAURENT, Jacques-Prosper, *nourrisseur, à Vaugirard*. — Jugement du 28 mars 1856 homologuant le concordat du 12 du dit mois. — Remise de 75 %. — Les 25 % non remis payables, sans intérêts, en cinq ans, par cinquièmes, d'année en année. — Le premier paiement le 1er juin 1857.

LAURENT, femme, Louis-Frédéric, née GUIFFIER, *tenant pension bourgeoise, rue Neuve-Ste-Geneviève*, 24. — Voir : GUIFFIER, femme LAURENT. — N° du Greffe 12,516.

LAURENT, Claude-Joseph, *limonadier, rue Corneille*, 3. — Jugement du 22 novembre 1862 homologuant le concordat du 3 novembre 1862. — Remise de 80 %. — Les 20 % non remis payables en quatre ans, par quarts, du 15 novembre. — N° du Greffe 496.

LAURENT, Alexandre-Hilaire, *commerce de cotons et de laines, rue St-Sauveur*, 10. — Jugement du 31 mai 1854 homologuant le concordat du 15 du même mois. — Remise de 70 %. — Les 30 % non remis payables, sans intérêts, en deux ans, par moitiés, du jour du concordat. — N° du Greffe 11,402.

LAURENT, fils, *marchand de rubans, rue de la Paix*, 28. — Concordat du 16 juillet 1849. — N° du Greffe 140.

LAURENT, Joseph-Alexis, *limonadier, à la Chapelle-St-Denis*. — Jugement du 12 septembre 1856 homologuant le concordat du 22 août 1856. — Remise de 70 %. — Le surplus non remis payables en cinq ans, par cinquièmes, d'année en année. — Le premier paiement le 1er septembre 1857. — N° du Greffe 13,156.

LAURENT, dame, Angélique-Louise-Césarine DELAFOLIE, *mécanicienne, rue de Lancry*, 20. — Jugement du 24 juin 1851 homologuant le concordat du 30 mai 1851. — Remise de 70 % en principal, intérêts et frais. — Les 30 % non remis payables, sans intérêts, en cinq ans, par cinquièmes. — Le premier paiement le 1er juin 1852. — N° du Greffe 9,773.

LAURENT de BLOIS et Cie, *entreprise de chemin de fer d'embranchements, rue de la Bourse*, 7. — Jugement du 3 mai 1861 homologuant le concordat du 6 avril 1861. — Abandon de l'actif énoncé au concordat. — Lefrançois, maintenu syndic. — N° du Greffe 15,147.

LAURET ou **LAUSET**, veuve LUCIEN, *gantière, rue Dauphin*, 40. — Jugement du 9 janvier 1861 homologuant le concordat du 7 décembre 1860. — Libération de la succession du feu sieur Lauret, au moyen de l'abandon par la dite dame aux créanciers de son mari de tout l'actif de la succession, à l'exception du mobilier personnel, et de la renonciation par la veuve, à l'exercice des reprises contre la faillite. — Richard-Grison, maintenu syndic. — N° du Greffe 17,483.

LAUSSOT, Eugène, *marchand de vins, rue du Faubourg-Poissonnière*, 4. — Jugement du 12 mai 1862 homologuant le concordat du 25 avril 1862. — Remise de 85 %. — Les 15 % non remis payables en cinq ans, par cinquièmes, d'année en année, du jour de l'homologation. — N° du Greffe 18,867.

LAVALLÉE, Charles, *ex-marchand de tulles, passage Violet*, 12. — Jugement du 10 octobre 1853 homologuant le concordat du 17 juillet 1845. — Remise de 85 %. — Les 15 % non remis payables par cinquièmes, d'année en année. — Le premier paiement le 1er août 1846 et ainsi de suite. — N° du Greffe 5,029.

LAVAU, Guillaume, *sculpteur sur bois, ruelle des Lilas*, 7, *petite rue Saint-Pierre*. — Jugement du 14 octobre 1859 homologuant le concordat du 22 août. — Remise de 70 %. — Les 30 % non remis payables en cinq ans, par cinquièmes, du jour de l'homologation. — N° du Greffe 16,040.

LAVECHIN, Pierre-Marie, *escompteur, rue du Faubourg-St-Martin*, 249. — Jugement du 30 novembre 1858 homologuant le concordat du 8 octobre 1858. — Remise de 80 % — Les 20 % non remis payables en cinq ans, par cinquièmes, du 1er novembre. — N° du Greffe 10,183.

LAVENANT, Virginie-Victoire, *lingère, rue des Francs-Bourgeois*, 14. — Jugement du 7 août 1861 homologuant le concordat du 27 juillet 1861. — Remise de 70 %. — Les 30 % non remis payables sans intérêts, en cinq ans, par cinquièmes : 6 % dans un an de l'homologation, 6 % le 30 août des années 1863, 1864, 1865 et 1866. — N° du Greffe 18,179.

LAVERGE, veuve GUIGNARD, Eulalie, *marchande de lait, à Belleville*. — Voir : GUIGNARD, veuve Louis, née LAVERGE. — N° du Greffe 12,781.

LAVERRIÈRE, Jean-Marie, *ex-marchand de vins, rue Grange-aux-Merciers*, 45, *à Bercy*. — Jugement du 28 mai 1851 homologuant le concornat du 7 mai 1851. — Abandon de l'actif mobilier et immobilier, moins le mobilier personnel et une somme abandonnée à titre de secours. — Renonciation par les dames veuves Favrichoix et Laverrière de prendre part aux dividendes. — N° du Greffe 9,585.

LAVIALE, Antoine, *fondeur, rue de Bretagne*, 49. — Jugement du 25 mars 1856 homologuant le concordat du 1er du dit mois. — Remise de 82 %. — Les 18 % non remis payables en deux ans, par moitiés, le 1er mars des années 1857 et 1858. — N° du Greffe 12,895.

LAVIALE, Antoine, *appréteur, rue de Bretagne*, 49. — Jugement du 8 mars 1853 homologuant le concordat du 18 février 1853. — Remise de 75 % en capital, intérêts et frais. — Les 25 % non remis payables en cinq ans, par cinquièmes. — Le premier paiement le 18 février 1854 et ainsi de suite. — N° du Greffe 10,571.

LAVIGNE, Emile-Augustin, *épicier, Grande-Rue*, 18, *à Batignolles*. — Jugement du 2 juillet 1856 homologuant le concordat du 19 juin 1856. — Remise de 70 %. — Les 30 % non remis payables en quatre ans, par quarts, d'année en année, du jour de l'homologation. — N° du Greffe 13,100.

LAVIGNE, Antoine, *passementier, rue Saint-Denis*, 192. — Jugement du 12 décembre 1855 homologuant le concordat du 28 novembre 1855. — Remise de 60 %. — Les 40 % non remis payables : 10 % fin janvier 1856, et 30 % en trois ans, d'année en année. — Le premier paiement fin mars 1857. — Madame Lavigne, caution du paiement. — N° du Greffe 12,494.

LAVIGNE, Emile, *parfumeur-chimiste, rue Chabannais*, 10. — Jugement du 21 mai 1861 homologuant le concordat du 7 mai 1861. — Remise de 80 %. — Les 20 % non remis payables en quatre ans, par quarts, du jour de l'homologation. — N° du Greffe 18,009.

LAVOIPIÈRE, Charles-François, *ex-boulanger, rue Popincourt*, 57, *et rue des Trois-Couronnes*, 19. — Jugement du 20 janvier 1852 homologuant le concordat du 6 du même mois. — Remise des intérêts et frais non admis, et de 80 %. — Les 20 % non remis payables, au plus tard, dans les trois mois du jour de l'homologation. — N° du Greffe 9,522.

LAVOISIER, société MAZADE et Ce, Louis, *exploitation du journal la France, rue Montmartre*, 150. — Jugement du 16 janvier 1860 homologuant le concordat du 31 octobre 1859. — Remise de 80 %. — Les 20 % non remis payables en cinq ans, par cinquièmes, du 1er décembre. — N° du Greffe 15,876.

LAVOIZÉ, Achille, *mercier linger, rue du Faubourg-Poissonière*, 3. — Jugement du 28 février 1854 homologuant le concordat du 3 du même mois. — Abandon de l'actif réalisé. — Obligation de payer, en outre, 20 % sans intérêts, du montant des créances, en sept années, savoir : 2 % dans un an de l'homologation, 3 % à la même époque de chacune des années suivantes. — Madame Lavoizé, caution des 20 %. — — N° du Greffe, 11,088.

LAYMARIE, société CHENEAU, Etienne-Amédée, *limonadier, rue Vivienne*, 7. — Voir : CHENEAU et LAYMARIE. — N° du Greffe 17,090.

LAYMARIE, Pierre, *marchand de vins et bourrelier, rue Désirée, à Vaugirard*. — Jugement du 11 octobre 1858 homologuant le concordat du 29 septembre 1858. — Remise de 75 %. — Les 35 % non remis payables sans intérêts, en cinq ans, par cinquièmes, du 1er octobre prochain. — N° du Greffe 15,140.

LAZARD, Bernard, *négociant en broderies, boulevard du Temple*, 15. — Jugement du 23 avril 1858 homologuant le concordat du 13 avril 1858. — Remise de 65 %. — Les 35 % non remis payables en cinq ans, par cinquièmes, du jour de l'homologation. — N° du Greffe 14,572.

LAZARDEUX-BLIN, Edme-Charles, *tenant hôtel, rue Ste-Appoline*, 11, *et à Avallon* (*Yonne*). — Jugement du 13 octobre 1858 homologuant le concordat du 1er septembre précédent. — Obligation de payer le montant des créances en principal, intérêts et frais, le 1er février 1868. — Madame Lazardeux-Blin, caution. — N° du Greffe 14,350.

LAZARUS, Joseph, *tailleur, rue des Prouvaires*, 1. — Jugement du 10 avril 1860 homologuant le concordat du 1er février 1860. — Remise de 80 % — Les 20 % non remis payables en quatre ans, par quarts, du jour de l'homologation. — N° du Greffe 16,443.

LÉAMBERT, dit **GALLOT**, père et fils, Jean-Louis et Louis-Joseph, *voituriers, à Courbevoie*. — Jugement du 12 novembre 1855 homologuant le concordat du 29 octobre 1855. — Remise de 75 %. — Les 25 % non remis payables en cinq ans, par cinquièmes, pour le premier paiement avoir lieu le 1er novembre 1856.

LEAUTEY, Louis-Alphonse, *ex-marchand de vins, rue Saint-Jacques*, 259, *et rue des Fossés-du-Temple*, 78. — Jugement du 20 janvier 1852 homologuant le concordat du 3 du même mois. — Remise de 90 % en principal, intérêts et frais. — Les 10 % non remis payables dans le mois de l'homologation. — M. Leautey, *rue Pavée-au-Marais*, 15, caution des premiers 10 %. — N° du Greffe 10,148.

LEBAILLY, Théodore, *limonadier, rue de Clichy*, 94. — Jugement du 11 septembre 1857 homologuant le concordat du 29 août 1857. — Remise de 70 %. — Les 30 % non remis payables en quatre ans, par quarts. — Le premier paiement le 1er septembre 1858. — M. Jules Boulanger, caution. — N° du Greffe 13,914.

LEBAILLY demoiselle, Anne-Marguerite, *limonadière, à Courbevoie*. — Jugement du 19 mars 1858 homologuant le concordat du 9 mars 1858. — Abandon de l'actif énoncé au concordat. — N° du Greffe 14,509.

LEBALLEUR-VILLIERS, Jules-Prosper, de la société KASTNER, *marchand de confections, rue Notre-Dame-des-Victoires*, 40. — Voir : KASTNER. — N° du Greffe 11,818.

LEBARBIER, veuve, *restaurateur, rue du Petit-Reposoir*, 7. — Concordat du 10 décembre 1849. — N° du Greffe 478.

LEBEAU, Alexandre, *tapissier, rue Saint-Lazare*, 34. — Jugement du 26 janvier 1859 homologuant le concordat du 11 du même mois. — Remise de 75 %. — Les 25 % non remis payables sans intérêts, en cinq ans, par cinquièmes, du jour de l'homologation. — N° du Greffe 15,410.

LEBEAU, Thélesphore, de la société STAUFIGER, *cordonnier, rue du Contrat-Social*, 7. — Voir : BRETON, Charles-Louis, de la société STAUFIGER. —N° du Greffe 11,466.

LEBÉE, Émile, *négociant en liquides, avenue des Champs-Élysées*, 16. — Jugement du 2 mai 1853 homologuant le concordat du 20 avril 1853. — Remise de 75 % et de tous intérêts et frais. — Les 25 % non remis payables : 5 % comptant, le surplus par cinquièmes, d'année en année, le 1er mai de chaque année. —N° du Greffe 10,660.

LEBÈGUE, Hippolyte, *marbrier, à Montrouge*. —Concordat du 5 novembre 1849. — N° du Greffe 125.

LEBEL, Auguste-François, *maçon, quai Valmy*, 97. — Jugement du 2 janvier 1856 homologuant le concordat du 18 décembre 1855.—Remise de 85 %. — Les 15 % non remis payables en cinq ans, par cinquièmes, d'année en année. — Premier paiement le 20 décembre 1856. — N° du Greffe 10,877.

LEBERGER, demoiselle, de la société DREUX, Valérie-Jeanne, *limonadière, rue du Faubourg-Saint-Martin*, 18. — Voir : DREUX et Ce. — — N° du Greffe 12,147.

LEBEUF, Élie-Guillaume, *négociant, passage Sainte-Croix-de-la-Bretonnerie*, 1 *et* 3. — Jugement du 7 octobre 1858 homologuant le concordat du 23 septembre 1858. — Abandon de l'actif énoncé au concordat. —Obligation de payer, en outre, 5 % en cinq ans, par cinquièmes, du jour de l'homologation. — N° du Greffe 14,438.

LEBIS, Victor, *restaurateur, porte Maillot, au bois de Boulogne*. — Jugement du 25 mars 1861 homologuant le concordat du 5 du même mois. — Remise de 50 %. — Les 50 % non remis payables en cinq ans, par cinquièmes, du jour de l'homologation. —N° du Greffe 17,682.

LEBLANC, dame LEFFERT, Blanche-Marie-Sophie-Antoinette, *marchande lingère, rue de Rivoli*, 10. — Jugement du 29 novembre 1854 homologuant le concordat du 26 septembre 1854. — Remise de 50 %. — Les 50 % non remis payables en quatre ans, par quarts, d'année en année. — Le premier paiement le 1er novembre 1855. — N° du Greffe 11,634.

LEBLANC, Joseph, *tailleur, rue Neuve-St-Augustin*, 58. — Jugement du 2 mai 1860 homologuant le concordat du 20 avril 1860. — Remise de 85 %. — Les 15 % non remis payables en trois ans, par tiers, du jour du concordat. — N° du Greffe 16,955.

LEBLANC et Cie, Nicolas, *négociants en vins, rue Mazagran*, 16. — Jugement du 20 juillet 1857 homologuant le concordat du 6 du même mois. — Remise de 60 %. — Les 40 % non remis payables en cinq ans, par cinquièmes. — Le premier paiement le 1er août 1858. — N° du Greffe 13,779.

LEBLANC frères, Charles-Eugène et Charles-Edouard, *marchands de dentelles, rue des Jeûneurs*, 8.—Jugement du 6 juillet 1855 homologuant le concordat du 20 juin 1855. — Obligation de payer le montant intégral des créances, sans intérêts, en huit ans, par huitièmes, d'année en année, à partir du concordat. — N° du Greffe 12,246.

LEBLANC et Cie, Louis, *commissionnaire en vins, rue St-Victor*, 14. — Jugement du 12 août 1861 homologuant le concordat du 21 juin 1861. — Remise de 80 %. — Les 20 % non remis, payables en cinq ans, par cinquièmes, du 1er août. — N° du Greffe 18,174.

LEBLANC et LEMPEREUR, Auguste, *négociants en tissus, rue Richer*, 20. — Jugement du 16 juin 1862 homologuant le concordat du 30 mai 1862. — Abandon de l'actif énoncé au concordat. — Obligation, en outre, de payer 24 % en trois ans, par dividendes égaux de 4 %, de six mois en six mois, du jour de l'homologation. — M. Lefrançois, commissaire. — N° du Greffe 19,116.

LEBLED, Philippe, *négociant en vins, rue St-Louis-au-Marais*, 92. — Jugement du 23 décembre 1856 homologuant le concordat du 10 du même mois. — Remise de 80 %. — Les 20 % non remis payables, sans intérêts : 5 % comptant, 5 % le 1er décembre des années 1857, 1858, 1859. — N° du Greffe 13,238.

LEBLEUF, Henri, de la société BRISSET, *épicier, rue Pécholin*, 9. — Jugement du 20 juin 1861 homologuant le concordat du 31 mai 1861. — Remise de 90 %. — Les 10 % non remis payables, sans intérêts, en quatre ans, par quarts, du jour du concordat.— N° du Greffe 17,835.

LEBLOND, Michel-Guillaume, *boulanger, Grande-Rue de St-Mandé*, 12. — Jugement du 23 juillet 1852 homologuant le concordat du 7 du même mois. — Remise de 80 % en principal, intérêts et frais. — Les 20 % non remis payables en quatre ans, par quarts, le 1er août des années 1853, 1854, 1855 et 1856. — N° du Greffe 10,357.

LEBLOND, Dlle, Eulalie, *lingère, rue Notre-Dame-de-Lorette*, 8. — Jugement du 14 mars 1855 homologuant le concordat du 23 février 1855. — Remise de 80 %. — Les 20 % non remis payables, sans intérêts, savoir : 10 % huit jours après l'homologation, et 10 % un an après. — N° du Greffe 12,004.

LEBOCQ et Cie, et personnellement, Jules-Dominique, *gérant du comptoir de commerce, rue de la Chaussée-d'Antin*, 48.—Jugement du 29 septembre 1858 homologuant le concordat du 14 du même mois. — Remise de 94 %. — Les 6 % non remis payables en deux ans, par moitiés, du jour du concordat. — N° du Greffe 14,870.

LEBON, Pierre-Achille, *corroyeur, à la Glacière*. — Jugement du 13 septembre 1854 homologuant le concordat du 5 mai 1854. —Abandon du produit de l'actif réalisé et obligation de payer 15 %, sans intérêts, en trois ans, par tiers, d'année en année, du jour du concordat.— N° du Greffe 11,379.

LEBORGNE, Antoine-Désiré, *traiteur, rue du Faubourg-St-Martin*, 68. — Jugement du 3 décembre 1858 homologuant le concordat du 17 novembre 1858. — Remise de 80 %. — Les 20 % non remis payables en quatre ans, par quarts, à partir du 1er janvier. — N° du Greffe 15,231.

LEBORGNE aîné, Achille-Sophrone, *lingerie, à Boulogne*. — Jugement du 7 février 1854 homologuant le concordat du 25 janvier 1854. — Abandon de tout l'actif. · N° du Greffe 11,177.

LEBORNE, Louis, *marchand cordonnier, rue Ste-Anne*, 66. — Jugement du 11 juin 1860 homologuant le concordat du 5 mai 1860.—Remise de 90 %. — Les 10 % non remis payables : 5 % le 1er mai des années 1861 et 1862. — N° du Greffe 16,920.

LEBOUCHER, dame, Alexis, née ALLIMANG, *lingère, rue Tronchet*, 15 ou 25. — Concordat du 30 mars 1857. — Voir ALLIMANG. — N° du Greffe 13,633.

LEBOUCHER, dame, Alexis, née ALLIMANG, *lingère, rue Tronchet* 15 ou 25.— Concordat du 11 février 1859. — Voir; ALLUNANG ou ALLIMANG. — N° du Greffe 15,362.

LEBOURDAIS, DELACROIX et **LEGAULT**, *associés pour l'exploitation d'une plomberie, rue d'Enfer*, 126.— Voir : DELACROIX.— N° du Greffe 14,393.

LEBOURGEOIS sieur et dame, François-Joseph, *lingerie, rue de Tournon*, 5. — Jugement du 6 février 1855 homologuant le concordat du 27 janvier 1855. — Remise de 76 %. — Les 24 % non remis payables en quatre ans, par quarante-huitièmes, de mois en mois, pour le premier paiement être fait entre les mains de M. Archambault, commissaire, dans un mois de l'homologation. — N° du Greffe 11,985.

LEBOURLIER, Charles-Philippe, *tenant maison meublée, boulevard des Capucines*, 29 *ou* 39. — Jugement du 7 avril 1858 homologuant le concordat du 27 mars 1858. — Remise de 60 %. — Les 40 % non remis payables: 7 % les cinq premières années, et 6 % la sixième année, du jour du concordat. — N° du Greffe 14,515.

LEBOUTY ou le **BOUTIY** et **RICHARD**, Jean-Louis-Honoré, *distillateurs, à Boulogne*.—Jugement du 22 février 1859 homologuant le concordat 31 janvier 1859.— Remise de 50 %.— Les 50 % non remis payables, sans intérêts : 25 % dans le mois de l'homologation et 25 % un an après. — N° du Greffe 14,926.

LEBRASSEUR, Ferdinand, *imprimeur sur étoffes, rue St-Joseph*, 3. — Jugement du 1er juillet 1853 homologuant le concordat du 10 juin 1853. — Remise de 80 %. — Les 20 % non remis payables, sans intérêts, en quatre ans, par quarts, d'année en année. — Le premier paiement le 10 juin 1854. — N° du Greffe 10,738.

LEBRAY, Isidore, *marchand épicier, rue Neuve-des-Petits-Champs*, 74. — Jugement du 14 juillet 1862 homologuant le concordat du 1er du même mois. — Remise de 75 %. — Les 25 % non remis payables en cinq ans, par cinquièmes, du jour de l'homologation. — N° du Greffe 19,709.

LEBRETON dame, Catherine COLMON, *fabricante d'allumettes chimiques, à la Villette*. — Jugement du 25 juin 1857 homologuant le concordat du 13 du même mois. — Obligation de payer le montant des créances, en principal, intérêts et frais, dans un an, du jour du concordat. — N° du Greffe 13,805.

LEBRETON et **SAUTON**, Pierre-Albert, *exploitant un manége, rue de Nemours*, 5. — Jugement du 18 juillet 1853 homologuant le concordat du 22 juin 1853. — Abandon de tout l'actif de la société et obligation par le sieur Lebreton, de payer 15 % en trois ans, par tiers, le 1er juillet des années 1854, 1855 et 1856. — N° du Greffe 10,761.

LEBRETON et Cie, et personnellement, *négociant, rue de la Chaussée-d'Antin*, 21. — Jugement du 5 janvier 1857 homologuant le concordat du 16 octobre 1856. — Remise de 94 %. — Les 6 % non remis payables en trois ans, par tiers, pour le premier paiement avoir lieu le 15 juillet 1858. — N° du Greffe 12,911.

LEBRETON et Cie, Jean-Ange, *tanneurs, à Puteau*. — Jugement du 10 septembre 1862 homologuant le concordat du 7 août 1862. — Remise de 85 %. — Les 15 % non remis payables, sans intérêts : 5 % dans la huitaine de l'homologation, 5 % deux mois après le paiement du premier dividende, 5 % un mois après le paiement du deuxième dividende. — N° du Greffe 18,523.

LEBRETON demoiselle, Léontine-Lucile, *lingère, rue Vivienne*, 16. — Jugement du 9 juillet 1860 homologuant le concordat du 19 juin 1860. — Remise de 70 %. — Les 30 % non remis payables en trois ans, par tiers, du jour du concordat. — N° du Greffe 17,008.

LEBRUN, Louis-Anatole, *épicier, rue du Colysée*, 16 ou 19. — Jugement du 3 octobre 1851 homologuant le concordat du 2 septembre 1851. — Remise des intérêts et frais non admis et de 50 % sur le principal. — Les 50 % non remis payables en cinq ans, par cinquièmes, d'année en année, à partir du 2 septembre 1851. — N° du Greffe 9,883.

LEBRUN, Louis-Anatole, *épicier, rue du Colysée*, 16. — Jugement du 16 septembre 1857 homologuant le concordat du 4 du même mois. — Remise de 60 %. — Les 40 % non remis payables en cinq ans, par cinquièmes, du jour du concordat. — N° du Greffe 14,033.

LEBRUN, François, *escompteur, rue du Ponthieu*, 35. — Jugement du 11 mai 1853 homologuant le concordat du 14 avril 1853. — Abandon de l'actif énoncé au concordat. — M. Bourbon, commissaire. — Au cas où l'abandon ne suffirait pas pour payer les créanciers intégralement, obligation de parfaire la différence en un an, par moitiés, de six mois en six mois, après l'épurement des comptes du commissaire. — N° du Greffe 10,700.

LEBRUN, Joseph, *maître maçon, rue du Chemin-de-Fer*, 20, *à Plaisance*. — Jugement du 8 septembre 1858 homologuant le concordat du 13 août 1858. — Remise de 70 %. — Les 30 % non remis payables en trois ans, par tiers, du jour du concordat. — Abandon des créances énoncées au concordat à valoir sur les dividendes ci-dessus. — N° du Greffe 14,419.

LEBRUN, de la société MAUVOISIN, *tailleur, rue du Faubourg-Saint-Honoré*, 118. — Jugement du 24 novembre 1859 homologuant le concordat du 8 du même mois. — Remise de 80 %. — Les 20 % non remis payables en quatre ans, par quarts, du jour du concordat. — N° du Greffe 16,462.

LEBRUN, dame, Jean-Antoine, née Elisabeth CLÉMENT, *fabricante d'appareils à gaz, rue St-Honoré*, 136. — Voir : CLÉMENT, femme LEBRUN. — N° du Greffe, 13,603.

LEBRUN, Alexis, *négociant pour fournitures de couchers, faubourg du Temple*, 52. — Jugement du 17 novembre 1857 homologuant le concordat du 19 octobre 1857. — Remise de 75 %. — Les 25 % non remis payables en cinq ans, par cinquièmes, d'année en année. — Le premier paiement le 1er octobre 1858. — N° du Greffe 14,066.

LEBRUN, dame, Edouard, *marchande de clouteries, à Vaugirard*. — Jugement du 17 octobre 1859 homologuant le concordat 17 août 1859. — Remise de 80 %. — Les 20 % non remis payables en cinq ans, par cinquièmes, du jour de l'homologation. — N° du Greffe 15,933.

LEBRUN, Narcisse, *marchand de vins, rue de Charonne*, 102. — Jugement du 17 avril 1861 homologuant le concordat du 27 mars 1861. — Remise de 75 %. — Les 25 % non remis payables en cinq ans, par cinquièmes, du jour de l'homologation. — N° du Greffe 17,885.

LEBRUN, François-Edme-René, *fabricant de fleurs artificielles, rue du Faubourg-St-Martin*, 14. — Jugement du 17 juillet 1856 homologuant le concordat du 4 du même mois. — Remise de 75 %. — Les 25 % non remis payables : 7 % dans un an, 6 % dans deux, trois et quatre ans, du jour du concordat. — N° du Greffe 13,169.

LECAILLET, Achille-Joseph, *fabricant de crins frisés, à St-Denis*. — Jugement du 19 février 1857 homologuant le concordat du 12 janvier 1857. — Remise de 55 %. — Les 45 % non remis payables, sans intérêts, en trois ans, par sixièmes, de six mois en six mois, à partir du jour du concordat. — N° du Greffe 13,518.

LECAMUS et **VINEAU**, *teinturiers, à Ivry*. — Jugement du 17 mars 1853 homologuant le concordat du 28 février 1853. — Obligation de payer l'intégralité des créances en principal, intérêts et frais. — N° du Greffe 10,430.

LECAPLAIN, *libraire, rue de la Banque*, 23. — Jugement du 22 avril 1862 homologuant le concordat du 29 mars 1862. — Remise de 70 %. — Les 30 % non remis payables en trois ans, par tiers. — Le premier paiement un an après l'homologation. — N° du Greffe 19,065.

LECAT veuve, Louis-Joseph, *limonadière, rue de Sèvres*, 116. — Jugement du 6 octobre 1860 homologuant le concordat du 26 septembre 1860. — Remise de 75 %. — Les 25 % non remis payables dans trois ans du concordat. — N° du Greffe 17,254.

LECAT fils, ou **LEGAT**, *négociant rue des Deux-Écus*, 35. — Jugement du 19 août 1858 homologuant le concordat du 6 du même mois. — Remise de 80 %. — Les 20 % non remis payables, sans intérêts : 10 % le 31 décembre prochain, 5 % le 31 décembre des années 1861 et 1862. — N° du Greffe 13,615.

LECAT, Auguste-Charles-Etienne, *charpentier, rue Vanneau*, 6. — Jugement du 12 août 1850 homologuant le concordat du 27 juillet 1850. — Remise de 90 % en principal, intérêts et frais. — Les 10 % non remis payables : 2 % le 1er août 1852, 3 % le 1er août 1853, 2 % le 1er août 1854, et 3 % le 1er août 1855. — N° du Greffe 8,188.

LECERF, Nephtalie, *lithographe, rue de la Lune*, 41. — Jugement du 16 avril 1852 homologuant le concordat du 2 du même mois. — Remise de tous intérêts et frais non admis et de 75 %. — Les 25 % non remis payables : 6 % le 1er avril des années 1853, 1854 et 1855, et 7 % le 1er avril 1856. — N° du Greffe 10,257.

LECHALAT veuve **LEPELTIER**, Marie-Marguerite-Pierrette, *marchande de broderies, rue Thévenot*, 7. — Jugement du 26 avril 1852 homologuant le concordat du 5 du même mois. — Abandon de l'actif commerciale à l'exception du mobilier personnel, à son usage et à celui de sa famille. — Renonciation du sieur Ozanne à prendre part aux répartitions. — N° du Greffe 10,282.

LECHARD, Jacques-Théodore, *usinier, boulevard Contrescarpe*, 36. — Jugement du 14 janvier 1852 homologuant le concordat du 26 décembre 1851. — Remise des intérêts et frais non admis et de 60 %. — Les 40 % non remis payables en quatre ans, par quarts. — Le premier paiement le 1er janvier 1853. — N° du Greffe, 9,931.

LECHARD, et Ce, *loueurs de forces motrices, rue des Martyrs*, 66. — Jugement du 6 juin 1855 homologuant le concordat du 13 avril 1855. — Remise de 70 %. — Les 30 % non remis payables en trois ans, par tiers, d'année en année, du jour de l'homologation. — Vente immédiate des immeubles et du matériel de la société. — Recouvrement des créances actives. — Le prix à répartir. — N° du Greffe 12,066.

LECHARTIER, Jean-Baptiste, *négociant en confections, rue Ménilmontant*, 60. — Jugement du 2 juillet 1860 homologuant le concordat du 11 juin 1860. — Remise de 70 %. — Les 30 % non remis payables en quatre ans, par quarts, du jour de l'homologation. — N° du Greffe 16,905.

LECHARTIER, veuve, *marchande de confections, rue de Ménilmontant*, 60. — Jugement du 8 mai 1862 homologuant le concordat du 15 avril 1862

—Remise de 80 %.—Les 20 % non remis payables, moitié dans dix-huit mois, et moitié dans trois ans, du jour de l'homologation.—N° du Greffe 19,562.

LECHEVALIER, Pierre, *brossier, rue St-Denis*, 131. — Jugement du 12 août 1862 homologuant le concordat du 30 juillet 1862. — Remise de 90 %.— Les 10 % non remis payables en trois ans, par tiers, du jour de l'homologation. — N° du Greffe 19,320.

LECHEVALIER et **LEMAITRE**, Joachim-Auguste, *limonadiers, rue du Faubourg-Poissonnière*, 135. — Jugement du 2 août 1854 homologuant le concordat du 15 juillet précédent. — Abandon de tout l'actif sous la déduction énoncée au concordat.— Obligation, en outre, de payer 10 % par cinquièmes, d'année en année.— Le premier paiement le 25 juillet 1855.— N° du Greffe 11,242.

LECLAIR, Pierre, *commissionnaire en marchandises, rue de Cléry*, 62. — Jugement du 20 octobre 1857 homologuant le concordat du 24 août 1857.— Remise de 85 %.— Les 15 % non remis payables en trois ans, par tiers, du jour du concordat. — N° du Greffe 13,976.

LECLAIR ou **LECLER**, Désiré-Joseph, *laitier, boulevard de Charenton*, 26. — Jugement du 2 mai 1861 homologuant le concordat du 17 avril 1861. — Remise de 75 %.—Les 25 % non remis payables en trois ans: 5 % le 1er mai 1862, 10 % le 1er mai 1863, 10 % le 1er mai 1864.— N° du Greffe 17,927.

LECLAIR et C°, Lucien-Eugène-Charles, *faisant le commerce de chiste, rue la Victoire*, 42.—Jugement du 9 octobre 1855 homologuant le concordat du 15 septembre 1855.— Abandon de tout l'actif énoncé au concordat.— N° du Greffe 11,516.

LECLANCHER, Louis-Léon, *restaurateur, rue du Dauphin*, 1.— Jugement du 24 août 1854 homologuant le concordat du 5 du même mois. — Abandon de l'actif réalisé. — N° du Greffe 11,563.

LECLERC, François, *limonadier, rue St-Christophe*, 7.— Jugement du 9 juillet 1850 homologuant le concordat du 26 juin 1850. — Remise de 90 % en principal, intérêts et frais.— Les 10 % non remis payables en quatre termes égaux, d'année en année. — Le premier paiement le 15 juillet 1851. — N° du Greffe 7,384.

LECLERC, Jean-Baptiste, *marchand de charbons, rue de l'Entrepôt*, 27. — Jugement du 17 novembre 1854 homologuant le concordat du 4 du même mois.— Remise de 85 %.— Les 15 % non remis payables en cinq ans, par cinquièmes, d'année en année, pour le premier paiement avoir lieu le 1er décembre 1855. — N° du Greffe 11,834.

LECLERC, Louis, *marchand de vins, rue de la Victoire*, 85.—Jugement du 16 avril 1856 homologuant le concordat du 2 du même mois. — Remise de 60 %.— Les 40 % non remis payables : 5 % dans un an et 5 % de six mois en six mois, à partir de l'échéance du premier paiement. — N° du Greffe 12,892.

LECLERC, veuve, Charles-Gabriel, *lingère, rue Notre-Dame-des-Victoires*, 26. — Jugement du 19 décembre 1859 homologuant le concordat du 6 du même mois. — Remise de 65 %.—Les 35 % non remis payables en cinq ans, par cinquièmes, du 15 décembre. — N° du Greffe 16,314.

LECLERC, Victor-Etienne, *fabricant de cartonnages, rue du Petit-Lion-St-Sauveur*, 15. — Jugement du 3 mai 1858 homologuant le concordat du 22 avril 1858. — Obligation de payer l'intégralité des créances, sans intérêts, au moyen de l'actif énoncé au concordat. — N° du Greffe 14,562.

LECLERC et **DUBOS**, Charles, *marchands de vins, rue Neuve-Saint-Augustin*, 10. — Voir: DUBOS. — N° du Greffe 15,461.

LECLERC demoiselle, *Marchande de vins, impasse Gaudelet*, 16.—Jugement du 30 novembre 1860 homologuant le concordat du 20 novembre 1860. — Abandon de l'actif énoncé au concordat. — M. Breuillard, commissaire. N° du Greffe 16,801.

LECLERC, dite demoiselle **GRATZMULLER**, *tenant chambres garnies, rue Laffitte*, 1.— Voir: GRATZMULLER. — N° du Greffe 14,675.

LECLERCQ et C°, Ange-Joseph, *loueur de voitures, rue des Petites-Écuries*, 19. — Jugement du 11 mars 1852 homologuant le concordat du 2 du même mois. — Remise de 80 %. — Abandon de l'actif de la société moins les meubles, linge etc., à l'usage personnel.—Obligation, au cas où cet abandon ne s'élevrait pas à 20 % des créances, de parfaire s'il y a lieu, un dividende de 20 %, dans cinq ans, du 1er mars 1852. — N° du Greffe 7,303.

LECLERCQ, Jean-Edouard-Albert-Joseph, *tailleur, rue Vivienne*, 2. — Jugement du 8 octobre 1855 homologuant le concordat du 7 septembre 1855. — Remise de 70 %. — Les 30 % non remis payables en cinq ans, par cinquièmes. — Le premier paiement le 1er octobre 1856. — Madame Leclercq, caution. — N° du Greffe 12,263.

LECLÈRE et C°, dame, *marchande de confections, rue Notre-Dame-des-Victoires*, 28. — Jugement du 29 mars 1860 homologuant le concordat du 14 novembre 1859. — Remise de 90 %. — Les 10 % non remis payables, sans intérêts : 5 % le 1er février 1861 et 5 % le 1er juin 1862. — N° du Greffe 16,342.

LECOLLE, Louis, *marchand de vins, à la Villette*. — Jugement du 8 avril 1861 homologuant le concordat du 23 mars 1861. — Remise de 60 %. — Les 40 % non remis payables en cinq ans, par cinquièmes, du jour de l'homologation. — N° du Greffe 17,469.

LECOLLIER, Paulin, *fabricant de fleurs, boulevard Bonne-Nouvelle*, 8. —Jugement du 27 mai 1862 homologuant le concordat du 26 avril 1862. — Remise de 75 %. — Les 25 % non remis payables en trois ans et deux mois, à partir du 1er juillet. — N° du Greffe 19,512.

LECOMTE, Jean-Baptiste-Eugène, *carrossier, à Batignolles, rue du Cardinet*, 64. — Jugement du 20 juin 1862 homologuant le concordat du 15 mai 1862. — Remise de 40 %. — Les 60 % non remis payables en cinq ans, par cinquièmes, du jour du concordat. — N° du Greffe 19,463.

LECOMTE, Charles-Édouard, *entrepreneur de menuiserie, rue St-Maur*, 212. — Jugement du 9 juillet 1862 homologuant le concordat du 25 juin 1862. — Remise de 50 %. — Les 50 % non remis payables en quatre ans, par quarts, du jour de l'homologation.—N° du Greffe 19,659.

LECOMTE, Émile, *fabricant de cartonnages, rue Bourg-l'Abbé*, 4. — Jugement du 7 décembre 1852 homologuant le concordat du 17 novembre 1852. — Obligation de payer l'intégralité des créances, en principal et accessoires, en quatre ans, par quarts, le 1er juillet des années 1853, 1854, 1855 et 1856. — N° du Greffe 10,590.

LECOMTE, François, *nourrisseur, à Batignolles*.—Jugement du 16 février 1857 homologuant le concordat du 5 du même mois. — Remise de 70 %. — Les 30 % non remis payables en cinq ans, par cinquièmes. — Le premier paiement le 1er mars 1858. — N° du Greffe 13,567.

LECOMTE, veuve, Henri, née Louise **LORAIN**, *modiste, rue Neuve-St-Augustin*, 21. — Jugement du 12 juillet 1855 homologuant le concordat du 26 juin 1855. — Remise de 95 %. — Les 5 % non remis payables en cinq ans, par cinquièmes, du jour du concordat.—N° du Greffe 12,210.

LECONTE, Pierre-Louis-Étienne, *foulonnier, à Créteil*.—Jugement du 19 août 1853 homologuant le concordat du 3 du même mois.— Remise de 75 %.— Les 55 % non remis payables en quatre ans, savoir : 6 % le 1er septembre de chacune des années 1854, 1855, 1856, et 7 % le 1er septembre 1857. — N° du Greffe 10,041.

LECONTE, Louis-Etienne-Léon, *marchand de vins, rue du Faubourg-St-Honoré*, 62.— Jugement du 3 juin 1856 homologuant le concordat du 19 mai 1856. — Abandon de l'actif énoncé au concordat et obligation de payer 10 % en cinq ans, par dixièmes, de six mois en six mois, du jour de la répartition de l'actif abandonné. — N° du Greffe 13,043.

LECONTE et **MARTIN**, veuve, *marchands de papiers, rue Montagne-Ste-Geneviève*, 8.— Concordat du 28 août 1849.— N° du Greffe 539.

LECOQ-THIÈBAULT, veuve, *marchande de fleurs artificielles, rue St-Denis*, 241.—Jugement du 11 novembre 1857 homologuant le concordat du 27 octobre 1857.— Remise de 80 %.—Les 20 % non remis payables en cinq ans, par cinquièmes, sans intérêts, du jour de l'homologation. — N° du Greffe 14,140.

LECORDEUR, Louis-Julien, *marchand boucher, à Neuilly*.— Jugement du 2 juillet 1858 homologuant le concordat du 12 juin 1858. — Remise de 80 %. — Les 20 % non remis payables en quatre ans, par quarts du 1er juillet. —N° du Greffe 14,772.

LECORDIER, Louis-François-Jules, *limonadier, chaussée Clignancourt*, 8. — Jugement du 3 juin 1851 homologuant le concordat du 10 avril 1851. — Remise des intérêts et frais non admis et de 80 %. — Les

20 % non remis payables en quatre ans, par quarts. — Premier paiement le 10 avril 1852. — N° du Greffe 555.

LECORNU dit **RANDAL**, François-Auguste, *mécanicien, rue de Long-Champs*, 33, *à Passy*. — Jugement du 10 novembre 1861 homologuant le concordat du 6 du même mois. — Remise de 75 %. — Les 25 % non remis payables en cinq ans, par cinquièmes, du jour de l'homologation. — N° du Greffe 18,708.

LECORNU-MAILLOT, Jean-Baptiste, *marchand de vins, place de la Bastille*, 4. — Jugement du 18 octobre 1860 homologuant le concordat du 14 septembre 1860. — Abandon de l'actif énoncé au concordat. — Obligation, en outre, de payer 20,000 fr. en huit ans, par huitièmes, du jour du concordat, sans intérêts. — M. Isbert, maintenu syndic. — N° du Greffe 12,543.

LECORNU-MAILLOT, Jean-Baptiste, *marchand de vins, rue de l'Isle-Saint-Louis*, 20. — Jugement du 12 février 1851 homologuant le concordat du 5 décembre 1850. — Remise de 85 %. — Les 15 % non remis payables en cinq ans, par cinquièmes, d'année en année. — Le premier paiement un an après l'homologation. — N° du Greffe 654.

LECOUFLET, Eugène-Jules-Julien, *limonadier, rue Neuve-Saint-Jean*, 17. — Jugement du 11 juin 1852 homologuant le concordat du 27 mai 1852. — Remise de 90 %. — Les 10 % non remis payables en trois ans, par tiers, sans intérêts, le 1er juin des années 1853, 1854 et 1855. — N° du Greffe 10,230.

LECUIRE, Alfred, *marchand de meubles, boulevard Beaumarchais*, 72. — Jugement du 7 février 1859 homologuant le concordat du 28 janvier 1859. — Remise de 70 %. — Les 30 % non remis payables en quatre ans : 7 1/2 % le 1er février des années 1860, 1861, 1862 et 1863. — N° du Greffe 15,339.

LECUS, Eugène, *négociant, rue des Petites-Écuries*, 3, *ci-devant quai Malaquais*, 17. — Jugement du 8 juin 1859 homologuant le concordat du 4 mai 1859. — Remise de 80 %. — Les 20 % non remis payables : 7 1/2 % quinze jours après l'homologation, 2 1/2 % dans six mois du concordat, 10 % le 4 mai 1869. — M. Lecus, père, caution du premier dividende de 7 1/2 %. — N° du Greffe 13,470.

LECUYER, Charles-Emmanuel, *limonadier, à Passy*. — Jugement du 21 mai 1860 homologuant le concordat du 23 avril 1860. — Abandon de l'actif énoncé au concordat. — Obligation, en outre, de payer 15 % des créances, en cinq ans, par cinquièmes, du jour de l'homologation. — M. Isbert, maintenu syndic. — N° du Greffe 16,656.

LEDENTU, de la société CUVILLIER, *négociant, quai Jemmapes*, 166. — Voir : CUVILLIER. — N° du Greffe 15,125.

LEDET dit **LEDÉ**, Jean-Baptiste, *serrurier, rue du Val-Sainte-Catherine*, 9. — Jugement du 20 juin 1850 homologuant le concordat du 6 du même mois. — Remise de 70 %. — Les 30 % non remis payables : 6 % dans un an du jour de l'homologation (au plus tard le 30 juin 1851), 6 % un an après, et ainsi de suite, d'année en année. — N° du Greffe 9,370.

LEDIER, Jean-Pierre-Henri, *boucher, rue Saint-Antoine*, 217. — Jugement du 23 août 1862 homologuant le concordat du 7 juillet 1862. — Remise de 75 %. — Les 25 % non remis payables en cinq ans, par cinquièmes, du jour de l'homologation. — N° du Greffe 19,067.

LEDOUX, Charles, *marchand de vins-traiteur, rue Maître-Albert*, 20. — Jugement du 10 novembre 1859 homologuant le concordat du 21 octobre 1859. — Remise de 50 %. — Les 50 % non remis payables : 40 % en cinq ans, par cinquièmes, du jour du concordat, 10 % aussitôt la vente du fonds de commerce. — N° du Greffe 16,052.

LEDOUX fils, Hippolyte-Jean-Baptiste, *lingerie, rue Thévenot*, 30. — Jugement du 9 novembre 1854 homologuant le concordat du 14 octobre 1854. — Remise de 80 %. — Les 20 % non remis payables : 5 % après l'homologation, 15 %, par tiers, le 15 octobre des années 1855, 1856 et 1857. — N° du Greffe 11,572.

LEDOUX, Éléonor, *gaz, rue du Faubourg-Saint-Honoré*, 38. — Concordat du 18 juin 1849. — N° du Greffe 232.

LEDREUX, Eugène, *fabricant d'objets de sainteté, rue Mandar*, 14, *ou rue Française*, 14. — Jugement du 29 septembre 1859 homologuant le concordat du 18 juillet 1859. — Remise de 75 %. — Les 25 % non remis payables, sans intérêts, en cinq ans, par cinquièmes, du jour de l'homologation. — N° du Greffe 15,846.

LEDUC jeune, Denis-Étienne-Julien, *ex-épicier à Nanterre et à Vincennes*. — Jugement du 10 mars 1852 homologuant le concordat du 26 février 1852. — Remise de 80 % en principal, intérêts et frais. — Les 20 % non remis payables, par quarts, le 1er mars des années 1853, 1854, 1855 et 1856. — N° du Greffe 10,091.

LEDUC, Jules, *marchand de vins, rue de Sèvres*, 26, *à Clamart*. — Jugement du 10 janvier 1860 homologuant le concordat du 15 décembre 1859. — Obligation de payer l'intégralité des créances, sans intérêts, en six ans, par vingt-quatrièmes, de trois mois en trois mois, du jour de l'homologation. — N° du Greffe 16,253.

LEDUC, Pierre-Auguste, *restaurateur, à Nogent-sur-Marne*. — Jugement du 27 mai 1858 homologuant le concordat du 28 avril 1858. — Obligation de payer le montant intégral dans les quinze jours à compter de l'homologation. — N° du Greffe 14,600.

LÉE, Pierre-Marcel, *paveur, quai de la Râpée*, 4 *ou* 40. — Jugement du 1er juillet 1856 homologuant le concordat du 20 juin 1856. — Remise de 75 %. — Les 25 % non remis payables en cinq ans, par cinquièmes, d'année en année, du jour de l'homologation. — N° du Greffe 12,973.

LEFAURE, Joseph-Jacques, *marchand de literie, rue de Cléry*, 85. — Jugement du 18 mai 1854 homologuant le concordat du 8 du même mois. — Remise de 75 %. — Les 25 % non remis payables, par quarts, d'année en année. — Le premier paiement le 1er juin 1855. — N° du Greffe 11,308.

LEFEBURE, sœurs, société VALENTINE, *marchandes de chapeaux, rue Poissonnière*, 31. — Jugement du 21 mai 1860 homologuant le concordat du 9 mai 1860. — Remise de 88 %. — Les 12 % non remis payables, en cinq ans, par cinquièmes, du 2 mai. — N° du Greffe 16,810.

LEFEBVRE, Jean-Baptiste, *mercier, à Montmartre*. — Jugement du 27 mai 1859 homologuant le concordat du 9 mai 1859. — Abandon de l'actif énoncé au concordat. — Obligation de payer : 5 % du montant des créances en deux ans et demi du 31 décembre. — N° du Greffe 15,699.

LEFEBVRE-DELAUNAY, *directeur du théâtre le Vaudeville, place de la Bourse*. — Jugement du 29 septembre 1854 homologuant le concordat du 14 juillet 1854. — Abandon du produit à faire de cent actions énoncées au concordat. — N° du Greffe 8,085.

LEFEBVRE, Louis-Joseph, *limonadier, rue de Flandres*, 65, *à Aubervilliers*. — Jugement du 24 juin 1862 homologuant le concordat du 13 juin 1862. — Remise de 70 %. — Les 30 % non remis payables, sans intérêts, en cinq ans, par cinquièmes, du jour de l'homologation. — N° du Greffe 18,811.

LEFEBVRE, Hyacinthe, *fabricant de ouates, boulevard de la Santé*, 25, *à Montrouge*. — Jugement du 16 février 1860 homologuant le concordat du 1er février 1860. — Remise de 60 %. — Les 40 % non remis payables, en cinq ans, par cinquièmes, du jour de l'homologation. — N° du Greffe 16,488.

LEFEBVRE, *épicier, rue de la Fidélité*, 3. — Jugement du 18 septembre 1862 homologuant le concordat du 26 août 1862. — Remise de 80 %. — Les 20 % non remis payables, sans intérêts, en quatre ans, par quarts, du jour de l'homologation. — N° du Greffe 117.

LEFEBVBE, de la société BOIX, *libraire-éditeur, rue Richelieu*, 108. — Voir : BOIX et Cie. — N° du Greffe 11,194.

LEFEUVE, aîné, Pierre-François-Auguste, *limonadier, rue du Faubourg-Saint-Martin*, 45. — Jugement du 5 avril 1854 homologuant le concordat du 27 décembre 1848. — Remise de 75 %. — Les 25 % payables par fractions de 6 1/4 % le 1er mars 1850, 1851, 1852 et 1853. — Liquidation judiciaire. — N° du Greffe 13.

LEFÈVRE, Joseph-Quentin, *fabricant de tabletterie, rue du Pont-aux-Choux*, 19. — Jugement du 24 juin 1862 homologuant le concordat du 5 juin 1863. — Remise de 70 %. — Les 30 % non remis payables : 5 % dans un, deux, trois et quatre ans, 10 % dans cinq ans du concordat. — N° du Greffe 19,666.

LEFÈVRE jeune, dit **DUBOUR**, Antoine-Nicolas, *fabricant de nécessaires, rue Saint-Martin*, 213. — Jugement du 4 mai 1857 homologuant le concordat du 13 avril 1855. — Remise de 82 %. — Les 18 % non remis payables en quatre ans, par quarts, d'année en année, du jour du concordat. — N° du Greffe 12,149.

LEFÈVRE, *entrepreneur de pavage, rue Claude-Villefaux*, 3. — Jugement du 23 mai 1861 homologuant le concordat du 5 avril 1861. — Remise de 85 %. — Les 15 non remis payables dans les trois mois du jour de l'homologation. — N° du Greffe 17,683.

LEFÈVRE, Appolin, *ex-libraire, rue d'Angoulême-du-Temple*, 29. — Jugement du 23 juin 1859 homologuant le concordat du 3 avril 1859. — Remise de 94 %. — Les 6 % non remis payables en six ans, par sixièmes, du 30 avril. — N° du Greffe 15,009.

LEFÈVRE fils, Jacques-Nicolas, *marchand linger, boulevard Poissonnière*, 17. — Jugement du 28 avril 1854 homologuant le concordat du 4 du même mois. Remise de 75 %. — Les 25 % non remis payables en cinq ans, par cinquièmes. — Le premier paiement le 1er avril 1855. — N° du Greffe 11,142.

LEFÈVRE, ou **LEFFÈVRE**, Auguste, *rue de Grenelle-St-Honoré*, 19. — Jugement du 28 février 1861 homologuant le concordat du 19 février 1861. — Remise de 60 %. — Les 40 % non remis payables en cinq ans, par dixièmes, de six mois en six mois, du jour de l'homologation. — N° du Greffe 17,045.

LEFÈVRE, Jean-Auguste-Léon, *marchand tailleur, rue Montmartre*, 109. — Jugement du 3 mai 1855 homologuant le concordat du 17 avril 1855. — Remise de 75 %. — Les 25 % non remis payables en deux ans et demi, par cinquièmes, de six mois en six mois, du jour du concordat. — N° du Greffe 12,105.

LEFÈVRE fils, *marchand de vins en gros, à Issy*. — Jugement du 12 juin 1862 homologuant le concordat du 20 mai 1862. — Obligation de payer l'intégralité des créances : 5 % trois mois après l'homologation, 45 % en six ans, par sixièmes, du 20 août 1863, 50 % dans un autre délai de huit ans, par huitièmes, du 20 août 1871. — MM. Tison et Bardou, commissaires. — Mme Lefèvre, caution. — N° du Greffe 19,290.

LEFÈVRE, *sculpteur, rue Fontaine-au-Roi*. — Concordat du 24 août 1849. — N° du Greffe 416.

LEFÈVRE, *négociant, rue de la Chaussée-d'Antin*, 51. — Jugement du 27 décembre 1860 homologuant le concordat du 13 novembre 1860. — Remise de 80 %. — Les 20 % non remis payables : 12 % le jour de l'homologation, 4 % un an après, 4 % deux ans après. — N° du Greffe 17,271.

LEFFERT, dame, Blanche-Marie-Sophie-Antoinette LEBLANC, *lingère, rue de Rivoli*, 106 *ou* 10. — Voir : LEBLANC, Blanche, femme LEFFERT. — N° du Greffe 11,634.

LEFOR, Casimir, *commerce d'outils, boulevard Bourdon*, 15. — Jugement du 27 décembre 1859 homologuant le concordat du 9 décembre 1859. — Remise de 75 %. — Les 25 % non remis payables en cinq ans, par cinquièmes, du jour du concordat. — N° du Greffe 16,168.

LEFORT, Louis-Baptiste, *layetier-emballeur, rue Vieille-Monnaie*, 20. — Jugement du 2 août 1852 homologuant le concordat du 8 juillet 1852. — Remise de 80 %. — Les 20 % non remis payables, sans intérêts, en quatre ans, par quarts, du jour de l'homologation. — N° du Greffe 10,399.

LEFORT, Louis, société GLAUDE, *distillateur, à La Villette*. — Voir : GLAUDE, société LEFORT. — N° du Greffe 13,315.

LEFRANC, Jean, *ex-constructeur de bâtiments, rue Duperré*, 24. — Jugement du 19 juillet 1850 homologuant le concordat du 25 juin 1850. — Remise de 80 %. — Les 20 % non remis payables en deux termes de 10 % le 21 juin des années 1852 et 1854. — N° du Greffe 9,409.

LEFRANC, Jacques-Martin, *escompteur, rue du Faubourg-Montmartre*, 15. — Jugement du 14 mai 1850 homologuant le concordat du 23 avril 1850. — Remise de 85 % en capital, intérêts et frais. — Les 15 % non remis payables, par tiers de 5 %, le 15 avril des années 1852, 1853 et 1854. — N° du Greffe 604.

LEFRANÇOIS, Auguste, *commissionnaire en tissus, rue St-Fiacre*, 5. — Jugement du 30 janvier 1855 homologuant le concordat du 1er du dit mois. — Remise de 85 %. — Les 15 % non remis payables, par tiers, le 1er octobre des années 1852, 1853 et 1854. — N° du Greffe 9,892.

LEFRAND ou **LEFRANC-LAINÉ**, veuve de Jean-Nicolas, *commerce de broderies, rue Feydeau*, 24. — Jugement du 30 janvier 1855 homologuant le concordat du 22 décembre 1855. — Remise de 80 %. — Les 20 % non remis payables en quatre ans, par quarts, d'année en année. — Le premier paiement le 3 décembre 1855. — N° du Greffe 11,489.

LEGAULT, société LEBOURDAIS et DELACROIX, *plomberie, rue d'Enfer*, 70. — Voir : DELACROIX. — N° du Greffe 14,393.

LEGENDRE, Charles, *marchand de bois, rue du Grand-Chantier*, 6. — Jugement du 18 août 1852 homologuant le concordat du 2 du dit mois. — Remise de 90 %. — Les 10 % non remis payables en cinq ans, par cinquièmes, du jour de l'homologation. — N° du Greffe 9,459.

LEGENDRE, société CLAIR, Louis, *commerce de lingerie, rue Montmartre*, 15. — Voir : CLAIR et LEGENDRE. — N° du Greffe 13,933.

LEGENDRE, *négociant en soiries, rue St-Denis*, 240 *et* 242. — Jugement du 24 décembre 1851 homologuant le concordat du 2 novembre 1861. — Obligation de payer 20,000 fr. dans la huitaine de l'homologation. — N° du Greffe 18,064.

LEGENT, Louis, *fabricant d'eau de seltz, à la Chapelle St-Denis*. — Jugement du 4 mars 1859 homologuant le concordat du 23 février 1859. — Remise de 50 %. — Les 50 % non remis payables en six ans, par sixièmes, du 1er septembre. — N° du Greffe 15,484.

LEGENT, François-Pierre, *quincaillier, rue Réaumur*, 13. — Jugement du 5 août 1851 homologuant le concordat du 10 juillet 1851. — Remise des intérêts et frais et de 60 %. — Les 40 % non remis payables, sans intérêts, en six ans, d'année en année. — Les cinq premiers paiements de 6 % et le dernier de 10 %. — *Le tout à partir du 10 juillet 1851*. — N° du Greffe 9,756.

LEGENT, femme Pierre-Louis, *fabricante de pommades, rue du Château-d'Eau*, 98. — Jugement du 29 juin 1858 homologuant le concordat du 15 juin 1858. — Remise de 80 %. — Les 20 % non remis payables en cinq ans, par cinquièmes, sans intérêts, du jour du concordat. — N° du Greffe 14,771.

LEGENTIL, Antoine-Jean, *épicier, rue Myra*, 7. — Jugement du 5 mai 1862 homologuant le concordat du 4 avril 1862. — Remise de 90 %. — Les 10 % non remis payables en deux ans, par moitiés, du jour de l'homologation. — N° du Greffe 19,043.

LÉGER, Jacques, *corroyeur, rue des Boucheries*, 2, *à St-Denis*. — Jugement du 10 mars 1859 homologuant le concordat du 28 février 1859. — Remise de 75 %. — Les 25 % non remis payables en cinq ans, par cinquièmes, du 1er mars. — N° du Greffe 15,403.

LÉGER, dame, Jeanne-Françoise, *marchande de cuirs, rue de Paris*, 70, *à St-Denis*. — Jugement du 19 décembre 1850 homologuant le concordat du 13 novembre 1850. — Remise des intérêts et frais non admis et de 85 %. — Les 15 % non remis payables en trois fractions de 5 %, le 15 novembre des années 1851, 1852 et 1853. — N° du Greffe 8,543.

LÉGER, aîné, Pierre, *lavoir public, rue de Cluny*, 13. — Jugement du 5 août 1851 homologuant le concordat du 14 juillet 1851. — Remise de tous intérêts et frais non admis. — Abandon de ce qui reste être dû du droit d'exploiter le lavoir qu'il possède, rue de Cluny, jusqu'à parfait paiement. — N° du Greffe 9,855.

LÉGER, Sébastien, *limonadier, à Montmartre*. — Jugement du 27 avril 1855 homologuant le concordat du 5 du dit mois. — Abandon de l'actif énoncé au concordat. — N° du Greffe 12,155.

LÉGER, *négociant, rue des Poules*, 7 *et* 9. — Jugement du 20 septembre 1859 homologuant le concordat du 31 août 1859. — Remise de 79 %. — Les 21 % non remis payables en sept ans, par septièmes, du 31 août. — N° du Greffe 15,837.

LÉGER, de la société BLUM, Victor, *commerce de vins, rue d'Allemagne*, 127. — Voir : BLUM et Ce. — N° du Greffe 16,760.

LEGRAIN, Jean-Baptiste-Auguste, *marchand d'habits, rue Philippeaux*, 31. — Jugement du 24 avril 1854 homologuant le concordat du 27 mars 1854. — Remise de 90 %. — Les 10 % non remis payables en quatre ans, par quarts, d'année en année, à partir du jour de l'homologation. — N° du Greffe 11,342.

LEGRAIN, Jean-Baptiste-Auguste, *tailleur, rue Philippeaux*, 31. — Jugement du 30 juillet 1857 homologuant le concordat du 20 juillet 1857. — Remise de 85 %. — Les 15 % non remis payables, par tiers, le 31 décembre des années 1858, 1859 et 1860. — N° du Greffe 13,979.

LEGRAIN Alphonse-Joseph, *négociant en mercerie, rue St-Antoine*, 72. — Jugement du 17 février 1857 homologuant le concordat du 2 février 1857. — Remise de 85 %. — Les 15 % non remis payables en trois ans par tiers, du jour de l'homologation. — N° du Greffe 13,886.

LEGRAND demoiselle, de la société SCHNECKENBURGER, Élisabeth-Romance, *ornements religieux, rue du Temple*, 79. — Jugement du 18 décembre 1856 homologuant le concordat du 12 novembre 1856. — Remise de 80 %. — Les 20 % non remis payables, sans solidarité, chacun par moitiés, en quatre ans, par quarts, du jour du concordat. — N° du Greffe 13,193.

LEGRAND et Cᵉ, Hippolyte-Henri, *marbres de la Sarthe, passage Saulnier*, 11. — Jugement du 12 mai 1854 homologuant le concordat du 3 du même mois. — Obligation de payer l'intégralité en cinq ans, par cinquièmes, d'année en année. — Le premier paiement fin mai 1855. — N° du Greffe 11,312.

LEGRAND, société Marie-Désiré-Alfred, *commerce de rubans en gros, rue Montmartre*, 122, 126, 128. — Jugement du 22 mars 1861 homologuant le concordat du 12 mars 1861. — Abandon de l'actif énoncé au concordat. — Trille, maintenu syndic. — N° du Greffe 16,927.

LEGRAND Dlle, Rose-Catherine, société PEROT, *loueuse de voitures, à Bercy*. — Jugement du 30 juin 1857 homologuant le concordat du 17 juin 1857. — Remise de 40 %. — Les 60 % non remis payables en six ans, par sixièmes, du jour de l'homologation. — N° du Greffe 13,856.

LEGRAND, Pierre-François, *trancheur de bois, rue de Charenton*, 102. — Jugement du 22 juin 1861 homologuant le concordat du 7 mai 1861. — Obligation de payer l'intégralité des créances en cinq ans : 10 % fin avril 1862, 15 % fin avril 1863, 20 % fin avril 1864, 25 % fin avril 1865, 30 % fin avril 1866. — N° du Greffe 18,001.

LEGRAND, Claude, *coutelier, passage des Panoramas*, 8. — Jugement du 10 décembre 1849. — N° du Greffe 714.

LEGRAND, société LOMBARD, Edouard, *entrepreneur de bâtiments, cité Fénélon*, 2. — Jugement du 10 novembre 1857 homologuant le concordat du 13 octobre 1857. — Remise de 75 %. — Les 25 % non remis payables en cinq ans, par moitiés, du jour de l'homologation. — N° du Greffe 13,939.

LEGRAS, Louis, *commissionnaire en marchandises, rue Albouy*, 14. — Jugement du 16 juin 1862 homologuant le concordat du 21 mars 1862. — Remise de 80 %. — Les 20 % non remis payables en quatre ans, par quarts, du jour de l'homologation. — N° du Greffe 19,058.

LEGRIS, Louis-Étienne-Thomas, *menuisier, à Charonne*. — Jugement du 12 décembre 1851 homologuant le concordat du 7 novembre 1851. — Abandon de la créance contre Gobaret et Rivière. — Obligation de payer 15 %, savoir : 10 % dans la huitaine de l'homologation, et 5 % fin décembre 1852. — N° du Greffe 9,936.

LEGUAY, Pierre-Alexandre-Alfred, *épicier, à Montmartre*. — Jugement du 19 avril 1860 homologuant le concordat du 16 mars 1860. — Remise de 80 %. — Les 20 % non remis payables en quatre ans, par quarts, du jour du concordat. — Mme Leguay, caution. — N° du Greffe 16,586.

LEGUAY, Pierre-Léon, société LEGUAY, DOUBLET et Cie, *rue Lenoir-St-Honoré*, 2. — Jugement du 20 janvier 1853 homologuant le concordat du 10 janvier 1853. — Obligation, par Leguay personnellement, de payer 5 % ; un tiers dans la huitaine de l'homologation ; un tiers six mois après et un tiers six mois après le deuxième paiement. — Par ce moyen, Leguay sera déchargé de la solidarité de l'union. — N° du Greffe 10,192.

LEGUAY, société BÉDIGIÉ, veuve, née Pauline BRIÈRE, *rue du Temple*, 188, et personnellement, *rue Samson* 5. — Voir : BÉDIGIÉ et Cᵉ. — N° du Greffe 10,351.

LEGUERNEY, *ex-banquier, rue de la Victoire*, 36. — Jugement du 24 septembre 1852 homologuant le concordat du 15 du dit mois. — Remise de 80 % en principal, intérêts et frais. — Les 20 % non remis payables : 3 % le 1ᵉʳ décembre 1854, 3 % à la même époque des années 1855, 1856, 1857, 1858 et 1859, et 2 % le 1ᵉʳ décembre 1860. — N° du Greffe 10,441.

LEHARLE, Cyprien-Louis, *grainetier, à Vincennes*. — Jugement du 6 mars 1855 homologuant le concordat du 2 janvier 1855. — Remise de 80 %. — Les 20 % non remis payables en quatre ans, par quarts. — Le premier paiement le 1ᵉʳ juillet 1855. — N° du Greffe 11,478.

LEHERPEUR, Jean-François-Désiré, *tailleur, rue de l'École-de-Médecine*, 39. — Jugement du 3 avril 1861 homologuant le concordat du 15 mars 1861. — Abandon de l'actif énoncé au concordat. — Obligation de payer 15 % en cinq ans, par cinquièmes, du jour de l'homologation. — Hécaon, maintenu syndic. — N° du Greffe 17,691.

LEHOUX, Victor-Jacques, *fabricant de papiers de fantaisie, rue Ménilmontant*, 147. — Jugement du 19 mars 1861 homologuant le concordat du 28 février 1861. — Remise de 64 %. — Les 36 % non remis payables en six ans, par sixièmes, du jour de l'homologation. — N° du Greffe 17,753.

LEHUBY, Jules-César, *pharmacien, rue St-Lazare*, 78. — Jugement du 2 juillet 1856 homologuant le concordat du 23 juin 1856. — Remise de 85 %. — Les 15 % non remis payables dans le mois de l'homologation. — N° du Greffe 12,833.

LEHUGEUR, Louis-Joseph, *imprimeur sur étoffes, à Saint-Denis*. — Jugement du 20 octobre 1854 homologuant le concordat du 6 du même mois. — Remise de 50 %. — Les 50 % non remis payables, sans intérêts, en cinq ans, par cinquièmes, d'année en année, du jour de l'homologation. — N° du Greffe 11,583.

LEINS, Conrad-Cornel, *entrepreneur de maçonnerie, rue de Charonne*, 49. — Jugement du 15 avril 1861 homologuant le concordat du 2 avril 1861. — Abandon de l'actif énoncé au concordat. — Dans le cas où l'abandon ne couvrirait pas les créanciers de l'intégralité des sommes dues, obligation de payer 15 % en cinq ans, par cinquièmes, du 15 avril. — Battarel, maintenu syndic. — N° du Greffe 17,827.

LEJEUNE, François, *fabricant de boucles pour chapeaux, rue du Temple*, 141. — Jugement du 2 juin 1862 homologuant le concordat du 9 mai 1862. — Remise de 75 %. — Les 25 % non remis payables en cinq ans, sans intérêts, par cinquièmes, du jour de l'homologation. — N° du Greffe 19,415.

LEJOSNE, *marchand de couleurs, rue Geoffroy-Langevin*, 11, *ci-devant à Belleville*. — Jugement du 24 septembre 1858 homologuant le concordat du 14 septembre 1858. — Remise de 75 %. — Les 25 % non remis payables en quatre ans, par quarts, du jour de l'homologation. — N° du Greffe 14,637.

LELAIZANT, *négociant, rue des Barres-St-Gervais*, 28. — Jugement du 24 octobre 1862 homologuant le concordat du 13 octobre 1862. — Remise de 60 %. — Les 40 % non remis payables en cinq ans, par cinquièmes, du 1ᵉʳ novembre. — N° du Greffe 355.

LELEU, Théodore-Théophile, *fabricant de calorifères, rue Tronchet*, 29. — Jugement du 16 mai 1859 homologuant le concordat du 4 mai 1859. — Abandon de l'actif énoncé au concordat. — Obligation de payer 6 % en six ans, par sixièmes, du 31 décembre. — N° du Greffe 15,557.

LELEU, dame, Cesarine-Blanche, *marchande de vins, rue Richelieu*, 92. — Jugement du 6 janvier 1852 homologuant le concordat du 19 décembre 1851. — Remise des intérêts et frais non admis et de 78 %. — Les 22 % non remis payables, par quarts, d'année en année. — Le premier paiement le 1ᵉʳ janvier 1853. — N° du Greffe 10,096.

LELIÈVRE, Jean-Baptiste, *marchand de vins, rue Croix-Nivert*, 3, *à Grenelle*. — Jugement du 2 avril 1852 homologuant le concordat du 11 mars 1852. — Remise de tous intérêts et frais non admis et de 80 % sur le capital. — Les 20 % non remis payables en cinq ans, par cinquièmes, du jour du concordat. — N° du Greffe 10,033.

LELIÈVRE, François-Felix, *boulanger, rue St-Antoine*, 11. — Jugement du 26 février 1852 homologuant le concordat du 17 du même mois. — Remise de tous intérêts et frais et de 75 %. — Les 25 % non remis payables, par cinquièmes, d'année en année, du jour du concordat. — N° du Greffe 10,171.

LELIÈVRE, Adolphe, *boulanger, rue Neuve-St-Eustache*, 30. — Jugement du 13 décembre 1850 homologuant le concordat du 16 novembre 1850. — Remise de 50 % et de tous intérêts et frais. — Les 50 % non remis payables en quatre ans, par quarts. — Le premier paiement le 16 novembre 1851. — N° du Greffe 9,607.

LELOUP, Ernest-François, *traiteur, rue du Landy*, 25, *à Clichy-la-Garenne*. — Jugement du 4 mars 1858 homologuant le concordat du 9 février 1858. — Obligation de payer le montant des créances en dix ans, par dixièmes, d'année en année. — Le premier paiement le 1ᵉʳ avril 1859. — N° du Greffe 14,366.

LEMAIRE, Théophile-Augustin, *jardinier, rue et impasse de la Santé*, 19. — Jugement du 29 novembre 1850 homologuant le concordat du 20 novembre 1850. — Remise de 40 %. — Les 60 % en principal, intérêts et frais non remis payables, sans intérêts, en vingt paiements de 3 %. — Le premier paiement le 1er juin 1851. — Le deuxième paiement le 1er décembre 1851 et pour continuer de six mois en six mois. — madame Lemaire, caution solidaire. — N° du Greffe 9,518.

LEMAIRE fils, Théodore, *sculpteur, rue des Trois-Bornes*, 9. — Jugement du 19 avril 1853 homologuant le concordat du 4 du même mois. — Obligation de payer l'intégralité des sommes par lui dues en principal, intérêts et frais, savoir : le capital en cinq ans, à raison de 10 % tous les six mois, et les intérêts et frais en deux ans, par quarts, de six mois en six mois. — Pour garantie abandon par Lemaire de tout son actif. — Desfossés, Chamont et Dervillé, commissaires. — N° du Greffe 10,763.

LEMAIRE, Eugène-François, *entrepreneur de bâtiments, rue d'Amsterdam*, 18. — Jugement du 14 juillet 1858 homologuant le concordat du 20 juin 1858. — Abandon de l'actif énoncé au concordat et obligation de payer 20 % en cinq ans, par cinquièmes. — Le premier paiement le 31 août 1859. — Chevallier, syndic. — N° du Greffe 13,790.

LEMAIRE, Eugène-François, *entrepreneur de bâtiments, Grande-Rue*, 43, *à Batignolles*. — Jugement du 23 août 1862 homologuant le concordat du 11 août 1862. — Obligation de verser entre les mains du syndic 25,000 francs dans les cinq mois de l'homologation. — Trille, maintenu syndic. — N° du Greffe 19,779.

LEMAIRE, Émile-César-Constant, *fabricant d'étoffes, rue Albouve*, 14 et 15. — Jugement du 26 décembre 1850 homologuant le concordat du 9 du même mois. — Remise de 60 %, principal, intérêts et frais. — Les 40 % non remis payables : 7 % un an après l'homologation, 3 % dix-huit mois après et ainsi de suite par 3 %, tous les six mois. — Les sieur et la dame Lemaire, père et mère, cautions solidaires de 20 %. — N° du Greffe 9,510.

LEMAIRE, Auguste-Henri, *marchand de nécessaires, rue St-Martin*, 231. — Jugement du 9 juin 1852 homologuant le concordat du 21 novembre 1851. — Remise de tous intérêts et frais non admis et de 75 %. — Les 25 % non remis payables en cinq ans, par cinquièmes, fin juin des années 1853, 1854 et suivantes. — Le sieur Harpalier propriétaire à l'Hermitage, près Pontoise, caution solidaire du paiement des dividendes. — N° du Greffe 10,066.

LEMAIRE, Honoré-Joseph, *fabricant de cannes, rue St-Denis*, 268. — Jugement du 19 décembre 1855 homologuant le concordat du 5 du dit mois. — Remise de 85 %. — Les 15 % non remis payables en trois ans, par tiers, d'année en année. — Le premier paiement dans un an du jour du concordat. — N° du Greffe 12,688.

LEMAIRE, Henri, *agent de fabrique, rue des Vinaigriers*, 33, *ci-devant, rue de l'Echiquier*, 15. — Jugement du 6 juin 1861 homologuant le concordat du 23 mai 1861. — Remise de 80 %. — Les 20 % non remis payables en cinq ans, par cinquièmes, du 1er juin. — N° du Greffe 18,036.

LEMAIRE, François-Alexandre, *liquoriste, rue Poissonnière*, 29. — Jugement du 25 mai 1859 homologuant le concordat du 6 mai 1859. — Remise de 85 %. — Les 15 % non remis payables en cinq ans, par cinquièmes, du jour de l'homologation. — N° du Greffe 15,716.

LEMAIRE, *traiteur, boulevard de la Chapelle*, 98. — Jugement du 28 septembre 1859 homologuant le concordat du 7 septembre 1859. — Obligation de payer l'intégralité des créances : 10 % dans le mois de l'homologation, 7 1/2 % six mois après et ainsi de suite, de six mois en six mois. — N° du Greffe 15,895.

LEMAIRE, Louis, *carrier, à la Villette*. — Jugement du 20 avril 1859 homologuant le concordat du 10 février 1859. — Remise de 60 %. — Les 40 % non remis payables en quatre ans, par quarts, du jour de l'homologation. — N° du Greffe 14,820.

LEMAIRE demoiselle, Louise-Amélie, *marchande de modes, rue Dauphine*, 8. — Jugement du 8 septembre 1859 homologuant le concordat du 8 août 1859. — Remise de 80 %. — Les 20 % non remis payables en quatre ans, par quarts, du jour du concordat. — N° du Greffe 15,820.

LEMAIRE, *pharmacien, rue d'Aligre*, 6. — Jugement du 25 octobre 1850 homologuant le concordat du 8 octobre 1850. — Remise de 90 % en principal, intérêts et frais. — Les 10 % non remis payables en quatre années, par quarts. — Le premier paiement le 8 octobre 1851. — N° du Greffe 9,034.

LEMAIRE, Vincent, *fabricant de chaises de jardin, a Passy*. — Jugement du 8 septembre 1859 homologuant le concordat du 18 juillet 1859. — Remise de 70 %. — Les 30 % non remis payables en trois ans, par tiers, du 15 juillet. — N° du Greffe 15,881.

LEMAISTRE demoiselle, *lingère, rue St-Denis*, 267. — Concordat du 30 juillet 1849. — N° du Greffe 349.

LEMAITRE, société LECHEVALIER, *limonadier-restaurateur, rue du Faubourg-Poissonnière*, 135. — Voir : LECHEVALIER. — N° du Greffe 11,242.

LEMAITRE aîné et jeune, société, Antoine-Nicolas et Adolphe, *cordiers, rue Salle-au-Comte*, 15. — Jugement du 25 novembre 1859 homologuant le concordat du 14 novembre 1859. — Remise de 75 %. — Les 25 % payables en cinq ans, par cinquièmes, du jour de l'homologation. — N° du Greffe 16,109.

LEMAITRE, société CHERADAME, Charles, *épicier, distillateur, rue du Faubourg-St-Antoine*, 90. — Voir: CHÉRADAME. — N° du Greffe 12,990.

LEMAITRE, Léon-François-Louis, *commerce de chanvre, rue St-Martin*, 75 et 206. — Jugement du 13 décembre 1854 homologuant le concordat du 21 novembre 1854. — Remise de 70 %. — Les 30 % non remis payables en cinq ans, par cinquièmes, d'année en année. — Le premier paiement un an après l'homologation. — N° du Greffe 11,878.

LEMAITRE, *mercier, rue du Faubourg-St-Honoré*, 40. — Concordat du 20 août 1849. — N° du Greffe 405.

LEMALE, Prosper-Charles-François, *boucher, rue Neuve-Montmorency*, 4. — Jugement du 8 avril 1862 homologuant le concordat du 26 mars 1862. — Obligation de payer le montant des créances en dix ans, par dixièmes, du jour de l'homologation. — N° du Greffe 19,339.

LEMARE, Jules-Grégoire, *limonadier, rue St-Dominique-St-Germain*, 139. — Jugement du 30 décembre 1859 homologuant le concordat du 15 décembre 1859. — Remise de 70 %. — Les 30 % non remis payables en cinq ans, par cinquièmes, du jour de l'homologation. — N° du Greffe 15,967.

LEMARIÉ, *entrepreneur de bâtiments, rue de Chartres*, 10, *à Batignolles*. — Jugement du 25 janvier 1850 homologuant le concordat qualifiant faillite. — N° du Greffe 662.

LEMARQUANT, Prosper, *horloger à façon, rue des Grès-St-Jacques*, 5. — Jugement du 30 décembre 1852 homologuant le concordat du 1er mai 1851. — Remise de tous intérêts et frais et de 75 %. — Les 25 % non remis payables dans un an du concordat. — N° du Greffe 4,723.

LEMARQUANT, Prosper, *horloger, rue Vendôme*, 18, *et boulevard du Temple*, 33. — Jugement du 28 juillet 1851 homologuant le concordat du 1er mai 1851. — Remise de tous intérêts et frais et de 75 %. — Les 25 % non remis payables dans un an du 1er mai 1851. — N° du Greffe 4,723.

LEMATTE, Armand, *agent d'affaires, rue de l'Assomption*, 50. — Jugement du 12 février 1862 homologuant le concordat du 6 janvier 1862. — Remise de 75 %. — Les 25 % non remis payables en cinq ans, par cinquièmes, du jour de l'homologation. — N° du Greffe 18,696.

LEMBOURION, dame FRION, Marie-Anne, *marchande à la toilette, rue Charlot*, 23. — Voir : FRION dame. — N° du Greffe 9,478.

LEMELLE, société BÉZAULT, Jules, *épicier, rue de Charenton*, 168. — Voir BÉZAULT et LEMELLE. — N° du Greffe, 13,369.

LEMENANT ou **LAMENANT**, Louis-Constant, *chapelier, rue Neuve St-Eustache*, 4. — Jugement du 7 février 1856 homologuant le concordat du 15 janvier 1856. — Remise de 75 %. — Les 25 % non remis payables en cinq ans, par cinquièmes, d'année en année. — Le premier paiement le 1er janvier 1857. — N° du Greffe 12,549.

LEMENEUX, Joseph, *zingueur, chaussée de Ménilmontant*, 24. — Jugement du 28 août 1862 homologuant le concordat du 19 août 1862. — Remise de 60 %. — Les 40 % non remis payables en cinq ans, par cinquièmes, du jour de l'homologation. — N° du Greffe 19,986.

LÉMENT, GEORGES, *ex-serrurier*, *rue St-Maurice*, *à Charenton*.— Jugement du 13 mai 1851 homologuant le concordat du 4 décembre 1850. — Remise de 80 %. — Les 20 % non remis payables en dix paiements de 2 % par an, en dix ans, à partir du 4 décembre 1850. — N° du Greffe 8,819.

LEMEREZ, LOUIS-FÉLIX-JOSEPH, *peintre en voitures*, *rue Popincourt*, 82. — Jugement du 30 mars 1858 homologuant le concordat du 27 février 1858. — Remise de 90 %. — Les 10 % non remis payables par moitiés, dans trois mois et moitié un an après à partir de l'homologation. — N° du Greffe 14,436.

LEMESLE, JEAN-BAPTISTE, *marchand de bonneterie*, *à Gentilly*.— Jugement du 28 avril 1854 homologuant le concordat du 18 du même mois. — Remise de 25 %. — Les 75 % non remis payables en six ans, par douzièmes, de six mois en six mois. — Le premier paiement le 1er mai 1855. — N° du Greffe 11,335.

LEMIÈRE, JACQUES-FLORENTIN, *limonadier*, *rue St-Denis*, 351. — Jugement du 25 février 1859 homologuant le concordat du 10 février 1859. — Remise de 75 %. — Les 15 % non remis payables en cinq ans, par cinquièmes, du jour de l'homologation. — N° du Greffe 15,389.

LEMIÈRE, FRANÇOIS-VICTOR, *fabricant de bronzes*, *rue St-Maur*, 82. — Jugement du 20 décembre 1861 homologuant le concordat du 22 novembre 1861. — Remise de 75 %. — Les 25 % non remis payables en cinq ans, par cinquièmes, du jour de l'homologation. — N° du Greffe 18,767.

LEMIERRE, JEAN-BAPTISTE-CONSTANTIN, *commerce d'huiles et d'éponges*, *rue Mauconseil*, 18. — Jugement du 7 mai 1858 homologuant le concordat du 30 mars 1858. — Le capital payable en huit ans, par fraction de 10, 12 1/2 et 13 %, à commencer du 1er août 1859. — N° du Greffe 14,457.

LEMIRE, LOUIS, *fabricant de bijoux*, *impasse de la Pompe*, 13. — Jugement du 29 septembre 1859 homologuant le concordat du 29 août 1859. — Remise de 75 %. — Les 25 % non remis payables, sans intérêts, en quatre ans, par quarts, du jour de l'homologation. — N° du Greffe 16,004.

LEMISTRE, MARIE-ALEXANDRE, *épicier à la petite Villette*. — Jugement du 11 janvier 1853 homologuant le concordat du 17 décembre 1852. — Remise de 60 %. — Les 40 % non remis payables en trois ans, par tiers, le 31 janvier des années 1854, 1855 et 1856. — N° du Greffe 10,615.

LEMISTRE, MARIE-ALEXANDRE, *fabricant de chandelles*, *rue Mouffetard*, 265. — Jugement du 5 mai 1851 homologuant le concordat du 11 avril 1851. — Remise de 80 %. — Les 20 % non remis payables dans un mois du 5 mai 1851. — N° du Greffe 9,724.

LEMOINE, société BERCIOUX, *négociant*, *rue Servandoni*, 15. — Voir : BERCIOUX. — N° du Greffe 13,451.

LEMOINE demoiselle, CHARLOTTE, *lingère*, *rue de Trévise*, 41. — Jugement du 6 mai 1853 homologuant le concordat du 23 août 1852. — Remise de 85 %. — Les 15 % non remis payables en trois ans, par tiers, le 23 novembre des années 1853, 1854 et 1855. — N° du Greffe 10,403.

LEMOINE, GABRIEL, *marchand forain*, *rue de Rivoli*, 122. — Jugement du 28 mars 1856 homologuant le concordat du 17 du même mois. — Remise de 75 %. — Les 25 % non remis payables en cinq ans, par cinquièmes, d'année en année, du jour du concordat. — N° du Greffe 12,933.

LEMOINE, dame AMAT, ANNE-CHARLOTTE, *marchande de dentelles*, *rue Cadet*, 12. — Voir : AMAT, dame. — N° du Greffe 15,656.

LEMOINE, PAUL-FRANÇOIS, *négociant en nouveautés*, *rue de Savoie*, 12. — Concordat du 10 août 1849. — N° du Greffe 424.

LEMONNIER, ARSÈNE, *ex-marchand de beurre*, *rue de la Cossonnerie*, 30. — Jugement du 21 août 1851 homologuant le concordat du 2 du même mois. — Remise des intérêts et frais, et de 90 %. — Les 10 % non remis payables : 3 % le 1er septembre 1852, 3 % le 1er septembre 1853, 4 % le 1er septembre 1854. — N° du Greffe 5,147.

LEMONNIER jeune, *ex-marchand de châles*, *rue de Cléry*, 12. — Jugement du 29 août 1861 homologuant le concordat du 11 du même mois. — Remise de 90 %. — Les 10 % non remis payables en trois mois, après l'homologation. — N° du Greffe 7,043.

LEMONNIER, JACQUES-FRANÇOIS, *marchand de vins*, *rue Galande*, 25. — Jugement du 8 décembre 1852 homologuant le concordat du 22 novembre 1852. — Remise de tous intérêts et frais non admis, et de 80 % sur le capital. — Les 20 % non remis payables en quatre ans, par quarts, d'année en année, du jour du concordat. — N° du Greffe 10,451.

LEMONNIER, ANGE-JULES, de la société HAMM, *coutelier*, *rue de l'Ecole-de-Médecine*, 6. — Voir : HAMM. — N° du Greffe 10,785.

LEMPEREUR, de la société LEBLANC, ADOLPHE, *négociant en tissus*, *rue Richer*, 20. — Voir : LEBLANC. — N° du Greffe, 19,110.

LENEKA, ANDRÉ-CHARLES, *marchand de bois*, *rue de Malte*, 12. — Jugement du 18 août 1857 homologuant le concordat du 7 août 1857. — Remise de 70 %. — Les 30 % non remis payables : 10 % fin octobre prochain, et 10 % fin juin des années 1858 et 1859. — N° du Greffe 13,647.

LENEVEU demoiselle, *négociante*, *rue Neuve-des-Petits-Champs*, 82. — Jugement du 20 décembre 1860 homologuant le concordat du 11 décembre 1860. — Obligation de payer l'intégralité des créances en sept ans, à raison de 500 fr., de six mois en six mois, du jour de l'homologation. — N° du Greffe 16,801.

LENFANT fils, FERDINAND, *marchand de vins*, *rue Ménilmontant*, 36. — Jugement du 15 février 1855 homologuant le concordat du 29 janvier 1855. — Remise de 60 %. — Les 40 % non remis payables : 1° au moyen de la répartition de l'actif réalisé à faire par le syndic; 2° le surplus en trois ans, par tiers, d'année en année. — Le premier paiement le 1er février 1856. — N° du Greffe 12,006.

LENGELLÉ, JEAN-LÉOPOLD, *bijoutier*, *rue Rambuteau*, 190. — Jugement du 9 décembre 1857 homologuant le concordat du 25 novembre 1857. — Obligation de payer 4,570 fr., par fractions, de mois en mois, du jour de l'homologation, avec intérêts du 17 février prochain. — M. Perot, bijoutier, caution. — N° du Greffe 14,075.

LENGLET et **FOURNIER**, *fabricants de châles*, *rue de Cléry*, 5. — Jugement du 12 juin 1862 homologuant le concordat du 20 mai 1862. — Remise de 50 %. — Les 5 % non remis payables comptant, après l'homologation. — N° du Greffe 19,258.

LENOBLE demoiselle, ANNETTE, *lingère*, *rue des Quatre-Fils*, 8. — Jugement du 17 juin 1862 homologuant le concordat du 31 mai 1862. — Remise de 65 %. — Les 35 % non remis payables, sans intérêts, 12 % le 31 mai des années 1863 et 1864, et 11 % le 31 mai 1865. — N° du Greffe 19,816.

LENOIR, AUGUSTIN, *négociant en soierie*, *rue Saint-Martin*, 156. — Jugement du 18 avril 1854 homologuant le concordat du 23 mars 1854. — Remise de 75 %. — Les 25 % payables, par cinquièmes, d'année en année. — Le premier paiement le 1er avril 1855. — N° du Greffe 11,267.

LENOIR, LOUIS-JOSEPH-ADOLPHE, *marchand de vins*, *rue de Suresnes*, 1 *bis*. — Jugement du 29 décembre 1857 homologuant le concordat du 17 du même mois. — Remise de 95 %. — Les 5 % non remis payables en cinq ans, par cinquièmes, du jour de l'homologation. — N° du Greffe 10,685.

LENOIR, *ex-marchand de vins*, *à Bourg-la-Reine*. — Jugement du 2 juillet 1860 homologuant le concordat du 24 octobre 1859. — Abandon de l'actif énoncé au concordat. — M. Hécaen, maintenu syndic. — N° du Greffe 15,497.

LENORMAND, CHARLES-JACQUES-ALPHONSE, *aubergiste*, *à Champigny*. — Jugement du 24 juin 1852 homologuant le concordat du 8 du même mois. — Remise de tous intérêts et frais non admis et de 80 %. — Les 20 % non remis payables en quatre ans, par quarts, du jour du concordat. — N° du Greffe 10,175.

LÉO-LESPÈS, JACQUES-ANTOINE, *directeur du journal le Magasin des Familles*, *rue Notre-Dame-de-Lorette*, 33, *ci-devant rue Richer*, 34. — Jugement du 9 mai 1853 homologuant le concordat du 18 avril 1853. — Remise de 70 %. — Les 30 % non remis payables au moyen de l'abandon de son actif à recouvrer par Messieurs Mariton et Destrem, syndics; la différence entre les dividendes promis et le montant de la répartition payables, par cinquièmes, d'année en année. — N° du Greffe, 10,774.

LÉON, *négociant, rue de Vendôme*, 3. — Jugement du 6 octobre 1850 homologuant le concordat du 12 septembre 1850. —Remise de 80 %. — Les 20 % non remis payables au moyen de l'actif abandonné par les soins de M. Isbert, et la différence en trois ans, par tiers, d'année en année, du jour de l'homologation. — N° du Greffe 13,214.

LEOUTRE, Jean-Pierre-Victor, personnellement, *rue Jean-Jacques-Rousseau*, 3. — Jugement du 10 juillet 1851 homologuant le concordat du 19 février 1851. — Obligation de payer 8 %, savoir: 1 % dans deux ans, 1 % dans trois ans, 1 % dans quatre ans, 2 % dans cinq ans, à partir du jour de l'homologation, et sans intérêts. — N° du Greffe 9,357.

LEPAGE, Antoine-Vincent, *tenant hôtel meublé, rue de Seine-Saint-Germain*, 57. — Jugement du 3 juin 1853 homologuant le concordat du 23 mai 1853. — Remise de 50 %. — Les 50 % non remis payables en six ans, par sixièmes, d'année en année. — Le premier paiement le 1er juin 1854 et ainsi de suite. — N° du Greffe 10,856.

LEPAREUR, *négociant en nouveautés, rue Laffitte*, 50.—Concordat du 30 avril 1849. — N° du Greffe 150.

LEPEINTEUR, Eugène, *marchand de fleurs artificielles, rue St-Denis*, 248. — Jugement du 11 février 1861 homologuant le concordat du 27 décembre 1860.— Remise de 80 %. — Les 20 % non remis payables en quatre ans, par quarts, du 1er février. — N° du Greffe 17,281.

LEPELLETIER, Édouard, *marchand de nouveautés, à Belleville*. — Jugement du 30 décembre 1859 homologuant le concordat du 19 décembre 1859. — Remise de 50 %. — Les 50 % non remis payables : 10 % six mois après l'homologation, et 40 % en quatre ans, par quarts, après l'homologation. — N° du Greffe 16,437.

LEPELTIER, veuve de Louis-Théodore, née Marie-Marguerite-Pierrette LECHALAT, *marchande de broderies, rue Thévenot*, 7. — Voir : LECHLABT, veuve LEPELTIER. — N° du Greffe 10,282.

LEPERRIER, Jean-François, *entrepreneur de maçonneries, boulevard d'Enfer*, 20. — Jugement du 18 novembre 1862 homologuant le concordat du 31 octobre 1862. — Remise de 75 %. — Les 25 % non remis payables en cinq ans, par cinquièmes, du 1er novembre. — N° du Greffe 19,899.

LEPERS, Jean-Baptiste, *marchand de toiles, rue Chevalier-Duguet*, 8. — Jugement du 4 février 1851 homologuant le concordat du 24 décembre 1851.— Remise de 80 % avec intérêts et frais non admis. — Les 20 % non remis payables, dans le délai de dix-huit mois, par tiers, de six mois en six mois, à partir du 24 décembre 1850.—N° du Greffe 9,540.

LEPETIT ou **PETIT**, Lucius, *marchand de dentelles, rue Montmartre*, 53. — Jugement du 23 novembre 1859 homologuant le concordat du 7 du même mois. — Remise de 75 %. — Les 25 % non remis payables en cinq ans, par cinquièmes, du jour de l'homologation. — N° du Greffe 16,310.

LEPEU, Jules-Pierre, *paveur, à Batignolles*. — Jugement du 6 avril 1855 homologuant le concordat du 30 mars 1855. — Abandon de la somme énoncée au concordat. — N° du Greffe 10,476.

LEPEUPLE, Prosper-Éléonore, *commerçant, rue des Fossés-Montmartre*, 21. — Jugement du 23 octobre 1854 homologuant le concordat du 10 du même mois. — Remise de 50 %. —Les 50 % non remis payables, savoir: 8 % à prendre dans la succession de son oncle, 5 % dans la quinzaine de l'homologation, 5 % le 30 avril, 31 août et 31 novembre des années 1855 et 1856, 7 % le 30 avril 1857. — N° du Greffe 11,728.

LÉPINE, Alphonse-Jean, *limonadier, rue d'Allemagne*, 194. — Jugement du 20 mai 1862 homologuant le concordat du 4 avril 1862.— Remise de 50 %. — Les 50 % non remis payables en cinq ans, par cinquièmes, du jour de l'homologation. — N° du Greffe 19,316.

LÉPINE, Louis-François, *cordonnier, rue du Faubourg-St-Denis*, 46. —Jugement du 14 janvier 1853 homologuant le concordat du 31 décembre 1852. — Remise de 70 %. — Les 30 % non remis payables, sans intérêts, en six ans, par sixièmes, d'année en année. — Le premier paiement le 31 décembre 1853 et ainsi de suite. — N° du Greffe 10,626.

LEPRÊTRE-NOËL, Remy-Désiré, *tailleur, rue de Choiseul*, 1. — Jugement du 25 avril 1856 homologuant le concordat du 8 du même mois. —Remise de 70 % — Les 30 % non remis payables : 10 % dans un an, 10 % dans dix-huit mois, 5 % dans un et deux ans, du jour de l'homologation. M. Gacougnolle, caution du deuxième dividende de 10 %. — madame veuve Noël, caution des deux derniers dividendes. madame Leprêtre-Noël, caution solidaire avec son mari. — N° du Greffe 12,862.

LEPRINCE dame, d'Adolphe-François, *négociante en lingeries, rue de Mulhouse*, 7. — Jugement du 16 mai 1860 homologuant le concordat du 23 avril 1860.—Abandon de l'actif énoncé au concordat.—Obligation, en outre, de payer 10 % en principal, intérêts et frais, savoir: 5 % un et deux ans du concordat. — M. Battarel, maintenu syndic. — N° du Greffe 16,582.

LEPRINCE, Félix-Adrien, *boulanger, rue du Faubourg-St-Denis*, 141. — Jugement du 10 décembre 1852 homologuant le concordat du 26 novembre 1852. — Remise de 75 % en principal, intérêts et frais.— Les 25 % non remis payables dans le mois de l'homologation, sinon abandon de l'actif. — N° du Greffe 10,564.

LEPRINCE, *représentant de commerce, boulevard Bonne-Nouvelle*, 25. — Jugement du 8 mai 1861 homologuant le concordat du 19 avril 1861. — Remise de 80 %. —Les 20 % non remis payables en quatre ans, par quarts, du jour de l'homologation. — Madame Leprince, caution. — N° du Greffe 17,400.

LEQUEN, *limonadier, carrefour de l'Odéon*. — Concordat du 16 avril 1849. — N° du Greffe 258.

LEQUIEN, Eugène-Louis, *encadreur, rue du Faubourg-St-Denis*, 54. — Jugement du 9 janvier 1860 homologuant le concordat du 26 décembre 1859. — Remise de 50 %. — Les 50 % non remis payables en cinq ans, par cinquièmes du jour de l'homologation. — N° du Greffe 16,231.

LEQUIEN, Eugène, *encadreur, boulevard de Strasbourg*, 39. — Jugement du 18 novembre 1862 homologuant le concordat du 2 octobre 1862. — Remise de 85 %.— Les 15 % non remis payables, sans intérêts : 3 % le 1er octobre des années 1863, 1864, 1865, 1866 et 1867.—N° du Greffe 18,965.

LEREUIL, Nicolas, *négociant en tissus, rue Bourbon-Villeneuve*, 9.— Jugement du 9 août 1850 homologuant le concordat du 5 juillet 1850.— Libération au moyen de l'abandon de l'actif déposé à la caisse des consignations. — Obligation de verser entre les mains du commissaire la somme de 1,000 fr., valeur du mobilier réservé, et de payer aux créanciers 5 %, le tout dans le mois de l'homologation. — N° du Greffe 2,369.

LERIDAIS et **GAGNEAU**, Jean-Nicolas, *distillateur, à la Chapelle*.— Voir: GAGNEAU et LERIDAIS. — N° du Greffe 12,923.

LERIVERAND, Victor-Louis, *négociant en produits chimiques, rue des Enfants-Rouge*, 8. — Jugement du 22 juillet 1850 homologuant le concordat du 10 du même mois. —Remise de tous intérêts et frais non admis et de 80 %. — Les 20 % non remis payables en quatre paiements de 5 %, le 1er juillet des années 1851, 1852, 1853 et suivantes. — N° du Greffe 9,393.

LEROUGE, Pierre, *marchand de lampes, rue des Marais-St-Martin*, 71. — Jugement du 13 mars 1855 homologuant le concordat du 16 janvier 1855. — Remise de 60 %. — Les 40 % non remis payables en cinq ans, par cinquièmes, d'année en année. — Le premier paiement le 1er janvier prochain. — N° du Greffe 11,564.

LEROUT dame, Pierre, *marchand de nouveautés, boulevard des Couronnes*, 42.— Jugement du 14 septembre 1860 homologuant le concordat du 5 du même mois.—Remise de 80 %.— Les 20 % non remis payables en quatre ans, par quarts, du jour du concordat. — N° du Greffe 17,200.

LEROUX, Guillaume-Hippolyte-Stanislas, *marchand de vins, à Grenelle*. — Jugement du 12 octobre 1852 homologuant le concordat du 27 septembre 1852. — Remise de 80 % en principal, intérêts et frais. —Les 20 % non remis payables en cinq ans, par cinquièmes, le 1er octobre des années 1853, 1854 et suivantes. — N° du Greffe 10,031.

LEROUX, Lucien-Jean-Baptiste, *peintre, à la Chapelle-St-Denis*. — Jugement du 12 avril 1850 homologuant le concordat du 19 mars 1850. — Remise de tous intérêts et frais et de 90 %. — Les 10 % non remis payables en quatre années, à raison de 2 1/2 % par ans, du 15 janvier dernier. — N° du Greffe 8,848.

LEROUX, Édouard, *marchand de bois, quai de la Loire*, 62. — Jugement du 3 janvier 1851 homologuant le concordat du 16 décembre 1850. — Obligation de payer intégralement les créances, les intérêts et les frais jusqu'au jour du concordat seulement, savoir : 15 % après l'homotlogation, 35 % deux ans après, 25 % trois ans après, 25 % quatre ans après l'homologation. — N° du Greffe 9,298.

LEROUX, Pierre-Adolphe, *ex-constructeur, rue Mariel*, 14. — Jugement du 28 novembre 1851 homologuant le concordat du 10 du même mois. — Remise de tous intérêts et frais et de 94 %. — Les 6 % non remis payables, sans intérêts, par tiers, d'année en année, le 10 novembre des années 1852, 1853 et 1854. — N° du Greffe 9,923.

LEROUX, René-Quentin-Henry, *retordeur, rue Saint-Maur-Popincourt*, 56. — Jugement du 20 novembre 1854 homologuant le concordat du 5 du même mois. — Remise de 75 %. — Les 25 % non remis payables, sans intérêts, en cinq ans, par cinquièmes, d'année en année. — Le premier paiement le 31 décembre 1855. — N° du Greffe 11,644.

LEROUX, Jean-Cyrille, *limonadier, rue Saint-Denis*, 4. — Jugement du 12 août 1858 homologuant le concordat du 19 juillet 1858. — Remise de 90 %. — Les 10 % non remis payables en deux ans, par moitiés, du jour de l'homologation. — N° du Greffe 14,414.

LEROUX, Nicolas-Léon, *entrepreneur de peinture, Grande-Rue-de-la-Chapelle*, 33. — Jugement du 16 juin 1862 homologuant le concordat du 3 mai 1862. — Remise de 70 %. — Les 30 % non remis payables en quatre ans : 10 % dans le mois de l'homologation, 5 % le 10 mai des années 1863, 1864, 1865 et 1866. — N° du Greffe 19,224.

LEROUX et Cie, Yves, *horlogers, rue de Marengo*, 2. — Jugement du 16 février 1859 homologuant le concordat du 22 décembre 1858. — Remise de 90 % au sieur Leroux. — Les 10 % non remis payables en trois ans, par tiers, du jour de l'homologation. — N° du Greffe 15,139.

LEROY, Louis-Charles, *négociant en vins, place de la Bastille*, 4. — Jugement du 18 juillet 1854 homologuant le concordat du 22 juin 1854. — Abandon de tout son actif. — N° du Greffe 10,903.

LEROY, Léonard-Nicolas, *papetier, rue du Temple*, 199. — Jugement du 16 juillet 1852 homologuant le concordat du 23 juin précédent. — Remise de 70 % en principal, intérêts et frais. — Les 30 % non remis payables en cinq ans, par cinquièmes. — Le premier paiement un an après l'homologation et ainsi de suite. — N° du Greffe 10,374.

LEROY, Charles-Prosper, *fabricant de porcelaines, rue du Paradis-Poissonnière*, 22 *bis*. — Jugement du 3 avril 1862 homologuant le concordat du 7 février 1862. — Remise de 70 %. — Les 30 % non remis payables en six ans, par sixièmes, du 1er juillet. — N° du Greffe 19,059.

LEROY, Julien, *entrepreneur de hauts fourneaux, rue de l'Hôpital-Saint-Louis*, 3. — Jugement du 31 octobre 1862 homologuant le concordat du 11 du même mois. — Obligation de payer l'intégralité des créances le 1er janvier 1865, sans intérêts. — N° du Greffe 454.

LEROY, dame ETIENNE, Louise-Françoise, *lingère, chaussée d'Antin*, 26. — Jugement du 22 janvier 1857 homologuant le concordat du 8 janvier 1857. — Remise de 70 %. — Les 30 % non remis payables en trois ans, par tiers, du concordat. — N° du Greffe 13,467.

LEROY jeune, Julien, *marchand de nouveautés, rue Saint-Honoré*, 279. — Jugement du 14 avril 1852 homologuant le concordat du 30 mars 1852. — Abandon de tout l'actif (sauf le mobilier personnel) et des créances énoncées au concordat. — N° du Greffe 9,971.

LEROY et Cie, Armand-Hippolyte, *fabricant de chaussures et banquier, rue de Rivoli*, 32. — Jugement du 6 mars 1862 homologuant le concordat du 13 février 1862. — Abandon de l'actif énoncé au concordat. — Obligation, en outre, de payer 10 % en cinq ans, par cinquièmes, du jour de l'homologation. — M. Chevallier, maintenu syndic. — N° du Greffe 18,506.

LEROY, François, *marchand d'appareils à gaz, rue du Colysée*, 41. — Jugement du 2 septembre 1862 homologuant le concordat du 27 mai 1862. — Remise de 75 %. — Les 25 % non remis payables en cinq ans, par cinquièmes, du jour du concordat. — N° du Greffe 19,097.

LEROY, Auguste, *peintre en voitures, rue Marbeuf*, 24 *bis*. — Jugement du 24 mars 1858 homologuant le concordat du 27 février 1858. — Remise de 75 %. — Les 25 % non remis payables, sans intérêts : 6 % pendant trois ans, et 7 % la quatrième année du jour du concordat. — N° du Greffe 14,415.

LEROY, Marie-Jean-Claude, *négociant en boutons de soie, rue du Vertbois*, 14. — Jugement du 16 mai 1854 homologuant le concordat du 1er du même mois. — Remise de 80 %. — Les 20 % non remis payables, sans intérêts, en quatre ans, par quarts, d'année en année. — Le premier paiement le 1er mai 1855. — N° du Greffe 11,200.

LE ROY, Barthélemy, *bijoutier, rue du Château-d'Eau*, 72. — Jugement du 27 septembre 1856 homologuant le concordat du 29 août 1856. — Remise de 50 %. — Les 50 % non remis payables en trois ans, de six mois en six mois, à raison de 80 % pour les cinq premiers dividendes et de 10 % pour les derniers. — Le premier paiement fin février 1857. — N° du Greffe 13,105.

LEROYÉ, Pierre, *tailleur*. — Concordat du 9 août 1849 qualifiant faillite. — N° du Greffe 85.

LESAGE, Casimir-Armand, *marchand de vins, rue des Barres-Saint-Paul*, 17. — Jugement du 5 novembre 1858 homologuant le concordat du 26 octobre 1858. — Remise de 80 %. — Les 20 % non remis payables en quatre ans, par quarts, du 1er novembre prochain. — N° du Greffe 15,075.

LESAGE, de la société COMBETTES. — Voir : COMBETTES.

LESBROUSSART, Joseph, *épicier, rue de Flandres*, 132. — Jugement du 25 février 1862 homologuant le concordat du 20 décembre 1861. — Remise de 70 %. — Les 30 % non remis payables en cinq ans, par cinquièmes, du concordat. — N° du Greffe 18,503.

LESCOT, Jean-Antoine, *négociant en vins, à Batignolles*. — Jugement du 10 février 1857 homologuant le concordat du 24 février 1857. — Remise de 55 %. — Les 45 % non remis payables, sans intérêts, par tiers. — Le premier paiement le 20 janvier 1858. — N° du Greffe 13,376.

LESCUN, *menuisier, rue du Plat-d'Étain*. — Concordat du 25 juin 1849 qualifiant faillite. — N° du Greffe 59.

LESCURE, Bernard-Alexandre, *négociant en draps, rue St-Honoré*, 87. — Jugement du 6 octobre 1860 homologuant le concordat du 28 septembre 1860. — Remise de 80 %. — Les 20 % non remis payables, sans intérêts, en quatre ans, par quarts, du 1er septembre. — N° du Greffe 17,333.

LESCURE dame, Jean-Luc, *marchand de vins-traiteur, boulevard des Martyrs*, 6. — Jugement du 14 mars 1860 homologuant le concordat du 28 février 1860. — Remise de 75 %. — Les 25 % non remis payables : 5 % le 1er mars des années 1860, 1861, 1862, 1863 et 1864. — N° du Greffe 16,517.

LESCURE, Jean, *porteur d'eau, route d'Italie*, 68. — Jugement du 5 mai 1862 homologuant le concordat du 4 février 1862. — Remise de 85 %. — Les 15 % non remis payables, sans intérêts, en trois ans, par tiers, du jour de l'homologation. — N° du Greffe 18,423.

LESÈBLE, Pierre-Louis, *épicier, à Choisy*. — Concordat du 9 avril 1849, qualifiant faillite. — N° du Greffe 51.

LESENFANS, Pierre, *marchand de vins, à Ivry*. — Jugement du 18 juillet 1853 homologuant le concordat du 17 juin 1853. — Remise de 70 %. — Les 30 % non remis payables en cinq ans, par cinquièmes, le 1er octobre des années 1854 et suivantes. — M. Pascal, commissaire. — N° du Greffe 10,848.

LESIEUR, Jean-Baptiste, *loueur de voitures, rue Marbeuf*, 59. — Jugement du 6 décembre 1862 homologuant le concordat du 22 novembre 1862. — Remise de 50 %. — Les 50 % non remis payables en cinq ans, par cinquièmes, du 15 novembre. — N° du Greffe 308.

LESLUIN, Pierre-Louis-Michel, *épicier, rue de Chaillot*, 5. — Jugement du 26 mars 1855 homologuant le concordat du 6 du même mois. — Remise de 80 %. — Les 20 % non remis payables en quatre ans, par quarts, d'année en année, du 1er avril 1856. — N° du Greffe 12,023.

LESOURD, Jean-François, *négociant en vins, rue de l'Hôtel-de-Ville*, 70. — Jugement du 27 janvier 1851 homologuant le concordat du 16 janvier 1851. — Remise de 80 % et de tous intérêts et frais. — Les 20 % non remis payables en cinq ans, par cinquièmes, le 16 janvier des années 1852, 1853 et suivantes. — N° du Greffe 9,658.

LESUEUR frères, et BELLENGÉE, *négociants en vins, à Bercy*. — Voir : BELLENGÉE ou BELLENGER.

LESUEUR, *peintre en bâtiments, rue Basfroid*, 26. — Jugement du 16 juin 1862 homologuant le concordat du 6 mai 1862. — Remise de

88 %. — Les 12 % non remis payables en quatre ans, par quarts, du jour de l'homologation. — N° du Greffe 17,916.

LESUEUR, aîné, Julien, *fabricant de bronzes, passage St-Avoye*, 6.— Jugement du 19 mai 1857 homologuant le concordat du 2 du même mois. — Remise de 50 %. — Les 50 % non remis payables : 8 % pendant cinq ans, et 10 % la sixième année du jour de l'homologation. — N° du Greffe 13,767.

LESUEUR, Louis-Désiré, *parfumeur, rue Caumartin*, 35. — Jugement du 7 novembre 1850 homologuant le concordat du 21 octobre 1850. — Abandon de l'actif énoncé au concordat. — Obligation de payer 10 % en deux ans, par moitiés, sans intérêts, du 21 octobre 1850. — N° du Greffe 9,553.

LESUR sieur et dame, Louis, *négociants en couleurs, rue Fondary*, 45.— Jugement du 10 avril 1860 homologuant le concordat du 10 mars 1860. — Abandon de l'actif énoncé au concordat.— Obligation de payer en outre 5 % des créances, sans intérêts, savoir: moitié dans un et deux ans de l'homologation, et 2 % dans un et trois ans de l'homologation. — M. Filleul, commissaire. — N° du Greffe 16,532.

LETAILLEUR, André-Alexis, *marchand de cole, rue du Roi-de-Sicile*, 27.—Jugement du 7 octobre 1851 homologuant le concordat du 23 septembre 1851. — Remise de 70 %. — Les 30 % non remis payables en trois ans, par tiers, le 30 septembre des années 1852, 1853 et 1854. — Mme Letailleur, caution. — N° du Greffe 9,958.

LETEINTURIER ou **LETAINTURIER**, Jean-Thomas, *marchand de vins, à Bercy*. — Jugement du 10 juin 1858 homologuant le concordat du 27 mai 1858. — Remise de 70 %. — Les 30 % non remis payables : 15 % dans la huitaine de la reddition de compte, et 15 %, par tiers, les 15 juin des années 1859, 1860 et 1861. — M. Leteinturier, caution, des 15 % promis. — N° du Greffe 14,685.

LETELLIER, Jean-Baptiste-Victor, *grainetier, boulevard de la Chopinette*, 30.— Jugement du 25 novembre 1856 homologuant le concordat du 13 du même mois. — Remise de 75 %. — Les 25 % non remis payables en cinq ans, par cinquièmes, d'année en année, du jour de l'homologation. — N° du Greffe 13,212.

LETELLIER, Auguste, *marchand de vins, à Neuilly*. — Jugement du 11 septembre 1855 homologuant le concordat du 14 du même mois. — Remise de 75 %. — Les 25 % non remis payables en trois ans, six mois, comme suit: 5 % dans six mois, 5 % six mois après, 2 1/2 % de trois mois en trois mois, à partir du deuxième paiement. — MM. Bertrant, Chautraud, Laseveut et Blot, cautions, des premiers 10 %. N° du Greffe 12,095.

LETELLIER, veuve MAILLEFER, Clémentine-Alphonsine-Delphine, *modiste, rue St-Honoré*, 332. — Jugement du 15 mai 1857 homologuant le concordat du 4 du même mois. — Remise de 75 %.— Les 25 % non remis payables en cinq ans, par cinquièmes, d'année en année, du jour du concordat. — N° du Greffe, 13,763.

LETELLIER jeune, Benjamin-Stanislas, *marchand de vins, avenue des Ternes*, 49. — Jugement du 27 mai 1857 homologuant le concordat du 6 du même mois.— Remise de 65 %.— Les 35 % non remis payables, sans intérêts, savoir : 5 % comptant, 5 % le 15 octobre 1857, 25 % en cinq ans, par cinquièmes, d'année en année, du 1er juillet prochain. — — N° du Greffe 13,747.

LETHEUX, Léon, *tapissier, rue Laffitte*, 44. — Jugement du 10 juin 1859 homologuant le concordat du 26 mai 1859. — Remise de 60 %. — Les 40 % non remis payables en cinq ans, par cinquièmes, du jour de l'homologation. — N° du Greffe 15,767.

LETHEUX, Louis-Joseph-Augustin, *marchand de bronzes, et de meubles, rue Laffitte*, 44. — Jugement du 3 septembre 1857 homologuant le concordat du 21 août 1857. — Obligation de payer le montant intégral des créances, par vingtièmes, de trois mois en trois mois. — Le premier paiement le 1er mars prochain. — N° du Greffe 13,988.

LETHEUX, Charles, *confectionneur de gilets, rue St-Honoré*, 219. — Jugement du 14 juillet 1852 homologuant le concordat du 25 juin 1852. — Remise de 70 % et de tous intérêts et frais non admis. — Les 30 % non remis payables par fractions de 7 1/2 % fin février prochain, fin août suivant, fin février 1854 et fin août suivant. — N° du Greffe 10,145.

LETOT, Philippe-François-Joseph, *marchand de vins, rue Mogador*, 25, *à la Villette*.— Jugement du 24 décembre 1861 homologuant le concordat du 3 décembre 1861. — Remise de 50 %. — Les 50 % non remis payables en dix ans, par dixièmes, du jour de l'homologation. — N° du Greffe 18,812.

LETOURNEUR, François, *limonadier, rue du Faubourg-St-Antoine*, 261. — Jugement du 21 février 1862 homologuant le concordat du 5 février 1862.— Remise de 85 %.— Les 15 % non remis payables en cinq ans, par cinquièmes, du jour de l'homologation. — N° du Greffe 18,900.

LETOUZÉ, Noel, *marchand d'estampes, passage des Panoramas*, 34. — Jugement du 19 juillet 1859 homologuant le concordat du 30 juin. — Remise de 80 %. — Les 20 % non remis payables en quatre ans, par quarts, du jour de l'homologation. — N° du Greffe 15,851.

LETUAL, *mercier, rue St-Denis*, 196. — Jugement du 12 décembre 1860 homologuant le concordat du 19 novembre 1860. — Abandon de l'actif énoncé au concordat. — Obligation de payer 10 % en cinq ans, par cinquièmes, du jour du concordat. — Decagny, maintenu syndic. — N° du Greffe 17,440.

LETULLE, Pierre, *ex-entrepreneur de vidanges, à Batignolles*. — Jugement du 24 septembre 1851 homologuant le concordat du 9 du dit mois.— Remise des intérêts et frais non admis, et de 90 %.— Les 10 % non remis payables en cinq ans, par cinquièmes, d'année en année, du 9 septembre 1851. — N° du Greffe 9,686.

LETURQUIS, Alphonse-Victor, *corroyeur, rue du Petit-Lion-St-Sauveur*, 9. — Jugement du 24 janvier 1861 homologuant le concordat du 14 janvier 1861. — Remise de 80 %. — Les 20 % non remis payables en trois ans, à raison de 3 % de six mois en six mois, à compter de l'homologation pendant les deux premières années, et à raison de 4 %, de six mois en six mois dans la dernière. — N° du Greffe 17,589.

LETUVÉ, Adolphe-Jules, *fabricant de boutons, rue Castex*, 8.— Jugement du 29 janvier 1857 homologuant le concordat du 26 décembre 1856. — Remise de 80 %. — Les 20 % non remis payables en quatre ans, par quarts, sans intérêts, du jour du concordat. — N° du Greffe 13,438.

LEUBE, Léon-François, *ex-marchand de bouteilles, rue Montorgueil*, 61. — Jugement du 3 septembre 1852 homologuant le concordat du 16 août 1852.— Remise de 90 % en principal, intérêts et frais.— Les 10 % non remis payables : 5 % dans le mois de l'homologation, 5 % le 1er septembre 1853.— N° du Greffe 9,827.

LEUILLET, Pierre, *commerce de denrées alimentaires, rue Doudauville*, 57, *à la Chapelle-St-Denis*.— Jugement du 5 janvier 1858 homologuant le concordat du 10 décembre 1857. — Remise de 80 %. — Les 20 % non remis payables en cinq ans, par cinquièmes, du jour du concordat. — N° du Greffe 14,251.

LEURÈLE, Henry-Désiré-Félix, *marchand à la Toilette, rue de l'Université*, 3.— Jugement du 20 juillet 1858 homologuant le concordat du 8 juillet 1858. — Remise de 75 %. — Les 25 % non remis payables en 5 ans, par cinquièmes, du jour du concordat. — N° du Greffe 14,809.

LEVAILLANT, Lehmann, *commerce de peignes, à Belleville*. — Jugement du 3 mars 1856 homologuant le concordat du 8 février 1856.—Remise de 80 %. — Les 20 % non remis payables, sans intérêts, en quatre ans, par quarts, d'année en année, du jour du concordat. — N° du Greffe 12,531.

LEVALLOIS, *négociants en vins, à la Villette*. — Jugement du 13 février 1857 homologuant le concordat du 30 décembre 1856. — Remise de 90 %. — Les 10 % non remis payables par moitiés, fin décembre 1857 et 1858. — N° du Greffe 10,688.

LEVASSEUR, Gédéon-Athanase, *ex-découpeur de bois de teinture, route Militaire, 13 ou 78, à Charonne et rue de Bièvre*, 30. — Jugement du 29 décembre 1858 homologuant le concordat du 15 décembre 1858.—Abandon de l'actif énoncé au concordat. — N° du Greffe 15,275.

LEVASSEUR père, Pierre, *horloger, rue St-Honoré*, 362. — Jugement du 2 janvier 1856 homologuant le concordat du 17 décembre 1855. — Remise de 80 %. — Les 20 % non remis payables, sans intérêts : 10 % un mois après l'homologation, 5 % un an après, et 9 % deux ans après. — Levasseur fils, caution du paiement des dividendes promis. — N° du Greffe 12,660.

LEVASSEUR, société **PLANCHON**, Louis, *rue Lafayette*, 46. — Jugement du 26 août 1857 homologuant le concordat du 29 juillet 1857. — Abandon de l'actif énoncé au concordat. —Obligation de payer 5 % dans le mois de l'homologation. — A tous événements, de parfaire 70 % en cinq ans, par cinquièmes, d'année en année, du jour de la dernière répartition. — N° du Greffe 13,601.

LEVEILLÉ, Almire, *ex-maître de poste, rue d'Angoulême-du-Temple*, 18. — Concordat du 12 mars 1850. — N° du Greffe 821.

LEVEL, Édouard-Jean-Baptiste, *marchand de vins, rue Ste-Appoline*, 14. — Jugement du 23 avril 1856 homologuant le concordat du 28 février 1856. — Remise de 55 %. — Les 45 % non remis payables en cinq ans, par cinquièmes, d'année en année, du jour de l'homologation. — N° du Greffe 12,820.

LEVEL, sieur et dame, Antoine, *merciers, rue d'Argenteuil*, 48. — Jugement du 20 janvier 1854 homologuant le concordat du 13 du même mois. — Abandon de tout l'actif et obligation de payer 10 % du montant de leurs créances, en cinq ans, par cinquièmes. — Le premier paiement le 15 janvier 1855. — N° du Greffe 11,820.

LEVÊQUE jeune, Théophile, *menuisier, boulevard de Belleville*, 6. — Jugement du 31 mai 1852 homologuant le concordat du 17 dudit mois. — Remise de 75 % en principal, intérêts et frais. — Les 25 % non remis payables en quatre ans, par quarts, le 17 mai des années 1853, 1854, 1855 et 1856. — N° du Greffe 10,304.

LEVÊQUE, société **DAUPHIN**. — Voir : **DAUPHIN**. — N° du Greffe 3,729.

LEVÊQUE, Adolphe-François, *marchand de bois, rue des Montagnes*, 4, *à Belleville*. — Jugement du 6 octobre 1862 homologuant le concordat du 8 septembre 1862. — Remise de 25 %. — Les 75 % non remis payables, sans intérêts : 20 % dans les vingt jours de l'homologation, 6 % six mois après ce premier paiement, 7 % dans les six mois, jusqu'à parfait paiement. — Mme Levêque, caution. — N° du Greffe 19,939.

LEVERRIER, Jean-Baptiste, *marchand de vins, rue du Chaudron*, 6. — Jugement du 25 avril 1853 homologuant le concordat du 31 mars 1853. — Remise de 95 %. — Les 5 % non remis payables dans la huitaine de l'homologation. — Leverrier, Éléonor, à Batignolles, caution solidaire du paiement de 5 %. — N° du Greffe 10,233.

LEVERT sieur et dame, *tenant hôtel, rue Croix-des-Petits-Champs*, 4 *et* 6. — Concordat du 1er avril 1850. — N° du Greffe 691.

LEVIDON, *marchand de farines, rue de Viarmes*, 1. — Voir : **VIDON**. — N° du Greffe 11,856.

LEVIEUX, Léon, *marchand de nouveautés, route de Fontainebleau*, 55. — Jugement du 10 décembre 1862 homologuant le concordat du 22 novembre 1862. — Remise de 60 %. — Les 40 % non remis payables : 10 % un an après l'homologation, 30 % fin des deux années suivantes. — N° du Greffe 450.

LEVIEUX, société **DESROCHES**, Auguste-François, *tapissier, rue de Charonne*, 5. — Voir : **DESROCHES**, société **LEVIEUX**. — N° du Greffe 13,280.

LEVIN, Isidore, *horloger, rue Neuve-des-Petits-Champs*, 5. — Jugement du 10 mars 1857 homologuant le concordat du 24 février 1857. — Remise de 80 %. — Les 20 % non remis payables en quatre ans, par quarts, d'année en année. — Le premier paiement fin février 1858. — N° du Greffe 13,391.

LEVIS et **SALOMON**, société, *fabricants de fleurs artificielles, rue Bourbon-Villeneuve*, 30. — Jugement du 17 novembre 1856 homologuant le concordat du 3 du dit mois. — Remise de 75 %. — Les 25 % non remis payables en cinq ans, par cinquièmes, d'année en année, du jour de l'homologation. — N° du Greffe 13,350.

LEVISSE, Frédéric-Gustave, *constructeur, à Montmartre*. — Jugement du 3 octobre 1850 homologuant le concordat du 6 septembre 1850. — Remise de 85 %. — Les 15 % non remis payables en trois ans, par tiers, d'année en année, du jour de l'homologation. — Abandon d'une créance énoncé au concordat. — N° du Greffe 844.

LEVON, Victor-Alexandre, *charpentier ceintreur, rue de Charenton*, 127. — Jugement du 24 février 1862 homologuant le concordat du 11 février 1862. — Obligation de payer l'intégralité des créances, sans intérêts, en cinq ans, par dixièmes, de six mois en six mois, du 1er janvier. — N° du Greffe 19,036.

LEVRAT frères, société **BACON**, Claude-Clément et Hippolyte-François, *commerce de pelles et pincettes, rue Crussol*, 11. — Voir : **BACON**, société **LEVRAT**. — N° du Greffe 12,445.

LEVRAUX frères, Théodore et Prosper, *fabricants de voitures, rue du Colysée*, 33. — Jugement du 11 septembre 1861 homologuant le concordat du 29 juin 1861. — Remise de 40 %. — Les 60 % non remis payables par M. Prosper Levraux seul : 10 % dans le mois de l'homologation, 10 % dans un an de l'homologation, 10 % dans deux, trois, quatre et cinq ans. — M. Théodore Levraux, caution. — N° du Greffe 18,870.

LÉVY, David et Émile, société, *fabricants de casquettes, rue Neuve-Saint-Merri*, 7. — Jugement du 13 octobre 1854 homologuant le concordat du 3 du même mois. — Remise de 70 %. — Les 30 % non remis payables en dix paiements égaux de six mois en six mois. — Le premier paiement le 1er mai 1855 et ainsi successivement. — N° du Greffe 11,628.

LÉVY, Jacques, *marchand de draps, rue Vieille-du-Temple*, 64. — Jugement du 14 juin 1853 homologuant le concordat du 28 mai 1853. — Remise de 68 %. — Les 32 % non remis payables : 10 % comptant, 4 % à trois mois, 4 % à six mois, 4 % à neuf mois, 4 % à douze mois, 4 % à quinze mois, 2 % à dix-huit mois de l'homologation. — N° du Greffe 10,775.

LÉVY, David-Lep, *marchand de nouveautés, rue de la Procession*, 3, *à Vaugirard*. — Jugement du 23 juin 1862 homologuant le concordat du 7 juin 1862. — Remise de 60 %. — Les 40 % non remis payables : 5 % un mois après l'homologation et 3 % en quatre ans, par quarts, du jour de l'homologation. — N° du Greffe 19,590.

LEVY, Salomon, *négociant en draps, rue des Fossés-Montmartre*, 7. — Jugement du 24 novembre 1856 homologuant le concordat du 15 octobre 1856. — Remise de 75 %. — Les 25 % non remis payables sans intérêts, savoir : 5 % le 15 décembre prochain et 20 % en quatre ans, par quarts, d'année en année, du jour de l'homologation. — Joseph Levy et Salomon Birée, cautions, sans solidarité, chacun à concurrence de 12,156 fr. 35 c. — N° du Greffe 13,106.

LEVY, Charles, *fabricant de chapeaux de paille, rue Bourbon-Villeneuve*, 26. — Jugement du 1er octobre 1856 homologuant le concordat du 15 septembre 1856. — Remise de 80 %. — Les 20 % non remis payables : 3 % fin septembre 1857, 4 % fin septembre 1858, 6 % fin septembre 1859 et 7 % fin septembre 1860. — N° du Greffe 13,248.

LEVY, Abraham, *commerce de casquettes, rue Simon-le-Franc*, 29. — Jugement du 6 octobre 1862 homologuant le concordat du 18 septembre 1862. — Remise de 65 %. — Les 35 % non remis payables en cinq ans, par cinquièmes, du jour du concordat. — N° du Greffe 165.

LÉVY et **HOURDEAUX**, Salmon, *tapissiers et marchands de meubles, rue Gaston*, 19. — Voir : **HOURDEAUX**. — N° du Greffe 17,366.

LÉVY, Simon, *marchand de cols-cravates, passage Vivienne*, 9. — Jugement du 5 mai 1862 homologuant le concordat du 22 avril 1862. — Remise de 60 %. — Les 40 % non remis payables en quatre ans, par quarts, du jour de l'homologation. — N° du Greffe 19,531.

LEVY, Jacques, *marchand de nouveautés, rue Rambuteau*, 56. — Jugement du 22 novembre 1850 homologuant le concordat du 19 octobre 1850. — Remise de 85 % et des intérêts et frais. — Les 15 % non remis payables, par tiers, le 31 octobre des années 1851, 1852 et 1853. — N° du Greffe 9,513.

LEVY, Jean, *passementier, rue Aux-Ours*, 21, *actuellement rue du Petit-Lion*, 10. — Jugement du 17 novembre 1851 homologuant le concordat du 29 octobre 1851. — Remise de tous intérêts et frais et de 65 % sur le principal. — Les 35 % non remis payables par fractions de 5 %. — Le premier paiement le 31 octobre 1852 et le dernier le 31 octobre 1858. — N° du Greffe 10,060.

LEVY, Michel, *laitier en gros, rue du Faubourg-Saint-Antoine*, 155. — Jugement du 8 mars 1855 homologuant le concordat du 14 février 1855. — Remise de 70 %. — Les 30 % non remis payables en trois ans par tiers, d'année en année, du jour du concordat. — N° du Greffe 10,824.

LEVY, *commerce de broderies, rue Montorgueil*, 49. — Jugement du 21 octobre 1859 homologuant le concordat du 21 septembre 1859. — Remise de 70 %. — Les 30 % non remis payables en six ans, par sixièmes, du 15 septembre. — N° du Greffe 16,030.

LEXA, Jean-François, *voiturier, à Levallois*. — Jugement du 21 août 1861 homologuant le concordat du 5 août 1861. — Obligation de payer l'intégralité des créances, sans intérêts, en six ans, par sixièmes, du 1er octobre. — N° du Greffe 18,272.

LEXA, Nicolas, *aplatisseur de cornes, rue Neuve-Popincourt*, 2. — Jugement du 20 juin 1851 homologuant le concordat du 10 juin 1851. — Remise de 85 % en principal, intérêts et frais. — Les 15 % non remis payables en trois ans, par tiers, le 1er août des années 1852, 1853 et 1854. — N° du Greffe 9,821.

LEYRIT, société BENOIST, *bimbelotier, boulevard Beaumarchais*, 27 *ou* 67. — Voir : BENOIST et LEYRIT, Paul. — N° du Greffe 16,141.

LEYS, Antoine-François, *marchand de vins, rue Traversière-St-Antoine*, 93. — Jugement du 2 mars 1855 homologuant le concordat du 13 février 1855. — Remise de 80 %. — Les 20 % non remis payables en quatre ans, par quarts, d'année en année. — Le premier paiement le 1er mars 1856. — N° du Greffe 12,051.

LHÉRAULT, François-Marie, *maître-maçon, rue Beautrellis*, 15. — Jugement du 24 mai 1852 homologuant le concordat du 3 mars 1852. — Remise de 80 % en principal, intérêts et frais. — Les 20 % non remis payables, sans intérêts, en quatre ans, par cinquièmes, fin avril des années 1853, 1854, 1855 et 1856. — N° du Greffe 9,998.

LHEURIN, dit MEYNARD, François-Pierre, *miroitier, boulevard des Italiens*, 19. — Jugement du 27 février 1852 homologuant le concordat du 7 du même mois. — Remise de tous intérêts et frais et de 75 %. — Les 25 % non remis payables : 20 % en cinq ans, par cinquièmes, et 5 % le 15 février 1858. — Le premier paiement le 15 février 1853. — N° du Greffe 9,870.

LHOMER, Constant, *fleuriste, rue Coq-Héron*, 8. — Jugement du 12 mars 1862 homologuant le concordat du 22 février précédent. — Remise de 75 %. — Les 25 % non remis payables : 3 % aussitôt l'homologation ; 2 % fin mai prochain ; 5 % fin mai des années 1863, 1864, 1865 et 1866. — N° du Greffe 18,558.

LHOMER et COURRECH, Amand-Désiré, *confectionneur, boulevard de Strasbourg*, 7. — Voir : COURRECH. — N° du Greffe 16,103.

LHONORÉ fils, Charles-Victor, *cartonnier, rue des Jeûneurs*, 21. — Jugement du 27 octobre 1859 homologuant le concordat du 11 du même mois. — Remise de 75 %. — Les 25 % non remis payables en cinq ans, par cinquièmes, du jour du concordat. — N° du Greffe 15,925.

LHONORÉ-RIETSCH, Bertrand, *marchand de papier, rue des Trois-Couronnes*, 59. — Jugement du 9 juin 1856 homologuant le concordat du 13 mai 1856. — Remise de 50 %. — Les 50 % non remis payables en cinq ans, par cinquièmes, d'année en année, du jour de l'homologation. — N° du Greffe 12,858.

LHOTE Dlle, Amélie, *tenant hôtel garni, rue St-Honoré*, 357 *bis*. — Jugement du 5 juillet 1850 homologuant le concordat du 5 juin 1850. — Remise de 90 % en principal, intérêts et frais. — Les 10 % non remis payables en deux paiements de 5 % le 1er juillet des années 1851 et 1852. — N° du Greffe 9,110.

LHOTE, aîné, Louis-François, *commissionnaire en marchandises, rue du Bac*, 42, *et ci-devant rue de la Verrerie*, 43. — Jugement du 26 août 1862 homologuant le concordat du 12 du même mois. — Remise de 75 %. — Les 25 % non remis payables : 4 % pendant les cinq premières années et 5 % à la sixième, du jour de l'homologation. — N° du Greffe 44.

LHOTTE et BRIERRE, Jean-Louis-Chrysostôme, *marchand de cidres, à la Villette*. — Voir : BRIERRE. — N° du Greffe 12,884.

LIADIÈRES, Antoine, *imprimeur en taille douce, rue de la Harpe*, 72. — Jugement du 7 juillet 1853 homologuant le concordat du 20 juin 1853. — Remise de 75 %. — Les 25 % non remis payables : 5 % le 15 juin 1854 ; le surplus par fractions de 2 1/2 % payables de six mois en six mois, les 15 décembre et 15 juillet. — N° du Greffe 10,752.

LIANDIER, Michel, *marchand de peaux, place Maubert*, 15, *et quai de la Tournelle*, 55. — Jugement du 29 mars 1860 homologuant le concordat du 10 du même mois. — Remise de 75 %. — Les 25 % non remis payable en cinq ans, par cinquièmes, du jour de l'homologation. — N° du Greffe 16,542.

LIANNARD, Marc, *marchand de bouchons, rue Montmartre*, 78. — Jugement du 27 avril 1855 homologuant le concordat du 14 du même mois. — Remise de 75 %. — Les 25 % non remis payables en trois ans, par tiers, d'année en année, du jour du concordat. — N° du Greffe 12,074.

LIANNARD, Marc, *ex-marchand de bouchons, rue Montmartre*, 78. — Jugement du 23 décembre 1857 homologuant le concordat du 14 du même mois. — Abandon de l'actif énoncé au concordat. — Obligation de payer 10 %, de cinq années en cinq années du jour de l'homologation. — N° du Greffe 14,229.

LIARD, Alphonse, *peintre en bâtiment, rue du Faubourg-St-Denis*, 54. — Jugement du 17 novembre 1853 homologuant le concordat du 28 octobre 1853. — Remise de 70 %. — Les 30 % non remis payables : 10 % le 20 novembre 1853, 20 %, par quarts, le 20 novembre des années 1854, 1855, 1856 et 1857. — N° du Greffe 11,034.

LIBESSART (de), Pierre-Henri-Magloire, *marchand d'alcools, à Batignolles*. — Jugement du 26 octobre 1860 homologuant le concordat du 6 septembre 1860. — Remise de 75 %. — Les 25 % non remis payables : 5 % fin mai prochain : et 10 % fin mai des années 1862 et 1863. — Madame de Libessart, caution. — N° du Greffe 17,142.

LIDOR, dame BOSSUAT, *limonadière, rue Neuve-St-Martin*, 15. — Jugement du 28 avril 1851 homologuant le concordat du 11 du même mois. — Remise de 95 %. — Les 5 % non remis payables par les sieur et dame Bossuat, solidaires, 1 % dans six mois du 11 avril 1851, 1 % dans un an, et 3 %, par tiers, d'année en année. — Abandon, en outre, de leurs droits dans les faillites Puytoie et Cavard. — N° du Greffe 7,697.

LIÉFROY, Jean-Baptiste-Isidore, *marchand de vins, rue des Lions-St-Paul*, 3. — Jugement du 1er décembre 1859 homologuant le concordat du 14 novembre 1859. — Remise de 75 %. — Les 25 % non remis payables : 10 % dans le mois de l'homologation, 15 % en trois ans, par tiers, de l'homologation. — N° du Greffe 16,217.

LIÉMOR, dame NOEL, Joséphine, *mercière, rue du Jardinet*, 11. — Jugement du 11 janvier 1858 homologuant le concordat du 24 décembre 1857. — Remise de 80 %. — Les 20 % non remis payables, sans intérêts : 6 % dans un et deux ans, et 8 % dans trois ans de l'homologation. — N° du Greffe 14,184.

LIÉNARD, *marchand boulanger, rue Rochechouart*, 9. — Concordat du 16 avril 1849, qualifiant faillite. — N° du Greffe 123.

LIENDON-GAMARD sieur et dame, Louis-Adolphe, *modes, rue de Grammont*, 26. — Jugement du 26 mars 1855 homologuant le concordat du 17 du même mois. — Remise de 70 %. — Les 30 % non remis payables en six ans, par sixièmes, d'année en année, pour le 1er paiement avoir lieu le 1er avril 1856. — N° du Greffe 12,158.

LIENHARD, Louis-Amédée, de la société BONOMÉ, *marchand d'étoffes, rue St-Denis*, 117 et 119. — Jugement du 24 octobre 1862 homologuant le concordat du 12 septembre 1862. — Remise de 80 %. — Les 20 % non remis payables, sans intérêts, en quatre ans, par quarts, du jour de l'homologation.

LIER, veuve FONTAINE, Marie-Marguerite, *négociante en lingeries, rue de Provence*, 71. — Voir : FONTAINE.

LIÉTOUT, dame, *marchande de dentelles, rue du Faubourg-St-Honoré*, 14. — Jugement du 12 février 1858 homologuant le concordat du 26 janvier 1858. — Remise de 80 %. — Les 20 % non remis payables en cinq ans, par cinquièmes, d'année en année, du jour de l'homologation. — M. Liétout et madame Niot, cautions. — N° du Greffe 14,361.

LIEUTARD, *entrepreneur de bâtiments, à Batignolles*. — Jugement du 18 mars 1857 homologuant le concordat du 28 février 1857. — Remise de 75 %. — Les 25 % non remis payables en cinq ans, par cinquièmes, du jour du concordat. — N° du Greffe 13,234.

LIEVIN jeune, dame Marie-Émilie MIGNOT, *ex-vermicellière, rue Pavée-St-André*, 11. — Jugement du 29 avril 1853 homologuant le concordat du 11 du même mois. — Abandon de tout l'actif réalisé y compris la nue-propriété d'une rente énoncée au concordat. — Obligation de payer aux créanciers 1 fr. 28 c. % en cinq ans, en soixante paiements, de mois en mois, pour le premier paiement avoir lieu le 31 mai 1853, et ainsi de suite. — M. Henrionnet, commissaire. — N° du Greffe 9,052.

LIGIER, Léonard, *fabricant de chaussures, rue St-Lazare*, 94.— Jugement du 31 janvier 1861 homologuant le concordat du 17 du même mois. — Remise de 85 %.— Les 15 % non remis payables: 10 % dans les quarante jours de l'homologation, et 5 % dans un an du concordat. — N° du Greffe 17,540.

LIGNEY, Jean-François, *fabricant de salpêtre, rue Lenoir*, 17. — Jugement du 9 novembre 1860 homologuant le concordat du 26 octobre 1860. — Remise de 45 %. — Les 55 % non remis payables, savoir : 15 % dans les trois mois du concordat, par les syndics, et 2 1/2 % les 10 août et 10 février de chaque année, pour le premier paiement avoir lieu le 10 août 1861. — Abandon de l'actif réalisé pour garantie des premiers 15 %. — Messieurs Lefrançois, Rodier et Collin, commissaires. — N° du Greffe 16,452.

LIGODIÈRES, Claude-Jules, *fermier d'annonces, rue des Fossés-St-Jacques*, 20. — Jugement du 1er octobre 1862 homologuant le concordat du 3 septembre 1862. — Obligation de payer l'intégralité des créances, en six ans, par douzièmes, de six mois en six mois, du jour de l'homologation. — N° du Greffe 118.

LIGONNET, Vincent, *imprimeur sur étoffes, à St-Denis*.—Jugement du 12 septembre 1855 homologuant le concordat du 28 août 1855.—Remise de 60 %. — Les 40 % non remis payables en cinq ans, par cinquièmes, du concordat. — N° du Greffe 12,341.

LIMOUSIN, Charles-César, *entrepreneur de lavoirs publics, rue Lamartine*, 31. — Jugement du 24 janvier 1855 homologuant le concordat du 28 décembre 1854. — Abandon de l'actif énoncé au concordat. — Obligation, en outre, de payer 25 % en cinq ans, par dixièmes, de six mois en six mois, du jour du concordat. — N° du Greffe 11,719.

LINARD, Edme-Auguste, *entrepreneur de lavoirs, rue de Marseille*, 11. — Jugement du 13 septembre 1862 homologuant le concordat du 8 août 1862.—Remise de 50 %.—Les 50 % non remis payables : 48 % en six ans, par sixièmes, de l'homologation et 2 % six mois après le dernier paiement. — N° du Greffe 19,871.

LINDEGREN, dame **FURSTENHOFF**, Emma-Sophie, *fleuriste, rue de Choiseul*, 17. — Voir : FURSTENHOFF. — N° du Greffe 11,814.

LINO de YMAZ, *tenant le cercle Hispano-Américain, rue de la Paix*, 21. — Jugement du 16 septembre 1862 homologuant le concordat du 28 août 1862. — Remise de 50 %. — Les 50 % non remis payables en six ans, par sixièmes. — Le premier paiement dans quinze mois de l'homologation ; le deuxième paiement un an après et ainsi de suite. — N° du Greffe 19,625.

LINSLER jeune, Simon, *fabricant de parquets mécaniques, rue Moreau*, 17. — Jugement du 14 janvier 1851 homologuant le concordat du 24 décembre 1850. — Remise de 90 % en principal, intérêts et frais. — Les 10 % non remis payables en deux paiements de 2 % chacun, les 1er janvier 1852 et 1853, et en deux paiements de 3 %, le 1er janvier des années 1854 et 1855. — N° du Greffe, 9,366.

LION dame veuve, Auguste-Narcisse, *marchande de chaussures, rue Montorgueil*, 27. — Jugement du 9 août 1859 homologuant le concordat du 19 juillet 1859. — Remise de 70 %. — Les 30 % non remis payables en trois ans, par tiers, du jour du concordat. — N° du Greffe 15,914.

LION, Moïse, *marchand de draps, rue Bourbon-Villeneuve*, 24. — Jugement du 11 juillet 1856 homologuant le concordat du 24 juin 1856.— Remise de 90 %. — Les 10 % non remis payables par moitiés, les 15 décembre 1856 et 15 avril 1857. — M. Cerf-Lion, caution jusqu'à concurrence de 12,000 fr. seulement. — N° du Greffe 13,126.

LION, Henri, *marchand de confections, rue du Havre*, 4. — Jugement du 25 septembre 1861 homologuant le concordat du 11 septembre 1861. — Remise de 75 %. — Les 25 % non remis payables en trois ans, savoir : 8 % le 1er octobre 1862, 8 % le 1er octobre 1863, et 9 % le 1er octobre 1864. — N° du Greffe 18,303.

LIOTARD et Cᵉ, Louis-Léon, *fabricants de bronzes, rue Bourg-Labbé*, 41. — Jugement du 3 juillet 1856 homologuant le concordat du 17 juin 1856. — Obligation de payer le montant intégral des créances en six ans, par sixièmes, d'année en année. — Le premier paiement le 1er juillet 1857. — Faculté aux faillis de payer en six ans, par douzièmes, de six mois en six mois. — N° du Greffe 18,080.

LIPPMANN, Amable-Guillaume, *fabricant de cartonnages, rue Folie-Méricourt*, 32. — Jugement du 7 septembre 1858 homologuant le concordat du 27 juillet 1858. — Remise de 88 %. — Les 12 % non remis payables par la société Lippmann et Albert, par cinquièmes, d'année en année, du jour de l'homologation. — M. Albert, caution des dividendes ci-dessus. — N° du Greffe 14,563.

LIPPMANN, Isaie, *mégissier, rue Geoffroy-St-Hilaire*, 4. — Jugement du 20 juin 1859 homologuant le concordat du 8 juin 1859. — Remise de 75 %. — Les 25 % non remis payables, sans intérêts, en cinq ans, par cinquièmes, du jour de l'homologation. — N° du Greffe 15,722.

LISIEUX, Jean-Pierre, *doreur, rue Pastourel*, 13. — Jugement du 20 décembre 1854 homologuant le concordat du 15 novembre 1854. — Remise de 90 %. — Les 10 % non remis payables, par moitiés, dans six et dix-huit mois du concordat. — N° du Greffe 11,682.

LIZERAY, Louis-Napoléon, *fabricant de papiers, à la Villette*.—Jugement du 26 janvier 1860 homologuant le concordat du 17 janvier 1860. — Remise de 70 %. — Les 30 % non remis payables en six ans, par sixièmes, du 1er janvier 1860. — N° du Greffe 16,322.

LIZERAY, Jean-Baptiste-François, *serrurier, route d'Allemagne*, 110. —Jugement du 26 septembre 1862 homologuant le concordat du 12 septembre 1862. — Remise de 75 %. — Les 25 % non remis payables en cinq ans, par cinquièmes, du jour de l'homologation.—N° du Greffe 45.

LLOPIS, Frédéric-Gabriel, *imprimeur lithographe, rue Vieille-du-Temple*, 15. — Jugement du 20 août 1862 homologuant le concordat du 1er août 1862. — Remise de 50 %. — Les 50 % non remis payables en cinq ans, par cinquièmes, du jour de l'homologation. — N° du Greffe 19,817.

LOBJOIS, Henri-Paul, *fabricant de veilleuses, rue des Ecouffés*, 12. — Jugement du 29 juin 1855 homologuant le concordat du 16 du même mois. — Remise de 60 %. — Les 40 % non remis payables en quatre ans, par huitièmes, de six mois en six mois. — Le premier paiement le 31 décembre 1855. — N° du Greffe 12,201.

LOCHON frères, Lucien et Clément, *fabricants de bottines, rue Croix-des-Petits-Champs*, 11. — Jugement du 17 juin 1862 homologuant le concordat du 3 du même mois. — Remise de 70 %. — Les 30 % non remis payables, sans intérêts, savoir : 10 % dans le mois de l'homologation ; 5 % dans un, deux, trois et quatre ans de l'homologation. — N° du Greffe 19,761.

LOCQUET, Augustin-Romain-Joseph, *corroyeur, rue du Faubourg-St-Antoine*, 142. — Jugement du 12 novembre 1850 homologuant le concordat du 25 juillet 1850. — Remise de 75 %. — Les 25 % non remis payables : 10 % le 31 octobre des années 1851 et 1852, et 5 % le 31 mai 1853. — Madame Locquet, caution. — N° du Greffe 9,438.

LODDÉ, Frédéric-Amédée, *fabricant de bijoux, rue Montmorency*, 42. — Jugement du 15 juin 1858 homologuant le concordat du 25 mai 1858. — Abandon de l'actif énoncé au concordat. — Obligation de payer 6 % en deux ans, par moitiés, du jour du concordat. — N° du Greffe 14,715.

LOEB, Ernest, et **LAZARE**, *négociants en lingerie, rue de Mulhouse*, 4. — L'arrêt du 3 février 1860, 3me chambre, statuant sur appel d'un jugement du 21 octobre 1859, et infirmant, a homologué le concordat du 14 septembre 1859. — Remise de 75 %. — Les 25 % non remis payables en cinq ans, par cinquièmes, du 15 novembre. — N° du Greffe 16,105.

LOGEARD, Jean-Baptiste-Joseph, *marchand de fromages, rue de la Grande-Truanderie*, 44.—Jugement du 19 septembre 1860 homologuant le concordat du 3 du même mois. —Remise de 85 %. — Les 15 % non remis payables en cinq ans, par cinquièmes, du jour du concordat. — N° du Greffe 17,034.

LOHIER, Charles-Théodore, *ex-tailleur de cristaux, à la Petite-Villette*. — Jugement du 11 novembre 1859 homologuant le concordat du 31 octobre 1859. — Remise de 85 %. — Les 15 % non remis payables en cinq ans, par cinquièmes, du jour de l'homologation. — N° du Greffe 16,233.

LOINTIER, *tenant table d'hôte, rue Grange-Batelière*, 1. — Concordat du 8 octobre 1849. — N° du Greffe 373.

LOISEAUX, Louis-Théodore, *peintre en bâtiments, chaussée Ménilmontant*, 36. —Jugement du 12 décembre 1854 homologuant le concordat du 25 novembre 1854.—Remise de 85 %. — Les 15 % non remis payables en trois ans, par tiers, d'année en année. — Le premier paiement le 1er janvier 1856. — N° du Greffe 10,203.

LOISEL, Louis-François, *serrurier, rue de Sèvres et rue de Grenelle, à Vaugirard*. — Concordat du 29 mars 1850. — N° du Greffe 60.

LOISON veuve, Jean, *tenant hôtel meublé, place de la Bastille*, 10. — Jugement du 9 juillet 1861 homologuant le concordat du 6 juin 1861. — Remise de 65 %. — Les 35 % non remis payables en cinq ans, par cinquièmes, du jour de l'homologation. — N° du Greffe 18,173.

LOISON, Pierre-Vincent, *marchand de poteries, à Courbevoie*. — Jugement du 11 novembre 1859 homologuant le concordat du 2 du même mois. — Obligation de payer l'intégralité des créances, sans intérêts, en cinq ans, par cinquièmes, de l'homologation. — N° du Greffe 16,254.

LOISSE, Victor-Achille, *négociant-commissionnaire, rue des Vieilles-Étuves-St-Honoré*, 9. — Jugement du 16 avril 1855 homologuant le concordat du 27 février 1855. — Remise de 80 %. — Les 20 % non remis payables en quatre ans, par quarts, de six mois en six mois, du jour de l'homologation. — N° du Greffe 11,872.

LOIZEAU, Eugène, *fabricant de gants, rue St-Honoré*, 265. — Jugement du 17 décembre 1858 homologuant le concordat du 3 du même mois. — Remise de 75 %. — Les 25 % non remis payables en cinq ans, par cinquièmes, sans intérêts, savoir : 5 % les 31 janvier et 30 avril 1859, et 5 % le 30 août des années 1860, 1861 et 1862. — N° du Greffe 15,222.

LOIZEAU, Alexandre, *bonnetier, rue de Viarmes*, 8, *ci-devant, rue Mercier*, 4. — Concordat du 25 septembre 1849. — N° du Greffe 659.

LOMBARD, de la société ROSEEU, Gilbert, *négociant en pelleteries, rue Popincourt*, 9. — Jugement du 30 mars 1858 homologuant le concordat du 15 du même mois. — Remise de 50 %. — Les 50 % non remis payables en cinq ans, par cinquièmes, du jour du concordat. — N° du Greffe 14,498.

LOMBARD, société LEGRAND, Jean-Hippolyte, *entrepreneur de bâtiments, cité Fénelon*, 2. — Jugement du 10 novembre 1857 homologuant le concordat du 13 octobre 1857. — Remise de 75 %. — Les 25 % non remis payables en cinq ans, par cinquièmes, de l'homologation.— N° du Greffe 13,939.

LOMBARDI, Antoine, *entrepreneur de peintures, rue de l'Ancienne-Comédie*, 28. — Jugement du 25 avril 1862 homologuant le concordat du 12 avril 1862. — Remise de 70 %. — Les 30 % non remis payables, sans intérêts, en cinq ans, par cinquièmes, du jour de l'homologation. — N° du Greffe 19,302.

LOMBART, Eugène-Guillaume, *serrurier, rue du Puits-au-Marais*, 14. — Jugement du 25 mai 1858 homologuant le concordat du 6 du même mois.— Remise de 75 %.— Les 25 % non remis payables, sans intérêts, en cinq ans, par cinquièmes, du jour du concordat. — N° du Greffe 14,431.

LONCLAS, *linger, rue Neuve-St-Eustache*, 32. — Concordat du 30 avril 1849. — N° du Greffe 42.

LONGAT, Ernest-André, *fabricant de produits chimiques, rue de Montreuil*, 115. — Jugement du 14 juin 1855 homologuant le concordat du 20 avril 1855. — Remise de 75 %.— Les 25 % non remis payables en cinq ans, par cinquièmes. — Le premier paiement le 1er mai 1856. —N° du Greffe 12,076.

LONGERON, Claude, *marchand de vins, rue de Lobeau*, 10. — Jugement du 12 juillet 1850 homologuant le concordat du 14 juin 1850. — Remise de tous intérêts et frais et de 88 %. — Les 12 % non remis payables: 5 % le 10 octobre 1850, 4 % le 10 février 1851, 3 % le 10 juin 1851.—Obligation de payer les premiers dividendes aussitôt après la réalisation des marchandises entreposées.— M. Tiphagne, commissaire. — N° du Greffe 7,953.

LOOS, de la société GODAR, LOOS, THOMAS et Cie, *négociant, boulevard Poissonnière*, 30.—Jugement du 7 juin 1860 homologuant le concordat du 7 avril 1860. — Obligation de payer l'intégralité des créances au moyen de l'actif abandonné. — M. Lacoste, commissaire. — N° du Greffe 12,572.

LORAIN, *logeur, à la Chapelle*. — Jugement du 5 août 1862 homologuant le concordat du 16 juillet 1862. — Remise de 30 %. — Les 70 % non remis payables : 5 % dans les six mois de l'homologation, et 5 % tous les trois mois après le premier paiement. — N° du Greffe 19,955.

LORION, Auguste-Nicolas, *marchand de bois, rue des Charbonniers*, 19. — Jugement du 15 décembre 1858 homologuant le concordat du 1er du même mois. — Remise de 60 %. — Les 40 % non remis payables en six ans, par sixièmes, sans intérêts, du 25 décembre.— N° du Greffe 15,250.

LORIOT, Sébastien-Nicolas-Alphonse, *marchand boucher, à Neuilly*. —Jugement du 2 juillet 1856 homologuant le concordat du 19 juin 1856. — Obligation de payer le capital et les frais en dix ans, par dixièmes, d'année en année, pour le premier paiement avoir lieu le 1er juillet 1857. — N° du Greffe 13,069.

LORNE, Jean-Baptiste, *marchand de vins, rue de la Jussienne*, 13.— Jugement du 15 septembre 1856 homologuant le concordat du 7 août 1856. — Remise de 70 %. — Les 30 % non remis payables en quatre ans, par quarts, d'année en année, du jour du concordat. — N° du Greffe 11,978.

LORRAIN, veuve LECOMTE, Henry-Louise, *modiste, rue Neuve-Saint-Augustin*, 21. — Voir : veuve LECOMTE, Henry. — N° du Greffe 12,210.

LORRAIN, Jean-Louis, *charron, à la Villette*. — Jugement du 10 mars 1856 homologuant le concordat du 21 février 1856.— Remise de 65 %. — Les 35 % non remis payables, sans intérêts, en cinq ans, par cinquièmes, d'année en année, du jour de l'homologation. — N° du Greffe 12,869.

LORTIAS, François-Alexandre, *entrepreneur de bâtiments, avenue du Belair-du-Trône*, 4.— Jugement du 8 décembre 1862 homologuant le concordat du 15 novembre 1862. — Remise de 50 %. — Les 50 % non remis payables, sans intérêts, en quatre ans, par quarts, du jour de l'homologation. — N° du Greffe 19,185.

LOSSENDIÈRE, veuve Bernard, *fabricante de crins, rue Bichat*, 29. — Jugement du 23 décembre 1857 homologuant le concordat du 15 du dit mois. — Remise de 75 %. — Les 25 % non remis payables en cinq ans, par cinquièmes, du jour du concordat. — N° du Greffe 14,263.

LOUBINOUX, Antoine, *passage Pecquet*, 10. — Concordat du 12 avril 1849 qualifiant faillite. — N° du Greffe 132.

LOUET demoiselle, Marie, *modiste, rue Vivienne*, 15. — Jugement du 14 juillet 1856 homologuant le concordat du 16 juin 1856. — Remise de 50 %. — Les 50 % non remis payables : 10 % dans un an, 15 % dans deux ans, 25 % dans trois ans, du jour de l'homologation. — N° du Greffe 12,968.

LOUVEAU, dame CARPENTIER, Joséphine-Adèle, *lingère, rue Rambuteau*, 74. — Voir : CARPENTIER dame. — N° du Greffe 12,681.

LOVRE, veuve MORET, Henriette-Antoinette, *entrepreneur, rue Vivienne*, 21.— Jugement du 15 octobre 1850 homologuant le concordat du 2 octobre 1850. — Remise des intérêts et de 85 %. — Les 15 % non remis payables en trois ans, par tiers, le 1er décembre des années 1851, 1852 et 1853. — N° du Greffe 8,806.

LOYAND, Marie-Adolphe, *agent d'affaires, rue Saint-Louis*, 54, *à Batignolles*. — Jugement du 28 janvier 1862 homologuant le concordat du 16 janvier 1862. — Remise de 90 %. — Les 10 % non remis payables en cinq ans, par cinquièmes, du jour de l'homologation. — N° du Greffe 18,880.

LOYRE, Pierre-Marie, *entrepreneur de charpente, rue Claude-Vellefaux*, 17. — Jugement du 3 septembre 1852 homologuant le concordat du 29 juillet 1852. — Remise de 80 % en principal, intérêts et frais. — Les 20 % non remis payables par fractions annuelles de 2 %, fin juillet des années 1854, 1855 et suivantes. — N° du Greffe 10,356.

LOYSELEUR, *distillateur, à Puteaux*. — Concordat du 3 septembre 1849. — N° du Greffe 467.

LOZANO, Alphonse-Emmanuel, *graveur, rue Vivienne*, 41. — Jugement du 17 novembre 1852 homologuant le concordat du 3 du même mois. — Remise de 85 % en principal, intérêts et frais. — Les 15 % non remis payables en cinq ans, par cinquièmes, le 3 novembre des années 1853, 1854 et suivantes. — N° du Greffe 10,589.

LUCAS, Henri-Hippolyte, *éditeur, rue des Fossés-du-Temple*, 33. — Jugement du 10 janvier 1853 homologuant le concordat du 20 décembro 1852. — Remise de 85 % en principal, intérêts et frais. — Les 15 % non remis payables, sans intérêts, dans le délai de trois mois, par tiers, du jour de l'homologation. — N° du Greffe 10,638.

LUCAS, Charles-Hubert, *entrepreneur de maçonnerie, à Belleville*. — Jugement du 23 juillet 1862 homologuant le concordat du 4 du même mois. — Remise de 85 %. — Les 15 % non remis payables, sans intérêts, en trois ans, par tiers, du jour de l'homologation. — N° du Greffe 19,629.

LUISET, Isidore, *grainetier, rue du Faubourg-Saint-Honoré*, 160. — Jugement du 2 décembre 1862 homologuant le concordat du 12 novembre précédent. — Remise de 65 %. — Les 35 % non remis payables en cinq ans, par cinquièmes, de l'homologation. — N° du Greffe 540.

LUMLEY, Benjamin, *ex-directeur du Théâtre-Italien*. — Jugement du 17 octobre 1853 homologuant le concordat du 14 septembre 1853. — Remise de 75 %. — Les 25 % non remis payables : 5 % aussitôt après l'homologation, au moyen d'une somme de 25,000 fr. à déposer aux mains du syndic, et 20 % en cinq ans, par cinquièmes, du jour du concordat. — M. Sergent, commissaire. — N° du Greffe 10,858.

LUPIN, veuve GASPARD, née CHANTELOT, *tenant hôtel, rue de la Madeleine*, 6. — Jugement du 15 juillet 1851 homologuant le concordat du 30 juin 1851. — Remise de 50 % et de tous intérêts et frais. — Les 50 % non remis payables en cinq ans, par cinquièmes. — Le premier paiement le 15 juillet 1852. — N° du Greffe 9,805.

LUPIN veuve, GASPARD, *tenant hôtel, rue Godot-Mauroy*, 37. — Concordat du 8 mai 1857. — Voir : CHANTELOT, veuve LUPIN.

LUQUET, Alexandre, de la maison PICOT, *bijoutier, rue St-Elisabeth*, 7. — Jugement du 14 août 1850 homologuant le concordat du 1er du même mois. — Remise de 80 %. — Les 20 % non remis payables en quatre paiements de 5 %, le 1er août des années 1851, 1852 et suivantes. — N° du Greffe 9,460.

LUTHER, Victor, *négociant-commissionnaire, cité Trévise*, 5. — Jugement du 2 mars 1860 homologuant le concordat du 17 février 1860. — Remise de 75 %. — Les 25 % non remis payables en cinq ans, par cinquièmes, du 1er mars. — N° du Greffe 16,086.

LUTON, Nicolas-Constant-Théophile, *marchand brossier, rue Poissonnière*, 23. — Jugement du 8 mars 1858 homologuant le concordat du 16 novembre 1857. — Abandon de l'actif. — Obligation de payer 5 % en deux ans, de l'homologation. — N° du Greffe 13,951.

LYON, Édouard, *fabricant d'engrais, à la Petite-Villette*. — Jugement du 21 mars 1860 homologuant le concordat du 1er du même mois. — Remise de 80 %. — Les 20 % non remis payables en quatre ans, par quarts, de l'homologation. — N° du Greffe 16,081.

LYON, Élie, *brocanteur, rue de Poitou*, 9. — Jugement du 16 septembre 1861 homologuant le concordat du 4 du même mois. — Remise de 80 %. — Les 20 % non remis payables en quatre ans, par quarts, du concordat. — N° du Greffe 18,128.

LYON, David, *bottier, rue Neuve-des-Petits-Champs*, 38. — Jugement du 20 mai 1853 homologuant le concordat du 7 du même mois. — Remise de 85 %. — Les 15 % non remis payables en quatre ans, par quarts, dans un, deux, trois, quatre et cinq ans du jour du concordat. — N° du Greffe 10,854.

LYOTTIER, veuve Jean-Pierre, *soieries, rue Saint-Denis*, 366. — Jugement du 27 juillet 1860 homologuant le concordat du 9 du même mois. — Remise de 75 %. — Les 25 % non remis payables en cinq ans, par cinquièmes, du 1er août. — N° du Greffe 16,991.

M

MABILDE, Jacques-Laurent, *ex-négociant en dentelles, rue St-Nicaise*, 6. — Jugement du 8 août 1850 homologuant le concordat du 10 juillet 1850. — Remise de 90 %. — Les 10 % non remis payables en dix ans, par dixièmes. — Le premier paiement le 8 août 1851. — Abandon du mobilier présentement revendiqué. — N° du Greffe 9,406.

MABIT, Jean, *chaudronnier, à Vaugirard*. — Jugement du 1er juin 1852 homologuant le concordat du 8 mai 1852. — Remise de 90 % en principal et frais. — Les 10 % non remis payables en quatre ans, par quarts, fin novembre des années 1853, 1854, 1855 et 1856. — N° du Greffe, 10,301.

MABRU-BERLIOZ, *serrurier en voitures, rue du Château-d'Eau*, 37. — Jugement du 16 mai 1862 homologuant le concordat du 5 mai 1862. — Remise de 50 %. — Les 50 % non remis payables en cinq ans, par cinquièmes, de l'homologation. — N° du Greffe 18,707.

MACAIRE, Henry-Félix, *restaurateur, boulevard de Strasbourg*, 2. — Jugement du 18 septembre 1862 homologuant le concordat du 1er du même mois. — Remise de 80 %. — Les 20 % non remis payables, sans intérêts, en quatre ans, par quarts, du 1er août. — N° du Greffe 19,819.

MACÉ, François, aîné, *négociant en nécessaires, rue Chapon*, 6. — Jugement du 25 novembre 1859 homologuant le concordat du 9 novembre 1859. — Remise de 40 %. — Les 60 % non remis payables en huit ans, par huitièmes, de fin décembre. — N° du Greffe 16,102.

MAC-HENRY, *éditeur, rue de la Parcheminerie*, 2. — Concordat du 3 septembre 1549. — N° du Greffe 502.

MACHEREZ femme, Pierre, née REGNAULT, *marchande de bonneterie, rue Faubourg-St-Antoine*, 52. — Jugement du 1er février 1854 homologuant le concordat du 19 janvier 1853. — Remise de 87 %. — Les 13 % non remis payables : 8 % dans la huitaine de l'homologation, et 5 % en deux ans, par moitiés, à partir du concordat. — N° du Greffe 9,680.

MACHET-BONNAIN, Privat-Antoine. *marchand de meubles, rue Boucherat*, 30 *bis*. — Concordat du 16 juillet 1849. — N° du Greffe 247.

MACROU ou **MACRON** jeune, Jules-Casimir, *tailleur, rue Ste-Anne*, 42. — Jugement du 17 décembre 1856 homologuant le concordat du 5 décembre 1856. — Remise de 80 %. — Les 20 % non remis payables en quatre ans, d'année en année, pour le premier paiement avoir lieu le 1er janvier 1858. — N° du Greffe 13,141.

MADELIN, Louis, *marchand de charbons, à Puteaux*. — Jugement du 14 juin 1854 homologuant le concordat du 15 mai 1854. — Remise de 85 %. — Les 15 % non remis payables en cinq ans, par cinquièmes. — Le premier paiement le 15 mai 1855. — N° du Greffe 11,233.

MAES aîné, Théodore, *négociant en chaussures, passage du Caire*, 149. — Jugement du 15 avril 1862 homologuant le concordat du 29 mars 1862. — Remise de 70 %. — Les 30 % non remis payables, sans intérêts, par moitiés, du 1er avril 1864. — N° du Greffe 19,292.

MAFRAND, François, *ex-marchand de vins, à Châtillon-les-Bagneux*. — Jugement du 6 octobre 1862 homologuant le concordat du 15 septembre 1862. — Remise de 75 %. — Les 25 % non remis payables en cinq ans, par cinquièmes, de l'homologation. — N° du Greffe 66.

MAGET, *constructeur, rue Rocroy*, 17. — Concordat du 21 mai 1849. — N° du Greffe 250.

MAGNIEN, *négociant, rue Moreau*, 19. — Jugement du 29 avril 1852 homologuant le concordat du 10 avril 1852. — Abandon de l'actif réalisé par le syndic et de ce qui pourra rester dû par la Caisse des dépôts et consignations. — Obligation de payer 5 %, savoir : 1 1/2 % le 1er avril 1853, 1 1/2 % le 1er avril 1854, 2 % le 1er avril 1855. — Remise du surplus des créances. — N° du Greffe 52,043.

MAHERAULT, François-Vital, *marchand de literie, rue du Faubourg-St-Martin*, 48. — Jugement du 8 avril 1861 homologuant le concordat du 27 mars 1861. — Remise de 75 %. — Les 25 % non remis payables en cinq ans, par cinquièmes, du jour de l'homologation. — N° du Greffe 17,868.

MAHEU, société SAGET, Théodore, *fabrique de tissus, à Ivry*. — Jugement du 15 mai 1860 homologuant le concordat du 7 mai 1860. — Abandon de l'actif énoncé au concordat. — Obligation de payer 5 % en cinq ans, par cinquièmes, de l'homologation. — Richard-Grison, maintenu syndic. — N° du Greffe 15,566.

MAHIEU, Emmanuel, *articles de Roubaix, rue des Bourdonnais*, 16. — Jugement du 22 septembre 1857 homologuant le concordat du 5 août 1857. — Abandon de l'actif énoncé au concordat. — Quatremère, maintenu syndic. — N° du Greffe 13,627.

MALHER-MEYER, Maurice, *fourreur, rue de la Chaussée-d'Antin*, 37. — Jugement du 18 février 1859 homologuant le concordat du 7 du même mois. — Remise de 85 %. — Les 15 % non remis payables en cinq ans, par cinquièmes, du 15 décembre, sans intérêts. — N° du Greffe 15,193.

MAIGNAND, personnellement, Antoine, *imprimeur, rue Jacques-de-Brosses*, 10. — Jugement du 6 mars 1855 homologuant le concordat du 21 février 1855. — Obligation de payer le montant des créances, sans intérêts, en cinq ans, par dixièmes, de six mois en six mois, de l'homologation. — N° du Greffe 12,024.

MAIGNAND, société BEAULÉ, Antoine et Jean-Baptiste, *imprimeur, rue Jacques-de-Brosses*, 10. — Voir : BEAULÉ. — N° du Greffe 12,024.

MAIGNE, Pierre, *fabricant de soufflets, rue de la Roquette*, 13. — — Jugement du 25 février 1862 homologuant le concordat du 27 janvier 1862. — Remise de 50 %. — Les 50 % non remis payables de la manière énoncée au concordat. — N° du Greffe 18,350.

MAIGNE, Charles-Louis-Julien, *fabricant de meubles en fer, boulevard Bonne-Nouvelle*, 12. — Jugement du 9 mai 1851 homologuant le concordat du 30 avril 1851. — Obligation de payer 20 % en quatre ans, par quarts, le 30 avril des années 1852, 1853 et suivantes. — N° du Greffe 9,730.

MAILFERT ou **MAILLEFERT** demoiselle, Julie, *marchande de bonnets et de rubans, rue du Mail*, 24. — Jugement du 1er octobre 1858 homologuant le concordat du 22 septembre 1858. — Remise de 80 %. — Les 20 % non remis payables en quatre ans, par quarts, du 1er octobre — N° du Greffe 15,071.

MAILHAC, société, Esprit, *marchand de châles, rue Neuve-Saint-Eustache*, 44. — Jugement du 22 janvier 1855 homologuant le concordat du 6 janvier 1855. — Obligation de payer l'intégralité des créances, en principal, intérêts et frais, le 31 janvier 1858. — N° du Greffe 11,079.

MAILLARD dame, Jules, *épicerie et liqueurs, place de la Rotonde-du-Temple*, 5. — Jugement du 2 septembre 1857 homologuant le concordat du 21 août 1857. — Remise de 70 %. — Les 30 % non remis payables en trois ans, par tiers, d'année en année, pour le premier paiement avoir lieu le 1er septembre 1858. — N° du Greffe 13,926.

MAILLARD-ROCHET, Louis-Théodore, *verrier, Grande-Rue*, 84, *à Pantin*. — Jugement du 11 juin 1857 homologuant le concordat du 30 mai 1857. — Remise de 75 %. — Les 25 % non remis payables : 7 % dans deux ans du concordat, et le surplus à raison de 6 %, d'année en année. — N° du Greffe 13,569.

MAILLARD, Joseph-Désiré, *marchand de vins, à Puteaux*. — Jugement du 20 juin 1855 homologuant le concordat du 26 mai 1855. — Remise de 80 %. — Les 20 % non remis payables en quatre ans, par quarts, d'année en année, du jour de l'homologation. — N° du Greffe 11,694.

MAILLARD, Pierre, *marchand de vins, rue Mouffetard*, 267. — Jugement du 1er juillet 1853 homologuant le concordat du 14 juin 1853. — Remise de 60 %. — Les 40 % non remis payables à raison de 4 % tous les six mois, pour le premier paiement avoir lieu dans six mois, du jour du concordat. — N° du Greffe 10,723.

MAILLARD, Louis-François, *marchand de vins traiteur, à Courbevoie*. — Jugement du 13 octobre 1852 homologuant le concordat du 2 octobre 1852. — Remise de 85 %, et de tous intérêts et frais. — Les 15 % non remis payables dans la quinzaine de l'homologation. — N° du Greffe 9,508.

MAILLARD, Louis-Gaspard, *fabricand de billards, rue Dejean*, 2, *à Montmartre*. — Jugement du 4 novembre 1862 homologuant le concordat du 7 octobre 1862. — Remise de 70 %. — Les 30 % non remis payables en cinq ans, par cinquièmes, de l'homologation. — N° du Greffe 100.

MAILLARD, de la maison NORMAND, *épicier, rue Sainte-Opportune*, 7. — Concordat du 21 août 1849. — N° du Greffe 428.

MAILLEFER, dame veuve, née Clémentine-Alphonsine-Delphine LE-TELLIER, *marchande de modes, rue Saint-Honoré*, 332. — Jugement du 13 mai 1857 homologuant le concordat du 4 mai 1857. — Remise de 75 %. — Les 25 % non remis payables en cinq ans, par cinquièmes, d'année en année, du jour du concordat. — N° du Greffe 13,763.

MAILLIARD, Louis-Charles-Toussaint, *épicier, à Vitry-sur-Seine*. — Jugement du 6 juin 1854 homologuant le concordat du 22 mai 1854. — Remise de 80 %. — Les 20 % non remis payables en deux ans, par moitiés, du jour du concordat. — Madame Mailliard, caution. — N° du Greffe 11,277.

MAILLIER, Philippe-Benjamin, *épicier, rue Saint-Victor*, 7. — Jugement du 3 novembre 1854 homologuant le concordat du 16 octobre 1854. — Remise de 50 %. — Les 50 % non remis payables, en six ans, par sixièmes. — Le premier paiement le 1er novembre 1855. — N° du Greffe 11,645.

MAILLOT, Louis-Bazile, *négociant en soiries, place de la Bourse*, 11. — Jugement du 4 juillet 1862 homologuant le concordat du 24 juin 1862. — Remise de 58 %. — Les 42 % non remis payables en six ans, par sixièmes, du 1er septembre. — N° du Greffe 19,647.

MAILLY, Jean-Baptiste, *marchand-tailleur, rue Vivienne*, 38. — Jugement du 1er mai 1850 homologuant le concordat du 3 avril 1850. — Remise de 70 % en principal, intérêts et frais. — Les 30 % non remis payables : 5 % dans le mois de l'homologation, 8 % fin janvier 1851, 8 % fin août 1851, 9 % fin mars 1852. — N° du Greffe 9,272.

MAINFROY jeune, Eugène, *bonnetier, boulevard St-Martin*, 55. — Jugement du 25 août 1851 homologuant le concordat du 16 août 1851. — Obligation de payer 20 % en cinq ans, par cinquièmes, du 16 août 1851. — Mme Mainfroy, caution solidaire. — N° du Greffe, 9,890.

MAINFROY jeune, Adolphe-Eugène, *bonnetier, rue Coquillière*, 4. — Jugement du 30 mars 1855 homologuant le concordat du 16 mars 1855. — Abandon de l'actif réalisé. — Obligation de payer 6 % sur le montant des créances, en trois ans, par tiers, d'année en année, pour le premier paiement avoir lieu dans un an du jour de l'homologation. — Decagny, syndic. — N° du Greffe 11,806.

MAIRE et **CHAUVALLON**, société ÉTIENNE, *entrepreneurs de pierres taillées, rue St-Maur*, 60. — Voir : CHAUVALLON. — N° du Greffe 13,390.

MAIRE, Eugène-Alcindor, *charron, à Charenton*. — Jugement du 4 avril 1856 homologuant le concordat du 18 février 1856. — Remise de 98 %. — Les 2 % non remis payables en deux ans, par moitiés, du jour de l'homologation. — N° du Greffe 12,623.

MAIRE, François, *ex-ébéniste, aux Gobelins*. — Jugement du 2 août 1850 homologuant le concordat du 20 juillet 1850. — Remise de 95 % en principal, intérêts et frais. — Les 5 % non remis payables comptant après l'homologation. — N° du Greffe 9,365.

MAIRET, Georges-Paul, *menuisier, rue d'Enfer*, 72. — Jugement du 14 mai 1862 homologuant le concordat du 3 du dit mois. — Remise de 75 %. — Les 25 % non remis payables en cinq ans, par cinquièmes, de l'homologation. — N° du Greffe 19,480.

MAISAN, Pierre-Boniface, *marchand de jouets, passage Verdeau*, 3. — Jugement du 12 octobre 1854 homologuant le concordat du 26 septembre 1854. — Remise de 80 %. — Les 20 % non remis payables en quatre ans, par quarts. — Le premier paiement le 30 septembre 1855. — N° du Greffe 11,734.

MAISON, Prosper-Eugène, *marchand de vins, à Montrouge*. — Jugement du 10 janvier 1853 homologuant le concordat du 17 décembre 1852. — Remise de 95 %. — Les 5 % non remis payables : moitié, dans un an, du jour du concordat, et l'autre moitié un an après. — N° du Greffe 10,568.

MAISON-TAPON, veuve ROUMEAUX, Gilbert, *marchande de vins, quai de l'École*, 26. — Jugement du 22 septembre 1854 homologuant le concordat du 5 du dit mois. — Abandon de tout l'actif réalisé et à réaliser. — Obligation de payer 20 % en quatre ans, par quarts, du jour du concordat. — Le premier paiement le 1er octobre 1855. — N° du Greffe 11,495.

MAISSE, Nicolas-Hubert, *fabricant de lingerie, rue Beaurepaire*, 8. — Jugement du 25 mai 1860 homologuant le concordat du 14 mai 1860. — Remise de 75 %. — Les 25 % non remis payables en cinq ans, par cinquièmes, de l'homologation. — N° du Greffe, 16,836.

MIATRE, Marie-Pierre-Philippe, *loueur de voitures, rue St-Victor*, 15. Jugement du 3 novembre 1854 homologuant le concordat du 16 octobre 1854. — Remise de 75 %. — Les 25 % non remis payables, sans intérêts, en cinq ans, d'année en année, du jour de l'homologation. — N° du Greffe 11,678.

MAITRE, Valens, *confectionneur, rue Coquillière*, 25. — Jugement du 2 juin 1862 homologuant le concordat du 19 mai 1862. — Remise de 70 %. — Les 30 % non remis payables en trois ans, par tiers, de l'homologation. — N° du Greffe 19,470.

MAITRE dame, Angélique-Véronique, veuve GRIVEAU, personnellement, *rue Porte-Foin*, 10. — Voir : GRIVEAU, veuve. — N° du Greffe 9,305.

MAITRE ou **MATRE**, femme MORIZE ou MORISSE. — Voir : MORISSE.

MAJOREL, Pierre-Victor, *marchand de nouveautés, rue du Faubourg-St-Antoine*, 148. — Jugement du 28 février 1860 homologuant le concordat du 30 janvier 1860. — Remise de 90 %. — Les 10 % non remis payables en cinq ans, par cinquièmes, de l'homologation. — N° du Greffe 16,509.

MALAPRADE, François, *marchand de vins-traiteur, à Billancourt*. — Jugement du 1er juillet 1862 homologuant le concordat du 16 juin 1862. — Obligation de payer l'intégralité des créances en principal et frais, en deux ans, du concordat, en un ou plusieurs paiements. — Mme Malaprade, caution. — N° du Greffe 19,724.

MALARTIC, PEROT et Cie, Mathurin, *teinturiers, rue Censier*, 32. — Voir : BERTHAUD. — N° du Greffe 12,317.

MALCAPPE, François-André, *épicier, rue de la Glacière*, 9. — Jugement du 16 mai 1862 homologuant le concordat du 22 avril 1862. — Remise de 85 %. — Les 15 % non remis payables en cinq ans, par cinquièmes, du concordat. — N° du Greffe 19,340.

MALET et **NORET**, société Pierre-Désiré, *directeur de théâtre, à Montmartre*. — Jugement du 10 mai 1860 homologuant le concordat du 23 avril 1860. — Obligation de payer l'intégralité des créances en huit ans, par paiements mensuels de 1 1/2 et 2 %. — N° du Greffe 16,459.

MALEVAL, Pierre-Étienne, *grainetier et nourrisseur, rue de Paris*, 86, *à Charonne*. — Jugement du 4 avril 1856 homologuant le concordat du 12 février 1856. — Remise de 65 %. — Les 35 % non remis payables en cinq ans, par cinquièmes, du concordat. — N° du Greffe 12,843.

MALGHEM, Florentin-Joseph, *entrepreneur de bâtiments, Petite rue St-Denis*, 27, *à Montmartre*. — Jugement du 26 janvier 1860 homologuant le concordat du 27 décembre 1859. — Remise de 60 %. — Les 40 % non remis payables, sans intérêts, 10 % dans le mois de l'homologation, et 30 % en cinq ans, par cinquièmes, du 1er janvier. — N° du Greffe 15,928.

MALHERBE fils, Joseph-Théodore, *ex-marchand de bois, quai de la Râpée*, 50. — Jugement du 6 avril 1854 homologuant le concordat du 2 mars 1854. — Remise de 95 %. — Les 5 % non remis payables en cinq ans, par cinquièmes. — Le premier paiement le 1er mars 1855. — N° du Greffe 11,038.

MALHERBE aîné, Pierre, *fabricant de chapeaux mécaniques, rue des Billettes*, 1. — Jugement du 8 février 1858 homologuant le concordat du 13 janvier 1858. — Remise de 50 %. — Les 50 % non remis payables, sans intérêts : 15 % le 31 décembre 1858, 15 % le 31 décembre 1859, 10 % le 31 décembre 1860, 10 % le 31 décembre 1861. — N° du Greffe 14,311.

MALICE, Jacques-Étienne-Philippe, *peintre en bâtiments, rue Mouffetard*, 297. — Jugement du 25 mars 1857 homologuant le concordat du 11 mars 1857. — Remise de 75 %. — Les 25 % non remis payables en cinq ans, par cinquièmes, d'année en année, du jour du concordat. — N° du Greffe 13,492.

MALLARD ou **MALLART** et Cie, personnellement Étienne-Michel-Marie, *fabricant de tissus, rue Beauveau*, 17. — Jugement du 6 août 1852 homologuant le concordat du 29 juin 1852. — Remise de 70 %, en principal, intérêts et frais. — Les 30 % non remis payables en six ans, par sixièmes, à partir du concordat. — N° du Greffe 9,698.

MALLARD, Jean-Pierre, *articles de coutures, rue Laffite*, 24. — Jugement du 18 septembre 1860 homologuant le concordat du 25 juin 1860. — Remise de 75 %. — Les 25 % non remis payables en cinq ans, par cinquièmes, de l'homologation. — N° du Greffe 16,666.

MALLEROT veuve, née Adelaïde-Louise CALLÉ, *fabricante de chaussures, boulevard St-Martin*, 67. — Voir : CALLÉ veuve MALLEROT. — N° du Greffe 9,376.

MALLET veuve, Marie-Catherine, *commerce de broderies, boulevard de Strasbourg*, 3. — Jugement du 23 décembre 1856 homologuant le concordat du 26 novembre 1856. — Remise de 85 %. — Les 15 % non remis payables en trois ans, par tiers, d'année en année, du jour du concordat. — N° du Greffe 13,147.

MALLET, Auguste, *marchand épicier, à Grenelle*. — Jugement du 11 novembre 1859 homologuant le concordat du 28 octobre 1859. — Remise de 80 %. — Les 20 % non remis payables en quatre ans, par quarts, du 1er novembre. — N° du Greffe 14,843.

MALLET et **LACROIX**, société, *marchands de corsets, à Vanves, et rue Montmartre*, 33. — Voir : LACROIX. — N° du Greffe 18,068.

MALLIARY, Jean, *ex-briquetier, à Grenelle*. — Jugement du 2 mai 1853 homologuant le concordat du 15 avril 1853. — Remise de 75 %. — Les 25 % non remis payables en quatre ans, par quarts, le 1er juillet des années 1854, 1855 et suivantes. — N° du Greffe 10,720.

MALMUSSE (de), Louis-Zoïle-Eusèbe, *maître d'hôtel, rue de Tournon*, 7. — Jugement du 9 décembre 1857 homologuant le concordat du 26 novembre 1857. — Obligation de payer à ses créanciers 5 % des créances en principal, intérêts et frais, dans le mois de l'homologation. — N° du Greffe 12,527.

MALNOURY, Paul, *boulanger, route d'Italie*, 72. — Jugement du 7 octobre 1852 homologuant le concordat du 18 mai 1852. — Remise de 85 % en principal, intérêts et frais. — Les 15 % non remis payables en cinq ans, par cinquièmes, d'année en année, savoir : le 15 mai des années 1853, 1854 et suivantes. — N° du Greffe 10,322.

MALPAS, Joseph-Lambert, *commerce de chapeaux de paille, rue Bourbon-Villeneuve*, 26. — Jugement du 16 octobre 1860 homologuant le concordat du 1er octobre 1860. — Remise de 75 %. — Les 25 % non remis payables en cinq ans, par cinquièmes, de l'homologation. — N° du Greffe 17,122.

MALPEYRE veuve, *tenant garni, rue du Prince-Impérial*, 2. — Jugement du 4 août 1860 homologuant le concordat du 19 juillet 1860. — Remise de 85 %. — Les 15 % non remis payables en cinq ans, par cinquièmes, du 15 novembre. — N° du Greffe 16,882.

MALRAIT, André-Joseph, *marchand de bois des îles, rue des Filles-du-Calvaire*, 16. — Jugement du 24 janvier 1862 homologuant le concordat du 14 du dit mois. — Remise de 20 %. — Les 80 % non remis payables, sans intérêts : 40 % cinq mois après l'homologation, 40 % en deux ans et demi, de six mois en six mois, à partir du paiement du premier dividende. — N° du Greffe 18,896.

MALTESTE-MILLOT demoiselle, Hortense, *lingère, rue Joubert*, 16. — Jugement du 18 octobre 1859 homologuant le concordat du 8 du dit mois. — Remise de 85 %. — Les 15 % non remis payables : 10 % dans deux ans, 5 % dans trois ans, du concordat. — N° du Greffe 14,977.

MANCEAU demoiselle, Marie, *lingère, passage Delorme*, 10. — Jugement du 15 avril 1856 homologuant le concordat du 28 mars 1856. — Remise de 80 %. — Les 20 % non remis payables en quatre ans, en principal, intérêts et frais, par quarts, du jour de l'homologation. — N° du Greffe 12,877.

MANGEARD, Alexandre-Michel, *pianos, rue de Charonne*, 101. — Jugement du 2 octobre 1855 homologuant le concordat du 7 septembre 1855. — Remise de 90 %. — Les 10 % non remis payables en cinq ans, par cinquièmes, d'année en année, à partir du jour du concordat. — N° du Greffe 12,433.

MANGEON et Cie, société Adolphe-Gaétan, *marchand de laines, rue St-Denis*, 252. — Jugement du 23 avril 1852 homologuant le concordat du 6 avril 1852. — Abandon de l'actif énoncé au concordat. — N° du Greffe 10,214.

MANGEON, Adolphe-Gaetan, *teinturier, rue du Grand-Hurleur*, 15.— Jugement du 20 novembre 1854 homologuant le concordat du 6 du dit mois.— Remise de 50 %.— Les 50 % non remis payables : 36 % par fraction de 6 % de six mois en six mois, du concordat, et 14 % par moitiés, de six mois en six mois.— N° du Greffe 11,809.

MANGFOT, Nicolas-Joseph, *pâtissier, rue du Faubourg-St-Martin*, 173. — Jugement du 14 novembre 1860 homologuant le concordat du 23 octobre 1860.— Remise de 85 %.— Les 15 % non remis payables en trois ans, par tiers, du 1er novembre.— N° du Greffe 17,169.

MANGJOT, Nicolas-Joseph, *pâtissier, rue du Faubourg-St-Martin*, 173.— Jugement du 12 août 1856 homologuant le concordat du 8 mai 1856.— Remise de 88 %.— Les 12 % non remis payables en quatre ans, par quarts, du concordat.— N° du Greffe 12,947.

MANGIN, Jean-Georges-Guillaume, *marchand de cafés, rue Montmartre*, 74.— Jugement du 25 novembre 1852 homologuant le concordat du 3 novembre 1852.— Remise de 60 % en principal, intérêts et frais.— Les 40 % non remis payables, savoir : 15 % aussitôt après l'homologation, 5 % le 1er février 1853, 10 % le 1er janvier 1854, 10 % le 1er janvier 1855.— N° du Greffe 10,505.

MANGIN, société DAYEUX, Louis, *négociant, quincaillier, boulevard Beaumarchais*, 25.— Voir : DAYEUX.— N° du Greffe 15,565.

MANGIN, *négociant, rue Richelieu*, 74.— Jugement du 18 août 1862 homologuant le concordat du 30 juillet 1862.— Obligation de payer l'intégralité des créances, 10 % aussitôt l'homologation, 10 % de six mois en six mois, de la manière énoncée au concordat.— N° du Greffe 19,555.

MANOURY, Auguste-Henry, *décorateur sur porcelaine, impasse Sandrié*, 1.— Jugement du 3 décembre 1855 homologuant le concordat du 21 novembre 1855.— Remise de 40 %.— Les 60 % non remis payables : 3 % le 1er janvier des années 1857, et 1858, 4 % le 1er janvier 1859, 5 % le 1er janvier des années 1860, 1861, 1862, 1863, 6 % le 1er janvier des années 1864, 1865, 1866, 1867 et 1868.— N° du Greffe 12,103.

MANSARD, François-Adolphe, *ex-marchand de vins, rue Beautreillis*, 26.—Jugement du 20 janvier 1862 homologuant le concordat du 10 du dit mois.— Remise de 70 %.— Les 30 % non remis payables en cinq ans, par cinquièmes, de fin décembre.— N° du Greffe 18,388.

MANSEBLE ou **MANSELLE**, dit ROBERT, *ex-limonadier, route d'Italie, 34, et actuellement rue Popincourt*, 78.— Jugement du 28 décembre 1860 homologuant le concordat du 13 décembre 1860.— Abandon de l'actif énoncé au concordat.— N° du Greffe 17,398.

MANSION, femme Victor COMPERAT, Marie-Anne-Geneviève, *marchande de vins avenue d'Antin*, 31.— Voir : COMPERAT.— N° du Greffe 12,652.

MANTELIER, Jean-François, *tailleur, rue de Buci*, 11.— Jugement du 25 février 1850 homologuant le concordat et déclarant Mantelier non affranchi de la qualification de failli.— N° du Greffe 784.

MANTEL ou **MANTAIT**, Amable, *passementier, rue Ménilmontant*, 93. — Jugement du 11 octobre 1859 homologuant le concordat du 23 avril 1859.— Remise de 70 %.— Les 30 % non remis payables, sans intérêts, en six ans, par sixièmes, du 30 septembre.— N° du Greffe 16,044.

MANTOU, Haymann, *fabricant de gants, rue Rambuteau*, 82.— Jugement du 21 mars 1859 homologuant le concordat du 2 mars 1859.— Remise de 90 %.—Les 10 % non remis payables en quatre ans, par quarts, du 1er mars.— N° du Greffe 15,380.

MANTOUT, veuve MAYER, Madeleine, *commissionnaire, rue du Temple*, 26.— Jugement du 11 octobre 1858 homologuant le concordat du 28 septembre 1858.— Remise de 50 %.— Les 50 % non remis payables en cinq ans, par cinquièmes, du jour du concordat.—N° du Greffe 15,044.

MANVOY, aîné, *fabricant de malles, rue du Petit-Carreau*, 26.— Jugement du 1er décembre 1862 homologuant le concordat du 14 novembre 1862.— Remise de 75 %.— Les 25 % non remis payables en cinq ans, par cinquièmes, du 1er janvier.— N° du Greffe 516.

MARAIS, Nicolas-Hyacinthe, *pharmacien, rue de la Verrerie*, 4.—Jugement du 25 août 1862 homologuant le concordat du 4 du dit mois.— Remise de 80 %.— Les 20 % non remis payables en quatre ans, par quarts, du concordat.— N° du Greffe 19,933.

MARASSI, société CLERGET et Ce, Paul-François, *chimiste, gérant de la société, à la Villette*.— Voir : CLERGET et Ce.— N° du Greffe 10,223.

MARC, aîné, Joseph-Charles, *fondeur en fer, rue du Chemin-Vert*, 39. — Jugement du 15 septembre 1853 homologuant le concordat du 18 août 1853.— Remise de 80 %.—Les 20 % non remis payables, sans intérêts, par quarts, d'année en année, le 1er septembre des années 1854, 1855, 1856 et 1857.— N° du Greffe 10,930.

MARC, Pierre, *épicier, rue de Trévise*, 47.— Jugement du 6 février 1855 homologuant le concordat du 12 janvier 1855.— Remise de 75 %. — Les 25 % non remis payables : 6 % un, deux et trois ans, et 7 % quatre ans du jour du concordat.— N° du Greffe 11,900.

MARC, Célestin, *tailleur, rue Neuve-des-Bons-Enfants*, 17.— Jugement du 22 janvier 1855 homologuant le concordat du 9 janvier 1855. —Remise de 80 %.— Les 20 % non remis payables en quatre ans, par huitièmes, de six mois en six mois, à partir du jour du concordat.— N° du Greffe 11,629.

MARC, Jean-Toussaint-Hyacinthe, *marbrier, rue de la Roquette*, 164. — Jugement du 3 octobre 1856 homologuant le concordat du 12 septembre 1856.— Remise de 80 %.— Les 20 % non remis payables en quatre ans, par quarts, de l'homologation.— N° du Greffe 12,824.

MARC, *commerce de chaussures, rue Quincampoix*, 62.—Jugement du 3 décembre 1860 homologuant le concordat du 15 octobre 1860.— Remise de 85 %.— Les 15 % non remis payables en cinq ans, par cinquièmes, du 1er novembre.— N° du Greffe 17,261.

MARCAILLE, père et fils, Jean-Baptiste-Henri et Jean-Baptiste, *fabricants de cuivrerie, rue Moreau*, 50.— Jugement du 19 mars 1852 homologuant le concordat du 4 mars 1852.— Remise de 40 % en principal, intérêts et frais.— Les 60 % non remis payables par fractions de 10 % par an, savoir : 10 % fin février des années 1853, 1854 et ainsi de suite.— N° du Greffe 10,190.

MARCHAIS frères, société, Louis-Charles-Marie-François et Victor-Auguste, *fabricants de fausses fleurs, rue de Ménars*, 12.—Jugement du 16 février 1857 homologuant le concordat du 20 janvier 1857.— Obligation par le sieur Victor Marchais de payer aux créanciers de la société 20 % sur le montant des créances, en cinq ans, par cinquièmes, d'année en année, pour le premier paiement avoir lieu le 1er février 1858, à son domicile, rue Louis-le-Grand.— N° du Greffe 12,797.

MARCHAIS, Joseph, *fabricant de chaussures, boulevard Mazas*, 70.— Jugement du 8 novembre 1861 homologuant le concordat du 1er octobre 1861.— Remise de 90 %.— Les 10 % non remis payables un an après l'homologation.— N° du Greffe 18,011.

MARCHAND, Pierre-Édouard, *fabricant de bijoux, rue Coquillière*, 43.— Jugement du 9 août 1850 homologuant le concordat du 31 juillet 1850.— Remise de 80 % en principal, intérêts et frais.— Les 20 % non remis payables en deux paiements de 10 % le 31 décembre des années 1851 et 1852.— Abandon du prix de l'immeuble donné en garantie des dividendes pour le cas de vente.—N° du Greffe 8,726.

MARCHAND, femme, Paul-Eugène, née Suzanne-Gabrielle DIEU, *marchande de bois et de charbons, rue du Temple*, 81.—Voir : DIEU, femme MARCHAND.— N° du Greffe 10,412.

MARCHAND, François, *maçon, rue des Boucheries, 2, à St-Denis*.—Jugement du 14 avril 1858 homologuant le concordat du 19 mars 1858.— Remise des intérêts et frais non admis et de 76 %.— Les 24 % non remis payables : 4 % dans le mois de l'homologation, et le surplus en quatre ans, par quarts, du jour du concordat.— N° du Greffe 13,879.

MARCHAND, François, *maçon, à St-Denis*.— Jugement du 23 octobre 1862 homologuant le concordat du 11 du même mois.— Remise de 85 %.— Les 15 % non remis payables en quatre ans, par quarts, de l'homologation.— N° du Greffe 19,933.

MARCHAND et Ce, Jacques, *peintre-vitrier, rue d'Angoulême-du-Temple*, 27.— Jugement du 17 novembre 1856 homologuant le concordat du 24 octobre 1856.— Remise de 80 %.—Les 20 % non remis payables en quatre ans, par quarts, du jour de l'homologation.—N° du Greffe 13,225.

MARCHAND, Jean-Baptiste, *cordier, à Batignolles*.—Jugement du 23 juillet 1850 homologuant le concordat du 8 du même mois.— Remise de 80 % en principal, intérêts et frais.— Les 20 % non remis payables en quatre termes de 5 %, le 8 juillet des années 1851, 1852, 1853 et 1854. — N° du Greffe 9,422.

MARCHAND, Alexandre-Noel, *marchand de meubles, rue Ste-Anne*, 34. — Jugement du 18 juillet 1856 homologuant le concordat du 26 juin 1856. —Remise de 70 %. — Les 30 non remis payables, sans intérêts, en trois ans, par tiers, du concordat. — N° du Greffe 13,125.

MARCHAND, André, *ex-boulanger, rue du Faubourg-du-Temple*, 135. —Jugement du 22 juin 1855 homologuant le concordat du 1er juin 1855. — Abandon de l'actif énoncé au concordat. — Obligation de payer 20 % sur le montant des créances, en quatre ans, par quarts, d'année en année, pour le premier paiement avoir lieu le 1er juillet 1856. — N° du Greffe 12,034.

MARCHANDON, Pierre, *entrepreneur de bâtiments, rue d'Enfer*, 89. — Jugement du 16 novembre 1855 homologuant le concordat du 21 octobre 1855.— Abandon de l'actif énoncé au concordat. — Obligation de parfaire 25 % en cas d'insuffisance de l'actif abandonné, en trois ans, par tiers, d'année en année. — Le premier paiement un an après la dernière distribution de l'actif. — Battarel, commissaire. — N° du Greffe 12,436.

MARCHAUD, Jean-Jules, *fabricant de chapeaux de paille, rue Simon-Lefranc*, 14.— Jugement du 27 décembre 1859 homologuant le concordat du 8 décembre 1859.— Remise de 75 %.—Les 25 % non remis payables, sans intérêts : 10 % le 31 juillet 1860, 10 le 31 juillet 1861, 5 % le 31 juillet 1862. — N° du Greffe 16,321.

MARCHETEAU demoiselle, Julie-Honorine, de la société GOUDEAU, *marchande de modes, rue de Richelieu*, 104. — Voir: GOUDEAU et MARCHETEAU. — N° du Greffe 13,592.

MARCHEUX, Nicolas, *commissionnaire en marchandises, rue St-Antoine*, 51. — Jugement du 26 février 1851 homologuant le concordat du 4 du même mois.—Remise de 55 % en principal, intérêts, frais et accessoires. — Les 45 % non remis payables : 25 % après l'encaissement des sommes restant dûes ainsi qu'il est dit au concordat, 20 %, par quarts, dans trois, cinq, sept et neuf ans du 26 février 1851. — N° du Greffe 7,895.

MARCHIVE, Martin-Louis, *horlogerie, rue des Fossés-du-Temple*, 22.— Jugement du 10 septembre 1860 homologuant le concordat du 23 août 1860. — Remise de 60 %. — Les 40 % non remis payables en cinq ans, par cinquièmes, du 1er septembre. — N° du Greffe 17, 163.

MARCOIN, Louis-Armand, *commerce de chaussures, route d'Orléans*, 29. — Jugement du 14 février 1859 homologuant le concordat du 1er du dit mois. — Remise de 80 %. — Les 20 % non remis payables en cinq ans, par cinquièmes, de l'homologation. — N° du Greffe 15,452.

MARCOT, Jean-Baptiste, *café et chocolat, rue des Vinaigriers*, 42. · Jugement du 18 juin 1856 homologuant le concordat du 29 mai 1856. — — Remise de 50 %. — Les 50 % non remis payables, sans intérêts : 10 % trois mois après l'homologation, et 40 % par huitièmes, de six mois en six mois. — N° du Greffe 13,054.

MARCOTTE, Louis, *commissionnaire en laines, rue Grange-Batelière*, 17. — Jugement du 14 avril 1858 homologuant le concordat du 29 mars 1858. — Remise de 90 %. — Les 10 % non remis payables en quatre ans, par quarts, du 1er juin 1858. — N° du Greffe 14,519.

MARCUS, société CUCINI, *entrepreneur de peintures, rue St-Honoré*, 277. — Voir: CUCINI. — N° du Greffe 18,494.

MARDON, Jean-Nicolas, *ex-boulanger, rue Carnot*, 5, *actuellement à la Chapelle*. — Jugement du 23 mai 1851 homologuant le concordat du 14 dudit mois. — Obligation de payer 7 % sans intérêts ni frais dans la quinzaine, du 23 mai 1851. — Abandon d'une créance BOROT. — N° du Greffe 8,813.

MARÉCHAL, Jules-Honoré, *serrurier en bâtiments, rue de la Pépinière*, 33. — Jugement du 6 octobre 1860 homologuant le concordat du 10 septembre 1860. —Remise de 70 %. — Les 30 % non remis payables en six ans, par sixièmes, du concordat. — N° du Greffe 16,728.

MARESCHAL, Henri-Joseph-Étienne, *mécanicien, rue Grange-aux-Belles*, 51. — Jugement du 15 juin 1855 homologuant le concordat du 26 mai 1855. — Remise de 50 %.— Les 50 % non remis payables : 5 % fin novembre prochain ; 5 % fin mai 1856, et 10 % fin mai des années suivantes. — N° du Greffe 12,217.

MARESCOT, Eugène-Exupère, *restaurateur, à Asnières*. — Jugement du 21 avril 1851 homologuant le concordat du 20 mars 1851. — Obligation de payer l'intégralité des créances jusqu'au jour du jugement déclaratif de faillite et co, en quatre années, par quarts, fin octobre des années 1852, 1853, 1854 et 1855. — N° du Greffe 9,674.

MARESCOT et DENIS, dit LEGRAND, Eugène-Exupère, *restaurateurs, quai de la Seine*, 21, *à Asnières*. — Voir : DENIS, société MARESCOT. — N° du Greffe 12,912.

MARFAN, Michel, *ex-marchand de vins, à Neuilly*. — Jugement du 11 avril 1862 homologuant le concordat du 1er avril 1862. — Remise de 90 %. — Les 10 % non remis payables huit jours après l'homologation. — N° du Greffe 19,252.

MARGAINE, Victor-Désiré, *marchand de porcelaine, rue des Petites-Ecuries*, 22. — Jugement du 30 avril 1858 homologuant le concordat du 15 avril 1858.—Remise des intérêts et frais non admis et de 50 %.—Les 50 % non remis payables en cinq ans, par cinquièmes, du 15 avril 1858. — N° du Greffe 14,580.

MARGOT jeune, Pierre-Léon, *fabricant de cuves, rue Poliveau*, 13.— Jugement du 19 avril 1859 homologuant le concordat du 5 mars 1859. — Remise de 75 %. — Les 25 % non remis payables, sans intérêts, en quatre ans, par quarts, de l'homologation. — N° du Greffe 15,227.

MARGOTIN, Pierre-Ernest, *mercier, à Neuilly*.—Jugement du 7 avril 1851 homologuant le concordat du 28 mars 1851. — Remise de 80 %. — Les 20 % non remis payables dans le délai de deux mois, du 7 avril 1851. — N° du Greffe 9,755.

MARGUERIE, Jean-Louis, *bijoutier, rue Montmorency*, 36, *et rue du Faubourg-du-Temple*, 81.—Jugement du 16 novembre 1859 homologuant le concordat du 15 novembre 1859. — Remise de 70 %. — Les 30 % non remis payables, sans intérêts, en quatre ans, par quarts, du concordat.— N° du Greffe 16,161.

MARGUERIE, Bernard-Laurent, *marchand de papiers peints, rue Ménilmontant*, 123.—Jugement du 11 février 1856 homologuant le concordat du 26 janvier 1856.— Remise de 90 %.— Les 10 % non remis payables, par cinquièmes. — Le premier paiement dans un an de l'homologation. — N° du Greffe 12,606.

MARGUERIE, Constant, *fabricant de papiers peints, rue Ménilmontant*, 123. — Jugement du 20 août 1862 homologuant le concordat du 16 juillet 1862.-Remise de 90 %.—Les 10 % non remis payables : 3 % dans un et deux ans de l'homologation, et 4 % dans les trois ans de l'homologation. — N° du Greffe 19,622.

MARGUERITTE, Leopold-Jean-Baptiste, *sellier-harnacheur, boulevard de l'Hôpital*, 32. — Jugement du 2 août 1859 homologuant le concordat du 30 mai 1859. —Remise de 40 %.—Les 60 % non remis payables en quatre ans, par quarts, de l'homologation. — N° du Greffe 15,620.

MARIE et GIRAUD, société GOUBERT, *marchand de modes, rue Neuve-St-Augustin*, 20. — Voir : GIRAUD. — N° du Greffe 12,027.

MARIE, Martin, *marchand de vins, quai de la Râpée*, 6. — Jugement du 17 mars 1854 homologuant le concordat du 7 mars 1854. — Obligation de payer 9 % ; 2 % dans le mois de l'homologation ; 7 % par cinquièmes. — Le premier paiement le 1er avril 1855. — N° du Greffe 11,054.

MARIE, Eugène, *articles de voyages, rue du Louvre*, 18. — Jugement du 23 juin 1862 homologuant le concordat du 11 du même mois. — Remise de 75 %. —Les 25 % non remis payables en quatre ans, par quarts, du 1er juillet. — N° du Greffe 19,698.

MARIE, Charles-Louis, *commerce de peignes, rue Montmorency*, 36. —Jugement du 17 juin 1861 homologuant le concordat du 1er juin 1861. —Remise de 50 %. — Les 50 % non remis payables en six ans : 8 % le 1er juin 1862, 4 % le 1er décembre 1862 ; 4 % le 1er juin et le 1er décembre des années 1863, 1864 et suivantes jusques et y compris le 1er décembre 1865 ; 4 % le 1er juin 1866 ; 5 % le 1er décembre 1866 ; 5 % le 1er juin 1867. — N° du Greffe 18,144.

MARIÉ, Charles-Auguste, *limonadier, rue Notre-Dame-des-Victoires*, 25. — Jugement du 26 janvier 1852 homologuant le concordat du 12 décembre 1852. — Remise de 75 % en principal, intérêts et frais. — Les

25 °/ₒ non remis payables, sans intérêts, en cinq ans, par cinquièmes, d'année en année, à partir du 26 janvier 1852. — N° du Greffe 10,091.

MARIÉ, Charles-Auguste, *marchand de nouveautés, rue de Paris*, 10, *à Belleville*. — Jugement du 3 octobre 1860 homologuant le concordat du 10 août 1860. — Remise de 60 °/ₒ. — Les 40 °/ₒ non remis payables en dix paiements égaux dont le premier aura lieu à trois mois de l'homologation. — Le deuxième six mois du premier paiement et les autres de six mois en six mois jusqu'à parfait paiement. — N° du Greffe 17,116.

MARIEN et Cie, François, *confectionneurs, place de la Rotonde-du-Temple*, 14. — Jugement du 12 janvier 1860 homologuant le concordat du 27 décembre 1859. — Remise de 75 °/ₒ. — Les 25 °/ₒ non remis payables en cinq ans, par cinquièmes, du concordat. — N° du Greffe 16,263.

MARIETTE, Auguste-Camille, *fabricant de bronzes, rue de Limoges*, 8. — Jugement du 21 mars 1860 homologuant le concordat du 20 février 1860. — Remise de 75 °/ₒ. — Les 25 °/ₒ non remis payables : 10 °/ₒ avant l'homologation, et 15 °/ₒ en trois ans, par tiers. — Le premier paiement dans un an après le paiement des 10 °/ₒ. — N° du Greffe 16,563.

MARIMON, François-Vincent-Bernard, *boucher, rue Neuve-Coquenard*, 13 *bis*. — Jugement du 25 septembre 1853 homologuant le concordat du 23 août 1853. — Abandon de tout l'actif à l'exception de son mobilier personnel. — N° du Greffe 10,699.

MARIN, Louis-François, *tenant hôtel meublé, rue St-Denis*, 49, *à Belleville*. — Jugement du 30 janvier 1862 homologuant le concordat du 15 du dit mois. — Remise de 75 °/ₒ. — Les 25 °/ₒ non remis payables en trois ans, par tiers, de l'homologation. — N° du Greffe 19,979.

MARIN, Adolphe-Alexandre, *épicier-mercier, au Petit-Montrouge*. — Jugement du 21 décembre 1852 homologuant le concordat du 9 octobre 1852. — Remise de 80 °/ₒ en capital, intérêts et frais. — Les 20 °/ₒ non remis payables en quatre ans, par quarts, fin août des années 1853, 1854 et suivantes. — N° du Greffe 10,342.

MARION fils, **GUYARD** et Cie, Charles, *entrepreneurs de transports, à Bercy, sur le port*, 51. — Voir : GUYARD. — N° du Greffe 11,120.

MARION, femme HÉBERT, Pierre-Adrien, Marie-Anne, *boulangère, rue Montmartre*, 37. — Voir: HÉBERT. — N° du Greffe 11,706.

MARION, Jacques, *entrepreneur, à Gentilly*. — Jugement du 27 juin 1851 homologuant le concordat du 9 juin 1851. — Remise des intérêts et frais non admis et de 75 °/ₒ. — Les 25 °/ₒ non remis payables par cinquièmes, d'année en année, du 9 juin 1851. — N° du Greffe 8,769.

MARION, Clément, société GUYARD, *quai de la Tournelle*, 15. — Voir: GUYARD. — N° du Greffe 11,120.

MARIUS, VIDAL, JANNIN ou **JAMIN** et Cie, *exploitation au Mexique, passage Choiseul*, 13. — Voir: JAMIN. — N° du Greffe, 13,612.

MARKOWSKI et Cie, Maurice-Mayer, *bal et café, rue Buffault*, 12. — Jugement du 25 janvier 1858 homologuant le concordat du 19 janvier 1858. — Remise de 50 °/ₒ. — Les 50 °/ₒ non remis payables: 10 °/ₒ le 1er mars 1859, et 5 °/ₒ le 1er décembre et le 1er mars suivant. — N° du Greffe 14,214.

MARKREICH, aîné, Nathan, *négociant, rue Brongniard*, 2. — Jugement du 18 décembre 1850 homologuant le concordat du 4 décembre 1850. — Remise de 50 °/ₒ en principal, intérêts et frais. — Les 50 °/ₒ non remis payables en dix paiements de 5 °/ₒ, de six mois en six mois, du 1er décembre 1850. — N° du Greffe 9,604.

MARKUS-LEPILLEUR, Jean, *tailleur, rue Favard*, 2. — Concordat du 10 août 1849. — N° du Greffe 169.

MARLIEZ, Léopold, *marchand de nouveautés, à Belleville*. — Jugement du 11 mai 1858 homologuant le concordat du 30 avril 1858. — Remise de 60 °/ₒ. — Les 40 °/ₒ non remis payables en cinq ans, par cinquièmes, du concordat. — N° du Greffe 14,521.

MARMEYS, Jean-François-Régis, *boulanger, à Belleville*. — Jugement du 23 juillet 1856 homologuant le concordat du 11 du même mois. — Remise de 75 °/ₒ. — Les 25 °/ₒ non remis payables en cinq ans, par cinquièmes. — Le premier paiement le 1er août 1857. — N° du Greffe 13,030.

MARNEUF, Antoine-Théodore, *maçon, rue Pierre-Levée*, 19. — Jugement du 1er avril 1856 homologuant le concordat du 10 mars 1856. — Remise de 70 °/ₒ. — Les 30 °/ₒ non remis payables en cinq ans, par cinquièmes. — Le premier paiement le 1er janvier 1857. — N° du Greffe 12,834.

MAROTTE, *limonadier, avenue de Clichy*, 40. — Jugement du 15 mai 1861 homologuant le concordat du 3 mai 1861. — Remise de 80 °/ₒ. — Les 20 °/ₒ non remis payables, trois mois après l'homologation. — N° du Greffe 17,571.

MARQUET, *commissionnaire en marchandises, boulevard de Strabourg*, 70. — Jugement du 30 novembre 1859 homologuant le concordat du 16 du dit mois. — Remise de 80 °/ₒ. — Les 20 °/ₒ non remis payables en cinq ans, par cinquièmes, du concordat. — N° du Greffe 16,154.

MARQUET, Jacques, *entrepreneur, rue Simon-Lefranc*, 25. — Jugement du 20 novembre 1850 homologuant le concordat du 2 août 1850. — Remise de 90 °/ₒ sur le capital, de tous intérêts et frais. — Les 10 °/ₒ non remis payables en quatre ans, par huitièmes, de six mois en six mois, pour le premier paiement avoir lieu le 30 novembre 1850. — N° du Greffe 459.

MARQUETTE, Jean-Baptiste, *serrurier, rue de Lacépède*, 14 *ou* 11. — Jugement du 17 décembre 1858 homologuant le concordat du 3 du dit mois. — Remise de 65 °/ₒ. — Les 35 °/ₒ non remis payables en 5 ans, par cinquièmes, de l'homologation. — N° du Greffe 15,153.

MARQUIS, Jules, *limonadier, boulevard de la Chopinette*, 36. — Jugement du 29 avril 1861 homologuant le concordat du 6 avril 1861. — Remise de 65 °/ₒ. — Les 35 °/ₒ non remis payables, sans intérêts, en cinq ans, par cinquièmes, de l'homologation. — N° du Greffe 17,612.

MARROT, *entrepreneur, rue Darreau*, 61, *à Montrouge*. — Jugement du 13 décembre 1861 homologuant le concordat du 25 novembre 1861. — Remise de 75 °/ₒ. — Les 25 °/ₒ non remis payables: 5 °/ₒ dans un an de l'homologation, 10 °/ₒ le 1er décembre 1863, 10 °/ₒ le 1er décembre 1864. — N° du Greffe 18,538.

MARSAUD, Henri, *marchand de charbons, quai des Célestins*, 26. — Jugement du 7 novembre 1854 homologuant le concordat du 17 octobre 1854. — Remise de 75 °/ₒ. — Les 25 °/ₒ non remis payables en cinq ans, par cinquièmes. — Le premier paiement un an après l'homologation. — N° du Greffe 11,761.

MARTEAU, Désiré-Louis, *charcutier-forain, rue du Petit-Lion-Saint-Sauveur*, 40. — Jugement du 21 septembre 1857 homologuant le concordat du 1er août 1857. — Remise de 85 °/ₒ. — Les 15 °/ₒ non remis payables en trois ans, par tiers, d'année en année, du jour du concordat. — N° du Greffe 13,964.

MARTEAUX, *négociant, rue Vivienne*, 48. — Jugement du 22 mai 1860 homologuant le concordat du 8 mai 1860. — Obligation de payer l'intégralité des créances en principal, intérêts et frais, d'ici au 31 juillet 1861. — N° du Greffe 16,894.

MARTEL, veuve de Jean-Pierre, Agathe-Marie-Françoise BAZIN, *crémière, avenue des Champs-Élisées*, 26. — Voir: BAZIN. — N° du Greffe 10,670.

MARTIMORT, Cyrille, *fabricant de tiges piquées, rue du Faubourg-du-Temple*, 27. — Jugement du 4 avril 1862 homologuant le concordat du 21 mars 1862. — Remise de 70 °/ₒ. — Les 30 °/ₒ non remis payables en quatre ans, par quarts, du jour de l'homologation. — N° du Greffe 19,328.

MARTIN, Jean-Baptiste, *marchand de vins, à Joinville-le-Pont*. — Jugement du 3 juin 1853 homologuant le concordat du 21 mai 1853. — Abandon de l'actif commercial y compris le droit au bail des lieux occupés par le sieur Martin. — Heurtey, commissaire. — N° du Greffe 10,027.

MARTIN, Jacques-Antoine, *limonadier, boulevard des Capucines*, 31. — Jugement du 7 janvier 1853 homologuant le concordat du 16 décembre 1851. — Remise de 85 °/ₒ sur le capital. — Les 15 °/ₒ non remis payables, par quarts, savoir : 3 °/ₒ le 10 janvier 1853, 4 °/ₒ le 10 janvier 1854, 1855 et 1856. — N° du Greffe 10,044.

MARTIN-PETIT, Jean-Baptiste, *mécanicien, rue St-Maur-Popincourt*, 145. — Jugement du 6 décembre 1862 homologuant le concordat du 15 novembre 1862. — Remise de 70 %. Les 30 % non remis payables en cinq ans, par cinquièmes, de l'homologation. — N° du Greffe 401.

MARTIN Dlle, Maria, *fabricante de corsets, rue de Rivoli*, 45. — Jugement du 10 novembre 1857 homologuant le concordat du 29 octobre 1857. — Remise de 85 %. — Les 15 % non remis payables en cinq ans, par cinquièmes, d'année en année. — Le premier paiement le 20 novembre 1858. — N° du Greffe 14,189.

MARTIN, *négociant, rue de Strasbourg, salle Chabrol*. — Jugement du 6 janvier 1854 homologuant le concordat du 15 décembre 1853. — Abandon des sommes aux mains du syndic. — Obligation de payer 25 % en cinq ans, par cinquièmes. — Le premier paiement le 1er février 1855. — N° du Greffe 10,828.

MARTIN, Jean-Louis, *bourrelier, à la Villette*. — Jugement du 24 novembre 1859 homologuant le concordat du 7 novembre 1859. — Remise de 80 %. — Les 20 % non remis payables, sans intérêts, en quatre ans, par quarts, du 7 novembre. — N° du Greffe 16,271.

MARTIN, dit JUDAS, Claude-Auguste-Martin, *commissionnaire en marchandises, rue du Faubourg-Poissonnière*, 8. — Jugement du 5 septembre 1856 homologuant le concordat du 6 août 1856.—Abandon de l'actif énoncé au concordat et obligation de payer 20 % sur le montant des créances en quatre ans, par quarts, d'année en année, du jour du concordat. — N° du Greffe 12,828.

MARTIN, Jean-Noel-Félix, *boulanger, à Fresne*. — Jugement du 16 décembre 1853 homologuant le concordat du 28 novembre 1853. — Remise de 80 %. — Les 20 % non remis payables par quarts, d'année en année, de fin décembre 1853. — N° du Greffe 10,904.

MARTIN, Gabriel, *marchand de vins, rue St-Denis*, 272. — Jugement du 20 mai 1852 homologuant le concordat du 17 avril 1852. — Remise de 75 % en principal, intérêts et frais. — Les 25 % non remis payables au moyen de l'abandon fait de l'actif existant en caisse. — En cas d'insuffisance, obligation de compléter les 25 %, savoir : un tiers 1er mai 1853, un tiers 1er mai 1854- un tiers 1er mai 1855. — N° du Greffe 10,132.

MARTIN, Jean, *tailleur, rue des Bons-Enfants*, 32. — Jugement du 11 janvier 1858 homologuant le concordat du 20 décembre 1857. — Remise de 75 %. — Les 25 % non remis payables en cinq ans, par cinquièmes, d'année en année, du jour de l'homologation. — N° du Greffe 14,211.

MARTIN, Pierre, *négociant en vins, rue de l'Échiquier*, 26. — Jugement du 7 octobre 1859 homologuant le concordat du 26 septembre 1859. — Remise de 60 %. — Les 40 % non remis payables en cinq ans, par cinquièmes, du 30 septembre. — N° du Greffe 15,894.

MARTIN, Jean-Baptiste, *grainetier, rue St-Antoine*, 195. — Jugement du 24 septembre 1852 homologuant le concordat du 6 septembre 1852. — Remise de 60 % en principal, intérêts et frais. — Les 40 % non remis payables en six ans, sans intérêts, par fractions égales, de trois mois en trois mois. — Le premier paiement le 15 mars 1853 et successivement. — N° du Greffe 10,396.

MARTIN, Louis, *loueur de chevaux, à Neuilly*. — Jugement du 28 juin 1858 homologuant le concordat du 26 mai 1858. — Remise de 60 %. — Les 40 % non remis payables, sans intérêts, en quatre ans, par quarts, du jour de l'homologation. — N° du Greffe 14,660.

MARTIN, Alfred, *marchand de nouveautés, rue de Bercy*, 13. — Jugement du 12 novembre 1851 homologuant le concordat du 29 octobre 1851. — Remise de 50 %. — Les 50 % non remis payables par cinquièmes, du 1er décembre 1851. — Chaque paiement de 10 % divisé par quarts, de trois mois en trois mois. — Le premier paiement de 2 1/2 % le 1er mars 1852, sans intérêts. — N° du Greffe 9,973.

MARTIN, Républicain, *armurier, rue du Faubourg-Saint-Martin*, 113. — Jugement du 30 août 1852 homologuant le concordat du 16 du même mois. — Remise de 85 % en principal, intérêts et frais. — Les 15 % non remis payables, sans intérêts, en trois ans, par tiers, dans un, deux et trois ans du jour du concordat. — N° du Greffe 10,437.

MARTIN, Joseph, *tailleur, rue du Hâvre*, 4. — Jugement du 20 octobre 1851 homologuant le concordat du 30 septembre 1851. — Remise de 85 %. — Les 15 % non remis payables, par tiers, d'année en année, le 15 août des années 1852, 1853 et 1854. — N° du Greffe 9,688.

MARTIN dame, *mercière, rue Montmartre*, 85. — Jugement du 18 avril 1860 homologuant le concordat du 4 du même mois. — Remise de 75 %. — Les 25 % non remis payables en deux ans, par moitiés, du 1er mai. — N° du Greffe 16,739.

MARTIN et Cie, André-Stéphen, *exportateur, rue Mogador*, 17. — Jugement du 20 octobre 1858 homologuant le concordat du 9 du même mois. — Remise de 90 %. — Les 10 % non remis payables en cinq ans, par cinquièmes, de fin décembre prochain. — N° du Greffe 15,187.

MARTIN dame, Julliette, *tenant hôtel meublé, rue Caumartin*, 14. — Jugement du 11 décembre 1854 homologuant le concordat du 18 novembre 1854. — Abandon de l'actif énoncé au concordat. — MM. Lacoste et Loroux, commissaires. — N° du Greffe 11,472.

MARTIN, dame, Nathalie, *lingère, rue Saint-Dominique-Saint-Germain*, 21. — Jugement du 21 novembre 1853 homologuant le concordat du 8 du même mois. — Remise de 75 %. — Les 25 % non remis payables en quatre ans, savoir : 7 % dans un an du jour du concordat, 6 % chacune des années suivantes. — N° du Greffe 10,979.

MARTIN jeune, *ex-bourrelier, rue d'Amsterdam*, 102. — Jugement du 28 août 1860 homologuant le concordat du 2 juin 1860. — Remise de 55 %. — Les 45 % non remis payables en six ans, par sixièmes, du 2 juin. — N° du Greffe 16,936.

MARTIN, *ex-marchand de vins, rue du Rond-Point-de-l'Etoile*, 14. — Concordat du 26 juillet 1849.

MARTIN, de la société LECOMTE, *papeterie, rue de la Montagne-Sainte-Geneviève*, 8. — Concordat du 28 août 1849. — N° du Greffe 539.

MARTIN, Jean-Baptiste, *grainetier, rue Saint-Antoine*, 195. — Jugement du 23 octobre 1856 homologuant le concordat du 9 du même mois. — Remise de 90 %. — Les 10 % non remis payables dans le mois de l'homologation. — M. Vasseur, caution. — N° du Greffe 10,396.

MARTIN, Alexandre, *carrossier, Allée-des-Veuves*, 93. — Concordat du 31 décembre 1849 qualifiant faillite. — N° du Greffe 339.

MARTIN, de la société CARFORT, *banquier, boulevard de Sébastopol*, 25. — Voir : CARFORT. — N° du Greffe 18,217.

MARTINCOURT, Joseph-Charles, *entrepreneur de peinture, rue du Chaume*, 2. — Jugement du 16 mai 1854 homologuant le concordat du 1er du même mois. — Remise de 40 %. — Les 60 % non remis payables : 10 % dans le mois de l'homologation, 8 % chacune des cinq années suivantes, et 10 % la sixième année. — N° du Greffe 11,226.

MARTINCOURT jeune, Adolphe, *bijouterie, rue Saint-Denis*, 308. — Concordat du 4 février 1850. — N° du Greffe 749.

MARTINE, Charles, *fabricant de passementerie, rue St-Denis*, 308. — Jugement du 17 septembre 1858 homologuant le concordat du 2 du même mois. — Remise de 65 %. — Les 35 % non remis payables en cinq ans, par cinquièmes. — Le premier paiement dans le mois de l'homologation. — Mme Martin, caution. — N° du Greffe 14,810.

MARTINEAU, Eugène-Simon, *fabricant de passementerie, rue du Faubourg-du-Temple*, 84. — Jugement du 8 mars 1858 homologuant le concordat du 24 février 1858. — Obligation de payer le montant des créances, sans intérêts, savoir : 10 % un mois après l'homologation, 10 % le 1er novembre 1858, 10 % les 1er mai et 1er novembre des années 1859, 1860, 1861 et 1862. — N° du Greffe 14,395.

MARTINET, *négociant, rue Mazarine*, 32. — Concordat du 12 octobre 1849. — N° du Greffe 542.

MARTINET et **DOBSENT**, Alexandre, *entrepreneur de bâtiments, rue Turgot*, 23. — Voir : DOBSENT.

MARTINOLE, *marchand de bois, rue de Charonne*, 24. — Jugement du 22 septembre 1862 homologuant le concordat du 19 août 1862. — Obligation de payer l'intégralité des créances en six ans, savoir : 10 % les cinq premières années et 50 % la sixième, du jour de l'homologation. — N° du Greffe 19,628.

MARTRAIT-PIOTTE, Antoine, *marchand de cornes, rue Napoléon*, 9, *à Belleville*. — Jugement du 7 septembre 1858 homologuant le concordat 23 août 1858. — Abandon de l'actif énoncé au concordat. — Obligation, en outre, de payer 20 % en quatre ans, par quarts, du jour de l'homologation. — M. Montcharville, syndic. — N° du Greffe 15,037.

MARVILLE, Édouard, *ex-marchand de vins, boulevard Beaumarchais*, 32. — Jugement du 22 novembre 1852 homologuant le concordat du 28 octobre 1852. — Remise de tous intérêts et frais non admis et de 70 %. — Les 30 % non remis payables, savoir : 5 % dix-huit mois après l'homologation, 5 % dans deux ans 1/2 après l'homologation, 5 % trois ans 1/2 après ladite homologation, et les 15 % dans l'année du décès de Mme Marville mère. — N° du Greffe 10,490.

MARY, Pierre, *négociant en tôles pour wagons, rue Schomer*, 7, *à Plaisance*. — Jugement du 7 octobre 1862 homologuant le concordat du 25 septembre 1862. — Remise de 60 %. — Les 40 % non remis payables en cinq ans, par cinquièmes, de fin septembre. — N° du Greffe 19,993.

MAZELLE, François-Jacques, *limonadier, rue Saint-Antoine*, 68. — Jugement du 23 décembre 1857 homologuant le concordat du 12 décembre 1857. — Remise de 88 %. — Les 12 % non remis payables, sans intérêts, 6 % dans le mois de l'homologation et 6 % en quatre ans, par tiers. — N° du Greffe 14,148.

MAS aîné, de la maison **DUCHAUSSOY**, *marchand de vins, à Bercy*. — Concordat du 18 octobre 1849. — N° du Greffe 14.

MASBRON, personnellement, Joseph, *ex-fabricant de sonneries électriques, rue Saint-Denis*, 207. — Jugement du 30 octobre 1861 homologuant le concordat du 27 septembre 1861. — Remise de 94 %. — Les 6 % non remis payables en trois ans, par tiers, du jour de l'homologation. — N° du Greffe 18,479.

MASDOUMIER, Laurent, *cordonnier, au village le Vallois*. — Jugement du 18 juin 1862 homologuant le concordat du 30 mai 1862. — Remise de 80 %. — Les 20 % non remis payables, sans intérêts, en quatre ans, par quarts, du jour de l'homologation. — N° du Greffe 19,755.

MASKELL, Édouard-James, *fabricant de chaussures, rue de la Verrerie*, 36. — Jugement du 21 novembre 1862 homologuant le concordat du 8 du même mois. — Remise de 70 %. — Les 30 % non remis payables, sans intérêts, en quatre ans, savoir : 10 % un mois après l'homologation, 5 % un an, deux ans après, et ainsi de suite. — N° du Greffe 440.

MASNATA, *fabricant de pièces à musique, à Nogent-sur-Marne*. — Concordat du 18 juillet 1862 homologuant le concordat du 5 du même mois. — Remise de 60 %. — Les 40 % non remis payables en quatre ans, de six mois en six mois, du 1er juillet. — N° du Greffe 19,685.

MASSA dame, *marchande au Temple, passage de l'Entrepôt*, 5. — Jugement du 18 septembre 1855 homologuant le concordat du 28 août 1855. — Remise de 85 %. — Les 15 % non remis payables en quatre ans, par quarts, d'année en année, pour le premier paiement avoir lieu le 31 août 1856. — Mme Massa mère, caution. — N° du Greffe 12,097.

MASSAZ, dame **BERTRAND**, Rose-Denise, *marchande de nouveautés, à Pantin*. — Jugement du 10 novembre 1853 homologuant le concordat du 19 octobre 1853. — Abandon du prix à provenir de l'actif. — N° du Greffe 10,485.

MASSÉ, *négociant, à Bercy*. — Jugement du 21 avril 1857 homologuant le concordat du 13 mars 1857. — Abandon de l'actif énoncé au concordat. — Obligation, en outre, de payer 20 % sur le montant des créances, en cinq ans, par cinquièmes, d'année en année, du jour de l'homologation. — M. Patey, caution des 20 %. — M. Isbert, syndic. — N° du Greffe 13,138.

MASSET et Cie, *boulanger, à Montrouge, route d'Orléans*, 132. — Jugement du 21 avril 1851 homologuant le concordat du 5 du même mois. — Abandon de l'actif de la société. — N° du Greffe 9,735.

MASSIN aîné, Nicolas, *fabricant de porte-monnaie, rue Buisson-Saint-Louis*, 28. — Jugement du 24 juillet 1855 homologuant le concordat du 3 du même mois. — Obligation de payer le montant des créances en principal, intérêts et frais, à raison de 10 % par an, pour le premier paiement avoir lieu le 15 juillet 1856, et ainsi de suite, d'année en année. — M. Bernard, commissaire. — N° du Greffe 12,173.

MASSIN, François, *ex-marchand de vins, rue Lacépède*, 11, *ci-devant rue Descartes*, 47. — Jugement du 17 juin 1862 homologuant le concordat du 24 mai 1862. — Abandon de l'actif énoncé au concordat. — Obligation de parfaire 25 % en cinq ans, par cinquièmes, du jour de l'homologation. — N° du Greffe 19,293.

MASSON de PUITNEUF, dit **THÉNARD**, Ferdinand-Etienne, *graveur, galerie Montpensier*, 47. — Jugement du 2 juin 1854 homologuant le concordat du 20 mai 1854. — Obligation de payer le principal en dix ans, par vingtièmes, de six mois en six mois. — Le premier paiement le 5 mars 1855. — Mme Masson de Puitneuf, obligée pour la valeur d'une maison lui appartenant. — N° du Greffe 11,406.

MASSON, *marchand boucher, à Boulogne*. — Jugement du 11 juin 1852 homologuant le concordat du 22 mai 1852. — Remise de 80 % en principal, intérêts et frais. — Les 20 % non remis payables en quatre ans, par quarts, sans intérêts, fin mai des années 1853, 1854, 1855 et 1856. — N° du Greffe 10,359.

MASSON, Louis-François, *ex-boulanger, rue du Faubourg-St-Antoine*, 287. — Jugement du 28 mai 1858 homologuant le concordat du 19 du même mois. — Abandon de l'actif. — M. Beaufour, commissaire. — N° du Greffe 14,730.

MASSON-BLOC sieur et dame, Louis-Alexandre, *tenant hôtel garni, cité Bergère*, 2 *bis*. — Jugement du 17 mai 1850 homologuant le concordat du 25 avril 1850. — Remise de 85 %. — Les 15 % non remis payables, solidairement, en trois termes de 5 % le 31 octobre des années 1851, 1852 et 1853. — N° du Greffe 9,288.

MASSON, Nicolas, *marchand de porcelaines, rue Paradis-Poissonnière*, 6. — Jugement du 2 juillet 1860 homologuant le concordat du 11 juin 1860. — Abandon de l'actif. — M. Devin, syndic. — N° du Greffe 16,908.

MASSON, Jean-Baptiste, *pelletier, rue de Charenton*, 164. — Jugement du 3 septembre 1858 homologuant le concordat du 2 juillet 1858. — Remise de 60 %. — Les 40 % non remis payables en quatre ans, par quarts, du 1er décembre prochain. — N° du Greffe 14,743.

MASSON, *marchand de nouveautés, rue du Faubourg-Poissonnière*, 113. — Jugement du 21 novembre 1860 homologuant le concordat du 2 du même mois. — Abandon de l'actif énoncé au concordat. — Obligation, en outre, de parfaire 30 % en trois ans, par tiers, du 2 novembre. — M. Richard Grison, syndic. — N° du Greffe 17,278.

MASSON, Hippolyte, *marchand de chaussures, rue Keller*, 13. — Jugement du 31 juillet 1862 homologuant le concordat du 14 du même mois. — Remise de 80 %. — Les 20 % non remis payables en quatre ans, par huitièmes, de six mois en six mois, du jour de l'homologation. — N° du Greffe 19,686.

MASSON, Joseph, *tailleur, rue Neuve-des-Petits-Champs*, 33. — Jugement du 30 avril 1858 homologuant le concordat du 16 du même mois. — Remise de 75 %. — Les 25 % non remis payables en cinq ans, par cinquièmes, du jour de l'homologation. — N° du Greffe 14,482.

MASSON, de la société **POUSSIELGUE**, *imprimeur, rue Croix-des-Petits-Champs*, 29. — Jugement du 18 avril 1854 homologuant le concordat du 10 mars 1854. — Abandon de l'actif réalisé d'une somme de 8,000 fr., et abandon par Poussielgue d'un brevet d'imprimeur en lettres. — N° du Greffe 10,884.

MASSON, Louis-Casimir-Stanislas, *imprimeur sur étoffes, à St-Denis, rue d'Aubervilliers*, 1. — Jugement du 1er décembre 1862 homologuant le concordat du 27 septembre 1862. — Abandon de l'actif énoncé au concordat. — Obligation de payer 25 %, savoir : 3 % dans un, deux, trois, quatre, cinq, six et sept ans, et 4 % dans huit ans, de l'homologation. — N° du Greffe 229.

MASSON, Jules, *tapissier, rue St-Georges*, 6. — Jugement du 5 décembre 1862 homologuant le concordat passé le 15 novembre 1862. — Remise de 70 %. — Les 30 % non remis payables : 10 % les 3 avril 1863, 1864 et 1865. — Mme veuve Chaumeton, 16, rue de Charenton, caution du premier dividende de 10 %. — N° du Greffe 457.

MATHEU, de la société **MIGUEL, SAFONT** et Ce, *rue du Gros-Chenet*, 4. — Jugement du 17 mars 1859 homologuant le concordat du 19 février 1859. — Remise du montant des créances en principal, intérêts et frais moyennant le versement de 10,000 fr. aux mains du syndic. — N° du Greffe 7,358.

MATHELIER, Auguste, *lingerie, rue Charlot*, 28. — Jugement du 18 février 1859 homologuant le concordat du 1er février, même mois. — Remise de 80 %. — Les 20 % non remis payables en quatre ans, par quarts, de l'homologation. — N° du Greffe 15,085.

MATHEY, Bernard-Philibert, *commissionnaire en marchandises, rue St-Sébastien*, 54. — Jugement du 23 avril 1857 homologuant le concordat du 9 avril 1857. — Remise de 90 %. — Les 10 % non remis payables en deux ans, par demi, fin avril 1858 et 1859. — N° du Greffe 13,740.

MATHIAU, *fabricant de clous en cuivre, rue Folie-Regnault*, 44. — Jugement du 6 janvier 1853 homologuant le concordat du 15 décembre 1852. — Remise de 70 % en principal, intérêts et frais. — Les 30 % non remis payables en cinq ans, par cinquièmes, le 1er décembre des années 1853, 1854 et suivantes. — N° du Greffe 10,519.

MATHIEU, Marcelin, *chapelier, rue de la République*, 47. — Jugement du 7 mai 1849 homologuant le concordat. — N° du Greffe 302.

MATHIEU, Nicolas, *marchand de vins en gros, rue des Batignolles*, 29, *à Belleville*. — Jugement du 7 juillet 1858 homologuant le concordat du 25 juin 1858. — Remise de 58 %. — Les 42 % non remis payables en six ans, par sixièmes, du 1er juillet. — N° du Greffe 14,784.

MATHIEU, Jean-Baptiste, *fabricant de chaussures, à Belleville*. — Jugement du 24 juillet 1857 homologuant le concordat du 10 juillet 1857. — Remise de 75 %. — Les 25 % non remis payables en cinq ans, par cinquièmes, d'année en année, du jour du concordat. — N° du Greffe 13,801.

MATHIEU, *marchand de vins, passage Verdeau*, 13. — Jugement du 31 juillet 1862 homologuant le concordat du 16 du même mois. — Remise de 70 %. — Les 30 % non remis payables, en cinq ans, par cinquièmes, du 15 août. — N° du Greffe 19,956.

MATHIEU, Alexandre, *fabricant de chaussures, rue Mouffetard*, 53. — Jugement du 3 juin 1862 homologuant le concordat du 16 mai 1862. — — Remise de 75 %. — Les 25 % non remis payables en deux ans et trois mois, en cinq paiements : le premier paiement dans trois mois, le second paiement six mois après le premier, et ainsi de suite du jour de l'homologation. — N° du Greffe 19,603.

MATHIEU, Armand, *fabricant de casquettes, rue Vieille-du-Temple*, 24. — Jugement du 19 novembre 1858 homologuant le concordat du 7 septembre 1858. — Remise de 80 %. — Les 20 % non remis payables en quatre ans, par quarts, du jour de l'homologation. — N° du Greffe 14,943.

MATHON, Jean-Baptiste-François-Xavier, *ex-limonadier, à Batignolles*. — Jugement du 14 août 1850 homologuant le concordat du 30 juillet 1850. — Libération à la condition de verser entre les mains de M. Philippon, commissaire, chaque mois, du 31 octobre 1850, et sur ses appointements, 100 fr. pendant tout le temps qu'il conservera sa place. — N° du Greffe 9,417.

MATHON, Casimir-Alexis, *miroitier, rue du Faubourg-Saint-Martin*, 14. — Jugement du 22 janvier 1858 homologuant le concordat du 11 du même mois. — Remise de 75 %. — Le 25 % non remis payables en cinq ans, par cinquièmes, d'année en année, du jour du concordat. — — N° du Greffe 14,353.

MATHORÉZ, Joseph-Guislin, *négociant en vins, à Charenton*. — Jugement du 2 juin 1857 homologuant le concordat du 19 mai 1857. — Remise de 75 %. — Les 25 % non remis payables en cinq ans, par cinquièmes, d'année en année, du jour de l'homologation. — N° du Greffe 13,588.

MATHOREZ, *négociant en vins et vinaigres, rue de Paris*, 29, *à Charenton*. — Jugement du 31 octobre 1859 homologuant le concordat du 23 août 1859. — Abandon de l'actif énoncé au concordat. — Dans le cas où l'abandon de l'actif n'aurait pas de résultat, obligation de payer 3 %, par moitiés, un an après la reddition de compte. — M. Lefrançois, commissaire. — N° du Greffe 13,588.

MATHURIN, Antoine, *ex-marchand de meubles, rue des Coutures-St-Gervais*, 6, *et ci-devant rue Saint-Sébastien*, 5. — Jugement du 18 février 1862 homologuant le concordat du 15 novembre 1861. — Remise de 85 %. — Les 15 % non remis payables en cinq ans, par cinquièmes, du 15 octobre. — N° du Greffe 18,514.

MATLEY, Edward, *dessinateur sur étoffes, rue Bréda*, 8. — Jugement du 3 juin 1856 homologuant le concordat du 16 avril 1856. — Remise de 80 %. — Les 20 % non remis payables en quatre ans, par quarts. — Le premier paiement le 27 janvier 1857. — N° du Greffe 12,717.

MATRA demoiselle, Rose-Colette, *marchande de nouveautés, rue Saint-Antoine*, 9. — Jugement du 27 mai 1853 homologuant le concordat du 17 du même mois. — Remise de 75 % en principal et accessoires. — Les 25 % non remis payables en cinq ans, par cinquièmes, d'année en année. — Le premier paiement dans un an du jour du concordat. — N° du Greffe 10,843.

MATRA, ou **MAITRA**, dame MORIZE, ou MORISSE, Amélie, *lingère, rue Laffitte*, 56. — Voir : MORISSE, dame.

MATTRA, *ex-limonadier, rue des Fossés-Montmartre*, 2. — Concordat du 2 juillet 1849.

MAUBAN, Jean-Baptiste, *marchand ferblantier, rue Boileau*, 3. — Jugement du 16 février 1855 homologuant le concordat du 1er du même mois. — Remise de 80 %. — Les 20 % non remis payables en cinq ans, par cinquièmes, à partir du 15 février 1855. — N° du Greffe 4,630.

MAUBAN, Jean-Baptiste, *ferblantier, rue Boileau*, 5. — Jugement du 30 décembre 1859 homologuant le concordat du 23 novembre 1859. — Remise de 75 %. — Les 25 % non remis payables en cinq ans, par cinquièmes, du jour de l'homologation. — N° du Greffe 16,115.

MAUBANT, Oscar, de la société PHILIPPINE, *marchand de rubans, rue Mauconseil*, 1. — Jugement du 29 mai 1854 homologuant le concordat du 5 du même mois. — Remise de 50 %. — Les 50 % non remis payables sans intérêts, par neuf paiements égaux, de quatre mois en quatre mois, du jour de l'homologation. — N° du Greffe 11,372.

MAUBANT, de la société PHILIPPINE, *négociant en rubans, rue Mauconseil*, 1. — Jugement du 13 novembre 1856 homologuant le concordat du 11 octobre 1856. — Abandon de l'actif énoncé au concordat. — N° du Greffe 12,259.

MAUBRAC, Joseph, *marchand tailleur, boulevard Montmartre*, 24. — Jugement du 4 décembre 1856 homologuant le concordat du 7 novembre 1856. — Remise de 75 %. — Les 25 % non remis payables, sans intérêts, en cinq ans, par cinquièmes, d'année en année, du jour de l'homologation. — N° du Greffe 13,362.

MAUFRA, J.-Grégoire, *ex-maître carrier, boulevard Montparnasse*, 15. — Jugement du 23 avril 1850 homologuant le concordat du 3 du même mois. — Abandon de l'actif réalisé. — Obligation de payer, à concurrence des créances, à l'expiration de l'année qui suivra le décès de son père, somme égale à l'importance des valeurs qu'il aura pu recueillir dans la succession. — N° du Greffe 9,177.

MAUGAS, Narcisse, *ex-marchand de vins, route d'Asnières*, 96. — Jugement du 29 novembre 1862 homologuant le concordat du 18 septembre 1862. — Obligation de payer l'intégralité des créances, savoir : 15 % dans le mois de l'homologation, 85 % en huit ans, par huitièmes, du jour de l'homologation. — N° du Greffe 19,272.

MAUGER, Michel, *nourrisseur, rue du Faubourg-du-Temple*, 14 et 121. — Jugement du 19 avril 1858 homologuant le concordat du 3 du même mois. — Remise de 60 %. — Les 40 % non remis payables en quatre ans, par quarts, du jour du concordat. — N° du Greffe 14,565.

MAUGER, Élie, *nourrisseur, à Batignolles*. — Jugement du 28 février 1854 homologuant le concordat du 11 du même mois. — Remise de 70 %. — Les 30 % non remis payables en six ans, par sixièmes. — Le premier paiement le 11 février 1855. — N° du Greffe 11,205.

MAUGRAS, Jean-Claude, *corroyeur, rue de Bièvre*, 21. — Jugement du 17 décembre 1856 homologuant le concordat du 5 du même mois. — Remise de 50 %. — — Les 50 % non remis payables en cinq ans, par cinquièmes, d'année en année, du jour du concordat. — N° du Greffe 13,403.

MAUNIET ou **MOUNIER**, Louis, *fabricant de pompes à incendies, rue de la Pépinière*, 116. — Jugement du 23 octobre 1856 homologuant le concordat du 1er septembre 1856. — Remise de 60 %. — Les 40 % non remis payables, sans intérêts, en deux ans, par moitiés, le 1er octobre 1858 et 1859. — N° du Greffe 13,177.

MAUNY, *négociant à Vichy, et rue Saint-Denis*, 242, *à Paris*. — Jugement du 20 juillet 1854 homologuant le concordat du 7 juin 1854. — Remise de 80 %. — Les 20 % non remis payables, en cinq ans, par cinquièmes, du jour de l'homologation. — N° du Greffe 11,421.

MAUNY, Antoine-Louis, *fabricant de fourneaux, rue Ménilmontant*, 133. — Jugement du 19 décembre 1855 homologuant le concordat du 29 novembre 1855. — Abandon de l'actif énoncé au concordat. — Obligation de payer 25 % en six ans, par sixièmes, du jour du concordat. — N° du Greffe 12,327.

MAUPETIT, Jean-Baptiste, *fabricant de noir-animal, à Grenelle*. — Jugement du 24 septembre 1852 homologuant le concordat du 7 du même mois. — Obligation de payer le montant intégral des créances, savoir : moitié dans la huitaine du jugement de l'homologation, l'autre moitié dans un an du jour du concordat, le tout sans intérêts. — N° du Greffe 10,401.

MAUPETIT, Eugène-Florent, *marchand de nouveautés, à Belleville*. — Jugement du 8 juin 1857 homologuant le concordat du 18 mai 1857. — Remise de 85 %. — Les 15 % non remis payables en trois ans, par tiers, d'année en année, du jour du concordat. — N° du Greffe 13,756.

MAUPETIT, Eugène-Florent, *marchand de nouveautés, rue de Paris*, 168, *à Belleville*.— Jugement du 5 juillet 1861 homologuant le concordat du 25 juin 1861. — Remise de 85 %. — Les 15 % non remis payables, en trois ans, à raison de 2 1/2 %, de six mois en six mois, du concordat. — Madame Maupetit, caution. — N° du Greffe 18,098.

MAURANDY, Barthélemy, *marchand de chandelles, à Batignolles*. — Concordat du 2 juillet 1849. — N° du Greffe 370.

MAURE, Etienne, *marchand de vins-traiteur, rue Ménilmontant*, 106. — Jugement du 13 décembre 1858 homologuant le concordat du 1er du dit mois. — Remise de 80 %. — Les 20 % non remis payables en cinq ans, par cinquièmes, du 1er janvier. — N° du Greffe 15,236.

MAUREL, Joseph, *épicier, place du Val*, 1, *à Vanves*. — Jugement du 13 mars 1862 homologuant le concordat du 3 mars 1862. — Remise de 80 %. — Les 20 % non remis payables en cinq ans, par cinquièmes, du 5 avril. — N° du Greffe 18,515.

MAUREL et Cie, Alphonse, *vente d'objets en caoutchouc, rue de Rivoli*, 149. — Jugement du 18 juillet 1862 homologuant le concordat du 2 du dit mois. — Remise de 65 %. — Les 35 % non remis payables en cinq ans, par cinquièmes, de l'homologation. — N° du Greffe 19,687.

MAURICE dame, de la société HÉBERT et Cie. — Voir : CRAPIER, société HÉBERT. — N° du Greffe 12,646.

MAURICE aîné, Pierre-Gaspard, *épicier, rue St-Antoine*, 88. — Jugement du 22 juin 1853 homologuant le concordat du 8 juin 1853.— Remise de 75 %.— Les 25 % non remis payables en quatre ans, par quarts. — Le premier paiement le 1er janvier 1855. — N° du Greffe 10,898.

MAURIN, Jean-Jacques, *ex-maître de poste, à Barbezieux*. — Jugement du 25 mars 1856 homologuant le concordat du 8 mars 1856. — Remise de 90 %. — Les 10 % non remis payables en cinq ans, par cinquièmes, d'année en année, du jour du concordat. — N° du Greffe 11,219.

MAURIN, Alexis, *marchand de chaussures, rue du Vieux-Colombier*, 8. — Jugement du 16 septembre 1859 homologuant le concordat du 25 août 1859. — Remise de 75 %.— Les 25 % non remis payables en cinq ans, par cinquièmes, de l'homologation. — N° du Greffe 16,001.

MAUROS, Pierre, *plombier, boulevard Beaumarchais*, 17. — Jugement du 28 décembre 1857 homologuant le concordat du 16 décembre 1857. — Remise de 60 %. — Les 40 % non remis payables en cinq ans, par cinquièmes, du 1er janvier 1859. — N° du Greffe 14,200.

MAURY, Antoine, *gantier, rue St-Honoré*, 362. — Jugement du 26 octobre 1857 homologuant le concordat du 7 octobre 1857. — Remise de 90 %. — Les 10 % non remis payables en cinq ans, par cinquièmes, d'année en année. — Le premier paiement le 15 septembre 1858. — N° du Greffe 13,922.

MAUVAIS, Victor, *colporteur, rue des Vinaigriers*, 40. — Jugement du 9 février 1852 homologuant le concordat du 27 janvier 1852. — Remise de 70 % en principal, intérêts et frais.— Les 20 % non remis payables en quatre ans, par quarts, d'année en année. — Le premier paiement le 1er février 1853. — N° du Greffe 9,970.

MAUVOISIN et **LEBRUN**, *tailleurs, rue du Faubourg-St-Honoré*, 118. — Voir LEBRUN. — N° du Greffe 16,162.

MAYAUD, Edmond-Martin, *éditeur de musique, boulevard des Italiens*, — Jugement du 23 novembre 1852 homologuant le concordat du 5 du dit mois. — Remise de 82 % en principal, intérêts et frais. — Les 18 % non remis payables en six ans, par sixièmes. — Le premier paiement dans un an de l'homologation. — N° du Greffe 10,496.

MAYEN et Cie, Auguste, *gérant, commerce de draperie, rue St-Martin*, 150. — Jugement du 5 août 1851 homologuant le concordat du 18 janvier 1851. — Remise de 65 %. — Les 35 % non remis payables en trois ans, comme suit : 10 % dans le délai d'un mois à partir de l'homologation, 10 % dans un an, 10 % dans deux ans, 5 % dans trois ans, à compter du jour de l'homologation. — N° du Greffe 9,867.

MAYEN, société CHABAUT ou CHABAULT, Auguste, *marchand de nouveautés, rue Tronchet*, 31, *et rue du Faubourg-St-Antoine*, 77.-Jugement du 12 avril 1859 homologuant le concordat du 1er avril 1859. — Remise à Mayen de 97 %. — Les 3 % non remis payables : 1 % comptant, 1 % dans un et deux ans, de l'homologation. — N° du Greffe 13,013.

MAYER-LÉVY, *marchand de vins, rue de Trévise*, 11. — Jugement du 11 avril 1855 homologuant le concordat du 30 mars 1855. — Remise de 80 %. — Les 20 % non remis payables en trois ans, par tiers, d'année en année. — Le premier paiement le 31 mars 1856. — N° du Greffe 12,163.

MAYER, Samuel, *marchand de papiers et de portefeuilles, passage Verdeau*, 30. — Jugement du 3 octobre 1855 homologuant le concordat du 17 septembre 1855. — Remise de 75 %. — Les 25 % non remis payables en cinq ans, par cinquièmes. — Le premier paiement le 16 septembre 1856. — N° du Greffe 12,456.

MAYER, société BRISSAC frères, *fabricants de broderies, rue de Cléry*, 6. — Voir : BRISSAC frères. — N° du Greffe 10,579.

MAYER, *confiseur, au Palais-National*. — Concordat du 11 juin 1849. — N° du Greffe 359.

MAYER, Simon-Charles, *limonadier, rue de Rivoli*, 49. — Jugement du 18 novembre 1862 homologuant le concordat du 8 du dit mois.— Remise de 50 %. — Les 50 % non remis payables en cinq ans, par cinquièmes, de l'homologation. — N° du Greffe 361.

MAYER, Zulmin, *marchand de cols-cravates, rue de Bondy*, 48. — Jugement du 20 novembre 1861 homologuant le concordat du 30 octobre 1861. — Remise de 75 %. — Les 25 % non remis payables en cinq ans, par cinquièmes, de l'homologation. — N° du Greffe 18,691.

MAYER-CERF, *fabricant de casquettes, rue du Temple*, 38. — Jugement du 30 octobre 1856 homologuant le concordat du 18 octobre 1856. — Remise de 70 %.— Les 30 % non remis payables : 5 % dans le mois de l'homologation, 25 % par cinquièmes, de six mois en six mois, à commencer le 31 mai prochain. — N° du Greffe 13,253.

MAYER, Joseph, *agent d'affaires, rue St-Antoine*, 102. — Jugement du 13 septembre 1861 homologuant le concordat du 19 août 1861. — Remise de 50 %. — Les 50 % non remis payables, sans intérêts, en deux ans, à partir de l'homologation, en deux paiements égaux. — Le premier paiement un an après la dite l'homologation. — N° du Greffe 18,642.

MAYER veuve, Louis-Salomon, *commissionnaire en chaussures, rue du Temple*, 26. — Voir : MANTOUT veuve MAYER. — N° du Greffe 15,044.

MAYER, de la société POSSO fils, Joseph, *commissionnaire en marchandises, rue Boutarel*, 1. — Jugement du 19 juillet 1861 homologuant le concordat du 22 juin 1861. — Abandon de l'actif énoncé au concordat. — Oligation de payer 16 % des créances en huit ans, par huitièmes, de l'homologation. — Trille, maintenu syndic. — N° du Greffe 16,838.

MAYER, Louis, *commissionnaire en marchandises, place Royale*, 2. — Jugement du 24 octobre 1859 homologuant le concordat du 5 septembre 1859. — Remise de 70 %. — Les 30 % non remis payables en six ans, par sixièmes, de fin décembre. — N° du Greffe 15,990.

MAYER, Joseph, *marchand liquoriste, rue de la Cité*, 8. — Jugement du 7 mars 1855 homologuant le concordat du 20 février 1855. — Remise de 50 %. — Les 50 % non remis payables, sans intérêts, par moitiés, le 1er mars des années 1856 et 1857. — N° du Greffe 11,961.

MAYET, *serrurier, rue de la Réforme*, 16. — Concordat du 15 octobre 1849. — N° du Greffe 626.

MAYNARD, veuve Félix, *hôtel meublé, avenue des Champs-Elysées*, 53. — Jugement du 21 juin 1860 homologuant le concordat du 7 mai 1860. — Remise de 80 %. — Les 20 % non remis payables en cinq ans, par cinquièmes, de l'homologation. — N° du Greffe 16,806.

MAZADE, société LAVOISIER et Cie, *exploitation du journal la France, rue Montmartre*, 136. — Voir : LAVOISIER. — N° du Greffe 15,876.

MAZEAUD, *marchand de châles, rue du Faubourg-St-Denis*, 27. — Jugement du 15 mai 1857 homologuant le concordat du 31 mars 1857. — Abandon de l'actif énoncé au concordat. — Obligation de payer 50 % sur le montant des créances, dans un an du jour du concordat. — Hérou, maintenu syndic. — N° du Greffe 10,408.

MAZINGHIEN, Achille, *coiffeur-parfumeur, rue Thévenot*, 32. — Jugement du 24 octobre 1855 homologuant le concordat du 9 du même mois. — Remise de 68 %. — Les 32 % non remis payables par quarts, d'année en année, du jour du concordat. — N° du Greffe 12,478.

MAZOYÉ, BENOIT et C°, *entrepreneurs de vidanges, Grande-Rue*, 193, *à la Chapelle-St-Denis*. — Voir : BENOIT. — N° du Greffe 14,261.

MAZZONNE, société LIOTARD, Cyprien, *rue Beaubourg*, 111. — Voir: LIOTARD et C°. — N° du Greffe 13,080.

MEDEIROS (de), Jean-Carvalho, *fabrique de la savonnerie Phénix, rue Guillou*, 5, *à Passy*. — Jugement du 20 novembre 1854 homologuant le concordat du 8 du dit mois. — Remise de 80 %. — Les 20 % non remis payables, sans intérêts, par fractions de 5 % dans les trois mois de l'homologation, et 2 1/2 % dans 10, 15, 20, 25, 30 et 36 mois de la même date. — N° du Greffe 11,710.

MEDER, Jean-Justin-Auguste, *blanchisseur, rue de la descente de la Sablonnerie*, 3, *à Vaugirard*. — Jugement du 7 mai 1858 homologuant le concordat du 19 avril 1858. — Remise de 70 %. — Les 30 % non remis payables en six ans, par sixièmes, de l'homologation. — N° du Greffe 14,306.

MÈGE, *marchand de vins*, 62, *rue du Poteau, à Montmartre*. — Jugement du 18 février 1861 homologuant le concordat du 31 janvier 1861. — Remise de 80 %. — Les 20 % non remis payables en cinq ans, par cinquièmes, de l'homologation. — N° du Greffe 17,362.

MÈGE, Annette-François, *marchand de vins, à Auteuil*. — Jugement du 1er décembre 1859 homologuant le concordat du 14 novembre 1859. — Abandon de l'actif énoncé au concordat. — Obligation de parfaire 20 % en principal, intérêts et frais, en trois ans, par tiers, de fin novembre, sans intérêts. — Devin, maintenu syndic. — N° du Greffe 16,181.

MEHL, *facteur de pianos, rue Saint-Antoine*, 143. — Concordat du 5 juillet 1849. — N° du Greffe 484.

MELBER, Casimir, *commissionnaire en marchandises, rue du Conservatoire*, 9. — Jugement du 3 décembre 1861 homologuant le concordat du 23 novembre 1861. — Remise de 80 %. — Les 20 % non remis payables en dix ans, par dixièmes, du 1er décembre. — N° du Greffe 18,389.

MÉLIN dame, DALBOUSSIÈRE, Jeanne, *à Montrouge*. — Jugement du 24 juin 1853 homologuant le concordat du 15 juin 1853. — Obligation de payer l'intégralité des créances en principal, intérêts et frais admis, 30 % dans le mois de l'homologation, et 70 % en quatre ans, par quarts, sans intérêts, le 1er juillet des années 1854, 1855 1856 et 1857. — N° du Greffe 10,692.

MELLET, *entrepreneur de travaux publics, rue de la Victoire*, 15, — Jugement du 2 novembre 1859 homologuant le concordat du 31 octobre 1859. — Abandon de l'actif énoncé au concordat. — N° du Greffe 13,457.

MELLOTÉ, Denis-François, *ex-boulanger, rue Monthion, à Montrouge*. — Jugement du 6 août 1859 homologuant le concordat du 22 juillet 1859. — Abandon de l'actif énoncé au concordat. — Obligation de payer 10 % en dix ans, par dixièmes, du 1er août. — Quatremère, maintenu syndic. — N° du Greffe 14,752.

MÉMART, Jean-Baptiste-Germain, *marchand boucher, rue Frileuse*, 14, *à Gentilly*. — Jugement du 25 avril 1853 homologuant le concordat du 5 du même mois. — Remise de 70 %. — Les 30 % non remis payables en huit ans, pour le premier paiement avoir lieu le 1er mai 1854. — N° du Greffe 10,757.

MÉNAGE, Adolphe, *horloger-bijoutier, rue Lavoisier*, 22. — Jugement du 21 septembre 1854 homologuant le concordat du 6 du dit mois. — Remise de 64 %. — Les 36 % non remis payables: 6 % dans la huitaine de l'homologation, et le surplus par fractions de 6 %, de trois mois en trois mois, de l'homologation. — Madame Mauricaud, caution du premier dividende de 6 %. — N° du Greffe 11,565.

MENANT, François-Joseph, *limonadier, rue Aumaire*, 48, *ci-devant, rue de la Roquette*, 7. — Jugement du 21 mai 1851 homologuant le concordat du 12 du même mois. — Remise de 90 %. — Les 10 % non remis payables en deux paiements : 2 1/2 % le 30 mai des années 1852 et 1853, et 5 % le 30 mai 1854. — N° du Greffe 9,788.

MENARD, Jean-François-Baptiste-Alexandre, *bijoutier, rue St-Martin*, 258. — Jugement du 1er décembre 1862 homologuant le concordat du 13 novembre même année. — Obligation de payer le montant intégral des créances, en cinq ans, par cinquièmes, du concordat. — N° du Greffe 318.

MENARD, Jean-Louis, *épicier, rue de Richelieu*, 43. — Jugement du 18 janvier 1855 homologuant le concordat du 5 janvier 1855. — Remise de 70 %. — Les 30 % non remis payables : 5 % quinze jours après la reddition des comptes, 5 % un an après l'homologation et 5 % d'année en année, jusqu'au paiement intégral des dits 30 %. — N° du Greffe 11,913.

MENDEL, frères, *joailliers, rue Lepelletier*, 33. — Jugement du 5 août 1853 homologuant le concordat du 15 juillet 1853. — Remise de 50 %. — Les 50 % non remis payables, par l'intermédiaire, de M. Breuillard, rue des Martyrs, 38, savoir : 30 % dans la quinzaine de la reddition des comptes du syndic, 10 % le 1er août 1854 et 10 % le 1er février, 1855. — N° du Greffe 10,681.

MENDEL, frères, Joseph, *négociant, rue Taitbout*, 38. — Jugement du 29 juin 1855 homologuant le concordat du 6 juin même année. — Remise de 95 %. — Les 5 % non remis payables en cinq ans, par cinquièmes, d'année en année, pour le premier paiement avoir lieu le 6 juin 1856. — N° du Greffe 12,141.

MENDÈS de CARVALHO et C°, *commissionnaires en marchandises, rue Neuve-St-Augustin*, 11. — Jugement du 14 avril 1859 homologuant le concordat du 19 février 1859. — Remise de 80 %. — Les 20 % non remis payables: 10 % après l'homologation, 5 % dans deux ans de l'homologation, 5 % dans trois ans. — N° du Greffe 15,137.

MENDEZ, *entrepreneur de maçonneries, à Auteuil*. — Jugement du 19 février 1862 homologuant le concordat du 8 février 1862. — Remise de 25 %. — Les 75 % non remis payables : 55 % dans le mois de l'homologation, 20 % en quatre ans, par quarts, de fin février, sans intérêts. — N° du Greffe 18,906.

MÉNEGLIER, *marchand de nouveautés, rue Mouffetard*, 75. — Jugement du 28 septembre 1859 homologuant le concordat du 14 septembre 1859. — Remise de 76 %. — Les 24 % non remis payables en trois ans, par tiers, du 1er octobre. — N° du Greffe 16,092.

MENIÉ, Auguste, *marchand de vins, Grande-Rue*, 88, *à la Chapelle-St-Denis*. — Jugement du 26 octobre 1859 homologuant le concordat du 11 octobre 1859. — Remise de 75 %. — Les 25 % non remis payables en cinq ans, par cinquièmes, du concordat. — N° du Greffe 16,143.

MENISSIER, de la société CHAMPEAU, *gérant de théâtre, rue du Cadran*, 16. — Voir : CHAMPEAUX et MENISSIER. — N° du Greffe 2,027.

MENNE, Godefroy-Félix-Joseph, *marbrier, rue Amelot*, 70. — Jugement du 14 mai 1856 homologuant le concordat du 2 du dit mois. — Remise de 85 %. — Les 15 % non remis payables : 3 % dans un an, 4 % dans deux, trois et 4 ans du concordat. — N° du Greffe 12,960.

MENNERET, père et fils, de la société MENNERET père et fils, *charpentiers, chemin de Ronde de la barrière de Montreuil*, 12. — Jugement du 23 mai 1862 homologuant le concordat du 9 dudit mois. — Remise de 60 %. — Les 40 % non remis payables en cinq ans, par cinquièmes, de l'homologation. — N° du Greffe 19,231.

MENOT, Antoine, *commerce de cuivre, rue Portefoin*, 4. — Jugement du 14 août 1855 homologuant le concordat du 19 juin 1855. — Remise de 80 %. — Les 20 % non remis payables en quatre ans, par quarts, d'année en année, à partir du jour du concordat. — N° du Greffe 12,271.

MENU du PERRON, *fabricant de colliers pour chevaux, rue du Faubourg-St-Denis*, 165. — Jugement du 13 février 1862 homologuant le concordat du 22 janvier 1862. — Remise de 80 %. — Les 20 % non remis payables, sans intérêts, en cinq ans, par cinquièmes, du 1er février. — N° du Greffe 18,749.

MENU demoiselle, Lina, *marchande de modes, rue du Faubourg-Poissonnière*, 61. — Jugement du 30 décembre 1853 homologuant le concordat du 21 du dit mois. — Remise de 40. — Les 60 % non remis payables par fraction de 20 %, fin décembre des années 1854, 1855 et 1856. — N° du Greffe 11,106.

MENUELL, Adonis-Honoré, *marchand de bois, rue des Noyers, 5 bis, à Belleville*. — Jugement du 11 avril 1859 homologuant le concordat du 29 mars 1859. — Remise de 70 %. — Les 30 % non remis payables : 5 % le 2 janvier 1860 et 25 %, en cinq ans, par cinquièmes, du 2 janvier. — N° du Greffe 15,511.

MERANDON demoiselle, Rose-Caroline, *marchande de modes, rue de Sèze*, 6. — Jugement du 26 avril 1861 homologuant le concordat du 13 avril 1861. — Remise de 85 %. — Les 15 % non remis payables en trois ans, par tiers, du jour de l'homologation. — N° du Greffe 17,982.

MERCADIER, Victor, *coiffeur, rue Neuve-des-Petits-Champs*, 4. — Jugement du 13 août 1862 homologuant le concordat du 29 juillet 1862. — Remise de 80 %. — Les 20 % non remis payables en quatre ans, par quarts, du jour de l'homologation. — N° du Greffe 68.

MERCERY, Arsène, *marchande de vins, route d'Italie*, 2. — Jugement du 9 janvier 1861 homologuant le concordat du 22 octobre 1860. — Abandon de l'actif énoncé au concordat. — Obligation de payer 15 % en cinq ans, par cinquièmes, du concordat. — N° du Greffe 17,229.

MERCHADIER, Jean, *marchand de charbons, rue Neuve-Montmorency*, 3. — Jugement du 25 octobre 1850 homologuant le concordat du 1er octobre 1850. — Remise de 80 % et de tous intérêts et frais. — Les 20 % non remis payables en quatre années, par quarts, le 1er octobre des années 1851, 1852, 1853 et 1854. — N° du Greffe 9,466.

MERCIER, Hippolyte, *tapissier, rue de la Michodière*, 21. — Jugement du 8 décembre 1858 homologuant le concordat du 25 novembre 1858. — Remise de 60 %. — Les 40 % non remis payables en six ans : 6 % les quatre premières années et 8 % les deux dernières, du jour de l'homologation. — N° du Greffe 15,013.

MERCIER, Jean-Jacques-Ferdinand, *marchand de meubles, place des Vosges*, 9. — Jugement du 2 juillet 1850 homologuant le concordat du 20 juin 1850. — Abandon d'une créance sur la succession Bourgeois et des créances comprises dans l'actif de la faillite. — N° du Greffe 7,796.

MERCIER, Pierre, *ex-marchand de vins, route de Châtillon*, 63, *à Montrouge*. — Jugement du 7 octobre 1853 homologuant le concordat du 15 septembre 1853. — Remise de 90 %. — Les 10 % non remis payables en deux ans, par moitiés, le 31 décembre 1854 et le 31 décembre 1855. — N° du Greffe 10,934.

MERCIER, Joseph-François, *entrepreneur de maçonnerie, à Vincennes*. — Jugement du 4 juin 1860 homologuant le concordat du 15 mai 1860. — Remise de 75 %. — Les 25 % non remis payables en cinq ans, par cinquièmes, de l'homologation. — N° du Greffe 16,829.

MERCIER, Louis, *fabricant d'articles de pianos, rue Grange-aux-Belles*, 39. — Jugement du 18 novembre 1859 homologuant le concordat du 9 novembre 1859. — Abandon de l'actif énoncé au concordat. — Beaufour maintenu syndic. — N° du Greffe 15,784.

MERCIER, Pierre, *cafetier, à Vaugirard*. — Jugement du 17 décembre 1857 homologuant le concordat du 27 juin 1857. — Remise de 60 %. — Les 40 % non remis payables, sans intérêts, en cinq ans, par cinquièmes, à partir de l'homologation. — N° du Greffe 13,860.

MERCIER, Louis-Firmin, *limonadier, à la Chapelle*. — Jugement du 10 juin 1859 homologuant le concordat du 27 mai 1859. — Remise de 85 %. — Les 15 % non remis payables en trois ans, par tiers, de l'homologation. — N° du Greffe 15,214.

MERCY dame, de la société DELMAET et Cie, *marchande lingère, rue du Petit-Carreau*, 26. — Voir : DELMAET et Cie. — N° du Greffe 13,227.

MEREAN, François-Rémy, *limonadier, rue St-Laurent*, 4. — Jugement du 31 août 1858 homologuant le concordat du 13 juillet 1858. — Remise de 60 %. — Les 40 % non remis payables en quatre ans, par quarts, du 1er août. — N° du Greffe 14,837.

MEREL, société, Charles, et veuve FONTAINE, *lingers, rue de Provence*, 71. — Voir : FONTAINE, veuve. — N° du Greffe 11,128.

MERIEL père, Philippe-Marin-Victor, *gravatier, à Charonne*. — Jugement du 29 octobre 1855 homologuant le concordat du 13 octobre 1855. — Remise de 75 %. — Les 25 % non remis payables en cinq ans, par cinquièmes, d'année en année, à partir de l'homologation. — N° du Greffe 12,438.

MÉRIGOT, Étienne, *constructeur de bâteaux, à Asnières*. — Jugement du 16 mars 1855 homologuant le concordat du 3 mars 1855. — Remise de 75 %. — Les 25 % non remis payables, sans intérêts, en cinq ans, par cinquièmes, d'année en année, pour le premier paiement avoir lieu le 1er mars 1856. — N° du Greffe 11,990.

MERLAND, *épicier, rue des Barres*, 13. — Jugement du 13 décembre 1854 homologuant le concordat du 17 novembre 1854. — Remise de 75 %. — Les 25 % non remis payables en cinq ans, par cinquièmes, d'année en année, pour le premier paiement avoir lieu le 17 novembre 1855. — N° du Greffe 11,783.

MERLET, société SAINT-ARMAND, Louis-Pierre-Jean-Nicolas, *exploitation de café, rue de l'Arbre-Sec*, 68, *ci-devant, rue du Faubourg-Poissonnière*, 12, *et rue du Coq*, 30. — Jugement du 14 mai 1858 homologuant le concordat du 23 avril 1858. — Remise de 70 %. — Les 30 % non remis payables, sans intérêts : 10 % comptant, 20 % par moitiés de l'homologation, au domicile de M. Mettey, place de la Bourse, 10. — N° du Greffe 12,995.

MERLIN, *négociant, rue Joubert*, 23 ou 33. — Jugement du 8 mai 1861 homologuant le concordat du 6 septembre 1860. — Remise de 80 %. — Les 20 % non remis payables en trois ans : 5 % le 15 septembre 1861, 5 % le 15 septembre 1862, 10 % le 15 septembre 1863. — Le tout sans intérêts. — N° du Greffe 16,773.

MERMILLOD, Jean, *serrurier-mécanicien, rue St-Philippe-St-Martin*, 1. — Jugement du 17 septembre 1850 homologuant le concordat du 30 août 1850. — Remise de tous intérêts et frais et de 85 %. Les 15 % non remis payables en trois paiements de 5 %, fin août des années 1851, 1852 et 1853. — N° du Greffe 9,356.

MERTENS, *fabricant de fleurs, rue St-Marc*, 30. — Jugement du 30 décembre 1859 homologuant le concordat du 14 décembre 1859. — Remise de 75 %. — Les 25 % non remis payables : 5 % dans un, six et douze mois, et 10 % dans dix-huit-mois de l'homologation. — N° du Greffe 16,163.

MERY, Luc, *traiteur et marchand boucher, rue St-Jacques*, 19. — Jugement du 1er avril 1858 homologuant le concordat du 23 mars 1858. — Abandon de l'actif énoncé au concordat. — Beaufour, maintenu syndic. — N° du Greffe 14,571.

MESENGE, *layetier-emballeur, rue du Temple, passage Ste-Avoye*, 9 *et* 11. — Jugement du 9 août 1861 homologuant le concordat du 29 juillet 1861. — Remise de 75 %. — Les 25 % non remis payables en cinq ans, par cinquièmes, du 1er septembre. — N° du Greffe 18,262.

MESLIN, Pierre-Séverin, *fabricant de chapellerie, rue Barbette*, 14. — Jugement du 18 avril 1855 homologuant le concordat du 2 avril 1855. — Remise de 65 %. — Les 35 % non remis payables sans intérêts, en sept années et par annuités de 2, 3, 4, 5, 6, 7 et 8 % dont la première, celle de 2 %, aura lieu le 30 avril 1856 et ainsi successivement. — N° du Greffe 12,176.

MESNAGER, Eugène, *négociant passementier, boulevard Sébastopol*, 70. — Jugement du 7 septembre 1859 homologuant le concordat du 28 avril 1859. — Abandon de l'actif énoncé au concordat. — Obligation de payer 10 % des créances : 2 % fin juin 1860, 1861, 1862, 1863 et 1864. — N° du Greffe 15,391.

MESNARD, Jean, *corroyeur, rue Mondétour*, 35, *et rue Ponceau*, 27. — Jugement du 2 août 1850 homologuant le concordat du 18 juillet 1850. — Remise de 80 % en principal, intérêts et frais. — Les 20 % non remis payables : 5 % le 1er août 1851, 10 % le 1er août 1852, 5 % le 1er août 1855. — N° du Greffe h,281.

MESNIER fils, Adolphe-Victor-Irenée, *équipement militaire, rue des Amandiers-Popincourt*, 30. — Jugement du 16 mars 1853 homologuant le concordat du 3 mars 1853. — Remise de 80 °/o en principal, intérêts et frais. — Les 20 °/o non remis payables en quatre ans, par quarts, d'année en année, du jour du concordat. — N° du Greffe 10,600.

MESPOULÈDE père, Annet-Joseph, *passementier, rue du Bac*, 65. — Jugement du 31 mars 1853 homologuant le concordat du 22 mars 1853. — Remise de 75 °/o en capital, intérêts et frais. — Les 25 °/o non remis payables en cinq ans, par cinquièmes, pour le premier paiement avoir lieu le 1er mai 1854. — Le sieur Mespoulède fils et la Dlle Mespoulède, fille majeure célibataire, cautions solidaires du paiement des dividendes. — N° du Greffe 10,708.

MESPOULÈDE, et demoiselle Félicité-Roze, Henry-Pierre, *passementiers, rue du Bac*, 111. — Jugement du 5 février 1856 homologuant le concordat du 17 janvier 1856. — Remise de 90 °/o. — Les 10 °/o non remis payables, sans intérêts, en cinq ans, par cinquièmes. — Le premier paiement le 30 janvier 1857. — N° du Greffe 12,261.

MESSAUT ou **MESSEAU**, société STAUFIGER, François, *cordonnier, rue Montmartre*, 60. — Voir : BRETON, Charles-Louis. — N° du Greffe 11,466.

METEY dame, dite THENOT, femme PIERQUIN, André-Auguste, *commerce de passementeries, rue du Cloître-St-Jacques*, 10.—Jugement du 24 avril 1854 homologuant le concordat du 10 du même mois. — Remise de 75 °/o. — Les 25 °/o non remis payables en cinq ans, par cinquièmes, de l'homologation. — N° du Greffe 11,044.

MÉTÉRIER ou **MÉTÉRIÉ** fils, Émile, *tailleur, rue Fontaine-Molière*, 23. — Jugement du 17 novembre 1854 homologuant le concordat du 4 du dit mois.— Remise de 65 °/o. — Les 35 °/o non remis payables, sans intérêts, en cinq ans, par cinquièmes, d'année en année. — Le premier paiement le 1er novembre 1855. — N° du Greffe 11,726.

METTEZ, veuve JULIEN, Adeline, *marchande de papiers peints, rue de la Monnaie*, 9. — Voir : JULIEN, Charles Armand. — N° du Greffe 12,630.

MEUNIER, femme LEGENT, Élisabeth-Jeanne-Geneviève, *fabricante de pommades, rue du Château-d'Eau*, 98.—Voir : LEGENT. — N° du Greffe 14,771.

MEUNIER, Charles-Marie, *marchand de vins, rue de Bondy*, 15.—Jugement du 27 octobre 1862 homologuant le concordat du 7 dudit mois. — Remise de 60 °/o. — Les 40 °/o non remis payables, sans intérêts, en quatre ans, par quarts, de l'homologation. — N° du Greffe 433.

MEUNIER, Charles, *carrier et marchand de vins, à Gentilly*. — Jugement du 30 septembre 1862 homologuant le concordat du 6 du même mois. — Remise de 60 °/o. — Les 40 °/o non remis payables en cinq ans, par cinquièmes, de l'homologation. — N° du Greffe 19,996.

MEUNIER, Victor-Hippolyte, *marchand de vins, à Grenelle*. — Jugement du 1er juin 1855 homologuant le concordat du 9 mai 1855. — Remise de 50 °/o. — Les 50 °/o non remis payables : 10 °/o dans un an de l'homologation, et 40 °/o en quatre ans, par huitièmes, de six mois en six mois, à partir du premier paiement. — M. Guérin-Raitière, à Montreuil-Sous-Bois, caution des dividendes promis. — N° du Greffe 12,213.

MEUNIER, Eugène, *marchand de modes, rue de Seine*, 68. — Jugement du 10 mars 1856 homologuant le concordat du 22 février 1856. — Remise de 70 °/o. — Les 30 °/o non remis payables en six ans, par douzièmes, de six mois en six mois, du concordat. — N° du Greffe 12,840.

MEUNIER, François, *verrerie, rue Volta*, 18. — Jugement du 9 octobre 1855 homologuant le concordat du 24 septembre 1855. — Obligation de payer 7 °/o : 2 °/o dans un et deux ans, 3 °/o dans trois ans du concordat. — N° du Greffe 12,454.

MEUNIER, Jacques, *carrier, à Montrouge*. — Jugement du 23 février 1852 homologuant le concordat du 12 février 1852. — Remise de 80 °/o en principal, intérêts et frais. — Les 20 °/o non remis payables par fractions de 5 °/o dans dix-huit mois, deux ans et demi, trois ans et demi et quatre ans et demi, du jour du concordat et successivement. — N° du Greffe 10,160.

MEUNIER, sieur et dame, Pierre-Stanislas-Hippolyte et Prudence-Adélaïde WARCONSIN, *marchands de vins et logeurs, rue Puteaux*, 16, *à Batignolles, et actuellement rue de la Paix*, 85, *à Batignolles*. — Jugement du 31 mai 1850 homologuant le concordat du 20 du même mois. — Remise des intérêts et frais et de 80 °/o. — Les 20 °/o non remis payables en quatre années, par quarts, du 1er juin 1851. — N° du Greffe 9,308.

MEURGEY, Jean, *loueur de voitures, rue de la Santé*, 32, *à Batignolles*. — Jugement du 14 mai 1862 homologuant le concordat du 24 avril 1862. — Remise de 40 °/o. — Les 60 °/o non remis payables, sans intérêts, en six ans, par sixièmes, de l'homologation. — N° du Greffe 19,389.

MEURISSE, veuve, FRANÇOIS dite VALIN, Marguerite-Augustine, *tenant hôtel meublé, avenue des Champs-Elysées*, 67 *et* 69. — Voir : FRANÇOIS, veuve dite VALIN. — N° du Greffe 12,550.

MEYER, sieur et dame, femme RŒHRIG, Marie-Dorothée, *marchands d'huiles, rue des Tournelles*, 31, *à la Chapelle*. — Jugement du 15 mai 1861 homologuant le concordat du 27 mars 1861. — Remise de 80 °/o. — Les 20 °/o non remis payables en quatre ans, par quarts, de l'homologation. — N° du Greffe 17,127.

MEYER-BURKHARD, *tapissier, passage de l'Industrie*, 15. — Jugement du 7 mai 1862 homologuant le concordat du 22 avril 1862. — Remise de 75 °/o. — Les 25 °/o non remis payables, sans intérêts, en cinq ans, par cinquièmes, du 1er mai. — N° du Greffe 19,317.

MEYER, *brocanteur, rue des Blancs-Manteaux*, 23. — Jugement du 24 août 1859 homologuant le concordat du 10 août 1859. — Remise de 70 °/o. — Les 30 °/o non remis payables en six ans, par sixièmes, du concordat. — N° du Greffe 16,024.

MEYER, Henri-Conrad, *ex-directeur du Théâtre-National, boulevard du Temple*, 39. — Jugement du 25 février 1852 homologuant le concordat du 27 janvier 1852. — Abandon de l'actif réalisé se trouvant soit aux mains du syndic, soit à la Caisse des Dépôts et Consignations. — N° du Greffe 9,714.

MEYNIER, Emile, *négociant en lingerie, rue des Jeûneurs*, 41. — Jugement du 23 novembre 1859 homologuant le concordat du 8 novembre 1859. — Remise de 75 °/o. — Les 25 °/o non remis payables en cinq ans, par cinquièmes, de l'homologation. — N° du Greffe 15,917.

MEYSIEK, Charles-Henri-Louis, *café, rue d'Amsterdam*, 24. — Jugement du 23 décembre 1858 homologuant le concordat du 1er du même mois. — Remise de 80 °/o. — Les 20 °/o non remis payables en quatre ans, par quarts, du 1er décembre. — N° du Greffe 15,255.

MEZARD, Eugène-François-Martin, *horticulteur, rue de Paris*, 10, *à Puteaux*. — Jugement du 25 mars 1859 homologuant le concordat du 9 mars 1859. — Remise de 60 °/o. — Les 40 °/o non remis payables en huit ans, par huitièmes, du 1er avril. — N° du Greffe 15,561.

MÉZÉ, Philippe-Claude-Aymond, *épicier, à Gentilly*. — Jugement du 14 octobre 1856 homologuant le concordat du 4 août 1856. — Abandon de l'actif énoncé au concordat. — N° du Greffe 12,383.

MEZIÈRES, Alexandre, *commissionnaire en farines, rue d'Aboukir*, 43, *et rue de l'Echiquier*, 14. — Jugement du 2 août 1850 homologuant le concordat du 16 juillet 1850. — Remise de 85 °/o. — Les 15 °/o non remis payables en trois années, par tiers, le 1er août des années 1851, 1852 et 1853. — N° du Greffe 9,327.

MICHALON, Jean-Baptiste, *marchand de vins, à la Villette*. — Jugement du 13 janvier 1858 homologuant le concordat du 31 décembre 1857. — Remise de 70 °/o. — Les 30 °/o non remis payables en trois ans, par tiers, du jour du concordat. — N° du Greffe 14,248.

MICHAUD, Prosper, *commerce de tissus écrus et de châles, rue Montmartre*, 128. — Jugement du 22 octobre 1862 homologuant le concordat du 6 du même mois. — Remise de 75 °/o. — Les 25 °/o non remis payables, sans intérêts : 10 °/o dans la huitaine de l'homologation, 5 °/o le 1er octobre des années 1863, 1864 et 1865. — N° du Greffe 76.

MICHAUDON, Henri, *commerce d'huiles, rue de Crussol*, 15. — Jugement du 18 mai 1859 homologuant le concordat du 30 mars 1859. — Remise de 75 °/o. — Les 25 °/o non remis payables en cinq ans, par cinquièmes, du 1er avril. — N° du Greffe 15,520.

MICHAUX, dame veuve Désiré-Hector, *marchande d'huiles, rue des Carrières-du-Centre*, 14. — Jugement du 16 avril 1862 homologuant le concordat du 4 dudit mois. — Remise de 76 °/o. — Les 24 °/o non remis payables en six ans, par sixièmes, de l'homologation. — N° du Greffe 16,848.

MICHEL, Simon, *tapissier, rue Basse-du-Rempart.* — Concordat du 30 juillet 1849. — N° du Greffe 541.

MICHEL, Pierre, *entrepreneur de serrurerie, à Montmartre.* — Jugement du 2 novembre 1859 homologuant le concordat du 22 octobre 1859. — Abandon de l'actif énoncé au concordat. — Decagny, maintenu syndic. — N° du Greffe 16,123.

MICHEL et **MOULIAA**, société BERNARD, *négociants-exportateurs, rue d'Hauteville*, 34. — Jugement du 11 janvier 1858 homologuant le concordat du 14 novembre 1857. — Remise au sieur Mouliaa de 95 %. — Les 5 % non remis payables en cinq ans, par cinquièmes, du jour de l'homologation. — N° du Greffe 13,221.

MICHEL, Salomon, *colporteur, rue de l'Hôtel-de-Ville*, 28. — Jugement du 30 septembre 1862 homologuant le concordat du 30 août 1862. — Remise de 70 %. — Les 30 % non remis payables en cinq ans, par cinquièmes, de l'homologation. — N° du Greffe 237.

MICHEL jeune et **DAVOUST**, société, *imprimeurs sur étoffes, à Saint-Denis.* — Voir : DAVOUST. — N° du Greffe 12,046.

MICHEL, François, *traiteur, à Gentilly.* — Jugement du 15 décembre 1854 homologuant le concordat du 2 décembre 1854. — Remise de 80 %. — Les 20 % non remis payables en quatre ans, par quarts, d'année en année, pour le premier paiement avoir lieu le 1er décembre 1855. — Mme veuve Nolin dit Séguin, caution du paiement du dividende promis, jusqu'à concurrence de 2,900 fr. — N° du Greffe 11,816.

MICHELET, Hippolyte, *charpentier, rue du Petit-Lion-Saint-Sauveur*, 20 *ou* 29. — Jugement du 30 juillet 1852 homologuant le concordat du 28 juin 1852. — Remise de 85 % en principal, intérêts et frais. — Les 15 % non remis payables en quatre ans, par quarts, dans un an, deux ans, trois ans et quatre ans, du jour du concordat. — N° du Greffe 10,102.

MICHELOT, Étienne, *marchand de vins, rue Ste-Anne*, 21. — Concordat du 3 décembre 1849. — N° du Greffe 658.

MICHIES, Alexandre-Ferdinand, *négociant en fourrures, rue des Marais-St-Martin*, 80. — Jugement du 26 février 1857 homologuant le concordat du 2 du même mois. — Remise de 80 %. — Les 20 % non remis payables en quatre ans, par quarts, d'année en année, du jour du concordat. — N° du Greffe 12,964.

MICHON, Nicolas-Edme, *fabricant de couvre-lits, rue Montmartre*, 18. — Jugement du 20 juillet 1858 homologuant le concordat du 1er du même mois. — Remise de 75 %. — Les 25 % non remis payables en cinq ans, par cinquièmes, du jour du concordat. — N° du Greffe 14,645.

MICHON, Edme-Nicolas, *fabricant de couvre-lits, rue Montmartre*, 18. — Jugement du 28 mai 1862 homologuant le concordat du même mois. — Remise de 70 %. — Les 30 % non remis payables en cinq ans, par cinquièmes, du jour de l'homologation. — N° du Greffe 19,723.

MIGNON, Jean-Baptiste-Étienne-Michel, *horloger, rue Bourbon-Villeneuve*, 17. — Jugement du 9 octobre 1854 homologuant le concordat du 18 septembre 1854. — Remise de 85 %. — Les 15 % non remis payables en trois ans, par tiers. — Le premier paiement le 1er octobre 1855. — N° du Greffe 11,650.

MIGNON, Jean-Baptiste-Étienne, *horloger, rue Fontaine-St-Georges*, 45. — Jugement du 7 décembre 1860 homologuant le concordat du 21 novembre 1860. — Remise de 75 %. — Les 25 % non remis payables en cinq ans, par cinquièmes, du jour de l'homologation. — N° du Greffe 17,436.

MIGNONA, Émile, *négociant en métaux, rue St-Maur*, 196. — Jugement du 3 août 1854 homologuant le concordat du 20 juillet 1854. — Remise de 85 %. — Les 15 non remis payables en cinq ans, par cinquièmes. — Le premier paiement le 1er août 1855. — N° du Greffe 11,574.

MIGNOT ou **MIGU**, dame **LIÉVIN** jeune, Marie-Émilie, *ex-vermicellière, rue Pavée-St-André*, 11. — Voir : LIÉVIN. — N° du Greffe 9,052.

MIGNOT, Remy-Joseph, *bonnetier, rue du Pont-aux-Chaux*, 21. — Jugement du 25 août 1851 homologuant le concordat du 9 du même mois. — Remise de 50 % en principal, intérêts et frais. — Les 50 % non remis payables en dix ans, par dixièmes, les 15 août 1852, 1853 et suivants. — N° du Greffe 9,576.

MIGNOT aîné, Jules-Nicolas, *boissellerie, rue Galande*, 46. — Jugement du 1er février 1861 homologuant le concordat du 5 décembre 1860. Remise de 80 %. — Les 20 % non remis payables en cinq ans, par cinquièmes, du jour du concordat. — N° du Greffe 17,502.

MIGNOT, Jacques, *regrattier, à Batignolles.* — Jugement du 25 juillet 1859 homologuant le concordat du 12 du même mois. — Remise de 85 %. — Les 15 % non remis payables en cinq ans, par cinquièmes, du jour de l'homologation. — N° du Greffe 15,938.

MIGUEL-SAFONT et Cie, *négociants en tissus, rue du Gros-Chenet*, 4. — Jugement du 17 mars 1859 homologuant le concordat du 19 février 1859. — Remise du montant des créances en principal, intérêts et frais, moyennant le versement de 10,000 fr. aux mains du syndic. — N° du Greffe 7,358.

MIGUEL-SAFOND et Cie. — Voir : GRANDMAISON. — N° du Greffe 7,858.

MIJOINT, Victor-Joseph, *marchand de vins, à Clichy.* — Jugement du 3 septembre 1857 homologuant le concordat du 27 août 1857. — Remise de 70 %. — Les 30 % non remis payables en six ans, par sixièmes, d'année en année, pour le premier paiement avoir lieu le 1er janvier 1859. — N° du Greffe 13,994.

MIJON, François, *marchand de vins, à Batignolles.* — Jugement du 31 mai 1859 homologuant le concordat du 18 du même mois. — Remise de 75 %. — Les 25 % non remis payables en cinq ans, par cinquièmes, du jour de l'homologation. — N° du Greffe 15,778.

MILDÉ, Charles-Ferdinand, *horloger, rue de Rivoli*, 186. — Jugement du 25 octobre 1858 homologuant le concordat du 13 du même mois. — Remise de 65 %. — Les 35 % non remis payables, sans intérêts, savoir : 5 % le 1er novembre 1859, 5 % le 1er novembre 1860, 7 1/2 % le 1er novembre 1861, 7 1/2 % le 1er novembre 1862, et 10 % le 1er novembre 1863. — N° du Greffe 15,130.

MILIN, de la société DUVOISIN, personnellement, *parfumeur, rue des Billettes*, 12. — Jugement du 15 décembre 1856 homologuant le concordat du 1er du même mois. — Remise de 70 %. — Les 30 % non remis payables en six ans, par sixièmes, d'année en année, du jour de l'homologation. — N° du Greffe 13,384.

MILLANVOY, Antoine, *négociant en vins, rue Cadet*, 32, *et à Bercy.* — Jugement du 1er août 1854 homologuant le concordat du 13 juin 1854. — Remise de 50 %. — Les 50 % non remis payables par fractions de 5 %, de six mois en six mois. — Le premier paiement dans deux mois du concordat. — M. Millanvoy, caution des derniers 25 % promis. — N° du Greffe 11,329.

MILLEFERT, *négociant, rue du Mail*, 26. — Jugement du 14 octobre 1858 homologuant le concordat du 30 septembre 1858. — Abandon de l'actif énoncé au concordat. — Obligation de payer 30 % en six ans, par sixièmes, du jour du concordat. — N° du Greffe 14,745.

MILLERIOT, *négociant en tapis, rue St-Honoré*, 199. — Concordat du 18 juin 1849. — N° du Greffe 24.

MILLET, Elie-François, *fabricant d'ordres, rue Croix-des-Petits-Champs*, 20. — Jugement du 7 novembre 1850 homologuant le concordat du 21 octobre 1850. — Remise de tous intérêts et frais et de 82 %. — Les 18 % non remis payables : répartition immédiate des sommes encaissées et formant environ 8 %. — Les 10 % environ restant dûs payables par moitiés le 30 juin des années 1851, 1852. — Abandon pour garantie de ces 10 % d'une créances de 6,730 fr. 40 cent., laquelle, si elle est recouvrée avant les délais ci-dessus, sera immédiatement répartie. — N° du Greffe 89.

MILLET, *potier d'étain, boulevard Beaumarchais*, 32. — Jugement du 29 juillet 1862 homologuant le concordat du 15 du même mois. — Remise de 60 %. — Les 40 % non remis payables en huit ans, par huitièmes, du jour de l'homologation. — N° du Greffe 19,263.

MILLFT, François, *fabricant de bronzes, rue du Grand-Chantier*, 18. — Jugement du 27 février 1852 homologuant le concordat du 11 du même mois. — Remise de 75 % en principal, intérêts et frais. — Les 25 % non remis payables en sept ans, à raison de 3 % pendant les cinq premières années, et de 5 % pendant les deux dernières années. — Le premier paiement le 15 février 1853, et ainsi de suite d'année en année. — N° du Greffe 10,076.

MILLOT, Jules-Eugène. — Voir : GAUTIER, dame Appoline. — N° du Greffe 10,237.

MILLOT, Hippolyte, *négociant en alcools, boulevard Bonne-Nouvelle*, 10. — Jugement du 17 novembre 1851 homologuant le concordat du 18 août 1851. — Remise de 90 °/$_o$ en principal, intérêts et frais. — Les 10 °/$_o$ non remis payables, savoir : 5 °/$_o$ le 18 février 1852, 5 °/$_o$ le dix-huit août suivant. — N° du Greffe 9,679.

MILDOT, Pierre, *boulanger, à Belleville*. — Jugement du 21 septembre 1852 homologuant le concordat du 6 du même mois. — Abandon de tout l'actif de la faillite, à l'exception de son mobilier personnel. — N° du Greffe 10,494.

MILLOT, Joseph-Jean, *herboriste, rue du Temple*, 32. — Jugement du 7 mars 1860 homologuant le concordat du 15 février 1860. — Remise de 60 °/$_o$. — Les 40 °/$_o$ non remis payables en quatre ans, par quarts, du jour du concordat. — N° du Greffe 16,551.

MILLOT demoiselle, société MALTESTE. — Voir : MALTESTE-MILLOT.

MILOIS, *marchand de vins, place de l'Hôtel-de-Ville*, 31. — Jugement du 5 janvier 1850 homologuant le concordat qualifié faillite. — N° du Greffe 128.

MILON, Louis-Casimir, *limonadier, à Colombes*. — Jugement du 30 avril 1856 homologuant le concordat du 17 du dit mois. — Remise de 55 °/$_o$. — Les 45 °/$_o$ non remis payables, savoir : 5 °/$_o$ dans un an, 6 °/$_o$ dans deux ans, 7 °/$_o$ dans trois ans, 8 °/$_o$ dans quatre ans, 9 °/$_o$ dans cinq ans, 10 °/$_o$ dans six ans, du jour de l'homologation. — N° du Greffe 12,477.

MINAL, Charles-Alexandre, *négociant commissionnaire, rue de Provence*, 30. — Jugement du 30 décembre 1858 homologuant le concordat du 28 octobre 1858. — Abandon de l'actif énoncé au concordat. — Obligation, en outre, de payer 5 °/$_o$ en cinq ans, par cinquièmes, du concordat. — N° du Greffe 15,091.

MINEL, de la société ALBERT, *commissionnaire, rue Montmorency*, 9 — Voir : ALBERT. — N° du Greffe 12,093.

MINET, Louis-Prosper, *monteur en bronzes, Petite-Rue-Saint-Pierre-Amelot*, 10. — Jugement du 16 mai 1862 homologuant le concordat du 8 février 1862. — Remise de 80 °/$_o$. — Les 20 °/$_o$ non remis payables en cinq ans, par cinquièmes, du jour de l'homologation. — N° du Greffe 19,095.

MINEUR, Alexandre-Henri, *estampeur, rue de Malte*, 30. — Jugement du 15 octobre 1850 homologuant le concordat du 26 septembre 1850. — Remise de 75 °/$_o$ et de tous intérêts et frais. — Les 25 °/$_o$ non remis payables en cinq ans, par cinquièmes, du 26 septembre 1850. — N° du Greffe 9,538.

MINJOULET, *entrepreneur de charpente, avenue de la Mothe-Piquet*, 57. — Jugement du 24 décembre 1861 homologuant le concordat du 23 novembre 1861. — Remise de 85 °/$_o$. — Les 15 °/$_o$ non remis payables en trois ans, par tiers, du jour de l'homologation. — N° du Greffe 18,591.

MINOUFLET, François-Aimé, *marchand de charbons, à la Chapelle*. — Jugement du 9 août 1858 homologuant le concordat du 24 juillet 1858. — Remise de 75 °/$_o$. — Les 25 °/$_o$ non remis payables, sans intérêts, en cinq ans, par cinquièmes, du jour de l'homologation. — N° du Greffe 14,900.

MIOLLAND, Jean-Baptiste, *tonnelier, à Bercy*. — Jugement du 31 mars 1858 homologuant le concordat du 9 du même mois. — Remise de 80 °/$_o$. — Les 20 °/$_o$ non remis payables en quatre ans, par quarts, à partir du 1er avril. — N° du Greffe 14,461.

MION, Louis-Jean-Baptiste, *pâtissier, rue Neuve-des-Petits-Champs*, 97. — Jugement du 8 juillet 1856 homologuant le concordat du 21 juin 1856. — Remise de 75 °/$_o$. — Les 25 °/$_o$ non remis payables en cinq ans, par cinquièmes, du jour de l'homologation. — N° du Greffe 13,110.

MIONI de GEORGES, *limonadier, aux Champs-Élysées*. — Jugement du 13 octobre 1854 homologuant le concordat du 19 septembre 1854. — Abandon de l'actif au sieur Renaud. — Obligation, par ce dernier, de payer 35,000 fr. pour prix du dit abandon, savoir : dans trois mois, somme nécessaire pour acquitter les dettes privilégiées et les frais, et le surplus, en quatre ans, sans intérêts. — Le premier paiement le 1er octobre 1855. — N° du Greffe 11,413.

MIONI de GEORGES, Jean, *limonadier, aux Champs-Élysées*. — Jugement du 17 avril 1857 homologuant le concordat du 2 du même mois. — Remise de 65 °/$_o$. — Les 35 °/$_o$ non remis payables, sans intérêts, en cinq ans, par cinquièmes, d'année en année, pour le premier paiement avoir lieu fin août prochain. — M. Jourdain, caution. — N° du Greffe 13,405.

MIR, père et fils, Étienne-Jean-Pierre-Maurice et Jean-Jacques-Ulisse, *négociants commissionnaires, rue Montmartre*, 78, *et à Constantinople*. — Jugement du 27 octobre 1854 homologuant le concordat du 7 du même mois. — Obligation de payer l'intégralité des créances en sept paiements, savoir : le premier de 25 °/$_o$ et les six autres de 12 1/2 °/$_o$ chacun, exigibles de six mois en six mois. — Le premier paiement fin décembre 1855 et ainsi de suite, le tout sans intérêts. — N° du Greffe 11,704.

MIRATON, Jean, *limonadier, à Vaugirard*. — Jugement du 13 juin 1860 homologuant le concordat du 25 mai 1860. — Remise de 70 °/$_o$. — Les 30 °/$_o$ non remis payables en cinq ans, par cinquièmes, du jour de l'homologation. — N° du Greffe 16,589.

MISCOPEIN, Jean-François, *marchand de vins, à Neuilly*. — Jugement du 24 décembre 1855 homologuant le concordat du 6 du même mois. — Remise de 75 °/$_o$. — Les 25 °/$_o$ non remis payables en cinq ans, par cinquièmes. — Le premier paiement le 29 novembre 1856. — N° du Greffe 12,620.

MISPOLET, Adolphe-René, *imprimeur sur étoffes, à St-Denis*. — Jugement du 6 mai 1859 homologuant le concordat du 20 avril 1859. — Remise de 60 °/$_o$. — Les 40 °/$_o$ non remis payables, sans intérêts, en cinq ans, par cinquièmes, du jour de l'homologation. — N° du Greffe 15,655.

MISSET, *négociant, rue du Dépotoir*, 53. — Jugement du 11 octobre 1861 homologuant le concordat du 26 septembre 1861. — Remise de 50 °/$_o$. — Les 50 °/$_o$ non remis payables en cinq ans, par cinquièmes, du jour de l'homologation. — N° du Greffe 18,306.

MISSONIER, Antoine, *serrurier, chemin de Ronde de la Gare*, 6. — Jugement du 18 novembre 1850 homologuant le concordat du 7 du même mois. — Remise de tous intérêts et frais non admis et de 75 °/$_o$. — Les 25 °/$_o$ non remis payables par cinquièmes, d'année en année, à partir du 7 novembre 1850. — N° du Greffe 9,601.

MITAINE aîné, Alexandre, *charron forgeron, rue Basfroid*, 4. — Jugement du 21 octobre 1862 homologuant le concordat du 29 septembre 1862. — Remise de 75 °/$_o$. — Les 25 °/$_o$ non remis payables en cinq ans, par cinquièmes, de l'homologation. — N° du Greffe 220.

MOCQUART, Nicolas, *négociant en articles de chaussures, rue Coquillière*, 25. — Jugement du 5 août 1862 homologuant le concordat du 14 juillet 1862. — Remise de 70 °/$_o$. — Les 30 °/$_o$ non remis payables, savoir : 5 °/$_o$ aussitôt l'homologation, 7 °/$_o$ dans un et deux ans du concordat, 6 °/$_o$ dans trois ans, 5 °/$_o$ dans quatre ans. — N° du Greffe 19,818.

MOES, Jules, *commissionnaire en marchandises, rue de l'Échiquier*, 19. — Jugement du 15 mai 1860 homologuant le concordat du 29 avril 1860. — Remise de 70 °/$_o$. — Les 30 °/$_o$ non remis payables en trois ans, par tiers, du 31 décembre. — N° du Greffe 16,228.

MOIGNET, Charles-Emmanuel, *entrepreneur de bains publics, à Belleville*. — Jugement du 30 août 1850 homologuant le concordat du 1er du même mois. — Remise de 50 °/$_o$, et de tous intérêts et frais. — Les 50 °/$_o$ non remis payables en cinq paiements de 10 °/$_o$ le 1er août des années 1853, 1854 et suivantes. — N° du Greffe 9,097.

MOINE-RANTY et DARRÉ, *constructeurs, rue de Valenciennes*, 18. — Voir : DARRÉ. — N° du Greffe 18,240.

MOINET, de la société CLAYETTE, *négociant, rue de Cléry*, 77. — Voir : CLAYETTE. — N° du Greffe 17,231.

MOÏSE, dit MAYER, Isidore, *fabricant de gants, rue du Petit-Carreau*, 14. — Jugement du 20 novembre 1855 homologuant le concordat du 29 octobre 1855. — Remise de 60 °/$_o$. — Les 40 °/$_o$ non remis payables en quatre ans, par quarts. — Le premier paiement dans un an du jour de l'homologation. — N° du Greffe 12,494.

MOLARD et BARBA, *rue Saint-Hyacinthe-Saint-Michel*, 8. — Voir : BARBA. — N° du Greffe 877.

MOLIN, Auguste, *marchand de vins, boulevard de Clichy*, 38. — Jugement du 26 octobre 1860 homologuant le concordat du 13 août 1860. —Remise de 60 %. — Les 40 % non remis payables, sans intérêts, par moitiés, en deux ans, du jour de l'homologation.—N° du Greffe 16,689.

MOLINIER, Jean, *marchand de charbons, rue de la Goutte-d'Or*, 42, *à la Chapelle*. —Jugement du 6 octobre 1856 homologuant le concordat du 5 septembre 1856. — Remise de 90 %. — Les 10 % non remis payables, sans intérêts, en quatre ans, par quarts, d'année en année. — Le premier paiement le 1er septembre 1857. — N° du Greffe 13,002.

MOLINIER, Eugène-Luc-Hippolyte, *marchand de vins, rue Saint-Antoine*, 70. — Jugement du 29 août 1861 homologuant le concordat du 3 du même mois. — Remise de 80 %. — Les 20 % non remis payables en quatre ans, par quarts, du jour de l'homologation.—N° du Greffe 17,788.

MOLLARD, Joseph-Élie-Chadoud, *marchand de vins, rue Richer*, 30. — Jugement du 17 février 1854 homologuant le concordat du 14 janvier 1854. — Remise de tous intérêts au jour de la faillite, et obligation de payer le montant des créances, en principal et frais, en huit ans, par huitièmes, d'année en année, du jour de l'homologation.— N° du Greffe 10,975.

MOLLARD, François, *négociant en chapellerie, rue Saint-Merri*, 5. — Jugement du 2 décembre 1857 homologuant le concordat du 17 novembre 1857. — Remise de 85 %. — Les 15 % non remis payables en trois ans, par tiers, d'année en année, du jour de l'homologation. — N° du Greffe 14,223.

MOLLARD, Pierre, *boulanger, rue Bonaparte*, 47. —Jugement du 3 décembre 1862 homologuant le concordat du 4 novembre 1862. —Abandon de l'actif énoncé au concordat. — Obligation de remettre dans la quinzaine somme suffisante pour, à l'aide de cet abandon, composer l'actif suffisant à l'actif des créances privilégiées, frais de faillite, et de 10 % aux créanciers. — Obligation, en outre, de payer 15 % par sixièmes, du 5 janvier. — N° du Greffe 19,911.

MOLLET, Noel, *fabricant de cartes en porcelaine, à la Villette*. — Jugement du 28 juin 1858 homologuant le concordat du 27 juin 1858. — Obligation de payer le montant des créances, en cinq ans, par cinquièmes, du 30 juin. — N° du Greffe 14,355.

MOLLEVEAUX, Théodore, *négociant en chocolat, chaussée du Maine*, 128. — Jugement du 18 novembre 1862 homologuant le concordat du 11 octobre 1862. — Remise de 70 %. — Les 30 % non remis payables en quatre ans, par quarts, du jour de l'homologation, sans intérêts.— N° du Greffe 310.

MOLLIN, Pierre, *fabricant d'instruments en gomme, rue St-Merri*, 35. — Jugement du 24 février 1860 homologuant le concordat du 7 du même mois. — Remise de 80 %. — Les 20 % non remis payables en quatre ans, par quarts, de l'homologation. — N° du Greffe 16,594.

MOLVAUT, de la société DUPONCHELLE, *négociant en produits chimiques, rue du Grand-Chantier*, 14. — Voir : DUPONCHELLE. — N° du Greffe 14,486.

MONAIN, Amédé-Noel, *papetier, rue des Jeûneurs*, 6. — Jugement du 4 avril 1855 homologuant le concordat du 19 mars 1855. — Remise de 75 %. — Les 25 % non remis payables en quatre ans, par quarts, d'année en année, pour le paiement avoir lieu fin janvier 1856.—N° du Greffe 12,107.

MONCEL, Jean-Antoine, *marchand de vins, rue des Tournelles*, 84. — Jugement du 10 avril 1855 homologuant le concordat du 24 mars 1855. — Abandon de l'actif énoncé au concordat. — Obligation, en outre, de payer 20 % sur le montant des créances, en cinq ans, par cinquièmes, d'année en année, pour le premier paiement avoir lieu fin décembre 1856. — M. Crampel, commissaire. — N° du Greffe 11,637.

MONCHATRE fils, Joseph-Julien, *horloger, rue du Faubourg-St-Martin*, 170. — Jugement du 9 janvier 1861 homologuant le concordat du 29 décembre 1860. — Remise de 60 %. — Les 40 % non remis payables en quatre ans, par quarts, du jour du concordat. — N° du Greffe 17,533.

MONCHATRE père, Julien, *marchand de vins, rue du Faubourg-Saint-Martin*, 170. — Jugement du 16 janvier 1861 homologuant le concordat du 31 décembre 1860. — Remise de 50 %. — Les 50 % non remis payables en six ans, savoir : 8 % chacune des cinq premières années, et 10 % la dernière année du 31 décembre. — N° du Greffe 17,542.

MONDET, Xavier, *ex-marchand peausier, rue St-Martin*, 202.— Jugement du 12 novembre 1850 homologuant le concordat du 22 octobre 1850. — Abandon de l'actif, sauf son mobilier personnel. — Obligation de payer 5 %, moitié en dix-huit mois, du 22 octobre 1850, et moitié dix-huit mois après. — N° du Greffe 460.

MONDOUX fils, Jacques-Étienne, *blanchisseur, à Vanves*.— Jugement du 8 janvier 1856 homologuant le concordat du 21 décembre 1855. — Remise de 75 %. — Les 25 % non remis payables en cinq ans, par cinquièmes. — Le premier paiement le 20 décembre 1856. — N° du Greffe 12,553.

MONET et **CHARRETON**, *commissionnaires en produits anglais, rue St-Marc*, 34. — Voir: CHARRETON.

MONFOURNY frères, *négociants en tissus, rue du Gros-Chenet*, 7, *et ci-devant rue du Sentier*, 32.—Jugement du 11 février 1851 homologuant le concordat du 22 janvier 1851. — Remise de 78 %. — Les 22 % non remis payables, solidairement : 10 % le 11 mars 1851, 8 % le 11 juin 1851, 4 % le 11 juin 1852. — Abandon, en outre, de l'actif réalisé et à réaliser jusqu'à concurrence de 22 %. — N° du Greffe 9,515.

MONGIN, Charles, *restaurateur, à Auteuil*. — Jugement du 24 avril 1860 homologuant le concordat du 12 du même mois. — Remise de 85 %. — Les 15 % non remis payables en cinq ans, par cinquièmes, du jour du concordat. — N° du Greffe 16,611.

MONIÉ, Jean-Louis, *agent d'affaires, place St-Opportune*, 8. — Jugement du 20 octobre 1852 homologuant le concordat du 9 du même mois. — Remise des intérêts et frais et de 75 % sur le capital. — Les 25 % non remis payables en quatre ans, par quarts, d'année en année, à partir du jour du concordat. — N° du Greffe 10,404.

MONIN, Jean, *marchand de bois, à Montrouge*. — Jugement du 19 novembre 1855 homologuant le concordat du 2 du même mois. — Remise de 80 %. — Les 20 % non remis payables, sans intérêts, en cinq ans, par cinquièmes, d'année en année, pour le premier paiement avoir lieu le 15 janvier 1857. — N° du Greffe 12,444.

MONIN, Michel, *ex-négociant, boulevard de Strasbourg*, 56. — Jugement du 23 décembre 1857 homologuant le concordat du 10 du même mois. — Remise de 80 %. — Les 20 % non remis payables en quatre ans, par quarts, d'année en année. — Le premier paiement fin décembre 1858. — N° du Greffe 14,151.

MONJAUZE dame, MARTIAL, *tenant hôtel meublé, rue du Colysée*, 6. — Jugement du 25 avril 1856 homologuant le concordat du 19 mars 1856. — Remise de 40 %. — Les 60 % non remis payables en cinq ans, par cinquièmes, du 15 avril prochain. — N° du Greffe 12,907.

MONNET, Antoine, *voiturier, à la Villette*. — Jugement du 11 avril 1856 homologuant le concordat du 27 mars 1856. — Abandon de l'actif réalisé.— Obligation, en outre, de payer 15 % savoir : 3 % dans un an, 4 % dans deux ans, 4 % dans trois ans, 4 % dans quatre ans, du jour du concordat. — N° du Greffe 12,682.

MONNIER, Charles-Firmin, *serrurier, rue de Verneuil*, 14. — Jugement du 25 août 1851 homologuant le concordat du 7 du même mois.— Remise de 95 %. — Les 5 % non remis payables : 2 1/2 % le 1er août 1852, et 2 1/2 % le 1er août 1853. — N° du Greffe 9,910.

MONNIER, Louis, *commissionnaire en marchandises, rue de Lyon*, 69. Jugement du 4 mai 1858 homologuant le concordat du 23 avril 1858.— Remise de 85 %. — Les 15 % non remis payables, sans intérêts, en trois ans, par tiers, du 1er janvier 1859. — Mme Monnier, caution. — N° du Greffe 14,542.

MONSALLIER, Pierre-Amant-Fidèle-Constant, *négociant en fleurs de crins, rue de Lourcine*, 22. — Jugement du 29 janvier 1858 homologuant le concordat du 13 du même mois. — Remise de 80 %. — Les 20 % non remis payables en quatre ans, par quarts, du jour du concordat. — N° du Greffe 14,254.

MONSELET, Pierre-Charles, *fabricant de lampes, rue Aumaire*, 3.— Jugement du 3 septembre 1858 homologuant le concordat du 16 août 1858. — Remise de 75 %. — Les 25 % non remis payables en cinq ans, par cinquièmes, du 1er septembre. — N° du Greffe 15,033.

MONTAGNE, Louis, *entrepreneur de charpentes, rue de l'Arcade*, 60, *aux Ternes*. — Jugement du 11 juin 1858 homologuant le concordat du 27 mai 1858. — Abandon de l'actif énoncé au concordat. — M. Decagny, maintenu syndic. — N° du Greffe 13,797.

MONTANGERAND jeune, *fabricant de visières, rue des Blancs-Manteaux*, 40. — Jugement du 10 juillet 1860 homologuant le concordat du 28 juin 1860. — Remise de 80 %. — Les 20 % non remis payables en deux ans, par moitiés, du jour de l'homologation. — M. Millois Montangerand, caution. — N° du Greffe, 16,987.

MONTAUD, Joseph-François-César, personnellement, *escompteur, rue Hauteville*, 1. — Jugement du 25 novembre 1850 homologuant le concordat du 12 du même mois. — Remise de 95 % et de tous intérêts et frais. — Les 5 % non remis payables en quatre ans, par quarts. — Le premier paiement fin octobre 1851. — A l'égard des créances de la société Montaud et Cie, ces 5 % se confondront avec les dividendes qu'ils recevront dans la faillite de la société. — N° du Greffe 9,469.

MONTEL veuve, Marie-Maurice, *fabricante de parfumerie, rue St-Honoré*, 198. — Jugement du 4 juin 1860 homologuant le concordat du 19 mai 1860. — Remise de 75 %. — Les 25 % non remis payables, sans intérêts : 10 % dans un an de l'homologation et 15 % dans deux ans. — N° du Greffe 16,966.

MONTET, David, *fleuriste, rue Lafayette*, 7 *bis*. — Jugement du 13 juillet 1859 homologuant le concordat du 24 juin 1859. — Remise de 80 %. — Les 20 % non remis payables en quatre ans, par quarts, du jour du concordat. — N° du Greffe 15,718.

MONTET, Aimé, *gantier, rue des Dames*, 3. — Jugement du 21 mai 1860 homologuant le concordat du 10 du même mois. — Remise de 80 %. — Les 20 % non remis payables en cinq ans, par cinquièmes, du jour de l'homologation. — N° du Greffe 16,725.

MONTIGNY fils et Cie, *fabricants d'appareils à gaz, rue Montmorency*, 26. — Concordat du 14 juin 1849. — N° du Greffe 120.

MONTREUIL et **PINAUD**, *marchands de vins, rue du Faubourg-St-Martin*, 6. — Jugement du 24 décembre 1861 homologuant le concordat du 11 du même mois. — Remise de 90 %. — Les 10 % non remis payables en trois ans, par tiers, de l'homologation. — N° du Greffe 18,818.

MONVOISIN père, Jean-Claude, *ex-fabricant de bronzes, rue Montfaucon*, 1. — Jugement du 7 octobre 1851 homologuant le concordat du 27 septembre 1851. — Remise de 65 %. — Les 35 % non remis payables : 20 % dans les trois jours de l'homologation et trois paiements de 5 % chacun le 1er octobre des années 1852, 1853 et 1854. — Obligation de distribuer en sus des 35 % ce qui pourrait lui revenir dans une créance hypotécaire éventuelle. — N° du Greffe 9,452.

MONY, Edme-Édouard, *maison d'assurances, rue du Houssaie*, 11. — Jugement du 30 mars 1854 homologuant le concordat du 9 du même mois. — Abandon de l'actif réalisé et à réaliser. — Obligation de payer 1,500 francs entre les mains de M. Cheysière, commissaire. — N° du Greffe 9,697.

MONY et Cie, Edme-Edouard, *caisse de prévoyance, rue du Houssaie*, 11. — Jugement du 30 mars 1854 homologuant le concordat du 9 du même mois. — Abandon de l'actif réalisé et à réaliser et obligation de payer 4,500 francs aux mains de M. Cheysière, commissaire. — N° du Greffe 11,166.

MORA, Alfred, *tailleur, rue Richelieu*, 32. — Jugement du 15 février 1855 homologuant le concordat du 2 du même mois. — Remise de 75 %. — Les 25 % non remis payables en cinq ans, par cinquièmes, d'année en année. — Le premier paiement le 1er février 1856. — N° du Greffe 11,733.

MORARD, François, *ancien camionneur, à la Chapelle*. — Jugement du 29 mai 1856 homologuant le concordat du 15 du même mois. — Remise de 85 %. — Les 15 % non remis payables : 10 % comptant, 5 % en cinq ans, par cinquièmes, sans intérêts, du jour de l'homologation. — N° du Greffe 12,962.

MORAUX, Toussaint-Joseph, *négociant, rue du Faubourg-Montmartre*, 27. — Jugement du 15 juillet 1858 homologuant le concordat du 8 du même mois. — Remise de 80 %. — Les 20 % non remis payables par moitiés, dans trois et six mois de l'homologation. — M. Hubert Moraux, caution. — N° du Greffe 14,702.

MORAVAL, Dominique, *négociant en fleurs artificielles, rue Montmartre*, 103. — Jugement du 16 octobre 1856 homologuant le concordat du 3 du même mois. — Remise de 70 %. — Les 30 % non remis payables en cinq ans, par cinquièmes, d'année en année, du jour de l'homologation. — N° du Greffe 13,207.

MORBACH, Jean-Baptiste, *tailleur, rue Neuve-des-Petits-Champs*, 81. — Jugement du 30 mars 1857 homologuant le concordat du 13 du même mois. — Remise de 85 %. — Les 15 % non remis payables en cinq ans, par cinquièmes, d'année en année, du jour de l'homologation. — N° du Greffe 13,618.

MORCRETTE, Auguste, *marchand de vins, rue de Courcelles*, 25, *à Clichy*. — Jugement du 21 avril 1856 homologuant le concordat du 12 du même mois. — Remise de 75 %. — Les 25 % non remis payables en cinq ans, par cinquièmes, d'année en année. — Le premier paiement le 1er septembre prochain. — N° du Greffe 12,873.

MOREAU-ALBAN, *fabricant de dragées, rue de la Poterie-des-Arcis*, 20. — Jugement du 8 juin 1860 homologuant le concordat du 18 mai 1860. — Remise de 90 %. — Les 10 % non remis payables, sans intérêts, en trois ans et huit mois, par quarts, du 15 janvier. — N° du Greffe 16,870.

MOREAU, *marchand de vins, boulevard d'Ivry*, 9. — Jugement du 28 avril 1857 homologuant le concordat du 16 avril 1857. — Obligation de payer la totalité des créances en principal, intérêts et frais, dans le délai d'un an du jour de l'homologation. — N° du Greffe 13,617.

MOREAU Dlle, Clotilde, *lingère, rue du Four-St-Germain*, 70. — Jugement du 7 mai 1858 homologuant le concordat du 17 avril 1858. — Remise de 80 %. — Les 20 % non remis payables par moitiés, en deux ans, du 20 avril. — N° du Greffe 14,514.

MOREAU, *menuisier, rue Grange-aux-Belles*, 61 *bis*. — Jugement du 25 mars 1850 homologuant le concordat et qualifiant faillite la cessation de paiement. — N° du Greffe 827.

MOREAU, Pierre, *puisatier, à la Villette*. — Jugement du 25 février 1859 homologuant le concordat du 9 du même mois. — Remise de 50 %. — Les 50 % non remis payables, sans intérêts : 5 % aussitôt l'homologation et 45 % en quatre ans, par quarts, du 2 février. — N° du Greffe 13,419.

MOREAU, de la société GUILLEMINET, *parfumeur, rue Richer*, 20. — Voir : GUILLEMINET. — N° du Greffe 16,592.

MOREAU, *négociant en vins, rue de l'Orillon*, 34, *à Belleville*. — Jugement du 11 décembre 1860 homologuant le concordat du 30 novembre 1860. — Remise de 75 %. — Les 25 % non remis payables en cinq ans, par cinquièmes, du jour du concordat. — N° du Greffe 17,456.

MOREAU, Pierre-Désiré, gérant de la société MOREAU et Cie, *négociant en nouveautés, rue Saint-Fiacre*, 15. — Jugement du 10 septembre 1856 homologuant le concordat du 28 août 1856. — Abandon de l'actif énoncé au concordat et obligation de payer 2 % en quatre ans, par quarts, d'année en année, du jour du concordat. — N° du Greffe 12,888.

MOREAU, *négociant en vins, avenue de Clichy*. — Jugement du 13 août 1861 homologuant le concordat du 30 juillet 1861. — Remise de 60 %. — Les 40 % non remis payables, sans intérêts, en quatre ans, par quarts, du jour de l'homologation. — N° du Greffe 18,314.

MOREAU, Jules-Pierre, *limonadier, rue du Petit-Thouars*, 14. — Jugement du 4 novembre 1852 homologuant le concordat du 13 octobre 1852. — Abandon de l'indemnité à laquelle le concordataire pourrait avoir droit contre la ville de Paris. — Obligation, en outre, de payer 25 % en principal, intérêts et frais, en cinq ans, par cinquièmes, le 20 octobre des années 1853 à 1857. — N° du Greffe 10,315.

MOREAUX, dame SANSON, Victoire, *marchande de modes, rue du Colysée*, 24. — Jugement du 1er avril 1858 homologuant le concordat du 20 mars 1858. — Remise de 80 %. — Les 20 % non remis payables en quatre ans, par moitiés, du jour de l'homologation. — N° du Greffe 14,533.

MOREL, Grégoire-Hippolyte, *épicier, rue du Petit-Carreau*, 41. — Jugement du 16 avril 1852 homologuant le concordat du 27 mars 1852. — Remise de 85 % et des intérêts et frais non admis. — Les 15 % non remis payables en cinq paiements égaux, d'année en année, à partir du 27 mars 1852. — N° du Greffe 10,069.

MOREL, Auguste, *directeur du bureau central des Assurances Maritimes, rue de Provence*, 45. — Jugement du 17 juin 1853 homologuant le concordat du 26 mai 1853. — Abandon de l'actif réalisé et à réaliser. — M. Heurtey, commissaire, nommé à l'effet de répartir l'actif réalisé et le montant d'une somme de 10,000 fr. qui doit être versée entre ses mains dans le mois de l'homologation. — Le sieur Jomar, à Anvers, commissaire à l'effet de réaliser et de répartir l'actif non réalisé. — N° du Greffe 9,840.

MOREL, *épicier, rue Caumartin*, 38. — Concordat du 11 juin 1849. — N° du Greffe 427.

MOREL, Alexandre, *gérant de la société des charbons de la ville, à Auteuil*. — Jugement du 18 août 1860 homologuant le concordat du 28 juillet 1860. — Obligation de payer dans les huit jours de l'homologation 600 fr. représentant approximativement 1 % des sommes dues. — N° du Greffe 16,315.

MOREL, *épicier, rue Neuve-St-Eustache*, 26. — Jugement du 23 mai 1855 homologuant le concordat du 3 du même mois. — Remise de 90 %. — Les 10 % non remis payables en quatre ans, par quarts. — Le premier paiement le 1er mai 1856. — N° du Greffe 11,003.

MOREL, Louis-Désiré-Joseph, *lingerie, rue de Cléry*, 27. — Jugement du 30 avril 1856 homologuant le concordat du 19 du même mois. — Remise de 50 %. — Les 50 % non remis payables en cinq ans, par cinquièmes. — Le premier paiement dans un an de l'homologation. — N° du Greffe 12,978.

MOREL, *marchand de vins, rue de Tivoli*, 3 *bis*. — Jugement du 20 septembre 1859 homologuant le concordat du 29 août 1859. — Remise de 75 %. — Les 25 % non remis payables : 5 % comptant, 5 % dans un, deux, trois et quatre ans, du concordat. — N° du Greffe 15,882.

MORET, Henriette-Antoinette LOVRE, *entrepreneur, rue de Vienne*, 21. — Jugement du 15 octobre 1850 homologuant le concordat du 2 du même mois. — Remise des intérêts et de 85 % sur le capital. — Les 15 % non remis payables en trois années, par tiers, le 1er décembre des années 1851, 1852 et 1853. — N° du Greffe 8,806.

MORETON, Antoine, *entrepreneur de trottoirs, rue St-Sébastien*, 33. — Jugement du 9 novembre 1853 homologuant le concordat du 26 octobre 1853. — Remise de 55 %. — Les 45 % non remis payables, sans intérêts, par fractions de 5 %, d'année en année, à partir du jour du concordat. — N° du Greffe 11,053.

MORETON, *négociant, rue St-Sébastien*, 33. — Jugement du 8 mars 1860 homologuant le concordat du 21 février 1860. — Remise de 70 %. — Les 30 % non remis payables, sans intérêts, en cinq ans, par cinquièmes, du concordat. — N° du Greffe 16,649.

MORGE, Pierre-Adrien, *ex-fabricant d'étain, rue Guérin-Boisseau*, 23. — Jugement du 28 février 1851 homologuant le concordat du 19 novembre 1850. — Remise de 90 % en principal, intérêts et frais. — Les 10 % non remis payables, savoir : 3 % le 19 novembre 1851, 3 % le 19 novembre 1852 et 4 % le 19 novembre 1853. — N° du Greffe 9,549.

MORHANGE, Mirtil, *broderies, rue des Vieux-Augustins*, 48. — Jugement du 11 septembre 1857 homologuant le concordat du 28 août 1857. — Remise de 85 % et de tous intérêts et frais non admis. — Les 15 % non remis payables : 5 % dans deux mois de l'homologation et 5 % les 1ers mars et septembre 1858. — N° du Greffe 13,623.

MORHANGE, Eugène, *fabricant de lits en fer, rue de la Butte-Chaumont*, 26. — Jugement du 15 avril 1861 homologuant le concordat du 18 mars 1861. — Remise de 80 %. — Les 20 % non remis payables en quatre ans, par quarts, du jour de l'homologation. — N° du Greffe 17,816.

MORIA, Augustin, *fondeur de graisse, rue du Banquier*, 17. — Jugement du 27 octobre 1858 homologuant le concordat du 19 du même mois. — Remise de 70 %. — Les 30 % non remis payables en cinq ans, par cinquièmes. — Le premier paiement un an après l'homologation. — N° du Greffe 15,040.

MORIAC, Adrien, *lampiste, à Passy, rue Ville-Juif*, 32. — Jugement du 14 mars 1860 homologuant le concordat du 5 du même mois. — Obligation de payer l'intégralité des créances en cinq ans, par cinquièmes, du concordat. — N° du Greffe 16,475.

MORIAC fils aîné, Marcel-Mathurin, *négociant, rue Saint-Vincent-de-Paul*, 5. — Jugement du 17 juillet 1857 homologuant le concordat du 8 du même mois. — Remise de 88 %. — Les 12 % non remis payables : 3 % comptant, et 3 % le 1er août des années 1857, 1858 et 1859. — N° du Greffe 13,412.

MORIAU, Félix, *mécanicien, passage d'Isly*, 8. — Jugement du 19 mars 1852 homologuant le concordat du 18 février. — Remise de 60 %. — Les 40 % non remis payables en cinq ans, par cinquièmes, du 1er avril. — N° du Greffe 19,147.

MORICARD, Germain-Marie, *marchand de chaussures, boulevard Beaumarchais*, 68. — Jugement du 7 décembre 1860 homologuant le concordat du 22 novembre 1860. — Remise de 65 %. — Les 35 % non remis payables, sans intérêts : 10 % dans la huitaine de l'homologation, et 25 % en trois ans et trois mois, et par quarante-huitièmes, de mois en mois, du jour de l'homologation. — M. Legrain, caution des premiers 10 %. — N° du Greffe 17,511.

MORICEAU et Cie, *éclairage au gaz, de la ville de Rochefort, rue Mazagran*, 12 *bis*. — Jugement du 10 janvier 1855 homologuant le concordat du 21 décembre 1854. — Obligation par le sieur Moriceau, de payer l'intégralité des créances, en capital, intérêts et frais, dans les deux mois qui suivront l'homologation du concordat. — N° du Greffe 10,362.

MORIERRE, de la société DIARD, *épicier en gros, rue de la Verrerie*, 73. Voir : DIARD. — N° du Greffe 19,713.

MORIETTE, Claude-Victor, *chocolatier, rue Grange-aux-Belles*, 25. — Jugement du 25 février 1862 homologuant le concordat du 11 février 1862. — Remise de 50 %. — Les 50 % non remis payables en cinq ans, par cinquièmes, de l'homologation. — N° du Greffe 19,203.

MORIN, Henri-Ismael, *ferblantier, rue de la Roquette*, 85. — Jugement du 26 septembre 1862 homologuant le concordat du 13 du même mois. — Remise de 50 %. — Les 50 % non remis payables, sans intérêts, en cinq ans, par cinquièmes, de l'homologation. — N° du Greffe 239.

MORIN jeune, *négociant, rue Sainte-Croix-de-la-Bretonnerie*, 7. — Jugement du 31 octobre 1859 homologuant le concordat du 21 septembre 1859. — Abandon de l'actif énoncé au concordat. — Obligation de payer 12,000 fr. — 6,000 fr. avant l'homologation, et 6,000 fr. trois mois après. — N° du Greffe 16,046.

MORIN, François, *limonadier, rue de Charonne*, 57. — Jugement du 16 juin 1862 homologuant le concordat du 23 mai 1862. — Obligation de payer l'intégralité des créances de la manière énoncée au concordat. — Mme Morin, caution. — N° du Greffe 19,452.

MORIN, Constant-Alexandre, *fabrique de bourses, rue de Thorigny*, 10. — Jugement du 11 mai 1854 homologuant le concordat du 24 avril 1854. — Remise de 80 %. — Les 20 % non remis payables, sans intérêts, en deux ans, par moitiés, du concordat. — N° du Greffe 11,298.

MORIN, Charles-Alfred, *commissionnaire en apprêts, rue de Cléry*, 44. — Jugement du 7 juin 1858 homologuant le concordat du 20 mai 1858. — Obligation de payer le montant intégral des créances en principal, intérêts et frais, savoir : le principal en quatre ans, par quarts, de l'homologation, et les intérêts et frais un an après ledit paiement. — N° du Greffe 14,729

MORIN, société GARNIER, Antoine, *marchand de vins, à Bercy*. — Jugement du 4 décembre 1860 homologuant le concordat du 17 novembre 1860. — Abandon de l'actif énoncé au concordat. — Obligation de verser au syndic, pour en faire la répartition, 1,000 fr. avant l'homologation. — Trille, maintenu syndic. — N° du Greffe 17,212.

MORIRET, sœurs, *confection pour dames, rue de la Banque*, 22. — Jugement du 3 juin 1859 homologuant le concordat du 18 mai 1859. — Abandon de l'actif énoncé au concordat. — Obligation de payer 12 % en trois ans, par tiers, de l'homologation. — N° du Greffe 15,351.

MORIS, Lucas-Michel, *pâtissier, rue du Faubourg-Poissonnière*, 93. — Jugement du 31 mai 1854 homologuant le concordat du 13 du même mois. — Remise de 20 %. — Les 80 % non remis payables en quatre ans, par quarts. — Le premier paiement dans un an du concordat. — N° du Greffe 11,292.

MORIS, Lucas-Michel, *pâtissier, rue du Faubourg-Poissonnière*, 93. — Jugement du 14 juillet 1854 homologuant le concordat du 23 juin 1854. — Remise de 70 %. — Les 30 % non remis payables : 2 1/2 % dans la quinzaine de l'homologation, 2 1/2 % six mois après, 25 % par cinquièmes, de six mois en six mois successivement. — N° du Greffe 11,292.

MORISE, femme HENRY, née MATRE, *lingère, rue Laffitte*, 56. — Jugement du 3 octobre 1854 homologuant le concordat du 9 septembre 1854. — Remise de 75 %. — Les 25 % non remis payables, sans intérêts, en cinq ans, par cinquièmes. — Le premier paiement le 10 septembre 1855. — N° du Greffe 11,347.

MORISSE, Alphonse-Victor, *ex-linger, actuellement employé, rue du Gros-Chenet*, 6, *et boulevard Saint-Martin*, 45. — Jugement du 10 juillet 1850 homologuant le concordat du 1er mai 1850. — Obligation de payer, outre les 15 % promis par le concordataire et payables en quatre ans, par quarts, du 1er mai 1851, 10 % payables en deux termes égaux, un an et deux ans après l'échéance du dernier dividende offert. — N° du Greffe 9,350.

MORISSE, Alphonse-Victor, *limonadier, rue de Rivoli*, 51. — Jugement du 8 mai 1856 homologuant le concordat du 2 avril 1856. — Obligation de payer intégralement les créances en quatre ans, par dixièmes. — Le premier paiement le 1er avril. — N° du Greffe 12,605.

MORISSE, société BLANCHARD, *limonadier, rue de Rivoli*, 65. — Voir : BLANCHARD et MORISSE. — N° du Greffe 12,613.

MORIZE, aîné, *marchand de gants, rue des Mauvaises-Paroles*, 12. — Concordat du 4 juin 1849. — N° du Greffe 88.

MORIZET, *commerce de tissus, à Saint-Denis*. — Concordat du 28 février 1849. — N° du Greffe 160.

MORLET, Jean-Baptiste, *entrepreneur de menuiserie, rue d'Amsterdam*, 104. — Jugement du 4 juillet 1862 homologuant le concordat du 3 juin 1862. — Remise de 70 %. — Les 30 % non remis payables en trois ans, par tiers, de l'homologation. — N° du Greffe 19,765.

MORNET, société BLANDIN, Eugène, *gérant, rue Grenelle-Saint-Germain*, 157, *et rue Saint-Louis-en-l'Ile*, 64. — Voir : BLANDIN. — N° du Greffe 8,196.

MORTAS fils, *commerce de cuirs, à la Chapelle*. — Concordat du 19 novembre 1849. — N° du Greffe 560.

MORTET, société DUPORT, *teinturier, rue Saint-Pierre-Amelot*, 8. — Voir : DUPORT. — N° du Greffe 17,325.

MORTIER, Pierre-Gustave, *limonadier, rue du Château-d'Eau*, 71. — Jugement du 16 juin 1862 homologuant le concordat du 3 juin 1862. — Remise de 50 %. — Les 50 % non remis payables en cinq ans, par cinquièmes, du concordat. — N° du Greffe 19,670.

MORVAN, Alphonse, *pâtissier, à Charenton*. — Jugement du 10 novembre 1861 homologuant le concordat du 4 novembre 1861. — Remise de 90 %. — Les 10 % non remis payables en cinq ans, par cinquièmes, de l'homologation. — N° du Greffe 17,854.

MOSER, Daniel, *marchand de curiosités, rue Caumartin*, 1. — Jugement du 13 mai 1859 homologuant le concordat du 28 avril 1859. — Remise de 50 %. — Les 50 % non remis payables en quatre ans, par quarts, du 1er mai. — N° du Greffe 15,444.

MOSNY fils, Charles-Louis, *marchand de vins, à Montrouge*. — Jugement du 15 octobre 1850 homologuant le concordat du 25 septembre 1850. — Remise de 85 % en principal et accessoires. — Les 15 % non remis payables par tiers de 5 % le 15 janvier des années 1852, 1853 et 1854. — N° du Greffe 9,158.

MOSSIER, Jean-François, *marchand de vins, rue de Grammont*, 6. — Jugement du 26 mars 1855 homologuant le concordat du 26 décembre 1854. — Abandon de l'actif énoncé au concordat. — Obligation de payer, sans intérêts, 20 % en cinq ans, par cinquièmes, d'année en année. — Le premier paiement le 1er janvier 1856. — Isbert, commissaire. — Mme Mossier, caution. — N° du Greffe 11,588.

MOTE, César-Auguste, *marchand de dentelles, rue du Mail*, 8. — Jugement du 2 juin 1854 homologuant le concordat du 20 mai 1854. — Remise de 80 %. — Les 20 % non remis payables en quatre ans, par quarts, de l'homologation. — N° du Greffe 11,397.

MOTS, Jules-Léon, *épicier, marchand de couleurs, à Levallois et rue Saint-Louis-au-Marais*, 89. — Jugement du 16 juin 1862 homologuant le concordat du 3 du même mois. — Remise de 75 %. — Les 25 % non remis payables en cinq ans, par cinquièmes, du concordat. — N° du Greffe 19,386.

MOUCHEL, Françoise-Marie, veuve de Adolphe-Louis TIMMERMANS CARPENTIER, *ancien commissionnaire au Mont-de-Piété, rue Barre-du-Bac*, 62. — Jugement du 19 janvier 1852 homologuant le concordat du 5 janvier 1852. — Abandon d'une créance appartenant à ladite dame et énoncée au concordat. — N° du Greffe 10,119.

MOUCHEL, Pascal, *lingerie, rue Miromesnil*, 11. — Jugement du 8 novembre 1860 homologuant le concordat du 16 octobre 1860. — Remise de 80 %. — Les 20 % non remis payables en quatre ans, par quarts, de l'homologation. — N° du Greffe 16,731.

MOUVON, société DIOUDONNAT fils, Jean-Baptiste, *mécanicien, rue Fontaine-au-Roi*, 58. — Voir : DIOUDONNAT. — N° du Greffe 11,063.

MOUFFRANT ou **MOUFRANT** et Cie, François, *marchands de charbons, rue du Faubourg-Saint-Martin*, 189. — Jugement du 28 janvier 1859 homologuant le concordat du 14 du même mois. — Remise de 85 %. — Les 15 % non remis payables en cinq ans, par cinquièmes, de l'homologation. — N° du Greffe 14,958.

MOUGIN, Claude-Emmanuel, *passementier, rue Quincampoix*, 58. — Jugement du 2 mai 1851 homologuant le concordat du 19 avril 1851. — Remise de tous intérêts et frais non admis. — Obligation de payer le principal par fractions de 10 % le 1er juin et le 1er décembre 1851 et le 1er juin des années 1852, 1853 et suivantes. — N° du Greffe 7,729.

MOUILLARD jeune, Gustave, *marchand de nouveautés, rue de Cléry*, 40. — Jugement du 26 septembre 1862 homologuant le concordat du 13 du même mois. — Remise de 70 %. — Les 30 % non remis payables, sans intérêts, en trois ans, par tiers, du 1er octobre. — N° du Greffe 230.

MOUILLET, Louis, *marchand linger, rue de la Pépinière*, 25. — — Jugement du 2 mars 1855 homologuant le concordat du 2 mars 1855. — Remise de 80 %. — Les 20 % non remis payables en quatre ans, par quarts, d'année en année. — Le premier paiement le 2 mars 1856. — N° du Greffe 12,101.

MOUILLEZ femme, *marchande de nouveautés, rue Geoffroy-Marie*. — Jugement du 2 septembre 1857 homologuant le concordat du 18 août 1857. — Remise de 80 %. — Les 20 % non remis payables en quatre ans, par quarts, d'année en année, du jour de l'homologation. — N° du Greffe 13,925.

MOULARD, Gabriel, *tenant hôtel garni rue des Fontes*, 2, *à Passy*. — Jugement du 24 décembre 1861 homologuant le concordat du 25 juillet 1861. — Remise de 50 %. — Les 50 % non remis payables en cinq ans, par cinquièmes, du 1er juillet. — N° du Greffe 17,611.

MOULIAA, société MICHEL, *négociant, exportateur, rue d'Hauteville*, 34. — Voir MICHEL et MOULIAA. — N° du Greffe 13,321.

MOULIN, *tailleur, rue Ste-Anne*, 43. — Concordat du 7 août 1849. — N° du Greffe 498.

MOULIN veuve, femme DEMORGE, *boulevard Beaumarchais*, 94. — Voir : DEMORGE.

MOULIN sieur et dame, Philippe, *marchands épiciers, rue Laffite*, 36. Jugement du 7 janvier 1851 homologuant le concordat du 19 novembre 1850. — Remise de 80 %. — Les 20 % non remis payables en quatre ans, par quarts, le 19 février des années 1851, 1852, 1853 et 1854. — — N° du Greffe 9,582.

MOUNIER fils, Henri-François-Mathurin, *rue de Choiseul*, 10, *actuellement rue Richer*, 32. — Jugement du 10 janvier 1851 homologuant le concordat du 6 avril 1850 et réformant le jugement du 21 août 1850 qui avait refusé l'homologation. — Obligation de payer les dividendes énoncés au concordat, et de payer 15 % dans les termes du concordat.

MOURIÉ, Martin, *commerce de tulles, rue St-Sauveur*, 15. — Jugement du 1er octobre 1850 homologuant le concordat du 9 septembre 1850. — Abandon de l'actif, sauf le mobilier personnel, et obligation de payer 6 % par sixièmes, fin septembre des années 1851, 1852 et suivantes. — N° du Greffe 7,559.

MOURIÉ et **CHEVALOT**, société, *imprimeurs-lithographes, rue du Cloître-St-Merri*, 8. — Voir : CHEVALOT. — N° du Greffe 16,318.

MOURIN, Eugène-Casimir, *fondeur, passage Joinville*, 14. — Jugement du 20 mai 1853 homologuant le concordat du 3 mai 1853. — Remise de 80 %. — Les 20 % non remis payables en quatre ans, par quarts, d'année en année. — Le 1er paiement le 15 juillet 1854. — N° du Greffe 10,316.

MOURNEZON, Louis-Léonard, *entrepreneur de peintures, rue Vieille-du-Temple*, 97. — Jugement du 27 octobre 1853 homologuant le concordat du 11 octobre 1853. — Remise de 88 %. — Les 12 % non remis payables par tiers, d'année en année. — Le premier paiement le 1er mai 1855. — N° du Greffe 11,001.

MOUROT et DELAUNAY, Victor, *marchand de porcelaines, rue Paradis-Poissonnière*, 43. — Jugement du 18 août 1856 homologuant le concordat du 31 juillet 1856. — Remise de 90 %. — Les 10 % non remis payables en cinq ans, par cinquièmes, du concordat. — N° du Greffe 13,094.

MOUROT, Jean-Jules, *marchand de fleurs, rue Neuve-St-Sébastien*, 22. — Jugement du 19 novembre 1860 homologuant le concordat du 7 du même mois. — Remise de 75 %. — Les 25 % non remis payables, sans intérêts, en cinq ans, par cinquièmes, de l'homologation. — N° du Greffe 17,225.

MOURTOUS, Pierre-Victor, *nourrisseur, à Montmartre*. — Jugement du 25 février 1856 homologuant le concordat du 8 du même mois. — Remise de 80 %. — Les 20 % non remis payables en quatre ans, par quarts, du jour du concordat. — N° du Greffe 12,050.

MOUSSEAUX, Louis-Adolphe, *menuisier, à Joinville-le-Pont*. — Jugement du 21 novembre 1851 homologuant le concordat du 5 du même mois. — Remise de 70 %. — Les 30 % non remis payables en cinq paiements égaux de 6 % le 1er décembre des années 1852, 1853 et suivantes. — N° du Greffe 9,986.

MOUSSERON, *fabricant d'appareils à gaz, rue du Faubourg-St-Denis*, 9. — Jugement du 2 octobre 1861 homologuant le concordat du 21 août 1861. — Obligation de payer le montant des créances en six ans, par sixièmes, de l'homologation. — N° du Greffe 18,341.

MOUSSU, Antoine, *pharmacien, rue St-Honoré*, 356. — Jugement du 9 janvier 1854 homologuant le concordat du 8 décembre 1853. — Remise de 85 %. — Les 15 % non remis payables en trois ans, par tiers, du jour du concordat. — N° du Greffe 10,079.

MOUTON et **FOUET**, Adolphe-Théodore, *droguistes, rue Neuve-St-Merri*, 23. — Voir : FOUET. — N° du Greffe 18,750.

MOUTON et Cie, Étienne, *marchand de nouveautés, rue Caumartin*, 50. — Jugement du 10 mai 1860 homologuant le concordat du 20 avril 1860. — Abandon de l'actif. — Obligation, en outre, de payer 2 %, savoir : 1 % dans trois ans et 1 % dans quatre ans, du concordat. — MM. Chevallier et Labbé, commissaires. — N° du Greffe 16,527.

MOUTON, Emmanuel, *parfumeur, rue des Singes*, 7. — Jugement du 7 mai 1858 homologuant le concordat du 22 avril 1858. — — Remise de 40 %, des frais et intérêts non admis. — Les 60 % non remis payables en six ans, par fractions de 10 %, fin avril des années 1859 et suivantes. — N° du Greffe 14,607.

MOUTON, Emmanuel, *marchand d'éponges, rue des Singes*, 7. — Jugement du 26 décembre 1858 homologuant le concordat du 15 du même mois. — Abandon de l'actif. — Obligation de payer 10 % en quatre paiements, savoir : 4 % le 1er octobre 1862, et 3 % le 1er octobre des années 1865 et 1868. — N° du Greffe 15,677.

MOUTON et Cie, Pascal, *négociants en vins, rue St-Victor*, 170. — Jugement du 19 février 1862 homologuant le concordat du 7 du même mois. — Remise de 80 %. — Les 20 % non remis payables en quatre ans, par quarts, de l'homologation. — N° du Greffe 19,050.

MOUTON et Cie, Charles, *ex-gérant du Journal le Musée Catholique, rue du Faubourg-Montmartre*, 29. — Jugement du 26 décembre 1854 homologuant le concordat du 12 du même mois. — Remise de 80 %. — Les 20 % non remis payables en dix ans, par dixièmes, d'année en année. — Le premier paiement dans un an du jour de l'homologation. — — N° du Greffe 11,782.

MOUTON, H. et E., *négociants, passage des Panoramas*. — Jugement du 10 mars 1852 homologuant le concordat du 13 février 1852. — Obligation de payer, sans solidarité, 10 % des créances en cinq ans, par fractions de 1 % chacun le 15 février des années 1853, 1854 et suivantes. — N° du Greffe 8,803.

MOYEN, Victor, *marchand de vins, rue de Marivaux*, 33. — Concordat du 9 juillet 1849. — N° du Greffe 425.

MOYNE, Jean-Louis, *fabricant de tôlerie et de calorifères, rue Paradis-Poissonnière*, 3. — Jugement du 19 mai 1852 homologuant le concordat du 13 mars 1852. — Remise de 64 %. — Les 36 % non remis payables, savoir : 9 % fin décembre 1852, 9 % 10 mars 1854, 9 % 10 mars 1855, 9 % 10 mars 1856. — N° du Greffe 10,212.

MOZER, Louis-Charles, *commerce de cuirs, passage de l'Industrie*, 1. Jugement du 5 octobre 1857 homologuant le concordat du 21 novembre 1857. — Remise de 70 %. — Les 30 % non remis payables, sans intérêts, en cinq ans, par cinquièmes, d'année en année. — Le premier paiement le 2 mars 1858. — N° du Greffe 14,077.

MULLER, Charles, *ex-restaurateur, rue du Renard-St-Sauveur*, 4. — Jugement du 6 mars 1851 homologuant le concordat du 7 novembre 1850. — Remise de 90 % en principal, intérêts et frais. — Les 10 % non remis payables, par huitièmes, de trois mois en trois mois, du 1er mars 1853. — N° du Greffe 8,340.

MULLER demoiselle, Pauline-Joséphine, *marchande de biscuits de marine, rue de la Chaussée-d'Antin*, 19. — Jugement du 28 février 1853 homologuant le concordat du 17 même mois. — Remise de 80 % en principal, intérêts et frais. — Les 20 % non remis payables en quatre ans, par quarts, pour le premier paiement avoir lieu le 28 février 1854. — N° du Greffe 10,411.

MULLER, Pierre, *marchand de chaussures, rue du Bouloy*, 14. — Jugement du 15 juillet 1857 homologuant le concordat du 29 juin précédent. — Remise de 60 %. — Les 40 % non remis payables en quatre ans, d'année en année, pour le premier paiement avoir lieu le 1er juillet 1858. — N° du Greffe 13,839.

MULLER, *marchand de vins rue du Théâtre, à Montmartre*. — Jugement du 5 août 1862 homologuant le concordat du 4 juillet 1862. — Remise de 70 %. — Les 30 % non remis payables : 5 % six mois après l'homologation, 25 % en cinq ans, par cinquièmes, de l'homologation. — N° du Greffe 19,756.

MULLER, Georges-Frédéric, *tailleur, rue Marivaux*, 13. — Jugement du 3 septembre 1857 homologuant le concordat du 12 août 1857. — Remise de 80 %. — Les 40 % non remis payables en quatre ans, par quarts, d'année en année, pour le premier paiement avoir lieu le 1er septembre 1858. — N° du Greffe 13,953.

MULLER fils, Édouard-Frédéric, *marchand de vernis, rue Folie-Méricourt*, 50. — Jugement du 2 juin 1854 homologuant le concordat du 8 même mois. — Remise de 76 %. — Les 24 % non remis payables en six paiements égaux. — Le premier paiement le 1er août 1855. — N° du Greffe 11,387.

MULLER, Jean-Baptiste, *marchand de vins, rue Popincourt*, 6. — Jugement du 12 février 1862 homologuant le concordat du 1er dudit mois. — Remise de 85 %. — Les 15 % non remis payables, sans intérêts, en trois ans, par tiers, de la reddition de compte. — N° du Greffe 19,096.

MUNIER-ROYDOT, Eugène-Mathieu, *marchand de vins-traiteur, à Montmartre*. — Jugement du 17 décembre 1856 homologuant le concordat du 10 octobre 1856. — Remise de 60 %. — Les 40 % non remis payables en quatre ans, par quarts, d'année en année, pour le premier paiement avoir lieu le 1er novembre 1857. — N° du Greffe 13,263.

MUSSART ou **MUSSARD**, François-Noel, *marchand-forain, à Clichy*. — Jugement du 14 mars 1856 homologuant le concordat du 28 février précédent. — Remise de 75 %. — Les 25 % non remis payables en cinq ans, par cinquièmes. — Premier paiement le 1er avril 1857. — N° du Greffe 12,730.

MUSSARD, Eugène, *loueur de voitures, à Passy*. — Jugement du 13 décembre 1854 homologuant le concordat du 28 novembre précédent. — Remise de 82 %. — Les 18 % non remis payables au moyen de l'actif abandonné, dans le mois de l'homologation, et la différence en quatre ans, par quarts, d'année en année, pour le premier paiement avoir lieu le 1er décembre 1855. — M. Crampel, répartiteur. — N° du Greffe 11,871.

MUSSAU, *cafetier, rue St-Honoré*, 155. — Jugement du 5 juillet 1861 homologuant le concordat du 11 mai 1861. — Remise de 85 %. — Les 15 % non remis payables en cinq ans, par cinquièmes, de l'homologation. — N° du Greffe 16,319.

MUTET, Joseph, *tailleur, boulevard Beaumarchais*, 5. — Jugement du 18 juin 1850 homologuant le concordat du 3 juin 1850. — Remise de 75 % en principal, intérêts et frais. — Les 25 % non remis payables en 20 mois, par quarts, les 3 septembre 1850, 3 mars et 3 septembre 1851 et 3 février 1852. — Obligation solidaire, par Jules Mutet, rue du Port-Royal, 18, au paiement des 25 % ci-dessus. — N° du Greffe 9,359.

MUTET fils, Eugène, *tailleur, rue du Faubourg-Montmartre*, 6. — Jugement du 10 mars 1856 homologuant le concordat du 23 février précédent. — Remise de 75 %. — Les 25 % non remis payables, par cinquièmes, dans 6 mois, un, deux, trois et quatre ans de l'homologation — N° du Greffe 12,740.

N

NANCLUSE, Louis-Nicolas, *marchand de vins, à Batignolles*. — Jugement du 21 juin 1859 homologuant le concordat du 7 du même mois. — Obligation de payer l'intégralité des créances en dix ans, à raison de 10 % par an, du jour du concordat. — N° du Greffe 14,911.

NANIN, *aubergiste, à Petit-Colombes*. — Concordat du 26 novembre 1849 qualifiant faillite.

NAPIAS-PIQUET, Claude-Dominique, *négociant en terrains, quai de la Grève*, 2. — Jugement du 5 juillet 1859 homologuant le concordat du 20 juin 1859. — Obligation de payer l'intégralité des créances en dix ans, par dixièmes, du jour de l'homologation. — N° du Greffe 15,170.

NASSIET, Mathieu, *fabricant de lits en fer, rue Rambuteau*, 35, *et rue Neuve-Saint-Denis*, 42. — Jugement du 28 janvier 1852 homologuant le concordat du 15 décembre 1852. — Remise de 75 %. — Les 25 % non remis payables en quatre ans, par quarts, pour le premier paiement avoir lieu le 1er décembre 1852. — N° du Greffe 9,815.

NASSIET-BOURRUT sieur et dame, Mathieu, *fabricant de lits en fer, rue de Rambuteau*, 35, *et actuellement rue Neuve-Saint-Denis*, 42. — Jugement du 19 janvier 1852 homologuant le concordat du 22 décembre 1851. — Remise de 75 %. — Les 25 % non remis payables par quarts, en quatre ans, par les époux Nassiet, solidairement, pour le premier paiement avoir lieu le 22 décembre 1852. — N° du Greffe 9,815.

NAU, dame **PIERRES**, Stéphanie, *marchande de confections, rue Brongniart*, 2. — Jugement du 6 juin 1859 homologuant le concordat du 4 mai 1859. — Remise de 70 %. — Les 30 % non remis payables, sans intérêts, en quatre ans, savoir : 5 % un an après l'homologation, 5 % un an après le premier paiement, 10 % à pareille époque des années suivantes. — N° du Greffe 15,701.

NAUD, François, *cafetier, rue de Vaugirard*, 95. — Jugement du 17 juin 1861 homologuant le concordat du 30 mai 1861. — Remise de 60 %. — Les 40 % non remis payables en cinq ans, par cinquièmes, du 1er juillet. — N° du Greffe 17,906.

NAUDE, dame **BOCHET-MÉRAUD**, Joséphine, *lingère, boulevard St-Martin*, 47. — Voir : BOCHET-MÉRAUD. — N° du Greffe 11,249.

NAUDIN fils, François, *négociant en vins, rue de Chabrol*, 19. — Jugement du 16 janvier 1855 homologuant le concordat du 26 décembre 1854. — Remise de 60 %. — Les 40 % non remis payables en quatre ans, par quarts, d'année en année, pour le premier paiement avoir lieu le 31 janvier 1856. — Mme Naudin, caution des deux derniers dividendes. — N° du Greffe 11,915.

NAUDIN, Louis, *peintre en bâtiments, rue du Dragon*, 15. — Jugement du 10 octobre 1850 homologuant le concordat du 3 septembre 1850. — Obligation de payer 15 % sur la totalité des créances, par tiers, savoir : 5 % le 30 septembre des années 1851, 1852 et 1853. — N° du Greffe 9,483.

NAURAS, *marchand de coton, rue Aux-Ours*, 54. — Concordat du 7 mai 1849. — N° du Greffe 320.

NAVEAU, Louis, *tenant hôtel meublé, cour Boni*, 7. — Jugement du 27 mai 1861 homologuant le concordat du 14 du même mois. — Remise de 70 %. — Les 30 % non remis payables en cinq ans, par cinquièmes, du 15 juin. — N° du Greffe 18,050.

NAVET, Louis-Victor-Léonard, de la société BERTIN-NAVET et Ce, *entrepreneur pour les réparations des toitures, rue Saint-Louis-au-Marais*, 89. — Voir : BERTIN-NAVET et Ce. — Nos du Greffe 11,227 et 12,542.

NEBOUT, Louis, *tailleur et parfumeur, passage du Grand-Cerf*, 38 *et* 40. — Jugement du 21 novembre 1859 homologuant le concordat du 10 du même mois. — Remise de 70 %. — Les 30 % non remis payables, sans intérêts, en cinq ans, par cinquièmes, du concordat. — N° du Greffe 16,192.

NECKARSULMER-SIÉGFRIED, *marchand de dentelles, rue de Mulhouse*, 7. — Jugement du 13 novembre 1862 homologuant le concordat du 24 octobre 1862. — Abandon de l'actif. — Obligation, en outre, de payer 30 % en cinq ans, par cinquièmes, du jour de l'homologation. — M. Beaufour, commissaire. — N° du Greffe 16,743.

NÉRAT dame, Alcide, *fabricante de corsets, passage du Grand-Cerf*, 29. — Jugement du 13 novembre 1861 homologuant le concordat du 18 octobre 1861. — Remise de 50 %. — Les 50 % non remis payables en cinq ans, par cinquièmes, du jour de l'homologation. — N° du Greffe 18,592.

NÉRINI, Jean-Barthélemy, *ex-limonadier, rue Vieille-du-Temple*, 127, *et ci-devant rue des Filles-du-Calvaire*, 4. — Jugement du 18 novembre 1858 homologuant le concordat du 27 octobre 1858. — Abandon de l'actif. — Obligation, en outre, de payer 5 % en six ans, par sixièmes, sans intérêts. — Le premier paiement dix-huit mois après l'homologation. — M. Filleul, commissaire. — N° du Greffe 15,136.

NERMEL, dit **MARLY**, Louis-Jean, *entrepreneur de bains publics, à Boulogne*. — Jugement du 23 décembre 1850 homologuant le concordat du 13 du même mois. — Remise des intérêts et frais non admis, et de 80 % sur le capital. — Les 20 % non remis payables par cinquièmes, d'année en année. — Le premier paiement le 13 décembre 1852. — N° du Greffe 9,623.

NÉRON, Mathias, *épicier, rue de Jouy*, 8 *et* 10. — Jugement du 7 août 1861 homologuant le concordat du 3 juillet 1861. — Remise de 52 %. — Les 48 % non remis payables en six ans de ce jour, savoir : 4 % le 3 janvier et le 3 juillet prochain, et ainsi de suite, de six mois en six mois. — N° du Greffe 18,223.

NERVET et Cie, Xavier, *marchands de nouveautés, Grande-Rue*, 71, *à la Chapelle-St-Denis*. — Jugement du 13 décembre 1852 homologuant le concordat du 20 novembre 1852. — Remise de 50 % en principal, intérêts et frais. — Les 50 % non remis payables en cinq ans, par fractions de 5 %, payables de six mois en six mois. — Le premier paiement dans six mois, du jour du concordat, et ainsi de suite. — N° du Greffe 10,499.

NESSI, Joseph, *entrepreneur de fumisterie, Grande-Rue de Batignolles*, 51. — Jugement du 28 janvier 1862 homologuant le concordat du 27 décembre 1861. — Remise de 80 %. — Les 20 % non remis payables en quatre ans, par quarts, du 15 janvier. — N° du Greffe 18,453.

NESTLE, Jean-Georges, *nourrisseur, à Clichy-la-Garenne*. — Jugement du 13 mai 1853 homologuant le concordat du 21 avril 1853. — Remise de 85 %. — Les 15 % non remis payables : 5 % un mois après la reddition de compte du syndic, 5 % dans un an, 5 % dans deux ans, du jour du concordat. — M. Millet, commissaire. — N° du Greffe 10,731.

NETTER, Lazare, *ex-limonadier, rue St-Antoine*, 116. — Jugement du 9 juillet 1860 homologuant le concordat du 5 juin 1860. — Abandon de l'actif. — Obligation, en outre, de payer 10 % en quatre ans, par quarts, du jour du concordat. — M. Lamoureux, commissaire. — N° du Greffe 16,941.

NEUBURGER, Henri, *fabricant d'allumettes chimiques, rue de Nemours*, 25. — Jugement du 4 septembre 1854 homologuant le concordat du 18 août 1854. — Remise de 80 %. — Les 20 % non remis payables, sans intérêts, en quatre ans, par quarts, d'année en année. — Le premier paiement dans un an du jour du concordat. — N° du Greffe 11,540.

NEUHAUS, Joseph, *restaurateur, rue Beaujolais*, 15. — Jugement du 22 juillet 1858 homologuant le concordat du 10 juillet 1858. — Abandon de l'actif. — M. Heurtey, commissaire. — N° du Greffe 14,695.

NEUVILLE, Pierre-François, *boulanger, rue des Montagnes*, 47, *à Belleville*. — Jugement du 3 octobre 1856 homologuant le concordat du 2 juillet 1856. — Remise de 50 %. — Les 50 % non remis payables en cinq ans, par cinquièmes, d'année en année — Le premier paiement le 31 juillet 1857. — N° du Greffe 12,992.

NEVEU et sœur, Jules-Alexis, personnellement, *lingerie, rue Neuve-des-Capucines*, 22. — Jugement du 11 juillet 1856 homologuant le concordat du 23 juin précédent. — Remise de 98 %. — Les 2 % non remis payables en quatre ans, par quarts, d'année en année. — Le premier paiement fin juin 1857. — N° du Greffe 13,025.

NEVEU aîné, de la société CAUVIN, *rue des Juifs*. — Concordat du 27 novembre 1856. — Voir : Cauvin. — N° du Greffe 13,153.

NEVEU, Justine-Anne, de la société NEVEU et sœur (personnellement) *lingerie, rue Neuve-des-Capucines*, 22. — Jugement du 11 juillet 1856 homologuant le concordat du 23 juin précédent. — Remise de 95 %. — Les 5 % non remis payables en cinq ans, par cinquièmes, d'année en année. — Le premier paiement fin juin 1857. — N° du Greffe 13,025.

NEYRAUD, Charles, *maître de lavoir, à Montrouge*. — Jugement du 12 mars 1862 homologuant le concordat du 14 février 1862. — Remise de 80 %. — Les 20 % non remis payables en trois ans, par tiers, de l'homologation. — N° du Greffe 15,108.

NIARD-BARRELLIER et Cie, *entrepreneurs de constructions, boulevard Beaumarchais*, 42. — Voir : BARRELLIER-NIARD et Cie. — N° du Greffe 9,507.

NIARD, Pierre-Dominique, de la société BARRELLIER, *boulevard Beaumarchais*, 42. — Voir : BARRELLIER-NIARD et Cie. — N° du Greffe 9,514.

NIATEL, Ferdinand-Alexandre, *négociant, rue des Fourreurs*, 7. — Jugement du 29 avril 1853 homologuant le concordat du 15 du même mois. — Remise de 80 %. — Les 20 % non remis payables dans les six mois du concordat. — Affectation de marchandises, sommes et créances, au paiement des dividendes. — M. Duval, commissaire. — N° du Greffe 10,734.

NIAU, Joseph-François, *marchand de vaches, à Bagnolet*. — Jugement du 8 mars 1858 homologuant le concordat du 26 février 1858. — Remise de 75 %. — Les 25 % non remis payables, savoir : 5 % comptant, 5 % fin août 1858, 3 % 1er février 1859, 3 % 1er février 1860, 3 % 1er février 1861 et 2 % le 31 août des dites années. — N° du Greffe 14,446.

NICAISE, Alexis-Emmanuel, *négociant en vins et charbons, à la Villette*. — Jugement du 5 septembre 1855 homologuant le concordat du 22 août 1855. — Remise de 85 %. — Les 15 % non remis payables en trois ans, par tiers, d'année en année, à partir du jour de l'homologation. — N° du Greffe 12,416.

NICAULE, Amédée-Hippolyte, *banquier, rue Jocquelet*, 11. — Jugement du 13 avril 1860 homologuant le concordat du 38 février 1860. — Remise de 50 %. — Les 50 % non remis payables, savoir : 22 % comptant, et le surplus en sept ans, par septièmes, du 1er mars. — N° du Greffe 15,006.

NICK, Antoine, *coffretier, rue Saint-Denis*, 374. — Jugement du 29 août 1857 homologuant le concordat du 17 du même mois. — Abandon de l'actif énoncé au concordat. — M. Devin, commissaire. — N° du Greffe 13,917.

NICOLAIS, André, *négociant mécanicien, rue Traverse*, 21 *et* 23. — Jugement du 28 novembre 1856 homologuant le concordat du 13 novembre 1856. — Obligation de payer aux créanciers le montant des créances en principal, intérêts et frais, en dix ans, par dixièmes, d'année en année, pour le premier paiement avoir lieu le 1er janvier 1858. — — N° du Greffe 13,359.

NICOLAS, Jean, *marchand de bois et charbons, rue Truffaut*, 37, *à Batignolles*. — Jugement du 7 août 1854 homologuant le concordat du 18 juillet 1854. — Remise de 75 %. — Les 25 % non remis payables par moitiés, le 1er août des années 1855 et 1856. — M. Jean Nicolas, caution. — N° du Greffe 11,213.

NICOLAS, Isidore, *fabricant de porte-monnaies, rue Chapon*, 9. — Jugement du 24 octobre 1855 homologuant le concordat du 8 du même mois. — Remise de 90 %. — Les 10 % non remis payables en cinq ans, par cinquièmes, d'année en année, pour le premier paiement avoir lieu le 30 septembre 1856. — N° du Greffe 12,099.

NICOLAS dame, André, *limonadière, avenue des Ternes*, 21. — Jugement du 10 mai 1860 homologuant le concordat du 23 avril 1860. — Remise de 40 %. — Les 60 % non remis payables, sans intérêts, en cinq ans, par cinquièmes, du 1er avril. — N° du Greffe 16,776.

NICOLAS, Elisée-Charles-Hilarion, *entrepreneur d'écritures, rue Montpensier*, 47. — Jugement du 4 juillet 1862 homologuant le concordat du 18 juin 1862. — Remise de 80 %. — Les 20 % non remis payables en cinq ans, par cinquièmes, du concordat. — N° du Greffe 19,639.

NICOLET, Pierre, *charron, rue Croix-Nivert*, 25, *à Grenelle*. — Jugement du 5 janvier 1857 homologuant le concordat du 13 décembre 1856. — Remise de 75 %. — Les 25 % non remis payables en cinq ans, par cinquièmes, d'année en année. — Le premier paiement le 1er janvier 1858. — N° du Greffe 13,429.

NICOLET, Jean-Ernest-Désiré, *marchand de gants, rue de Rivoli*, 69. — Jugement du 2 novembre 1859 homologuant le concordat du 20 octobre 1859. — Abandon de l'actif énoncé au concordat. — Obligation, en outre, de payer 5 % des créances en cinq ans, par cinquièmes, de l'homologation. — Beaufour, commissaire. — N° du Greffe 16,245.

NICOLLE demoiselle, Marie-Amable, *modiste, rue du Faubourg-St-Honoré*, 56. — Jugement du 9 juillet 1861 homologuant le concordat du 25 juin 1861. — Remise de 90 %. — Les 10 % non remis payables en cinq ans, par cinquièmes, de l'homologation. — N° du Greffe 18,131.

NICOLLE, Eugène, *restaurateur, passage Jouffroy*, 46. — Jugement du 14 mars 1854 homologuant le concordat du 24 février 1853. — Remise de 80 %. — Les 20 % non remis payables en quatre ans, par quarts, fin mars des années 1854 et suivantes. — M. Thomas, commissaire. — — N° du Greffe 10,730.

NICOLLE, Jean-Amédée, *épicier, rue de la Paix*, 23. — Jugement du 19 mai 1852 homologuant le concordat du 3 du même mois. — Remise de tous intérêts et frais et de 95 %. — Les 5 % non remis payables en cinq ans, par cinquièmes. — Le premier paiement le 31 mars 1853. — N° du Greffe 10,307.

NIEDERHÆFER, Jean, *boulanger, Grande-Rue*, 10, *à la Chapelle*. — Jugement du 22 novembre 1861 homologuant le concordat du 11 novembre 1861. — Remise de 60 %. — Les 40 % non remis payables en cinq ans, par cinquièmes, du concordat. — N° du Greffe 18,501.

NIEL, Jacques, *marchand de nouveautés, route d'Orléans*, 10, *à Montrouge*. — Jugement du 16 juillet 1855 homologuant le concordat du 5 juin 1855. — Abandon de tout l'actif. — Crampel, commissaire. — N° du Greffe 12,162.

NIÈLES frères, société, François-Dominique et Jean-Charles, *limonadiers, rue St-Denis*, 370. — Jugement du 19 novembre 1861 homologuant le concordat du 25 septembre 1861. — Remise de 88 %. — Les 12 % non remis payables en trois ans, en deux paiements égaux qui auront lieu à l'expiration de la deuxième et de la troisième année. — N° du Greffe 18,181.

NILLES ou **NILLET**, Jean, *layetier-emballeur, rue d'Allemagne*, 106, *à la Villette*. — Jugement du 10 avril 1862 homologuant le concordat du 26 mars 1862. — Remise de 60 %. — Abandon de l'actif énoncé au concordat. — Obligation de compléter 40 % en cinq ans, par cinquièmes, de l'homologation. — N° du Greffe 19,429.

NIOT, femme LIÉTOUT, Eugénie-Louise, *commerce de dentelles, rue du Faubourg-St-Honoré*, 14. — Jugement du 12 février 1858 homologuant le concordat du 26 janvier 1858. — Remise de 80 %. — Les 20 % non remis payables, par cinquièmes, d'année en année, de l'homologation. — M. Liétout et madame veuve Niot, cautions. — N° du Greffe 14,361.

NIVET et **PICARD**, société, Louis-Antoine, *marchand de nouveautés, rue Jacob*, 1. — Jugement du 20 octobre 1856 homologuant le concordat du 25 août 1856. — Remise de 95 %. — Les 5 % non remis payables en trois ans, par tiers, d'année en année. — Le premier paiement fin août 1857. — N° du Greffe 12,570.

NIVET, Théodore-Almazie, *mercier, rue Neuve-d'Orléans*, 57, *à Montrouge*. — Jugement du 23 juillet 1861 homologuant le concordat du 27 juin 1861. — Obligation de payer l'intégralité des créances, en dix-huit paiements, de six mois en six mois, du 1er juillet. — N° du Greffe 18,171.

NIVET, personnellement, Louis-Antoine, *marchand de nouveautés, rue Jacob*, 1. — Voir : NIVET et PICARD. — N° du Greffe 12,570.

NOAILLE, Joseph, *commerce de toiles vernis, petite rue St-Denis*, 17. — Jugement du 19 mai 1860 homologuant le concordat du 4 mai 1860. — Remise de 80 %. — Les 20 % non remis payables : 8 % dans deux mois de l'homologation, 3 % un an après, et ainsi de suite, d'année en année. — N° du Greffe 16,668.

NOCUS, société NOCUS, père et fils, Jean-Baptiste-Édouard et Joseph, *fabricants de cristaux, à St-Mandé*. — Jugement du 31 mars 1857 homologuant le concordat du 19 du même mois. — Obligation de payer l'intégralité, savoir : 12 1/2 % le 30 septembre prochain, le 31 mars, le 30 septembre 1858 et 31 mars 1859, 25 % le 31 décembre 1859 et 31 septembre 1860, sans intérêts. — N° du Greffe 13,668.

NOÉ, *marchand de confections, rue Vieille-du-Temple*, 17, *et ci-devant rue St-Martin*, 118. — Jugement du 3 mai 1858 homologuant le concordat du 19 avril 1858. — Remise des intérêts et frais non admis et de 55 %. — Les 45 % non remis payables en quatre années et demie, de six mois en six mois, par fractions de 5 %, de l'homologation. — N° du Greffe 14,552.

NOËL, François-Émile, *linger, rue Montmartre*, 158 ou 160. — Jugement du 3 février 1852 homologuant le concordat du 19 janvier 1852. — Remise de tous intérêts et frais et de 80 % du capital. — Les 20 % non remis payables en quatre ans, par quarts. — Le premier paiement le 15 mars 1853. — N° du Greffe 9,985.

NOËL, société veuve COUNE et NOEL, Hector, *mosaïste, rue de Marengo*, 6, *et rue du Dragon*, 19. — Voir : COUNE et NOEL. — N° du Greffe 16,709.

NOËL, société NOEL, père et fils, Jacques-Étienne et Auguste, *entrepreneurs de bâtiments, rue Rambuteau*, 22. — Jugement du 8 décembre 1852 homologuant le concordat du 2 septembre 1852. — Abandon de l'actif énoncé au concordat. — Huet, commissaire. — N° du Greffe 10,433.

NOËL, François-Alexandre, *grainetier, rue de Viarmes*, 21. — Jugement du 29 avril 1853 homologuant le concordat du 30 mars 1853. — Remise de 70 %. — Les 30 % non remis payables en cinq ans, par cinquièmes, d'année en année. — Le premier paiement le 1er juillet 1854. — N° du Greffe 11,765.

NOËL dame veuve, François, *mercière, rue du Jardinet*, 11. — Jugement du 11 janvier 1858 homologuant le concordat du 24 décembre 1857. — Remise de 80 %. — Les 20 % non remis payables, sans intérêts, 6 % dans un an et deux ans, et 8 % dans trois ans, de l'homologation. — N° du Greffe 14,184.

NOËL et BENOIT, société, Jean-Baptiste, *commerce de rubans et de modes, rue du Marché-St-Germain*, 4, 9, 23, 28, *et rue Fleurus*, 23. — Jugement du 7 mars 1855 homologuant le concordat du 19 février 1855. — Remise de 65 %. — Les 35 % non remis payables en cinq ans, par cinquièmes, d'année en année. — Le 1er paiement dans un an de l'homologation. — N° du Greffe 12,062.

OËL, Pierre-Jean-Désiré, *boulanger, rue des Vertus*, 5. — Jugement du 24 juin 1861 homologuant le concordat du 11 juin 1861. — Remise de 70 %. — Les 30 % non remis payables en six ans, par sixièmes, de l'homologation, sans intérêts. — N° du Greffe 16,160.

NOIRÉ, Jean-Nicolas, *commerce de bois des îles, rue du Roi-de-Sicile*, 36. — Jugement du 28 décembre 1860 homologuant le concordat du 15 décembre 1860. — Remise de 83 %. — Les 17 % non remis payables : 13 % comptant, et 4 % dans un an, de l'homologation. — N° du Greffe 16,672.

NOLET, Charles-Blaise, *libraire, passage du Commerce*, 3. — Jugement du 14 décembre 1855 homologuant le concordat du 30 novembre précédent. — Remise de 75 %. — Les 25 % non remis payables en cinq ans, par cinquièmes, d'année en année. — Le 1er paiement le 31 décembre 1856. — N° du Greffe 12,530.

NOLET dame, *limonadière, rue de la Gaieté*, 28. — Jugement du 9 juillet 1861 homologuant le concordat du 24 juin 1861. — Remise de 80 %. — Les 20 % non remis payables en cinq ans, par cinquièmes, de l'homologation. — N° du Greffe 16,055.

NOLL, Armand, *limonadier, rue de Paris*, 48, *à Belleville*. — Jugement du 16 septembre 1862 homologuant le concordat du 31 juillet 1862. — Remise de 75 %. — Les 25 % non remis payables en cinq ans, par cinquièmes, du 31 août. — N° du Greffe 19,768.

NORET et MALET, société, *directeur des marionnettes vénitiennes, place St-Pierre, à Montmartre*. — Voir : MALET. — N° du Greffe 16,459.

NORMAND, *épicier, rue Ste-Opportune*, 7. — Jugement du 21 août 1849 qualifiant faillite. — N° du Greffe 327.

NORTH demoiselle, Fanny, *marchande de lingerie, rue St-Roch*, 25. — Jugement du 30 janvier 1860 homologuant le concordat du 18 janvier 1860. — Remise de 80 %. — Les 20 % non remis payables : 6 % dans un an, et 7 % dans deux et trois ans du concordat. — N° du Greffe 16,534.

NOTRE, Auguste, *maréchal et charron, à Vanves*. — Jugement du 24 août 1853 homologuant le concordat du 1er août 1853. — Remise de 90 %. — Les 10 % non remis payables en cinq ans, par cinquièmes. — Le premier paiement le 1er août 1855. — N° du Greffe 10,894.

NOTTELLE, Victor, *bonneterie, rue des Déchargeurs*, 5. — Jugement du 10 juin 1859 homologuant le concordat du 31 mai 1859. — Remise de 70 %. — Les 30 % non remis payables en cinq ans, par cinquièmes, du concordat. — N° du Greffe 15,827.

NOTTRE ou NOTTRÉ, Louis-François, *nourrisseur, rue Marcadet*, 56. — Jugement du 10 octobre 1861 homologuant le concordat du 18 septembre 1861. — Remise de 80 %. — Les 20 % non remis payables, sans intérêts, en cinq ans, par cinquièmes, du jour de la reddition de compte. — N° du Greffe 18,573.

NOUL, Jean-Baptiste, *cafetier, rue du Faubourg-St-Denis*, 159. — Jugement du 29 février 1856 homologuant le concordat du 28 du même mois. — Remise de 50 %. — Les 50 % non remis payables en cinq ans, par cinquièmes, d'année en année, du jour du concordat. — N° du Greffe 12,758.

NOULIN, Adrien, *plâtrier, à Pantin*. — Jugement du 2 juin 1857 homologuant le concordat du 7 mai 1857. — Remise de 70 %. — Les 30 % non remis payables en cinq ans, par cinquièmes, d'année en année, du jour du concordat. — N° du Greffe 15,746.

NOURTIER veuve, Louis, François de Paule, *commissionnaire, rue Caumartin*, 37. — Jugement du 20 décembre 1854 homologuant le concordat du 30 novembre 1854. — Remise de 80 %. — Les 20 % non remis payables au moyen de l'actif abandonné. — Au cas d'insuffisance d'actif, obligation par madame veuve Nourtier de parfaire les 20 % dans le délai d'un an après la liquidation. — Abandon, à titre de garantie, de ses droits, dans les exploitations énoncées au concordat. — Lefrançois, commissaire. — N° du Greffe 11,598.

NOVION, Auguste, *grainetier, à Batignolles*. — Jugement du 3 octobre 1851 homologuant le concordat du 19 septembre 1851. — Remise de 90 %. — Les 10 % non remis payables : 5 % dans la huitaine de l'homologation, et 5 % dans six mois, de l'homologation. — N° du Greffe 9,864.

NUBLAT, Jean-Baptiste, *charpentier échafaudeur, rue Feydeau*, 24. — Jugement du 23 juin 1862 homologuant le concordat du 7 juin 1862. — Remise de 85 %. — Les 15 % non remis payables en cinq ans, par cinquièmes, du 1er juin. — N° du Greffe 19,626.

NUGENT (de), Désiré-Mathurin, *photographe, rue St-Denis*, 311. — Jugement du 6 janvier 1862 homologuant le concordat du 13 décembre 1861. — Abandon de l'actif énoncé au concordat. — Devin, syndic. — N° du Greffe 17,998.

NUNÈS, Jules, *ex-marchand de comestibles, rue Bellefond*, 32. — Jugement du 24 octobre 1861 homologuant le concordat du 4 octobre 1861. — Remise de 70 %. — Les 30 % non remis payables en trois ans, par tiers, du 1er novembre. — N° du Greffe 18,553.

NUSBAUMER et Cie, personnellement, Adolphe-Rupert, *limonadier, rue du Faubourg-St-Martin*, 18. — Jugement du 11 novembre 1853 homologuant le concordat du 10 octobre 1853. — Obligation de payer 15 % : 5 % dans la huitaine de l'homologation, 5 % le 15 octobre 1854, 5 % le 15 octobre 1855. — Remise du surplus des créances, sous réserve des droits des créanciers dans l'actif social. — N° du Greffe 10,674.

O

OBERDOERFFER, Mathieu-Adolphe, *bijoutier, rue St-Martin*, 36. — Jugement du 13 mars 1851 homologuant le concordat passé le 3 mars 1851. — Remise de 90 % du capital et de l'intégralité des intérêts et frais. — Les 10 % non remis payables en cinq ans, par cinquièmes, les 1er mars 1852, 1853 et suivants. — N° du Greffe 9,475.

OBÈS, Jean, *tailleur, rue du Temple*, 28. — Jugement du 24 juillet 1860 homologuant le concordat du 4 juillet 1860. — Remise de 60 %. — Les 40 % non remis payables : 10 % dans deux ans du concordat, 30 % dans trois ans, par tiers, du concordat. — N° du Greffe 16,980.

OBRY, Amedée-Jean, de la société BASSIÉ, *petite rue Pierre-Amelot*, 84. — Voir : BASSIÉ. — N° du Greffe 14,604.

ODIER, James, *ex-banquier, rue de Londres*, 29. — Jugement du 3 mars 1860 homologuant le concordat du 21 avril 1860. — Abandon de l'actif énoncé au concordat. — N° du Greffe 15,573.

OLIVEIRA, (d'), Thomas-Antoine, *commissionnaire, boulevard Beaumarchais*, 72. — Jugement du 4 mars 1859 homologuant le concordat du 19 février 1859. — Abandon de l'actif énoncé au concordat et obligation de payer 10 % en cinq ans, par cinquièmes, du 1er mars. — N° du Greffe 15,151.

OLIVIER, Denis-François, *marchand de bois, à la Villette*. — Jugement du 16 février 1859 homologuant le concordat du 31 janvier 1859. — Remise de 90 %. — Les 10 % non remis payables en quatre ans, par quarts, de l'homologation. — N° du Greffe 15,417.

OLIVIER, Edouard, *bonnetier, boulevard des Filles-du-Calvaire*, 26. — Jugement du 9 janvier 1857 homologuant le concordat du 3 novembre 1856. — Remise de 60 %. — Les 40 % non remis payables dans les trois mois de l'homologation. — N° du Greffe 13,134.

OLIVIER, *entrepreneur de menuiserie, rue Neuve-Coquenard, impasse de l'École*, 5. — Jugement du 5 février 1861 homologuant le concordat du 16 janvier 1861. — Abandon de l'actif énoncé au concordat. — N° du Greffe 17,618.

OLIVIER, Désiré, *marchand épicier, à la Chapelle-St-Denis*. — Jugement du 21 juillet 1856 homologuant le concordat du 2 du dit mois. — Remise de 70 %. — Les 30 % non remis payables en trois ans, par tiers, d'année en année. — Premier paiement, fin juillet 1857. — N° du Greffe 13,130.

OLIVIER veuve, Elisa SERVET, *maîtresse d'hôtel, rue de l'Arcade*, 13. — Jugement du 14 février 1859 homologuant le concordat du 3 février 1859. — Remise de 50 %. — Les 50 % non remis payables dans les trois mois de l'homologation. — N° du Greffe, 15,508.

OLLAGNIER, Edouard-Jean-Baptiste, *fabricant de produits chimiques, rue du Faubourg-St-Antoine*, 9. — Jugement du 7 juillet 1862 homologuant le concordat du 23 juin 1862. — Remise de 75 %. — Les 25 % non remis payables : d'abord au moyen de l'actif abandonné au concordat, et la différence en quatre ans, par quarts, du 1er juin 1865. — N° du Greffe 19,415.

OLLIER, Léon, *ancien mercier, rue St-Martin*, 155. — Jugement du 11 août 1854 homologuant le concordat du 3 juillet 1854. — Remise de 75 %. — Les 25 % non remis payables en cinq ans, par cinquièmes, d'année en année. — Le premier paiement le 1er juillet 1855. — N° du Greffe 11,409.

OLLIVIER, Fulgence, *parfumeur, passage Jouffroy*, 12. — Jugement du 9 octobre 1854 homologuant le concordat du 23 septembre 1854. — Abandon de tout l'actif et obligation de payer 2 % en deux ans, par quarts, de six mois en six mois. — Premier paiement à partir de un an après l'homologation. — N° du Greffe 11,562.

OMBREDAME ou **OMBREDANE**, Louis-François, *charron, à Grenelle, rue Letellier*, 25. — Jugement du 11 mars 1862 homologuant le concordat du 10 janvier 1862. — Remise de 80 %. — Les 20 % non remis payables, sans intérêts, en quatre ans, par quarts, de l'homologation. — N° du Greffe 18,842.

OORTMAN, Alexandre-Louis, de la société SCHMIDT, *négociant, rue des Singes*, 7. — Voir : SCHMIDT. — N° du Greffe 17,051.

OPIGEZ, personnellement, de la compagnie CITRON, *rue des Marais-St-Martin*, 91. — Jugement du 22 avril 1856 homologuant le concordat du 28 janvier 1856. — Abandon d'un brevet énoncé au concordat ; au cas où la vente du brevet ne produirait pas 5 %, obligation de parfaire, par moitiés, dans deux et trois ans de l'homologation. — N° du Greffe 18,502.

O'REILLY, Robert-Richard, *ancien négociant-éditeur, rue Montholon*, 32. — Jugement du 20 novembre 1853 homologuant le concordat du 26 octobre 1853. — Remise de 90 %. — Les 10 % non remis payables en cinq ans, par cinquièmes, du jour du concordat. — N° du Greffe 10,914.

ORGIBET, Adolphe, *menuisier, à Passy*. — Jugement du 9 juillet 1849 homologuant son concordat. — N° du Greffe 303.

ORIOT, Amand, *limonadier, boulevard St-Martin*, 1. — Jugement du 11 août 1851 homologuant le concordat du 15 juillet 1851. — Remise des intérêts et frais non admis et de 40 %. — Les 60 % non remis payables en douze ans, à raison de 2 1/2 %, de six mois en six mois, pour le premier paiement avoir lieu le 1er mars 1852, le deuxième le 1er septembre suivant, et ainsi de suite. — Touré père et Maréchal, commissaires. — N° du Greffe 9,856.

ORIOT, Eugène, *limonadier, boulevard Beaumarchais*, 70. — Jugement du 17 septembre 1858 homologuant le concordat du 7 août 1858. — Remise de 60 %. — Les 40 % non remis payables en quatre ans, par quarts, du 1er août. — N° du Greffe 14,801.

ORRY, Charles-Henri, *courtier d'assurances, rue Laffitte*, 27. — Jugement du 23 décembre 1858 homologuant le concordat du 8 du même mois. — Remise de 50 %. — Les 50 % non remis payables, sans intérêts : 20 % dans un an de l'homologation, 15 % dans deux ans de l'homologation, et 15 % dans trois ans de l'homologation. — N° du Greffe 15,307.

OSSELIN, François-Adolphe, *négociant en papiers peints, rue de la Monnaie*, 2. — Jugement du 18 juillet 1853 homologuant le concordat du 30 juin 1853. — Remise de 70 %. — Les 30 % non remis payables en quatre ans, par quarts, pour le premier paiement avoir lieu le 1er juillet 1854. — N° du Greffe 10,823.

OSVALD, Jean-François, *loueur de voitures, rue de Constantine*, 63, *à la Chapelle*. — Jugement du 19 octobre 1858 homologuant le concordat du 5 du même mois. — Abandon de l'actif. — Obligation de payer 5 % en deux ans, par moitiés, du concordat. — N° du Greffe 16,067.

OTTEVAERE, César, *menuisier, rue des Marais-St-Martin*, 79. — Jugement du 18 novembre 1861 homologuant le concordat du 5 du même mois. — Remise de 50 %. — Les 50 % non remis payables en trois ans, savoir : 16 fr. 66 % dans un an, 16 fr. 66 % le 1er octobre 1863 et 16 fr. 67 % le 1er octobre 1864. — N° du Greffe 18,760.

OUDIN, Louis, *quincaillier, rue Amelot*, 62. — Jugement du 7 février 1854 homologuant le concordat du 25 novembre 1853. — Remise de 50 %. — Les 50 % non remis payables en cinq ans, par cinquièmes, de six mois en six mois. — Le premier paiement le 1er juillet 1854. — N° du Greffe 11,011.

OUDOIRE, Jean-François, *commissionnaire en fruits, rue Aubry-le-Boucher*, 24. — Jugement du 26 septembre 1862 homologuant le concordat du 10 du même mois. — Remise de 75 %. — Les 25 % non remis payables en cinq ans, par cinquièmes, de l'homologation. — N° du Greffe 19,947.

OULIF, Alexis, *négociant en rubans, rue Neuve-St-Eustache*, 24. — Jugement du 10 septembre 1856 homologuant le concordat du 28 août 1856. — Remise de 82 %. — Les 18 % non remis payables : 10 % par M. Henrionnet, commissaire, et 8 % dans les trois ans de l'homologation. — N° du Greffe 13,203.

OURADON et **DEYRES**, Jacques, *serruriers, rue Buisson-St-Louis*. — Concordat du 26 février 1849. — N° du Greffe 136.

OUVRÉ-NADAL, *négociant, rue de Buffon*, 31. — Jugement du 22 août 1862 homologuant le concordat du 29 juillet 1862. — Remise de 90 %. — Les 10 % non remis payables, sans intérêts, en cinq ans, par cinquièmes, du jour de l'homologation. — N° du Greffe 407.

OUZOU, FRANÇOIS-PRUDENT, *marchand de coton, rue St-Martin*, 229. — Jugement du 26 janvier 1855 homologuant le concordat du 22 décembre 1854. — Remise de 75 %. — Les 25 % non remis payables : 7 % le 20 décembre 1855, 9 % le 20 décembre des années 1856 et 1857. — N° du Greffe 11,772.

OZANNE, ANTOINE-VICTOR, *commissionnaire de roulage, rue du Bouloi*, 25. — Jugement du 14 juillet 1852 homologuant le concordat du 29 juin 1852. — Remise de 85 % en principal, intérêts et frais. — Les 15 % non remis payables en trois ans, par tiers, le 1er septembre des années 1853, 1854 et 1855. — N° du Greffe 10,398.

OZOU de VERRIE et Cie, AUGUSTE, *marbres, rue de Rivoli*, 176. — Jugement du 4 octobre 1858 homologuant le concordat du 10 septembre 1858. — Remise de 60 %. — Les 40 % non remis payables : 5 % dans le mois de l'homologation, 10 % fin octobre des années 1859, 1860 et 1861, 5 % fin octobre 1862. — N° du Greffe 14,569.

P

PADÉ, FLORENTIN, *limonadier, rue Neuve-Ménilmontant*, 1. — Jugement du 2 novembre 1858 homologuant le concordat du 16 octobre 1858. — Remise de 50 %. — Les 50 % non remis payables : 8 % les cinq premières années, 10 % la sixième, de l'homologation. — N° du Greffe 15,102.

PAGÈS, JOSEPH-ANTOINE, *lingerie, rue Vivienne*, 24. — Jugement du 10 septembre 1860 homologuant le concordat du 17 août 1860. — Remise de 85 %. — Les 15 % non remis payables en trois ans, par tiers, du 31 juillet. — N° du Greffe 16,766.

PAGÈS, *négociant, rue de Moscou*, 8. — Jugement du 16 février 1860 homologuant le concordat du 26 décembre 1859. — Remise de 80 %. — Les 20 % non remis payables en quatre ans, par quarts, du concordat. — N° du Greffe 16,397.

PAGET, JEAN-BAPTISTE-MARTIN, *chaudronnerie à Puteaux*. — Arrêt de a Cour de Paris du 25 août 1855 infirmant le jugement du tribunal du 17 avril 1855 et homologuant le concordat du 30 janvier 1855. — Remise de 80 %. — Les 20 % non remis payables en cinq ans, par cinquièmes, du premier février 1856. — N° du Greffe 11,151.

PAHUD, DAVID-HENRY, *commissionnaire en marchandises, boulevard Poissonnière*, 24. — Jugement du 6 février 1855 homologuant le concordat du 24 janvier 1855. — Remise de 80 %. — Les 20 % non remis payables en quatre ans, par quarts. — Le premier paiement, fin décembre prochain. — N° du Greffe 11,862.

PAILHOUX fils, LOUIS-BERNARD, *boulanger, avenue de la République*, 179, *à Neuilly*, — Jugement du 20 décembre 1850 homologuant le concordat du 2 décembre 1850 — Remise de 75 %. — Les 25 % non remis payables en cinq ans, par cinquièmes, le 1er décembre des années 1851, 1852 et suivantes. — N° du Greffe 9,621.

PAILLARD, JULIEN-ALEXANDRE, *marchand de draps, rue des Bourdonnais*. 33. — Jugement du 31 janvier 1861 homologuant le concordat du 22 janvier 1861. — Remise de 75 %. — Les 25 % non remis payables : 10 % comptant qui seront répartis par M. Henrionnet, syndic, dans le mois de l'homologation. — Les 15 % restant en trois ans, par tiers, du concordat. — N° du Greffe 17,598.

PAILLARD, ALEXANDRE-ANDRÉ-FRANÇOIS, *ex-cartonnier, marchand de charbons, rue de Braque*, 10. — Jugement du 8 décembre 1856 homologuant le concordat du 21 novembre 1856. — Remise de 80 %. — Les 20 % non remis payables en quatre ans, d'année en année, du jour de l'homologation. — N° du Greffe 13,369.

PAILLET, JACQUES-DÉSIRÉ, *marchand de vins, à Gentilly*, — Jugement du 18 avril 1854 homologuant le concordat du 29 mars 1854. — Remise de 80 %. — Les 20 % non remis payables par quarts, d'année en année. — Le premier paiement, le 30 septembre 1854. — N° du Greffe 11,297.

PAILLOT, ou **PAILLIOT**, GUSTAVE, *bandagiste, rue Montholon*, 33. — Jugement du 7 juillet 1862 homologuant le concordat du 24 juin 1862. — Remise de 50 %. — Les 50 % non remis payables en cinq ans, par cinquièmes, du concordat. — N° du Greffe 19,824.

PALICARAKI, GEORGES, *négociant commissionnaire, rue d'Enghien*, 19. — Jugement du 6 octobre 1862 homologuant le concordat du 9 septembre 1862. — Abandon de l'actif énoncé au concordat. — Obligation de payer 8 % le lendemain de la date du jugement de l'homologation. — Sautton, maintenu syndic. — M. Kiomuzzoglu, caution, — N° du Greffe 19,051.

PANAYOTY, ANTOINE, *marchand de bois et de cuves, rue du Faubourg-St.-Antoine*, 272. — Jugement du 24 avril 1856 homologuant le concordat du 18 janvier 1856. — Remise de 90 %. Les 10 % non remis payables : 3 % dans un et deux ans, 4 % dans trois ans, à partir du 1er mars prochain. — N° du Greffe 7,724.

PANDELET demoiselle, dite dame **LAFOND**, DÉSIRÉE, *tenant table d'hôte, rue Grange-Batelière*, 34. — Jugement du 30 avril 1851 homologuant le concordat du 18 du dit mois. — Remise de 75 % et de tous intérêts et frais. — Les 25 % non remis payables comptant, dans la huitaine de l'homologation. — N° du Greffe 9,554.

PANDELLÉ dame veuve, ayant fait le commerce sous le nom de THÉODORA FILLIEUX, *modiste, rue du Helder*, 3. — Jugement du 14 mars 1861 homologuant le concordat du 27 février 1861. — Remise de 80 %. — Les 20 % non remis payables en quatre ans, par quarts, du concordat. — N° du Greffe 17,850.

PANIEN demoiselle, JULIE, *marchande de nouveautés, rue Lafayette*, 21 et 23. — Jugement du 4 novembre 1862 homologuant le concordat du 20 octobre 1862. — Remise de 30 %. — Les 70 % non remis payables dans trois ans, de l'homologation : 10 % six mois après l'homologation, 10 % dans un an de l'homologation, 10 % dans dix-huit mois de l'homologation, 10 % dans deux ans de l'homologation, 15 % dans deux ans et demi de l'homologation, et 15 % à l'expiration des trois années de l'homologation. — N° du Greffe 362.

PAPILLON, VICTOR-NOEL, *marchand de vins-traiteur, rue du Faubourg-St-Antoine*, 65. — Jugement du 24 août 1854 homologuant le concordat du 4 du même mois. — Remise de 70 %. — Les 30 % non remis payables : 10 % huit jours après l'homologation, 10 % dans un an, 10 % dans deux ans, de l'homologation. — N° du Greffe 11,494.

PAPIN, EUGÈNE, *boulanger, à Bercy*. — Jugement du 25 avril 1856 homologuant le concordat du 8 avril 1856. — Remise de 60 %. — Les 40 % non remis payables, sans intérêts, savoir : 15 % au moyen de l'actif réalisé, par les soins de M. Pluzanski, commissaire. — La différence par le sieur Papin, dans un an de l'homologation, et 25 % en cinq ans, par cinquièmes, d'année en année. — En cas de restitution d'une somme énoncée au concordat, obligation par le failli d'en faire la répartition jusqu'à due concurrence. — N° du Greffe 12,880.

PAQUENTIN veuve, JOSEPH, *lingère, rue du Faubourg-St-Honoré*, 200 ou 266. — Jugement du 16 mai 1860 homologuant le concordat du 3 mai 1860. — Remise de 80 %. — Les 20 % non remis payables, sans intérêts, en cinq ans, par cinquièmes, de l'homologation. — N° du Greffe 16,816.

PAQUIN et **HAAS**, JACOB, *fabricant de casquettes, rue du Temple*, 46. — Voir : HAAS. — N° du Greffe 12,255.

PAQUIN, JACOB, *fabricant de casquettes, rue du Faubourg-St-Denis*, 39. — Jugement du 4 septembre 1855 homologuant le concordat du 20 août 1855. — Remise de 90 %. — Les 10 % non remis payables en trois ans, savoir : 2 % dans un an, et 4 % dans deux et trois ans de l'homologation. — N° du Greffe 12,345.

PARANT, ANDRÉ-NICOLAS, *boulanger, à Belleville*. — Jugement du 11 mars 1852 homologuant le concordat du 25 février 1852. — Remise de 90 % en principal, intérêts et frais. — Les 10 % non remis payables au moyen de l'actif réalisé, et la différence en deux ans, du concordat. — — N° du Greffe 10,184.

PARAUD, Jean-Baptiste-Gustave, *fabricant de fleurs artificielles, rue du Faubourg-Montmartre*, 117. — Jugement du 24 décembre 1861 homologuant le concordat du 26 novembre 1861. — Remise de 40 %. — Les 60 % non remis payables, en quatre ans, par quarts, du 1er janvier. — N° du Greffe 18,545.

PARDON, Joseph, *négociant en vins, rue de la Lune*, 13. — Jugement du 17 février 1852 homologuant le concordat du 24 décembre 1851. — Remise de 90 % en principal, intérêts et frais. — Les 10 % non remis payables : 3 % le 1er décembre 1852, 3 % le 1er décembre 1853, 4 % le 1er décembre 1854. — N° du Greffe 10,017.

PARDUTZ, Laurent, *tailleur, rue d'Amboise*, 3. — Jugement du 21 octobre 1859 homologuant le concordat du 26 septembre 1859. — Remise de 70 %. — Les 30 % non remis payables, sans intérêts : 3 % dans un an de l'homologation, 3 % six mois après, et ainsi de suite, jusqu'à parfait paiement. — N° du Greffe 15,790.

PARÉ, veuve, née GARNIER, Hortense-Valentine, *commerce de vins et liqueurs, boulevard de Strasbourg*, 29. — Voir : GARNIER, veuve PARÉ. — N° du Greffe 13,783.

PARENT ou **FARANT**, *limonadier, rue du Faubourg-St-Antoine*, 133. — Jugement du 26 février 1861 homologuant le concordat du 19 janvier 1861. — Abandon de l'actif énoncé au concordat. — Obligation de payer 10 % des créances, en trois ans, les deux premiers de 3 %, et le troisième de 4 %, du concordat, sans intérêts. — Hécaen, maintenu syndic. — Madame Parent, caution des 10 %. — N° du Greffe 17,634.

PARIS, veuve, Adolphe, *nouveautés, rue Notre-Dame-des-Victoires*, 16. — Jugement du 8 juin 1854 homologuant le concordat du 17 mai 1854. — Remise de 75 %. — Les 25 % non remis payables : 5 % fin décembre 1854, et 10 % fin décembre des années 1855 et 1856. — N° du Greffe 11,392.

PARIS, Marie-Jean, *entrepreneur de maçonnerie, rue de Bondy*, 80. — Jugement du 31 mai 1859 homologuant le concordat du 11 mai 1859. — Remise de 85 %. — Les 15 % non remis payables en cinq ans, par cinquièmes, de l'homologation. — N° du Greffe 15,525.

PARIS, François, *entrepreneur de maçonnerie, à Courbevoie*. — Jugement du 9 décembre 1859 homologuant le concordat du 22 novembre 1859. — Remise de 60 %. — Les 40 % non remis payables en cinq ans, par cinquièmes, du concordat. — N° du Greffe 16,232.

PARIS, Jacques, *maçon, rue du Vert-Bois*, 22. — Jugement du 31 janvier 1855 homologuant le concordat du 8 janvier 1855. — Remise de 80 %. — Les 20 % non remis payables en quatre ans, par quarts, du concordat. — N° du Greffe 11,840.

PARIS, Jean-Louis-Benjamin, *ex-limonadier, rue de la Bienfaisance*, 51. — Jugement du 10 juin 1856 homologuant le concordat du 14 mai 1856. — Obligation de payer le montant intégral des créances, avec intérêts et frais, en un ou plusieurs paiements, dans le courant des années 1864, 1865, 1866, 1867, 1868 et 1869. — MM. Delton et Auger, commissaires. — N° du Greffe 12,974.

PARIS dame jeune, Auguste-Napoléon, *ex-boulangère, boulevard de Sébastopol*, 9, *et ci-devant rue de Malte*, 32. — Jugement du 14 mai 1858 homologuant le concordat du 30 avril 1858. — Abandon de l'actif énoncé au concordat. — Millet, maintenu syndic. — N° du Greffe 13,513.

PARIS, société HAMM, Louis-Alexandre, *coutelier, rue de l'École-de-Médecine*, 6. — Voir : HAMM. — N° du Greffe 10,785.

PARISOT, Louis-Victor-Théodore, *fabricant de plumeaux, rue Saint-Martin*, 104. — Jugement du 8 octobre 1862 homologuant le concordat du 17 septembre 1862. — Remise de 75 %. — Les 25 % non remis payables en cinq ans, par cinquièmes, de l'homologation. — N° du Greffe 231.

PARISOT et Ce, François, *appareils à gaz, rue du Faubourg-du-Temple*, 7. — Jugement du 14 mars 1856 homologuant le concordat du 7 avril 1855. — Remise de 95 %. — Les 5 % non remis payables le 1er avril 1856. — N° du Greffe 9,991.

PARIZOT, *marchand de vins, traiteur, quai des Tournelles*, 13. — Jugement du 16 avril 1862 homologuant le concordat du 28 mars 1862. — Remise de 40 %. — Les 60 % non remis payables en six ans, par sixièmes, de l'homologation, sans intérêts. — N° du Greffe 19,410.

PARMANTIER veuve, *confectionneuse, rue d'Antin*, 1. — Jugement du 15 avril 1859 homologuant le concordat du 23 mars 1859. — Remise de 75 %. — Les 25 % non remis payables en trois ans, de six mois en six mois, du concordat. — N° du Greffe 15,365.

PARPETET, société CULINE, Nicolas, *mécanicien, rue du Faubourg-Saint-Denis*, 84. — Voir : CULINE. — N° du Greffe 19,022.

PASCAL, Pierre-Alexis-Adolphe, *habillements confectionnés, rue de Richelieu*, 19. — Jugement du 8 novembre 1861 homologuant le concordat du 21 octobre 1861. — Remise de 85 %. — Les 15 % non remis payables, en trois ans, par tiers, de l'homologation. — N° du Greffe 18,563.

PASQUEL, Pierre-Constant, *fabricant de tables, rue du Faubourg-St-Antoine*, 115. — Jugement du 20 juin 1854 homologuant le concordat du 3 du même mois. — Remise de 70 %. — Les 30 % non remis payables en cinq ans, par cinquièmes, d'année en année. — Le premier paiement dans un an, du jour de l'homologation. — N° du Greffe 11,293.

PASQUET père, Jacques-Just, *rue de Sèvres*, 20. — Jugement du 23 avril 1857 homologuant le concordat du 1er avril 1857. — Abandon de l'actif énoncé au concordat. — Isbert et Usse, maintenus syndics. — N° du Greffe 13,697.

PASQUIER veuve, née Catherine-Marie GENTY, *orfèvre, rue du Marché-aux-Poirées*. — Voir : GENTY. — N° du Greffe 10,267.

PASQUIER, *négociant exportateur, rue du Faubourg-Poissonnière*, 25. — Jugement du 29 avril 1851 homologuant le concordat du 14 dudit mois. — Abandon de l'actif énoncé au concordat. — Obligation de payer 15 % en trois ans, par tiers, le 30 avril des années 1852, 1853 et 1854. — N° du Greffe 9,845.

PASQUIGNON, Louis, *maître maçon, cours du Commerce-Saint-Germain*, 2. — Jugement du 26 janvier 1854 homologuant le concordat du 14 même mois. — Remise de 85 %. — Les 15 % non remis payables par cinquièmes, d'année en année. — Le premier paiement un an à partir du 1er février 1854. — N° du Greffe 10,996.

PASSEFOND, Mathias, *coiffeur, boulevard Montmartre*, 12. — Jugement du 7 juillet 1859 homologuant le concordat du 31 mai 1859. — — Remise de 75 %. — Les 25 % non remis payables en cinq ans, par cinquièmes, du concordat. — N° du Greffe 15,591.

PASSET, Jean-Antoine-Dominique, *entrepreneur de bals publics, rue de la Charronnerie*, 17, *à St-Denis*. — Jugement du 18 mai 1852 homologuant le concordat du 4 du dit mois. — Remise de 85 %. — Les 15 % non remis payables en cinq ans, par cinquièmes, dans 1, 2, 3, 4 et 5 ans, du jour du concordat. — N° du Greffe 10,006.

PASTEAU-JAPUIS, Louis-Léon-Adolphe, *commerce de draperies, rue des Bons-Enfants*, 33. — Jugement du 19 août 1858 homologuant le concordat du 30 juin 1858. — Abandon de l'actif énoncé au concordat. — MM. Pascal, Grand, maintenus syndics. — N° du Greffe 13,481.

PATINOT, Charles-Édouard, *terre cuite, rue de Vaugirard*, 97. — — Jugement du 19 août 1851 homologuant le concordat du 10 juillet 1851. — Remise de tous intérêts et frais et de 75 %. — Les 25 % non remis payables : 5 % dix-huit mois après l'homologation, 5 % un an après, et ainsi d'année en année. — Obligation, en cas de vente de la fabrique, de verser la totalité du prix, sauf à régler. — N° du Greffe 9,638.

PATON et Cie, Pierre-Charles, *droguiste, rue Bourtibourg*, 21. — Jugement du 30 juin 1859 homologuant le concordat du 10 juin 1859. — Remise de 60 %. — Les 40 % non remis payables en cinq ans, par cinquièmes, du 1er juillet. — N° du Greffe 15,728.

PATRU, Joseph, *liquoriste, passage Joinville*, 12. — Jugement du 9 février 1859 homologuant le concordat du 24 janvier 1859. — Remise de 75 %. — Les 25 % non remis payables, en cinq ans, par cinquièmes, du concordat. — N° du Greffe 15,363.

PATTEY, François, *commerce de vins, quai de la Gare*, 4. — Jugement du 4 juillet 1861 homologuant le concordat du 19 juin 1861. — Abandon de l'actif énoncé au concordat. — Obligation de payer 50 % en quatre ans, par quarts, du concordat. — Richard-Grison, maintenu syndic. — N° du Greffe 17,983.

PATU père, Louis, *fabricant de cadres, impasse des Couronnes*, 14, *à Ménilmontant*. — Jugement du 28 mars 1861 homologuant le concordat du 13 mars 1861. — Remise de 75 %. — Les 25 % non remis payables en cinq ans, par cinquièmes, de l'homologation. — N° du Greffe 16,944.

PATU, Louis-Félix, *fabricant de cadres, impasse des Couronnes, 14, à Belleville*. — Jugement du 8 juin 1855 homologuant le concordat du 22 mai 1855. — Remise de 50 %. — Les 50 % non remis payables en deux ans et demie, par dixièmes, de six mois en six mois. — Le premier paiement le 15 janvier 1856. — N° du Greffe 12,241.

PATY ou **VATY**, Antoine-Victor, *brossier, rue de la Harpe, 34*. — Jugement du 18 septembre 1856 homologuant le concordat du 2 septembre 1856. — Remise de 70 %. — Les 30 % non remis payables, sans intérêts, en quatre ans, par quarts, d'année en année, du jour de l'homologation. — N° du Greffe 13,170.

PATY, Julien, *fabricant de tissus, rue de la Tour-d'Auvergne, 2, et ci-devant, rue d'Enghien, 40*. — Jugement du 24 octobre 1851 homologuant le concordat du 1er du dit mois. — Abandon de l'actif énoncé au concordat, moins le mobilier personnel. — Obligation de payer 45 % en cinq paiements égaux, à compter du 1er octobre 1851. — N° du Greffe 9,913.

PAUCHET, Nicolas-Isidore, *marchand de vins, avenue de Clichy, 38, à Batignolles*. — Jugement du 18 septembre 1856 homologuant le concordat du 15 juillet 1856. — Remise de 60 %. — Les 40 % non remis payables : 13 % le 15 juillet des années 1857 et 1858, et 14 % le 15 juillet 1859. — Mme Pauchet, caution du paiement des dividendes. — N° du Greffe 13,039.

PAUGEOIS ou **POUGEOIS**, Victor, *marchand cordonnier, quai de la Grève, 10*. — Jugement du 17 juillet 1857 homologuant le concordat du 6 juillet 1857. — Remise de 20 %. — Les 80 % non remis payables en huit ans, par huitièmes, d'année en année, pour le premier paiement avoir lieu le 1er août 1858. — N° du Greffe 13,920.

PAUGIER, société LANCRY et Cie, Louis-Émile, *lingerie, rue de Cléry, 10*. — Voir : LANCRY. — N° du Greffe 12,612.

PAUL, société PAUL frères, Édouard et Frédéric, *joailliers, boulevard Bonne-Nouvelle, 10*. — Jugement du 4 avril 1860 homologuant le concordat du 22 mars 1860. — Remise de 80 %. — Les 20 % non remis payables en cinq ans, par cinquièmes, du 31 mars. — N° du Greffe 16,219.

PAUL, Louis, *fabricant de casquettes, rue du Temple, 57*. — Jugement du 5 octobre 1853 homologuant le concordat du 21 septembre 1853. — Engagement de payer, par les soins de M. Decagny, syndic : 1° 32 % dans les six semaines de l'homologation. — 2° 68 % à raison de 5 % par an pour payer le premier dividende le 1er janvier 1855. — N° du Greffe 10,021.

PAUL, Hubert, *ex-tapissier, rue du Faubourg-Poissonnière, 35*. — Jugement du 16 décembre 1852 homologuant le concordat du 22 novembre 1852. — Remise de 88 % en capital, intérêts et frais. — Les 12 % non remis payables en quatre ans, par quarts, fin décembre des années 1853, 1854 et suivantes. — N° du Greffe 10,530.

PAUL, née DUCLOS, Matilde-Anne, veuve PAUL Joseph-Lucien, *épicerie, rue Rochechouart, 67*. — Jugement du 31 mai 1854 homologuant le concordat du 15 du même mois. — Remise de 60 %. — Les 40 % non remis payables en cinq ans, par cinquièmes, d'année en année. — Le premier paiement le 15 mai 1855. — N° du Greffe 11,455.

PAULIN, Jean-Christophe, *boulanger, rue de la Mare, 90*. — Jugement du 28 janvier 1862 homologuant le concordat du 12 septembre 1861. — Remise de 60 %. — Les 40 % non remis payables en cinq ans, par cinquièmes, du 1er septembre. — N° du Greffe 18,321.

PAULLET, veuve, et sieur PROUTEAUX, Justin-Marguerite, *rassortiment d'étoffes, rue Bellefond, 38*. — Jugement du 16 avril 1855 homologuant le concordat du 29 mars 1855. — Remise de 90 %. — Les 10 % non remis payables, par moitiés, dans deux et quatre ans du concordat. — N° du Greffe 11,879.

PAUPELAIN, Jean, *marchand de vins, rue de la Paix, 69, à Batignolles*. — Jugement du 8 octobre 1856 homologuant le concordat du 10 septembre 1856. — Remise de 65 %. — Les 35 % non remis payables : 10 % deux mois après l'homologation, 25 % en cinq ans, par cinquièmes, d'année en année, à partir du premier paiement. — N° du Greffe 13,240.

HAVIE, Pierre-Auguste, *faïencier, rue des Carmes, 4*. — Jugement du 16 décembre 1860 homologuant le concordat du 24 novembre 1860. — Remise de 85 %. — Les 15 % non remis payables en trois ans, par tiers, de l'homologation. — N° du Greffe 17,259.

PAVIT, Eugène, *coiffeur, rue Montesquieu, 4*. — Jugement du 30 avril 1861 homologuant le concordat du 9 avril 1861. — Remise de 75 %. — Les 25 % non remis payables en cinq ans, par cinquièmes, du concordat. — N° du Greffe 17,884.

PAVY, Edouard, *négociant-commissionnaire, rue du Vingt-Quatre-Février, 4*. — Jugement du 23 février 1852 homologuant le concordat du 6 décembre 1851. — Remise de tous intérêts et frais et de 90 %. — Les 10 % non remis payables, sans intérêts, en trois ans, savoir : 3 % dans un an, 3 % dans deux ans, 4 % dans trois ans, du concordat. — N° du Greffe 9,914.

PAYART, Pierre-Éloi-Gustave, *ex-épicier, ci-devant rue de l'Ourcine, 20, et actuellement, rue du Faubourg-St-Honoré, 225*. — Jugement du 7 janvier 1851 homologuant le concordat du 20 décembre 1850. — Abandon de l'actif et obligation de payer un dividende de 15 % en principal, intérêts et frais, en quatre ans, par quarts, du 1er janvier 1852. — N° du Greffe 9,606.

PAYEN, Joseph-Nicolas, *tenant hôtel meublé, rue Mouffetard, 45*. — Jugement du 15 octobre 1862 homologuant le concordat du 25 septembre 1862. — Abandon de l'actif énoncé au concordat. — Barbot, maintenu syndic. — N° du Greffe 243.

PÉAN, dit GERVAIS, Louis, *marchand de vins, aux Ternes*. — Jugement du 1er décembre 1853 homologuant le concordat du 14 décembre 1853. — Abandon du prix de la vente de son fonds de commerce. — Engagement de payer 10 % en quatre ans, par quarts. — Le premier paiement un an du jour du concordat. — N° du Greffe 11,037.

PÉAN, dit TAILLIS, Alphonse-Arsène, *épicier, rue Grefulhe, 7*. — Jugement du 24 février 1862 homologuant le condordat du 8 février 1862. — Remise de 65 %. — Les 35 % non remis payables en cinq ans, par cinquièmes, de l'homologation. — N° du Greffe 19,004.

PÉARCE, société SALMON, *négociant, rue des Filles-St-Thomas, 5*. — Jugement du 12 janvier 1859 homologuant le concordat du 22 décembre 1858. — Obligation de payer 20 % aux créanciers, aussitôt l'homologation. — N° du Greffe 14,830.

PEAU, Eugène-Ferdinand, *fabricant de peluches de soie, rue Ménilmontant, 20*. — Jugement du 24 juin 1852 homologuant le concordat du 8 du même mois. — Remise de 70 % en principal, intérêts et frais. — Les 30 % non remis payables, sans intérêts, en quatre ans : 10 % la première année, 5 % la deuxième année, 5 % la troisième année, 10 % la quatrième année, du jour de l'homologation. — La dame épouse du sieur Peau, caution solidaire. — N° du Greffe 10,309.

PÉCHÉ, Joseph, *entrepreneur de dépêches, quai d'Anjou, 13, ci-devant à Montrouge*. — Concordat du 14 août 1849. — N° du Greffe, 437.

PÉCHOIN, Jean-Baptiste, *parfumeur, à la Chapelle-St-Denis*. — Jugement du 27 octobre 1854 homologuant le concordat du 3 du même mois. — Remise de 40 %. — Les 60 % non remis payables, par fractions de 5 %, fin janvier, fin mai, fin septembre des années 1855, 1856, 1857 et 1858. — N° du Greffe 11,697.

PECQUET, Marcelin-Florentin, *ex-marchand de literie, rue Montmartre, 34*. — Jugement du 23 juin 1852 homologuant le concordat du 5 du dit mois. — Remise de tous intérêts et frais non admis et de 70 %. — Pour se libérer des 30 % non remis, abandon de la créance énoncée au concordat, et obligation de payer 10 % le 31 décembre 1853, 10 % le 31 décembre 1854, et le surplus, s'il y a lieu, le 31 décembre suivant. — N° du Greffe 10,429.

PEETERS fils, Hugues-Ernest, *fabricant de produits chimiques, rue du Faubourg-St-Denis, 55*. — Jugement du 13 mai 1853 homologuant le concordat du 3 du même mois. — Remise de 90 %. — Les 10 % non remis payables en deux ans, par moitiés, un an et deux ans après la date du concordat. — N° du Greffe 10,249.

PÉGAZE, Gilbert, *marchand de vins, traiteur, rue St-Jacques, 69*. — Jugement du 22 décembre 1858 homologuant le concordat du 10 novembre 1858. — Remise de 60 %. — Les 40 % non remis payables : 13 % le 1er novembre des années 1859 et 1860, 14 % le 1er novembre 1861. — N° du Greffe 15,077.

PELCAT, Armand-Jean-Baptiste, *ex-limonadier, rue des Acacias, 50, à Montmartre*. — Jugement du 2 décembre 1861 homologuant le concordat du 13 novembre 1861. — Remise de 80 %. — Les 20 % non remis payables, sans intérêts, en quatre ans, par quarts, de l'homologation. — N° du Greffe 18,538.

PELLERIN et Ce, veuve MALO, MARIE, *fabricante d'agrafes découpées, rue de la Terrasse*, 32, *à Batignolles*. — Jugement du 8 mai 1861 homologuant le concordat du 24 avril 1861. — Abandon de l'actif énoncé au concordat. — Obligation de compléter 10 % en trois ans, par tiers, du jour de la reddition de comptes. — Lefrançois, maintenu syndic. — N° du Greffe 17,719.

PELLERIN fils, EDME, *fondeur de graisses, rue Quincampoix*, 39. — Jugement du 12 mars 1862 homologuant le concordat du 26 février 1862. — Obligation de payer le montant des créances, en principal, sans intérêts : 25 % le 31 décembre 1862, 25 % le 31 décembre 1863, 15 % le 31 décembre 1864, 15 % le 31 décembre 1865 et 20 % le 31 décembre 1866. — MM. Ravo et Bernatu, commissaires. — N° du Greffe 19,190.

PELLETIER, LOUIS, *ex-fabricant de plâtre, à Neuilly-sur-Marne*. — Jugement du 18 janvier 1855 homologuant le concordat du 15 décembre 1854. — Remise de 60 %. — Les 40 % non remis payables : 10 % dans le mois de l'homologation, 10 % le 15 janvier 1856, 20 % par quarts, d'année en année. — Premier paiement 15 janvier 1857. — Affectation de l'actif réalisé et d'une créance énoncée au concordat au paiement des premiers 20 %. — N° du Greffe 11,817.

PELLETIER, ALPHONSE-ONÉSIME, *fabricant de carton-pierre, rue et passage Buisson-St-Louis*, 15. — Jugement du 23 mai 1860 homologuant le concordat du 20 avril 1860. — Obligation de payer le montant des créances en dix ans, par dixièmes, du 1er juillet. — N° du Greffe 16,155.

PELLETIER, *marchand de bois, à Auteuil*. — Jugement du 17 décembre 1852 homologuant le concordat du 22 octobre 1852. — Remise de 90 % en principal, intérêts et frais. — Les 10 % non remis payables en cinq ans, par cinquièmes, le 1er janvier des années 1854 et suivantes. — N° du Greffe 10,207.

PELLETIER, *bonnetier, rue des Cascades*, 5, *à Paris-Belleville*. — Jugement du 9 octobre 1860 homologuant le concordat du 19 novembre 1860. — Remise de 85 %. — Les 15 % non remis payables, sans intérêts, en trois ans, par tiers, du concordat. — N° du Greffe 16,759.

PELLIGAND, CHARLES, *gérant du* Journal des 100,000 feuilletons, *rue de Richelieu*, 45. — Jugement du 19 octobre 1860 homologuant le concordat du 29 septembre 1860. — Obligation de verser entre les mains du syndic 3,000 fr. dans la huitaine du concordat. — Au moyen de ce qui précède, libération du failli. — M. Sommaire, maintenu syndic. — Mme veuve Sergeant, caution. — N° du Greffe 16,699.

PELTIER, JUSTIN, *fabricant de chandelles*, 11, *avenue de Saxe*. — Jugement du 18 juillet 1853 homologuant le concordat du 4 juillet 1853. — Remise de 80 %. — Les 20 % non remis payables dans la quinzaine de l'homologation. — Les sieurs Peltier, Noizet, Jaryot père et fils et dame veuve Belin, cautions. — N° du Greffe 1,266.

PELTIER, ou **PELLETIER**, femme FAIRIN, JEANNE, *cantinière, rue de la Ferme-des-Mathurins*, 37, *actuellement rue Godot-de-Mauroy*, 43. — Voir : FAIRIN, dame PELTIER. — N° du Greffe 9,803.

PELTIER, *entrepreneur de travaux publics, passage Chausson*, 5. — Jugement du 25 avril 1860 homologuant le concordat du 10 avril 1860. — Abandon de l'actif énoncé au concordat. — Obligation, en outre, de payer 15 % des créances en trois ans, par tiers, de l'homologation. — M. Lefrançois, maintenu syndic. — N° du Greffe 12,603.

PENAUD frères, JULIEN-VICTOR, EUGÈNE-CLAUDE et FABIEN, *imprimeurs-libraires, faubourg Montmartre*, 10. — Jugement du 24 décembre 1858 homologuant le concordat du 14 décembre 1858. — Abandon de l'actif énoncé au concordat. — M. Lefrançois, maintenu syndic. — N° du Greffe, 12,382.

PENAULLE, veuve, et **DUBEROS**, veuve DOMINIQUE GILBERT, société, *hôtel de Bretagne*, 11, *rue de Rennes*. — Voir : DUBEROS. — N° du Greffe 14,426.

PENE, MARC, *tailleur, rue Neuve-Saint-Augustin*, 157. — Jugement du 30 septembre 1862 homologuant le concordat du 11 septembre 1862. — Remise de 60 %. — Les 40 % non remis payables en quatre ans, par quarts, de l'homologation. — N° du Greffe, 299.

PENEL père et fils, ANTOINE-JULES, société, *négociants en soieries, rue Montmartre*, 122. — Jugement du 1er mai 1862 homologuant le concordat du 8 avril 1862. — Abandon de l'actif énoncé au concordat. — Obligation, en outre, de payer 10 % dans les deux mois de l'homologation. — M. Trille, maintenu syndic. — N° du Greffe 18,598.

PENEL père, personnellement, *négociant en soieries, rue Montmartre*, 122. — Jugement du 1er mai 1862 homologuant le concordat du 8 avril 1862. — Remise de 90 %. — Les 10 % non remis payables dans un an de l'homologation. — N° Greffe 18,599.

PENISSEAU, MICHEL, *entrepreneur, à Belleville*. — Jugement du 4 mai 1853 homologuant le concordat du 21 avril 1853. — Remise de 75 %. — Les 25 % non remis payables en cinq ans, par cinquièmes, d'année en année, le 15 mai des années 1854, 1855 et suivantes, et ce, sans intérêts. — N° du Greffe 10,593.

PENY *passementier, rue des Gravilliers*, 90. — Jugement du 28 mai 1858 homologuant le concordat du 18 mai 1858. — Remise de 80 %. — Les 20 % non remis payables en deux ans, par moitiés, du 1er juin. — N° du Greffe 14,332.

PEPIN et demoiselle **BATAILLE**, associés, JULES-CLOVIS, *limonadiers, rue Montmartre*, 14. — Voir : BATAILLE, demoiselle, LOUISE-CLAIRE. — N° du Greffe 9,902.

PEPIN, dame, veuve de **MAILLARD**, ERNESTINE, *épiceries, liqueurs, place de la Rotonde-du-Temple*, 5. — Jugement du 2 septembre 1857 homologuant le concordat du 21 août 1857. — Remise de 70 %. — Les 30 % non remis payables en trois ans, par tiers, d'année en année, pour le premier paiement avoir lieu le 1er septembre 1858. — N° du Greffe 13,926.

PERCHET, FRANÇOIS, *vins liquoriste, à Batignolles, avenue de Clichy*, 105. — Jugement du 11 septembre 1857 homologuant le concordat du 31 août 1857. — Abandon de l'actif énoncé au concordat. — Obligation, en outre, de payer 50 % sur le montant des créances, en quatre ans, par quarts, d'année en année, du jour de l'homologation. — M. Beaufour, maintenu syndic. — N° du Greffe 14,046.

PERCIOT, PIERRE-JOSEPH, *marchand de vins, rue des Accacias*, 48. — Jugement du 9 novembre 1860 homologuant le concordat du 29 octobre 1860. — Remise de 80 %. — Les 20 % non remis payables, sans intérêts, en quatre ans, par quarts, du 1er novembre. — N° du Greffe 17,347.

PERDOUX, femme DUVAL, société GRELLÉ, ZÉLINA-ÉMERANCE, *cafés Cérès, à Belleville, et boulevard St-Martin*, 12. — Voir : DUVAL, de la société GRELLÉ. — N° du Greffe 10,704.

PÉRÉ et **VIMONT**, LOUIS, *tailleurs*, 37, *rue Pigale*. — Jugement du 24 octobre 1855 homologuant le concordat du 25 septembre 1855. — Remise de 70 %. — Les 30 % non remis payables en cinq ans, par cinquièmes. — Premier paiement, 30 septembre 1856. — N° du Greffe 12,326.

PEREIRA, ÉLIAS-MENDÈS, *négociant-commissionnaire*, 38, *rue d'Enghein*. — Jugement du 12 mai 1857 homologuant le concordat du 29 avril 1857. — Remise de 75 %. — Les 25 % non remis payables : 5 % comptant et 5 % les 30 décembre 1857, 31 octobre 1858, 31 juillet 1859 et 30 avril 1860. — N° du Greffe 13,625.

PERET, JEAN, *marchand de bois, rue de la Pépinière*, 43. — Jugement du 24 mai 1850 homologuant le concordat du 13 mai 1850. — Remise de 87 1/2 % et de tous intérêts et frais. — Les 12 1/2 % non remis payables, par quarts, d'année en année, à partir du 24 mai 1850. — N° du Greffe 9,352.

PERET, GUILLAUME, *bois et charbons, rue d'Anjou-Saint-Honoré*, 14. — Jugement du 24 mai 1850 homologuant le concordat du 6 mai 1850. — Remise de 87 1/2 % et de tous intérêts et frais. — Les 12 1/2 % non remis payables en quatre ans, par quarts, à partir du 24 mai 1850. — N° du Greffe 9,322.

PÉRILLAT, sous le nom GOISLAND et Cie, JOSEPH, *marchand de rubans, rue Montmartre*, 95. — Voir : GOISLAND et Cie. — N° du Greffe 12,750.

PÉRILLAT jeune. — Voir : PERRILLAT jeune et Cie.

PÉRIN, *vins, à Clichy-la-Garenne*. — Jugement du 22 juillet 1861 homologuant le concordat du 5 juillet 1861. — Remise de 80 %. — Les 20 % non remis payables : 8 % comptant au moyen de l'actif réalisé, et 12 % en trois ans, par tiers, du concordat. — N° du Greffe 18,298.

PERNET, Théodore, *bijoutier, rue du Vertbois*, 72. — Jugement du 21 décembre 1860 homologuant le concordat du 10 décembre 1860. — Remise de 40 %. — Les 60 % non remis payables en six ans, par sixièmes, de l'homologation. — N° du Greffe 17,597.

PERNET, société FAUVEAU fils, François-Frédéric, *doreur sur métaux, rue Charlot*, 38. — Voir : FAUVEAU fils. — N° du Greffe 10,365.

PERNIN, Louis, *carrossier, faubourg Saint-Denis*, 154. — Jugement du 18 juin 1850 homologuant le concordat du 1er juin 1850. — Abandon d'une somme de 1,300 fr. environ à recevoir et à répartir par le sieur Boulet, commissaire. — Obligation de payer 10 % en quatre paiements de 2 1/2 % chacun, d'année en année, du 1er juin 1850. — N° du Greffe 9,363.

PÉRON, Auguste, *mécanicien, rue du Grand-Saint-Michel*, 19. — Jugement du 5 août 1851 homologuant le concordat du 23 juillet 1851. — Remise de 65 % et de tous intérêts et frais. — Les 35 % non remis payables en cinq ans, par cinquièmes, du 23 juillet 1851. — N° du Greffe 9,872.

PÉRON, *vins, à Nogent-sur-Marne*. — Jugement du 28 mai 1861 homologuant le concordat du 25 avril 1861. — Remise de 70 %. — Les 30 % non remis payables en six ans, par sixièmes, de l'homologation. — N° du Greffe 1,863.

PEROT et **LEGRAND**, Jacques, *loueurs de voitures, à Bercy*. — Jugement du 30 juin 1857 homologuant le concordat du 17 juin 1857. — Remise de 40 %. — Les 60 % non remis payables en six ans, par sixièmes, d'année en année, du jour de l'homologation. — N° du Greffe 13,856.

PEROT, de la société MALARTIC-PEROT et Cie, *teinturiers, rue Censier*, 32. — Voir : MALARTIC et BERTHAUT. — N° du Greffe 12,317.

PEROT, Arsène-Eugène-Maurice, *vins, rue de la Côte-d'Or*, 102, *à Bercy*. — Jugement du 21 janvier 1861 homologuant le concordat du 27 décembre 1860. — Remise de 80 %. — Les 20 % non remis payables en quatre ans, par quarts, du 31 décembre. — N° du Greffe 17,430.

PEROU, Henry-Pierre, *bottier, rue de Buci*, 9, *et rue de l'Ancienne-Comédie*, 4. — Jugement du 21 janvier 1856 homologuant le concordat du 4 janvier 1856. — Remise de 75 %. — Les 25 % non remis payables en quatre ans, par quarts, d'année en année, pour le premier paiement avoir lieu fin janvier 1857. — Mme Perou, caution du paiement des dividendes promis. — N° du Greffe 11,561.

PEROUX, société CHABRIER et Cie, Louis, *fabricant de porcelaines, à St-Mandé*. — Voir : CHABRIER. — N° du Greffe 11,927.

PERPEROT, André, *marchand de vins, logeur, à Neuilly*. — Jugement du 30 juin 1857 homologuant le concordat du 18 juin 1857. — Remise de 50 %. — Les 50 % non remis payables en cinq ans, par cinquièmes, d'année en année, du jour de l'homologation. — N° du Greffe 13,872.

PERRAULT ou **PERRAUT**, veuve, Alexandre, née Éléonore PERRINET, *ex-modiste, rue du Caire*, 29. — Voir : PERINET et PERRAUT. — N° du Greffe 11,428.

PERRE, Antoine-Auguste, *vins, rue Feydeau*, 1. — Jugement du 12 mars 1852 homologuant le concordat du 2 mars 1852. — Remise de 85 %. — Pour payer les 15 % non remis, abandon du prix d'une maison désignée au concordat. — Obligation de payer ce qui restera dû, à raison de 5 % par an, du jour du concordat, et de payer les annuités au cas de non distribution du prix de la maison. — N° du Greffe 10,210.

PERREAU, Pierre-Guillaume-Benoît, *sellier-bourrelier, à Vincennes*. Jugement du 19 janvier 1859 homologuant le concordat du 7 janvier 1859. — Remise de 80 %. — Les 20 % non remis payables en cinq ans, par cinquièmes, de l'homologation. — N° du Greffe 15,334.

PERREAU, Auguste, *serrurier, rue des Vieux-Augustins*, 46. — Jugement du 4 juillet 1861 homologuant le concordat du 19 juin 1861. — Remise de 90 %. — Les 10 % non remis payables : 5 % les 1ers juillet 1863 et 1864. — N° du Greffe 18161.

PERRÉE frères, société, Victor et Charles-Théodore, *papetiers, rue St-André-des-Arts*, 20. — Jugement du 15 janvier 1858 homologuant le concordat du 20 novembre 1857. — Remise de 80 %. — Les 20 % non remis payables en deux ans, par moitiés, du jour de l'homologation. — M. Athanase Perrée, caution des 20 %. — N° du Greffe 13,452.

PERRENOUD, Silvain-Joseph, *maçon, à Arcueil*. — Jugement du 13 février 1856 homologuant le concordat du 19 janvier 1856. — Remise de 80 %. — Les 20 % non remis payables en quatre ans, par quarts, d'année en année, de l'homologation. — N° du Greffe 12,108.

PERRIER, *vins et terrassements, avenue de Neuilly*, 79, *et à Puteaux*. — Jugement du 19 février 1862 homologuant le concordat du 2 novembre 1861. — Remise de 60 %. — Les 40 % non remis payables en cinq ans, par cinquièmes, de l'homologation. — N° du Greffe 18,447.

PERRILLIAT jeune et Cie, François, *marchand de tulles et crêpes, rue Vivienne*, 35. — Jugement du 1er septembre 1852 homologuant le concordat du 21 août 1852. — Remise de tous intérêts et frais et de 50 %. — Les 50 % non remis payables par fractions de 5 %, de six en six mois, le 31 décembre 1852, 30 avril et 31 août des années 1853 et suivantes. — N° du Greffe 10,469.

PERRIN et AUBRIOT, Nicolas, *entrepreneurs de bâtiments, à la Chapelle St-Denis, rue Doudeauville*, 4. — Voir : AUBRIOT et PERRIN, Nicolas. — N° du Greffe 13,009.

PERRIN, Jules-Nicolas, *nouveautés*, 18, *rue de Poitou*. — Jugement du 7 avril 1852 homologuant le concordat du 9 mars 1852. — Remise de 50 % en principal, intérêts et frais. — Les 50 % non remis payables sans intérêt : 9 % le 15 février 1853 ; 4 1/2 % le 15 août 1853 ; 4 1/2 % le 15 février et le 15 août des années 1854, 1855, et 1856 ; 4 1/2 % le 15 février 1857, et 5 % le 15 février 1858. — N° du Greffe 9,915.

PERRIN, demoiselle Victorine-Clémence, *marchande de modes, rue de la Madeleine*, 30. — Jugement du 2 décembre 1853 homologuant le concordat du 21 novembre 1853. — Remise de 90 %. — Les 10 % non remis payables : 5 % dans le mois de l'homologation, et 5 % dans un an du jour du concordat. — N° du Greffe 10,876.

PERRIN, Auguste, *marchand de bois, à Ivry, quai de la Gare*, 34. — Jugement du 16 août 1861 homologuant le concordat du 1er août 1861. — Remise de 70 %. — Les 30 % non remis payables, partie au moyen de l'actif réalisé par le syndic dont le failli fait abandon et pour le complément en trois ans, par tiers, de l'homologation. — M. Richard-Grison, maintenu syndic. — N° du Greffe 18,164.

PERRINET dame, veuve de PERRAUT, Alexandre-Éléonore, *ancienne modiste*, 29, *rue du Caire*. — Arrêt de la Cour du 14 février 1855 homologuant le concordat du 15 mai 1854 en annulant le jugement du 6 septembre 1854. — Remise de 90 %. — Les 10 % non remis payables aussitôt l'homologation du concordat. — N° du Greffe 11,428.

PERRISSIN, Jacques, *rubans, rue de la Banque*, 3. — Jugement du 27 décembre 1859 homologuant le concordat du 2 décembre 1859. — Remise de 60 %. — Les 40 % non remis payables en quatre ans, par quarts, de l'homologation. — N° du Greffe 16,330.

PERROT, Jean-Edme, *limonadier, rue des Bons-Enfants*, 12. — Jugement du 30 mars 1854 homologuant le concordat du 15 du même mois. — Remise de 90 %. — Les 10 % non remis payables en cinq ans, par cinquièmes, d'année en année. — Le premier paiement dans un an, à partir du mois qui suivra l'homologation. — N° du Greffe 11,005.

PERROT, Pierre, *entrepreneur de travaux publics, rue de Lancry*, 58. — Jugement du 14 juillet 1857 homologuant le concordat du 1er juillet 1857. — Remise de 60 %. — Les 40 % non remis payables au moyen de l'actif abandonné énoncé au concordat, et la différence en trois ans, par tiers, d'année en année, du jour du concordat. — Lefrançois, maintenu syndic. — N° du Greffe 13,320.

PERROT, *agent d'affaires, rue du Puteaux, à Batignolles*. — Concordat du 13 mai 1850. — N° du Greffe 159.

PERRUCHON, Armand, *tailleur, rue Feydeau*, 19. — Jugement du 25 juin 1861 homologuant le concordat du 10 juin 1861. — Remise de 75 %. — Les 25 % non remis payables en quatre ans, par quarts, du 1er janvier. — N° du Greffe 18,162.

PESTEUR, Charles, *commerce de draps, rue Neuve-Saint-Eustache*, 36. — Jugement du 4 décembre 1855 homologuant le concordat du 12 novembre 1855. — Abandon de l'actif réalisé et obligation de payer 45 %, savoir : 10 % dans la quinzaine de l'homologation, 35 % en cinq ans, à partir de l'homologation, à raison d'un dixième tous les six mois. — N° du Greffe 12,464.

PÉTARD, Jean-Baptiste, *commerce de soie, rue Neuve-Saint-Denis*, 5. Jugement du 27 mai 1859 homologuant le concordat du 18 mai 1859. — Remise de 80 %. — Les 20 % non remis payables, sans intérêts, en cinq ans, par cinquièmes, du 1er mai 1859. — N° du Greffe 15,366.

PETAT, François, *marchand de vins-traiteur, à Bercy*. — Jugement du 20 avril 1857 homologuant le concordat du 10 avril 1857. — Abandon de l'actif énoncé au concordat avec engagement de parfaire 5 % dans le mois de l'homologation. — Obligation, en outre, de payer 5 % sur le montant des créances, en deux ans, par moitiés, les 1er mai 1858 et 1859. — Beaufour, maintenu syndic. — N° du Greffe 13,677.

PETEL, Barthélemy, *serrurier, rue Bleue*, 36. — Jugement du 18 mars 1862 homologuant le concordat du 22 février 1862. — Remise de 25 %. — Les 75 % non remis payables : 25 % en cinq ans, par cinquièmes, de l'homologation, et 50 % payables de la manière énoncée au concordat. — M. Nolleau, commissaire. — N° du Greffe 18,911.

PETEL, Louis-Barthélemy, *entrepreneur de serrurerie, rue Bleue*, 36. — Jugement du 4 mars 1857 homologuant le concordat du 17 février 1857. — Remise de 50 %. — Les 50 % non remis payables, sans intérêts, en quatre ans, par quarts, d'année en année. — Le premier paiement le 15 février 1858. — N° du Greffe 13,587.

PETERSEN et **SCHICK**, *tailleurs, demeurant, le premier, rue de la Paix*, 6, *et* SCHICK, *rue des Bons-Enfants*, 32. — Concordat du 23 avril 1849. — N° du Greffe 322.

PETERSON et **SCHICK**, Valentin-Christian, *tailleur, rue de la Paix*, 6. — Voir : SCHICK. — N° du Greffe 9,763.

PETILLON, Laurent-Clair, *limonadier-restaurateur, à Saint-Mandé*. — Jugement du 15 avril 1859 homologuant le concordat du 28 mars 1859. — Remise de 50 %. — Les 50 % non remis payables, sans intérêts, en cinq ans, par cinquièmes, de l'homologation. — N° du Greffe 15,303.

PETIT-MANGIN, Alexis-Nicolas, *herboriste, rue de l'Ecole-de-Médecine*, 20. — Jugement du 9 mars 1858 homologuant le concordat du 27 février 1858. — Remise de 60 %. — Les 40 % non remis payables en quatre ans, du 1er janvier prochain. — N° du Greffe 14,487.

PETIT, *fabricant de meubles, rue Castex*, 6. — Jugement du 13 août 1858 homologuant le concordat du 2 août 1858. — Remise de 75 %. — Les 25 % non remis payables en cinq ans, par cinquièmes, de l'homologation. — N° du Greffe 14,412.

PETIT, Léon-Pierre-Louis, *ex-marchand de vins en gros, rue des Carrières, à Passy*. — Jugement du 27 avril 1855 homologuant le concordat du 5 du dit mois. — Remise de 75 %. — Les 25 % non remis payables, sans intérêts, en cinq ans, par cinquièmes, d'année en année. — Le premier paiement le 10 avril 1856. — N° du Greffe 11,792.

PETIT, Benjamin-Émile, *bonneterie, rue des Lavandières-Saint-Opportune*, 16. — Jugement du 4 août 1852 homologuant le concordat du 21 juillet 1852. — Remise de 80 % en principal, intérêts et frais. — Les 20 % non remis payables : 10 % dans le mois de l'homologation, 5 % six mois après, 5 % un an après ladite époque. — N° du Greffe 9,721.

PETIT, société PETIT et Cie, *machines typographiques, rue des Martyrs*, 27. — Jugement du 4 décembre 1856 homologuant le concordat du 15 novembre 1856. — Remise de 80 %. — Les 20 % non remis payables, sans intérêts, en quatre ans, par quarts, d'année en année, du jour de l'homologation. — N° du Greffe 10,232.

PETIT, personnellement, société PETIT et Cie, Jean-Baptiste. — Voir : PETIT, société PETIT. — N° du Greffe 10,232.

PETIT, Joseph-Edouard, *boulanger, rue Lafayette*, 51. — Jugement du 9 janvier 1856 homologuant le concordat du 17 décembre 1855. — Remise de 45 %. — Les 55 % non remis payables : 25 % le 20 janvier prochain, et 30 % en cinq ans, par cinquièmes, d'année en année, pour le premier paiement avoir lieu le 1er janvier 1857.

PETIT, personnellement, de la société FAURE, DARCHE et Cie, Pierre, *chaudronnier, rue Cousin*, 5, *à Clichy*. — Jugement personnel du 11 janvier 1853 homologuant le concordat du 20 décembre 1852. — Obligation de payer un dividende de 50 centimes % en cinq ans, par cinquièmes, d'année en année. — Le premier paiement un an après le jour du concordat. — N° du Greffe 10,507.

PETIT, Joseph, *menuisier, rue Saintonge*, 5. — Jugement du 8 avril 1862 homologuant le concordat du 1er mars 1862. — Remise de 80 %. — Les 20 % non remis payables en trois ans, par tiers, du concordat. — N° du Greffe 18,972.

PETIT et **BOCHETTE**, société, Pierre-Henry, *parfumeur, rue Martel*, 21. — Jugement du 19 décembre 1861 homologuant le concordat du 29 novembre 1861. — Obligation de payer l'intégralité des créances, à raison de 10 %, d'année en année, du 31 décembre. — N° du Greffe 18,709.

PETIT-DEMONTIGNY, veuve de Charles-Adrien, Virginie-Joséphine, *marchande de vins, rue des Dames*, 2, *à Batignolles*. — Voir : DEMONTIGNY, veuve PETIT. — N° du Greffe 13,840.

PETIT, *entrepreneur de maçonnerie, rue Marbeuf*. — Concordat du 8 octobre 1849. — N° du Greffe 305.

PETIT et dame, née TILMONT, Marcel-Joseph, *ex-bonnetier, boulevard Montmartre*, 15, *actuellement cité d'Antin*, 8. — Jugement du 7 août 1851 homologuant le concordat du 16 juillet 1851. — Obligation de payer 5 % en cinq ans, par cinquièmes, du 16 juillet 1851.

PETIT, Marcel-Joseph, personnellement, *ex-bonnetier, boulevard Montmartre*, 15, *actuellement cité d'Antin*, 8. — Jugement du 7 août 1851 homologuant le concordat du 16 juillet 1851. — Obligation de payer à ses créanciers 10 % en cinq ans, par cinquièmes, du 16 juillet 1851. — N° du Greffe 9,753.

PETIT, Jean-Eugène, *peintre, rue du Faubourg-Saint-Antoine*, 96. — Jugement du 18 octobre 1862 homologuant le concordat du 19 septembre 1862. — Remise de 80 %. — Les 20 % non remis payables en quatre ans, par quarts, de l'homologation. — N° du Greffe 19,376.

PETIT, Étienne, *négociant en farines, rue Lesdiguières*, 9. — Jugement du 10 avril 1860 homologuant le concordat du 26 mars 1860. — Remise de 70 %. — Les 30 % non remis payables en quatre ans, par quarts, de l'homologation. — N° du Greffe 16,635.

PETIT, Pierre-Charles-Eugène, *fabricant de bijouterie, rue de la Perle*, 9. — Jugement du 5 août 1861 homologuant le concordat du 18 juillet 1861. — Remise de 90 %. — Les 10 % non remis payables : 5 % dans un et deux ans du concordat. — N° du Greffe 18,245.

PETITE frères, Philippe-Auguste et Louis, *entrepreneurs de lavoir, rue des Récollets*, 1. — Jugement du 15 février 1850 homologuant sans affranchir. — N° du Greffe 826.

PETITEAU, Jean-Charles, *négociant en blanc, rue Bonaparte*, 53. — — Jugement du 20 novembre 1854 homologuant le concordat du 28 octobre 1854. — Remise de 65 %. — Les 35 % non remis payables par fractions de 5 %, de six mois en six mois, pour le premier paiement avoir lieu le 1er mai 1855. — N° du Greffe 11,789.

PETITEAU, Jean-Charles, *marchand de nouveautés, rue Bonaparte*, 53. — Jugement du 11 juin 1857 homologuant le concordat du 28 mai 1857. — Remise de 90 %. — Les 10 % non remis payables en cinq ans, par cinquièmes, d'année en année, du jour du concordat. — N° du Greffe 13,812.

PETITJEAN, Hippolyte, *bijoutier, rue Sainte-Croix-de-la-Bretonnerie*, 23. — Jugement du 8 avril 1857 homologuant le concordat du 26 mars 1857. — Obligation de payer la totalité des créances en principal, intérêts et frais, dans la huitaine de l'homologation. — N° du Greffe 13,579.

PETITOT, *marchand à la toilette, rue Beauregard*, 6. — Jugement du 1er mars 1861 homologuant le concordat du 15 février 1861. — Abandon de l'actif. — Obligation, en outre, de payer 15 % en cinq ans, par cinquièmes, du jour de l'homologation. — N° du Greffe 17,421.

PETITPIERRE et Ce, Henri, *tenant une scierie en marbre, à Batignolles*. — Jugement du 22 décembre 1857 homologuant le concordat du 2 décembre 1857. — Abandon de l'actif. — Obligation, en outre, par le sieur Dieulle, de payer 25 % en quatre ans, par huitièmes, pour le premier paiement avoir lieu six mois après l'homologation. — M. Millet, commissaire. — N° du Greffe 13,765.

PÉTRÉ, Édouard, *chaudronnier, rue de Flandre*, 148. — Jugement du 4 juillet 1862 homologuant le concordat du 21 juin 1862. — Remise de 75 %. — Les 25 % non remis payables en cinq ans, par cinquièmes, du jour de l'homologation. — N° du Greffe 19,623.

PETTEX, Julien, *marchand de vins*, *rue de Bagnolet*, 8. — Jugement du 19 novembre 1860 homologuant le concordat du 29 octobre 1860. — Remise de 60 °/₀. — Les 40 °/₀ non remis payables sans intérêts, en cinq ans, par cinquièmes, du jour du concordat. — N° du Greffe 17,427.

PETTEX, Joseph-Marie, *négociant en vins*, *rue du Caire*, 45. — Jugement du 6 mars 1862 homologuant le concordat du 20 février 1862. — Abandon de l'actif énoncé au concordat. — M. Chevallier, commissaire. — N° du Greffe 19,118.

PEUILLIER, Lubin-Hippolyte, *parfumeur*, *rue de Rivoli*, 20. — — Jugement du 2 octobre 1855 homologuant le concordat du 29 août 1855. — Remise de 60 °/₀. — Les 40 °/₀ non remis payables en cinq ans, par cinquièmes, du concordat. — N° du Greffe 12,417.

PEYCELON, Claude-Edmond-François, *limonadier*, *rue Richer*, 25. — Jugement du 21 avril 1853 homologuant le concordat du 8 du même mois. — Remise de 80 °/₀ en principal et intérêts. — Les 20 °/₀ non remis payables en quatre ans, par quarts. — Le premier paiement le 1er mai 1854. — N° du Greffe 10,740.

PEYCELON, Claude-Edmond-François, *limonadier*, *boulevard de Sébastopol*, 1. — Jugement du 12 mars 1862 homologuant le concordat du 25 février 1862. — Remise de 70 °/₀. — Les 30 °/₀ non remis payables en cinq ans, par cinquièmes, du jour de l'homologation. — N° du Greffe 19,068.

PEYRAT, Joseph-Paulin, *liquoriste*, *rue du Faubourg-Poissonnière*, 55. — Jugement du 6 novembre 1855 homologuant le concordat du 18 octobre 1855. — Remise de 75 °/₀. — Les 25 °/₀ non remis payables en quatre ans, par quarts. — Le premier paiement le 1er octobre 1856. — N° du Greffe 12,493.

PEYROT dame, d'Antoine, *marchande de fleurs artificielles*, *rue Richelieu*, 102. — Jugement du 10 avril 1862 homologuant le concordat du 25 mars 1862. — Remise de 70 °/₀. — Les 30 °/₀ non remis payables en cinq ans, par cinquièmes, du concordat. — N° du Greffe 19,215.

PEYROTTE, Pierre-Gustave, *fabricant de billards*, *rue de Bondy*, 70. — Jugement du 14 octobre 1862 homologuant le concordat du 12 septembre 1862. — Remise de 80 °/₀. — Les 20 °/₀ non remis payables en quatre ans, par quarts, de l'homologation. — N° du Greffe 19,924.

PEYTEL, Jean-Claude, *confectionneur en robes*, *rue Saint-Roch*, 11. — Jugement du 14 novembre 1860 homologuant le concordat du 27 octobre 1860. — Remise de 65 °/₀. — Les 35 °/₀ non remis payables, sans intérêts, en sept ans, par septièmes, du jour de l'homologation. — N° du Greffe 16,938.

PFISTER, Jean-Conrad, *relieur et papetier*, *rue de la Harpe*, 96. — Jugement du 30 août 1858 homologuant le concordat du 14 du même mois. — Remise de 75 °/₀. — Les 25 °/₀ non remis payables en cinq ans, par cinquièmes, du 1er septembre. — N° du Greffe 14,906.

PHÉLIPEAUX, de la société CUENDIAS, Noel-Charles. — Voir : CUENDIAS et Cie. — N° du Greffe 8,213.

PHILIP et BOISSIER, *négociants*, *rue du Sentier*, 18. — Voir : BOISSIER. — N° du Greffe 1,538.

PHILIP, Isidore, *marchand de rubans*, *rue Saint-Denis*, 37. — Jugement du 10 décembre 1858 homologuant le concordat du 27 novembre 1858. — Remise de 64 °/₀. — Les 36 °/₀ non remis payables : 5 °/₀ huit jours après la reddition de comptes. — Abandon de l'actif. — La différence, par moitiés, le 1er novembre des années 1862 et 1863. — M. Trille, commissaire. — N° du Greffe 15,215.

PHILIPPART, Noel-Joseph, *marchand d'estampes*, *rue de la Harpe*, 65. — Jugement du 27 juillet 1857 homologuant le concordat du 13 juillet 1857. — Remise de 85 °/₀. — Les 15 °/₀ non remis payables en trois ans, par tiers, d'année en année, du jour du concordat. — N° du Greffe 13,860.

PHILIPPE, Étienne-Alexandre, *menuisier*, *rue Turgot*, 22. — Jugement du 4 juillet 1860 homologuant le concordat du 15 juin 1860. — Remise de 70 °/₀. — Les 30 °/₀ non remis payables : 10 °/₀ dans les trois mois de l'homologation, et 20 °/₀ en quatre ans, par quarts, du 31 décembre. — M. Prudhomme, caution du premier dividende de 10 °/₀. — N° du Greffe 16,948.

PHILIPPE, Jean-François, *marchand d'oranges*, *passage Choiseul*, 29 et 31. — Jugement du 27 février 1860 homologuant le concordat du 15 février 1860. — Remise de 60 °/₀. — Les 40 °/₀ non remis payables : 10 °/₀ dans le mois de l'homologation, et 6 °/₀ le 15 février des années 1861 à 1865. — Mme Philippe, caution. — N° du Greffe 16,453.

PHILIPPE, Louis-Alphonse, *fabricant d'outils*, *rue de Charonne*, 17. — Jugement du 19 mai 1858 homologuant le concordat du 10 mai 1858. — Abandon de l'actif. — M. Crampel, commissaire. — N° du Greffe 14,400.

PHILIPPE, Édouard, *ébéniste*, *rue du Faubourg-Saint-Antoine*, 75. — Concordat du 2 juillet 1849. — N° du Greffe 471.

PHILIPPE, Jean-Baptiste, personnellement, *gérant du journal le Portefeuille*, *rue Neuve-Saint-Jean*, 1. — Jugement du 6 juin 1849 homologuant le concordat du 10 mars 1849. — Obligation de payer aux créanciers de la société Philippe et Rouge de Maguelonne 5 °/₀ de leurs créances, savoir : 2 °/₀ le 10 mars 1851 et 3 °/₀ un an après. — N° du Greffe 7,965.

PHILIPPINE, Antoine-Oscar, de la société MAUBANT, *marchand de rubans*, *rue Mauconseil*, 1. — Jugement du 29 mai 1854 homologuant le concordat du 5 du même mois. — Remise de 50 °/₀. — Les 50 °/₀ non remis payables, sans intérêts, par neuf paiements égaux, de quatre mois en quatre mois, à partir du jour de l'homologation. — N° du Greffe 11,372.

PHILIPPINE, Antoine, liquidateur de la société PHILIPPINE et MAUBANT, *négociant en rubans*, *rue Mauconseil*, 1. — Jugement du 13 novembre 1856 homologuant le concordat du 11 octobre 1856. — Abandon de l'actif. — N° du Greffe 12,259.

PHILIPPINE, Antoine, personnellement, *négociant en rubans*, *rue Mauconseil*, 5. — Jugement du 13 novembre 1856 homologuant le concordat du 13 octobre 1856. — Abandon de l'actif énoncé au concordat. — M. Bourbon, commissaire, pour faire la liquidation de l'actif abandonné. — N° du Greffe 12,259.

PHILY, Jules-Lowinsky, *entrepreneur de travaux publics*, *boulevard St-Martin*, 23. — Jugement du 22 mai 1855 homologuant le concordat du 29 mars 1855. — Abandon de l'actif. — Obligation, en outre, de payer 5 °/₀ en cinq ans, par cinquièmes, du jour du concordat. — N° du Greffe 11,865.

PIANT, Pierre-Joseph, personnellement, *entrepreneur de bâtiments*, *passage de la Vierge*, 20. — Jugement du 29 janvier 1858 homologuant le concordat du 15 du même mois. — Obligation, en outre, de payer le montant des créances en dix ans, par fractions de 5 °/₀, de six mois en six mois, du jour de la reddition de compte. — N° du Greffe 14,057.

PIANT, Pierre-Joseph, de la société PIOGER, *entrepreneur de bâtiments*, *rue-Villa St-Pierre*, 27. — Jugement du 29 janvier 1858 homologuant le concordat du 15 du même mois. — Obligation de payer le principal, les intérêts et frais, savoir : 10 °/₀ dans les trois mois de la reddition de compte, et 90 °/₀, par fractions de 10 °/₀, de six mois en six mois, du premier paiement. — Interdiction à Piant et Pioger, de vendre et toucher les revenus et prix de leurs immeubles sans le concours des créanciers désignés à cet effet. — N° du Greffe 14,059.

PIAT fils, Émile-Théophile, *ex-marchand de vins*, *à Ivry*. — Jugement du 17 septembre 1851 homologuant le concordat du 27 août 1851. — — Remise de 80 °/₀. — Les 20 °/₀ non remis payables, sans intérêts, en cinq ans, par cinquièmes, du 1er septembre 1851. — N° du Greffe 9,795.

PIAT, Marc-Antoine, *marchand de vins*, *rue de Montreuil*, 55. — Jugement du 6 janvier 1859 homologuant le concordat du 17 décembre 1858. — Remise de 50 °/₀. — Les 50 °/₀ non remis payables, sans intérêts, en trois ans, par tiers, du 5 janvier. — N° du Greffe 15,172.

PICAMOLE, Eugène, *confections*, *rue Montmartre*, 131. — Jugement du 5 novembre 1860 homologuant le concordat du 17 octobre 1860. — Remise de 60 °/₀. — Les 40 °/₀ non remis payables en quatre ans, par quarts, de l'homologation. — N° du Greffe 17,443.

PICARD, François-Auguste, *loueur de voitures*, *rue de l'Étoile*, 8, *aux Ternes*. — Jugement du 26 novembre 1862 homologuant le concordat du 8 novembre 1862. — Remise de 50 °/₀. — Les 50 °/₀ non remis payables en cinq ans, par dixièmes, de six mois, en six mois, du 30 juin. — N° du Greffe 477.

PICARD, Charles-Désiré, *fabricant de chaussures, rue de la Verrerie*, 55. — Jugement du 9 décembre 1859 homologuant le concordat du 15 novembre 1859. — Obligation de payer la totalité des créances, en dix ans, par dixièmes, du 1er mars. — N° du Greffe 16,027.

PICARD, Barthélemy, *négociant en chaussures, rue St-Martin*, 6. — Jugement du 13 novembre 1860 homologuant le concordat du 31 octobre 1860. — Remise de 95 %. — Les 5 % non remis payables dans le mois de l'homologation. — M. Pitoy-Millot, de Nancy, caution. — N° du Greffe 16,826.

PICARD, Eugène, *tailleur, passage Verdeau*, 24. — Jugement du 8 octobre 1861 homologuant le concordat du 25 septembre 1861. — — Remise de 75 %. — Les 25 % non remis payables, par cinquièmes, de l'homologation. — N° du Greffe 18,520.

PICARD, Émile-Noel, *marchand de vins, à Batignolles*. — Jugement du 23 juillet 1856 homologuant le concordat du 14 du même mois. — Remise de 60 %. — Les 40 % non remis payables en quatre ans, par quarts, d'année en année. — Le premier paiement le 5 juillet 1857. — N° du Greffe 13,172.

PICARD, Étienne-François, *marchand de vins, boulevard du Temple*, 70. — Jugement du 1er octobre 1856 homologuant le concordat du 19 septembre 1856. — Remise de 80 %. — Les 20 % non remis payables en quatre ans, par quarts, d'année en année, du jour du concordat. — N° du Greffe 13,063.

PICARD, Hubert-Germain, *jardinier, rue des Moulins*, 17, *barrière de Neuilly*. — Jugement du 21 octobre 1853 homologuant le concordat du 6 du même mois. — Remise de tous intérêts à échoir. — Obligation de payer le montant en principal au jour de la faillite et frais en douze années. — Le premier paiement le 6 octobre 1857, et ainsi de suite, d'année en année. — N° du Greffe 10,893.

PICARD, société NIVET, Pierre-Adrien, *marchand de nouveautés, rue Jacob*, 1. — Voir : NIVET et PICARD. — N° du Greffe 12,570.

PICART, Auguste-Isidore, *escompteur, à Vaugirard, chaussée du Maine*, 68. — Jugement du 12 août 1856 homologuant le concordat du 4 août 1856. — Remise de 85 %. — Les 15 % non remis payables, sans intérêts, savoir : 5 % un mois après l'homologation, 2 % dix-huit mois après, 8 % par quarts, d'année en année, à partir du dernier paiement. — Mme Picart, caution du paiement des derniers 10 %. — N° du Greffe 11,129.

PICAULT, Paul, *commerce de vieux papiers, rue Popincourt*, 94. — Jugement du 6 octobre 1862 homologuant le concordat du 9 septembre 1862. — Remise de 60 %. — Les 40 % non remis payables, sans intérêts : 10 % le 15 décembre prochain, 10 % le 15 mars 1863, 10 % le 15 juin 1863, 10 % le 15 septembre 1863. — N° du Greffe 46.

PICHANCOURT, Sébastien, *potier d'étain, rue St-Louis-au-Marais*, 57. — Jugement du 24 juillet 1860 homologuant le concordat du 11 juillet 1860. — Remise de 75 %. — Les 25 % non remis payables en cinq ans, par cinquièmes, de l'homologation. — N° du Greffe 16,957.

PICHAUD Louis, *commerce de denrées alimentaires, rue des Bons-Enfants*, 29. — Jugement du 29 mars 1858 homologuant le concordat du 15 mars 1858. — Abandon de l'actif énoncé au concordat, avec engagement de parfaire 10 % le 1er juin prochain. — Obligation de payer 20 % sur le montant des créances, par moitiés, le 1er mai des années 1860 et 1862. — Quatremère, maintenu syndic. — N° du Greffe 14,496.

PICHAUD, Léonard, *entrepreneur de bâtiments, rue Neuve-Clichy*. — Jugement du 8 octobre 1850 homologuant le concordat du 31 août 1850. — Remise de 60 %. — Les 40 % non remis payables en douze termes annuels et consécutifs, savoir : les huit premiers termes de 3 % et les quatre derniers de 4 % chacun. — Le premier paiement le 1er septembre 1851 et ainsi de suite. — N° du Greffe 445.

PICHERAU, Pierre, *sellier, rue Beaubourg*, 41. — Jugement du 24 août 1855 homologuant le concordat du 7 dudit mois. — Remise de 80 %. — Les 20 % non remis payables en quatre ans, par quarts. — Le premier paiement fin août 1856. — N° du Greffe 12,275.

PICHERY, Jean, *fondeur en caractères, rue Poupée*, 7. — Jugement du 4 avril 1855 homologuant le concordat du 23 mars 1855. — Remise 85 %. — Les 15 % non remis payables en trois ans, par tiers. — Le premier paiement fin mars 1856. — N° du Greffe 11,955.

PICHON, Armas, *marchand de vins, rue Réaumur*, 2. — Jugement du 22 juin 1855 homologuant le concordat du 11 juin 1855. — Remise de 90 %. — Les 10 % non remis payables en quatre ans, par quarts. — Le premier paiement le 1er juin 1856. — N° du Greffe 12,229.

PICHON demoiselle, Jeanne, dite Eugénie, *marchande de bijouterie, galerie Montpensier*, 27, *Palais-Royal*. — Jugement du 1er décembre 1859 homologuant le concordat du 14 novembre 1859. — Obligation de payer l'intégralité des créances, en quatre ans, par quarts, du concordat. — N° du Greffe 16,138.

PICHON, Antoine, *négociant en peaux, rue Beaubourg*, 29. — Jugement du 11 avril 1862 homologuant le concordat du 8 mars 1862. — Remise de 80 %. — Les 20 % non remis payables en cinq ans, par cinquièmes, du 15 mars. — N° du Greffe 19,294.

PICOLO et Ce, *café concert, aux Champs-Élysées*. — Jugement du 4 mars 1859 homologuant le concordat du 21 février 1859. — Obligation de payer la totalité des créances : moitié comptant, au plus tard dans les trois jours de la reddition de compte, et moitié en cinq ans, par cinquièmes, du 1er octobre. — N° du Greffe 15,383.

PICOLO et Cie, demoiselle Anna-Gertrude, *café concert, aux Champs-Élysées*. — Voir : PICOLO et Cie. — N° du Greffe 15,384.

PICOT, Louis-Augustin, *chocolatier, rue Tronchet*, 15. — Jugement du 3 décembre 1850 homologuant le concordat du 28 octobre 1850. — Remise de 90 % en capital, intérêts et frais. — Les 10 % non remis payables, sans intérêts, par fractions de 1 1/2 et de 2 %, le 1er janvier et le 1er juillet des années 1852, 1853 et 1854. — N° du Greffe 8,230.

PICOT et LUQUET, Alexandre et Charles-Benoit, *bijoutiers, rue Ste-Elizabeth*, 3. — Voir : LUQUET. — N° du Greffe 9,460.

PICOT, Auguste-Alexandre, *marchand de vins-traiteur, à Montrouge*. — Jugement du 24 décembre 1855 homologuant le concordat du 27 novembre 1855. — Obligation de payer le principal, les frais et les intérêts au jour de la faillite, en six paiements égaux, d'année en année. — Le premier paiement dans un an du jour du concordat. — N° du Greffe 12,555.

PICOT, Philippe-Victor, *fabricant de chaussures pour dames, rue Mauconseil*, 11. — Jugement du 18 juillet 1862 homologuant le concordat du 28 juin 1862. — Remise de 75 %. — Les 25 % non remis payables en cinq ans, par cinquièmes, de l'homologation. — N° du Greffe 19,714.

PICQ, société HUREAUX, *pharmacien, rue du Faubourg-Poissonnière*, 4. — Voir : HUREAUX, société PICQ. — N° du Greffe 15,029.

PICQ, *négociant, rue Corderie-du-Temple*, 6. — Jugement du 6 juin 1861 homologuant le concordat du 18 mai 1861. — Obligation de payer toutes les créances, sans intérêts, en cinq ans, par cinquièmes, de l'homologation. — N° du Greffe 17,738.

PICQUE, Théophile, *commerce de chaussures, rue de Rivoli*, 32. — Jugement du 21 août 1861 homologuant le concordat du 16 août 1861. — Remise de 20 %. — Les 80 % non remis payables : 10 % comptant, 10 % après le premier paiement, 20 % dans dix-huit mois du concordat, 20 % dans deux ans et demi du concordat, et 20 % dans trois ans et demi du concordat. — N° du Greffe 18,331.

PIEL, Charles-Gustave, *parfumeur, rue Michel-Lecomte*, 14. — Jugement du 16 novembre 1857 homologuant le concordat du 6 novembre 1857. — Remise de 70 % — Les 30 % non remis payables dans le mois qui suivra l'homologation. — N° du Greffe 7,753.

PIERQUIN, Marie-Anne, femme METAY, dite THENOT, *passementière, rue du Cloître-St-Jacques*, 10. — Voir : METAY, dame PERQUIN. — N° du Greffe 11,044.

PIERRE, dit LEPELLETIER, *fabricant de cheminée, rue de Lamartine*, 22. — Jugement du 20 août 1862 homologuant le concordat du 2 août 1862. — Remise de 80 %. — Les 20 % non remis payables en quatre ans, par quarts, du 1er avril. — N° du Greffe 19,642.

PIERRE, de la société CARTE et SESQUÈS, Édouard, *tailleur, boulevard des Italiens*, 11. — Voir : CARTE et SESQUÈS. — N° du Greffe 7,044.

PIERRELÉE, Jules, *commissionnaire en marchandises, rue Jean-Jacques-Rousseau*, 5. — Jugement du 19 décembre 1859 homologuant le concordat du 4 novembre 1859. — Remise de 90 %. — Les 10 % non remis payables en cinq ans, par cinquièmes, de l'homologation. — N° du Greffe 15,748.

PIERRES femme, Pierre-Henry, *confection, rue Brongniart*, 2. — Jugement du 6 juin 1859 homologuant le concordat du 4 mai 1859. — Remise de 70 %. — Les 30 % non remis payables, sans intérêts, en quatre ans, savoir: 5 % un an après l'homologation, 5 % un an après le premier paiement, 10 % à pareille époque des deux années suivantes. — N° du Greffe 15,701.

PIERRET, Louis, *maçon, entrepreneur, à Suresne*. — Jugement du 28 avril 1853 homologuant le concordat du 12 du même mois. — Abandon de l'actif à l'exception du mobilier. — Obligation de parfaire un dividende de 60 %, en quatre ans, par quarts, pour le premier paiement avoir lieu dans un an du concordat. — N° du Greffe 10,689.

PIERRET, de la société SAGNIER, veuve André, *marchande de modes, rue Richelieu*, 60. — Jugement du 12 novembre 1852 homologuant le concordat du 21 octobre 1852. — Remise de tous intérêts et frais, et de 85 %. — Les 15 % non remis payables: 5 % dans le mois de l'homologation, 5 % dans un an, 5 % dans deux ans, de l'homologation. — N° du Greffe 10,431.

PIERRON, Joseph, *limonadier, rue Traversière*, 23. — Jugement du 13 juillet 1852 homologuant le concordat du 17 mai 1852. — Remise de ce qui excède la somme de 2,000 fr. — Obligation de payer cette somme de 2,000 fr., sans intérêts, en quatre ans, par quarts. — Le premier paiement le 1er juillet 1853, et ainsi successivement. — N° du Greffe 10,014.

PIERSON, Joseph, *marchand de charbons, à St-Denis, rue Franklin*, 1. — Jugement du 10 novembre 1857 homologuant le concordat du 27 octobre 1867. — Remise de 80 %. — Les 20 % non remis payables en quatre ans, par quarts, d'année en année, du jour du concordat. — N° du Greffe 14,027.

PIERSON, Paul-Désiré, *fabricant de billards, rue de la Roquette*, 9. — Jugement du 13 août 1862 homologuant le concordat du 1er août 1862. — Remise de 75 %. — Les 25 % non remis payables en cinq ans, par cinquièmes, du 25 août. — N° du Greffe 19,997.

PIERSON, Adolphe, *marchand de vins, quai des Ormes*, 36. — Jugement du 24 novembre 1862 homologuant le concordat du 4 novembre 1862. — Remise de 70 %. — Les 30 % non remis payables, sans intérêts, en cinq ans, par cinquièmes, du 1er décembre. — N° du Greffe 428.

PIETTRE dame, Casimir-Eusèbe-Victor, née Amélie-Olympe TISSOT, *ex-limonadière, rue Richelieu*, 36. — Jugement du 27 février 1851 homologuant le concordat du 13 du dit mois. — Remise de 90 % et des intérêts et frais. — Les 10 % non remis payables en quatre ans, par quarts. — Le premier paiement le 13 février 1852. — N° du Greffe 9,611.

PIGACHE sieur et dame, *marchands de modes, rue Monsigny*, 9. — Jugement du 2 août 1850 homologuant le concordat du 17 juillet 1850. — Remise de 60 % sur le capital et de tous les intérêts et frais. — Les 40 % non remis payables par les sieur et dame Pigache, en quatre ans, par quarts, le 1er août des années 1851, 1852 et suivantes. — N° du Greffe 693.

PIGEON demoiselle, Marie, *colporteuse, rue de l'Oratoire-du-Roule*, 41. — Jugement du 7 août 1860 homologuant le concordat du 13 juillet 1860. — Remise de 80 %. — Les 20 % non remis payables en cinq ans, par cinquièmes, de l'homologation. — N° du Greffe 16,984.

PIGEON, Hippolyte, *commerce de couvertures, Grande-Rue-d'Auteuil*, 32. — Jugement du 28 septembre 1860 homologuant le concordat du 15 septembre 1860. — Obligation de payer les créanciers, sans intérêts, en douze années, par douzièmes, du 1er janvier. — N° du Greffe 16,718.

PIGET, Eugène-Claude, *serrurier, rue de la Réforme*, 40, *et ci-devant rue des Prouvaires*, 6. — Jugement du 19 juin 1851 homologuant le concordat du 24 mai 1851. — Abandon de l'actif, à l'exception du mobilier personnel. — N° du Greffe 9,644.

PIGIS, Marcelin-Alphonse, *chapelier, Champs-Élysées*, 91. — Jugement du 13 mai 1859 homologuant le concordat du 4 mai 1859. — Remise de 70 %. — Les 30 % non remis payables en six ans, par sixièmes, de fin mai. — N° du Greffe 15,474.

PIGNOT, Étienne, *ferblantier-zingueur, rue St-Julien-le-Pauvre*, 5. — Jugement du 22 juin 1853 homologuant le concordat du 6 juin 1853. — Remise de 75 %. — Les 25 % non remis payables en cinq ans, par cinquièmes, du dit jour 6 juin 1853. — N° du Greffe 9,655.

PIGNY, veuve GRANDJEAN, Nathalie-Clarisse, *lingerie, rue St-Marc*, 17. — Voir : GRANDJEAN. — N° du Greffe 12,636.

PIGOREAU, *négociant, rue du Faubourg-du-Temple*, 94 ou 84. — Jugement du 23 décembre 1857 homologuant le concordat du 9 décembre 1857. — Abandon de l'actif énoncé au concordat. — Pascal, maintenu syndic. — N° du Greffe 10,892.

PILATRE, Jacquin-Joseph-Hector, *grainetier, à Charonne*. — Jugement du 10 janvier 1860 homologuant le concordat du 20 décembre 1859. — Abandon de l'actif énoncé au concordat. — Obligation de payer 25 % en cinq ans, par cinquièmes, de l'homologation. — Lacoste, maintenu syndic. — N° du Greffe 16,133.

PILAUDEAU, Adolphe-Jacques, *mécanicien, rue Ménilmontant*, 138. — Jugement du 12 août 1859 homologuant le concordat du 3 juin 1859. — Remise de 86 %. — Les 14 % non remis payables: 5 % le 31 janvier 1860, 5 % le 31 janvier 1861, 4 % le 31 décembre 1862. — N° du Greffe 13,940.

PILAUDEAU, Antoine, *mécanicien, rue Popincourt*, 64. — Jugement du 13 décembre 1854 homologuant le concordat du 27 novembre 1854. — Remise de 75 %. — Les 25 % non remis payables en cinq ans, par cinquièmes, d'année en année, du jour du concordat. — N° du Greffe 11,907.

PILLAUT, femme DELBOSQUE, société DELBOSQUE et Ce, Catherine-Pauline, *fabricante de corsets, rue de Mulhouse*, 8. — Voir : DELBOSQUE et Ce. — N° du Greffe 11,484.

PILLIARD et PLONUS, société, Paul, *teinturier, à la Courneuve, près St-Denis*. — Jugement du 5 juin 1855 homologuant le concordat du 21 mai 1855. — Remise des intérêts et frais non admis et de 80 %. — Les 20 % non remis payables : 12 % dix jours après l'homologation, et 8 % en quatre ans, par quarts, du 1er janvier 1856. — N° du Greffe 12,193.

PILLOD, *négociant, rue Saint-Merri*, 9. — Jugement du 15 décembre 1858 homologuant le concordat du 4 décembre 1858. — Abandon de l'actif énoncé au concordat. — Trille, maintenu syndic. — N° du Greffe 15,023.

PILLON, François-Félix, *marchand de vins-traiteur, à Fontenay-aux-Roses*. — Jugement du 17 février 1857 homologeant le concordat du 3 février 1857. — Remise de 75 %. — Les 25 % non remis payables en cinq ans, par cinquièmes, d'année en année, pour le premier paiement avoir lieu fin janvier 1858. — N° du Greffe 13,908.

PILLOT, Nicolas-Epiphane, *blanchisseur de laines, rue de l'Aiguillerie*, 2. — Jugement du 27 août 1858 homologuant le concordat du 10 août 1858. — Remise de 90 %. — Les 10 % non remis payables en quatre ans, par quarts, du 1er août. — N° du Greffe 14,896.

PILLOT, Nicolas-Jean, *marchand de vins, port de Bercy*, 29. — Jugement du 10 mai 1860 homologuant le concordat du 23 avril 1860. — Remise de 80 %. — Les 20 % non remis payables : 10 % un mois après l'homologation, 3 % le 1er juillet des années 1861, 1862, et 4 % le 1er juillet 1863. — N° du Greffe 16,510.

PILON, société DELAROCHE, Pierre-Abel, *éditeur, rue Hautefeuille*, 1. — Voir : DELAROCHE et PILON. — N° du Greffe 11,243.

PIN, personnellement, société NARDOU, Charles-Marie-Émile, *négociant, rue Grange-Batelière, ci-devant rue Neuve-Saint-Eustache*, 14. — Jugement du 29 octobre 1852 homologuant le concordat du 19 du dit mois. — Obligation de payer un dividende de 4 %, sans intérêts, dans quatre ans, du concordat. — Mme veuve Pin, caution. — N° du Greffe 8,081.

PIN veuve, et **STEINER**, société, *fabrique de tiges piquées, rue de Rambuteau*, 74. — Jugement du 12 juin 1862 homologuant le concordat du 21 mai 1862. — Remise de 70 %. — Les 30 non remis payables, sans intérêts, en trois ans, par tiers, du 31 mai. — N° du Greffe 19,727.

PINARD, François, *marchand de meubles, rue de la Concorde*, 23. — — Jugement du 12 mai 1851 homologuant le concordat du 3 décembre 1850. — Remise de 80 % en principal, intérêts et frais. — Les 20 % non remis payables en quatre ans, par quarts, le 31 décembre 1851, 1852, 1853 et 1854. — N° du Greffe 9,447.

PINARD, Augustin, *fabricant de passe-partout pour encadrement, route de la Reine*, 54, *à Boulogne*. — Jugement du 22 mars 1859 homologuant le concordat du 7 mars 1859. — Remise de 60 %. — Les 40 % non remis payables en cinq ans, par cinquièmes, de l'homologation. — N° du Greffe 15,070.

PINAUD, société MONTREUIL, *marchand de vins-traiteur, rue du Faubourg-St-Martin*, 6. — Voir : MONTREUIL. — N° du Greffe 18,818.

PINCHARD, Firmin, *négociant en broderies, rue des Jeuneurs*, 10. — Jugement du 7 décembre 1859 homologuant le concordat du 21 novembre 1859. — Remise de 75 %. — Les 25 % non remis payables : 9 % le 1er décembre 1860, et 8 % le 1er décembre 1861 et 1862. — N° du Greffe 16,332.

PINCHON, Pierre-Édouard, *ex-marchand de vins traiteur, rue Cassette*, 6. — Jugement du 3 février 1859 homologuant le concordat du 17 janvier 1859. — Remise de 90 %. — Les 10 % non remis payables : 6 % comptant en espèces déposées chez M. Devin, et 4 % le 1er janvier 1860 et 1861. — Devin, maintenu syndic. — N° du Greffe 15,310.

PINEL fils et veuve **PINEL**, société, *directeur de la Villa-Plaisance, avenue de Saint-Cloud*, 63. — Jugement du 21 octobre 1861 homologuant le concordat du 9 octobre 1861. — Abandon de l'actif énoncé au concordat. — Obligation de payer 20 % en cinq ans, par cinquièmes, de l'homologation. — Richard-Grison, maintenu syndic. — N° du Greffe 18,638.

PINEL, Louis-Hippolyte, *boulanger, chaussée de Ménilmontant*, 51, *à Belleville*. — Jugement du 19 juillet 1859 homologuant le concordat du 25 juin 1859. — Abandon de l'actif énoncé au concordat. — Obligation de payer 5 % en cinq ans, par cinquièmes, de l'homologation. — Filleul, maintenu syndic. — N° du Greffe 15,898.

PINEL, Hector-Martial, *fabricant de chaises, rue des Vinaigriers*, 54. — Jugement du 24 décembre 1861 homologuant le concordat du 29 novembre 1861. — Remise de 70 %. — Les 30 % non remis payables en cinq ans, par cinquièmes, de l'homologation.

PINETTI, Pierre-Charles, *parfumeur coiffeur, galerie de la Madeleine*, 21 *ou* 11. — Jugement du 23 août 1853 homologuant le concordat du 8 août 1853. — Obligation de payer intégralement, par cinquièmes, d'année en année. — Le premier paiement le 15 août 1855, sans intérêts. — N° du Greffe 10,938.

PINGUET, Joseph-Charles-Félix, *fabricant de passementerie, rue Ménilmontant*, 138. — Jugement du 29 septembre 1858 homologuant le concordat du 8 septembre 1858. — Remise de 90 %. — Les 10 % non remis payables dans un an, de l'homologation. — N° du Greffe 14,976.

PIOCHE, dame FRATIN, Joséphine, *commerce de bronzes d'art, rue de l'Ile*, 1. — Jugement du 9 mars 1857 homologuant le concordat du 16 février 1857. — Remise de 85 %. — Les 15 % non remis payables, sans intérêts, en trois ans, par tiers, d'année en année, de l'homologation. — — N° du Greffe 13,189.

PIOGER et **PIANT**, société, *entrepreneurs de bâtiments, villa St-Pierre*, 27, *au Gros-Caillou*. — Voir : PIANT. — N° du Greffe 14,059.

PIOGER, personnel, de la société PIANT, Auguste. — Voir : PIANT, société PIOGER. — N° du Greffe 14,058.

PIOLINE, veuve LOSENDIÈRE-BERNARD, Marie, *commerce de crins tressés, rue Bichat*, 29. — Voir : veuve LOSSENDIÈRE. — N° du Greffe 14,263.

PIOTET, Marie-Louis, *marchand de nouveautés, rue du Faubourg-St-Denis*, 48. — Jugement du 17 juin 1853 homologuant le concordat du 2 juin 1853. — Abandon de l'actif et obligation de payer 2 % savoir : 1 % dans un an, 1 % dans deux ans, du jour du concordat. — N° du Greffe 10,821.

PIQEUNOT, Jean-Étienne, *jardinier-fleuriste, rue du Bois*, 89, *à Levallois*. — Jugement du 20 août 1858 homologuant le concordat du 4 août 1858. — Remise de 50 %. — Les 50 % non remis payables en cinq ans, par cinquièmes, du 1er septembre. — N° du Greffe 14,781.

PIROEL, Paul, *tapissier, rue du Bac*, 7. — Jugement du 28 septembre 1860 homologuant le concordat du 12 septembre 1860. — Remise de 80 %. — Les 20 % non remis payables : 5 % un mois après l'homologation, 15 % en cinq ans, par cinquièmes, de l'homologation. — N° du Greffe 10,891.

PITARD, personnellement, de la société TROPEY, Jacques-Louis, *cour Batave*, 18. — Jugement du 10 mars 1851 homologuant le concordat du 11 février 1851. — Obligation de payer : 10 % en quatre ans, par quarts, fin février des années 1852, 1853, 1854 et 1855. — N° du Greffe 9,467.

PITEUX, Constant-Joseph, *marchand de vins, épicier, à Montmartre*. — Jugement du 15 mars 1858 homologuant le concordat du 2 mars 1858. — Remise de 75 %. — Les 25 % non remis payables, sans intérêts, en cinq ans, du 1er mars prochain. — N° du Greffe 14,459.

PITOU, demoiselle, de la société RIESS et Cie, Louise-Eugénie, *commerce de fleurs artificielles, rue du Ponceau*, 24. — Jugement du 18 janvier 1856 homologuant le concordat du 18 décembre 1855. — Obligation par le sieur Riess et la demoiselle Pitou de payer le principal en cinq ans, par cinquièmes, d'année en année, à partir du jour du concordat. — En cas de vente de l'immeuble désigné affectation du prix. — Writ et Aubert, commissaires. — N° du Greffe 12,697.

PLAGNIOL, Antoine-Alexandre, *opticien, rue Pastourel*, 5. — Jugement du 24 juin 1858 homologuant le concordat du 31 mai 1858. — — Remise de 60 %. — Les 40 % non remis payables : 6 % le 1er juillet des années 1859, 1860, 1861 et 1862, 8 % le 1er juillet des années 1863 et 1864. — N° du Greffe 14,705.

PLAISANT, Julien, *layetier-emballeur, boulevard de la Butte-Chaumont*, 42. — Jugement du 17 octobre 1862 homologuant le concordat du 27 septembre 1862. — Remise de 50 %. — Les 50 % non remis payables en cinq ans, par cinquièmes, de l'homologation. — N° du Greffe 19.

PLANCHARD, *menuiserie, à Belleville*. — Jugement du 25 juin 1861 homologuant le concordat du 11 juin 1861. — Remise de 50 %. — Les 50 % non remis payables en cinq ans, par cinquièmes, du 1er juillet. — N° du Greffe 18,101.

PLANCHON et **LEVASSEUR**, société, Pierre, *entrepreneur de bâtiments, rue Lafayette*, 46. — Voir : LEVASSEUR. — N° du Greffe 13,885.

PLANER, Victor, *passementier, cour Batave*, 8. — Jugement du 28 mai 1852 homologuant le concordat du 4 dudit mois. — Remise de tous intérêts et frais et de 80 %. — Les 20 % non remis payables en quatre ans, par quarts, le 15 mai des années 1853, 1854, 1855 et 1856. — N° du Greffe 10,238.

PLANQUETTE et Cie, *loueur de force-motrice, boulevard Contrescarpe*, 36. — Jugement du 6 juin 1855 homologuant le concordat du 13 avril 1855. — Remise de 70 %. — Les 30 % non remis payables en trois ans, par tiers, à partir de l'homologation. — Vente immédiate des immeubles et du matériel de la société et recouvrement des créances actives pour être réparties. — N° du Greffe 12,067.

PLANTEVIGNE, Pierre, *voiturier, rue Saint-Claude*, 12. — Jugement du 10 octobre 1861 homologuant le concordat du 27 septembre 1861. — Obligation de payer le principal en dix ans, à compter de ce jour, en dix-neuf paiements, savoir : 10 % en six mois, et tous les paiements subséquents, à raison de 5 % tous les six mois. — N° du Greffe 18,507.

PLAQUET, Charles-François, *passementerie, rue Saint-Maur*, 216. — Jugement du 9 août 1854 homologuant le concordat du 21 juillet 1854. — Remise de 85 %. — Les 15 % non remis payables, sans intérêts, savoir : 3 % dans la huitaine de l'homologation, et 3 % le 1er juillet de chacune des années 1855, 1856, 1857 et 1858. — N° du Greffe 10,743.

PLAULT, Étienne-Lazare, *épicier, rue de la Chaussée-d'Antin*, 41. — Jugement du 18 janvier 1853 homologuant le concordat du 22 décembre 1853. — Remise de 80 %. — Les 20 % non remis payables en quatre ans, par quarts, à partir du jour de l'homologation. — N° du Greffe 10,646.

PLAZINSKI, dit Anthonny, *papetier, passage Mirès*, 18. — Jugement du 22 juillet 1862 homologuant le concordat du 9 juillet 1862. — Remise de 75 %. — Les 25 % non remis payables en cinq ans, par cinquièmes, de l'homologation. — N° du Greffe 19,832.

PLÉ-VETTER dame, Henri-Louis, *marchande de modes, rue Laffitte ou Lafayette*, 38. — Jugement du 22 août 1861 homologuant le concordat du 8 août 1861. — Remise de 85 %. — Les 15 % non remis payables en cinq ans, par cinquièmes, du 1er août. — N° du Greffe 17,809.

PLET, Hippolyte, *entrepreneur de bâtiments, rue de Sèvres*, 21, *à Vaugirard*. — Jugement du 16 juin 1862 homologuant le concordat du 2 juin 1862. — Remise de 80 %. — Les 20 % non remis payables en quatre ans, par quarts, de l'homologation. — N° du Greffe 17,621.

PLET, Charles, *bonneterie, rue St-Martin*, 110. — Jugement du 26 septembre 1861 homologuant le concordat du 23 juillet 1861. — Remise de 80 %. — Les 20 % non remis payables : 3 % les cinq premières années, et 5 % la sixième, de l'homologation. — N° du Greffe 18,213.

PLISSON fils et Cie, *produits chimiques, rue des Gravilliers*, 23. — Jugement du 26 novembre 1856 homologuant le concordat du 17 novembre 1856. — Remise de 45 %. — Les 55 % non remis payables par fractions de 5 et 6 % le 31 juillet 1857, le 31 janvier et le 31 juillet des années suivantes. — N° du Greffe 13,349.

PLISSON fils, Désiré, *produits chimiques, rue des Gravilliers*, 23. — Jugement du 3 décembre 1856 homologuant le concordat du 10 novembre 1856. — Remise de 95 %. — Les 5 % non remis payables en cinq ans, par cinquièmes, d'année en année, pour le premier paiement avoir lieu le 1er novembre 1857. — N° du Greffe 13,356.

PLONUS, société PILLIARD, Henry, *teinturier, à la Cour-Neuve, près Saint-Denis*. — Voir : PILLIARD. — N° du Greffe 12,193.

PLOU, société GALLIET, Jacques, *banquier, rue Sainte-Anne*, 65. — Voir : GALLIET et PLOU. — N° du Greffe 16,177.

PLOYETTE, Ferdinand, *commerce de cristaux, route de la Révolte*, 168. — Jugement du 3 juin 1856 homologuant le concordat du 19 mai 1856. — Remise de 70 %. — Les 30 % non remis payables en cinq ans, par cinquièmes, d'année en année, du jour de l'homologation. — N° du Greffe 13,024.

PLUCHONNEAU, Adolphe-Mathieu-Claude, *marchand de bois, rue des Vinaigriers*, 66. — Jugement du 29 décembre 1854 homologuant le concordat du 9 du même mois. — Abandon de l'actif énoncé au concordat. — Obligation de payer 6 %, par moitiés, le 1er janvier des années 1857 et 1858. — N° du Greffe 11,187.

PLUMIER, Pierre-Joseph, *menuisier, rue de la Révolte*, 12, *à Neuilly*. — Jugement du 26 octobre 1852 homologuant le concordat du 5 août 1852. — Abandon de l'actif à l'exception du mobilier personnel désigné au concordat. — Obligation de verser dans la quinzaine du concordat une somme de 4,700 fr. ès-mains de M. Battarel. — N° du Greffe 8,207.

PODEVIN, Charles, *fabricant de chaussures, rue Bonaparte*, 37. — Jugement du 26 février 1857 homologuant le concordat du 14 février 1857. — Remise de 75 %. — Les 25 % non remis payables en cinq ans, du jour du concordat, savoir : 5 % dans un an, et 20 % à raison de 2 % de six mois en six mois. — N° du Greffe 13,515.

POHL-JAFFA et Cie, Charles-Isaac, *chemisiers, rue de Rivoli*, 91. — Jugement du 4 juillet 1861 homologuant le concordat du 22 juin 1861. — — Remise de 70 %. — Les 30 % non remis payables, sans intérêts, en cinq ans, par cinquièmes, fin juillet. — N° du Greffe 18,210.

POIGNANT, Jean-Baptiste, *vins-traiteur, charpentier, avenue de Clichy*. — Jugement du 27 juin 1856 homologuant le concordat du 6 juin 1856. — Abandon par le sieur Poignant à ses créanciers, de l'actif énoncé au concordat, obligation, en outre, de leur payer 25 % sur le montant de leurs créances, en cinq ans, par cinquièmes, du jour du concordat. — M. Crampel, commissaire à l'exécution du concordat. — N° du Greffe 12,405.

POINSARD jeune, *fauteuils, rue St-Pierre-Popincourt*, 6, *ci-devant passage St-Sébastien*, 6. — Jugement du 19 janvier 1859 homologuant le concordat du 4 janvier 1859. — Remise de 80 %. — Les 20 % non remis payables en quatre ans, par quarts, du 1er janvier. — N° du Greffe 15,348.

POINSAT, Joseph ou Alfred, *passementerie*, 277, *rue St-Denis*. — Jugement du 3 février 1859 homologuant le concordat du 17 janvier 1859. — Remise des intérêts et frais non admis et de 60 %. — Les 40 % non remis payables en huit ans, par huitièmes, du 15 janvier. — N° du Greffe 15,333.

POINTEAU, Jean-Édouard, *encadrements, faubourg St-Martin*, 33. — Jugement du 23 mai 1859 homologuant le concordat du 4 mai 1859. — Remise de 60 %. — Les 40 % non remis payables en cinq ans, par cinquièmes, du 1er juillet. — En cas de vente du fonds, affectations du prix au paiement des dividendes. — N° du Greffe 15,712.

POINTEAU, Jean-Édouard, *fabricant d'encadrements, rue du Faubourg-St-Martin*, 33. — Jugement du 12 décembre 1860 homologuant le concordat du 16 novembre 1860. — Remise de 75 %. — Les 25 % non remis payables en huit ans, par huitièmes, du 15 janvier. — N° du Greffe 17,309.

POINTURIER demoiselle, Adèle, *modes, rue Cadet*, 17. — Jugement du 15 avril 1859 homologuant le concordat du 26 mars 1859. — Remise de 80 %. — Les 20 % non remis payables, sans intérêts, en quatre ans, par quarts, du 15 avril. — N° du Greffe 15,631.

POIRIER jeune, Jean-Julien, *peintures, rue St-Avoie*, 41. — N° du Greffe 353. — Jugement du 19 octobre 1849, qui homologue son concordat.

POISSENOT, François, *papiers peints*, 32, *boulevard Bonne-Nouvelle*. — N° du Greffe 561. — Jugement du 28 septembre 1849, qui homologue son concordat.

POISSON, femme, née BARBAROT, René-Louis, et Marie-Madeleine, *vins, à Montmartre*. — Voir : BARBAROT, femme POISSON, Marie-Madeleine. — N° du Greffe 10,862.

POISSON, dame KRAFFT, Marie-Léonie, *modes, rue de Choiseul*, 5. — Voir : KRAFFT. — N° du Greffe 12,855.

POISSON, Polinice-Léon, *produits alimentaires, rue Neuve-St-Paul*, 7. — Jugement du 15 juin 1859 homologuant le concordat du 31 mai 1859. — Remise de 25 %. — Les 15 % non remis payables en trois ans, par tiers, de l'homologation. — N° du Greffe 15,742.

POISSON, Alexis-François, *boulanger, à Paris-la-Villette*. — Jugement du 24 octobre 1859 homologuant le concordat du 10 octobre 1859. Remise de 80 %. — Les 20 % non remis payables en cinq ans, par cinquièmes, du 1er novembre. — N° du Greffe 14,595.

POITEVIN, Jean, *épiceries, à Paris-Vaugirard*. — Jugement du 31 juillet 1862 homologuant le concordat du 15 juillet 1862. — Remise de 70 %. — Les 30 % non remis payables en trois ans, par tiers, du 15 septembre. — N° du Greffe 19,763.

POITREY, Jean-Louis, *épicier, à Neuilly, rue du Château*, 17. — Jugement du 12 juillet 1859 homologuant le concordat du 27 juin 1859. — Remise de 75 %. — Les 25 % non remis payables en cinq ans, par cinquièmes, de l'homologation, sans intérêts. — N° du Greffe 15,772.

POL et Cie, société, Édouard, *peintre sur porcelaines, rue des Amandiers*, 6, *à Paris-Charonne*. — Jugement du 13 octobre 1859 homologuant le concordat du 16 septembre 1859. — Remise de 80 %. — Les 20 % non remis payables, sans intérêts, en cinq ans, par cinquièmes, de l'homologation. — N° du Greffe 13,957.

POLAK, Antoine-Méyer, *ex-banquier, rue de Lancry*, 7. — Jugement du 21 décembre 1854 homologuant le concordat du 11 décembre 1854. — Remise de 70 %. — Les 30 % non remis payables en quatre ans, par quarts, d'année en année, pour le premier paiement avoir lieu le 31 décembre 1855. — N° du Greffe 11,744.

POLAK, Antoine-Méyer, *ex-banquier, rue de Lancry*, 9. — Jugement du 1er octobre 1857 homologuant le concordat du 19 septembre 1857. — Remise de 85 %. — Les 15 % non remis payables, sans intérêts, en six ans, par sixièmes, d'année en année, pour le premier paiement avoir lieu le 1er octobre 1858. — N° du Greffe 13,845.

POLAK, Joseph, *ex-négociant, agent d'affaires, rue d'Arcole*, 19. — Jugement du 22 novembre 1854 homologuant le concordat du 11 du même mois. — Remise de 90 %. — Les 10 % non remis payables en dix ans, d'année en année, pour faire le premier paiement un an après l'homologation. — N° du Greffe 11,183.

POLFFER, Michel, *voitures, rue des Petits-Hôtels*, 7. — Jugement du 22 février 1856 homologuant le concordat du 7 février 1856. — Remise de 85 %. — Les 15 % non remis payables, sans intérêts, en trois ans, par tiers, d'année en année, à partir de l'homologation. — N° du Greffe 12,766.

POLFFER, Michel, *fabricant de voitures, rue des Petits-Hôtels*, 7. — Jugement du 23 juin 1862 homologuant le concordat du 30 juin 1862. — Remise de 60 %. — Les 40 % non remis payables en cinq ans, par cinquièmes, du concordat. — N° du Greffe 19,544.

POLINO, François, *peigneur de laine, rue St-Maur-Popincourt*, 42. — Jugement du 24 décembre 1855 homologuant le concordat du 10 décembre 1855. — Remise de 80 % — Les 20 % non remis payables sans intérêts, en cinq ans, par cinquièmes, d'année en année, pour le premier paiement avoir lieu un an après l'homologation. — N° du Greffe 12,390.

POLIOT aîné, Louis-Honoré, *poêlier-fumiste, rue St-Sauveur*, 30. — Jugement du 29 octobre 1851 homologuant le concordat du 17 du même mois. — Remise de tous intérêts et frais et de 50 %. — Les 50 % non remis payables en six paiements égaux, d'année année. — Premier paiement 15 novembre 1852. — N° du Greffe 9,866.

POLLET-HOCQUET, Charles-Alexandre-Marie, *modes, rue Richelieu*, 110. — Jugement du 2 octobre 1854 homologuant le concordat du 15 septembre 1854. — Abandon de l'actif énoncé au concordat, et obligation, en outre, de payer 2 % en quatre ans, par moitiés, de deux en deux ans, pour le premier paiement avoir lieu deux ans après l'homologation. — N° du Greffe 11,217.

POMMIER père, *menuisier, rue de Suresne*, 33. — N° du Greffe 412. — Jugement du 18 juin 1849 qui homologue son concordat.

PONMIER, André, *gérant du journal* l'Écho Agricole, *rue Coquillère*, 12 *bis*. — Jugement du 7 avril 1852 homologuant le concordat du 12 février 1852, qualifie faillite la cessation de paiement. — Remise à Pommier, personnellement, de 80 %. — Les 20 % non remis, payables sans intérêts, et en quatre ans, par quarts, du 1er mars 1852. — Abandon, en outre, de l'actif énoncé au concordat. — Boulet, commissaire. — N° du Greffe 433.

PONCELET, Edouard-Auguste, *fondeur, à Paris-Belleville*. — Jugement du 16 décembre 1853 homologuant le concordat du 29 novembre 1853. — Remise de 75 %. — Les 25 % non remis payables en cinq ans, par cinquièmes, d'année en année. — Le premier paiement fin novembre 1854. — N° du Greffe 10,884.

PONCELET, Nicolas, *tailleur, rue des Filles-St-Thomas*, 5. — Jugement du 19 juin 1850 homologuant le concordat du 29 octobre 1849. — Obligation de payer à ses créanciers, 50 % en principal intérêts et frais au lieu de 30 % promis par le concordat. — Les 50 % payables : 10 % quatre mois après l'homologation, 10 % deux mois après ce 1er paiement, 10 % un an après l'homologation, 10 % dix-huit mois après l'homologation, et 10 % deux ans apres l'homologation. — Garantie par le sieur Picard, Pierre-Alphonse, rue d'Amsterdam, 28, des 20 premiers % et des frais. — N° du Greffe 608.

PONCELIN, *négociant, rue de la Victoire*, 36. — Jugement du 4 juillet 1856 homologuant le concordat du 21 juin 1856. — Remise de 90 %. — Les 10 % non remis payables en trois ans, par tiers, d'année en année, du jour de l'homologation. — N° du Greffe 46,992.

PONCET, Faustin, *menuisier, rue Lamartine*, 27. — Jugement du 8 février 1854 homologuant le concordat du 24 janvier 1854. — Remise de 85 %. — Les 15 % non remis payables en cinq ans, par cinquièmes, d'année en année. — Le premier paiement devra avoir lieu le 1er février 1855. — N° du Greffe 11,090.

PONCET, Eugène, *comme ex-directeur seulement du bleu de France, rue de la Ferme-des-Mathurins*, 34. — Jugement du 23 août 1852 homologuant le concordat du 6 dudit mois. — Remise de tous intérêts et frais et de 90 %. — Les 10 % non remis payables au moyen du prélèvement annuel du cinquième de ce que gagnera Poncet comme employé directeur ou gérant d'un établissement quelconque et de tout ce qui lui écherra à un titre quelconque. — Obligation par la dame veuve Poncet de verser dans un an du concordat 10,000 francs entre les mains du sieur Rimbert, 7, faubourg-Montmartre. — N° du Greffe 10,380.

PONS, Jean-Louis, *charbonnier, rue Neuve-des-Martyrs*, 2. — Jugement du 18 juillet 1862 homologuant le concordat du 26 juin 1862. — Remise de 70 %. — Les 30 % non remis payables en six ans, par sixièmes, de l'homologation. — N° du Greffe 19,719.

PONSOT ou **PONTOT**, Jean-Claude, *crémier, rue de la Roquette*, 75. — Jugement du 15 janvier 1856 homologuant le concordat du 12 décembre 1855. — Obligation par le sieur Ponsot, de payer à ses créanciers le montant intégral de leurs créances, en principal, intérêts et frais, le 1er janvier 1857. — N° du Greffe 12,337.

PONT, *cercle Franco-Américain, boulevard Montmartre*, 10. — Jugement du 10 octobre 1855 homologuant le concordat du 29 septembre 1855. — Remise de 90 %. — Les 10 % non remis payables en deux ans, par moitiés, du jour de l'homologation. — N° du Greffe 12,328.

PONTADY, Pierre-Théodore, *négociant en châles, rue Vivienne*, 34. — Jugement du 8 mai 1856 homologuant le concordat du 25 avril 1856. — Remise de 75 %. — Les 25 % non remis payables : moitié aussitôt après l'homologation et l'autre moitié six mois après. — MM. Marin-Armand Pontady, Auguste et Jules Pontady, cautions des dividendes promis. — N° du Greffe 12,940.

POPELARD, François-Charles, *ex-marchand de vins, rue de Chabrol*, 24. — Jugement du 4 janvier 1855 homologuant le concordat du 1er décembre 1854. — Remise de 90 %. — Les 10 % non remis payables en cinq ans, par cinquièmes, du concordat. — N° du Greffe 11,739.

POPOT-HAMELIN, *nouveautés, rue de la Gaîté*, 46. — N° du Greffe 511. — Jugement du 9 juillet 1849 qui homologue son concordat.

PORCHER, Jules, *entrepreneur de bâtiments, rue du Petit-Pont*, 10. — Jugement du 21 mars 1854 homologuant le concordat du 28 février 1854. — Remise des intérêts et frais non admis et de 70 %. — Les 30 % non remis payables en cinq ans, par cinquièmes, d'année en année. — Le premier paiement le 1er mars 1855. — N° du Greffe 9,974.

PORCHER, Jean-Alexis, *restaurateur, aux Champs-Élysées*. — Jugement du 18 janvier 1855 homologuant le concordat du 29 décembre 1854. — Remise de 90 %. — Les 10 % non remis payables en cinq ans, par cinquièmes, d'année en année, à partir du 1er février 1855. — N° du Greffe 11,773.

PORCHER, Louis-Charles, *horloger, rue Mouffetard*, 268. — Jugement du 23 mai 1861 homologuant le concordat du 8 mai 1861. — Remise de 90 %. — Les 10 % non remis payables : 2 1/2 % un an après l'homologation, et 2 1/2 % de six mois en six mois, à partir de l'expiration de l'année ci-dessus. — N° du Greffe 18,041.

PORCHERET, Julien, *ex-charron, faubourg-St-Martin*, 263. — Jugement du tribunal de la Seine du 17 septembre 1852 homologuant le concordat du 23 août 1852. — Remise de tous intérêts et frais non admis et de 90 %. — Les 10 % non remis payables : 5 % dans un an et 5 % dans deux ans, du jour du concordat. — N° du Greffe 10,294.

PORCHON, Louis, *confectionneur, faubourg St-Martin*, 25. — Jugement du 4 février 1859 homologuant le concordat du 22 janvier 1859. — Remise de 80 %. — Les 20 % non remis payables en quatre ans, par quarts, de l'homologation. — N° du Greffe 15,424.

PORÉE, Charles, *nouveautés, à Montmartre*. — Jugement du 19 novembre 1855 homologuant le concordat du 5 du même mois. — Remise de 85 %. — Les 15 % non remis payables dans un an du concordat. — M. Martin, caution du premier des dividendes promis. — N° du Greffe 11,599.

PORTE, Julie-Aimée, femme HERET, *blanchisseuse, à Boulogne*. — Jugement du 24 février 1859 homologuant le concordat du 12 février 1859. — Remise de 80 %. — Les 20 % non remis payables en quatre ans, par quarts. — N° du Greffe 15,365.

PORTHAULT, François-Narcisse-Laurent, *vins, à Grenelle*. — Jugement du 13 mars 1856 homologuant le concordat du 20 février 1856. — Remise de 80 %. — Les 20 % non remis payables en quatre ans, par quarts, d'année an année, pour le premier paiement avoir lieu le 1er avril 1857. — N° du Greffe 12,783.

PORTIER, Alexandre-Xavier, *huiles, rue de Luberck*, 27. — Jugement du 8 mai 1854 homologuant le concordat du 22 avril 1854. — Remise de 90 %. — Les 10 % non remis payables en cinq ans, par cinquièmes, d'année en année. — Le premier paiement un an après l'homologation. — N° du Greffe 11,345.

PORTIER, société HAMM, Jean-Baptiste-Joseph, *coutelier, rue de l'École-de-Médecine*, 6. — Voir : société HAMM et CHAMEROY. — N° du Greffe 10,785.

POSSIEN, Louis-François-Henri, *épicier, faubourg St-Martin*, 192.— Jugement du 14 mai 1850 homologuant le concordat du 29 avril 1850. — Remise de 70 °/₀ et de tous intérêts et frais non admis. — Les 30 °/₀ restant payables par cinquièmes, de six en six mois, à partir de l'homologation du concordat. — N° du Greffe 9,255.

POSSO fils et **MAYER**, Isaac, *manufacturiers d'encre, rue Boutarel*, 1. — Jugement du 19 juillet 1861 homologuant le concordat du 22 juin 1861. — Abandon de l'actif énoncé au concordat. — Obligation de payer 16 °/₀ en huit ans, par huitièmes, de l'homologation. — Trille, maintenu syndic. — N° du Greffe 16,838.

POSTWEILER, Achille, *menuisier en voitures, rue des Biches*. — Jugement du 20 juin 1862 homologuant le concordat du 23 mai 1862. — Abandon de l'actif énoncé au concordat. — Obligation de payer 10 °/₀ en deux ans, par moitiés, fin mai. — Hécaen, maintenu syndic. — N° du Greffe 19,606.

POTHÉE-NIBELLERIE, Eugène, *ex-banquier, entrepreneur de voitures, rue St-Dominique-St-Germain*, 142. — Jugement du 16 mai 1855 homologuant le concordat du 28 avril 1855. — Abandon de l'actif énoncé au concordat. — N° du Greffe 11,513.

POTIER fils, Toussaint, *marchand de bronzes, passage Véro-Dodat*. — Jugement du 13 décembre 1853 homologuant le concordat du 8 du même mois. — Remise de 50 °/₀. — Les 50 °/₀ non remis payables en cinq ans, par cinquièmes, d'année en année. — Le premier paiement le 8 décembre 1854. — Mme Potier, épouse du failli, caution de 50 °/₀. — — N° du Greffe 11,121.

POTIER, dame, Guillaume-Félix, *marchande de farines, rue de Viarmes*, 9. — Jugement du 19 juillet 1859 homologuant le concordat du 3 juin 1859. — Remise de 75 °/₀. — Les 25 °/₀ non remis payables : 15 °/₀ dans un an, 5 °/₀ dans deux ans, 5 °/₀ dans trois ans, de l'homologation. — N° du Greffe 15,725.

POTIN, Auguste-Amédée, *traiteur, rue de Louvois*, 3. — Jugement du 26 août 1855 homologuant le concordat du 5 dudit mois. — Remise de 75 °/₀. — Les 25 °/₀ non remis payables : 5 °/₀ le 1er novembre 1856, 10 °/₀ le 1er novembre des années 1857 et 1858. — N° du Greffe 12,239.

POTIN, François-Nicolas, *fabricant de lunettes, rue Salle-au-Comte*, 1. — Jugement du 26 février 1855 homologuant le concordat du 9 dudit mois. — Remise de 70 °/₀. — Les 30 °/₀ non remis payables en trois ans, par sixièmes, de six mois en six mois. — Le premier paiement le 9 août 1855. — N° du Greffe 11,652.

POTIN, Jean-Jacques, *marchand de papiers, rue St-Denis*, 228. — Jugement du 28 août 1855 homologuant le concordat du 6 du dit mois. — — Remise de 60 °/₀. — Les 40 °/₀ non remis payables : 6 °/₀ le 6 août des années 1856 et 1857, 7 °/₀ le 6 août des années 1858, 1859, 1860 et 1861. — N° du Greffe 12,356.

POTOF et demoiselle **JARY** ou **JARRY**, Richard-Pierre, et Clémence, *éditeurs, rue Montmorency*, 19. — Voir : JARY, demoiselle, Clémence. — N° du Greffe 12,949.

POTTIER, Louis-Denis, *marchand de bois de sciage à Belleville*. — — Jugement du 9 décembre 1858 homologuant le concordat du 1er décembre 1858. — Remise de 25 °/₀. — Les 75 °/₀ non remis payables en huit ans, par huitièmes, du concordat. — N° du Greffe 15,258.

POTTIER dame, Philippe-Alfred, *marchande de bimbeloterie, rue Chapon*, 20. — Jugement du 30 avril 1858 homologuant le concordat du 15 avril 1858. — Abandon de l'actif énoncé au concordat. — Obligation de payer 15 °/₀ sur le montant des créances en trois ans, par tiers, du jour du concordat. — M. Pottier, caution de 15 °/₀. — Sommaire, maintenu syndic. — N° du Greffe, 14,527.

POTTIER-JOUVENEL, Charles-André-Augustin, *fabricant de fourneaux, rue du Faubourg-St-Martin*, 59. — Jugement du 13 décembre 1850 homologuant le concordat du 30 novembre 1850. — Remise de 92 °/₀. — Les 8 °/₀ non remis payables en quatre ans, par quarts, le 1er décembre des années 1851, 1852, 1853 et 1854. — N° du Greffe 6,674.

POTY dit **ANDRIVON**, *papetier, rue Saint-Denis*, 354. — Concordat du 9 avril 1849. — N° du Greffe 98.

POUDRILLE, Charles, *marchand de vins-traiteur, rue St-Sébastien*, 54. — Jugement du 17 février 1854 homologuant le concordat du 1er du même mois. — Remise de 80 °/₀. — Les 20 °/₀ non remis payables en quatre ans, par quarts, d'année en année, du jour de l'homologation. — — N° du Greffe 11,147.

POUET, Jean-Vincent-André, *commerce de vins, rue Saint-Martin*, 222. — Jugement du 9 juillet 1856 homologuant le concordat du 20 juin 1856. — Remise de 85 °/₀. — Les 15 °/₀ non remis payables en trois ans, par tiers, d'année en année, pour le premier paiement avoir lieu le 1er janvier 1858. — N° du Greffe 13,073.

POUET, Marie-Gustave, *marchand de vins, rue Phelippeaux*, 29. — Jugement du 13 décembre 1859 homologuant le concordat du 28 novembre 1859. — Remise de 80 °/₀. — Les 20 °/₀ non remis payables en quatre ans, par quarts, du 1er janvier. — N° du Greffe 16,171.

POUETTRE, Pierre-Désiré, *marchand de lait, route d'Allemagne*, 11. — Jugement du 21 septembre 1860 homologuant le concordat du 1er août 1860. — Remise de 75 °/₀. — Les 25 °/₀ non remis payables en cinq ans, par cinquièmes, du 1er septembre. — N° du Greffe 16,615.

POUGET, Louis-Auguste, *fabricant de lampes, rue de Malte*, 10 *et* 12. — Jugement du 21 juin 1860 homologuant le concordat du 7 juin 1860. — Remise de 50 °/₀. — Les 50 °/₀ non remis payables, sans intérêts : 8 °/₀ le 15 septembre des années 1861, 1862, 1863, 1864 et 1865, et 10 °/₀ le 15 septembre 1866. — N° du Greffe 16,877.

POUILLET, Auguste, *scieur à la mécanique, rue des Entrepreneurs*, 76, *à Grenelle*. — Jugement du 22 février 1858 homologuant le concordat du 29 janvier 1858. — Remise de 80 °/₀. — Les 20 °/₀ non remis payables en quatre ans, par quarts, d'année en année. — Le premier paiement le 15 janvier 1859. — N° du Greffe 14,209.

POUILLIEN, Barthélemy, *fabricant de calottes, rue Montmartre*, 62. — Jugement du 14 novembre 1856 homologuant le concordat du 23 octobre 1856. — Remise de 95 °/₀. — Les 5 °/₀ non remis payables dans les huit jours de l'homologation, au domicile de M. Lauret père, rue du Renard-Saint-Sauveur, 5. — M. Lauret père, caution. — N° du Greffe 13,309.

POUILLOT, Pierre, *marchand de vins, rue de l'École-de-Médecine*, 65. — Jugement du 18 juillet 1854 homologuant le concordat du 1er du même mois. — Remise de 75 °/₀. — Les 25 °/₀ non remis payables en cinq ans, par cinquièmes, d'année en année. — Le premier paiement le 1er juillet 1855. — N° du Greffe 11,502.

POUJAUD de **NANCLAS**, Jacques, *cabinet d'affaires, passage Saulnier*, 9. — Jugement du 27 juillet 1859 homologuant le concordat du 28 mai 1859. — Remise de 80 °/₀. — Les 20 °/₀ non remis payables en cinq ans, par cinquièmes, du 1er juillet. — N° du Greffe 15,547.

POULAIN, Auguste-Marie, *marchand de nouveautés, rue St-Victor*, 78 *et* 80. — Jugement du 12 octobre 1852 homologuant le concordat du 27 septembre 1852. — Remise de tous intérêts et frais et de 80 °/₀. — Les 20 °/₀ non remis payables en deux ans, par moitiés, le 1er octobre des années 1853 et 1854. — N° du Greffe 10,452.

POULAIN, Félix-Marie, *passementier, rue Saint-Denis*, 285. — Jugement du 8 octobre 1862 homologuant le concordat du 17 septembre 1862. — Abandon de l'actif énoncé au concordat. — Devin, maintenu syndic. — N° du Greffe 419.

POULAIN, *marchand de vins et liqueurs, rue Croix-Nivert*, 33. — Jugement du 25 juillet 1862 homologuant le concordat du 7 juillet 1862. — Remise de 80 °/₀. — Les 20 °/₀ non remis payables en quatre ans, par quarts, de l'homologation. — N° du Greffe 19,800.

POULARD, société SAVOY, Auguste, *commissionnaire de roulage, à Mamers (Sarthe), et à Bercy, boulevard de Bercy*. — Jugement du 16 avril 1855 homologuant le concordat du 23 mars 1855. — Remise de 90 °/₀. — Les 10 °/₀ non remis payables en quatre ans, par quarts, du concordat. — N° du Greffe 11,269.

POULET et Cie, Henri, *liquidateur, restaurant, passage Jouffroy, boulevard Montmartre*, 10. — Jugement du 6 mai 1857 homologuant le concordat du 21 avril 1857. — Abandon de l'actif énoncé au concordat. —

Obligation de payer 9 %, par tiers, le 30 juin des années 1859, 1860 et 1861. — Lefrançois, maintenu syndic. — N° du Greffe 13,577.

POULET demoiselle, Thérèse-Véronique, *lingère, rue du Faubourg-Montmartre*, 25. — Jugement du 28 décembre 1857 homologuant le concordat du 16 décembre 1857. — Remise de 75 %. — Les 25 % non remis payables en cinq ans, par cinquièmes, d'année en année. — Le premier paiement le 25 décembre 1858.

POULET, Victor-Désiré, *commissionnaire en marchandises, rue de l'Échiquier*, 17. — Jugement du 18 novembre 1862 homologuant le concordat du 27 octobre 1862. — Remise de 70 %. — Les 30 % non remis payables, sans intérêts, en six ans, par sixièmes, de fin décembre. — N° du Greffe 222.

POULET, *négociant et confections, rue Saint-Martin*, 204. — Jugement du 11 octobre 1861 homologuant le concordat du 2 octobre 1861. — Abandon de l'actif énoncé au concordat. — Obligation de payer 6 % en deux ans, par moitiés, de l'homologation. — Trille, maintenu syndic. — N° du Greffe 18,280.

POULIN, Jacques-Antoine, *marbrier, à Batignolles*. — Jugement du 2 août 1859 homologuant le concordat du 12 juillet 1859. — Remise de 80 %. — Les 20 % non remis payables en quatre ans, par quarts, de l'homologation. — N° du Greffe 15,786.

POULLAIN, *marchand de meubles, Grande-Rue*, 83, *à Passy*. — Concordat du 30 août 1849. — N° du Greffe 454.

POUPELLE, Dieudonné-Joseph, *marchand d'oranges, rue de la Cossonnerie*, 32. — Jugement du 1er août 1851 homologuant le concordat du 17 juillet 1851. — Remise de 85 % en capital, intérêts et frais. — Les 15 % non remis payables : 2 1/2 % par an, le premier paiement le 31 juillet 1852, et ainsi jusqu'au parfait paiement des 15 %. — Obligation solidaire de la dame Poupelle. — N° du Greffe 9,760.

POURRIEZ, Pierre-Joseph, *marchand de fromages, Grande-Rue*, 106, *à la Chapelle*. — Jugement du 8 décembre 1862 homologuant le concordat du 15 novembre 1862. — Remise de 80 %. — Les 20 % non remis payables en deux ans, par moitiés, de l'homologation. — N° du Greffe 546.

POUSSIELGUE, société MASSON, *imprimeur, rue Croix-des-Petits-Champs*, 29. — Voir : MASSON, société POUSSIELGUE. — N° du Greffe 10,864.

POUSSIELGUE, personnellement, *négociant, rue Croix-des-Petits-Champs*, 29. — Jugement du 29 novembre 1855 homologuant le concordat du 10 novembre 1855. — Abandon de l'actif réalisé et à réaliser. — Huet, commissaire. — N° du Greffe 10,870.

POUSSIF, Jacques, *marchand de vins, rue de la Tour-d'Auvergne*, 5. — Jugement du 24 septembre 1850 homologuant le concordat du 14 septembre 1850. — Remise de 80 %. — Les 20 % non remis payables en quatre ans, par quarts, d'année en année, à compter du 14 septembre 1850. — N° du Greffe 9,521.

POUSSIN et Cie, Denis-Joseph, *imprimeur-lithographe, rue St-Maur*, 134. — Jugement du 2 mai 1860 homologuant le concordat du 19 avril 1860. — Remise de 65 %. — Les 35 % non remis payables en cinq ans, par cinquièmes, de l'homologation. — N° du Greffe 15,953.

POUVILLION et Cie, Louis-Prosper, *commerce de cotons filés, rue de Lancry*, 17, *ci-devant quai Bourbon*, 19. — Voir : BRAQUEHAIS, société POUVILLION. — N° du Greffe 11,442.

POUY, Henri, *limonadier, rue des Bons-Enfants*, 4. — Jugement du 25 novembre 1861 homologuant le concordat du 11 novembre 1861. — Remise de 75 %. — Les 25 % non remis payables en cinq ans, par cinquièmes, du concordat. — N° du Greffe 17,858.

POUYDEBAT, Jean, *marchand de châles, rue Neuve-Saint-Eustache*, 54. — Jugement du 24 février 1859 homologuant le concordat du 12 février 1859. — Remise de 75 %. — Les 25 % non remis payables : 4 % trois mois après l'homologation, 7 % le 30 juin des années 1860, 1861, 1862, sans intérêts. — N° du Greffe 15,434.

POYER, Charles-François, *peintre en bâtiments, rue du Faubourg-Saint-Denis*, 56. — Jugement du 28 mars 1862 homologuant le concordat du 10 mars 1862. — Remise de 75 %. — Les 25 % non remis payables, sans intérêts, en cinq ans, par cinquièmes, de l'homologation. — N° du Greffe 19,162.

PRADEAUX, Étienne, *marchand de vins, route de Versailles*, 62. — Jugement du 23 juillet 1859 homologuant le concordat du 27 juin 1859. — Remise de 75 %. — Les 25 % non remis payables en cinq ans, par cinquièmes, du 1er mai. — N° du Greffe 15,781.

PRADES et Cie, *assurances militaires, rue du Temple*, 28, *et rue Jacques-Debrosses*, 10. — Jugement du 13 janvier 1854 homologuant le concordat du 26 décembre 1853. — Abandon de l'actif et obligation de payer 12 % par tiers, d'année en année. — Le premier paiement le 1er janvier 1855. — N° du Greffe 10,747.

PRADIER demoiselles, sœurs, Marie-Aimée et Jeanne, *commerce de dentelles, rue Montmartre*, 152. — Jugement du 19 mai 1859 homologuant le concordat du 28 avril 1859. — Remise de 85 %. — Les 15 % non remis payables, sans intérêts, par tiers, d'année en année, de l'homologation. — N° du Greffe 15,636.

PRADIER et SARRAZIN, François-Simon-Charles, *marbres artificiels, rue des Amandiers-Popincourt*, 28. — Jugement du 10 avril 1856 homologuant le concordat du 29 mars 1856. — Remise de 80 %. — Les 20 % non remis payables en quatre ans, par quarts, d'année en année. — Le premier paiement fin mars 1857. — N° du Greffe 12,692.

PRAND, Louis-Eugène, *marchand de papiers de fantaisie, rue Chapon*, 27. — Jugement du 18 novembre 1862 homologuant le concordat du 27 octobre 1862. — Remise de 85 %. — Les 15 % non remis payables en trois ans, par tiers, de l'homologation. — N° du Greffe 597.

PREISS, Jean-David, *loueur de voitures, rue St-Jean*, 10. — Jugement du 9 octobre 1862 homologuant le concordat du 20 septembre 1862. — Remise de 50 %. — Les 50 % non remis payables en cinq ans, par cinquièmes, du concordat. — N° du Greffe 6.

PREL, Joseph, *marchand de vins, rue des Vertus*, 30, *à la Villette*. — Jugement du 9 novembre 1860 homologuant le concordat du 19 janvier 1857. — Obligation de payer l'intégralité des créances en trois ans, par dividende, de six mois en six mois, du 15 juillet. — Affectation au paiement des dividendes des sommes énoncées au concordat. — Lacoste, maintenu syndic. — N° du Greffe 16,141.

PRENLELOUP dame, Léon, *lingère rue de Cléry*, 84. — Jugement du 29 janvier 1858 homologuant le concordat du 20 janvier 1858. — Remise de 88 %. — Les 12 % non remis payables en quatre ans, par quarts, de l'homologation. — N° du Greffe 14,328.

PRESTREAU, Alphonse, *marchand d'instruments de musique, quai de l'École*, 6. — Jugement du 24 décembre 1861 homologuant le concordat du 14 décembre 1861. — Remise de 85 %. — Les 15 % non remis payables en trois ans, par tiers, de l'homologation. — N° du Greffe 18,790.

PRÉVAULT ou **PRÉVAUT**, Auguste-Charles, *marchand de bois, rue Fontaine-Molière*, 25. — Jugement du 4 novembre 1853 homologuant le concordat du 22 octobre 1853. — Remise de 75 %. — Les 25 % non remis payables en cinq ans, par cinquièmes, d'année en année. — Le premier paiement le 1er novembre 1854. — N° du Greffe 10,735.

PRÉVEL-BOUVET, *commissionnaire de roulage, rue Culture-Ste-Catherine*, 25. — Jugement du 18 avril 1862 homologuant le concordat du 1er avril 1862. — Remise de 85 % — Les 15 % non remis payables en cinq ans, par cinquièmes, du concordat. — N° du Greffe 19,403.

PRÉVOST, François, *limonadier, à Batignolles, boulevard des Batignolles*, 16. — Jugement du 8 octobre 1859 homologuant le concordat du 5 octobre 1859. — Abandon de l'actif énoncé au concordat. — Obligation de payer 5 % à deux ans de l'homologation. — Quatremère, maintenu syndic. — N° du Greffe 14,708.

PRÉVOST, *négociant, rue du Rocher*, 85. — Jugement du 13 mai 1859 homologuant le concordat du 29 avril 1859. — Remise de 90 %. — Les 10 % non remis payables le 1er novembre prochain. — N° du Greffe 15,743.

PREVOST demoiselle, Joséphine-Eugénie, *marchande de modes, rue Laffitte*, 54. — Jugement du 30 mars 1854 homologuant le concordat du 18 mars 1854. — Remise de 75 %. — Les 25 % non remis payables en cinq ans, par cinquièmes, d'année en année. — Le premier paiement dans quinze mois du jour du concordat. — N° du Greffe 11,278.

PREVOST, Paul, *marchand de charbons et de bois, rue de Bretagne*, 49. — Jugement du 24 décembre 1858 homologuant le concordat du 9 décembre 1858. — Remise de 80 %. — Les 20 % non remis payables, sans intérêts : 5 % dans le mois de l'homologation, 5 % dans les quatre mois de l'homologation, 5 % le 15 avril des années 1860 et 1861. — N° du Greffe 15,319.

PREVOST-DEPENSIER, Jean-Baptiste, *bonnetier, à Montmartre*. — — Jugement du 23 février 1852 homologuant le concordat du 24 janvier 1852. — Remise de 80 %. — Les 20 % non remis payables par quarts, fin janvier des années 1853, 1854, 1855, 1856. — Mme PREVOST-DEPENSIER, caution solidaire. — N° du Greffe 10,148.

PRÉVOST, Joseph, *fabricant de calottes, rue de Cléry*, 54. — Jugement du 13 février 1851 homologuant le concordat du 31 janvier 1851. — Remise de tous intérêts et frais et de 80 %. — Les 20 % non remis payables par quarts, les 13 février 1852, 1853, 1854 et 1855. — N° du Greffe 9,048.

PRÉVOST, Émile, *entrepreneur de bâtiments, rue de Bercy-St-Antoine*, 13. — Jugement du 21 février 1862 homologuant le concordat du 8 février 1862. — Remise de 50 %. — Les 50 % non remis payables : 10 % le 15 août 1862, 8 % le 15 février 1863, et 8 % les 15 février 1864, 1865, 1866 et 1867. — N° du Greffe 19,186.

PRÉVOST, Hippolyte-Antoine, *marchand de bronzes, rue de Vendôme*, 17. — Jugement du 7 août 1860 homologuant le concordat du 17 juillet 1860. — Obligation de payer l'intégralité des créances en cinq ans, par dixièmes, de six mois en six mois, de l'homologation. — N° du Greffe 16,977.

PRÉVOST, *marchand de cols cravates, passage Vivienne*, 9. — Jugement du 3 juin 1862 homologuant le concordat du 13 mai 1862. — Remise de 50 %. — Les 50 % non remis payables en huit ans, de six mois en six mois, par seizièmes, de l'homologation. — N° du Greffe 19,531.

PRÉVOST, *marchand de bois, rue Marbeuf*, 20. — Jugement du 28 mai 1849 homologuant son concordat. — N° du Greffe 363.

PRÉVOST aîné, Jean-Philippe, *fondeur en cuivre, rue Buisson-St-Louis*, 27. — Jugement du 24 octobre 1855 homologuant le concordat du 25 septembre 1855. — Remise de 75 %. Les 25 % non remis payables, sans intérêts : 6 % le 1er octobre 1856, 7 % le 1er octobre 1857, 6 % les 1ers octobre 1858 et 1859. — N° du Greffe 12,376.

PRÉVOST femme, Voir : ROBERT, femme, dite PREVOST. — N° du Greffe 11,018.

PRIEUR demoiselle, Louise, *fabricante de fournitures de poupées, rue Rambuteau*, 54. — Jugement du 25 février 1862 homologuant le concordat du 15 janvier 1862. — Remise de 80 %. — Les 20 % non remis payables en quatre ans, par quarts, du 15 janvier. — N° du Greffe 18,783.

PRIEUR, *boulanger, rue Beaurepaire*, 32. — Jugement du 13 août 1849 homologuant son concordat.

PRIVÉ, Louis-Adrien-Joseph, *apprêteur de chapeaux de paille, rue St-Denis*, 371. — Jugement du 6 octobre 1859 homologuant le concordat du 30 août 1859. — Abandon de l'actif énoncé au concordat. — M. Sautton, commissaire. — N° du Greffe 3,025.

PROCHASSON, Jean-Baptiste, *marchand forain, rue du Four-St-Germain*, 3. — Jugement du 21 avril 1854 homologuant le concordat du 7 du même mois. — Remise de 70 %. — Les 30 % non remis payables en quatre ans, par quarts, d'année en année. — Premier paiement, un an après l'homologation. — N° du Greffe 11,358.

PROMPT, Antoine, *peintre en bâtiments, rue Michel-Lecomte*, 13. — Jugement du 17 juin 1850 homologuant le concordat du 30 novembre 1849. — Remise de 85 % en principal, intérêts et frais. Les 15 % non remis payables en trois termes égaux de 5 % les 15 décembre 1850, 1851 et 1852. — N° du Greffe 764.

PRONTAUT, Jacques-Victor, *droguiste, rue du Paradis*, 8. — Jugement du 5 septembre 1854 homologuant le concordat du 24 août 1854. — Remise de 70 %. Les 30 % non remis payables, sans intérêts, savoir : 10 % dans le mois de l'homologation et 20 % avant le 31 décembre 1854. — N° du Greffe 11,557.

PROSPER, Édouard, *opticien, rue de Périgueux*, 5. — Jugement du 4 mai 1859 homologuant le concordat du 9 avril 1859. — Remise de 75 %. — Les 25 % non remis payables, sans intérêts, en cinq ans, par cinquièmes, de l'homologation. — N° du Greffe 15,442.

PROUTEAU, Paul, de la société PAULLET, *assortisseur d'étoffes, rue Bellefond*, 38. — Voir : PAULLET. — N° du Greffe 11,879.

PROVIN, Charles-Henri-Jules, *mercier, rue d'Antin-Batignolles*, 27. — Jugement du 21 mai 1860 homologuant le concordat du 25 avril 1860. — Abandon de l'actif énoncé au concordat. — Dans le cas où ce concordat ne produirait pas 25 %, obligation de parfaire la différence en trois ans, par tiers, de l'homologation. — Lacoste, commissaire. — N° du Greffe 16,740.

PRUD'HOMME dame, née Adélaïde AUDE, *couturière, rue St-Honoré*, 322. — N° du Greffe 14,045.

PRUD'HOMME, Pierre, *fabricant d'arçons, rue du Faubourg-St-Denis*, 162. — Jugement du 12 juin 1862 homologuant le concordat du 14 mai 1862. — Remise de 75 %. — Les 25 % non remis payables en quatre ans, par quarts, de l'homologation. — N° du Greffe 19,645.

PRUDON et Ce, Eugène-Sébastien, *marchands de papiers à cigarettes, rue St-Martin*, 149. — Jugement du 24 novembre 1862 homologuant le concordat du 11 octobre 1862. — Remise de 50 %. — Les 50 % non remis payables en cinq ans, par cinquièmes, de l'homologation. — N° du Greffe 18,912.

PRUNIOT, René-Gabriel, *jardinier, à Charenton-le-Pont*. — Jugement du 28 septembre 1857 homologuant le concordat du 10 septembre 1857. — Abandon de l'actif énoncé au concordat. — Obligation de payer 10 % sur le montant des créances, en cinq ans, par cinquièmes, d'année en année, du jour de l'homologation. — M. Devin, commissaire. — N° du Greffe 13,932.

PRUVOT, Aimé, *marchand de bière du Nord, à la Villette*. — Jugement du 15 janvier 1858 homologuant le concordat du 28 décembre 1857. — Remise de 75 %. — Les 25 % non remis payables en cinq ans, par cinquièmes, de l'homologation. — N° du Greffe 14,301.

PUJERVIE, Pierre-Philippe, *marchand de vins en gros et détails, rue Popincourt*, 37. — Jugement du 31 juillet 1857 homologuant le concordat du 10 juillet 1857. — Remise de 75 %. — Les 25 % non remis payables en quatre ans, par quarts, d'année en année, du jour de l'homologation. — M. Lefrançois, commissaire. — M. Pujervie, caution des dividendes. — N° du Greffe 13,867.

PURIAU, Alexis, *chapelier, faubourg du Temple*, 112. — Jugement du 27 décembre 1859 homologuant le concordat du 12 décembre 1859. — Remise de 85 %. — Les 15 % non remis payables en trois ans, par tiers, du concordat. — N° du Greffe 16,285.

PUSEL, Charles-Adolphe, *limonadier, quai St-Michel*, 27. — Jugement du 31 mars 1856 homologuant le concordat du 22 février 1856. — Remise de 75 %. — Les 25 % non remis payables en cinq ans, par cinquièmes, d'année en année. — Premier paiement 1er mars 1857. — N° du Greffe 12,617.

PUSQUELLET demoiselle, Catherine-Alphonsine, *tabletteries, rue des Vinaigriers*, 44. — Jugement du 31 juillet 1862 homologuant le concordat du 28 juin 1862. — Remise de 80 %. — Les 20 % non remis payables en quatre ans, par quarts, du concordat. — N° du Greffe 18,617.

PUYLAROQUE, de la société KERHOENT, *négociant, rue de la Victoire*, 36. — Voir : KERHOENT. — N° du Greffe 9,472.

Q

QUAINE fils, ou **QUAYNE**, *négociant, en porcelaines et cristaux, rue Richer*, 20 et 22. — Jugement du 2 juin 1862 homologuant le concordat du 22 mars 1862. — Abandon de l'actif. — Obligation, en outre, de payer 10 °/₀ en deux ans, par moitiés, du jour de l'homologation. — M. Moncharville, commissaire. — N° du Greffe 19,390.

QUATESOUS, Isidore-Jean-Baptiste, de la maison MARTINET, *marchand-tailleur, rue Favart*, 6. — Jugement du 21 mai 1851 homologuant le concordat du 3 du même mois. — Obligation de payer aux créanciers de l'ancienne maison Martinet et Quatesous, 12 °/₀ en principal, intérêts et frais, en quatre ans, par quarts, fin octobre des années 1852, à 1855. — N° du Greffe 811.

QUEHAN, Achille, *marchand de vins, rue de Sèvres*, 109. — Jugement du 6 mai 1859 homologuant le concordat du 20 avril 1859. — Remise de 70 °/₀. — Les 30 °/₀ non remis payables en cinq ans, par cinquièmes, du 1er mai. — N° du Greffe 15,649.

QUENET, Jean-François, *négociant en bois des Iles, rue St-Nicolas*, 17. — Jugement du 10 juin 1857 homologuant le concordat du 29 mai 1857. — Remise de 76 °/₀. — Les 24 °/₀ non remis payables en six ans, par sixièmes, d'année en année, du jour du concordat. — Madame Quenet, caution des dividendes ci-dessus. — N° du Greffe 13,750.

QUENTIN, Henri, *marchand de vins, rue des Deux-Portes-St-Sauveur*, 7. — Jugement du 3 février 1859 homologuant le concordat du 13 janvier 1859. — Remise de 60 °/₀. — Les 40 °/₀ non remis payables en 5 ans, par cinquièmes, de l'homologation. — N° du Greffe 15,399.

QUENTIN jeune, *marchand de vins, rue St-Paul*, 18. — Concordat du 23 avril 1849. — N° du Greffe 204.

QUÉRIOUX, Léonard, *négociant en charpentes, rue Duris*, 9. — Jugement du 23 août 1860 homologuant le concordat du 10 du même mois. — Remise de 80 °/₀. — Les 20 °/₀ non remis payables en quatre ans, par quarts, du 15 septembre. — N° du Greffe 16,983.

QUÉROT, Louis-Gabriel, *charcutier, rue St-Martin*, 208. — Concordat du 17 août 1849.

QUERSONNIER, Armand, *négociant en vins, route de St-Denis*, 221. — Jugement du 7 août 1860 homologuant le concordat du 25 juillet 1860. — Remise de 75 °/₀. — Les 25 °/₀ non remis payables en cinq ans, par cinquièmes, du jour de l'homologation. — N° du Greffe 17,098.

QUESNEL, Jean-Michel, *commissionnaire, rue Montmartre*, 157. — Jugement du 6 juin 1856 homologuant le concordat du 16 mai précédent. — Remise de 85 °/₀. — Les 15 °/₀ non remis payables, sans intérêts : 5 °/₀ dans le mois de l'homologation, 10 °/₀ dans un et deux ans. — Obligation par madame Quesnel, de payer les premiers 5 °/₀. — N° du Greffe 12,002.

QUESTE, Louis-Maxime, *fabricant de bijoux doublés, rue de Ménilmontant*, 28. — Jugement du 12 janvier 1858 homologuant le concordat du 28 décembre 1857. — Remise de 65 °/₀. — Les 35 °/₀ non remis payables en cinq ans, du jour du concordat, par fractions de 6, 7 et 8 °/₀. — N° du Greffe 14,138.

QUILLENT, Victor, *limonadier, avenue des Ormeaux*, 16. — Jugement du 17 novembre 1851 homologuant le concordat du 31 octobre 1851. — Remise de 80 °/₀. — Les 20 °/₀ non remis payables en quatre ans, par quarts, d'année en année, du 1er janvier prochain. — N° du Greffe 9,836.

QUINARD fils, Jean-Jacques, *ferblantier, rue Fontaine-au-Roi*, 21. — Jugement du 7 février 1855 homologuant le concordat du 27 janvier 1855. — Remise de 50 °/₀. — Les 50 °/₀ non remis payables en cinq ans, par cinquièmes, d'année en année, à partir du 27 janvier 1856. — N° du Greffe 12,009.

QUINETTE, Charles, *entrepreneur de pavage, rue de la Roquette*, 115. — Jugement du 26 juillet 1861 homologuant le concordat du 25 juin 1861. — Remise de 60 °/₀. — Les 40 °/₀ non remis payables en huit ans, par cinquièmes, du 1er août. — N° du Greffe 18,037.

QUINQUET, Auguste, *marchand de colle, rue de l'Ourcine*, 41. — Jugement du 27 août 1861 homologuant le concordat du 14 août 1861. — Abandon de l'actif. — Obligation, en outre, de payer 5 °/₀ par cinquièmes, du concordat. — M. Beaufour, commissaire. — N° du Greffe 18,309.

R

RABBIA, Victor-Gabriel, *entrepreneur de peintures, rue du Temple*, 71. — Jugement du 12 mars 1862 homologuant le concordat du 1er mars 1862. — Remise de 74 °/₀. — Les 26 °/₀ non remis payables : 10 °/₀ le 1er juillet prochain, 8 °/₀ dans un an de l'homologation, 8 °/₀ dans deux ans de l'homologation. — N° du Greffe 18,913.

RABIER, Adolphe-Eugène, *apprêteur sur étoffes, rue Marcadet*, 10. — Jugement du 5 janvier 1860 homologuant le concordat du 21 décembre 1859. — Remise de 75 °/₀. — Les 25 °/₀ non remis payables en cinq ans, par cinquièmes, du 15 janvier. — N° du Greffe 16,295.

RABIGOT, Pierre-Alexandre, *fabricant de chaussures, rue Aumaire*, 47. — Jugement du 2 mars 1859 homologuant le concordat du 18 février 1859.

RABOISSON, Étienne-Hector, *chaudronnier, rue de l'Hôtel-de-Ville*, 17, *à Vincennes*. — Jugement du 14 mai 1850 homologuant le concordat du 11 avril 1850. — Remise de tous les intérêts. — Le capital intégralement payable par fractions de 10 °/₀ le 30 juin des années 1851 et 1852, 20 °/₀ le 30 juin des années 1853, 1854, 1855 et 1856. — N° du Greffe 9,240.

RACINE, Charles-Joseph, *marchand de vins, rue Croix-Nivert*, 18, *à Grenelle*. — Jugement du 9 février 1852 homologuant le concordat du 27 janvier 1852. — Remise de 80 °/₀. — Les 20 °/₀ non remis payables en quatre ans, par quarts, le 5 juillet des années 1852, 1853, 1854 et 1855. — N° du Greffe 10,150.

RACINE, Charles-Joseph, *marchand de vins, à Grenelle*. — Jugement du 8 février 1856 homologuant le concordat du 26 janvier 1856. — Remise de 85 °/₀. — Les 15 °/₀ non remis payables en trois ans, par tiers, d'année en année, du jour du concordat. — N° du Greffe 12,788.

RACT dame, Honoré, *couturière, rue Vivienne*, 26. — Jugement du 18 janvier 1853 homologuant le concordat du 31 décembre 1852. — Remise de 80 °/₀. — Les 20 °/₀ non remis payables en quatre ans, par quarts, du jour du concordat. — N° du Greffe 10,642.

RADIGON, Ernest, *marchand de nouveautés, rue Vieille-du-Temple*, 47. — Jugement du 27 janvier 1852 homologuant le concordat du 13 du même mois. — Remise de 50 °/₀. — 12 1/2 °/₀ ayant été payés, avant ce jour, aux créanciers, le sieur Radigon s'oblige à payer les 37 1/2 °/₀ par lui restant dûs, en quatre paiements : deux de 9 °/₀ fin janvier des années 1853 et 1854, et deux de 9 1/2 °/₀ fin janvier des années 1855 et 1856, sans intérêts. — N° du Greffe 9,879.

RADIGON, Ernest, *ex-marchand de nouveautés, boulevard des Italiens*, 6. — Jugement du 5 septembre 1855 homologuant le concordat du 20 août 1855. — Obligation de payer 20 °/₀ en huit ans, sans intérêts, savoir : 1 °/₀ chacune des quatre premières années, et 4 °/₀ chacune des quatre dernières années. — Le premier paiement le 1er septembre 1856. — Remise du reste. — N° du Greffe 12,323.

RAGEAU, François-Édouard, *limonadier, rue Pagevin*, 48. — Jugement du 20 juin 1862 homologuant le concordat du 7 juin 1862. — Remise de 50 %. — Les 50 % non remis payables en dix ans, par vingtièmes, de six mois en six mois, de l'homologation. — N° du Greffe 19,188.

RAGET, Alexandre-Antoine-Napoléon, *maçon*, *rue de Joinville*, 7, *à la Grande-Villette*. — Jugement du 31 décembre 1858 homologuant le concordat du 17 décembre 1858. — Obligation de payer le montant des créances en dix ans, par dixièmes, du 15 janvier. — N° du Greffe 12,110.

RAGONNET et Cie, Sébastien-Joseph, *sculpteur*, *rue du Faubourg-Saint-Antoine*, 53. — Voir : GANEY. — N° du Greffe 17,383.

RAGUET, Henri-André, *pompier-mécanicien*, *rue Saint-Hyacinthe-Saint-Honoré*, 3. — Jugement du 22 novembre 1852 homologuant le concordat du 4 du même mois. — Remise de 59 % et de tous intérêts et frais non admis. — Les 41 % non remis payables en quatorze ans : 2 % la première année, 3 % chacune des années suivantes. — Le premier paiement le 1er janvier 1854 et successivement. — Le sieur Voisin, rue Neuve-Saint-Augustin, commissaire. — N° du Greffe 10,508.

RAGUET veuve, Auguste-Marie, *mercière*, *rue du Château-d'Eau*, 34. — Jugement du 5 août 1862 homologuant le concordat du 11 juillet 1862. — Remise de 70 %. — Les 30 % non remis payables en trois ans, par tiers, de fin juin. — N° du Greffe 19,564.

RAGUIN, Prosper-Benjamin, *liquoriste*, *à Saint-Denis*. — Jugement du 13 août 1861 homologuant le concordat du 10 juillet 1861. — Remise de 60 %. — Les 40 % non remis payables, sans intérêts, en cinq ans, par cinquièmes, de l'homologation. — N° du Greffe 18,127.

RAGUIN, Victor-Auguste, *constructeur*, *rue de Bretagne*, 49. — Jugement du 9 mars 1860 homologuant le concordat du 17 février 1860.— Remise de 75 %. — Les 25 % non remis payables en cinq ans, par cinquièmes, de l'homologation. — N° du Greffe 16,318.

RAGUIN, *carossier*, *rue Bergère*, 17. — Concordat du 5 mars 1849. — N° du Greffe 21.

RAILLARD, Nicolas, *marchand en vins*, *rue du Bouloi*, 16. — Jugement du 24 octobre 1851 homologuant le concordat du 8 octobre 1851. — Remise de 80 % et de tous intérêts à échoir.—Les 20 % non remis payables par cinquièmes, d'année en année, le 15 octobre des années 1852, 1853 et suivantes. — N° du Greffe 10,015.

RAILLARD, Nicolas-Joseph, *marchand de vins*, *rue Grenéta*, 26. — Jugement du 10 décembre 1852 homologuant le concordat du 23 novembre 1852. — Remise de 50 %. — Les 50 % non remis payables en cinq ans, par cinquièmes, d'année en année, du jour du concordat. — N° du Greffe 9,050.

RAIMBAULT, Victor-Louis-Xavier, *fabricant de biscuits*, *rue Coquillière*, 5. — Jugement du 8 juin 1854 homologuant le concordat du 24 mai 1854. — Remise de 50 %. — Les 50 % non remis payables en cinq ans, par dixièmes, de six mois en six mois, à partir du jour du concordat. — N° du Greffe 11,185.

RAIMONDI dame, Joséphine, *ex-marchande de nouveautés*, *rue de la Tour-d'Auvergne*, 5 *bis*. — Jugement du 31 mars 1854 homologuant le concordat du 20 du même mois. — Remise de 85 %. — Les 15 % non remis payables par tiers, savoir : 5 % dans deux ans, 5 % dans trois ans, 5 % dans quatre ans, du jour du concordat. —N° du Greffe 11,150.

RAIN, Edmond-Louis, *peintre en bâtiments*, *rue de Sèvres*, 67. — Jugement du 14 novembre 1854 homologuant le concordat du 28 octobre 1854. — Remise de 70 %. — Les 30 % non remis payables en trois ans, par tiers, d'année en année. — Le premier paiement fin novembre 1854.—N° du Greffe 11,703.

RAMÉ, Pascal, *ex-négociant en vins*, *à Batignolles*, *et rue Beaubourg*, 73. — Jugement du 10 septembre 1860 homologuant le concordat du 23 août 1860. — Abandon de l'actif énoncé au concordat. — Obligation de payer 7 % dans un an de l'homologation. — Heurtey, maintenu syndic. — N° du Greffe 17,032.

RAMEZ, Frédéric, *ex-marchand de vins*, *à Batignolles*. — Jugement du 10 octobre 1850 homologuant le concordat du 27 août 1850. — Remise de 85 % et de tous intérêts et frais non affirmés. — Les 15 % non remis payables en trois ans, par tiers, le 31 décembre des années 1851, 1852 et 1853. — N° du Greffe 544.

RAMPILLION et **REDON**, *marchands de nouveautés*, *rue Saint-Antoine*, 83. —Jugement du 11 avril 1850 homologuant le concordat du 15 mars 1850.— Remise de tous intérêts et frais non admis et de 70 %. — Les 30 % non remis payables, : 5 % un mois après l'homologation, et le surplus par cinquièmes, de six mois en six mois, le 1er octobre 1850, le 1er avril et le 1er octobre 1851, le 1er avril et le 1er octobre 1852. — — N° du Greffe 8,248.

RAMPILLION, société REDON, personnel, Alexandre-Honoré, *marchand de nouveautés*, *rue Saint-Antoine*, 85.—Jugement du 24 mai 1852 homologuant le concordat du 10 avril 1852. — Abandon de l'actif aux mains du syndic et à la Caisse des consignations. — Obligation de payer un dividende de 1 % sur le montant des créances, lequel sera distribué en même temps que l'actif abandonné. — Héron, commissaire. — N° du Greffe 9,933.

RAMPINI, Louis, *sellier*, *rue du Cherche-Midi*, 105. — Jugement du 2 juillet 1855 homologuant le concordat du 6 juin 1855. — Remise de 80 %. — Les 20 % non remis payables en quatre ans, par quarts, d'année en année, du jour du concordat. — N° du Greffe 12,191.

RANCHET père, Jean-François-Constant, *ex-serrurier*, *rue Saint-Roch*, 3. — Jugement du 5 décembre 1853 homologuant le concordat du 19 novembre 1853. — Abandon d'une créance de 1,100 fr. — Obligation de payer 10 % sur le montant des créances, en cinq ans, par cinquièmes, du jour de l'homologation, au domicile du sieur Beaucourt, rue Bourbon-Villeneuve, 43. — Heurtey, commissaire.

RANTY, société MOINE et DARRÉ, Sylvain, *constructeur*, *rue de Valenciennes*, 18. — Voir : DARRÉ et Cie. — N° du Greffe, 18,240.

RAPIN veuve et fils aîné, *fabricants de feuillages*, *rue Thevenot*, 13. — Jugement du 7 août 1860 homologuant le concordat du 21 juillet 1860. — Remise de 85 %.— Les 15 % non remis payables en trois ans, par tiers, du 31 décembre.— M. Leplat, caution de 10 %.— N° du Greffe 16,840.

RAPPENEAU demoiselle, Charlotte, *gravatière et voiturière*, *Chaussée du Maine*, 64. — Jugement du 28 mai 1857 homologuant le concordat du 18 mai 1857. — Abandon de l'actif énoncé au concordat et obligation de parfaire 20 %, par moitiés, en deux et quatre ans, de l'homologation. — Henrionnet, maintenu syndic. — N° du Greffe 11,520.

RASPI, Charles, *marchand de vins-traiteur*, *rue Lafayette*, 64. — Jugement du 2 mars 1852 homologuant le concordat du 18 février 1852. — Remise de 85 % en principal, intérêts et frais. — Les 15 % non remis payables, par fractions de 5 %, le 31 août 1852, le 28 février et le 31 août 1853.— N° du Greffe 10,235.

RASSE, Victor, *fabricant de casquettes*, *rue Simon-le-Franc*, 10. — Jugement du 14 décembre 1855 homologuant le concordat du 27 octobre 1855.— Remise de 70 %. — Les 30 % non remis payables en trois ans, de six mois en six mois, du jour de l'homologation. — Abandon des sommes énoncées au concordat. — N° du Greffe 12,138.

RAT, société BARTIAL et ARMAND, *passementerie*, *rue du Sentier*, 54. — Voir : BARTIAL, société. — N° du Greffe 11,438.

RATAT, *marchand de vins et de bois*, *à la Petite-Villette*. — Concordat du 13 août 1849. — N° du Greffe 37.

RATEL, Athanase-Adrien, *serrurier*, *à Batignolles*. — Jugement du 4 juillet 1861 homologuant le concordat du 19 juin 1861. — Remise de 55 %. — Les 45 % non remis payables en cinq ans, par cinquièmes, de l'homologation. — N° du Greffe 18,184.

RATEL, Paul, *fabricant de soufflets*, *passage de la Trinité*, 65. — Jugement du 4 juillet 1853 homologuant le concordat du 17 juin 1853. — Remise de 85 %. — Les 15 % non remis payables dans la quinzaine de l'homologation. — Remoiville, commissaire. — N° du Greffe 10,837.

RATIER, Pierre-Bertrand-Benoit, *chapelier*, *passage du Commerce*, 4. — Jugement du 24 novembre 1857 homologuant le concordat du 20 octobre 1857. — Remise de 75 %. — Les 25 % non remis payables, sans intérêts, en cinq ans, par cinquièmes, d'année en année, du jour de l'homologation. — N° du Greffe 14,161.

RATOUIS, André, *commerce de chaussures*, *rue Aubry-le-Boucher*, 7. — Jugement du 23 décembre 1858 homologuant le concordat du 1er décembre 1858. — Remise de 85 %. — Les 15 % non remis payables en trois ans, par tiers, de l'homologation. — N° du Greffe 15,301.

RAVAUD ou **RAVEAU**, femme, JACQUES-ÉLOY, née RAY, *marchande de modes, rue du Petit-Thouars*, 26. — Jugement du 23 avril 1858 homologuant le concordat du 10 avril 1858. — Remise de 80 %. — Les 20 % non remis payables en quatre ans, par quarts, de l'homologation. — N° du Greffe 14,441.

RAVENET, *fabricant d'étain en feuilles, passage St-Nicolas, rue du Château-d'Eau*, 50. — Jugement du 2 décembre 1858 homologuant le concordat du 18 novembre 1858. — Abandon de l'actif énoncé au concordat. — Obligation de payer 20 % en cinq ans, par cinquièmes, de l'homologation. — Pluzanski, maintenu syndic. — N° du Greffe 14,668.

RAVOU et Cie, JEAN-LOUIS, *fabricant de charbons de cuisine, rue Pascal*, 63. — Jugement du 18 juin 1858 homologuant le concordat du 5 juin 1858. — Remise de 70 %. — Les 30 % non remis payables en cinq ans, par cinquièmes, du concordat. — N° du Greffe 14,773.

RAVY, LOUIS-FRANÇOIS, *commerce de chaussures, rue Mouffetard*, 205. — Jugement du 4 juillet 1861 homologuant le concordat du 18 juin 1861. — Remise de 65 %. — Les 35 % non remis payables : 15 % comptant après l'homologation, et 20 % en deux ans, à raison de 5 %, de six mois en six mois, de l'homologation. — N° du Greffe 17,949.

RAY, FRANÇOIS, *marchand de vins, rue de Bordeaux*, 30 *ou* 8, *à Charenton*. — Jugement du 6 mai 1862 homologuant le concordat du 22 avril 1862. — Remise de 75 %. — Les 25 % non remis payables en cinq ans, par cinquièmes, du concordat. — N° du Greffe 19,482.

RAY fils, LOUIS-ALFRED, *serrurier en voitures, à Levallois*. — Jugement du 13 mars 1861 homologuant le concordat du 4 mars 1861. — Remise de 40 %. — Les 60 % non remis payables au moyen de l'actif réalisé. — Obligation de parfaire la différence en deux ans, par moitiés, de l'homologation. — Richard-Grison, maintenu syndic. — N° du Greffe 16,992.

RAY, femme RAVAUD, DENISE-ELISABETH, *marchande de modes, rue du Petit-Thouars*, 16. — Voir : RAVAUD, née RAY. — N° du Greffe 14,441.

RAYER-LAGRANGE et Cie, LÉON, *buffet de Paris, boulevard des Italiens*, 9. — Voir : LAGRANGE, RAYER et Cie. — N° du Greffe 12,670.

RAYER, ERNEST-EDMOND-ACHILLE, *négociant en draperies, rue Vivienne*, 7. — Jugement du 28 décembre 1860 homologuant le concordat du 13 décembre 1860. — Abandon de l'actif énoncé au concordat. — Obligation de payer 15 % en cinq ans, par cinquièmes, de fin décembre. — Moncharville, maintenu syndic. — N° du Greffe 17,590.

RAYER, FRANÇOIS, *marchand de vins, boulevard de Montreuil, à St-Mandé*. — Jugement du 7 juin 1850 homologuant le concordat du 25 avril 1850. — Remise de 80 %. — Les 20 % non remis payables par cinquièmes, le 25 avril des années 1851, 1852, 1853 et 1854. — N° du Greffe 9,169.

RAYMOND demoiselle, ADÈLE-MARIE, *limonadière, rue St-Claude*, 13, *aux Ternes*. — Jugement du 5 mai 1862 homologuant le concordat du 8 avril 1862. — Remise de 75 %. — Les 25 % non remis payables en cinq ans, par cinquièmes, de l'homologation. — N° du Greffe 19,204.

RAYNAL, FRÉDÉRIC, *marchand de vins, rue Mouffetard*, 146. — Jugement du 18 novembre 1850 homologuant le concordat du 7 novembre 1850. — Remise de 85 % en principal, intérêts et frais. — Les 15 % non remis payables en trois ans, par tiers, le 1er novembre des années 1852, 1853 et 1854. — M. Lanquetin, neveu, commissaire. — N° du Greffe 9,569.

RAYNAUD, *négociant, passage de Grenelle*. — Jugement du 21 mai 1860 homologuant le concordat du 7 mai 1860. — Remise de 85 %. — Les 15 % non remis payables en cinq ans, par cinquièmes, du concordat. — N° du Greffe 16,497.

REBEYROL dame, *marchande de modes, rue Bréda*, 10. — Jugement du 6 janvier 1852 homologuant le concordat du 16 décembre 1851. — Remise de 90 % en capital, intérêts et frais. — Les 10 % non remis payables par quarts, le 31 décembre 1852, 1853, 1854 et 1855. — N° du Greffe 10,089.

REBOURG, FRANÇOIS-EUGÈNE, *fabricant d'accordéons, faubourg du Temple*, 44. — Jugement du 13 mai 1857 homologuant le concordat du 27 avril 1857. — Remise de 90 %. — Les 10 % non remis payables, sans intérêts, savoir : 3 % les 27 avril 1858 et 1859, et 4 % le 27 avril 1860. — N° du Greffe 13,705.

REBSAMEN, CHARLES, *tenant l'hôtel du Hâvre, rue du Nord*, 12. — Jugement du 5 décembre 1859 homologuant le concordat du 19 novembre 1859. — Remise de 75 %. — Les 25 % non remis payables en cinq ans, par cinquièmes, du 1er décembre. — N° du Greffe 16,613.

REBSTOCK, *négociant en vins, rue du Château-d'Eau*, 4. — Jugement du 14 mars 1860 homologuant le concordat du 3 mars 1860. — Abandon de l'actif énoncé au concordat. — Obligation, en outre, de payer 10 % en cinq ans, par cinquièmes, de l'homologation. — Au moyen de ce qui précède, libération du failli. — M. Devin, maintenu syndic. — N° du Greffe 16,593.

RECEVEUR aîné, NICOLAS, *fleuriste, rue St-Denis*, 164. — Jugement du 25 février 1859 homologuant le concordat du 15 février 1859. — Abandon de l'actif énoncé au concordat, garantissant 10 % payables dans six mois de l'homologation. — Obligation, en outre, de payer 10 %, par moitiés, dans un et deux ans de l'homologation. — Au moyen de ce qui précède, libération du failli. — M. Beaufour, maintenu syndic. — N° du Greffe 15,470.

RECLIN, PIERRE, *menuisier, à Gentilly*. — Jugement du 13 décembre 1850 homologuant le concordat du 28 novembre 1850. — Remise de 85 % sur le principal et de tous intérêts et frais non admis. — Les 15 % non remis payables en trois ans, par tiers, les 28 novembre 1851, 1852 et 1853. — N° du Greffe 9,595.

RECOULES, FRANÇOIS, *crémier et traiteur, passage de l'Ancre*, 20. — Jugement du 15 octobre 1852 homologuant le concordat du 30 septembre 1852. — Remise de 80 % et de tous intérêts et frais non admis. — Les 20 % non remis payables en cinq ans, par cinquièmes, d'année en année, du jour du concordat. — N° du Greffe 10,266.

RECULLET, veuve GOUVERNEUR, SIDONIE, *marchande de vaches, faubourg St-Martin*, 34. — Jugement du 14 mai 1852 homologuant le concordat du 27 avril 1852. — Remise à la dame Gouverneur de 75 % et de tous intérêts et frais non admis. — Les 25 % non remis payables par ladite dame autorisée de son mari, en cinq ans, par un cinquième, à partir du 27 avril 1852, sans intérêts, jusque là. — N° du Greffe 9,825.

REDON, CHARLES, *négociant en huiles et graines, rue Bourbon-Villeneuve*, 5. — Jugement du 19 août 1859 homologuant le concordat du 28 juin 1859. — Abandon de l'actif énoncé au concordat, avec l'obligation de parfaire 25 % en quatre ans, par quarts, du 31 octobre. — M. Beaufour, maintenu syndic. — N° du Greffe 15,590.

REDON et **RAMPILLON**, AMABLE-CHARLES-FORTUNÉ, *rue St-Antoine*, 83 et 85. — Voir : RAMPILLON et REDON. — N° du Greffe 8,248.

REDON et **RAMPILLON**, CHARLES-AIMABLE-FORTUNÉ, *marchands de nouveautés, rue St-Antoine*, 85. — Jugement du 24 mai 1852 homologuant le concordat du 10 avril 1852. — Abandon de tout l'actif étant aux mains du syndic ou à la caisse des consignations. — Obligation, en outre, de payer un dividende de 3 % sur le montant des créances, lequel sera distribué par les soins du commissaire ci-après désigné et en même temps que l'actif abandonné, au moyen de quoi, libération entière des sieurs Rampillon et Redon. — Le sieur Hérou, commissaire à l'exécution. — N° du Greffe, 9,957.

REDOUTET, dit STEPHANE, ÉTIENNE, *vins, rue des Lions-St-Paul*. — Jugement du 17 octobre 1862 homologuant le concordat du 12 septembre 1862. — Obligation de payer l'intégralité des créances, sans intérêts, en cinq ans, par cinquièmes, de l'homologation. — N° du Greffe 35.

REGNARD, ÉDME-FÉLIX, *vins, boulevard Mazas*, 98. — Jugement du 6 décembre 1860 homologuant le concordat du 21 novembre 1860. — Remise de 85 %. — Les 15 % non remis payables, sans intérêts, en cinq ans, par cinquièmes, de l'homologation. — N° du Greffe 17,544.

REGNAULD, FRANÇOIS-MARIE, *tailleur, rue Richelieu*, 54. — Jugement du 28 janvier 1859 homologuant le concordat du 14 janvier 1859. — Remise de 75 %. — Les 25 % non remis payables en cinq ans, par cinquièmes, de l'homologation. — N° du Greffe 15,409.

REGNAULT, femme MACHEREZ, CÉLINA, *bonneterie et lingerie, faubourg St-Antoine*, 52. — Voir : MACHEREZ, femme REGNAULT. — N° du Greffe 9,680.

REGNAULT, ALEXANDRE, *négociant en limes, rue du Cloître-St-Jacques*, 10. — Jugement du 25 janvier 1858 homologuant le concordat du 6 janvier 1857. — Remise au sieur Regnault de 90 %. — Les 10 % non remis payables en deux ans, par moitiés, de l'homologation. — N° du Greffe 14,343.

REGNAULT, (Opigez) François-Désiré, *vins*, *Grande-Rue*, 2, *à Batignolles*. — Jugement du 30 juin 1856 homologuant le concordat du 9 dudit mois. — Remise de 75 %. — Les 25 % non remis payables : 10 % après l'homologation, et 15 % en trois ans, par tiers, d'année en année, du jour du concordat. — N° du Greffe 13,056.

REGNIER, Jean-Edme, *épicier*, *rue de la Villette*, 33. — Jugement du 17 mars 1856 homologuant le concordat du 28 février 1856. — Remise de 40 %. — Les 60 % non remis payables au moyen de l'actif abandonné énoncé au concordat. — M. Faicourt, rue Notre-Dame-de-Nazareth, 63, commissaire à l'exécution du concordat. — N° du Greffe 12,226.

REGNIER, Alexandre-Philibert, *marchand de vins*, *pâtissier et charcutier*, *à Belleville*. — Jugement du 13 août 1858 homologuant le concordat du 31 juillet 1858. — Remise de 75 %. — Les 25 % non remis payables, sans intérêts, en cinq ans, par cinquièmes, de l'homologation. — N° du Greffe 14,865.

REGNOUL, Gabriel, *épicier*, *passage Tivoli*, 5. — Jugement du 8 octobre 1856 homologuant le concordat du 23 septembre 1856. — Remise de 75 %. — Les 25 % non remis payables en cinq ans, par cinquièmes, du jour de l'homologation. — N° du Greffe 13,294.

REICHENSTEIN (de), Louis-François-Eugène, *café-concert*, *aux Ternes*. — Jugement du 9 juin 1859 homologuant le concordat du 14 mai 1859. — Remise de 85 %. — Les 15 % non remis payables en trois ans, par tiers, du concordat. — N° du Greffe 15,592.

REINHARDT, Auguste, *maître d'hôtel*, *rue de Strasbourg*, 17. — Jugement du 21 août 1855 homologuant le concordat du 6 dudit mois. — Remise de 80 %. — Les 20 % non remis payables en quatre ans, par quarts, d'année en année, à partir du jour du concordat. — N° du Greffe 12,134.

REINQUINBERT, Christian, *loueur de voitures*, *à Neuilly*. — Voir : RINQUINBERT-CHRISTIAN.

REISS, Philippe, *bijoutier*, *rue Neuve-Bourg-Labbé*, 6. — Jugement du 3 février 1854 homologuant le concordat du 14 janvier 1854. — Remise de 90 %. — Les 10 % non remis payables en quatre ans, par quarts, pour le premier paiement avoir lieu dans un an, du jour du concordat. — N° du Greffe 11,178.

REITTASTEIN, Joseph, *tapissier à façon*, *rue de Grenelle-Saint-Germain*, 3. — Jugement du 6 février 1862 homologuant le concordat du 17 janvier 1862. — Remise de 80 %. — Les 20 % non remis payables en quatre ans, par quarts, de l'homologation. — N° du Greffe 18,816.

REMERAND et **DUBOST**, *entrepreneurs de maçonnerie*, *à Passy*. — Voir : DUBOST et RÉMERAND. — N° du Greffe 13,585.

REMIET, Jacques-Grégoire, *marchand de vins*, *boulevard du Combat*, 56. — Jugement du 4 avril 1862 homologuant le concordat du 21 mars 1862. — Remise de 60 %. — Les 40 % non remis payables en deux ans, 20 % fin mars 1863 et 1864. — N° du Greffe 19,245.

REMOND, Joseph, *marchand de vins et de casquettes*, *rue St-Bon*, 15. — Jugement du 6 février 1862 homologuant le concordat du 24 janvier 1862 — Remise de 65 %. — Les 35 % non remis payables en cinq ans, par cinquièmes, de l'homologation. — N° du Greffe 18,993.

REMY et Cie, Alexandre, REMY, *gérant*, *peigneur de laine*, 29, *rue de l'Entrepôt*. — Jugement du 9 janvier 1851 homologuant le concordat du 26 décembre 1850. — Abandon de tout l'actif. — N° du Greffe 8,375.

REMY demoiselle, Céline, *modes*, *place de la Bourse*, 9. — Jugement du 25 novembre 1856 homologuant le concordat du 13 du dit mois. — Remise de 60 %. — Les 40 % non remis payables sans intérêts : 20 % dans un mois du jour du concordat et 20 % six mois après. — N° du Greffe 377.

REMY, Nicolas-Adolphe, *épurateur de literies*, *faubourg du Temple*, 79. — Homologation du concordat du 1er avril 1850. — N° du Greffe 634.

RENALDY demoiselle, Élisa, société ROSSIGNOL, *marchande de vins*, *rue d'Albouy*, 14. — Jugement du 9 août 1859 homologuant le concordat du 29 juillet 1859. — Remise de 75 %. — Les 25 % non remis payables en cinq ans, par cinquièmes, du 1er août. — N° du Greffe 15,829.

RENARD, Simon, *entrepreneur de maçonnerie*, *rue Grégoire-de-Tours*, 12. — Jugement du 30 octobre 1862 homologuant le concordat du 15 octobre 1862. — Remise de 80 %. — Les 60 % non remis payables au moyen de l'abandon de 8,000 francs dûs par un sieur Samson et exigible au 31 janvier prochain. — M. Beaufour, maintenu syndic. — N° du Greffe 363.

RENARD frères, Jean-Baptiste et Louis, *entrepreneurs de pavage*, *à Puteaux*. — Jugement du 6 février 1855 homologuant le concordat du 16 janvier 1855. — Remise de 75 %. — Les 25 % non remis payables, sans intérêts, savoir : 20 % en cinq ans, par cinquièmes, d'année en année, pour le premier paiement avoir lieu le 1er février 1856, et les 5 % restant, le 1er février 1861. — N° du Greffe 11,096.

RENARD, Alexandre, *ancien épicier*, 11, *rue de Bretagne*. — Jugement du 8 février 1858 homologuant le concordat du 19 janvier 1858. — Abandon à ses créanciers de l'actif énoncé au concordat. — Au moyen de cet abandon libération. — M. Pascal, maintenu syndic. — N° du Greffe 13,843.

RENARD demoiselle, Marie-Anne, *maison meublée*, 12, *rue de Balzac*. — Jugement du 3 novembre 1853 homologuant le concordat du 22 octobre 1853. — Remise de 30 %. — Les 70 % non remis payables en trois ans et demi, par fractions de 10 %, de six en six mois, à partir du jour de de l'homologation du concordat. — N° du Greffe 10,931.

RENARD, Pierre-François-Germain, *plâtres*, *à Pantin*. — Jugement du 8 février 1856 homologuant le concordat du 27 janvier 1856. — Remise de 80 % — Les 20 % non remis payables en cinq ans, par dixièmes, de six en six mois, à partir du jour du concordat. — N° du Greffe 12,734.

RENARD, Jean-Louis, *limonadier*, *boulevard St-Martin*, 2, *et demeurant quai Jemmapes*, 150. — Jugement du 4 juillet 1850 homologuant le concordat du 15 juin 1850. — Remise de 90 % en principal, intérêts et frais. — Les 10 % restant payables par cinquièmes, d'année en année, à partir du 4 juillet 1850. — N° du Greffe 8,638.

RENARD, Eugène, *maître maçon*, *rue Saint-Dominique-Saint-Germain*, 156. — Jugement du 30 septembre 1856 homologuant le concordat du 1er dudit mois. — Remise de 80 %. — Les 20 % non remis payables, sans intérêts, 15 % dans la huitaine de l'homologation, et 5 % en cinq ans, d'année en année, du jour de l'homologation. — N° du Greffe 12,941.

RENARDIER, Vincent-Désiré, *marchand de vins-tonnelier*, *à Vincennes*, *rue du Midi*, 23. — Jugement du 19 août 1859 homologuant le concordat du 2 août 1859. — Remise de 80 %. — Les 20 % non remis payables en quatre ans, par quarts, de l'homologation. — N° du Greffe 15,869.

RENAUD, François, *entrepreneur de bâtiments*, *rue de Dunkerque*, 83. — Jugement du 27 mars 1862 homologuant le concordat du 13 mars 1862. — Remise de 85 %. — Les 15 % non remis payables : 3 % dans un an du concordat, et 4 % à la même époque des trois années suivantes. — N° du Greffe 18,579.

RENAUD, Nicolas-Gabriel, *vins*, *à Bourg-la-Reine*. — Jugement du 17 septembre 1850 homologuant le concordat du 22 août 1850. — Remise de 88 % en capital, intérêts et frais. — Les 12 % restant payables en trois ans, par tiers, les 22 août 1851, 1852 et 1853. — N° du Greffe 9,239.

RENAUD, Vital, *produits chimiques*, *rue Mouffetard*, 297. — Jugement du 15 octobre 1862 homologuant le concordat du 25 septembre 1862. — Remise de 75 %. — Les 25 % non remis payables en cinq ans, par cinquièmes, du 18 septembre. — N° du Greffe 135.

RENAUD, François-Joseph, *vins*, *hôtel garni*, *rue Mouffetard*, 236. — Jugement du 16 août 1861 homologuant le concordat du 5 août 1861. — Remise de 75 %. — Les 25 % non remis payables en cinq ans, par cinquièmes, de l'homologation. — N° du Greffe 18,163.

RENAUDEAU, Louis-René, *carrier*, *à Nanterre*. — Jugement du 16 mars 1859 homologuant le concordat du 2 mars 1859. — Remise de 60 %. — Les 40 % non remis payables, sans intérêts, en cinq ans, par cinquièmes, de l'homologation. — N° du Greffe 15,528.

RENAUDOT, demoiselle, Marie, *fabricante d'essences*, *à Clichy-la-Garenne*, *rue du Landy*, 67. — Jugement du 16 mai 1862 homologuant le concordat du 6 mai 1862. — Remise de 80 %. — Les 20 % non remis payables en quatre ans, par quarts, de l'homologation. — N° du Greffe 19,218.

RENAULT, Claude-Léon, *fabricant de cartes à jouer, rue de la Harpe*, 45. — Jugement du 1er octobre 1851 homologuant le concordat du 21 juillet 1851. — Remise de 60 %. — Les 40 % non remis payables par cinquièmes, d'année en année, le premier paiement devant avoir lieu le 1er août 1852. — Exigibilité de tous les dividendes en cas de vente de fonds. — Renonciation des dames veuves Jacquinet et Renault, de toucher leurs dividendes avant paiement des créances. — N° du Greffe 9,847.

RENAULT, Claude-Léon, *fabricant de cartes à jouer*, 63, *rue de la Harpe*. — Jugement du 7 mars 1855 homologuant le concordat du 23 février 1855. — Abandon à ses créanciers de tout l'actif réalisé et à réaliser et obligation, en outre, de leur payer 10 % sur le montant de leurs créances, en cinq ans, par cinquièmes, d'année en année, pour le premier paiement avoir lieu le 1er mars 1856. — M. Thiébaut, commissaire à l'exécution du concordat. — N° du Greffe 11,796.

RENAULT, Auguste, *négociant en articles de Roubaix, rue du Mail*, 30. — Jugement du 12 juillet 1855 homologuant le concordat du 27 juin 1855. — Remise de 43 %. — Les 57 % non remis payables dans le mois de l'homologation par M. Battarel, syndic. — N° du Greffe 11,844.

RENAULT, Louis-Désiré, *rue et île Saint-Louis*, 74. — Jugement du 12 octobre 1852 homologuant le concordat du 15 septembre 1852. — Remise de 60 % et de tous intérêts et frais non admis. — Les 40 % non remis payables en cinq ans, par cinquièmes, d'année en année, pour le premier paiement de 8 % avoir lieu le 1er octobre 1853, et ainsi successivement. — N° du Greffe 10,349.

RENAULT, Louis-Barthélemy, *nourisseur, à Grenelle*. — Jugement du 22 juin 1853 homologuant le concordat du 19 mai 1853. — Remise 50 %. — Les 50 % non remis payables en cinq ans, par cinquièmes, pour le premier paiement avoir lieu le 22 juin 1854. — N° du Greffe 6981.

RENAULT, Alexis-Dominique-Edmond, *fondeur en cuivre, rue de la Perle*, 7. — Jugement du 11 septembre 1862 homologuant le concordat du 27 août 1862. — Remise de 60 %. — Les 40 % non remis payables en six ans, par sixièmes, de l'homologation. — N° du Greffe 69.

RENAULT, veuve DEHAY, de la société DEHAY et BELLEVILLE, Jacquette, *bonnetière*, 5, *rue Cossonnerie*. — Voir : BELLEVILLE, société DEHAY. — N° du Greffe 14,938.

RENAULT, *négociant, rue de la Gare d'Ivry*, 61. — Jugement du 2 décembre 1862 homologuant le concordat du 15 novembre 1862. — Abandon de l'actif énoncé au concordat. — Bulard, maintenu syndic. — N° du Greffe 216.

RENÉ, Louis-François, *épicier, rue de l'Université*, 143. — Jugement du 7 mai 1850 homologuant le concordat du 4 avril 1850. — Remise de 50 % et de tous frais et intérêts courus et à courir. — Les 50 % restant payables par le sieur René, en trois années, par tiers, le 15 avril 1851, 1852 et 1853. — N° du Greffe 9,233.

RENET, demoiselle, Eugénie, de la société VINCENT et Cie, personnellement, *marchande de nouveautés, rue Richelieu*, 83. — Jugement du 18 avril 1850 homologuant le concordat du 3 avril 1850. — Remise sous réserve, contre qui de droit, de 98 % sur le montant des créances. — Les 2 % restant payables en trois ans, par tiers, d'année en année, à compter du 3 avril 1850. — N° du Greffe 9,221.

RENEVIER, Jean, *chapelier, rue Mouffetard*, 2. — Jugement du 29 juillet 1853, homologuant le concordat du 1er du même mois. — Remise de 85 %. — Les 15 % non remis payables en trois ans, par tiers, d'année en année, à partir du jour du concordat. — N° du Greffe 10,897.

RENGEVAL, Jules-Jean-Baptiste, *ex-marchand de vins, rue Guizarde*, 18. — Jugement du 31 janvier 1856 homologuant le concordat du 17 du dit mois. — Remise de 85 %. — Les 15 % non remis payables en cinq ans, par cinquièmes, d'année en année, pour le premier paiement avoir lieu fin janvier 1857. — N° du Greffe 12,394.

RENON, Jean-Octave, *pension bourgeoise, rue Mouffetard*, 107. — Jugement du 16 janvier 1854 homologuant le concordat du 3 du même mois. — Remise de 50 %. — Les 50 % non remis payables en sept paiements égaux, d'année en année, pour le premier paiement avoir lieu un an après l'homologation. — N° du Greffe 11,167.

RENOU, Jules, *ébéniste, rue Michel-Lecomte*, 25. — Jugement du 20 décembre 1860 homologuant le concordat du 28 novembre 1860. — Remise de 75 %. — Les 25 % non remis payables en cinq ans, par cinquièmes, de l'homologation. — N° du Greffe 17,241.

RENSSEN, Chrétien, *lingerie et entreprise de peintures, à Asnières*. Jugement du 14 mars 1861 homologuant le concordat du 1er mars 1861. — Obligation de payer l'intégralité des créances en principal, intérêts et frais, le 1er mars 1862. — N° du Greffe 17,566.

REPAINVILLE et **DUBRUSLE**, société, *commissionnaires exportateurs, rue des Jeûneurs*, 46. — Voir : DUBRUSLE et REPAINVILLE. — N° du Greffe 14,006.

REPIQUET, Jean, *vins en gros, à la Villette*. — Jugement du 8 mai 1861 homologuant le concordat 26 mars 1861. — Remise de 85 %. — Les 15 % non remis payables en quatre ans, de l'homologation, 3 % à l'expiration de la première année, 4 % à l'expiration de la deuxième année, 4 % à l'expiration de la troisième année, 4 % à l'expiration de la quatrième année. — N° du Greffe 17,095.

RERCHEL, Pecters, *traiteur-limonadier, à la Chapelle-St-Denis*. — Jugement du 6 mars 1860 homologuant le concordat du 14 février 1860. — Remise de 75 %. — Les 25 % non remis payables en cinq ans, par cinquièmes, de l'homologation. — N° du Greffe 16,618.

RETAILLEAU, Pierre-Alexandre, *limonadier, rue du Cherche-Midi*, 41. — Jugement du 15 décembre 1859 homologuant le concordat 5 décembre 1859. — Remise de 75 %. — Les 25 % non remis payables en cinq ans, par cinquièmes, du 1er janvier. — N° du Greffe 16,392.

RETORNAT dame veuve, Charles-Sigisbert, *marchande de modes, rue d'Enghien*, 11. — Jugement du 16 janvier 1860 homologuant le concordat du 30 décembre 1859. — Abandon de l'actif énoncé au concordat. — M. Isbert, maintenu syndic. — N° du Greffe 16,406.

RETTIG-BLAVET et Cie, Jacques, *fabricants de fourneaux, rue Valois*, 2, *Palais-Royal, et à Belleville*. — Voir : BLAVET et RETTIG. — N° du Greffe 14,270.

REUFFLET, Eugène, *fabricant de tissus pour chaussures, rue St-Denis*, 169. — Jugement du 31 mars 1862 homologuant le concordat du 19 mars 1862. — Remise de 65 %. — Les 35 % non remis payables : 10 % comptant aussitôt l'homologation par les soins du syndic, et les 25 % en cinq ans, par cinquièmes, du concordat. — N° du Greffe 19,306.

REUILLIER, Jules, *négociant en grains, rue d'Orléans-St-Honoré*, 17. — Jugement du 28 décembre 1858 homologuant le concordat du 14 décembre 1858. — Remise de 75 %. — Les 25 % non remis payables dans les six mois de l'homologation. — M. Reuillier père, caution. — N° du Greffe 15,225.

REVEILHAC et **VASSEUR**, société, *chaudronniers, passage Ste-Marie-du-Temple*, 50, *et* 222, *rue St-Maur*. — Jugement du 21 novembre 1859 homologuant le concordat du 31 octobre 1859. — Remise de 75 %. — Les 25 % non remis payables en cinq ans, par cinquièmes, de fin mai. — N° du Greffe 15,159.

REVILLION, Eugène-Frédéric, *lait en gros, rue de Maux*, 19. — Jugement du 24 octobre 1862 homologuant le concordat du 14 octobre 1862. — Remise de 50 %. — Les 50 % non remis payables sans intérêts : 5 % le 1er octobre 1863, 1864, 1865 et 1866, 10 % le 1er octobre 1867, et 20 % le 1er octobre 1868. — N° du Greffe 266.

REVILLON, Claude, *traiteur, à Charenton*. — Jugement du 11 mars 1861 homologuant le concordat du 26 février 1861. — Remise de 80 %. — Les 20 non remis payables en quatre ans, par quarts, de l'homologation. — N° du Greffe 17,862.

REVILLON, Philibert, *limonadier, rue d'Aubervilliers*, 24. — Jugement du 27 mars 1862 homologuant le concordat du 12 février 1862. — Remise de 75 %. — Les 25 % non remis payables en cinq ans, par cinquièmes, de l'homologation. — N° du Greffe 18,883.

REVOL, *ex-liquoriste, rue de Rivoli*, 58. — D'un arrêt rendu par la Cour impérial de Paris, 1re chambre, le 29 juillet 1862, sur l'appel d'un jugement du tribunal de commerce à Paris, en date du 4 avril 1862 ; il appert que la Cour, infirmant ce jugement qui avait refusé d'homologuer le concordat passé le 22 mars précédent entre Revol et ses créanciers, l'a déchargé des condamnations et dispositions du dit jugement et émandant, à homologué le concordat. — Abandon de l'actif énoncé au concordat. — M. Lamoureux, maintenu syndic. — N° du Greffe 19,211.

REY, Pierre, *ex-marchand de soieries, rue de l'Echiquier*, 28. — Jugement du 22 septembre 1861 homologuant le concordat du 11 septembre 1861. — Remise de 85 %. — Les 15 % non remis payables, sans intérêts, en cinq ans, par cinquièmes, de l'homologation. — N° du Greffe 17,370.

REY, Gustave, *cafetier, boulevard de Belleville*, 8.—Jugement du 6 novembre 1861 homologuant le concordat du 17 octobre 1861. — Remise de 75 %. — Les 25 % non remis payables en cinq ans, par cinquièmes, du concordat, sans intérêts. — Mademoiselle Bucy, caution. — N° du Greffe 17,196.

REYDE, Pierre, *limonadier, rue Beaubourg*, 111. — Jugement du 4 janvier 1855 homologuant le concordat du 16 décembre 1854.— Remise de 80 %. — Les 20 % non remis payables, sans intérêts, en quatre ans, par quarts, d'année en année, pour le paiement avoir lieu dans un an du jour de l'homologation. — N° du Greffe 11,857.

REYNIER, *marchand de papiers en gros, rue Voltat*, 18 et 20. — Jugement du 30 juin 1862 homologuant le concordat du 12 juin 1862.— Remise de 75 %. — Les 25 % non remis payables en cinq ans, par cinquièmes, de l'homologation. — N° du Greffe 19,102.

REYNOLDS, *marchand de vins, route militaire*, 32, *à Saint-Mandé*. — Jugement du 3 juillet 1860 homologuant le concordat du 4 juin 1860.— Abandon de l'actif énoncé au concordat.— M. Pascal, maintenu syndic. — N° du Greffe 16,020.

RHODES, veuve, et **GUILLAUMONT**, *taillandiers, à La Chapelle*. — Voir : GUILLAUMONT et RHODES. — N° du Greffe 10,967.

RIANT frères et Cie, Jean-Louis et Joseph-Ferdinand, *ex-marchands de fer, rue Saint-Antoine*, 177.— Jugement du 27 avril 1853 homologuant le concordat du 5 avril 1853. — Remise de 65 % en principal, intérêts et frais. — Les 35 % non remis payables en cinq ans, par cinquièmes, d'année en année, sans intérêts, pour le premier cinquième être payé le 1er avril 1854, 1855 et ainsi successivement, sans préjudice des anticipations prévues par le dit concordat. — Abandon à titre de garantie, par divers, de leurs droits de nantissement sur des actions de la société Langlois et Cie, pour l'exploitation de l'usine de Basse-Indre, près Nantes. — Abandon à titre de garantie par les faillis de toutes actions de Basse-Indre et de tous prix d'immeubles, sous la déduction des créances nanties et hypothécaires. — N° du Greffe 10,421.

RIBARD, Constant, *tailleur, passage Vivienne*.—Jugement du 4 septembre 1860 homologuant le concordat du 23 mars 1860. — Remise de 75 %. — Les 25 % non remis payables en cinq ans, par cinquièmes, du 1er mai. — N° du Greffe 16,531.

RIBOT, Adolphe-Marie, *lampes, rue Hauteville*, 5. — Jugement du 30 mars 1860 homologuant le concordat du 10 mars 1860. — Obligation de payer l'intégralité des créances dans un an de l'homologation. — N° du Greffe 16,558.

RIBOT, Adolphe, *plombier, rue de Moscou*, 8. — Jugement du 9 décembre 1850 homologuant le concordat du 26 novembre 1850. —Remise de tous intérêts et frais et de 85 %. — Les 15 % non remis payables en trois ans, par tiers, fin janvier 1852, 1853 et 1854. — N° du Greffe 9,581.

RICCARD, Marie-Hippolite, *vins, rue Richer*, 10. — Jugement du 5 juillet 1854 homologuant le concordat passé le 19 juin 1854. — Remise au sieur Riccard de 90 %. — Les 10 % non remis payables en quatre ans, par quarts, d'année en année, pour le premier paiement avoir lieu le 30 juin 1855. — N° du Greffe 11,311.

RICHARD, Antoine-Claude-Narcisse, *menuisier, rue du Fauconnier*, 5. — Jugement du 28 décembre 1854 homologuant le concordat du 14 du même mois. — Remise de 70 %. — Les 30 % non remis payables en quatre ans, par huitièmes, de six en six mois, pour le premier paiement avoir lieu le 15 décembre 1855. — N° du Greffe 11,868.

RICHARD, Jean-François, *commissionnaires en marchandises, rue du Petit-Carreau*, 14. —Jugement du 6 décembre 1852 homologuant le concordat du 23 novembre 1852. — Remise de 80 % en principal, intérêts et frais. — Les 20 % non remis payables en quatre ans, par quarts, dans un, deux, trois et quatre ans, du jour du concordat.—N° du Greffe 10,093.

RICHARD, de la société **LEBOUTY**, *distillateur, à Boulogne (Seine)*.— Voir : LEBOUTY et RICHARD. — N° du Greffe 14,926.

RICHARD, Louis-Baptiste, *limonadier, rue Croix-des-Petits-Champs*, 17.— Jugement du 7 juillet 1854 homologuant le concordat du 24 juin 1854. — Remise de 75 %. — Les 25 % non remis payables en cinq ans, par cinquièmes, d'année en année, pour le premier paiement avoir lieu le 24 juin 1855. — N° du Greffe 11,481.

RICHARD, Louis-Aristide, *négociant, rue des Lombards* 31. —Jugement du 8 août 1850 homologuant le concordat du 24 juillet 1850. — Remise de 80 % en principal, intérêts et frais. — Les 20 % restants payables en quatre paiements égaux le 1er août des années 1851, 1852 et suivantes. — Garantie du paiement du dividende par la dame épouse du sieur Richard, de lui séparée quant aux biens. — N° du Greffe 9,230.

RICHARD fils, Casimir, *tapissier, boulevard du Temple*, 35. — Jugement du 24 mars 1860 homologuant le concordat du 9 mars 1860.— Remise de 80 %. — Les 20 % non remis payables en cinq ans, par cinquièmes, de l'homologation. — N° du Greffe 16,636.

RICHARD, Louis-Baptiste, *directeur de café-concert, rue Montmartre*, 70. — Jugement du 8 juillet 1856 homologuant le concordat du 20 juin 1856. — Remise de 75 %. —Les 25 % non remis payables en cinq ans, par cinquièmes, d'année en année, du jour du concordat. — N° du Greffe 12,972.

RICHARD, Pierre-Nicolas, *marchand de bois, à Clichy-la-Garenne*. —Jugement du 17 décembre 1856 homologuant le concordat du 1er décembre 1856. — Obligation de payer la totalité des créances en principal, frais et intérêts admis, en cinq ans, par cinquièmes, d'année en année, sans intérêts, du jour du concordat. — N° du Greffe 13,380.

RICHARD, André, *vins, rue de Charonne*, 9.—Jugement du 22 octobre 1861 homologuant le concordat du 26 août 1861.— Remise de 70 %. — Les 30 % non remis payables en six ans, par sixièmes, du 1er septembre. — N° du Greffe 18,301.

RICHARD demoiselle, Marie-Louise, *négociante en porcelaines, rue de Bondy*, 70.—Jugement du 29 août 1862 homologuant le concordat du 1er août 1862.— Remise de 80 %. — Les 20 % non remis payables en quatre ans, par quarts, du concordat. — N° du Greffe 19,958.

RICHARD, société POTO ou POTOF et JARY, *éditeur, rue Montmorency*, 19. — Voir : JARY. — N° du Greffe 12,949.

RICHARD, *pharmacien, rue Taranne*, 16.— Concordat du 16 juillet 1849. — N° du Greffe 369.

RICHARD, *tapissier, rue de Suresne*, 9. — Concordat du 9 avril 1849. — N° du Greffe 166.

RICHARDIÈRE, Eugène, *produits céramiques, à Issy, Grande-Rue*, 29. —Jugement du 6 septembre 1862 homologuant le concordat du 28 juillet 1862. — Remise de 70 %— Les 30 % non remis payables en cinq ans, par cinquièmes, de l'homologation.— N° du Greffe 19,882.

RICHE et Cie, société, Louis, *vases aréofuges, cité Bergère*, 3. —Jugement du 8 juin 1855 homologuant le concordat du 18 mai 1855. — — Remise de 95 %. — Les 5 % non remis payables après l'homologation du concordat. — M. Battarel, commissaire. — N° du Greffe 11,353.

RICHY et **GUEYRARD**, Amédé, personnellement, *commissionnaire à Batignolles, rue Cardinet*, 25.—Jugement du 21 novembre 1854 homologuant le concordat du 28 octobre 1854. — Abandon de tout l'actif social aux créanciers et obligation, en outre, de leur payer chacun un dividende de 5 % en deux ans, par quarts, de six mois en six mois, pour le premier paiement avoir lieu six mois après l'homologation. — M. Sergent, commissaire. — N° du Greffe 11,584.

RICQLÈS de, Louis, *négociant, rue Neuve-Saint-Eustache*, 36. — Jugement du 3 novembre 1857 homologuant le concordat du 10 octobre 1857. — Remise de 87 %.— Les 13 % non remis payables, sans intérêts : 3 % lors de l'homologation, 3 % les 10 octobre 1858 et 1859, et 4 % le 10 octobre 1860. — Affectation d'une créance énoncée au concordat au paiement du dividende. — N° du Greffe 13,094.

RICQUEBOURG, *fabricant de meubles, rue du Buisson-Saint-Louis*, 7. — Jugement du 10 juillet 1860 homologuant le concordat du 23 juin 1860. — Abandon de l'actif énoncé au concordat — M. Trille, maintenu syndic. — N° du Greffe 16,879.

RICQUIER, dame ROSE, née CAUSIN, *marchande mercière, rue Montmartre*, 79. — Jugement du 19 mai 1852 homologuant le concordat du 3 du même mois. — Remise de 82 %. — Les 18 % non remis payables dans la huitaine de la reddition de compte du syndic.—N° du Greffe 9,848.

RIDÉ, Louis-Jacques, *serrurerie, rue Saint-Lazare*, 148.—Jugement du 4 mars 1852 homologuant le concordat du 9 février 1852.— Remise de 70 %. — Les 30 % non remis payables en six ans, par sixièmes, le 1er février des années 1854, 1855 et suivantes. — N° du Greffe 10,081.

RIDÉ, Louis-Jacques, *entrepreneur de serrurerie, rue Saint-Lazare*, 148. — Jugement du 20 juillet 1854 homologuant le concordat du 8 du même mois. — Remise de 80 %. — Les 20 % non remis payables en dix ans, par dixièmes, d'année en année, à partir du jour du concordat. — N° du Greffe 11,434

RIDEL, *marchand de bois et tapissier, aux Ternes*.—Concordat du 20 août 1849. — N° du Greffe 474.

RIDEL, Pierre, *vins, rue de Longchamps*, 2.—Jugement du 11 février 1861 homologuant le concordat du 15 janvier 1861. — Remise de 80 %. — Les 20 % non remis payables en quatre ans, par quarts, de l'homologation, sans intérêts. — N° du Greffe 17,635.

RIDEL, Louis-Joseph et Jean-Claude, de la société RIDEL frères, *teintures apprêtées, quai de la Gare*, 74. — Jugement du 5 janvier 1857 homologuant le concordat du 22 décembre 1856. — Remise de 85 %. — Les 15 % non remis payables par cinquièmes, d'année en année, du jour du concordat. — N° du Greffe 10,874.

RIDER et Cie, Thomas-Georges, *négociants-commissionnaires, rue Mauconseil*, 31. —Jugement du 10 décembre 1860 homologuant le concordat du 27 novembre 1860. — Remise de 65 %. — Les 35 % non remis payables : 25 % comptant dans le mois de l'homologation, et 10 % en trois ans, par tiers, de l'homologation. — N° du Greffe 17,345.

RIEBLINCK, Charles-Jean, *mercier, rue des Martyrs*, 3. — Jugement du 4 janvier 1854 homologuant le concordat du 14 décembre 1853. — Abandon à ses créanciers du prix de la vente mobilière faite par le syndic.—Obligation, en outre, de leur payer 8 % sur le montant de leurs créances, en quatre ans, par quarts, d'année en année, pour le premier paiement avoir lieu le 14 décembre 1854. — M. Leboucher, commissaire. — N° du Greffe 10,986.

RIEFFEL, Florent, *café-restaurant, rue Lafayette*, 28.—Jugement du 10 janvier 1855 homologuant le concordat du 26 décembre 1854.—Remise 80 %. — Les 20 % non remis payables en quatre ans, par quarts, d'année en année, pour le premier paiement avoir lieu le 1er janvier 1856. — N° du Greffe 11,790.

RIESS et Cie, Louis, *fleurs artificielles, rue Ponceau*, 24.—Jugement du 18 janvier 1856 homologuant le concordat du 18 décembre 1855. — Obligation par le sieur Riess et la demoiselle Pitou de payer à leurs créanciers le principal de leurs créances, en cinq ans, par cinquièmes, d'année en année, à partir du jour du concordat. — MM. Weil et Aubert, commissaires à la distribution. — N° du Greffe 12,697.

RIESZ fils, Joseph-Edmond, *tailleur, rue de l'Arbre-Sec*, 33. — Jugement du 23 mars 1852 homologuant le concordat du 2 du même mois. — Remise de 90 % et de tous intérêts et frais. — Les 10 % non remis payables en cinq ans, par cinquièmes, le 31 mars des années 1853, 1854 et suivantes. — N° du Greffe 10,073.

RIFFE jeune, Nicolas, *nouveautés, à Puteaux (Seine), rue Saint-Denis*, 65. — Jugement du 5 octobre 1860 homologuant le concordat du 22 septembre 1860. — Remise de 85 %. — Les 15 % non remis payables en cinq ans, par cinquièmes, de l'homologation. — N° du Greffe 17,206.

RIGAL, Julien, *ancien tailleur, rue Saint-Marc*, 19. — Jugement du 20 mars 1855 homologuant le concordat du 13 janvier 1852. — Remise de 90 %. — Les 10 % non remis payables en cinq ans, par cinquièmes, d'année en année, pour le premier paiement avoir lieu fin janvier 1856. — N° du Greffe 9,918.

RIGAUD et Cie, société, *dite Société Générale du Clergé, place Saint-Sulpice*, 6. — Jugement du 14 mars 1860 homologuant le concordat du 16 février 1860. — Abandon de l'actif énoncé au concordat. — Obligation, en outre, de payer 20 % en cinq ans, par cinquièmes, de l'homologation. — M. Hecaen, maintenu syndic. — N° du Greffe 15,167.

RIGAULT, de la société HAMM, René-Eugène, *coutelier*. — Voir : Société HAMM. — N° du Greffe 10,785.

RIGAULT, Cyprien, *entrepreneur de menuiserie, faubourg Poissonnière*, 94. — Jugement du 26 novembre 1856 homologuant le concordat du 14 du dit mois.— Remise de 80 %. — Les 40 % non remis payables, sans intérêts, en cinq ans, par cinquièmes, savoir : 8 % dans un an de l'homologation, et 8 % les 31 décembre 1858, 1859, 1860 et 1861. — N° du Greffe 13,186.

RIGAULT, *marchand-boulanger, à Gentilly, rue Vandrezanne*, 8. — Jugement du 6 mars 1854 homologuant le concordat du 18 février 1854. — Remise de 82 %. — Les 18 % non remis payables, savoir : 9 % dans le mois qui suivra l'homologation, par les soins de M. Millet, syndic, et 9 %, par tiers, les 1er avril 1855, 1856 et 1857.— N° du Greffe 10,742.

RIGO, Édouard-Maximilien-Augustin, *ex-éditeur d'estampes, rue Chapon*, 3. — Jugement du 27 mai 1851 homologuant le concordat du 15 mai 1851. — Remise de 90 %. — Les 10 % non remis payables, savoir : 2 1/2 % dans quatre mois, du 15 mai 1851, et les 7 1/2 % de surplus en cinq années, par vingtièmes, de trois mois en trois mois, pour le premier paiement avoir lieu le 15 août 1851. — M. Trotignon, caution solidaire. — N° du Greffe 5,430.

RIGOLET, François, *serrurier*, 10, *rue d'Amboise*. — Jugement du 31 décembre 1850 homologuant le concordat du 18 décembre 1850.— Remise de 60 %, capital, intérêts et frais au nom de la faillite. — Les 40 % non remis payables, comme suit : 20 % le premier juillet 1851 et 5 % à pareille époque de chacune des années 1852, 1853, 1854 et 1855. — N° du Greffe 9,092.

RILLY, Charles, *mercerie et nouveautés*, 14, *rue Pont-aux-Choux*.— — Jugement du 5 décembre 1859 homologuant le concordat du 22 novembre 1859. — Obligation de payer l'intégralité des créances en cinq ans, par cinquièmes, de l'homologation. — N° du Greffe 16,176.

RINGEL, Pierre, *commerce en jouets d'enfants, rue de l'Oseille*, 7.—Jugement du 21 novembre 1859 homologuant le concordat du 2 novembre 1859. — Abandon de l'actif énoncé au concordat. — M. Beaufour, maintenu syndic. — N° du Greffe 16,347.

RINGENBERT ou **REINQUIMBERT**, Christian, *loueur de voitures, à Neuilly*.— Jugement du 19 février 1862 homologuant le concordat du 18 janvier 1862.—Remise de 40 %.— Les 60 % non remis payables, sans intérêts, en six ans, par sixièmes, de l'homologation. — N° du Greffe 18,974.

RIONDÉ, Ève, *carrossier, rue de la Ferme-des-Mathurins*, 39. — Concordat du 19 mars 1849. — N° du Greffe 8,560.

RIQUET, François-Louis, *ex-négociant, rue de la Charité*, 2.— Jugement du 10 août 1855 homologuant le concordat du 28 juin 1855. — Remise de 80 %. — Les 20 % non remis payables trois mois après l'homologation du concordat. — N° du Greffe 11,940.

RISPAL, Jean-René, *nouveautés, rue Keller*, 29.— Jugement du 28 août 1862 homologuant le concordat du 13 août 1862. — Remise de 85 %. — Les 15 % non remis payables : 10 % huit jours après l'homologation, 5 % le 30 septembre 1863.— N° du Greffe 19,925.

RIVAL, Amand-Benjamin, *meubles, rue Sainte-Foy*, 26. — Jugement du 13 mai 1859 homologuant le concordat du 29 avril 1856. — Remise de 75 %. — Les 25 % non remis payables en cinq ans, par cinquièmes, du concordat. — N° du Greffe 15,657.

RIVAT, Antoine, de la société CHOLLET et RIVAT, *office de Publicité, faubourg Poissonnière*, 66. — Voir : CHOLLET, RIVAT et Ce. — N° du Greffe 11,445.

RIVAUD, Auguste-Eugène, *fabricant de fleurs*, 48, *faubourg St-Denis*.—Jugement du 12 avril 1856 homologuant le concordat du 27 mars 1855.— Remise de 70 %. — Les 30 % non remis payables en trois ans, par tiers, d'année en année, à partir du jour du concordat. — N° du Greffe 12,159.

RIVAUDON, Michel, *entrepreneur de maçonnerie, à Vaugirard*, 3, *avenue des Accacias*.— Jugement du 22 avril 1856 homologuant le concordat du 11 du dit mois.— Remise de 75 %. — Les 25 % non remis payables en cinq ans, par cinquièmes, d'année en année, du jour de l'homologation. — N° du Greffe 11,832.

RIVÉ, Gustave, *rubans et velours, rue Montmartre*, 125. — Jugement du 2 octobre 1857 homologuant le concordat du 20 mars 1857. — Remise de 50 %. — Les 50 % non remis payables : 40 % au comptant, par M. Bourbon, syndic, et 10 % dans un an du jour du concordat.—M. Augustin aîné, caution du paiement des 10 %. — N° du Greffe 13,645.

RIVET, demoiselle de **COURMÉNIL**, Marie-Caroline, *appartements meublés, rue de Calais*, 3. — Jugement du 9 février 1858 homologuant le concordat du 23 janvier 1858. — Remise de 90 %. Les 10 % non remis payables en quatre ans, par quarts, d'année en année, du jour de l'homologation du concordat. — N° du Greffe 13,904.

RIVIÈRE, Casimir, *fabricant de gants*, 265, *à St-Denis*. — Jugement du 21 mai 1855 homologuant le concordat du 5 du même mois. — Remise de 90 %. — Les 10 % non remis payables en cinq ans, par cinquièmes, d'année en année, à partir du 1er mai 1856. — N° du Greffe 11,776.

RIVIÈRE, Jean-Louis, *vins, rue Fontaine-au-Roi*, 15. — Concordat du 10 décembre 1849. — N° du Greffe 696.

RIVOLIER, François-Théophile, *lampiste, rue Cadet*, 14. — Jugement du 12 novembre 1858 homologuant le concordat du 6 octobre 1858. — Abandon à ses créanciers, de l'actif énoncé au concordat. — Obligation, en outre, de leur payer 20 % en cinq ans, par cinquièmes du 1er octobre prochain. — Henrionnet, maintenu syndic. — N° du Greffe 15,112.

ROBART et **DOSSE**, société, Constantin, *confiseur, rue des Billettes*, 14. — Voir : DOSSE et ROBART. — N° du Greffe 14,650.

ROBBE, Victor-Joseph, *vins, rue du Bac*, 96. — Jugement du 24 juin 1859 homologuant le concordat du 9 juin 1859. — Abandon de l'actif énoncé au concordat. — M. Devin, maintenu syndic. — N° du Greffe 15,751.

ROBERT, Tissot, *bottes (monteur en), passage Hulot*, 2. — Jugement du 15 novembre 1850 homologuant le concordat du 2 novembre 1850. — Remise de 85 % en principal, intérêts et frais. — Les 15 % non remis payables en trois ans, par tiers, les 2 novembre 1851, 1852 et 1853. — N° du Greffe 9,572.

ROBERT, Jean-Baptiste-Louis, *parapluies, rue Poissonnière*, 6. — Jugement du 7 février 1854 homologuant le concordat du 21 janvier 1854. — Abandon aux créanciers de tout l'actif réalisé. — M. Lemoine, commissaire. — N° du Greffe 11,149.

ROBERT Clément, *marchand de champignons, rue Charlot*, 56. — Jugement du 10 novembre 1857 homologuant le concordat du 31 octobre 1857. — Obligation de payer à ses créanciers le montant intégral de leurs créances, en quatre ans, par quarts, d'année en année, pour le premier paiement avoir lieu fin mars 1858. — N° du Greffe 14,150.

ROBERT, société ROBERT et FRICK, Frédéric-Philémon, *charron et débitant de vins, à la Villette*, 12, *rue de Belleville*. — Voir : FRICK, société ROBERT. — N° du Greffe 10,725.

ROBERT, dame, Louis-Auguste, dite PREVOST, Marie-Anne-Antoine, *restaurateur, rue Richelieu*, 74. — Voir : PREVOST, femme ROBERT dite PREVOST. — N° du Greffe 11,018.

ROBERT dit **THÉODORE**, François-Théophile, *fromages et eaux minérales, passage Basfour*, 5. — Jugement du 19 novembre 1858 homologuant le concordat du 6 novembre 1858. — Remise de 70 %. — Les 30 % non remis payables : 20 % un mois après l'homologation, et 10 % le 31 décembre suivant. — N° du Greffe 15,182.

ROBERT, Louis-Auguste-Émile, *vins, rue Rivoli*, 11. — Jugement du 7 novembre 1856 homologuant le concordat du 25 octobre 1856. — Remise de 90 %. — Les 10 % non remis payables : 3 % après l'homologation au moyen de l'actif réalisé abandonné à cet effet ; 2 % dans un et deux ans, et 3 % dans trois ans. — N° du Greffe 13,160.

ROBERT, société HAMM, Appolinaire, *coutelier*. — Voir : société HAMM. — N° du Greffe 10,785.

ROBIN, Charles, *marchand de nouveautés, rue Richelieu*, 83. — Jugement du 10 octobre 1856 homologuant le concordat du 27 septembre 1856. — Abandon à ses créanciers de l'actif énoncé au concordat et obligation, en outre, de leur payer 10 % en cinq ans, d'année en année, pour le premier paiement avoir lieu le 2 septembre 1857. — M. Sommaire, maintenu syndic. — N. du Greffe 13,232.

ROBIN, Amédé, *horloger, rue des Marais-St-Martin*, 51. — Jugement du 15 novembre 1858 homologuant le concordat du 29 octobre 1858. — Remise de 75 %. — Les 25 % non remis payables, sans intérêts, en 5 ans, par cinquièmes, de l'homologation. — N° du Greffe 15,017.

ROBIN, Louis-André, *taillandier, rue Ste-Placide*, 21. — Jugement du 19 novembre 1855 homologuant le concordat du 3 du dit mois. — Abandon à ses créanciers de tout son actif. — M. Millet, commissaire. — N° du Greffe 11,482.

ROBIN dite **CHANDOR**, Clarisse-Élisabeth, *modes et nouveautés, rue Quincampoix*, 70. — Jugement du 2 novembre 1852 homologuant le concordat du 6 octobre 1852. — Remise de 80 % en principal, intérêts et frais. — Les 20 % non remis payables : 6 % dans la quinzaine de l'homologation, 5 % dans un an, 5 % dans deux ans, et 4 % dans trois ans, du jour du concordat. — N° du Greffe 10,137.

ROBIN, François-Isidore, *fabricant de chaises et logeur, rue Marcadet*, 7, *à Montmartre*. — Jugement du 3 avril 1861 homologuant le concordat du 13 mars 1861. — Remise de 75 %. — Les 25 % non remis payables en cinq ans, par cinquièmes, de l'homologation. — N° du Greffe 17,645.

ROBINET, Jean-Paul-Félix, *négociant commissionnaire, rue Vendôme*, 7. — Jugement du 2 juin 1854 homologuant le concordat du 20 mai 1854. — Remise de 85 %. — Les 15 % non remis payables aussitôt l'homologation du concordat. — M. Trubert, négociant à Paris, caution des dividendes promis. — N° du Greffe 11,006.

ROBINET, Jules-Pierre, *épicier, rue Ponthieu*, 11. — Jugement du 13 octobre 1862 homologuant le concordat du 26 septembre 1862. — Abandon de l'actif énoncé au concordat. — M. Normand, maintenu syndic. — N° du Greffe 244.

ROBLES et **DUGIT**, Adolphe, *négociants-commissionnaires, rue Hauteville*, 19. — Voir : DUGIT. — N° du Greffe 17,055.

ROBLES, Abraham-Alexis, *commissionnaire-exportateur, rue de la Victoire*, 86. — Jugement du 10 juin 1862 homologuant le concordat du 19 mai 1862. — Remise de 50 %. — Les 50 % non remis payables en six ans : 6 % la première année, 8 % la deuxième année, 10 % les trois, quatre et cinquièmes années, et 6 % la sixième année, à partir du 31 mai. — Société Caen et Sous, cautions.

ROCH, Thomas, *marchand de crépins, rue Montmartre*, 27. — Jugement du 13 septembre 1862 homologuant le concordat du 23 août 1862. — Remise de 70 %. — Les 30 % non remis payables en six ans, par sixièmes. — Premier paiement, quatre mois après l'homologation. — N° du Greffe 20.

ROCHE, Jean, *marchand de vins, rue St-Dominique-St-Germain*, 120. — Jugement du 1er décembre 1862 homologuant le concordat du 14 novembre 1862. — Remise de 75 %. — Les 25 % non remis payables en cinq ans, par cinquièmes, de l'homologation. — N° du Greffe 197.

ROCHE, Jean-Jules, *fabricant de boutons, rue St-Denis*, 224, *passage Saucède*, 12 et 14. — Jugement du 23 septembre 1861 homologuant le concordat du 11 septembre 1861. — Remise de 80 %. — Les 20 % non remis payables en quatre ans, par quarts, de l'homologation. — N° du Greffe 16,529.

ROCHE, Pierre, *marchand de vins, à la Varenne-St-Maur*. — Jugement du 6 septembre 1858 homologuant le concordat du 30 juillet 1858. — Remise de 55 %. — Les 45 % non remis payables, sans intérêts, en cinq ans, par cinquièmes, du 1er septembre. — N° du Greffe 14,732.

ROCHEDIEU, François, cordonnier, *rue des Capucines*, 14. — Jugement du 6 janvier 1862 homologuant le concordat du 22 novembre 1861. — Remise de 80 %. — Les 20 % non remis payables dans le mois de l'homologation. — N° du Greffe 18,615.

ROCHER jeune, Hippolyte, *négociant en lingerie, rue de l'Echiquier*, 40. — Jugement du 18 mars 1857 homologuant le concordat du 2 mars 1857. — Remise de 80 %. — Les 20 % non remis payables en quatre ans, par quarts, d'année en année, pour le premier paiement avoir lieu le 15 mai 1858. — N° du Greffe 13,583.

ROCHERIOU, Jules, *imprimeur-lithographe, faubourg St-Martin*, 172. — Jugement du 10 avril 1855 homologuant le concordat du 10 mars 1855. — Obligation de payer à ses créanciers le montant de leurs créances, en principal intérêts et frais, en six ans, par sixièmes, d'année en année, dans un an du jour du concordat. — N° du Greffe 11,882.

ROCHETTE, de la société PETIT et ROCHETTE, André, *parfumerie, rue Martel*, 21. — Voir : PETIT et ROCHETTE. — N° du Greffe 18,700.

ROCQUE fils, Alexandre-Antoine-Léonard, *entrepreneur de maçonnerie*, — Jugement du 30 septembre 1859 homologuant le concordat du

21 septembre 1859. — Remise de 90 %. — Les 10 % non remis payables : 5 % les 20 janvier et 20 avril prochain. — M. Rocque père, caution. — N° du Greffe 15,939.

RODDE, Jean, *laitier restaurateur, rue de Chabrol*, 6. — Jugement du 25 octobre 1853 homologuant le concordat du 8 du même mois. — Obligation de payer 12 % en trois ans, par tiers. — Le premier paiement devant avoir lieu dans un an de l'homologation du concordat. — Remise au failli du surplus des créances. — N° du Greffe 10,470.

RODRIGUES, Moyse, *marchand colporteur à Belleville, rue de Paris*, 95. — Jugement du 15 novembre 1853 homologuant le concordat du 21 octobre 1853. — Abandon de l'actif réalisé et engagement de payer aux créanciers, savoir : 3 % fin mai 1855, 3 % fin mai 1856, 4 % fin mai 1857. — M. Pascal, commissaire à l'exécution du concordat. — N° du Greffe 11,050.

ROEHERIG sieur et dame, Philippe, *huiles et graines, rue des Tournelles*, 31. — Jugement du 15 mai 1861 homologuant le concordat du 27 mars 1861. — Remise de 80 %. — Les 20 % non remis payables en quatre ans, par quarts, de l'homologation. — N° du Greffe 17,127.

ROES, Pierre, *ex-marchand de vins, à Batignolles, avenue de Clichy*, 65. — Jugement du 20 décembre 1850 homologuant le concordat du 26 novembre 1850. — Remise de 85 % en principal et de tous intérêts et frais. — Les 15 % non remis payables comme suit : 3 % le 26 novembre 1851, et trois paiements de 4 % les 26 novembre 1852, 1853 et 1854. — N° du Greffe 9,263.

ROGER, Adolphe, *commissionnaire en farines, rue Coquillière*, 36. — Jugement du 5 février 1851 homologuant le concordat du 22 janvier 1851. — Obligation de payer 10 % des créances, dans un an, du 22 janvier. — Abandon, en outre, par le sieur Roger, de tout l'actif de la faillite à la disposition des syndics, autre que le mobilier, pour cet actif être réparti par les sieurs Boulet et Lavaud, commissaires. — N° du Greffe 9,626.

ROGER, Charles, *ancien commissionnaire, à Bléré (Indre-et-Loire)*. — Jugement du 10 septembre 1856 homologuant le concordat du 28 août 1856. — Abandon à ses créanciers de l'actif énoncé au concordat. — Obligation, en outre, de leur payer 10 % sur le montant de leurs créances, en cinq ans, par cinquièmes, d'année en année, pour le premier paiement avoir lieu le 25 août 1857. — M. Crampel, maintenu syndic à l'effet de réaliser et répartir, sous la surveillance de M. le juge-commissaire, l'actif abandonné. — N° du Greffe 13,166.

ROGER, Jean-Baptiste, *commissionnaire en bois, à la Villette, quai de la Loire*, 38. — Jugement du 21 mai 1856 homologuant le concordat du 2 dudit mois. — Remise de 80 %. — Les 20 % non remis payables en quatre ans, par quarts, d'année en année, du jour du concordat. — N° du Greffe 12,357.

ROGER dame, *confectionneuse*, 5, *rue Vivienne*. — Jugement du 18 mars 1861 homologuant le concordat du 28 février 1861. — Remise de 80 %. — Les 20 % non remis payables : 5 % dans 10, 20, 30 et 40 mois, de l'homologation. — N° du Greffe 17,522.

ROGER, Michel, *marchand tailleur, rue de Cléry*, 72. — Jugement du 12 juin 1862 homologuant le concordat du 24 mai 1862. — Remise de 85 %. — Les 15 % non remis payables en trois ans, par tiers, de l'homologation. — N° du Greffe 19,295.

ROGER, *fabricant d'huiles, à Nanterre*. — Jugement du 5 mai 1862 homologuant le concordat du 15 avril 1862. — Remise de 85 %. — Les 25 % non remis payables en cinq ans, par cinquièmes, du concordat. — N° du Greffe 19,419.

ROGER et Cie, Hippolyte-Eugène, *gérant, nouveautés*, 26, 28, *rue Royale-St-Martin*. — Jugement du 2 août 1850 homologuant le concordat du 22 juin 1850. — Remise de 75 % en capital, intérêts et frais. — Les 25 % restant payables en huit portions égales, de six en six mois, pour le premier paiement avoir lieu le 15 janvier 1851. — N° du Greffe 8,499.

ROGER, personnellement, *marchand de nouveautés, rue Nationale-St-Martin*, 26 et 28. — Jugement du 2 août 1850 homologuant le concordat du 29 juin 1850. — Remise au sieur Roger, personnellement, de 91 % en principal, intérêts et frais. — Les 9 % restant payables en huit portions égales, de six en six mois. — Le premier paiement le 15 janvier 1851. — N° du Greffe 8,499.

ROGIER, de la société JOUENNE, et ROGIER, personnellement, François-Xavier, *passementier*, 149, *rue St-Honoré*. — Jugement du 26 avril 1852 homologuant le concordat du 21 février 1852. — Remise de 90 % en principal, intérêts et frais. — Les 10 % non remis payables en deux ans, par moitiés, à partir du jour du concordat. — N° du Greffe 9,524.

ROGNON, Pierre-Frédéric, *vins, rue de Malte*, 14. — Jugement du 19 février 1851 homologuant le concordat du 6 février 1851. — Remise de 90 %. — Les 10 % non remis payables, sans intérêts, en quatre ans, par quarts, les 19 février 1852, 1853, 1854 et 1855. — N° du Greffe 9,656.

ROGNON, *mécanicien, à Belleville*. — Jugement du 16 janvier 1861 homologuant le concordat du 22 décembre 1859. — Abandon de l'actif énoncé au concordat. — Obligation, en outre, de payer 10 % en quatre ans, par quarts, de l'homologation. — M. Devin, maintenu syndic. — N° du Greffe 16,403.

ROGUE-BAZIN, Auguste, *marchand de couleurs*, 116, *rue du Temple*. — Jugement du 11 novembre 1859 homologuant le concordat du 5 octobre 1859. — Remise de 28 %. — Les 72 % non remis payables en six ans, par sixièmes, de l'homologation. — N° du Greffe 15,320.

ROIDOT, de la société GUYOT et ROIDOT, Claude-Nicolas-Prosper, *libraire, rue de Grenelle-St-Germain*, 11. — Voir : GUYOT et ROIDOT. — — N° du Greffe 131.

ROIRON, *entrepreneur de maçonnerie, rue de Babylone*, 7. — Jugement du 23 février 1858 homologuant le concordat du 30 janvier 1858. — Remise de 80 %. — Les 20 % non remis payables en quatre ans, par quarts, de l'homologation. — N° du Greffe 14,794.

ROJOU, Alphonse, *négociant, charbons, à la Villette*. — Jugement du 24 janvier 1860 homologuant le concordat du 7 janvier 1860. — Abandon de l'actif énoncé au concordat. — Obligation, en outre, de payer 25 % en cinq ans, par cinquièmes, de l'homologation. — M. Isbert, maintenu syndic. — N° du Greffe 15,808.

ROLAND, Anselme, *serrurier-mécanicien, à Montmartre*. — Jugement du 5 juin 1855 homologuant le concordat du 18 mai 1855. — Remise de 80 %. — Les 20 % non remis payables, sans intérêts, en quatre ans, par quarts, d'année en année, pour le premier paiement avoir lieu le 1er juillet 1856. — N° du Greffe 12,200.

ROLAND, Étienne-Léon, *tailleur, rue des Bons-Enfants*, 31. — Jugement du 30 mai 1861 homologuant le concordat du 24 avril 1861. — Remise de 75 %. — Les 25 % non remis payables en cinq ans, par cinquièmes, de l'homologation, sans intérêts. — N° du Greffe 18,013.

ROLAND, de la société HAMM, Jean-Baptiste, *coutelier, rue de l'École-de-Médecine*, 6. — Voir : société HAMM. — N° du Greffe 10,785.

ROLIN frères, Edme, Auguste et Jean, *commissionnaires en bestiaux, quai Bourbon*, 39. — Jugement du 12 mai 1852 homologuant le concordat du 24 avril 1852. — Remise de 95 % en principal, intérêts et frais. — Les 5 % non remis payables par les sieurs Rolin frères, obligés solidairement, de la manière suivante : 1 % le 1er mai 1853, 2 % le 1er mai 1854, et 2 % le 1er mai 1855. — N° du Greffe 9,474.

ROLLAND, Durand, *épicier, à Belleville*. — Jugement du 29 novembre 1855 homologuant le concordat du 7 du dit mois. — Remise de 70 %. — Les 30 % non remis payables : 10 % comptant par les soins du syndic, et 5 % les 1ers novembre 1856, 1857, 1858 et 1859. — N° du Greffe 12,514.

ROLLAND, Charles-Aîné, *entrepreneur de travaux publics, rue de Ménilmontant*, 70. — Jugement du 10 octobre 1862 homologuant le concordat du 24 septembre 1862. — Remise de 40 %. — Les 60 % non remis payables, sans intérêts : 5 % fin janvier et fin juillet 1854 et ainsi de suite, de six en six mois. — N° du Greffe 19,991.

ROLLAND, *bois et charbons, à Montrouge*. — Concordat du 24 octobre 1849. — N° du Greffe 670.

ROLLIN ou **ROLIN**, Henri-Amédé, *fabricant de chaussures, rue de Bondy*, 94. — Jugement du 6 décembre 1862 homologuant le concordat du 25 novembre 1862. — Abandon de l'actif énoncé au concordat. — Obligation, en outre, de payer 5 % en cinq ans, par cinquièmes, de l'homologation. — M. Pinet, maintenu syndic. — N° du Greffe 185.

ROMAGNÉSI fils, Joseph-René, *sculpteur, rue Lafayette*, 27. — Jugement du 7 novembre 1850 homologuant le concordat du 28 octobre 1850. — Abandon aux créanciers de tout l'actif. — Le sieur Stiegler, rue de

Choiseul 19, commissaire à l'effet de toucher et répartir. — N° du Greffe 9,083.

ROMAND dame, veuve Marie-Constance GUERARD, *marchande de soieries, rue Montmatre*, 24 et 160. — Jugement du 24 septembre 1852 homologuant le concordat du 21 août 1852. — Remise de 92 1/2 °/o et de tous intérêts et frais. — Les 7 1/2 °/o non remis payables dans les trente jours de l'homologation du concordat. — N° du Greffe 10,466.

ROMAND, Jean-François, *ex-marchand de mérinos, rue de Cléry*, 67. — Jugement du 10 juin 1851 homologuant le concordat du 5 mai 1851. — Obligation de payer le 30 juin une somme de 5,000 fr. pour être repartie au marc le francs. — La dame épouse Romand, caution solidaire de son mari, pour le paiement de ladite somme, des intérêts et du surplus du capital. — N° du Greffe 9,494.

ROMIER, femme **BOURDET**, Joséphine-Claudine, *mercière, rue de la Tombe Isoire*, 58. — Voir : BOURDET. — N° du Greffe 14,744.

ROMMETIN, Théodore, *passementier, rue Dauphine*, 25. — Jugement du 30 juin 1859 homologuant le concordat du 18 juin 1859. — Remise de 80 °/o. — Les 20 °/o non remis payables au moyen de l'actif abandonné au concordat, et la différence en cinq ans, par dixièmes, de six mois en six mois, de l'homologation. — M. Richard-Grison, maintenu syndic. — N° du Greffe 15,700.

RONGER, Guillaume, *nouveautés, à Belleville*. — Jugement du 29 mai 1854 homologuant le concordat du 13 du même mois. — Abandon aux créanciers de l'actif aux mains du syndic, lequel est chargé d'en faire la répartition, et obligation, en outre, de leur payer 10 °/o sur le montant de leurs créances, en quatre ans, par quarts, d'année en année, pour le premier paiement avoir lieu le 1er juin 1855. — N° du Greffe 11,258.

RONGIÈRE, Jean, *fabricant de chaussures, rue Vieille-du-Temple*, 69. — Jugement du 12 août 1859 homologuant le concordat du 19 juillet 1859. — Remise de 75 °/o. — Les 25 °/o non remis payables en quatre ans, par quarts, de l'homologation. — N° du Greffe 15,907.

RONSSE, Joseph-Jean, *ex-négociant en vins*, 3, *rue Rossini*. — Jugement du 2 août 1852 homologuant le concordat du 21 juillet 1852. — Remise de 80 °/o en principal, intérêts et frais. — Les 20 °/o non remis payables : 6 °/o le 1er août 1853, 6 °/o le 1er août suivant, et 8 °/o le 1er août 1855. — Au cas de décès de la dame Ronsse, mère du failli, exigibilité des dividendes non encore échus six mois après. — La dame épouse du sieur Ronsse garante du paiement des dividendes, le sieur Boulet, commissaire à l'exécution du concordat. — N° du Greffe 10,443.

ROQUEBLAVE, Numa, *marchand de vins, rue St-Antoine*, 214. — Jugement du 13 décembre 1861 homologuant le concordat du 15 novembre 1861. — Remise de 75 °/o. — Les 25 °/o non remis payables, sans intérêts, en cinq ans, par cinquièmes, du concordat. — N° du Greffe 18,594.

ROQUES jeune, Étienne, *curiosités, passage des Panoramas*, 13. — Jugement du 4 septembre 1854 homologuant le concordat du 18 août 1854. — Remise de 70 °/o. — Les 30 °/o non remis payables, sans intérêts, en six ans, par sixièmes, d'année en année, pour le premier paiement avoir lieu le 1er novembre 1855. — N° du Greffe 11,514.

ROQUET, Paul-François, *vins, rue du Four-St-Germain*, 38. — Jugement du 22 novembre 1850 homologuant le concordat du 8 octobre 1850. — Remise de tous intérêts et frais non admis et de 80 °/o. — Les 20 °/o non remis payables en cinq ans, par cinquièmes, le 8 octobre des années 1851, 1852 et suivantes. — N° du Greffe 9,401.

RORPHURO, *fabricant de visières*, 25, *rue du Temple*. — Jugement du 4 mars 1862 homologuant le concordat du 18 février 1862. — Remise de 70 °/o. — Les 30 °/o non remis payables, sans intérêts, en cinq ans, par cinquièmes, du concordat. — N° du Greffe 19,146.

ROSE, David, *pâtissier, rue Montmartre*, 31. — Jugement du 6 novembre 1851 homologuant le concordat du 21 octobre 1861. — Remise de 90 °/o. — Les 10 °/o non remis payables en cinq ans, par cinquièmes, de l'homologation. — N° du Greffe 18,402.

ROSE, de la société GACHOD, *négociant*, 23, *rue du Sentier*. — Concordat du 31 mars 1857. — Voir : GACHOD. — N° du Greffe 13,688.

ROSEEU et **LOMBARD**, Charles, *négociants en pelleteries*, 9, *rue Popincourt*. — Voir : LOMBARD et ROSEEU. — N° du Greffe 14,498.

ROSENMEYER, Philippe, *ébéniste logeur, impasse St-Bernard*, 5. — Jugement du 19 juin 1862 homologuant le concordat du 5 juin 1862. — Remise 85 °/o. — Les 15 °/o non remis payables en dix-huit mois, par tiers, de l'homologation. — N° du Greffe 19,592.

ROSENDWALD aîné, Abraham, *quaincaillier, rue Vendôme*, 16. — Jugement du 15 mai 1855 homologuant le concordat du 28 avril 1855. — Remise de 90 °/o. — Les 10 °/o non remis payables en quatre ans, par quarts, pour le premier paiement avoir lieu dans un an, du jour de l'homologation. — N° du Greffe 12,148.

ROSSIGNOL, Louis-Eugène, *serrurier, rue du Four-St-Germain*, 69. — Concordat du 24 décembre 1849. — N° du Greffe 675.

ROSSIGNOL et **RENALDY**, *marchand de vins, rue d'Albouy*, 14. — Voir : RENALDY, demoiselle, société ROSSIGNOL. — N° du Greffe 15,829.

ROSSILLOL, société GAVOT et ROSSILLOL, Pierre, *passementier, rue Ferdinand*, 14. — Voir : GAVOT, société ROSSILLOL. — N° du Greffe 10,585.

ROSSI ou **ROSSY**, Constantin, *marchand de vins, rue du Petit-Hurleur*, 25. — Jugement du 4 décembre 1860 homologuant le concordat du 31 octobre 1860. — Remise de 80 °/o. — Les 25 °/o non remis payables, sans intérêt, en cinq ans, par cinquièmes, de l'homologation. — N° du Greffe 17,256.

ROST-BAILLY et Ce, Wenzel, *portefeuillistes*, 38, *rue Notre-Dame-de-Nazareth*. — Concordat du 24 avril 1856. — Voir : BAILLY, société ROST. — N° du Greffe 12,849.

ROSTIN, Michel, *serrurier, au Point-du-Jour*. — Jugement du 25 novembre 1856 homologuant le concordat du 7 dudit mois. — Remise de 75 °/o. — Les 25 °/o non remis payables en cinq ans, d'année en année, pour le 1er paiement avoir lieu le 1er novembre 1857. — N° du Greffe 13,171.

ROTH dame, Gustave, *lingère, rue du Faubourg-St-Honoré*, 26. — Jugement du 30 août 1859 homologuant le concordat du 18 juillet 1859. — Remise de 80 °/o. — Les 20 °/o non remis payables en quatre ans, par quatrs, du 1er août. — N° du Greffe 15,929.

ROTTEMBOURG et **CHARLES**, société, Salomon et Jacob, *fabricants de casquettes, rue de la Poterie-des-Arcis*, 9. — Voir : CHARLES, société ROTTEMBOURG. — N° du Greffe 10,607.

ROTZ, de la société MALLARD, Alphonse-Henri, *fabricant de tissus*, 17, *rue Beauveau, et* 98, *faubourg St-Antoine*. — Voir : MALLARD et CORBIZET. — N° du Greffe 9,698.

ROUCAMP fils, *verres, rue Montmartre*, 49. — Jugement du 21 juin 1859 homologuant le concordat du 4 juin 1859. — Remise de 75 °/o. — Les 25 °/o non remis payables : 10 °/o six mois après l'homologation, 10 °/o dix-huit mois après l'homologation, et 5 °/o deux ans après l'homologation. — M. Roucamp père, caution du 1er dividende de 10 °/o. — N° du Greffe 15,683.

ROUCHE, Louis, *fabricant de lampes, rue du Temple*, 79. — Jugement du 15 juillet 1857 homologuant le concordat du 25 juin 1857. — Obligation de payer la totalité des créances en principal, intérêts et frais, en quinze ans, par quinzièmes, d'année en année, pour le premier paiement avoir lieu le 1er août 1858. — N° du Greffe 13,803.

ROUCHON, Jean-Baptiste, *lingerie, rue Vivienne*, 6. — Jugement du 21 novembre 1851 homologuant le concordat du 10 novembre 1851. — Remise de 80 °/o. — Les 20 °/o non remis payables par fractions de 5 °/o, fin décembre des années 1852, 1853, et suivantes. — N° du Greffe 10,036.

ROUDAIX, Michel, *marchand de vins, à Vanves*. — Jugement du 18 mai 1858 homologuant le concordat du 3 mai 1858. — Remise de 50 °/o — Les 50 °/o non remis payables en quatre ans, par quarts, de l'homologation. — N° du Greffe 14,575.

ROUDIÉ veuve, Jean, *nouveautés, boulevard St-Martin*, 53. — Jugement du 10 juin 1853 homologuant le concordat du 25 mai 1853. — Remise de 60 %. — Les 40 % non remis payables : 20 % comptant, 5 % dans un an, 5 % dans deux ans, et 10 % dans trois ans, du jour du concordat. — N° du Greffe 10,866.

ROUFFIAC (de), dame, *négociante, place Madeleine*, 20. — Jugement du 20 novembre 1856 homologuant le concordat du 29 octobre 1856. — Abandon à ses créanciers de l'actif énoncé au concordat. — M. Battarel, maintenu syndic. — N° du Greffe 12,910.

ROUGÉ, *négociant, faubourg St-Martin*, 266. — Jugement du 14 février 1859 homologuant le concordat du 21 janvier 1859. — Remise de 80 %. — Les 20 % non remis payables en quatre ans, par quarts, du 21 janvier. — N° du Greffe 15,331.

ROUGÉ, de la société LASSUS et Cie, *constructeur de voitures, à la Grande-Villette*. — Voir : CHAMEROY, LASSUS et Cie. — N° du Greffe 11,470.

ROUGET, Alexandre, *loueur de voitures, faubourg St-Honoré*, 55. — — Jugement du 20 juillet 1852 homologuant le concordat du 8 du même mois. — Remise de 80 %, des frais non admis, et de tous intérêts. — Les 20 % non remis payables en quatre ans, par quarts, le 1er septembre des années 1853, 1854, 1855 et 1856. — N° du Greffe 10,361.

ROUGET, veuve GUIGUOZ, Fanny-Caroline, *marchande lingère, rue Montmartre*, 73. — Voir : GUIGUOZ. — N° du Greffe 9,400.

ROUGET, Jean-Baptiste-Achille, *entrepreneur de bâtiments*, 44, *rue Blanche*. — Jugement du 26 août 1850 homologuant le concordat du 31 juillet 1850. — Abandon de l'actif désigné au concordat, pour le dit actif, être liquidé et le prix reparti aux créanciers, par MM. Battarel et Lemoyne, nommés commissaires. — Obligation de parfaire 25 % dans un délai de quatre années, du 1er février 1851. — Au cas ou l'actif abandonné ne produirait pas ces 25 %, réserve au sieur Rouget, de la propriété de divers immeubles désignés au concordat. — N° du Greffe 8,834.

ROUGIER ou **POUGIER**, Alexandre-Charles, *fabricant d'huiles, à Nanterre*. — Jugement du 3 juin 1862 homologuant le concordat 9 mai 1862. — Remise de 20 %. — Les 80 % non remis payables, sans intérêts, en dix ans, par dixièmes, du 1er mai. — N° du Greffe 19,414.

ROULAND, Pierre-Eugène, *marchand de sangsues, passage de Venise*. — Jugement du 28 octobre 1856 homologuant le concordat du 11 du dit mois. — Remise de 90 %. — Les 10 % non remis payables le 1er octobre 1861. — N° du Greffe 13,226.

ROULAND, *fabricant de cannes*, 35, *rue Aumaire*. — Jugement du 17 octobre 1862 homologuant le concordat du 27 septembre 1862. — Remise de 60 %. — Les 40 non remis payables en quatre ans, par quarts, de l'homologation. — N° du Greffe 314.

ROULIN, Alexandre-Victor, *bijoutier, rue Charlot*, 77. — Jugement du 16 novembre 1860 homologuant le concordat du 2 novembre 1860. — Remise de 70. — Les 30 % non remis payables en cinq ans, par cinquièmes, de l'homologation. — N° du Greffe 17,289.

ROULIOT, Auguste, *marchand de chapeaux de paille*, 5, *rue Neuve-St-Augustin*. — Jugement du 1er juin 1858 homologuant le concordat du 18 mai 1858. — Remise de 75 %. — Les 25 % non remis payables, sans intérêts, en cinq ans, par cinquièmes, du jour du concordat. — N° du Greffe 14,556.

ROULLET de FRANCLIEU et Cie, Jacques-François, gérant de la société BONNAL, *à Montmartre*. — Voir : BONNAL et Cie. — N° du Greffe 15,341.

ROUMAUX, Gabriel, *vins, quai de l'École*, 26. — Jugement du 22 septembre 1854 homologuant le concordat du 5 du même mois. — Abandon à ses créanciers de tout l'actif réalisé ou à réaliser. — Obligation, en outre, de leur payer 20 % sur le montant de leurs créances, en quatre ans, par quarts, d'année en année, à compter du jour du concordat. — M. Héron, commissaire. — N° du Greffe 10,338.

ROUQUETTE, Jean-François, *porteur d'eau, rue Royale-St-Honoré*, 25. — Jugement du 17 septembre 1858 homologuant le concordat du 24 août 1858. — Remise de 60 %. — Les 40 % non remis payables en cinq ans, par cinquièmes, de l'homologation. — — N° du Greffe 14,985.

ROUQUETTE demoiselle, Marie-Rose, *charbonnière, à Belleville*. — — Jugement du 12 août 1856 homologuant le concordat du 29 mai 1856. — Remise des intérêts et frais non admis et de 90 % sur le montant des créances. — Les 10 % non remis payables à concurrence de l'actif réalisé par le syndic M. Bourbon, et le surplus un an après l'homologation. — N° du Greffe 13,017.

ROUSSEAU, Alexis-François, *confectionneur en lingerie, quai Jemmapes*, 136. — Jugement du 27 octobre 1853 homologuant le concordat du 11 du même mois. — Remise de 90 %. — Les 10 % non remis payables par vingtièmes, de 0 fr. 50 % chacun, de trois mois en trois mois, pour le premier paiement de 0 fr. 50 % avoir lieu le 1er juillet 1854, et ainsi successivement, de trois mois en trois mois. — M. Millet, commissaire. — N° du Greffe 10,852.

ROUSSEAU, Guillaume, *chapelier, rue Croix-des-Petits-Champs*, 34. — Jugement du 20 mars 1855 homologuant le concordat du 5 mars 1855. — Remise de 80 %. — Les 20 % non remis payables, sans intérêts, en quatre ans, par quarts, d'année en année, pour le paiement avoir lieu dans un du jour du concordat. — N° du Greffe 12,036.

ROUSSEAU, Louis-Marie, *entrepeneur de menuiserie, chaussée d'Antin*, 59. — Jugement du 13 avril 1855 homologuant le concordat du 2 du dit mois. — Remise de 85 %. — Les 15 % non remis payables en cinq ans, par cinquièmes, d'année en année, pour le premier paiement avoir lieu le 1er mai 1856. — N° du Greffe 11,884.

ROUSSEAU, Édouard-Fuleran, *limonadier, avenue Lowendal*, 6. — Jugement du 29 janvier 1861 homologuant le concordat du 17 janvier 1861. — Remise de 90 %. — Les 10 % non remis payables en cinq ans, par cinquièmes, du concordat. — N° du Greffe 17,546.

ROUSSEAU, François, *négociant, rue Saint-Victor*, 15. — Jugement du 5 décembre 1859 homologuant le concordat du 19 novembre 1859. — Abandon de l'actif énoncé au concordat. — M. Lefrançois, maintenu syndic. — N° du Greffe 16,316.

ROUSSEAU. société ROUSSEAU et CHARLES, Marie-Philibert, personnellement, *marchand de farine, rue des Vieilles-Étuves-Saint-Honoré*, 11. — Jugement du 12 juillet 1852 homologuant le concordat du 22 juin 1852. — Remise de 99 % en principal, intérêts et frais. — Les 1 % non remis payables en quatre ans, par quarts, le 1er juillet des années 1853 et suivantes. — N° du Greffe 10,364.

ROUSSEAU, Louis-Théodore, *mécanicien, rue de Nemours*, 5. — Jugement du 8 mai 1862 homologuant le concordat du 31 mars 1862. — Remise de 80 %. — Les 20 % non remis payables en quatre ans, par quarts, du 1er janvier. — N° du Greffe 19,126.

ROUSSEL, Étienne, *épicier, rue de l'Oratoire-du-Louvre*, 10. — Jugement du 18 novembre 1850 homologuant le concordat du 4 novembre 1850. — Remise de 75 % sur le principal, des intérêts et frais non reconnus. — Les 25 % restant payables en quatre ans, par quarts, le 1er décembre des années 1851, 1852 et suivantes. — Au cas de paiement prochain d'une créance énoncée au concordat, la somme en provenant sera remise au syndic chargé d'en faire la répartition pour venir en déduction sur le premier dividende. — N° du Greffe 9,560.

ROUSSEL, Pierre-Eugène-Alphonse, *fabricant de tissus, rue du Faubourg-du-Temple, passage Joinville*, 9, *actuellement rue de Provence*, 42. — Jugement du 7 janvier 1852 homologuant le concordat du 24 décembre 1851. — Remise de 90 % et des intérêts et frais non admis. — Les 10 % non remis payables : 4 % dans le mois de l'homologation, 3 % le 1er mai 1853, et 3 % le 1er mai 1854. — N° du Greffe 9,921.

ROUSSEL dame, Louis-Charles, *grainetière, à la Chapelle-St-Denis, rue du Bon-Puits*, 4. — Jugement du 15 octobre 1852 homologuant le concordat du 22 septembre 1852. — Remise de 80 %. — Les 20 % non remis payables en quatre ans, par quarts, d'année en année. — Le premier paiement le 1er septembre 1853. — N° du Greffe 10,377.

ROUSSEL, Louis-Bertin, *ex-corroyeur, rue de la Chapelle-St-Denis*. — Jugement du 12 janvier 1860 homologuant le concordat du 18 novembre 1859. — Abandon de l'actif énoncé au concordat. — M. Sautton, maintenu syndic. — N° du Greffe 15,883.

ROUSSEL, Ludovic-Jasmin, *café et chocolat, rue St-Martin*, 242. — Jugement du 11 mars 1859 homologuant le concordat du 22 février 1859. — Remise de 75 %. — Les 25 % non remis payables en cinq ans, par cinquièmes, du 1er mars. — N° du Greffe 15,396.

ROUSSEL, *ex-épicier, à Clichy-la-Garenne*. — Jugement du 3 février 1851 homologuant le concordat du 15 mai 1849. — Libération au moyen de l'abandon fait aux créanciers d'une somme de 4,800 fr. déposée à la caisse, laquelle sera répartie entre les créanciers par les soins du sieur Grommort, nommé commissaire. — N° du Greffe 7,222.

ROUSSEL, *négociant, rue de Paris*, 30, *à Belleville*. — Jugement du 4 mai 1860 homologuant le concordat du 13 avril 1860. — Obligation de payer l'intégralité des créances aussitôt l'homologation du présent. — N° du Greffe 4,867.

ROUSSEL, Louis, *vannier, rue Petite-Truanderie, et à la Chapelle*. — Jugement du 19 février 1856 homologuant le concordat du 15 janvier 1856. — Remise de 70 %. — Les 30 % non remis payables en six ans, par sixièmes, d'année en année, pour le premier paiement avoir lieu dans un an du jour du concordat. — N° du Greffe 12,665.

ROUSSELLE, Auguste, *imprimeur sur étoffes, à Puteaux*.—Jugement du 20 août 1860 homologuant le concordat du 19 juillet 1860.— Remise de 85 %.— Les 15 % non remis payables en cinq ans, par cinquièmes, du 1er août. — N° du Greffe 16,775.

ROUSSELLE, François-Eugène, *fabricant de lampes, boulev. du Temple*, 83. — Jugement du 16 novembre 1860 homologuant le concordat du 5 novembre 1860. — Remise de 90 %. — Les 10 % non remis payables en deux ans, par demi, de l'homologation. — N° du Greffe 17,444.

ROUSSELLE demoiselle, Héloïse-Alexandrine, *hôtel, impasse Mazagran, rue Lafayette*, 13. — Jugement du 5 mars 1861 homologuant le concordat du 20 février 1861. — Remise de 40 %. — Les 60 % non remis payables en six ans, par sixièmes, du 5 mars.—N° du Greffe 17,799.

ROUSSELLE, Jean-François-Saturnin, *ayant demeuré rue de Coppe*, 28, *actuellement en Algérie*. — Jugement du 16 avril 1850 homologuant le concordat du 28 décembre 1849. — Remise de 90 % en capital, intérêts et frais. — Les 10 % restant payables en cinq ans, par cinquièmes, fin décembre des années 1850, 1851, 1852, 1853 et 1854. — N° du Greffe 8,923.

ROUSSELOT demoiselle, Catherine, *vins, à Neuilly*. — Jugement du 28 mai 1858 homologuant le concordat du 6 mai 1858. — Abandon de l'actif énoncé au concordat. — M. Huet, maintenu syndic. — N° du Greffe 14,021.

ROUSSET, Etienne, *fumiste, rue Godot de Mauroy*, 35. — Jugement du 14 mars 1856 homologuant le concordat du 29 février 1856. — Remise de 60 %. — Les 40 % non remis payables en quatre ans, par quarts, d'année en année, pour le premier paiement avoir lieu le 1er mars 1857. — — N° du Greffe 12,638.

ROUSSIA et **GUÉRIN**, Joseph, *meubles, Galerie-Bergère*, 16. — Voir : GUÉRIN et ROUSSIA. — N° du Greffe 17,240.

ROUTA, Charles-Joseph, *loueur de voitures, à Batignolles, boulevard des Vertus*, 20. — Jugement du 8 avril 1862 homologuant le concordat du 26 mars 1862. — Remise de 80 %. — Les 20 % non remis payables en cinq ans, par cinquièmes, de l'homologation. — N° du Greffe 19,415.

ROUTIER, *marchand d'habillements, rue Croix-des-Petits-Champs*. — Concordat du 30 avril 1849. — N° du Greffe 43.

ROUX, Jean-Joseph, *glacier, rue Royal-St-Honoré*, 23. — Jugement du 2 mars 1855 homologuant le concordat du 3 février 1855. — Remise de 70 %. — Les 30 % non remis payables en six ans, par sixièmes, pour le premier paiement avoir lieu le 15 février 1856. — N° du Greffe 12,013.

ROUX, Auguste, *quincaillier, boulevard Fontainebleau*, 25. — Jugement du 30 juin 1852 homologuant le concordat du 15 du même mois. Remise de 75 % en principal, intérêts et frais. — Les 25 % non remis payables en cinq ans, par cinquièmes, le 30 juin des années 1853, 1854 et suivantes. — N° du Greffe 10,194.

ROUX, Gustave, *négociant en laines, rue Bleue*, 29, *et à Fontaine-le-Port*, (Seine-et-Marne). — Jugement du 12 avril 1860 homologuant le concordat du 27 mars 1860. — Remise de 85 %. — Les 15 % non remis payables : 12 % dans le mois de l'homologation, 1 1/2 % les 30 septembre 1863 et 1865. — N° du Greffe 14,400.

ROUX, *distillateur, faubourg St-Denis*, 56. — Concordat du 17 août 1849. — N° du Greffe 578.

ROUX et LANDRY, Frédéric-Adolphe et Joseph-Victor, *distillateurs*, 58, *rue du Cherche-Midi*. — Voir : LANDRY, de la société ROUX. — N° du Greffe 11,962.

ROUXEL, Jean-Théodore, *bois en détail, rue du Bac*, 129. — Jugement du 25 février 1862 homologuant le concordat du 14 février 1862. — Remise de 50 %. — Les 50 % non remis payables : partie avec l'actif réalisé pour le syndic, et le surplus en quatre paiements, savoir : un quart le 15 août 1862, un quart le 15 février 1863, un quart le 15 août 1863, et un quart le 15 février 1864. — Dame Rouxel, caution. — M. Richard-Grison, maintenu syndic. — N° du Greffe 19,052.

ROUXEL, Alexandre, *pulvérisateur, rue de Charonne*, 47. — Jugement du 7 juin 1859 homologuant le concordat du 23 mai 1859. — Remise de 75 %. — Les 25 % non remis payables en cinq ans, par cinquièmes, du 1er juin. — N° du Greffe 15,394.

ROUY, Henri, *droguiste, rue Ste-Croix-de-la-Bretonnerie*, 46. — Jugement du 7 janvier 1857 homologuant le concordat du 18 décembre 1856. — Remise de 50 %. — Les 50 % non remis payables en cinq ans, par cinquièmes, d'année en année, pour le premier paiement avoir lieu le 10 janvier 1858. — N° du Greffe 13,229.

ROUY, Jean-Pierre, *fondeur en cuivre, passage St-Etienne*, 3. — Jugement du 14 septembre 1860 homologuant le concordat du 5 septembre 1860. — Remise de 90 %. — Les 10 % non remis payables en deux ans, par moitiés, du concordat. — N° Greffe 17,193.

ROUYER, François, *marchand de vins, rue d'Enghien*, 26. — Jugement du 13 mai 1859 homologuant le concordat du 30 avril 1859. — Remise de 70 %. — Les 30 % non remis payables en quatre ans, par quarts, de l'homologation. — N° du Greffe 15,489.

ROUZEAU, Eugène-Louis-Benoit, *fabricant de corsets, passage Jouffroy*, 45. — Jugement du 9 mai 1851 homologuant le concordat du 29 avril 1851. — Remise des intérêts et frais non admis et de 70 %. — Les 30 % non remis payables : 5 % fin décembre 1851, 5 % fin juillet 1852, et 5 % de six mois en six mois, jusqu'à parfait paiement. — N° du Greffe 9,726.

ROVILLAIN, François, *maréchal-ferrant, rue des Fossés-du-Temple*, 61. — Jugement du 19 août 1851 homologuant le concordat du 4 août 1851. — Obligation de payer 15 % en trois ans, par tiers, le 1er août des années 1852, 1853 et 1854. — Remise du surplus des créances et des intérêts et frais non admis. — N° du Greffe 9,797.

ROY, Louis, *marchand de vins, rue d'Aboukir*, 56. — Jugement du 7 novembre 1851 homologuant le concordat du 22 octobre 1851. — Abandon par le sieur Roy, à ses créanciers, de l'actif existant en caisse au jour du concordat, après l'acquittement des dettes privilégiées et des frais de faillite. — M. Gemot, commissaire pour répartir. — N° du Greffe 9,458.

ROY frères et Ce, Jean-Baptiste et Louis, *vins, rue d'Aboukir*, 56. — Jugement du 6 décembre 1850 homologuant le concordat du 7 novembre 1850. — Remise de 80 % en principal, intérêts et frais. — Les 20 % non remis payables au moyen de l'abandon de tout l'actif de la faillite restant en caisse ; si cet actif, prélèvement fait des privilèges, frais et indemnités, ne produisait pas 10 %, obligation par Roy frères et Ce de verser immédiatement la différence aux mains du commissaire. — Obligation, en outre, de payer les 10 % ou ce qui resterait dû, en deux ans, par moitiés, d'année en année. — Le sieur Boullay, nommé commissaire. — N° du Greffe 9,457.

ROYER, Auguste, *boucher, rue du Commerce*, 7, *à Grenelle*. — Jugement du 20 juin 1850 homologuant le concordat du 7 juin 1850. — Remise de 80 % en principal, intérêts et frais. — Les 20 % restant payables : 10 % dans deux ans, à partir du 7 juin 1850, 5 % le 7 juin 1853, et 5 % le 7 juin 1854. — N° du Greffe 9,381.

ROYER, Alexandre-Louis, *brodeur, rue Montmartre*, 69. — Jugement du 31 août 1858 homologuant le concordat du 14 août 1858. — Remise de 75 %. — Les 25 % non remis payables, sans intérêts, en cinq ans, par cinquièmes, du 1er septembre. — N° du Greffe 14,815.

ROYER, Emile, *négociant commissionnaire, rue Menars*, 1. — Jugement du 6 janvier 1860 homologuant le concordat du 18 décembre 1859. — Remise de 88 %. — Les 12 % non remis payables : 3 % fin juin et fin décembre 1860, 2 % fin juin et fin décembre 1861, 2 % fin juin 1862. — N° du Greffe 16,178.

ROYER, François, *marchand de charbons, à Belleville*. — Jugement du 2 avril 1860 homologuant le concordat du 16 mars 1860. — Remise de 90 %. — Les 10 % non remis payables, sans intérêts, en cinq ans, par cinquièmes, du 1er avril. — N° du Greffe 16,097.

ROZE, Louis-Paul, *voiturier, à la Chapelle-Saint-Denis.* — Jugement du 30 octobre 1856 homologuant le concordat du 3 du dit mois.—Remise de 40 %. — Les 60 % non remis payables en cinq ans, par dixièmes, de six en six mois, du jour de l'homologation. — N° du Greffe 13,245.

ROZET demoiselle, *toiles imperméables, à Charonne.* — Concordat du 16 avril 1849. — N° du Greffe 67.

RUAU, Alexandre, *voiturier, rue Traversière-Saint-Antoine*, 2. — Jugement du 3 juin 1851 homologuant le concordat du 15 mai 1851. — Remise de 75 %. — Les 25 % non remis payables en cinq ans, par cinquièmes, le 3 juin des années 1852, 1853 et suivantes.— N° du Greffe 9,716.

RUBIN et GILLES, Willhem, *maroquiniers, rue Beaubourg*, 73.—Voir: GILLES et RUBIN. — N° du Greffe 16,292.

RUCK, Jean-Valentin, *mercier, rue Sainte-Anne*, 63. — Jugement du 14 janvier 1862 homologuant le concordat du 27 décembre 1861.—Remise de 70 %. — Les 30 % non remis payables en trois ans : 10 % un an après l'homologation, et le surplus par dividendes de 5 %, de six mois en six mois. — N° du Greffe 18,869.

RUD-JUNG et Cie, *commissionnaires en soieries, rue Hauteville*, 24. —Jugement du 3 avril 1860 homologuant le concordat du 22 mars 1860. — Abandon de l'actif énoncé au concordat. — M. Pihan de la Forest, maintenu syndic. — N° du Greffe 16,070.

RUDDER (de), Auguste-Hippolyte, *négociant en vins, à Batignolles.*— Jugement du 10 juin 1858 homologuant le concordat du 27 avril 1858. — Remise de 60 %. — Les 40 % non remis payables : 5 % le 1er décembre prochain, 3 % le 1er juin 1859, et 8 % le 1er juin 1860, 1861, 1862 et 1863. — En cas de succession, exigibilité des dividendes. — Madame de Rudder, caution des premiers 5 %. — N° du Greffe 14,445.

RUEDA, Diego, *exportateur, boulevard Poissonnière*, 23. — Jugement du 1er avril 1853 homologuant le concordat du 24 février 1853.— Obligation de payer intégralement ses créanciers de la manière et aux époques suivantes : 20 % comptant, 5 % le 1er septembre prochain, 35 % le 1er mars 1855 et 40 % le 1er septembre 1856, le tout sans intérêts. — N° du Greffe 10,609.

RUELLE, Auguste-Joseph, *bois, à Belleville.*— Jugement du 22 juillet 1861 homologuant le concordat du 8 juillet 1861.— Remise de 75 %.— Les 25 % non remis payables, sans intérêts, en quatre ans, par quarts, du concordat. — N° du Greffe 18,225.

RUFFAUT, Pierre-Hippolyte, *boucher, à Montrouge.* — Jugement du 21 avril 1854 homologuant le concordat du 25 mars 1854. — Remise de 80 %. — Les 20 % non remis payables en quatre ans, par quarts, d'année en année, pour le premier paiement avoir lieu le 1er avril 1855. — — N° du Greffe 11,273.

RUSSINGER, Achille-Joseph, *peintures, à Vaugirard.* — Jugement du 19 mai 1857 homologuant le concordat du 7 mars 1857. — Remise de 70 %. — Les 30 % non remis payables en six ans, par sixièmes, d'année en année, du jour du concordat. — N° du Greffe 13,799.

S

SAAS-LEPELLETIER, Victor-Armand, *brossier*, 192, *rue St-Antoine.*— Jugement du 25 juin 1861 homologuant le concordat du 31 mai 1861. — Remise de 90 %. — Les 10 % non remis payables sans intérêts, en quatre ans, par quarts, du concordat. — N° du Greffe 18,004.

SABATIER, Pierre, *bois et charbons, rue des Singes*, 4. — Jugement du 4 octobre 1861 homologuant le concordat du 24 septembre 1861. — Remise de 75 %. — Les 25 % non remis payables en cinq ans, par cinquièmes, de l'homologation. — N° du Greffe 18,073.

SABATIER, *charbons, à Montmartre, rue de l'Empereur*, 13 *et* 15. — Jugement du 3 juillet 1854 homologuant le concordat du 10 juin 1854. — Remise de 70 %. — Les 30 % non remis payables en six ans, par sixièmes, d'année en année. — Le premier payement dans un an du jour du concordat. — N° du Greffe 11,256.

SABOURET, *marchand de tapis, rue Neuve-St-Eustache*, 12. — Jugement du 16 avril 1849 qui homologue son concordat. — N° du Greffe 135.

SAFONT, de la société MIGUEL et Ce, *tissus et nouveautés, rue du Gros-Chenet*, 4. — Jugement du 17 mars 1859 homologuant le concordat du 19 février 1859. — Remise par les créanciers de la société du montant de leurs créances, en principal, intérêts et frais, moyennant le versement de 10,000 fr. fait aux mains du syndic. — N° du Greffe 7,358.

SAGE, Joseph-Ennemont, *entrepreneur de menuiserie, à Vaugirard.* — Jugement du 15 mars 1855 homologuant le concordat du 28 février 1855.— Remise au sieur Sage, par ses créanciers, des intérêts et obligation par lui de leur payer intégralement le principal à raison de 10 % par an, pour le premier paiement avoir lieu fin février 1856, et ainsi de suite d'année en année. — N° de Greffe 12,000.

SAGET, MAHEU et Ce, société, Charles, *marchand de tissus, à Ivry, et rue de Paradis-Poissonnière*, 4.—Voir : MAHEU.— N° du Greffe 15,566.

SAGNIER, Firmin-Marie, *limonadier, rue Ménilmontant*, 138. — Jugement du 19 octobre 1860 homologant le concordat du 20 août 1860. — Remise de 70 %.— Les 30 % non remis payables en six ans, par sixièmes, de l'homologation. — N° du Greffe 16,997.

SAGNIER, Firmin-Marie, *fabricant de nécessaires, rue St-Martin*, 209. —Jugement du 17 novembre 1854 homologuant le concordat du 23 octobre 1854.— Remise de 70 %.— Les 30 % non remis payables, sans intérêts, en cinq ans, par cinquièmes, d'année en année, pour le premier paiement avoir lieu dans un an du jour du concordat. — N° 11,459 du Greffe.

SAGNIER, Pierre, *négociant en vins, rue St-Antoine*, 211. — Jugement du 23 juillet 1856 homologant le concordat du 9 mai 1856. — Remise de 50 %. — Les 50 % non remis payables en cinq ans, par cinquièmes, d'année en année, pour le premier paiement avoir lieu le 31 mai 1857. — N° du Greffe 12,876.

SAGNIER demoiselle, de la société PIERRET et SAGNIER, Eugénie-Philippine, *modes*, 60, *rue de Richelieu.* — Voir PIERRET et SAGNIER. — N° du Greffe 10,431.

SAGNY jeune, Louis-Alphonse-Ancery, *mercier, rue St-Denis*, 135. — Jugement du 24 octobre 1861 homologuant le concordat du 11 octobre 1861. — Remise de 75 %. — Les 25 % non remis payables : 10 % fin octobre courant, 10 % fin novembre prochain et 5 % fin décembre de cette année. — N° du Greffe 18,628.

SAIGLAN-BAGUÈRE, dame, de la société MIGUEL et SAFONT, *commerce de tissus, rue Franklin*, 1, *à Passy.* — Jugement du 17 mars 1859 homologuant le concordat du 19 février 1859. — Remise à la dame Saiglan-Bagnère ès-noms, par les créanciers de la société, du montant de leurs créances en principal, intérêts et frais, moyennant le versement de 10,000 fr. fait aux mains du syndic. — N° 7,358 du Greffe.

SAIN, femme GÉRARD, Charles-Zoé, *couturière, rue de la Paix*, 26.— Voir : femme GÉRARD. — N° du Greffe 12,916.

SAIMSARD, Désiré, *meubles, rue des Lions-St-Paul*, 11. — Jugement du 18 novembre 1858 homologuant le concordat du 27 octobre 1858. — Remise de 60 %. — Les 40 % non remis payables, sans intérêts, en cinq ans, par cinquièmes, de l'homologation. — N° du Greffe 15,107.

SAINT-AMAND, de la société SAINT-AMAND et MERLET aîné, Pierre-Félix, *limonadier, rue de Marengo*, 6. —Voir: MERLET. — N° du Greffe 12,995.

SAINT-CLAIR (de), femme DURANDIN, de la société SIMON, Sophie, *limonadière, aux Champs-Elysée.*—Voir : DURANDIN, née SAINT-CLAIR. — N° du Greffe 9,545.

SAINT-GAUDENS, François, *entrepreneur de bâtiment, rue des Vignes*, 21. — Jugement du 9 juin 1857 homologuant le concordat du 21 avril 1857. — Abandon de l'actif énoncé au concordat. — Au cas où l'actif abandonné ne produirait pas 75 %, obligation de parfaire à raison de 10 % par an, pour le premier paiement avoir lieu un an après la répartition de l'actif abandonné. — MM. Brevet et Filleul, maintenus syndics pour faire la liquidation de l'actif abandonné. — N° du Greffe 12,587.

SAINT-MARS (de), veuve de ROUDIÉ, Jean-Elisabeth-Pétronille, *nouveautés, boulevard St-Mandé*, 53. — Voir : ROUDIÉ, veuve Jean. — N° du Greffe 10,865.

SAINT-OMER, Émile-Joseph-Adrien, *café, rue Culture-Ste-Catherine*, 42. — Jugement du 14 mai 1862 homologuant le concordat du 1er avril 1862. — Remise de 75 %. — Les 25 % non remis payables en cinq ans, par cinquièmes, du concordat. — N° du Greffe 19,139.

SALIGOT, Aimé, *vins, rue du Petit-Carreau*, 43. — Jugement du 12 octobre 1855 homologuant le concordat du 28 septembre 1855.—Remise de 75 %. — Les 25 % non remis payables : 8 %, le 1er octobre 1856 et 1857, et 9 % le 1er octobre 1858. — N° du Greffe 12,126.

SALIS, Alexandre, *grainetier, rue du Cloître-St-Jacques*. —Jugement du 27 avril 1859 homologuant le concordat du 6 avril 1859. — Remise de 75 %. —Les 25 % non remis payables en cinq ans, par cinquièmes, du 15 avril. — N° du Greffe 15,596.

SALLERIN fils, *banquier, rue Lafayette*, 49, *et Notre-Dame-de-Lorette*, 49. — Jugement du 21 février 1850 qui l'affranchit de la qualification de failli. — N° du Greffe 815.

SALLES père, Jean-Augustin, *fabricant de conserves, faubourg St-Denis*, 67. — Jugement du 7 août 1856 homologuant le concordat du 15 juillet 1856. — Remise de 80 %. — Les 20 % non remis payables : 3 % le 1er août 1857, 1858, 1859 et 1860, et 4 % le 1er août 1861 et 1862. — N° du Greffe 13,190.

SALLES, *marchand de commestibles, rue Beaurepaire*, 10.— Jugement du 16 avril 1849 qui homologue son concordat. — N° du Greffe 91.

SALMON, Hippolyte, *distillateur, rue de Flandes*, 115.—Jugement du 8 décembre 1862 homologuant le concordat du 18 novembre 1862. — Remise de 75 %. — Les 25 % non remis payables en quatre ans, par quarts, du concordat. — N° du Greffe 622.

SALMON et **PÉARCE**, *négociants, rue des Filles-St-Thomas*, 5. — Voir: PÉARCE. — N° du Greffe 14,830.

SALOMEZ, François-Henri, *nouveautés, au Temple, série noire*, 320 *et 395, rue du Petit-Thouars*, 28. — Jugement du 10 décembre 1862 homologuant le concordat du 22 novembre 1862. — Remise de 75 %. — Les 25 % non remis payables, sans intérêts, en cinq ans, par cinquièmes, de l'homologation. — N° du Greffe 383.

SALOMON, Aron, *marchand confectionneur, boulevard St-Martin*, 63. — Jugement du 28 mars 1855 homologuant le concordat du 17 mars 1855. — Remise de 70 %. — Les 30 % non remis payables, sans intérêts, en quatre ans, par quarts, d'année en année, pour le premier paiement avoir le 1er juin 1856. — N° du Greffe 12,094.

SALOMON, Abraham, *négociant en peaux, rue de Rambuteau*, 22. — Jugement du 23 décembre 1857 homologuant le concordat du 10 décembre 1857. — Remise de 80 %. — Les 20 % non remis payables: 5 % dans les trois mois de l'homologation, et 15 % en trois ans, par tiers, d'année en année, du jour du concordat. — N° du Greffe 14,234.

SALOMON, dit **LÉON**, Lyon-Samuel, *marchand tailleur, rue Rivoli*, 40. — Jugement du 26 septembre 1862 homologuant le concordat du 13 septembre 1862. — Remise de 70 %. — Les 30 % non remis payables, sans intérêts, en dix-huit mois, par tiers, de six mois en six mois, de l'homomologation. — N° du Greffe 106.

SALOMON dame, de la société LÉVIS et SALOMON, *fabricante de fleurs artificielles, rue Bourbon-Villeneuve*, 30. — Voir : LEVIS et SALOMON. — N° du Greffe 13,330.

SALVADOR-BER, *négociant, rue Meslay*, 5. — Jugement du 28 juin 1860 homologuant le concordat du 7 mai 1860.— Remise de 90 %.—Les 10 % non remis payables en trois ans, par tiers, de l'homologation.— N° du Greffe 16,812.

SAMARY, Pierre, *cuirs, rue du Temple*, 58. — Jugement du 14 avril 1856 homologuant le concordat du 29 mars 1856. — Remise de 85 %. — Les 15 % non remis payables en trois ans, par tiers, d'année en année, du jour du concordat. — N° du Greffe 12,890.

SAMSON, Charles-Achille, *passementier*, 74, *rue de Rambuteau*. — Jugement du 17 novembre 1851 homologuant le concordat du 31 octobre 1851. — Remise de 70 % en capital, intérêts et frais. — Les 30 % non remis payables, par tiers, d'année en année, à partir du 17 novembre 1851. — N° du Greffe 9,937.

SAMSON, Lazare, *marchand d'horlogerie, rue des Grands-Augustins*, 25. — Jugement du 5 juillet 1860 homologuant le concordat du 15 juin 1860. — Remise de 80 %. — Les 20 % non remis payables en quatre ans, par quarts, de l'homologation. — N° du Greffe 16,966.

SAMSON, *tapissier, faubourg St-Antoine*, 51. — Jugement du 14 mai 1849 qui homologue son concordat. — N° du Greffe 210.

SANCIOME et Cie, Joséphine et Jean-Baptiste, *marchands de modes, boulevard du Temple*, 78. — Jugement du 15 avril 1862 homologuant le concordat du 28 février 1862. — Remise de 80 %. —Les 20 % non remis payables, sans intérêts, en cinq ans, par cinquièmes, du concordat. — N° du Greffe 18,761.

SANDOZ, Jean-Pierre, *grainetier, à Grenelle*.— Jugement du 17 avril 1855 homologuant le concordat du 4 avril 1855. — Remise de 85 %. — Les 15 % non remis payables en trois ans, par tiers, d'année en année, pour le premier paiement avoir lieu le 1er avril 1856. — N° du Greffe 11,933.

SANSON dame, Françoise, *marchande de modes*, 24, *rue du Colysée*.— Jugement du 1er avril 1858 homologuant le concordat du 20 mars 1858. — Remise de 80 %. — Les 20 % non remis payables en quatre ans, par moitiés, du jour de l'homologation. — N° du Greffe 14,533.

SANSON aîné, François-Désiré, *distillateur, rue de Sèvres*, 10. — Jugement du 2 octobre 1850 homologuant le concordat du 9 avril 1850.— Abandon par le sieur Sanson aîné, à ses créanciers, de la totalité de son actif, tel qu'il est énoncé au bilan. — Le sieur Geoffroy, nommé commissaire à l'exécution du concordat. — N° du Greffe 6,063.

SAQUI, Prosper-Jean-Baptiste, *marchand crémier, rue d'Angoulême-du-Temple*, 47. — Jugement du 29 juin 1858 homologuant le concordat du 12 juin 1858. — Remise de 80 %. — Les 20 % non remis payables, sans intérêts, en quatre ans, par quarts, à partir de fin juin. — N° du Greffe 14,619.

SARADIN, Vincent, *mercier, rue St-Martin*, 298. — Jugement du 30 janvier 1854 homologuant le concordat du 5 du même mois. — Abandon du prix de la vente de son fonds de commerce et des droits résultant d'une créance énoncée au concordat, et obligation, en outre, de payer 10 % en cinq ans, par cinquièmes.— Le premier paiement le 31 décembre 1854. — N° du Greffe 11,047.

SARAZIN fils, Eugène-Hippolyte, *carrossier, rue Miromesnil*, 85. — Jugement du 2 août 1854 homologuant le concordat du 12 juillet 1854. — Remise de 50 %. — Les 50 % non remis payables en principal, intérêts et frais, en quatre ans, savoir: 5 % dans la huitaine de l'homologation, 5 % 5 octobre 1854, 5 % le 5 janvier 1855, et ainsi de suite, de six en six mois.

SARDALLION, Bernard, *marchand de sarreaux*, 22, *rue des Ecrivains*. — Jugement du 2 août 1850 homologuant le concordat du 23 juillet 1850. — Remise de 85 %.— Les 15 % non remis payables par le sieur Sardallion, en trois années, à raison de 5 % par an, à compter du 2 août 1850. — Garantie du paiement des dividendes par M. Félix Sardallion, rue des Écrivains, 22. — N° du Greffe 9,433.

SARMET, de la société DAUTEN et SARMET, Bonaventure, *carrossiers, rue Saint-Louis-au-Marais*, 88. — Voir : DAUTEN. — N° du Greffe 19,680.

SARRANTE, *maître charpentier, rue de Strasbourg*, 12. — Jugement du 13 novembre 1861 homologuant le concordat du 28 octobre 1861. — Remise de 75 %. — Les 25 % non remis payables, sans intérêts, en cinq ans, par cinquièmes, du 1er décembre. — N° du Greffe 16,128.

SARRAZIN et **PRADIER**, Édouard, *marbres artificiels, rue des Amandiers-Popincourt*, 23. — Voir : PRADIER et SARRAZIN. — N° du Greffe 12,632.

SARRAZIN, Pierre, *commissionnaire en marchandises, rue Montmartre*, 35. — Jugement du 2 juin 1854 homologuant le concordat du 8 février 1854. — Remise de 90 %. — Les 10 % non remis payables un mois après l'homologation. — N° du Greffe 11,119.

SARRAZIN, Pierre, *tissus, rue d'Amsterdam*, 14. — Jugement du 4 septembre 1855 homologuant le concordat du 3 août 1855. — Remise de

75 %. — Les 25 % non remis payables : 6 % le 31 juillet 1856, 1857 et 1858, et 7 % le 31 juillet 1859. — N° du Greffe 12,156.

SARRAZIN de **MONTFERRIER**, Alexandre-André-Victor, *directeur de journaux, rue de Navarin*, 2. — Jugement du 26 janvier 1853 homologuant le concordat du 11 du même mois. — Remise des intérêts à partir du jour de la faillite et de 75 %. — Les 25 % non remis payables : 5 % aussitôt après le remboursement prévu d'une créance énoncée au concordat, et 4 %, d'année en année, du jour de l'homologation et pendant cinq ans. — Affectation au paiement des dividendes d'une créance énoncée au concordat. — N° du Greffe 10,586.

SARRON, Pierre, *limonadier, rue Dauphine*, 31. — Jugement du 28 novembre 1859 homologuant le concordat du 8 octobre 1859. — Remise de 40 %. — Les 60 % non remis payables : 10 % avant l'homologation, 6 % le 15 septembre 1860, 3 % le 1er février et le 1er août 1861, 3 1/2 % les 1er janvier et 1er juillet 1862, 3 1/2 % les 1er janvier et 1er juillet 1863, 4 % les 1er janvier et 1er juillet 1864, 4 % les 1er janvier et 1er juillet 1865, et 4 % les 1er janvier et 1er juillet 1866. — N° du Greffe 15,618.

SASSIAT et Cie, Jules-Edme, *travaux publics* (société des) *rue Saint-Honoré*, 365, *et rue Saint-Georges*, 29. — Jugement du 3 janvier 1854 homologuant le concordat du 24 novembre 1853. — Obligation de payer le capital, les intérêts et frais, en dix ans, par dixièmes, d'année en année. — Le premier paiement le 1er décembre 1854. — N° du Greffe 10,928.

SAUDRAY ou **SAUDRAZ**, dame veuve, Jean, *entreprise de transports, rue Constantine*, 19, *à Belleville*. — Jugement du 30 août 1858 homologuant le concordat du 19 août 1858. — Remise de 50 %. — Les 50 % non remis payables en quatre ans, par quarts, du jour du concordat. — N° du Greffe 14,831.

SAUGNIER dame, Etienne, *marchande de jouets d'enfants, passage Choiseul*, 80. — Jugement du 8 juillet 1862 homologuant le concordat du 21 juin 1862. — Remise de 70 %. — Les 30 % non remis payables en cinq ans, par cinquièmes, de l'homologation. — N° du Greffe 19,759.

SAUGRIN, Julien-Sébastien, *serrurier, rue de la Roquette*, 176. — Jugement du 14 février 1861 homologuant le concordat du 23 janvier 1861. — Remise de 70 %. — Les 30 % non remis payables en cinq ans, par cinquièmes, de l'homologation. — N° du Greffe 17,509.

SAULNIER père, *ex-ingénieur mécanicien, rue St-Pierre-Popincourt*, 5. — Jugement du 24 octobre 1850 homologuant le concordat du 1er octobre 1850. — Remise de 50 % en capital, intérêts et frais. — Abandon par le sieur Saulnier, pour se libérer à due concurrence de 50 % restant, de tout son actif, à l'exception des objets dépendant du matériel et désignés audit concordat. — Le sieur Geoffroy, commissaire pour recouvrer l'actif et le répartir au marc le franc après paiement des créances privilégiées. — Obligation par le sieur Saulnier de payer aux créanciers la différence entre la somme que produira l'actif abandonné et les 50 % promis, en dix ans, par dixièmes, à compter du 1er octobre 1851. — N° du Greffe 9,386.

SAUMON, Camille-Louis-Antoine, *menuisier, à Belleville*. — Jugement du 3 mars 1859 homologuant le concordat du 16 février 1859. — Remise de 55 %. — Les 45 % non remis payables : 15 % comptant dans la huitaine de l'homologation, et le surplus en cinq ans, par cinquièmes, de l'homologation, sans intérêts. — N° du Greffe 14,904.

SAUMONT, demoiselle, dite **D'ALPHONSE**, Alphonsine, *chapeaux de paille*, 45, *rue Neuve St-Eustache*. — Jugement du 14 août 1857 homologuant le concordat du 4 août 1857. — Abandon par la demoiselle Saumont, à ses créanciers, de l'actif énoncé au concordat. — M. Lefrançois maintenu syndic. — N° du Greffe 13,570.

SAUNIER, Octave, *nouveautés, rue de Grammont*, 7. — Jugement du 16 décembre 1858 homologuant le concordat du 2 novembre 1858. — Abandon de l'actif énoncé au concordat. — M. Lacoste, maintenu syndic. — N° du Greffe 15,110.

SAURET, Charles-Félix, *entrepreneur de peintures*, 350, *rue St-Denis, passage Lemoine*. — Jugement du 1er septembre 1858 homologuant le concordat du 20 août 1858. — Remise de 75 %. — Les 25 % non remis payables : 8 % fin octobre 1859 et 1860, et 9 % fin octobre 1861. — N° du Greffe 15,026.

SAURET, Louis-Théophile, *literie, rue de Rivoli*, 42. — Jugement du 17 novembre 1858 homologuant le concordat du 23 octobre 1858. — Remise de 60 %. — Les 40 % non remis payables sans intérêts en cinq ans, par cinquièmes, de l'homologation. — N° du Greffe 15,104.

SAUSSIER, Louis-Jean, de la société SAUSSIER et Cie, *chemises et lingerie, rue St-Marc*, 17. — Jugement du 17 juin 1857 homologuant le concordat du 3 juin 1857. — Remise de 50 %. — Les 50 % non remis payables : 10 % fin janvier prochain, 15 % fin janvier 1859 et 1860, et 10 % fin janvier 1861. — N° du Greffe 13,738.

SAUSSIER, Louis-Jean, *chemisier, rue St-Marc*, 17. — Jugement du 7 décembre 1859 homologuant le concordat du 22 novembre 1859. — — Remise de 75 %. — Les 25 % non remis payables en cinq ans, par cinquièmes, du concordat. — N° du Greffe 16,170.

SAUTON, Émile-Dominique, de la société LEBRETON et SAUTON, *manège, rue de Nemours*, 5. — Voir : LEBRETON, Pierre-Alphonse, société SAUTON. — N° du Greffe 10,761.

SAUTON ou **SAUTTON**, *épicier, rue du Faubourg-St-Jacques*, 75 *bis*. — Jugement du 14 mai 1862 homologuant le concordat du 26 avril 1862. — Obligation de payer l'intégralité des créances aussitôt après l'homologation. — N° du Greffe 12,567.

SAUVANON fils, Jean-Toussaint, *plombier, à Nogent-sur-Marne*. — Jugement du 21 octobre 1861 homologuant le concordat du 28 septembre 1861. — Remise de 50 %. — Les 50 % non remis payables en cinq ans, par cinquièmes, du 1er octobre. — N° du Greffe 17,881.

SAUVE, Pierre-Louis, *restaurateur, rue Neuve-St-Augustin*, 10. — Jugement du 8 janvier 1856 homologuant le concordat du 14 décembre 1855. — Remise de 25 %. — Les 75 % non remis payables à raison de 100 francs par mois, à partir de 20 janvier prochain jusqu'au 31 décembre 1856, et 150 francs par mois du 31 janvier 1857 jusqu'à parfait paiement des dividendes. — M. Longueville, rue des Petites-Écuries, 55, commissaire à l'exécution du concordat. — N° du Greffe 12,637.

SAUVIN ou **SAUVAIN**, Jacques, *entrepreneur de bitumes, rue des Vinaigriers*, 28. — Jugement du 2 octobre 1857 homologuant le concordat du 17 septembre 1857. — Remise de 70 %. — Les 30 % non remis payables en six ans, par sixièmes, d'année en année, du jour du concordat. — N° du Greffe 13,737.

SAUZE, Claude, *nourrisseur et loueur de voitures*, 114, *rue St-Lazare*. — Jugement du 7 janvier 1852 homologuant le concordat du 26 décembre 1851. — Remise des intérêts et frais non admis et de 80 % sur le capital. — Les 20 % non remis payables en cinq ans, par fractions de 4 %, le 1er avril des années 1853, 1854 et suivantes. — N° du Greffe 10,103.

SAUZE, Claude, *loueur de voitures et nourrisseur, rue St-Lazare*, 114. — Jugement du 5 mai 1856 homologuant le concordat du 14 avril 1856. — Remise de 70 %. — Les 30 % non remis payables en trois ans, par tiers, d'année en année, pour le premier paiement avoir lieu le 1er mai 1857. — M. Monclau, rue St-Augustin, 16, et M. Descombles à Batignolles, rue St-Louis, commissaire à l'exécution du concordat. — N° du Greffe 12,808.

SAVARIT ou **SAVARY**, veuve, Hyacinthe, *restaurant-hôtel, à Passy*. — Jugement du 27 décembre 1854 homologuant le concordat du 11 décembre 1854. — Remise de 70 %. — Les 30 % non remis payables en trois ans, par tiers, d'année en année, pour le 1er paiement avoir lieu fin janvier 1856. — N° du Greffe 11,814.

SAVART, François-Étienne, *boulanger, à la Chapelle-Saint-Denis*. — Jugement du 23 août 1853 homologuant le concordat du 9 août 1853. — Remise de 80 %. — Les 20 non remis payables en quatre ans, par quarts, le 1er septembre des années 1854, 1855, 1856 et 1857. — N° du Greffe 10,947.

SAVARY, Louis-Jules, *fabricant de chaises, rue Traversière-Saint-Antoine*, 54. — Jugement du 28 mai 1862 homologuant le concordat du 17 mai 1862. — Abandon de l'actif énoncé au concordat. — M. Sautton, maintenu syndic. — N° du Greffe 18,827.

SAVIGNARD et **GERVAISE**, société, Édouard-Philibert, *fabricant de voitures, aux Ternes, rue des Dames*, 23. — Jugement du 19 août 1858 homologuant le concordat du 3 août 1858. — Obligation de payer aux créanciers de la société le montant de leurs créances, en principal, intérêts et frais, en cinq ans, par cinquièmes, du jour du concordat. — N° du Greffe 14,704.

SAVIGNARD, ÉDOUARD-LOUIS-PHILIBERT, *fabricant de voitures, aux Ternes*. — Jugement du 17 septembre 1858 homologuant le concordat du 7 septembre 1858. — Obligation de payer aux créanciers le montant de leurs créances, en principal, intérêts et frais, en cinq ans, par cinquièmes, du concordat. — N° du Greffe 14,778.

SAVOUROUX, MARIA, épouse du sieur PRENLELOUP, *lingère, rue de Cléry*, 64. — Voir : PRENLELOUP. — N° du Greffe 14,328.

SAVOY et **POULARD**, LOUIS-AUGUSTE, *commissionnaire de roulage, à Mamers (Sarthe) et quai Jemmapes*, 56. — Voir : POULARD et SAVOY. — N° du Greffe 11,269.

SAVOYE, JOSEPH-EUGÈNE, *menuisier, rue des Patriarches*, 12. — Jugement du 30 mars 1852 homologuant le concordat du 4 mars 1852. — Remise au sieur Savoye, par ses créanciers, de 90 °/₀ du montant de leurs créances, en principal, intérêts et frais. — Les 10 °/₀ non remis payables le 26 février 1857. — N° du Greffe 10,108.

SAVOI, PIERRE-SIMON, *limonadier, rue des Cannettes*, 7. — Jugement du 25 avril 1860 homologuant le concordat du 16 janvier 1860. — Abandon de l'actif énoncé au concordat. — M. Isbert, maintenu syndic. — N° du Greffe 16,477.

SAVOY, PIERRE-ANTOINE-HIPPOLYTE, *ex-serrurier, à Batignolles, rue des Poissonniers*, 51. — Jugement du 26 août 1850 homologuant le concordat du 1er août 1850. — Remise de tous intérêts et frais non admis et de 94 °/₀. — Les 6 °/₀ restants payables par la femme Savoy, en trois ans, par tiers, les 1er août 1851, 1852 et 1853. — N° du Greffe 9,253.

SAX et Cie, CHARLES, *fabricants de pianos, rue Saint-Quentin*, 18 et 20. — Jugement du 11 juin 1856 homologuant le concordat du 17 mai 1856. — Obligation sur le sieur Sax de payer aux créanciers de la société le montant intégral de leurs créances dans un an du jour du concordat. — M. Breuillard, commissaire à l'exécution du concordat. — N° du Greffe 12,699.

SAX, personnellement, ANTOINE-JOSEPH, dit ADOLPHE, *fabricant d'instruments de musique, rue Saint-Georges*, 50. — Jugement du 30 septembre 1852 homologuant le concordat du 17 septembre 1852. — Remise de tous intérêts et frais non admis, et obligation de payer le capital intégralement en huit ans, par huitièmes. — Le premier paiement le 31 décembre 1853, et ainsi successivement. — N° du Greffe 10,509.

SAX et Cie, ADOLPHE-ANTOINE-JOSEPH, dit ADOLPHE, seul gérant, *fabricant d'instruments de musique, rue Saint-Georges*, 50. — Jugement du 30 septembre 1852 homologuant le concordat du 17 septembre 1852. — Remise des intérêts et frais non admis. — Obligation par Sax, comme gérant de la société, et au besoin en son nom personnel, de payer le capital intégralement en huit ans, par huitièmes. — Le premier paiement le 31 décembre 1853, et ainsi successivement. — N° du Greffe 10,509.

SAYSSEL, FORTUNÉ, *fabricant de Fleurs, rue Notre-Dame-des-Victoires*, 23. — Jugement du 27 décembre 1859 homologuant le concordat du 12 décembre 1859. — Remise de 75 °/₀. — Les 25 °/₀ non remis payables en cinq ans, par cinquièmes, de l'homologation. — N° du Greffe 16,325.

SCELLIER veuve, MARIE-HONORINE HUVÉ, *négociante en broderies, rue Vivienne*, 55. — Voir : HUVÉ, veuve SCELLIER. — N° du Greffe 10,199.

SCELLIER, EUGÈNE, *emballeur, rue du Ponceau*, 9. — Jugement du 3 juin 1856 homologuant le concordat du 21 mai 1856. — Remise de 80 °/₀. — Les 20 °/₀ non remis payables, sans intérêts, en cinq ans, par cinquièmes, d'année en année, du jour de l'homologation. — N° du Greffe 12,889.

SCELLIER fils, ALEXIS, *vins, rue Monthyon*, 17. — Jugement du 31 mars 1858 homologuant le concordat du 15 mars 1858. — Remise de 75 °/₀. — Les 25 °/₀ non remis payables en cinq ans, par cinquièmes, du jour du concordat. — N° du Greffe 14,532.

SCELLOS, EUGÈNE, *ex-fabricant de cuirs, cité du Vauxhall*. — Jugement du 14 juin 1852 homologuant le concordat du 18 mai 1852. — Remise de 90 °/₀. — Les 10 °/₀ non remis payables, par le sieur Scellos : 2 °/₀ dans un an du jour du concordat, 4 °/₀ deux ans après, et 4 °/₀ dans six ans, du jour du concordat. — N° du Greffe 10,278.

SCHAEFER, JEAN-GEORGES, *passementier, à Aubervilliers*. — Jugement du 10 avril 1862 homologuant le concordat du 29 mars 1854. — Remise des intérêts et obligation de payer en son domicile, à Aubervilliers, le principal et les frais en 10 ans, par dixièmes, d'année en année. — Le premier paiement le 31 juillet 1856. — N° du Greffe 11,163.

SCHAEFFER, GUILLAUME, *café-brasserie, chemin de ronde de la barrière Blanche*, 43. — Jugement du 17 octobre 1862 homologuant le concordat du 3 octobre 1862. — Obligation de payer l'intégralité des créances, savoir : 70 °/₀ en dix paiements égaux, de six mois en six mois, du 1er mars 1863, et 30 °/₀ en six paiements, de six mois en six mois, du 1er mars 1868. — N° du Greffe 331.

SCHAEFFER, CHARLES-FRÉDÉRIC, *bottier, rue de l'Arcade*, 34. — Jugement du 7 août 1860 homologuant le concordat du 23 juillet 1860. — Remise de 90 °/₀. — Les 10 °/₀ non remis payables : 5 °/₀ dans un an et 5 °/₀ dans deux ans de l'homologation. — N° du Greffe 17,040.

SCHERNEAU, CYRILLE, *marchand-épicier, avenue Montaigne*, 10. — Jugement du 5 mai 1862 homologuant le concordat du 23 avril 1862. — Remise de 80 °/₀. — Les 20 °/₀ non remis payables, sans intérêts, en quatre ans, par quarts, de l'homologation. — N° du Greffe 19,519.

SCHEURWEGHS, de la société CHEVRON, *distillateur de corps gras, île St-Ouen*. — Voir : CHEVRON. — N° du Greffe 17,087.

SCHICK, de la société PETERSEN, *tailleur, rue des Bons-Enfants*, 32. — Voir : PETERSEN. — N° du Greffe 322.

SCHICK, de la société PETERSEN et SCHICK, MARTIN-FRÉDÉRIC-DAVID, *tailleur, rue de la Paix*, 6. — Jugement du 15 octobre 1852 homologuant le concordat du 2 octobre 1852. — Remise à Petersen et Schick de tous intérêts et frais non admis et de 95 °/₀ sur le principal. — Obligation de payer individuellement les 5 °/₀ non remis en cinq ans, par cinquièmes. — Le premier paiement le 31 mai 1854 et ainsi de suite. — Abandon, en outre, des sommes à eux dues, à quelque titre que ce soit. — N° du Greffe 9,763.

SCHLALTER, JEAN, *boucher, rue Ste-Elisabeth*, 29. — Jugement du 21 mai 1862 homologuant le concordat du 5 mai 1862. — Remise de 90 °/₀. — Les 10 °/₀ non remis payables dans un an de l'homologation. — N° du Greffe 18,574.

SCHMIDER et **BAUMGAERTNER**, société, CHARLES, *hôtel garni, rue Amelot*, 42. — Voir : BAUMGAERTNER, Marie. — N° du Greffe 16,335.

SCHMIDT et **OORTMAN**, CHRÉTIEN, *commissionnaires, rue des Singes*, 7. — Jugement du 20 août 1860 homologuant le concordat du 30 juillet 1860. — Remise de 60 °/₀. — Les 40 °/₀ non remis payables : 5 °/₀ le 1er août 1861 et 1862, 6 °/₀ le 1er août 1863, 7 °/₀ le 1er août 1864, 8 °/₀ le 1er août 1865, et 9 °/₀ le 1er août 1866. — N° du Greffe 17,051.

SCHMIDT, AMAND, *horloger, boulevard Montparnasse*, 105. — Jugement du 10 septembre 1862 homologuant le concordat du 14 août 1862. — Remise de 75 °/₀. — Les 25 °/₀ non remis payables en deux ans, par moitiés, de l'homologation. — N° du Greffe 19,731.

SCHMITT, PIERRE, *meubles, passage St-Bernard*, 18. — Jugement du 16 septembre 1862 homologuant le concordat du 2 août 1862. — Remise de 80 °/₀. — Les 20 °/₀ non remis payables en quatre ans, par quarts, du 2 août. — N° du Greffe 19,972.

SCHMOLL, ISIDORE, *marchand de bijoux, rue de Lancry*, 30. — Jugement du 13 août 1856 homologuant le concordat du 29 juillet 1856. — Remise de 85 °/₀. — Les 15 °/ non remis payables en cinq ans, par cinquièmes, d'année en année, du jour de l'homologation. — N° du Greffe 13,199.

SCHNECKENBURGER, ÉDOUARD, de la société SCHNECKENBURGER et LEGRAND, *ornements religieux, rue du Temple*, 79. — Voir : LEGRAND, demoiselle. — N° du Greffe 13,193.

SCHNEIDER, JOSEPH, *grains, rue des Fossés-St-Marcel*, 71. — Jugement du 13 mai 1859 homologuant le concordat du 26 avril 1859. — Remise de 60 °/₀. — Les 40 °/₀ non remis payables par quarts, de l'homologation. — Mme veuve Schneider, caution. — N° du Greffe 15,614.

SCHNERB, Gabriel, *marchand-colporteur, rue de Saintonge*, 43.— Jugement du 19 août 1858 homologuant le concordat du 7 avril 1858. — Remise de 85 %. — Les 15 % non remis payables en cinq ans, par cinquièmes, de l'homologation. — N° du Greffe 14,841.

SCHŒBEL, *tailleur, rue de Suresnes*, 25. — Jugement du 18 septembre 1849 homologuant son concordat. — N° du Greffe 407.

SCHOEN, de la société veuve DUVERNOY et SCHOEN, *négociant, rue St-Maure*, 214. — Voir : DUVERNOY. — N° du Greffe 15,030.

SCHOEN et **WAGNER**, société, *brasserie et café, rue Rochechouart*, 36. — Jugement du 26 novembre 1855 homologuant le concordat du 10 du même mois. — Abandon de tout l'actif de la faillite, dans le cas où l'actif abandonné ne produirait pas 75 %. — Obligation de parfaire le dividende en quatre ans, par quarts, d'année en année, du jour du concordat. — N° du Greffe 12,211.

SOCHENEWERK, Théodore-Valentin, *tailleur, rue Fontaine-Molière*, 29. — Jugement du 12 avril 1861 homologuant le concordat du 27 mars 1861. — Remise de 75 %. — Les 25 % non remis payables en quatre ans : 10 % dans un an de l'homologation, et 5 % chacune des trois années suivantes à la même époque. — M. Lemasson, caution des trois derniers dividendes. — N° du Greffe 17,745.

SCHON veuve, Pierre, *cordonnier, rue Montholon*, 35. — Jugement du 24 avril 1862 homologuant le concordat du 25 février 1862. — Remise de 85 %. — Les 15 % non remis payables en cinq ans, par cinquièmes, de l'homologation. — N° du Greffe 19,274.

SCHONE, Jean-Louis, *instruments de précision, rue de la Harpe*, 20. — Jugement du 19 octobre 1860 homologuant le concordat du 29 septembre 1860. — Remise de 50 %. — Les 50 % non remis payables en cinq ans, par cinquièmes, du 1er octobre. — N° du Greffe 17,641.

SCHORRONG et **GOURDIN**, société, Charles, *loueur de voitures, rue Frochot*, 11. — Voir : GOURDIN. — N° du Greffe 19,948.

SCHRAMECK, Joseph, *tapissier*, 8, *passage Saulnier*. — Jugement du 4 avril 1856 homologuant le concordat du 25 mars 1856. — Remise de 60 %. — Les 40 % non remis payables : 15 % les 25 mars 1857 et 1858 et 10 % le 25 mars 1859. — N° du Greffe 12,948.

SCHRAMM, Christophe, *expéditeur, à la Chapelle-St-Denis*. — Jugement du 30 septembre 1852 homologuant le concordat du 23 août 1852. — Remise des intérêts et frais non admis. — Obligation par le sieur Schramm de payer à ses créanciers le capital intégralement en dix ans, par dixièmes, pour le premier paiement avoir lieu un an et un mois après l'homologation, et ainsi successivement d'année en année. — N° du Greffe 10,277.

SCHRATZ, *imprimeur sur étoffes, à St-Denis*. — Jugement du 14 décembre 1855 homologuant le concordat du 1er décembre 1855. — Remise de 60 %. — Les 40 % non remis payables en cinq ans, par cinquièmes, d'année en année, pour le premier paiement avoir lieu le 1er décembre 1856. — N° du Greffe 12,410.

SCHROO demoiselle, Élisabeth, *maîtresse d'hôtel, rue Montholon*, 30. — Jugement du 19 août 1862 homologuant le concordat du 21 mars 1862. — Remise de 85 %. — Les 15 % non remis payables en cinq ans, par cinquièmes, du 1er avril. — N° du Greffe 18,201.

SCHULHOF, Édouard-Élias, *refendeur, rue du Temple*, 69. — Jugement du 3 juin 1856 homologuant le concordat du 20 mai 1856. — Remise de 85 %. — Les 15 % non remis payables, sans intérêts, en quatre ans, par quarts, d'année en année, pour le premier paiement avoir lieu le 31 décembre 1857. — N° du Greffe 12,864.

SCHULTHESS, Jean-Jacques, *entrepreneur, ci-devant rue St-Dominique-St-Germain*, 11, *actuellement avenue Trudaine*, 20. — Jugement du 8 août 1851 homologuant le concordat du 18 juillet 1851. — Abandon par le sieur Schulthess à ses créanciers de l'actif énoncé au concordat. — Obligation, en outre, par le sieur Schulthess, de payer à ses créanciers 10 % en cinq ans, par cinquièmes, d'année en année, pour le premier paiement avoir lieu le 18 juillet 1852. — MM. Henin et Twig aîné, commissaires pour réaliser et répartir. — N° du Greffe 9,854.

SCHULTZ, Herman, *fabricant de cabas, rue du Petit-Lion-St-Sauveur*, 1. — Jugement du 19 février 1858 homologuant le concordat du 6 février 1858. — Remise de 65 %. — Les 35 % non remis payables : 5 % dans un an, et 10 % dans trois et quatre ans, du jour de l'homologation. — N° du Greffe 14,390.

SCHULZ, Georges, *vernisseur et marchand de vins, au Prés-St-Gervais, Grande-Rue*, 22. — Jugement du 28 avril 1862 homologuant le concordat du 9 avril 1862. — Remise de 90 %. — Les 10 % non remis payables en cinq ans, par cinquièmes, de l'homologation. — N° du Greffe 19,421.

SCHUMACHER, frères, *marchands de bois, rue Castex*, 5. — Jugement du 28 mai 1849 qui homologue son concordat. — N° du Greffe 290.

SHUZ Frédéric-Guillaume, *épicier, au village Levallois*. — Jugement du 29 juillet 1862 homologuant le concordat du 8 juillet 1862. — Obligation de payer l'intégralité des créances en dix ans, par dixièmes, de l'homologation. — N° du Greffe 19,767.

SCHWAB, fils aîné, Alphonse, *fabricant de chemises et cols, rue St-Denis*, 277. — Jugement du 18 janvier 1856 homologuant le concordat du 28 décembre 1855. — Abandon par le sieur Schwab à ses créanciers de l'actif énoncé au concordat. — Obligation, en outre, de leur payer 7 %, sans intérêts, sur le montant de leurs créances en sept ans, par septièmes, d'année en année, à compter du jour du concordat. — M. Leloup, rue de Cléry, 98, commissaire à l'exécution du concordat. — Au moyen de ce qui précède, libération du sieur Schwab. — N° du Greffe 12,574.

SCHWABACHER fils, Antoine, *négociant-commissionnaire, rue d'Enghien*, 16. — Jugement du 2 octobre 1854 homologuant le concordat du 8 septembre 1854. — Remise de 90 %. — Les 10 % non remis payables : 3 % dans un an, 3 % dans deux ans, 4 % dans trois ans, à partir du 1er octobre. — N° du Greffe 11,552.

SCORDEL, *bijoutier, rue St-Martin*, 142. — Jugement du 21 avril 1854 homologuant le concordat du 18 mars 1854. — Remise de 75 %. — Les 25 % non remis payables en cinq ans, par cinquièmes, d'année en année. — Le premier paiement dans un an du jour du concordat. — N° du Greffe 11,152.

SCOUFLAIRE, Félicien-Joseph, de la société BONNEFOI et SCOUFLAIRE, *charbons, à Grenelle*. — Voir : BONNEFOY, Pierre. — N° du Greffe 12,169.

SCRIBA aîné, Émile, *fabricant de porte-monnaie, rue des Blancs-Manteaux*, 22. — Jugement du 30 avril 1860 homologuant le concordat du 17 avril 1860. — Remise de 70 %. — Les 30 % non remis payables : 8 % le 1er mai 1861, 7 % le 1er mai 1862 et 1863, et 8 % le 1er mai 1864. — N° du Greffe 16,748.

SEBILLE, Antoine-Isidore, *fabricant de cartons, rue de la Glacière*, 68. — Jugement du 12 décembre 1860 homologuant le concordat du 29 novembre 1860. — Abandon de l'actif énoncé au concordat. — M. Devin, maintenu syndic. — N° du Greffe 17,150.

SEDILLE veuve, *marchande de chiffons, rue de Pontoise*, 24. — Jugement du 8 mai 1862 homologuant le concordat du 16 avril 1862. — Remise de 70 %. — Les 30 % non remis payables en cinq ans, par cinquièmes, de l'homologation. — N° du Greffe 19,514.

SÉGRETIN, Jean-Louis, *doreur sur bois, faubourg St-Antoine*, 60. — Jugement du 8 janvier 1858 homologuant le concordat du 26 décembre 1857. — Remise de 60 %. — Les 40 % non remis payables en cinq ans, par cinquièmes, du jour de l'homologation. — N° du Greffe 14,123.

SÉGUIN, *ex-marchand de vins, rue des Charbonniers*, 14. — Jugement du 28 mars 1859 homologuant le concordat du 15 mars 1859. — Abandon de l'actif énoncé au concordat. — Obligation, en outre, de payer 10 %, en cinq ans, par cinquièmes, du concordat. — M. Devin, maintenu syndic. — N° du Greffe 15,504.

SÉGUIN et Cie, société du gaz, *éclairage au gaz, rue Laffitte*, 35. — Jugement du 12 avril 1852 homologuant le concordat du 27 mars 1852. — Obligation par le sieur Séguin de payer aux créanciers l'intégralité de leurs créances, en principal, intérêts et frais. — A la garantie du paiement, abandon aux créanciers des immeubles et droits énoncés au concordat. — Le sieur Heurtey, rue Laffitte, 51, commissaire. — N° du Greffe 9,539.

SÉGUIN, de la société SÉGUIN et Cie, Jules, *gérant, l'éclairage au gaz, rue de la Huchette*, 8. — Voir : SÉGUIN et Cie. — N° du Greffe 9,539.

SÉGUIN, Charles-Gervais, *teinturier, rue Montebello*, 13. — Jugement du 30 janvier 1852 homologuant le concordat du 2 janvier 1852. — Remise au sieur Séguin des intérêts et frais non admis, et de 60 °/₀ sur le capital. — Les 40 °/₀ non remis payables par le sieur Séguin : 20 °/₀ dans le mois de l'homologation du concordat et 20 °/₀ en quatre ans, par quarts, d'année en année, à partir de la date de l'homologation. — N° du Greffe 10,113.

SÉGUIN, *négociant, rue Poissonnière*, 21. — Jugement du 8 juillet 1856 homologuant le concordat du 16 mai 1856. — Remise de 75 °/₀. — Les 25 °/₀ non remis payables : 10 °/₀ dans le mois de l'homologation, par le soin de M. Filleul, rue Sainte-Appoline, 9, syndic, et 15 °/₀ en trois ans, par tiers, d'année en année, du jour de l'homologation. — N° du Greffe 13,014.

SEITZ, Jules-Antoine, *vins-traiteur et hôtel, rue Sainte-Marguerite*, 31, *faubourg Saint-Germain*. — Jugement du 23 novembre 1852 homologuant le concordat du 4 novembre 1852. — Remise de 80 °/₀ en principal, intérêts et frais. — Les 20 °/₀ non remis payables par le sieur Seitz, en quatre ans, par quarts, pour le premier paiement avoir lieu le 1ᵉʳ janvier 1854. — N° du Greffe 10,545.

SELLIER-GENTIEN et dame, Paul et Virginie, *vins-traiteur, rue Simon-Lefranc*, 14. — Voir : GENTIEN, femme SELLIER. — N° du Greffe 9,903.

SELTIER, Jean-Claude, *négociant en confection, rue Croix-des-Petits-Champs*, 48. — Jugement du 29 avril 1862 homologuant le concordat du 12 avril 1862. — Abandon de l'actif énoncé au concordat. — M. Pinet, commissaire. — N° du Greffe 19,467.

SENET demoiselle, Constance, *marchande de modes*, 38, *faubourg Montmartre*. — Jugement du 5 avril 1853 homologuant le concordat du 22 mars 1853. — Remise de 90 °/₀. — Les 10 °/₀ non remis payables aussitôt après l'homologation. — N° du Greffe 10,783.

SERAIN, Isidore-Auguste, *pâtissier, rue Laffitte*, 35. — Jugement du 21 mars 1859 homologuant le concordat du 9 mars 1859. — Abandon de l'actif énoncé au concordat. — En dehors de l'abandon, M. Serain s'engage à compléter 10 °/₀ des créances, dans le cas où l'actif abandonné ne produirait pas un dividende équivalent; le paiement de cette différence, si elle existe, sera effectué en deux ans, par moitiés, du concordat. — M. Beaufour, maintenu syndic. — N° du Greffe 15,532.

SERGENT, veuve DEMOULIN, Marie-Charlotte, *maître carrier, ci-devant commune de Gentilly, route de Choisy-le-Roi*, 40, *et actuellement au Kremlin, près Bicêtre*. — Voir : veuve DEMOULIN-SERGENT. — N° du Greffe 9,213.

SERIÉ et Cie, Jules, *négociant en vins, à Bercy, rue Laroche*, 5. — Jugement du 17 septembre 1862 homologuant le concordat du 23 mai 1862. — Remise de 75 °/₀. — Les 25 °/₀ non remis payables en cinq ans, par cinquièmes, du 30 juin. — N° du Greffe 19,242.

SERIÉ, Antoine-Hugues, *entrepreneur de fêtes publiques, rue Montholon*, 19. — Jugement du 10 mai 1853 homologuant le concordat du 25 avril 1853. — Remise de 60 °/₀. — Les 40 °/₀ non remis payables en cinq ans, par cinquièmes. — Le premier paiement le 1ᵉʳ mai 1854, et ainsi de suite. — N° du Greffe 10,613.

SERIGNE-BENOIT, Thomas, *confiseur, rue de la Verrerie*, 77. — Jugement du 20 février 1855 homologuant le concordat du 29 janvier 1855. — Remise de 50 °/₀. — Les 50 °/₀ non remis payables dans l'espace de cinq ans, par huitièmes, de six mois en six mois, pour le premier paiement avoir lieu le 1ᵉʳ février 1856. — N° du Greffe 11,852.

SERRAMIDA, Charles-Vincent, *brocanteur, rue Saint-Lazare*, 20. — Jugement du 24 novembre 1858 homologuant le concordat du 13 novembre 1858. — Remise de 80 °/₀. — Les 20 °/₀ non remis payables en cinq ans, par cinquièmes, de l'homologation. — N° du Greffe 15,198.

SERRE, Céline, *modes, rue Neuve-des-Petits-Champs*, 50. — Jugement du 4 avril 1859 homologuant le concordat du 17 mars 1859. — Remise de 70 °/₀. — Les 30 °/₀ non remis payables : 10 °/₀ dans les huit jours de l'homologation, et 6 °/₀ les 15 mars 1860, 1861 et suivants. — N° du Greffe 15,551.

SERRE, *boulanger, aux Ternes*. — Jugement du 26 novembre 1855 homologuant le concordat du 9 novembre 1855. — Abandon à ses créanciers de l'actif énoncé au concordat. — Obligation, en outre, de leur payer 20 °/₀ sur le montant de leurs créances, savoir : 3 °/₀ le 1ᵉʳ janvier 1857, 4 °/₀ le 1ᵉʳ janvier 1858, 1859 et 1860, et 5 °/₀ le 1ᵉʳ janvier 1861. — Au moyen de ce qui précède, libération du sieur Serre. — M. Remolville, rue de la Verrerie, 67, commissaire à l'exécution du concordat. — N° du Greffe 12,248.

SERVANT, François-Désiré, *plombier, rue Saint-André-des-Arts*, 10. — Jugement du 21 mars 1857 homologuant le concordat du 4 mars 1857. — Remise de 80 °/₀. — Les 20 °/₀ non remis payables en quatre ans, par quarts, d'année en année, du jour de l'homologation. — N° du Greffe 13,549.

SERVET, veuve OLIVIER, Élisa, *maîtresse d'hôtel*, 13, *rue de l'Arcade*. — N° du Greffe 15,058. — Voir: OLIVIER, veuve.

SESQUÈS, société CARTE, Jean-Baptiste, *marchand-tailleur*, 11, *boulevard des Italiens*. — N° du Greffe 7,044. Voir : CARTE.

SEURAS, Eugène-Etienne, *entrepreneur de menuiserie, rue Ménilmontant*, 138. — Jugement du 14 août 1861 homologuant le concordat du 1ᵉʳ août 1861. — Remise de 90 °/₀. — Les 10 °/₀ non remis payables en 5 ans, par cinquièmes, de l'homologation. — N° du Greffe 18,278.

SEUTIN, Jean-Baptiste, *fabricant de brides à sabots*, 68, *rue St-Maur-Popincourt*. — Jugement du 15 février 1855 homologuant le concordat du 2 février 1855. — Remise de 80 °/₀. — Les 20 °/₀ non remis payables en quatre ans, par quarts, d'année en année, à partir du jour du concordat. — N° du Greffe 12,021.

SEVESTRE Nicolas-François, *nourrisseur, à Gentilly, rue de la Glacière*, 54. — Jugement du 17 avril 1851 homologuant le concordat du 2 avril 1851. — Remise de 40 °/₀ en principal, intérêts et frais. — Les 60 °/₀ non remis payables, sans intérêts, en dix ans, soit 6 °/₀ par an, divisés en quatre paiements de trois mois en trois mois, le premier paiement devant avoir lieu le 1ᵉʳ juillet prochain. — La dame épouse du sieur Sevestre caution solidaire du paiement des dividendes. — N° du Greffe 9,728.

SEVESTRE, *marchand de vins, rue St-Denis*, 39. — Jugement du 25 octobre 1858 homologuant le concordat du 13 octobre 1858. — Abandon de l'actif énoncé au concordat. — Au moyen de ce qui précède libération du failli. — M. Breuillard, maintenu syndic. — N° du Greffe 15,002.

SEVIN, Jean-Eugène, *charron, rue de Valence*, 6. — Jugement du 12 juin 1856 homologuant le concordat du 23 mai 1856. — Remise de 80 °/₀. — Les 20 °/₀ non remis payables, sans intérêts, en quatre ans, par quarts, d'année en année, du jour de l'homologation. — N° du Greffe 12,796.

SEVRÉ, Charles-Auguste, *limonadier, rue St-Germain-l'Auxerrois*, 45. — Jugement du 9 octobre 1854 homologuant le concordat du 23 septembre 1854. — Remise de 85 °/₀. — Les 15 °/₀ non remis payables en trois ans, par tiers, d'année en année, à partir du jour du concordat. — N° du Greffe 11,624.

SIDRAC, Charles-Joseph, *fabricant de porcelaine, à St-Maurice, route de St-Mandé*. — Jugement du 20 mars 1855 homologuant le concordat du 5 mars 1855. — Remise de 88 °/₀. — Les 12 °/₀ non remis payables en trois ans, par sixièmes, de six mois en six mois, pour le premier paiement avoir lieu fin septembre prochain. — N° du Greffe 11,826.

SIÉGLITZ, Georges-François, *commissionnaire négociant*, 15, *rue de Grammont*. — Jugement du 1ᵉʳ décembre 1859 homologuant le concordat du 3 novembre 1859. — Remise de 80 °/₀. — Les 20 °/₀ non remis payables en quatre ans, par quarts, de l'homologation. — N° du Greffe 16,578.

SIERRA (de) Joaquin, *commissionnaire, rue Neuve-des-Mathurins*, 86. — Jugement du 15 mai 1856 homologuant le concordat du 28 avril 1856. — Remise de 85 °/₀. — Les 15 °/₀ non remis payables en 3 ans, par tiers, d'année en année, du jour du concordat. — N° du Greffe 12,897.

SILBERMANN, Charles-Daniel, *commissionnaire, rue Montmartre*, 154. — Jugement du 2 juillet 1849 qui homologue son concordat. — N° du Greffe 311.

SILVESTRE, Ernest-François, *fabricant de chenilles, rue Mauconseil*, 5. — Jugement du 31 mai 1854 homologuant le concordat du 15 du même mois. — Remise de 80 °/₀. — Les 20 °/₀ non remis payables, au domicile du failli, en cinq ans, par cinquièmes, d'année en année. — Le premier paiement le 1ᵉʳ juin 1855. — N° du Greffe 11,170.

SIMMER, Mathieu, *ébéniste, faubourg St-Antoine*, 115. — Jugement du 14 mars 1860 homologuant le concordat du 2 mars 1860. — Remise de 60 %. — Les 40 % non remis payables : 7 % les 1er mars 1861, 1862, 1863 et 1864, et 6 % les 1er mars 1865 et 1866. — Dame Simmer, caution. — N° du Greffe 16,578.

SIMON, Charles-Eugène, *bandagiste, rue du Temple*, 18. — Jugement du 11 mars 1859 homologuant le concordat du 23 février 1859. — Remise de 70 %. — Les 30 % non remis payables en cinq ans, par cinquièmes, du concordat. — N° du Greffe 15,503.

SIMON et FERRU, société, Auguste-Simon, *distillateurs, Chaussée-Ménilmontant*, 11. — Voir : FERRU. — N° du Greffe 18,875.

SIMON Dlle, Henriette-Émilie, *fleuriste, faubourg St-Denis*, 49. — Jugement du 14 août 1856 homologuant le concordat du 30 juin 1856. — Remise de 80 %. — Les 20 % non remis payables en cinq ans, par cinquièmes, d'année en année, du jour du concordat. — N° du Greffe 13,128.

SIMON, Désiré, *boucher, à St-Mandé*. — Jugement du 28 octobre 1861 homologuant le concordat du 27 septembre 1861. — Abandon de l'actif énoncé au concordat. — Obligation, en outre, de payer 10 % en cinq ans, par cinquièmes, de l'homologation. — M. Heurtey, maintenu syndic. — N° du Greffe 17,780.

SIMON, Charles-Léandre, *limonadier, rue Monsieur-Le-Prince*, 41. — Jugement du 7 novembre 1862 homologuant le concordat du 2 octobre 1862. — Abandon de l'actif énoncé au concordat. — Obligation, en outre, de payer 16 %, savoir : 7 % quinze jours après l'homologation, et 9 % le 31 décembre 1863. — M. Heurtey, maintenu syndic. — N° du Greffe 19,995.

SIMON, Onésime, *vins-traiteur, à Charenton*, 14, *rue des Carrières*. — — Jugement du 2 juin 1862 homologuant le concordat du 15 mai 1862. — — Remise de 80 %. — Les 20 % non remis payables en quatre ans, par quarts, du 15 mai. — N° du Greffe 18,100.

SIMON, de la maison **SIMON** et dame **DURANDIN**, Joseph, *limonadier, aux Champs-Élysées*. — Voir : **DURANDIN, née St-CLAIR**. — N° du Greffe 9,545.

SIMON, Joseph, *fabricant de casquettes*, 9, *passage Pecquay*. — Jugement du 24 décembre 1855 homologuant le concordat du 7 décembre 1855. — Remise de 85 %. — Les 15 % non remis payables : 4 % le 31 juillet 1856, 3 % le 31 juillet 1857, et 4 % les 31 juillet 1857 et 31 janvier 1858. — N° du Greffe 12,672.

SIMON, de la société veuve **BOURGEOIS** et **SIMON**, Nicolas-Adolphe, *toiles et lingerie, rue Neuve-des-Mathurins*, 42. — Voir : **BOURGEOIS** et **SIMON**. — N° du Greffe 10,045.

SIMON Eugène, *épiceries comestibles, rue Ménilmontant*, 108. — Jugement du 26 novembre 1860 homologuant le concordat du 12 novembre 1860. — Remise de 80 %. — Les 20 % non remis payables en cinq ans, par cinquièmes, de l'homologation. — N° du Greffe 17,406.

SIMONET, père, Pascal ou Pierre-Auguste, *fondeur, rue de la Perle*, 24. — Jugement du 18 mars 1852 homologuant le concordat. — Remise de tous intérêts et frais non admis et de 88 %. — Les 12 % non remis payables par le sieur Simonet, en quatre ans, savoir : 2 % dans un an de l'homologation ; 3 % un an après, 3 1/2 % le 18 mai 1855 et 3 1/2 % un an après. — Les sieurs Simonet fils, Charles et Émile, fondeurs, rue de la Perle, 24, cautions solidaires du premier des dividendes. — N° du Greffe 10,130.

SIMONET, Alexis, *marchand de draps, rue Montmartre*, 59. — Jugement du 8 novembre 1862 homologuant le concordat du 18 octobre 1862. — Remise de 75 %. — Les 25 % non remis payables en quatre ans : 8 % un an après l'homologation ; 7 % deux ans après l'homologation ; 5 % trois ans après l'homologation, et 5 % quatre ans après l'homologation. — N° du Greffe 410.

SIMONIDE, Alexis, *ex-tailleur, rue Vivienne*, 83. — Jugement du 2 juillet 1860 homologuant le concordat du 8 juin 1860. — Remise de 75 %. — Les 25 % non remis payables en cinq ans, par cinquièmes, de l'homologation. — N° du Greffe 16,888.

SIMONOT Dlle, *négociante, rue Brongniard*, 2. — Jugement du 14 mars 1860 homologuant le concordat du 24 février 1860. — Remise de 75 %. — Les 25 % non remis payables : 10 % dans le mois de l'homologation ; 5 % dans un an du concordat, et 10 % dans deux ans du concordat. — N° du Greffe 16,527.

SIMPÉ fils, *négociant, rue Montmartre*, 55. — Jugement du 16 novembre 1860 homologuant le concordat du 23 mai 1860. — Remise de 80 %. — Les 20 % non remis payables : 10 % dans le mois de l'homologation et 10 % six mois après. — N° du Greffe 16,755.

SINCÈRE, Victor-Gustave, *hôtel et vins, rue Jean Lantier*, 8. — Jugement du 19 juin 1862 homologuant le concordat. — Remise de 60 %. — Les 40 % non remis payables : 25 % dans la quinzaine de l'homologation, 3 % dans un an de l'homologation, 4 % dans deux ans de l'homologation, 4 % dans trois ans de l'homologation, et 4 % dans quatre ans de l'homologation. — N° du Greffe 19,402.

SINÈGRE, Giraud, *charbonnier et aubergiste, à Layolle*, et 12, *rue des Vieilles-Audriettes*. — Jugement du 2 juillet 1858 homologuant le concordat. — Remise de 85 %. — Les 15 % non remis payables en trois ans, par tiers, de l'homologation. — N° du Greffe 14,803.

SIRE, Pierre-François-Maximilien, *limonadier, place de l'Hôtel-de-Ville*, 5. — Jugement du 24 juin 1850 homologuant le concordat du 13 juin 1850. — Remise de 90 %. — Les 10 % non remis payables en cinq ans, par cinquièmes, le 13 juin des années 1851, 1852 et suivantes. — N° du Greffe 115.

SIVRY, Étienne, *boulanger, faubourg St-Antoine*, 62. — Jugement du 3 octobre 1851 homologuant le concordat du 23 septembre 1851. — Remise au sieur Sivry de tous intérêts et frais et de 75 %. — Les 25 % non remis payables en cinq ans, par cinquièmes, le 23 septembre des années 1852, 1853 et suivantes. — N° du Greffe 9,928.

SOLAIRE, Auguste, *entrepreneur de constructions, au village Levallois*. — Jugement du 2 mai 1859 homologuant le concordat du 14 avril 1859. — Remise de 45 %. — Les 55 % non remis payables sans intérêts : 5 % dans le mois de l'homologation et 50 % en cinq ans, par cinquièmes, de l'homologation. — N° du Greffe 15,702.

SOLIGNAC, Gustave, *tissus, rue de Mulhouse*, 11. — Jugement du 28 juillet 1854 homologuant le concordat du 15 du même mois. — Remise de 90 %. — Les 10 % non remis payables en cinq ans, par cinquièmes, d'année en année. — Le premier paiement le 15 juillet 1855. — N° du Greffe 11,500.

SOLIGNAC, de la société **CHEVALIER** et **SOLIGNAC**, Gustave, *négociant en tissus, rue de Mulhouse*, 11. — Voir : **CHEVALIER** et **SOLIGNAC**. — N° du Greffe 10,432.

SOLIN, Michel-Henri, *tailleur, rue des Maçons-Sorbonne*, 4 et 1. — Jugement du 19 octobre 1860 homologuant le concordat du 29 septembre 1860. — Remise de 90 %. — Les 10 % non remis payables en cinq ans, par cinquièmes, du 1er octobre. — N° du Greffe 17,641.

SOLLIER, Victor-Joseph, *chiffons en gros, quai de Valmy*, 97. — Jugement du 30 mai 1862 homologuant le concordat du 17 mai 1862. — Remise de 70 %. — Les 30 % non remis payables, sans intérêts : 5 % le 15 juin 1863, 10 % le 15 juin 1864, et 7 1/2 % les 15 juin 1865 et 1866. — N° du Greffe 19,705.

SOLMON, Hipolyte-Antoine, *épicier, rue de la Pépinière*, 24, *et rue du Renard-St-Sauveur*, 4. — Jugement du 14 novembre 1860 homologuant le concordat du 26 octobre 1860. — Abandon de l'actif énoncé au concordat. — Obligation, en outre, de payer 10 % des créances en cinq ans, par cinquièmes, du concordat. — M. Trille, maintenu syndic. — N° du Greffe 17,371.

SOLVET fils, Louis-François, *tailleur de pierres, Chaussée-du-Maine* 109. — Jugement du 26 septembre 1859 homologuant le concordat du 10 août 1859. — Remise de 50 %. — Les 50 % non remis payables : 10 % dans un an de l'homologation et 10 % les 1er septembre 1861, 1862, 1863 et 1864. — N° du Greffe 15,932.

SOMMER, Jacques, *vins, à Noisy-le-Sec*. — Jugement du 13 mai 1861 homologuant le concordat du 7 décembre 1860. — Remise de 75 %. — Les 25 % non remis payables, sans intérêts, en cinq ans, par cinquièmes, de l'homologation. — N° du Greffe 17,489.

SOREPH, H. *rubans, rue de Rambuteau*, 23. — Jugement du 18 février 1856 homologuant le concordat du 15 janvier 1856. — Remise de 75 %. — Les 25 % non remis payables, sans intérêts, en cinq ans, par cinquièmes, pour le premier paiement avoir lieu le 1er janvier 1857. — N° du Greffe 12,714.

SORIN, Jean-Baptiste-Sylvain, *éditeur-libraire, impasse Sourdis*, 3. — Jugement du 23 décembre 1853 homologuant le concordat du 28 novembre 1853. — Remise de 75 %. — Les 25 % non remis payables par fractions de 5 %, d'année en année. — Le premier paiement le 15 janvier 1855. — N° du Greffe 9,579.

SORLIN, François, *pendules, rue St-Antoine*, 184. — Jugement du 5 mai 1854 homologuant le concordat du 22 avril 1854. — Remise de 80 %. — Les 20 % non remis payables en quatre ans, par quarts, d'année en année. — Le premier paiement le 1er mai 1855. — N° du Greffe 11,330.

SORMANY dame, Joseph, née Fanny TAILLEFER, *marchande de modes, boulevard Poissonnière*, 32. — Jugement du 30 octobre 1856 homologuant le concordat du 18 octobre 1856. — Remise de 80 %. — Les 20 % non remis payables en trois ans, par tiers, d'année en année, pour le premier paiement avoir lieu le 1er novembre 1858. — N° du Greffe 13,254.

SORMANY dame, Joseph-Alfred, née TAILLEFER, Fanny, *marchande de modes, boulevard Poissonnière*, 32. — Jugement du 17 octobre 1853 homologuant le concordat du 30 septembre 1853. — Remise de 80 %. — Les 20 % non remis payables en quatre ans, par quarts. — Le premier paiement le 1er octobre 1854. — N° du Greffe 10,959.

SORMANY ou **SORMANI**, Joseph, *fabricant de cartonnages, faubourg St-Martin*, 177. — Jugement du 19 mai 1858 homologuant le concordat du 8 mai 1858. — Remise de 90 %. — Les 10 % non remis payables : 3 % dans un an et deux ans, et 2 % dans trois et quatre ans du jour de l'homologation. — N° du Greffe 14,623.

SORRÉ-DELISLE, Alfred-Emile, *fabricant de merceries, place de la Bourse*, 31. — Jugement du 3 septembre 1858 homologuant le concordat du 19 août 1858. — Remise de 75 %. — Les 25 % non remis payables : 4 % les 31 mai et 30 novembre 1859 et 1860, 4 % le 31 mai 1861, et 5 % le 30 novembre 1861. — N° du Greffe 14,856.

SOUCHON, Casimir-Louis, *tailleur, rue Croix-des-Petits-Champs*, 26. — Jugement du 2 juin 1857 homologuant le concordat du 22 mai 1857. — Remise de 80 %. — Les 20 % non remis payables en quatre ans, par quarts, d'année en année, du jour du concordat. — N° du Greffe 13,714.

SOUCHON, Auguste, *ex-commissionnaire en draps, rue de la Cité*, 13. — Jugement du 28 juin 1853 homologuant le concordat du 10 juin 1853. — Remise de 95 %. — Les 5 % non remis payables en cinq ans, par cinquièmes, d'année en année. — Le premier paiement le 10 juin 1854. — N° du Greffe 10,706.

SOUDIER, *bijoutier, rue St-Denis*, 183. — Jugement du 12 mars 1849 qui homologue son concordat. — N° du Greffe 75.

SOUFFLET, Jean-Jacques, *serrurier, à la Chapelle-St-Denis*. — Jugement du 18 septembre 1851 homologuant le concordat du 8 août 1851. — Remise des intérêts échus et à échoir et de 88 %. — Les 12 % non remis payables par tiers, d'année en année, à compter du 8 août 1851. — La demoiselle Joséphine-Amanda Dantonet, marchande de chaussures à la Chapelle-St-Denis, Grande-Rue, 76, caution solidaire du paiement des 12 %. — N° du Greffe 9,651.

SOULIER et Ce, Pierre-François, *fleurs, rue Beauregard*, 11. — Jugement du 16 juin 1859 homologuant le concordat du 18 mai 1859. — Remise de 95 %. — Les 5 % non remis payables dans deux ans du concordat. — N° du Greffe 15,506.

SOURDEAUX fils, Frédéric, de la société SOURDEAUX, GUIBERT et Ce, *apprêteur, rue Montmartre*, 15. — Voir : GUIBERT-SOURDEAUX. — N° du Greffe 11,477.

SOYER, dame BEGAUT, Louise-Joséphine, *chinoiseries, passage des Panoramas*, 54. — Voir : dame BEGAUT. — N° du Greffe 12,347.

SOYEZ, François-Pierre, *négociant en laines et crins, rue des Vinaigriers*, 8. — Jugement du 18 juillet 1862 homologuant le concordat du 18 juin 1862. — Remise de 70 %. — Les 30 % non remis payables : 5 % six mois après l'homologation, et 25 % en cinq ans, par cinquièmes, du 31 décembre. — N° du Greffe 19,378.

SPÉMENT, personnellement, de la société SPÉMENT frères, Jacques-Honoré, *ex-marchand de vins en gros, rue St-Victor*, 18. — Jugement du 23 avril 1851 homologuant le concordat du 10 mars 1851. — Obligation par le sieur Spément de payer aux créanciers 1 % de leurs créances en principal, intérêts et frais, fin décembre 1858, et sans intérêts. — Remise par les créanciers du surplus de leurs créances. — N° du Greffe 7,754.

SPICQ, Louis, de la société DIARD et MORRIÈRE, *fruits secs, rue de Rivoli*, 5. — Voir : DIARD.

SPILMANN, Antoine, *brasseur, à Montmartre*. — Jugement du 3 avril 1861 homologuant le concordat du 21 mars 1861. — Remise de 75 %. — Les 25 % non remis payables en cinq ans, par cinquièmes, du 30 avril. — N° du Greffe 17,791.

STAAR, Jean-Nicolas, *fabricant de chaussures, rue St-Denis*, 256. — Jugement du 8 avril 1862 homologuant le concordat du 21 mars 1862. Remise de 70 %. — Les 30 % non remis payables en six ans, par sixièmes, de l'homologation. — N° du Greffe 19,243.

STADEMAIR ou **STALDMAIR**, Henri, *négociant, rue Vieille-du-Temple*, 110. — Jugement du 21 mars 1859 homologuant le concordat du 3 mars 1859. — Remise de 70 %. — Les 30 % non remis payables : 5 % aussitôt l'homologation, 5 % six mois après, et 5 % fin mars 1860, 1861, 1862 et 1863. — N° du Greffe 15,316.

STANOWICH, Jules-Antoine, *impression sur étoffes, rue du Sentier*, 6. — Jugement du 19 novembre 1855 homologuant le concordat du 3 novembre 1855. — Remise de 60 %. — Les 40 % non remis payables, sans intérêts : 10 % dans le mois qui suivra l'homologation, et 10 % le 31 décembre des années 1856, 1857 et 1858. — M. Tattet, caution du paiement des dividendes de 10 % à échéance du 31 décembre 1858.

STAUFIGER et Ce, Samuel, *gérant*, société, *association des ouvriers cordonniers, rue Montmartre*, 60. — Jugement du 3 octobre 1854 homologuant le concordat du 8 septembre 1854. — Remise aux membres de la société Staufiger et Ce de 80 %. — Les 20 % non remis payables par Staufiger et les autres associés solidairement en quatre ans, par quarts, d'année en année. — Le premier paiement le premier septembre 1855. — N° du Greffe 11,466.

STEFANI et Ce, *négociant, boulevard des Italiens*, 4. — Jugement du 18 octobre 1855 homologuant le concordat du 19 septembre 1855. — Obligation par le sieur Stefani de payer aux créanciers le montant intégral de leurs créances en principal, intérêts et frais, au moyen de l'actif abandonné énoncé au concordat. — MM. Sergent, rue Rossini, 10; Berger, à Belleville, rue de Paris, 108, et Breton, rue du Cherche-Midi, 14, commissaires. — N° du Greffe 11,393.

STEFF, Jean-Baptiste-Pierre, *négociant en colle, rue de la Vieille-Monnaie*, 23. — Jugement du 6 avril 1854 homologuant le concordat du 23 mars 1854. — Remise des intérêts et frais non admis et de 84 fr. 50 %. — Les 15 fr. 50 % non remis payables un mois après l'homologation. — N° du Greffe 9,835.

STEIN, Émile, *fabricant d'orgues, boulevard d'Enfer*, 48. — Jugement du 18 janvier 1857 homologuant le concordat du 26 décembre 1856. — Remise de 70 %. — Les 30 % non remis payables en six ans, par sixièmes, d'année en année, du jour du concordat. — N° du Greffe 13,326.

STEINER, de la société veuve PIN et STEINER, François, *fabricant de tiges piquées*, 74, *rue de Rambuteau*. — Voir : PIN veuve et STEINER. — N° du Greffe 19,727.

STELLFELD, Guillaume, *ébéniste, rue du Temple*, 120. — Jugement du 11 novembre 1862 homologuant le concordat du 13 octobre 1862. — Remise de 70 %. — Les 30 % non remis payables : 4 % un an après la reddition de compte. — 5 % un an après le premier dividende. — 6 % deux ans après le premier dividende. — 7 % trois ans après le premier paiement, et 8 % quatre ans après le premier paiement. — N° du Greffe 238.

STÉPHAN, François, *plumassier-fleuriste*, 10, *rue et cité Beaurepaire*. — Jugement du 28 novembre 1852 homologuant le concordat du 9 novembre 1852. — Remise de tous intérêts et frais non admis et de 50 % de leurs créances. — Les 50 % non remis payables en cinq ans, par cinquièmes, fin juillet des années 1853, 1854 et suivantes. — N° du Greffe 10,536.

STOFFER, Adolphe, *maître-peintre, 43, rue St-Martin.* — Jugement du 30 avril 1861 homologuant le concordat du 17 avril 1861. — Remise de 65 %. — Les 35 % non remis payables en cinq ans, par cinquièmes, du concordat. — N° du Greffe 17,877.

STORELLY, Pierre-Antoine, *marchand d'huiles, à Passy, rue de l'Église, 28.* — Jugement du 11 juillet 1859 homologuant le concordat du 21 juin 1859. — Remise de 80 %. — Les 20 % non remis payables 10 % dans trois mois de l'homologation, 5 % dans un an, et 5 % dans deux ans. — N° du Greffe 15,750.

STRAPART, veuve PARMENTIER, Héloïse, *confectionneuse, 1, rue d'Antin.* — Voir : PARMENTIER. — N° du Greffe 15,365.

STRAUSS frères, Daniel-Léopold, *négociant en farines, rue du Bouloi, 21.* — Jugement du 18 janvier 1858 homologuant le concordat du 15 décembre 1857. — Remise de 90 %. — Les 10 % non remis payables en cinq ans, par cinquièmes, à partir du 1er février prochain. — N° du Greffe 13,703.

STREITOFF, Louis, *tailleur, place Vendôme, 25.* — Jugement du 30 juin 1852 homologuant le concordat du 8 juin 1852. — Remise de 90 %. — Les 10 % non remis payables, par fractions de 2 %, les 3 octobre des années 1853, 1854, 1855, 1856 et 1857. — N° du Greffe 10,208.

STROUPPE, Louis-Antoine, *boulanger, rue Marie-Stuart, 3.* — Jugement du 26 septembre 1862 homologuant le concordat du 12 septembre 1862. — Remise de 80 %. — Les 20 % non remis payables en cinq ans, par cinquièmes, du 5 novembre. — N° du Greffe 186.

STUART et Cie, *négociant, rue Saint-Antoine, 129.* — Jugement du 4 février 1853 homologuant le concordat du 14 janvier 1853. — Abandon par Stuart ès-noms de tout l'actif de la société. — A ce moyen, libération de la société et du sieur Stuart, personnellement. — N° du Greffe 10,584.

STUEDLER ou **STUDIER**, veuve BÉCHARD, de la maison BÉCHARD et fils, Anne-Louise, *peintre en voitures, rue Jean-Goujon, 33.* — Voir : BÉCHARD fils. — N° du Greffe 10,750.

STUITTIG, Guillaume, *brasseur, rue de Charenton, 35.* — Jugement du 15 octobre 1860 homologuant le concordat du 16 août 1860. — Remise de 70 %. — Les 30 % non remis payables en dix paiements égaux : fin octobre 1860, fin avril 1861, fin août 1861 et ainsi de suite fin d'avril et d'août. — N° du Greffe 17,048.

STURTZ sieur et dame, *hôtel, rue de la Victoire, 25.* — Jugement du 31 juillet 1849 qui homologue son concordat. — N° du Greffe 240.

SUBTIL ou **SUPTIL**, Louis, *tapissier, rue de Penthièvre, 34.* — Jugement du 29 janvier 1858 homologuant le concordat du 14 janvier 1858. — Remise de 85 %. — Les 15 % non remis payables par cinquièmes, d'année en année, du jour de l'homologation. — N° du Greffe 14,316.

SUISSE, Jean-Pierre-Alexandre, *tonnelier, rue St-Marc-Feydeau, 8.* — Jugement du 22 octobre 1851 homologuant le concordat du 1er octobre 1851. — Remise de 50 %. — Les 50 % non remis payables par sixièmes, d'année en année, à partir du 1er octobre 1851. — N° du Greffe 9,935.

SUROSNE, François-Charles, *serrurier, rue du Chemin-de-Fer, 45, 14e arrondissement.* — Jugement du 21 décembre 1860 homologuant le concordat du 16 août 1860. — Remise de 75 %. — Les 25 % non remis payables : 10 % dans un an, 5 % dans deux ans et 10 % dans trois ans, de l'homologation. — N° du Greffe 17,098.

SURRAULT, Émile, *fabricant d'articles de voyage, rue St-Denis, 220.* — Jugement du 16 septembre 1859 homologuant le concordat du 8 août 1859. — Remise de 70 %. — Les 30 % non remis payables en quatre ans : 6 % dans un an et 8 % dans deux, trois et quatre ans, du concordat. — N° du Greffe 15,962.

SURRAULT, Emile, *fabricant d'articles de voyage, rue du Temple, 183.* — Jugement du 18 juillet 1862 homologuant le concordat du 5 juillet 1862. — Remise de 40 %. — Les 60 % non remis payables en cinq ans, de six mois, en six mois, du concordat. — N° du Greffe 19,516.

SYLVESTRE, François, *fabricant de casquettes, rue Mouffetard, 307.* — Jugement du 30 juin 1858 homologuant le concordat du 5 juin 1858. — Remise de 70 %. — Les 30 % non remis payables en quatre ans, par quarts, de l'homologation. — N° du Greffe 14,719.

T

TABARY, Paul, *dépeceur de voitures, à la Villette.* — Jugement du 6 juin 1856 homologuant le concordat du 23 juin 1856. — Remise de 70 %. — Les 30 % non remis payables, sans intérêts, en cinq ans, par cinquièmes. — Premier paiement fin juin 1857. — N° du Greffe 12,764.

TABOSKY, Joseph-Victor, *passementier, rue Sainte-Anne, 67.* — Jugement du 5 juillet 1854 homologuant le concordat du 21 juin 1854. — Remise de 79 %. — Les 21 % non remis payables : 5 % dans la quinzaine de l'homologation, 4 % le 1er janvier des années 1856, 1857, 1858 et 1859. — N° du Greffe 11,018.

TABOURDIN, veuve BÉGAT, Hortense-Rosalie, *limonadière, rue Saint-Honoré.* — Voir : veuve BÉGAT. — N° du Greffe 13,842.

TABOURET, Éléonor-Denis-Alexandre, *boulanger, rue de l'Ecole, 25, à Vaugirard.* — Jugement du 28 décembre 1852 homologuant le concordat du 15 décembre 1852. — Abandon par le sieur Tabouret, à ses créanciers, des sommes se trouvant aux mains du syndic et de toutes les créances appartenant à la faillite. — Obligation, en outre, par le sieur Tabouret, de remettre les sacs vides en sa possession ou d'en payer la valeur et de payer à ses créanciers 10 % de leurs créances : 1 % les 1er janvier 1854 et 1855, et 2 % le 1er janvier des années 1856 et suivantes. — Remise au sieur Tabouret, par ses créanciers, de tous intérêts et frais et de la portion du capital qui leur restera due. — Le sieur Remoiville, rue du Faubourg-Saint-Denis, 21, commissaire à l'exécution du concordat. — N° du Greffe 10,479.

TABOUREUX, Louis-Eugène, *charron, rue du Grand-Saint-Michel, 11.* — Jugement du 27 mai 1861 homologuant le concordat du 15 mai 1861. — Remise de 60 %. — Les 40 % non remis payables en huit ans, par huitièmes, du 1er juillet. — N° du Greffe 17,960.

TABOUREY, Pierre, *marchand de vins, rue des Vinaigriers, 35.* — Jugement du 1er juillet 1862 homologuant le concordat du 14 juin 1862. — Remise de 50 %. — Les 50 % non remis payables, sans intérêts : 5 % fin septembre prochain et 5 % trois mois après, pour ainsi continuer de trois mois en trois mois. — N° du Greffe 19,436.

TABOUROT, Louis, *layetier, faubourg Saint-Honoré, 77.* — Jugement du 25 novembre 1858 homologuant le concordat du 15 novembre 1858. — Remise de 50 %. — Les 50 % non remis payables en quatre ans, par quarts, de l'homologation. — N° du Greffe 15,228.

TABREAU, Jean, *entrepreneur de maçonnerie, rue des Trois-Bornes, 23.* — Jugement du 11 juin 1860 homologuant le concordat du 31 mai 1860. — Remise de 75 %. — Les 25 % non remis payables en cinq ans, par cinquièmes, du 15 juin. — N° du Greffe 16,876.

TACHON, Jean-Baptiste, *imprimeur-lithographe, rue du Vertbois, 57.* — Jugement du 4 avril 1856 homologuant le concordat du 6 mars 1856. — Remise de 60 %. — Les 40 % non remis payables, sans intérêts, en quatre ans, par quarts, d'année en année, à partir du jour du concordat. — N° du Greffe 12,762.

TAFFOIREAU, Hilaire, *relieur, rue Hautefeuille, 16.* — Jugement du 22 février 1853 homologuant le concordat du 11 janvier 1853. — Remise de 80 %. — Les 20 % non remis payables en quatre ans, par quarts, de fin janvier des années 1854 et suivantes. — N° du Greffe 10,488.

TAILLEFER et Ce, Jean-Baptiste, *grilles mobiles, rue St-Étienne, 9, à Batignolles, Paris.* — Jugement du 26 septembre 1862 homologuant le concordat du 15 septembre 1862. — Remise de 85 %. — Les 15 % non remis payables : 5 % un an après l'homologation ; 5 % le 31 octobre 1864 et 5 % le 31 octobre 1865. — N° du Greffe 19,312.

TAILLEFER, dame SORMANY, Fany, *modes, boulevard Poissonnière, 32.* — Jugement du 17 octobre 1853 homologuant le concordat du 30 septembre 1853. — Remise de 80 %. — Les 20 % non remis payables en quatre ans, par quarts. — Le premier paiement le 1er octobre 1854 et ainsi successivement. — N° du Greffe 10,959.

TAILLEFER, Fanny, femme SORMANY, *modes, boulevard Poissonnière*, 32. — Voir : SORMANY dame. — N° du Greffe 13,254.

TAILLIS dit **PÉAN**, Alphonse-Arsène, *épicier, rue de Greffulhe*, 7. — Voir : PÉAN dit TAILLIS. — N° du Greffe 19,004.

TALBOTIER, Victor, *agent d'affaires, rue de Bondy*, 50. — Jugement du 10 mars 1851 homologuant le concordat du 15 février 1851.—Remise de 90 % du principal de leurs créances et de tous intérêts et frais. —Les 10 % non remis payables en quatre ans, par quarts, les 15 mars 1852, 1853, 1854 et 1855. — N° du Greffe 9,291.

TALLON, Jean-Henri, *carrossier, à Batignolles*. — Jugement du 21 avril 1859 homologuant le concordat du 6 avril 1859.—Remise de 60 %. — Les 40 % non remis payables de mois en mois, de l'homologation, jusqu'à 25 %, et 5 % les 1er septembre 1860, 1861 et 1862. — N° du Greffe 15,619.

TAMISIER, Sauveur, personnellement, *négociant, passage Chausson*, 5. — Jugement du 19 mars 1855 homologuant le concordat du 1er mars 1855.— Remise de 85 %. — Les 15 % non remis payables en trois ans, par tiers, d'année en année, pour le premier paiement avoir lieu le 1er mars 1856. — N° du Greffe 11,577.

TAN, Eloi-Pierre-Guillaume, *marchand de moëllons, à la Villette*. — Jugement du 25 mai 1855 homologuant le concordat du 12 mai 1855. — Remise de 70 %. — Les 30 % non remis payables, sans intérêts, savoir : 10 % le 1er juin 1856, 6 % le 1er juin 1857 et 1858, et 8 % le 1er juin 1859. — N° du Greffe 12,010.

TAPHANEL, Noel, *bois et charbons, à Bercy*. — Jugement du 2 août 1854 homologuant le concordat du 10 juillet 1854. — Remise de 70 %. — Les 30 % non remis payables, sans intérêts, en six ans, par sixièmes. —Le premier paiement dans un an du concordat.—N° du Greffe 11,460.

TARATTE, Hector-Léon, *chaussures, boulevard Beaumarchais*, 96. — Jugement du 4 juin 1861 homologuant le concordat du 8 mai 1861. — Remise de 70 %. — Les 30 % non remis payables : 10 % comptant dans le mois de l'homologation, 5 % quatre mois après le paiement des 10 %, 5 % huit mois plus tard, 5 % six mois plus tard, et 5 % six mois après.— M. Taratte père, caution des premiers 10 %, jusqu'à concurrence de 15,000 fr. — N° du Greffe 18,857.

TARIN, Antoine-Raine, *limonadier, rue de Richelieu*, 8. — Jugement du 24 mars 1853 homologuant le concordat du 7 mars 1853. — Remise de tous intérêts et frais et de 70 %. — Les 30 % non remis payables : 5 % dans le mois de l'homologation, 4 % chacune des trois années suivantes, 5 % un an après le quatrième paiement, et 8 % un an après. — N° du Greffe 10,489.

TARTIVOT ou **TARTIVAT**, Hippolyte, *menuisier, rue du Buisson-St-Louis*, 12. — Jugement du 31 octobre 1859 homologuant le concordat du 14 octobre 1859. — Remise de 75 % — Les 25 % non remis payables en cinq ans, par cinquièmes, du concordat. — N° du Greffe 16,051.

TAVERNIER, Augustin-Félix, *marchand boucher, à la Villette*.— Jugement du 2 octobre 1854 homologuant le concordat du 16 septembre 1854. — Remise de 80 %. — Les 20 % non remis payables en quatre ans, par quarts, du jour du concordat. — N° du Greffe 11,595.

TAZÉ, Louis-Hippolyte, *grainetier, rue St-Martin*, 87.— Jugement du 4 octobre 1855 homologuant le concordat du 22 septembre 1855. — Remise de 75 %. — Les 25 non remis payables en cinq ans, par cinquièmes, d'année en année, pour le premier paiement avoir lieu dans un an du jour du concordat. — N° du Greffe, 12,221.

TEISSET, Pierre, *loueur de voitures, route d'Asnières*, 15.—Jugement du 3 mars 1862 homologuant le concordat du 20 janvier 1862.— Remise de 80 %.—Les 40 % non remis payables en quatre ans : 5 % un an après l'homologation, et 5 % à pareille époque des trois années suivantes. — N° du Greffe 18,638.

TEISSÈE frères, Pierre, *négociants commissionnaires, rue de l'Echiquier*, 12. — Jugement du 17 janvier 1860 homologuant le concordat du 2 janvier 1860. — Remise de 70 %. — Les 30 % non remis payables en trois ans, par tiers, de l'homologation. — N° du Greffe 16,186.

TELLIEZ, Joseph-Hubert, *chaussures, rue des Quatre-Fils*, 18.—Jugement du 23 mai 1859 homologuant le concordat du 11 mai 1859. — Abandon de l'actif énoncé au concordat.—Obligation, en outre, de payer 20 % du montant des créances, en quatre ans, par quarts, du 1er juillet. — M. Decagny, maintenu syndic. — N° du Greffe 15,046.

TÉMOIN, Étienne, *fabricant de lattes, rue de la Muette*, 1. —Jugement du 14 novembre 1853 homologuant le concordat du 31 octobre 1853. — Remise de 85 %. — Les 15 % non remis payables, sans intérêts, par tiers, les 1ers novembre 1854, 1855 et 1856. — N° du Greffe 10,989.

TEMPLIÉ, Etienne, *chaussures, rue du Temple*, 39. — Jugement du 4 octobre 1861 homologuant le concordat du 22 août 1861. — Remise de 70 %. — Les 30 % non remis payables : 5 % dans les six semaines de l'homologation, et 25 % en quatre ans, par quarts, de la même époque. — N° du Greffe 18,346.

TENDRON, Victor-Eugène, *ex-confiseur, ayant tenu hôtel meublé et cabinet de lecture, rue Richelieu*, 48. — Jugement du 24 janvier 1856 homologuant le concordat du 5 janvier 1856. — Remise de 75 %. — Les 25 % non remis payables en vingt ans, par vingtièmes, d'année en année, pour le premier paiement avoir lieu dans un an du jour du concordat. — Mme Tendron, caution du paiement des dividendes. — N° du Greffe 10,727.

TERRADE, François-Lucien-Ernest, *commissionnaire de roulage, à Bercy, rue de Bercy*, 8.—Jugement du 1er octobre 1851 homologuant le concordat du 19 septembre 1851.—Remise de 85 % en principal, intérêts et frais.—Les 15 % non remis payables, sans intérêts, en quatre ans, par quarts, le 19 septembre des années 1852, 1853 et suivantes.— N° du Greffe 9,907.

TERRIER, Bertrand, *menuisier, rue Descartes*, 33. — Jugement du 13 janvier 1862 homologuant le concordat du 10 décembre 1861. — Remise de 50 %. — Les 50 % non remis payables en cinq ans, par cinquièmes, de l'homologation. — N° du Greffe 18,426.

TESSIER, Mathieu, *passementier à façon, faubourg du Temple*, 137. — Jugement du 16 juillet 1858 homologuant le concordat du 29 juin 1858. — Remise de 70 %. — Les 30 % non remis payables en trois ans, par sixièmes, de six mois en six mois, pour le premier paiement avoir lieu le 1er janvier prochain. — N° du Greffe 14,776.

TESSIER frères, Hercule et Caton, *entrepreneurs, rue Fontaine-au-Roi*, 56. — Jugement du 17 novembre 1853 homologuant le concordat du 8 septembre 1853.— Abandon par les sieurs Tessier, à leurs créanciers, des valeurs actives énumérées au concordat, aux charges y énoncées ; et obligation, en outre, de leur payer 5 % sur le montant de leurs créances, par cinquièmes, le 30 septembre des années 1855, 1857, 1858, 1859 et 1860. — M. Leclaire, à la Petite-Villette ; M. Navet, à la gare d'Ivry, commissaires à l'exécution du concordat. — Remise aux sieurs Tessier, par leurs créanciers, du surplus de leurs créances. — N° du Greffe 10,796.

TESSIER, Julien-Ferdinand, *boulanger, rue Mouffetard*, 50. —Jugement du 15 octobre 1860 homologuant le concordat du 29 septembre 1860. — Remise de 75 %.— Les 25 % non remis payables en cinq ans, par cinquièmes, du 1er novembre.— N° du Greffe 17,078.

TESSON, Jules, , *négociant en huiles, rue du Vert-Bois*, 26.—Jugement du 4 avril 1862 homologuant le concordat du 17 mars 1862. — Abandon de l'actif énoncé au concordat. — Obligation de parfaire 15 % de la manière énoncée au concordat. — M. Beaufour, maintenu syndic. — N° du Greffe 19,253.

TESTARD, Pierre-François, *épicier à Puteaux, rue Poireaux*, 48.— Jugement du 19 juillet 1859 homologuant le concordat du 16 mai 1859 — Remise de 75 %.— Les 25 % non remis payables en cinq ans, par cinquièmes, du 15 mai. — N° du Greffe 15,481.

TETARD et **L. DUVIVIER**, *négociants, rue Notre-Dame-des-Victoires*, 44.— Voir : DUVIVIER. — N° du Greffe 11,760.

TÊTARD, Jean-François, *limonadier, à Montmartre*. — Jugement du 3 juin 1853 homologuant le concordat du 7 mai 1853.—Remise de 75 %. en principal, intérêts et frais. — Les 25 % non remis payables en cinq ans, par cinquièmes, d'année en année, pour le premier paiement avoir lieu le 1er août 1854 et ainsi successivement. — N° du Greffe 8,999.

TÊTARD aîné, Jean-François, *limonadier, à Charonne*. — Jugement du 19 février 1857 homologuant le concordat du 29 janvier 1857. — Remise de 40 %. — Les 60 % non remis payables en six ans, par sixièmes, d'année en année, pour le premier paiement avoir lieu le 1er février 1858. — N° du Greffe 13,523.

TÉTARD, Arsène-Isidore, *bijoutier, rue de Lyon*, 26. — Jugement du 3 septembre 1861 homologuant le concordat du 16 août 1861. — Remise de 75 %. — Les 25 % non remis payables en cinq ans, par cinquièmes, de l'homologation. — N° du Greffe 17,651.

TÉTARD, Auguste, *entrepreneur de menuiserie, rue Neuve-d'Orléans*, 4, *au Petit-Montrouge*. — Jugement du 7 avril 1852 homologuant le concordat du 15 mars 1852. — Abandon de l'actif réalisé et d'une créance indiquée au concordat. — Obligation de payer 20 % en quatre ans, par quarts, les 5 avril 1853, 1854, 1855 et 1856. — N° du Greffe 8,156.

TÉTAZ, Henri, *vins, traiteur, à Montmartre, boulevard Rochechouart*, 38. — Jugement du 25 octobre 1850 homologuant le concordat du 7 septembre 1850, en qualifiant faillite la cessation de paiement. — Remise de 75 % en principal, intérêts et frais. — Les 25 % non remis payables en cinq ans, par portions de 5 %, le 1er octobre des années 1851, 1852 et suivantes. — N° du Greffe 29.

TÊTE et DUVAL, Louis-Félix, *nouveautés, boulevard Saint-Denis*, 19. — Jugement du 28 août 1862 homologuant le concordat du 11 août 1862. — Remise de 55 %. — Les 45 % non remis payables : 10 % comptant aussitôt l'homologation, 8 % un an après l'homologation et 9 % chacune des trois années suivantes. — N° du Greffe 19,742.

TEXIER, Pierre, *négociant en couleurs, rue Saint-Lazare*, 45. — Jugement du 19 novembre 1858 homologuant le concordat du 8 novembre 1858. — Remise de 70 %. — Les 30 % non remis payables : 5 % dans le mois de l'homologation, et 25 % en cinq ans, par cinquièmes, pour le premier paiement avoir lieu le 31 décembre 1860. — N° du Greffe 14,872.

TEXIER, Noel-Hippolyte, *peintre en voitures, rue Saint-Lazare, cour Boni*, 17. — Jugement du 4 novembre 1850 homologuant le concordat du 17 octobre 1850. — Remise de 80 % en capital, intérêts et frais. — Les 20 % restants du montant intégral en capital, intérêts et frais dûs aux créanciers au dit jour, payables par le sieur Texier, par quarts, en quatre ans, le 17 octobre 1851, 1852, 1854 et 1855. — N° du Greffe 9,589.

THABAUD, Louis-Victor, *négociant en confections, faubourg Montmartre*, 6. — Jugement du 18 octobre 1859 homologuant le concordat du 8 septembre 1859. — Abandon de l'actif énoncé au concordat. — Obligation, en outre, de payer 5 % en cinq ans, par cinquièmes, de l'homologation. — M. Pluzanski, maintenu syndic. — N° du Greffe 16,108.

THALHEIMER, Gustave, *fabricant de cuirs, rue Meslay*, 6. — Jugement du 18 mars 1862 homologuant le concordat du 4 mars 1862. — Remise de 75 %. — Les 25 % non remis payables : 4 % les 31 juillet 1862, 1863, 1864, 1865 et 1866, et 5 % le 31 juillet 1867. — N° du Greffe 19,275.

THAN, Victoire, femme DELAUNAY, Pierre-Désiré, *nourrisseur, à Belleville, rue Delattre*, 3. — Voir : DELAUNAY. — N° du Greffe 12,580.

THANNEBERG, société BUTLAR, *société des eaux et bains, rue Grange-Batelière*, 26, *et rue de l'Arcade*, 7. — Voir : BUTLAR. — N° du Greffe 12,052.

THARAUD veuve, de la maison GUIBLIER, *maison meublée, rue Vaugirard*, 59. — Jugement du 18 septembre 1849 homologuant son concordat. — N° du Greffe 225.

THÉBAULT, Étienne, *marchand de vins, rue Saint-Denis*, 95. — Jugement du 29 mars 1852 homologuant le concordat du 16 mars 1852. — Remise de 90 %. — Les 10 % non remis payables en trois ans, par tiers, d'année en année, à dater du jour de l'homologation. — N° du Greffe 10,220.

THÉBERGE, personnellement, de la société THÉBERGE frères, Amand, *négociant, rue Neuve-Saint-Eustache*, 7. — Jugement du 30 mars, 1852 homologuant le concordat du 18 mars 1852. — Remise au sieur Théberge, Amand, personnellement, par les créanciers de la société de 92 % de leurs créances, en principal, intérêts et frais. — Les 8 % non remis payables par fractions de 2 % fin décembre 1852, fin décembre 1853, fin août 1854 et fin août 1855. — N° du Greffe 9,416.

THERET, Étienne, *charron, à Belleville*. — Jugement du 29 juillet 1862 homologuant le concordat du 10 juillet 1862. — Remise de 80 %. — Les 20 % non remis payables en quatre ans, par quarts, du 1er juin — N° du Greffe 19,042.

THÉRIEN, Pierre, *menuiserie, rue du Grand-Prieuré*, 20. — Jugement du 12 septembre 1855 homologuant le concordat du 28 août 1855. — Remise de 70 %. — Les 30 % non remis payables en six ans, par sixièmes, d'année en année, pour le premier paiement avoir lieu le 28 août 1856. — N° du Greffe 12,338.

THÉRISOL, Jean, *marchand de bois et de charbons, rue des Barres*, 17. — Jugement du 14 novembre 1854 homologuant le concordat du 31 octobre 1854. — Remise de 70 %. — Les 30 % non remis payables en six ans, par sixièmes, du concordat. — N° du Greffe 11,791.

THERRIAT veuve, *épicière, rue Neuve-des-Petits-Champs*, 49. — Jugement du 3 mars 1858 homologuant le concordat du 12 février 1858. — Remise de 90 %. — Les 10 % non remis payables en dix ans, par dixièmes, de l'homologation. — N° du Greffe 14,287.

THÉRY, Adolphe, *quincaillier et marchand de vins, à Puteaux, rue Mars et Roty*. — Jugement du 13 février 1852 homologuant le concordat du 3 février 1852. — Remise au sieur Théry des frais autres que ceux admis. — Obligation de payer à ses créanciers le principal de leurs créances, avec intérêts à 5 % du jour du concordat, et les frais admis ou réservées en cinq ans, par cinquièmes, d'année en année, pour le premier paiement avoir lieu le 27 janvier 1853. — Les paiements auront lieu chez le sieur Crenet, rue Joquelet, 7, à Paris. — N° du Greffe 10,114.

THÉRY, Amédée-Jean-Baptiste-Frédéric, *vins, quai de la Gare*, 30. — Jugement du 3 septembre 1862 homologuant le concordat du 9 août 1862. — Remise de 75 %. — Les 25 % non remis payables en cinq ans, par cinquièmes, du 1er août. — N° du Greffe 18,683.

THEUBET-LENOIR, femme CURMER, Adolphe, Marie-Anne-Eléonore, *épicière, rue Jocquelet*, 8. — Voir : femme CURMER. — N° du Greffe 9,347.

THEURÉ, Jacques-Adolphe, *boucher, à Orgerus et rue de la Cerisaie*, 13. — Jugement du 6 juin 1854 homologuant le concordat du 20 mai 1854. — Abandon des créances actives, à recouvrer. — Obligation, en outre, de payer 15 % : 5 % aussitôt après l'homologation, 5 % dans un an, et 5 % dans deux ans du concordat. — N° du Greffe 11,401.

THEURIET, François, *menuisier, en voitures, rue de Laborde*, 44. — — Jugement du 19 janvier 1855 homologuant le concordat du........ — Remise de 75 %. — Les 25 % non remis payables en cinq ans, par cinquièmes, d'année en année, pour le premier paiement avoir lieu dans un an, du jour du concordat. — N° du Greffe 11,359.

THEURIET, François, *menuisier en voitures, rue de Laborde*, 44. — Jugement du 1er juillet 1858 homologuant le concordat du 25 mai 1858. — Remise de 50 %. — Les 50 % non remis payables, sans intérêts, en cinq ans, par cinquièmes, du concordat. — N° du Greffe 14,461.

THEURIN, Cantien-Aimée, *restaurateur, faubourg du Temple*, 22. — Jugement du 20 septembre 1855 homologuant le concordat du 18 août 1855. — Abandon par le sieur Theurin, à ses créanciers, de l'actif énoncé au concordat. — M. Filleul, rue Ste Appoline, 9, commissaire à l'exécution du concordat. — N° du Greffe 12,373.

THEVÉNARD, Eugène, *épicier, à Montmartre, rue des Poissonniers*, 27. — Jugement du 12 mai 1857 homologuant le concordat du 20 avril 1857. — Abandon à ses créanciers de l'actif énoncé au concordat. — Obligation, en outre, de leur payer 10 % sur le montant de leurs créances, en quatre ans, par quarts, d'année en année, du jour du concordat. — Au moyen de ce qui précède, libération du failli. — M. Lacoste, maintenu syndic, pour faire la liquidation de l'actif abandonné. — N° du Greffe 13,519.

THEVENARD, Louis-Désiré, *marchand de vins, rue Vieille-du-Temple*, 64. — Jugement du 4 juillet 1862 homologuant le concordat du 21 juin 1862. — Remise de 75 %. — Les 25 % non remis payables en cinq ans, par cinquièmes, de l'homologation. — N° du Greffe 19,720.

THEVENIN, Eugène-Nicolas, *cuirs, faubourg St-Denis*, 223. — Jugement du 28 septembre 1860 homologuant le concordat du 2 août 1860. — Remise de 85 %. — Les 15 % non remis payables en trois ans, par tiers, de l'homologation. — N° du Greffe 17,067.

THÉVENIN, Nicolas-Eugène, *corroyeur, rue Popincourt*, 106. — Jugement du 14 mai 1854 homologuant le concordat du 19 avril 1854. — Remise de 75 %. — Les 25 % non remis payables en quatre ans : 6 % chacune des trois premières années, et 7 % la quatrième. — N° du Greffe 11,144.

THEVENON, Jean, *vins, à St-Denis, route de St-Denis*, 189. — Jugement du 28 mars 1860 homologuant le concordat du 16 mars 1860. — Remise de 60 %. — Les 40 % non remis payables en cinq ans, par cinquièmes, de l'homologation. — N° du Greffe 16,617.

THEVENOT, Louis-Julien-Cyrille, *bois, à Charonne*. — Jugement du 25 juin 1857 homologuant le concordat du 13 juin 1857. — Remise de 90 %. — Les 10 % non remis payables par moitiés, le 15 janvier et 15 juillet 1858. — N° du Greffe 13,707.

THEVENOT, Nicolas, *chapellerie, rue Beaubourg*, 36. — Jugement du 12 février 1862 homologuant le concordat du 28 janvier 1862. — Remise de 75 %. — Les 25 % non remis payables en trois ans, sans intérêts, 8 % les deux premières années, et 9 % la troisième, de l'homologation — N° du Greffe 19,136.

THIABOT, Pierre-Joseph, *entrepreneur de déménagements, rue du Banquier*, 11. — Jugement du 19 janvier 1855 homologuant le concordat du 4 janvier 1855. — Remise de 70 %. — Les 30 % non remis payables en cinq ans, par cinquièmes, d'année en année, pour le premier paiement avoir lieu le 1er janvier 1856. — N° du Greffe 11,972.

THIBAUDEAU et Cie, personnellement, *négociant, rue Bréda*, 15. — Jugement du 12 janvier 1855 homologuant le concordat du 28 décembre 1854. — Remise de 90. — Les 10 % non remis payables en trois ans, par tiers, d'année en année, pour le premier paiement avoir lieu le 1er janvier 1856. — N° du Greffe 11,712.

THIBAULT, *négociant, à Auteuil, rue de Versailles*, 17 *bis*. — Jugement du 18 novembre 1857 homologuant le concordat du 4 novembre 1857. — Obligation de payer à ses créanciers le montant de leurs créances, en principal, intérêts et frais, dans le mois de l'homologation. — — N° du Greffe 14,001.

THIBAULT, Portien, *linger, rue St-Sauveur*, 24. — Jugement du 13 février 1852 homologuant le concordat du 30 janvier 1852. — Remise de 85 % en capital intérêts et frais. — Les 15 % non remis payables en trois ans, par tiers, les 1ers mars 1853, 1854 et 1855. — N° du Greffe 10,173.

THIBAULT, Gustave, *négociant en nouveautés, rue de Cléry*, 10. — Jugement du 19 janvier 1860 homologuant le concordat du 7 janvier 1860. — Abandon de l'actif énoncé au concordat. — M. Richard-Grison maintenu syndic. — N° du Greffe 16,204.

THIBAULT, Albert-Joseph, 44, *menuisier Barrière-Blanche, chemin de Ronde*. — Jugement du 1er avril 1857 homologuant le concordat du 28 février 1857. — Remise de 80 %. — Les 20 % non remis payables en quatre ans, par quarts, d'année en année, du jour du concordat. — N° du Greffe 13,564.

THIBAULT, Louis, *tulles et dentelles, rue de Richelieu*, 110. — Jugement du 9 août 1860 homologuant le concordat du 31 juillet 1860. — Remise de 75 %. — Les 25 % non remis payables : 10 % après l'homologation du présent ; 5 % le 30 juin 1861, 2 1/2 % le 31 décembre 1861, 2 1/2 % le 30 juin 1862, 2 1/2 % le 31 décembre 1862, et 2 1/2 le 30 juin 1863. — N° du Greffe 1,863.

THIBAULT, Antoine, *commissionnaire en marchandises*, 17, *rue des deux Portes-St-Sauveur*. — Jugement du 28 décembre 1849 qui homologue son concordat — N° du Greffe 393.

THIBAUT, Pierre-Edmond, *fabricant de chapeaux de pailles, rue du Faubourg St-Denis*, 19. — Jugement du 14 mai 1852 homologuant le concordat du 23 avril 1852. — Remise de 80 %. — Les 20 % non remis payables en trois ans, sans intérêts savoir : 7 % le 1er juin 1853, 7 % le 1er juin 1854, et 6 % le 1er juin 1855. — N° du Greffe 10,295.

THIBAUT, Pierre-Edmond, *chapeaux de paille, rue Montmartre*, 125, — Jugement du 6 juin 1862 homologuant le concordat du 15 mai 1862. — Remise de 70 %. — Les 30 % non remis payables en six ans, par sixièmes, du 1er juin. — N° du Greffe 19,466.

THIBERT, Benoit, *à Belleville*. — Jugement du 23 juin 1853 homologuant le concordat du 27 mai 1853. — Remise de 80 %. — Les 20 % non remis payables en quatre ans, par quarts, pour le premier paiement avoir lieu le 1er juin 1854. — N° du Greffe 10,818.

THIBERT fils, *fabricant opticien*, 62, *rue Fontaine-au-Roi*. — Jugement du 20 décembre 1855 homologuant le concordat du 3 décembre 1855. — Remise de 55 %. — Les 45 % non remis payables : 1° au moyen de l'actif abandonné tel qu'il est énoncé au concordat. — 2° au moyen de 9,000 francs payables, chaque année, par le sieur Thibert, jusqu'au complément desdits 45 % pour le 1er paiement avoir lieu le 1er mai 1857. — Mme veuve Marion et Mme Thibert, cautions solidaires des engagements pris par le sieur Thibert fils. — M. Isbert, rue du Faubourg Montmartre. 54, commissaire à l'exécution du concordat. — N° du Greffe 12,292.

THIBOUST et fils, (société BERNIER), *peigneurs de laines, à St-Denis*. — Voir : BERNIER et fils, Charles-Cyprien. — N° du Greffe 11,220.

THIBOUT, Augustin, *fabricant de jouets, rue du Petit-Lion-St-Sauveur*, 22. — Jugement du 10 décembre 1857 homologuant le concordat du 30 novembre 1857. — Obligation par le sieur Thibout de payer à ses créanciers le montant de leurs créances, en six ans, par douxièmes, de six mois en six mois, pour le premier paiement avoir lieu six mois après l'homologation, sans intérêts. — N° du Greffe 14,201.

THIBOUT fils et sœur, société, Rosalie, Pierre et Eugène, *fournitures de pianos, rue de Tracy*, 5. — Jugement du 24 janvier 1861 homologuant le concordat du 3 janvier 1861. — Obligation de payer l'intégralité des créances, en six ans, de l'homologation : 15 % les quatre premières années, et 20 % les deux autres. — N° du Greffe 17,330.

THIÉBAUD, Paul, *commissionnaire de roulage*, 38, *rue St-Paul*. — Jugement du 16 novembre 1858 homologuant le concordat du 3 dudit mois. — Obligation de payer le capital des créances, savoir : 20 % en quatre ans, par quarts, de fin décembre prochain, 80 % en huit ans, par huitièmes, de fin décembre 1863. — N° du Greffe 15,256.

THIÉBAUT, Jean-Joseph, *bonnetier mercier, rue St-Louis-au-Marais*, 14. — Jugement du 25 juin 1857 homologuant le concordat du 15 juin 1857. — Remise de 40 %. — Les 60 % non remis payables, sans intérêts : 22 % dans la quinzaine de l'homologation, 9 % dans un an et deux ans, 10 % dans trois et quatre ans de la même époque. — N° du Greffe 13,770.

THIÉBLIN, Pierre-Alexandre, *vins, à la Villette, rue de Joinville*, 19. Jugement du 25 mars 1859 homologuant le concordat du 5 mars 1859. — Abandon de l'actif énoncé au concordat. — Obligation, en outre, de payer 10 % en quatre ans, par quarts, de l'homologation. — M. Devin, maintenu syndic. — N° du Greffe 15,482.

THIEL, de la société AVICE, *négociant, place des Victoires*, 2. — Voir : AVICE de la société THIEL. — N° du Greffe, 5,262.

THIERRIAT, Jules, *vins, rue de Malte*, 12. — Jugement du 21 mai 1861 homologuant le concordat du 3 mai 1861. — Remise de 80 %. — Les 20 % non remis payables, sans intérêts, en quatre ans, par quarts, du concordat. — N° du Greffe 18,020.

THIERRY, René-André, *scieur à la mécanique, à la Villette, rue de Flandre, et faubourg St-Martin*, 267. — Jugement du 27 juin 1851 homologuant le concordat du 11 juin 1851. — Remise au sieur Thierry de 80 % en principal, intérêts et frais. — Les 20 % non remis payables, sans intérêts, en quatre ans, par quarts, d'année en année, du 11 juin 1851. — N° du Greffe 699.

THIERRY, demoiselle, Louise, *tenant hôtel, rue Taitbout*, 69. — Jugement du 21 décembre 1854 homologuant le concordat du 23 novembre 1854. — Remise de 50 %. — Les 50 % non remis payables : 15 % le 1er décembre 1855 ; 10 % les 1er décembre 1856, 1857 et 1858, et 5 % le 1er décembre 1859. — M. Bertot propriétaire, rue de la Victoire, et Baheyre père, propriétaire à Nuits (Côte-d'Or), commissaires à l'effet de vérifier et surveiller la gestion et l'administration de la demoiselle Thierry. — N° du Greffe 11,799.

THIERS, *nourrisseur, rue des Francs-Bourgeois-St-Marcel*, 7 et 9. — Jugement du 15 juin 1849 qui homologue sous le concordat. — N° du Greffe 281.

THIÈVRE jeune, Jean-Claude-Adolphe, *marchand de vins à Bercy*. Jugement du 17 novembre 1859 homologuant le concordat du 29 octobre 1859. — Remise de 60 %. — Les 40 % non remis payables, en quatre ans, par quarts, du 15 janvier. — N° du Greffe 16,199.

THIL, demoiselle SALONIE, *marchande-foraine, rue Grange-Batelière*, 6. — Jugement du 16 juillet 1861 homologuant le concordat du 6 juin

1861. — Remise de 60 %. — Les 40 % non remis payables, sans intérêts, en quatre ans, par quarts, du concordat. — N° du Greffe 18,033.

THILLIEN, Jules, *marchand de sables, Grande-Rue*, 19, *à Fontenay-aux-Roses*. — Jugement du 9 novembre 1854 homologuant le concordat du 21 octobre 1854. — Remise de 85 %. — Les 15 % non remis payables par quarts, dans six, douze et dix-huit mois du concordat. — N° du Greffe 11,534.

THILLY, Louis-Fidèle-Eugène, *boulanger à Montmartre*. — Jugement du 15 février 1856 homologuant le concordat du 31 janvier 1856. — Remise de 60 %. — Les 40 % non remis payables : 6 % le 1er mars des années 1857, 1858, 1859, 1860 et 1861, et 10 % le 1er mars 1862. — Obligation par le sieur Thilly, dans le cas de vente de son fonds de commerce à un prix stipulé, de payer une indemnité de 20 % le 1er mars 1863. — N° du Greffe 12,735.

THIMOTHÉE, Paul, *nourrisseur, rue de Bercy*, 103. — Jugement du 13 novembre 1853 homologuant le concordat du 2 novembre 1853. — Remise de 52 %. — Les 48 % non remis payables : 6 % les 1er janvier 1857 et 1858, 7 % les 1er janvier 1859, 1860, 1861 et 1862, et 8 % le 1er janvier 1863. — N° du Greffe 12,596.

THINOT, société BLAVIN et THINOT, Laurent-Antoine, *pharmacien, rue St-Martin*, 99. — Voir : BLAVIN et THINOT, Auguste-François. — N° du Greffe 12,098.

THIRION, François-Alexandre, *tailleur, gare d'Ivry*. — Jugement du 14 juin 1854 homologuant le concordat du 22 mai 1854. — Remise de 75 %. — Les 25 % non remis payables : 5 % dans la quinzaine de l'homologation par le sieur Heurtey, syndic. — N° du Greffe 11,370.

THIRY aîné, Pierre, *ex-entrepreneur de travaux publics, rue Joubert*, 5. — Jugement du 6 février 1857 homologuant le concordat du 22 janvier 1857. — Remise de 75 %. — Les 25 % non remis payables, sans intérêts, dans le mois de l'homologation. — N° du Greffe 13,331.

THIVAUT, Pierre, *charpentier, rue Pradier*, 15. — Jugement du 24 mars 1862 homologuant le concordat du 6 mars 1862. — Remise de 80 %. — Les 20 % non remis payables en quatre ans, par quarts, du concordat. — N° du Greffe 19,016.

THIVIER, Jules, *ex-négociant en draperies, rue des Trois-Frères*, 15. — Jugement du 26 mars 1852 homologuant le concordat du 12 mars 1852. — Remise de tous intérêts et frais non admis et de 90 %. — Les 10 % non remis payables en cinq ans, par cinquièmes, d'année en année, pour le premier paiement avoir lieu le 1er avril 1853 et ainsi successivement. — N° du Greffe 9,509.

THOMAS, Jean-Baptiste, *tailleur, rue du Temple*, 192. — Jugement du 27 mai 1859 homologuant le concordat du 11 mai 1859. — Remise de 80 %. — Les 20 % non remis payables en quatre ans, par quarts, d'année en année, du concordat. — N° du Greffe 15,053.

THOMAS, de la société GODAR-LOOS, *négociant, boulevard Poissonnière*, 30. — Voir : GODAR. — N° du Greffe 12,572.

THOMAS, Jules-Jean-Claude, *négociant en vins, limonadier, à Montmartre, rue du Vieux-Chemin*. — Jugement du 20 mars 1861 homologuant le concordat du 7 mars 1861. — Remise de 75 %. — Les 25 % non remis payables en cinq ans, par cinquièmes, du concordat. — N° du Greffe 17,329.

THOMAS, *vins, rue Frémicourt*, 25. — Jugement du 16 octobre 1861 homologuant le concordat du 27 septembre 1861. — Remise de 68 %. — Les 32 % non remis payables : 12 % un mois après l'homologation, 20 % en quatre ans, par quarts. — Le premier paiement un an après l'homologation. — N° du Greffe 18,385.

THOMAS, de la société BERGERAT et THOMAS, Louis-Adolphe, *négociant en couleurs et vernis*, 163 *et* 165, *rue St-Antoine*. — Voir : BERGERAT. — N° du Greffe 13,996.

THOMAS, Jules, *fabricant de bijouteries*, 152, *rue St-Honoré*. — Jugement du 22 juillet 1858 homologuant le concordat du 12 juillet 1858. — Remise de 50 %. — Les 50 % non remis payables en dix ans, par dixièmes, pour le premier paiement avoir lieu le 31 décembre 1858. — N° du Greffe 14,890.

THOMAS, Louis-Alexandre, *limonadier, quai des Ormes*, 26. — Jugement du 11 février 1851 homologuant le concordat du 27 janvier 1851. — Remise de 80 %. — Les 20 % non remis payables, par fractions de 5 %, d'année en année. — Le premier paiement à partir du 11 février 1851. — N° du Greffe 9,059.

THOMAS, Jean-François, *limonadier à Montmartre*. — Jugement du 28 octobre 1857 homologuant le concordat du 13 octobre 1857. — Remise de 80 %. — Les 20 % non remis payables en quatre ans, par quarts, d'année en année, pour le premier paiement avoir lieu le 15 octobre 1858. — En cas de vente du fonds de commerce, affectation du prix au paiement des dividendes. — N° du Greffe 14,145.

THOMAS, François-Gabriel, *doreur, rue de Seine*, 5. — Jugement du 8 juin 1857 homologuant le concordat du 14 mai 1857. — Abandon de l'actif énoncé au concordat. — Obligation de payer aux créanciers 70 % de leurs créances, en sept ans, par septièmes, d'année en année, pour le premier paiement avoir lieu le 1er juillet 1858. — M. Devin, maintenu syndic. — N° de Greffe 13,789.

THOMAS, Claude-François, *vins, chemin de la Procession, à St-Ouen*. — Jugement du 28 mai 1861 homologuant le concordat du 7 mai 1861. — Remise de 60 %. — Les 40 % non remis payables en cinq ans, par cinquièmes, de l'homologation. — N° du Greffe 16,777.

THOMASSIN, Pierre-Victor, *marchand de vins, rue de Sèvres*, 60. — Jugement du 18 juillet 1862 homologuant le concordat du 25 juin 1862. — Abandon de l'actif énoncé au concordat. — M. Hecaen, maintenu syndic. — N° du Greffe 19,721.

THOMIRE et Ce, Antoine-Hippolyte, *fabricant de bronzes, rue de la Chaussée-d'Antin*. — Voir : ALLARE, de la société THOMIRE et ALLARD. — N° du Greffe 10,836.

THOMMERET, Jean, *nourrisseur, rue St-Maur*, 141. — Jugement du 21 septembre 1852 homologuant le concordat du 30 août 1852. — Remise de 70 % en principal, intérêts et frais. — Les 30 % non remis payables en cinq ans, par cinquièmes, le 30 août des années 1853, 1854 et suivantes. — N° du Greffe 10,468.

THOMMERET, Jean-Baptiste, *nourrisseur, rue St-Maur*, 141. — Jugement du 21 janvier 1856 homologuant le concordat du 2 janvier 1856. — Remise de 75 %. — Les 25 % non remis payables, sans intérêts, en cinq ans, par cinquièmes, d'année en année, pour le premier paiement avoir lieu fin décembre 1856. — N° du Greffe 12,760.

THOREL-BOURGEOIS, Adolphe, *marchand de rubans, boulevard Poissonnière*, 5. — Jugement du 1er décembre 1858 homologuant le concordat du 17 novembre 1858. — Remise de 80 %. — Les 20 % non remis payables en quatre ans, par quarts, du 30 novembre. — N° du Greffe 15,132.

THOREL, Gustave-Edouard-Edmond, *décédé libraire, place du Panthéon, rue Soufflot*, 4. — Jugement du 28 novembre 1851 homologuant le concordat du 9 octobre 1851, entre les enfants mineurs du sieur Désiré-Gustave-Edouard Thorel, en son vivant libraire. — Abandon de tout l'actif, marchandises et mobilier, industriel dépendant de la faillite Thorel, à l'exception du mobilier personnel étant rue St-Jacques. — A ce moyen libération des mineurs.

THORIN, Louis, *fabricant de tiges, rue de Grenelle-St-Honoré*, 16. — Jugement du 22 avril 1861 homologuant le concordat du 12 avril 1861. — Remise de 70 %. — Les 30 % non remis payables en cinq ans, par cinquièmes, du 1er mai. — N° du Greffe 17,968.

THOURY, de la société CARRÉ et DEMANET, Jean-Baptiste, *fabricant de bouchons, rue de Grenelle*, 47, *à Grenelle*. — Voir : CARRÉ, société DEMANET. — N° du Greffe 12,541.

THOURY, Jean, *marchand de charbons, rue de Grenelle*, 47, *à Grenelle*. — Jugement du 27 novembre 1855 homologuant le concordat du 14 du dit mois. — Remise de 80 %. — Les 20 % non remis payables en cinq ans, par cinquièmes, du concordat. — N° du Greffe 12,560.

THUBŒUF, *négociant, rue de l'Arbre-Sec*, 48. — Jugement du 25 mars 1859 homologuant le concordat du 2 du dit mois. — Remise de 70 %. — Les 30 % non remis payables : 10 % le 15 octobre 1859, 10 % les 15 avril et 15 octobre 1860. — N° du Greffe 15,411.

THUILLART, Victor, *chaudronnier, à Petit-Bry-sur-Marne*. — Jugement du 20 juin 1862 homologuant le concordat du 10 juin 1862. — Obligation de payer l'intégralité des créances en cinq ans, par cinquièmes, de l'homologation. — N° du Greffe 18,840.

THUILLIEZ, JEAN-BAPTISTE-AUGUSTIN, *marchand boulanger, rue Cadet*, 9. — Jugement du 4 mars 1862 homologuant le concordat du 19 février 1862. — Remise de 75 %. — Les 25 % non remis payables en cinq ans, par cinquièmes, du 1er mars. — N° du Greffe 19,174.

THURET, ADOLPHE-GRÉGOIRE, *ex-épicier, rue de la Ville-Lévêque*, 20. — Jugement du 12 août 1851 homologuant le concordat du 22 juillet 1851. — Remise par les créanciers de tout ce qui peut leur être dû, moyennant : 1° l'abandon à eux de l'actif réalisé aux mains du syndic Portal; 2° obligation par Thuret, de payer 20 % en quatre ans, par quarts, fin juillet des années 1852 et suivantes. — N° du Greffe 9,830.

THURIN, LÉON-CHARLES, *serrurier, rue de la chaussée-d'Antin*, 59. — Jugement du 12 février 1858 homologuant le concordat du 20 janvier 1858. — Remise de 60 %. — Les 40 % non remis payables, sans intérêts, en huit ans, par huitièmes, d'année en année. — Le premier paiement le 1er février 1860. — N° du Greffe 14,319.

THURWANGER frères, JEAN-MARTIN et PIERRE, *lithographes, rue d'Enfer*, 23. — Jugement du 11 juillet 1856 homologuant le concordat du 26 juin 1856. — Remise de 90 %. — Les 10 % non remis payables en deux ans, par moitiés, du jour du concordat. — N° du Greffe 13,098.

TIAFFAY, MAURICE, *fabricant de perles dorées, rue du Temple*, 63. — Jugement du 15 mars 1850 qui homologue son concordat. — N° du Greffe 666.

TIÉNARD, LOUIS-AUGUSTE, *peintre et marchand de papiers peints, chaussée du Maine*, 45. — Jugement du 10 novembre 1862 homologuant le concordat du 20 octobre 1862. — Remise de 60 %. — Les 40 % non remis payables en cinq ans, par cinquièmes, du 1er novembre. — N° du Greffe 70.

TIHY, THÉODORE-LUDOVIC ou HONORÉ, *marchand de perles, rue Bourg-l'Abbé*, 22. — Jugement du 27 novembre 1854 homologuant le concordat du 14 du même mois. — Remise de 60 %. — Les 40 % non remis payables en quatre ans, par quarts, d'année en année. — Le premier paiement le 31 décembre 1855. — N° du Greffe 11,769.

TILMONT, dame société PETIT, STÉPHANIE, *bonneterie, boulevard Montmartre*, 15, *et cité d'Antin*, 8. — Voir : PETIT et femme, née TILMONT. — N° du Greffe....

TIMMERMANS-CARPENTIER, veuve MOUCHEL, ADÈLE-FRANÇOISE-MARIE, *ex-commissionnaire au Mont-de-Piété, rue du Bac*, 62. — Voir : MOUCHEL, veuve TIMMERMANS. — N° du Greffe 10,119.

TIRARD, *limonadier, à Neuilly*. — Jugement du 15 avril 1861 homologuant le concordat du 6 mars 1861. — Remise de 90 %. — Les 10 % non remis payables en six ans, par sixièmes, de l'homologation. — N° du Greffe 17,685.

TISON, HENRI, *charbons, rue du Canal-St-Martin*, 15. — Jugement du 10 août 1857 homologuant le concordat du 29 juillet 1857. — Remise de 75 %. — Les 25 % non remis payables, sans intérêts, en quatre ans, par quarts d'année en année, du concordat. — N° du Greffe 13,952.

TISSIER, société GILLOT, EDME-ACHILLE, *marchand de bois, à Ivry*. — Voir : GILLOT, société. — N° du Greffe 11,812.

TISSIER, JOSEPH, *appareils à gaz, rue des Vieilles-Haudriettes*, 12. — Jugement 5 juillet 1858 homologuant le concordat du 22 juin 1858. — Remise de 85 %. — Les 15 % non remis payables en trois ans, par tiers, de l'homologation. — N° du Greffe 14,798.

TISSOT, SIMILAX, *produits chimiques, à Vaugirard*. — Jugement du 16 mars 1854 homologuant le concordat du 3 du même mois. — Abandon de tout l'actif énoncé au concordat. — N° du Greffe 11,084.

TITEUX, FRANÇOIS, *laitier, rue St-Antoine*, 200. — Jugement du 14 août 1856 homologuant le concordat du 1er du dit mois. — Remise de 90 %. — Les 10 % non remis payables en quatre ans, par quarts, du jour du concordat. — N° du Greffe 13,165.

TIZON, demoiselle, ELISABETH, *modiste, boulevard Montmartre*, 5. — Jugement du 21 juin 1855 homologuant le concordat du 21 avril 1855. — Remise de 70 %. — Les 30 % non remis, payables : 2 % le 21 août 1855, 3 % le 29 novembre suivant, 5 % les 21 mai et 21 novembre 1856 et 1857 ; 5 % le 21 mai 1858. — M. Dussuc, caution du paiement des derniers 15 %. — N° du Greffe 12,127.

TOBANELLI, DOMINIQUE, *commissionnaire en marchandises*, 12, *rue de Provence*. — Jugement du 30 août 1855 homologuant le concordat du 7 du dit mois. — Remise de 75 %. — Les 25 % non remis payables en cinq ans, par cinquièmes. — Le premier paiement le 1er octobre 1856. — N° du Greffe 11,935.

TOLLARD, CHARLES, *vins, à Belleville*. — Jugement du 19 décembre 1854 homologuant le concordat du 5 du dit mois. — Remise de 80 %. — Les 20 % non remis payables en quatre ans, par quarts, du concordat. — N° du Greffe 10,987.

TOLLARD, *vins*, 6, *rue de l'Orillon*. — Jugement du 24 octobre 1849, qui homologue son concordat. — N° du Greffe 628.

TORCHU, GUILLAUME-CHARLES, *tapissier, rue des Tournelles*, 49. — Jugement du 20 novembre 1855 homologuant le concordat du 2 octobre 1855. — Remise de 80 %. — Les 20 % non remis payables en quatre ans, par quarts, d'année en année, pour le premier paiement avoir lieu le 2 octobre 1856. — N° du Greffe 12,474.

TORCY, PIERRE-LUDOVIC, *articles de voyages*, 54, *passage Vivienne*. — Jugement du 25 novembre 1861 homologuant le concordat du 8 novembre 1861. — Remise de 75 %. — Les 25 % non remis payables en cinq ans, par cinquièmes, du concordat. — N° du Greffe 18,595.

TORCY, LOUIS-AMÉDÉE, *entrepreneur de peintures, faubourg St-Martin*, 172. — Jugement du 25 juin 1862 homologuant le concordat du 7 juin 1862. — Remise de 75 %. — Les 25 % non remis payables, sans intérêts, en cinq ans, par cinquièmes, de l'homologation. — N° du Greffe 19,608.

TORDEUX, AUGUSTE, *épicier-limonadier*, 30, *boulevard Rochechouart*. — Jugement du 13 octobre 1862 homologuant le concordat du 25 septembre 1862. — Remise de 70 %. — Les 30 % non remis payables en trois ans, par tiers, du 1er octobre. — N° du Greffe 315.

TORTON-DUBOC, JEAN-BAPTISTE-NAPOLÉON, *vins, à Neuilly*. — Jugement du 9 octobre 1862 homologuant le concordat du 18 septembre 1862. — Remise de 75 %. — Les 25 % non remis payables : 10 % comptant, 5 % fin décembre prochain, 5 % fin décembre 1863, et 5 % fin décembre 1864. — N° du Greffe 19,178.

TOUBEU, PIERRE, *marchand de nouveautés, rue Dupuis-Vendôme*, 9. — Jugement du 21 octobre 1859 homologuant le concordat du 4 octobre 1859. — Remise de 80 %. — Les 20 % non remis payables en quatre ans, par quarts, de l'homologation. — N° du Greffe 16,067.

TONCAS ou **TOUCAS**, dame veuve Hétier, VIRGINIE-VICTOIRE, *marchande de vêtements*, 17, *rue de la Madeleine*. — Voir : veuve Hétier. — N° du Greffe 14,716.

TOUCHET, CASIMIR-VITAL, *limonadier, boulevard Poissonnière*, 149. — Jugement du 9 mai 1851 homologuant le concordat du 28 avril 1851. — Remise des intérêts et frais et de 75 %. — Les 25 % non remis payables en cinq ans, savoir : 5 % dans un an, du 28 avril 1851, et le surplus par huitièmes, de six en six mois. — N° du Greffe 9,729.

TOULAN, PAUL, *tapissier*, 20, *rue du Rocher*. — Jugement du 25 janvier 1860 homologuant le concordat du 13 janvier 1860. — Remise de 50 %. — Les 50 % non remis payables en quatre ans, par quarts, du concordat. — N° du Greffe 15,630.

TOULET, VICTOR, *passementier, rue de la Tombe-Isoire, à Montrouge*. — Jugement du 11 juillet 1851 homologuant le concordat du 25 juin 1851. — Remise de tous intérêts et frais et de 85 % sur le capital. — Les 15 % non remis payables en trois ans, par tiers, du 1er septembre 1850. — N° du Greffe 9,782.

TOULUIR, femme LEVEL, et le sieur LEVEL, MADELEINE-GÉRALDINE, *mercière*, 48, *rue d'Argenteuil*. — Voir : dame LEVEL, ANTOINE. — N° du Greffe 11,192.

TOULZÉ, *négociant*, 52, *rue d'Argenteuil*. — Jugement du 2 février 1855 homologuant le concordat du 18 janvier 1855. — Remise de 85 %. — Les 15 % non remis payables en trois ans, par tiers, du concordat. — N° du Greffe 11,864.

TOURET, ADÈLE, femme FOLLIOT, ADOLPHE-FRÉDÉRIC, *fleuriste*, 7, *cité Trévise*. — Voir : FOLLIOT, dame, ADOLPHE-FRÉDÉRIC. — N° du Greffe 10,531.

TOURNANT, *épicier, rue St-Honoré*, 340. — Jugement du 7 septembre 1849 qui homologue son concordat. — N° du Greffe 647.

TOURNIÉ, Philippe-Jacques, *peintre en bâtiments, rue de Sèvres*, 97, *à Vaugirard*. — Jugement du 16 novembre 1860 homologuant le concordat du 24 octobre 1860. — Remise de 75 %. — Les 25 % non remis payables en cinq ans, par cinquièmes, de l'homologation. — N° du Greffe 17,278.

TOUSSAINT, Lucien, *fabricant de blanc, boulevard Bonne-Nouvelle*, 35. — Jugement du 1er septembre 1859 homologuant le concordat du 22 juillet 1859. — Remise de 75 %. — Les 25 % non remis payables, sans intérêts : 5 % dans un an, de l'homologation, et 10 % un et deux ans après. — N° du Greffe 15,780.

TOUSSAINT, *marchand de bois, à Bercy*. — Jugement du 17 septembre 1849 qui homologue son concordat. — N° du Greffe 513.

TOUSSAINT, *libraire, rue des Grès-Sorbonne*, 7. — Jugement du 28 mai 1849 qui homologue son concordat. — N° du Greffe 342.

TOUVENEL, Nicolas, *tapissier, rue de Provence*, 7. — Jugement du 4 octobre 1855 homologuant le concordat du 7 septembre 1855. — Remise de 80 %. — Les 20 % non remis payables, sans intérêts, en quatre ans, par quarts, d'année en année, pour le premier paiement, avoir lieu le 31 août 1856. — N° du Greffe 13,334.

TOUZEB, François-Félix, *entrepreneur de transports par eau, à la Villette*. — Jugement du 9 septembre 1852 homologuant le concordat du 23 août 1852. — Remise de tous intérêts et frais, et de 85 % sur le capital. — Les 15 % non remis payables, savoir : 3 % le 30 septembre 1853, et les 12 % restant en trois ans, par tiers, à partir du premier paiement. — N° du Greffe 10,403.

TRAGIN, Louis-Pierre-Doucerin, *bijoutier en doré, rue Fontaine-au-Roi*, 28. — Jugement du 6 octobre 1862 homologuant le concordat du 30 août 1862. — Remise de 50 %. — Les 50 % non remis payables en cinq ans, par cinquièmes, de l'homologation. — N° du Greffe 160.

TRANSON, Joseph, *marbrier, à Montmartre, barrière Clichy*, 48. — Jugement du 22 juillet 1857 homologuant le concordat du 25 juin 1857. — Remise de 70 %. — Les 30 % non remis payables en quatre ans, par quarts, d'année en année, du jour du concordat. — N° du Greffe 13,861.

TRAPPEN (van), société BLAIS, *passementier, rue du Bouloi*, 10. — Voir : BLAIS, société BLAIS et van TRAPPEN. — N° du Greffe 15,865.

TRAXLER sœurs (société), Néomie et Léontine, *négociantes en dentelle, rue Montmartre*, 159. — Jugement du 18 avril 1861 homologuant le concordat du 5 avril 1861. — Remise de 70 %. — Les 30 % non remis payables : 4 % fin mars 1862, 5 % fin mars 1863 et 1864, 6 % fin mars 1865, et 5 % fin mars 1866 et 1867. — N° du Greffe 17,844.

TREBITSCH, Jean, *pipes, rue Saint-Martin*, 349. — Jugement du 18 septembre 1860 homologuant le concordat du 3 septembre 1860. — Remise de 70 %. — Les 30 % non remis payables en quatre ans, par quarts, du 15 septembre. — N° du Greffe 17,093.

TREILLARD, Jean, *apprêteur, rue Lafayette*, 137. — Jugement du 20 mars 1856 homologuant le concordat du 4 mars 1856. — Remise de 60 %. — Les 40 % non remis payables, sans intérêts, en six ans, par sixièmes, d'année en année, du jour de l'homologation. — N° du Greffe 12,827.

TREILLARD, Jean, *apprêteur sur étoffes, rue Lafayette*, 155. — Jugement du 26 mars 1858 homologuant le concordat du 1er mars 1858. — Abandon de l'actif énoncé au concordat. — Obligation, en outre, de payer 5 %, sans intérêts, sur le montant des créances, en trois ans, par moitiés, de l'homologation. — M. Pascal, maintenu syndic, pour faire la liquidation de l'actif abandonné. — N° du Greffe 14,180.

TREMBLAIS, Jules, *charcutier, rue Sainte-Marguerite-Saint-Germain*, 28. — Jugement du 30 décembre 1852 homologuant le concordat du 16 du même mois. — Abandon du prix provenant de la vente de son fonds de commerce. — M. Parcat, place de la Bourse, 4, commissaire à l'exécution. — N° du Greffe 7,768.

TREMBLAY, Louis-Marie, *ex-limonadier, quai d'Orsay*, 79. — Jugement du 14 mars 1855 homologuant le concordat du 26 février 1855. — Remise de 85 %. — Les 15 % non remis payables, sans intérêts, en trois ans, par tiers. — Le premier paiement le 1er mars 1856. — N° du Greffe 11,999.

TREMBLEZ, Auguste, *bimbelotier, cour des Fontaines*, 6. — Jugement du 8 novembre 1858 homologuant le concordat du 21 octobre 1858. — Remise de 80 %. — Les 20 % non remis payables, sans intérêts, en quatre ans, par quarts. — Le premier paiement un an après l'homologation. — N° du Greffe 15,014.

TREMMEL, Pierre, *tailleur, rue Vivienne*, 7. — Jugement du 12 novembre 1856 homologuant le concordat du 29 octobre 1856. — Remise des intérêts et frais non admis et de 75 %. — Les 25 % non remis payables, sans intérêts, en cinq ans, par cinquièmes. — Le premier paiement le 1er novembre 1857. — N° du Greffe 13,299.

TREMMEL, *tailleur, rue Vivienne*, 7. — Jugement du 30 octobre 1849 qui homologue son concordat.

TREMPÉ, Jules, *charcuterie, rue de Clichy*, 65. — Jugement du 9 novembre 1858 homologuant le concordat du 21 octobre 1858. — Le sieur Trempé s'oblige à payer à ses créanciers le montant de leurs créances, en un seul paiement, dans le délai de cinq ans. — Obligation, en outre, de leur payer, à titre d'intérêts, 22 % en cinq ans, par cinquièmes, de 3, 4 et 5 %. — N° du Greffe 14,972.

TREMPU, Pierre-Auguste, *plombier, rue Neuve-Saint-Eustache*, 27. — Jugement du 11 juin 1861 homologuant le concordat du 27 mai 1861. — Obligation de payer l'intégralité des créances en dix ans, à raison de 5 %, de six mois en six mois, à partir du 27 novembre. — N° du Greffe 18,024.

TREMPU, Prosper, *restaurateur, quai de la Tournelle et rue de l'École-de-Médecine*, 4. — Jugement du 24 octobre 1855 homologuant le concordat du 3 du dit mois. — Abandon de l'actif réalisé ou à réaliser. — Obligation de payer 20 % en quatre ans, par quarts. — Le premier paiement dans un an du concordat. — N° du Greffe 11,210.

TRENET, Eugène-Jean-Marie, *vins et spiritueux, à Batignolles*. — Jugement du 19 mai 1859 homologuant le concordat du 4 mai 1859. — Remise de 50 %. — Les 50 % non remis payables en cinq ans, par cinquièmes, de l'homologation. — N° du Greffe 15,709.

TRÉVIGNY, de, femme DELMAS, Céline-Irma-Héloïse, *hôtel garni, rue Saint-Dominique*, 3. — Voir : DELMAS-TRÉVIGNY. — N° du Greffe 10,386.

TREZÈRES, Jean-Pierre, *corsets, rue du Petit-Carreau*, 14. — Jugement du 25 mars 1856 homologuant le concordat du 5 mars 1856. — Remise de 60 %. — Les 40 % non remis payables : 5 % dans six mois de l'homologation, 5 % dans un an, 15 % dans deux ans et 15 % dans trois ans. — N° du Greffe 12,777.

TRIBELHORN, *tailleur, rue Marivaux*, 3. — Jugement du 11 juin 1849 qui homologue le concordat.

TRIBET, *entrepreneur de lavoirs publics, rue de la Roquette*, 91. — Jugement du 10 mars 1862 homologuant le concordat du 17 janvier 1862. — Abandon de l'actif énoncé au concordat. — Obligation, en outre, de payer : 5 % : 2 1/2 % le 1er février 1863 et 2 1/2 % le 1er février 1864. — M. Hecaen, maintenu syndic. — N° du Greffe 18,752.

TRIBOUT, Isidore, *papetier, rue Saint-Honoré*, 152. — Jugement du 29 août 1862 homologuant le concordat du 9 août 1862. — Remise de 75 %. — Les 25 % non remis payables en cinq ans, par cinquièmes, de l'homologation. — N° du Greffe 21.

TRICARD Pierre-Baptiste, *serrurier, rue Chaptal*, 22. — Jugement du 15 octobre 1858 homologuant le concordat du 1er octobre 1858. — Remise de 70 %. — Les 30 % non remis payables en cinq ans, par cinquièmes, du 1er janvier prochain. — Mme Tricard, caution du paiement du premier dividende. — N° du Greffe 14,738.

TRICOTEL, Honoré-Théophile, *ex-limonadier, rue Neuve-St-Nicolas*, 24. — Jugement du 17 mai 1853 homologuant le concordat du 2 du même mois — Abandon de tout l'actif réalisé. — Obligation, en outre, de payer 15 % en quatre ans, savoir : 5 % fin octobre 1854 et 1855, 2 1/2 % fin octobre de chacune des deux années suivantes. — Mme Tricotel, caution solidaire. — N° du Greffe 9,399.

TRIDON, Joseph, *vins, allées des Veuves*, 68. — Jugement du 26 novembre 1850 homologuant le concordat du 14 novembre 1850. — Remise de tous intérêts et frais non admis et de 85 %. — Les 15 % non remis payables en quatre paiements égaux, d'année en année, sans intérêts, les 15 décembre 1851, 1852 et suivants. — N° du Greffe 9,523.

TRIDOT, JEAN, *marchand de vins*, *rue Bichat*, 10. — Jugement du 2 décembre 1862 homologuant le concordat du 10 novembre 1862. — Remise de 80 %. — Les 20 % non remis payables en quatre ans, par quarts, de l'homologation. — N° du Greffe 208.

TRIER père, MODESTE, *peintre*, *rue du Temple*, 187. — Jugement du 16 novembre 1860 homologuant le concordat du 5 novembre 1860. — Remise de 80 %. — Les 20 % non remis payables en cinq ans, par cinquièmes, de l'homologation. — N° du Greffe 17,429.

TRINQUET ou **TRINQUET**, PHILIBERT, *jardinier-maraîcher*, *rue des Deux-Moulins*, 2. — Jugement du 5 octobre 1857 homologuant le concordat du 23 septembre 1857. — Remise de 60 %. — Les 40 % non remis payables en cinq ans, par cinquièmes, d'année en année, du jour du concordat. — N° du Greffe 14,025.

TRIPET, LOUIS-MARIE, *traiteur*, *rue Guérin-Boisseau*, 9, *et rue Charlot*, 3. — Jugement du 30 avril 1855, qui homologue le concordat du 10 avril 1851 et affranchit. — Remise de tous intérêts et frais, et de 75 %. — Les 25 % non remis payables en trois ans, par tiers, dans un, deux et trois ans, du 10 avril 1851. — N° du Greffe 182.

TRIPIER, PHILIPPE, *tapissier*, *rue de Condé*, 3. — Jugement du 22 mars 1859 homologuant le concordat du 9 mars 1859. — Remise de 60 %. — Les 40 % non remis payables en cinq ans, par cinquièmes, de l'homologation. — N° du Greffe 15,441.

TROISMAISON, *serrurier*, *à Asnières*. — Jugement du 12 janvier 1854 homologuant le concordat du 13 décembre 1853. — Remise de 80 %. — Les 20 % non remis payables en quatre ans, par quarts, du concordat — N° du Greffe 8,676.

TRONCHE, PIERRE, *marchand cordier*, *à Saint-Denis*. — Jugement du 2 septembre 1851 homologuant le concordat du 30 juillet 1851. — Remise de 80 % en capital, intérêts et frais. — Les 20 % non remis payables en quatre ans, par quarts, du 1er janvier 1853, 1854, 1855 et 1856. — N° du Greffe 9,629.

TRONCHON, de la société AUBÉ, TRONCHON et Cie, PHILADELPHE-CHARLEMAGNE, *marchand de fers et gérant de la société*, *rue du Faubourg-Poissonnière*, 108. — Voir : AUBÉ, TRONCHON et Cie. — N° du Greffe 12,020.

TROPÉ, ALEXANDRE-AUGUSTE, *entrepreneur de menuiserie*, *rue St-Denis*, 374. — Jugement du 21 juin 1854 homologuant le concordat du 28 avril 1854. — Remise de 25 %. — Les 75 % non remis payables : 1° au moyen des sommes à provenir d'une créance énoncée au concordat; 2° et la différence par fractions de 5 % en cinq ans. — Le premier paiement le 1er mai 1855. — Affectation hypothécaire d'une maison appartenant au failli. — N° du Greffe 11,340.

TROPEY, de la maison PITARD et TROPEY, PIERRE, personnellement, *ex-négociant*, *cour Batave*, 18, *actuellement rue Neuve-Ste-Catherine*. — Jugement du 21 mai 1851 homologuant le concordat du 6 mai 1851. — Obligation par le sieur Tropey de payer à ses créanciers : 6 % dans le délai de trois ans, par tiers, d'année en année, pour le premier paiement avoir lieu le 21 mai 1852. — Réserve de tous les droits des créanciers contre l'union Pitard et Tropey. — N° du Greffe 9,467.

TROTOBAS, CASIMIR-HILARION, *marchand de bouchons*, *rue des Saints-Pères*, 14. — Jugement du 14 novembre 1859 homologuant le concordat du 8 novembre 1859. — Remise de 75 %. — Les 25 % non remis payables en cinq ans, par cinquièmes, de l'homologation. — N° du Greffe, 15,959.

TROUET, ALPHONSE, *négociant en sellerie*, *rue St-Louis-au-Marais*, 83. — Jugement du 17 octobre 1854 homologuant le concordat du 26 septembre 1854. — Remise de 55 %. — Les 45 % non remis payables : 10 % dans six mois, 10 % dans un an, 10 % dans deux ans, 5 % dans trois ans, et 10 % dans quatre ans, du concordat. — N° du Greffe 11,430.

TROUILLET, PIERRE, *constructeur-mécanicien*, *rue Bichat*, 10. — Jugement du 29 mai 1861 homologuant le concordat du 17 mai 1861. — Obligation de payer l'intégralité des créances en dix ans, par dixièmes, du 1er mai. — N° du Greffe 18,064.

TROUVÉ, FRANÇOIS-ISIDORE, *libraire-éditeur*, *rue du Croissant*, 10. — Jugement du 24 avril 1862 homologuant le concordat du 14 avril 1862. — Remise de 70 %. — Les 30 % non remis payables en quatre ans, par quarts, du 1er avril. — N° du Greffe 19,296.

TROUVÉ, FRANÇOIS-ISIDORE, *libraire*, *rue Notre-Dame-des-Victoires*, 16. — Jugement du 14 avril 1853 homologuant le concordat du 28 mars 1853. — Remise de 90 % sur le montant des créances, en principal, intérêts et frais. — Les 10 % non remis payables : 5 % le 1er juin 1854 et 5 % un an après, sans intérêts. — N° du Greffe 10,578.

TROUVIN, LOUIS, *peintre*, *rue d'Argenteuil*, 33. — Jugement du 21 novembre 1854 homologuant le concordat du 7 décembre 1854. — Remise de 75 %. — Les 25 % non remis payables en cinq ans, par cinquièmes, d'année en année, pour le premier paiement avoir lieu le 31 janvier 1856. — N° du Greffe 11,937.

TRUCHARD, *marchand-liquoriste*, *rue Bourbon-Villeneuve*, 48. — Jugement du 15 avril 1862 homologuant le concordat du 29 mars 1862. — Remise de 55 %. — Les 45 % non remis payables, sans intérêts, en six ans, par sixièmes, de l'homologation. — N° du Greffe 19,430.

TRUCHY, ERNEST-OCTAVE-JEAN-BAPTISTE, *marchand de confections mercier*, *à Batignolles*. — Jugement du 23 novembre 1857 homologuant le concordat du 7 novembre 1857. — Remise de 75 %. — Les 25 % non remis payables en cinq ans, par cinquièmes, d'année en année, du jour de l'homologation. — N° du Greffe 14,052.

TUGOT, GERMAIN-PAUL, *ancien commissionnaire de roulage*, *rue Bailleul*, 11. — Jugement du 14 juillet 1858 homologuant le concordat du 29 juin 1858. — Remise de 94 %. — Les 6 % non remis payables, sans intérêts : 1 % les 1er juin 1859, 1860, 1861 et 1862, et 2 % le 1er juin 1863. — N° du Greffe 14,764.

TUNGNAUD, CLÉMENT-ALEXANDRE, *négociant en nouveautés*, *faubourg St-Martin*, 233. — Jugement du 31 août 1857 homologuant le concordat du 1er août 1857. — Obligation de payer à ses créanciers l'intégralité de leurs créances, savoir : 10 % le lendemain de l'homologation, 40 %, par cinquièmes, d'année en année, pour le premier paiement avoir lieu un an après l'homologation, et 50 % dans l'année qui suivra le décès de son père. — N° du Greffe 13,894.

TUPPIN, CHARLES-FRANÇOIS, *laitier*, *rue de Paris*, 160, *à Belleville*. — Jugement du 7 novembre 1854 homologuant le concordat du 20 octobre 1854. — Remise de 80 %. — Les 20 % non remis payables en quatre ans, par quarts. — Le premier paiement le 5 novembre 1855. — N° du Greffe 11,749.

TURBÉ, FRANÇOIS, *chaussures*, *rue Montmartre*, 176. — Jugement du 13 novembre 1861 homologuant le concordat du 24 octobre 1861. — Remise de 70 %. — Les 30 % non remis payables en cinq ans, par cinquièmes, de l'homologation. — N° du Greffe 18,612.

TURBOUT, ARSÈNE, *voiturier gravatier*, *à la Villette*. — Jugement du 17 février 1858 homologuant le concordat du 6 février 1858. — Remise de 60 %. — Les 40 % non remis payables : 10 % dans la quinzaine de l'homologation, et 30 % en cinq ans, par cinquièmes, pour le premier paiement avoir lieu le 1er mars 1859. — N° du Greffe 14,303.

TURCAS, dit NICOLAS-FÉLIX-JEAN-CHRISOSTOME, *vins*, *rue Poissonnière*, 46. — Jugement du 8 avril 1856 homologuant le concordat du 27 mars 1856. — Obligation par le sieur Turcas, de payer à ses créanciers le montant de leurs créances en capital, intérêts et frais, en six ans, par sixièmes, d'année en année, pour le premier paiement avoir lieu le 1er avril 1857. — N° du Greffe 12,745.

TURGARD, ANTOINE-AUGUSTE, *menuisier*, 53, *rue Grange-aux-Belles*. — Jugement du 30 août 1850 homologuant le concordat du 1er août 1850. — Remise au sieur Turgard, par ses créanciers, de 88 % du montant de leurs créances, moyennant : 1° l'abandon par lui, fait de toutes les sommes à lui dues par l'État et le chemin de Strasbourg, toutefois, après paiement des délégations consenties sur ces sommes, 2° le paiement, par le sieur Turgard, de 12 % en quatre paiements de 3 % chacun exigibles, les 1er septembre 1852, 1853, 1854 et 1855. — Nomination du sieur Huet, à l'effet de, avec le sieur Turgard, réaliser l'actif abandonné et le répartir. — N° du Greffe 9,465.

TURLIN, JEAN, *fabricant d'émaux*, *à Belleville*. — Jugement du 10 juin 1859 homologuant le concordat du 27 mai 1859. — Remise de 75 %. — Les 25 % non remis payables en cinq ans, par cinquièmes, du 1er juillet. — N° du Greffe 15,715.

TURLIN, JEAN, *fabricant d'émaux rue de la Mare*, *à Belleville* 30. — Jugement du 27 mars 1862 homologuant le concordat du 11 mars 1862. —

— Remise de 75 %. — Les 25 % non remis payables en quatre ans, de l'homologation, savoir : 6 % dans un, deux et trois ans, 7 % dans quatre ans. — N° du Greffe 18,841.

TUSSAC, Isidore, *marchand à la toilette, rue Notre-Dame-des-Victoires*, 23. —Jugement du 3 mars 1862 homologuant le concordat du 11 février 1862. — Remise de 75 %. — Les 25 % non remis payables, sans intérêts, en cinq ans, par cinquièmes, du concordat. — N° du Greffe 19,119.

TUVACHE, Louis, *épicier, à St-Maurice*.— Jugement du 21 mars 1854 homologuant le concordat du 27 février 1854. — Remise de 80 %. —Les 20 % non remis payables par cinquièmes, d'année en année, du jour du concordat. — N° du Greffe 11,070.

U

UBELÉ, *tailleur, rue Fontaine-Molière*, 2. — Jugement du 13 juillet 1860 homologuant le concordat du 22 juin 1860. — Remise de 84 % — Les 16 % non remis payables, sans intérêts, en quatre ans, par quarts, du concordat. — N° du Greffe 16,949.

ULRICH, Louis, *maroquinier, rue du Fer-à-Moulin*, 22. — Jugement du 6 mai 1859 homologuant le concordat du 11 avril 1859. — Abandon de l'actif énoncé au concordat. — M. Isbert, maintenu syndic. — N° du Greffe 15,564.

URGUET de St-Ouen, *négociant commissionnaire en vins, rue Keller*, 17. — Jugement du 20 août 1862 homologuant le concordat du 13 juin 1862. — Remise de 80 %. — Les 20 % non remis payables en cinq ans, par cinquièmes, du 1er juillet. — N° du Greffe 17,663.

V

VAAST, Joseph-Edouard, *fabricant de cadres, boulevard Beaumarchais*, 28. — Jugement du 25 octobre 1854 homologuant le concordat du 9 octobre 1854. — Remise de 80 %. — Les 20 % non remis payables en cinq ans, par cinquièmes, d'année en année, à partir du jour du concordat. — N° du Greffe 11,083.

VACHER, *ex-limonadier, rue Lafayette*, 98. — Jugement du 26 septembre 1862 homologuant le concordat du 13 septembre 1862. — Remise de 70 %. — Les 30 % non remis payables : 5 % le 15 septembre 1863, 10 % le 15 septembre 1864, et 15 % le 15 septembre 1865, sans intérêts. — N° du Greffe 187.

VACHEY, Jacques, *épicier à Courbevoie, rue St-Pierre*, 2. — Jugement du 25 juillet 1861 homologuant le concordat du 4 juillet 1861. — Remise de 70 %. — Les 30 % non remis payables en quatre ans, par quarts, du 1er juillet 1861. — N° du Greffe 18,047.

VAILLANT, Jacques, *ex-menuisier, rue des Messageries*, 2. — Jugement du 6 juin 1853 homologuant le concordat du 21 mai 1853. — Remise de 85 %. — Les 15 % non remis payables en cinq ans, par cinquièmes, pour le premier dividende être payé le 1er juin 1854. — N° du Greffe 7,607.

VAILLANT dame, ayant fait le commerce sous le nom de dame Blondel, *limonadière, rue d'Orléans*, 113, *à Paris, Batignolles*. — Jugement du 5 mars 1862 homologuant le concordat du 24 décembre 1861. — Remise de 80 %. — Les 20 % non remis payables en cinq ans, par cinquièmes, du 1er janvier. — N° du Greffe 18,556.

VAILLANT, Pierre-François, *porcelaine, rue des Moineaux*, 17, *et rue de Rivoli*, 150. — Jugement du 18 septembre 1862 homologuant le concordat du 29 août 1862. — Remise de 80 %. — Les 20 % non remis payables : 5 % dans la huitaine de la reddition de compte, et 15 % en quatre paiements, de six en six mois, du 1er août. — N° du Greffe 19,811.

VAINCQUE Antoine-Eugène, *épicier, rue St-Honoré*, 82. — Jugement du 12 mai 1851 homologuant le concordat du 28 avril 1851. — Remise de tous intérêts et de 80 %. — Les 20 % non remis payables sans la garantie de la dame Vaincque, qui s'y oblige solidairement avec son mari, en quatre ans, par quarts, fin avril des années 1852, 1853, 1854 et 1855. — N° du Greffe, 9,759.

VALDEMARE-DEBAC et Cie, (de Samow), Alexis, *gérant, rue de Seine*, 12. — Voir : DEBACQ. — N° du Greffe 13,338.

VALDER, Claude-François, *loueur de voitures, rue de l'Université*, 116. Jugement du 5 mai 1856 homologuant le concordat du 17 avril 1856. — Remise de 75 %. — Les 25 % non remis payables en quatre ans, par quarts, d'année en année, du jour du concordat. — N° du Greffe 12,865.

VALLEILLE, Adolphe-Pierre, *ex-ébéniste, faubourg St-Antoine*, 130. — Jugement du 21 mars 1862 homologuant le concordat du 5 mars 1862. — Remise de 80 %. — Les 20 % non remis payables en quatre ans, par quarts, de l'homologation. — Madame Valeille, caution. — N° du Greffe 18,897.

VALENTIN, Joseph, *loueur de voitures, à Montmartre*, 4, *au Poteau, impasse Robert*, 14. — Jugement du 25 mai 1859 homologuant le concordat du 16 mai 1859. — Remise de 60 %. — Les 40 % non remis payables en cinq ans : 8 % dans un an de l'homologation et le surplus par quarts, d'année en année. — N° du Greffe 1,552.

VALKENHUZEN et Cie, *commissions*, 8, *rue d'Enghein et rue Chaussée d'Antin*, 8. — Jugement du 6 octobre 1858 homologuant le concordat du 21 septembre 1858. — Remise de 80 %. — Les 20 % non remis payables : 10 % avant l'homologation et 10 % trois mois après l'homologation. — N° du Greffe 14,736.

VALLADE, Napoléon-Louis, *entrepreneur de lavoirs, rue de Montreuil*, 115. — Jugement du 9 octobre 1851 homologuant le concordat du 4 avril 1851. — Remise de tous intérêts et frais et de 55 % sur le capital. — Les 45 % non remis payables en vingt paiements, les dix premiers de 2 % et les dix derniers de 2 1/2 %, qui devront avoir lieu les 10 août, novembre février et mai de chaque année, pour le premier paiement avoir lieu le 10 août 1851. — Abandon par le sieur Vallade à ses créanciers pour assurer l'exécution de ses engagements, de parts dans les bénéfices de lavoir et coulerie, engagements pris par le sieur Vallade, envers ses créanciers, au cas d'insuffisance de ces bénéfices ou de vente des exploitations indiquées au concordat. — Le sieur Addes, commissaire avec pouvoirs définis au concordat. — N° du Greffe 9,650.

VALLADON, François-Léon, *entrepreneur de maçonnerie, boulevard du Prince-Eugène, cité Guénot*, 8. — Jugement du 21 novembre 1862 homologuant le concordat du 5 novembre 1862. — Remise de 70 %. — Les 30 % non remis payables, sans intérêts, en cinq ans, par cinquièmes du concordat. — N° du Greffe 19,900.

VALLANCIENNE, Émile-Louis, *carton-pierre, rue Bellefond*, 19. — Jugement du 4 mai 1859 homologuant le concordat du 20 avril 1859. — Remise de 60 %. — Les 40 % non remis payables en sept ans, par septièmes, de l'homologation. — N° du Greffe 15,707.

VALLAS, Claude, *fabricant de coiffes à casquettes, rue du Temple*, 41. — Jugement du 26 mai 1858 homologuant le concordat du 11 mai 1858. — Remise de 60 %. — Les 40 % non remis payables, par dixièmes, de six mois en six mois, pour le premier paiement avoir lieu le 30 novembre 1858. — N° du Greffe 14,640.

VALLÉE, Jean-Théodore, *peintre en décors, rue du Grand-Chantier*, 7. Jugement du 11 août 1857 homologuant le concordat du 1er avril 1857. — Remise de 50 %. — Les 50 % non remis payables en cinq ans, par cinquièmes, du concordat. — N° du Greffe 13,634.

VALLÉE veuve, *ancienne marchande de nouveautés, à Ris (Seine-et-Oise), et actuellement à Arcueil*. — Jugement du 18 juin 1855 homologuant le concordat du 24 mai 1855. — Abandon par la dame veuve Vallée à ses créanciers, de l'actif réalisé et à réaliser. — Obligation, en outre, de leur payer 5 % sur le montant de leurs créances, en deux ans, par moitiés, à partir du jour du concordat. — Au moyen de ce qui précède, libération de la dame veuve Vallée. — M. Isbert, commissaire à l'exécution du concordat. — N° du Greffe 11,338.

VALLET, *boulanger, rue Saint-Victor*, 96. — Jugement du 15 février 1859 homologuant le concordat du 2 février 1859. — Abandon de l'actif énoncé au concordat. — A ce moyen libération du sieur Vallet. — M. Decagny, maintenu syndic. — N° du Greffe 15,185.

VALLET et **ÉLOY**, *commissionnaires en marchandises, rue St-Antoine*, 110 *bis*. — Jugement du 16 avril 1860 homologuant le concordat du 20 mars 1860. — Remise au sieur Vallet de 90 %. — Les 10 % non remis payables en dix ans, par dixièmes, de l'homologation. — N° du Greffe 16,478.

VALLET, Henry-Louis, *fabricant de briques, à Suresnes.* — Jugement du 24 novembre 1859 homologuant le concordat du 10 novembre 1859. — Obligation de payer l'intégralité des créances en dix ans, par dixièmes, du 1er janvier, sans intérêts. — N° du Greffe 16,299.

VALLON, Pierre, *brocanteur, passage St-Louis-du-Temple*, 12. — Jugement du 28 janvier 1861 homologuant le concordat du 12 janvier 1861. — Remise de 80 %. — Le 20 % non remis payables en quatre ans, par quarts, de l'homologation. — N° du Greffe 17,292.

VALOBRA, Prosper, *marchand d'horlogerie, boulevard St-Martin*, 55. — Jugement du 16 février 1860 homologuant le concordat du 27 janvier 1860. — Remise de 80 %. — Les 20 % non remis payables en quatre ans, par quarts, du concordat. — N° du Greffe 16,486.

VALOIS et **CLOVIS** (société), Urbain-Polycarpe-Théophile et Clovis Valois, *tailleurs, rue du Bac*, 130. — Jugement du 12 mai 1857 homologuant le concordat du 16 avril 1857. — Remise de 80 %. — Les 20 % non remis payables en quatre ans, par quarts. — Le premier paiement le 10 avril 1858. — N° du Greffe 13,502.

VALOO, Emile-Jean, *serrurier, à Neuilly, rue du Pont*, 17. — Jugement du 10 novembre 1856 homologuant le concordat du 24 octobre 1856. — Remise de 60 %. — Les 40 % non remis payables, sans intérêts, en cinq ans, par cinquièmes, d'année en année, du jour de l'homologation. — N° du Greffe 13,230.

VANAULD, Édouard, *capitaine au long-cour, ayant fait le commerce d'importation et d'exportation, rue de Grenelle-Saint-Honoré*, 19. — Jugement du 5 juillet 1858 homologuant le concordat du 17 juin 1858. — Remise de 50 %. — Les 50 % non remis payables : 20 % le 1er juillet 1863 et 30 % le 1er juillet 1868. — N° du Greffe 14,714.

VAN-BEVER, Constant, *négociant-commissionnaire, rue des Petites-Écuries*, 12. — Jugement du 17 août 1858 homologuant le concordat du 2 août 1858. — Remise de 70 %. — Les 30 % non remis payables en cinq ans, par cinquièmes, pour le premier paiement avoir lieu fin février 1859. — N° du Greffe 14,741.

VANBONN et **RIQUET**, Jules-Louis-Félix, personnellement, *négociants-commissionnaires, rue d'Aval*, 21. — Jugement du 10 août 1855 homologuant le concordat du 28 juin 1855. — Remise au sieur Vanbonn, par les créanciers de la société, de 85 % sur le montant de leurs créances. — Les 15 % non remis payables en cinq ans, par cinquièmes, d'année en année, pour le premier paiement avoir lieu fin juin 1856. — N° du Greffe 11,756.

VANDAËLE, Henri-Louis, *marchand de bières, à la Chapelle-St-Denis, rue Fleury*, 2. — Jugement du 14 avril 1857 homologuant le concordat du 26 mars 1857. — Remise de 80 %. — Les 20 % non remis payables en deux ans, par quarts, de six en six mois, du concordat. — Mme Vandaële, caution des dividendes. — N° du Greffe 13,679.

VAN de BOSCH, de la société HURST et VAN de BOSCH, *négociant, rue du Château-d'Eau*, 61. — Voir : HURST. — N° du Greffe 13,650.

VANDENBROUCKE, Antoine, *ébéniste, rue St-Maure-Popincourt*, 89. — Jugement du 27 juin 1861 homologuant le concordat du 13 juin 1861. — Remise de 90 %. — Les 10 % non remis payables en cinq ans, par cinquièmes, de l'homologation. — N° du Greffe 18,094.

VANDEN EERTWERH, *modes, rue St-Honoré*, 361. — Jugement du 27 mai 1857 homologuant le concordat. — Remise de 75 %. — Les 25 % non remis payables en cinq ans, par cinquièmes. — Le premier paiement 1er juin 1858. — N° du Greffe 13,719.

VANDERHEYM, Adolphe, *bijoutier, rue Notre-Dame-de-Nazareth*, 6. — Jugement du 10 octobre 1860 homologuant le concordat du 27 septembre 1860. — Remise de 75 %. — Les 25 % non remis payables en cinq ans, par cinquièmes, du concordat. — N° du Greffe 17,311.

VANELLE, *négociant, à la Chapelle-St-Denis, Grande-Rue*, 38. — Jugement du 10 janvier 1855 homologuant le concordat du 13 décembre 1854. — Remise de 60 %. — Les 40 % non remis payables en cinq ans, par cinquièmes, d'année en année, pour le premier paiement avoir lieu le 1er février 1856. — N° du Greffe 11,759.

VANGENBERG-HAVET et Cie, *faubourg St-Martin*, 39. — Jugement du 17 février 1853 homologuant le concordat du 3 du même mois. — Abandon par les sieurs Havet et Vangenberg de tout l'actif de la société. — Obligation en outre par Havet et Vangenberg de payer, sans solidarité, 15 % des créances en principal et accessoires au jour de la faillite, et ce, en cinq ans, par cinquièmes, d'année en année. — Le premier paiement le 1er février 1854. — N° du Greffe 10,405.

VAN GILS et **WETZELS**, société, Édouard, *exploitation de pianos, rue du Bac*, 63. — Jugement du 20 avril 1860 homologuant le concordat du 17 mars 1860. — Abandon pour le sieur Van Gils, personnellement, aux créanciers de la société, des créances énoncées au concordat. — N° du Greffe 13,345.

VANGUILLE-MONTIGNY et **COLLIN**, Jacques, *imprimeurs-lithographes*, 132, *faubourg St-Denis*. — Voir : COLLIN, société VANGUILLE, MONTIGNY et COLLIN. — N° du Greffe 12,165.

VANHASSEL et Cie, Jean, *charbon de terre, rue Mazagran*, 20. — Jugement du 21 novembre 1862 homologuant le concordat du 15 octobre 1862. — Remise de 90 % — Les 10 % non remis payables en quatre ans, par quarts, de l'homologation, sans intérêts. — N° du Greffe 19,624.

VANHENDE, Victor, *négociant en dentelles, rue des Jeûneurs*, 32. — Jugement du 18 avril 1861 homologuant le concordat du 9 avril 1861. — Remise de 80 %. — Les 20 % non remis payables, sans intérêts, en cinq ans, par cinquièmes, de l'homologation. — N° du Greffe 17,815.

VANHOESERLANDE, *chaussures, rue du Temple*, 38. — Jugement du 17 juin 1861 homologuant le concordat du 29 mai 1861. — Remise de 40 %. — Les 60 % non remis payables en cinq ans, de six mois en six mois, de l'homologation. — N° du Greffe 18,130.

VANNIER, Victor-Benjamin, *encadrements et doreur, rue de Trévise*, 13. — Jugement du 4 novembre 1862 homologuant le concordat du 15 octobre 1862. — Remise de 75 %. — Les 25 % non remis payables, sans intérêts, en cinq ans, par cinquièmes, de l'homologation. — N° du Greffe 155.

VAN RIEMEN, Sylvestre, *cordonnier marchand de chaussures, à Batignolles*, — Jugement du 7 novembre 1859 homologuant le concordat du 18 octobre 1859. — Abandon de l'actif énoncé au concordat. — Obligation, en outre, de parfaire 100 % en cinq ans, par cinquièmes, du concordat. — M. Lacoste, maintenu syndic. — N° du Greffe 16,174.

VANTINI, *hôtel meublé, rue St-Honoré*, 323 *et* 325, *et rue de Rivoli*, 24. — Jugement du 28 février 1854 homologuant le concordat du 2 du même mois. — Abandon à ses créanciers d'une somme de 25,000 fr. — M. Geoffroy, commissaire. — N° du Greffe 7,794.

VARÉ, Louis, *marchand d'étoffes, rue Mauconseil*, 21. — Jugement du 2 décembre 1858 homologuant le concordat du 20 novembre 1858. — Remise de 76 %. — Les 24 % non remis payables en quatre ans, au moyen de l'actif abandonné énoncé au concordat et la différence en quatre ans, par quarts, de l'homologation. — Mme Varé, caution. — M. Henrionnet, maintenu syndic. — N° du Greffe 14,937.

VARENNE, *entrepreneur de terrasses, rue de Chabrol*, 36, *à la Chapelle*. — Jugement du 12 décembre 1861 homologuant le concordat du 30 novembre 1861. — Remise de 70 %. — Les 30 % non remis payables, en trois ans, par tiers, du 1er décembre. — N° du Greffe 18,595.

VARIN, Jacques-Thérèse-Wilhiam, *traiteur, rue de Châlon*, 3. — Jugement du 22 février 1856 homologuant le concordat du 7 février 1856. — Remise de 75 %. — Les 25 % non remis payables, sans intérêts, en quatre ans, par quarts, d'année en année, du jour du concordat. — N° du Greffe 12,629.

VARLET, *marchand de chaussures, rue des Noyers*, 27. — Jugement du 26 novembre 1860 homologuant le concordat du 12 du dit mois. —

Remise de 65 %. — Les 35 % non remis payables en quatre ans, par huitièmes, de six mois en six mois, du 30 juin. — N° du Greffe 17,379.

VARLET, Jean-François, *nourrisseur, à Issy.* — Jugement du 19 janvier 1858 homologuant le concordat du 26 décembre 1857. — Remise de 70 %.— Les 30 % non remis payables, par sixièmes, d'année en année, du jour du concordat. — N° du Greffe 14,175.

VARRENNE, François, *terrassier, à la Chapelle-St-Denis, rue des Tournelles*, 9. — Jugement du 25 novembre 1850 homologuant le concordat du 2 novembre 1850. — Remise de tous intérêts et frais non admis et de 88 % sur le capital. — Les 12 % non remis payables, par quarts, d'année en année, les 2 novembre 1851, 1852, 1853 et 1854. — N° du Greffe 9,403.

VARVART, Jules-Valery, *épicier, à Vincennes.* — Jugement du 18 mai 1858 homologuant le concordat du 21 avril 1858. — Remise de 40 %. — Les 60 % non remis payables en quatre ans, par huitièmes, de six en six mois, pour le premier paiement avoir lieu trois mois après l'homologation. — N° du Greffe 14,440.

VASSEUR, Emmanuel, *tapissier, rue de la Michodière*, 21. — Jugement du 18 octobre 1858 homologuant le concordat du 26 août 1858. — Remise de 90 %. — Les 10 % non remis payables en quatre ans, par quarts, du 1er septembre prochain. — N° du Greffe 15,015.

VASSEUR, Louis-Alexandre-Joseph, *commissionnaire en grains, rue des Prouvaires*, 7. — Jugement du 28 novembre 1859 homologuant le concordat du 12 novembre 1859. — Abandon de l'actif énoncé au concordat. — Obligation, en outre de payer 5 % en cinq ans, par cinquièmes, du concordat. — Au moyen de ce qui précède, libération du sieur Vasseur. — M. Gillet, maintenu syndic. — N° du Greffe 14,818.

VASSEUR, Joseph-Auguste, *verreries, rue Joubert*, 33, *actuellement chaussée Clignancourt*, 40. — Jugement du 6 juillet 1857 homologuant le concordat du 12 juin 1857. — Remise de 80 %. — Les 20 % non remis payables en quatre ans, par quarts, de l'homologation. — N° du Greffe 13,692.

VASSEUR, de la société REVEILHAC et VASSEUR, *chaudronniers, passage Ste-Marie-du-Temple*, 50, *et rue St-Maur*, 222. — Voir : REVEILHAC et VASSEUR. — N° du Greffe 15,159.

VASSEUR, Vincent-Dominique, *vins, rue Marbœuf*, 67, *et demeurant rue de Chaillot*, 107. — Jugement du 26 novembre 1856 homologuant le concordat du 12 du dit mois. — Remise de 78 %. — Les 22 % non remis payables : 2 % dans le mois de l'homologation, et 20 % le 1er décembre 1857. — N° du Greffe 12,886.

VASSEUR, Auguste-Oxence, *charcutier, rue de Rivoli*, 71. — Jugement du 11 octobre 1858 homologuant le concordat du 30 septembre 1858.— Abandon par le sieur Vasseur à ses créanciers de l'actif énoncé au concordat. — M. Trille, maintenu syndic. — N° du Greffe 14,023.

VASSOR, Louis-Adrien, *boulanger, à Montrouge, rue d'Orléans*, 62.— Jugement du 28 novembre 1861 homologuant le concordat du 15 novembre 1861. — Remise de 70 %. Les 30 % non remis payables en cinq ans, à raison de 6 % par an, et de 3 % de six mois en six mois, du concordat. — N° du Greffe 18,718.

VATINELLE, *horloger-bijoutier, quai des Orfèvres*, 34. — Jugement du 4 septembre 1849 qui homologue son concordat. — N° du Greffe 497.

VATTONNE, Edouard-Joachim, *ex-passementier, et entrepreneur de démolitions et de constructions, cour Batave*, 8, *rue St-Denis*. — Jugement du 22 mai 1854 homologuant le concordat du 1er du même mois. — Remise de 75 %. — Les 25 % non remis payables en quatre ans, savoir : 10 % dans un an, et 5 % chacune des deuxième, troisième et quatrième année, du concordat. — N° du Greffe 11,115.

VATY ou **PATY**, Antoine ou André-Victor, *brassier, rue de la Harpe*, 34.— Voir : PATY, Antoine-Victor. — N° du Greffe 13,170.

VAUCLIN, Henri, *entrepreneur de constructions, avenue de la Roquette*, 128.— Jugement du 2 juin 1857 homologuant le concordat du 13 mai 1857. — Remise de 55 %. — Les 45 % non remis payables au moyen de l'actif abandonné, énoncé au concordat, et la différence à raison de 5 % par an. — Le premier paiement 1er mai 1859. — N° du Greffe 13,445.

VAUDANLEINE ou **VAUDANDEINE**, dame, veuve BUCHLY, Adelaïde, *marchande à la toilette, rue St-Dominique-St-Germain*, 135. — Voir : veuve BUCHLY. — N° du Greffe 14,383.

VAUGEOIS, Louis-Sébastien, *maître d'hôtel garni, rue des Vieux-Augustins*, 34. — Jugement du 1er octobre 1850 homologuant le concordat du 1er avril 1850. — Remise de 80 %. — Les 20 % des créances en principal, intérêts et frais, payables par le sieur Vaugeois, en quatre paiements égaux et en quatre années, à partir du 1er avril 1851. — N° du Greffe 9,062.

VAUQUELIN, Eugène, gérant de la société LEGRAND et Cie, *marbres, passage Saulnier*, 11. — Voir : LEGRAND, société LEGRAND et Cie. — N° du Greffe 10,312.

VAUQUELIN, Jean-Baptiste-François-Jules, *rubans, rue du Petit Thouars*, 12. — Jugement du 11 octobre 1858 homologuant le concordat du 18 septembre 1858. — Remise de 75 %. — Les 25 % non remis payables en cinq ans, par cinquièmes, de l'homologation. — N° du Greffe 15,068.

VAUTHIER ou **VAUTHIER-DUTEIL**, femme séparée de biens de Philippe, Marie-Honorine, *limonadière, rue de Bondy*, 14. — Jugement du 3 mai 1855 homologuant le concordat du 10 avril 1855. — Remise de 70 %. — Les 30 % non remis payables en six ans, par sixièmes, d'année en année, du jour du concordat. — N° du Greffe 12,084.

VAUTIER, Jean-Marie, *entrepreneur de couvertures (plomberie), rue de Charonne*, 83. — Jugement du 14 décembre 1855 homologuant le concordat du 30 novembre 1856. — Remise de 75 %. — Les 25 % non remis payables en cinq ans, par cinquièmes, d'année en année pour le premier paiement avoir lieu le 1er décembre 1856. — N° du Greffe 12,679.

VAUVERT Léon, *entrepreneurs de maçonneries, à la Villette, rue de Marseille*, 11. — Jugement du 11 décembre 1856 homologuant le concordat du 26 novembre 1856. — Obligation de payer le montant des créances, en capital, intérêts et frais, à raison de 5 % l'an, en quatre ans, par huitièmes, de six en six mois. — Le premier paiement le 1er juin 1857. — La dame Vauvert, caution solidaire de son mari. — N° du Greffe 13,333.

VEDY, dame ou demoiselle, Héloïse-Eugénie, *lingère, rue St-Lazare*, 142. — Jugement du 13 octobre 1852 homologuant le concordat du 29 novembre 1852. — Remise de tous intérêts et frais non admis et de 80 %. — Les 20 % non remis payables en quatre ans, par quarts, le 20 septembre des années 1853, 1854, 1855 et 1856. — N° du Greffe 10,498.

VEISSIÈRE, Auguste, *bal Molière, rue St-Martin*, 159. — Arrêt de la Cour de Paris (2ème chambre) du 31 mars statuant sur appel d'un jugement du Tribunal de commerce du 4 décembre 1856, et émendant, homologue le concordat du 14 novembre 1856. — Remise de 60 %. — Les 40 % non remis payables en huit ans, par huitièmes, de l'homologation. — N° du Greffe 13,133.

VENDHALABELLE, Jean-Baptiste, *voiturier à Ivry, route d'Ivry*, 63. — Jugement du 23 novembre 1853 homologuant le concordat du 3 septembre 1853. — Remise de 90 %. — Les 10 % non remis payables en deux ans, par moitiés, à partir du jour du concordat. — N° du Greffe 10,953.

VENDIC, Henri, *poterie de terre, boulevard St-Jacques*, 42. — Jugement du 3 novembre 1858 homologuant le concordat du 15 octobre 1858. — Remise de 75 %. — Les 25 % non remis payables, sans intérêts, en cinq ans, par cinquièmes, du concordat. — N° du Greffe 15,062.

VENOT, femme ALBARÈDE, Henriette, *colporteur, rue Montmartre*, 97. — Voir : dame ALBARÈDE. — N° du Greffe 10,826.

VENTURA, François, *marchand de nouveautés, barrière de la Glacière*, 36. — Jugement du 9 août 1859 homologuant le concordat du 19 juillet 1859. — Remise de 75 %. — Les 25 % non remis payables en cinq ans, par cinquièmes du 15 juillet. — N° du Greffe 15,839.

VERBRUGGÉ, Louis-Alexandre, *tailleur, rue Ventadour*, 11. — Jugement du 6 décembre 1862 homologuant le concordat du 15 novembre 1862. — Remise de 70 %. — Les 30 % non remis payables en cinq ans,

3 °/₀ le 31 août 1863, 4 °/₀ le 28 février 1864, 3 °/₀ le 31 août 1864, 4 °/₀ le 28 février 1865, 3 °/₀ le 31 août 1865, 4 °/₀ le 28 février 1866, 3 °/₀ le 31 août 1866, 3 °/₀ le 28 février 1867, et 3 °/₀ le 31 août 1867. — N° du Greffe 513.

VERDEL, Victor, *marchand tapissier, faubourg Poissonnière*, 25. — Jugement du 22 mai 1857 homologuant le concordat du 11 mai 1857. — Remise de 80 °/₀. — Les 20 °/₀ non remis payables en quatre ans, par quarts, du concordat. — N° du Greffe 13,675.

VERDEL, Noel, *entrepreneur de peintures, rue de la Victoire*, 34. — Jugement du 21 décembre 1855 homologuant le concordat du 8 décembre 1855. — Remise de 90 °/₀. — Les 10 °/₀ non remis payables en cinq ans, par cinquièmes, d'année en année, à partir du jour du concordat.— N° du Greffe 12,080.

VERDIN, François, *vins, faubourg St-Martin*, 70. — Jugement du 4 octobre 1860 homologuant le concordat du 3 septembre 1860. — Remise de 75 °/₀. — Les 25 °/₀ non remis payables en cinq ans, par cinquièmes, de l'homologation. — N° du Greffe 17,207.

VERÈME, Antoine, *fabricant de caoutchoux, à St-Denis, avenue St-Remy*, 4. — Jugement du 24 août 1858 homologuant le concordat du 27 juillet 1858.— Remise de 70 °/₀.— Les 30 °/₀ non remis payables en quatre ans, par quarts, de l'homologation. — N° du Greffe 14,873.

VERET, Victor, *entrepreneur de peintures, passage Saudrier*, 7. — Jugement du 20 octobre 1852 homologuant le concordat du 5 octobre 1852. — Remise de 70 °/₀.— Les 30 °/₀ non remis payables, savoir: 5 °/₀ un an et 5 °/₀ deux ans après l'homologation, et 10 °/₀ quatre ans après l'homologation. — La dame épouse du sieur Veret, obligée solidairement au paiement des dividendes. — N° du Greffe 9,871.

VERGÉ, Charles, *tapissier, rue de la ferme des Mathurins*, 13. — Jugement du 5 novembre 1862 homologuant le concordat du 21 octobre 1862. — Remise de 75 °/₀. — Les 25 °/₀ non remis payables, sans intérêts, en cinq ans, par cinquièmes, de l'homologation.— N° du Greffe 398.

VERGÉ, Charles-Pierre, *tapissier, boulevard de la Madeleine*, 15. — Jugement du 29 novembre 1850 homologuant le concordat du 19 novembre 1850. — Remise de 75 °/₀ en capital intérêts et frais. — Les 25 °/₀ non remis payables en cinq ans, par cinquièmes,, les 12 novembre 1851, 1852 et années suivantes. — N° du Greffe 9,585.

VERGER, Pierre-Isidore, *marchand de vins, à St-Eloi, près Sceaux*.— Jugement du 5 juin 1855 homologuant le concordat du 21 mai 1855. — Remise de 75 °/₀. — Les 25 °/₀ non remis payables en cinq ans, par cinquièmes, d'année en année, à partir du jour du concordat. — N° du Greffe 12,118.

VERHEYDEN, Louis-Pierre, *blanchisseur, à Clichy, rue de Paris*, 29. —Jugement du 28 mars 1851 homologuant le concordat du 20 février 1851.— Remise de 80 °/₀ en capital, intérêts et frais. — Les 20 °/₀ non remis payables en quatre années, par quarts, d'année en année, à compter du 20 février 1851. — N° du Greffe 9,153.

VERJUS, Louis-Eugène, *rue de Jessaint*, 8 (18me arrondissement). — Jugement du 9 août 1861 homologuant le concordat du 21 juillet 1861. — Remise de 80 °/₀. — Les 20 °/₀ non remis payables en cinq ans, par cinquièmes, de l'homologation. — N° du Greffe 18,246.

VERLÉ, LECOMTE, veuve, Louise-Pauline, *lavoir, à Neuilly, avenue des Ternes*, 31. — Jugement du 16 septembre 1856 homologuant le concordat du 22 août 1856. — Abandon par la dame veuve Verlé à ses créanciers, de l'actif énoncé au concordat. — M. Beaufour, rue Bergère, 6, maintenu syndic, à l'effet de réaliser et répartir l'actif abandonné, sous la surveillance du juge commissaire. — N° du Greffe 13,200.

VERLUISE, François-Magloire, *limonadier, rue de Cluny*, 7.— Jugement du 24 février 1859 homologuant le concordat du 16 février 1859. — Abandon de l'actif énoncé au concordat. — M. Beaufour, maintenu syndic. — N° du Greffe 15,447.

VERLYNDE, Félix ou Fidèle-Auguste, *fabricant de chaussures, à Vaugirard, rue Blomet*, 77. — Jugement du 21 janvier 1856 homologuant le concordat du 3 janvier 1856. — Abandon par le sieur Verlynde, à ses créanciers, de l'actif énoncé au concordat. — Obligation, en outre, de leur payer 10 °/₀ sur le montant de leurs créances, en deux ans, par moitiés, du jour du concordat. — MM. Hérou, et Bossier, commissaires à l'exécution du concordat. — N° du Greffe 12,708.

VERMET, Charles, *loueur de voitures, aux Ternes*. — Jugement du 6 septembre 1862 homologuant le concordat du 11 juillet 1862.— Obligation de payer l'intégralité des créances, à raison de 100 fr. par mois, du jour du concordat, pour le premier paiement avoir lieu le 11 janvier 1863. — N° du Greffe 19,842.

VERMEULEN, *négociant, rue de la Cité*, 10. — Jugement du 21 novembre 1850 homologuant le concordat du 6 du dit mois.— Abandon de l'actif énoncé au concordat. — Obligation de payer 10 °/₀, sans intérêts, en deux ans, par moitiés, de l'homologation. — N° du Greffe 12,451.

VERNET, Alphonse, *fabricant de passementeries, rue des Fossés-Montmartre*, 18.—Jugement du 9 novembre 1853 homologuant le concordat du 8 octobre 1853. — Remise de 75 °/₀. — Les 25 °/₀ non remis payables en cinq ans, par cinquièmes, pour le premier paiement avoir lieu le 1er octobre 1854 et ainsi successivement. — N° du Greffe 10,993.

VERNHOLES, Louis-Paul, *marchand de laines, rue du Petit-Carreau*, 26. — Jugement du 24 mars 1858 homologuant le concordat du 12 mars 1858. — Remise de 75 °/₀.— Les 25 °/₀ non remis payables, sans intérêts, en cinq ans, par dixièmes, de six mois en six mois, du concordat. — N° du Greffe 14,504.

VERNHOLES, Jean-Baptiste, *entrepreneur de maçonnerie, à Créteil, villa des Buttes*, 30. — Jugement du 26 juillet 1861 homologuant le concordat du 5 juin 1861. — Obligation de payer l'intégralité des créances à raison de 8 °/₀ par an, du jour du concordat. — N° du Greffe 17,689.

VERREAUX, Jacques-Auguste, *curiosités, rue Neuve-des-Petits-Champs*, 39. — Jugement du 23 octobre 1855 homologuant le concordat du 6 octobre 1855. — Remise de 75 °/₀.— Les 25 °/₀ non remis payables en cinq ans, par cinquièmes, d'année en année, pour le premier paiement avoir lieu le 1er novembre 1856. — N° du Greffe 12,300.

VERREAUX, Jacques-Auguste, *marchand antiquaire, rue Neuve-des-Petits-Champs*, 39. — Jugement du 18 février 1852 homologuant le concordat du 27 janvier 1852. — Remise de 80 °/₀ en principal, intérêts et frais. — Les 20 °/₀ non remis payables, sans intérêts, en quatre ans, par quarts, à partir du 1er février dernier. — N° du Greffe 9,999.

VERRET jeune, Auguste, *fabricant d'ornements en bois pour ameublements, rue du Pas-de-la-Mule*, 6. — Jugement du 8 juillet 1856 homologuant le concordat du 19 juin 1856. — Remise de 85 °/₀. — Les 15 °/₀ non remis payables, sans intérêts, en trois ans, par tiers, d'année en année, pour le premier paiement avoir lieu le 20 juin 1859. —N° du Greffe 12,804.

VERRIER, Paul-Pierre, *fourbisseur, rue Saint-Martin*, 323. — Jugement du 11 août 1854 homologuant le concordat du 3 juillet 1854. — Obligation, par le sieur Verrier, de payer intégralement ses créanciers, savoir: 6 °/₀ le 30 novembre prochain, et le surplus en cinq paiements égaux, d'année en année, pour le premier paiement avoir lieu le 1er octobre 1855. — N° du Greffe 11,441.

VERRIER, Henri-Philippe, *serrurier, rue de l'Ambre*, 18.—Jugement du 18 mai 1850 homologuant le concordat du 13 avril 1850. — Remise de 85 °/₀. — Les 15 °/₀ non remis payables en trois ans, par tiers, de l'homologation. — N° du Greffe 14,658.

VERVELLE, Auguste-Alfred, *passementier, rue Vieille-du-Temple*, 19. — Jugement du 5 avril 1859 homologuant le concordat du 23 mars 1853.— Abandon de l'actif énoncé au concordat. — Obligation, en outre, de payer 15 °/₀ en trois ans, par tiers, du concordat.— N° du Greffe 15,570.

VESQUE, Charles, *marchand de vins, rue des Prêcheurs*, 14. —Jugement du 28 avril 1858 homologuant le concordat du 13 avril 1858. — Remise de 80 °/₀. — Les 20 °/₀ non remis payables : 10 °/₀ dans la huitaine de la reddition de compte, et le surplus par moitiés, d'année en année, le 1er juin des années 1859 et 1860. — N° du Greffe 14,570.

VEZARD, Urbain, *vins, rue du Chevaleret*, 32. —Jugement du 25 novembre 1861 homologuant le concordat du 7 novembre 1861. —Remise de 70 °/₀.— Les 30 °/₀ non remis payables, sans intérêts, en cinq ans, par cinquièmes, du 1er novembre. — N° du Greffe 18,546.

VIAL, Philibert-Laurent, *fabricant de chaussures, rue Saint-Denis*, 358. — Jugement du 14 mai 1862 homologuant le concordat du 24 avril 1862. — Remise de 60 °/₀. — Les 40 °/₀ non remis payables en quatre ans, par quarts, du concordat. — N° du Greffe 19,363.

VIAL, fils aîné, Antoine, *représentant de commerce, rue du Caire*, 4. —Jugement du 13 septembre 1862 homologuant le concordat du 29 août 1862. — Remise de 75 %. — Les 25 % non remis payables : 10 % dans un an, 5 % dans deux ans, 5 % dans trois ans et 5 % dans quatre ans de l'homologation. — N° du Greffe 19,973.

VIAL, Jean-Philippe, *appareils à gaz, rue de Lancry*, 51.—Jugement du 21 octobre 1862 homologuant le concordat du 4 octobre 1862.— Remise de 80 %.—Les 20 % non remis payables en quatre ans, par quarts, de l'homologation. —N° du Greffe 232.

VIALARD, Jean, *cordonnier-bottier, rue de la Cité*, 21. — Jugement du 24 juillet 1857 homologuant le concordat du 11 juillet 1857. — Remise de 70 %. — Les 30 % non remis payables en six ans, par sixièmes, du concordat. —N° du Greffe 13,189.

VIALARD, Michel, *marchand de vins, rue de Verneuil*, 10. — Jugement du 6 août 1858 homologuant le concordat du 21 juillet 1858. — Remise de 70 %. — Les 30 % non remis payables, sans intérêts, en cinq ans, par cinquièmes, du jour du concordat. — N° du Greffe 14,877.

VIALARD, Guillaume, *bois et charbons, à Vanves, voie de Beauvais*. — Jugement du 21 mai 1862 homologuant le concordat du 10 mai 1862. — Remise de 75 %. — Les 25 % non remis payables en cinq ans, par cinquièmes, de l'homologation. — N° du Greffe 19,669.

VIALAT et Cie, *libraires, rue de Savoie*, 12. — Jugement du 31 juillet 1849 qui homologue leur concordat. — N° du Greffe 413.

VIALI, de la société de GRADI et Cie, *société l'Européenne, rue Sainte-Anne*, 25. — Voir : BUTLAR. — N° du Greffe 12,052.

VIARD, Joseph-Louis, *coupeur, bombeur de verre, rue des Gravilliers*, 45. — Jugement du 30 octobre 1857 homologuant le concordat du 19 octobre 1857. — Obligation de payer le montant des créances en principal et frais seulement, en dix ans, par vingtièmes, de six mois en six mois, de l'homologation. — N° du Greffe 14,009.

VIARD, Ferdinand, *vins, passage Moulin*, 7. — Jugement du 16 novembre 1860 homologuant le concordat du 3 novembre 1860. — Remise de 70 %. — Les 30 % non remis payables en cinq ans, par cinquièmes, de l'homologation. — N° du Greffe 17,298.

VIARGUES, Eugène, de la société HAMM, *coutelier, rue de l'Ecole-de-Médecine*, 6. — Voir : société HAMM. — N° du Greffe 10,785.

VIAU, de la société BURLOT et VIAU, *appareils de gymnastiques, rue Roussel*, 21. — Voir : BURLOT, société VIAU. — N° du Greffe 17,786.

VIBERT fils, Marie-Joseph, *tapissier, passage Chausson*, 8. — Jugement du 13 janvier 1860 homologuant le concordat du 12 décembre 1859. — Abandon de l'actif énoncé au concordat. — M. Lacoste, maintenu syndic. — N° du Greffe 16,393.

VICAIRE, Isidore, *épicier et tailleur, chaussée Ménilmontant*, 90. — Jugement du 7 janvier 1862 homologuant le concordat du 20 décembre 1861. — Remise de 80 %. — Les 20 % non remis payables en quatre ans, par quarts, de l'homologation. — N° du Greffe 19,005.

VIDAL fils, Guillaume, *nouveautés, rue de Rivoli*, 13. — Jugement du 4 novembre 1862 homologuant le concordat du 19 octobre 1862. — Remise de 80 %. — Les 20 % non remis payables en quatre ans, par quarts, du 1er janvier. — N° du Greffe 12.

VIDAL, JANNIN et Cie, Joseph-Marius, *exportations de produits français au Mexique et importation, passage Choiseul*, 13. — Voir : JANNIN. — N° du Greffe 13,612.

VIDAL, Marius-Joseph, *dessinateur en broderies, passage Choiseul*, 13. — Jugement du 13 juillet 1857 homologuant le concordat du 1er juillet 1857. — Remise de 75 %. — Les 25 % non remis payables en cinq ans, par cinquièmes, d'année en année. — Le premier paiement le 1er juillet 1858. — N° du Greffe 13,576.

VIDALÉ et **DUMAY**, Henri, *commissionnaires en marchandises, rue de Cléry*, 19. — Voir : DUMAY, société VIDALÉ. — N° du Greffe 12,277.

VIDAU et Cie, *négociants, rue de Choiseul*, 3, *et actuellement rue Sainte-Anne*, 69. — Jugement du 9 octobre 1854 homologuant le concordat du 7 septembre 1854. — Abandon par les sieurs Vidau et Cie, de tout l'actif de la société. — M. Heurtey, commissaire à l'exécution du concordat. — N° du Greffe 9,964.

VIDRON, Louis-Alexandre, *grainetier, à Montmartre, chaussée Clignancourt*, 37. — Jugement du 3 octobre 1856 homologuant le concordat du 4 septembre 1856. — Remise de 75 %. — Les 25 % non remis payables : 8 % dans un an et deux ans, et 9 % dans trois ans, de l'homologation. — N° du Greffe 13,250.

VIÉ, Théodore-Léon, *potier d'étain, passage Philippe-du-Roule*, 2. — Jugement du 5 mai 1856 homologuant le concordat du 25 avril 1856. — Remise de 60 %. — Les 40 % non remis payables en cinq ans, par cinquièmes, d'année en année, pour le premier paiement avoir lieu le 1er mai 1858. — N° du Greffe 13,000.

VIEILLECAZES, Jean, *tailleur, rue Barre-du-Bec*, 21. — Jugement du 29 juillet 1853 homologuant le concordat du 9 juillet 1853. — Remise de 88 %. — Les 12 % non remis payables, par quarts, d'année en année, pour le premier paiement avoir lieu le 1er juillet 1855. — N° du Greffe 8,627.

VIELLESCAZES, Jean-Bertrand, *bois et charbons, à la Chapelle*. — Jugement du 2 novembre 1860 homologuant le concordat du 19 octobre 1860. — Remise de 75 %. — Les 25 % non remis payables en cinq ans, par cinquièmes, du concordat. — N° du Greffe 17,301.

VIELLEVILLE, Michel-Jean, *granits, rue de Grenelle-St-Honoré*, 25. —Jugement du 17 mars 1857 homologuant le concordat du 26 février 1857. — Remise de 70 %. — Les 30 % non remis payables en quatre ans, par quarts, d'année en année. — Le premier paiement le 1er mars 1858. — N° du Greffe 13,435.

VIEILLEVILLE, Pierre, *marchand tailleur, rue d'Antin*, 19. — Jugement du 10 novembre 1862 homologuant le concordat du 21 octobre 1862. — Remise de 70 %. — Les 30 % non remis payables sans intérêts, en six ans, par sixièmes, du concordat. — N° du Greffe 253.

VIEL fils, Pierre, *marchand de meubles, à Suresnes, place Henri IV*. — Jugement du 12 octobre 1853 homologuant le concordat du 22 août 1853. — Remise de 70 %.—Les 30 % non remis payables en trois ans, par tiers, pour le premier paiement avoir lieu le 1er septembre 1854. — Mme Viel, épouse du failli, caution du paiement des dividendes promis. — N° du Greffe 8,050.

VIEL jeune, *négociant*, 5, *passage Lafayette*.—Jugement du 9 décembre 1859 homologuant le concordat du 19 octobre 1859. — Remise de 70 %. — Les 30 % non remis payables en quatre ans, par quarts, de l'homologation. — N° du Greffe 16,033.

VIÈVILLE fils, Gustave-Adolphe, *marchand de bonneterie, rue Montmartre*, 85. — Jugement du 30 juillet 1862 homologuant le concordat du 16 juillet 1862. — Abandon de l'actif énoncé au concordat. — M. Beaufour, syndic. — N° du Greffe 19,706.

VIEY, Charles-Antoine, *négociant en bronzes et couleurs*, 59, *faubourg St-Martin*. — Jugement du 1er juin 1855 homologuant le concordat du 16 mai 1855. — Remise de 70 %. — Les 30 % non remis payables, savoir : 5 % dans six mois, 4 % six mois après, et 21 % en trois ans, par tiers, d'année en année à compter du 16 mai 1856. — N° du Greffe 11,775.

VIGERIE, Louis, *parfumeur, rue St-Denis*, 243. — Jugement du 22 février 1853 homologuant le concordat du 8 février 1853. — Remise de tous intérêts et frais et de 75 %. — Les 25 % non remis payables, sans intérêts, en cinq ans, par cinquièmes, le 1er octobre des années 1854 et suivantes. — N° du Greffe 10,710

VIGIER ou **VIGIÉ**, de la société VIGIÉ et FEUILLADE, Armand-Antoine-Joseph, *fabricant de coiffes de casquettes, rue du Temple*, 41. — Voir : FEUILLADE. — N° du Greffe 10,532.

VIGIER frères, *fabricants de tapis, rue du Croissant*, 20. — Jugement du 23 avril 1849 qui qualifie faillite. — N° du Greffe 74.

VIGNAUD, Jean, *restaurateur, rue de l'Odéon*, 22. — Jugement du 11 septembre 1854 homologuant le concordat du 29 août 1854. — Remise de 70 %. — Les 30 % non remis payables en cinq ans, par cinquièmes, d'année en année, pour le premier paiement avoir lieu le 29 août 1855. — N° du Greffe 11,492.

VIGNE et Cie, Philippe, *limonadiers boulevard du Temple*, 28.—Voir : JOURDAIN. — N° du Greffe 10,604.

VIGOUROUX, Jean, *ex-négociant en bronzes, rue Grenelle-St-Honoré*, 23. — Jugement du 22 juin 1853 homologuant le concordat du 10 juin 1853. — Remise de 85 %. — Les 15 % non remis payables en quatre ans, par quarts, d'année en année, à partir du 22 juin 1853. — N° du Greffe 10,604.

VIGUIER, Jules, *fabricant de cartonnages*, 19, *rue Thévenot*. —Jugement du 28 janvier 1856 homologuant le concordat du 12 janvier 1853. — Remise de 70 %. — Les 30 % non remis payables en trois ans, par tiers, d'année en année, à partir de l'homologation. — N° du Greffe 11,786.

VIGUIER, Antoine, *bois et charbons, rue de l'Hôtel-de-Ville*, 107. — Jugement du 14 février 1862 homologuant le concordat du 17 décembre 1861. — Remise de 60 %. — Les 40 % non remis payables, en quatre ans, par quarts, de l'homologation. — N° du Greffe 18,062.

VILLACHON, Martin, *fabricant de crayons, rue de l'Entrepôt*, 5. — Jugement du 25 septembre 1859 homologuant le concordat du 1er juillet 1859. — Remise de 80 %. — Les 20 % non remis payables en cinq ans, par cinquièmes, du 30 juin. — N° du Greffe 15,810.

VILLAIN, Jules, *entrepreneur de plomberie, rue Marbœuf*, 46. — Jugement du 21 septembre 1854 homologuant le concordat du 29 août 1854. — Abandon de l'actif énoncé au concordat. — Obligation de verser la moitié des bénéfices de l'exploitation de la vente de ses brevets. — N° du Greffe 11,235.

VILLAIN, Charles-Nicolas-Pierre, *imprimeur-lithographe, rue de Sèvres*, 145. — Jugement du 10 juillet 1860 homologuant le concordat du 23 juin 1860. — Remise de 70 %. —Les 30 % non remis payables en six ans, par sixièmes, de l'homologation. — N° du Greffe 16,665.

VILLARD, Marc-Louis, *vins, boulevard Belleville*, 22. — Jugement du 29 septembre 1860 homologuant le concordat du 6 septembre 1860. — Abandon de l'actif énoncé au concordat. — M. Henrionnet, maintenu syndic. — N° du Greffe 16,969.

VILLÉ, *limonadier, rue des Trois-Maries*, 3. — Jugement du 11 mars 1850 qui homologue et qualifie faillite. — N° du Greffe 716.

VILLENEUVE, Charles-Arsène, *bijoutier, passage des Panoramas*, 30. — Jugement du 6 septembre 1854 homologuant le concordat du 14 août 1854. — Remise de 70 %.—Les 30 % non remis payables en trois ans, par tiers, d'année en année, pour le premier paiement avoir lieu dans un an de l'homologation. — N° du Greffe 11,608.

VILLENEUVE, Pierre-Alfred, *papetier, rue St-Honoré*, 182. — Jugement du 11 octobre 1861 homologuant le concordat du 25 septembre 1861. — Remise de 80 %. — Les 20 % non remis payables, sans intérêts, en cinq ans, par cinquièmes, du 1er octobre. — N° du Greffe 18,480.

VILLERS, Flore-Joséphine, femme MOUILLEZ, *broderie, rue Geoffroy-Marie*, 8. — Voir: MOUILLEZ. — N° du Greffe 13,923.

VILLETARD, Louis, *vins, rue de Belzunce*, 16. — Jugement du 23 décembre 1857 homologuant le concordat du 20 novembre 1857. — Remise de 85 %. — Les 15 % non remis payables en trois ans, par tiers, du concordat. — N° du Greffe 13,217.

VILLETTE, Louis-Félix, *chaussures, rue de la Pépinière, à Montrouge*, 21. — Jugement du 25 août 1862 homologuant le concordat du 8 août 1862. — Obligation de payer l'intégralité des créances en cinq ans, par cinquièmes, de l'homologation. — N° du Greffe 19,502.

VILLETTE, Victor-Robert, de la société ALEXANDRINE et VILLETTE, *lingers, rue du Four-St-Honoré*, 33. — Voir: ALEXANDRINE. — N° du Greffe 14,048.

VILLETTE, Honoré-Benjamin, *ancien limonadier, faubourg-St-Honoré*, 100, *et actuellement, rue de la Jussienne*, 14.—Jugement du 15 juin 1855 homologuant le concordat du 24 mai 1855. — Abandon par le sieur Villette, à ses créanciers, de l'actif énoncé au concordat. — M. Millet, rue Mazagran, 3, commissaire à l'exécution du concordat. — N° du Greffe 11,936.

VILLIARD, François, *fabricant de caoutchouc, à Paris-Montrouge*. —Jugement du 6 septembre 1862 homologuant le concordat du 15 août 1862. — Remise de 75 %. — Les 25 % non remis payables en cinq ans, par cinquièmes, de l'homologation. — N° du Greffe 19,782.

VILLIARD jeune, Pierre, *imprimeur-lithographe, rue du Faubourg-du-Temple*, 44. — Jugement du 11 janvier 1853 homologuant le concordat du 31 décembre 1837. — Abandon par le sieur Villiard, à ses créanciers, de l'actif énoncé au concordat.—Obligation, en outre de leur payer 5 % sur le montant de leurs créances, en cinq ans par cinquièmes, d'année en année, du jour du concordat.—M. Sommaire, maintenu syndic, pour, sous la surveillance de M. le juge-commissaire, faire la liquidation de l'actif abandonné. — N° du Greffe 11,198.

VILLIET, Joseph-Xavier, *négociant en produits chimiques, rue Saint-Antoine*, 52.— Jugement du 12 octobre 1852 homologuant le concordat du 22 septembre 1852. — Remise de tous intérêts et frais non admis et de 94 %. — Les 6 % non remis payables en trois ans, par tiers, du jour de l'homologation. — N° du Greffe 10,475.

VILLIOT, veuve LARDELLIER, Anne, *estaminet, à Vincennes*. — Voir: LARDELLIER. — N° du Greffe 15,097.

VILLIOTTE, Auguste-Florentin, *vins, rue des Noyers*, 56.—Jugement du 30 octobre 1857 homologuant le concordat du 17 octobre 1857. — Remise de 70 %. — Les 30 % non remis payables, sans intérêts, en deux ans, par moitiés, du concordat.—N° du Greffe 14,109.

VILLON, Émile, *ex-marchand de meubles, rue Neuve-de-la-Fidélité*. — Jugement du 2 novembre 1858 homologuant le concordat du 16 octobre 1858. — Remise de 80 %. — Les 20 % non remis payables: 6 % dans un an, 7 % dans deux et trois ans, du 1er décembre prochain. — N° du Greffe 14,882.

VILLOT, Alexis, de la société LIOTARD et Ce, *rue Charlot*, 21.—Voir: LIOTARD et Ce. — N° du Greffe 13,080.

VILLY sieur et dame, *bottiers, rue de Grenelle-St-Honoré*, 51, *et marchands de rouenneries, à Calais, rue du Hâvre*, 201.— Jugement du 4 septembre 1849 homologuant le concordat. — N° du Greffe 61.

VIME, Adolphe-Guillaume, *négociant confectionneur*, 204, *rue St-Denis, et rue Aux-Ours*, 60. — Jugement du 20 janvier 1852 homologant le concordat du 10 janvier 1852. — Abandon de l'actif réalisé, mobilier personnel et créances à recouvrer. — A ce moyen, remise de 90 %. — Les 10 % non remis payables en cinq ans, par fractions de 2 %, le 10 janvier des années 1853 et suivantes. — N° du Greffe 10,090.

VIMONT, *horticulteur, à Vitry-sur-Seine, rue de la Barre*, 17. — Jugement du 5 décembre 1862 homologuant le concordat du 8 novembre 1862.— Remise de 85 %. —Les 15 % non remis payables en cinq ans, par cinquièmes, de l'homologation. — N° du Greffe 156.

VIMONT, Victor, de la société PERÉ et VIMONT, *tailleur, rue Pigale*, 37. — Voir: société PERÉ et VIMONT. — N° du Greffe 12,326.

VIMBOURG, de la société CASTEL et VIMBOURG, Jean-Pierre, *négociant, rue Tiquetonne*, 12.— Voir: CASTEL et VIMBOURG.—N° du Greffe 11,847.

VIMBOURG, Jean-Pierre, *chapelier, rue Tiquetonne*, 12. — Jugement du 3 octobre 1856 homologuant le concordat du 12 août 1856. — Remise de 85 %. — Les 15 % non remis payables en cinq ans, par cinquièmes, d'année en année, du jour de l'homologation. — N° du Greffe 11,618.

VINCENT et **GIRARD**, Charles-Joseph, *négociants, rue Meslay*, 27, *et rue du Chevalier-du-Guet*, 3. — Jugement du 16 juillet 1851 homologuant le concordat du 22 décembre 1850. — Remise des intérêts et frais non admis et de 80 %. — Les 20 % non remis payables: 10 % par le sieur Vincent, et 10 % par le sieur Girard, sans solidarité, en quatre ans, par quarts. — Le premier quarts payables, un an après l'homologation. — M. Henin, syndic. — N° du Greffe 6,351.

VINCENT, Joseph, *cuirs vernis, passage Pecquet*, 11. — Jugement du 23 juillet 1855 homologuant le concordat du 25 juin 1855. — Remise de 85 %. — Les 15 % non remis payables en trois ans, par tiers, d'année en année, fin octobre 1856, 1857 et 1858. — N° du Greffe 12,209.

VINCENT aîné, Henri-François, *fabricant de tabletterie fine*, 30, *rue Ménilmontant*.— Jugement du 12 janvier 1852 homologuant le concordat du 31 décembre 1851. — Remise de 50 % en principal, intérêts et frais. — Les 50 % non remis payables, par cinquièmes. — Le premier paiement le 1er février 1853. — N° du Greffe 10,112.

VINCENT jeune, Louis, *banquier, rue Hauteville*, 41. — Jugement du 20 août 1860 homologuant le concordat du 27 juillet 1860.— Remise de

80 %. — Les 20 % non remis payables en cinq ans, par cinquièmes, de l'homologation. — N° du Greffe 10,928.

VINCENT, RENET et Cie, *nouveautés, rue de Richelieu*, 93. — Concordat du 18 avril 1850 concernant mademoiselle Emma BENOIT, personnellement. — N° du Greffe 9,224.

VINCENT, Camille, *vins, rue Madame*, 45. — Jugement du 3 avril 1862 homologuant le concordat du 19 mars 1862. — Abandon de l'actif énoncé au concordat. — N° du Greffe 19,207.

VINCENT, Pierre-Antoine, *vins, à Issy, île St-Germain*. — Jugement du 10 mars 1855 homologuant le concordat du 1er mars 1855. — Remise de 90 %. — Les 10 % non remis payables en deux ans, par moitiés, d'année en année, à partir du jour du concordat. — N° du Greffe 11,973.

VINCENT, Jean, *constructeur de bateaux et marchand de vins, rue Mazarine*, 6. — Jugement du 13 juin 1855 homologuant le concordat du 30 mars 1855. — Remise de 82 %. — Les 18 % non remis payables: 3 % le 1er septembre 1855, et 5 % le 1er septembre des années 1856, 1857 et 1858. — N° du Greffe 7,566.

VINDRET, Jean, *mécanicien, rue St-Denis*, 171. — Jugement du 17 janvier 1853 homologuant le concordat du 30 décembre 1852. — Remise de 50 %. — Les 50 % non remis payables par fraction de 10 % les 30 juin et 31 décembre 1853 et 31 décembre 1854, 1855 et 1856. — N° du Greffe 10,270.

VINEAU, de la société LECAMUS, *teinturier à Ivry, rue Popincourt*, 52. — Voir: Société LECAMUS. — N° du Greffe 18,430.

VIOLETTE, de la société DIDIOT, VIOLETTE et Cie, *soies teintes et écrues, rue St-Denis*, 240 et 242. — Voir: Société DIDIOT et VIOLETTE. — N° du Greffe 16,224.

VION, Charles, *chimiste, rue de la Roquette*, 140. — Jugement du 23 décembre 1853 homologuant le concordat du 10 décembre 1853. — Obligation par le sieur Vion, de payer à ses créanciers 25 % sur le montant de leurs créances: 5 % le 31 décembre des années 1854, 1855 et 1856, et 10 % le 31 décembre 1857. — Remise au sieur Vion, par ses créanciers, du surplus de leurs créances. — N° du Greffe 11,060.

VIOT, Jean-Baptiste, *restaurateur, boulevard Poissonnière*, 14. — Jugement du 10 octobre 1856 homologuant le concordat du 29 septembre 1856. — Remise de 70 %. — Les 30 % non remis payables en six ans, par sixièmes, d'année en année, pour le premier paiement avoir lieu fin février 1858. — N° du Greffe 13,297.

VIOT, Augustin, *restaurateur, rue des Halles-Centrales*, 10. — Jugement du 4 mars 1861 homologuant le concordat du 1er février 1861. — Remise de 65 %. — Les 35 % non remis payables en quatre ans: 5 % dans un an, 7 % dans deux ans, 9 % dans trois ans, et 14 % dans quatre ans, du concordat. — N° du Greffe 17,732.

VIREMENDOIS, de la société VIREMENDOIS et DELAMARE. François-Louis, *confections pour dames, passage Saulnier*, 13. — Voir: DELAMARE, société VIRMADOIS et DELAMARE. — N° du Greffe 11,240.

VISEUR, Joseph, *entrepreneur de menuiserie, rue Petrelle*, 13. — Jugement du 18 juin 1855 homologuant le concordat du 6 juin 1855. — Remise de 75 %. — Les 25 % non remis payables: 4 % dans un an, 4 % dans deux ans, 5 % dans trois ans, 6 % dans quatre ans, et 6 % dans cinq ans, de l'homologation. — N° du Greffe 12,196.

VISEUX, *marchand de vins, à Puteaux, rue Mars et Roll*, 1. — Jugement du 21 novembre 1849 n'affranchissant pas. — N° du Greffe 310.

VITEAUX, Jean-Pierre-Ferdinand, *ex-marchand de bronze, rue Vivienne*, 7. — Jugement du 22 octobre 1857 homologuant le concordat du 10 octobre 1857. — Remise de 90 %. — Les 10 % non remis payables au moyen de l'actif abandonné énoncé au concordat et la différence, par sixièmes, d'année en année, du jour de l'homologation. — N° du Greffe 14,056.

VITRY, *ex-peintre, faubourg du Temple*, 7. — Jugement du 17 septembre 1849 n'affranchissant pas de la qualification de faillite. — N° du Greffe 603.

VITTE ou **WITTE**, Alexandre, *marchand de vins, rue de Trévise*, 8. — Jugement du 10 mai 1853 homologuant le concordat du 4 avril 1853. — Remise de 90 %. — Les 10 % non remis payables en trois ans, par tiers, d'année en année, le 1er mai des années 1854, 1855 et 1856. — N° du Greffe 10,482.

VITTECOQ, Charles, *charcutier, rue de l'École-de-Médecine*, 75. — Jugement du 14 novembre 1860 homologuant le concordat du 29 octobre 1860. — Remise de 60 %. — Les 40 % non remis payables, sans intérêts, en cinq ans, par cinquièmes, du concordat. — N° du Greffe 17,517.

VITTOZ, Eugène-Louis, *fabricant de bronzes, rue d'Angoulême-du-Temple*, 72. — Jugement du 15 décembre 1857 homologuant le concordat du 1er décembre 1857. — Remise de 60 %. — Les 40 % non remis payables: 6 % les cinq premières années et 10 % la sixième, pour le premier paiement avoir lieu le 31 décembre 1858. — N° du Greffe 13,316.

VODABLE, Jean, *marchand de peaux, rue de Charonne*, 85. — Jugement du 30 juillet 1858 homologuant le concordat du 19 juillet 1858. — Remise de 90 %. — Les 10 % non remis payables en deux ans, par moitiés, de l'homologation. — N° du Greffe 14,117.

VOIDEY, Jean-Marie, *serrurier, rue St-Paul*, 10. — Jugement du 9 mai 1853 homologuant le concordat du 21 avril 1853. — Remise de 75 %. — Les 25 % non remis payables en cinq ans, par cinquièmes, du 1er mars des années 1854 et suivantes. — N° du Greffe 10,784.

VOISIN aîné, Antoine-Julien, *ex-entrepreneur de carrelage, rue Gît-le-Cœur*, 4. — Jugement du 29 avril 1853 homologuant le concordat du 18 du même mois. — Remise de 80 %. — Les 20 % non remis payables en quatre ans, par quarts, d'année en année, pour le premier paiement avoir lieu dans un an, du jour du concordat. — N° du Greffe 10,177.

VOISIN demoiselle, Marie-Augustine, *marchande de modes, rue de Louvois*, 2. — Jugement du 1er mai 1862 homologuant le concordat du 15 avril 1862. — Remise de 70 %. — Les 30 % non remis payables en trois ans, par tiers, du 15 avril. — N° du Greffe 19,219.

VOISIN, François-Laurent, *limonadier, boulevard de l'Hôpital*, 6. — Jugement du 24 septembre 1860 homologuant le concordat du 12 septembre 1860. — Remise de 85 %. — Les 15 % non remis payables en trois ans, par tiers, du 1er septembre. — N° du Greffe 17,290.

VOISIN, Louis-Théodore, *limonadier, boulevard Sébastopol*, 121. — Jugement du 9 octobre 1862 homologuant le concordat du 24 septembre 1862. — Abandon de l'actif énoncé au concordat et obligation de payer 3 % sans intérêts, en six ans, par sixièmes, de l'homologation. — N° du Greffe 132.

VOISSE, *négociant, rue de Richelieu*, 112. — Jugement du 23 mai 1849 qualifiant faillite. — N° du Greffe 133.

VOISSET, Jean, *métiers à tisser, rue Saint-Maur-du-Temple*, 133. — Jugement du 26 mai 1856 homologuant le concordat du 14 mai 1856. — Remise de 60 %. — Les 40 % non remis payables en quatre ans, par quarts, d'année en année, du jour de l'homologation. — M. Sericux, faubourg Saint-Martin, 47, commissaire à l'exécution du concordat. — N° du Greffe 12,999.

VOLLOT, Philibert, *vins, rue de Grammont*, 13. — Jugement du 12 novembre 1858 homologuant le concordat du 30 octobre 1858. — Abandon de l'actif énoncé au concordat. — Obligation, en outre, de payer 8 % en quatre ans, par quarts, de l'homologation. — M. Trille, maintenu syndic. — N° du Greffe 15,092.

VONOVEN, Émile et Isca, de la société VONOVEN frères, *commissionnaires en marchandises, faubourg Poissonnière*, 25. — Jugement du 19 novembre 1857 homologuant le concordat du 28 octobre 1857. — Remise de 80 %. — Les 20 % non remis payables en quatre ans, par quarts. — Le premier paiement le 1er mai 1858. — N° du Greffe 14,054.

VONOVEN, *ayant fait le commerce*, sous le nom de P. SALMON, LUCIEN et Cie, *rue Montorgueil*, 45. — Jugement du 8 mars 1855 homologuant le concordat du 26 janvier 1855. — Remise de 75 %. — Les 25 % non remis payables: 10 % dans trois mois, 5 % dans six, neuf et douze mois, du jour du concordat. — N° du Greffe 11,979.

VOYTOT, femme Alexis, née Léonie BOUDART, *lingerie, rue Croix-des-Petits-Champs*. — Jugement du 14 février 1859 homologuant le concordat du 21 janvier 1859. — Remise de 75 %. — Les 25 % non remis payables en cinq ans, par cinquièmes, de l'homologation. — N° du Greffe 15,344.

VROLAND et Cie, Auguste, *articles de voyage*, *passage Verdeau*, 25. — Jugement du 14 juin 1859 homologuant le concordat du 26 mai 1859. — Remise de 70 %. — Les 30 % non remis payables en quatre ans, par quarts, du concordat. — M. Duphan, caution de 20 %. — N° du Greffe 15,579.

VUILTON, Frédéric-Marie, *layetier-emballeur*, *rue des Bons-Enfants*, 7. — Jugement du 12 août 1853 homologuant le concordat du 26 juillet 1853. — Remise de 75 %. — Les 25 % non remis payables en quatre ans, par quarts, d'année en année, à partir du jour de l'homologation. — N° du Greffe 10,827.

W

WAGENER, dit WAGNER, Bernard, *ébéniste*, *faubourg Saint-Martin* 115. — Jugement du 30 novembre 1859 homologuant le concordat du 7 octobre 1859. — Remise de 80 %. — Les 20 % non remis payables en six ans, par sixièmes, de l'homologation. — N° du Greffe 16,147.

WAGNER, de la société SCHOEN et WAGNER, *brasserie et café*, *rue Rochechouart*, 36. — Voir : Veuve SCHOEN et WAGNER. — N° du Greffe 12,211.

WAGNER, Louis, *marchand de vins*, *faubourg Montmartre*, 9. — Jugement du 28 novembre 1862 homologuant le concordat du 13 novembre 1862. — Remise de 70 %. — Les 30 % non remis payables en quatre ans, par quarts, de l'homologation. — Mme Wagner, caution. — N° du Greffe 459.

WAGON, Amable, *tailleur*, *boulevard des Italiens*, 17. — Jugement du 8 juillet 1851 homologuant le concordat du 14 mars 1851. — Remise de 80 % en principal, intérêts et frais. — Les 20 % non remis payables en quatre ans, par quarts, d'année en année, pour le premier paiement avoir lieu le 8 juillet 1852. — N° du Greffe 9,689.

WAHL, dame, née Jenny CERF, Jacob, *marchande de toilette*, *rue du Faubourg-du-Temple*, 25, *et actuellement rue Neuve-Sainte-Catherine*, 13. — Jugement du 19 mai 1858 homologuant le concordat du 4 mai 1858. — Remise de 75 %. — Les 25 % non remis payables en cinq ans, par cinquièmes, de l'homologation. — N° du Greffe 14,597.

WAHL, Jacob, *fabricant de casquettes*, *rue de Charonne*, 5. — Jugement du 26 février 1855 homologuant le concordat du 13 février 1855. — Remise de 75 %. — Les 25 % non remis payables au moyen de l'actif réalisé et à réaliser, par les soins de M. Thiébault, nommé commissaire à cet effet, et le surplus en trois ans, par tiers, d'année en année, à partir du jour de l'homologation. — Mme Wahl, caution du paiement des dividendes promis. — N° du Greffe 11,968.

WAIDELE, Théodore-François, décédé, *fabricant de voitures*, *rue Geoffroy-Saint-Hilaire*, 7 *et* 9. — Jugement déclaratif de faillite du 19 février 1850. — N° du Greffe 9,351.

WALWEIN, Charles-Louis-Alphonse, *marchand de chaussures*, *à Montmartre*, *chaussée Clignancourt*, 43. — Jugement du 27 avril 1855 homologuant le concordat du 12 avril 1855. — Remise de 70 %. — Les 30 % non remis payables : 7 % dans un, deux et trois ans de l'homologation, et 9 % dans quatre ans. — N° du Greffe 12,181.

WANIN, veuve DUFLOT, Eugénie, *nouveautés*, *rue Laffitte*, 28. — Voir : veuve DUFLOT. — N° du Greffe 10,450.

WANOFF, Adolphe-Jean-Baptiste, *fabricant de peignes*, *rue du Caire*, 1. — Jugement du 7 août 1860 homologuant le concordat du 19 juillet 1860. — Remise de 75 %. — Les 25 % non remis payables, par cinquièmes, de l'homologation. — N° du Greffe 16,866.

WANTZ, société HERMANN et WANTZ, *cafetier*, *rue Corneille*, 7. — Voir : société HERMANN et WANTZ. — N° du Greffe 15,667.

WANTZEL, Louis-Marie-Toussaint, *restaurateur*, *boulevard du Temple*, 27. — Jugement du 4 avril 1859 homologuant le concordat du 23 mars 1859. — Remise de 55 %. — Les 45 % non remis payables : 35 % dans la quinzaine de l'homologation, 3 % dans un et deux ans du concordat, et 4 % dans trois ans du concordat. — N° du Greffe 15,295.

WAQUANT, Jules-Désiré, *bijoutier*, *rue du Bac*, 24. — Jugement du 19 décembre 1861 homologuant le concordat du 27 novembre 1861. — Remise de 60 %. — Les 40 % non remis payables en cinq ans, par cinquièmes, du concordat. — N° du Greffe 18,586.

WARCONSIN, femme MEUNIER, Prudence-Adélaïde, *vins-logeur*, *ci-devant à Batignolles*, *rue de Puteaux*, 6, *et actuellement même lieu*, *rue de la Paix*, 85. — Voir : MEUNIER, sieur et dame. — N° du Greffe 9,368.

WARMEL, Joseph-Édouard, *laitier*, *marchand de comestibles*, *à Neuilly*, *avenue des Ternes*, 18. — Jugement du 25 novembre 1859 homologuant le concordat du 10 novembre 1859. — Abandon de l'actif énoncé au concordat. — Obligation, en outre, de payer 10 %, en cinq ans, par cinquièmes, du 10 novembre. — M. Battarel, maintenu syndic. — N° du Greffe 16,240.

WASCHEUL, Antoine-Paul-Henri, *entrepreneur de peintures*, *faubourg Saint-Martin*, 231. — Jugement du 30 mars 1860 homologuant le concordat du 15 mars 1860. — Remise de 80 %. — Les 20 % non remis payables en cinq ans, par cinquièmes, du 30 avril. — N° du Greffe 16,512.

WASSMUS, Henri-Léonard, *ébéniste*, *faubourg Saint-Denis*, 146. — Jugement du 25 juin 1862 homologuant le concordat du 12 avril 1862. — Abandon de l'actif énoncé au concordat. — Obligation, en outre, de payer 15 %, savoir : 5 % un, deux et trois ans après l'homologation. — M. Quatremère, maintenu syndic. — N° du Greffe 19,367.

WATTEBLED, Émile-Auguste, *négociant en verres bombés*, *rue Neuve-Bréda*, 23. — Jugement du 8 septembre 1859 homologuant le concordat du 24 août 1859. — Abandon de l'actif énoncé au concordat. — Obligation, en outre, de payer 20,000 fr. avant l'homologation. — M. Wattebled, père, caution du paiement des 20,000 fr. — M. Trille, maintenu syndic. — N° du Greffe 16,213.

WEBER et ARNAUD, Michel, *horlogerie*, *rue St-Honoré*, 285. — Voir : ARNAUD, de la société WEBER, Jean-Elisée. — N° du Greffe 11,288.

WEBER, Daniel, *caisses et pianos*, *rue des Trois-Bornes*, 26. — Jugement du 4 novembre 1851 homologuant le concordat du 9 octobre 1850. — Remise de 85 % en principal, intérêts et frais. — Les 15 % non remis payables, par le sieur Weber, par cinquièmes, le 10 octobre des années 1851, 1852 et suivantes. — N° du Greffe 9,533.

WEGMANN, veuve et fils, *tailleurs*, *rue St-Marc*, 14. — Jugement du 30 avril 1851 homologuant le concordat du 12 avril 1851. — Remise à la dame Wegmann et fils, de 70 % et de tous intérêts et frais. — Les 30 % non remis payables en trois ans, de six mois en six mois, par paiements de 5 %, pour le premier paiement avoir lieu fin octobre 1851. — N° du Greffe 9,707.

WEIL frères, Joseph et Salomon, *toiles*, *rue St-Fiacre*, 4. — Jugement du 20 juin 1861 homologuant le concordat du 29 mai 1861. — Remise de 80 %. — Les 20 % non remis payables : 5 % dans le mois de l'homologation, 15 % en trois ans, par tiers, de la même époque. — N° du Greffe 16,239.

WEIL, Salomon, *fabricant de casquettes*, *rue de Rambuteau*, 24. — Jugement du 1er juin 1854 homologuant le concordat du 10 mai 1854. — — Remise de 75 %. — Les 25 % non remis payables en cinq ans, par cinquièmes, d'année en année, pour le premier paiement avoir lieu le 1er juin 1855. — N° du Greffe 11,367.

WEIL, Samuel, *fabricant de casquettes*, *rue du Temple*, 38. — Jugement du 23 octobre 1855 homologuant le concordat du 25 septembre 1855. — — Remise de 75 %. — Les 25 % non remis payables en cinq ans, par cinquièmes, d'année en année, pour le premier paiement avoir lieu le 30 septembre 1856. — N° du Greffe 12,476.

WEIL, Abraham, *marchand forain*, *rue de l'Orillon*, 21, *ci-devant*, *à Belleville*. — Jugement du 14 mai 1860 homologuant le concordat du 3 mai 1860. — Abandon de l'actif énoncé au concordat. — Obligation, en outre, de payer 10 % des créances en cinq ans, par cinquièmes, du 1er mai. — M. Lamoureux, maintenu syndic. — N° du Greffe 16,841.

WEIL, SIMON, *marchand de draps, rue Mandar*, 14. — Jugement du 9 décembre 1859 homologuant le concordat du 29 novembre 1859. — — Remise de 80 %. — Les 20 % non remis payables en quatre ans, par quarts, du 1er février. — N° du Greffe 16,337.

WEILER, MOÏSE-CHARLES, *confection, à la Villette, rue Mogador*, 17. — — Jugement du 19 juin 1857 homologuant le concordat du 10 juin 1857. — Remise de 75 %.— Les 25 % non remis payables en trois ans, par tiers, d'année en année, du jour du concordat. — N° du Greffe 13,821.

WEILL, *négociant, rue St-Sauveur*, 95. — Jugement du 31 mars 1862 homologuant le concordat du 8 mars 1862. — Remise de 85 %. — Les 15 % non remis payables en trois ans, par tiers, du concordat. — N° du Greffe 19,033.

WEILL, *fabricant de chemises, rue du Mail*, 19. — Jugement du 28 octobre 1862 homologuant le concordat du 9 septembre 1862. — Remise de 85 %. — Les 15 % non remis payables en trois ans, par tiers, à compter de ce jour. — N° du Greffe 99.

WEIS, GEORGES, *brocanteur, rue du Four-St-Honoré*, 12. — Jugement du 3 août 1857 homologuant le concordat du 23 juillet 1857. — Remise de 75 %. — Les 25 % non remis payables, sans intérêts : 5 % le 1er septembre 1858 et 10 % un an et deux ans après. — N° du Greffe 13,788.

WEL-PICARD, *marchand de broderies, boulevard Sébastopol*, 121, *et rue du Caire*, 31. — Jugement du 18 juin 1849 qui homologue son concordat. — N° du Greffe 27.

WEL, SOPHIE, veuve en premières noces, d'Aron-Caen, femme WORMS aîné, *lingerie, rue de Richelieu*, 25. — Jugement du 24 avril 1854 homologuant le concordat du 3 avril 1854. — Remise de 80 %. — Les 20 % non remis payables en quatre ans, par quarts, d'année en année, à partir du jour du concordat. — M. Wel-Durant, cautions des dividendes promis. — N° du Greffe 11,319.

WELLER, ADAM, *tailleur, rue de Richelieu*, 44. — Jugement du 22 novembre 1861 homologuant le concordat du 7 du dit mois. — Remise de 75 %.— Les 25 % non remis payables en cinq ans, par cinquièmes, de l'homologation.— N° du Greffe 18,639.

WERLÉ-ZILZ et Ce, FERDINAND et HENRI, *commissionnaires, rue Hauteville*, 17. — Jugement du 20 novembre 1855 homologuant le concordat du 9 novembre 1855. — Remise de 85 %.— Les 15 % non remis payables : 3 % fin novembre 1856, et 4 % fin novembre 1857, 1858 et 1859. — N° du Greffe 12,431.

WERNET, *tailleur, rue de Grammont*, 1.—Jugement du 24 septembre 1849 homologuant son concordat. — N° du Greffe 439.

WERNET fils, ANTOINE-BERNARD, *cirier, rue du Bac*, 32. — Jugement du 9 janvier 1854 homologuant le concordat du 1er décembre 1853. — Abandon par le sieur Wernet à ses créanciers, de l'actif dépendant de la faillite. — Obligation, en outre, de leur payer 40 %, sans intérêts, sur le montant de leurs créances, par fractions de 3 % par an, à partir du 1er novembre 1854 jusqu'au 1er novembre 1866, et 4 % le 1er novembre 1867. — M. Fourcade, nommé pour réunir et répartir l'actif abandonné. — N° du Greffe 9,675.

WERY, EUGÈNE, *entrepreneur de constructions, à Passy, rue Basse*, 62. — Jugement du 22 juillet 1862 homologuant le concordat du 16 juin 1860. — Remise de 85 %. — Les 15 % non remis payables en trois ans, par tiers, de l'homologation. — N° du Greffe 101.

WETZELS et **VAN-GILS**, société, *exploitateurs de pianos, rue du Bac*, 68. — Jugement du 20 avril 1860 homologuant le concordat du 17 mars 1860. — Obligation par le sieur Wetzels, personnellement, de payer aux créanciers de la société le complément du montant de leurs créances. — N° du Greffe 13,345.

WEUZEL, société ROST-BAILLY et Ce, *portefeuilliste, rue Notre-Dame-de-Nazareth*, 38.— Voir : BAILLY, demoiselle, société ROST.— N° du Greffe 12,849.

WEYGAND, AUGUSTE-SÉRAPHIN, *bronzes, rue Vieille-du-Temple*, 108. — Jugement du 9 décembre 1858 homologuant le concordat du 23 novembre 1858. — Remise de 70 %. — Les 30 % non remis payables, sans intérêts, en six ans, par sixièmes, de l'homologation.—N° du Greffe 15,083.

WILERMY, ISIDORE-CONSTANT, *libraire, rue Poissonnière*, 29.—Jugement du 24 décembre 1855 homologuant le concordat du 12 décembre 1855. —Abandon par le sieur Willermy à ses créanciers, de l'actif énoncé au concordat. —M. Decagny, rue Greffulhe, 91, commissaire à l'exécution, du concordat. — N° du Greffe 12,590.

WILLI frères, *négociants, à Belleville, rue de l'Alma, et actuellement place Ménilmontant*. — Jugement du 12 mars 1860 homologuant le concordat du 27 février 1860.— Remise de 75 %. — Les 25 % non remis payables avant l'expiration d'un mois du concordat, en un seul paiement. — N° du Greffe 16,037.

WIMMERLIN, ERNEST, *imprimeur, rue du Petit-Carreau*, 5. — Jugement du 4 juin 1861 homologuant le concordat du 11 mai 1861.—Remise de 70 %. — Les 30 % non remis payables, sans intérêts, en cinq ans, par cinquièmes, du 1er juin.— N° du Greffe 17,994.

WINTERNITZ, LÉOPOLD, *meubles, rue Chapon*, 26. — Jugement du 3 décembre 1849 homologuant et déclarant non affranchi. — N° du Greffe 627.

WINTERNITZ, LÉOPOLD, *ébéniste, rue de la Cerisaie*, 31.— Jugement du 7 juin 1860 homologuant le concordat du 7 mars 1860.— Remise de 75 %.— Les 25 % non remis payables en cinq ans, par cinquièmes, du concordat. — N° du Greffe 16,612.

WIRTH et **CRUWELL**, GEOFFROY, *commissionnaires en passementerie, rue de Rambuteau*, 76. — Voir : CRUWELL. — N° du Greffe 13,607.

WITTE (de) et **HUSBAND**, GÉRARD, *anciens commissionnaires en marchandises à Passy, place de la Mairie*. — Voir : HUSBAND Gérard, de la société WITTE et HUSBAND. — N° du Greffe 11,303.

WITTERSHEIN et Ce, ALEXIS, *négociants, ayant demeuré à Puteaux, rue St-Maur-Popincourt*, 36 *bis*. — Jugement du 14 mai 1850 homologuant le concordat du 20 avril 1850. — Remise de 80 % en principal et accessoires. —Les 20 % non remis payables dans le mois de l'homologation, par les soins de M. Herou, commissaire à cet effet.— N° du Greffe 6,588.

WOHLGEMUTH, JOSEPH, *pharmacien, à Montmartre, rue de l'Empereur*, 24. — Jugement du 15 juillet 1861 homologuant le concordat du 26 juin 1861. — Abandon de l'actif énoncé au concordat. — M. Kneringer, maintenu syndic. — N° du Greffe 17,182.

WOITTEQUAND, JACQUES-HENRI, *marchand de meubles, rue Ménilmontant*, 66. — Jugement du 19 décembre 1859 homologuant le concordat du 7 novembre 1859. — Remise de 70 %. — Les 30 % non remis payables en cinq ans, par cinquièmes, de l'homologation.— N° du Greffe 16,256.

WOIVRE ou **WOIVRE**, ANTOINE, *marchand bottier, rue du Mail*, 1, *et actuellement rue Notre-Dame-des-Victoires*, 40. — Jugement du 4 octobre 1852 homologuant le concordat du 8 septembre 1852. —Remise de 90 % en principal, intérêts et frais.— Les 10 % non remis payables en quatre ans, par quarts, pour le premier paiement avoir lieu fin septembre 1853 et ainsi successivement.— N° du Greffe 10,471.

WOLF, FRÉDÉRIC, *marchand ambulant, rue Saint-Martin*, 11. — Jugement du 26 mars 1849 qui homologue son concordat.—N° du Greffe 15.

WOLF, SALVADOR, *tissus, rue Neuve-Saint-Eustache*, 18. — Jugement du 30 septembre 1862 homologuant le concordat du 9 septembre 1862. — Remise de 75 %. — Les 25 % non remis payables, en quatre ans, par quarts, de l'homologation. — N° du Greffe 199.

WOLFF, ÉMILE, *fabricant de bronzes, rue Vieille-du-Temple*, 106.— Jugement du 12 mars 1856 homologuant le concordat du 15 février 1856. —Remise de 80 %.—Les 20 % non remis payables, par tiers, dans trois, cinq et huit mois de l'homologation. — N° du Greffe 12,813.

WOLHEIM, ÉDOUARD, *négociant en tissus, rue Grénéta*, 5. — Jugement du 23 août 1862 homologuant le concordat du 2 dudit. — Remise de 75 %. — Les 25 % non remis payables : 6 % dans un, deux et trois ans, et 7 % dans quatre ans, de l'homologation. — N° du Greffe 19,644.

WORMS, société LOEB et Cie, JULES-DAVID, *lingeries, rue de Mulhouse*, 4. — Voir : LOEB. — N° du Greffe 16,105.

WORMS, SIMON, *colporteur à Vincennes, rue de Paris*, 27. — Jugement du 15 décembre 1858 homologuant le concordat du 1er décembre

1858. — Remise de 85 %. — Les 15 % non remis payables en trois ans, par tiers, du 30 novembre. — N° du Greffe 15,179.

WORMS, Charles, *commissionnaire*, *rue de la Douane*, 7. — Jugement du 30 septembre 1862 homologuant le concordat du 1er du dit. — Remise de 85 %. — Les 15 % non remis payables sans intérêts, en trois ans, par tiers, du concordat. — N° du Greffe 19,926.

WORMS, dame Daniel WEL, Sophie, *lingeries*. — Voir : Sophie WEL, femme WORMS. — N° du Greffe 11,309.

WRIGHT, Georges-Henri, *commissionnaire en drogueries*, *rue de Provence*, 1. — Jugement du 18 septembre 1850 homologuant le concordat du 4 septembre 1850. — Remise de 85 % en principal, intérêts et frais. — Les 15 % non remis payables, par le sieur Wright en trois paiements de 5 %, les 15 septembre 1851, 1852 et 1853. — N° du Greffe 9,282.

WUNDER, Jean-Auguste-Ferdinand, *négociant galvonoplaste*, *rue Vavin*, 48. — Jugement du 7 décembre 1859 homologuant le concordat du 14 novembre 1859. — Remise de 80 %. — Les 20 % non remis payables en quatre ans, par quarts, de l'homologation. — N° du Greffe 15,754.

WUNSCH, Adam, *tailleur*, *rue du Mail*, 14, *et à Montmartre*, *boulevard Rochechouart*, 78. — Jugement du 12 avril 1853 homologuant le concordat du 25 mars 1853. — Remise de 90 %. — Les 10 % non remis payables par le sieur Wunsch, sans intérêts, en cinq ans, par cinquièmes, pour le premier paiement avoir lieu le 1er avril 1854 et ainsi successivement. — N° du Greffe 10,641.

WUY et Cie, *liquoriste*, *à Auteuil et à Sèvres*. — Jugement du 13 octobre 1851 homologuant le concordat du 27 septembre 1851. — Remise de tous intérêts et frais et de 90 %. — Les 10 % non remis payables par WUY, Louis-Adolphe, rue du Temple, 13, gérant de la société, par septièmes, d'année en année. — Le premier paiement le 13 octobre 1852. — De Villequier et Tourneus, commissaires, pour toucher une somme de 5,000 fr. avec intérêts et frais appartenant à la masse. — N° du Greffe 9,040.

Y

YART, Nicolas, *teinturier*, *à St-Denis*, *rue de la Charronnerie*, 15. — Jugement du 4 avril 1855 homologuant le concordat du 14 mars 1855. — — Remise de 80 %. — Les 20 % non remis payables aussitôt l'homologation du concordat. — N° du Greffe 10,458.

YVER, Prosper-Alfred, *fabricant de fleurs artificielles*, *rue de l'Echiquier*, 30. — Jugement du 24 décembre 1861 homologuant le concordat du 6 décembre 1861. — Remise de 80 %. — Les 20 % non remis payables en quatre ans, par quarts, du 30 novembre. — N° du Greffe 18,725.

YVON, François-Germain, *fabricant de voitures*, *à la Chapelle-St-Denis*, *rue des Poissonniers*, 38. — Jugement du 18 novembre 1858 homologuant le concordat du 20 octobre 1858. — Remise de 60 %. — Les 40 % non remis payables : 5 % les 15 juin 1859 et 1860, et 10 % les 15 juin 1861, 1862 et 1863. — N° du Greffe 15,072.

YONNET, Louis-Alexandre, *marchand de bois et vins*, *faubourg St-Denis*, 85. — Jugement du 21 juillet 1856 homologuant le concordat du 4 juillet 1856. — Remise de 85 %. — Les 15 % non remis payables en quatre ans, par quarts, d'année en année, pour le premier paiement avoir lieu le 1er juillet 1857. — Affectation des sommes énoncées au concordat, au paiement des dividendes. — M. Lefrançois, rue de Grammont, 16, commissaire à l'exécution du concordat. — N° du Greffe 11,613.

Z

ZEIHERR, Charles, *vins*, *pâtissier*, *boulevard Rochechouart*, 58. — Jugement du 1er septembre 1851 homologuant le concordat du 16 août 1851. — Remise de tous intérêts et frais, et de 90 %. — Les 10 % non remis payables en trois ans, d'année en année, à partir du 1er septembre 1851. — N° du Greffe 7,823.

ZELGER, Louis, *marchand de modes*, *passage Véro-Dodat*, 23. — Jugement du 4 décembre 1857 homologuant le concordat du 16 novembre 1857. — Remise de 75 %. — Les 25 % non remis payables, sans intérêts, en cinq ans, par cinquièmes, d'année en année, du jour de l'homologation. — N° du Greffe 14,191.

ZEMP, *carrossier*, *allée des Veuves*, 15. — Jugement du 16 avril 1849 homologuant son concordat. — N° du Greffe 177.

ZILZ, Henri, de la société WERLÉ, ZILZ et Ce, *commissionnaires*, *rue Hauteville*, 17. — Voir : WERLÉ, ZILZ et Ce. — N° du Greffe 12,431.

ZIMMERMANN, André, *bottier*, *rue St-Denis*, 59. — Jugement du 29 octobre 1861 homologuant le concordat du 11 octobre 1861. — Remise de 90 %. — Les 10 % non remis payables en deux ans, par moitiés, de l'homologation. — N° du Greffe 18,209.

ZOELLIN, Jean-Baptiste, *ancien limonadier*, *passage des Panoramas*, 16, *Galerie Montmartre*. — Jugement du 12 septembre 1855 homologuant le concordat du 24 août 1855. — Remise de 90 %. — Les 10 % non remis payables en cinq ans, d'année en année, pour le premier paiement avoir lieu le 1er septembre 1856. — N° du Greffe 11,372.

ERRATA:

CAVELON ou **CAVELAN.** — Concordat nul.

HASTAINGT et **POURRET DES GAUDS.** — Concordat nul.

CONCORDATS OMIS DE 1848 A 1863.

ANCELET, Jean-Marie, *entrepreneur de bâtiments, rue St-Germain*, 34, *à Charonne.* — Jugement du 26 mars 1851 homologuant le concordat du 21 août 1851. — Remise de 84 % en principal, intérêts et frais. — Les 16 % non remis payables, savoir : 10 % au fur et à mesure des recouvrements de l'actif porté au bilan et au plus dans deux ans, et 6 % par tiers, le 1er février des années 1852, 1853 et 1854. — M. Honin, commissaire. — N° du Greffe 9,387.

BRIOU ou **BRIÈRE**, veuve LEGUAY, de la société BÉDIGIÉ. — Voir : BÉDIGIÉ et Cie.

CHAIGNIEAU, veuve, née HÉLIOT, Rose. — Voir : HÉLIOT, veuve CHAIGNIEAU.

GATEAU dit LAMAUVE, *négociant, rue Saint-Antoine*, 110. — Jugement du 20 septembre 1862 homologuant le concordat du 3 du même mois. — Remise de 80 %. — Les 20 % non payables, dans trois mois de l'homologation. — M. MAUVE dit LAMAUVE, caution. — N° du Greffe 17,975.

GUEYRARD, de la société RICHY, *négociant à Batignolles.* — Voir : RICHY et GUEYRARD. — N° du Greffe 11,584.

JAMIN, de la société VIDAL, Paul-René-Jacques, *exportateur, passage Choiseul*, 13. — Voir : JANNIN, de la société Marius VIDAL. — N° du Greffe 13,612.

LAMY, Léopold, *entrepreneur, boulevard de Strasbourg*, 24. — Jugement du 1er décembre 1859 homologuant le concordat du 22 novembre 1859. — Abandon de l'actif. — Obligation de payer 5 % en cinq ans, par cinquièmes, le 15 décembre des années 1861, 1862, 1863, 1864 et 1865. — N° du Greffe 15,942.

LHENRY, Joseph-Hippolyte, *entrepreneur de spectacles-concerts, rue Bonne-Nouvelle*, 20 *et* 22. — Concordat du 25 mars 1850.

LOULLIER ou **LOULLIEZ**, dame CHIBOURG, Joséphine, *confectionneuse, rue du Temple*, 195. — Voir : CHIBOURG, dame, née LOULLIER. — N° du Greffe 19,610.

MAURICE, Alfred, *chapelier, rue de la Chaussée-d'Antin*, 8. — Jugement du 24 août 1853 homologuant le concordat du 25 juillet 1853. — Remise de 75 %. — Les 25 % non remis payables en quatre ans, par quarts, d'année en année, du jour du concordat. — N° du Greffe 10,880.

PARANT, *limonadier, rue du Faubourg-Saint-Antoine*, 133. — Voir : PARENT. — N° du Greffe 17,634.

RAFFIN ou **RUPPIN**, — Voir : GUIMARES.

RUPPIN ou **RAFFIN**. — Voir : GUIMARES.

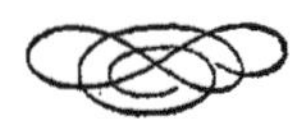

Orléans, Imprimerie et Stéréotypie CHENU, rue Croix-de-Bois, 21.

DICTIONNAIRE DES FAILLITES.

DE 1848 A 1863.

ERRATA.

TABLEAU SYNOPTIQUE DES FAILLITES,

CONCORDATS, UNIONS, SÉPARATIONS, INTERDICTIONS, ETC.

ERRATA.

La composition typographique a commis divers ERRATA qui sont rectifiés par ce qui suit :

EXPLICATION DES ASTÉRISQUES ET ABRÉVIATIONS.

* Ce signe, placé à la colonne des Syndics et Avoués, indique que le nom qu'il précède est le nom d'un Avoué.

* L'astérisque, à la colonne des Conseils Judiciaires et Interdictions, marque l'Interdiction.

* Dans la colonne des séparations, l'astérisque énonce la date de l'insertion, celle du jugement n'étant point énoncée dans le journal. L'absence de ce signe indique un jugement rapporté, ou un affranchissement.

Les abréviations des mois sont trop familières au lecteur pour qu'il soit besoin de les expliquer.

Le Millésime n'est indiqué que par les deux derniers chiffres : — 49, — 1849 ; — 50, — 1850.

A

NOMS PRÉNOMS, PROFESSIONS ET DOMICILES.	SYNDICS ET AVOUÉS.	FAILLITES	CONCORDATS	INSUFFISces ET UNIONS.	SÉPARATS.	CONS. JUDIC. ET INTERDICT.	AFFRANCH. ET RÉHABILIT.
ALBOISSARD, veuve BOUDET, vins, rue Basse-du-Rempart, 52...	Quatremère..	21 mai 53	3 oct. 55				
ALIEU, JOSÉPHINE, femme SICARD, (soc. WEBER), etc., etc......	Decagny	27 août 61	....	*30 sept. 62			
ALINOT, LOUIS-ARMAND, ex-marchand de vins, rue Lacuée, 6...	Bulard	16 janv. 62					
ALLOT, fils aîné, JACQUES, négt. en poteries, rue Lacépède, 49...	Lefrançois...	15 avril 58	26 juill. 58				
AMABLE, (de la société LOCHE), négociant, à Belleville........	Sergent	6 juill. 58	....	*22 sept. 58			
AMBEL (d') EUGÈNE-ALIS, éditeur de musique, etc.............	Filleul	7 janv. 57	30 avril 57				
ANCELET, JEAN-MARIE, entrepreneur, à Charonne.............	Hénin.......	18 mars 50	26 mars 51				
ANTHOINE, ALPHONSE-JOSEPH, peintures, faubourg St-Martin, 231	Chevallier ...	17 janv. 60					
ARABIE frères. *Voir* : ABADIE frères.							
ARAT, ARMAND, de la société BARTIAL. *Voir* : RAT............	Millet.......	2 mars 54	11 août 54				

NOMS PRÉNOMS, PROFESSIONS ET DOMICILES.	SYNDICS ET AVOUÉS.	FAILLITES	CONCORDAT.	INSUFFIS.es ET UNIONS.	SÉPARAT.	CONS. JUDIC. ET INTERDICT.	AFFRANCH. ET RÉHABILIT.
ARMAND femme de PAUL-EUGÈNE, (de la société JACOBI), etc...	Richard.....	23 sept. 58	4 févr. 59				
ARTUS, grainetier, à Vaugirard..........	....	12 déc. 60					
AUDE, FERDINAND, négociant..........	....	....	....	....	....	....	* 23 déc. 48
AUBURTIN, (faillite du 1er juin 1830). Lisez : AUCHER jeune, etc.	....	1er juin 30					
AUBURTIN, AUGUSTE-JOSEPH. Lisez: AUCHER, AUGUSTE-JOSEPH..	Lamoureux. .	4 fév. 00	10 juill. 00				
AUDIAT, FERDINAND et JACOLET. Lisez : AUDIAT-JACOLET, sr et de							
AUGADE fils, jeune, GÉRAUD, tôlier, rue Louis-Philippe, 1...	Beaufour....	31 oct. 55	30 sept. 56	14 juill. 57			
AUGÉ, JULIEN-ÉMILE, épicier, à Montmartre, rue de l'Abbaye, 7.	Chevallier...	13 mai 62	....	* 18 juin 62			
AUGÉ, JEAN-BAPTISTE. *Faillite nulle.*							
AUMONT fils, LOUIS-ACHILLE, négociant en tissus-caoutchouc, etc.	Breuillard...	9 déc. 59	....	....	....	....	31 janv. 60
B							
BAILLOT, NOEL, société dite café Bréda, négociant, etc.......	Henrionnet..	23 mars 52	....	* 29 sept. 53			
BAILLY, entrepreneur, rue Bellefond, 30..........	....	17 mai 52	6 déc. 53				
BARÉDA, demoiselle ROSINE, lingère, rue St-Honoré, 205......	Battarel.....	21 déc. 60					
BARISEEL, ROMAIN-CHRÉTIEN-FIDÈLE, pâtis., r. des Moulins, 13.	Crampel.....	8 janv. 58	....	* 23 mars 58			
BASSOULLET, JULES, commissionnaire, rue du Petit-Carreau, 30.	....	14 févr. 54	20 juill. 54				
BAUDIN, mécanicien, rue Ménilmontant, 173..........	Moncharville.	27 déc. 60	....	* 21 janv. 61			
BAUDRY-ÉTIENNE, veuve TUADEL, FRANÇOIS-AUGUSTIN, etc....	* Prévost....	....	....	....	21 avril 57		
BAUER, négociant, rue Rodier, 1, ci-devant rue des Martyrs, 66.	Lacoste.....	4 nov. 59	....	24 févr. 60			
BAZIN, VICTOR, marchand de draps, rue Montmartre, 65.......	....	....	....	....	....	27 sept. 55	
BELIN, négociant, rue des Dames, 40, Batignolles............	Devin.......	14 mai 61	....	* 29 juin 61			
BELLETTRE, FRANÇOIS-VALENTIN, épicier, à la Chapelle........	Battarel.....	16 déc. 52	....	* 12 déc. 53			
BELLORGÉ, PIERRE-ANTOINE, passementier, rue St-Denis, 270.	Crampel.....	18 févr. 58	18 juin 58				
BELORGÉ, PIERRE-ANTOINE. *Voir* BELLORGÉ.							
BELVAL, JEAN-LOUIS, layetier, rue Meslay, 7..........	Bourbon.....	12 avril 53	....	* 8 juin 55			
BERGERET dame, JEAN-BAPTISTE, limonadière, place Royale, 22.	.....id.....	14 août 56	19 nov. 56				
BERINDOAGUE, JEAN, personnellement, r. Geoffroy-St-Hilaire, 23	Sergent.....	5 août 51					
BERNARD et LEBRETON, fabricants de bronzes, r. Popincourt, 94.	Pascal.......	26 juill. 53					
BERNARD, ÉDOUARD-THÉOPHILE, fabricant de bronzes, etc....	.....id.....	21 juin 53	28 nov. 53				
BERNARD et dame ANNET. Lisez : BERNARD-ANNET, sr et de...							
BERTAU, négociant, rue d'Anjou-au-Marais, 4..........	Lecomte.....	1er mars 55	....	28 juil. 57			
BERTIN PAUL (de la société NAVET et Ce), etc..........	Crampel.....	27 juill. 55	24 juin 56				
BERTRAND, AUGUSTE, commissionnaire en soies, etc.........	Duval.......	16 sept. 53	7 déc. 54				
BESOMBES, JUSTIN, md de vins, pass. de la Tuile, 7, à Batignolles	....	31 août 48	....	....	....	....	* 17 juil. 58
BESSON, GUSTAVE, md d'instruments de cuivre..........	....	....	....	....	....	....	* 11 mars 55
BÉTON, JEAN-ANDRÉ, fabricant de gants. Lisez : BÉTOU.							
BEUDIN-FÉRAUD, AUGUSTE, banquier, rue Laffite, 39..........	* Péronne...	....	....	....	* 25 mai 48		
BÉVALOT, négociant, rue du Mail, 12..........	Battarel.....	13 juin 51	....	* 21 août 55			
BÉZARD, CHARLES, commissionnaire, rue de l'Oratoire, 30......	Geoffroy.....	12 sept. 51	....	....	....	....	2 sept. 52
BÉZON et Ce. Voir BÉZARD, CHARLES, rue de l'Oratoire, 30.							
BIGOT-BOULLIÈRE. Lisez : BIGOT-ROULLIÈRE.							
BIGOY et Ce, ALPHONSE, distillateurs à la Villette..........	Sergent.....	20 janv. 58					
BIGOY, ALPHONSE, distillateur, à la Villette..........	Battarel.....	16 oct. 60	3 juin 61				
BIGOY, STANISLAS, distillateur, à la Villette..........	.....id.....	....id....	....id....				
BINET, négociant, rue des Quatre-Fils, 6, ci-devant, rue Baillet.	Filleul......	4 juin 58	13 avril 59				

NOMS PRÉNOMS, PROFESSIONS ET DOMICILES.	SYNDICS ET AVOUÉS.	FAILLITES	CONCORDATS	INSUFFISces ET UNIONS.	SÉPARATS.	CONS. JUDIC. ET INTERDICT.	AFFRANCH. ET RÉHABILIT.
BIRON (de la société Barthélemy). Lisez : société BERTHELÉMY.							
BLANC-SOLMS (de) Joseph-Louis-Alexandre, à Montmartre	* Froc				5 août 62		
BLANCHIN aîné, François-Sébastien, mécan., faub. St-Martin, 81	Breuillard	10 janv. 50					1er mai 50
BLIN et dame, md de salines, rue Pavée-St-Sauveur, 2	Richomme	7 janv. 50	20 oct. 50				* 23 janv. 58
BOBILLOT, Joseph, marchand de vins, à Vaugirard	Decagny	20 févr. 56					
BOCQUET, dame JAUME, Marie, rue Beaurepaire, 3	Chevaillier	24 août 57	14 juill. 58				
BOISSEAU, Pierre-François, banq., imp. St-Sébastien, 8 et 10	Isbert	30 oct. 56	13 mai 57	* 1er oct. 58			
BOISSELET, Charles, md de bois, rue Ste-Marguerite-St-Ant.	Lefrançois	19 avril 61					
BONDERFER, dame ODIL, hôtel garni, rue Grenelle-St-Honoré, 10		18 févr. 47					13 avril 48
BONHOMME, Honoré, marchand de vins, quai Jemmapes 98	Normand	28 févr. 62		28 mars 62			
BONTUS, Achille-Antoine-Joseph, propriétaire, etc.						* 8 juill. 53	
BOREL et Ce, Pierre-Frédéric, restaurateurs, rue Richelieu, 112	Baudouin	12 sept. 48					
BOTIAUX, Pierre-Louis, peintre, rue de Greffulhe, 12	Isbert	28 juin 61	28 nov. 62	* 30 oct. 61			
BOTTY-FERRY, Antoine-Michel, ex-marchand linger, etc.	Boulet	17 sept. 52	6 avril 54				
BOUCHER, dit NOEL, Charles-René, vins, rue Ste-Croix-d'Antin, 7	Geoffroy	11 mai 49		* 15 mai 56			
BOUDIN, Charles-Antoine, ag. d'aff., av. des Champs-Élysées, 47	Huet	25 juill. 53	21 sept. 54				
BOURSIN, Pierre-François, vins, rue du Puits-de-Vendôme, 1	Millet	6 déc. 61	18 mars 62				
BOUSSARD-RADUTEAU, rue St-Maur, 157	* Trodoux				29 déc. 50		
BOUVET, Ferdinand, passementier, rue Montmartre, 103	Bourbon	5 août 61		* 20 avril 62			
BOUVIER, Pierre-Nicolas, fabric. de boutons, r. St-Ferdinand, 9	Bégis	10 juin 62	17 sept. 62				
BRAQSÈNE, Valentine-Geneviève, hospice de la Salpêtrière						* 14 oct. 58	
BREDGEM fils, Charles-Thomas, cristaux, à Grenelle	Filleul	10 avril 55					
BREMANT et Ce, négociants, à Romainville. Lisez : DREMANT.							
BRÉON et Ce, négociants, rue Geoffroy-Marie, 14	Pluzanski	6 sept. 54	19 févr. 57				
BRÉON, Edme-Jean-Auguste, gérant de la Ce, à Nanterre	id.	id.	id.				
BRIÈRE, dame veuve LEGUAY. Lisez : BRIOU, veuve LEGUAY.							
BRILLE, Jean-Baptiste, tailleur, rue Lepelletier, 25	Lefrançois	27 déc. 61					
BRIOU-LEGUAY, veuve, (de la soc. Dédigier), limonad., r. Samson	Heurtey	2 mars 52	17 juin 54				
BRULÉ-GRASSET, à Vaugirard. Lisez : BRULÉ-GRASSOT.							
BRUSSANT, Alphonse. Lisez : BRUSSAUT.							
BUFTEAU-LOUZIER, Antoine-Henri, à Gentilly	* Guédon				* 4 sept. 55		

C

NOMS PRÉNOMS, PROFESSIONS ET DOMICILES.	SYNDICS ET AVOUÉS.	FAILLITES	CONCORDATS	INSUFFISces ET UNIONS.	SÉPARATS.	CONS. JUDIC. ET INTERDICT.	AFFRANCH. ET RÉHABILIT.
CADET, Marie-Jeanne, dame THOMMEREL, etc.	Huet	20 oct. 52		* 21 févr. 53			
CAHEN, demoiselle Clara, broderies, rue St-Sauveur, 49	Pascal	18 avril 54	4 déc. 54				
CAILLEMER, Henri-Augustin, rue et hôtel Malher						18 août 59	
CAINGNARD et Ce, Alexandre, limonadiers, etc.	Lacoste	2 oct. 60	22 févr. 61				
CAINGNARD et Ce, id. id.	Heurtey	6 déc. 62					
CAMBOURNAC, Joseph, nourrisseur, à Clichy-la-Garenne	Bourbon	22 janv. 61	12 févr. 62				
CAMBOURNAC, id. id. id.	Beaufour	8 août 62					
CANAPLE, Constant, limonadier, galerie Véro-Dodat, 35 et 37	Lefrançois	25 juin 49		25 juin 49			
CASTELBAJAC de la BARTHE-THERMES, Charles-Louis-Henri	* Gaullier				6 avril 58		
CATTIER-BANCILLON, Jules Arsène-Neston, boulevard Morland	* Sibire				* 27 juill. 60		
CAUDERON et Ce, Jean-Baptiste-Louis, rue des Vignes	Boulet	24 déc. 50					
CAUDRON, personnellement, rue d'Alger, 12, lisez : CAUDERON.	id.	20 mars 55		* 4 févr. 56			
CAUSSADE, Jacques, de la société HAMM, coutelier, etc.	Millet	18 janv. 53	7 fév. 54				

NOMS, PRÉNOMS, PROFESSIONS ET DOMICILES.	SYNDICS ET AVOUÉS.	FAILLITES	CONCORDATS	INSUFFISces ET UNIONS.	SÉPARATs.	CONS. JUDIC. ET INTERDICT.	AFFRANCH. ET RÉHABILIT.
CAVELAN et Ce, mines des Pyrénées-Centrales..............	Heurtey.....	13 juill. 49	....	13 juill. 49			
CAVELAN et Ce, id. id.	.....id.	6 avril 52					
CAYOL fils, Jean-Henri-Théophile, loueur de voitures, etc.....	....		....	....	....	3 mars 48	
CELLE, dame Firmin-Alexandre, bijoutière, r. Montmartre, 152.	Hécaen.....	1er avril 62	2 sept. 62				
CHAIGNIEAU, veuve, née Rose HÉLIOT, nouveautés, etc....	....	22 janv. 50	22 janv. 50.				
CHANET, Camille, dentelles, rue Choiseul, 3...............	Sautton	30 nov. 59					
CHANTRIER aîné, et Jean-Baptiste, rue du Four-St-Honoré, 12.	Tiphagne....	1er juill. 48	4 nov. 50				
CHAPELLE, Jules, de la Soc. MALLET, chemisier, rue de Cléry.	Chevallier...	1er août 59					
CHAPPE, Louis-Pierre, libraire-éditeur, r. des Beaux-Arts, 5...	Quatremère..	15 oct. 60					
CHAPPÉE et BRUNFAUT, Guillaume-Édouard et Louis-Joseph...	Duval.......	21 nov. 49	1er juill. 50.				
CHARPENTIER, Thomas-Louis, loueur de voitures, etc.........	Decagny....	3 févr. 62	7 oct. 62				
CHARPENTIER, limonadier, à Batignolles.....................	.....id.	17 avril 51					
CHASTAIGNIER.... Lisez : CHASTAGNIER.							
CHAUCHY, François, vins traiteur, à Bercy..................	....	29 oct. 57					
CHAUMONT, demoiselle (Soc. BÉGNY), r. de l'Université, 52....	....	17 janv. 52					
CHEFFE, Charles-François-Sébastien, vins, r. V.-du-Temple, 58	Quatremère..	25 juin 57	11 nov. 57				
CHOISY (de), demoiselle, Camille, journal le *Courrier de Paris*.	Isbert.......	26 avril 59	29 déc. 60				
CHOPIN, carrier, à Charenton-le-Pont......................	Geoffroy....	15 juin 49	....	15 juin 49			
CLERC, Pierre, de la Société HAMM, coutelier, etc...........	Millet.......	18 janv. 53	7 fév. 54				
CLOQUET, marchand de vins, logeur, à Vanves...............	Breuillard...	5 févr. 61	....	* 3 avril 61			
COGNIET-DURAND, chapelier, rue Simon-le-Franc, 10.........	* Meynard...	....	....	....	23 août 59		
COLLIN, de la société VAUGAILLE, etc. Lisez : VANGUILLE....							
COLMONT fils, boulanger, à Belleville......................	Sergent	14 févr. 51					
COLUMEAU, Joseph-François, menuisier, chaussée du Maine, 30	....	....	12 août 50				
COQUERET, Louis-François, boulanger, à Pantin.............	Lecomte....	2 sept. 53	22 nov. 58				
COURTET, Eugène, de la Société HÉRICOURT, fab. de roulettes.	Pluzanski....	29 sep. 59					
CRÊTIEN-HENNEQUIN. Lisez : CRÊTIEU-HENNEQUIN.							
CRETTÉ, Eugène-Jean, traiteur, à Vitry......................	Heurtey	22 sept. 54	27 déc. 55				
CULOT-DELOISY, rue de l'Ancienne-Comédie, 8..............	* Marc	....	....	....	26 juill. 62		

D

NOMS, PRÉNOMS, PROFESSIONS ET DOMICILES.	SYNDICS ET AVOUÉS.	FAILLITES	CONCORDATS	INSUFFISces ET UNIONS.	SÉPARATs.	CONS. JUDIC. ET INTERDICT.	AFFRANCH. ET RÉHABILIT.
DAGUIN-CHATRY, lieutenant au 62e de ligne, boulv. Mazas, 90..	*Mouillefarine	....	....	....	1er mars 61		
DALICOURT, et les deux lignes suivantes. Lisez : DALICOUT.							
DAMBEL, Eugène-Alis, éditeur de musique. Voir : AMBEL (d')...							
DANAIN, François, ex-marchand de vins, à Aubervilliers.......	Henrionnet..	14 déc. 58					
DANIEL, de la Société FUZZI, marchand de vins, rue Mogador, 14	....	29 déc. 58	5 mars 60				
DARCQ, Pierre, marchand de vins à Aubervilliers............	Sommaire ...	28 fevr. 62	....	*31 mars 62			
DAYET aîné, Joseph. Lisez : DAYET Joseph-Aimé.							
DEBACQ, Benjamin, de la soc. VALDEMARRE, b. de Strasbourg, 85.	Crampel....	1er août 56	23 févr. 57				
DEBEAUVAIS, dame NOLET, limonadière, à Montrouge..........	Millet.......	8 juin 59					
DEBIEU, marchand de vins, rue Hauteville, 100..............	Heurtey	....	7 févr. 50	*22 août 53			
DEBROIZE, Louis-Toussaint, seconde ligne, à Passy	Pascal......	20 févr. 57					
DECAEN, Léon, teinturier, à St-Ouen........................	Thiébault....	12 déc. 48	7 févr. 54	*12 juill. 50			
DEJARDIN, Charles-Marie-François. Lisez : Clément-Marc-Franç.							
DELONDRE, Gustave, société HENRION-BERTIER, laitier, etc...	Millet.......	28 sept. 57					
DELOUCHÉ, Antoine-François, commission., b. Poissonnière, 24.	Vullier......	17 nov. 56	7 mai 57				

NOMS PRÉNOMS, PROFESSIONS ET DOMICILES.	SYNDICS ET AVOUÉS.	FAILLITES	CONCORDATˢ	INSUFFISᶜᵉˢ ET UNIONS.	SÉPARATˢ.	CONS. JUDIC. ET INTERDICT.	AFFRANCH. ET RÉHABILIT.
DELVOYE, Henri, Société VARIN, marchand de fromages, etc...	Millet	28 mars 60	21 août 60	16 déc. 61			
DEMARE et NOVINCE, entrepreneur de bains, r. Mouffetard, 72		8 août 40					
DENIER-BEAUMONT, rue Ménilmontant, 138	* Thiébault				5 mai 60		
DENIS, Jean-Louis, brasseur, à Boulogne		15 janv. 50					
DENOIRZAN, demoiselle POMMIER. — Lisez DENOIRJEAN.							
DEPRADEL Antoine, ex-négociant, r. du Petit-Carreau, 19				* 26 juin 56			
DERIVIÈRE, de la Société DURY, marchand d'objets d'art	Lefrançois	9 sept. 53					20 févr. 50
DESANT-TOUBILLON. — Lisez : DESANT-TOURBILLON.							
DESCAMPS-DUDONNERY. — Lisez : DESCAMPS-DUDONNEY.							
DESPLANQUES, Pierre-Nicolas, épicier, à Clichy	Sergent	31 mars 57	8 juillet 57	* 18 juin 61			
DESPREZ-GUILLOT et Cᵉ, manufacturiers, à Ivry	Duval	18 avril 54					
DESSIAUX, fils, Pierre-Léon, banq., r. des Petites-Ecuries, 50..	Lecomte	20 nov. 53	7 nov. 55				
DIOUDONNAT, fils, Ferdinand, mécanicien, r. Fontaine-au-Roi, 58	Lefrançois	25 mars 53	3 nov. 54				
DOLIGNY, de la Société DUMAS, directeur du théâtre historique.	Boulet	20 déc. 50	29 déc. 52				
DOMINÉ de FÉRET, Auguste-Charles-Amédé, de la Soc. MORNION	Pluzanski	29 juin 57					
DORIN, Charles, négociant, rue Richelieu, 19	Breuillard	21 oct. 53					30 mai 57
DOUARD-LAFONT, Michel, lingerie, r. N.-D.-de-Nazareth, 6	Devin	22 août 50		*23 janv. 60			
DRÉVON, Caroline, négociante, rue St-Sébastien, 53	Thiébault	7 octob. 51	11 déc. 54				
DREYFUS, Moïse, marchand de nouveautés, rue Keller, 12	Bourbon	15 avril 62	7 août 62				
DROMERY jeune, Joseph-Victor, nég. en soies, r. Boursault, 2..	Portal	9 juillet 50					
DROUT-FRAUMONT-LASSIMONE, Léon. Lisez : DROUOT.							
DUBETTIER frères, Jean-François, loueurs de voitures, etc	Decagny	26 nov. 52					
DUBOIS, négociant, rue Laferrière, 12	Maillet	9 février 44		*21 nov. 56			
DUFAT, Frédéric, de la Société JACOMME, imprimeur, etc	Crampel	31 juillet 55	18 janv. 56				
DUFLOT, vᵉ WANIN, Société VUSBAUMER. Lisez : NUSBAUMER.							
DUFOUR, Florentin-Augustin, coiffeur, place Cadet, 31	Pascal	21 oct. 57		*28 janv. 58			
DUPRÉ-ROBICHON, à Montmartre	* Daupeley				19 juillet 60		
DUPUIS, Jean-Marin, serrurier, faubourg St-Martin, 81	Breuillard	13 août 49	20 juin 50				
DUSSOURD, Joseph-Alphonse. Lisez : DUSSOURD, Alphonse.							
DUVAL, marchand de peignes, rue Grenier-St-Lazare, 7		13 mars 57	15 mai 57				
DUVAL, Auguste-Victor, commissionnaire, à Romainville	Knéringer	19 nov. 62					
DUVAL, Jean-Frédéric, serrurier, rue Amelot, 52				* 30 oct. 61			

E

NOMS	SYNDICS	FAILLITES	CONCORDATˢ	INSUFFIS.	SÉPARATˢ.	CONS. JUDIC.	AFFRANCH.
ELLIES, Charles, entrepr. d'affichages.—Voir : DELANATIVITÉ.							
ESNOUF, dame CHEVREUIL. — Voir CHEVREUIL sieur et dame.							
ETARDS (des), dᵉ TUESNOT-LÉGER.—Lisez :dᵉ QUESNOT-LÉGER							
EUDLER Georges-Guyon, de la Société HAMM, coutelier, etc	Millet	18 janv. 53	7 févr. 54				

F

NOMS	SYNDICS	FAILLITES	CONCORDATˢ	INSUFFIS.	SÉPARATˢ.	CONS. JUDIC.	AFFRANCH.
FABRE, B. négociant, rue Sainte-Apolline, 9	Decagny	19 août 51					
FAISSOLLE, négociant, rue Montfaucon, 4				* 17 juill. 57			
FALLOT, François, boulanger à Batignolles. — Lisez : FALTOT.							

NOMS, PRÉNOMS, PROFESSIONS ET DOMICILES.	SYNDICS ET AVOUÉS.	FAILLITES	CONCORDATS.	INSUFFIS. ET UNIONS.	SEPARATS.	CONS. JUDIC. ET INTERDICT.	AFFRANCH. ET RÉHABILIT.
FAUGÈRE, Jean-Justice, de la S. HAMM, r. de l'Ecole-de-Méd. 6	Millet.......	18 janv. 53	7 févr. 54				
FAVERGEON-ALY, Charles-Georges, r. de Sèvres, 159.......	* Lefaure....	....	....	....	* 20 déc. 57		
FAVRE, Pierre-Victor, ex-nég., r. de la Ferme-d-Mathurins, 58	....	....	31 oct. 50	....	....	....	31 oct. 50
FERRAND, François, négociant en nouveautés, à Montrouge....	Sergent.....	15 mars 54	9 mars 55	24 mai 59			
FERRON, François (décédé), banquier, r. Bourbon-Villeneuve, 57	Battarel.....	30 mai 48	....	25 juill. 49			
FETTERLY, carrossier. — Lisez : FETTERLY, ou FITTERLY.							
FEUGUER-FARIN, Jean-Baptiste-Gabriel. — Lisez : FEUQUER.							
FIANCETTE, Pierre-Jules, horlog., r. Neuve-des-Pet.-Champs, 5	Lefrançois...	10 sept. 57	28 nov. 57	6 mai 59			
FIASSON, de la S. TRESCARTES, passementier, à St-Mandé.....	Millet.......	14 avril 58	25 févr. 59				
FIGUET, Louis, passementier, r. St-Martin, 329..............	Crampel.....	7 mai 61	....	*5 août 61			
FILLION, Guillaume, limonadier, r. du Bac, 85...............	Maillet......	10 mars 48	....	* 2 déc. 56			
FIORE dit FLEURY, Auguste, coiffeur, r. de l'Anc.-Comédie, 12.	Sommaire...	2 juill. 60					
FISCHER, Albert-Frédéric, commissionnaire, r. Rochechouart..	Bourbon.....	5 août 58	13 avril 59				
FLEUROT, de la Société FLÉCHELLE, rue d'Amboise, 3........	Battarel.....	9 avril 58					
FLEURY et DOBEAU.—Lisez: FLEURY et BABEAU (s. FRÉVILLE).							
FLEURY, Auguste-Frédéric, liquoriste, rue Croix-Nivert, 11....	Bourbon.....	22 janv. 62					
Id. Jean-François, bonnetier, rue des Déchargeurs, 8.....	Sergent.....	19 avril 49					
Id. Arsène, bronzes, rue du Château-d'Eau, 40..........	Millet.......	8 juin 55	....	28 déc. 55			
Id Alphonse, Id Id Faillitte nulle							
FOLGAVEZ, Léonie-Marie-Rose-Albertine.—Lisez : FOLGALVEZ.							
FOLIGNIES, vᵉ DECHAËZE. — Lisez : FOLIGNIES, vᵉ DEHAËZE..							
FONDARY-SIMON, Eugène, avenue du Maine, 18...............	* Bonnel....	....	....	....	7 mai 62		
FORGET (de), demoiselle, Pauline, pension bourg., r. de la Banque, 5	Huet.........	24 juin 53	....	* 7 sept. 53			
FOUET, (soc. MOUTONNET). — Lisez : soc. MOUTON et FOUET..							
FOULON, Louis-Fortuné, vins, à Charonne.................	Besançon....	4 avril 54	26 sept. 54				
FOUQUERGUE, Jean-Pierre-Arthur, rue Ménars.............	....	....	....	22 mai 57			
FOURQUEMIN, négociant, rue Franklin, 27, à Passy..........	Huet.........	8 août 55	....	* 1er oct. 55			
FOUQUES-GUILLET (de), rue Ventadour, 9..................	* Marchand..	....	....	....	* 3 mai 50		
FRANQUEBALME, Joseph-Frédéric, entr. de bâti., r. St-Lazare, 12	....	20 déc. 58	15 avril 59				
FRÉVIGNY, dame DELMAS. — Voir : de TRÉVIGNY..........							

G

NOMS, PRÉNOMS, PROFESSIONS ET DOMICILES.	SYNDICS ET AVOUÉS.	FAILLITES	CONCORDATS.	INSUFFIS. ET UNIONS.	SEPARATS.	CONS. JUDIC. ET INTERDICT.	AFFRANCH. ET RÉHABILIT.
GABIOT, dame, Françoise, ex-restaurateur, r. Montholon, 26...	Kneringer...	7 mai 59					
GAND, Emmanuel, chemisier, rue Montmartre, 103...........	Filleul......	16 mars 59	20 juin 59				
GANDEL Frères. — Lisez : GANDELL frères.							
GASTENS, Félicité, femme MOREL, lingère, r. de la Victoire, 43.	Henrionnet..	30 janv. 60					
GATEAU dit LAMAUVE, négociant, rue St-Antoine, 110........	Richard.....	1er mars 60	20 sept. 62				
GAUDON, dame MATHELIER, Jenny, lingère, rue Charlot, 20...	Lacoste.....	8 juillet 58	18 févr. 59				
GERARD et CARDINET, Jules, mécan., r. du Grand-St-Michel, 20.	Trille.......	3 sept. 60	14 janv. 61				
GÉRAUD-LAPORTE, négociant, cité Trévise, 12..............	Bourbon.....	24 mai 59	....	* 31 août 59			
GILBERT François-Charles, limonadier, rue du Dépotoir, 14...	Bourbon.....	21 déc. 59	31 mai 60				
GIOVANI, Pavési, tailleur, rue de la Paix, 6..............	Sommaire...	31 mai 61	....	25 juin 61			
GIRAUX, négociant, rue de la Verrerie, 32.................	....	....	....	*29 nov. 49			
id. id. id.	....	....	7 déc. 59				

NOMS PRÉNOMS, PROFESSIONS ET DOMICILES.	SYNDICS ET AVOUÉS.	FAILLITES	CONCORDATS	INSUFFISces ET UNIONS.	SÉPARATS.	CONS. JUDIC. ET INTERDICT.	AFFRANCH. ET RÉHABILIT.
GLENARD, frères, vins, rue de Vaugirard, 17	Henrionnet	12 déc. 59		*30 déc. 59			
GOLDSCHMIDT, fabricant de tampons, rue Blanche, 95	Bulard	20 janv. 62		*26 mars 62			
GOSSIN, Jean-François-Étienne, statuaire, rue de la Roquette, 57	Hollet	29 juin 49					*12 déc. 56
GOUILLAT, Victor, marchand de crépins, r. de Chaillot, 22	Heurtey	14 mai 60	10 oct. 60				
GRANDCHAMPS, Jean, vins, à Batignolles	Maillet	20 juill. 48		*25 mars 57			
GRANDJEAN, Céline-Victoire, à Vincennes						7 janv. 60	
GRAVIER et CROS, Auguste, tailleurs, boulevart des Capucines, 39.	Beaufour	26 févr. 57	19 mars 58				
GRAZALŒUIL, dame POTHIER, Marie-Joséphine, rue Chapon, 20	Sommaire	5 janvier 58	30 avril 58				
GREMIAUX-JANANICOT. — Lisez : GREMIAUX-JANANIGOT.							
GRIGNE, Pierre-Edouard, de la société GAGNE et Ce	Crampel	14 nov. 55	16 févr. 57				
GUENIOT, Geneviève-Denise, veuve LOISON	Sautton	19 mars 61					
GUÉRIN, dite DUMESNIL, de la société ROUSSIA	Moncharville	19 juin 60	10 oct. 60				
GUÉRIN, veuve d'OREILLE, Louise-Adèle, vins, r. des Prêcheurs, 3	Breuillard	9 nov. 60					
GUEUX, Gustave, rue Rumfort, 11. — Lisez : GUEX.							
GUEYRARD, de la société RICHY, négociant, à Batignolles	Sergent	5 mai 54	21 nov. 54				
GUILLAUME et Cie, négociants, rue Richelieu, 102	Millet	16 mai 54		21 juin 54			

H

NOMS PRÉNOMS, PROFESSIONS ET DOMICILES.	SYNDICS ET AVOUÉS.	FAILLITES	CONCORDATS	INSUFFISces ET UNIONS.	SÉPARATS.	CONS. JUDIC. ET INTERDICT.	AFFRANCH. ET RÉHABILIT.
HACHE, Ambroise, négociant en toiles, r. Neuve St-Eustache, 35.	Bourbon	19 janv. 59					
HARDEL, sieur et dame veuve, boulangers, à Issy	Breuillard	20 juill. 60					
HARDOUIN, Louis-François, de la société CHILLIAT	Pascal	19 janv. 54	6 févr. 55				
HASTINGT et POURRET des GAUDS. — Lisez : DUCHASTAINGT.							
HATEAUX, Louis-François-Désiré. — Lisez : HATEAU.							
HAUET frères, Jean-Louis, et Omer-Sébastien, nég., r. de Bercy, 12	Richard	20 oct. 62					
HENNEQUIN, gainier, rue Michel-le-Comte, 30		4 févr. 50	4 févr. 50				
HENNIN, Alphonse, modes, faub. St-Honoré, 19.—Voir : HÉNAIN.							
HENRY-GRIMEREL, Auguste-Alphonse, à Vincennes	* Sinet				* 1er juin 55		
HENRY-GRIMPREL, Auguste-Alphonse, à Vincennes	* Motheron				* 19 janv. 56		
HÉNUIN, Alphonse, modes, rue du Faubourg-St-Honoré, 19		19 mars 55	17 déc. 55				
HERMANN, frères, Jean-Baptiste et Louis, nég., r. St-Joseph, 17.	Lefrançois	29 juin 49					24 juill. 49
HIARD, veuve JACOBI. — Lisez : HIARD, dame JACOBI.							
HORTA, dame, négociante, rue de Calais, 7	Lamoureux	11 juin 61	24 déc. 61				
HOUARD-JUILLOT. — Lisez : HOUARD-JUILLIOT.							
HOUDART aîné (société BAQUESNE), marchand de chocolats, etc.	Quatremère	3 sept. 58	29 mars 59				

J

NOMS PRÉNOMS, PROFESSIONS ET DOMICILES.	SYNDICS ET AVOUÉS.	FAILLITES	CONCORDATS	INSUFFISces ET UNIONS.	SÉPARATS.	CONS. JUDIC. ET INTERDICT.	AFFRANCH. ET RÉHABILIT.
JACQUOT, Eugène, dit de MIRECOURT, rue Montmartre, 55	Trille	17 juin 58					
JACQUOT, Félix, entrepreneur d'éclairage, rue de Provence, 76.	Pluzanski	27 juill. 59	24 janv. 60	9 déc. 62			
JAECK et PETIT, Étienne, charbons, rue Poissonnière, 17	Heurtey	21 févr. 62	15 oct. 62	11 nov. 62			
JAMIN ou JANNIN, Paul, société VIDAL, passage Choiseul, 13	Lefrançois	5 déc. 56	13 juill. 57				
JANNIN ou JAMIN, Paul, id. Voir : JAMIN.							

NOMS PRÉNOMS, PROFESSIONS ET DOMICILES.	SYNDICS ET AVOUÉS.	FAILLITES	CONCORDAT^s	INSUFFIS^{ce} ET UNIONS.	SÉPARAT^s.	CONS. JUDIC. ET INTERDICT.	AFFRANCH. ET RÉHABILIT.
JEANNE-CODET et Cie, négociants, rue de la Victoire, 8........	Heurtey....	4 mai 52					
JEANSON, Hilaire, fabricant de chapeaux, r. du Plâtre-Ste-Avoie.	Hérou.......	22 avril 57	7 août 57				
JUVENTIN, Émile, négociant, rue du Croissant, 20.............	....	31 déc. 45					
K							
KERHOENT, PUYLAROQUE et Cie, négociants, r. de la Victoire, 36.	Breuillard...	16 mai 50	27 sept. 53				
KUENTZER (soc. Gradi) (soc. l'Européenne), faub. St-Denis, 146	Crampel.....	21 nov. 54	8 mai 57				
L							
LADENBERGER, m^d boucher, à la Villette. Lisez : m^d boulanger.							
LAFFETAT, négociant en vins, rue de Meaux, 11	Beaufour....	18 janv. 56	20 mai 56	23 janv. 56			
LAFOND, Jean, rue du Temple, 70. Lisez : boulevart du Temple.							
LALOUP, marchand de vins, boulevart Rochechouart	....	17 sept. 49					
LAMACHE, dame DIDIOT, Ernestine, rue St-Honoré, 277.......	Hénin.......	28 janv. 53	20 mai 53				
LAMBERT-LANGKEN, Dauphin-Damas. Lisez : DELPHIN-DAMAS.							
Id. négociant, rue des Blancs-Manteaux, 32.............	Sautton	9 mai 62					
Id. d^{lles}, à Argenteuil. — Lisez : rue d'Argenteuil, 19.							
LAMENANT, Louis-Constant. — Voir : LEMENANT.							
LAMY, Adolphe, entrepreneur, boulevart de Strasbourg, 24.....	Pihan.......	3 mai 59	1er déc. 59				
LANDIER, Michel. — Voir : LIANDIER dit LANDIER.							
LANGEVIN, Henry, doreur sur métaux, rue des Gravilliers, 29 ..	....	....	....	....	....	....	16 déc. 61
LANGLET et Cie, r. Hauteville, 17	....	9 nov. 50					
LANGLOIS et Cie, théâtre des nouveautés, place de la Bourse, 4.	....	13 mars 55					
LARADE, Timothée, personnellement, rue de Mogador, 13......	....	....	....	20 nov. 55			
LARIVIERRE, Jules, gér. de la soc. LÉGLISE, r. J.-J. Rousseau, 18	....	....	....	*8 juill. 56			
LAVALLÉE, Charles, ex-marchand de tulle, passage Violet, 12..	....	14 sept. 53	10 oct. 53				
LAVECHIN, Pierre-Marie, escompteur, r. du faubourg St-Martin.	Battarel.....	4 nov. 51	30 nov. 58	28 sept. 52			
LAVIGNE, Charles-Joseph-Victor, étudiant, rue de l'Ouest, 16.	....	....	....	....	....	17 août 61	
LAZARUS, Joseph, tailleur, rue des Prouvaires, 1	Hécaen......	11 oct. 59	10 avril 60				
LAZÉ, dame BOISGONTIER, Marie-Rose, rue de l'Ourcine, 143..	....id......	1er sept. 62					
LEBIGRE-ROCHER, sieur et dame, Louis-Alexandre	....id.	28 mai 61					
Id. Id. dame, personnellement, r. du Petit-Thouars.	....	....	....	....	....	....	21 déc. 61
LEBOURDAIS, de la société DELACROIX et LEGAULT, etc......	Chevallier...	9 oct. 57	15 sept. 58				
LEBRUN, Eugène, grainetier, rue des Amandiers, 14..........	Moncharville.	....	22 oct. 49	....	....	....	22 oct. 49
LECAPLAIN, Pierre-Hippolyte, libraire, rue de la Banque, 23..	Quatremère..	23 oct. 61	22 avril 62				
LECUS et Cie, Eugène, négociant, rue des Petites-Écuries, 31...	....id.	29 mai 57	8 juin 59	*29 sept. 57			
LEFEBVRE, épicier, rue de la Fidélité, 3. — Voir : LEFÈVRE...							
LEFEUVE aîné, Pierre-François-Auguste, faub. St-Martin, 45..	....	....	5 avril 54	....	....	....	5 avril 54
LEFÈVRE, Pierre-Louis-Joseph, rue de la Fidélité, 3.........	Pinet	26 mai 62	10 sept. 62				
LEFORT, Louis-Baptiste, layetier, r. de la Vieille-Monnaie, 20.	Geoffroy.....	6 avril 52	2 août 52				
LEFORT et E. CLAUDE, Louis, distillateurs, à la Villette.......	Breuillard ...	18 juill. 56	19 janv. 58				
LEMAIRE, Émile-César-Constant, fab. d'étof., r. Albouy, 14 et 15	Huet........	17 juin 50	26 déc. 50				

NOMS, PRÉNOMS, PROFESSIONS ET DOMICILES.	SYNDICS ET AVOUÉS.	FAILLITES	CONCORDATS	INSUFFISces ET UNIONS.	SÉPARATs.	CONS. JUDIC. ET INTERDICT.	AFFRANCH. ET RÉHABILIT.
LEMAIRE, traiteur, boulevard de la Chapelle, 98			28 sept. 59				
Id. Id. Id.	Crampel	20 mai 62					
LEMENANT ou LAMENANT, Louis-Constant	Thiébault	31 juill. 55	7 févr. 56				
LEMOUTON, corroyeur, rue de la Chaumière des Ternes	Lacoste	2 mai 61		* 12 juin 61			
Id. (décédé) tenant café-brasserie, à Vanves	Crampel	18 sept. 60					
LENEPVOUDE-CARFORT-LEBOUCHER-VILLEGAUDIN, etc.	*Trodoux				30 juill. 61		
LÉPOURCELET, dame veuve, marchande de vins, à Grenelle	Sommaire	9 oct. 60					
LERADE, Xavier-Frédéric-Hippolyte, md. de bois, à Montrouge	Huet	21 avril 54	13 sept. 54	* 14 avril 58			
LESTIVANT dit LEQUIVANT. — Lisez : LESTIÉVANT.							
LEVALLOIS, marchand de vins, rue de Flandre, 40	Boulet	9 nov. 52	13 fév. 57	* 7 mars 53			
LEVASLOT, Jean-Pierre-Bien-Aimé, tapissier, rue Montholon, 35.	Beaufour	30 juin 57		* 17 juill. 57			
LEVIDON, négociant en farines, rue de Viarmes, 1, *voir* VIDON.							
LEVIN, Isidore, horloger, rue Neuve-des-Petits-Champs, 5	Millet	7 févr. 54	10 mars 57	25 avril 56			
Id. Id. Id. Id.	id.	6 mai 58		* 20 avril 59			
LHENRY, Joseph-Hippolyte, spectacle-concert r. Bonne-Nouvelle 22.		25 mars 50	25 mars 50				
LIANDIER dit LANDIER, Michel, etc.	Beaufour	1er août 57					
Id. Id. Id.	Hécaen	11 nov. 59	29 mars 60				
LIÉVIN, dame Marie MIGU. — Lisez : dame Marie MIGNOT.							
L'ISLE de FALCON, vic. de St-Geniès, Edmond-Ivan (de), à Neuilly						* 15 mai 57	
LOMBARD, Eugène-Guillaume, serrurier, r. du Puits au Marais, 14.	Sommaire	7 déc. 57	25 mai 58				
LOMBART, Id. Id., *voir* : LOMBARD.							
LOOS, de la société GODAR, LOOS-THOMAS et Ce, etc.	Lacoste	1er janv. 54	7 juin 60				
LORRAIN, veuve LECOMTE, Henry-Louise, modes, etc.	Battarel	14 févr. 53	12 juill. 53				
LOULLIER, dame CHIBOURG, Joséphine, etc.	Beaufour	20 févr. 62	30 juin 62				
LOVRE, Veuve NORET. — Lisez : LOVRE, veuve MORET.							
LUCQUET, veuve RAYNAUD. — Lisez : LUCQUET, ve RENAULT.							
LUTHER frères, Victor et Louis, cité Trévise, 5	Sautton	20 juin 59	2 mars 60				
LUTHER, Louis, personnellement, id.	id.						10 août 59

M

NOMS, PRÉNOMS, PROFESSIONS ET DOMICILES.	SYNDICS ET AVOUÉS.	FAILLITES	CONCORDATS	INSUFFISces ET UNIONS.	SÉPARATs.	CONS. JUDIC. ET INTERDICT.	AFFRANCH. ET RÉHABILIT.
MAIGNAND, personnellem., imprimeur, rue Jacques-de-Brosses.	Henrionnet	7 nov. 54	6 mars 55				
MAIRE, François, ex-ébéniste, r. Mouffetard	Thiébault	1er mars 50	2 août 50				
MAITRE, femme Morisse, Amélie, — *voir* MATRE, femme Morize.							
MALLARD et Ce, fabricants de tissus, r. Beauveau, 17.	Decagny	13 déc. 50	6 août 52	* 27 mai 56			
Id. Étienne, personnellement (société MALLARD.).	id.	Id.	Id.				
Id. Étienne, Michel Marie, — *voir* MALLARD et Ce.							
MALRAIT, André-Joseph, marchand de bois des îles, etc.	Battarel	13 sept. 61	24 janv. 62				
MARCEL D'ORGERBRAY de RIGAULT, r. des Vinaigriers, 33	* Bassot					7 janv. 62	
MARCHAND et Ce, Jacques-Eugène, peintres verriers, etc.	Pluzanski	6 juin 56	17 nov. 56	24 août 58			
MARIÉ, Charles Auguste, marchand de nouveautés, à Belleville.	Millet		3 oct. 60				
Id. id. id. id. id.	Id.	5 juin 62					
MARLY, — *voyez* : MERMEL, — *lisez* : NERMEL, dit MARLY							
MARTIN, société CARFORT, banquier, boulevart Sébastopol, 25.	Moncharville	5 avril 61	10 janv. 62				
MATHIAU, fabricant de clous, rue Folie-Regnault, 14	Heurtey	13 juill. 52	6 janv. 53				

NOMS, PRÉNOMS, PROFESSIONS ET DOMICILES.	SYNDICS ET AVOUÉS.	FAILLITES	CONCORDATS	INSUFFIS^{ce} ET UNIONS.	SÉPARAT^{s}.	CONS. JUDIC. ET INTERDICT.	AFFRANCH. ET RÉHABILIT.
MATHOREZ, JOSEPH-GUISLAIN, vins, à Charenton	Lefrançois	27 nov. 56	2 juin 57	14 avril 59			
MATRE, femme MORIZE, AMÉLIE, lingère, r. Buffaut, 4	Huet	18 janv. 54	3 oct. 54				
MAUFRA, fils, négociant, à Châtillon	Sannier	23 nov. 49	23 avril 50				
MAUPETIT, EUGÈNE-FLORENT, m^{d} de nouveautés, à Belleville	Sergent	15 fév. 57	5 juill. 61	* 28 déc. 60			
MAURE, ACHILLE, négociant, rue de Grétry, 1			12 juill. 52				12 juill. 52
MAURICE, ALFRED, chapelier, r. de la Chaussée-d'Antin, 8	Decagny	24 mars 53	24 août 53				
MERCIER, JEAN-JACQUES-FERDINAND, ex-tapissier, place Royale, 9			2 juill. 50	30 juin 48			
Id. négociant, rue Sainte-Élisabeth, 32	Chevallier	5 déc. 62		* 16 déc. 62			
MERLET, aîné et SAINT-AMAND, LOUIS-PIERRE-JEAN-NICOLAS, etc.	Hérou	8 fév. 56	14 mai 58	* 23 juin 56			
MERLET-LÉON, quai d'Ossay, 1	Legrand				15 mars 61		
MERMILLOD, JEAN CLAUDE, serrurier, r. St-Philippe-St-Martin, 1	Tiphagne	22 fév. 50	17 sept. 50	4 avril 50			
MOISE ou MOYSE dit MAYER, limonadier, rue du Petit-Carreau.	Crampel	10 juill. 55	20 nov. 55				
MONJAUGE, MARTIAL, commissionnaire, r. de Mulhouse, 9	Pascal	4 juin 49		4 juin 49			
MONMARCHÉ-VINCENT, ANDRÉ-NICOLAS, à Colombe	* Laperche				14 juill. 53		
MONROZE et FRAETANIEL, négociants, r. Grange-aux-Merciers	Dulard	11 fév. 62					
Id. CHARLES, personnellement, id. id.	Id	11 mars 62		* 30 avril 62			
MONTAGNÉ, LOUIS, entrepreneur de charpente, aux Ternes	Decagny	1er nov. 56	11 juin 58				
MONTAUD et Ce, escompteur, r. Hauteville, 1	Sergent	15 mai 50					
Id. JOSEPH-FRANÇOIS-CÉSAR, personnellement, r. Hautville, 1.	Id	Id	25 nov. 50				
MONY, EDME-EDOUARD, directeur d'assurances, etc	Thiébault	12 déc. 50	30 mars 54				
MOREAU, PIERRE, entrepreneur, à La Villette	Crampel	15 sept. 56		* 20 janv. 57			
MOREL, AUGUSTE-PROSPER, à Belleville						* 27 mai 53	
Id. limonadier, boulevard Morland, café de l'Etat-Major	Millet		14 avril 48	* 5 janv. 53			
MORIZE ou MORISE, dame MATRE. — Voir : MATRE.							
MOULARD, GABRIEL, hôtel garni, à Passy	Lacoste	5 oct. 60	24 déc. 61	* 21 janv. 61			
MOUNIER fils, HENRI-FRANCOIS, MATHURIN, nég., r. Richer, 32	Battarel		10 janv. 51	21 août 50			
MOYSE ou MOISE, dit MAYER. — Voir : MOISE							
MULET, LOUIS-ALEXANDRE, lits hygiéniques, r. Grange-Batelière, 14.	Crampel	30 juin 57		* 27 juill. 57			
MULLER fils, EDMOND-FRÉDÉRIC, fabricant de vernis, etc	Henrionnet	3 févr. 54	2 juin 54				

N

NOMS, PRÉNOMS, PROFESSIONS ET DOMICILES.	SYNDICS ET AVOUÉS.	FAILLITES	CONCORDATS	INSUFFIS^{ce} ET UNIONS.	SÉPARAT^{s}.	CONS. JUDIC. ET INTERDICT.	AFFRANCH. ET RÉHABILIT.
NAUCAMPS — *voir* : VANCAMPS.							
NOEL, PIERRE-JEAN-DÉSIRÉ, boulanger, r. des Vertus, 5	Moncharville	15 mars 61	24 juin 61				
NOEL, aîné, GIRAUD, marchand de vins, à Montmartre	Sommaire	10 mai 59					
NORION, AUGUSTE, grainetier. — Voir : NOVION.							
NOVION ou NORION, AUGUSTE, grainetier, route d'Asnières, 30.	Lefrançois	11 avril 51	3 oct. 51				

P

NOMS, PRÉNOMS, PROFESSIONS ET DOMICILES.	SYNDICS ET AVOUÉS.	FAILLITES	CONCORDATS	INSUFFIS^{ce} ET UNIONS.	SÉPARAT^{s}.	CONS. JUDIC. ET INTERDICT.	AFFRANCH. ET RÉHABILIT.
PALAYRET, dit PIERRE ALBINI, hôtel garni, etc	Filleul	26 mai 46	20 déc. 60	23 janv. 61			
PANAYOTY, ANTOINE, march. de bois, faub. Saint-Antoine, 272			24 avril 56	26 oct. 48			
PANDELET, demoiselle DÉSIRÉE, dite dame LAFOND, table d'hôte.	Geoffroy	8 janv. 50	30 avril 51				
PANIER, JOSEPH, commiss., rue Ste-Croix-de-la-Bretonnerie, 5		7 sept. 50					7 sept. 50

NOMS PRÉNOMS, PROFESSIONS ET DOMICILES.	SYNDICS ET AVOUÉS.	FAILLITES	CONCORDATS	INSUFFISs ET UNIONS.	SÉPARATS.	CONS. JUDIC. ET INTERDICT.	AFFRANCH. ET RÉHABILIT.
PANISSE-MARLATIC, etc. — Lisez : PANISSE, MALARTIC, etc..							
PARANT, négociant, Grande-Rue, 83, à Belleville........	Barbot........	25 avril 62	....	* 26 juin 62			
PARENT, limonadier, r. du faubourg Saint-Antoine, 133......	Hécaen	12 oct. 60	26 fév. 61				
PARISSOT, à la Belle-Jardinière, rue de la Cité, 1	....	....	....	....	....	....	* 11 août 55
PÊCHÉ, Joseph, transport de dépêches, à Montrouge	....	14 août 49	14 août 49				
Id. id. id. id.	Huot........	23 déc. 51					
PÉNY, passementier, r. des Gravilliers, 10........	Filleul	29 oct. 57	28 mai 58	* 6 nov. 57			
PÉPIN et demoiselle BATAILLE, limonadiers, r. Montmartre, 14.	....	....	10 sept. 51	4 avril 50			
PERNAY et FAUVEAU fils. — Voir : PERNET et FAUVEAU fils..							
PERNET, François-Frédéric (Soc. FAUVEAU), dor., r. Charlot 38.	Geoffroy......	11 mars 52	8 mai 54	* 5 août 52			
PETERSEN (Soc. SCHICK, Valentin, Christian), tail., r. de la Paix, 6.	Lecompte.....	30 janv. 51	15 oct. 52	1er août 51			
PETIT, négociant, rue de Rambuteau, 80........	....	6 janv. 51					
PHILLIPART, Noel, rue de la Harpe, 65.— Lisez : PHILIPPART.							
PICARD, Julien, marchand de vins, r. des Brouillards, 5........	Heurionnet...	6 fév. 60					
PIEL, Charles Gustave, parfumeur, r. Michel-le-Comte, 14.....	....	....	16 nov. 57	2 juin 48			
PIGNATEL, veuve FOUCOUX fils, — *lisez :* FOUCOU.							
PINAUD, Jean, société MONTREUIL, vins, faubourg St-Martin...	Decagny.....	26 août 61	24 déc. 61				
PINEL, de la société NUSBAUMER et Ce	Breuillard ...	27 oct. 52					
POTTIER-JOUVENEL, rue du Faubourg-St-Martin, 59........	Decagny.....	....	13 déc. 50				
POYET fils, André-Charles-Eugène, commissionnaire à Belleville	....	....	24 mai 54	....	....	....	24 mai 54

Q

NOMS PRÉNOMS, PROFESSIONS ET DOMICILES.	SYNDICS ET AVOUÉS.	FAILLITES	CONCORDATS	INSUFFISs ET UNIONS.	SÉPARATS.	CONS. JUDIC. ET INTERDICT.	AFFRANCH. ET RÉHABILIT.
QUESNOT, Louis, marchand boucher, à Saint-Ouen........	Bourbon.......	1er déc. 59					
QUINAULT, marchand de châles, r. Neuve-des-petits-Champs, 4.	....	19 avril 59					

R

NOMS PRÉNOMS, PROFESSIONS ET DOMICILES.	SYNDICS ET AVOUÉS.	FAILLITES	CONCORDATS	INSUFFISs ET UNIONS.	SÉPARATS.	CONS. JUDIC. ET INTERDICT.	AFFRANCH. ET RÉHABILIT.
RAGET, Alexandre-Antoine-Napoléon, maçon, à La Villette....	Heurtey........	22 déc. 54	31 déc. 58	* 26 avril 55			
RAGONNET, Sébastien-Joseph, société GANET ou GANEY........	Devin........	2 août 60	28 nov. 60				
RAMEZ, Frédéric, ex-marchand de vins, à Batignolles........	....	10 oct. 50	10 oct. 50				
RAT, Armand, (Soc. BARTIAL, r. du Sentier, 18........	Millet........	2 mars 54	14 août 54				
RATHELOT, François, voiturier, à Bercy........	Crampel.......	3 fév. 54.	....	* 21 fév. 55			
REMY, Nicolas-Adolphe, marchand de bois des Iles, etc.....	Chevallier.....	1er avril 50	1er avril 50				
REMY, Nicolas Adolphe, id. id. .1.	.... Id.......	27 sept. 62					
RENARD, Simon, maçonnerie, r. Grégoire-de-Tours, 12........	Beaufour......	11 juill. 62	30 oct. 62				
RÉVALOT et Ce, et Révalot, personnt.—Nulles.—Voir : BÉVALOT.							
RIDER, négociant en cuirs, r. Montorgueil, 29........	Beaufour	26 déc. 61					
RIDIER, id. id. — *lisez et voyez* RIDER.......							
RIESY fils, Joseph-Edmond, etc. — Lisez : RIESZ							
RIGOLET, François, serrurier, r. d'Amboise, 10........	Lefrançois....	4 déc. 48	31 déc. 50	....	....	....	3 août 63
Id. seconde ligne nulle........							
RINGENBERT ou RINQUINBERT, Christian, etc........	Hécaen.......	1er oct. 61	19 févr. 62				
RINQUINBERT Christian. — Voir : RINGENBERT.							

NOMS, PRÉNOMS, PROFESSIONS ET DOMICILES.	SYNDICS ET AVOUÉS	FAILLITES	CONCORDATS	INSUFFISces ET UNIONS.	SÉPARATs.	CONS. JUDIC. ET INTERDICT.	AFFRANCH. ET RÉHABILIT.
ROBERT, Apollinaire, de la société HAMM, coutelier	Millet..........	18 janv. 53	7 fév. 54				
ROMAND, veuve Marie-Constant GUÉRARD, etc..............	Decagny......	27 juill. 48					
ROMAND, id. id. boulv. Poissonnière, 34.	.... Id......	24 mai 52	24 sept. 52				
RORILLAIN, François, maréchal-fer. — Voir : ROVILLAIN.							
ROSE-ROBILLARD, Pierre Etienne, r. de Verneuil, 33.....	* Martin........	....	....	....	* 1er oct. 53		
ROSEEN et LOMBARD, Charles, nég. en pellet., r. Popincourt, 9.	Sergent........	22 déc. 57	30 mars 58				
ROUGEAULT, dit LAFRANCE, charpentier, à Vaugirard.....	....	....	....	13 juin 48			
ROUGÉ-JOUSSE, r. de Notre-Dame-de-Nazareth, 36..............	* Laubanic....	....	....	....	19 juill. 59		
ROUGET, Alexandre, négociant, r. du Faubourg-St.-Honoré, 189.	Lefrançois...	10 mars 52					
ROUSSEL, Ludovic Jasmin, cafés, r. Saint-Martin, 242............	Huet...........	22 oct. 58	11 mars 59				
ROVILLAIN, François, mar.-ferr., r. des Fossés-du-Temple, 61..	Thiébault.....	25 fév. 51	19 août 51				
RUPPIN et GUIMARÈS, négoc. — Voir : GUIMARAÈS et RAFFIN.							

S

NOMS, PRÉNOMS, PROFESSIONS ET DOMICILES.	SYNDICS ET AVOUÉS	FAILLITES	CONCORDATS	INSUFFISces ET UNIONS.	SÉPARATs.	CONS. JUDIC. ET INTERDICT.	AFFRANCH. ET RÉHABILIT.
SAFONT, de la société MIGUES. — Lisez : de la société MIGUEL.							
SAGNY, jeune, Louis-Alphonse-Ancery, mercier, r. St-Denis, 135.	Moncharville.	9 juill. 61	24 oct. 61				
SAIGLAN-BAGUÈRE, de la société MIQUEL. — Lisez : MIGUEL..							
SAINT-JEAN-ROSSY (de). — Lisez : SAINT-JEAN-BOSSY.							
SAINT-MARC du PUY, Louis, r. Miromesnil, 14	....	....	....	....	....	24 nov. 57.	
SAKAKINI, Clotilde, veuve Luce, confections, r. Montmartre, 164.	Isbert..........	12 avril 54					
SAUTON, ex-épicier, r. du Faubourg-Saint-Jacques, 75 *bis*.......	Bourbon....	7 août 55	14 mai 62	19 nov. 55			
SCARE-MANGIN. Lisez : SCARFE-MANGIN.							
SEDILLE, veuve, marchande de chiffons, etc..................	Moncharville.	28 janv. 62	8 mai 62				
SIERRA (de), Joachim, commission, rue Neuve-des-Mathurins, 86.	Sergent.....	24 déc. 55	15 mai 56				
SIMONNEAU-HENRY, Edouard, rue Lafayette, 4................	* Blachez.....	....	....	....	*17 mars 57		
SIMONNEAU, Jules-Augustin, rue St-Hyacinthe-St-Honoré, 7...	....	....	....	....	....	23 août 54	
SIMPÉ fils, négociant, rue Montmartre, 55......................	Chevallier...	20 janv. 60	16 nov. 60				
STRAUS, frères et dames, Léopold et Daniel, farines, etc..	Beaufour.....	22 janv. 57	18 janv. 58				

T

NOMS, PRÉNOMS, PROFESSIONS ET DOMICILES.	SYNDICS ET AVOUÉS	FAILLITES	CONCORDATS	INSUFFISces ET UNIONS.	SÉPARATs.	CONS. JUDIC. ET INTERDICT.	AFFRANCH. ET RÉHABILIT.
TAFFOIREAU, Hilaire, relieur, rue Hautefeuille, 16...........	Tiphagne....	14 juin 52	22 fév. 53				
TANNÉ, J. négociant. rue des Tournelles, 41..................	Breuillard...	20 juin 54	....	* 23 août 54			
TAPON, veuve ROUMAUX, Gilberte, marchande de vins, etc....	Portal........	30 mars 53	22 sept. 54				
THIBAULT, Antoine, rue des Deux-Portes-Saint-Sauveur, 17....		28 déc. 49	28 déc. 49				
THOMAIN fils, Mathieu, peintre, rue des Bernardins, 24........	Heurionnet..	....	24 déc. 50				
Id. id. id. id.	.... Id.....	2 août 55	....	* 29 oct. 55			
TIGOUREL et Ce, *la Californie*, etc. — Voir : VIGOUREL et Ce..							
TIOLIER, Pierre-Henri, propriétaire, rue Bergère, 23..........	....	....	....	....	....	10 août 55	
TISSANDIER dame BOURNET. lisez : BOURUET..............							

NOMS, PRÉNOMS, PROFESSIONS ET DOMICILES.	SYNDICS ET AVOUÉS	FAILLITES	CONCORDATS	INSUFFISces ET UNIONS.	SÉPARATs.	CONS. JUDIC. ET INTERDICT.	AFFRANCH. ET RÉHABILIT.
V							
VALLADE, Napoléon-Louis, lavoir public, rue de Montreuil, 115	Geoffroy	25 oct. 50	9 oct. 51				
VALLADE, dame, personnellement, id. id.	....	....	....	....	....	....	5 fév. 54
VALLERON, Joseph-Germain, épicier, à Montrouge...........	Richomme...	15 août 48	21 sept. 49	24 sept. 51			
VAMCAMPS, Jean-Baptiste, etc. — Lisez : VANCAMPS.							
VARENNE, limonadier, rue de Tournon, 20...............	Dufay	20 nov. 62					
VARLET, Jean-François, nourrisseur, à Issy...............	Sergent.	....	....	17 mai 50			
VARLET, Jean-François, nourrisseur, à Issy...............	.... Id.	21 août 57	19 janv. 58				
VAUTIER, Jacques, voiturier à Châtillon....................	Maillet......	6 juill. 49	....	8 fév. 50			
VIAU, (société BURLET), à Batignolles. Lisez (de la soc. BURLOT)							
VIDON, négociant en farines, rue de Viarmes, 1..............	Crampel	22 août 54	20 fév. 55				
VIEL, jeune, négociant, passage Lafayette, 5..............	Devin	31 mai 59	9 déc. 59	*20 sept. 62			
VIELLE, société FABRE, etc............................	Moncharville.	31 mars 59					
VINCENT, Jean, marchand de vins, à Saint-Ouen..............	Hérou	2 sept. 47	13 juin 55				
VITTE ou WITTE, Alexandre, vins, etc......................	.....id.	10 juin 52	10 mars 53				
VIVOT, négociant, rue Neuve-Coquenard, 21.................	Sommaire ...	13 mai 62					
W							
WEL-PICARD, Léon, tulles, rue du Caire, 31.................	....	....	18 juin 49				
Id. id. boulevart Sébastopol, 121................	Trille	3 déc. 62					
WITTE, Alexandre. — Voir : VITTE.							
Z							
ZEIHERR, Charles, vins, boulevart Rochechouart, 58..........	Lecomte.....	23 juill. 55					
Id. id. id. id.	....	....	1er sept. 51	12 juin. 48			

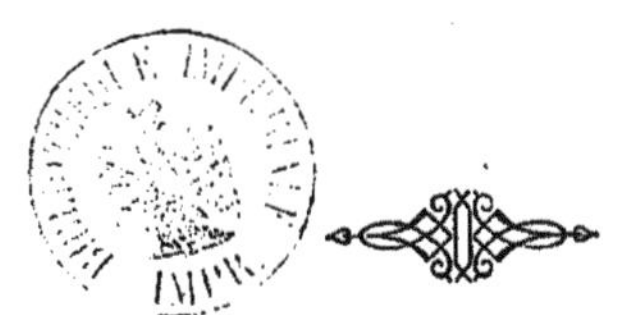

Orléans, imprimerie et stéréotypie CHENU, rue Croix-de-Bois, 21.

www.ingramcontent.com/pod-product-compliance
Ingram Content Group UK Ltd.
Pitfield, Milton Keynes, MK11 3LW, UK
UKHW020109200726
13856UKWH00002B/462